월드뮤직 보이스

저자 소개

mylenef

음악 애호가

저서: 『뉴에이지 음악 소리풍경 500』, 『아홉 뮤즈와의 대화』

월드뮤직 보이스

초판 발행일 2016년 12월 2일
개정판 발행일 2025년 2월 10일

지은이   mylenef(mylenef@naver.com)
펴낸이   손형국
펴낸곳   (주)북랩
편집인   선일영   편집   김현아 배진용, 김부경, 김다빈
디자인   이현수, 김민하, 임진형, 안유경   제작   박기성, 구성우, 이창영, 배상진
마케팅   김회란, 박진관
출판등록   2004. 12. 1(제2012-000051호)
주소   서울특별시 금천구 가산디지털 1로 168, 우림라이온스밸리 B동 B111호, B113~115호
홈페이지   www.book.co.kr
전화번호   (02)2026-5777   팩스   (02)3159-9637

ISBN   979-11-7224-495-8 03670 (종이책)   979-11-7224-496-5 05670 (전자책)

월드뮤직 보이스

유튜브와 떠나는 80인의 세계 음악 여행

mylenef

북랩

들어가며

99인의 월드뮤직을 소개한 「월드뮤직 보이스 99, 2016」를 출간한 후, 그리스의 주요 여가수만을 따로 분리하여 「아홉 뮤즈와의 대화 (유튜브로 감상하는 그리스 월드뮤직), 2023」를 출간하였기에, 최종 80인의 아티스트 리뷰로 조정한 개정판을 준비하게 되었다.

- 대부분의 아티스트들은 초판의 리뷰를 그대로 실었으며, 일부 수정 보완했다. 그리스 편으로 이동한 8인을 제외하고, 26인의 리뷰가 삭제되었으며, 15인이 추가되었다.
- 아티스트와 음반 선정은 여전히 특별한 기준이 없다. 월드뮤직을 처음 대하는 초심자들도 거부감 없이 감상하기 좋다고 판단되는 글쓴이의 취향이 반영되었다. 따라서 지나치게 치중된 편식이 드러난다.
- 디자인은 가독성을 위해 글자 크기를 조정하였다.
- 아티스트의 사진은 음반의 커버와 내지에서 선별하였다.
- 바이오그래피는 Wikipedia와 홈페이지를, 디스코그래피는 discogs.com와 홈페이지를 참조했다.
- 음반 커버 아래는 초판 발매 연도를 표기했으며, 제작사 및 음반 고유번호는 재발매(CD)의 경우 발매 연도와 다를 수 있다.
- 수록곡의 가사는 구글 번역 앱을 활용하였다.
- 교정은 곡명을 제외하고 네이버 맞춤법 검사기와 한국어 맞춤법 | 문법 검사기pusan.ac.kr를 병행했으며, 따르지 않은 부분도 있다.
- 주요 수록곡은 유튜브와 연결된 QR코드 스캔을 통해 감상할 수 있다. 음반으로 듣는 것보다는 열악하지만, 음반 구입에는 도움이 되지 않을까 한다. 단 공식 업로드가 아닌 경우 간혹 삭제되는 경우가 있음은 양해를 바란다.

월드뮤직을 이야기하면서 그에 대한 총체적인 개념과 분류 등 전반적인 이야깃거리는 생략하였으며, 전반적인 이해는 아래 서적들을 참고할 수 있다.

서남준, 월드뮤직 (멀리서 들려오는 메아리), 대원사, 2003
신현준, WORLD MUSIC (월드뮤직) 속으로, 웅진닷컴, 2003
심영보, 월드뮤직 (세계로 열린 창), 해토, 2005

이 책은 음악전문서가 아니라 수필에 더 가깝다. 세계 언어나 역사, 정치, 문화에 아는 바가 없음에도 월드뮤직을 이야기하고 싶은 이유는 차이에서 오는 신선한 매력 때문이다. 가수들의 색다른 음색과 아름다운 언어, 전통적 특징이 밴 멜로디, 사랑과 자유 등 삶의 가치를 담은 메시지에서 오는 감동은 결코 떨쳐버릴 수 없는 마력이었다. 이는 또 다른 우리의 희로애락 모습이었기에 충분히 공감할 수 있었다.

이 머리글을 빌려 포괄적이고 면밀한 접근이 뛰어난 서적들을 발간하여 이해에 많은 도움을 주었던 저자분들, 공감대와 신선함으로 귀를 행복하게 해주었던 라디오 프로그램들, 그리고 만남을 주선하는 공연 관계자, 오랫동안 동호회를 통해 귀동냥으로 음악을 나누었던 애호가들, 남다른 식견과 안목으로 많은 음악을 소개하는 블로거, 저렴한 가격의 라이선스를 발매한 음반사 등 많은 분께 그동안 드리지 못했던 감사의 말씀을 드리고 싶다.
월드뮤직을 감상하는데, 조금이나마 도움이 되었으면 하는 바람을 덧붙인다.

2024. 12. mylenef

참고로 개정판에서 삭제된 리스트는 아래와 같다.

깊고 푸른 밤의 연가
Aleka Kanellidou ● 알레카 카넬리두
Greece

알레카 카넬리두는 1946년생으로, 부친은 유명한 바이올리니스트 야니스 카넬리디스Yiannis Kanellidis였으며, 삼촌도 바이올린 연주자였다. 음악적인 가풍으로 노래를 즐겨 불렀으나, 학생이었던 17세 때 심리학을 전공하길 원했다고 한다. 아버지는 기타리스트인 친구에게 그녀를 소개했고, 영미의 재즈 레퍼토리를 노래하며 전문가수의 길로 들어선다.

1965년 처음 싱글을 내고, 1966년에는 세계적인 전자음악가 반젤리스Vangelis(1943-2022)와 함께한 싱글 〈The More I See You | Stranger〉을 발표했다.

저명한 작곡가 미미스 플레사스Mimis Plessas(1924-2024)가 음악을 맡은 영화 「Oi Thalassies oi Handres · The Blue Beads from Greece, 1967」에서 부친은 연주자로 그리고 그녀는 〈Crazy Girl〉이라는 재즈 노래를 여주인공을 대신해서 부르며 무명으로 대중의 주목을 받았다.

1974년에는 테살로니키 송 페스티벌에서 그녀의 가장 큰 히트곡 중 하나인 데뷔작 수록곡 〈Ase Me Na Fygo 나를 보내줘〉를 연주하여 퍼포먼스 상을 수상, 이 노래의 성공으로 그녀는 더욱 널리 알려지게 되었다.

영화감독 테오 앙겔로풀로스Theo Angelopoulos(1935-2012)로부터 러브콜을 받았고, 그녀의 음성을 좋아했던 대작곡가 마노스 하지다키스Manos Hadjidakis(1925-1994)와 미키스 테오도라키스Mikis Theodorakis(1925-2021)와도 우정을 쌓았지만, 녹음은 거의 성사되지 않았다. 하지만 야니스 스파노스Yannis Spanos(1934-1919)와 요르고스 하치나시오스Giorgos Hatzinasios와 협업한 바 있으며, 무엇보다 그녀의 성공작에는 여류 싱어송라이터 니니 자하Nini Zaha(1931-2013)가 있었다. 특히 《Gia Ligous… 소수를 위해, 1979》와 《Nihta Ine Tha Perasi 밤은 지나갈 거야, 1985》는 상업적 대성공을 거둔 음반이기도 하다.

경력에 비해 그리 많지 않지만, 어떤 디스코그래피를 고르더라도 그녀의 낮지만 깊은 로맨틱함을 지닌 보컬톤의 연가들은 고전의 아름다움을 느끼게 해준다.

12 Erotikes Stigmes

1974 | EMI | 72434 80041

1. Kalinihta Gianni
2. Mi Mou Figis
3. Sidrofia Mou
4. Katholou Den M' Agapises
5. Spasmeno Feggari
6. To Treno Ton Okto
7. Vrohi
8. O Filos Mou Den Girise
9. Pios Tha 'Rthi
10. To Lathos Mou
11. An Erthis
12. Ase Me Na Figo

본작 《12 Erotikes Stigmes 12개의 사랑의 순간들》은 그녀의 데뷔작으로, 당시 28세라는 나이를 상상조차 할 수 없는 가창을 들려준다.

이는 눈물 마른 건조한 음색에 기인하는데, 애조띤 연가의

멜로디와 함께 그 드라마가 매우 원숙한 인상이다.

기차 발차음과 함께 하모니카의 애수가 흐르는  〈To Treno Ton Okto 8시 기차〉는 사랑과 이별의 정서를 잘 녹여낸 발라드이다.

8시 기차에서 난 널 찾고 있네, 8시 기차는 고요 속으로 번개처럼 떠나가네. 넌 최초의 태양이고 빛이었지만, 이제 넌 고독 속의 연기라네, 8시 기차는 떠나고, 넌 이제 어디에 있는지조차 모르는 그림자라네…

〈Vrohi 비〉는 현악에 피아노의 서정이 촉촉하며,  그녀의 매마른 음색과 대비되고 있다. 이별노래지만 매우 회상적이라 낭만적이고 달콤하다.

황량한 거리, 앙상한 나무들, 희망도 영혼도 없는 내 발걸음. 비가 오고 나는 젖어가네, 넌 떠나고 난 비와 함께 있네. 네게 내가 무엇을 줄 수 있을지 더 이상 모르겠어, 아스팔트에서 광야에서, 나는 돌, 먼지, 구름이 되어, 빗속에서 널 기다릴 거야. 난 길을 찾을 수 없네, 끝과 시작은 어디 있나?

〈Ase Me Na Figo 나를 보내줘〉는 1974년 테살로니키 송 페스티벌 우승곡으로, 먼저 소개된 싱글 버전과는 다른 연주를 들려준다. 이는 청춘의 무심함과 사랑의 방황을 주제로, 발표 50년이 흐른 지금까지 많은 가수들이 노래했고 리퀘스트를 받는 명곡이 되었다.

제발 나를 보내줘, 내가 살아가는 하루하루가 점점 줄어들고 있어, 난 네 그림자가 되어 널 따르고 또 따르겠지만, 난 길을 잃게 되겠지. 제발 잠깐이라도 내가 찾길 바라는 것을 결정할 시간을 줘, 뭐라도 찾게 시간을 좀 줘, 난 빛의 그림자고, 아무리 사랑해도 내가 더 미워지는 생각이 들 때가 있어…

Η ΑΛΕΚΑ
ΚΑΝΕΛΛΙΔΟΥ
τραγουδα
ΓΙΑΝΝΗ
ΣΠΑΝΟ

EMI

1976 | EMI | 702842

1. Den Ise O Protos
2. Irthe Enas Filos
3. Otan Mia Gineka Klei
4. As Opsese Aprili
5. An Prodothis
6. Ora Okto
7. Don Din Dan
8. I Nomi
9. Maganopigado
10. Pos M' Agapas Mou Les
11. Episodio
12. Ine Poli Arga

그녀의 두 번째 앨범 《야니스 스파노스를 노래하다》는 그리스 대중예술음악의 명반 중 하나로, 작곡가 야니스 스파노스Yannis Spanos(1934-1919)와 전체 협업한 작품이다.

개인적으로 로맨틱한 이 작곡가를 너무나 좋아하는데, 그래서 본지에 그녀를 소개하고픈 이유가 되었다.

우리에게 잘 알려진 대표적인 작곡가 마노스 하지다키스와 미키스 테오도라키스의 명곡들은 심금을 울리는 슬픔의 서사로 기억되지만, 야니스 스파노스와 요르고스 하치나시오스Giorgos Hatzinasios 등은 애틋하면서도 낭만적인 분위기를 들려준다. 고풍스러운 피아노와 따스한 현악이 드라마의 풍부한 감정을 실어다 주고 있다.

〈Den Ise O Protos 넌 나의 처음이 아니고〉는 허스키한 그녀의 보컬이 너무나 처연한데, 그래서 더욱 간절함이 촉촉하게 번지는 것 같다.

넌 나의 처음이 아니고 마지막이라네, 나의 가장 아름다운 사랑, 넌 친구나 나의 욕망이 아니라, 마른 땅 위의 샘물이야. 많은 사랑이 오고 지나갔지, 나는 기억하지 못하고 그들도 날 잊어버렸지, 그 사랑은 나를 이겼지만, 그들은 날 잃었지, 내 모든 걸 건 사랑은 바로 너야.

〈Irthe Enas Filos 친구가 왔네〉는 달콤함과 쓸쓸함이 공존한다. 이는 그리스 주요 여가수 마리넬라Marinella가 1974년에 노래한 곡으로, 묵묵히 우정을 나누었던 친구에 대한 추억과 그리움을 되뇐다.

〈Otan Mia Gineka Klei 여자가 울 때〉는 그리스 특유의 만돌린 트레몰로가 애수를 자아낸다.

내 마음을 네게 말하는 거야… 여자가 울면, 남자들은 항상 다그치지만, 이유 없는 눈물은 없지, 기쁨도 나의 빛도 사라졌네, 내 남자는 오늘 밤 떠나네, 다른 손으로, 또 다른 포옹으로…

〈An Prodothis 배신〉의 로맨틱한 서정으로 더욱 망연한 이 노래는 마치 여주인공의 인생이야기를 들려주는 모노드라마를 보는 듯하다.

네가 기억할 수 있는 한, 난 널 사랑했네, 바다의 물결 위에 넌 내 이름을 썼고, 네가 어디에 있든 넌 내 마음속에 있었지, 마음의 불꽃 위에 우린 그렇게 하나가 되었네. 네가 다른 입술에 키스할 때, 넌 날 생각하며 한숨짓게 될 거야. 혹여 너의 길을 찾게 된다면, 넌 더 많은 걸 가질 수 있겠지, 그때 내 눈과 슬픔까지 가져가…

〈Ora Okto 8시〉는 작곡가가 음악을 맡은 영화 「Anazitisis 수색, 1972」의 주제로, 마리아 디미트리아디Maria Dimitriadi (1951-2009)가 〈S' Anazito 널 찾네〉로 노래했다. 더 경쾌한 템포로 편곡되었으며, 바뀐 가사는 8시에 쓸쓸히 일자리로 향할 때 헤어졌지만 잊지 못한 연인에 대한 그리움을 담았다.

피아노의 선율이 뜨거운 열망을 더하는 〈I Nomi 법〉은 이별이 법이라 하더라도 자신의 생명과도 같은 연인을 두고 떠날 수 없다는 맹세이다.

〈Pos M' Agapas Mou Les 날 얼마나 사랑하는지 말해줘〉 역시 이별의 슬픔을 그린 것으로, 가혹한 운명 속에서 돌아오라고 애원한다.

〈Episodio 에피소드〉는 디미트라 갈라니Dimitra Galani가 앨범 《Marenes Agapis 사랑의 나날들, 1973》에서 노래한 것으로, 카넬리두는 한 군인과 첫사랑에 빠져버린 순진한 거리의 여인처럼 회상이라도 하듯 희미한 상념에 잠긴다.

크고 텅 빈 역내에 다른 누군가와 함께 있던 넌 날 다정하게 바라봤지, 나도 널 응시하고 있었네, 방은 작았고, 침대는 불편했네, 넌 날 이곳에서 데려가겠다고 말했지, 난 고맙다는 말은 하지 않았네, 그뿐이었어… 넌 아침이면 떠나겠지, 넌 여기서 날 데려가겠다고 말했지, 그리고 난 어디에서나 널 기다려, 그뿐이야.

〈Ine Poli Arga 너무 늦었네〉는 온유함이 자리하는 열정의 랩소디로, 풍부한 피아노와 현악의 드라마가 긴 여운을 남긴다.

내겐 널 위한 따뜻한 빵과 그리스도의 미소가 있네, 비를 피해 머물 장소를 찾는 새들처럼 널 꼭 안아줄 거야, 네가 자리를 찾길, 처음부터 널 사랑했네, 이제 떠나기엔 너무 늦었어, 네 길은 닫혔네, 가여운 이기주의자, 널 사랑하지 않더라도 넌 내 남자고, 네게 상처를 주었어, 지금은 떠나기엔 너무 늦었어…

Gia Ligous…

1979 | EMI | 709152

1. Mi M' Aggizis Mi
2. Poso Krima Ine
3. Ta 'Hi Afta I Zoi
4. Melagholia
5. Ki Irthe To Proi
6. Akoma Ena Kalokeri
7. I Agapi Mas
8. Htipai I Vrohi
9. Pes Mou Ti Zitas
10. Ipes Polla
11. Me Xehases
12. Tragoudame
13. Emis I Ligi

그녀는 《Ela Sto Simera 오늘로 와, 1977》에서부터 자신에게 가장 큰 영향을 주었던 여류 싱어송라이터 니니 자하 Nini Zaha를 만나며 우울한 사랑의 발라드를 이어간다.

본작 《Gia Ligous… 소수를 위해, 조금만 더》는 그녀에게 가장 상업적인 성공을 안겨 준 작품 중 하나이다. 니니 자하가 참여한 5개의 곡과 해외 번안곡 5곡 등 베스트앨범에 즐비하게 수록되었다.

1970년대 후반 디스코풍이 가미된 〈Mi M' Aggizis Mi 나를 건드리지 마〉는 연인에게 배신감으로 책망하는 노래로, 깊은 한숨의 멜로가 드라마를 이어간다.

〈Poso Krima Ine 정말 안타까워〉는 이별에 직면하여 사랑에 대한 후회로 가득하다. 피아노 연주가 재즈바에서 노래하는 듯하다.

〈Ta 'Hi Afta I Zoi 이것이 인생〉는 영국 팝록밴드 Goldie의 최고 히트곡 〈Making Up Again, 1978〉 번안곡이다.

이태리의 미나Mina가 노래한 〈Señora Melancolia, 1977〉의 번안곡 〈Melagholia 멜랑꼴리〉는 그 쓸쓸한 포크의 서정이 투명하게 다가온다.

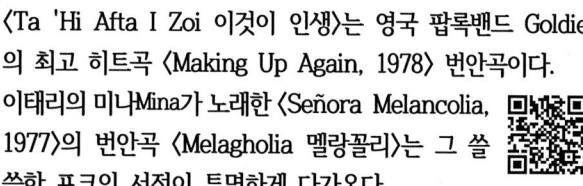

…내가 널 안고 있는 것은 네가 있다는 것, 난 널 사랑하기에, 우울하지 않네, 가끔 별을 바라봐, 우리의 여름은 사라지지 않았어…

〈Ki Irthe To Proi 그리고 아침이 왔네〉는 고색창연한 현악이 가슴을 쓸어낸다.

밤이 고요하다고 말해줘, 새벽이 오면 모든 것이 변하겠지. 그리고 네 마음은 낮 동안 울 거야, 그리고 아침이 왔네, 난 밤이 지나갔다는 사실조차 몰랐네, 난 깊은 어둠 속에 그대로 머물렀기에, 어쩌면 이게 인생일까?…

〈I Agapi Mas 우리의 사랑〉은 미국 싱어송라이터 바비 골드볼보Bobby Goldsboro 1968년 히트곡 〈Honey〉를 번안한 것으로, 포근한 낭만 속에서 지난 사랑을 아련하게 회상한다.

…예기치 못한 순간 갑자기 찾아온 사랑, 네가 나를 빠져나갔네. 우리의 아름다운 사랑이 내게 입맞춤을 하고는 떠나가 버렸네.

〈Htipai I Vrohi 비가 내리네〉는 네덜란드 여성 팝그룹 Pussycat의 〈Wet Day In September, 1978〉의 번안곡.

〈Pes Mou Ti Zitas 원하는 걸 말해 봐〉는 프랑스의 남자가수 패트릭 브뤼엘Patrick Bruel과 캐나다의 지네트 레노 Ginette Reno도 노래한 〈Je M'y Attendais 널 기대하지 않았네〉이다. 자신이 재가 되더라도 더 뜨거운 사랑을 갈망하는 마음을 노래했는데, 그녀의 힘이 빠진 가창은 마치 지난날의 후회처럼 들린다.

〈Me Xehases 넌 날 잊었네〉에서 이별의 엘레지는 눈물을 다 쏟아 낸듯한 마지막 절규 같다.

넌 더 이상 기억하고 싶지 않은 죄처럼 날 잊었네, 아이들이 오래된 장난감을 잃어버리듯 넌 날 잊어버렸네… 더 이상 눈을 멀게 하지 않는 눈물처럼 날 잊었고, 그림자 하나 남기지 않고 네 삶에서 날 지웠네…

그녀가 노래하는 소수란, 사랑하는 이들 속에서 이별하는 이들을, 그리고 외로움에 아파하는 이들을 위한 것임을 알 수 있다.

그녀도 1980년대 디스코의 열풍을 피해가진 못했지만, 여전히 그녀의 짙고 낮은 목소리는 다수의 사랑을 받았다.

Nihta Ine Tha Perasi

ΑΛΕΚΑ ΚΑΝΕΛΛΙΔΟΥ

ΝΥΧΤΑ ΕΙΝΑΙ ΘΑ ΠΕΡΑΣΕΙ

1985 | EMI | 72434 896223

1. Mia Peripetia
2. Ke Den Xeroume Pou Pame
3. Poso Tha 'Thela Apopse
4. Mes' Tis Anamnisis
5. Nihta Ine Tha Perasi
6. Kanena Provlima
7. Se Pistevo
8. Lipame
9. Meno
10. Paradinome Lipon

인터뷰나 TV 프로그램의 출연을 상당히 꺼렸음에도 그녀의 노래가 대중의 사랑을 받았던 것은 항상 청중들과 함께 하는 것을 즐겼기 때문인데, 이러한 그녀를 위해 남편은 1980년대 초 나이트클럽 사업을 하며 무대를 열어주었다. 그녀의 1980년대 대표작 《Nihta Ine Tha Perasi 밤은 지

나갈 거야》도 팬들에게 많은 지지를 받았던 작품이다. 유행을 좇지는 않지만, 본작은 1980년대의 디스코 영향과 클럽 분위기를 띠고 있다.

슬로우 댄스 발라드 《Mia Peripetia 모험》에 이어, 《Ke Den Xeroume Pou Pame 우리는 어디로 가는지 모르네》는 탐욕스럽고 위협적인 관계로 변하는 것에 대한 씁쓸한 감정을 노래하고 있다.

우리 자신이 삶을 망치고 있네, 우리는 마음을 비워 버리고, 인간성과 사랑을 잊네, 사람 목소리가 들리는 이 정글에서, 우리는 어디로 가는지 모르네… 우리는 사랑하는 방법을 잊어버렸네…

《Mes' Tis Anamnisis 추억 속에서》도 상념과 우울한 서정으로 가득하다.

…추억 속에서 내 인생은 길을 잃었네, 내가 한 일, 하지 못한 일, 해야 할 일들 속에서 스쳐 가버린 수많은 감정들, 내가 잃어버린 것, 잃지 않은 것, 그리고 나를 망친 것은 무엇인가? 닿기도 전에 갑자기 사라진 그 순간들이 얼굴에 새겨졌네, 선로에 정차하지 않고 문도 열지 않고서 지나가 버린 기차처럼.

《Nihta Ine Tha Perasi 밤은 지나갈 거야》는 건조한 음색과 너무나 잘 어울리는 드라마이다.

…네 목소리를 잃은 곳으로, 네 모습은 희미하게 찾아오네, 하지만 상관없어, 밤은 지나가겠지. 아마 내일 아침이면 널 잊어버릴지도 몰라, 하지만 이건 거짓말이야, 난 아직 극복하지 못했네…

마지막에 숨겨둔 긍정의 노래 《Paradinome Lipon 난 항복하네》는 달콤하고 희망적인 발라드이다.

…네 마음은 폭군 같고, 그 사랑은 감옥이라네, 평생 그림자가 되고 싶다면, 그리고 고백하면, 난 널 두 배로 느낄 거야. 그리고 너만을 위한 사랑에 난 항복할 거야…

13

후속작 《Sapfo 사포, 1987》는 어쿠스틱의 따스함과 그녀의 완숙한 보이스가 너무나 조화로운 작품이었다. 남성 싱어송라이터 스피로스 블라소풀로스Spyros Vla-ssopoulos와 전체 협업한 것으로, 고대 그리스 여류 시인 사포Sappho의 시를 노래했다. 헬레니즘이 흐르는 고풍스러운 연주도 주목할 만하다.

〈Atthida 아테네 소녀〉는 사랑을 꿈꾸는 소녀들을 향한 고귀한 찬가이다.

참나무 산을 휘게 하는 바람처럼, 사랑은 나의 상념을 뒤흔드네, 정욕으로 불타오르던 내 작은 영혼을 식혀줘… 사람을 매혹시키는, 비너스의 아이여…

〈T' Oniro 꿈〉은 안개 가득한 밤의 몽환으로, 고요하지만 애처로운 관악기의 랩소디와 함께 순간 불길에 휩싸이고 거친 파도가 이는 것 같다.

…기진맥진하지만, 계속해서 희망이 날 붙들게 해줘, 어떻게 꿈에서 탈출할 수 있나…

현악과 관악이 고색창연한 슬픈 빛으로 채우는 〈Oute Ta Plouti Thelo 난 부자를 원치 않아〉와 로맨스 꿈과 현실의 고독감에서 오는 괴리를 재즈로 들려주는 〈Apopse Pali 오늘 밤도〉도 기억에 남는다.

Didyma Feggaria

1993 | EMI | 70434 78992 2

1. I Ginekes Pou Erotevode
2. Didyma Feggaria
3. Na Mi Se Do Pote Na Klapsis
4. Tha Se Skefto
5. Sinomosia
6. Didima Feggaria (inst.)
7. Alliotikos nomos
8. Taxidia
9. Xehastikame
10. Epese I Nihta
11. Ioulios Vern

1990년대의 카넬리두를 가늠할 수 있는 앨범이다. 전반부의 6곡은 키프로스 출신의 유명 작곡가 마리오스 토카스Marios Tokas(1954-2008)가, 후반부의 5곡은 록 싱어송라이터 라브렌티스 마하이리차스Lavrentis Machairitsas(1956-2019)가 작곡했다. 그래서 전후반의 분위기가 확연히 다른데, 전반이 고전적이고 그리스 특유의 애수가 녹아있다면, 후반은 현대적이고 국제적인 팝의 인상이다.

〈I Ginekes Pou Erotevode 사랑에 빠진 여자들〉은 색소폰의 깊은 한숨이 감성을 사로잡는다. 사랑은 사랑을 말하지만, 내가 너에게 주었던 그 사랑은 돌아와 나를 심판하네, 사랑은 사랑으로 자라지만, 내가 준 그 사랑이 돌아와 나를 죽이지. 왜 내가 외롭고 우울한지 묻지마, 내 눈과 같은 비 내리는 겨울, 여자가 사는 세상에서, 사랑에 빠진 사람은 늘 혼자라네.

타이틀 〈Didyma Feggaria 쌍둥이 달〉은 전설적인 라이카 남자 가수 디미트리스 미트로파노스Dimitris Mitropanos(1948-2012)와 듀엣으로 불렀는데, 하모니카의 온풍에 떨리는 기타 트레몰로가 아름다운 이 곡은 연주시간이 짧은 연주곡으로도 들을 수 있다. 서로를 갈망하지만 서로에게 상처를 주고 자책으로 회한의 숨을 쉬는 두 연인을 쌍둥이 달에 비유했다.

〈Tha Se Skefto 널 생각해〉는 전형적인 라이카 스타일로, 가사 내용상 자신을 위해 사업가로 변신하여 그녀가 노래할 수 있는 무대를 만들어 준 전 남편을 향한 사랑을 담았다.

난 너와 떨어져 사는 게 행복한 것 같아, 난 지금도 널 생각하고 있어, 네가 사랑했던 내 몸은 널 생각하고 네게 잠들 거야. 그게 다 네 잘못이라는 걸 되뇌기 전에…

〈Sinomosia 음모〉는 감미롭기 그지없는 몽상곡으로, 그 부드러움에 취할 것 같다.

난 헌신적으로 네게 내 몸을 맡길 거야, 내 사랑, 음모가 우리를 하나로 묶네, 사랑은 유죄임을 느끼며, 우리는 천천히 죽을 거야.

라틴의 향기가 듬뿍 담긴 〈Taxidia 여행〉은 자신과 함께 다른 여행을 하며 다시 새로운 사랑을 시작하고 싶다는 열망으로, 이는 현재 뮤지션으로

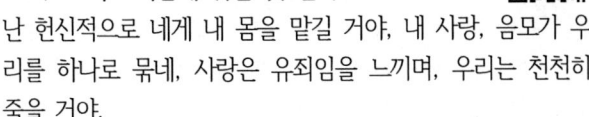

활동하고 있는 아들에 대한 약속이었다.

개인적으로는 전반부에 배치된 작곡가 마리오스 토카스의 흡인력에 더 끌린다.

2000년대 초에 들어 오히려 맑은 채도의 가창과 세련된 팝 감각을 들려주어 놀라움을 주기도 하였는데, 단번에 이목을 끌진 않지만 차분한 보이스 톤은 들으면 들을수록 인간적인 멋을 전한다.

더욱 원숙한 여유가 넘치는 마지막 앨범을 낸 후, 2009년에는 전남편의 피살 소식을 들어야 했고, 그녀의 정신적인 친구 니니 자하도 사망함에 따라 인생의 큰 상실감을 감내해야 했다.

스튜디오보다는 무대에서 청중들과 호흡하기를 더 좋아했던 그녀는 2012년에는 뮤지컬 「Fame」에 출현하였으며, 그녀의 무대뿐만 아니라 동료 가수들과 해외 뮤지션의 콘서트에서도 자주 모습을 드러내고 있다고 한다.

피레네산맥에 울리는 정령의 메아리
Amaia Zubiria ● 아마이아 수비리아
Spain (Basque)

그녀는 1947년생으로 기프스코아주 산 세바스티안에서 태어났다. 항상 과묵하고 보수적인 아버지의 성향으로, 부모 몰래 친구와 함께 노래하며 음악에 대한 열정을 키워갔다. 16세 때 '에스파냐의 목소리La Voz de España' 경연에 참여하여 가수의 길이 열렸지만, 부모의 완곡한 반대로 꿈을 접어야만 했다.

19세 때 이른 결혼으로 25세 때는 이미 세 자녀를 둔 어머니가 되었지만, 음악에 대한 갈증은 더해 갔다. 그러던 중 1970년대 중반 바스크 포크그룹 아이세아Haizea의 멤버인 1948년생 초민 아르톨라Txomin Artola를 만나게 된다. 미국 시인 월트 휘트먼Walt Whitman의 작품을 좋아했던 공통점으로 친분을 쌓았고, 그는 그녀에게 아이세아의 보컬을 제안했다. 당시 바스크 음악계에서는 그녀와 같은 보컬이 전무하였기에, 그 신선함으로 가득한 두 매의 앨범 《Haizea 아름다운 바람, 1977》와 《Hontz Gaua 밤의 부엉이, 1979》는 걸작으로 평가받고 있다.

이후 그녀는 프랑스와 북부 바스크에서 재즈 뮤지션들과 함께 작업하였으며, 1983년 여름 기타리스트이자 작곡가이며 1980년대 초부터 영화음악가로 활동해왔던 파스칼 가이네Pascal Gaigne를 만나 듀오 활동을 시작한다.

《Egun Argi Hartan 햇살 아래서, 1985》와 《Kolorez eta Ametsez 색과 꿈, 1986》를 발표하고, 첫 솔로 앨범으로 축제의 민요 모음집 《Hou Pitxu Hou! 워워! 1989》를 냈다. 1990년에는 파스칼 가이네가 10년간 작곡한 영화음악을 담은 《Hamar Urte Zineman 영화음악 10년, 1990》을 듀오의 세 번째 디스코그래피로 발표했으며, 바스크의 주요 뮤지션 이마놀Imanol Larzabal(1947-2004)과 초민 아르톨라의 1980년대 앨범에도 참여하는 등 게스트 활동도 병행했다. 1990년대 초에는 초민 아르톨라와 함께 세 매의 전통 포크송 앨범을 냈고, 《Amonaren Mengantza 할머니의 기억, 1995》으로 이어 다시 솔로로 앨범 활동을 개시한다.

Tasogare (& Pascal Gaigne)

Amaia ZUBIRIA & Pascal GAIGNE

1996 | Belle Antique | 96284

1. Egun Argi Hartan
2. Xoxo Beltz Bat
3. Ikara Da
4. Xorinoa Kaloyan
5. Itxasoan Iaino Dago
6. Lo Kanta
7. Usakumea
8. Amorosa
9. Nikba Dutmaiteno Bat
10. Agurtzen Zaitugu Ama
11. Alferretan Haiz Sortzen
12. Homenaje
13. Piraguas
14. Une Étoile est Morte

《Tasogare 황혼》은 일본에서 발매된 편집앨범으로, 아마이아와 파스칼 가이네Pascal Gaigne 듀오의 초기 두 앨범에서

발췌한 선곡들과 미발표 3곡을 수록하고 있다. 연주 시간상 누락 없이 합본 발매도 가능했을 텐데… 라는 아쉬움과 커버의 비호감으로 살짝 서운한 감도 든다.

첫 앨범 《Egun Argi Hartan 빛나는 날, 1985》에서 6곡이 선별되었는데, 타이틀곡은 퓨전재즈의 걸작이라 할만하다. 묵직한 베이스의 안개를 뚫고 색소폰의 광택이 노란빛을 낸다.

…천천히 일어나 창을 열어봐, 햇살 사이로 숨을 들이쉬고 문을 열어봐, 그러면 네가 선택한 기나긴 길은 빛나는 날이 될 거야…

바스크의 전통 가락에 가사를 붙인 〈Xoxo Beltz Bat 검은 새〉는 짧지만 베이스 클라리넷의 숭엄함이 감돈다.

…내겐 검은 새가 한 마리 있었지, 새장에 갇힌 채, 어느 겨울날 굶어 죽었네, 나는 마당 구석에 묻어주었지, 그 뒤로 소릴 듣게 되었네, 검은 새의 노랫소리를…

파스칼 가이네의 12줄 기타로만 반주된 〈Xorinoa Kaloyan 새장 속의 작은 새〉도 바스크의 전통음악이다.

…새장 속 가여운 새는 슬피 우네, 충분한 먹이와 물이 있음에도 그는 바깥세상을 갈망했지, 자유보다 아름다운 것은 없기에…

피아노와 플루트 그리고 보컬이 빚어내는 아름다운 서정의 〈Ikara Da 두려움〉은 명곡이 아닐 수 없다.

두려움은 떠오르는 태양빛을 손으로 가리지 못할 때 느끼는 것이네, 진흙탕에 처박혔을 때 가슴으로 세상의 모든 바람을 호흡하고 이슬을 머금으며 느끼는 것이네, 하얀 재로 가득한 굴뚝으로 모든 세상의 물을 인도하며 느끼는 고통이네. 바스크의 전통음악을 새롭게 재편한 걸작 〈Itxasoan Iaino Dago 안개의 바다〉에서 파스칼 가이네의 키보드와 반도네

온이 뿜어내는 환각은 오히려 뜨겁게 들끓고 있
는 듯하다. 그녀의 창백한 음성은 그리움으로 맺
힌 슬픔의 눈물을 건너 유령처럼 넘실거린다.
바다 위를 안개가 뒤덮네, 바이오나Baiona주의 심장부까지,
널 사랑해 아기 새를 키우는 어미 새보다도. 널 애모해 물
을 떠나 살 수 없는 물고기보다도. 더 많이 흠모해.
또 하나의 명연 〈Lo Kanta 자장가〉는 작시가의
암송에 이어 수정같이 맑은 그녀의 가창이 밤의
천국을 향한 꿈길을 열어준다.

두 번째 앨범 《Kolorez eta Ametsez 색과 꿈, 1986》에서
는 5곡이 발췌되었다.
창작곡 〈Usakumea 아기 새의 노래〉는 첫 날갯짓을 노래한
것으로, 젊은이들의 독립과 출가를 비유한 것이라 한다.
〈Amorosa 사랑해〉는 바스크 작곡가 헤수스 비다올라Guridi
Jesus(1886-1961)의 작품으로, 고전적인 연주에 따
스한 성악적 보칼리제가 엄숙하고도 경건한 성스
러움을 열어준다.
사랑과 게임에 대해 노래한 바스크의 전통민요 〈Nikba Dut
-maiteno Bat 연인이 되었네〉에 이어, 창작곡 〈Agurtzen
Zaitugu Ama 어머니 당신께 경의를 표합니다〉는 그 구성
이 독특하다. 성스러운 파이프오르간 음색에 천상의 아리아
를 노래하는 짧은 서두가 지나면, 피아노와 드럼,
베이스와 색소폰의 퓨전 불꽃이 튀며 아마이아는
재즈가수로 변모한다.
12줄 기타의 공명에 바스크 전통음악을 아련하게
노래하는 〈Alferretan Haiz Sortzen 덧없이 자
랐네〉는 자연의 섭리를 노래한 것이라고 한다.

후미의 3곡은 파스칼 가이네의 창작 연주음악으로 현악과
관악의 찬란하고도 고혹적인 서정을 느낄 수 있다.

Zineman (& Pascal Gaigne)

1990 | Angel Amigo | AA 001

1. Loraldia
2. Inmigrantes
3, 4, 5. Juan Y Alicia 1, 2, 3
6. Inmigrantes 2
7. Girasoles 1
8. Lua Lua
9. Girasoles
10. Ander eta Yul
11. Zergatik Panpox
12. Behin Batean
13. Zergatik Oanpox 2
14. Aita Esnatugaberk
15. Egun Sentian
16. Tango
17. Jota Segoviana
18. La Guriak Egin Du
19. La Partida
20. Parij i

세 번째 듀오 앨범 《Zineman 시네마》는 파스칼 가이네의 영화음악을 모은 편집앨범이다. 1981년에서 1990년까지 총 6개의 영화에서 아마이아 수비리아의 맑은 음성은 너무나 아름다운 드라마를 그려내기에, 가수라기보다는 악기로서 참여하고 있다고 해야 더 적절할 듯싶다.

이 앨범은 국내에서 라이선스로 발매되었는데, 그 레이블의 성격과는 다소 차이가 있음에도 지명도가 극히 드문 본작을 상업적 위험(?)을 무릅쓰고 소개하여 준 것에 감사를 표한다. 특히나 이태리, 프랑스, 미국, 일본 등이 배출한 유명 영화음악가들과는 또 다른 서정을 느낄 수 있는 낭만으로, 그 신선한 매력은 충분히 박수를 칠만 하다.

영화 「Loraldia - El Tiempo de las Flores 꽃들의 세월, 1990」은 9개의 소곡으로, 먼저 어쿠스틱의 전원 실내악 〈Lo-raldia 로랄디아〉가 슬픔이 묻어 있는 따사로운 정경을 떠올려준다.

켈틱 뉴에이지 〈Inmigrantes〉에서는 그녀의 스캣 향수가 일렁이는 투명한 물결에 용해되며, 짧은 아코디언의 애수 〈Ju-an & Alicia 1〉, 추억의 왈츠 〈Juan & Alicia 2〉, 비장한 스캣으로 서러움이 물밀듯 퍼져오는 〈Juan & Alicia 3〉의 연작이 스토리를 이어간다.

무반주 코러스로 새로운 시작에 대한 희망을 기술하는 〈Inmi-grantes 2〉, 끝없이 펼쳐진 노란 해바라기 밭 사이로 불어오는 바람의 아코디언과 성악 보칼리제 〈Girasoles 1〉이 평온한 안식을 심어준다.

무반주 허밍으로 영혼을 쉬게 하는 자장가 〈Lua Lua〉에 이어, 해바라기 꽃밭에서의 행복한 결말을 담은 〈Girasoles 2〉가 왈츠를 춘다.

바스크의 여성 감독이자 극작가인 안나 디에스Ana Diez의 1989년 대표작인 동명의 영화 주제곡 〈Ander eta Yul 안더와 율〉은 소프라노 색소폰의 울음과 명징한 피아노의 저음 타격에 아마이아의 보컬 등이 어우러지는데, 마치 ECM 레이블의 현대 재즈를 듣는 듯하다.

바스크의 여배우이자 극작가인 알란차 우레타비스카야Aran-txa Urretabizkaia의 소설을 영화화한 「Zergatik Panpox Why Panpox, 1986」의 〈Zergatik Panpox 1〉 주제는 아마이아의 스캣과 반도네온, 피아노 그리고 클라리넷이 침울한 서정의 농담을 채색하며, 그 울적함은 〈Egun Sentian 일출〉에 이르러 절정에 이른다.

「La Muerte de Mikel 미켈의 죽음, 1984」은 바스크 독립민주주의자 단체 ETAEuzkadi Ta Azkatasuna Basque(바스크 조국과 자유)의 한 동성애 멤버가 미스터리한 죽음을 맞게 되는 줄거리로, 평론은 물론이고 상업적으로 큰 성공을 거둔 작품이라 한다. 파스칼의 반도네온 열풍과 아마이아의 서글픈 보컬이 시린 숨결을 달래는 〈Tango〉는 그 연주시간이 짧아 무척 아쉽다.

「La Fuga de Segovia 세고비아 탈출, 1979」은 1976년 프랑코 군부 산하에 수감되어 있는 30여 명의 바스크 독립단체 ETA의 탈출기를 그린 실화 드라마이다. 기록영화 같은 사운드트랙 중 〈Jota Segoviana 세고비아인의 노래〉은 민요창법으로 독특함을 주고 있다.

영화 「KM O, 1989」에서는 다소 불안한 이미지를 주는 〈La Partida 게임〉과, 아마이아의 스캣과 파스칼의 반도네온이 어둡고도 애한 서린 고독감을 불러일으키는 〈Parij 파리〉를 만나게 된다.

한 가지 아쉬운 게 있다면, 이토록 아름다운 멜로디 라인이 몇 곡을 제외하면 대부분 연주시간이 짧다는 것이다. 사실 3-4분여의 연주시간을 고루 갖추었더라면 좀 더 길고 분명한 이미지를 심어주지 않을까 싶다. 하지만 보석 같은 앨범임에는 틀림없다.

Amonaren Mengantza

1995 | IZ | 445

1. Amonaren Mengantza
2. Bertsuak Jarri Dizkat
3. Txepetxa
4. Trikitri
5. Izazu Nitzaz Kupira
6. Lua Lua
7. Biyotz Erituaren Rumba
8. Biyotzeko Asto Gaxua
9. Zaldi Bat Daukat
10. Ametsetik Ametsera
11. Adizan Grabiela
12. Argizagi Ederra

1998년에 재발매된 그녀의 첫 독집 《Hou Pitxu Hou! 워워, 1989》는 축제를 주제로 한 민요 모음집으로, 에르나니 음악학교 합창단을 참여시켰다.
그중 〈Neure Kristauak Badakizue 당신은 내가 기독교인

임을 알고 있네〉는 남성 합창과 손뼉의 리듬으로 숭엄한 신앙적 찬양을 들려준다.

두 번째 솔로작이 되는 본작 《Amonaren Mengantza 할머니의 기억》에는 자신의 자작곡 5곡과 오랜 파트너 파스칼 가이네와의 공작을 수록했으며 그가 연주에도 참여하여 축하의 응원을 실어주었다.
기타 선율이 푸른 하늘의 새털구름처럼 잔잔히 흘러가는 〈Txepetxa 어린 새〉는 둥지에서 떨어진 아기 새를 올려주는 순수한 동심을 노래했다.
바스크의 즉흥시인 빌린츠Bilintx(1831-1876)의 로망스에 그녀가 곡을 붙인 〈Izazu Nitzaz Kupira 날 불쌍히 여겨〉는 기타와 반도네온의 투명하고도 구슬픈 왈츠이다.
…오! 나의 끝없는 생각, 내 유일한 위안, 네게 정말 고백하고 싶네, 넌 내 유일한 사랑이야, 네가 나무라면 나는 그 나무에 둥지를 트는 새라네. 모든 고통을 인내해야 한다는 것, 모든 시간을 슬피 울어야 한다는 것을 난 잘 알아, 최악의 이 말들은 나의 애정 때문인 것을…
아이세아Haizea의 데뷔작 《Haizea 아름다운 바람, 1977》에 수록된 자장가를 다시 부른 〈Lua Lua 잠들라 잠들라〉는 더 느린 반도네온의 긴 숨결이 기타와 함께 처연한 집시여인을 그리고 있다.
잠들라, 잠들라, 편히 잠들라, 검은 눈망울이여, 네 아비는 승리를 거두고, 네 어미는 노새 위에 앉았네, 잠들라, 편히 잠들라, 네 아비는 장군이 되었고, 승리의 축제가 열리네, 잠들라, 편히 잠들라, 네 아비는 부자가 되고, 네 어미는 축제로 향하네.
〈Zaldi Bat Daukat 내겐 말이 있다네〉는 짧은 민요풍의 노래로, 소담한 멜로디가 정겹다. 큰 울음소리에 고삐를 좋아하지 않는 야생마 친구를 타고 달리는 우정을 그렸다.

〈Ametsetik Ametsera 꿈에서 꿈으로〉는 친근한 3박자에 포근한 그녀의 목소리가 전원적이고 평화로운 서정을 안겨준다.

…욕망에 정박한, 내 많은 즐거움은, 달콤함도 없이 낭비되어 가네, 내게 중요한 더 많은 달콤함과, 내가 살아있는 걸 잊지 않길 바랄 뿐이네, 단지 사랑만이 이 삶에 힘을 주기 때문이네…

돋보이는 명곡 〈Argizagi Ederra 아름다운 촛불〉은 기타의 실험적인 주술에 이어 약간은 서늘한 신시사이저의 어두운 바람을 타고 그녀의 애틋한 음성이 찬란한 로망스를 꽃피운다.

아름다운 촛불, 오늘 내 길에 빛을 주렴, 오늘 밤 거처를 찾을 수 있게. 나는 기나긴 여행으로 몹시 지쳐있다네, 나는 휴식이 필요해, 내 몸을 둘러싼 젖은 옷가지로, 달콤한 네 집에서 이를 말릴 수 있으면 족하네, 네게서 옷가지를 받을 수 있다면, 더 이상 바랄 것도, 다른 부탁도 없네, 남은 길을 가기 위해서, 이 여행이 끝나면 너의 사랑을 주렴.

커버에서 보이듯 연둣빛 바탕에 수줍은 미소를 짓고 있는 아마이아의 솔로 데뷔작은 걸작이라 할 수는 없지만, 순한 햇살이 가득한 바스크 포크의 세계를 잘 보여주고 있다.

Mami Xuri

1998 | IZ | 494

1. Tanka Eta Tanka
2. Mami Xuri
3. Hi Bezala
4. Altzo Bero
5. Hordago
6. Estigma Beltza
7. Goiz Haietan
8. Mielero
9. Hirea Zen
10. Mingaina Erabili
11. Maria
12. Harri Bera

행복을 뜻한다는 세잎 클로버로 뒤덮고 있는 본작 《Mami Xuri 순수한 본질》도 제목답게 바스크 포크의 투명한 매력을 잘 보여주는 작품으로, 대부분이 그녀의 자작곡으로 수록되었다.

사랑의 심장 박동을 제목으로 한 듯한 〈Tanka Eta Tanka 쿵쾅 쿵쾅〉은 바스크 작가 옥스틴 자모라Auxtin Zamora의 시를 노래한 것으로, 남미의 청량한 포크와 플라멩코의 손뼉Palmas 연주의 섞임이 리듬감을 만든다.

…널 불로 사랑할 거야, 하늘의 별과 내면의 세계를 너에게 연결할 거야, 아름다움으로 가득 찬 모든 것을. 넌 나를 불처럼 사랑하게 될 거야, 난 널 불태울 거야, 밤의 잡초와 우물의 어둠을, 고통으로 가득 찬 모든 것을 죽일 거야…

〈Mami Xuri 순수한 본질〉은 어머니의 강인한 생명력과 자식에 대한 사랑의 숙명을 노래한 곡으로, 투명한 기타의 포크가 애틋한 서정을 전한다. 국내 라이선스로 소개된 《Haatik 그렇지만, 2002》에는 더욱 드라마틱한 새로운 연주로 수록되었다.

이중주로 노래하는 부드럽고 애틋한 왈츠 〈Altzo Bero 따뜻한 무릎〉에서는 욕망으로 지친 연인을 위로하며 사랑의 자장가를 들려준다.

관계에 대해 노래한 〈Estigma Beltza 검은 낙인〉은 마치 늦가을 같은 쓸쓸함이 둘러싼다.

…우리는 언젠가 배웠지, 침묵을 받아들이라고, 우리가 이전에 몰랐던 것은 사소한 거짓말을 무시하는 것이었네, 진실은 항상 아프지, 모욕이 뿌리를 내리지 못하도록 꿈을 꿔, 우리 안에는 모든 것이 진실이야…

따스한 봄바람 같은 〈Hirea Zen 숨는 법〉은 첼로와 기타가 투명한 눈물을 소리없이 흘린다. 사랑에 빠졌지만 자신의 새장에 가두려는 연인으로부터 떠나는 심정을 그렸다.

〈Maria 마리아〉는 애절한 아코디언의 열풍이 브라질에까지 흐른다. 그녀의 내부 목초지에 숨겨진 욕망이 너무나 많지만, 아름다운 꿈을 지키기 위해 누구도 그녀의 세계로 들어가는 걸 허락하지 않았던 한 여인에 대한 이야기이다.

Haatik

2002 | Elkar | 804775 015434

1. Agurtzen Zaitugu Ama
2. Ondoan Zauzkat
3. Heldu Zaigu Azaro
4. Alferretan Haiz Sortzen
5. Ilargia Jaio Da
6. Elorri Xuriaren Azpian
7. Ezin Zen Eta Ez Ginen
8. Egun Argi Hartan
9. Mendian Zuin Den Edder
10. Maite Zaitut Maite
11. Mami Xuri
12. Paradisu Bat
13. Ametsa Nun Zaude

자국에서 본작 《Haatik 그렇지만》이 발표된 이듬해, 국내에도 라이선스로 소개되었다.

파스칼이 제작하고 기타와 색소폰 등을 연주한 본작은 새로운 7곡과 기존 앨범들에서 선곡한 노래들을 새롭게 연주하여 수록하고 있다. 하나같이 아름다운 작품들이지만, 글쓴이를 더욱 애틋하게 감동시키는 몇 곡을 소개하고자 한다.

〈Elorri Xuriaren Azpian 산사나무 아래의 소녀〉는 2000년에 국내에 라이선스로 소개된 적이 있는 그룹 아이세아 Haizea의 첫 앨범에 수록된 것으로, 아마이아의 무반주 보컬로 시작하여 기타와 투명한 키보드가 점차적으로 겹치면서 소박한 포크의 매력을 발산한다. 하지만 리메이크한 본 트랙에서 그녀는 동화의 구슬픈 서사를 극적으로 들려주고 있다.

산사나무 아래서 백옥 같은 한 소녀가 잠들었네, 고운 눈처럼 하얗고 태양처럼 빛이 났지, 세 기사는 그녀를 궁전으로 보쌈하기로 했네, 세 기사는 그녀를 말에 태웠고, 조심스레 그녀를 망토로 감쌌지, 그녀의 부모 몰래 파리로 향했네. 파리의 왕은 그녀를 진심으로 환대했지, 새로운 관심을 가졌고 그녀에게 물었다네, '네 의지와 관계없이 끌려온 것인가? 아니면 원해서 온 건가? 말해봐.' '오 아닙니다! 힘에 의해 내 마음은 어찌할 수 없었습니다. 세 남자가 내 집에서 나를 납치했습니다.' 이 말에 기사들은 그녀의 입을 막았고, 왕은 조용히 그리고 아무 일도 없던 것처럼 식사를 했네, 세 기사는 왕의 처분을 기다렸고, 소녀는 죽은 듯이 바닥에 엎드렸네, 세 기사는 말에 올랐고, 그녀를 애도하며 슬피 울었지.

신곡인 〈Maite Zaitut Maite 당신을 사랑해〉는 온유한 피아노 연주에 아코디언의 온기 있는 풍금 소리가 더해지며 그녀의 부드럽고도 평온한 고백이 이어진다.

널 사랑해, 우울함이 침묵 속으로 흐르고, 피와 꿈의, 밤에는 온통 땀으로 젖네, 당신의 밤은 나를 존중하고, 당신의 바람으로 나는 날게 될 거야, 모든 고통과 욕망, 기억 속에 성대하게 머물 거야, 깊게, 더 광대하게, 널 사랑해.

새롭게 연주된 이전 작품의 타이틀곡 〈Mami Xuri 순수한 본질〉 또한 걸작이 아닐까 한다. 민속적인 퍼커션 리듬, 성스러운 느낌을 주는 남성 코러스로 자식을 위해서라면 무엇이든 할 수 있는 모정의 숙명에 대한 슬픈 찬가이다.

신곡 〈Paradisu Bat 천국〉는 바스크의 슬픈 현실을 노래한 것으로, 불타는 염원과 쓰라린 통한을 휘파람 소리로 날려보낸다.

우리를 위한 내 꿈은 천국이었네, 그건 분명 우리 것이야. 그것이 단잠을 깨웠을 때 나는 그걸 끄집어냈지, 잃어버린 내 꿈에 대한 욕망으로. 그리고 무심결에 페이지는 넘어가 버렸네, 유아시절과 노년의 보이지 않는 경계선에서. 우리를 위해 만든 숨겨진 낙원이여! 그리고 춤의 축제와는 다른 슬픈 일들과, 여전히 목구멍을 휘감는 비명은, 아직 더 많은 대지에 널려있고, 열매를 더 붉게 썩게 하네. 폭력의 폭풍처럼 나를 유린하고 지나가지. 어쩌면 내 마지막 기차, 어쩌면 내 최후의 자동차, 아마도 내 궁극의 시가 될지도…

색소폰의 즉흥이 침울한 블루스 〈Ametsa Nun Zaude 어디서 네가 잠드나〉는 마치 어머니의 영전에서 슬피 우는 자식들을 향하여 던지는 사자使者의 음성처럼 엄숙하다.

네가 잠들고 싶은 곳을 말해봐, 얼른 와서, 조물주는 함께 잠들기 원하는 널 볼 수 없네. 어머니의 심장에서 그 소리가 들려, 달콤한 엄지손가락은 어머니 가슴을 대신하며, 두려움을 쫓네, 내 어머니의 손길에서, 네가 잠들기 원한다면, 우리는 내면에 꿈이 있고, 우리는 그 꿈을 변경하지, 가장 아름다운 장난감을 가지고, 바다의 별들과 함께, 새와 물고기와 함께, 춤과 노래와 함께, 과자와 껌과 함께. 어머니와 이야기하고 아버지와 노닐고…

가장 감동적이고 추천할 만한 바스크의 음성이며, 최고의 안식처라 감히 말해본다.

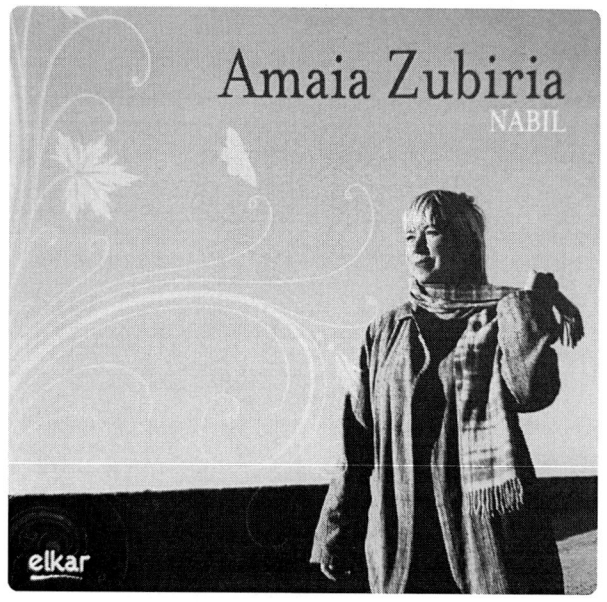

Nabil

2008 | Elkar | 884385 746728

1. Hala Ere
2. Maitia Nun Zira
3. Adios Izar Ederra
4. Ama, Ezkondu
5. Donostiako Hiru Damatxo
6. Sorlekua
7. Agur Maria
8. Goizian Argi Hastian
9. Ilunabarra
10. Prima Eijerra
11. Adizan, Grabiela
12. Itsasoa Laino Dago
13. Amodioa Zoin Den Zoroa
14. Xoriñoa Kaloian

본작은 이전 작품 《Haatik 그렇지만》이 발표되고 무려 6년이 지나서야 출시된 그녀의 5번째 독집이다. 레퍼토리는 바스크의 민속음악과 선배 가수의 노래 그리고 지난 레퍼토리에서 선별한 곡들을 아름다운 포크로 재해석하였다.

30년 가까이 유대해오고 있는 파스칼 가이네는 신시사이저와 기타를 연주하고 있으며, 아코디언과 퍼커션 그리고 콘트라베이스 연주자 등을 참여시키고 있다. 이전 작품에 비하면 더욱 정갈한 사운드를 구성하여 그 깊이감을 확장하였는데, 그래서 담백한 여백의 미에 흠뻑 젖게 된다. 참고로 앨범명 'Nabil 길'은 첫 곡의 가사에서 추출했다.

첫 곡 〈Hala Ere 하지만〉은 남편 사비에르 레테Xabier Lete와 함께 바스크 문화 부흥운동Ez Dok Amairu을 이끌었던 가수들 중 한명으로 바스크의 조안 바에즈Joan Baez라 불리는 여성 가수 루데스 이리온도Lurdes Iriondo(1937-2005)의 1974년 발표곡이다. 11명의 형제자매 중 둘째로 태어나 가난한 가정형편으로 뿔뿔이 흩어져 자라야만 했던 그녀의 참담한 어린 시절을 노래했는데, 아마이아는 공명이 깊은 기타로 그리움을 달랜다.

길, 이 길은 너무나 지치게 하기에, 너무나 아득하게 보여, 어둠이 내렸네, 침침한 눈, 빈손, 길, 길은 너무나 흐릿하기에. 그래서 난 발걸음을 멈추었네, 더욱이 모두가 이 땅에 있으니, 내 유일한 집, 하지만 보이지 않네… 떠날 수 있을까, 그러나 어디로 떠나야만 하나? 추위가 달마저 떨어뜨려도, 여기 내 형제들과 함께 있는데, 그러나…

〈Maitia Nun Zira 내 사랑은 어디에〉는 이마놀Imanol(1947-2004)과 그룹 모세다데스Mocedades 출신의 여가수 아마야 우랑가Amaya Uranga 등의 많은 바스크 가수들, 그리고 카탈루냐의 유이스 야흐Lluís Llach, 포르투갈의 둘씨 폰트시Dulce Pontes 등도 불렀던 유명한 바스크의 사랑 민요이다. 아코디언의 무거운 열풍에 고음은 열렬함을 토한다.

내 사랑, 어디에 있나? 그대는 보이지 않고, 소식마저 없네, 어디서 길을 잃었나? 그렇지 않다면 관심이 끊어진 걸까?

내게 약속했었지, 한 번이 아니라 여러 번. 예전의 그는, 전혀 바뀌지 않았네, 가슴에 사무친 그것, 그리고 널 사랑했네, 우리 사랑을 시기한 아버지, 그가 원인이었나, 그리도 저지하고 가로막았지만 난 다시 이렇게 말하네, 내 사랑이여, 어디에 있나?

〈Ama, Ezkondu 어머니 결혼하고 싶어요〉는 이미 초민 아르톨라Txomin Artola와의 듀오 작품 《Folk Lore Sorta 1, 1991》에서 선보였던 출중한 트랙이었다. 눈물마저 씻어낼 듯한 애수의 리코더와 아코디언이 가슴을 아련하게 하는 이 명곡을 이번 앨범에서는 아코디언과 퍼커션으로 더 투명하게 인고의 겹을 벗겨낸다.

19세기 중반에 만들어진 풍자민요 중 하나인 〈Donostiako Hiru Damatxo 산 세바스찬의 세 처녀〉는 빠르고 경쾌한 왈츠 템포에 흥겨운 아코디언의 즉흥이 서글픈 멜로디를 따라 반복되는 아름다운 작품이다. 포도주를 좋아하는 세 처녀가 어머니께 꾸중을 듣는 내용으로, 많은 가수들의 버전들도 찾아 듣게 만든다.

〈Agur Maria 아베 마리아〉는 여가수 에스티츄Estitxu(1944-1993)가 1970년에 발표한 바스크 대중음악의 고전으로, 화사한 오케스트레이션과 기타의 조화에 눈물 촉촉한 목소리가 아름다운 명곡이다. 아마이아는 기타 반주에 더욱 너그럽고도 평화로운 풍광을 그린다.

아베 마리아, 내 마을에 무슨 일이 일어났나요? 형제애는 산산이 깨졌고, 다른 이는 반대편에 섰습니다. 성모 마리아여, 내 기도를 들어주세요, 내 나라를 선택해 주세요. 하나님은 당신 마리아를 구원하였습니다, 은혜를 모르는 사제들까지도. 당신께 올리는 내 기도를 들어주세요…

마음을 푸근하게 만드는 〈Prima Eijerra 첫 마음〉에 이어 파스칼과 처음으로 발표했던 《Egun Argi Hartan 빛의 날, 1985》에 수록된 애상의 기타 서정시 〈Itsasoa Lai -no Dago 바다의 안개〉도 우리의 마음을 동요하게 한다.

음악에 흐르는 문학정신
Amancio Prada ● 아만시오 프라다
Spain (Galicia)

PRADA PRADA   AMANCIO

1990년대 대학시절 글쓴이는 마음껏(?) 음악을 듣는 것이 최고의 선망이었다. 인터넷의 전신이라 할 수 있는 PC 통신으로 다양한 음악동호회에 가입하여 부족한 정보를 얻고 오프라인 감상회를 통해서 구하기 힘든 것도 들어보고 전문 라디오방송도 애청하는 정도였으니 펵이나 부지런 떨었다.

이름난 레코드숍에서 신보가 들어왔다는 소식에 전공수업도 빼먹고 은행을 들러 달려가곤 했는데, 그래도 국내에 한정적으로 수입되었기에 정보도 음반도 참으로 귀했다. 지금이야 인터넷으로 들어보고 손쉽게 구입 가능하지만, 좀 더 다양한 레퍼토리를 확보하는 방안으로 통신판매가 그나마 유

일했다. 글쓴이도 이 통신판매라는 것에 도전장을 내밀었는데, 그 시절 즐겨듣던 프로그레시브록 음반을 구매하기 위해 스페인 Fonomusic 레이블로 편지를 보냈고, 카탈로그를 받아 주문서를 또 보내고, 은행을 통해 외환 수표를 보내는 실로 복잡한 경위를 거쳐야만 했다.

익히 이름도 들어보지 못한 아티스트들… 즐비한 레퍼토리에 무작정 긍정적인 믿음을 갖고 이름과 앨범명을 적어 내려간 구입 리스트에 아만시오 프라다가 있었다. 음악도 들어볼 수 없었던 터에 무슨 근거도 없는 용감함이 작용했던지… 실오라기만 한 단서도 없이 흡수지 같은 욕구와 이름에 대한 이끌림만으로, 차가운 바람이 불기 시작하는 맑고 높은 가을 하늘 같은 그의 목소리를 대면하게 되었다.

아만시오 프라다는 1949년생으로 스페인 북서부 갈리시아와 인접하고 있는 레온León주 데에사스Dehesas에서 태어났다.

파리 소르본 대학에서 사회학을 전공하면서, 이름 있는 연주자들에게 기타를 사사했으며, 화성학과 작곡법도 병행하였다.

그의 나이 23세 되던 해인 1972년 12월 프랑스의 대표적인 음유시인 조르주 브라상스Georges Brassens(1921-1981)와 나란히 무대에 서게 되었고, 이가 계기가 되어 라디오와 TV에도 출연하였으며, 프랑스의 여러 대학가에서 연주할 수 있었다.

오랜 기간을 할애하여 데뷔앨범 《Vida e Morte 생과 사, 1974》를 프랑스에서 발표한다.

1975년에 스페인으로 돌아와 여류시인 로살리아 데 카스트로Rosalía de Castro 헌정 앨범을 녹음하고, 카스티야 지방의 세고비아에 정착하며 작곡에 헌신적으로 몰두한다. 그리고 걸작들 《Caravel de Caraveles 카네이션 중의 카네이션, 1976》, 《Leila Doura, 1977》, 《Cántico Espiritual 영혼의 찬송가, 1978》, 《Canciones de Amor y Celda 사랑과 수도실의 노래, 1979》 등을 탄생시킨다.

Canciones y Soliloquios

AMANCIO PRADA

CANCIONES Y SOLILOQUIOS

1983 | Fonomusic | 1381

1. Solo de lo Negado
2. El Hombre Dormido
3. La Noche del Sabado
4. Pero no, Corazón
5. En la Trena (Balada Estival de las···)
6. Juraria
7. La Lluvia
8. Afro Tambu
9. Que no se Despierte
10. La Cara del Que Sabe

1982년 2월 마드리드의 스페인 극장에서 시작된 '성 요한의 십자가 - 영혼의 찬송가'라는 리사이틀 중에, 칼보의 시를 노래한 《Canciones y Soliloquios 노래와 독백》을 발표했다. 칼보Agustín García Calvo(1926-2012)는 포르투갈과 인접한 사모라Zamora에서 태어나 죽었다. 살라망카대학교에서 고전

철학을 공부하고, 22세 때 마드리드에서 고대 운율학과 작시법으로 박사학위를 받은 후 교수가 되었다. 1964년부터 마드리드의 콤플루텐세 국립학교에서 석좌교수를 맡게 되었지만, 프랑코 정부가 학생들을 선동한다는 이유로 1965년에 추방당했다. 그는 무정부 운동을 주장했던 Acratas 단체를 결성, 이는 해외의 많은 학생들에게 영향을 주게 된다. 이후 오랫동안 파리에서 머물며, 교수와 번역가로 일했고 정규적으로 스페인의 정치적 논쟁을 위한 카페도 열었다. 프랑코가 사망한 후 1976년에 마드리드로 복귀하여 1992년 은퇴까지 학생들에게 고전 언어학을 가르쳤다.

청명한 음성으로 노래하는 구슬픈 첫 곡 〈Solo de lo Negado 부정하고픈 하나〉는 마치 슬픈 노래를 부를 수밖에 없는 시대상을 반영한 듯하다.
부인하고픈 하나를 노래하네, 단지 상실감으로, 갈망 하나로, 항상 똑같이. 과수원 언덕은 항상, 가시덤불의 문, 이것을 리라가 한탄했고, 플루트가 한숨을 쉬었네. 그 이후로, 감옥의 포로가, 수레의 노예가, 배에 탄 망명자가 노래했지. 새장 속에서의 날갯짓과 상처, 이름 모를 새는, 갈망하지만 나갈 수는 없네, 새장은 항상 그랬지… 가난한 자도, 죄수도 노래하지, 부자는 노래하지 않아… 어린 시절로 돌아가서, 굶주리고 입맞춤도 못했던 입으로, 텅 빈 하늘을 향해 항상 갈망하네, 잃어버린 무엇과 거부당한 것들, 항상 남의 것이었던, 결코 내 것이 될 수 없었던 것들…

〈El Hombre Dormido 잠든 노예〉에서 청징한 피아노 반주와 따사로운 현악 그리고 전원적인 하모니카는 영원한 평화와 안식을 향해 애틋한 송가를 흘려보낸다.
바람이 지나가는 얼굴에, 그리고 흔들림 없이. 얼굴 위에서 춤추는 자작나무의 그림자, 그리고 태연함. 입가에서 신선한 점액의 방울이 올라왔네, 그는 아무것도 가지지 않았지. 이 얼마나 평온한가! 그리고 축복의 영면, 그의 얼굴은 사랑을

담고, 달콤함을 깊이 간직하고 있네, 익명의 꿈속으로 녹아 버린 영혼이여. 순풍은 눈물을 말리네. 아무것도 모른 채, 아무것도.

차분하고도 따뜻한 실내악의 기운이 잔잔히 퍼지는 〈Pero no, Corazón 그러나 아니야, 마음으로〉는 간절한 갈망은 찾아오질 않고 변함없는 현실의 아픔을 은유적으로 표현하고 있다.

가뭄 후, 마침내 찾은 물, 하지만 아니야, 마음으로는. 모든 계곡의 꽃들과 풀들을 위하여, 하지만 아니야, 마음으로는. 덤불 위로 여름비가 젖은 해 질 녘의 땅, 그러나 비는 오지 않았네. 검은 떡갈나무, 투명한 차나무, 폭풍이 지나가네, 평화가 도망가네! 그러나 아무 일도 일어나지 않았지. 번영의 적, 잃어버린 여동생, 다시 나뭇가지 위로 비가 내리네. 마음속에는, 그 이상 아무것도 없네.

명곡으로 기록될 아름다운 연애시 〈La Lluvia 비〉에는 투명하고도 아픔 서린 눈물의 빗방울이 피아노의 음률로 청명하게 떨어진다. 항상 가까이서 지켜봐왔던 짝사랑에 대한 심금을 명징하게 울리고 있다.

비는 땅 위 고랑 속에서 죽네, 하지만 네 눈 속에 삶의 댐이 있지. 이 강줄기를 따라 물은 조금도 줄지 않고 흐르겠지. 내 손엔 어떤 것도 없어. 아낌없이 그녀를 보네. 단지 일 년 만일까? 다른 것이 시작되지. 우리가 가진 시간은 알 수 없어. 하지만 알았네, 네가 알아차리는 것을 난 원치 않지만. 너의 정원 안에서 까마귀는 결코 둥지를 틀 수 없지. 내 말은 너의 문 가까이 가진 않을 거야!

De la Mano del Aire

1984 | Fonomusic | 1382

1. El Mundo Que Yo No Viva
2. Danza da Lúa En Santiago
3. Las Moras Negras
4. Los Caminos de la Tarde
5. Hijo del Alba
6. Tres Eran Tres
7. Alegra Titiritero
8. Sombra Luminosa
9. Nana de Cupido
10. Belen Ano Cero
11. La Gitarra

하얀 바탕에 날개가 그려져 있는 《De la Mano del Aire 대기의 손》에는 전작에서 특집으로 선보였던 칼보Agustín García Calvo를 비롯, 민중 시집으로 평가받는 「Romancero -gitano 집시 노래집, 1928」으로 유명한 로르카Federico García Lorca(1898-1936), 시집 「Animal de Fondo 막다른

길의 동물, 1947」로 1956년 노벨상을 수상한 히메네스Juan Ramón Jiménez(1881-1958), 소설 「El Cuarto de Atrás 뒷방, 1978」로 스페인 국립 문학상을 수상한 가이테Carmen Martín Gaite(1925-2000), 그리고 「Longa Noite de Pedra 돌의 기나긴 밤」으로 갈리시아를 프랑코 정부로부터 옹호했던 페레이로Celso Emilio Ferreiro(1912-1979) 등 많은 시인들의 작품들이 포함되었으며, 자작곡 〈Sombra Luminosa 빛나는 그림자〉도 수록했다.

담백한 어쿠스틱 사운드 외에도 전자음향이 물씬 풍기는 작품도 더러 수록하고 있다.

칼보의 시 〈El Mundo Que Yo No Viva 내가 살지 않는 세상〉은 우울한 전자음향과 전자기타의 블루스에 침잠한 그의 음성이 시대적 혼돈과 다음 세대에 대한 희망을 읊는다.

…물은 순금보다 깨끗할 테지, 내가 사는 세상에서는 그렇지 않지만, 공예품을 만들지 않아도, 포도원을 경작하지 않아도 되겠지, 큰 나무들에는 제각기 다른 과실이 열리겠지. 내 인생아. 그 세상은 내 것이 아니야. 그건 너의 것, 네 눈에서 침몰은 항상 존재하지, 그리고 내 눈에는 도달하지 않을 거야. 돌입하기 원하는 그 세상, 그 시간이 오기 전에 울리리, 내 인생에 대하여.

로르카의 시 〈Danza da Lúa En Santiago 산티아고 달의 춤〉은 죽은 산티아고 달의 여왕을 노래했다. 팝의 낭만은 청량함으로 달빛을 흘린다.

전자음향과 기타의 슬픈 로망스가 매혹적인 〈Las Moras Negras 검은 딸기〉는 칼보의 시로, 소중한 사랑을 갈망하는 젊음의 고뇌가 그려진다.

…마침내 두 손 가득 검은 딸기를 땄지, 내 손에 핏빛으로 물든 사랑을…

역시 스산하고도 쓸쓸한 전자 키보드의 사운드가 줄곧 흐르는 〈Hijo del Alba 새벽의 아들〉은 '스페인의 셰익스피어'

라 불리는 로페 데 베가Lope de Vega(1561-1635) 의 시로, 지키고 싶은 소중한 것들에 대한 염려가 꿈의 환상처럼 열린다.

진주의 속치마를 열고, 새벽의 아들이여, 내일은 춥다는데, 이렇게 일찍 어딜 가나? 당신은 내 아침의 별이기에, 당신이 태어난 첫 날로 데려가 줘. 모자도 양털도 걸치지 않은, 목동과 어린 양 떼들, 내일은 추울 텐데, 이렇게 일찍 어딜 가나? 눈망울 속 진주, 입가의 미소, 기쁨과 분노는 영혼의 이유라네. 붉은 머리칼, 진홍빛 입술, 이렇게 추운데 일찍 어딜 가나? 당신의 임무는 거룩한 목자라네… 당신이 변장한 영혼의 모습을 보러 간다면, 어떤 길로 갈 건가? 이 추운 새벽에, 너무 일러!

가이테의 시 〈Tres Eran Tres 그녀의 기억 세 가지〉에서는 아쉬움과 아련함이 담긴 따스한 바이 올린과 건반이 청량한 감성에 젖는다.

그녀의 세 가지, 지난날 내가 추억하고 있는 건, 너의 편지, 너의 목소리, 그리고 하얀 손수건. 네 편지는 많은 위로 그 이상이었어, 네가 말한 "널 사랑해", 내 영혼을 울린 말 "문을 열어줘", 그리고 넌 나를 열었지. 추운 밤, 발코니에서 들려오는, 너의 달콤하고 취한 목소리, 새벽에, 손수건에 "돌아가요", 나는 "안녕"이라 고했지. 네 목소리는 이 협곡 속으로 사라져갔네. 너의 엽서는, 바람으로 날아가 버렸어, 편지도, 목소리도, 손수건도 작별을 알지 못했네.

암울한 시대의 슬픔을 노래한 칼보의 시 〈La Gitarra 기타〉는 희망의 상징으로, 저항의 무기로서 노래를 의미한다. 중반부는 밝지만, 전반과 후반을 감싸고 있는 무거운 기타의 공명은 비명과도 같다.

기타는 울음을 터뜨렸네… 울음을 멈추기는 불가능해. 멀리 뭔가를 향한 절규. 뜨거운 남부의 사막은 하얀 동백꽃에게 묻네, 목표 없는 눈물의 화살은, 아침 없는 저녁. 그리고 나뭇가지 위에서 먼저 죽은 새. 오 기타여! 상처받은 마음, 다섯 개의 날.

Dulce Vino de Olvido

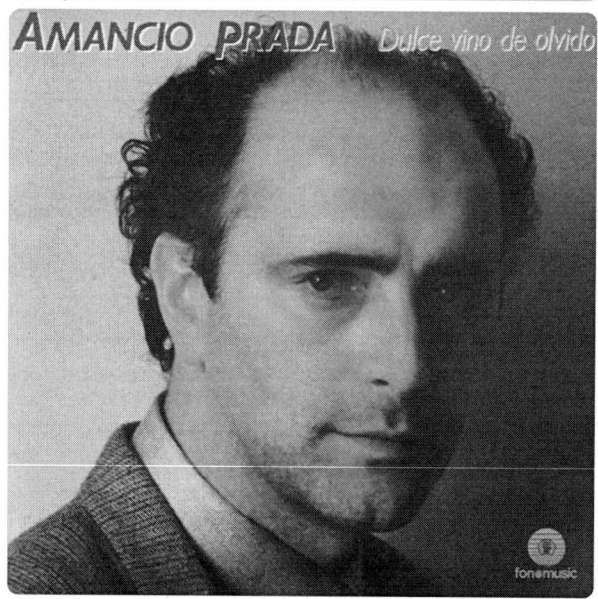

AMANCIO PRADA *Dulce vino de olvido*

1985 | Fonomusic | 1383

1. Caliz (Version española)
2. Ya Veras Muñeca
3. Escondite Ingles
4. Dulce Vino de Olvido
5. Por una Senda
6. La Vecina
7. Negra Sombra
8. Nada Mas
9. A un Alcotan
10. Cancion de Amor nº 2

《Dulce Vino de Olvido 망각의 포도주》는 그의 많은 디스코그래피들 중에서 최고의 앨범이란 찬사가 쉽게 나오는 걸작이 아닐까 싶다.

〈Caliz 성배〉는 월드뮤직 팬들에게 잘 알려진 명곡 〈Cálice〉가 원곡으로, 브라질 음악가 쉬쿠 봐르키Chico Buarque와

지우베르투 지우Gilberto Gil가 쓴 작품이다. 당시 브라질의 정치사회는 군부독재였으므로, 억압에 대한 저항은 상징적으로나마 표현할 수밖에 없었으며, 이미 그의 많은 작품들은 금지곡이었다.

쉬쿠 봐르키의 1978년 셀프 타이틀 앨범에 수록된 이 곡은 훨씬 전에 만든 작품이었는데, 1973년 상파울루에서 거행된 음악 축제 'Phono 73'에서 허밍으로 불러야만 했다. 나지막하게 온유한 음성으로 부르는 'Cálice'라는 후렴 구절은 단호한 경고와 조롱의 'Cale-se 닥쳐!'임은 잘 알려져 있다.

하나님 아버지, 내 술잔을 멀리하게 하여 주소서, 붉은 피의 포도주가 담긴, 저의 성배를 거두어 주소서, 독주를 들이키는 것 같은, 고통을 참고, 전투에 지원하고, 더욱이 입을 다물었지요, 침묵의 도시를 향해, 거룩한 당신의 아들이 되겠다고 기도를 올립니다. 어떤 이의 아들보다 더 충심의 아들이 되겠다고. 또 다른 현실은 아직 살아있습니다. 수많은 거짓과 무력… 침묵을 깨는 것은 너무나 어렵습니다. 고요한 밤이면 더욱 상처받지요. 나는 시작하길 바랍니다, 인간적인 비명을. 이 모든 적막을 듣노라면, 의식을 잃습니다. 화랑에 세심함 따윈 걸어두고, 이 모든 시간 동안, 거대해지는 호수의 괴물이 보입니다. 그렇게 비대한 암퇘지는 더 이상 걸을 수 없겠죠. 너무 많이 휘두른 단검은 더 이상 자를 수 없겠죠. 너무 힘듭니다. 아버지여, 문을 열어주소서… 내가 내 죄를 알 수 있길 원합니다. 내 감옥에서 죽길 바랍니다. 차라리 한 번쯤 잃어버리길 바랍니다. 당신의 머리, 당신의 심판을 낭비하는, 내 머리를. 기름 연기를 풍기도록 취하길 원합니다, 누군가 나를 잊기까지. 성배여!

가이테Carmen Gaite(1925-2000)의 시 〈Escondite Inglés 은신처 영국〉은 인생의 비논리적인 부정확함을 자서전적 여행 이야기로 풀어낸 「El Cuarto de Atrás 뒷방」과도 같이 아련한 현실이자 연민의 허구를 서정적인 꿈의 단편처럼 들려준다.

하나, 둘 그리고 셋, 영국의 은신처에는, 열정을 지닌 소녀가 더 이상 없네. 소녀는 즙을 짠 오렌지를 갖고 놀다가, 백리향 가지를 꺾어 연기를 피운다네. 잠들기 원치 않는 별들이 거리 바닥을 비추네, 이야기해주렴, 동화 이야기를, 내게 손을 내밀어 줘, 바람은 여름을 불어왔네.

〈Dulce Vino de Olvido 망각을 위한 단 포도주〉는 유명한 고전을 많이 작곡한 음유시인 치쵸 산체스 페르로시오Chicho Sánchez Ferlosio(1940-2003)의 자작곡이다. 비록 자신이 낸 앨범은 소수지만, 조안 바에즈Joan Baez와 솔레다드 브라보Soledad Bravo, 빅토르 하라Victor Jara(1932-1973), 퀼라파윤Quilapayún 등이 그의 노랠 불렀으며 그들과 함께 공연하기도 했던 의식 있는 운동가였다. 이 노래는 아들을 잃은 어버이의 죽음과도 같은 고통을 그린 것으로, 눈앞에 아른거리는 얼굴을 잊으려 매일 밤 포도주를 들이키는 내용이다. 핏빛 눈물을 머금은 기타의 음성은 비극과 비통을 넘어 탄식에 이른다.

연주시간이 채 2분도 되지 않지만 빠뜨릴 수 없는 서정시 〈Por una Senda 오솔길 사이로〉는 미겔 에르난데스Miguel Hernández(1910-1942)의 시이다. 그는 내란의 싸움터에서 아내에게 보냈던 「El Viento del Pueblo 민중의 바람, 1936」으로 잘 알려져 있으며, 옥중에서 병으로 사망했다. 자서전적인 이 노래에는 시대적 아픔 속에서 무력한 자신에 대한 고뇌와 슬픔이 푸른빛의 몽롱한 멍이 되어 번진다.

오솔길 사이로 농부들이 가네, 지금은 성스러운 귀가 시간. 그 몸속엔 겨울, 봄, 그리고 여름의 무게에, 유린당한 피가 흐르네. 초인적인 노력을 거두고, 이제 노래를 부르러 가네, 입맞춤하러 가네. 연장과 손의 냄새를, 대기에 풍기며 가네. 다른 오솔길로 내가 가네. 귀가의 시간에도 입맞춤하러 갈 수 없는 길, 목적지도 없는 꼬부랑길로. 무섭고 비극적인 얼굴을 숙이고, 투우가 홀로 강가에서 울고 있네, 투우이고 수컷임을 잊은 채.[1]

〈Negra Sombra 검은 그림자〉는 여류작가 로살리아 데 카스트로Rosalía de Castro의 시에 역시 갈리시아 출신인 작곡가이자 오르간 연주자 호안 몬테스Xoán Montes(1840-1899)가 만든 명곡으로, 많은 라틴의 가수들이 취입하여 우리에게 잘 알려져 있다. 신비스럽고도 아련한 착란의 건반에 프라다의 청아한 음성은 고통이자 곧 행복인 대상을 찬미한다.

네가 떠났다고 생각할 때, 날 놀라게 하는 검은 그림자, 내 머릿속 깊은 곳에서, 탁자는 내게 비웃음을 보내지. 내게 보이는 같은 태양 속에서, 네가 사라지고 있다는 걸 상상하면, 넌 곧 빛나는 별이 되고, 바람이 되며, 귓가의 속삭임이 되지, 노래가 있다면, 그건 당신의 노래가 될 거야, 울부짖는 소리가 들린다면, 그건 당신의 눈물일 테지. 넌 강물의 속삭임이고, 밤이며, 오로라야. 이 모든 것에 당신이 존재해, 내 검은 그림자처럼, 나와는 결코 떨어질 수 없지, 항상 내게 놀라움을 주는 그림자.

〈Nada Mas 아무것도〉는 음유시인 파코 이바녜스Paco Ibá-ñez의 명곡 〈Palabras para Julia 훌리아를 위한 자장가〉의 작시가 아구스틴 고이티솔로José Agustín Goytisolo(1928-1999)의 시이다. 피아노와 색소폰의 팝 감각은 한적하고도 투명한 시정으로, 슬픔이 아닌 행복한 추억을 남겨준다.

포플러 향이 가득할 때, 나는 생각에 잠기네, 3월 1일, 넌 떠났지, 아무것도 남기지 않고서. 당신의 말, 혹은 몸짓은. 네 눈망울처럼 명료한데, 난 더 이상 아무것도 볼 수 없네, 분노의 나날이 지나고, 고통과 역경만이. 그리고 한밤에 너의 별, 영원에 대한 눈부심으로, 나는 사랑만을 기억할 뿐, 그리곤 아무것도…

---

1) 미겔 에르난데스, 양파의 자장가, 배은정(역), 솔, 1995, 92p,

Sonetos del Amor Oscuro

1988 | Ariola | 257571

1. Preludio
2. Soneto Gongorino
3. Noche del Amor Insomne
4. El Amor Duerme en el Pecho del Poeta
5. Soneto de la Carta
6. Ay, Voz Secreta
7. El Poeta Dice la Verdad
8. Llagas de Amor
9. Ciudad Encantada
10. Soneto de la Guirnalda
11. Soneto de la Dulce Queja
12. El Poeta Habla por Telefono pon el Amor

스페인의 시인이자 극작가인 페데리코 가르시아 로르카Fede -rico García Lorca(1898-1936)는 남부 그라나다 근교 작은 마을에서 출생했다. 부친은 대지주였으며 모친은 교사이자 피아니스트였다. 11살 되던 해 그라나다로 이사하였으며,

대학에서 법과 문학 그리고 작곡을 배웠다. 하지만 그의 청소년기를 지배하고 있던 것은 문학이 아닌 연극과 음악이었는데, 클래식 피아니스트 드뷔시Debussy, 쇼팽Chopin, 베토벤Beethoven은 예술적 영감을 불러일으켰고, 현대 스페인 최고의 음악가 중의 한 사람인 마누엘 데 파야Manuel de Falla (1876-1946)와 우정을 나누었다. 로르카는 그의 피아노 선생이 사망하기 전 1916년까지 문학활동을 하지 않았으며, 그의 첫 산문 작품이 '야상곡', '발라드', '소나타' 등의 뮤지컬 형태임을 미뤄본다면, 음악이 그에게 끼친 지대한 영향력을 감지할 수 있다.

이후 그는 스페인 각지를 함께 여행했던 대학교수들의 권유로 낸 첫 산문집 「Impresiones y Paisajes 인상과 풍경, 1918」을 시작으로 젊은 작가의 길로 들어선다. 화가 살바도르 달리Salvador Dalí(1904-1989), 영화감독 루이스 부뉴엘Luis Buñuel(1900-1983), 1956년 노벨 문학상 수상자 후안 히메네스Juan Ramón Jiménez(1881-1958), 극작가 에두아르도 마르퀴나Eduardo Marquina(1879-1946) 등과 친분을 쌓으며, 그들의 초현실주의와 다양한 장르를 통하여 자신의 문학세계를 펼쳐갔다.

1920년에는 극작품 「El Maleficio de la Mariposa 나비의 저주」를 무대를 올렸으나 실패를 맛보고, 이듬해에는 첫 시집 「Libro de Poemas 시 모음」을 출간했다. 「Romancero Gitano 집시민요집, 1928」으로 스페인 국가 문학상을 받으며 명성을 얻은 그는 이듬해 북중미를 여행하고 돌아왔다.

1930년에 프리모 데 리베라Primo de Rivera의 군부는 붕괴되었다. 공화국이 수립된 후 교육부가 지원하는 대학생 연극단의 감독을 맡았으며 그의 연극들은 대성공을 거둔다. 1933년 부에노스아이레스를 여행한 후 죽음을 주제로 한 3부작 「Bodas de Sangre 피의 결혼식, 1933」, 「Yerma 예르마, 1934」, 「La Casa de Bernarda Alba 베르나르다 알바의 집, 1936」을 발표했다. 그는 이데올로기를 의식하지 않았음에도 그의 친구들 몇몇이 공산주의자들이었다는 것과

작품 곳곳에 비치는 우익 민병대에 대한 조롱은 그의 목숨을 위험에 노출시켰다. 결국 고향 그라나다로 내려온 삼 일 만에 스페인 내전이 발발했고, 8월 18일 비스나르 계곡 옆 푸엔테그란에서 국수주의자들에 의해 살해되었다.

그의 절친이었던 칠레 시인 파블로 네루다Pablo Neruda(1904-1973)는 「Espana an el Corazon 가슴속의 스페인, 1937」에서 로르카를 죽인 파시스트를 향해 '자칼도 내쳐버릴 자칼들, 메마른 선인장도 씹다 뱉어버릴 돌멩이들, 독사들도 증오할 독사들…'이란 저주를 퍼부었다.

오랜 세월이 지나 영국 무용가 켐프Lindsay Kemp는 「Cruel Garden 잔인한 정원, 1967」을, 영화감독 마르코스 쥬리나가Marcos Zurinaga는 「The Disappearance of Garcia Lorca 데스 인 그라나다, 1996」로 짧은 로르카의 삶을 담아냈으며, 2008년이 되어서야 스페인 법원은 그의 무고한 죽음을 판결했다.

1983년이 되어서야 출간된 유작 「Sonetos del Amor Oscuro 어두운 사랑의 소네트」는 로르카가 16세기 가르멜회의 수도사이자 신비 시인 후안 크루스San Juan de la Cruz(1542-1591)의 작품에 영감을 받은 모음집이다.

아만시오 프라다는 이전의 앨범들에서 고집했던 기타에서 벗어나 재즈적인 향취를 가득히 싣고 있는 피아노의 화려하고도 아름다운 연주를 위주로, 고전적 14행시 단가를 현대적으로 개편하고 있다.

먼저 밤하늘을 화려하게 불 밝히는 색소폰의 재즈 블루스에 이어 서정적이고 맑은 피아노가 열정을 더하는 연주곡 〈Preludio 전주〉가 도회지의 푸르른 감성을 적신다.

감미로운 재즈 발라드 〈Noche del Amor Insomne 사랑으로 잠 못 드는 밤〉은 불안한 사랑에 대한 아픔을 노래하고 있다.

보름달 밤 아래 두 연인, 난 슬피 울기 시작했고 넌 미소 지었지, 너의 경멸은 신과 같았지, 내 불평, 순간들 그리고 새장 속 비둘기. 밤 아래 두 연인, 투명한 부끄러움, 공간 깊숙이 울리는 너의 절규, 내 고통은 고뇌의 뭉치, 모래 위 연약한 네 마음. 새벽녘에 우리는 침대에서 사랑을 나누었네, 얼어붙은 개울을 일몰의 입이 삼킬 때, 끝없이 피는 흐르네. 그리고 태양은 문 닫힌 발코니를 통해 들어왔지, 가지 뻗은 생명의 산호, 내 덮인 마음 위로…

〈El Amor Duerme en el Pecho del Poeta 시적 가슴으로 사랑의 단잠을〉 역시 유려한 피아노의 서정에 애모의 감정을 실어 로망스를 읊는다.

넌 이해하지 못했어, 내가 널 얼마나 원하는지, 넌 내게 와 쓰러졌고, 이내 잠들었으니까. 난 상처 받은 네 눈물을 가릴 거야, 강철을 관통하는 소리로부터… 무리들이 정원을 뛰어다녀, 네 육신과 고통의 말갈기와 녹색 빛을 찾으려, 하지만 여전히 잠들었네, 나의 생명이며, 이봐 내 피는 바이올린을 부수었네! 거봐 우린 아직 함께 있잖네.

〈Soneto de la Carta 서신의 소네토〉는 애절한 그리움에 지쳐 절망에 이르는 비가이다.

죽음에 사는, 내 육신의 사랑. 덧없이 아직도 너의 편지를 기다리네, 그리고 꽃갈피를 보며 생각에 잠기네, 날 잃기 전에 널 잃고 싶진 않아. 그건 불멸의 공기고, 말 못 하는 바윗돌이지, 알 수 없는 암흑이고, 회피할 수도 없지, 마음속 깊이 달 속에 감춰 둔 얼어붙은 꿈 따윈 필요치 않네. 그러나 혈관이 찢어지는 고통을 느끼네, 네 가슴 위의 호랑이와 비둘기, 상어와 싸우는 백합같이. 편지로 내 광기에 젖어, 마침내 평화로운 삶을 떠났네, 내 영혼의 오랜 밤은 영원히 별이 뜨지 않을 거야.

화염같이 들끓는 정열에 휩싸이는 블루스 탱고 〈Ay, Voz Secreta 오, 은밀한 목소리〉의 다른 곡목은 바로 타이틀 〈Soneto de Amor Oscuro 어두운 사랑의 소네토〉이기도 하다. 피아노와 색소폰 그리고 아만시오 프라다의 노래가 접전이다.

오! 어두운 사랑의 은밀한 목소리는, 불안감 없는 울음이네,

오 상처!, 울분의 바늘이지, 침몰한 동백꽃이고, 바다 없는 현재이며, 벽 없는 도시이어라! 고요해 보이는 거대한 밤이고, 고통이 바르게 선 산천이네! 마음의 악惡이고 해害의 음성이지, 경계 없는 침묵이고, 시든 백합꽃이네. 날 탈출시켜줘, 냉정하고도 열정 있는 목소리로, 날 잡초 다루듯 사랑하지 마, 하늘도 만찬도 없는 곳에서. 내 머리에 단단한 상아를 남겨줘, 날 불쌍히 여겨줘, 내 비탄을 멈춰줘, 내가 사랑이고 섭리인걸.

눈부신 피아노의 타현이 파도처럼 부서지는 〈Soneto de la Guirnalda 꽃다발의 소네트〉에서는 서정이 녹아 있는 빠른 템포를 따라 지난 나날들의 추억의 장면들이 파노라마처럼 재빨리 지나간다.

그 화환! 곧! 난 죽어가네! 빨리 엮어! 노래! 신음! 노래! 그림자는 내 목청을 흐리게 하지, 그리고 다시 말해줘 그리고 1월의 수많은 빛들. 내 욕망과 사랑 사이에, 별의 숨과 나무의 박동, 아네모네의 진한 향, 일 년 내내 어두운 신음과 함께. 내 상처의 신선한 풍경을 즐기며, 부러진 갈대와 가느다란 시내. 달콤한 피가 흥건히 흐르네. 그러나 곧, 묶인 고리, 사랑의 출입구와 물린 영혼, 우리가 산산이 부서졌음을 느끼는 시간…

단아한 피아노의 명징한 울림이 아름다운 〈Soneto de la Dulce Queja 부드러운 탄식의 소네트〉는 애모하는 마음을 담아 목 놓아 부르는 소망가라 할 수 있다.

난 크나큰 두려움에 휩싸여 있네. 당신의 눈과 강한 혼을 잃을까, 뺨 위로 나를 내버려둔 밤, 당신 호흡은 외로운 장미. 난 여기서 잃었네, 가지 없는 통나무, 내가 원한 건 꽃도 아니고, 종이도, 흙도 아니야, 내 절망의 늪을 향하여. 당신이 내 숨겨진 보물이었으면, 나의 십자가이고, 나를 적시는 고통이었으면, 내가 당신의 충견이라면, 내가 얻은 것을 빼앗지 말아요. 그리고 당신의 강물을 아름답게 하세요. 내 가을의 소원…

Rosas a Rosalía

Amancio Prada
Rosas a Rosalía

María del Mar Bonet, Amélia Muge
Marisa Paredes, Martirio, Nuria Espert
María Dolores Pradera, Ginesa Ortega
Pandereteiras de Baio

Real Filharmonía de Galicia
Maximino Zumálave, director

1997 | Fonomusic | 8102

1. Campanas de Bastabales (& Maria del Mar Bonet)
2. Paseniño, Paseniño
3. ¿Qué Pasa ó Redor de Min?
4. Corre o Vento, o Río Pasa (& Maria del Mar Bonet)
5. Cómo Chove Miudiño (& Amélia Muge)
6. Pra a Habana
7. Adivínase el Dulce y Perfumado (& Marisa Paredes)
8. Mayo Longo
9. Vamos Bebendo (& Martirio)
10. Un Repoludo Gaiteiro
11. A Xusticia Pola Man (& Nuria Espert)
12. Adiós Ríos, Adiós Fontes
13. Cando Era Tempo (& Maria Dolores)
14. Algúns Din: ¡Miña Terra! (& Marisa Paredes)
15. Ya Que de la Esperanza (& Ginesa Ortega)
16. ¿Quén No Xime?
17. Airiños, Aires (& Pandereteiras de Baio)
18. Negra Sombra

로살리아 데 카스트로Rosalía de Castro(1837-1885)는 단순하고도 명쾌한 시풍을 통해 여성의 풍부한 서정으로 인생의 비애와 환멸을 노래했던 갈리시아의 여류작가이다.

스페인에서의 첫 앨범이자 두 번째 디스코그래피《Rosalía de Castro, 1975》에서, 아만시오 프라다는 그녀의 고전시에 음악적 예술혼으로 생명력을 불어넣은 바 있다.

또다시 로살리아 데 카스트로를 본작에서 조명했는데, 연주는 가르시아 레알 필하모니아 오케스트라며, 여성 가수들을 초대하여 녹음했다. 자연스레 곡들이 연결되어 마치 한편의 오페라를 감상하는 듯한 느낌이다.

웅장한 관현악 서곡으로 변모한 〈Campanas de Bastabales 바스타발레스의 연인〉은 마리아 델 마 보넷María del Mar Bonet이 참여하여, 다소 성스러운 분위기를 연출한다.

바스타발레스의 연인이여, 네가 노랠 들을 때면, 나는 외로움으로 죽어갈 거야. 네가 노랠 들을 때, 내 연인아, 주위엔 눈물로 흥건하네… 난 애걸하진 않을 거야, 배신자여, 아아, 이 미친 사랑아. 그 사랑은 이미 떠나버렸고, 외로움만이 돌아왔네. 내 슬픈 나날들이여…

프라다의 독주인 〈Paseniño, Paseniño 천천히, 천천히〉에서는 사랑을 잃은 상실감과 허탈감을 쓸쓸한 기타 반주에 실어 보내는데, 붉은 첼로의 피눈물과 클라리넷의 절규가 이어진다.

〈¿Qué Pasa ó Redor de Min? 내게 무슨 일이?〉에 이어지는 〈Corre o Vento, o Río Pasa 바람과 함께 오네, 강을 건너서〉에서 마리아 델 마 보넷의 성악적 스캣과 보컬이 더해지며 외로움으로 죽어가는 사랑의 비극을 진하게 물들인다.

모잠비크 출생의 포르투갈 파두 가수 아멜리아 뮤지Amélia Muge의 청아한 보컬이 더해지는 〈Cómo Chove Miudiño 축복의 비처럼〉은 이 아름다운 세상에서 어떻게 사랑을 위

한 기도를 올리지 않을 수 있을까? 하는 감탄과 찬양이 깃들어 있다. 이 은혜로운 복음은 무대에 로맨스의 기쁨을 올린다.

프라다의 독주로 단연코 돋보이는 〈Pra Habana 아바나〉는 이주자의 갈등과 희망과 고통을 카타르시스를 향해 풀어놓는 드라마틱한 악곡 구성으로 청자는 침잠의 슬픔에 젖게 된다.

〈Vamos Bebendo 건배〉는 마르띠리오Martirio란 이름으로 활동하는 플라멩코 가수 마리아 아사벨 퀴노네스Maria Isabel Quinones의 구성진 보이스컬러와 맑은 프라다의 음성이 조화롭다. 결혼을 앞둔 들뜬 농촌 처녀의 정감 있는 축배 이야기가 관현악을 흔든다.

〈A Xusticia Pola Man 손에 의한 정의〉는 비정한 세상에 대한 눈물과 고독이 서린 프라다의 가창이 부드러운 행진을 거듭한다. 배우이자 오페라 연출가 뉘리아 에스페르Nuria Espert가 초두와 후미에 나지막한 음성으로 낭송하는 이채로운 구성도 돋보인다. 이 노래는 명성을 지닌 사람들에 의해 몸도 마음도 무참히 짓밟힌 가난한 한 여인의 이야기로, 그녀는 굶주림으로 아기도 잃고 그들로부터 도망쳐 가시덤불의 숲에서 구원의 기도를 하다 깨어나지 못할 잠에 든다. 그러나 그들에 대한 징벌은 그녀가 숨을 거둔 후였다.

마리아 돌로레스Maria Dolores Pradera(1924-2018)와 함께 부르는 오페라 아리아 〈Cando Era Tempo 때가 되었을 때〉의 부드러운 절창은 아름다운 감동을 실어다 준다.

겨울의 시간이 되었을 때, 어디로 갈지 생각하네, 태양의 시간이 되었을 때, 어디로 가야할지 생각하지, 지금은… 오직 나의 문제만 생각하네, 잊어버릴 수만 있다면!

〈Ya Que de la Esperanza 희망 그 것〉은 플라멩코의 여왕 지네사 오르테가Ginesa Ortega와 함께 부른 또 하나의 걸작품으로, 희망의 미덕에서

발현되는 내적 고독의 순수가 처절함을 거쳐 공포에 이르는 듯 비장하고도 강렬하게 휘몰아친다.

내 삶을 위한 그 희망, 일몰이면 슬픔과 어둠이 몰려오겠지, 내 보랏빛 어둠은, 차갑고 해체되지. 주위에 찬찬히, 환희가 있음에, 들뜨지도 비통하지 않으리, 나날의 밝은 빛. 검은 둥지에 예언의 새가 보여, 숨겨진 동굴 속 맹수의 포근한 휴식, 죽음의 무덤, 망각의 슬픔, 그리고 사막 위의 내 영혼이여.

〈Negra Sombra 검은 그림자〉는 본래 사랑의 애처로움을 노래한 것이지만, 본 앨범에서는 잊지 못할 망자를 그리워하는 암울한 진혼곡처럼 느껴진다. 이 지독한 로망스의 방백은 중독의 비애감으로 파국에 도달할 것만 같다.

붉은 들장미 속에 온화하게 미소 짓는 로살리아 데 카스트로 클래식 작품집은 그 진한 향기만큼이나 강렬한 인상이다.

이듬해인 1998년에는 갈리시아 출신의 문학가 알바로 쿤께이로Alvaro Cunqueiro(1911-1981), 로르카, 그리고 칼보의 작품을 수록한 첫 라이브 앨범 《3 Poetas en el Círculo 세 시인의 모음집》을 발표했다. 이는 마드리드 예술 서클 Círculo de Bellas Artes에서의 감동을 담은 것으로 예전의 담백한 포크풍으로 연주 녹음되었다.

이후 계속해서 그는 과거의 역사를 빛냈던 아름다운 목자들의 시와 주옥같은 문학가들의 작품을 음악으로 재출판했다. 그의 작곡과 표현이 뛰어나지 못했거나 혹은 과거지향적이었다면 아마도 그는 아직도 무명에 머물렀을 것이다.

옛 시인의 사상과 감성 시어를 사랑한 아만시오 프라다의 현대적 음악 작업은 그래서 항상 고전이 된다. 분명 그의 촉촉한 시음악은 불멸의 작품이 될 것이다.

파두의 신세계 교향악
Amélia Muge ● 아멜리아 뮤지
Mozambique | Portugal

잘 마른 목화솜같이 뽀송뽀송한 목소리! 그녀는 전통과 현대, 포르투갈과 아프리카 등을 결합하고 있는 파두계의 혁신적인 아티스트이다.

1975년에 포르투갈로부터 독립한 아프리카 남동부 모잠비크 공화국에서 아멜리아 뮤지는 1952년에 출생했다. 어릴 때부터 피아노와 음악교육을 받았고, 15세 때인 1967년에 언니 테레사Teresa와 함께 테레사 시스터즈Irmã Teresa를 결성, 현 수도인 마푸투Maputo에서 거행된 노래빛축제Festival da Canção Ligeira에서 3위에 입상하기도 했으며, 1971년에 EP도 발표했다.

포르투갈 기타의 명인 줄리오 페레이라Júlio Pereira의 앨범 《Braguesa 브라게사, 1983》에 보컬로 참여한 이후, 1984년에는 포르투갈로 건너가 순수예술과 역사를 공부한다.

마흔의 나이에 발표한 데뷔앨범 《Múgica 음악, 1992》 이후, 두 번째 앨범 《Todos os Dias 매일, 1994》는 브릿츠상Prémios Blitz에서 최고의 가수상에 후보 지명되었으며, 올해의 베스트앨범에도 명단을 올렸다.

싱어송라이터 조앙 아폰소João Afonso와 조제 마리오 브랑쿠José Mário Branco와 함께한 트리오 앨범 《Maio Maduro Maio 풍성한 5월, 1995》는 위대한 파두 작가 조제 아폰수José Afonso(1929-1987) 헌정 앨범이었다.

스페인과 프랑스에서도 소개된 이 앨범은 이어진 세 번째 솔로 앨범 《Taco a Taco 조각, 1998》과 함께 영예로운 조제 아폰수상Prémio José Afonso을 1996년과 1999년에 수상했다.

1998년 리스본 엑스포 기간에는 불가리아 피린 포크 앙상블Pirin Folk Ensemble과 함께 공연하기도 하였으며, 포르투갈 유명 싱어송라이터들의 편집 앨범 《Novas Vos Trago 새롭게 널 데려갈 거야, 1998》과 갈리시아 포크 연주그룹 카메라타메가Camerata Meiga의 데뷔작 《Habelas Hailas, 1999》에도 우정 출연하였으며, 미지아Mísia(1955-2024)와 까마네Camané의 앨범을 위해 작곡과 노랫말을 썼다.

A Monte

2002 | Tropical Music | 68826

1. A Monte I
2. A Avó Tina
3. O Encontro
4. Mamundo
5. Sono de Ser
6. O Fado da Sereia
7. A Garra do Macaco
8. A Irmandade dos Sonhos
9. Se Nao Tenho Outra Voz
10. Nem Contigo Nem Sem Ti
11. Um Outro Olhar Sobre Caxias
12. Por Trás Daquela Janela
13. A Veste dos Fariseus
14. Na Sra da Azenha
15. De Passinho
16. Para Cinquentóes
17. A Monte II
18. Sono de Ser (Video)

문학과 예술에 대한 재능을 표출시켰던 2001년, 자신의 노랫말들로 많이 차용하고 있는 포르투갈 현대 시인들의 시어들을 하나의 시나리오처럼 연결시키는 비통상적 프로젝션 영상을 도입, '도피의 목소리'라는 실황을 열었다.

우리의 영혼이 도피하길 원한다는 필연적 개념 하에, '도피'란 발자국이 또렷이 남는 땅의 영역으로부터 혹은 단어와 기억으로 남아있는 마음의 영역으로부터 벗어나기이며, 이는 항상 모험을 인도하는 빛이고 불운이나 복음의 표식이라 설명을 붙이고 있다.

이듬해 이 라이브쇼의 레퍼토리가 포함된 실험적인 새 앨범 《A Monte 도피》를 발표하는데, 그녀가 여태 발표한 앨범들 중 가장 이색적이고 혁신적인 작품이라 할 수 있겠다.

언어적 메시지에 대한 이해는 즉각적이지 않으나, 백파이프, 리드악기, 아코디언, 키보드, 타악기 등 다채로운 악기의 음색으로 표현되는 악극의 총연출은 작곡가로서의 신선한 창조적 재능을 여과 없이 보여주고 있으며, 다양한 멜로디를 따라 솜털이 날리는 듯한 그녀의 독특한 보이스도 매혹적인 도피처를 형상화하는데 일조한다.

사랑의 도피를 예고하는 〈A Monte I 도피〉는 북소리 행진에 그녀의 강건한 목소리가 울리며 백파이프가 시간을 확장한다.

포르투갈 국민작가 페르난두 페소아Fernando Pessoa(1888-1935)의 작품을 노래한 〈Sono de Ser 존재의 수면〉은 첼로의 침울한 한숨이 이어진다. 죽음과도 같은 슬픈 현 실로부터의 도주는 에세이 「Livro do Desassosse -불안의 서, 1961」와도 다르지 않다.

여류시인 엘리아 쿠레이아Hélia Correia의 〈O Fado da Sere -ia 사이렌의 노래〉는 선원들의 사랑을 갈구하는 사이렌의 음성이다. 샤워를 한 듯 촉촉하고 부드러운 사운드는 키보드와 첼로 그리고 코러스가 뒤섞이며 신비스러운 재즈의 향기를 내뿜는다.

팝가수 로리 앤더슨Laurie Anderson의 1989년 작으로, 시나리오와 같은 가사 등으로 독특한 재치를 보여준 〈Monkey's Paw〉를 〈A Garra do Macaco〉로 변안하였는데, 정말이지 놀라울 정도로 편곡된 실험작이다. 리듬감은 지극히 감각적이며 퍼포먼스는 섹시하다.

포르투갈 최초의 노벨문학상 수상자 주제 사라마구José Sara -mago(1922-2010)의 시를 노래한 〈Se Nao Tenho Outra Voz 내가 다른 소리를 낼 수 없다면〉은 침묵에 대한 도피로 교류의 욕망을 피력한다. 기타와 첼로와 아코디언의 조밀한 울림이 점점 따사롭게 피어오른다.

우울한 재즈 〈Um Outro Olhar Sobre Caxias 카시어스에서의 다른 시선〉은 포르투갈 뮤지션 파우스투Fausto Bordalo Dias의 작품으로, 카시어스란 브라질 식민시절에 감옥으로 사용되었던 도시명이라 한다. 이는 사고와 사상적 감옥수를 의미한다고 하는데, 탈주를 위한 모스부호의 신호가 믹스되어 있다.

무고한 유대인의 죽음을 그린, 여류시인 소피아 드 멜로 브레이네르Sophia de Mello Breyner(1919-2004)의 〈A Veste dos Fariseus 바리새인의 옷〉은 진한 애수가 흐르는 탱고로 연주된다.

민요 〈Na Sra da Azenha 물레방앗간의 여인〉은 교회 종소리, 파이프오르간, 합창, 북 등으로 성스러운 행진의 찬가를 들려준다.

산뜻한 도피의 목소리가 끝나면 다소 얼떨떨하기도 하지만, 전위적인 음악적 쾌감이 곧 다시 듣고픈 불쾌감이 되어 남는다.

Não Sou Daqui

amélia muge

2006 | Vachier & Associados | 200608

1. Sete Portas Tenho em Casa
2. Arena (À Volta da Sala)
3. Entre o Deserto e o Deserto
4. Escutar Caetano
5. Fadunchinho
6. O Que Vê o Meu Olhar
7. Na Noite Mais Escura
8. Não Sou Daqui, Mas…
9. O Anjo
10. Parece Maio
11. Quem Vier Que Venha (Saudação)
12. Transparência
13. Visões do Entardecer

《A Monte 도피》의 후속작 《Não Sou Daqui 난 여기 없지만》은 작가들의 시에 멜로디를 붙인 것과 약 절반의 자작곡으로 채웠는데, 전체적인 인상은 전작과는 사뭇 다르다. 전작은 전혀 성향이 다른 곡들이 중간에 지그재그로 배치되어 톡톡 튀는 구성미까지 느낄 수 있었지만, 본작은 특별히 실험적인 곡들도 없어 그 서정적 멜로디라인에 어느 정도 일관성이 엿보인다.
그리고 장단조를 넘나들며 재즈의 코드를 유희하는 그녀의 현대 파두는 여전히 세련된 스타일을 고수하고 있다.

여류시인 엘리아 쿠레이아Hélia Correia의 시를 노래한 〈Sete Portas Tenho em Casa 내 집의 일곱 개의 문〉은 두툼한 베이스와 자유로운 기타 그리고 청징한 피아노가 조율해가는 평화로운 재즈 풍경에 귀가 밝아짐을 느끼게 된다.
자작곡 〈Arena (À Volta Da Sala) 아레나(방 둘레에)〉는 상념과 고독이 머문다.
안토니우 로사António Rosa(1924-2013)의 시 〈Entre o Deser-to e o Deserto 사막과 사막 사이〉에는 영혼이 숨 쉴 수 있는 오아시스를 마련해 두었으며, 〈Na Noite Mais Escura 어두운 밤〉에는 고독과 슬픔에 빠져 밝은 빛을 발하는 별들을 켜놓았다.
자아 찾기에 관한 시정 〈Não Sou Daqui, Mas… 난 여기 없지만〉은 퍼커션의 리듬감과 몽환적인 코러스의 배합이 절묘하다.
소피아 드 멜로 브레이네르Sophia de Mello Breyner(1919-2004)의 여성적 감성이 전해지는 〈O Anjo 천사〉는 내밀한 자유를 갈구하는 듯한 간절함이 다소 전위적이다.
'인사'라는 부제의 자작곡 〈Quem Vier Que Ven-ha 누가 오든지〉는 보사노바 재즈로, 전자오르간 블루스에 따스한 첼로의 서정이 더해진다.
시인 에우제니우 리스본Eugénio Lisboa의 〈Transparência 투명〉은 명징한 피아노와 함께 트롬본이 그 쓸쓸한 감정을 이어가며, 자작곡 〈Visões do Entardecer 일몰의 환상〉에

서는 첼로의 고혹적인 향기가 피아노와 배합되면 서 아련하고도 지극히 고독한 인상을 빚어낸다.

최고의 걸작이라 할 만한 이 앨범은 소위 카페형 음악이라 할 수 있다. 특히 커버처럼 밤이란 시간에 더할 나위가 없다. 한참을 넋을 놓게 되며 차분한 카타르시스로 비워내게 한다.
14개의 곡이 수록된 《Uma Autora, 202 Canções 작가 202 노래들, 2009》은 전작과 본작의 특색들을 두루 접할 수 있어, 역시나 놓쳐서는 안 될 작품이다.
《Periplus Deambulações Luso-Gregas 포르투갈에서 그리스에 이르는 방랑기, 2012》는 그리스 출신의 노장 뮤지션 미카레스 로우코비카스Michales Loukovikas와 함께 지중해의 노래를 들려주고 있으며, 아말리아 로드리게스Amália Rod-rigues(1920-1999) 사망 15주기에 발표한 《Amélia com Versos de Amália 아말리아의 구절과 아멜리아, 2014》는 고전적 파두의 기품을 오롯이 담아냈다.

우리에게 잘 알려진 2세대 파디스타들에 비해 오랜 연륜임에도 그녀의 이름은 우리에게 생소한 편이다. 정식 데뷔가 늦기도 했고 음반도 그리 자주 발표하는 편이 아닌 데다 마이너 레이블에서 발표되어 구입하기도 용이한 편이 아닌 탓이다.
그러나 일찌감치 조제 아폰수 상을 두 번이나 수상했을 정도로 재능은 인정받았다. 아멜리아 뮤지! 파두의 현재를 가장 잘 설명해 주고 미래를 예견할 수 있는 예술가라 감히 말할 수 있다.

아름다운 침묵의 세브다
Amira Medunjanin ● 아미라 메듀야닌
Bosnia and Herzegovina

AMIRA MEDUNJANIN
DAMAR

세브다Sevdah로 불리는 셉달링카Sevdalinka는 멕시코의 란체라Ranchera나 포르투갈의 파두Fado처럼 그들만의 특유의 정서가 담겨 있는 보스니아의 전통적인 대중음악을 일컫는

다. 한 단어로 단정할 수 없지만 동경과 우울, 고통과 갈망 등 - 희망 없는 하지만 끝없는 사랑, 연인에 대한 열병과도 같은 욕망 등 - 의 정서를 담은 그들만의 삶의 방식이 된 노래였다.

아미라 메듀야닌은 1972년 보스니아 헤르체고비나의 사라예보에서 출생했다. 어릴 적부터 어머니가 노래하는 보스니아 전통음악 셉달링카를 듣고 자란 그녀는 노래가 자신의 인생이 될 것이라는 것을 직감하는 데 그리 오래 걸리지 않았다.
아미라는 고유한 목소리를 만들기 위해 헌신했고, 수백 년이 넘은 오래된 전통 내에서 새로운 상황과 형태를 외부에서 찾아 세브다의 내부로 다시 치환하는 방식을 거치며 독특한 스타일을 구축했다.
영국의 한 음악 저널리스트는 그녀를 '보스니아의 빌리 홀리데이Billie Holiday'라 극찬하기도 했다.

그녀는 보스니아 남부 도시 모스타Mostar에서 결성된 퓨전 포크그룹 '모스타 세브다 연합Mostar Sevdah Reunion'의 《A Secret Gate, 2003》에 게스트로 참여했다.
그 후 데뷔앨범 《Rosa, 2005》를 발표했는데, 이는 유럽 전역에 소개되었고 특히 영국에서는 '올해의 앨범'으로 선정되는 호평을 얻는다.
2008년 사라예보의 재즈 페스티벌 공연을 담은 라이브앨범을 이듬해 발매했고, 두 번째 앨범 《Zumra 잔치, 2009》를 발표했다. LA에서 활동하는 보스니아 출신의 유명한 여성 아코디언 연주자 메리마 클리코Merima Ključo를 초대하여, 보스니아뿐만 아니라 세르비아, 마케도니아의 전통음악까지 새롭게 해석하고 있다.
2010년에 프랑스 클래식 음반회사인 아르모니아 문디Harmo-nia Mundi 산하 월드뮤직 레이블 월드 빌라쥬World Village를 통해 널리 배급되었다.

Amulette

2011 | World Village | 450018

1. Bele Ruže
2. Zemi Me Zemi
3. Prošeta Se Jovka Kumanovka
4. Kafu Mi Draga Ispeci
5. Grana Od Bora
6. Jano Mori
7. Oj Ti Momče Ohrigjanče
8. Omer Beže
9. Kad Puhnuše Sabahzorski Vjetrovi
10. Marijo Deli Bela Kumrijo

세 번째 디스코그래피 《Amulette 아뮬레뜨》는 프랑스어로 '부적'을 의미한다. 전작과 같이 보스니아와 세르비아, 마케도니아 등의 전통음악을 현대적으로 편곡하여 실은 것으로, 본작에서 더욱 감미롭고 영험하며 숭엄한 경지의 사운드를 들려준다.

보스니아의 작가 알렉산다르 헤몬Aleksandar Hemon은 '영혼의 집은 침묵이며, 이 침묵에서 아름다운 음악이 나온다. 그녀의 목소리는 이 범위의 끝에서 그 침묵을 어루만지며, 이를 거쳐 감정적 순수함에 도달하고 마침내 완벽한 순환고리를 만들어 낸다…'고 본작을 소개하고 있다.

더블베이스의 묵직하고도 깊숙한 저음으로 고요한 슬픔을 노래하는 〈Bele Ruže 백장미〉는 짝사랑의 고통을 담은 설화이다. 평생을 방랑하며 노래했던 세르비아 출신의 집시음악가 싸반 바이라모비치Šaban Bajramović(1936-2008) 헌정작으로, 두 악기 사이에 긴밀히 흐르는 숨결에 압도당한다.

세르비아 집시음악 〈Zemi Me Zemi 추파와 위협〉은 정착과 사랑 그리고 결혼에 대한 집시여인의 갈망을 담은 것으로, 열망이 농익은 피아노와 아코디언의 뜨겁고도 서글픈 재즈의 즉흥으로 재현된다.

…날 데려가요, 나와 결혼해 줘요, 당신이 누군가와 결혼한다면, 그건 저일 거예요, 그렇지 않으면 하나님이 당신을 데려갈 거예요…

마케도니아의 대표적인 민요 〈Prošeta Se Jovka Kumanov-ka 요브카 쿠마노프카가 산책하네〉는 율동 어린 피아노와 즉흥의 기타가 가볍고도 로맨틱하다. 잃어버린 목걸이를 찾으려 초야를 서성이던 한 처자를 지나가다 발견하고는 그녀의 미모에 반하여 청혼하는 한 남자의 사랑 이야기이다.

보스니아의 민요 〈Kafu Mi Draga Ispeci 아가씨 차나 한 잔하시지요〉는 마치 가스펠을 듣는 듯 피아노의 물결 위로 퍼지는 잔잔한 음성의 파문이 평온하다. 이는 오늘 밤을 같이 보내자는 한 남자의 유혹을 뿌리치는 여인의 노래로, 상대방에 대한 끌림의 감정을 애써 숨기고 있다.

또 하나의 보스니아 전통음악인 〈Grana Od Bora 소나무

가지〉에서는 본격 재즈 협연이 펼쳐지는데, 실험  섞인 즉흥연주는 무대를 후끈한 열기로 가득 채운다.

소나무 가지가 바다 위에 떨어졌네, 젊은 처자여, 포도주를 내게 주시오, '난 당신께 포도주를 줄 수 없어요, 난 맨발과 다름이 없고, 밝은 밤이슬로 가득해서, 내 발이 차가울 거예요' 샌들을 벗고 털신을 신으시오, 하나님이 허락한다면, 내가 당신에게 털신을 사 주겠소, '내게 털신을 사주지 마세요, 난 필요치 않아요, 내겐 바닷가에서 장사하는 아버지가 있어요, 그가 내게 신발을 사다 줄 거예요…

아름다운 마케도니아 민요 〈Jano Mori 내 사랑 야노〉는 은은한 피아노의 광택과 어우러지는 그녀의 보컬에 넋을 잃을 것만 같다. 가부장적이고 능력 있는 남편과의 혼인생활에서 말없이 살아가는 색시의 사연으로, 어느 날 저녁식사가 무엇인지 묻는 남편의 질문에 마치 그와의 마지막 식사임을 암시하듯 송아지요리를 해주겠다고 말한다. 마케  도니아 여성의 아내로서의 삶을 간접적으로 담고 있는 노래가 아닐까 싶다.

보스니아 민요 〈Kad Puhnuše Sabahzorski Vjetrovi 바람 부는 낯선 황혼 녘〉은 신비의 초극을 들려준다. 스산한 바람이 이는 환상의 공간감으로 소름마저 돋는 이 실험적인 민속음악은 놀랍게도 웨딩송이라 한다. 행복한 신혼의 열망인지, 혹은 반대로 두려운 근심이 빚어내는 사악한 절망인지 알 수 없으나, 앨범 타이틀 '부적'과 딱 들어맞는 음악이다. 정원에 누워있는 여인에게 도착한 결혼선물… 그것이 과연 그녀가 원하는 선물일까? 하는 의구심으로 긴장감을 증폭시킨다. 이런 노래는 오디오에 대한 욕심을 무한정 촉구하게 만든다.

그녀의 레퍼토리는 이미 많은 가수들에 의해 불리고 녹음되었으나, 그 편곡이 매우 현대적이다. 그 세련된 재즈를 더욱 돋보이게 하는 것은 도자기의 윤기를 닮은 그녀의 목소리인

데, 이 둘은 정말 훌륭한 표현기법임이 틀림없다. 영혼이 내뱉는 숨과 침묵의 노래가 아미라의 본작이라 할 수 있다.

민속음악 현대화 작업은 후속작인 《Silk & Stone, 2014》에서도 계속되었다.
특히 우드Oud와 카눈Qanun 연주와 함께 노래한 비극적인 사랑 노래 〈Kradem Ti Se U Večeri 난 저녁에 널 훔칠 거야〉는 눈물이 강물이 되어 잔잔히 흘러간다.
또한 어쿠스틱 기타 반주로 노래한 애가 〈Što Te Nema 넌 왜 떠났나?〉 역시 우주보다 더 큰 여성의 침묵을 들려준다.

Ascending

ASCENDING
Amira Medunjanin & TrondheimSolistene

2018 | Croatia Records | 6083251

1. Gde Si Dušo, Gde Si Rano
2. Sve Ptičice Zapevale
3. Oj Meglica
4. Snijeg Pade Na Behar Na Voće
5. Si Zaljubiv Edno Momče
6. Moj Dilbere
7. Ja Izlezi Gjurgjo
8. Što Te Nema
9. Ajde Jano Kolo Da Igramo
10. Tiho Noći Moje Zlato Spava
11. Nestaćeš Iz Mog Života

본작은 15년에 걸친 자신의 음악에 대한 회고록이다.
2017년 12월 노르웨이 트론헤임Trondheim에서 그녀의 솔로 콘서트가 열리기 며칠 전, 주최측은 그녀에게 트론헤임 솔로이스트TrondheimSolistene(1988년 노르웨이 트론헤임에

서 결성된 12인조 실내악 앙상블로, 바이올린 연주자 안네 소피 무터Anne-Sophie Mutter와 함께 DG에서 발표한 비발디Vivaldi의 《사계》를 시작으로 클래식 분야에서 50장이 넘는 앨범에 참여했고, 그래미상 후보에 10번 이상 올랐다)와 함께 한 곡을 연주해 줄 것을 요청했고, 콘서트 당일에 전곡을 함께 연주하면서 최고의 성과를 거둔다. 결과가 매우 만족스러웠기에, 이후 자신이 함께 앨범 녹음을 제안하여 본작이 성사되었다.
콘셉트는 과거, 현재, 미래의 세 부분으로 구분되었는데, 이전 앨범 수록곡의 새로운 편곡, 녹음된 적이 없는 콘서트 레퍼토리들, 그리고 4개의 신곡으로 구성되었다고 한다.

〈Gde Si Dušo, Gde Si Rano 내 영혼은 어디에 있나? 내 상처는 어디에 있나?〉는 아코디언 연주자 메리마 클리우초 Merima Ključo와 함께 발표한 《Zumra 에메랄드, 2008》에 수록된 곡으로, 현악의 풍부한 표현력이 더해져 더더욱 사랑의 슬픔을 진하게 물들인다.
그가 나를 떠났을 때 나는 그에게 물을 뿌렸네. 하지만 그가 떠나면 다시 돌아오지 않을 거라는 걸 알았어. 그는 나의 마음을 가져갔네. 하지만 맹세코 난 행복했었네. 내 영혼은 어디에 있나? 내 상처는 어디에 있나? 넌 눈을 가릴 것인가, 울 것인가, 사람들이 안부를 물으면, 난 슬픔에 잠겨 눈을 감고, 그와 함께 일어나네…
〈Sve Ptičice Zapevale 모든 새들이 노래하네〉는 구슬픈 민요로, 그녀의 투명한 목소리가 너무나 아름답다.
모든 새들이 노래했네, 하나는 노래하지 않았어, 아만은 노래하지 않네. 친구들이 물었네, 그 사람은 왜 노래하지 않나? 아만은 왜 노래 부르지 않나? 우리 엄마도 유일한 사람, 아만도 유일한 사람. 그녀는 나를 노인에게 넘겨주네, 난 그를 위해 그것을 원치 않았네, 그 사람한테는 줄 수가 없네.

크로아티아 싱어송라이터가 그녀를 위해 만든 〈Oj Meglica 오 안개여〉는 크로아티아 최북단에 위치한 메지무르예Medi-murje 방언으로 쓰였으며, 매우 고풍스럽게 연주되었다. 1992년생 크로아티아 여가수 니나 크랄리치Nina Kraljić도 동년에 취입하였다.

오 안개여, 일어나게 해줘, 내 비둘기는 왜 구름 아래 다른 누군가의 품으로 떠나려는 걸까?… 난 더 이상 살고 싶지 않아, 그 사람을 사랑하는 내 얼굴은 보이지 않니? 난 슬퍼. 아, 엄마, 혼내 줘, 난 다른 사람을 사랑할 수 없어, 영원히 그의 여자가 될 거야, 하지만 난 상처 받은 산비둘기라네…

데뷔작 《Rosa, 2004》에서 피아노 솔로로 반주했던 마케도니아 민요 〈Si Zaljubiv Edno Momče 한 소녀와 사랑에 빠졌네〉는 이듬해 내놓은 라이브 앨범 《Live At Arena, 2019》에는 구슬픈 러브스토리를 바람이 신비롭게 들려주는 듯하다. 부르는 가수에 따라 가사가 달라지기도 하는데, 본래의 가사는 아래와 같다.

난 한 소녀를 어린 시절부터 사랑했네, 그녀와 결혼할 때가 되었지만, 오, 세상에, 그 소녀는 병에 걸리고야 말았네. 난 그녀를 만나러 갔고, 그녀는 선물을 요청했지, 한겨울에는 흰 포도를, 한여름에는 노란색 모과를. 난 시장으로 선물을 구하러 갔네, 한겨울에는 흰 포도를, 한여름에는 노란색 모과를. 내가 시장에서 돌아왔을 때, 들것에 실린 그녀를 만났네, 하얀 얼굴은 어두워졌고, 그녀의 검은 눈이 감겼네, 그녀를 내려놓아라, 그녀를 만나게 해준다면, 어떤 것도 지불하겠네.

《Damar 다마르, 2016》에서 기타 반주로 선보였던 보스니아 민요 〈Moj Dilbere 내 사랑〉은 우울하지만 우아한 현악이 붉은 꽃을 피운다.

내 사랑, 넌 어디로 가니? 나도 그곳으로 데려가 줘, 날 카르시야 시장으로 인도해 줘, 나를 상인에게 팔아 금전 한 닢을 받는다면, 네 궁전의 문에 도금이라도 될 거야.

《Silk & Stone, 2014》에 수록된 〈Što Te Nema 넌 왜 떠났나?〉는 상실감의 드라마가 광활한 황야를 애잔하게 적신다.

앞서 언급되었던 대로 두 매의 CD로 발매된 라이브 앨범 《Live At Arena, 2019》에 이어, 유고슬라비아 대중음악의 위대한 인물이자 진정한 보헤미안 시인 토마 즈드라브코비치Toma Zdravković(1938-1991)와 실바나 아르메눌리치Silvana Armenulić(1939-1976)에 헌정한 신보 《For Him and Her, 2020》를 발표하며 이상향적 의미인 카파나Kafana의 카페살롱 음악을 선보였다.

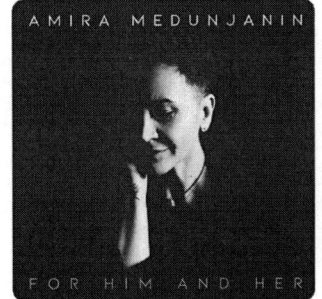

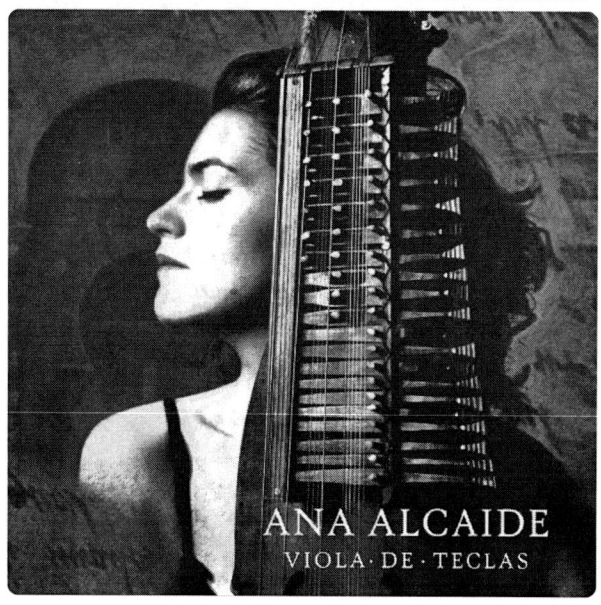

월드뮤직이 신선함을 주는 이유 중 하나는 토착성이 짙은 민속악기의 사용에 있기도 하다. 특정 지역 사람들의 감흥은 그 지방에서 생산되는 재료로 만들어진 악기로 표현할 수 있었고 저마다의 독특한 음색을 간직해왔다. 분명 유사한 생김새인데도, 그 지역적 재료와 규격에 따라 다른 정감을 들려주는 것은 참으로 신기하지 않은가. 세계의 민속악기로 구성된 오케스트라가 있다면 그 소리는 과연 어떻게 들릴까 궁금하기도 하다.

아나 알카이데는 7세 때부터 바이올린을 배웠으며, 마드리드의 헤타페 음악학교를 거처, 북유럽에서 가장 오래된 스웨덴의 룬드대학교를 다녔다.
그녀는 스페인과 스웨덴 그리고 멕시코 등을 돌며 과학수업을 받았고 함께 음악교육도 병행했다. 그리고 최종적으로 마드리드의 콤플루텐세 대학교에서 특수식물학과 생물학 학위를 취득했다.
이후 멕시코의 '사막 균류 연구' 프로젝트와 '스칸디나비아 조류의 둥지 연구 및 촬영' 프로젝트에 참여하였는데, 이러한 계기는 항상 머릿속에 있던 고대 악기와 레퍼토리 연구에 대한 관심을 함께 증폭시켰다.
2000년 생물학 연구 장학금을 따낸 그녀는 스페인을 여행하다 중세의 민속악기 니켈하르파Nyckelharpa를 발견하게 된다. 깊이 있고 다중적인 소리에 매료되어 톨레도에서 거리 악사를 하며 연주법을 터득했다.
2005년에 다시 스웨덴으로 건너가 스웨덴 민속악기와 음악에 대해 공부를 다시 시작, 보컬과 다양한 악기에 대해서도 병행해갔다. 말뫼Malmö 음악학교에서 현대기술의 연구와 전통음악에 대한 관심을 집약하여 월드뮤직에 초점을 맞추었으며, 연주자와 작곡가로서 자질도 갖추게 되었다.
그 결과로 2006년에 데뷔작 《Viola de Teclas 유건 비올라》를 발표하며 스페인에 니켈하르파를 처음으로 소개한다.

Como la Luna y el Sol

2008 | Lubican Records | LR-306

1. Intro : Sefardíes
2. La Mujer de Térah
3. La Galana y el Mar
4. Como la Luna y el Sol
5. Pasacalles Sefardí
6. Las Tres Hermanicas
7. Durme Durme
8. Y Arrelumbre
9. Tishri Intro
10. Tishri
11. Era Oscuro
12. Outro: Yo m'Enamorí D'un Aire

아랍과 유럽의 문화가 함께 숨 쉬는 톨레도Toledo에 머물며, 그녀는 고대 유대인 세파르디Sephardi의 흔적을 찾아 오랜 그들의 삶을 두 번째 앨범으로 불러냈다.

세파르디는 5세기경 이슬람교가 지배했던 스페인 남부 안달루시아 지역과 포르투갈에 정착하여 독자적이고도 풍부한 문화를 창출하며 살았지만, 15세기 기독교 왕조에 의해 추방당하여 북아프리카, 지중해, 중동 등지로 뿔뿔이 흩어지는 비운의 역사를 거쳤다. 이들의 아름다운 시가들은 여리고도 아름다운 그녀의 보컬과 니켈하르파라는 신비의 천상 선율로 재현되고 있다.

고대의 시간 속으로 거슬러 올라가는 서곡 〈Intro : Sefardí -es〉이 들려오면, 그 신비한 조우로 약간의 현기증에 소름이 돋는다.

불가리아와 터키에 전승되어 온 〈La Mujer de Térah 테라의 여인〉은 자식을 잃은 산부의 슬픔을 노래한 곡으로, 반복되며 점차 증폭되는 비애의 트랜스에 취하게 된다.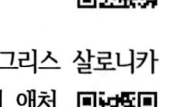

〈La Galana y el Mar 들국화와 바다〉는 그리스 살로니카에서 수집된 것으로, 바다와 함께 한 신혼의 애처로운 삶을 그리고 있다. 곱고 감미로운 그녀의 보컬과 애틋한 연주에 향수가 감돈다.

〈Como la Luna y el Sol 달과 해처럼〉은 터키에서 전승되었는데, 달과 해처럼 항상 자신 곁을 지켜달라는 하나님을 향한 기도이다. 다소 웅대한 반복구의 댄스 비트를 증폭기 삼아 뿜어져 나오는 니켈하르파의 독특한 향기가 너무나 매혹적이다.

평화로운 꿈나라의 천사를 위한 자장가 〈Durme Durme 잠들라〉에서 부모의 부드러운 인애의 눈길을 엿볼 수 있으며, 또한 고운 선율로 순백의 천상으로 초대하는 〈Y Arrelumbre 그리고 불을 붙여라〉는 혼인 축복의 세례라 할 수 있겠다.

유대력에서 시작의 달을 의미한다는 '티슈리'는 태양력의 9-10월에 해당한다고 하는데, 이의 서정을 그린 〈Tishri Intro〉와 〈Tishri〉의 접속에 잔잔한 애수가 실린다.

애상의 선율로 연약한 감상을 불러일으키는 〈Era Oscuro 어둠〉은 맑은 밤하늘과 침묵과 인생에 대한 고찰을 심었다.

서주와 더불어 긴긴 탐험을 마치고 돌아오는 시간의 고리로 〈Outro : Yo m'Enamorí D'un Aire 내 사랑의 대기〉를 미주로 두어 아름다운 콘셉트의 장을 마무리한다.

스웨덴의 말뫼 음악학교에서 마지막 연구과제로 완성한 이 앨범은, 고대 세파르디의 이야기로 시간을 그리고 니켈하르파로 장소적 경계를 모호하게 한 독특함으로, 2008년에 출시된 월드뮤직 음반 중에서 가장 주목받았던 한 장이었다.

Cantiga del Fuego

ANA ALCAIDE
LA CANTIGA DEL FUEGO

2012 | ARC MUSIC | 2417

1. El Pozo Amargo
2. Baila Donde el Mar
3. La Cantiga del Fuego - El Viaje
4. Luna Sefardita
5. Khun Caravan
6. La Reina Ester
7. En el Jardin de la Reina
8. El Agua del Rio
9. La Cantiga del Fuego - La Cancion
10. Ay Que Casas!
11. Mikdash : Intro
12. Mikdash

졸업 후 그녀는 스페인 마드리드 근교의 톨레도Toledo 대성당 주변 거리에서 니켈하르파를 연주하며 다양한 문화가 혼재하는 신비한 노래를 불렀다. 그리고 아들을 임신하고 인생에서 가장 특별한 시간을 가지며 또다시 세파르디와 정신적 성소였던 톨레도의 이야기를 찾아 나선다.

아들 출산 후 발표된 3집 《Cantiga del Fuego 불의 노래》는 전작과 다르지 않지만, 보다 원숙한 감동을 들려준다.

애절한 바이올린과 보칼리제로 시작되는 〈El Pozo Amargo 비통의 우물〉은 톨레도의 슬픈 전설로, 유대교인의 딸 라쿠엘Raquel과 그녀의 아버지에 의해 죽임을 당하는 기독교인의 아들 페르난도Fernando와의 비극적 사랑 이야기이다.

〈Baila Donde el Mar 바다에서의 춤〉은 모로코 북부의 항구도시 탕헤르에서 전승되어 온 세파르디의 로망스 〈El Culebro Raptor 도둑 쿠레브로〉의 이야기로, 날개 달린 큰 뱀인 쿠레브로가 한 여인을 납치하여 바다에 이르자 날아가 버렸다는 신화이다. 그들의 사랑을 축복하는 듯 파도처럼 댄스 리듬이 일렁인다.

돈보이는 타이틀 〈La Cantiga del Fuego - El Viaje 불의 노래 - 여행〉은 넘실거리는 풍물에 동화되는 연주곡으로, 자아 발견을 위한 여행이 그 주제이다.

켈틱 포크를 듣는 듯한 〈Luna Sefardita 세파르디의 달〉은 톨레도의 집을 버려두고 박해를 피해 도주해야 했던 소녀 아리나Alina의 애처로운 사연으로, 달빛이 비치는 대로 정처 없는 발걸음이 투영된다.

〈La Reina Ester 에스더 여왕〉은 자신의 종족을 학살로부터 구한 유대 여인이자 페르시아 왕 아하수에루의 왕후 에스더를 기리는 찬가로, 진하진 않지만 페르시아의 향신료가 코끝에 아른거린다.

청아한 보이스가 일품인 〈En el Jardin de la Reina 여왕의 정원에서〉는 세파르디 민요 〈En el Vergel de la Reina 여왕의 과수원에서〉를 편곡한 것으로, 정원에서 외로움을 달래던 여왕과 이를 훔쳐보는 젊은 청년의 애틋한 사랑이 싹틈을 암시하고 있다.

〈El Agua del Rio 강물〉은 톨레도의 세파르디 박물관에서 열렸던 '추모의 정원' 전시를 위해 작곡되었다고 한다. 연인의 징표인 반지를 강물에 빠트린 슬픔을 그렸다.

〈La Cantiga del Fuego - La Cancion 불의 노래〉는 그리스 테살로니키에 전승되어 온 세르파디의 민요로, 도시에 큰 화재가 일어나 부자고 가난한 자 모두가 망연자실한 참변을 라디노어로 노래했다.

불가리아에서 전해진 세파르디의 전통 결혼식 축가 〈Ay Que Casas! 아 성전이여〉가 지나면, 숭엄한 톨레도의 유대교 회당으로 초대하는 〈Mikdash 기도〉를 만나게 된다. 이 구슬픈 성가는 이란의 테헤란에서 출생한 남성 뮤지션 레자 사예스테Reza Shayesteh의 페르시아어 보컬로 불리는데, 그 묵직하면서도 이교도적인 특별한 경험은 신비로움을 배가시켜준다.

마드리드로 수도를 이전하기 이전 천여 년 동안 서고트왕국과 이슬람왕국 그리고 레온왕국을 거쳐 카스티야왕국의 수도를 거쳤던 톨레도의 사운드트랙으로서, 유럽의 월드뮤직 차트 3위에 랭크되기도 했다.

2014년 그녀는 세계 각지의 음악가들과 협력하여 새로운 음악을 만드는 프로젝트 '판게아Pangea의 동화'에 돌입, 인도네시아로 여행을 단행했다. 물론 니켈하르파가 동행했으며, 이는 이듬해에 《Gotrasawala Ensemble 고트라사발라 앙상블, 2015》이라는 앨범으로 결실을 맺었다.

이는 '전 지구적 모임, 세계는 하나'라는 의미로, 동서양 음악가들의 매혹적인 만남을 그리고 있다. 그녀는 인도네시아 서부 자바의 뛰어난 음악가들과 협력하여 새로운 아이디어와 구조를 창안했으며 서양 형식과 전통 순다 음악의 악기 및 패턴을 융합했다.

그녀가 독특한 민속 가창법을 선보이고 있는 이 앨범에서 특히 순다의 실험음악가 이만 짐봇Iman Jimbot이 노래하는 전통음악 〈Madenda 응보〉가 압도적인 감흥을 선사한다.

…우리는 어떻게든 돌아올 거야, 우리의 부모에서가 아니라, 우리가 태어난 이후의 우주로…

Leyenda

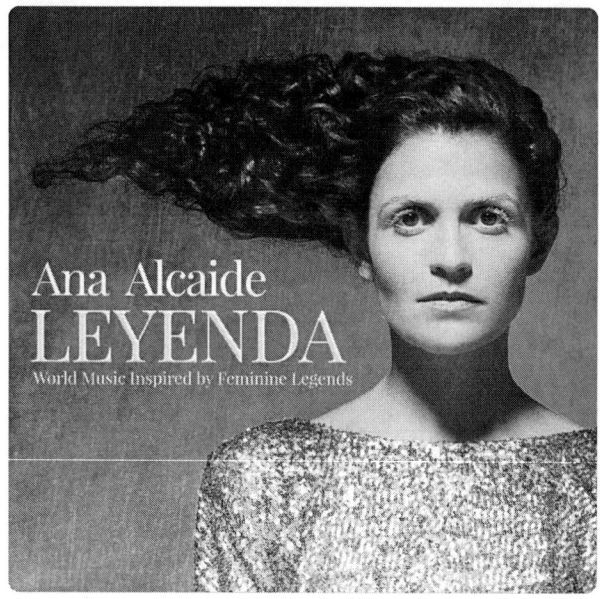

2016 | ARC MUSIC | EUCD2647

1. Tlalli
2. Diosa Luolaien
3. La Ondina de Vacares
4. Leyenda
5. La Mujer Muerta
6. Folía de la Primavera
7. La Lamia de Kobate
8. El Puente de San Martín
9. Kari Kalas
10. La esposa Selkie
11. Elenion
12. Akelarre

2016년에는 본작 《Leyenda 전설》을 발표했는데, 이는 스페인, 유럽 및 전 세계 여러 지역의 여성 신화를 기반으로 했다. 여성성이 자연과 마찬가지로 엄청난 힘을 발휘하는, 시대를 초월한 혼란스러운 이야기 속 장소로의 여행이다.

노트에 따르면, 창조적이고 파괴적인 여성성의 힘은 온순하면서도 길들여지지 않고, 눈에 보이지 않고, 마법적이고, 예측할 수 없고, 영원하고 비밀스러우며, 지구의 모든 딸의 혈통 속에 잠재해있으며, 순수하고, 무시무시하며, 조용하고 종종 침묵하며, 깊고 신비로운 동시에, 태초의 자연과 광물과 같다고 한다.

스페인의 식민 지배에 저항했던 멕시코 원주민 여성을 일컫는 〈Tlalli 트랄리〉는 특별한 가사는 없지만, 뉴에이지 월드풍의 구음과 인디오 피리의 깊은 여운이 서방에 의해 발견된 신대륙의 신비로움과 앞으로 펼쳐질 운명을 예고하는 듯하다.

〈Diosa Luolaien 루라이엔 여신〉은 규칙적이고 빠른 템포의 켈틱 포크 춤곡을 듣는 듯한데, 이는 중국의 댕 마을의 전설에서 영감을 받은 것이라 한다. 날 수 있는 능력을 가진 여신과 아들이 결혼 후, 아내가 세 번이나 집을 떠나자 돌아오지 않을까 염려되어 아버지의 지시로 허리띠를 묶어 매어 주었더니 루라이엔은 더 이상 날 수 없었다고 한다. 그래서 댕 마을의 소녀들은 색깔 있는 허리띠를 착용한다고 한다.

맑고 서정적인 보컬이 아름다운 〈La Ondina de Vacares 바카레스의 요정〉은 스페인 그라나다의 해발 2,800여 미터에 위치한 바카레스 호수의 전설이다. 낮에는 새의 모습으로, 밤이면 아름다운 여인의 모습으로 변신하여 인근을 지나는 여행자들을 미혹하며 잡아먹는 사악한 요정인데, 어느 날 이 요정이 한 남자에게 반하여 연인이 되었으나, 그녀의 동굴에서 희생된 시체를 발견하고는 도망가려 했고, 이를 알게 된 그녀는 그 후 어떤 누구도 용서하지 않았다고 한다. 오늘날에도 밤이면 여행자들이 담수호 주변을 산책하는 걸 피한다고 한다.

'전설은 조용히 탄생하여 역사가 아니지만 영원히 머문다'라 노래하는 타이틀곡 〈Leyenda 전설〉에서는 바람결 같은 왈츠에 휘슬로 전설의 씨앗을 뿌리는 듯하다.

아름다운 동화집 같은 〈La Mujer Muerta 죽은 여자〉는 스페인 세고비아의 '죽은 여자' 산맥의 전설이다. 형제의 사랑을 받게 된 블랑카, 그러나 우애를 다치게 할까 봐 거절하고 둘 다 선택하지 않지만, 폭풍우가 몰아치는 어느 밤, 우연히 그녀의 집 앞에서 만난 두 형제는 서로를 알아보지 못하고 칼싸움을 벌였고, 이를 막으려던 블랑카는 형제의 칼에 찔려죽고 말았다. 이후 그녀의 죽은 몸은 거대하게 자라 지금의 '라 무헤르 무에르타' 산맥이  되었다고 한다.

봄의 축제 연주곡 〈Folía de la Primavera 봄의 잎〉에서는 생명의 여성성을 찬양한다.

〈La Lamia de Kobate 코바테의 라미아〉는 바스크 지방 코바테산의 동굴에 사는 아름다운 여인 라미아를 사랑하게 된 22세 청년의 전설로, 자신의 나이를 추측하는 조건으로 라미아는 결혼을 허락한다. 105세의 마을 노파는 그를 도와 라미아를 만났고, 평생 이처럼 추한 걸 본 적이 없다고 그에게 전한다. 사랑에 빠진 청년은 라미아에게 '내 사랑, 달콤한 나의 장미, 당신의 나이는 105세 그 이상입니다'라고 말했고, 결혼은 성사되었다. 그러나 첫날밤 노파가 말했던 그 추한 신체적인 특징인 라미아의 오리발에 놀라 그만 즉사한다.

본작에서 중독적 압권이라 말할 수 있는 〈El Puente de San Martín 산 마르틴 다리〉는 이태리 출생으로 알까이데와 함께 음악 활동을 해왔던 재즈 아코디언 주자 렌조 루게이로Renzo Ruggiero와 함께 노래했다. 이는 스페인 톨레도 서쪽 타구스강에 놓인 중세의 다리로, 건축가가 개통 전날 오류와 실수를 발견하여 다리가 무너질 것을 염려하였는데, 그의 아내는 그날 밤 다리에 불을 질러 사고와 남편의 불명예를 면하게 되었고, 다리는 이후 구조적 결함 없이 재건되었다고 한다.

깊은 서정으로 청자를 매료시키는 〈Kari Kalas 카리 칼라스〉는 순혈주의의 규범을 깨고 부족의 적이었던 청년을 사랑하여 고대의 땅 그림자 계곡에서 살았던 한 여인의 전설이라 한다. 사회가 부과한 장벽을 극복하는 사랑의 힘과 금지된 것을 성취하기 위한 영원한 투쟁을 그리고 있다.

신비로운 전설들로 만나게 되는 다양한 여인들의 초상은 현실의 삶과도 결코 다르지 않음을 발견하게 된다.

이 멋진 동화집을 발간하고 오랫동안 라이브로 팬들과 만난 아나 알카이데는 신성한 의식을 준비하고 《Ritual, 2022》로 발표했다.

이는 일상의 의식을 통한 연결의 힘에 대한 찬가로, 《La Cantiga del Fuego, 2012》에 참여했던 이란 전통 가수 레자 샤예스테Reza Shayesteh와 함께 페르시아의 시를 노래했다.

이전의 작품들과는 확연하게 다른 사향의 냄새와 수피의 신비주의 구절은 독특한 명상과 감상의 시간을 선물한다.

아디무스Adiemus의 중동 편이라고 해도 좋을 멋진 월드뮤직으로, 현대 무용음악으로 사용되어도  좋을 〈Kathairein 카타르시스〉의 어두운 축제와 〈Samsara 윤회〉의 서정적 구음은 너무나 황홀하다.

그녀의 니켈하르파는 항상 변이를 거듭하며 작품마다 새로운 오아시스를 만든다. 다음으로 떠날 그녀의 여정이 궁금해진다.

안네 바다 역시 1998년 방영된 드라마에 〈Eros〉가 배경음악으로 사용되었는데, 피아노의 열정을 타고 흐르던 투명한 광천수 같은 그 목소리가 장안을 촉촉이 적신 후, 더 이상 생소한 이름에 머물지는 않았다. 이는 1995년 유로비전 송 콘테스트에서 〈Nocturne〉으로 우승하며 뉴에이지 음악이란 장르로 소개된 노르웨이의 듀오 그룹 시크릿가든Secret Gar -den의 열풍을 이어간 북구 신드롬이었다.

그녀는 1965년생으로, 노르웨이 중부에 위치한 노르트뢰넬라그 주도 스타인셰르Steinkjer에서 태어났다. 동쪽으로 스웨덴과 접하는 이 도시는 고온의 여름과 한파의 겨울 기후로 '국경도시'라 불린다고 하며, 펑크록의 도시로 불릴 정도로 음악문화가 발달한 곳이라고.

본명은 안네 카리 헤네스 바다Anne Kari Hårnes Vada로, 5세부터 노래를 시작하였다. 1984년 대학에서 클래식을 전공하였으며, 뒤이어 1990년 최고의 음악교육과정인 오슬로의 Norwegian Academy of Music을 졸업했다.

이후 유수의 합창단에서 독창자로 활동하던 그녀는 1992년에는 이태리의 페루지아에서 열렸던 보컬 앙상블 경연에서 대상을 수상했다고 하며, 1994년 초에는 노르웨이의 음악 시상식 Spellemannprisen 1993에서 그녀가 참여한 공작 앨범이 아동 음반 부문에서 수상했다.

그녀는 우리에게 뉴에이지 음악가로 소개된 노르웨이의 국보급 하모니카 연주자 지그문트 그로벤Sigmund Groven의 《Siesta, 1993》에 이어, 노르웨이 최고의 작곡가이자 피아니스트이며 1994년에는 릴리함메르 동계올림픽 음악감독을 맡았던 이베르 클레이베Iver Kleive의 가스펠 명작 《Kylie, 1994》에도 참여하여 맑은 보컬을 들려주었다.

그녀를 지켜본 힐케리흐 레이블의 사주 에릭 힐레스타Eric Hillestad가 전격으로 솔로 가수로 등용하였으며, 이후에 부부의 연을 맺게 되는 이베르 클레이베의 도움으로 데뷔 앨범을 내게 된다.

'혹시 안네 바다를 아시나요?' 글쓴이에게 당시 장안에 화제였던 안네 바다에 푹 빠져 지낸다는 동호회의 지인분이 너스레를 떨며 소개해 주었던 걸 기억한다.

적어도 2002년 월드컵 이전까지만 해도 지금보다는 월드뮤직이 우리에게 소개되는 채널이 좀 더 다양하지 않았나 하는 생각이다. 음반사에서 상업적으로 히트를 기록하려면 무엇보다도 젊은 층이 많이 보는 드라마에 배경음악으로 흘러나오는 방법만 한 것이 없었다. 시청자들의 문의가 빗발치면 그 이후부터 굳이 전문 방송이 아니더라도 라디오에서는 드라마에 나왔던 곡을 앞다투어 흘려보냈다. 지금이야 그만한 드라마 시청률도 라디오 청취율도 예전만 못할 뿐만 아니라 드라마에서 월드뮤직이 배경음악으로 사용되는 사례도 체감적으로 줄어든 것 같다.

Øy I Livet

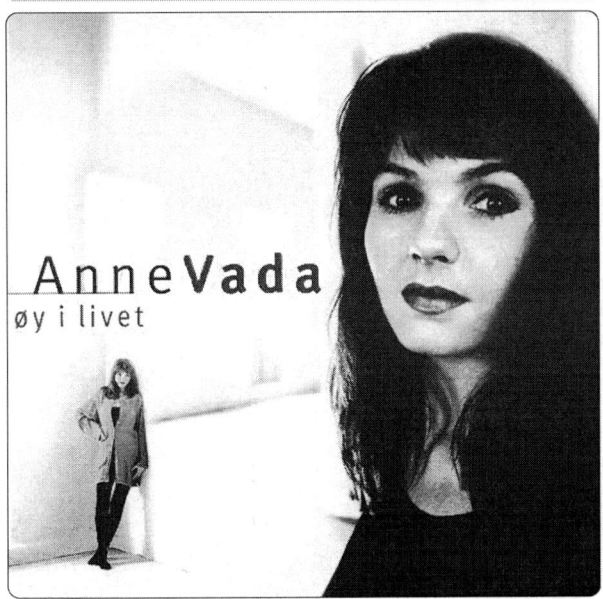

1995 | Kirkelig Kulturverksted

1. Øy I Livet
2. Reviret Ditt
3. Ditt Landskap
4. Eros
5. Bort Fra Sin Skygge
6. Et Øyeblikk
7. Agape
8. Mitt Stille Hus
9. Slør
10. Spørsmål Om Tid Og Sted
11. Di Tro På Mæ

그녀의 데뷔작 《Øy I Livet 생명의 섬》은 발표되고 20여 년이 지난 뒤에도 생명력이 움츠러드는 겨울이면 어김없이 음악방송이나 TV를 통해서 흘러나온다. 이는 북구의 팝 음악을 대변하는 명작임을 증명하는 것이 아닐까?

총 11곡 중 가사가 없는 스캣 작품 〈Eros 에로스〉와 〈Agape 아가페〉가 방송에 사용되면서 시선 집중된 탓에 사실 다른 보컬 곡에 대한 관심은 그동안 한발 뒤로 물러나 있었다.

하지만 보컬 곡도 매우 아름다운 서정이라 결코 빼놓을 수 없다. 5곡은 힐케리흐 레이블의 사주 에릭 힐레스타Eric Hill-estad가, 나머지 4곡은 그녀가 직접 가사를 썼다. 번역된 제목으로 미루어 보더라도 특별한 소재일 것이라는 생각은 들지 않으나, 사랑과 자존 그리고 희망에 대한 표현법이 은근히 기대가 되기 때문이다.

작곡은 이베르 클레이베Iver Kleive가 7곡을, 그녀가 3곡, 그리고 먼저 가수로 등단한 캐롤라인 크뤼거Karoline Krüger가 한 곡에서 우정을 보여주었다.

아코디언의 시린 감성으로 시작하는 〈Reviret Ditt 당신의 땅〉에서 뜨거운 피아노의 가슴과 간헐적이지만 애  틋한 휘슬과 함께 사랑에 빠진 한 여인의 간절한 열망이 드라마를 써 내려간다.

티 없이 시리도록 맑은 피아노의 풍광에서 슬픈 현실을 위로하는 〈Ditt Landskap 그대의 풍경〉은 아름다운 젊은 날이 지속되길 바라지만 세월은 흐르고 지금의 진한 슬픔도 치유될 것이라는 낙관적인 내용이다. 휘슬의 목가가 가슴을 파고들지만 그녀의 복음은 모든 시름을 씻어준다. 이 걸작은 그녀의 자작곡이며 개인적으로 본작에서 가장 돋보이는 작품이었다.

그리고 대표곡 〈Eros 에로스〉가 흐른다. 아마도 가사가 없기에 드라마 배경음악으로서는 더없이 적절했을 것이다. 그녀의 크리스털 같은 성악 보컬이 가장 큰 재료이지만, 이베르 클레이베의 매혹적인 작곡에는 격정에 치닫는 피아노의 타격과 끓어오르는 오르간 사운드의 다채로운 상세가 견고한 힘을 발휘한다. 가사가 있는 보컬 버전도 있었으면 하는 오랜 바람을 꿈꾸어왔다.

그녀가 가사를 쓰고 캐롤라인 크뤼거가 작곡한 〈Bort Fra

Sin Skygge 누군가의 그늘에서 벗어나〉가 달콤한 재즈의 휴식시간을 마련해 준다. 세련되고도 도시적인 이 사운드에는 코러스와 함께 물기가 촉촉하게 맺힌다.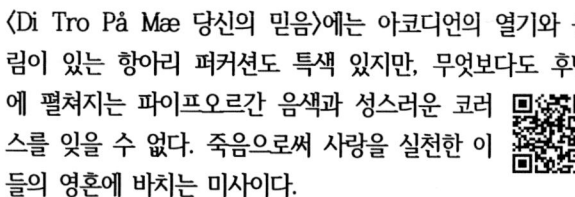

에릭 힐레스타가 가사를 쓰고 그녀가 곡을 쓴 〈Et Øyeblikk 한순간〉에서는 순백의 가스펠 포크가 이어진다. 마치 복음을 전하는 천사의 음성처럼 고고하며 꿈결과도 같은데, 빛나는 태양의 존재와도 같은 연인을 만나기를 우리를 위해 기도하는 듯하다. 첼로의 따스한 온기도 식지 않는다.

〈Agape 아가페〉에서는 고결한 샘물의 음성으로 청자를 스민다. 이 거룩한 찬가에 침례 하다 보면 젖은 우리의 몸은 환한 빛으로 기화할 것 같다.

〈Di Tro På Mæ 당신의 믿음〉에는 아코디언의 열기와 울림이 있는 항아리 퍼커션도 특색 있지만, 무엇보다도 후반에 펼쳐지는 파이프오르간 음색과 성스러운 코러스를 잊을 수 없다. 죽음으로써 사랑을 실천한 이들의 영혼에 바치는 미사이다.

안네 바다와의 이색적인 만남과 인상은 이미 우리의 감성에 묻었고 스몄음에도 항상 새롭게 다가온다. 노르웨이에서 온 이 순결한 생명수는 결코 마르지 않을 것이다.

Solrenning (& Aki Fukakusa)

1997 | Kirkelig Kulturverksted

1. Den Dag Kjem Aldri At Eg Deg Gløymer
2. Solfager Og Ormekongen
3. Akk, Mon min vei til Kanaan
4. Jeg Lagde Meg Så Silde
5. Den Fyrste Song
6. Bendik Og Årolilja
7. Om Kvelden
8. Lite Bane
9. Vi Skal Ikkje Sove Burt Sumarnatta
10. Då Eg Va Liti
11. Jeg Råde Vil Alle
12. Å Her Møter Mangt

두 번째 앨범 《Solrenning 일출, 여명》은 팝적인 데뷔작과는 전혀 다른 성격의 작품으로, 자국의 민속음악을 현대적으로 연주해 담은 민요 모음집이다.

이는 일본의 민속악기로 6현의 기타 진금Shin-Kin 연주자인 아키 후카쿠사Aki Fukakusa와의 공작으로, 사쿠하치 연주자 마사시 키쿠치Masashi Kikuchi, 노르웨이의 작곡가이자 피아니스트 퀴틸 뷔케스트란트Kjetil Bjerkestrand, 노르웨이의 대표적 메탈밴드 TNT의 기타리스트 로니 레 테크뢰Ronni Le Tekrø가 참여했다.

사쿠하치의 긴 한숨으로 시작하는 〈Den Dag Kjem Aldri At Eg Deg Gløymer 당신을 잊기로 했기에, 오늘 밤부터 찾아오지 말아요〉에서부터 어두운 침묵의 공간을 가르는 침울한 기도에 진금의 울림이 뒤따른다. 노르웨이 출신의 여가수 리타 에릭센Rita Eriksen과 아이리쉬 포크가수 돌로레스 케언Dolores Keane의 듀엣 작품인 《Tideland, 1996》에도 수록되었는데, 안녜 바다의 기도는 너무나 고요하다.
노르웨이의 중세 발라드 〈Solfager Og Ormekongen 아름다운 태양과 뱀의 왕〉은 긴장감이 최고조로 서려있는 전설이다. 국제적으로 유명한 노르웨이 출신의 베이시스트 아릴드 안데르센Arild Andersen도 《Arv, 1994》에서 들려주기도 했다.
연민으로 물들어 있는 〈Akk, Mon min vei til Ka-naan 아아, 가나안으로 가는 나의 길〉에서 험난한 고난을 처연하게 한탄하는 듯하다.
〈Jeg Lagde Meg Så Silde 나를 안식 속에 내려주세요〉는 본작에서 가장 아름다운 작품이 아닐까 싶다. 그녀의 부드러운 음성에 녹은 간절한 염원은 사쿠하치의 한풀이로 이어진다. 이미 세계적인 가수가 된 시셀 Sissel Kyrkjebø의 성악 보컬로도 접할 수 있다.
일렉기타의 불꽃이 튀는 〈Den Fyrste Song 첫 번째 노래〉는 생명의 탄생에 관한 축복의 노래이다. 아기가 태어나 처음으로 엄마 품에서 듣게 되는 자장가처럼 평온하다.
〈Bendik Og Årolilja 벤딕과 아롤릴야〉는 이루어질 수 없는 사랑의 비극 '트리스탄과 이졸데Tristan & Isolde'의 노르

웨이 판 전설이다. 진금이 몰고 가는 두렵고도 비극적인 서사에 전자기타의 비명이 잠들면 넋을 달래는 기도가 뒤를 잇는다.
종교적인 기도곡 〈Om Kvelden 저녁에〉에 이어, 스캣으로 문을 여는 자장가 〈Lite Bane 작은 아이〉는 반복되는 단순 제목의 가사와 함께 명상적이고도 동양적인 기풍으로 가득히 채우고 있다.
구슬프고도 아름다운 찬송가 〈Jeg Råde Vil Alle 젊음의 모든 가치를 원합니다〉는 전교傳教의 내용으로 짐작되는데, 두 일본인 연주가가 풀어내는 구원의 음향 실험으로 다소 무겁게 편곡되어 있다.
…시간이 지나가더라도 젊은 시절의 모든 윤택함을 기억하길 희망합니다. 그 시간들을 다시 부를 수는 없습니다, 하나님이 왕국을 세울 때도 몰랐으니까요. 빛이 사라지면 천국의 문도 닫히겠죠, 날이 저물고 곧 밤이 올 것입니다. 기억하기엔 너무나 늦었으니까요…

이 실험작의 전체적인 인상은 매우 영성적이다. 일본 민속 현악기의 무속적인 시나위와 안녜의 깨어질 듯한 영혼의 음성은 신비스러운 노르웨이의 신화를 뽀얀 물안개의 형태로 조형화한다. 이 영적인 마법 주술로 성소聖所를 구현하고 서사의 환상을 불러일으키며 또한 그 환영들을 다시금 오랜 시간 속으로 돌려보낸다.

Boundless Love

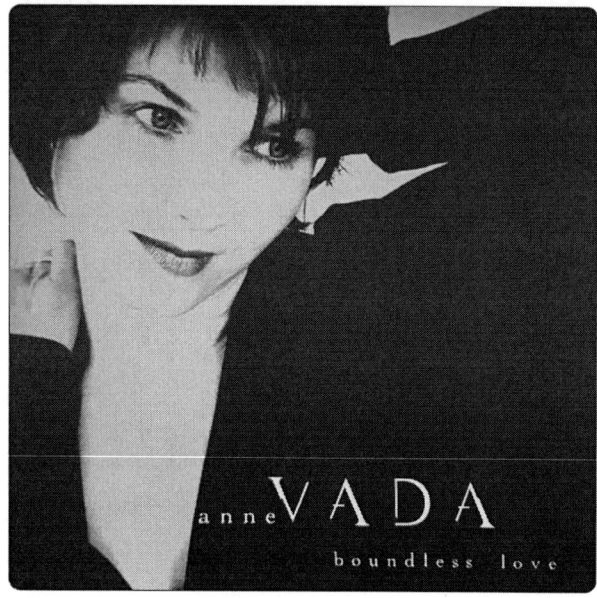

anne VADA
boundless love

2001 | WEA | 0927 43529

1. Himlen I Min Favn
2. Dance Mot Var
3. No One Like You
4. Mitt Hjerte Alltid Vanker
5. Varsog
6. Summernatt Ved Fjorden
7. Natten
8. Billities
9. Somewhere
10. All I Ask Of You
11. As Small As Stars
12. Eg Veit I Himmerik El Borg
13. Lovers Lullaby

그녀의 세 번째 셀프 타이틀 앨범 《Vada, 2000》는 레이블을 옮겨 발표했는데, 전작에서 연을 맺었던 메탈밴드 TNT의 기타리스트 로니 레 테크러Ronni Le Tekrø와 피아니스트 쾨틸 뷔케스트라란트Kjetil Bjerkestrand가 참여했다. 사랑과 그리움에 관한 모든 가사를 직접 썼지만, 결과적으로는 평범한 팝에 그쳤다.

이듬해 자신의 레이블에서 발표한 네 번째 앨범 《Grenseløs 끝없는 사랑》에도 기타리스트 로니 레 테크러가 두 곡에 참여했으며, 하모니카 연주자 지그문트 그로벤Sigmund Groven도 우정 출연했다. 보다 상업적인 성공을 예감할 수 있는 이 멋진 앨범은 국내에 《Boundless Love》란 영어 제목으로 소개되었다.

〈Himlen I Min Favn 내 품속의 천국〉의 원곡은 스웨덴 출신의 여가수 카롤라 훼크비스트Carola Häggkvist가 1999년에 발표한 히트곡이다. 원곡은 피아노에 바이올린이 부가되지만, 안네의 리메이크는 현악에 일렉트릭 기타가 통한의 눈물을 쏟아낸다.

이후로도 고드름 같은 음색을 자랑하는 노르웨이 여가수 마리안느 유빅 쉐보Marianne Juvik Sæbø에서부터 순수한 소녀의 감성을 들려준 테레세 아르네센Ida Therese Arnesen 등의 신인가수에 이르기까지 많은 가수가 리메이크했다.

어느 여름밤, 별은 밝게 빛났지, 상상의 날개를 편 그 여름날의 꿈, 그 밤에 내 세상은 무너졌네, 네가 아니었다면 난 죽었겠지, 널 위해 기도할 때마다, 내 가슴은 널 향해 울부짖지, 네가 떠난 후 태양은 다시 떠오르지 않았네, 매일 밤 널 그리고 내 가슴은 두근거리네, 넌 내 유일한 사람이야.

〈Dance Mot Var 봄을 향한 춤곡〉은 노르웨이 출생이지만 스웨덴에서 성장했던 가수 엘리자베스 안드레아센Elisabeth Andreassen이 앨범 《Stemninger, 1992》에서 불러 빅히트를 기록한 것이 원곡이다. 작곡은 우리에게 잘 알려진 시크릿가든Secret Garden의 롤프 뢰브란Rolf Løvland이며, 데뷔작 《Song from a Secret Garden, 1995》에 〈Serenade to Spirng〉이란 제목으로 연주

버전을 수록하기도 했다.

…새롭게 태어나는 한 해의 아이가 되어, 피부를 맞대고 감촉을 느끼고 싶네. 떠오르는 태양으로부터, 내 육체로 삶을 느끼고 싶네, 아이가 되어, 봄을 향해서 춤추고 싶네.

〈Mitt Hjerte Alltid Vanker 슬픈 영혼〉은 스칸디나비아의 유명한 성탄 찬가로, 1995년에 인기가수 시셀 쉬 르세뵈Sissel Kyrkjebø가 취입하였고 그 후 많은 가수들에 의해 불리고 있다.

〈Varsog 봄을 기다리며〉는 국내 드라마에 삽입되면서 최고의 인기를 누린 대표곡으로 자리 잡았다. 지그문트 그로벤의 하모니카의 애상감도 안네 바다의 녹아내리는 백설의 음성도 애달프기 그지없다.

소녀의 언덕 위에 태양이 비추네, 지금 봄이 오고 있어, 분명히 느낄 수 있지, 모든 계곡 주위로 크게 노래하고 있네, 그리고 남풍이 불어와 날 가득 채우네. 여름이 오면, 진정 산으로부터 오겠지, 난 거기로 달려가 개울의 노래에 귀 기울일 거야, 그리고 가파른 산꼭대기로 오를 거야. 풀냄새가 나고 태양은 빛나며 종이 울리겠지, 바위로 둘러싸인 연못은 내가 물놀이를 할 수 있도록 누울 거고, 내가 안전하게 일광욕을 할 수 있게 말이야. 오, 이 얼마나 유쾌한 순간인가, 태양이 하얀 햇살로 비출 때면, 봄이 머지않았다는 걸 난 알아…

영화 「Billities 빌리티스, 1977」의 주제를 그녀의 스캣으로 아련히 감상한 후, 마음의 평화를 얻게 되는 〈Eg Veit I Himmerik El Borg · I Know a Fortress in Heaven〉을 만나게 된다. 이 노르웨이 민요는 많은 가수들이 다양한 버전으로 노래했다.

시셀 쉬르세뵈의 천상의 솔로 버전도, 카리 아이블랜드Kari Iveland의 어린이 합창과 퍼커션의 숭엄한 포크도, 클래식한 가곡풍의 마리안느 유비크 세뵈Marianne Juvik Sæbø의 소프라노 가창도 주목할 만하다.

나는 하늘에 해처럼 빛나는 성을 알고 있네, 그곳에는 죄도 슬픔도 없고, 울부짖음도 눈물도 없네… 나는 가난한 여행자. 여기에서 나의 조국으로 가는 길을 가르쳐 주세요, 하느님, 저를 계속해서 지켜주세요… 나는 가난하게 여기 와서 가난한 뿌리에서 흘러 빈손으로 이곳을 떠난다네, 물론 나는 죽음의 밤이 끝나는 내일의 어느 날을 알고 있네… 하나님의 아들이 영광과 존귀 중에 거하시니, 그는 나의 위로시오, 안전한 소망이시라, 나도 그와 함께 있으리라…

본작 이후로 휴지기를 갖고 5번째 앨범이자 캐럴 음반 《Sacral Jul, 2007》를 내놓았는데, 기타리스트 로니 데 크러와 시크릿가든의 롤프 뢰브란이 참여하고 있다.

이어서 많은 공작자와의 협연을 담은 《Big Box, 2009》와 어머니가 되어 발표한 아이를 위한 포크 앨범 《Varm Favn 따뜻한 포옹, 2013》이 뒤이었다.

안네 바다는 우리에게 그 누구보다도 노르웨이의 서정을 잘 표현하고 있는 가수로 남아있다. 여전히 에로스와 아가페의 복음을 전하며 노르웨이 숲을 사랑으로 적시고 있다.

Arsen Dedić ● 아르셴 데디치
Croatia

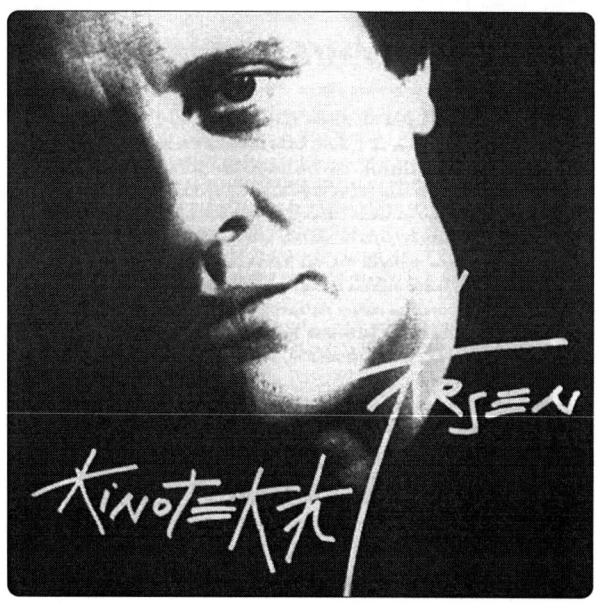

샹송의 음유시인 자크 브렐Jacques Brel(1929-1978)에 큰 영향을 받았으며, 이태리의 지노 파올리Gino Paoli와 세르지오 엔드리고Sergio Endrigo(1933-2005)와도 자주 협력했던 크로아티아의 싱어송라이터이자 작가이며 시인 아르셴 데디치(1938-2015)는 '음악계의 그 누구와도 비교할 수 없는 시적 세련미를 지닌 크로아티아 대중음악 역사상 가장 완벽하고 중요한 싱어송라이터'로 평가되고 있다.

부친은 포크 밴드와 예배당에서 금관악기를 연주했었고, 가톨릭 교회와 정교회에 다녔던 그는 신부의 소개로 플루트를 배웠다. 삼촌이 준 라디오에서 이태리 음악을 듣다가 도메니코 모듀뇨Domenico Modugno(1928-1994)에게 깊은 인상을 받았다고 한다. 고교 시절에 그룹을 창단, 자그레브 대학교 법학부로 진학한 후, 크로아티아 공영 라디오 및 텔레비전 방송사의 음악편집자가 되는 작곡가 마리오 볼리우니Mario Bogliuni(1935-2011)를 룸메이트로 만나 그가 창단한 그룹의 보컬리스트를 맡는다. 또한 음악과 미술 등 예술에 대한 관심을 키워가다 결국 1959년에 학업을 중단하고 음악 아카데미에 등록한다.

친구 볼리우니의 요청으로 가사를 쓴 노래들이 '자그레브 1959'와 1960년 사라예보 페스티벌에서 큰 상을 받았고, 그와 함께 결성한 4중주단 Prima는 공영방송사의 신인 오디션을 통과하며 공연할 수 있었다. 그는 자그레브 재즈 앙상블에서 플루트 연주자로 활동하면서도 자그레브 보컬 쿼텟 창단과 함께 Melos라는 그룹의 가수로도 활동을 이어갔다. 1962년에는 보컬 솔리스트로서의 경력을 시작하며, 프랑스 샹송과 이태리 제노바 음악학교로 눈을 돌린다.

1964년 플루트 학위를 취득하고 군복무 시절에도 군악대와 함께 연주여행을 떠났으며, 싱어송라이터로서의 확고한 길을 걷는다. 이듬해 TV 자그레브에서 세르지오 엔드리고를 만나 장기적인 우정과 협력을 시작하며 1967년에 파리에서 그와 함께 합동 콘서트를 열었다.

Čovjek Kao Ja

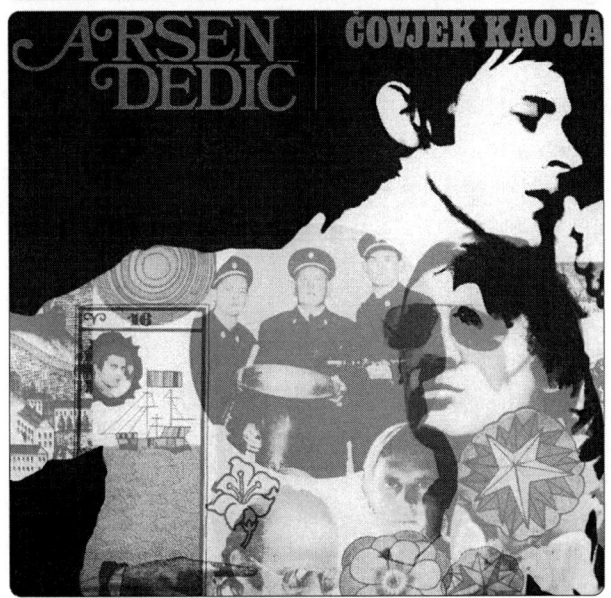

Croatia Records | CD 5604716 | 1969

1. Sve Što Znaš O Meni
2. Moderato Cantabile
3. Moj Brat
4. Kod Dvije Lipe
5. Sanjam Te
6. Odabrat Ćeš Gore
7. Kuća Pored Mora
8. Čovjek Kao Ja
9. Stara Pjesma
10. Sandra
11. Čovjek I Pas
12. Pusti Neka Spava
13. Večeras
14. Bit Ćeš Uvijek Moja

1969년 말 발매된 그의 첫 정규앨범인 본작 《Čovjek Kao Ja 나 같은 남자》는 예술적 가치 측면에서 전환점을 맞이한

크로아티아 음악 최초의 싱어송라이터 앨범으로서 크로아티아 음악의 새로운 방향을 여는 계기가 되었다고 평가되고 있다. 이는 이전에 싱글로 발표되었던 곡들을 모은 것으로, 그의 대표작으로 꼽힌다. 1971년과 1974년에 LP가 재발행되었으며, CD도 두 차례나 재발매되었다.

한 평론가는 본작을 '젊음, 사랑, 바다에 대한 선언일뿐만 아니라 고국을 자랑스러워하는 도시 정신의 선구적인 선언'이라 말했으며, 〈Sve Što Znaš O Meni 네가 나에 대해 아는 모든 것〉, 〈Moj Brat 내 형제〉, 〈Kuća Pored Mora 바다 옆집〉과 같은 그의 작곡은 달마티아의 노래[Dalmatian Chansons[2] 장르를 창시했다.

2015년 8월, 뉴욕 현대미술관 MoMa가 당시의 그래픽 디자인의 대표적인 사례이자 뛰어난 작품으로 선정한 본작의 앨범 커버에는 자신의 다양한 시대 사진들과 그에게 영향을 준 이태리 싱어송라이터 지노 파올리Gino Paoli의 사진도 포함되어 있다.

〈Sve Što Znaš O Meni 네가 나에 대해 아는 모든 것〉은 관현악이 매우 향수적이고 싱그럽다.

…당신이 나에 대해 아는 모든 것, 다른 사람들도 그걸 안다네, 그들은 단지 내게 악수를 청하거나 아니면 그냥 작별

---

2) Dalmatian Chansons : 크로아티아 달마티아에서 유래된 전통적인 아카펠라 노래의 한 형태인 클라파Klapa 음악은 해안 교회 노래에서 유래되었다. 클라파라는 단어는 '친구 그룹'으로 번역되며, 일반적으로 모티브는 사랑, 와인(포도), 시골(고향) 및 바다를 찬양한다.
이는 달마티아의 전통음악에 프랑스의 샹송, 이탈리아 깐쏘네에서 영향을 받은 것으로 설명할 수 있다.
시베니크에서 열리는 '달마시안 샹송 이브닝'은 가장 인기 있는 크로아티아 문화 및 음악 축제 중 하나로, 매년 8월 성 야고보 대성당 앞 크로아티아 공화국 광장에서 열린다. 뛰어난 음악과 연주자들의 품질로 수많은 문화적, 음악적 인정을 받고 있다. 프로그램은 신곡들과 오랜 세월 동안 크로아티아 음악계에 영향을 끼친 고전으로 나뉜다.

인사를 할 뿐이지. 우리가 혼자이거나, 서로의 평생을 오랫동안 이야기 나눌 수 있는, 그런 날이 올지는 모르겠어. 왜냐면 그게 당신이 나에 대해 아는 전부이니까. 그냥 옛날이야기야, 난 당신이 매일 보는 젊은이 중 하나인걸.

본작에서 가장 아름다운 작품 하나인 〈Moderato Cantabile 모데라토 칸타빌레〉는 1960년 피터 브룩Peter Brook 감독의 동명 영화의 멜랑꼴리한 분위기에 영감을 받았다고 한다. 1963년에 작곡하고 그 이듬해 발표되었으며 1964년 자그레브 페스티벌에서 선보였다. 이 곡은 크로아티아 음악계 최초의 진지한 샹송으로 기억되며, 동시에 크로아티아 뮤지컬 상록수의 지위를 획득했다.

강은 가을을 불러오고, 도시는 오랫동안 죽어가네, 그리고 우리 안에는 여름이 너무 많지, 우린 세상의 고아들이야. 오늘 밤, 당신은 집과 습관과 사람들, 이 모든 것을 두고, 어디로 가는지도 모른 채 떠날 수 있는지 말해봐. 다들 증오로 우리를 배웅하더라도, 사랑하는 삶이 기다리고 있어, 지금이 바로 그때야, 온 세상 그곳이 당신의 새로운 집이 될 테니까, 혹자는 그것을 모험이라 말하지. 절대 후회하지 않을 거야, 도시에도 고유한 것이 있으니, 그리고 추운 호텔 방이라도, 이제 당신은 자유로워질 거야…

〈Moj Brat 내 형제〉는 형인 밀루틴 데디치Milutin Dedić(1935-2021)를 위해 쓴 곡으로, 1966년 스플릿 페스티벌Split Festival에서 선보여 3위를 기록했지만 관객들은 심사위원들의 결과에 실망했다고 한다. 그의 형은 얼마 동안 베오그라드에서 살았고, 힘든 육체노동을 하며 판잣집에서 살았던 어려운 삶의 여정에서 영감을 받은 것이었다. 그의 형은 나중에 화가, 미술사학자, 보헤미안계의 유명 인사가 되었다.

〈Kod Dvije Lipe 드비제 리페 근처〉는 화창하기 그지없는 풍경화로, 스쳐 간 짧은 사랑을 회상하는 곡이다.

〈Sanjam Te 널 꿈꾸네〉는 1966년에 발표한 연가로, 작곡가뿐만 아니라 훌륭한 가수로서의 재능을 엿볼 수 있다. 다소 우울한 멜로디지만 그의

맑은 음성은 감정으로 가득하다.

…넌 내 여행의 비밀이며 의미라네, 그리고 어둠 속에서 방황하는 나의 마지막 등불이지. 날 결코 비난한 적이 없었던 너, 만약 네가 떠나가 버린다면, 만약 네가 거기 없다면, 네가 살지 않는다면, 세상 모든 길은 끝이 없을 거야…

〈Odabrat Ćeš Gore 넌 더 나쁜 것을 선택할 거야〉는 비트 음악처럼 리드미컬한 록풍의 발라드이다. 풍성한 오르간 사운드에 고혹적인 바이올린도 가미되어 있고 현악도 고풍스럽다.

…불확실성, 달의 어두운 면, 넌 항상 더 나쁜 것을 선택할 거야, 네 삶의 앞에서, 그리고 넌 다시 그것에 반대할 거야… 그리고 넌 우리에게 책임을 맡길 거야, 왜냐면 네가 선택한 걸 보지도 않으니까.

쓸쓸한 깐쏘네를 듣는 듯한 〈Kuća Pored Mora 바다 옆의 집〉은 서정적인 전원 교향곡으로, 지극히 회상적인 이미지이다.

…우리 사랑은 지금 떨어지고 있네, 모래탑처럼. 난 아직 여기 있고, 빌라 문 앞에서 바다를 바라보네, 슬픔이 잠들어 있는 곳, 그리고 나가베 꽃에 비가 쏟아지고 여름은 종말을 고하네. 시와 평화의 시대로부터 빈집만 남았네, 밤에는 바다를 마주하며, 바다 옆의 집은 새로운 연인을 기다리네.

타이틀 〈Čovjek Kao Ja 나 같은 남자〉는 한편의 멜로드라마 사운드트랙 같다.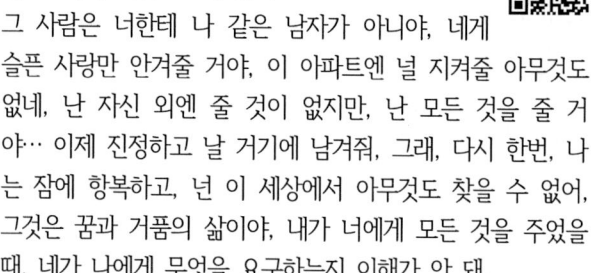

그 사람은 너한테 나 같은 남자가 아니야, 네게 슬픈 사랑만 안겨줄 거야, 이 아파트엔 널 지켜줄 아무것도 없네, 난 자신 외엔 줄 것이 없지만, 난 모든 것을 줄 거야… 이제 진정하고 날 거기에 남겨줘, 그래, 다시 한번, 나는 잠에 항복하고, 넌 이 세상에서 아무것도 찾을 수 없어, 그것은 꿈과 거품의 삶이야, 내가 너에게 모든 것을 주었을 때, 네가 나에게 무엇을 요구하는지 이해가 안 돼.

포근한 현악이 로맨틱한 〈Sandra 산드라〉는 사랑을 많이 주진 못했지만 자신에게 많은 것을 주었고 이해하며 항상

편안하게 대해준 딸에게 헌정한 곡으로, 고마움과 미안함의 고백이다. 1961년 말 결혼하여 1965년에 결별한 첫 부인 사이에서 그녀가 태어났으며, 그는 《Kino Slobo -da 자유 극장, 1987》의 커버에 소녀 산드라의 모습을 싣기도 했다.

〈Večeras 오늘 밤〉은 유려한 야상곡으로 보사노바의 달콤함도 묻어난다.

〈Bit Ćeš Uvijek Moja 넌 항상 내 것〉은 하모니카의 향수로 가득한 로맨스의 시이다. 영화의 엔딩송 같다.

1. Ne Plači
2. Takvim Sjajem Može Sjati
3. Pored Mene
4. Po Glavi Stanovnika
5. Poslije Toliko Godina
6. Balada O Prolaznosti
7. O Mladosti
8. Podoknica
9. Gazela
10. Putovanje
11. Balada O Zmaju Koji Je Gutao Krasne Dame
12. Nemoj Poći

Arsen 2

1971 | Croatia Records | CD 5604723

1971년 말 발표된 그의 두 번째 스튜디오 앨범이다. 첫 앨범에 비해 보다 뮤지컬이나 카바레를 연상시키는 곡들이 수록되었다.

〈Ne Plači 울지 마〉는 별밤의 세레나데처럼 고상하고 로맨틱하지만, 일 때문에 잠시 자식과 헤어져야 하는 아버지의 마음을 담은 곡이다.

울지 마, 내 아들아, 며칠이면 돼, 처음 작별 인사를 하네, 나도 어렵단다, 더 성장한 널 기다릴게, 우리의 삶은 강과 같단다. 내 게임은 어려워, 사랑을 어떻게 주는지 모르겠어… 널 보고 내가 웃을 수 없을 때, 음악이 널 위로해 주길…

〈Pored Mene 내 옆에〉는 피아노 연주가 깊은 상념으로 몰고 간다. 내 곁에 있지만 길을 잃은 사랑에 대해 희망을 갈구하며 고통을 읊조린다.

〈Po Glavi Stanovnika 1인당 기준〉은 휘파람 연주가 청각을 환기시키는데, 이는 유고슬라비아 사회주의 연방공화국의 일부였던 당시의 사회적 상황을 풍자한 것으로, 균등한 것은 거짓말이라 노래한다. 민족주의와 자치권, 경제적 민주화 등을 주창한 크로아티아의 봄(1967 -1971)과도 무관하지 않다.

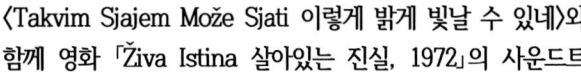

〈Takvim Sjajem Može Sjati 이렇게 밝게 빛날 수 있네〉와 함께 영화 「Živa Istina 살아있는 진실, 1972」의 사운드트

랙으로 작곡한 ⟨Balada O Prolaznosti 인생무상의 발라드⟩는 피아노 솔로 반주로 역시나 깊은 상념 속에 머물게 한다. 영화는 자신의 꿈인 연기 일자리를 구하지 못해 대신 모델로 일하는 여배우의 삶을 그렸는데, 가사는 그러한 인생을 안착할 수 있는 육지를 찾아 바다를 떠도는 난민으로 표현하고 있다. 결국 희망과 사랑의 은유인 육지를 향해 경로만 변경될 뿐인 인생에서 그 사랑과 희망에 작별을 고하는 슬픈 이야기이다.

⟨O Mladosti 아 청춘이여⟩는 고색창연한 서글픈 현악이 돌풍처럼 청자를 휘감는다. 청춘을 떨어진 비참한 태양으로 비유하면서, 인생의 절반밖에 오지 않은 상황에서 아직도 희망을 꿈꾸는 자신에게 적어도 사랑하는 연인에게 작별 인사를 할 수 있도록 그리고 자신이 노래를 만들 수 있도록 용기를 달라고 간청한다.

하프시코드의 고풍스러운 전설 동화극 ⟨Balada O Zmaju Koji Je Gutao Krasne Dame 아름다운 여인을 삼킨 용의 발라드⟩는 현실 풍자로 느껴진다.

자크 브렐Jacques Brel(1929-1978)의 1959년 명곡 ⟨Ne Me Quitte Pas⟩의 번안곡인 ⟨Nemoj Poći 떠나지 마⟩도 수록되었다.

Homo Volans

1973 | Croatia Records | CD 5520795

1. Čitavu Noć Slavulj…
2. Ti Se Smiješ
3. Mirni Podstanar
4. Oprosti Mi
5. Ponovo Ti Govorim…
6. Tvoje Nježne Godine
7. Ana Je Ana
8. Ti Trebaš Ljubavi
9. Nećeš Biti Sama
10. To Nije Važno
11. Pravilna Ishrana
12. Vrtovi Malih Kuća
13. Pjesma O Šutnji
14. Kada Sretnem Djevu Bajnu
15. Sunčano Lice
16. Priča O Jednom Kapitanu
17. Modra Rijeka
18. Ofelija
19. Balada O Smrti
20. Mala Pjesma
21. Laku Noć Muzičari
22. Čitavu Noć Slavulj…

1973년 3월 말에 여가수이자 1970년에 결혼한 아내 가비 노박Gabi Novak 사이에서 훌륭한 재즈 아티스트로 성장한 그의 아들 마티야Matija Dedić가 태어났다. 아들의 대부는 이탈리아의 싱어송라이터 지노 파올리Gino Paoli였다. 그해 말 멋진 커버 아트와 함께 크로아티아와 유고슬라비아 음반의 첫 번째 더블 앨범인 세 번째 앨범인 본작 《Homo Volans 나는 남자》가 발표되었는데, 이는 전통적인 엔터테 인먼트 음악 틀에서 벗어나는 이정표로 간주되고 있다. 무 조와 재즈 영향이 감지되는 등 실험적인 인상도 보이며, 여성 백 보컬리스트 기용도 드러난다. 여전히 싱어송라이터 라인의 음악들은 성공을 거두었고, 이후 그의 최고이자 가장 야심 찬 앨범 중 하나로 평가되었다.

〈Oprosti Mi 용서해 주세요〉는 잔잔한 기타에 이어 창연한 현악이 햇살처럼 쏟아진다. 문맹이고 (나중에 글 을 읽을 수 있게 되었다고 한다) 극도로 경건한 주부이자 세탁부였던 모친의 헌정곡이다.

…지금에서야 내가 왔으니, 이제 용서해 주세요, 당신이 아는 것과 몰랐던 모든 이 세상을 내게 주었죠, 그래서 내가 그중 일부를 스스로 고를 수 있었죠. 그리고 혹시라도 바다가 화가 난 동안은, 휴식과 잠이 필요합니다. 오래도록 낡은 문을 두드릴 테니, 열어주세요, 어머니 저예요.

히트곡 〈Tvoje Nježne Godine 네 어린 시절〉 역시 진한 부정父情을 중후한 현악으로 느낄 수 있는데, 여성 백 보컬리스트와 함께 부드러운 온화함으로 채운다.

네 어린 시절은 내게 무엇을 줄 수 있나? 오랫동안 네 마음을 알았지만, 이해하진 못했네, 날 따라다니는 네 눈은 잠으로 가득했지, 내 노래는 슬퍼, 아직 너에겐 해당되지 않아, 오래전 내가 준 걸 넌 영원히 원하지, 모든 걸 주는 인생에서, 난 사랑을 훔쳤네. 너도 네 어린 시절을 다른 이에게 주게 될 거야. 네 입맞춤을 슬픔으로 채울 테니까. 깨지마, 깨

지마, 넌 선과 악도 알지 못해, 아직은 그럴 때가 아니기에, 나를 안아줄 만큼 손도 작지. 내가 평화를 찾는 동안이면, 넌 어디론가 달려가고 있을 거야…

작가 드라고 브리트빅Drago Britvić(1935-2005)이 가사를 쓴 〈Vrtovi Malih Kuća 작은 집의 정원〉은 세르비아 마을 트레슈네바츠Trešnjevac의 풍경화로, 애수가 흐른다.

이 도시의 그늘에는 작은 정원들이 있네, 그것은 모든 관심의 끝에 있지. 신문을 읽은 뒤부터 점심을 먹고, 마지막 교대가 끝날 때까지도, 하늘은 파랗고 정원은 푸르지. 얼굴에 땀을 흘리며 살아가는 사람들은 점심 식사 후 새들이 가득한 정원에서 낮잠을 자고, 그 자리를 벗어나면 아이들은 사과를 따고 고양이는 두더지를 잡네. 그리고 일하는 모든 사람들을 위한 백만 개의 작은 정원들에서 5월 축제가 열리면 그들은 행진을 한다네, 차분하게 돌아오면 잔칫상이 차려지지, 그들은 마지막 만찬처럼 가득 채워진 테이블에서 오랫동안 식사를 하고, 트램은 텅 비어 있지. 그들이 두루미로 태양을 삼킬 어느 날 새벽까지도…

크로아티아에서 어린이 작가로 유명한 즈보니미르 발로그 Zvonimir Balog(1932-2014)가 가사를 쓴 〈Pjesma O Šutnji 침묵의 노래〉는 아트록 발라드 넘버를 듣는 듯하다. 왈츠풍의 템포에 플루트의 목가와 전자오르간의 블루스가 절묘하게 뒤섞인다.

…언급도 없이 침묵하는 것이 가장 좋아, 듣기에도 침묵하고, 냄새에도 침묵해 봐, 30분 동안 소금과 빵에 대하여 조용히 해봐, 모국어로 침묵할 때, 그리고 공복에 침묵할 때가 가장 좋지, 30분 동안 조용히 해봐, 정말 멍청하고 상상력도 없이. 장조로 연주하는 것이 가장 좋고, 장조에서는 침묵해, 침묵을 치료제로 삼아 봐, 다양한 상황에서 고요함을 유지하기 위해서, 침묵이라는 주제에 대해서는 그럴 수 있을 것 같아, 나도 한번은 닥치지 뭐.

크로아티아 작가 즈보니미르 골롭Zvonimir Golob(1927-1997)

이 가사를 쓴 〈Ofelija 오필리아〉는 셰익스피어William Shak
-espeare(1564-1616)의 비극 「햄릿」에 등장하는
연인의 죽음을 주제로 하고 있다. 데디치는 이 파
국의 결말을 매우 고요하고 평화롭게 작곡하였다.

지금 당신은 물 아래 누워 있네, 당신 위에는 사초와 풀이
있지, 떠나가는 나비처럼, 잠자는 아이처럼, 절대 당신의 얼
굴이 아니야, 꿈속에서는 너무 하얗지, 죽은 새의 날개처럼,
당신의 몸은 강물에 떠 있네. 계속해서 파도에 일렁이는 동
안, 당신은 다시 살아나는 꿈을 꾸지, 달콤한 작은 상심, 부
드러운 희망을 숨기고서. 진흙 침대 위에서 죽은 심장이 꿈
을 꾸고 있어, 물의 손길이 당신을 흔드는 동안, 당신은 가
지 아래서 조용히 항해하네, 당신은 백합처럼 그 차가운 심
연으로 떨어졌지, 당신이 따온 꽃도 당신과 함께 항해하네,
어두운 무덤에서 나오는 동안, 당신은 당신을 따라다니는
사슴을 보네, 숲에서 뿔 나팔의 노래가 들리는 동안, 비가
당신에게 내리는 것처럼…

고풍스러운 향기에 취하게 되는 연가 〈Mala Pjes
-ma 작은 노래〉도 본작에서 돋보이는 트랙이라
할 수 있다.

난 네게 줄 작은 노래를 쓰네, 길고 늦은 시간 동안, 네 얼
굴이 다시 미소를 되찾도록, 자기 전에 혼자 들으면… 그
안에는 약간의 슬픔이 있어, 기쁨은 더 크지도 않아, 단지
위로하기 위해, 널 기억하기 위해, 오늘 밤 내가 네게 줄 것
은… 난 너에게 작은 시를 쓰고 있어, 비가 빨리 그칠 수
있게, 노래가 더 많은 것을 할 수 있을까? 네게 줄 수 있는
작은 희망을 제외하면…

〈Laku Noć Muzičari 잘 자요 음악가들이여〉는 포크풍의
기타와 피아노, 화사한 클래식 실내악, 클라리넷의 블루스,
색소폰과 피아노의 재즈, 집시 바이올린에 탱고의
리듬까지, 다양함이 혼재되어 색다른 감흥을 준
다.

Dedić · Golob

1977 | Croatia Records | CD 5818038

1. Sve Što Traje
2. Nedjelja
3. Uspavanka
4. Davne Kiše
5. Čekaj Me
6. Povečerje
7. Stari Vrtuljak
8. Nemam Konja
9. Vjenčanja Neće Biti
10. Neke Stare Žene

《Vraćam Se 난 돌아올 거야, 1975》는 1963년에서 1970년
사이에 작곡된 노래들의 새로운 버전이 수록되었다.

1976년에는 두 작품을 발표했는데, 《Porodično Stablo 가
계도, 1976》는 프로듀서 코르넬리예 코바치Korneli Kovač(19
42-2022)와 공동 작업한 앨범으로 유고슬라비아 프로그레시

브 록의 영향을 받아 록에 접근했으며, 《Otisak Autora 저자의 각인, 1976》은 슬로베니아 라디오 텔레비전 방송을 위해 제작된 것이라 한다.

일곱 번째 정규 앨범인 본작은 크로아티아 작가 즈보니미르 골롭Zvonimir Golob(1927-1997)이 대부분의 가사를 쓴 콜라보 앨범이다. 이 작가는 시와 에세이 작품을 다수 발행했으며, Zagreb School of Chansons를 창설한 인물이다. 또한 은유를 조합하여 구절의 음악성에 중점을 두었으며, 그의 노랫말은 약 20개의 앨범들로 녹음되기도 했다.

달콤하지만 처연한 로맨스 〈Sve Što Traje 지속되는 모든 것〉은 가장 아름다운 샹송 중 하나가 아닐까?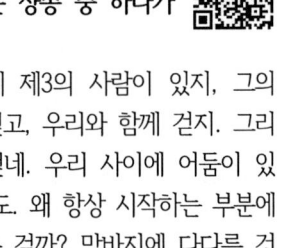

…우리는 행복하지만 우리 중에 제3의 사람이 있지, 그의 발걸음이 들려, 매일 더 많이 걷고, 우리와 함께 걷지. 그리고 우리는 다른 세 사람처럼 걷네. 우리 사이에 어둠이 있게 해줘, 그리고 외로움과 슬픔도. 왜 항상 시작하는 부분에 있을까? 슬픈 죽음의 맛이 있는 걸까? 막바지에 다다른 것처럼, 모든 것이 바뀌고, 모든 것이 변하네, 당신이 내게 입맞춤하는 동안, 왜 난 생각을 하고 있을까? 첫마디와 끝마무리를 어떻게 해야 하지? 왜 난 당신이 날 잃을 거라고 생각할까? 포용하면서도 외로워서? 그리고 난 거짓말을 하고, 밤이 날 구하네, 당신의 숨소리를 들으면, 당신은 마음속에 편지를 쓰네, 존재하지 않는 사랑에 대해서. 시작되는 모든 것, 필요한 모든 것, 그것의 어둠과 밤. 원하는 것, 주어진 것, 누군가 와서 가져가네.

〈Nedjelja 일요일〉의 피아노 왈츠는 가사와는 반대로 너무나 낭만적인 선율이다.

…내가 더 이상 당신과 함께 있지 않다면, 일요일에 무엇을 할까? 그리고 나는 어디로 갈까?… 저녁에 무엇을 할까? 밤에는 무엇을 할까? 내가 원하는 것이 무엇인지는 모르겠지만, 나는 알고 있네, 내가 원하는 것이 없다는 걸…

〈Uspavanka 자장가〉는 하늘거리는 플루트와 중후한 현악 그리고 달콤한 여성 백 보컬로 쓸쓸함을 남긴다.

…매일 먼 곳에서 들려오는 나쁜 뉴스들, 그들은 말하죠, 결코 우리와는 만나지 않을 거라고… 잠들기 전 엄마, 무엇을 숨기고 있는지 말해주세요. 당신의 자녀는 알고 싶어요, 당신은 어떤 꿈을 꾸고 있나요? 왜 밤에 내 곁에서 깨어 자주 서성이나요? 당신은 어떤 꿈이 두려운가요? 무엇이 당신을 잠 못 들게 하나요? 내가 더 크면 어디로 가야 할지 알겠죠. 오늘 밤엔 내가 모르는 그것을 당신은 나에게 말해주세요. 네가 가진 것을 잘 간직하렴, 얼굴을 타고 눈물이 흐르더라도, 넌 이 겨울을 철새처럼 지나가게 될 거야. 사람들은 왜 죽어가고 있나요? 잠들기 전 엄마, 나를 당신 가슴에 안아주세요!

〈Davne Kiše 고대의 비〉는 비참한 전쟁 진혼곡으로, 전쟁으로 인한 트라우마가 극에 달해있다.

내 친구가 죽었네, 그래 내 동생도 죽었네, 나도 알아, 그건 오래전 일이고, 전쟁이 있었다는 것도… 난 그들이 떠났다는 걸 알아. 하지만 저녁이면, 진흙으로 덮인 입에서, 어둠과 그림자로부터, 몰래 돌아다니는 것 같아 두려워. 자다 어디선가 깨어나는 소리가 들리는 것 같아, 밤이면 그의 목소리가 들려, 며칠은 미친 듯이 그들은 우리 곁에서 무너졌어, 아직도 예전처럼 땅이 흔들려, 그리고 죽음의 창백한 얼굴로 날 지켜보고 있어, 지금은 어딘가에서 평화롭게 자고 있겠지. 흙과 진흙탕 속에서… 전쟁은 아직도 진행 중이야.

〈Čekaj Me 날 기다려줘〉는 소비에트 연방의 시인 콘스탄틴 시모노프Konstantin Simonov(1915-1979)의 가사로, 골롭이 작성하지 않은 유일한 작품이다. 재지한 하모니카, 즉흥의 기타, 몽롱한 여성 보컬 등이 합쳐서 뽑어내는 매혹이 몽환에 빠뜨린다.

…이제 5분이 남았네, 경비병들이 소총을 들고 노래를 부르고 있어, 밤이 삼키는 새벽, 내 노래가 다시 돌아오고 있네.

그런 생각만 하는 것 같아, 어떤 것이 금지되는지 알아, 그리고 내가 돌아오면 예전과 같을 거야, 역에서 날 기다려줘, 그럼 내가 너의 영웅이 될게, 우리의 영원한 시간을 위해서…

붉은빛의 비장한 탱고로 채색된 〈Povečerje 저녁〉은 〈Davne Kiše 고대의 비〉에 이어지는 또 하나의 전쟁 레퀴엠이다.

왜 매일 밤 이럴까? 난 그의 전화를 두려워하며 기다리네, 내 핏속에서, 내 머릿속에서 나팔소리 하나 흘러가게 하라. 내 어린 시절은 막사 근처에서 들리는 나팔소리에 여전히 숨겨져 있네, 그리고 막사에서 나온 죽은 입은, 밤이면 누군가 지켜보고 있다고 소리치지, 나팔 소리가 들리면, 죽은 감시자가 어딘가에 서서 울고 있는 걸 알아. 그도 나를 찾고, 그도 날 찾고 있어. 나팔이여, 깨지 말고 사라져… 넌 오랜 상처만 만지고 있어, 넌 죽은 꿈을 깨고 있을 뿐이야, 그 도시가 하늘의 손 아래 잠들어 있는 동안, 그 어둠 속에서 헛되이 부르짖네, 고대 상처의 이름으로. 그리고 그들은 다시 내 앞으로 가네, 긴 줄을 서서, 내 인생의 모든 고대의 시절, 오랫동안 잃어버린 모든 여름, 그리고 무엇부터 시작해야 할까, 지금은 어디로 가야 할까? 무너져가는 세월과 함께, 내 도시의 광장과 거리를 지나, 바람이 내 뼈를 뚫고 지나가네. 그리고 그는 매일 밤마다 전화를 하네, 그림자와 울음에서 나오는 그 목소리, 그리고 다른 손으로 나팔을 불지, 내 악기의 죽은 입으로…

〈Stari Vrtuljak 오래된 회전목마〉는 트럼펫 왈츠로 아련함이 주위를 빙빙 돈다.

회전목마는 날이 갈수록 늙어가네, 텅 빈 광장에서 노래를 반복하며, 이제 알았네, 그가 내 사랑을 뒤집어 놓았다는 걸… 낡은 회전목마는 혼자 서있네, 그리고 별들은 이미 빛나고 있어, 나팔 소리는 오래전 누군가를 위해 애도한다는 걸 이제 알아. 회전목마, 내 오랜 친구, 이제 그만 노래를 멈춰, 내 사랑을 돌려줘, 지나간 날들을 돌려줘, 땅도 하늘도 황폐해, 내 손이 비어 있다면, 텅 빈 마음에 꿈도 죽어가겠지…

〈Nemam Konja 말이 안 돼〉는 우울한 사랑 노래이다.

…갈 중간에서 멈출게, 어차피 어떻게 해야 할지 모르겠어, 돌아갈 길이 멀어, 널 따라가기엔 너무 멀어… 난 내 그림자와 함께 그곳에서 혼자 있을 거야, 날 무너뜨리기 위해 하룻밤을 묵어가, 어쩌면 그녀의 마음에 고통일 수도 있겠지, 내 마음속의 아픔으로 숨이 막혀…

〈Vjenčanja Neće Biti 결혼식은 없을 거야〉는 플루트 환상곡으로, 단호한 그의 가창이 드라마를 창백하게 만든다.

…난 아무 말도 하지 않을 거야, 왜냐면 내가 무엇을 바랄 수 있겠나? 난 내가 떨어지고 있다는 것만 알아, 가장 큰 심연 속으로. 마지막엔 키스도 안 해, 다른 사람에게 주도록 해, 난 더 이상 숨지 않을 거야. 결혼식은 없을 거야, 그게 그녀가 원하는 거니까, 종소리를 멈춰, 쏟아지는 비 속에서. 불타는 비 아래서, 울고 싶은 눈빛, 그리고 그들은 웨딩 케이크의 마지막 촛불을 꺼버렸네,

〈Neke Stare Žene 어떤 노부인〉은 풍파의 중심에 청자를 세운다.

인생의 끝자락에서, 널 위해 날 위해 사는 어떤 노부인들은, 그들이 못다 했던 모든 것, 그들이 몰랐던 모든 것을, 장작더미 위에 올려놓고 태워버리네… 사랑은 침대에서 어떤 말을 쓰는지, 손이 몸에서 무엇을 찾는지는 너무나 오래전 일이 되어버렸네. 그리고 지금 여기 어둠 속에서 왜 당신이 필요한지도, 왜 우리가 함께 있거나 혼자인지도 알고 싶지 않을 거야, 모든 종소리가 울리는 동안 그녀는 어디에도 떨어지지 않을 거야, 흔들리는 배, 가라앉는 배에서도.

그의 많은 명작들 중에서도 개인적으로는 본작에 먼저 엄지를 올리고 싶다.

Rimska Ploča

1979 | PGP RTB | LP 55 5338

1. Gabrijela
2. Zaboravlja Se…
3. Da Su Me Ukrali Cigani
4. Tebi Je Lako
5. Moj Klavir
6. Vlakom Prema Jugu
7. Nježnost U Mraku
8. Foliranti
9. Zagrli Me
10. Odlazak

크로아티아 재즈 음악가 크레시미르 오블라크Krešimir Oblak (1929-2014)는 아르센 데디치의 레퍼토리로 《Kuća Pored Mora 바다 옆집, 1978》을 발표했고, 이가 연이 되어 데디치는 새로운 앨범 《Rimska ploča 로마 접시》의 편곡을 그에게 의뢰했다.

첫 곡 〈Gabrijela 가브리엘라〉는 바로 청자를 주목하게 하는 부드러운 로맨티카이다. 이는 가브리엘라라는 여인과의 첫 만남에 대한 기억으로, 아마도 개인적인 추측으로는 1936년생 아내 가비 노박Gabi Novak을 위해 쓴 곡이 아닐까 한다.

〈Zaboravlja Se… 그는 잊어버려요〉의 슬픈 피아노 발라드는 1970년대의 달콤한 애수의 분위기를 가지고 있다. 온화하고 비밀스러우며 모든 열광적인 밤들을 잊어버리는 오랜 연인에 연연하지 말고 작고 따스한 추억으로만 묻어두라는 권고처럼 들린다.

〈Tebi Je Lako 너한텐 쉽지〉도 차분한 그의 보컬과 낭만적인 선율이 마음을 어루만진다.

…'안녕'이라 말하긴 쉬워, 네 마음이 거기 없었기에… 넌 아무것도 모르기에 쉬워, 아직 헤어지진 않았으니까. 네겐 쉽지만, 난 이미 알고 있네, 이런 일이 일어나면, 다들 떠날 때 흔적을 남기고, 삶의 일부를 빼앗아 간다는 걸. 아무런 미련도 없이 '잘 가'라고 말하긴 쉬워, 넌 어린아이기 때문에 쉽지. 왜냐면 그들은 널 떠나지 않았기 때문이야…

〈Moj Klavir 나의 피아노〉는 피아노로 시작해 록 사운드로 변모하는데, 개인적인 생각이지만 이는 훌륭한 재즈 아티스트로 성장한 그의 아들 마티야Matija Dedić 와의 어린 시절 추억이 아닐까 싶다.

〈Vlakom Prema Jugu 남부행 기차〉는 영화감독 페타르 크렐자Petar Krelja의 1981년 개봉된 동명의 영화 주제곡으로, 애수의 향기가 잔잔하다.

난 널 위한 행복을, 남들을 위한 미래를 준비하고 있네, 우린 기차를 타고 남쪽으로 떠날 거야, 마법에 걸린 술로 모든 것에서 탈출하고, 황금의 선로를 따라 기차를 남쪽으로 가네, 이 교차로를 벗어나, 옛날처럼 보스니아를 질주하면, 오직 바다의 바람만이 네 얼굴에 키스할 거야, 거기서는 더 이상 슬픔을 만나지 않을 거야, 우린 남쪽으로 기차를 타고 태양에 도달할 테니까, 몇 년간을 휴식하고, 오래전처럼 보스니아를 횡단하고 있네.

슬로베니아 시인 야네즈 메나르트Janez Menart(1929-2004)가 가사를 쓴 〈Nježnost U Mraku 어둠 속의 부드러움〉은 사랑의 찬가로, 마치 국내 성인가요를 듣 는 듯한 멜로디에 친숙함도 감돈다.

…키스할 수 있는 입을 줘, 네 손으로 내 목을 감싸줘, 사랑은 손실을 모르고, 패배도 수치심도 아니야, 키스할 수 있도록 가슴을 줘, 사랑은 손실을 모르고, 우리에게 패배란 없네. 사랑은 바다와 같다고 하지, 영원히 그 크기를 탐하기에, 암을 이겨낸 파도에서 다시 사랑이 일어나네…

행복과 사랑의 욕망을 담은 히트곡 〈Zagrli Me  안아 줘〉는 서서히 불꽃이 활활 타오르는 듯한 블루스 록풍의 발라드이다.

우수와 서정의 트랙 〈Odlazak 출발〉은 20세기 크로아티아 문학에서 가장 위대한 시인으로 간주되는 틴 우제비치Tin Ujević(1831-1955)의 시에 작곡을 더한 것으로, 이태리의 싱어송라이터 세르지오 엔드리고Sergio En -drigo(1933-2005)와의 듀엣으로 녹음되었다.

떨리는 기대, 머나먼 그리움, 마음의 거리, 산의 숨결 속에, 내 마음의 작은 장소들, 브라치에서 이모츠키의 유적들, 그리고 유명한 6중주 섬광, 그리고 오래된 냄새, 거기에 여행이 있고, 거기에 탄식이 있고, 거기에 애도가 있네, 그 오래된 우화를 듣고, 푸른 동화의 우유를 마시면, 더 이상 나 자신도 분간할 수 없네, 그 안갯속의 고통의 연기조차…

이후 그는 본작에 수록한 〈Odlazak 출발〉을 포함하여 시인들의 작품을 노래한 《Pjevam Pjesnike 시인을 노래하다, 1980》와 아내와 함께 발표한 《Gabi & Arsen, 1980》으로 1980년대를 열었다.

이어 이전의 히트곡들을 새롭게 편곡한 《Arsenal, 1981》이 뒤이었으며, 《Arsen Pjeva Djeci 아르셴이 어린이들을 노래하다, 1982》를 발표했다.

그의 창작은 계속해서 이어져 21번째 스튜디오 앨범 《Rebus 수수께끼, 2008》까지 이어졌고, 대중음악뿐만 아니라 번역가와 영화음악가로서도 활동하며 많은 수상과 표창이 따랐던 그는 많은 음악가에게 영향을 미쳤다.

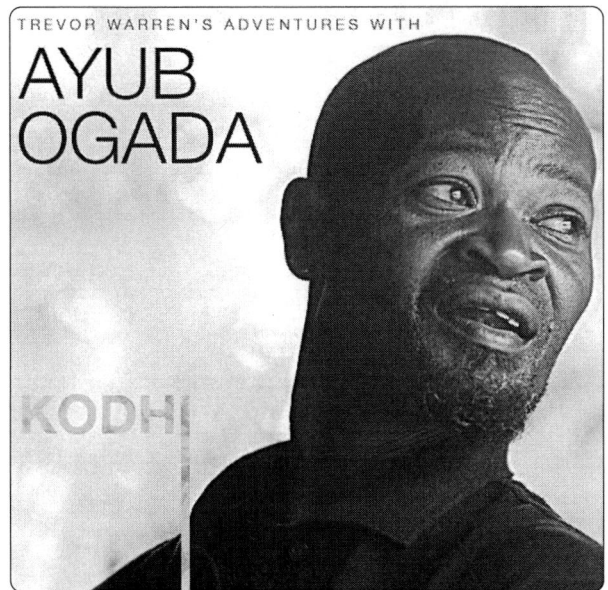

고요한 아프리카의 묵상기도
Ayub Ogada ● 아윱 오가다
Kenya

아윱 오가다(1956-2019)는 본명이 Job Seda로, 케냐의 남동 해안에 위치한 항구도시 몸바사Mombasa에서 태어났다. 서부 루오Luo 부족의 후예로, 전통적 뮤지션이었던 부모의 음악적 재능을 물려받았다. 또한 부모와 함께 미국으로 연주여행을 떠났던 경험은, 선진문화와 아프리카 문화가 서로 충돌하고 섞이면서 그의 음악과 인생관에 지대한 영향을 주었다.

케냐에서의 학창 시절, 그는 밴드에서 다중 악기들을 연주하며 전통음악과 현대음악을 포용했다.

대통령의 24년 장기 독재가 시작되었던 1979년, 그는 학업을 끝내고 African Heritage Band를 결성, 정기적으로 라디오에 출연하여 록과 소울 음악이 섞인 전통음악을 선보이기도 했다. 이후 케냐는 부정부패와 인권탄압 등으로 국제사회로부터 비난을 받으며 경제원조와 차관이 중단되는 등의 어려움을 겪는다.

그는 본명으로 연기도 하였는데, 로버트 레드포드Robert Red-ford의 「Out of Africa 아웃 오브 아프리카, 1985」와 「The Kitchen Toto 노예 소년 망기, 1987」에 단역으로 출연하기도 했다.

1986년 그는 8줄의 전통 하프 냐티티Nyatiti를 들고 영국 런던을 여행한다. 도시의 거리와 지하철 역사에서 공연하며 생계를 유지했다. 그러던 중 그에게 돌파구가 된 기회가 찾아온다.

1988년 피터 가브리엘Peter Gabriel이 콘웰에서 주최한 월드뮤직 축제WOMAD에서 불참한 밴드를 대신해서 10분간의 공연시간이 주어진다. 그의 연주는 팬들의 열화와 같은 호응을 얻어 전 무대를 휘어잡았고, 그 관람객 중에는 피터 가브리엘도 있었다. 이것이 인연이 되어, 1993년 피터 가브리엘의 초청을 받은 그는 데뷔작을 녹음하고, 가브리엘을 따라 다음 월드뮤직 축제WOMAD에도 참여하는 등 폭넓은 연주여행을 실행한다.

En Mana Kuoyo

1993 | Real World | Carol 2335

1. Obiero
2. Dala
3. Wa Winjigo Ero
4. Thum Nyatiti
5. Kronkrohinko
6. Chiro
7. 10%
8. Ondiek
9. Kothbiro
10. En Mana Kuoyo

그의 낯선 이름에 확고한 인상을 심어주었던 본작 《En Ma -na Kuoyo 모래》에서 그는 타국에서 더 절실하게 느끼는 고향에 대한 향수, 기후와 자연에 대한 기억들, 그러나 정치적으로 혼란에 빠진 그의 조국을 떠올리며, 그는 고요하면서도 주술적인 울림으로 노래한다. 그 명상적인 깊이는 신

비할 정도로 싱그러움에 가득 차 있는 내면의 꿈을 열어 보인다.

이것은 그의 몸에 밴 아프리카 전통음악에 서구의 음악이 지닌 패턴들을 절묘하게 교차시킨 그만의 방법이었다.

아프리카 천사를 의미하는 〈Obiero · For Eric〉는 그의 형제를 위한 찬가이다. 맑은 냐티티의 반복적이고도 최면적인 울림으로 우리는 검은 천사의 순수함 속으로 하얀 여행을 하게 된다.
성스러운 평화로움이 배인 〈Dala · Home〉에서 그는 함께 행복할 수 있는 영성의 가정을 꿈꾸고 있다. 가족에 대한 그리움이 저편에 깔린다.
퍼커션이 가미된 〈Wa Winjigo Ero · We Hear You Now!〉에는 전원적인 녹색 풍경이 어렴풋이 그려진다.
〈Thum Nyatiti · Music of the Lyre〉는 더욱 활기를 찾고 있는 퍼커션과 냐티티의 합주곡이며, 〈Kronkrohinko · In Praise of a Great Queen of Africa〉에서는 가나 친구들에게 감사를 전한다.
〈Chiro · And During My Travels…〉에는 먼저 앨범을 낸 우간다 출신의 제프리 오리에마Geoffrey Oryema(1953-2018)가 참여하여 선인의 삶에 대한 조언을 부드럽게 들려준다.
〈Kothbiro · It's Going to Rain〉은 이 한 곡만으로도 본작을 구입해야만 하는 절대 명곡이 아닐까 한다. 메마른 땅에 비옥함과 부를 기원하며 엄숙하게 올리는 기우제의 주문은 심오한 묵상의 경지이다.

이후 그의 아름다운 음악들은 「I Dreamed of Africa 꿈꾸는 아프리카, 2000」, 「The Constant Gardener 콘스탄트 가드너, 2005」, 다큐멘터리 「Samsara 삼사라, 2011」 그리고 이완 맥그리거Ewan McGregor의 「Long Way Round, 2004」와 「Long Way Down, 2014」등 많은 영화와 드라마

에 사용되었다.

2005년 7월 영국 콘웰에서 에덴 프로젝트로 열린 'Live 8 Concert'에서 그의 밴드 Union Nowhere와 함께 오프닝 공연을 가졌으며, 《Tanguru, 2007》을 발표했다. 자신의 음악을 위한 관중을 찾아서 약 20여 년 이상을 영국에서 머물렀던 그는 2007년에 고향 케냐로 돌아갔다.

2012년 영국 뮤지션 트레버 워렌Trevor Warren이 그를 방문했고, 새로운 앨범을 구상 녹음했다. 2015년 4월 이순의 나이에 세 번째 앨범 《Kodhi 씨앗》이 출시되었다.

그의 갑작스러운 사망 후, 트레버 워렌은 오가다와 함께 녹음해둔 트랙들과 그를 알고 존경했던 일부 사람들의 공연을 재구성한 《Ome-ra 내 형제, 2022》라는 헌정 앨범을 냈다. 이 앨범에 수록된 케냐에서의 라이브 버전 〈Kothbiro〉는 감동적이다.

Benito Lertxundi • 베니또 레르춘디
Spain (Basque)

바스크의 레너드 코헨Leonard Cohen으로 불리는 베니또 레르춘디는 1942년생으로 바스크의 오리오Orio에서 9남매 중 막내로 태어났다. 어린 시절 음악적 가정환경 덕에 자연스레 음악 지식을 배우게 된다. 취미였던 그림으로 사라우츠 예술공예학교로 진학했고, 도예와 목공예를 배운다. 이후 사라우츠 성 프란시스코 예술공예학교로 진학하여 공부를 이어갔고, 각종 공모전에서 상도 받을 만큼 목공예가로서의 재능을 키워간다.

19세 때 그는 시계방에서 시계 수선하는 일을 배웠는데, 그 시계방의 주인장이 선물한 오래된 류트를 연주하며 시간을 보냈다. 이후에는 일렉트릭 기타도 구입하여 시계방에서 연습하게 되었고, 클리프 리처드Cliff Richard와 엘비스 프레슬리Elvis Presley(1935-1977)의 노래들을 바스크어로 번안하여 노래하기도 했다.

그러던 중 산세바스티안에서 열리는 '에스파냐의 목소리La Voz de España' 경연 공고를 신문에서 접한 뒤, 4-500명이 넘는 지원자들 중 최종 우승자가 되면서 그는 마을에서 유명세를 탄다.

이를 계기로 바스크의 유명 싱어송라이터 미켈 라보아Mikel Laboa(1934-2008)로부터 제안을 받아, 1965년부터 일기 시작한 바스크 문화 부흥운동 'Ez Dok Amairu견고한 흐름, 꽉 찬 대기'에 편승하게 된다. 이 모임에서 그는 발렌시아 출신의 음유시인 파코 이바녜스Paco Ibáñez에서부터 당시 유럽에 있던 아르헨티나의 민중가수 아타우알파 유판키Atahualpa Yupanqui(1908-1992) 등 많은 의식 있는 가수들과 교류하며 음악적 실험과 지식을 연구하게 이른다. 이는 1972년에 종료되긴 했지만 그에겐 중요한 인상과 표식으로 남게 되었다. 1969년에 데뷔작 《Euskal Kanta-Berria 새로운 바스크 노래》가 발표되었는데, 이는 그동안 냈던 싱글 모음집으로 기타 반주에 사랑과 독립에 관한 내용을 담은 노래들이었다.

스페인 북부에 위치한 바스크Basque는 프랑스와 국경을 이루는 피레네 산맥의 양쪽 인근 지역을 일컬으며, 80% 정도의 영역은 스페인령이고 나머지는 프랑스령이다. 유럽 최고最古의 종족이라 전해지는 바스크인은 인종적으로도 차이가 있으며, 스페인어와는 체계가 다른 독자적인 언어 에우스카라ëuscaro를 사용하고, 자신만의 문화를 유지해오고 있다.

Hitaz Oroit

Benito Lertxundi
hitaz oroit

1996 | Elkar | 8436007 080660

1. Joan Zinen
2. Bihotz
3. Udazken Koloretan
4. Baldorbav
5. Zer Balio Du
6. Luna Denerako
7. Mundurat Eman Ninduzun
8. Oro Irrino Bat
9. Azkaindarrak
10. Nigarra Begian
11. Milia
12. Uhera
13. Urrundik Heldu Naiz

그는 데뷔 후 1980년대까지 총 9매의 앨범을 발표했다. 1990년대에 처음 출반한 대작 《Hunkidura Kuttunak I 애심愛心, 1993》과 《Hunkidura Kuttunak II, 1994》은 각각

2매의 CD로 구성되었다. 마치 커버는 다큐멘터리 사운드트랙을 연상시키는데, 이들은 그가 엄선해서 재구성한 베스트 컴파일로, 사랑과 투쟁으로 함께한 그의 음악 여정을 살필 수 있다.

그리고 1996년에 신보 《Hitaz Oroit 지금 널 떠올리며》을 발표한다. 비록 커버에서 보이는 하얗게 빛바랜 흑백사진이 건조하고 황량하게 느껴짐에도, 본작에는 아릿한 슬픔이 촉촉하게 깔려있다. 역사를 관통하는 삶의 풍파, 그에 대한 초연함 속에 묻은 뜨거운 열망이 금방이라도 흑백의 커버를 생생한 색감으로 돌려놓을 것만 같다. 결론부터 이야기하면 매우 아름다운 걸작이며, 이전 작품들이 포크에 기반한 비교적 간결한 음악들이었다면, 본작은 보다 현대적이면서도 윤택한 사운드의 결을 충분히 반영하고 있다.

격분으로 가득 차 있는 〈Joan Zinen 당신은 떠났네〉는 서글픈 음의 파노라마가 모래바람이 되어 흐른다. 이는 스페인의 국기國技인 '투우'의 비인간성에 관한 노래로, 오랜 역사로 거슬러 올라가 이슬람의 무어인들이 스페인을 지배할 당시 전해진 것을 현재까지도 매년 봄 부활제에서 잇고 있는 모순을 고발하였다.

당신은 우리 곁을 떠났네. 심장으로부터, 덩굴을 넘어, 고리를 끊고, 모자를 벗고서. 순결한 성도의, 마모된 전설의 돌 성배, 그 어떤 답변도 나는 할 수 없네. 나는 이 질문을 해야 해, 당신과 투우, 투우사, 이교도의 노리갯감… 당신에게 묻네. 무엇이 가장 인상 깊었나? 번개같이 민첩한 작살의 섬광인가? 혹은 관중들을 흥분시키는 붉은 물레타(천)인가? 아니면 수천 년간 패이고 흔들려 온 투기장인가?

명곡 〈Bihotz 심장〉은 암울하고도 스산한 블루스록으로, 독립을 주창하고 있는 바스크인들을 향한 연정이다.

넌 어두운 방에서 사네, 심장에서, 넌 믿음을 키우며, 특별하다고 생각하지. 신념을 기르며, 불멸을 갈망하네. 의심의 그림자는 널 놀라게 해. 모든 것이 네 마음속에 있지만, 그것을 깨닫네. 뛰는 네 모든 심장에, 환희와 고통이 따르지. 그러나 이걸 볼 수는 없네, 축적된 가치에 넌 압도되었기에. 불멸에 대한 갈망은 모든 이의 마음속에 살아있어. 삶과 웃음과 절규와 죽음과 마음에서.

〈Udazken Koloretan 가을의 빛깔〉은 단풍이 든 나무의 색감을 보며 작별 인사 없이 떠나간 연인을 그리워하는 서정적인 로맨스이다. 그 왈츠의 박자를 넘나드는 켈틱풍의 전원적 풍경에 묵직하고도 낮은 그의 음성과 맑은 여성 보컬과의 호흡이 매우 낭만적이다.

전원 교향곡 〈Baldorba 발도르바〉는 바스크의 옛 땅이자 바스크 동쪽 인근의 나바라Navarra주에 위치한 도시 발도르바를 소재로 애처로운 감상을 담아냈다.

아! 발도르바, 비옥한 땅, 사람의 울음소리를 닮은 네 양 떼들을 위해 교회는 종소리를 멈추었네, 태양과 메마른 바람, 포도주가 흐르는 강, 포도알, 밀 이삭, 말해봐, 누가 널 길밖으로 내몰았는지, 붉은 토양, 새겨진 비석들, 망치와 조각끌의 노래, 민속춤의 기타, 아르메니아인 장례식의 비통한 곡소리, 나는 저주가 남긴 이 이름을 사랑해, 넌 이 망연함과 회한 사이에서 로맨틱한 미소를 짓네, 아! 발도르바여, 너를 생각하고 네게서 단절된 노래를 떠올리네, 말 없는 너의 생각에 잠기네.

여성 스캣과 긴장감을 이어가는 피치카토 그리고 무한한 따사로움을 불어넣는 첼로와 바이올린의 열기로 은은함이 증폭되어 가는 〈Zer Balio Du 얼마나 더〉에는 자유에 대한 욕망에 대한 믿음으로 얼마나 많은 공포의 밤을 지새워야 하는지에 한탄을 내뱉는다.

〈Luna Denerako 달의 보답〉은 기타의 트레몰로로 애틋한 향수에 젖게 한다.

내 입술의 노래, 하늘에서 반짝이는 금성, 처음 꿈을 꿀 때, 네가 눈에 들어왔네, 무엇이 너의 내면을 감금하였나? 삶의 계곡 속으로 순수의 물이 떨어질 때, 넌 우리의 피부가 되고, 새로운 신념의 화신이 되었네. 밤이 추락하면 네가 감싸는 내 쉼터에서, 너는 정착하게 될 거야, 마음을 잠들게 하는 불꽃으로.

아련하고도 맑은 켈트의 사운드가 포근함을 전하는 〈Mundu-rat Eman Ninduzun 내게 세상을 줘〉는 고통으로 자식을 낳고 더 많은 사랑을 준 어머니에 대한 찬가로, 내 세상의 전부인 어머니를 그리며 어린 시절처럼 무릎 위에서 휴식하고 싶다는 소망을 그린다.

부드러운 왈츠 〈Oro Irrino Bat 보통의 미소〉는 자신의 냉랭한 가슴을 열게 하고 선량한 손길을 만들며 박동을 따스하게 하는 사랑 예찬가이다.

빛으로 찬란한 연주곡 〈Azkaindarrak〉에 이어, 컨트리풍 〈Nigarra Begian 늘어진 눈〉에서는 바스크의 사랑과 환희를 위해 괴로움과 슬픔의 현실을 극복하고 의지를 포기하지 말자며 독려한다.

안온한 현악에 멜로디 없이 시를 낭송하는 〈Milia 밀리야〉는 경건하고도 성스러운 의식의 장소로 이끌며, 그 분위기를 이어가는 연주곡 〈Uhera 흐림〉에서 안식을 열어둔다.

회상을 정리하는 포크 왈츠 〈Urrundik Heldu Naiz 나는 멀리서 왔어요〉는 바스크인의 험난한 시련으로 가득했던 인생을 돌이켜보는 듯, 자신의 신념대로 살아가겠다는 굳은 의지를 엿볼 수 있다.

나는 멀리서 왔네. 걸어서, 두 발로 다 자란 밀밭의 흙먼지를 헤집고… 내 머리는 아이비 화관을 쓴 것처럼 헝클어지고, 손마디에는 부드러운 배나무 잎들이 끼어있네. 그리고 내 어깨는 하늘을 가르며 나아갔지. 덜 익은 과실나무의 싹을 씹으며, 산 미구엘을 향하여, 회색의 바다를 건너, 대지를 침식하는 파도를 뚫고, 10월의 따스한 바람과 함께, 내 위로 촉촉한 비가 떨어지네. 양지해 줘, 친구여, 그 생각 그리고 너의 답변…

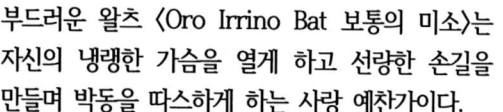

Auhen Sinfonikoa

to
Ben
Lertxundi
&
Euskadiko Orkestra Sinfonikoa
zuzendaria Enrique Ugarte
auhen sinfonikoa

1998 | Elkar | 829410 452656

1. Formak
2. Udazken Koloretan
3. Bihotz
4. Baldorba
5. Txori Ttikia
6. Oi Zuberoa
7. Oi Ama Euskal Herri
8. Oi Lur, Oi Lur
9. Bizkaia Maite
10. Urrundik Heldu Naiz
11. Iragan Lurrinak

《Auhen Sinfonikoa 비탄의 오케스트라》는 엔리께 우가르 테Enrique Ugarte가 지휘하는 바스크 심포닉 오케스트라를 대동하여 히트곡들을 더욱 클래시컬하게 편곡한 작품으로, 그해 4월 17일 톨로사Tolosa 예술 극장에서 초연되었다.

이 앨범에서 그의 노래는 장대한 무대를 펼치는 오케스트라와 함께 더더욱 구슬픈 서사의 오페라를 탄생시키고 있다. 바스크 대중음악의 유산이라 할 수 있는 〈Baldorba 발도르바〉와 〈Bizkaia Maite 사랑하는 비스카이아〉와 같은 명곡들이 포함된 진정한 베스트앨범이며, 새로운 각색이라 더욱 소장 욕구를 불러일으킨다.

웅장한 관현악 재즈 〈Formak 외모〉는 매우 신선하고도 감흥에 찬 노래이다. 《Mauleko Bidean… 마울레를 향해, 1987》에 수록된 것으로, 진정 아름다운 모습이란 초심을 잃지 않을 때임을 말하고 있다.

그 외모가 아름다워, 그걸 잃지 않을 동안은. 20년간, 유리 진열장에 있었지, 도전적인 외모로. 자신감을 동경하며, 많은 것을 시도했지만… 나는 초심을 잃었네. 존경받는 외모, 역사적인 가수는 어쩌면 내가 기다렸던 쇼윈도에서나 있을 법할 거야, 장미 가시의 끝에서 상처 입은 그것으로부터 조금이라도 구해줘. 외양은 아름답지, 그래, 그걸 잃지 않는다면 말이야.

〈Udazken Koloretan 가을의 빛깔〉, 〈Bihotz 심장〉, 〈Baldor -ba 발도르바〉는 이전 작품 《Hitaz Oroit 지금 널 떠올리며, 1996》 수록곡으로, 더더욱 장대한 오케스트라의 선율이 감정의 깊이를 채색한다.

《Oro Laño Mee Batek, 1974》에 수록된 명곡 〈Txori Ttikia 새의 학습〉은 짙게 드리워진 어둠의 그림자에서 고난과 고통의 신음을 드러낸다.

내가 아기 새였을 때, 내게 말했지, 새장 속에서 살기 위해 태어난 것이라고, 이후에 내가 독수리로 성장했을 때, 도망치는 것이 두려웠지, 새장이 망가지고, 나는 자유를 믿게 되었네, 그것이 내가 날기 위한, 문을 열게 하였네, 하지만 짧고 무거운 쇠사슬로, 돌덩이에 내 다리가 묶여 있다는 걸 알아차리는 데는 얼마 걸리지 않았어. 나는 새장의 문을 열었네, 그러나 내 다리는 돌덩이에 묶여있었네.

《Zuberoa | Askatasunaren Semeei, 1977》에 수록된 〈Oi Zuberoa 오 영혼이여〉에는 파도 소리와 교회 종 소리 그리고 고향의 비극을 읊는 낭송과 서글픈 진혼의 노래가 무겁게 행렬한다.

오, 내 나라여, 네가 있었고, 그곳에 있을 거야! 착취당하고 질식할 수 세기의 긴 밤에, 송두리째 뽑히고 빈곤했던 땅, 희망 없이 그것은 길들여졌네, 네 숨이 부족할 때, 숨쉬기 위하여, 힘들지 않은가? 오, 영혼이여, 삶의 꿈이 깊이 눈물 짓게 하네, 널 보면 내 숨이 한탄스럽네, 오, 영혼이여, 네가 있었던 곳에 네가 있는가?

〈Oi Ama Euskal Herri 바스크의 어머니여〉는 《Altabizkar | Itzaltzuko Bardoari, 1981》 수록곡으로, 생계를 위하여 이산가족으로 살아갈 수밖에 없었던 동포들의 아픔과 고향에 대한 그리움이 애절하다.

가정을 꾸린 동지들은, 떠나기로 결심하였네. 식구를 먹여 살리려, 파리로. 바스크의 어머니여, 당신 곁을 슬픔을 안고 떠나네, 잘 있거나, 내 고향민이여, 안녕, 혼이여. 비싼 빵값을 벌어야 하는, 파리에서의 삶, 그것은 나를 마비시키는 고통이네, 다시 만나기를 기약하며, 오! 바스크의 어머니여!

《Oro Laño Mee Batek, 1974》에 수록된 〈Oi Lur, Oi Lur 오, 대지여〉는 희망찬 삶의 터전이었던 고향땅을 눈물을 머금고 떠나야만 했던 이주민을 그린 노래로, 슬픔을 안온하게 절제하고 있는 그 음악에 뜨거운 애향심이 끝없이 전진한다.

《Altabizkar | Itzaltzuko bardoari, 1981》 수록곡 〈Bizkaia Maite 내 사랑 비스카이아〉는 빌바오Bilbao가 주도로 있는 비스카이아에 대한 사랑을 노래한 것으로, 마치 연인에게 고백하듯 애틋한 감정을 타고 눈물로 위로한다.

내 사랑 비스카이아, 어제 아침 흰옷을 입은 널 보았네, 녹색의 머릿결과 불타는 마음, 여리지만 단단하고 아름다운, 내 욕망이 뭉쳐 지나갈 때, 너의 부드러운 향기, 일과 사랑

과 바다는 나를 소유했지. 어제 아침 들었네, 네가 말하는 메아리를, 네 노래의 애무는, 마음속에 충격을 주었고, 네 깊은 울림은 흘러갔네, 나를 날게 했고 뛰게 했지. 어젯밤, 조상의 묘지 옆에서, 넌 춤과 즉흥시로 환희와 고통을 헌신했네, 다산의 가슴으로, 마르지 않는 샘으로. 사랑하는 비스카이아, 흰옷을 입고, 녹색의 머릿결과 불타는 마음을 지녔지. 평온함과 인내하는 시인의 괴로움, 사랑과 노래, 너의 고요한 음성, 너의 살아있는 각인, 불타오르는 네 무기, 오늘의 내 피난처.

《Hitaz Oroit 지금 널 떠올리며, 1996》에 수록된 〈Urrundik Heldu Naiz 나는 멀리서 왔어요〉에 이어, 마지막 연주곡 〈Iragan Lurrinak 불멸의 향기〉에서 황량하고도 고독한 밤의 공간이 끝없이 밀려간다.

Nere Ekialdean

2002 | Elkar | KD-622

본작의 커버는 깊은 감정을 불러일으킨다. 출향과 귀향에 따라 그 감정선은 다르겠지만, 배꼬리에서 퍼지고 사라지는 아득한 파문은 우리네의 인생 여정과도 많이 닮았다는 생각이 든다.

타이틀곡 〈Nere Ekialdean 나의 동쪽〉에서 그 회색의 쓸쓸한 항해는 시작된다. 미지의 이상향을 향한 선박의 규칙적인 고동과 티 없이 맑은 바람결을 타고 전해지는 기타와 현악의 슬픔이 파도가 으르렁거리는 현실의 바다 위에서 심장 깊숙이 스며든다.

9월은 푸른 바다를 허락하네, 그리고 나는 그 바다 위에서 갈매기가 되지, 지평선을 찾는 표류자처럼, 정처 없이 방랑하네, 그리고 노 젓는 구름처럼, 부질없이 파도가 일렁일 때마다 사라졌다 되살아나지, 그리고 불안한 의구심은, 내 희망을 삼키네. 내 마음속에는, 끝없이 나를 결속하는 씨앗이 뿌려지고, 내 동쪽을 향하여, 새로운 새벽빛이 비치건만. 밤이 나를 그 품속으로 맞이할 때, 침묵의 소리를 느끼면, 내 눈에 비가 내리네, 연민도 받지 못한 이들의 슬픔으로 가득 차오르네…

〈Egunak Gauean 낮 밤〉은 몽환으로 가득 차 있다. 여성 보컬리스트의 허밍은 마치 사이렌의 마법에 걸린 듯 꿈속에서 허우적거리게 한다. 이 헤어 나올 수 없는 꿈 이야기는 마치 선박 여행 중 난파당하여 달콤한 죽음의 유혹을 경험하였지만, 고통받는 고향땅의 그리움으로 죽을 수 없는 운명을 그린 듯하다.

수년이 지났고, 많은 일이 일어났지, 내 머리에 태풍이 불어 닥친 이래로. 내 해안에서 멀리 떨어진, 태양 아래서, 물속에서의 하루, 세 번의 잠수와 아홉 번의 호흡. 며칠 동안 아이슬란드 선박에 인사를 했지, 몇 주의 수면, 몇 주의 부유. 물속에서, 나는 은색 뼈가 보이는 물고기를 보았네, 잿빛의 등과 지느러미를 어루만지려 했지, 그러나 다가오지 말라고 그들은 소리쳤네. 빛이 없는 백일, 물이 춤추는 백일, 어둠 속으로 작살을 던졌네. 도네갈Donegall 가의 밴 모리슨Van Morrison을 듣는 동안, 골포Golfo 거리에서 비탄을 들었어. 며칠 동안 비가 내렸고, 밤에 잠수했지, 내 눈에 새가 보여, 난 얼어붙은 바다의 용골 밑으로 숨었네.

포르투갈 시인 페르난두 페소아Fernando Pessoa(1888-1935)의 시에 곡을 붙인 〈Kaixo Ardizain 안녕 목동아〉는 여성 코러스와 긴장이 서린 기타가 선명하다. 마치 바스크와 스페인의 정치적 관계를 은유한 듯한 이 우화는 또다시 우울함에 치닫는다.

안녕! 양 떼를 지키는 목동아, 이 길가에서 바람이 지나가며 무슨 말을 하던가?, 그 바람이 지나가며, 그전에 무슨 일이 있었는지, 그다음에 무슨 일이 생길지, 그리고 당신이 무엇을 물을지 이야기해 주었어요, 그것보다 많은 것들, 내게 다른 많은 것들을 이야기했어요. 기억과 향수, 그리고 결코 일어나지 않는 일들에 대해서도 이야기 나눴죠, 바람이 지나가는 소리를 결코 듣지 못했는걸, 바람이 이야기했다 해도. 네가 들었다고 하는 것은 거짓말이야, 그래서 네가 말한 건 거짓이야.

자유의 행복에 관한 〈Ametsik Gabeko Loan 선물 이야기〉는 평화롭고 감미로운 장조로 삶의 무게를 덜어주는 듯하다.

…나는 생각하네, 사고하는 자로서가 아니라, 사고하지 않는 자로서. 나는 꽃과 미소를 바라보네, 그들이 이해하는지, 이

말을 이해하지 못하는지, 나도 모르겠어, 하지만 그들 안에, 내 안에, 그리고 우리의 신성 안에, 진실이 있다는 걸 알아. 이 대지로 가서 살아가, 그리고 행복의 땅을 위하여 두 팔로 포옹해, 바람이 잠들도록 노래해…

⟨Gartxot | Nere Ate Ondoan 가르톳 | 나의 다음 문⟩은 두 곡의 접속으로, 아코디언 연주자이자 뮤지션인 펠로 라미네스Pello Ramírez의 연주곡 ⟨Gartxot 가르톳(人名)⟩이 페르난두 페소아의 시에 곡을 붙인 ⟨Nere Ate Ondoan 나의 문 뒤⟩의 서정적인 첼로 서주가 되고 있다. 초라한 자신의 마당 진흙탕에서 노는 순진무구한 낯선 어린아이를 소재로, 자신의 집을 찾아 준 아이에 대한 감사를 평온하고도 다정함이 녹아 있는 눈길로 노래했다.

⟨Zergatik Utzi Kantatzeari 노래하는 이유⟩는 인종차별과 전쟁에 반대하는 노래를 불렀던 미국 모던 포크의 대부 피트 시거Pete Seeger(1919-2014)의 ⟨Old Devil Time⟩의 멜로디에 가사를 입힌 곡으로, 그 온유한 통기타의 울림에 자신의 의지를 싣는다.

나의 삶, 모든 근심을 넘어, 노래는 끝도 없이 대기로 퍼지리, 노래하는 내 삶, 왜 내가 노랠 멈추어야 하나? 저 멀리서도 들을 수 있네, 새로운 창조를 이야기하는 멜로디를, 투쟁과 다툼 속에서도… 풍파가 몰아친다 해도, 가까이서 도울 거야, 진실이 살아있다는 걸 알아… 내 주위에서 어둠이 압박한다면, 기꺼이 나는 어두운 밤에 노래를 만들겠네… 내가 그 혼란을 느끼더라도, 내 소중한 평화를 자극하는 벼락은 없을 거야. 무엇이 날 가로막을 수 있나? 내 노래를 멈출 수 있는 것은 없네.

⟨Ni, Sahatsa Bezala 단지 버드나무처럼⟩은 나라를 위해 목숨을 던졌던 독립열사들이 떠오를 만큼 비장함으로 물들어있다.

나는 버드나무 같지, 땅에서 솟아 싹을 틔웠지, 바람과 함께 감정의 춤을 추네, 때마다 생겨났다 사라지는. 나는 성장하는 과수지, 기쁨과 고통의 수액을 마시는, 잎사귀도, 눈물도,

쓰라린 상처도 성숙해 가네. 나는 길고 흐린 강이네, 세상의 열정을 영접하는, 그리고 아래엔 비옥한 생명력이 흐르네, 푸른 영혼의 순결한 바다를 향해.

성스러운 ⟨Zuk Dakizun Hura 넌 그걸 알 거야⟩는 현의 평온한 아리아로, 그의 아들에게 꿈과 사랑을 담아 유서를 남긴다.

내가 죽을 때, 내 아들아, 가장 어린 아가, 네가 팔을 잡아주렴. 그리고 집안으로 옮겨서, 지친 내 육신을 벗기렴, 네 침대에 눕히고, 동화를 이야기해 줘, 어떤 것이라도 깨어 있다면, 잠자리에 들게 하렴, 그리고 네 유희의 꿈을 줘, 언젠가 태어날 이를 위해, 넌 그걸 알 거야.

그리고 아비의 영혼은 켈틱의 천국 ⟨Gartetarzunak⟩로 접어든다.

2005년에는 그의 음악생활 40년을 기념하는 《40 Urtez Ikasten Egonak 40년간의 공부》를 냈는데, 이는 펠로 라미레스Pello Ramirez 등 8인의 뮤지션들과의 협연으로 툴레스에서 녹음된 라이브 앨범이다. 히트곡으로 선곡된 두 매의 CD에는 ⟨Itsasoari Begira 바다를 향한 시선⟩과, 아내이며 음악 파트너이자 여성 하피스트인 올라츠 수가스티Olatz Zugasti의 노래 ⟨Itoitz⟩의 두 신곡이 포함되어 있다.

Itsas Ulu Zolia

2008 | Elkar | KD-775

1. Kantuz
2. Bakea
3. Ilargia
4. Hitzak
5. Haizeak Jotzen Zuen
6. Ni Gatibu Hartzeko
7. Itzala
8. Partiada Trixtea Ternuarat
9. Marinel Galduaren Balada
10. Mirotzak

2008년에 뱃머리를 드러낸 푸른 커버의 《Itsas Ulu Zolia 바다의 울부짖음》를 냈다. 바다, 평화, 말의 가치 등을 테마로 한 본작에서 바다의 모든 향기와 소리를 담았다. 아내이자 음악 파트너인 올라츠 수가스티Olatz Zugasti가 작곡과 노래에 참여하고 있다.

〈Kantuz 노래〉는 바스크어 작가 족세 멘디아게Joxe Mendia-gue(1845-1937)의 시를 노래한 것으로, 그는 18세 때 미국으로 건너간 후 우루과이의 몬테비데오에서 활동했다. 레르춘디의 투명한 감동은 우리 인생을 더욱 촉촉하게 적셔주는 것 같다.

…우리 어머니 지구는 노래와 함께 나를 데려갈 거야, 나는 종종 노래로 소식을 전했고, 노래하는 걸 정말 좋아했지, 노래로 세상을 창조하며, 노래하다 죽어야 할 것 같아. 그러니 당신의 마음속에서 노래하게 해줘, 나는 죽을 때 노래하며 묻히리라, 공중에서 친구들과 노래 부르면서. 내가 지상에 있을 때 그들이 노래했던 것처럼, 그들이 나를 기억하여 노래할 수 있도록, 이 세상에서 그들이 노래하게 하리라.

〈Hitzak 말〉은 피아노와 바이올린의 서정에, 수가스티와의 2중주로 더욱 따스한 마음을 건넨다.

말은 때론 무의미한 문장이 되어, 혼란스럽게 해. 갈등 없는 삶은 없지, 그런 생각을 가진 이도 없네, 그러나 갈등은 삶의 핵심도 심장도 아니야. 길들여진 생각으로 말하는 사람들은, 이유를 태워버리지, 상황적 사고의 진흙 속에서, 관찰자들은 확실한 공감을 가지고 말하지. 외부에서 기다리지 않는 사람들이 있네, 그들은 다른 곳에서 영감을 찾으려는 내면이 있기 때문이야, 지루해하고 진심으로 말하는 걸 꺼리지.

〈Ni Gatibu Hartzeko 나를 포로로 삼기〉는 바스크의 민속 가락에 수가스티가 가사를 붙였는데, 집시 바이올린의 뜨거운 눈물로 가득한 노래이다. 가사의 의미는 정확하게 간파하기 쉽지 않은데, 오히려 사랑의 포로가 되어버린 자신을 버리지 말라고 애원하는 듯하다. 한참 후에 수가스티도 취입했다.

날 포로로 삼는 많은 방법이 있네, 날 굴복시키는 다양한 종류의 무기, 격분과 폭언, 그리고 가장 폭력적인 주먹. 당신이 나를 떠나는 방식에서, 하나나 둘을 고른다면, 내 눈은 똑바로 보고 기록할 거야, 최고의 탈출이라고.

〈Partiada Trixtea Ternuarat 슬픈 고래잡이의 이별가〉는 16-17세기 초 북아메리카의 뉴펀들랜드로 고래잡이를 떠나는 바스크 선원들의 노래이다. 망망대해와 같은 고요한 밤하늘 아래 내리는 슬픈 하프의 선율이 애상적이다.

…안녕, 사랑하는 젊은 내 아내여, 나도 이 게임이 많이 안타까워, 살려면 어쩔 수 없는걸, 난 모든 위험을 감수할 거야, 죽었다 생각하고 살아갈 거야, 난 그곳으로 갈 거야. 바다가 나를 살게 해, 바다가 스스로 날 만들었지, 짧은 인생을 주고 그걸 가져갈 거야. 불쌍한 내 아이들은 새겨들으렴, 사랑하는 아들딸아, 아버지를 잃게 되면, 미망인 어머니를 살펴줘.

바스크 작가 이나키 아즈쿠네Iñaki Azkune가 가사를 쓴 〈Ma-rinel Galduaren Balada 사라진 선원의 노래〉는 이전 곡의 결말 같아서 더욱 슬픔을 증폭시킨다. 사랑과 욕망을 육지에 두고 돌아오지 못한 뱃사람들의 운명과 쓰라린 유가족의 고통이 푸르게 흐른다.

〈Mirotzak 매〉는 자신의 고향 오리오Orio에 바치는 찬가로, 이는 고향의 조정 대표팀 찬가로 채택되었다고 한다.

…금빛 옷을 입은 태양의 자손들, 얼음장 같은 고통의 물 속에서, 가끔은 매의 숨결이 갇히기도 하지만, 바다의 부름에, 빛의 그늘 속에서 매와 같은 미소로 다가오네, 당신은 결코 혼자 가지 않을 거야, 매의 욕망은 당신의 숨결이 될 거야, 매 혈통의 내 마을, 노를 젓는 포효의 외침으로.

Oroimenaren Oraina

2012 | Elkar | KD-874

1. Gu Bizi Bezainbat
2. Nintzenaz Oroitzean
3. Nor Da Erromesa
4. Laket Dut
5. Suaren Bila
6. Damua
7. Marruz Olak Hirian
8. Zuhaitzen Denbora
9. Basarte Honetan
10. Irail Tristea

4년 만에 발표한 《Oroimenaren Oraina 기억의 현재, 2012》는 다소 쓸쓸해 보이는 커버가 인상적이다. 따스한 어쿠스틱의 정취로 그의 기억들이 재생되고 있다.

〈Nintzenaz Oroitzean 내가 누구였는지 돌이켜 본다면〉은 기타와 피아노가 깊은 아련함을 이어가며, 수가스티와의 이중주로 노래하는 애잔함은 투명감이 그윽하다.

…현재의 기억으로 과거 속의 타인들이 보여, 꿈속에서라도, 내가 사랑했던 사람들. 그리고 내 마음을 괴롭히는 향수는 내게서도, 과거로부터 흘러나오는 것도 아니네, 그러나 내가 함께 사는 사람으로부터, 멀어버린 눈으로부터 나오지, 현재 외에는 아무것도 나를 알아보지 못해, 나 자신의 기억은 아무것도 아니야, 난 지금의 내가, 과거의 내가 누구인지에 대한 기억들은 다른 꿈이라고 느끼네.

〈Marruz Olak Hirian 공장의 사이렌이 꺼질 때〉는 감미로운 재즈 발라드로, 슬픈 과거의 바스크를 회상하는 감정이다.

긴 밤, 외로운 밤… 진실한 삶이 당신을 떠나고 있네. 이제 당신은 작별 인사를 하네. 공장 사이렌이 꺼질 때 내가 당신에게 마지막 키스를 드리리. 철광처럼 강한 영혼과 걱정으로 가득한 마음으로, 당신이 오랫동안 싸워온 꿈은 어두워졌지만, 여전히 거기에 살고 있지, 그리고 당신을 울게 만든 모든 것을 이제 잊기를 바라네… 하지만 당신이 많은 터널에서 본 빛은 여전히 자유가 승리할 거라는 거야, 새로운 싹이 오래된 라임나무 위에서 자라고, 우리는 당신과 나를 바라보네… 아름다움은 고통을 안고 살 수 있듯이, 당신의 영혼이 하늘로 가듯이, 그래도 나는 당신의 위엄을 보네, 이것이 마지막 작별 인사야.

본작의 절정이 될 〈Irail Tristea 슬픈 9월〉에는 아코디언의 바람에 피아노의 맑은 비가 부슬부슬 내린다. 그 슬픈 시정에 희망을 심는다.

슬픈 9월, 마을 거리에 좌절의 안개가 기둥을 뒤덮네, 바다는 눈물을 흘리며 좌절감을 남겼고, 해변의 눈은 흐려졌지, 떠났다가 돌아온 흑백의 고대 선원들, 입구의 숨결 속에 숨은 피난처. 그들의 희망은 사라지지 않았네, 그들은 더욱 힘을 쏟아부을 거야, 시간을 극복할 것이라고 믿으며, 불멸의 수면에서, 바다를 지배할 거야, 그들이 돌아오고, 라미아스 여신이 소금물 재봉실에서 일으키는 회오리가 사라지는 저녁의 눈으로 우리는 가게 될 거야.

무려 6년 만의 신보 《Ospa-kizun Gauean 축하의 밤, 2018》는 역시 그와 동행하는 음악들과 함께 무르익은 자신의 민속적인 포크 세계에 '길들여진 사람들의 해방적 충동'의 메시지를 담았다.

아르헨티나 작가 호르헤 부케이Jorge Bucay와 포르투갈 시인 페르난두 페소아Fernando Pessoa(1888-1935)의 시를 노래한 곡들도 포함되었다.

그중 〈Nahiago Nuke 난 원해〉와 함께 페르난두 페소아의 시에 곡을 붙인 〈Ibertzean 살펴봐〉는 전혀 다른 성향의 작품으로, 다소 몽환적이고 시네마틱 한 현대미가 돋보인다.

나에게로 와, 앉아서 살펴봐, 물의 흐름을, 배워봐, 흘러가는 인생을. 우리 손은 묶여 있지 않아, 그들을 연결해 봐, 그들을 자유롭게 해봐, 피곤할 이유도 없어, 즐기든 말든, 우리는 강처럼 지나가, 슬픔이 더 낫다, 조용히 지나가는 법을 아는 것. 천천히 사랑하자, 우리가 원한다면, 키스, 포옹 그리고 포옹, 우리가 공유할 수 있었던 건, 하지만 다른 쪽 옆에는 그게 더 낫지, 앉아서 마을을 바라보다가, 물소리를 듣네.

포크 행진곡 〈Belar Nerabean 어린 잔디〉에는 어린 잔디가 어떻게 자라는지 살피면서 부푼 꿈으로 운명을 개척하라는 따스한 권고를 남긴다.

〈Otzandu Herian 마을로 들어가요〉는 자유 언어로서 바스크어에 대한 사랑을 주창하고 있다.

무의식에 핀 데자뷔의 노래
Bévinda • 베빈다
Portugal | France

1961년 포르투갈 푼당Fundão에서 태어난 베빈다 페레이예 Bévinda Ferreire는 불과 2세 때 가족이 프랑스 부르고뉴 Bourgogne로 이사를 가게 된다. 포르투갈 음악문화와는 너무나 먼 거리였지만, 음악에 대한 열정으로 남자형제와 함께 지역축제와 바에서 쇼를 열기도 했으며, 1991년까지도 불어로 노래를 했었다고.

그녀는 인터뷰에서 뿌리를 찾기 위해 포르투갈로 건너가 생활하기도 했으며, 프랑스로 돌아와 대학에서 포르투갈어와 다양한 문학작품들로 언어와 그 정서적 깊이를 배웠다고 한다.

1992년 파리로 온 그녀는 홀에서 록 음악 등을 부르다 기타리스트 루시앙 제하드Lucien Zerrad를 만난다. 그는 파리에서 출생한 파나마Panama인으로, 1980년대 초부터 라이브 활동을 해왔다.

이 둘은 의기투합하여 그녀가 서른셋의 나이에 첫 앨범을 발표했는데, 그것은 포르투갈어로 완성된 《Fatum 숙명, 1994》이었다. 이 의미심장한 제목은 불가 2세 때 포르투갈을 떠나온 이후로는 파두를 배워본 적도 없고 항상 전통적인 파두의 영향권 밖에 있었지만, 무의식의 꿈속에서 숨어 있었던 태생적 숙명으로의 회귀를 의미하는 것이었다.

그녀가 자신의 고유문화 음악을 향한 길을 걷게 된 것은 카보베르데의 세자리아 에보라Cesária Évora(1941-2011)의 노래 영향이었다고 한다. 그래서 그 어떤 파디스타보다도 파두의 매력을 잘 보여준 가수로 기억될 만큼 그 결과물은 지극히 감성적이었고 성공적이었다.

그러나 이러한 점이 다소 부담스러웠는지 그녀는 파두 가수라기보다는 월드뮤직 가수라고 자신을 소개한다. 또한 전통적인 파두의 가창법을 배운 적이 없기에 고유한 파두에서 벗어나려고 노력한다고 한다.

이후 네팔과 파키스탄, 인도와 몽골, 북아프리카 등지를 여행하며 자신만의 월드뮤직에 녹여내고 있으며, 레퍼토리도 전 세계로부터 폭넓게 수용하고 있다.

Fatum

1994 | Celluloid | 808513 00005

1. Ter Outra Vez 20 Anos
2. Fatum
3. Julia Florista
4. Prece
5. O Jardim
6. Covilha
7. Liberdade
8. Eu Venho d'Ai
9. Meu Corpo
10. Maria Vergonha

새 천년이 오기 전 국내 드라마에 〈O Jardim 정원〉이 삽입되면서 이름을 알리게 된 베빈다의 첫 작품이다. 편곡자와 기타리스트로 참여한 프로듀서 루시앙 제하드Lucien Zerrad에게도 데뷔작이었다. 이 두 아티스트의 재능은 과거에 쏟아내었던 열정의 깊이를 짐작할 수 있을 만큼 놀랍다.

광고음악으로 사용되어 친숙한 〈Ter Outra Vez 20 Anos 다시 20살이 된다면〉이 연주되면, 베빈다의 전율이 떨리는 보이스가 먼저 우리의 감성을 휘어잡는다. 청춘의 사랑에 대한 애수는 간결하지만 촉촉하게 젖는다. 이는 아말리아 로드리게스Amalia Rodrigues(1920-1999)가 노래한 〈O Meu Primeiro Amor 오 나의 첫사랑이여〉가 원곡으로, 그녀의 육성이 지난날에 대한 회한이라면, 베빈다의 음성은 열망에 사로잡힌 기도이다.

…아, 세월이 흘러, 당신의 머리에 눈이 내리고, 우리의 삶이 허물어져 버려도, 내가 다시 당신을 느낄 수 있다면, 다시 당신을 사랑하기 위해 스무 살로 돌아갈 수 있다면.

자작곡인 타이틀 〈Fatum 운명〉은 트로피컬 향이 은은하게 퍼지는 보사노바로, 역시 은은한 열기가 이어진다.

…신이여, 슬프지 않으려는 저는 누구입니까, 고통받지 않으려는 저는 누구인가요, 운명, 저세상의 신이여, 절 받아주세요, 이 더러운 손을, 고해하려 펼친 이 손을…

아말리아 로드리게스의 레퍼토리인 〈Julia Florista 꽃 파는 줄리아〉는 플루트의 향기를 싣고 리스본 밤바다를 향해 가볍게 날아오른다.

줄리아, 전통을 노래하는 보헤미안 파디스타, 이 리스본에서 우리 노래를 대표하는 사람, 기타 선율과 어울리는 사람, 파두와 살고 꽃을 팔지만, 사랑은 팔지 않네, 맨발에 슬리퍼를 신고, 지저분한 모습으로 줄리아가 지나가면, 리스본은 그녀의 노래를 듣기 위해 멈춰 서네, 꽃바구니의 은총을 가슴에 안고 사랑을 노래하네…

〈Prece 기도〉에서는 천천히 이완하면서 진하게 토해내는 아말리아 로드리게스의 비장미가, 베빈다만의 가녀리고도 애절한 드라마로 재현된다. 무척 아름다운 편곡이다.

…아마도 나는 감옥 창살 안에서 죽으리라, 그리고 내 가슴을 아프게 하는 창살 밖 세상의 그리움을 잊으리라, 아마도

나는 죽음이 당연한 침상에서 죽으리라, 가슴 위에 신의 손을 맞잡고 모든 것을 받아들이리, 나는 포르투갈에서 죽으리.

드라마에 사용된 〈O Jardim 정원〉은 플루트의 슬픔 어린 바람결로 사랑이 떠난 후의 고독과 고통을 더욱 절절하게 묘사한다. 파두의 사우다지Saudade보다 샹송의 멜랑꼴리에 더 젖어 있는 작품이다.

〈Covilha 빈민가〉는 플라멩코와 라틴 스타일로, 집시여인의 뜨거운 열정이 화려하게 꽃 핀다.

낭만적 기대감에 차 있는 〈Liberdade 자유〉는 자신이 직접 가사를 썼다.

몽환적인 재즈 포크에 취하게 되는 〈Eu Venho d'Ai 거기서〉에 이어, 사랑을 잃은 공허감에 시달리는 한 여인의 시름을 고전적 실내악으로 그려낸 〈Maria Vergonha 마리아 베르곤자〉는 루시앙 제하드와 함께 쓴 놀라운 작품들이다.

〈Meu Corpo 나의 육신〉은 포르투갈의 유명 시인 아리 두스 산투스José Carlos Ary Dos Santos(1937-1984)의 시를 아카펠라로 노래해 주고 있다.

자신의 노래는 포르투갈의 파두와는 다르며, 자신의 색을 많이 입히고 싶었다고 했다. 그리고 제2의 고향에서 포르투갈어로 노래했지만 찬사를 받고 성공했다.

(가사 발췌 : 라이선스 음반 해설지)

1996 | Celluloid | 66977

1. Aqui Em Evora
2. Asia
3. Sereia
4. Sozinha
5. Agua
6. Terra e Ar
7. Em Goa
8. Barco Negro
9. Feiticeiras
10. Lagrima

《Terra e Ar 대지와 바람》역시 그녀의 인기로 국내에 라이선스로 소개되었다. 데뷔작이 그녀의 '뿌리 찾기'에 관한 것이라면, 두 번째 앨범은 마음의 고향 포르투갈의 자연에 대한 정서를 개념으로 하고 있다.

아말리아 로드리게스Amalia Rodrigues의 명곡 〈Barco Negro

검은 돛배〉와 〈Lagrima 눈물〉을 제외하면 모든 작품이 오리지널이다. 자신이 오롯이 쓴 노래들, 프로듀서 루시앙 제하드와 함께 쓴 작품들, 그리고 그녀의 어머니가 쓴 시에 멜로디를 붙인 곡들로 꾸며져 있다.

서늘한 바람이 부는 〈Aqui Em Evora 여기 에보라에서〉는 마을 전체가 유네스코에서 세계문화유산으로 지정한 포르투갈 남동부의 도시 에보라가 그 공간적 배경으로, 사랑에 대한 고통의 감정을 드라마틱하게 고백하고 있다.
템포의 변화에서부터 어찌할 수 없는 인형이 된 듯 부자연스러운 무용극이 펼쳐진다.
몽롱한 월드뮤직 〈Asia 아시아〉에 이어, 인어를 사랑한 선원의 연가 〈Sereia 인어〉가 감성을 촉촉하게 적신다. 애절함에 신선함이 담긴 파두 본연의 따스한 매력을 다분히 느끼게 되는 걸작이다.
어른이 읽는 동화집 같은 〈Sozinha 홀로〉는 너무나 빨리 지나가버려 아쉽다. 혼자 느끼는 버림받은 듯한 외로움은 이 가사처럼 타인과 거리를 둔 자신만의 경계선인지도 모르겠다는 생각이 든다.
〈Agua 물〉은 인생에서 고난을 잘 헤쳐 갈 수 있도록 비는 기도로, 파도의 고저 같은 리듬에 실려 반복되는 트랜스가 오히려 황홀할 지경이다.
휴식과 심호흡을 위한 명상 환상곡 〈Terra e Ar 대지와 하늘〉은 몽환적인 음감의 오솔길이 대지에서 하늘로 뻗어있다.
인도의 해안 도시 고아를 방문한 후의 감정을 그린 〈Em Goa 고아에서〉에는 애절한 탱고의 분위기가 흐른다.
사랑의 시련에 대한 감정을 이어가는 〈Feiticeiras 마법사들〉에서는 애틋한 기타의 선을 따라 아코디언의 열풍이 지나간다.
역동적으로 넘실거리는 파도같이 규칙적인 박자가 이채로운 〈Barco Negro 검은 돛배〉는 돌아오지 않는 연인을 향한 절망과 비련을 희망으로 승화시킨 명곡이다. 베빈다는 트로피컬 퍼커션에 뱃사람을 연상시키는 남성 아카펠라 코러스로 환상의 바닷길을 연다.
영롱한 빛으로 맺히는 〈Lagrima 눈물〉의 여리고 유약한 감정은 안타까운 드라마의 결말을 보는 듯하다.

그녀는 개인적으로 본작을 음악적 자신감과 가치관이 성립되던 시기에 만든 가장 중요한 앨범이라 밝혔다고 한다. 대뷔작에 숨어있는 수줍음은 진지함으로 자리 잡았고, 연출력은 보다 힘이 빠진 진솔함으로 가다듬었다.

Pessoa em Pessoas

1997 | Celluloid | 66997

1. Ola, Guardador de Rebanhos
2. O Candieiro
3. Como um Grande Borao de Fogo Sujo
4. A Janela
5. Metafisica
6. Ave, Passa
7. Sou um Guardador de Rebanhos
8. Leve, Leve

중의적 의미가 담긴 《Pessoa em Pessoas 군중 속의 사람, 페소아들 속의 페소아》는 기존 앨범들과는 차별화된 양상으로, 그녀가 포르투갈 문학에서 '뿌리 찾기'할 때 거쳤던 포르투갈 현대문학의 아버지 페르난두 페소아Fernando Pessoa (1888-1935)의 동명의 시집에서 발췌한 헌정작이다.

그는 전위주의와 모더니즘을 주도한 인물로서, 작품 활동뿐만 아니라 당시 구전으로만 전해지던 다양한 파두의 고전들을 기보하여 출판하는 등 파두가 진정한 음악 장르로서 거듭날 수 있는 기틀을 확립한 '파두의 아버지'이기도 했다.

페소아의 현대시에 곡을 붙인 아티스트는 카보베르데의 위대한 음악가 바스쿠 마르틴스Vasco Martins이다. 그는 본래 포르투갈에서 출생했지만 9세 때 가족 모두 이주하였고, 클래식과 현대음악을 섭렵하며 베빈다와 같은 프랑스의 레이블에서 자신의 음반을 발표한 바 있다.

그는 베빈다의 청아한 음성으로 노래하는 담백한 시적 운율의 배음으로써 단지 두 대의 첼로만 배치했다. 따스하고도 고고한 기품은 마치 클래식 음반을 듣고 있는 듯하다.

전원의 햇살이 느껴지는 〈Ola, Guardador de Rebanhos 안녕, 목자여〉에 이어, 묵직한 공허와 슬픔이 감도는 〈O Candieiro 등잔〉은 밤의 서정 어린 감상이 너무나 연약하다.

내문을 젖히고 덧창을 닫네, 등잔 가까이 다가가, 안온한 밤을 소망하고, 내 음성은 인사를 나누지. 여전히 내 인생에는 햇살 가득한 날이 있고, 또는 비가 내려 부드럽고, 혹은 세

상의 끝인 양 폭풍이 다시 몰아치네, 호기심 어린 창밖으로, 온유한 밤과 낮이 지나가네, 고요한 나목들의 눈 익은 마지막 모습, 그리고 창을 닫고, 등잔에 불을 올리네, 읽을 수 없고, 생각할 수 없고, 잠들 수도 없네, 범람하는 강처럼 내 인생이 흐르는 것을 느낄 때, 밖에는 신이 잠든 것처럼 거대한 침묵만이 흐르네.

〈Como um Grande Borao de Fogo Sujo 고약한 화재의 거대한 잿더미처럼〉은 석양의 풍광을 본 후 느낀 인생에 대한 덧없음을 애상의 선율로 흘려보낸다.

〈A Janela 창문〉은 평온하지만 단조와 장조를 오가는 구성으로 꿈틀거리는 회색의 풍경화이다.

…철학에는 나무가 존재하지 않아, 단지 생각뿐이지, 단지 유사한 우리의 저마다에 있네, 닫힌 창문과 바깥세상이 있네, 창문이 열릴 때마다 볼 수 있는 꿈이 있고, 그리고 창이 열릴 때 볼 수 없는 그 무엇도 있지.

자연에 대한 기억의 무의미함을 노래한 클래식 〈Ave, Passa 새鳥, 과거〉는 새의 지저귐처럼 혹은 하나의 악기인 양 떨리는 목소리가 아련하다.

피치카토에서 이중주로 부드럽게 이완되며 평화의 향연이 유유하게 펼쳐지는 〈Sou um Guardador de Re -banhos 나는 파수꾼〉은 목자의 외롭고도 단조로운 전원의 일상을 그렸다.

포근한 라르고 〈Leve, Leve 가볍게 가볍게〉는 몽상인지 혹은 세월에 대한 허무인지는 간파하기 쉽지 않으나 마치 자장가처럼 편안하고 나른하다.

…바람이 매우 가볍게 지나가네, 그런 후에 떠나네, 언제나 가볍게, 난 내가 무엇을 생각했는지 모르겠네, 알고 있는 것조차 볼 수 없네.

개인적으로는 두 번째 노래를 좋아하지만, 전체적으로 도드라지는 곡 없이 문학카페의 훌륭한 배경음악이 되고 있다.

Chuva de Anjos

1999 | Celluloid | 67010

1. Nunca Mais
2. Meditaçao
3. Anjo
4. Les Rochers (& Daniel Lavoie)
5. Devagarinho
6. Onda Serena
7. Le Bus de 10 Heures
8. Amadeu
9. Fui A Praia
10. Que Reste-T-Il de Nos Amours
11. Soraya
12. Est Ce Que C'est a l'Amour?
13. Presidio
14. Maria de Lourdes

다시금 루시앙 제하드Lucien Zerrad와의 굳건한 협력으로 탄생된 《Chuva de Anjos 천사의 비》는 그래서인지 2집의 연장선으로서, 흡족한 쪽빛 커버와 함께 보다 유려하고 세련된 음감을 들려준다. 제2의 고향에서 자신을 응원해 준 프랑스 팬들을 위해 샹송 커버와 불어 가사곡을 포함하고 있는 것도 이채롭다. 무엇보다도 인기리에 라이선스로 소개되어 무척 다행스럽다.

이별의 탄식을 노래한 〈Nunca Mais 더 이상은〉  은 아르헨티나 탱고의 염원을 지녔다.
개인적으로 애청하는 〈Meditaçao 명상〉은 재미있  는 가사가 보사노바의 리듬과 휘파람을 타고 흩날린다. 행복하고도 아련한 시간이다.
불어로 노래한 〈Les Rochers 바위〉는 캐나다의  싱어송라이터 다니엘 라부아Daniel Lavoie와 듀엣이 돋보인다. 애조띤 나른함은 무척 로맨틱하다.
나무는 가슴을 바위에 기대어, 눈물을 흘리네, 천사는 가지에 매달려 그 소리를 듣고, 빗속에서 날아다니네. 가끔 나뭇가지에 눈물과 아우성이 가득 차면, 날개는 찢어진다네. 나는 나무요 바위요, 따뜻한 가슴과 눈물, 나는 부러진 날개, 나는 눈물이요 천사요. 여기 나무가 뒤집힌 이상한 그림이 있네, 두 눈을 짙은 녹색으로 칠하고, 내 손을 캔버스에 대어보네, 오 사랑의 마술이여, 짙푸른 너의 방에, 나의 입술로, 그려놓는 스케치, 너를 바라보고 너를 깨우고, 너를 놀라게 한다.
국내 드라마에 삽입된 〈Amadeu 아마데우〉는 샹  송과 파두의 감성을 느낄 수 있으며, 두 대의 기타 연주가 그려가는 이별의 고통이 선명하다.
재즈 샹송의 명인 샤를 트레네Charles Trenet(1937-2001)의 〈Que Reste-T-Il de Nos Amours 우리 사랑에  무엇이 남았나〉는 느슨하고도 이완된 템포에 가녀리고 연약한 호흡으로 체념과 평정이 흐른다.
열정을 가진 소녀에 대한 찬가 〈Soraya 쏘라야〉  에는 아랍풍의 강렬하고도 매서운 붉은 바람이 청

자를 미혹한다.

브라질풍의 샹송 〈Est Ce Que C'est a l'Amour? 이런 게 사랑인가요?〉에도 은은한 고심과 열기를 이어간다.

기타 로망스 〈Presidio 요새〉에 걸린 눈물을 씻어내고 나면, 자신의 어머니를 노래한 샹송 〈Maria de Lourdes 마리아 드 루르드스〉에 감사와 노스텔지아를 헌정한다.

이번 앨범에서 베빈다식 파두는 보다 더 월드뮤직으로 확장성을 가지고 있음이 느껴진다.

(가사 발췌 : 라이선스 음반 해설지)

1. Alegria
2. Malhada do Judeu
3. Annapurna
4. Ai Se Eu Pudesse
5. Flores do Paraiso
6. Oceano
7. Dialogo na Noite
8. Estou Perdida
9. Veneno
10. Senhor

Alegria

bévinda
alegria

2001 | Celluloid | 67029

뉴밀레니엄을 넘어 발표한 《Alegria 환희, 2001》에서도 루시앙 제하드와의 연금술적 협업은 계속되었다. 그녀만의 여린 감성으로 노래하는 파두의 애틋함은 이제 절제의 완숙함을 갖추게 되었다고 해도 좋을 것 같다.

고요한 기타의 떨림으로 서두를 여는 타이틀곡 〈Alegria 환희〉는 점차 속도가 붙고, 그 온도가 뜨거워지는 사랑의 찬가이다. 트립합 비트에 아코디언의 열풍이 몰아치는 후미에 이를수록 욕망이 끓어오른다.

끝없는 외로움에 대한 슬픈 감정이 점차 고조되는 엘레지 〈Ai Se Eu Pudesse 오 만약 내가〉는 기타 솔로 반주이지만, 단조로움보다 담백한 아름다움이 고인다.

내밀하고도 애상적인 〈Flores do Paraiso 낙원의 꽃〉은 따스한 오케스트레이션에 간드러진 기타라의 즉흥이 감미롭기까지 하다.

…우리의 대지를 위한 네 기적의 꽃, 우리는 기적이 필요해, 사랑의 꿈에 대한 믿음이 필요해.

페르난두 페소아Fernando Pessoa(1888-1935)의 시를 노래한 〈Dialogo na Noite 밤의 대화〉는 보다 현대 파두의 푸른색 서정의 향기가 촉촉이 배어있다. 사랑에 대한 침묵과 불안감은 처절하기보다는 너무나 쓸쓸해 보인다.

〈Estou Perdida 나는 잃었네〉는 아코디언의 미풍이 줄곧 흐르는 퓨전 왈츠로, 빙빙 도는 듯한 아련한 현기증이 감미롭게만 느껴진다.

난 길을 잃었네, 저주할 내 인생에서, 항상 둥지를 찾고, 그 끝을 찾았지. 품속의 네 피부, 난 아름답고 유쾌한 사랑을 말하고 떠나는, 달을 보네, 그 달콤함을 이어가기 위해 널 찾아 바라보네.

베빈다의 어머니가 가사를 쓴 〈Veneno 독약〉은 보사의 리듬이 가볍게 꿈틀거리며 우리를 애틋한 추억에 젖게 한다. 여전히 고통을 느끼는 18세 때의 독약 같은 첫사랑에 대한 회상이다.

베빈다의 자작곡인 〈Senhor 주여〉는 첼로와 바이올린의 현악이 매우 고혹적이며 또한 비련에 젖어 있음을 느끼게 된다. 자신의 절망적인 고독과 연약함에 대한 구원을 바라는 기도곡이다.

히든 트랙으로 〈Ai Se Eu Pudesse 오 만약 내가〉가 다시 연주된다.

국내에 1,2,4집이 소개되어 그 어떤 월드뮤직 가수들보다 친숙한 베빈다는 베스트 앨범 《Em Caminho 길 위에서, 2002》에 국내 가수 양희은의 〈사랑, 그 쓸쓸함에 대하여〉를 리메이크한 〈Ja Esta 이젠 됐어〉를 수록하여 국내 팬들에게 감사를 표했다.

총 6장의 앨범에 참여하고 그녀와 결별한 루시앙 제하드는 카보베르데 출신의 여가수 마리아나 라모스Mariana Ramos와 3매의 앨범을 작업했으며, 앙젤리크 키조Angelique Kidjo, 보노Bono, 자즈Zaz, 엔조엔조Enzo Enzo, 할레드Khaled 등과도 협업했다.

《Luz 빛, 2005》 이후 베빈다는 《Serge Gainsbourg tel qu'Elle, 그녀의 갱스부르, 2006》을 발표하였는데, 세르주 갱스부르Serge Gainsbourg(1928-1991)가 1958년부터 1968년까지 발표한 세 매의 앨범 레퍼토리들을 노래한 헌정작이었다.

《Lusitânia 루스타니아인, 2011》과 《Opium à Bord, 2012》 등을 들어보면 그녀의 월드뮤직 향방이 점점 단조로운 포크 성향으로 나아가고 있음을 알 수 있다.

Buika • 부이카

Spain (Mallorca) | USA

흑인 특유의 목청으로 허스키 보이스를 내는 독특한 그녀의 음색을 우리는 스모키 보이스smoky voice라 이야기한다. 거뭇한 목탄화木炭畵처럼 거친듯하지만 부드러우면서도 따스한 질감의 감성 소리에는 훈제의 향내도 물씬 배어있다. 그 울음의 미세입자처럼 공기와의 밀도를 달리하면서 반주의 바람을 따라 흐른다. 퍼졌다가 뭉치기를 반복하는 그 검은 마술은 너무나 포근하면서도 강렬하다.

콘차 부이카는 본명이 마리아 콘셉씨온 발보아 부이카Maria Concepción Balboa Buika로, 1972년 스페인 발레아레스제도의 주도 팔라데마요르카Palma de Mallorca에서 출생했다.

그녀의 부모는 적도기니 출신이었다. 부친은 적도기니가 스페인으로부터 독립하기 전 스페인 그라나다에서 학업을 마쳤다. 이후 마요르카에 머물며 은행원과 사립학교 교사로 일하다 가정을 꾸린다.

부이카가 9세 되는 해, 부친은 고국의 부름을 받고는 여섯 아이들과 아내를 버리고 적도기니로 떠난다.

부친은 응게마Teodoro Obiang Mbasogo 정권에서 장관직을 맡아 정치가가 되지만, 이후 계속되는 독재에 반기를 들고 두 번째 가족과 함께 스페인으로 망명, 발렌시아에 정착하여 작가로 살다 2014년 3월에 사망했다.

덩그러니 외딴섬에 남겨진 흑인 가족은 집시촌에서 당면한 삶의 문제들과 분투해야 했다. 모친은 생계를, 부이카는 어린 동생들을 보살펴야 했다. 제2의 고향에서 소외된 외로움, 아버지로부터 버림받은 슬픔, 그리고 배고프고 지긋한 가난이 청소년 시절의 전부였다.

이러한 가혹한 현실의 이상적인 탈출구를 부이카는 플라멩코 음악에서 찾는다.

전혀 대중에게 알려지지 않은 상태에서 데뷔작 《Mestizüo 메스티조, 2000》를 발표했지만, 관광지였던 마요르카를 중심으로 큰 상업적 성공을 거둔다. 임부가 만삭을 움켜진 커버, 그리고 '백인과 중남미 인디오의 혼혈'을 의미하는 제목은 바로 자신의 퓨전음악을 비유하는 것이었다.

프로듀서 사콥 수레다Jacob Sureda의 멋진 솔로 피아노 반주로 영어 가사의 스탠더드 재즈와 플라멩코 그리고 란체라ranchera 등을 멋지게 불러주었는데, 그중 진실한 사랑에 대한 소망을 격정의 대사와 같이 노래한 순수 플라멩코 〈Teatro 연극〉이 절창이다.

그녀는 쓰라린 기억만이 남은 마요르카를 떠나 미국의 마이애미로 거주지를 옮긴 후, 역시 재즈, 아프로-쿠반, 플라멩코 등의 자작곡들로 자신의 정체성을 새겨 넣은 두 번째 앨범 《Buika, 2005》를 발표한다.

Mi Niña Lola

2006 | DRO Atlantic | 0825646327454

1. Mi Niña Lola
2. Ojos Verdes
3. Te Camelo
4. Ay de Mi Primavera
5. Mi Manera
6. Nostalgias
7. Triunfo
8. Buleria Alegre
9. Love
10. Loca
11. Jodida pero Contenta

마드리드에서 성장했던 프로듀서이자 싱어송라이터 하비에르 리몬Javier Limón을 만나 완성한 그녀의 세 번째 앨범이다.

그는 2003년 이래 보고타, 파리, 바이아블랑카, 부에노스아이레스, 뉴욕과 모로코 등을 오가며 프로듀서로 일했고, 2004년에 라틴 그래미 어워드에서 세계적인 히트를 기록한 듀오 베보와 씨갈라Bebo Y Cigala의 《Lágrimas Negras 검은 눈물》로 '올해의 프로듀서 상'을 받았으며, 이듬해 솔로 앨범 《Limón, 2005》을 발표한 이력이 있었다.

이 역량 있는 두 뮤지션의 협업은 그야말로 매혹적이다. 서두의 세곡은 플라멩코 고전이며, 그 외는 창작곡이다.

타이틀곡 〈Mi Niña Lola 내 아이 로라〉는 명인 **뻬뻬** 핀또 Pepe Pinto(1903-1969)의 고전으로, 여린 피아노의 감미로운 재즈로 시작하여 다소 색 바랜 앨범을 듣추듯 애상감을 더한다. 온화하고도 깊은 자애는 자녀를 둔 어머니로서의 부이카를 잘 말해준다. 하지만 아버지가 떠난 후 슬픔 속에 얼룩져 있었던 어린 시절로 거슬러 올라가 그녀의 어머니의 입장이 되어 딸을 위해 노래한 것으로, 결국은 자신의 유년을 향한 애처로움이었다.

전설의 가수 미겔 데 몰리나Miguel de Molina(1908-1993)가 1930년대에 발표한 히트곡인 〈Ojos Verdes 초록빛 눈동자〉는 어느 5월의 밤 초록 눈동자의 남성을 만나 잊지 못할 사랑에 **빠진** 한 여성의 고백이다. 메마르고 건조한 그녀의 절절한 로망스에는 피폐한 가슴 언저리만이 남아있다.

뻬뻬 핀또의 곡 〈Te Camelo 너를 사랑해〉는 외모로 돈을 버는 집시 여인 마리 카르멘의 아름다운 자태에 눈이 먼 한 사내의 냉가슴을 그린 노래인데, 경쾌한 원곡에 비해 부이카 버전은 그늘지고 어두우며 착잡한 심정마저 든다.

부드러운 재즈 피아노가 반복적인 리듬과 함께 점점 힘을 곤두서면 불안과 연민에 찬 〈Ay de Mi Primavera 오 나의 청춘이여〉가 검은 그림자를 드리운다. 순식간에 지나가 버릴 듯한 청춘의 사랑을 더 천천히 느끼고 부여잡고픈 욕망이다.

〈Mi Manera 나의 길〉은 자신에 대한 확신과 신념을 플라멩코의 열정과 아프로-쿠반 재즈의 트랜스로 풀이한 것으로, 가수가 된 자신의 인생을 그린 자서전이다.

2집의 마지막 수록곡을 다시 불러주고 있는 〈Nostalgias 향수〉는 지우고만 싶지만 결코 아물지 않는 고향땅에서의 아픈 상처를 되뇌며 노래했다. 그녀의 검은 연기의 목소리는 검게 타버린 가슴을 채 뒤덮지 못한다. 원곡이 피아노 플라멩코 버전이라면, 본작에서는 토케toque(기타 연주)에 팔마스palmas(박수)를 가미한 오리지널 플라멩코 버전이라 할 수 있다.

하비에르 리몬의 곡 〈Triunfo 승리〉는 한 남자의 사랑의 예감을 플라멩코 기타의 들뜨고도 설레는 연주로 들을 수 있으며, 영어 가사가 포함된 〈Love〉는 가스펠의 향취가 느껴지기도 한다.

사랑의 고통과 정열을 노래한 〈Loca 미쳐〉에는 뜨거운 용광로가 흐른다.

미래에 대한 불안과 두려움 속에서 신념을 잃지 않고 살아가기 바라는 〈Jodida pero Contenta 행복을 위한 절망〉은 플라멩코와 아프로-쿠반 재즈의 열전으로, 그녀의 보컬은 검은 연기와 함께 폭발하고야 만다.

Niña de Fuego

2008 | DRO Atlantic | 051442804522

1. La Falsa Moneda
2. Culpa Mia
3. Mienteme Bien
4. La Niña de Fuego
5. Arboles de Agua
6. La Niebla
7. No Habra Nadie en el Mundo
8. Volver, Volver
9. Volverás
10. Mentirosa
11. Hay en la Luz
12. Llegar a Tí
13. La Bohemia

전작에 이어 프로듀서이자 작곡가인 하비에르 리몬Javier Limón이 제작했다. 다소 파격적인 커버 그리고 2008 라틴 그래미 어워드 '올해의 앨범'에 후보 선정되었다는 사실로 우리에게 가장 잘 알려진 작품이다. 보다 성숙하고 깊은 진흙색의 보컬로 고전과 자신의 창작곡을 들려준다.

감성을 사로잡는 〈La Falsa Moneda 위조지폐〉는 아르헨티나 출신의 가수이자 배우였던 임페리오 아르헨티나Imperio Argentina(1906-2003)가 영화 「Morena Clara, 1936」에서 불렀던 것을 리메이크한 작품이다. 순식간에 가짜 돈으로 속임수를 써서 사기를 일삼는 한 집시여인… 나쁜 여자인 걸 알지만 치명적인 매혹을 뿌리칠 수 없는 고뇌가 탄식이 되어 흐른다.

부이카의 자작곡인 〈Miénteme Bien 선의 거짓말〉은 재즈 피아노로 연주된 로망스로, 그 달콤함과 유유함에 오래 머물고 싶다.

…그대가 날 흥분하게 한다는 걸 인정해, 당신이 날 사랑하고 있다는 걸 느껴, 그래서 그대가 마치 내 입에서 흘러나온 것처럼 내게 거짓말을 한다 해도, 내게 남은 나날들을 줄 거야. 그리고 그건 매우 좋은 느낌의 거짓말이지, 그것은 숨겨진 진실처럼 보여, 그 비밀들과 함께 어둡고 감당하기 힘든 밤들의 괴로움은 이내 달콤해져, 그대가 날 속이려 한다면, 선의의 거짓말을 해줘, 난 아직도 속고 싶기 때문이야. 난 더 이상 오만한 밤들을 잘 보낼 수 없네, 슬픔과 외로움에 사로잡히기 때문이야.

전설적인 플라멩코 남성 가수 마놀로 파라콜Manolo Caracol (1909-1973)이 플라멩코 오페라 「Baila Lola Flores 춤추는 어린 꽃, 1947」에서 선보였던 〈La Niña de Fuego 불꽃의 소녀〉는 서서히 고조되는 기타의 열정에 트럼펫의 광택이 은은하게 춤춘다.

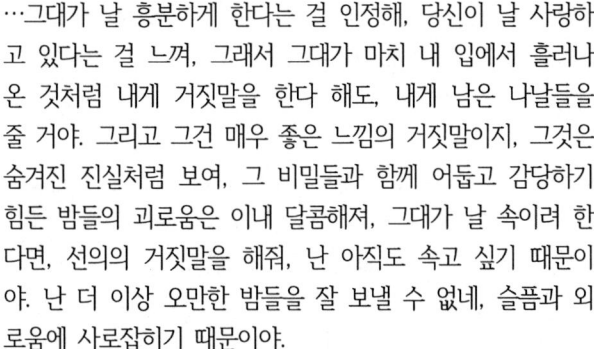

…네 검은 눈에, 순수한 눈물이 고이네, 행운의 미래와 함께. 불꽃의 소녀여 넌 온화한 화염, 그리고 넌 목마름으로 죽어가지, 네가 자책하며 술잔을 기울이면, 내 영혼 안에 욕망이 끓어오르네…

〈La Niebla 안개〉는 아카펠라로 시작하여 포근한 피아노로 마감되는 재즈 발라드로, 사랑의 감각이자 대상을 은유적으로 표현하고 있다.

멕시코 란체라의 대명사 차벨라 바르가스Chavela Vargas(1919-2012)가 불렀던 〈Volver, Volver 돌아가고 싶어〉는 간결한 포크기타와 트럼펫의 반주로 절절함을 토해낸다.

이 열정적인 사랑아, 내게 다시 돌아와 강렬하게 시작하렴, 난 광기로 길 위에 있네, 모든 것이 날 고문할지언정, 난 사랑하는 방법을 알고 있다네. 얼마 전에 우린 헤어졌지만, 쓰라린 순간이었지. 네가 모든 이유야, 내 마음은 고통으로 죽어가네. 돌아가고 싶어, 다시 네 품속으로, 난 네가 있는 곳으로 갈 거야, 난 널 잃는 법을 알았어, 널 가질 테야, 난 돌아가고 싶어

하비에르 리몬이 쓴 〈Hay en la Luz 빛이어라〉는 매우 감성적인 카페 발라드로, 피아노 솔로로만 반주되었다. 연인과 이별 후, 어둠 내린 강변에 앉아 자책하며 슬픔을 흘려보낸다.

자작곡 〈Llegar a Ti 네게 도착해서〉 역시 이별곡인데 오히려 마음의 평정을 엿보게 된다. 재즈 스캣에 그리고 피아노와 첼로의 한없는 따스함에 나른하기까지 하다.

샹송 가수 샤를 아즈나부르Charles Aznavour(1924-2018)의 〈La Boheme 라보엠〉을 커버한 〈La Bo-hemia 집시〉도 훌륭한 리메이크이다.

El Último Trago

CASA LIMON
PRESENTA:
BUIKA Y CHUCHO

2009 | Warner | 825646 861477

1. Soledad
2. Sombras
3. Las Ciudades
4. Cruz de Olvido
5. El Andariego
6. En el Ultimo Trago
7. Se Me Hizo Facil
8. Un Mundo Raro
9. Las Simples Cosas
10. Somos
11. Luz de Luna
12. Vamonos

《El Último Trago 마지막 한잔》은 하비에르 리몬Javier Li
-mon과의 3부작을 마무리하는 걸작이다. 우선 이 앨범은
그녀의 어머니를 위한 작품이다. 6남매를 남겨두고 고국으
로 떠나버린 남편을 원망하면서 수많은 세월을 가난과 소외

로 살아왔던 모친의 유일한 친구는 멕시코의 어머니 차벨라
바르가스Chavela Vargas(1919-2012)의 노래들이었다. 그녀의
노래를 들으며 자식들 몰래 눈물을 훔쳤던 당시의 젊은 어
머니를 떠올렸고, 그 노래의 주인공 차벨라 바르가스의 90
세 생일이 되는 해였기에 이를 기념하기 위한 의미를 덧붙
였다.

하비에르 리몬과 부이카는 어머니를 위한 바르가스의 란체
라 레퍼토리를 선정했고, 부이카의 아프로-플라멩코에 쿠바
의 저명한 피아니스트이자 뮤지션 추초 발데스Chucho Valdés
를 초대하여 아프로-쿠반 재즈를 융합한다. 단지 아바나에
서 이틀의 시간만이 필요했고 두 뮤지션의 호흡은 성공적으
로 마무리되어 라틴 그래미 어워드 2010에서 '베스트 트래
디셔널 트로피컬 앨범'을 수상하게 된다.

커버의 일러스트도 매력적이고 부이카의 음색도 명료함을
요하는 것이 아니기에 본작을 LP로 듣게 되면 더 정감 있
게 들릴 것도 같다.

노년의 슬픔이 주름처럼 깊게 패는 〈Soledad 고
독〉에서 부이카는 추초의 현란한 재즈 피아노와
함께 치가 떨리는 외로움에 취해 노래한다.

고독, 그것은 별이 뜨지 않는 밤, 네가 날 떠났을 때, 그 큰
고통과 악. 네가 떠난 이래, 마을은 수도원 같은 침묵만이
흐르네. 고독, 그것은 말라버린 개울, 그리고 거리엔 수천의
메아리만이 널 끊임없이 부르네. 고독, 그리고 다시 네 노래
속으로 사라지네, 매번 내 태양에 그림자를 드리우는 슬픔.
고독, 또다시 넘쳐흐르네.

〈Sombras 그림자〉는 가녀린 기타 선율에 의지하
여 이별의 아픔을 찢는다.

네가 떠났을 때, 난 그림자를 거두었네, 남은 건 내 고통뿐
이었기에, 행복한 시절의 추억을 되뇌었지. 그리고 황혼 녘
의 작은 다락방에, 저녁의 온기가 들 때, 난 내 손으로, 네
모든 것을 느꼈네, 넌 내게 입맞춤하고, 공기는 장미향으로

가득했지, 네가 떠났을 때, 사랑아 난 그림자를 거두었네.
〈Cruz de Olvido 망각의 십자가〉에서 바르가스는 잔잔한
기타 트레몰로로 애수에 젖은 로망스를 모든 것을 내려놓은
평화의 안식으로 녹여냈는데, 부이카는 색 바랜
로맨스 시대의 피아노 카바레에서 뜨거운 불길을
헤치고 있다.

황혼을 향해, 여길 떠나네, 너 없이 가려 해. 내 안의 고통
으로, 여기를 벗어날 거야. 사랑이 모자라서 그런 게 아니라
고 맹세해, 그러나 이렇게 할 수밖에 없네. 어느 날 넌 이해
할 거야. 널 위해 내가 떠났다는 걸, 모든 것이 널 위한 것
이라는 걸. 난 망각의 십자가를 실은 배 위에서, 사랑의 십
자가를 짊어질 거야. 그리고 너 없는 십자가 위에서 쓸쓸함
으로 죽어가겠지.

이 외에도 황금의 찬란한 광택이 감도는 거친 갈빛의 낭만
노래들로 가득하다. 앨범 전체를 플레이어에 걸어두면 추초
발데스의 고풍스러운 피아노 협연으로 밤의 재즈 카바레 무
대 막이 오른다. 이는 색다른 운치이다. 차뻴라 바르가스의
원곡들과 함께 감상하는 것도 좋겠다.

La Noche Más Larga

2013 | Warner | 25646 451746

1. Sueño con Ella (ver. 2013)
2. Siboney
3. Ne Me Quitte Pas
4. Yo Vengo a Ofrecer Mi Corazón
5. La Nave del Olvido
6. La Noche Más Larga
7. Don't Explain
8. No lo Sé (feat. Pat Metheny)
9. Santa Lucia
10. Los Solos
11. Como Era (ver. 2013)
12. Throw It Away

2010년에는 3부작의 프로듀서를 맡았던 하비에르 리몬의
솔로작 《Mujeres de Agua 물의 여인들》에 참여,
바다로 나간 연인의 무사귀환을 비는 아낙의 노래
〈Oro Santo 축복의 황금 옷〉을 슬피 불렀다.

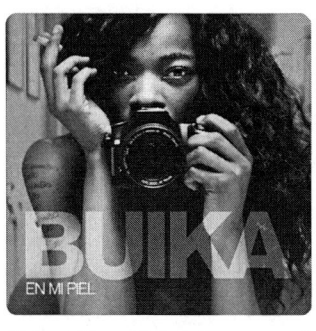

이듬해에는 부이카의 베스트앨범 《En Mi Piel 내 피부, 2011》이 발표된다. 대부분 이전의 앨범들에서 발췌되었는데, 〈Oro Santo〉 외에도, 루이스 미겔Luis Mi-guel의 음성으로 우리에게 잘 알려진 로망스 볼레로 〈Nos Hizo Falta Tiempo 우리의 어긋난 시간들〉을 멕시코의 아르만도 만사네로Armando Manza-nero(0935-2020)와의 듀엣 버전으로 수록했다.

또한 동년에 개봉된 페드로 알모도바르Pedro Almodóvar 감독의 「La Piel Que Habito 내가 사는 피부, 2011」의 삽입곡 〈Por el Amor de Amor 사랑을 위하여〉도 포함되었는데, 피아노 반주에 사랑에 대한 열망을 서정적으로 그려 넣고 있다.

나는 태양을 사랑해, 또한 바다와 하늘의 푸른빛을 좋아하지, 난 끝없이 사랑하길 원해, 결코 멈추지 않도록. 다른 꽃이 피어날 때 그걸 바라보는 행복한 꽃처럼, 지금 내 그림자는 바람과 함께 사라지네, 네가 온 이래로 모든 것이 축복이고, 모든 슬픔이 사라졌네, 난 사랑이 필요해, 꽃에 입맞춤하는 빛이 되길 원해.

그리고 무려 4년 만인 2013년에 보다 팝적인 감각이 번득이는 정규앨범 《La Noche Más Larga 긴긴밤》을 발표했다. 직접 프로듀스에 참여하기도 하였으며, 5개의 자작곡도 수록했다.

벨기에 출신의 음유시인 자크 브렐Jacques Brel(1929-1978)의 〈Ne Me Quitte Pas 떠나지 마〉, 프란시스 까브렐Francis Cabrel과 메르세데스 소사Mercedes Sosa(1935-2009)의 음성으로 잘 알려진 〈Yo Vengo a Ofrecer Mi Corazón 내 마음을 당신께 바치리〉, 멕시코의 호세 호세José José(1948-2019)가 부른 〈La Nave del Olvido 망각의 배〉, 빌리 홀리데이Billie Holiday(1915-1959)의 스탠더드 〈Don't Explain〉 등의 명곡들이 부이카 특유의 무광 검정빛으로 다시 재창조되었다.

무엇보다도 본작을 빛내주는 최고의 명곡은 자작곡 〈No lo Sé 난 모르겠어〉가 아닐까 싶다. 사랑과 자유에 관한 발라드지만, 흑인으로서 느끼게 되는 차별적인 사회적 편견에서 과연 내 사랑이 자유로울 수 있을까 반문하고 있다. 다소 우울하고도 무거운 분위기지만, 최고의 퓨전재즈 기타리스트 팻 매스니Pat Metheny가 참여하여 깊은 여운을 남긴다.

글쓴이가 좋아하는 약간 떫고 신맛이 나는 블랙커피를 부이카의 음색에서 음미하게 된다. 거칠고도 곱고, 깊지만 산뜻한… 하지만 쉽사리 표현할 수 없는 스페셜리스트 부이카는 이러한 강한 개성과 넘치는 카리스마로 발표하는 앨범마다 팬들을 매료시키고 있다.

파도에 흐르는 굴곡의 망향가
Cesária Évora ● 세자리아 에보라
Cabo Verde

'모르나Morna의 여왕', '맨발의 디바' 등으로 불리는 세자리아 에보라(1941-2011)의 모국 카보베르데는 서아프리카에서 500km 정도 떨어져 대서양 한가운데 떠 있는 작은 군도국 群島國으로, 15세기에 포르투갈의 식민지가 되었으며 1975년에야 독립했다. 화산과 암석 등으로 뒤덮인 황폐하기 이를 데 없는 자연환경과 가뭄의 기후로 경제적인 가난에 시달리며, 살기위해 많은 이들이 고향을 떠나야 했다. 고향에 남은 이들은 생계를 위해 멀리 떠난 가족들을 기다리며 바다와 함께 살아가야 했는데, 이처럼 그들의 척박하고 힘겨운 삶을 아프리카의 리듬에 파두의 서정을 실은 독특한 '모르나Morna'에 담아 슬피 노래했다. 사랑, 이별, 그리움과 향수 등의 슬픈 정서에 새겨진 가느다란 희망은 지극히 애상적으로 다가온다.

그녀는 1941년 사웅비센트São Vicente섬의 항구도시 민델루Mindelo에서 태어났다. 7세 때 아버지가 죽고 어머니는 가난한 가정 형편상 6남매 전부를 키울 수 없었기에 10세 때 보육원에 보내어진다.
친구의 권유로 16세 때 선원들이 드나드는 선술집에서 노래하기 시작한 그녀는 20대 때 포르투갈 선박의 정박지에서 그리고 지방 라디오방송에서 노래할 수 있었다. 이미 유럽을 돌며 가수활동을 하고 있던 '모르나의 제왕' 바나Bana(1932-2013)의 초대로 1985년 포르투갈로 건너가 공연했던 그녀는 리스본에서 카보베르데 출신의 프랑스 프로듀서 주제다 실바José da Silva를 만나 파리에서 본격적인 활동을 시작한다.
1987년 셀프타이틀 첫 앨범에 이어 그녀의 별명을 제목으로 한 《La Diva aux Pieds Nus 맨발의 디바, 1988》가 상업적인 히트를 기록한다.

Miss Perfumado

1992 | Nonesuch | 79509

1. Sodade
2. Bia
3. Cumpade Ciznone
4. Direito di Nasce
5. Luz dum Estrela
6. Angola
7. Miss Perfumado
8. Vida Tem um so Vida
9. Morabeza
10. Recordai
11. Lua Nha Testemunha
12. Barbincor
13. Tortura

파두의 애상적인 선율을 닮은 〈Mar Azul 푸른 바다〉를 수록한 4번째 《Mar Azul, 1991》에 이어 발표한 《Miss Perfu -mado 여인의 향기》는 30만 장 이상 판매되는 대성공을 기록하며 그녀는 세계적인 월드뮤직 스타로 부상할 수 있었다. 그리 호감 가는 외양은 아니지만, 슬픔이 밴 담백한 그녀의 음성은 청자에게 충분한 감성 자극제가 되고 있다.

대표곡으로 자리 잡은 〈Sodade 향수〉는 모르나의 정수를 들려준다. 일렁이는 파도를 닮은 리듬은 부드럽게  율동하면서 고향에 대한 우울한 향수가 밀물처럼 살포시 밀려든다.

…누가 네게 이 머나먼 사웅 토메로 가는 길을 알려주었니? 사웅 니콜라오, 내 고향땅을 향한 그리움, 네가 나에게 편지를 쓴다면, 네게 답장을 할 거야, 네가 날 잊는다면 나도 널 잊겠지, 네가 돌아오는 그날까지…

이어지는 〈Bia 비아〉는 바다와 하늘에 위안을 받으며 살아가는 카보베르데 여인들의 외로운 삶을 그린 것으로, 현의 따스한 애수가 가슴을 적신다.

〈Luz dum Estrela 별 빛〉의 맑은 재즈 서정은 그녀가 '카보베르데의 빌리 홀리데이Billie Holiday'라 불리는 이유를 명확히 직감할 수 있다. 유려한 피아노를 따라 잔잔히 우러나오는 블루스 감성은 밤하늘의 별빛을 보며 삭였을 삶의 고통을 담담하게 이야기한다.

타이틀 〈Miss Perfumado 여인의 향기〉에는 행복에 대한 열망이 뜨겁게 달아오른다. 세 번의 이혼으로 사랑의 배신을 겪었던 젊은 시절의 회상은 검푸른 처량함으로 번진다.

…너의 부드럽고도 작은 눈망울의 그늘 아래서, 내가 꿈꾸며 죽을 수 있다면… 둥지 속 비둘기처럼 꿈꾸며 죽게 해 줘, 그 비둘기가 둥지에서 행복하다면, 나도 그럴 거야, 이 달콤한 향내의 여인을 애무하며 바라보는 당신 곁에서…

고독과 상실과 상처의 슬픔을 노래한 〈Vida Tem Um So Vida 인생은 단 하나뿐인 삶이지〉에는 오히려 일생의 진리로 받아들이는 낙관과 초월을 읽게 된다.

〈Morabeza 섬사람〉은 현실의 쓰라림을 몰랐던 순수한 어린 시절을 그리는 내용으로, 따사로운 온기는 점점 열기로 변모한다.

믿음과 바람을 앗아간 조국 카보베르데를 원망怨望하며 노래하는 〈Barbincor 협잡꾼〉은 한 인간으로서의 진솔한 내면이 느껴져 더더욱 구슬프다. 아픔이 얼마나 뼈에 사무쳤으면 사랑하는 나라를 협잡꾼이라 노래할까! 그러나 협잡꾼은 역설적으로 희망을 염원하며 노래하는 그녀 자신을 비유하고 있는지도 모르겠다. 그 간절한 떨림, 그래서 더더욱 아련하다.

어느 한 곡도 빼놓을 수 없는 본작은 미묘하게 고저와 색상을 달리하는 파도가 계속해서 밀려든다.

1. Petit Pays
2. Xandinha
3. Tudo Tem Se Limite
4. Consedjo
5. D'nhirim Reforma
6. Rotcha Scribida
7. Oriundina
8. Tudo Dia e Dia
9. Nha Cancera Ka Tem Medida
10. Areia de Salamansa
11. Flor na Paul
12. Doce Guerra

Cesaria

1995 | Nonesuch | 79379

그녀는 '맨발의 디바'라 불린다. 무대 위에서 맨발로 노래함은 물론이고, 고향의 바닷가를 맨발로 산책하는 것을 즐겼다고 한다. 세상을 돌며 각기 다른 피부색의 청중들과 만날 때, 그녀는 지구상에서 그 존재조차 찾기 힘든 작은 나라 카보베르데 해변을 거닐며 애환을 노래하던 그 순간으로 돌아가고 싶었던 것이 아닐까. 그래서 비록 장소는 무대였지만, 파도가 찰랑이고 바람이 부는 모래밭에서 노래하는 모습을 엿볼 수 있었다.

본작은 라이선스로 소개되기도 했는데, 해설지에 의하면 최고 명반이라 평하고 있다.

특히 첫 곡으로 수록된 〈Petit Pays 작은 나라〉라는 명곡은 이 앨범을 구입해야 할 충분한 이유가 된다. 고향에 대한 그리움을 노래하는 이 곡은 그렇게 서글프진 않다. 마치 많은 눈물을 쏟고 나이가 든 후, 입가에 버릇이 되어 되뇌는 넋두리처럼 마른 슬픔이다. 고향 섬을 밤하늘 아래서 반짝이지도 않는 별이라고 노래하고 있지만, 튕기는 기타의 현은 빛이 찰랑인다.

〈Xandinha 산디냐〉 또한 모르나의 정수 중 한 곡이 아닐까. 곡목은 여성의 이름으로 카보베르데의 어머니를 비롯한 모든 여성을 대유한다. 언제 즈음이면 그녀들의 눈망울에서 눈물이 마를 수 있을지 하나님께 묻고 싶은 간절한 심정이 푸르게 퍼진다. 그늘 같은 기타의 연주 속에 애수의 바이올린이 겹쳐지지만, 전체적으로는 우울한 전원풍이다.

푸른 바다의 바람결을 살갑게 느낄 수 있는 〈D'nhirim Reforma 연금〉은 평화롭고도 유쾌한 정서를 접하게 된다. 달콤한 코러스도 재즈 브라스도 향기롭다. 라이선스 음반에는 영어번역본이 있음에도 이 노래의 가사는 잘 모르겠다. 젊은 세대들에게 걱정을 덜어주려는 노인의 따스한 마음일까?

〈Rotcha Scribida 로차 스크리비다〉의 희미하고도 힘이 빠진 목소리는 감상자를 상념에 빠뜨린다. 어머니를 잃은 슬픔과 모정에 대한 그리움을 노래하였는데, 더욱 감정을 구슬프게 하는 휘파람 연주에 이어 바이올린의 뜨거운 눈물이 흩뿌려진다.

사랑의 모르나 블루스 〈Oriundina 오리운디나〉의 추억과 향수는 윤택한 피아노 연주만큼이나 애절하고도 간절하다.

뮤직비디오로 제작된 〈Nha Cancera Ka Tem Medida 내 고통은 끝이 없어라〉에는 30여 년의 인생을 살았던 고향 사웅 토메São Tome를 향한 노스텔지아가 짙게 물든다. 어린이들만 남은 황량하기 그지없는 카보베르데의 풍경이 함께 겹쳐져서인지 더더욱 쓸쓸한 감정을 남긴다.

〈Areia de Salamansa 살라만사의 해변가에서〉 역시 고향 민델루로 돌아가고픈 애닮은 감정을 읽을 수 있으며, 〈Flor na Paul 뽈의 꽃〉에서는 조모와의 추억을 그리는 동심의 왈츠가 전원적으로 그려진다.

한없이 투명한 포크 〈Doce Guerra 부드러운 전쟁〉에는 평온함이 흐른다. 그녀의 영원한 주제인 망향가 중 한 곡으로 고국 카보베르데를 자신의 열망이며 부드러운 사랑의 전쟁터라 노래하고 있다. 후미의 휘파람 연주도 인상적이다.

처음으로 그래미에 후보 지명된 본작이 라이선스로 일찌감치 소개된 이유는 발매처가 국내 월드뮤직 팬들에게 가장 어필할 만한 작품이라 판단한 까닭이었을 것이다. 글쓴이도 이에 동감하며 세자리아 에보라의 첫 만남을 원하는 분들께 적극 추천하고 싶다. 개인적으로도 본작의 발매처에 깊은 감사를 드린다.

1997년에 코라 전 아프리카 어워드KORA All African Music Awards에서 '서아프리카 베스트 아티스트상'과 '베스트앨범상' 등 3개 부문을 거머쥐었다.
이어 《Voz d'Amor 사랑의 목소리, 2003》는 그래미 월드뮤직 부문 최우수상을 수상한다.
활동을 하며 축적한 부를 고국 카보베르데에서 가난과 싸워야 했던 여인들과 어린이들과 꾸준히 나누어왔던 그녀는 2003년부터 유엔세계식량계획WFP의 사절로 활동했고, 2006년 이태리 가수들과 함께 한 듀엣 프로젝트도 오롯이 WFP에 기부되었다.
2010년 5월 리스본 실황이 끝난 후 갑작스러운 심장마비로 수술을 받았으나, 2011년 말 70세의 나이로 세상을 떠나고야 말았다.
어린 나이에 결혼하고 세 차례의 배신을 겪으며 술과 담배로 고단한 삶과 고향에 대한 향수를 노래했던 세자리아 에보라! 카보베르데 여인들의 굴곡진 인생을 대변했던 그녀의 주름진 목소리는 대서양의 파도가 멈추는 날까지 세상의 고된 삶들을 어루만져 줄 것이다.

Chava Alberstein ● 하바 알버슈타인
Israel

국방의 의무를 위해 입대한 1965년에는 이미 스타가 되어 있었다. 군인들을 독려하기 위해 위문공연을 다녔고 앨범 작업을 병행했다.

그녀는 60여 장 이상의 앨범을 발표한 정력적인 예술가였다. 국내에도 소개된 대표작 《Like a Wildflower, 1975》에 이어, 《Mehagrim 이민자, 1980》는 대부분을 자작곡으로 채웠으며 많은 가수가 그녀의 노래를 부르고 있다.

대부분의 앨범을 히브리어로 발표했고 영어 앨범과 함께 이디시어Yiddish의 보전을 위해 6매의 앨범을 남기고 있다. 그리고 어린이를 위한 노래들도 많이 썼으며, 전설적인 어린이 프로그램 「Carousel 회전목마」에 출연하기도 했다.

그녀는 영화와도 인연이 깊었다. 「Intimate Story, 1981」에서 노래했으며, 영화감독이자 남편인 나다브 레비탄Nadav Levitan(1945-2010)의 1988년 칸영화제 '주목할 만한 시선' 상영작 「Stalin's Disciples, 1986」과 「Groupie, 1993」의 영화음악을 썼다. 남편은 그녀의 노래 〈End of the Holiday〉의 가사를 쓰기도 했다.

무엇보다도 그녀는 비폭력과 반전反戰 그리고 자유주의의 수호자로서, 아랍과 이스라엘의 유대를 주창하고 인권을 옹호한 활동가였다. 1989년 동명의 민요를 각색한 〈Chad Ga -dya · One Kid〉를 통해 팔레스타인에 대한 이스라엘 정부의 정책을 비판했는데, 이 노래는 라디오방송에서 금지곡이 되었으며, 이듬해 독립기념일 축하쇼에는 그녀의 출연을 거부하는 대중의 촛불시위가 따랐다.

지난 몇 년간 전혀 앨범을 발표하지 않았지만 여전히 음악 활동을 활발히 하고 있다. 많은 작품이 골드나 플래티넘을 기록했고, 그중 6개의 디스코그래피는 저명한 이스라엘 문화 시상식 '다윗의 하프Kinor David'상을 받았다.

'이스라엘의 조안 바에즈Joan Baez'라 불리는 하바 알버슈타인은 폴란드의 슈체친Szczecin에서 1947년에 출생하였으나, 구소련의 영향력 하에 있었던 모국을 떠나 1950년에 가족이 이스라엘의 지중해 연안 도시 키르얏 하임Kiryat Chaim에 정착하고 거기서 성장했다.

17세 때 나이트클럽에서 불렀던 4곡이 라디오 생방송으로 전파를 탔고 이를 계기로 당시 가장 인기 있는 프로그램 중 하나였던 Moadon Hazemer에 출연하는 기회를 얻는다. 이스라엘 포크의 중요 인물로 기록되는 작곡가 나훔 하만Nach -um Heiman(1934-2016)이 그녀의 노래를 듣고 자신의 음악을 불러줄 것을 요청하고, 그녀를 CBS레코드사에 소개한다.

"나는 거의 평생을 이스라엘에 살고 있지만, 끊임없이 세상에서의 내 자리에 대해 질문합니다. 예술가로서 혹은 유대인이라는 사실에서 말이지요…"

Yiddish Songs

1999 | Hemisphere | 7243520514

1. Avraiml Der Marvicher
2. Amol Iz Geven A Mai'she
3. Tsigainer
4. Friling
5. Unter Dy'ne Vy'se Shetern
6. Zog Nit Kein'mol
7. A Keshenever
8. Oifn Veg Sh'tait A Boim
9. Dry Techterlech
10. Margaritkelech
11. Hul'iet Hul'iet Kinderlech
12. Hamavdil
13. Rabeinu Tam
14. Kinder Yor'n
15. Rivke'le
16. Dana Dana
17. Yanke'le
18. Oifn Pri'pe'tchik
19. Melacheh - Melucheh
20. Zumer Tag
21. Rosjinkes Mit Mandlen

팔레스타인 밖의 디아스포라Diaspora 유대인들은 중세에 이르러 크게 스페인과 포르투갈 등에 정착했던 세파르디Sefardi 와 독일, 프랑스, 동유럽에 자리를 잡았던 아슈케나지Ashke -nazi으로 구분되었다. 특히 아슈케나지는 이후 보헤미아와 폴란드 등으로 이주했고, 17세기 이후 동구에서의 학살과 박해를 거치며 서구와 오스트레일리아, 미국, 남아프리카 등으로 확산되어 제2차 세계대전 이전까지는 전 세계 유대인구의 90%를 차지할 만큼 강성했다고 한다.

그들은 독자적인 문화를 발전시켜 왔는데, 나름대로의 문학은 물론이고 '이디시어Yiddish'라는 독립적인 언어를 사용했다. 이는 10세기경 독일의 방언과 섞이면서 생겨났다고 하는데, 이후 로마어, 슬라비아어 등의 영향을 받았다.

오늘날 이스라엘에서 이디시어로 작곡하고 노래하는 가수를 찾기란 좀처럼 쉽지 않으며, 몇몇 사람들은 이를 스스로 지킬 수 없는 무력한 유태인의 언어라 생각한다고 한다. 그렇다면 하바와 이디시어와는 과연 어떤 관련이 있을까?

이는 하바가 태어난 폴란드의 슈체친이란 작은 마을에 살았던 그녀의 모계 쪽 언어였다. 또한 항상 약자의 편에서 노래했던 그녀는 이 언어의 기쁨과 깊이를 충실히 이해하고 있기에 이디시어 보전과 수호자로서 1967년부터 1994년까지 5장의 아슈케나지의 포크 앨범을 발표할 수 있었다.

"사람들은 이디시어를 홀로코스트와 결부시키곤 합니다. 그것은 수백만 명의 유태인과 함께 죽었습니다. 이스라엘과 함께 2000년 동안 사용하지 못했던 언어가 생명을 얻어 다시 태어나는 기적이 있었습니다. 그러나 어떤 이에게 이디시어는 모든 것을 잃어버린 약자의 언어로 비추어졌습니다. 강자의 언어로서 히브리어를 선호하였죠. 그러나 나와 마찬가지로 또 어떤 이들은 이디시어는 아직 살아 숨 쉬고 있고 대중화될 것이라고 확신합니다. 이디시어를 이해하고 말하는 것은 나를 더욱 풍성하게 합니다. 양쪽 언어가 갖는 역사성과 의미에 가치를 부여하고 싶습니다. 만약 우리가 그 중 하나를 다른 하나로 가리길 원한다면, 그것은 무엇을 의

미하는 걸까요? 만약 우리가 이 두 언어와 함께 평화롭게 살 수 없다면, 우리는 어떻게 이웃과 평화로울 수 있을까요?"

본작은 이디시어로 녹음된 노래들의 컴파일 앨범이다. 충분하진 않지만 아슈케나지의 언어와 문학 그리고 음악을 짧게나마 살필 수 있다.
첫 곡 〈Avraiml der Marvicher 소매치기 아브레미〉는 폴란드에서 출생하여 나치에 의해 총살당한 유대인 작곡가이자 시인 모르드카이 게비르티그Mordechai Gebirtig(1877-1942)의 노래이다. 그는 음악을 배우지 않았음에도 한 손가락으로 피아노 음을 맞추며 작곡하고 즉흥적인 가사를 입혀 많은 작품들을 남겼다. 이 노래는 1920-1930년대 동유럽 유대인이 처한 빈곤과 그로 인한 범죄를 주제로 하였는데, 그녀는 마치 카바레 무대에서 이야기를 하듯 연극적이며 구슬픈 가창을 들려준다.
민요 〈Amol Iz Geven A Mai'she 유대 왕의 슬픈 옛이야기〉에서는 집시 바이올린이 비통하기 그지없는 동화를 써 내려간다. 구성은 아이에게 들려주는 자장가 속에 이야기를 심어놓았는데, 포도원을 경작하는 여왕이 왕이 죽자 파산하고 폐인이 되었다는 내용이다. 그 여왕의 치유할 수 없는 절망감은 아슈케나지 여인들의 삶을 비유한 것이다.
더욱 열정적인 바이올린이 활개를 치는 〈Tsigainer 집시의 바이올린〉에 이어, 화사하지만 애절한 로맨스 〈Friling 봄〉이 이어진다. 사랑이 시작된 지난 봄날, 사랑의 꽃은 갈망으로 만개하였지만 이별로 잔인한 봄이 되어버린 절절한 상처가 깊게 팬다.
〈Unter Dy'ne Vy'se Shetern 하얀 별 아래서〉에서는 믿음과 확신이었으나 별이 되어버린 연인을 그리워하며 이제는 연인의 품 안에서 현실의 슬픔과 고통의 무게를 내려놓고 휴식하고 싶다고 이야기한다.

〈Zog Nit Kein'mol 게릴라의 노래〉는 홀로코스트 생존자들의 최고의 송가 중 하나로, 나치 하의 유대인 박해에 대한 저항의 상징이었다. 이 가사는 유대인 강제격리 지구 비니우스 게토Vilna Ghetto에서 사살당한 젊은 시인 히르치 글리크Hirsh Glick(1922-1944)가 1943년에 쓴 것으로, 첫 구절 '절대로 당신이 마지막 길에 들어섰다고 말하지 마'로도 불린다. 이는 당시 바르샤바 게토가 봉기했다는 소식을 듣고 희망으로 쓴 시로, 전쟁 이전 구소련에서 활동했던 Pokrass Brothers의 〈Terek Cossacks March Song〉의 멜로디에 맞추어 부르게 되었다고 한다. 슬픔이 응축된 피아노와 뜨거운 현악의 선율에서 행진의 드럼은 비장한 걸음을 한다.
결코 이것이 당신의 마지막 길이라 말하지 마, 푸르른 나날은 납빛으로 뒤덮였지만, 우리가 그토록 기다려왔던 시간이 머지않았네, 우리의 발걸음은 항변하네, 우리가 여기 있다고. 초록의 농장에서 눈 덮인 설원에 이르기까지, 우리의 핏물이 떨어진 이 땅에서 고통과 비애를 지니고서 우리의 용기와 정신으로 다시 태어나게 될 거야! 이른 아침의 태양이 우리의 날을 환하게 비출 거야. 지난날의 원수도 사라질 거야, 그러나 일출이 동쪽에서 오래 지연된다고 해도, 이 노래는 세대의 좌우명으로 남아야 하네. 이 노래는 그냥 쓰인 게 아니라 우리의 피로 씌었네, 이는 새들의 작은 속삭임이 아니야, 이는 붕괴된 벽 한복판에서 총을 쥔 채 이 부름에 귀 기울이고 부르는 노래야…
〈Oifn Veg Sh'tait A Boim 나무가 있는 길에서〉는 자녀가 성장하여 멀리 날아가 버리면 황량한 그 자리를 외로이 지키는 나무의 일기를 통해 자녀를 위해 자신을 희생하는 어머니의 구슬픈 인생을 노래한다. 날씨와 기후 등 위험으로부터 새의 쉼터가 되어주는 나무는 어머니이며 새는 자녀의 비유이다.
순수한 소녀에게 찾아온 사랑을 노래하는 〈Marga-ritkelech 데이지 꽃〉은 잔잔한 기타 포크송으로, 대화조의 가창이 마치 뮤지컬을 연상시킨다. 그녀의 목소리는 유독 수줍다.

시인 모르드카이 게비르티그의 〈Hul'iet Hul'iet Kinderlech 어린 아이들이여 즐거운 시간을 보내요〉에 이어, '분리'를 뜻하는 〈Hamavdil 찬송가〉는 애조띤 남녀 코러스의 숭고함에 젖게 된다. 이는 안식일을 마감하는 의식인 하브다라Hav-dalah를 마치고 부르는 종교적인 노래로, 인간의 죄를 사하여 주신 하나님 찬송가이다.

첼로와 피아노 그리고 코러스가 너무나 아름다운 〈Kinder Yor'n 어린 시절〉도 시인 모르드카이 게비르티그가 쓴 노래인데, 달콤한 사랑을 받고 자라야 했을 요람 시절에 잃은 어머니에 대한 그리움과 애도가 흐른다.

역시 모르드카이 게비르티그가 쓴 자장가 〈Yanke'le 내 아들 잉갈레〉는 고요한 피아노 반주에 귀 기울이게 되는데, 자녀를 위해 많은 눈물을 쏟는 어머니의 심정이 애달프다.

19세기 말 동유럽 유대인들에게 가장 사랑받았던 노래이며 지금도 유치원에서 동요로 배우는 〈Oifn Pri'pe'tchik 난롯가에서〉는 가장 유명하고도 아름다운 이디시어 명곡이다. 알파벳을 가르치는 랍비 선생이 어린 학생들을 위해 부르는 노래로, '유대인의 역사는 눈물로 쓰였다'는 이디시어 격언을 암시하고 있다.

〈Rosjinkes Mit Mandlen 건포도와 땅콩〉은 지금의 우크라이나에서 태어난 미국 유대계 극작가 아브라함 골트파덴Abra-ham Goldfaden(1840-1908)이 썼다. 시온 산에서 건포도와 땅콩을 염소에 싣고 이를 팔러 가는 미망인이 외동아들 이델레Yidele를 위해 부르는 자장가로, 너무나 가련하고 처연하다.

본작은 이디시어 민요의 훌륭한 교과서가 아닐까 싶다. 심금을 울리는 멜로디와 그 속에 담긴 아슈케나지의 삶의 굴곡들이 우리네의 정서와 많은 공감을 불러일으킨다.

2001 | Naïve | Y226133

1. Leaves Fall
2. Mirele
3. Liar
4. The Ladder
5. The Secret Garden
6. A Maiden's Prayer
7. High a Top a Mountain
8. Back Home
9. An Image
10. Indifferent
11. Passport Control
12. Foreign Letters

본작에 수록된 〈The Secret Garden〉이 국내 드라마에 삽입곡으로 사용되면서 많은 주목을 받았고, 마침내 처음으로 라이선스로 발매되어 명성을 가져다주었다.

이전에 발표된 《The Well, 1998》 역시 라이선스로 소개되었는데, 이는 동부 유대인의 전통음악인 클레즈머Klezmer 밴드 The Klezmatics과 함께 낸 작품이었다.

그녀는 이 앨범을 발표한 후 약 3년 간 이스라엘 밖에서 많은 노래 활동을 했으며, 귀국 후 고향에서 느끼게 되는 포근함과 해외에서 배달되어 오는 팬레터의 반가움은 또 하나의 소중한 경험이자 영감이었다. 이러한 추억을 토대로 히브리어와 이디시어로 녹음한 본작은 이스라엘 시인들의 작품에 자신이 작곡한 곡들이 대부분을 차지하며 자신이 직접 가사를 쓴 두 곡도 포함되어 있다.

〈Leaves Fall〉은 자연의 보편적인 섭리에 인간의 삶의 모습을 투영시킨다. 격한 바람과 눈보라 속에서도 새봄이 올 때까지 끈질긴 생명력으로 나뭇가지에 매달려 버텨내는 색바랜 나뭇잎으로, 희망을 안고 고독과 시련을 이겨내는 인간시장의 감동 드라마이다. 그녀는 여기에 이디시어를 향한 바램도 덧붙였다.

자신이 가사를 쓴 〈Liar〉는 여성의 순종적인 사랑에도 이를 배신하는 남성을 꼬집는 노래로, 붉게 달아오른 바이올린에 불꽃이 튄다.

아코디언의 우수가 녹아있는 〈The Ladder〉에는 행복과 성공을 꿈꾸는 우리들에게 '함께 가고 함께 살기'라는 방법을 제안한다.

자연의 아름다움을 노래한 이스라엘의 시인이자 작시가 라헬 사피라Rachel Shapira의 시에 자신이 작곡한 〈The Secret Garden〉은 서정의 로망스로, 우리에겐 월드뮤직 명곡으로 남아있다. 단순한 구조이지만 서두의 허밍을 거쳐 둘만의 사랑을 갈망하는 그녀의 목소리에는 절절함이 아닌 낙관적인 희망이 흐른다.

또 하나의 애청곡 〈A Maiden's Prayer〉은 투명한 기타 선율이 잔잔하기 그지없다. 역시 절제된 호소력에 피아노와 가녀린 허밍이 덧붙여지면서 종교적인 믿음의 기도를 잇는다.

…내가 가야 할 길을 찾지 못할 때, 사랑의 하나님, 나와 함께 하여 주세요, 불쌍한 저를 거두어 주세요, 전능하신 하나님, 저를 인도하여 주세요…

빠른 템포를 타고 아코디언이 구슬픈 애수를 흘리는 포크 댄스풍의 작품 〈High Atop a Mountain〉는 아슈케나지 여류시인 카디아 모로도브스키Kadia Molodowsky(1894-1975)의 시를 노래한 것으로, 일출과 일몰을 노래하는 두 새에 자신이 히브리어와 이디시어로 노래하는 이유를 이입했다.

가장 아름다운 곡 중 하나인 〈An Image〉이 흐르면 이미 우리의 감성은 슬피 울고 있을지도 모른다. 한밤에 고기잡이배가 그물을 드리우는 장면에서 어떤 이의 삶이  누군가에는 죽음을 의미하는 것일 수 있다는, 우리가 평상시 간과하지 못하는 진실을 말해준다.

영어로 노래한 〈Foreign Letters〉는 다양한 언어와 내용들로 자신에게 보내어지는 편지들에 대한 소감을 서술한, 지극히 개인적인 감정의 노래이다.

2012년에 본작과 동명의 영화 「Foreign Letters」가 이스라엘과 미국 합작으로 제작되었다. 이는 1982년 레바논 전쟁을 피해 가족과 함께 이스라엘에서 미국으로 건너간 12세 소녀의 이야기로, 새로운 사회의 편견 속에서 겪는 향수와 좌절을 담았다고 한다. 이는 바로 영화감독의 실화로서, 그녀가 1982년 미국으로 이민을 갈 당시 가장 사랑했던 가수가 하바 알버슈타인이었기에, 그녀의 음악이 스크린에 실렸다.

하바 알버슈타인! 화려하지 않아 아름다움을 잘 모르는 들꽃처럼 수수하기만 한 그녀의 목소리는 결코 감정의 지나침이 없고 항상 청중의 독백을 남겨준다. 이러한 진정성 있는 그녀의 노래에 대해 '만약 우리에게 진정한 포크가수가 있다면 그것은 하바 알버슈타인이다'라고 이스라엘의 최대 일간지 Yediot Aharonot는 기록했다.

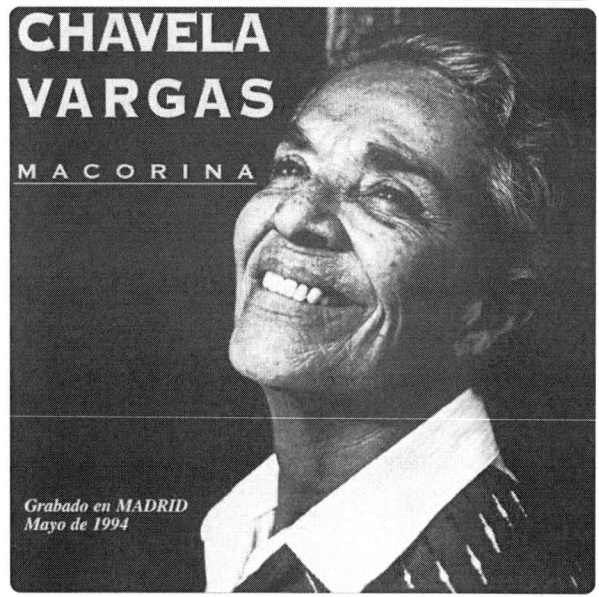

울부짖는 목동의 노래
Chavela Vargas • 차벨라 바르가스
Costa Rica | Mexico

CHAVELA
VARGAS

MACORINA

Grabado en MADRID
Mayo de 1994

그녀는 14세 때 노래하기 위해 모국을 떠나 멕시코로 이주, 8년여간 살면서 멕시코 국적을 획득한다.

오랜 세월 동안 거리에서 노래하며 30대가 되면서 전문 가수가 되었다. 젊은 시절 그녀는 남성의 옷을 입고 시가를 피웠으며 음주를 즐겼고 소총을 휴대하고 다녔기에, 멕시코 사람들이 입는 폰초를 별명으로 한 '붉은 호롱고jorongo'로 통했다. 마치 불행했던 어린 시절을 보상받으려 했던 것처럼.

멕시코 란체라의 거장인 호세 알프레도 히메네스José Alfredo Jimenez(1926-1973)와 순회공연을 했고, 그의 지원으로 첫 독집《Con el Cuarteto Lara Foster 라라 포스터 악단과 함께, 1961》를 발표한다. 이를 시작으로 멕시코는 물론이고 스페인을 비롯한 유럽에서도 커다란 인기를 얻는다.

술에 취한 남자의 노래처럼 독특한 스타일로 더 극적이고 진솔한 긴장과 유머를 선보였던 그녀는 80장 이상의 앨범을 발표했으며, 작가 후안 룰포Juan Rulfo(1918-1986), 대표적 볼레로 작곡가 아구스틴 라라Agustín Lara(1897-1970), 여류화가 프리다 칼로Frida Kahlo(1907-1954), 화가 디에고 리베라Diego Rivera(1886-1957), 자선가이자 음악가 돌로레스 올메도Dolores Olmedo(1908-2002) 등 많은 지식인들과 교류했다. 그러나 실제 심한 알코올 중독에 시달렸으며 결국 더 이상 노래할 수 없어 1979년 은퇴를 해야 했다.

약 십여 년이 흐른 1991년 보헤미안 나이트클럽 무대에서 재기했으며, 국제적인 명성도 회복했다.

2000년에는 콜롬비아 TV에서 동성애자임을 밝혀 팬들을 깜짝 놀라게 하기도 했지만, 2003년에는 여든이 넘은 나이에 미국 카네기홀 무대에 올라 정정함을 과시했으며 2007년에는 라틴 그래미에서 평생공로상을 받았다.

2012년 차벨라는 전설로 남았다. 모든 시름을 잊기 위해 술에 의지한 채 가장 화려했던 전성기를 보냈지만, 노년의 건강한 황혼은 더더욱 짙은 감동으로 남아있다.

스페인의 영화감독 페드로 알모도바르Pedro Almodóvar의 뮤즈로서 그의 영화에서, 그리고 줄리 테이머Julie Taymor 감독의 영화 「Frida 프리다, 2002」에서도 노래했던 그녀는 이미 월드뮤직과 영화음악 팬들에게 명인으로 자리하고 있다.

차벨라 바르가스(1919-2012)는 본명이 이사벨 바르가스 리사노Isabel Vargas Lizano로 코스타리카에서 출생했다. '차벨라'는 불우했던 어린 시절 불리었던 그녀의 애칭이다. 부모의 이혼으로 어린 차벨라는 삼촌의 손에 키워졌으며 3년간이나 소아마비를 앓았다. 잦은 폭동을 대비하여 6세 때는 권총 다루는 법도 배웠다.

Piensa en Mi

1988 | Orfeon | 25cdf-719

1. Soledad (Solidão)
2. Rival
3. Que Te Vaya Bien
4. Piensa en Mi
5. Santa
6. Las Ciudades
7. Acariciame
8. Noches de Ahuatepec
9. Peregrina
10. Se Me Olvido Otra Vez

첫 곡 〈Soledad 고독〉은 놀랍게도 그녀의 대표곡인 동명의 곡이 아니다. 우리에게 영화 「Primal Fear 프라이멀 피어, 1996」의 삽입곡인 파두 〈Cancão do Mar 바다의 노래〉가 원곡이다. 기타의 리드미컬한 연주가 파고를 타고 일렁인다.

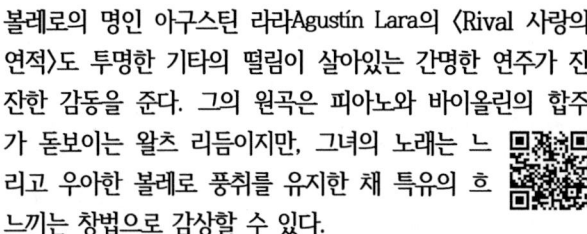

볼레로의 명인 아구스틴 라라Agustín Lara의 〈Rival 사랑의 연적〉도 투명한 기타의 떨림이 살아있는 간명한 연주가 잔잔한 감동을 준다. 그의 원곡은 피아노와 바이올린의 합주가 돋보이는 왈츠 리듬이지만, 그녀의 노래는 느리고 우아한 볼레로 풍취를 유지한 채 특유의 흐느끼는 창법으로 감상할 수 있다.

내 사랑의 연적, 당신에게 바람이 입맞춤하네, 내 슬픔의 연적은, 바로 내 마음이네, 당신이 떠나는 걸, 당신과 헤어지는 걸 원치 않아, 당신이 멀리 떠나 돌아오지 않는 건 큰 상처야… 당신을 사랑하는 것보다 더 많이 증오할 수 있는 것이 이해되지 않아… 당신 없이 살아갈 수 있다는 것도…

역시 아구스틴 라라의 고전인 타이틀곡 〈Piensa en Mi 나를 생각하세요〉는 페드로 알모도바르Pedro Almodóvar 감독의 영화 「High Heels 하이힐, 1991」에서 루스 카살Luz Casal의 음성으로 실린 것으로, 그가 차벨라의 노래를 듣고 루스 카살로 하여금 영화에서 노래하게 한 것이다. 그녀의 울부짖는 듯한 노래는 너무나 절절한 나머지 광기 어린 면도 엿보인다.

…당신이 원한다면, 내 삶과 생명조차 버릴 수 있다네, 아무 소용도 아무 의미도 없는, 당신 없는 삶은 필요치 않네…

〈Santa 나의 성녀〉는 로망스의 낭만이 깃든 아구스틴 라라의 작품으로, 술에 취한 채 연인과의 사랑에 한껏 빠져 노래하는 듯하다.

미친 사랑의 욕망을 열렬하게 표출하는 〈Acaricia-me 애무〉는 옛사랑을 잊지 못하는 절규가 이어  진다.

사랑을 열망하는 자작곡 〈Noches de Ahuatepec 아우아테펙의 밤〉도 고독과 슬픔으로 절어있다.

Cupaima

2006 | Tropical Music | 68.856

1. Un Mundo Raro
2. Piensa en Mi
3. La Llorona
4. Las Ciudades
5. La Vereda Tropical
6. Maria Tepozteka
7. Cruz de Olvido
8. Somos
9. Soledad
10. Macorina
11. Las Simples Cosas
12. Le Despedida

만년에 접어든 그녀는 2006년 10월 멕시코시티에서의 마지막 라이브를 성황리에 마친 후, 의미 있는 음반을 녹음하기 위해 음악적 욕망을 다시금 불태운다.

그녀는 자신에게 끼친 멕시코의 영향력에 대해 감사의 의미로 멕시코의 근간이 되었던 인디오의 문화를 녹여낸 특별한 작품을 완성하고 싶었다고 한다. 그리하여 볼레로와 란체라라는 멕시코의 현대음악에 오랜 원주민 인디오의 고대음악을 융합하여, '마지막 여자 무당'을 의미하는 인디오어 타이틀 《Cupaima 쿠파이마》를 내놓았다.

스패니시 기타에 아즈텍Aztec의 목재 타악기 테포나즐리Tepo -natzli 등의 인디오 퍼커션들을 참여시켜 독특한 시공간을 중첩하고 있다. 더욱 거칠고 메마른 음성은 인생의 마지막 남은 회한을 쏟아내는 듯 극적이고 처절하며, 인디오의 민속 악기의 울림은 영적 깊이마저 느껴진다. 당시 88세라는 믿기 힘든 노장의 투혼이 고스란히 담겨 있어 감격할 수밖에 없는 걸작이라 하겠다. 수록곡들은 그녀의 대표 명곡들을 수록하여 친숙하며, 더욱 깊고 새로운 버전의 연주라 감동은 배가 된다.

인디오 무당의 주술로 시작되는 〈Un Mundo Raro 기괴한 세계〉에 이어, 히트곡 〈Piensa en Mi 나를 생각하세요〉가 흐른다. 마치 인디오 후예가 노래하는 듯한 이 처연한 로망스에는 죽음을 앞둔 비장함도 느껴진다. 낭만적인 선율을 증폭시키는 민속 드럼의 타격은 내세에서도 영원한 사랑을 약속하는 듯 굳건한 인상이다.

바르가스를 단적으로 표상하고 있는 노래 〈La Llorona 흐느끼는 여인〉은 영화 「Frida 프리다, 2002」에 수록됨으로써 그녀를 세계적으로 유명하게 만든 작품이다. 본래 이는 한 남자를 사랑하게 된 미혼모로, 전설 속 여주인공 이야기이다. 자신의 사랑을 받아주지 않는 이유가 어린 자식들에 있다고 믿어 자식을 죽인 후 이를 후회하고 비관하여 눈물로 인생을 방랑했다는 비극인데, 이 앨범에서는 마치 그녀의 혼령을 위로하는 듯한 제례악처럼 느껴진다. 인디오 민속 악기가 형상하는 영혼의 구슬픈 비명들이 신비스러운 드라마를 구현하며, 7분이 넘는 중편으로 재편되어 더욱 드라마틱하다.

…흐느끼는 여인아, 짙푸른 하늘을 향해 울부짖는 여인아, 내 목숨이 다한다 해도 너에 대한 내 사랑은 멈추지 않을 거야, 모두가 날 우울하다고 말하지만, 난 다정해, 난 풋고추처럼 사랑스럽지, 흐느끼는 여인이여…

〈Maria Tepozteka 마리아 테포제카〉는 죽은 아내가 너무나 그리워 술에 취한 채 아내의 이름을 목 놓아 부르는 한 남자의 노래이다.

사랑과 이별의 슬픔이 자욱한 〈Somos 우리는〉에 이어, 또 하나의 명곡인 〈Soledad 고독〉에서 기타의 맑은 선율에 특유의 란체라 창법이 최고조에 이른다. 인디오 민속악기와 기타가 어우러지는 이 비극의 굿판에서 사랑하는 이의 원령을 다시 만날 수 있기를 울부짖는다.

여인을 향한 한 남자의 무한 애정의 노래 〈Macorina 마코리나〉는 트로피컬의 낭만과 달콤한 과일향이 잔잔하다. 절절하고 뜨거운 바르가스의 음성에 인디오 플루트의 서글픈 음향이 주위를 감돈다.

메르세데스 소사Mersedes Sosa(1935-2009) 등 많은 가수들이 애창하였던 〈Las Simples Cosas 사소한 것들〉은 노년의 인생을 비유한 듯하여 더욱 애틋하다. 인디오 플루트의 영적인 숨소리, 물방울 떨어지는 소리, 동굴 속에서 환영적으로 울리는 그녀의 목소리… 오랜 전설의 로망스처럼 그녀의 음성이 진한 슬픔을 기록하고 있다.

누군가는 아무 일도 아닌 듯 작별을 고하지, 잎을 떨군 가을의 나무들처럼 말이야, 결국 슬픔은 사소한 것들이 느리게 사멸할 때 생겨나지, 마음을 아프게 하는 작은 일들, 누군가는 사랑했던 오랜 추억의 장소로 돌아오곤 하지, 그제야 얼마나 자신이 그리워했는지를 느끼게 되지…

그녀의 노래를 처음 들었을 때 그녀의 성대는 가장 많이 주름지고 상처투성이일 것 같았다. 그녀의 음성이 곧 인생이었고 민중들과 함께 울어주었기에 후련한 감동이 이어지는 것도 사실이다.

전율이 넘치는 본작 이후에도 미국의 재즈밴드 핑크 마티니 Pink Martini와 아일랜드 출신의 치프턴스The Chieftains 등과 협연했다.

만년에 발표한 스페인 시인 로르카Federico García Lorca(1898-1936)의 헌정 앨범에는 정정함을 엿볼 수 없어 눈물겹기도 했는데, 그러나 죽음을 앞둔 그녀의 노래는 더 이상 울부짖는 란체라가 아닌, 예술을 사랑했던 한 노파의 온화한 미소로 느껴져 위로가 되기도 한다.

그녀는 가고 없지만, 그녀의 눈물과 절규는 우리가 슬플 때 귓가의 아름다운 환청으로 남아 따사로운 위로가 되어줄 것 같다.

바이앙의 작은 공주
Claudette Soares ● 클라우데치 소아리스
Brazil

1937년 리우데자네이루에서 출생한 클라우데치 소아리스는 일찍 음악 경력을 시작했다. Rádio Tupi에서 그녀를 만난 레게Reggae와 바이앙Baião[3]의 왕 루이스 곤자가Luiz Gonzaga (1912-1989)는 그녀에게 'Princesinha do Baião 바이앙의 작은 공주'란 별명을 지어주었다.

1963년 안토니우 카를루스 조빙Antônio Carlos Jobim(1927-1994)이 작곡하고 비니시우스 지 모라에스Vinícius de Moraes(1913-1980)의 가사로 발표되어 군사정권이 시작된 이듬해 전 세계적인 히트를 기록한 보사노바의 명곡 〈The Girl from Ipanema〉…

많은 라디오와 TV방송, 축제, 클럽에서 노래했던 그녀는 이 시기에 《É Dona Da Bossa 보사의 여인, 1964》으로 데뷔했다. 이 앨범에는 〈Garota de Ipanema 이파네마의 소녀〉, 〈Samba de Aviao 비행기의 삼바〉 등 조빙-모라에스 콤비의 명작들과 함께 호베르투 메네스칼Roberto Menescal, 바덴 포웰Baden Powell(1937-2000) 등의 명작들도 수록하고 있다.

이후 그녀는 보사노바의 황금기 1960년대를 주도하며 왕성하게 활동하며, 1966년에 '올해의 최고 가수상'을 수상했다. 1970년대 중반까지 활동을 이어가다 결혼생활로 중단한 그녀는 이혼 후 1995년에 새 앨범을 발표하며 재기했다.

그녀의 보이스는 초창기에 여타 우리에게 잘 알려진 브라질 여가수 특유의 투명한 음성을 들을 수 있으며, 점차 따스한 파스텔의 질감을 갖추게 되었다.

---

3) Baião : 브라질 북동부 지역의 대중음악 및 댄스 장르

Claudette

Claudette
meia volta
rosa da gente
trem de ferro

1969 | Philips | R 765.077L

1. Trem de Ferro
2. Meia Volta
3. Rosa da Gente
4. Kosmus
5. Canção de Chorar
6. Atrás do Trio Elétrico
7. Correnteza
8. O Cravo Brigou com a Rosa
9. O Amor É Chama
10. Vem, É Primavera
11. Vem Balançar

흑발에서 금발로 변신하고 발표한 1969년작으로, 삼바와 보사노바 팬들의 애장반으로 꼽히는 걸작이다. 오케스트레이션은 1960년대 산사 트리오Sansa Trio로 활동했던 조제 브리아몬치José Briamonte가 맡았고, 3인조 그룹 송 트레스Som Três의 세자르 카마르고 마리아노César Camargo Mariano가 피아노를 연주하고 있다. 맥주 거품같이 달콤한 코러스의 부드러움도 시원함을 더하는데, 이러한 평키한 분위기는 낭만적인 감각을 최대로 끌어올린다.

〈Meia Volta (Ana Cristina) 돌고 돌아서〉는 윌슨 시모날 Wilson Simonal(1939-2000)이 동년에 발표했다. 아나 크리스티나라는 소녀의 이야기로, 고통과 슬픔을 기쁨과 꿈으로 전환하기 위해 노래하라는 가사이다. 원곡도 경쾌하지만, 다정다감한 그녀의 따스함이 그대로 전해진다.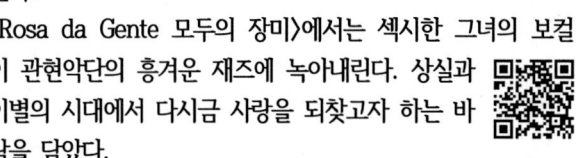

〈Rosa da Gente 모두의 장미〉에서는 섹시한 그녀의 보컬이 관현악단의 흥겨운 재즈에 녹아내린다. 상실과 이별의 시대에서 다시금 사랑을 되찾고자 하는 바람을 담았다.

…파티 중간에서, 삶의 한가운데서, 잊힌 것, 잃어버린 것, 과거의 아픔으로부터, 무한한 삼바 속에서, 이 모든 가슴 아픈 것으로부터 나는 모두를 사랑했네… 장미는 내 것이고, 장미는 너의 것이며, 사랑하는 법을 아는 사람들의 것이라네…

〈Canção de Chorar 눈물의 노래〉는 슬픔에 흠뻑 젖은 그녀의 보컬이 애상의 늪으로 깊게 빠뜨린다.

…절망할 때마다 우리는 울지, 언제 터득했는지는 모르겠지만, 그 많은 슬픔을 인내할 방법을 알아, 더 이상 슬픔이 오지 않아도, 이 진정한 그리움 속에서, 나는 눈물을 흘릴 거야, 봐, 너도 울면서 왔잖아, 그리고 나도 울었네.

〈Atrás do Trio Elétrico 일렉트릭 트리오의 뒤에〉는 카에타누 벨로주Caetano Veloso가 동년에 발표한 노래로, 트로피컬리아의 화사함이 상큼하게 쏟아진다.

조르지 벵Jorge Ben의 작곡인 〈O Cravo Brigou com a

Rosa 장미와 싸운 카네이션〉은 연인과 다툰 에피소드를 그렸다.

〈O Amor É Chama 사랑은 불꽃〉에는 뜨거운
열풍 같은 연주에 사랑에 대한 열망을 채워간다.
부드러운 브라질리안 왈츠 〈Vem, É Primavera
어서 와, 봄이야〉는 고색창연한 현악에 꿈을 잃은
고통에서 벗어나 사랑과 희망이 오기를 고대한다.
〈Vem Balançar 스윙하러 와〉는 빠른 템포에 삼바의 흥을
화려하게 펼쳐 보인다.
호화로운 보사노바 파티의 여흥에 취할만한 작품이다.

Feitinha Pro Sucesso Ou Quem Não É A Maior Tem Que Ser A Melhor

1969 | Philips | R 765.095L

1. Evocação
2. Como É Grande O Meu Amor Por Você
3. Só Faltava Você
4. Que Nem Giló
5. Sinhazinha
6. Feitinha Pro Poeta
7. Juliana
8. Carolina, Carol Bela
9. Psiu…
10. Os Dentes Brancos do Mundo
11. Que Maravilha

《성공하지 못했거나 위대하지 않은 사람이 최고가 되어야
한다》라는 긴 제목을 단 본작은 절정기를 맞이한 32세의 소
아레스가 《Claudette, 1969》와 함께 동년에 발표한 앨범이
다. 전작과 마찬가지로 오케스트레이션은 조제 브리아몬치
José Briamonte가 맡았으며, 율동적인 재즈 삼바로부터, 소
프트 록까지 농밀하게 담아내어 브라질 음악 DJ들의 지지를
받는 동시에 그녀의 최고 걸작 중 하나로 평가되고 있다.

희망의 꿈을 위해 계속해서 노래해야 한다는 〈Evocação
전환〉은 달콤하고 흥겨운 축제이다.
〈Como É Grande O Meu Amor Por Você 널 향한 내
사랑은 얼마나 큰가〉는 호베르투 카를루스Roberto
Carlos의 1967년작으로, 온화한 서정이 밀물처럼
범람하는 로망스 발라드이다.
시원한 펑키 사운드가 일품인 〈Só Faltava Você
너만 사라졌네〉는 이별의 상실감에서 더 이상 고
통받지 않을 거라는 자신과의 약속이다.
〈Sinhazinha 꼬마 아가씨〉는 봄의 축제를 알리는 듯 관현
악의 리듬감이 매력적이다. 어여쁜 소녀를 반겨
줄 많은 사람들이 기다리고 있으니 홀로 두려워하
지 말고 다 같이 춤추며 즐기라는 권고가 담겼다.
바덴 포웰Baden Powell의 작곡으로 Jongo Trio가
1965년에 발표한 〈Feitinha Pro Poeta 시인을

위해〉는 자신도 사랑을 하고 싶다는 기도로, 관현악의 재즈 소나기에 흠뻑 젖을 수 있다.

〈Juliana 줄리아나〉는 부드러운 보사노바 마사지로, 계속해서 들어도 질릴 것 같지 않고 오히려 짧게 느껴진다. 사랑하는 이의 여자가 되길 꿈꾸는 환상이 꿈결처럼 일렁인다.

조르지 벵Jorge Ben과 토키뉴Toquinho의 곡 〈Carolina, Carol Bela 캐롤라이나, 아름다운 캐롤〉은 짝사랑의 심정을 그린 것으로, 활력 있는 관악의 감흥이 심장을 두근거리게 한다.

〈Psiu… 잠깐만〉은 마음의 한숨을 풀고 애정을 담아 기쁨과 웃음으로 대하라는 내용인데, 화사한 바람의 풍경 한가운데 있는 듯한 느낌이다. 중후한 관현악의 행진도 그녀의 가창도 황홀하다.

마르쿠스 발레Marcos Valle의 1969년 발표작 〈Os Dentes Brancos do Mundo 세상의 하얀 치아〉는 은은하기 그지없는 월광 보사노바이다. 검은빛으로만 적신 자신의 외로운 밤에 하얗게 웃을 수 있는 사랑을 기다리는 감정을 기술하고 있다.

…내 사랑아, 내가 길을 잃어야 한다면, 너와 함께 있든, 널 생각하든, 꿈으로 웃고 살기를…

〈Que Maravilha 얼마나 멋진가〉는 조르지 벵과 토키뉴Toquinho의 1969년 발표곡으로, 사랑하는 이를 만나기 위해 빗속을 뚫고 달려가는 열정을 농염한 카바레 삼바로 들려준다.

Claudette Nº3

1970 | Philips | R 765.114L

1. Se Você Quiser, Mas Sem Bronquear
2. As Flôres do Jardim de Nossa Casa
3. Glória, Glorinha
4. Canoeiro (Pescaria)
5. Clara
6. Super Bacana
7. Hoje
8. Baião
9. Vermelho
10. Os Grilos
11. Não Quero Nem Saber
12. Por Quem Morreu de Amor
13. Ao Redor

더욱 자유분방하고 농밀한 재즈 어프로치로 펑키 삼바를 들려주는 그녀의 인기작 중 하나로, 유명 싱어들의 작품들을 화려하게 전개하고 있다.

조르지 벵Jorge Ben이 작곡한 4인조 그룹 Golden Boys의 1970년 작 〈Se Você Quiser, Mas Sem Bronquear 원한다면 망설이지 말고〉는 소소한 사랑 표현으로 행복하게 해달라는 노래로, 깃털처럼 가벼운 그녀의 사랑의 속삭임이 흥겨운 재즈 바람에 실린다.

호베르투 카를루스Roberto Carlos의 1969년 발표곡 〈As Flôres do Jardim de Nossa Casa 우리집 정원의 꽃〉의 서정은 오래도록 감상자의 귀를 붙잡는 트랙이다. 원곡의 담백하고도 고독한 분위기도 좋지만, 화사한 그녀의 해석은 더욱 회상적이고 더욱 희망적인 것 같다.

우리 정원에 핀 꽃들은, 널 그리워하다 죽었네, 우리 길을 덮었던 그 장미들은 살 의지를 잃었지, 더 이상 우린 정원을 볼 수가 없었네… 우리의 것은 사라졌고, 슬픔과 외로움만이 남았네, 별빛은 꺼져버렸고, 그리움의 겨울이 시작되었지, 하얀 구름은 어두워졌고, 우리의 푸른 하늘은 변했어, 바람이 모든 꽃을 옮겼고, 우리 안에 폭풍이 몰아쳤지, 하지만 상관없어, 비가 내린 후, 또 다른 정원에서 언젠가 꽃을 피우게 될 테니까.

〈Glória, Glorinha 영광, 글로리냐〉은 달콤하게 귀에다 대고 속삭이는 듯한 그녀의 가창이 너무나 간지럽다. 혼란스러운 도시에서 낙관적이고 활력 있는 사람들의 모습들이 스친다.

〈Canoeiro (Pescaria) 카누(낚시)〉는 피로에 지친 어부들의 여흥을 북돋우는 어촌 선술집 무대가 열린다.

〈Clara 클라라〉의 바다에서 포근한 바람을 맞으며 부르는 연가는 너무나 가슴을 설레게 한다.

나의 길을 알려주는 클라라, 어디가 내 항구며, 어느 것이 나의 보금자리인지, 내 배와 그물이 있는 곳으로 도착하는 그 길… 밝아지는 나의 하루, 강물처럼 잠들고, 오후에는 바람이 바다로 날 안아주네, 내 하루가 밝아지고 날 가볍게 하네…

〈Hoje 오늘〉은 지난 사랑을 회상하며 이별의 절망감을 노래하고 있지만, 피아노의 재즈 터치와 오르간의 펑키한 매력이 감미롭기 그지없다.

마르쿠스 발레Marcos Valle의 명작 〈Os Grilos 귀뚜라미〉의 정열 넘치는 커버도 짧지만 큰 낭만적 여흥을 선물한다.

〈Não Quero Nem Saber 알고 싶지 않아〉는 장단조가 반복되는 이색적인 구성으로, 자신을 정복하려는 연인을 거절하는 내용이다.

〈Ao Redor 주변〉에서 잦아드는 따사로움은 꿈속의 왈츠로 초대한다. 우리 주변에는 시간의 포로가 되어 외로움을 겪는 사람들이 많지만, 모두가 사랑을 가득히 품고 있는 존재라고 노래한다.

De Tanto Amor

DE TANTO AMOR
CLAUDETTE SOARES

1971 | Philips | 6349 016

그녀의 필립스 시대의 마지막을 장식하는 본작 《De Tanto Amor 너무나 많은 사랑, 1971》 역시 큰 성공을 가져다주었던 인기작이다. 34세의 원숙한 페미니즘의 아름다운 가창은 명작곡가들의 세련된 선율과 편곡으로 점철되었다.

〈Ave Maria〉는 '묵주'라는 의미의 브라질의 프로그레시브 록 그룹 O Têrço가 연주했다. 달콤함과 성스러움이 공존하는 사랑의 찬가는 브라질 아트록의 서정성을 맛볼 수 있다.

내 묵주를 기쁨으로 물들인 마리아, 밝은 달을 지닌 사랑의 연인 마리아, 지금이든 언제든 당신의 사랑을 기도하네, 모든 남자가 원하는 것처럼 나도 당신을 원해, 거룩한 영혼과 여자의 몸, 당신의 평화를 원하지만, 당신을 더 원해, 마리아여…

은은하게 서서히 갈증을 끓어 올리는 〈Amigo 친구〉는 이별 노래로, 플루트의 날갯짓이 온화하게 펴진다.

사랑의 고통을 담은 〈Por Causa de Você 너 때문에〉는 안토니우 카를루스 조빙Tom Jobim의 1968년작으로, 드럼과 현악의 발라드 분위기가 너무나 감미롭다.

〈De Palavra Em Palavra 단어에서 단어로〉는 그 평키한 분위기에 매료될 수밖에 없다. 그리움으로 커져만 가는 사랑의 꿈은 향긋한 보사 리듬과 부드러운 허밍 그리고 파스텔 보이스로 농밀해 간다.

〈Não Quero Ver Você Triste 슬픈 널 보고싶지 않아〉는 호베르투 카를루스Roberto Carlos의 1965년작으로, 화려한 현악은 우울한 푸른빛 창공을 활짝 열어준다.

…네 눈물은 날 위한 노래가 되었네, 웃어봐, 희망을 가져봐, 하늘과 달빛을 느껴봐, 네 눈에 담고 싶었던 것들, 난 그냥 널 갖고 싶었네.

〈Um Novo Sol 새로운 태양〉은 그리움으로 가득 찬 오늘의 슬픔을 지나 희망의 태양으로 내일을 맞이하고 싶다는 소망을 담았다. 점차 행진의 발동을 거는 충동의 보사 발라드는 찬란하다.

〈Ao Amigo Tom 내 친구 톰에게〉는 마르쿠스 발레Marcos Valle가 안토니우 카를루스 조빙을 위해 쓴 곡으로, 낭만적인 재즈 보사의 여흥과 낭만이 펼쳐진다.

〈Escada Para O Anti-Sol 태양 반대편의 계단〉은 침울함과 공허함이 반복되는 현실에서 새로운 삶을 갈망하는 마음을 담았는데, 역시 화려한 현악의 전개가 뒤덮이는 안개처럼 포근하다.

히트곡 〈De Tanto Amor 너무나 많은 사랑〉은 호베르투 카를루스가 그의 동반자 에라스무 카를루스Erasmo Carlos와 쓴 곡으로, 이듬해 결혼을 앞둔 그녀를 위한 선물이었다.

…너무나 많은 사랑에 나 자신을 잃었네, 난 미쳐가, 누구도 그렇게 사랑할 순 없을 거야… 다시 한번 바라볼게, 이별이 오면 또 한 번 울게… 제발 지켜보기만 하게 해 줘, 아무 말도 하지 않을 거야, 내가 울면 용서해 줘…

촉촉한 감성이 극대화된 본작은 아마도 그녀의 많은 훌륭한 작품 중에서 최정상에 위치한 것이 아닐까.

Você

CLAUDETTE SOARES

1971 | Odeon | SMOFB 3830

1. Proposta
2. Fraqueza
3. Adeus Maria Fulô
4. Preciso Aprender a Ser Só
5. Tarde
6. Nem de Ouro, Nem de Lama
7. Você
8. Seu Carinho
9. Suas Mãos
10. Vestido de Bolero
11. Chove Outra Vez
12. Eu Ando Precisado de Encontrar Você

보사노바 무브먼트의 종말 후 MPBMúsica Popular Brasileira 의 해석자로서 지위를 거머쥔 앨범으로, 오데온으로 이적하여 발표한 본작은 많은 평론가들이 그녀의 최고 절정기의 작품으로 꼽는다.

호베르투 카를루스Roberto Carlos의 1973년 작인 〈Proposta 프러포즈〉는 평화와 위로를 위해 서로의 사랑에 항복하자는 상큼한 제안이다.

〈Fraqueza 약점〉은 부드러운 노스텔지아가 청자를 휘감는다. 인내와 고통을 감내해야 하는 사랑 속에서 승자와 패자는 없다는 메시지를 전한다.

열렬한 사랑으로 인해 외로움으로 죽어간다는 〈Preciso Aprender A Ser Só 혼자 있는 법을 배워야 해〉의 고요한 바람의 속삭임은 금방이라도 단잠에 빠질 듯하다.

이반 린스Ivan Lins가 작곡한 〈Nem De Ouro, Nem De Lama 금도 진흙도 아닌〉은 애정과 용서, 축하와 불꽃의 위대한 사랑은 금이나 진흙으로 만들 수 없다고 노래한다.

호베르투 카를루스의 작곡인 명곡 〈Você 너〉는 애달픈 회한이 피아노와 함께 붉게 물든다.

…어제 사랑과 행복으로 날 질식시킨 너, 오늘도 그리움에 숨이 막혀, 넌 더 이상 내게 말하지 않네, 내가 듣고 싶은 말들, 지금까지도 잊지 못한 너… 더 이상 찾을 수 없는 너, 더 이상 입맞춤할 수 없는 너, 너무나 큰 존재였건만, 오늘은 아무것도 아닌 너…

이반 린스의 〈Seu Carinho 당신의 애정〉에는 갈망으로 숨이 모자란다.

…너의 애정이 자꾸만 내 마음을 떠나가려는 듯해, 천둥번개처럼 세게 치는, 너의 애정은 매우 소중해, 너와의 거리가 멀어 이 삶은 너무 고통스럽네, 오늘 네 포옹이 느껴지는 순간, 내 모든 실패는 잊을 거야…

〈Chove Outra Vez 또 비가 내리네〉의 우아한 왈츠는 뮤지컬을 보는 듯 드라마틱하다. 이미 이별을 통보 받았지만, 외로움으로 비 내리는 거리를 바라보며 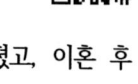 연인을 하염없이 기다리는 사연이 애틋하다.

그녀는 1980년대에 결혼생활로 휴지기를 가졌고, 이혼 후 1990년대 중반에 재기했다.

Consuelo Luz ● 콘수엘로 루즈
Chile | USA (New Mexico)

2000년대 초 국내에도 불어닥친 라운지 음악의 열풍은 대단했다. 클래식, 월드뮤직, 재즈, 뉴에이지, 팝 등 다양한 장르들의 음악들 중 은은한 긴장감과 흥분을 불러일으키며 기분을 상승시켜주는 그 매력적인 호흡과 리듬들은 전문 DJ들에 의해 엄선된 레퍼토리였다.

인기에 힘입어 라운지 앨범에 수록된 아티스트들은 세계적인 유명세를 치렀다.

콘수엘로 루즈도 고전 《Buddha Bar 2》에 수록되면서 이름이 알려지게 된 아티스트이다. 레퍼토리의 독특함도 그렇지만, 그녀의 특색 있는 음색은 정말 연금술이라 할 수 있다. 가장 아름다운 노래를 부른다는 나이팅게일처럼… 또한 다른 가수라면 부드럽게 이어 부를 듯한 연결음들을 스타카토처럼 강세를 두어 부르는 창법도 매우 특별하다.

그녀는 1948년에 칠레에서 출생하였지만 당시 국적은 쿠바였다. 어머니가 세파르디Sefaradi 칠레인이고 부친이 스페인 바스크 혈통의 쿠바인이기 때문이다. 가톨릭의 가정환경 속에서 유대인의 후예로서 성장하였는데, 부모가 외교관이었기에 어린 시절을 그리스, 필리핀, 이태리 등지에서 보냈다. 페루에서 보냈던 청소년 시절, 1960년대 히피 음악들과 라틴 아메리카의 포크송에 대한 관심으로 이를 배우기 위해 클래식 피아노와 기타를 익힌다. 그 후 페루 케임브리지대학교에서 라틴문학을 전공하고, 미국 뉴욕에서 문학과 음악 공부를 계속하며 드라마 연극까지 배운다.

1974년에 가족이 있는 칠레의 파타고니아로 돌아가다 들른 미국의 뉴멕시코주 푸에블로 인디언 타오스Taos족 마을에서 그 특별한 지역 문화에 동화되어 정착한다.

그녀는 거기서 가정을 꾸려 자식을 낳아 키우며 다양한 공예품들을 만들고 전통생활양식을 흡수하는 등 정신적으로 매우 충만한 생활을 보냈다. 연기를 배웠던 이력을 발휘하여 뉴멕시코주 밀라그로가 배경이었던 로버트 레드포드 Robert Redford 감독의 영화 「The Milagro Beanfield War 반항의 계절, 1988」에도 출연하였다. 또한 랍비 샤바 캅 Chavah Carp에게서 고대 라디노의 문자와 음악을 배우며 그 아름다움에 매료되어 마을축제에서도 여러 차례 노래를 부르기도 하였는데, 이것이 그녀가 첫 앨범으로 세파르디 음악을 발표하게 된 계기가 되었다.

그녀는 현재 산타페의 유대교 진흥센터에 몸담고 있다고 한다.

Dezeo

CITIES

NOUVEAU-MEXIQUE / NEW MEXICO

Consuelo Luz
Dezeo

MUSIQUE JUIVE D'ESPAGNE
JEWISH MUSIC FROM SPAIN

2000 | Long Distance | 596971 624224

1. Ahot Ketana
2. Los Bilbilicos
3. Rahamana
4. Shema Koli
5. Lekha Eli Teshukati
6. Una Noche al Lunar
7. Yo M'Enamori d'un Aire
8. Las Estrayas
9. Tsur Mishelo Akhalnu
10. Nakdishakh
11. Ki Mitsion

본작 《Dezeo 소망》은 다수의 네이티브 아메리칸 음반 제작자이며 그래미 수상자이기도 한 프로듀서 짐 윌슨Jim Wilson과 함께 제작했다. 미국에서 녹음되고 프랑스에서 출시되었는데, 프랑스에서 활동하는 이스라엘 출신의 세계적인 영화음악가 아르망 아마르Armand Amar가 기획한 '세계도시 음악 시리즈'의 일환으로 미국의 독특한 문화도시 뉴멕시코를 소개하는 것이었다.

그녀는 세파르디 유대인과 라틴 아메리카 인디오의 이야기를 썼던 작가 빅토르 페레라Victor Perera(1934-2003)에 본작을 헌정했다.

무엇보다도 수록곡 〈Los Bilbilicos 나이팅게일〉이 세계적인 히트를 기록한 라운지 음악의 클래식 《Buddha Bar 2》에 선곡됨으로써 세계적인 주목을 끌 수 있었다.

알제리에 살았던 유대인의 후예들에 전승되어 온 〈Ahot Ketana 어린 자매〉는 명절 때 전통적으로 부르는 한 어린 소녀의 고해성사를 그린 것으로, 성스러운 도입을 거치면 흐느끼는 간절함이 전해진다.

구슬픈 사랑의 발라드 〈Los Bilbilicos 나이팅게일〉은 고대 유대인들의 사랑에 대한 순애보를 표현하고 있다. 깊은 포크의 울림에 뜨거운 플라멩코 기타와 어두운 재즈 색소폰의 랩소디가 겹치면서 그녀는 짝을 따라 죽는 나이팅게일이 슬피 우는 것처럼 지저귄다.

나이팅게일은 노래하네, 사랑의 비탄으로, 내 영혼 내 운명은 네게 달렸지. 오월의 장미꽃이여, 내 영혼은 사랑의 고통으로 어둡기만 하네, 나의 새여 어서 오렴, 내게로, 사랑으로 날아와 날 구원해 주렴.

짧은 두 노래를 한 곡으로 만든 〈Shema Koli 내 목소리를 들어 주세요〉는 모로코 북부의 항구도시 테투안에서 새해의 열 번째 되는 유대교 최대의 명절이자 '속죄의 날'의 의미를 지닌 '욤 키푸르Yom Kippur'에 불린 기도가이다. 색소폰의 선두 아래 길게 이어지는 퍼커션의 구원 행렬은 영험한 광경을 펼쳐 보인다.

연극 무대를 보는 듯한 대사와 공감각적인 효과음 그리고 주술적인 비트들이 꿈틀거리는 〈Lekha Eli Teshukati 나의 주 당신께 내 욕망을 바칩니다〉는 카이로 이집트의 카이로 키푸르' 때 불린 기도곡으로, 희생과 감사와 은총 의 메시지는 너무나 중독적이라 접신의 굿판을 보는 듯 그 긴장감과 간절함이 생생하다.

보스니아 사라예보에서 채집된 고대 발칸의 민요 〈Una Noche al Lunar 달 밝은 밤〉은 콧날이 시큰한 아코디언, 투명한 기타와 손뼉 치기인 팔마스palmas가 유기적으로 구성적인 조화를 거듭하는 플라멩코 스타일로 녹음되었다. 그녀는 그리움에 사무친 열망을 눈물과 함께 쏟아낸다.

달 밝은 밤에 나는 산책을 나갔지, 바다를 따라 걸었네, 내 눈은 흐려져 갔지, 바다를 오래 주시한 탓에, 배는 도착하고 떠났지, 내게 남겨진 편지 한 통 없었네. 우리는 행복한 편지를 받게 될 거야, 서로 얼굴도 볼 수 있게 될 거야, 한 집에서 잠도 자게 될 거야, 곧 함께 지낼 수 있을 거야. 내 어머니여, 전쟁이 끝나가는 꿈을 꾸었네.

〈Yo M'Enamori d'un Aire 매혹으로 사랑에 빠졌네〉는 달빛에 홀려 아름다운 여인을 사랑하게 되어버린 심적 고통을 담은 로망스로, 붉은빛으로 착색되는 그녀의 목소리와 잔잔하고도 구슬픈 포크기타, 그리고 애절한 바이올린의 절규가 가슴 깊숙이 파고든다.

이집트 카이로에서 안식일에 불렸던 〈Nakdishakh 축복하리〉는 영광의 축가지만 반복적인 트랜스 드럼비트에 뜨거운 눈물의 행렬이 지나간다. 그 열렬한 믿음과 봉사는 서사적인 전개를 따라서 숭고함에 이르는 듯하다.

Adio

2006 | Apricot | 93848 00052

1. Mar de Leche
2. Arvoles Lloran
3. Adio
4. Adir Venaor
5. Lekha Dodi
6. A la Una
7. Shema Israel | Esta Montanya
8. Kabbalah : Torah
9. Yigdal
10. Ya Tomas Tu Lugar
11. One Fine Day Full of Love

산타페에서 녹음된 두 번째 라디노Ladino 앨범 《Adio 작별》은 스페인 플라멩코에 가깝게 윤색되었다. 프로듀서는 전작에서 베이스 연주를 맡았던 팀 스트로Tim Stroh와 동업이며, 전작의 프로듀서를 맡았던 짐 윌슨Jim Wilson은 신시사이저 사운드 디자인으로 조력했다. 또한 집시 플라멩코 기타리스트 츄스칼레Chuscales와 산타페의 기타 주자 호아킨 가예고스Joaquín Gallegos가 사운드를 좌우하고 있으며, 이스라엘과 요르단 출신의 두 우드Oud 연주가 외에 첼로, 플루트, 베이스, 키보드, 퍼커션 등이 부가되고 있다.

세파르디의 전통민요 〈Mar de Leche 젖이 흐르는 바다〉에는 애조띤 염원이 잔물결이 되어 흐르는 듯하다. 기타의 푸른 음률과 아래의 붉은 심장의 고동이 뒤섞이며 아련한 잔향을 퍼트린다.
바다가 우유로 생성만 되었어도, 사랑의 언어로 내 고통을 낚는, 어부가 되었으련만. 비둘기야, 너의 날개를 주렴, 내가 네 둥지로 오를 수 있도록. 네가 홀로 잠들기에, 너와 함께 잠을 청할 수 있도록. 바다에 등대가 있네, 그 등대엔 창이 있지, 그 창 안에는 뱃사람을 인도하게 하는 젊은 처자가 있네.
나무가 비를 갈망하듯 사랑을 갈구하는 마음을 담은 〈Arvoles Lloran 나무가 울부짖네〉는 매우 평온하고 전원적이다.
멜로디가 잘 알려진 라디노의 명곡 〈Adio 작별〉은 강렬한 인상의 연주는 아니지만 플라멩코 기타가 이끄는 합주 편곡이 뛰어나다. 이스라엘의 가희 야스민 레비Yasmin Levy는 〈Adio Kerida 안녕 내 사랑〉이란 곡목으로 불렀다.
〈Adir Venaor·Immense & Full of Light〉는 속죄의 날 '욤 키푸르Yom Kippur' 때 이집트 카이로에서 불린 기도가로, 몽롱한 환상은 마치 천지창조의 계명처럼 신성하게 들려온다.
이집트 카이로에서 전승된 〈Lekha Dodi 연인이여 오라〉는 혼례를 앞둔 안식일의 축복과 평화를 기원한다.
〈Shema Israel | Esta Montanya 들어라 이스라엘이여 | 이 산〉은 이민족에게 지배당하고 세상을 떠돌며 남의 땅에서 뿌리를 내려야 했던 비밀 유대인Crypto Jews의 핏빛 애환을 담았다. 고향땅 이스라엘에 하나님의 영광의 통치가 영원하길 기원하는 〈Shema Israel〉와, 전쟁으로 사랑하는 이를 잃어 망연자실하는 슬픔을 노래한 〈Esta Montanya〉의 접속이다.
〈Kabbalah : Torah 카발라 율법〉은 스페인 레온 지방의 랍비 모세Moses가 쓴 율법서에서 루즈가 영어 가사를 발췌하여 짐 윌슨과 함께 쓴 창작곡이다. 차분한 가운데 서서히 마음을 융기시키는 기운이 퍼진다.
그리스의 테살로니키에서 안식일에 불리어진 〈Yigdal 송영〉은 믿음의 13교리에 대한 찬양이며, 아들을 위해 쓴 루즈의 창작곡 〈Ya Tomas Tu Lugar 네 성소를 가져라〉는 신의 영접을 위한 가스펠로 인디오 플루트가 민속적인 향취를 더한다.

본작은 고대의 선조들이 겪었던 이야기와 노래로 오늘날을 해독하고 그 영적 깊이로 우리를 치유해 준다. 시공간을 거스르며 나이팅게일 콘수엘로 루즈는 선혈을 토하고 그것으로 문신을 새기는 것 같다. 이것이 그녀의 목소리 연금술이다.
이외도 영어반 《Missing Water, 2004》, 쿠바에서 녹음된 스페인어반 《Yo Se Que Yo Amo 내가 사랑한다는 걸 알아》와 《Espiritu de Amor 사랑의 정신》, 그리고 칠레 산티아고에서 녹음된 《Se Fue la Nina 소녀가 있었네》 등을 선보였다.

Cristina Branco ● 크리스티나 브랑쿠
Portugal

파두Fado의 여왕 아말리아 로드리게스Amalia Rodrigues(1920 -1999)의 〈Barco Negro 검은 돛배〉가 국내 모 드라마에 삽입된 후, 파두는 어떤 월드뮤직보다도 우리와 가까이 있었다. 최고의 파두 가수로 평가받았던 미지아Misia(1955-2024)가 2003년에 내한했었고, 포르투갈령의 모잠비크 출신인 마리자Mariza도 2006년 우리나라를 다녀갔다.

명쾌하게 말할 수 없지만 희로애락을 담아 심연의 바닥으로부터 끌어올려지며 분출되는 그 독특한 포르투갈만의 정서 '사우다드Saudade'는 우리의 '한恨'의 감정과 다르지 않기에 친밀하게 공감할 수 있었다. 어둑한 그리움과 향수, 슬픔과 고독이 흐르는 그 독특한 감흥에 젖는 일은 감미롭다.

크리스티나 브랑쿠는 포르투갈 중부도시 아우메이링Almeirim에서 1972년에 출생했다.

빌리 홀리데이Billie Holiday, 엘라 피츠제럴드Ella Fitzgerald, 재니스 조플린Janis Joplin, 조니 미첼Joni Mitchell 등 재즈와 록을 좋아했던 그녀는 18세 때 할아버지가 선물해 준 아말리아 로드리게스의 앨범을 듣고 깊은 감명을 받았다. 그 후 친구들과의 파티에서 장난삼아 노래를 부를 때까지도 가수가 되리라고는 생각조차 못 했다.

불과 몇 달이 지나고 네덜란드에서 포르투갈 문화가 친숙한 암스테르담의 한 방송에 출연하여 무대에 서게 된다. 전혀 아마추어 가수답지 않게 청중들의 감동을 끌어내는 노련함으로 프로듀서 조제 메우José Melo의 눈에 띈다.

이후 파두의 예술적 표현에 몰두하며 공연가수라 인식될 정도로 라이브를 실행했다. 1996년 4월 25일 두 공연을 끝내고 이 실황을 담은 《Cristina Branco in Holland, 1997》을 발매한다. 천장 발매한 것이 곧바로 매진되자 5천장을 추가 발매하는 성공을 타국 네덜란드에서 거두었고 이는 《Live in Amsterdam, Netherlands》란 타이틀로 재발매되었다.

공식적인 데뷔작 《Murmúrios 속삭임, 1998》은 프로듀서 조제 메우에 의해 네덜란드에서 발표되었다. 또한 작곡가이자 포르투갈 기타 연주자 쿠스토디우 가스텔루Custodio Cas-telo와는 연인으로 발전한다.

아말리아 로드리게스의 〈Abandono 절망〉에서부터 싱어송라이터 세르지우 고디뉴Sérgio Godinho의 〈As Certezas do Meu Mais Brilhante Amor 빛나는 내 사랑의 확신〉 그리고 위대한 작가 조제 아폰수José Afonso(1929-1987)의 〈Pom-bas Brancas 흰 비둘기〉 등을 수록했다.

이듬해 프랑스에서 재발매했고 월드뮤직 분야에서 베스트앨범으로 꼽힐 정도로 주목받았다. 국내에서도 가장 잘 알려진 대표작이 되었다.

Post-Scriptum

CRISTINA BRANCO
Post-Scriptum

1999 | Harmonia Mundi | 42495 31312

1. Ai Vida
2. Manto de Açucenas
3. Post-Scriptum
4. Toada em Realejo
5. Palavras Proibidas
6. Abalara
7. Não Oiças a Minha Voz
8. Sem Abrir Caminhos
9. Prelúdio
10. Aspiração
11. Primavera
12. Lisboa de Paixões
13. Ausente

본작은 단출한 연주 구성임에도 찰랑이는 기타라의 물결과, 바닷새의 고고한 날갯짓처럼 묘한 고독과 향수마저 불러일으키는 매력으로 그녀의 인상을 선명하게 남긴다. 이 때문에 이후 접했던 걸작들 데뷔작과 세 번째 앨범 사이에서도 유독 애정이 간다. 또한 좀 더 애착을 느끼는 이유에, 커버도 포함되지만 '추신'을 뜻하는 낭만적인 제목도 빠트릴 수 없다.

⟨Ai Vida 아 인생이여⟩는 남성 파디스타 조르지 페르난두Jorge Fernando의 작품으로 호젓한 기타라와 함께 밤의 서정이 고요하게 내려앉는다.

…안개가 모든 것을 뒤덮을 때면, 나는 시간의 고독이 되고, 망각의 대지 위에서, 바람을 맞는 이름 없는 꽃이 되네. 내 영혼의 강렬한 몸짓으로, 나는 이 기나긴 슬픔 속에 있네, 너무 많거나 적더라도, 아 인생아. 강렬한 갈증으로, 나는 욕망의 근원을 찾네, 소리도 시간도 없는 목소리로, 그건 내 침묵 속에 숨었네.

⟨Manto de Açucenas 백합의 망토⟩는 약간 빠른 템포에 춤추는 기타라의 열정이 따뜻하다.

…성모 당신의 상처 서린 미소가 우리의 잠자는 영혼을 일깨웁니다…

분노하고 증오할수록 더욱 그리워지는 사랑의 역설적 고통을 내밀하게 고백한 타이틀 ⟨Post-Scriptum 추서⟩는 여류 시인 마리아 테레사 오르타Maria Teresa Horta의 작품에 기타 연주자 쿠스토디우 가스텔루가 작곡했다.

고독의 서정에 취하게 되는 ⟨Palavras Proibidas 금지된 언어⟩는 한밤에 떠나버린 연인과의 추억을 기록한 비밀일기를 들춰본 느낌이다.

장단조를 오가는 재지한 서정으로 더욱 즐겨듣게 되는 ⟨Abalara 흔들림⟩에서는 연인이 떠난 후의 감정을, 방향감을 잃은 종이배의 항해에 비유하고 있다.

사랑이 깨어진 잔인한 계절의 기억을 노래한 ⟨Primavera 봄⟩은 죽음과 같은 춤곡으로 그려진다.

유일하게 솔로 피아노로 반주된 〈Ausente 부재〉도 본작을 찾게 하는 소품이다. 쿠스토디우 가스텔루의 작곡에 싱어송라이터 조르지 페르난두가 가사를 썼다. 이 이별 노래는 마치 바다에서 운명을 달리한 뱃사람의 마지막 인사처럼 들리기도 한다. 투명한 피아노 음률은 하염없는 눈물 같다.

프랑스에서 전작과 마찬가지로 월드뮤직 전위상Prix Choc을 받았다.

네덜란드에서 발표된 후속작 《Canta Slauerhoff, 2000》은 그녀를 열렬히 사랑해 준 팬들에 대한 화답이었다. 네덜란드 작가 슬라우어호프Jan Jacob Slauerhoff (1898-1936)의 시를 포어로 번역하여 곡을 붙였다.

〈Aspiração 갈망〉도 다시 들을 수 있으며, 바이올린이 가미된 〈Auma Princesa Distante 멀리 있는 공주에게〉 등 보다 고풍스러운 향수를 느낄 수 있다.

《O Descobridor 탐험자, 2002》라는 타이틀로 재발매되었고, 국내에서도 라이선스로 소개되었다.

프랑스에서 발표된 《Corpo Iluminado 불빛에 비친 모습, 2001》에는 다비드 페레이라David Ferreira(1927-1996), 아리두스 산투스Ary Dos Santos(1937-1984), 마누엘 알레그레 Manuel Alegre 등 포르투갈 유명 시인들의 리스본 정서를 은은하게 녹여냈다.

Sensus

2003 | Universal | 067 168

1. Soneto de Separação
2. Assim Que Te Despes
3. O Meu Amor
4. Cantigas às Serranas
5. Se a Alma Te Reprova
6. Atentado
7. Ninfas
8. Soneto Destruido
9. Segredo
10. Um Fado : Palavras Minhas
11. As Mãos e os Frutos XVIII
12. Pastoras da Estrela
13. O Sabor de Saber
14. Ca Mi Queria

《Sensus 감각》은 보다 다양한 예술적 영역으로 확장했고, 그녀만의 사우다드로 재마감하여 선보였다. 연인이자 포르투갈 기타 연주자이며 작곡가 쿠스토디우 가스텔루의 역량도 훌륭하다.

첫 곡 〈Soneto de Separação 작별의 소네토〉는 브라질의 유명 작곡가 비니시우스 지 모라이스Vinícius de Moraes(1913-1980)의 원가사에 새로운 파두 작곡으로 노래했다.  재즈 뉘앙스의 쓸쓸한 연주에는 슬픔보다 공허감이 더 자욱하다.

포르투갈 시인 다비드 페레이라David Ferreira(1927-1996)의 시를 노래한 〈Assim Que Te Despes 네가 옷을  벗을 때〉는 성애적 감각을 조심스럽고도 차분하게 향유하고 있다.

쉬쿠 바르키Chico Buarque의 〈O Meu Amor 내 사랑〉은 깨어질 듯한 피아노 반주에 사랑에 빠진 황홀경을 아름답게 서술하고 있다. 지극히 평온하면서도 포근한 이 재즈 발라드에 경탄을 보낸다.

셰익스피어William Shakespeare(1564-1616)의 작품에 멜로디를 더한 〈Se a Alma Te Reprova 영혼이 널 저버리더라도〉는 애절한 사랑의 고백서로, 떨리는 기타 현이 더더욱 감정을 증폭한다.

포르투갈 시인 바스쿠 모라Vasco Graça Moura(1942-2014)의 슬픈 드라마 〈Soneto Destruido 파괴된 소네토〉와 여류시인 마리아 테레사 오르타Maria Teresa Horta의 다소 추상적인 〈Segredo 비밀〉도 우리의 감성을 울린다.

빠른 템포의 기타 행진곡 〈Pastoras da Estrela 에스트렐라산의 양치기 소녀〉는 포르투갈의 최고봉 에스트렐라로 봄이 되어 오르고 가을에야 하산하는 양치기 소녀들의 고단한 삶을 애틋하게 그렸다.

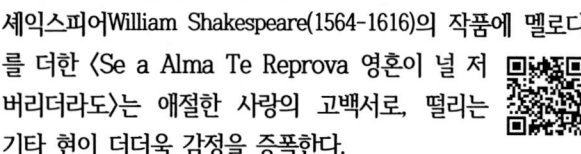

후속작 《Ulysses 율리시스, 2005》은 그리스 신화에서 리스본을 세웠다는 영웅을 타이틀로 했다.

이 앨범에서 그녀의 연주 구성이 변화했다는 것을 직감할

수 있는데, 이전에는 솔로 악기만으로 간명하면서도 고고한 기품을 충분하게 표현했지만, 기타라를 기본으로 피아노를 비롯한 다른 악기들이 가미되어 보다 풍성한 음악적 항해를 펼쳐 보인다.

재즈 피아노로 듣는 라틴 명곡 〈Alfonsina y el Mar 알폰시나와 바다〉와 파두의 전형 〈Sete Peda -ços de Vento 바람의 일곱 줄기〉, 현실 고발이 짙은 〈Redondo Vocábulo 소문〉 그리고 아말리아 로드리게스의 명곡 〈Gaivota 갈매기〉등이 수록되어 있으며, 파두에 빠지기 전에 즐겨 들었던 조니 미첼Joni Mitchell의 〈A Case of You〉를 영어로 불러주고 있다. 다소 우울하지만 어둡지 않은 재즈 감성이 밴 작품이다.

2006년 7월 네덜란드 라이덴의 이탈리아 극장에서 행한 아말리아 로드리게스 추모기념 실황 앨범을 낸 후, 이듬해에 조제 아폰수José Afonso(1929-1987)의 작품을 노래한 《Abril 4월, 2007》를 발표했다.

그는 독재통치 속에서 사회적 정치적 메시지를 은유적으로 노래하며 저항했던 '새로운 노래'란 의미의 누바 캉성Nova Canção을 주도했던 인물로, 1974년 독재가 막을 내린 후 새로운 발라드 음악으로 현대 파두의 변화를 꾀했다.

그녀는 전작에서부터 보여주었던 피아노와 기타라 그리고 코러스 등 여러 앙상블의 우아한 클래식과 우울한 재즈 감성을 들려준다. 그중 〈Cançao de

Embalar 자장가〉는 계속해서 듣고픈 노래이다.

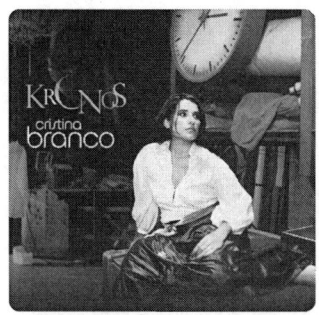

'시간의 신'을 일컫는 《Kro -nos 코로노스, 2009》에는 쿠스토디우 가스텔루Custodio Castelo가 2008년부터 카스 텔루브랑쿠의 폴리테크닉대 학에서 기타를 가르치는 교 수가 되었기에 참여하지 못 했다. 각각 다른 작곡가와 작시가들에게 곡을 받아 완성했으며, 그래서인지 기타라의 음색은 고풍스럽고 레퍼토리도 다소 고전적이다.

시간을 주제로 한 14개 소품에서 특히 남성 파디스타 조르 지 팔마Jorge Palma와 함께 노래한 〈Margarida 마가렛〉과 피아노 발라드 〈O Sitio 조망〉 등이 아 름답다.

Alegria

2013 | Universal | 3731686

1. Alice No País dos Matraquilhos
2. O Lenço da Carolina
3. Branca Aurora
4. Deolinda
5. Construção
6. Miriam
7. Cherokee Louise
8. Cândida
9. O Palhaço e o Ministro
10. O Cidadão de Frente para a Cidade
11. Petição do Farias para Alegria de Ministros e Catedráticos
12. O Desempregado com Filhos
13. Lembras·Te da Nossa Rua

2011년 4월 새 앨범 《Fado Tango》가 발표되었는데, 마누 엘라 지 프레이타스Manuela de Freitas, 안토니우 로부 안투네 스António Lobo Antunes, 바스쿠 모라Vasco Graça Moura(19

42-2014) 등 포르투갈 현대 작가들의 시어를 노래했다. 또한 벨기에의 음유시인 자크 브렐Jacques Brel(1929-1978)의 〈Les Désespérés 위기〉, 프랑스 태생의 아르헨티나 탱고 가수 카를로스 가르델Carlos Gar-del(1890-1935)의 〈Anclao en Paris 파리의 열망〉, 쿠바의 이솔리나 카리요Isolina Carrillo(1907-1996)의 〈Dos Gardénias 치자나무 아래서〉 등도 들을 수 있다. 이듬해에 이르기까지 남미와 중동, 유럽 전역을 돌며 무려 100회 이상의 월드투어를 진행했다.

2013년 2월에 출시된 《Alegria 환희》는 그 커버에서 마치 광대극의 한 장면처럼 슬픔을 머금고 과하게 분장을 한 모습 아래 '환희'라는 타이틀을 적었다. 이는 현대를 살아가는 남녀의 일상을 반추한 것으로, 꾸미지 않고 때론 역설적이며 진심이 담긴 포르투갈 현대작가들의 시어들로 창조되었다.
음유시인 세르지우 고디뉴Sérgio Godinho의 노래 〈Alice no País dos Matraquilhos 축구 나라의 앨리스〉의 재즈 리메이크에는 건조한 회색의 우울함이 감돈다. 포르투갈의 현실을 단편적으로 묘사한 것으로, 현실의 고된 상황들과 동화 같은 축구 나라의 상상들을 대치하고 있다.
〈O Lenço da Carolina 카롤리나의 스카프〉는 카롤리나를 사랑하는 한 남자의 행복 노래로, 온화한 포크 재즈의 잔잔함이 더없이 좋다.
싱어송라이터 조르지 팔마Jorge Palma의 〈Branca Aurora 블랑카 오로라〉의 재즈 서정은 탁월하다. 불편과 불행한 현실 속에서도 밝은 미래를 꿈꾸며 낙관적인 삶을 살아가고 있는 한 여인에 대한 찬양이 따

스하고 진지한 응원으로 그려진다.
쉬쿠 봐르키Chico Buarque의 1971년 명곡 〈Construção 건설 현장〉은 긴장 서린 브라스의 무게가 압권인 삼바로, 브랑코는 고풍스러운 기타라와 남성 코러스와 함께 애틋함과 간절함으로 기도하고 있다. 열정적으로 건설 현장에서 일했던 한 가장의 예기치 않은 사고를 이야기하면서 그래도 궁극의 평화와 신의 가호에 대한 믿음을 노래한다.
〈Cherokee Louise〉는 캐나다 출신의 포크싱어 조니 미첼Joni Mitchell의 작품으로, 환상적인 재즈 트럼펫의 즉흥을 맛볼 수 있다.
서정의 걸작 〈Cândida 칸디다〉는 현실에서 막다른 골목에 이르더라도 마지막으로 행복을 위해 헤쳐나가자는 용기를 북돋운다.

우리는 때론 자신을 감추고 우스꽝스러운 분장을 해야 하는 현실을 살아간다. 그 진한 화장을 지우며 자신으로 돌아오는 시간을 크리스티나 브랑쿠는 '환희'라 말하고 있다.
근작 《Mãe 어머니. 2023》에 이르기까지 그녀의 쪽빛 서정은 더욱 깊어져 간다.

뉴플라멩코의 화려한 섬광
Diana Navarro ● 디아나 나바로
Spain (Andalusia)

2005년 스페인 대중음악계는 새로운 디바의 탄생을 예고했다. 많은 신인가수와 기성 가수들을 제치고 대중의 주목을 받은 인물은 바로 디아나 나바로였다.

순식간에 가볍게 선풍을 타고 고음역으로 상승하는 청아한 음성은 이 기나긴 호흡과 함께 흘러 아슬아슬한 곡예를 거듭하며 왜곡의 미로에 머문다. 아름다움에 기술이 더해지는 그녀의 목소리는 하나의 예술품이라 말하고 싶을 정도이다. 덧붙이면 미모 또한 빠지지 않는다.

이러한 매력으로 점철된 그녀의 첫 데뷔작은 근래 보기 드문 25만 장 이상 판매되어 더블 플래티넘이라는 성공을 거두었고, 그녀의 매혹 행진은 계속해서 증폭되고 있으며 아름다움을 전염시키고 있다.

디아나 나바로 오까냐Diana Navarro Ocaña가 본명인 그녀는 스페인의 플라멩코 본고장인 안달루시아의 말라가Málaga에서 1978년에 다섯 형제 중 막내로 태어났다. 음악과 집안 생활이 하나가 될 만한 가정환경 속에서 자랐음은 물론이다. 9세 때부터 16세 때까지 캐나다 퀘벡에 머물며 민속 합창단에서 노래했으며, 당시 1980년대 스패니시 팝에 대한 관심도 놓지 않았다. 그녀에게는 이 기간이 음악적 직감을 개발하게 된 중요한 경험이었다.

공부를 끝마치고 팝 밴드 Pilita Calora와 포크그룹 El Gaz-pacho의 활동을 병행하면서 20세기 중반 안달루시아에 뿌리를 둔 플라멩코의 황금기 노래들을 접하게 되었는데, 플라멩코 최고의 싱어로 일컬어지는 집시가수 마놀로 카라콜Manolo Caracol(1909-1973)의 오페라 〈Maria Callas〉는 가장 많이 들었던 고전이었다. 이는 그녀에게 노래에 대한 열정과 함께 새로운 음악 인생의 길을 열어주었으며, 16세 때부터 26세에 이르는 동안 그녀는 29회나 콘테스트에 참가했고 19번이나 우승했다.

1997년 자비로 낸 첫 디스크 《De Noches de Copla 밤의 노래》는 3천매가 판매되었고, 1999년에는 1920년대 작곡가 마누엘 데 파야Manuel De Falla, 기타리스트 안드레아스 세고비아Andreas Segovia와 함께 그라나다 출신의 저명한 시인 로르카Federico Lorca(1898-1936)를 추모한 《Homenaje 헌정》를 냈다.

그녀는 안달루시아의 유명한 뮤지션이자 작곡가로 활동하던 1971년생 치코 발디비아Chico Valdivia를 만나게 되고, 그녀의 두 앨범을 듣게 된 그는 그녀와 함께 6개월 동안 첫 데모를 제작하게 된다. 유명 프로듀서 마누엘 일란Manuel Illán과 함께한 디아나 나바로 프로젝트는 무려 4년간이나 걸렸다.

이로써 그녀는 화려한 성공의 웅비만이 남았으며, 왕관의 보석은 그녀의 몫이 분명했다.

No Te Olvides de Mi

2005 | Warner | 62719

1. Sola
2. No Te Olvides de Mi
3. Ea
4. Esto Es lo Que Hay
5. Deja de Volverme Loca
6. Una y No Mas
7. Diana
8. No Me Tires Mas Besitos
9. Los Dias Que Paso Sin Ti
10. El Transito (Saeta)
11. Deja de Volverme Loca (Acustica)
12. Tengo Miedo

첫 정규작 《No Te Olvides de Mi 나를 잊지 마세요》는 첫 주 만에 15,000매가 팔렸다. 골드디스크는 겨우 한 달이 걸렸으며, 비평가들의 찬사와 함께 권위 있는 스페인 음악계의 신인상을 거머쥐었고 라틴 그래미상에 후보 지명되었다.

대중의 열망으로 130회 이상의 콘서트가 이어졌으며, 리믹스 CD와 DVD가 포함된 스페셜 에디션이 2006년에 선보였다. 앞서 이야기했듯 플라멩코를 기반으로 새롭게 그리고 독특하게 변이되는 나바로 스타일은 전율과 희열을 교차하며 청자를 쾌락의 늪으로 빠뜨리고 있다.

〈Sola 홀로〉가 그 첫 번째 늪으로, 감미롭고 청순한 멜랑꼴리 발라드는 순풍의 아코디언과 간결한 기타를 싣는 미드템포 그리고 플라멩코 스타일의 긴 호흡의 보컬과 함께 고독의 아픔을 통감하게 한다.

사랑은 배를 타고 가네, 사랑의 배는 나의 통증까지 실어 가네, 내 슬픔으로 홀로, 단 하나의 내 단어, 혼자, 그 괴로움에, 그리고 우울함에, 내 방에서 함께 지내는 단 하나의 친구는 바로 '혼자'라네, 나 홀로…

이 성공적인 발라드는 디아나 나바로의 대명사로 통하고 있으며, 네 번째 앨범과 다섯 번째 디스코그래피에서도 색다른 버전을 수록할 만큼 그녀에게도 소중한 작품이 되었다.

두 번째 늪 〈No Te Olvides de Mi 나를 잊지 마〉는 진하게 농축된 현의 줄기가 감정을 휘감는다. 세련되고도 감미로운 선율과 더욱 곡의 묘미를 강조하는 스캣은 결코 잊을 수 없는 부분이다.

당신과 함께하지 못한다면, 달은 아마 타버리겠지. 당신을 생각하면 내 침대 위에 밤은 무겁게 내려앉네. 내 사랑의 혈관은 너무 아파. 당신을 위해 죄를 짓고야 말았던 마지막 말을 되뇌네. 나를 잊지 마! 과연 더위와 추위보다 더한, 이 고통에서 벗어날 수 있을까. 사랑의 단맛을 알아버린 불행이여. 이 얼마나 쓰라린 입맞춤인가, 결국 나는 잊히겠지, 당신이 기억하는 추억들이 사라지듯, 제발 나를 잊지 마.

모래바람 속으로 청자를 내몰아가는 중동풍의 월드비트 〈Ea 에아〉는 탄식과 그리움의 감탄사이다. 사랑하는 이의 무사귀환을 기다리는 한 여인의 애간장이 뜨겁다.

시간이 흐르고 나날이 흘러 당신을 기억하는 내 심장이 될 거야. 당신을 잊어버리지 않기 위해 눈을 가릴 거야. 그리고 당신의 체온을 따뜻하게 해줄 거야, 오직 나를 위해서. 당신이 돌아올 때까지, 내 생을 지켜줘, 당신을 위해 숨어 있게, 아… 오늘은 당신이 내게 준 시간이야. 나는 이른 아침에 당신과 함께 꿈을 꿀 거야. 그리고 당신에게 항상 속삭일 테야. 당신은 영원한 내 심장이라고…

이민자의 고독을 그린 중동풍의 엘레지 〈Esto Es lo Que Hay 이것이 그 무엇〉이 강렬한 비트에 쓸쓸함을 새기고 간다.

누에바 플라멩코 팝 〈Diana 디아나〉는 자신의 소중한 사랑을 지켜가고픈 희망을 담아내며, 맑고 투명한 이미지로 물들어 있는 〈Los Dias Que Paso Sin Ti 당신 없이 보낸 시절〉은 진정한 사랑의 만남에 대한 기쁨을 이야기한다.

마지막 깊고 넓은 늪 〈El Transito 엘 트란시토〉는 디아나의 파워풀하고도 매혹적인 플라멩코 창법이 최대로 발휘된 작품으로, 붉은 바이올린과 건반의 몽환적이고도 반복적인 연주 패턴에 슬픔과 고통으로부터 구원을 바라는 주술과도 같은 음성을 담았다.

감동과 전율로 가득한 성공적인 데뷔작 이후 2006년 5월에 스페인의 음악과학상과 예술아카데미상을 수상했다. 이 놀라운 결과는 신인 디아나 나바로에게는 겨우 첫걸음이었다.

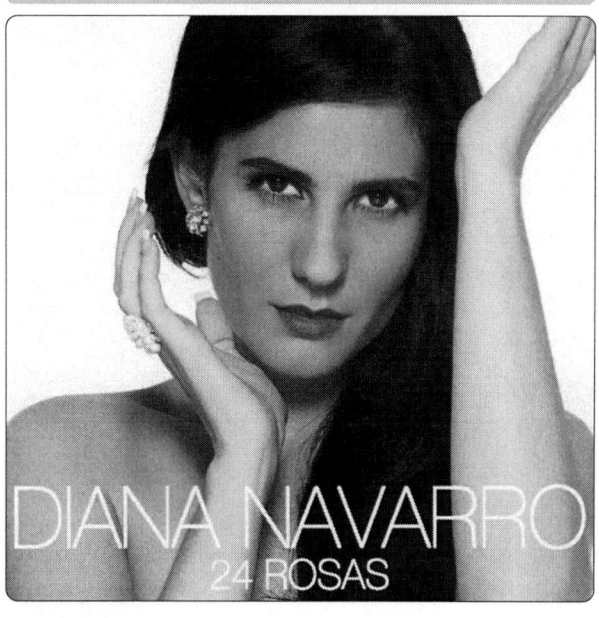

24 Rosas

2007 | Warner | 332924

1. Mare Mía (Latín)
2. Caracoles (Madre de la Soledad)
3. Mira lo Que Te Has Perdio
4. Tú Me Vas
5. Soñando
6. Brindo por Ti
7. Ojalá
8. Mi Niña Tadea
9. Amor Mío
10. Imaginando
11. 24 Rosas
12. Padre Nuestro
13. Mare Mía (Castellano)
14. Letanía

싱어송라이터의 면모도 유감없이 보여주었던 디아나는 2007년 그녀는 흑백의 고상함과 정갈한 느낌의 커버로 두 번째 앨범 《24 Rosas 24송이 장미》를 발표했다.

7주가 지나자 12만 장이 가볍게 팔려나가 플래티넘과 골드를 기록, 데뷔작이 대중성에 바짝 다가선 앨범이라면, 두 번째 앨범은 보다 작품성에 근접하고 있다. 이 앨범에 보다 종교적인 정신과 영혼적 색채를 담았다고 했던 디아나는 이후 90회 이상의 콘서트에서 팬들의 환호를 받았다. 덧붙이자면 그녀의 디스코그래피 중에서도 개인적으로 엄지를 번쩍 들고픈 작품이다.

육아를 책임져야 하는 부모들에게 헌정한 노래 〈Mare Mía 내 어머니〉는 숭엄한 성가로, 은혜에 대한 감사가 부드러운 숨결이 되어 흐른다. 두 가지 보컬 버전으로 수록하였다.
내 생명의 바다여, 내 어머니, 당신은 내게 생명을 주었습니다. 내게 인생을 주었습니다. 오 자비로운 사랑, 나의 성스러운 바다여…
바이올린의 눈물로 시작되는 〈Caracoles 달팽이·외로운 어머니〉는 혼자 묵묵히 고통을 짊어지고 눈물이 얼룩진 얼굴과 무한한 사랑의 가슴으로 인생을 살아가는 이 세상 모든 어머니들을 찬미하고 있다.
강렬한 템포에 활개 하는 집시 바이올린 그리고 아코디언의 열풍으로 멋진 플라멩코 팝을 들려주는 〈Mira lo Que Te Has Perdio 당신은 무엇을 잃었나〉는 이별에 대한 쓰라림을 아슬아슬한 오페라 스캣과 함께 드라마틱하게 그려냈다.
…바다의 입으로 신문은 던져지고, 지옥은 이것을 삼키네, 나의 외로운 달력만이 추억을 알고 있을 뿐, 당신을 위해 나는 눈물로 오후를 잃어버렸고, 상처와 의구심만 남았네…
사랑에 대한 간절한 맹세를 열정적인 아랍풍의 벨리댄스로 풀어낸 〈Tú Me Vas 당신은 가네〉는 빠른 템포를 따라 사막과도 같은 마음에 모래바람을 일으킨다.
피아노와 바이올린 그리고 아코디언으로 서정의 감동을 몰아가는 발라드 〈Mi Niña Tadea 내 작은 소녀 타데아〉는

어린 손녀의 동심과 꿈을 위해 사랑으로 자장가를 부르는 조모의 마음을 담았다.
〈Amor Mío 내 사랑〉은 영롱한 피아노와 붉은 바이올린 그리고 오케스트레이션의 애절한 비창이 사랑의 고통을 치유한다.
…난 망칠 수 없어, 이 평화를 잃는 위험으로 갈 수 없어, 커피 위의 네 미소를 잃을 수는 없기에, 바다 위로 떠오르는 듯 가볍게 갈 수 있도록, 우리의 애정은 계속될 거야…
명곡으로 기록될 〈24 Rosas 24송이 장미〉는 수도원 개혁에 앞장섰던 인물 테레사 데 헤수스Santa Teresa de Jesús(1515-1582)가 쓴 기도문에서 영감을 받아 작곡되었다. 절대자를 향한 숭고한 고해성사는 애잔한 바이올린과 드럼의 행렬로 강렬한 인상을 남긴다.
살아있어요, 내 안에서 생명 없이 살아있어요, 그렇게 존재하며 기다립니다. 나는 죽지 않았으므로 죽었습니다. 당신에게 내 마음을 주는 데 시간이 걸렸습니다. 그 후 난 포로가 되었습니다. 바라지 않았지만, 내가 열망하게 되었고 당신을 사랑하게 되었습니다. 24송이의 장미로 당신은 다쳤습니다. 이것이 내가 당신에게 준 달콤한 사랑입니다. 당신이 공간을 가르며 천천히 다가옴을 느꼈을 때 이 사랑은 24송이의 장미 그 이상입니다. 흔들리는 두 눈, 그리고 나는 내가 죽음을 느끼지 못하고 죽어갑니다…
그녀의 자작곡인 〈Padre Nuestro 우리 아버지〉는 보다 종교적인 색채를 드러낸다. 이 고요한 주기도문은 특유의 긴 호흡으로 그려지고 보다 깊은 여운을 남긴다.

Camino Verde

2008 | Warner | 2564592258

1. Ojos Verdes
2. Campanera
3. Farruca (Farruca del Tran)
4. Una Paloma Blanca
5. Embruja por Tu Querer
6. La Bien Paga (Bien Pagao)
7. Vino Amargo
8. Maria de la O
9. Como las Alas al Viento
10. Camino Verde
11. A Caracol y Valderrama
12. La Rosa y el Viento
13. Coplas de Amor
14. Separaos (Capella)

2008년 10월에 공개된 《Camino Verde 처녀지》는 커버만으로도 그녀의 레퍼토리와 노래가 달라졌음을 알 수 있다. 붉은 립스틱과 드레스를 입고 열정적인 뮤지컬 가수로서 보

다 농밀한 가창을 자랑하고 있다. 훌륭한 레퍼토리들은 디아나 나바로에게 가장 많은 영향과 영감을 주었고 가수로서의 길을 확고하게 해준 1900년대 중반 플라멩코 황금기의 걸작들이다. 그녀는 새로운 비전을 담아 뮤지컬 스타일로 각색, 현대적이고 세련된 해석자의 면모를 보여준다. 상업적으로는 15만 장 이상 판매되어 4번째 플래티넘을 기록했다.

이국적인 밤의 정취를 더하는 〈Ojos Verdes 초록빛 눈동자〉는 단연 돋보이는 트랙으로서, 스페인에서 태어나서 가수와 영화배우로 활동하다 동성애자란 이유로 공화당의 압력을 피해 1942년 아르헨티나로 망명한 가수 미겔 데 몰리나Miguel de Molina(1908-1993)가 1930년대에 발표한 히트곡이다. 어느 5월의 밤, 초록빛 눈동자의 남자를 만나 잊지 못할 사랑에 빠진 한 여성의 황홀한 로망스의 고백이 이어진다.

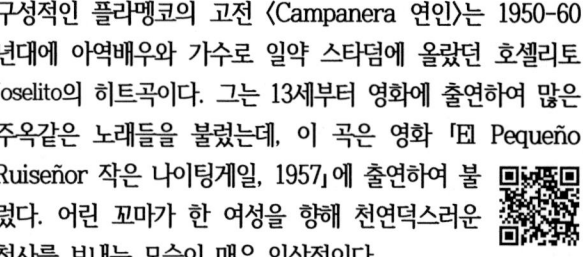

구성적인 플라멩코의 고전 〈Campanera 연인〉는 1950-60년대에 아역배우와 가수로 일약 스타덤에 올랐던 호셀리토Joselito의 히트곡이다. 그는 13세부터 영화에 출연하여 많은 주옥같은 노래들을 불렀는데, 이 곡은 영화「El Pequeño Ruiseñor 작은 나이팅게일, 1957」에 출연하여 불렀다. 어린 꼬마가 한 여성을 향해 천연덕스러운 천사를 보내는 모습이 매우 인상적이다.

…오 캄파넬라, 비록 사람들은 당신을 몰라주지만, 당신은 여자 중의 최고라네. 하나님이 당신을 전령으로 삼으셨지… 오 캄파넬라는 사랑을 기다리네. 제단의 축복으로, 하나님께서 연인으로 지명하셨네.

배우이자 가수로 활동했던 에스트렐리타 카스트로Estrellita Castro(1908-1983)의 플라멩코 〈Farruca 파루까〉는 긴장감이 서려있는 세련된 아랍풍의 벨리 댄스곡으로 편곡되어 있다. '파루까'란 본래 장중한 춤사위에 이은 빠른 발놀림으로서, 빠른 템포의 급격한 변화를 보이는 플라멩코의 장르로 남성 솔로 댄스를 일컫는다.

디아나 나바로의 연극적이고도 강력한 보컬은 사랑에 빠졌을 때 주의점을 단호하게 일러준다.

…사랑이 시작되면, 여자의 변덕에, 지나친 반응은 삼가세요. 그리고 변덕에 물이 오르도록 내버려두세요, 이것을 멈출 방법은 세상 어디에도 없으니까요…

안토니오 몰리나Antonio Molina(1928-1992)의 고전 〈Una Pa -loma Blanca 하얀 비둘기〉는 제목처럼 매우 서정과 감성으로 충만된 발라드이다. 음악도 하늘을 비상하는 듯한 맑고 경쾌한 풍경을 동반하며, 떨림을 감추지 못하는 디아나의 고해는 순백과 순결의 영혼을 지키고픈 간절한 마음을 담아 날려보낸다.

〈Embruja por Tu Querer 네 사랑의 마법〉은 플라멩코의 마지막 여왕이란 찬사를 받았던 이사벨 판토하Isabel Pantoja가 1975년에 발표한 곡이다. 그녀는 세비야 출신으로 플라멩코 가수인 부친과 댄서인 모친의 영향으로 7살의 나이에 데뷔했으며, 파워풀한 가창력과 풍부한 성량 그리고 호소력 짙은 음색으로 유럽에서 중남미에 이르기까지 명성을 얻고 있다. 디아나 나바로는 애간장이 타들어가는 한 여인의 간절한 사랑을 템포가 빠른 아랍풍의 월드비트로 원곡의 감도를 멋지게 변형시켰다.

…당신의 사랑은 내게 열병을 주네, 이는 고통과 기쁨이며, 태양과 암흑이기도 해. 미친 내 삶, 당신을 위해 난 생을 불태울 거야, 이미 평정을 잃었고. 당신을 위해 사랑에 빠져 살고, 또한 나 자신을 죽이고 또 죽일 수도 있네.

미겔 데 몰리나의 작품 〈La Bien Paga 합당한 대가〉는 뮤지컬 음악의 특징을 잘 살리고 있으며, 구성적인 오케스트레이션에 호소력 짙은 디아나의 가창은 사랑의 열망에 대한 대가를 조화롭게 표현한다.

여인을 사랑했던 한 남자의 고통을 노래한 라파엘 파리나Ra -fael Farina(1923-1995)의 고전 〈Vino Amargo 쓴 포도주〉는 애절하고도 강력한 매력을 전해준다.

로망스 플라멩코의 유명한 고전으로 남아 있는 〈Maria De

La O 마리아 데 라 오〉는 한 편의 역동적인 드라마이다. 아름다운 집시의 여인과 이룰 수 없는 사랑의 고통을 담은 한 남자의 이야기로, 사랑을 두고 떠나야 하는 슬픈 운명을 하나님의 형벌이요 언덕 위의 십자가라 노래한다. 이 노래에 영감을 받아 1959년에 동명의 영화로 제작되기도 했다.

영화의 내용인즉, 부유한 지주가 여행 중 집시의 일격을 받아 부상을 입게 되지만 그만 아름다운 집시 여인 마리아 데 라 오를 사랑하게 되어, 그녀에게 집시 일족을 떠나 그녀가 접하지 못한 새로운 세상으로 함께 떠날 것을 요청하게 된다. 그녀에게는 미겔Miguel이란 연인이 있었지만, 뜻밖에 그녀는 이 제안을 수락한다고. 이 영화는 흥행했고, 1961년에 마리페 데 트리아나Marifé de Triana(1936-2013)도 레코드를 취입하여 인기를 얻었으며, 그 후 많은 극작품들로 재창조되었다.

〈Como las Alas al Viento 바람의 날개처럼〉은 1950년대에서 사망하기 전 2006년까지 오랫동안 활동한 여가수 로시오 후라도Rocio Jurado(1946-2006)의 강렬하고 폭발적인 절창으로 유명하다. 디아나의 애조띤 갈구는 종교적인 성스러움을 굳건하고도 감미롭게 재현하고 있다.

바람의 날개처럼, 내 마음은 하나님을 찾고, 하나님이 살고, 그의 사랑으로 내가 채워집니다. 도와주세요, 나는 주를 믿습니다. 당신 없이 사람은 살 수 없다고 생각해요. 그것은 절망이요 상실이겠죠… 신은 평화의 왕국에서 인간을 기다리죠. 그리고 이 왕국으로 인간이 돌아오길 원합니다…

타이틀 〈Camino Verde 처녀지〉는 맑고 우아한 목소리가 일품인 멕시코 볼레로의 여왕 안나 마리아 곤살레스Ana María González(1920-1983)의 노래로, 순수의 처녀지를 잃지 않기 위한 소망이며 성장통의 내용이라 할 수 있다.

마치 신비한 동화의 사운드트랙처럼 편곡된 〈La Rosa y el

Viento 장미와 바람〉은 미겔 데 몰리나가 초연했고, 로시오 후라도Rocio Jurado도 1965년에 싱글로 발표했다. 디아나의 버전은 연주와 창법으로 볼 때 본작에서 가장 뮤지컬다운 트랙이 아닐까 싶다.

알람브라에는 그 어떤 설백雪白보다 아름다운 장미꽃밭이 있었지, 난 그 순백을 선망했네, 알람브라에 밤이 내리면, 장미는 달빛으로 갈아입었지… 어느 날 오후 여왕이 장미꽃밭을 지나갔지, 그러나 장미가 설백이라해도, 여왕의 아름다움을 능가하진 못했네…

플라멩코는 스패니시 팝의 근간이 되어왔다고 해도 과언이 아니다. 디아나 나바로의 플라멩코 해석집은 플라멩코의 세계적인 인기에 촉발제가 되었음은 물론이고, 전통을 향한 현재의 헌신이자 감사였으며, 플라멩코 르네상스의 신호탄이 되었다.

후속작 《Framenco 플라멩코, 2011》는 순수한 그리고 전형적인 편성을 따른 또 하나의 플라멩코 작품집으로, 7월 29일 세비야 킨테로 극장의 실황을 담은 것이었다.

저명한 플라멩코 예술가 안토니오 캄포스Antonio Campos와 후안 안토니오 수와레스 Juan Antonio Suárez "Cano" 두 조력자의 도움으로, 페페 마르체나Pepe Marchena(1903-1976), 페페 핀토Pepe Pinto(1903-1969), 푸에블라의 소녀Niña de la Puebla, 후아니토 발데라마Juanito Valderrama(1916-2004), 엔리케 모렌테Enrique Morente(1942-2010) 등 플라멩코 위인들의 레퍼토리들을 포함하고 있다.

2012 | WEA | 2564654159

1. La Paloma (de la Zarzuela "Barberillo de Lavapies")
2. Guajiras (de la Zarzuela La Revoltosa)
3. Tango de la Menegilda (de la Zarzuela La Gran Vía)
4. La Farruca del Tran Tran
5. La Tarántula (de la Zarzuela La Tempranica)
6. Mira lo que te has perdío
7. Carceleras (de la Zarzuela Las hijas del Zebedeo)
8. Sola
9. Romanza de Rosa (de la Zarzuela El Rey que rabió)
10. La Gitana (de la Zarzuela La Chavala)
11. Canción de la Gitanilla (de la Zarzuela La Alegría de la Huerta)

2012년 11월 20일 출시된 5번째 앨범 《Género Chica 여성》은 《Camino Verde 처녀지》와 《Framenco 플라멩코》에 이은 작가 헌정 3부작이다.

이번에는 대사와 노래가 동반되는 스페인의 소규모 오페레타를 지칭하는 사르수엘라Zarzuela 삽입곡 모음집으로, 그녀는 오페라 가수의 모습으로 돌아왔다.

'사르수엘라'는 스페인 사람들의 삶의 다채로운 생활상을 무대예술의 형태로 묘사하는 생동 있는 장르로, 17세기 말 마드리드 근교의 사르수엘라 궁전에서 공연된 극음악을 그 기원으로 한다.

초기에는 이탈리아 작곡가들의 양식을 모방하고 주제도 신화에서 제재를 취한 장중하고 궁정풍이었으나, 18세기 후반에는 민중적이고 민족적인 특색을 갖추기 시작, 이후 이탈리아 오페라의 유행으로 잠시 잊었지만, 19세기 중엽에 이르러 프란시스코 바르비에리Francisco Barbieri(1823-1894) 등 재능 있는 작가들에 의해 부흥되어 스페인 특유의 요소를 갖춘 텍스트와 스코어를 확립하고 근대 사르수엘라가 완성되었다고 한다. 수도 마드리드에는 많은 전문 극장들이 설립되고, 남미로의 순회공연으로 인기는 스페인어권 전체로 퍼진다.

지휘자이자 총감독을 맡은 미구엘 앙헬 콜라도Miguel Ángel Collado와 함께 교향악과 오페라 스타일로 재조명한 8편의 사르수엘라 작품을 비롯한 총 11개의 트랙은 보다 스케일이 큰 무대로 초대한다. 또한 2012 라틴 그래미에서 최고의 플라멩코 앨범으로 지명되었다.

첫 곡 〈La Paloma 비둘기〉는 프란시스코 바르비에리가 작곡하여 1874년에 초연된 3막 장막극 「Barberillo de Lava-pies 라바피에스의 이발사」의 삽입곡이다. 장중한 오케스트레이션으로 마치 영화의 한 장면 같은 광활한 풍경이 파노라마로 펼쳐진다. 자유와 환희 그리고 축복을 꿈꾸는 자기감정의 대유체로서의 비둘기는 부드럽고도 경쾌하며 시원스러운 비행을 한다.

1897년 초연된 루페르토 차피Ruperto Chapí(1851-1909) 작곡의 단막극 「La Revoltosa 소란한 여자」의 작품인 〈Guajiras 과히라(농요農謠)〉는 일렉트릭 악기와 어쿠스틱 교향곡이 접목되었으며, 음의 미로를 만드는 유려한 보컬로 낭만적인 기품을 자아낸다.

〈Tango de la Menegilda 메네질다의 탱고〉는 1886년 초연작 페데리코 추에카Federico Chueca(1846-1908)와 호아킨 발베르데Joaquín Valverde(1846-1910)의 공작인 단막 「La Gran Vía 그란 비아(마드리드 거리)」의 2악장 첫 노래이다. 중후하고도 힘이 넘치는 관현악 연주와 그 다이내믹한 구성에 저절로 감흥은 폭발한다. 시녀로서 그리고 주인의 정부로서 살아가는 여인 메네질다의 신세한탄이 디아나 나바로의 자조 섞인 웃음소리와 함께 흡인력 있는 연기로 표현되고 있다.

에스트렐리타 카스트로Estrellita Castro(1908-1983)의 플라멩코 〈Farruca 파루까〉는 세 번째 앨범 《Camino Verde 처녀지》에서도 취입한 노래로, 사르수엘라풍으로 재현되었다. 이국적인 향취를 고수하면서 시원시원하고 웅장한 연주는 열정과 긴장을 가득 채우며 오페레타의 매력을 풍성하게 발산한다.

1900년 작으로 헤르니모 히메네스Gerónimo Giménez(1852-1923)의 〈La Tarántula 독거미〉는 단막 「La Tempranica 마리아 라 템프라니카」의 소품으로, 많은 오페레타 콘서트에서 불리고 있다. 활기찬 현의 행진과 경쾌하면서도 가볍게 차오르는 템프라니카 역의 나바로의 노래는, 마치 사랑의 결말을 예고하듯 그대는 내겐 위험한 존재라 경계한다.

두 번째 앨범 《24 Rosas》에 수록된 자작곡 〈Mira lo Que Te Has Perdio 당신은 무엇을 잃었나〉의 오페라 해석은 팬들을 위한 최고의 선물이었다. 극적인 감정 표현은 소프라노의 아리아와 바이올린의 짙은 애수를 넘어 비극의 강을 건넌다.

1889년 초연된 루페르토 차피 작곡의 2막극 「Las Hijas del Zebedeo 세베데오의 딸」 중 〈Carceleras · Romanza〉는 세베데오의 딸 루이사Luisa가 사랑의 열병을 토하며 노래하는 로망스로, 많은 소프라노 가수들이 부르고 싶어 하는 까다로운 작품이기도 하다. 디아나가 노래하는 숨 막히는 절박함은 관중들의 기립을 받기에 결코 모자람이 없으며 이내 압권을 이룬다.

…내게서 그의 사랑을 제거한다는 것은 꽃잎을 꺾는 것과 같은 것, 나는 기쁨으로 죽을 거야… 사랑의 운명이여… 나는 녹아가고 죽어가네.

첫 앨범의 히트 싱글 〈Sola 혼자〉의 오페라 창법도 신선한 서정으로 개편되었는데, 보다 가녀린 나바로의 아리아는 슬픔을 극대화하여 청자를 동화시킨다.

루페르토 차피의 「El Rey Que Rabió 분노의 왕, 1891」 중 〈Romanza de Rosa 로사의 로망스〉는 2막의 첫 곡으로, 왕의 명령에 의해 성에 갇힌 로사Rosa가 사랑하는 이를 그리워하며 노래하는 애틋한 작품이다. 현악과 스캣의 서정에 별빛 가득한 밤하늘 정경이 그려진다.

〈La Gitana 집시〉도 루페르토 차피 작곡으로, 단막극 「La Chavala 여자, 1898」에서 발췌된 서정시이다.

…오 어머니, 나 생명의 바다여, 내 영혼의 원천이여, 당신의 노래를 부르며 나는 당신이 살아있음을 느껴요, 당신은 집시였죠, 그리고 또 다른 집시가 태어났죠, 따사로운 빛을 받으며, 나를 이곳으로 이끌었죠. 나는 안달루시아 하늘의 일부입니다. 마드리드의 햇살과 함께…

〈Canción de la Gitanilla 집시여인의 노래〉는 페데리코 추에카의 단막극 「La Alegría de la Huerta 농장의 환희, 1900」에 수록된 부분으로, 피아노 솔로 반주로 색다른 멋을 전한다.

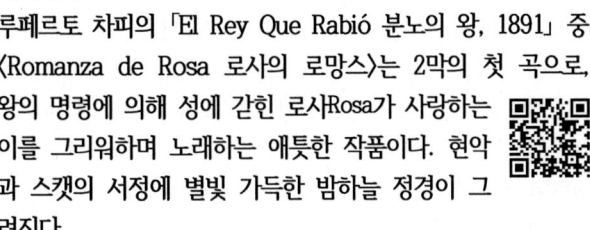

La Esencia

LA ESENCIA
DIANA NAVARRO

2013 | WEA | 2564635427

1. Amar Es para Siempre
2. Tus Labios Son el Cielo
3. Anda Tonto!
4-18. …

1. Te Extraño (& Armando Manzanero)
2. Solamente Tú "Acústico" (& Pablo Alborán)
3. A Buena Hora (& Sergio Dalma)
4. No Matemos el Tiempo (& Vanesa Martín)
5. Miradas Cruzadas (& David DeMaría)
6. Pido la Palabra (& Andy & Lucas)
7. Moon River (& Los Chicos del Coro)
8. Esos Ojitos Negros (& Dúo Dinámico)
9. Lía (& María Dolores Pradera)
10. Romero ao Lonxe (& Sara Vidal de Luar Na Lubre)
11. La Higuera (Tema de La Película Yocasta)
12. Tangos del Roneo (feat. E. Navarro)
13. Ancora Qui
14. Summertime

2013년 디아나 나바로의 신보는 베스트앨범이다. 3곡의 신곡과 15곡의 히트곡을 수록한 CD1와, 이전 앨범에는 수록되지 않은 이른바 초청가수로서의 트랙들을 모은 CD2로 출시되었다.

싱글 커트된 〈Amar Es para Siempre 사랑은 영원히〉는 밝고 달콤한 발라드로, 하모니카의 달콤하고도 산뜻한 5월의 향기가 코끝을 스친다. 프로듀서로 활동 중인 노엘 모리나Noel Molina의 자작곡으로, 그는 플라멩코 유명 가수 안토니오 몰리나Antonio Molina(1928-1992)의 아들이기도 하다.

너의 운명의 길을 따라왔어. 네 목적지로. 네가 바라보는, 시선 안에 내가 있길 바라네. 봐, 어둠은 짙어져, 영혼의 빛을 따라서, 새벽의 노래로 나를 끌어줘. 사랑은, 뒤를 보는 것이 아닌 마주 보는 것, 침묵의 방이란 존재하지 않는 것, 바다로 돌아오는 것. 웃음 짓는 인생을 위해, 기억해, 삶이란 제3자가 아니란 걸, 사랑에는 이유가 없다는 걸. 지켜보지 않고 마주 보는 사랑이라면 국경도 이유가 될 수 없어, 소리 없이 다시 사랑할 테니까.

가창력이 시원스레 발현되는 〈Tus Labios Son el Cielo 당신의 입술은 천국〉은 곡목처럼 숲을 날아 강을 건너고 사막을 넘어 바람을 가르며 흰 구름 위로 펼쳐지는 푸르른 천상의 세계이다. 주로 영화와 드라마 그리고 다큐멘터리의 음악 작곡가로 활동하고 있는 안토니오 멜리베오Antonio Meliveo가 썼다.

나바로가 직접 쓴 〈Anda Tonto! 이봐 바보야〉는 박진감 넘치는 댄스 리듬에 전통적인 창법이 교묘하게 섞여 도발적이고 농염하기까지 하다.

멕시코의 아르만도 만사네로Armando Manzanero(1935-2020)의 《Duetos Armando Manzanero, 2001》에서 함께 부른 〈Te Extraño 당신은 낯선 사람〉에서는 피아노를 기반으로 우울하고도 우아한 볼레로

를 선보인다.

스패니시 팝의 남성 신예 파블로 알보란Pablo Alborán의 데뷔 타이틀이자 성공작인 〈Solamente Tú 당신만이〉은 《En Acústico, 2012》에서 발췌되었는데, 어쿠스틱 기타 연주에 실리는 두 감성적인 고역 보컬이 매우 조화롭다.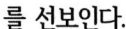

중후한 톤이 매력 있는 여가수 바네사 마르틴Vanesa Martín의 《Trampas, 2010》 수록곡 〈No Matemos el Tiempo 시간을 낭비하지 마〉의 라이브에서도 아름다운 재질감의 병치를 가창력을 통해서 들려준다.

19세 때 데뷔한 남성 가수 다비드 데마리아David DeMaría의 《Caminos de Ida y Vuelta, 2007》에서 함께 부른 〈Mira -das Cruzadas 관점〉은 현대미와 전통미를 그리고 스패니시 팝의 서정에 아랍풍의 감성까지 결합한 세련된 트랙이다.

어린이 합창단 'Los Chicos del Coro'의 《De Cine, 2011》에 수록된 스크린 음악의 명곡 〈Moon River〉에서 그녀의 나이팅게일과 같은 보컬은 순백의 감동을 자아낸다.

마리아 돌로레스 프라데라María Dolores Pradera(1924-2018)가 후배 가수들과 노래한 《Gracias a Vosotros, 2012》에서 발췌한 애절하고 깊은 사랑의 노래 〈Lía 리아〉는 검은 벨벳과도 같은 빛깔과 광택으로 가슴이 먹먹하다.

〈Tangos del Roneo 로메오의 탱고〉는 말라가 엘핌피 바에서 가진 콜라보로, 플라멩코 기타에 여성 보컬 엔카니타La Encarnita와 함께하여 불꽃 튀는 열전을 들려준다.

마지막 두 트랙은 고향 말라가에서 피아니스트 다비드 페레스David Pérez와 함께 공연한 것으로, 소름이 돋을 정도로 명징한 가창의 절정을 들을 수 있다.

〈Ancora Qui 아직도 여기에〉는 엔리오 모리꼬네Ennio Morri -cone(1928-2020)가 작곡한 쿠엔틴 타란티노Quentin Taranti

-no 감독의 영화 「Django Unchained 장고 분노의 추적자, 2012」에 이태리 여가수 엘리사 토폴리 Elisa Toffoli가 가사를 붙인 것이 원곡이다.
조지 거슈윈George Gershwin(1898-1937)의 재즈 명곡 〈Summertime〉에도 숨통을 조이는 마녀와도 같은 기교가 펼쳐진다. 노래를 가지고 논다는 것이 바로 이런 것일까!

그녀는 결코 절제할 의도는 엿보이지 않는다. 한 곡 한 곡에 혼신을 불어넣어 꽉 차있는 성량과 호소로 청자를 기진맥진하게 만든다. 그러면서 자신을 비워내는 것처럼 청자에게 고스란히 전달해 준다.

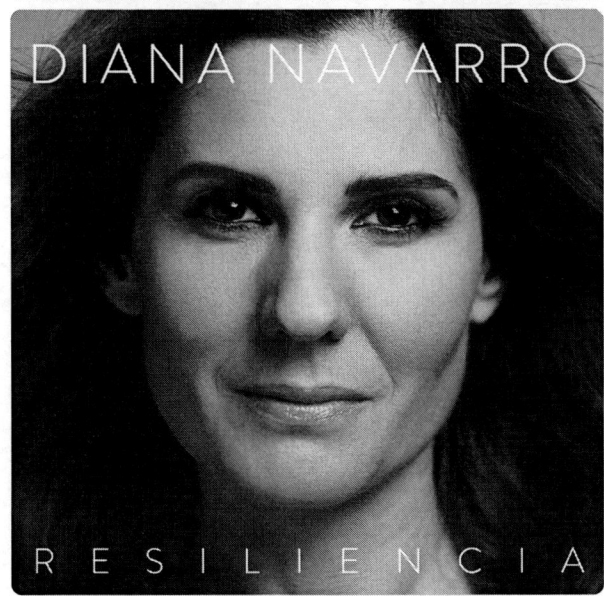

Resiliencia

DIANA NAVARRO

RESILIENCIA

2016 | Warner | 9029597477

1. Angelito de Canela
2. El Perdón
3. Yo Me Voy a Querer
4. Eres Tú
5. Haz Conmigo lo Que Quieras
6. Los Niños No
7. La Revolución del Amor Sincero
8. Olivia Ovidia
9. Que Sí, Que Sí, Que Sí…
10. Ni Siquiera Nos Quedó París
11. Desnuda Vengo Aquí
12. Me Amo y Me Acepto Completamente
13. La Reina de Occidente

'인생의 충격적인 상황에 직면하여 깨지지 않고 변형되거나 늘어나며 그 속에서 더욱 강해지는 인간의 능력'을 의미하는 제목의 본작 《Resiliencia 회복력》은 두 곡을 제외한 모든 곡을 자신이 직접 가사를 썼다.
코플라Copla, 플라멩코Flamenco, 사에타Saeta, 사르수엘라Zarzuela, 리리카Lírica 등에 뿌리를 두고 다양한 뉘앙스를 표출한 일렉트로닉 팝 앨범으로, 자신의 최고 버전이라 말했을 정도로 그녀는 열정을 쏟아부었다.

〈Angelito de Canela 시나몬의 천사〉는 들으면 들을수록 그 감칠맛이 진하게 감돈다. 그녀의 레퍼토리 중 순한 맛인 편이지만, 가녀린 가창과 함께 멜로디는 은근히 또렷한 인상을 남긴다. 사랑에 있어서 매혹시키는 향신료 같은 욕망을 주의해야 한다고 노래한다.
…시나몬의 천사, 넌 악마로 변하지, 죄가 널 먹여살리지, 이걸로 파티는 끝났어, 넌 깨닫지 못하고 너무 멀리 가버렸어. 욕망은 널 혼란스럽게 해, 넌 모두에게 존재하고, 네가 바람을 일으키기 때문이야, 생각과 욕망의 구석으로 몰래 숨어들어, 영혼을 흔들어 놓네…
〈El Perdón 용서〉는 사랑의 기만과 배신에 대한 것으로, 하나님은 용서할지 모르겠지만 자신은 용서할 수 없다는 내용이다. 레퀴엠을 연상시키는 비장한 코러스와 꺼져가는 심장 체크기의 구상음은 많은 상상을 하게 한다.

〈Eres Tú 바로 너〉는 사랑의 확신을 그린 것으로, 클래식 보칼리제와 함께 축복이 내린다.

…너에 대한 존경심으로 난 다시 믿음을 갖게 되었네, 난 이 사랑을 위해 기꺼이 사막을 건너겠어, 난 의심하지 않아, 바로 너야, 나이 진실, 나의 반쪽, 나의 정신, 바로 너야…

〈Haz Conmigo lo Que Quieras 네가 원하는 대로 나와 함께〉는 일렉 플라멩코의 명작이 될 것이다. 가사도 다소 성애적인데, 요염하고 뇌쇄적인 그녀의 정열을 뿌리치기란 쉽지 않다.

흥겨운 카바레 곡 〈La Revolución del Amor Sincero 진실한 사랑의 혁명〉은 과거의 향수와 현재의 세련됨이 매우 조화롭다.

〈Ni Siquiera Nos Quedó París 파리도 얼마 남지 않았는데〉는 이별의 왈츠로, 장중한 현악은 모든 것을 주었으나 아무것도 남지 않은 현실의 절망을 더 서글프게 한다.

〈La Reina de Occidente 서부의 여왕〉은 젊은 팝 감각이 탁월한데, 긴 호흡의 가창은 정말이지 기염을 토할만하다. 이는 사랑과 기다림의 약속으로, 질주하는 듯한 경쾌한 템포는 언제나 합당하다.

장르를 가리지 않는 그녀의 팔색조 같은 보컬의 매혹은 완벽한 쾌감을 불러일으킨다. 아찔하고도 시원한 이 회복제는 강력한 효력을 발휘하며, 과용하고 싶은 욕구의 부작용은 주의할 필요가 없다. 그래서 개인적으로 가장 애청하는 작품이 되었다.

Inesperado

Warner / 0190295347789 / 2019

1. Cuando Venga el Amor
2. Encrucijada
3. Adiós
4. Me Bebo Tus Secretos
5. Una Flor Como la Mía
6. Inesperado
7. Coral Y Espuma
8. La Flor del Asfalto
9. Moreno Mío
10. Deseo Comprenderte
11. El Último Amparo (Seguirylla del Marrurro)

"저는 항상 전통 음악과 다른 스타일을 융합하는 것을 좋아했습니다. 나는 내가 하는 일을 포괄하는 스타일이라고 부르기를 좋아하기 때문에 교향곡과 일렉트로닉, 플라멩코, 네오코플라가 될 수 있습니다."

본작 《Inesperado 예기치 않게》 역시 전작의 노선과 다르지 않지만, 이번엔 좀 더 파격적이라 할 수 있다.

그것은 첫 싱글로 발표된 〈Encrucijada 기로〉에서 두드러지는데, 그의 우상 중 한 명인 마리페 데 트리아나Marifé de Triana(1936-2013)의 1981년 발표곡을 랩 버전으로 헌정했다. 그녀는 세비아의 트리아나에서 살았기에 '트리아나의 마리페'란 별칭으로 코플라Copla[4) 가수로서 그리고 민속 영화의 선구자 배우로 활약했다.

나바로는 조카들이 랩 음악을 즐겨 듣는 것을 보고는 거침없는 랩 가사에 놀라워하며 시적인 가사의 융합을 생각했고, 마리페 데 트리아나의 노래를 흥얼거리다 아이디어를 얻었다고 한다.

목말라 죽어가는 옛사랑과 새로운 사랑의 기로에서 나는 원하지만 거절해⋯ 그 불쌍한 사람은 내가 행복한 걸 보고 기뻐하고, 또 다른 사람은 나를 괴롭히면서 내가 고통스럽다고 생각하지, 둘 다 틀렸어, 왜냐하면 난 여전히 속고 있기 때문이야, 날 찾는 이에게 나는 말할 거야⋯ 난 그를 위해 살지 않기에, 더 이상 사랑하지 않는다고⋯

모노톤으로 성애적인 장면을 뮤직비디오에 연출한 〈Cuando Venga el Amor 사랑이 올 때〉는 잔잔한 팝 성향으로 들려준다.

사랑이 오면 두려움도, 의심도 없고 오직 열정만 있을 거야. 우리는 서로를 바라보며 그것이 쓰였다는 걸 알게 될 거야. 우리의 사랑은 매일 열리는 삶이 될 것이기 때문이지⋯

〈Adiós 안녕〉은 아름다운 이별을 위한 곡으로, 수채화처럼 기타의 투명감이 잔잔하게 번지며 웅장한 대미를 거둔다.

⋯넌 최고를 받을 자격이 있어, 비록 지금은 하늘을 볼 수 없을 테지만. 거기에 더 많은 색상이 있음을, 내가 거기서 널 기다리고 있음을 느끼게 될 거야. 소원의 별똥별처럼 난 널 빛나게 할 거야, 네 고통이 치유될 때까지, 안녕⋯

자작곡 〈Me Bebo Tus Secretos 난 네 비밀을 마셔〉는 매우 우아하고도 황홀한 카바레 음악으로, 추파와 유혹에 대한 따끔한 경고이다.

⋯오늘 밤 나와 함께 가면, 넌 내가 잊는 걸 돕는 포도주가 될 뿐이야. 사랑은 더 비싸, 이 상처 난 마음에 흥정은 불가능해, 이 섬에서 책임질 유일한 사람이라 착각하지 마⋯

〈Coral y Espuma 산호와 거품〉은 디아나 나바로의 가창력에 흠뻑 젖을 수 있다. 서정적인 그녀의 작곡도 수긍이 가는 아름다운 작품이다.

네 입맞춤의 빛 속에서 나는 두려움으로부터 피난처를 찾았고, 내가 내 그림자가 불타고 있다는 것을 느꼈네⋯ 어서, 어쨌든 나에게 거짓말이라도 해. 나를 바다로 데려가서 난파시켜줘, 날 빠뜨려 산호와 거품 사이에서 짠 파도가 치게 해줘. 남풍이 와서 날 덮치도록⋯

이후 발표된 《De la Piquer a la Navarro 피케르에서 나바로까지, 2023》는 코플라의 여왕으로 꼽히는 배우이자 가수 콘차 피케르Con-cha Piquer(1906-1990)의 레퍼토리를 피아노와 아코디언 연주자와 함께 나바로의 스타일로 재연한 앨범으로, 20세기와 21세기의 불꽃 튀는 대련과 조화를 선보였다.

스페인의 셀린 디온Celine Dion'라 불리는 디아나 나바로의 곡예적인 멜리스마melisma는 최상급의 희열이다.

---

4) Copla : 스페인 대중가요에서 발견되는 네 구절의 시적 형식으로 1930-40년대에 번성, 20세기 후반 코플라의 부흥을 일으킨 가수가 그라나다의 카를로스 카노Carlos Cano(1946-2000)이다.

파두의 세계적 영성
Dulce Pontes • 둘씨 폰트시
Portugal

배우 에드워드 노튼Edward Norton의 소름 돋는 연기가 일품이었던 심리 스릴러 영화 「Primal Fear 프라이멀 피어, 1996」는 사실 한 음악 때문에 그 완성도의 정점을 찍었다고 생각된다. 그 슬픔 섞인 신비한 노래는 영화의 종잡을 수 없는 불가사의의 느낌을 더더욱 증폭시켰다. 한편으로는 연민을, 또 한편으로는 공포를 길게 머물게 하며 색다른 서정에 휩싸이게 했다.

둘씨 폰트시는 1969년에 리스본 근교 몬티주Montijo에서 태어났다. 미취학의 어린 그녀에게 음악의 멋을 처음 알려준 것은 그녀의 삼촌이었다. 그는 전문 가수는 아니었지만, 투우의 지지자로서 어린 그녀에게 전통적인 파두의 창법을 가르쳐 주었다.

7세 때 리스본의 국립음악학교로 들어가 4년 동안 피아노를 집중적으로 학습하였으며, 고전음악과 영미 팝 그리고 포르투갈의 대중음악들을 즐겨 들었다고 한다. 당시 댄스도 재능을 보여 시작했지만, 전문 댄서가 되기에는 좀 늦은 나이였으므로 음악에 집중했다.

1988년 고향 몬티주에서 공연될 뮤지컬의 주인공을 뽑는 경연에 참가하여 후보자가 된 그녀는 테스트 공연에서 그녀의 프로듀서가 될 길례르미 이네시Guilherme Inês를 만나게 된다. 그는 제카 아폰수Zeca Afonso로 알려진 조제 아폰수José Afonso(1929-1987) 등 많은 아티스트들과 작업한 이력이 있었다. 그는 그녀를 다른 뮤지컬의 주인공으로 데뷔시켰고, 다양한 TV프로그램과 광고 리코딩에 참여시킨다. 그녀가 부른 레퍼토리에는 레논John Lennon과 맥카트니Paul McCartney의 〈The Fool on the Hill〉도 있었다.

1991년에 포르투갈 송 페스티벌에 참가한 그녀는 〈Lusitana Paixão 루스타니아인의 열정〉으로 우승하고 유로비전 송 콘테스트 출전권을 거머쥔다. 로마에서 열린 36회 유로비전 송 콘테스트에서 동명의 곡으로 8위에 입상한 후 데뷔작 《Lusitana 루스타니아인, 1993》이 발표된다.

Lágrimas

Lágrimas

DULCE PONTES

1994 | Movieplay | SO 3003

1. Cancão do Mar
2. Se Voaras Mais Ao Perto
3. Povo Que Lavas No Rio
4. Lágrima (live)
5. Que Amor Não Me Engana
6. Laurindinha
7. As Sete Mulheres do Minho
8. Novo Fado da Severa (Rua do Capelao)
9. Estranha Forma de Vida (live)
10. Zanguci-Me Com o Meu Amor
11. Achégate a Mim Marusa
12. Os Indios da Mcia Praia

프로듀서 길례르미 이네시Guilherme Inês와 조우한 두 번째 앨범 《Lágrimas 눈물》을 들어보면, 많은 신세대 파두가수 중에서 세계적인 가희로 성장할 수 있었던 이유를 잘 감지할 수 있다. 전혀 신인답지 않은 깊고 농밀한 가창력은 진

부한 전통 파두에 머물지 않고 세계적 팝 감성과 부합하고 있다. 이 프로듀서와 가수의 가장 완벽한 호흡으로, 그녀는 가장 짧은 시간 내에 견고한 예술적 기풍을 가진 프리마돈나가 될 수 있었다.

첫 곡 〈Cancão do Mar 바다의 노래〉는 그녀의 명성을 세계적으로 유명하게 해 준 영화 「Primal Fear 프라이멀 피어, 1996」의 삽입곡이다. 파두의 전설적인 여왕 아말리아 로드리게스Amália Rodrigues(1920-1999) 이래로 많은 가수들에 의해 불렸으며, 세계적인 팝페라 가수 사라 브라이트만 Sarah Brightman도 2003년에 〈Harem〉이란 제목의 영어 가사로 불러 또다시 세계적인 히트를 기록하였지만, 명불허전인 둘씨 폰트시의 대표곡으로 자리 잡았다.

다소 음산하기까지 한 서두를 지나면 마치 거센 바다를 잠재우기 위한 제례의 행렬이 보이는 듯하다. 비바람이 몰아치는 험난하고 광활한 암흑의 바다 위에서 연인을 찾아 헤매는 그녀의 비탄으로 바다는 붉은 절규의  물이 든다.

작은 배를 저어 나가네, 광폭한 바다를 향해, 아름다운 그대 눈동자, 하나뿐인 빛을 찾아, 작은 배를 저어 나가네, 성난 파도가 넘실거리는 바다를 향해, 잔인한 바다여, 다시 한번 웃으며 춤추고, 그대와 함께 할 수 있다면, 한 번만이라도…

〈Povo Que Lavas No Rio 당신은 강물에 몸을 닦고〉도 아말리아 로드리게스의 노래로, 긴 파장의 목소리와 여음이 삶을 돌이켜 보게 한다.

당신은 강물에 몸을 닦고, 나의 목관을 연장으로 깍지, 당신을 옹호하는 사람도, 당신의 신성한 땅을 살 이도 있을 거야, 하지만 이건 당신의 인생은 아니지… 빛과 진흙의 냄새, 난 그와 함께 침상에서 잠이 들었지, 같은 기분으로. 난 당신을 따랐고, 당신은 감각의 최고조를 내게 주었네, 하지만 이건 당신 인생이 아니야.

역시 아말리아 로드리게스의 명곡인 타이틀곡 〈Lágrima 눈물〉은 사랑의 고통으로 죽어가는 절절한 심경을 담는 작품이다. 원곡 자체가 밝고 온화하지만, 서서히 타들어가는 아말리아 로드리게스의 낙관적인 서정에 비하면, 그대로 인해 죽을 수 있어 감사하다는 로맨스로 들린다.

〈Que Amor Não Me Engana 난 사랑의 바보가 아니야〉는 부드러운 음성으로 노래하는 남성 싱어송라이터 조제 아폰쉬José Afonso(1929-1987)의 곡이다. 간결한 현의 반주로만 노래한 기도조의 원곡도 너무나 처연하고도 아름답지만, 그녀는 한편의 모노드라마를 써 내려간다.

전통민요를 켈틱풍의 아카펠라로 편곡한 〈As Sete Mulheres do Minho 강가의 일곱 여인〉은 새로운 신선함을 던져주는 소품으로, 본래 조제 아폰수가 가사를 붙여 아코디언과 기타의 밝은 톤의 축제풍으로 취입한 작품이다.

아말리아 로드리게스의 노래로 〈Rua do Capelao 거리에서〉란 부제가 붙어 있는 〈Novo Fado da Severa 엄중한 새의 노래〉는 미래 사랑에 대한 확신을 표현했다. 웅장한 도입에 이어 성스러운 사랑의 복음이 포근하게 전달된다.

사제의 거리 위는 로즈메리로 뒤덮였네, 내 사랑이 빨리 찾아온다면, 그가 지르밟을 땅 위의 돌멩이에 입맞춤이라도 하겠네, 내가 그대를 본 그때로부터 난 목표를 정했지, 오 내 사랑이여, 노래로 포옹하며 살고, 네게 안겨 죽겠노라고!

역시 아말리아 로드리게스가 찰랑이는 기타라 반주로 부른 흥겨운 민요 〈Zanguci-Mecom o Meu Amor 내 사랑으로 화가 났네〉는 부드러운 볼레로풍의 발라드로 편곡되었다. 사랑에 대한 조바심으로 눈물짓지만, 연인이 돌아와 휘파람으로 질투심을 녹여준다는 달콤한 에피소드이다.

조제 아폰수가 부른 민요 〈Achégate a Mim Marusa 마루

싸 내게 더 가까이〉는 아카펠라 2중창이지만, 둘씨 폰트시와 길레르미 이네쉬는 또 하나의 월드뮤직 명연을 탄생시킨다. 우리의 견우와 직녀와 같이 한 쌍의 간절한 사랑의 전설은 너무나 슬프고 극적으로 그려진다. 고요한 밤의 침묵을 가르는 염원의 주술에 이어 리듬을 맞추는 손뼉 소리가 눈물을 닦아준다.

커버의 청초한 외모 속에 숨겨져 있는 그녀의 힘과 색채는 오랜 시간이 지난 지금도 가장 크고 출중한 음장이 되어오고 있다.

이듬해 발표한 2CD 앨범 《A Brisa do Coração 마음의 바람, 1995》은 그해 5월 6일 포르투갈 북부 도시 포르투Porto에서 거행한 라이브 녹음으로, 30만 장 이상 판매되는 성공을 거두었다.

이 라이브 앨범의 타이틀이자 신곡인 〈A Brisa do Coração 심장의 바람〉는 로베르토 파엔사Roberto Faenza가 감독하고 마르첼로 마스트로얀니Marcello Mastroianni(1924-1996)의 마지막 주연작이기도 한 영화 「Sostiene Pereira 페레이라에 따르면, 1996」에 삽입되었다. 이 영화의 음악감독은 엔니오 모리꼬네Ennio Morricone로, 이 일로 우정을 쌓아간다.

Caminhos

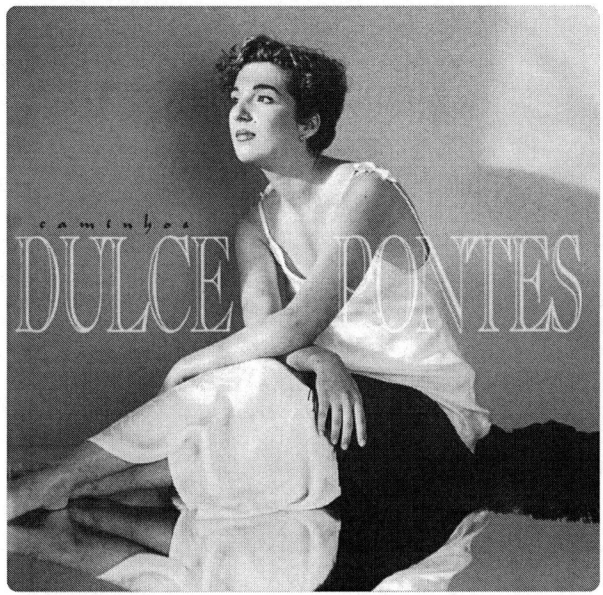

1996 | Movieplay | SMP 850101

1. O Infante
2. Mae Preta
3. Fado Portugues
4. Gaivota
5. Catedral de Lisb9oa
6. Lela
7. Meu Alentejo
8. Senhora do Almortao
9. Verdes Anos
10. Cantiga da Terra
11. Filho Azul
12. Hora de Fechar
13. Ferreiro
14. A Ilha do Meu Fado
15. Porto

단발로 돌아온 세 번째 앨범 《Caminhos 길》은 다양한 개념적 길에 대한 모음집이다. 대의적이고 보편적인 경계에서 내밀한 개인적 소망으로 그 여정을 구체화하고 있으며, '걸어가야 할 길'에서 '현재 서 있는 길' 그리고 '걸어온 길'로 이어지는 것도 주목할 만한 시선이다.

프로듀서 길레르미 이네시는 본작을 위해 현악 오케스트라를 참여시켜 보다 공간감이 깊은 연주를 들려주고 있다. 레퍼토리는 재해석과 창작곡의 균형을 맞추었으며, 대부분을 채우고 있는 단조의 곡들은 우리의 마음을 쉽게 빼앗는다. 물론 그녀의 목소리가 지닌 다채로운 해석력도 결코 놓칠 수 없다.

포르투갈 모더니즘의 대표 작가 페르난두 페소아Fernando Pessoa(1888-1935)의 시에 둘씨 폰트시가 작곡한 〈O Infante 오 후예들이여〉는 어지러운 난국을 잘 헤쳐나가 역사의 영광을 되찾길 바라는 부국의 희망가이다. 오케스트라를 뒤로 피아노를 연주하며 불타는 애국심을 뜨거운 가슴으로 열창한다.

하늘이 원했고, 인간이 꿈꾸던, 세상이 탄생되었네, 하나님은 유일한 땅이 있으라 했고, 하나의 바다가 이를 나누었네, 하나님이 이를 축복하고, 세상은 구름을 걷고 드러났지. 하얀 파문은 섬에서부터 본토에까지 이르고, 세상의 끝을 향하여 일렁이네. 그리고 갑자기 온 대지가 드러나 푸른 경관이 채워졌네, 축복받은 땅, 융기하는 포르투갈, 바다와 우리의 시간은 상징이 될 거야, 바다를 정복하고 제국을 압도하는 표상, 후예들이여, 포르투갈인이라면 자신감을 가지게나! 아말리아 로드리게스의 대표 명곡 〈Barco Negro 검은 돛배〉를 새로운 가사와 뉴에이지 월드풍의 편곡한 〈Mae Preta 검은 어머니〉는 아프리카 어머니들의 눈물 어린 모정과 진한 생명력에 바치는 찬양가라 할 수 있다.

역시 아말리아 로드리게스가 불렀던 〈Fado Portu-gues 포르투갈 파두〉는 파두의 유래를 소개하고 있다. 뱃사람을 사랑한 여인, 연인의 무덤이 되어

버린 바다, 그리고 나의 무덤이 될 바다의 노래로서 슬픈 엘레지를 오케스트라의 바람결로 흘려보낸다.

〈Gaivota 갈매기〉 또한 아말리아의 노래로, 연인을 가슴에 묻어야 하는 포르투갈 여인의 슬픈 인생의 서정이 물든다. 리스본 하늘을 나는 갈매기는 바다의 선원으로, 그녀의 시선에는 무정과 원망이 비친다.

조제 아폰수José Afonso(1929-1987)가 취입한 민요 〈Catedral de Lisboa 리스본 성당〉은 여왕의 행렬을 알리는 리스본 성당의 종소리 이야기이다. 그의 담백한 포크풍의 노래도 구슬프고 아름답지만, 그녀의 오케스트라 버전은 보다 처연하고 극적이다.

스페인의 백파이프 연주가 카를로스 누녜스Carlos Nuñez가 편곡하고 연주에 참여한 갈리시아 민요 〈Lela 렐라〉는 아코디언의 열과 휘슬의 눈물이 비탄에 젖는다.

렐라, 당신 없이 살 수 없어… 당신의 달콤한 사랑으로 생명을 줘…

포르투갈 남부의 역사도시에서의 감정을 그린 〈Meu Alente-jo 나의 알렌떼주〉에는 역사유물들을 보며 선인들을 향해 감사를 표하고 있으며, 청명한 기타의 선율이 촉촉하게 물드는 〈Verdes Anos 청년〉은 젊은 사랑의 초상을 시적으로 그려간다.

카를로스 누녜스의 백파이프와 휘슬이 전원적인 풍광을 그려주는 〈Cantiga da Terra 대지의 노래〉는 땅의 풍요로움에 대한 찬가로, 그 축제의 행진이 푸르게 펼쳐지는 에스닉 퓨전이었다.

인생의 바다에서 길 잃은 외로움과 상실감 그리고 휴식과 향수에 대한 서정을 따스하게 채색하는 〈A Ilha do Meu Fado 내 노래의 섬〉에 이어, 그녀의 마지막 길 끝에서 플라멩코 기타와 함께한 스캣 연주곡 〈Porto 항구〉에 머물게 된다.

이듬해 그녀는 로마에서 거행된 '세계 식량의 날' 기념 'Yes for Europe' 콘서트에 참가, 이는 17개 TV채널을 통해 방송되었다. 또한 뉴욕의 UN 52주년 콘서트, 마드리드의 국제사면위원회 콘서트에도 참여했다.

1998년엔 미국과 캐나다에서 솔로 콘서트를 열었고, 치프턴스The Chieftains 등의 라이브에 게스트로도 참여했다.

스페인과 이탈리아는 그녀에게 가장 큰 국제시장이었는데, 이태리 팬들을 위해 안드레아 보첼리Andrea Bocel-li와 함께 사랑 노래인 〈O Mar e Tu 바다와 당신〉을 싱글로 발표했다.

또한 1998 리스본 엑스포 기간에 3만 관중 앞에서 세자리아 에보라Cesária Évora(1941-2011)와 마리사 몬치Marisa Mon-te와 함께 두 차례 무대에 섰다.

이후 포르투갈의 탐험가 테이셰이라Pedro Teixeira를 조명한 다큐멘터리 「Curiua Catu, a Grande Expedição de Pedro Teixeira 테이셰이라의 대모험」의 사운드트랙에 참여한다.

O Primeiro Canto

1999 | Polydor | 543 135

1. Alma Guerreira (Fogo)
2. Fado-Mae
3. Tirioni
4. O Primeiro Canto (dedicado a Jose Afonso)
5. O Que For, Ha-de Ser (Ar)
6. Modinha das Saias
7. Garca Perdida
8. Velha Chica (& Waldemar Bastos)
9. Ai Solidom
10. Suite da Terra
11. E Tao Grande o Alentejo
12. Patio dos Amores
13. Porto de Magoas
14. Ondeia (Agua)

프로듀서 길례르미 이네시와 결별한 후 발표한 본작 《O Primeiro Canto 선두의 노래》는 그녀의 작시, 작곡, 편곡에 이르는 다재다능한 면모를 접할 수 있다.

지구의 4대 요소 · 불, 공기, 흙, 물을 콘셉트로 했으며, 실내악의 고혹적이고도 깊은 질감이 매우 따스하다. 강렬한 커버만큼, 한번 재생 버튼을 누르면 연주 공간을 이탈할 수 없을 만큼 훌륭한 작품성을 접하게 된다.

〈Alma Guerreira 투혼 (불)〉부터 본작이 가진 아름다운 위력은 극대화되기 시작한다. 전의를 다지는 긴장감 서린 불꽃 의식 앞에서 활활 타오르는 사랑을 느끼며 전장의 투혼을 발휘할 수 있도록 사랑을 구원한다. 화염처럼 유연하고도 뜨거운 보컬과 함께 다양한 악기들과  의 조화는 더욱 거세고 비장하다.

자작곡 〈Fado-Mae 어머니 노래〉는 구슬픈 파두의 매력을 잘 보여주는 발라드로, 고달픈 일생에 있어서 영혼의 안식을 기원한다.

포르투갈 북동부의 도시 미란다 두 도루Miranda do Douro 의 민요 〈Tirioni 띠리오니〉는 산악의 양치기들이 양모를 카딩하며 살아가는 모습을 노래한 것으로, 깊은 공명을 만드는 기타 선율의 애잔함은 고색의 시간  속으로 우리를 초대한다.

그의 많은 곡들을 재해석했던 조제 아폰수José Afonso(1929 -1987) 헌정작 〈O Primeiro Canto 선두의 노래〉 는 뉴에이지 포크풍의 연주가 신선하며, 충만한 사랑과 평화로 전원의 축제를 그리고 있다.

자작곡 〈O Que For, Ha-de Ser 무엇이 될까 (공기)〉는 아코디언이 가미된 현악5중주의 은은하고도 고고한 재질감이 무척 따스하다. 사랑에 대한 애틋한 상념에 젖게 되는 아름다운 노래이다.

〈Modinha das Saias 치맛단 이야기〉는 짧지만 강렬한 인상을 남겨주는 자작곡으로, 비발디 시절의 고전음악처럼 들린다. 포르투갈 여가수 마리아 조앙Maria Joao과 이태리 출신의 소프라노 젬마 베르타뇰리Gemma  Bertagnolli가 참여, 여성 3중창이 들려주는 고색

창연함에 눈이 부시다.

기타 야상곡 〈Garca Perdida 길 잃은 새〉에서는
날아가고픈 꿈을 꾸며 해변가에서 잠을 청하는 한
마리 새의 절절한 고독을 그렸다.

앙골라 출신의 남성 뮤지션 발데마르 바스토스Waldemar Ba
-stos의 자작곡으로, 앙골라 내전의 현실을 고발한 〈Velha
Chica 나이 든 여자〉는 듀오 보컬이 너무나 처량
하다. 캐나다 출신의 뉴에이지 그리고 플라멩코
기타리스트 제시 쿡Jesse Cook이 참여했다.

다소 몽롱한 〈Suite da Terra 대지의 조곡〉은 생명력 있는
새로운 노래에 대한 욕망이다.

자작곡 〈Patio dos Amores 사랑의 길〉은 흥거운 축제와
발랄한 행진의 춤곡이며, 〈Porto de Magoas 비탄의 항구〉
는 사랑과 이별의 슬픈 로망스이다.

켈트의 향기가 흩날리는 〈Ondeia 물〉은 스캣 연
주곡으로, 서러운 애환을 떠내려 보내는 듯 감정
을 함축해서 상징적으로 풀어낸 걸작이다.

2000년에 조제 아폰수 상Prémio José Afonso5)을 수상한 그
녀는 2001년에 엔니오 모리꼬네와의 인연을 이어가는데, 그
의 초청으로 런던의 바비칸Barbican 센터, 베로나의 아레나,
로마의 산타세실리아 음악원 연주회에 게스트로 섰다.

2002년에는 첫아들의 출산을 위해 거행 중이던 미국 라이브
를 비롯하여 모든 활동을 중단하고, 그녀의 팬들의 아쉬움
을 위해 《Best of》를 발매했다.

---

5) Prémio José Afonso : 그의 사후 1988년부터 문화와 역사를
   잘 담아낸 최고의 포르투갈 음악앨범에 시상한 음악상으로,
   2012년부터 작곡가와 음악연구자 등의 시상식으로 바뀌었다.

Focus (& Ennio Morricone)

2003 | Universal | 980 829

1. Cinema Paradiso (Love Theme)
2. A Rose Among Thorns (The Mission)
3. Renascer (Moses)
4. No Ano Que Vem (Come Maddalena)
5. Your Love (Once Upon a Time in the West)
6. Amália por Amor
7. Nosso Mar (Metti Una Sera a Cena)
8. Antica Palavbra
9. La Luz Prodigiosa (La Luz Progidiosa)
10. The Ballad of Sacco & Vanzetti (Sacco E Vanzetti)
11. Someone You Once Knew (Per Le Antiche Scale)
12. Voo
13. I Girasoli
14. House of No Regrets (Chi Mai)
15. Barco Abandonado (Per Le Antiche Scale)

2003년에는 제25회 모스크바 국제영화제에서 그녀가 참여
했던 엔니오 모리꼬네Ennio Morricone(1928-2020)의 음악 감

독 영화 「The End of a Mystery : La Luz Prodigiosa, 2003」가 우승한다.

그리고 이태리 음악 프로듀서 프린세스코 데 밀리스Frances-co De Melis의 아이디어로부터 탄생된 모리꼬네와의 만남 《Focus》가 발표되었는데, 이에는 주옥같은 영화음악의 테마를 둘씨 폰트시가 노래한 11곡과 그녀를 위해 새롭게 쓴 신곡 4곡이 수록되었다. 다행스럽게도 국내에서 라이선스로 소개되어 월드뮤직 애호가들뿐만 아니라 영화음악과 팝 팬들에게도 화제가 되었다.

멜로디가 연주되자마자 눈물이 맺힐 것 같은 음악이 있다. 이탈리아의 쥬세페 토르나토레Giuseppe Tornatore 감독의 명화 「Cinema Paradiso 시네마 천국, 1988」의 사랑의 테마가 그런 곡일 것이다. 이 영화를 보지 않은 사람도 많지 않겠지만, 이 아름다운 주제를 모르는 사람도 드물 것이다. 시네마 천국 극장에서 시작되는 주인공 토토와 영사 기사 알프레드의 우정, 그리고 청년 토토의 엘레나를 향한 첫사랑 등은 장소와 배경은 다르지만 우리의 인생 단편을 떠올릴 정도로 향수적이었다.

옛날 옛적에 마법의 일격이 있었네, 그림자와 빛은 번성하며 꿈과 환상으로 이어졌고, 유혹과 희열의 의식적인 몸짓은 움직이는 그림이 되었네. 음악이 흐르고, 내 마음의 은막 위에서, 변치 않는 어린 시절의 그 아이를 보겠노라고 맹세했네, 조명이 꺼지고, 이 영화관의 어둠 속에서, 내 눈이 빛나면, 내 외로움은 곧 사라질 거야. 내 눈앞의 파라디소 극장에서, 나의 심장이 날아가네, 초당 24프레임의 이미지로, 영화는 끝날 거야, 잠시 뒤 나는 울게 될까? 웃게 될까?

〈A Rose Among Thorns〉은 가슴을 벅차게 하면서도 먹먹하게 한다. 롤랑 조페Roland Joffé 감독의 「The Mission, 1986」에서 가브리엘 신부의 진정한 인류애를 〈Gabriel's Oboe〉를 통해 느끼지 않았던가. 속삭이듯 문을 열지만, 곧 길고 험난한 여정이 눈앞에

펼쳐진다. 무엇보다 폰트시의 단단하고 투명한 스캣이 만개하는 후주에는 온유한 빛이 쏟아진다.

…우리는 삶의 순간마다, 지친 자의 눈에 불꽃을 밝히는 마음을 찾지. 누가 나를 더 큰 사랑으로 인도할 수 있을까, 우리 안에 선함이 있다는 걸 보여줘.

〈Renascer 거듭남〉은 6시간 분량의 TV 미니시리즈 「Moses 모세, 1975」의 테마로, 이 드라마는 출애굽의 갈라지는 홍해의 기적과 십계명으로 잘 알려진 성서의 인물 모세의 일대기를 그린 작품이다. 종교적 영화의 테마답게 엄숙하면서도 거룩한 모리꼬네의 주제에 모세의 고민과 절망과 희망을 담은 포어 가사는 폰트시가 직접 썼다. 역시 가슴을 쥐어짜는 듯 고통이 느껴지는 후반의 스캣은 감동적이다.

내 운명은 탑을 지탱하는 거대한 기둥인가, 불의 십자가, 그게 늘 마음속 깊이 아프게 하네, 우리에게 얼마의 시간이 남았나? 우리의 고향 노래는 바다도 없이 표류하는, 영웅 없는 난파선인가? 내 마음으로부터, 가장 순수한 물로 가장 단단한 바위를 깨뜨리는 그 시간을 알려주리니. 나는 주님의 도제이기에, 결국 사랑은 헛되지 않을 거야. 나의 주님, 인류가 무슨 짓을 했나요? 당신의 강을 마르게 했고, 존재 자체를 모독했습니다. 하늘은 고요하고 하나님은 침묵하셨네, 그리고 그분은 거듭남의 새로운 노래를 지으실 거야.

〈No Ano Que Vem 내년에〉는 폴란드 출신의 제르지 카왈레로비츠Jerzy Kawalerowicz가 감독하고 이태리와 유고슬라비아가 공동제작한 성인물 「Maddalena 막달레나, 1971」의 테마 〈Come Maddalena 막달레나처럼〉에 곡을 붙인 것이다. 막달레나는 중의적인 의미를 가지는데, 성녀 마리아의 이름이기도 하지만 후회하는 타락한 여자를 의미하기도 한다. 현실의 자신을 구원하기 위해 환상을 쫓는 젊은 유부녀 막달레나의 이야기를 담아, 폰트시는 사랑의 욕망으로 내가 너무 많이 태어나고 고독으로 내가 너무 많이 죽는다고 노래하며 자신의 예루살렘에는

아무도 없는 것 같다고 절망한다.

〈Your Love〉는 모리꼬네의 명작 중 하나인 서부극 「Once Upon a Time in the West 옛날 옛적 서부에서, 1968」의 주제로, 언제나 심금을 울리는 멜로디에 폰트시는 가녀리고도 강렬한 절창으로 청자의 가슴을 촉촉하게 적신다.

…밤에 내 곁에서 나를 어루만지며 내 두려움을 진정시켰던 당신은 어둠을 빛으로 바꾸었지… 당신의 힘이 나를 강하게 만들었네, 삶은 우리를 갈아 놓았지만, 밤이 길어지면 당신의 사랑은 내 마음속에 빛나네…

〈Amália por Amor 사랑을 위한 아말리아〉는 폰트시의 다수의 곡을 썼던 조안 멘돈사João Mendonça가 작사하고 모리꼬네가 작곡한, 파두의 거장 아말리아 로드리게스Amália Rodrigues(1920-1999)에 대한 찬사이다. 전원적이고도 부드러운 선율은 불현듯 활활 타오르는 듯한 신기루를 보여준다.

영화 「Metti, Una Sera A Cena 어느 날 밤의 만찬, 1969」은 매우 기묘하고도 복잡한 남녀관계를 그린 성인물로, 모리꼬네의 특히 아름다운 명작들 중 하나로 꼽는다. 〈Nosso Mar 우리의 바다〉는 봄바람처럼 살랑이는 보사노바에 에다 델 오르소Edda Dell'Orso의 가볍고 부드러운 스캣이 얹히는 주제곡에 폰트시가 직접 가사를 붙였다. 낭만적인 멜로디는 보사노바의 아버지 카를루스 조빙Antônio Carlos Jobim(1927-1994)와 '태풍'이란 별칭을 얻었던 엘리스 헤지나Elis Regina(1945-1982)를 추억하며 브라질의 삼바축제와 음악에 영광을 보낸다.

〈Antica Palavra 오래된 단어〉는 뱃사람으로 가장의 인생을 살다간 조부에 대한 존경심을 표한 곡으로, 아코디언과 현악이 그리움을 채색한다.

내 팔과 손에 남아 있는 사랑 속에, 항구 소년들의 먼 미소 속에서, 할아버지를 향한 그리움과 십자가 성호가 있네… 그의 목소리에 고대의 말이 속삭였지, 파도치는 물속, 뱃머리에 서서, 그는 마법의 칼로 십자가를 그었지. 나의 최고의 어부 할아버지, 폭풍을 잠재우신 할아버지, 할아버지는 바다로 가셨네, 너무 멀리…

서두에도 언급한 영화 「La Luz Progidiosa - The End of a Mystery, 2003」는 스페인 내전 당시의 어린 시절의 비밀을 찾기 위해 1980년대 그라나다로 돌아온 한 남자의 이야기이다. 사운드트랙 그대로 수록된 〈La Luz Prodigiosa 엄청난 빛〉은 스페인 시인이자 극작가 로르카Federico Garcia Lorca(1898-1936)의 비극 3부작의 첫 작품인 「Bodas de Sangre 피의 결혼식, 1931」 1막 2장 〈말의 자장가〉 일부가 가사가 되었다. 성장하며 삶의 고통과 폭력에 길들어가야 함을 모르는 무구한 어린아이를 위한 자장가는 로르카가 설정한 비극의 징후라 한다.

지울리아노 몬탈도Giuliano Montaldo 감독의 「Sacco And Vanzetti 사코와 반제티, 1971」는 1920년대 미국 보스턴에서 일어난 두 무정부주의자 이태리인의 실화를 바탕으로 제작되었다. 신발공장 노동자인 사코와 수레로 생선을 파는 반제티는 신발공장 회계사와 경비원을 살해한 혐의로 체포되어, 재판 당시 그들이 무죄라는 자백이 있었으나 전기의자에서 처형당했다. 1977년이 되어서야 그들의 명예는 회복되었지만, 이는 정의와 인종차별을 고발한 사건으로 남았다. 폰트시의 〈The Ballad of Sacco and Vanzetti〉는 죄수로서의 마지막 탄식과 기도이다.

…세월이 흐르면 알게 될 거예요, 역사를 검게 만든 것이 무엇인지, 법은 우리를 반대합니다, 그 엄청난 힘으로… 우리를 멸시하는 것은 인종적 증오입니다, 우리가 가난하다는 단순한 사실도. 사랑하는 아버지, 저는 죄수랍니다. 내 죄를 말하는 것을 부끄러워 마세요, 사랑과 형제애의 범죄, 그리고 침묵만이 부끄러움일 뿐입니다… 마음에서 마음으로, 그리고 별을 바라보면 느낌이 와요, 우리가 생명의 자녀인 것을, 죽음은 작은 것에 불과해요.

「Per Le Antiche Scale 고대의 계단 아래, 1975」는 마우

로 볼로니니Mauro Bolognini 감독의 작품으로, 3명의 여인과 밀애를 나누며 광기의 기원을 연구하는 정신병원 의사와 그의 이론을 반대하며 그의 구애마저도 거부하는 여자 연수 의사와의 이야기라 한다. 〈Someone You Once Knew〉는 포근하지만 아쉬움이 가득한 작별의 순간이다.

…우리는 다시 만나 바라보다가, 미소를 지으며 멈춰 서서, 낯선 사람들처럼 말하게 되겠지. 우리가 나눈 사랑은 사라질 거야, 당신이 손 흔들고 돌아가려 할 때, 난 이것이 진실이라는 걸 알게 되겠지. 내가 당신에게 할 수 있는 모든 것은 그저 당신이 한때 알던 사람이라는 것뿐.

〈Barco Abandonado 버려진 배〉역시 이 영화에서 발췌된 곡으로, 부드러운 서정이 희망을 연다.

…바다 한가운데 버려진 배를, 어두운 밤에도, 맴도는 해풍에도, 폭풍우에도, 그리고 이 침묵 속에도, 이 부두에서 기다리며 고통조차 잊어버린 탄식이 있네, 하늘에 미소 짓고 고하는 이별이 있네, 내 사랑은 나와 당신의 하늘로 언젠가 오를 거야, 내가 당신을 찾게 된다면.

폰트시의 가사인 〈Voo 비행〉은 성스러운 기운을 토하며, 사랑의 꿈을 전파한다.

…사랑은 불새라네, 하늘을 가르며 미치도록 맹렬한 사랑이여, 끊임없는 움직임 속에서, 난 이 사랑의 안식처가 되리라, 비록 잠시라도 가볍고 짧은 날개로 날아오르리라, 지금까지 내 꿈은 나보다 더 멀리 사라졌지만, 내 사랑은 날개를 펴고 승리하리라.

〈I Girasoli 해바라기〉는 사랑과 평화의 전원 시가로, 새벽의 바다를 깨우는 성당의 종소리에 해바라기 밭에서 힘차게 날아오르는 갈매기의 비행에서 영원한 사랑을 약속하는 듯하다.

〈Chi Mai 끼 마이, 누구라도〉도 모리꼬네라고 하면 떠오르는 대표곡이다. 영화 「Maddalena 막달레나, 1971」에 처음 사용되었으나, 우리에겐 장 폴 벨몽도Jean-Paul Belmondo가 주연한 영화 「Le Professionnel 어느 연약한 짐승의 죽음,

1981」으로 알려졌다. 〈House of No Regrets〉에서 폰트시는 은은한 분위기에 강렬한 인생 예찬을 들려준다.

…내 머릿속엔 방이 많아, 시간을 따라 구불구불하게 이어지는 복도는 끝도 없지, 그것들은 예정된 여행이야, 집의 곳곳은 나의 일부고, 내가 사랑을 찾았던 집은 남아 있어, 처음 계단을 오를 때처럼 내게 떨림을 보내 줘, 내가 나이 들어가는 집에는 유령이 없을 거야, 내가 한 일로 인해 도망치지 않을 거야, 어두운 밤이 와도. 나는 어제를 바꾸지 않을 거야, 내 인생은 변하지 않을 것이기에, 세월은 말해 줄 거야, 내가 후회 없는 집에서 살아왔다고.

이 앨범으로 그녀는 런던, 베로나, 로마, 밀라노, 파리, 도쿄 등에서 라이브를 열었으며, 스페인에서는 골드레코드를 받았다.

이듬해 리스본 시의회의 초청으로 그녀는 엔니오 모리꼬네와 로마 신포니에타 오케스트라와 함께 무대에 올랐다. 모리꼬네는 이 콘서트의 결과를 어느 정도 예상했지만 이토록 놀라운 반향을 끌어낼 줄은 몰랐다고 말했다. 본작의 성공으로 이태리의 저명한 '루이지 텐코Luigi Tenco 시상'에서 국제가수상을 수상했으며, '새로운 파두의 건축가'라는 평가를 받는다. 한편 스페인에서만 2004년과 2005년 2년간 60회의 콘서트가 이어졌다.

Coração Tem Três Portas

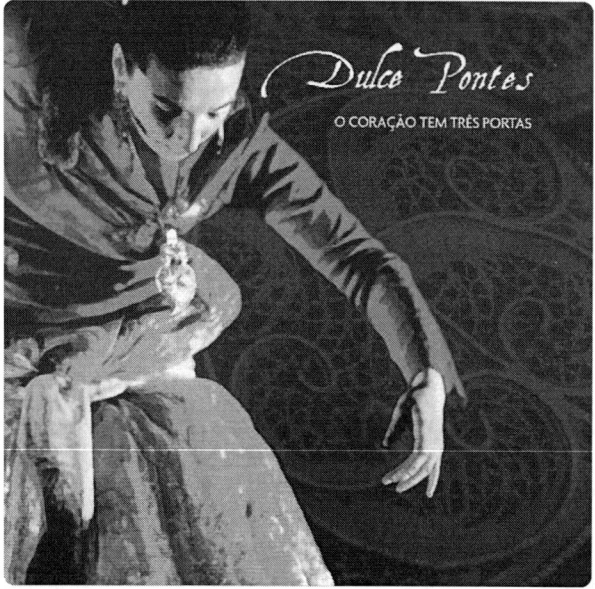

2006 | Zona Música | 10340ZM00184

CD2
1. A Charola (inst.)
2. O Meu Porto do Graal
3. Há Festa Na Mouraria
4. As Mãos Que Trago
5. Senhora
6. Avé-Maria Sagrada
7. Tenho Uma Casa No Sul
8. Os Amantes (Les Amants de Teruel)
9. Uma Caixa de Pó
10. É Da Torre Mais Alta
11. Folclore

그녀의 예술적인 자극은 아르헨티나의 역사적인 시인 오라 시오 페레르Horácio Ferrer(1933-2014)의 작품과 아스토르 피아솔라Astor Piazzola(1921-1992)의 탱고 작품을 융합한 'Fa -do Tango' 프로젝트에 참여했는데, '시인의 시어를 해석하

고 재창조한다'는 극찬을 받았다.
또한 그리스에서도 성공적인 라이브를 연 그녀는 요르고스 달라라스George Dalaras의 라이브에도 초청되어 6곡을 불렀 으며, 그중 세 곡은 그의 《Mesogios 지중해, 2005》에 수록 되었다.

2007년에는 더블 앨범 《O Coração Tem Três Portas 마 음속 세 개의 문》을 출시했다. 전통 파두의 연주방식으로 되돌아가 중세의 오래된 레퍼토리도 포함했는데, CD1에는 15곡의 월드투어 실황을 담았으며, CD2에는 포르투갈의 유 서 깊은 도시 오비도스Óbidos의 산타마리아 교회와 토마르 Tomar의 그리스도 수도원에서 라이브로 녹음된 트랙을 수 록했다. DVD가 포함된 2CD임에도 골드레코드를 받았으며, 음악잡지 Songlines에서 '유럽의 베스트 월드뮤직 20'으로 소개되었다.
특히 글쓴이는 두 번째 CD를 즐겨 듣는데, 공간감이 더해 져 그녀의 파두는 마치 성가처럼 들린다.
자작곡 〈O meu Porto do Graal 나의 성배 항구〉는 조국 포르투갈에 대한 사랑으로, 스페인 갈리시아의 여 가수 우시아Uxía가 참여하여 잔잔하고도 신비한 애수가 일렁인다.
…얼마나 더 기다려야 하나, 내 사랑. 바다와 석회 옆에 있 는 나의 시민, 후회는 충분해… 화로에 불을 붙여, 당신의 목소리로 기도하고 노래하라, 하나님이 주신 것… 내 어머 니, 나의 할머니, 나의 뿌리, 내가 누울 곳, 나의 유일한 업, 갈망했던 아들, 원대한 꿈, 난 당신의 발밑에서 무너져내리 네, 나의 성배 항구.
〈As Mãos Que Trago 내가 가져오는 손〉은 아말리아 로드 리게스Amália Rodrigues가 1970년에 발표한 곡으로, 아코디 언의 열풍에 이어 피아노의 공명이 빛처럼 산란된 다. 절절한 그리움이 피멍처럼 맺히는 여인의 통 한이다.

…널 찾지 못했네, 난 널 기다렸고, 널 불렀네. 내가 잃은 길들 사이에서, 그것은 검은 구름이었고, 폭풍우가 몰아치는 조수였네. 그리고 그것은 당신을 위한 것이었지. 내가 가져오는 손, 이것이 당신에게 말해 줄 거야, 죽음에서 비롯됐든 파티에서 비롯됐든, 내가 아닌 내 마음을.

〈Os Amantes 연인〉은 에디트 피아프Edith Piaf(1915-1963)가 부른 동명의 영화 주제곡 〈Les Amants de Teruel 테루엘의 연인들〉이다. 1961년 개봉된 이 영화의 사운드트랙은 그리스의 대작곡가 미키스 테오도라키스Mikis Theodorakis(1925-2021)의 작품으로, 본래 영화에서는 연주곡이었다. 프랑스의 작사가 자크 플랑트Jacques Plante(1920-2003)가 가사를 썼고 피아프가 1962년에 취입했다. 한편의 오페라를 보는 듯한 폰트시의 노래에는 뜨거운 열망이 피어오른다.

서로의 내부로부터 연인들은 걸어가네, 그들의 발걸음으로 그린 새로운 항해 경로를 따라서. 광대한 바다 밑에서, 무엇이 우리의 사랑을 난파시켰나, 이것은 자유로움 속에서 그리고 죽은 시인의 노래 속에서 다시 태어나리… 나는 바다 거품으로 항해하네.

이 외도 스튜디오 녹음과는 다른 희열을 선사하는 곡들이 숭엄한 이미지를 들려준다.

이후 그녀는 미국 투어를 했는데, 그중 뉴욕의 카네기홀 공연은 매우 성공적이었고, 이를 뉴욕타임스는 "그녀의 특별한 목소리는 자연스러운 고음과 동일한 공간을 구현하면서, 견고하고 신념에 차있으며 온화하고도 강렬했다. 놀라운 능력으로 카네기홀의 청중들을 지배했고, 관중들은 일어나 함께 노래 부르고 웃고 눈물로 울었다. 포르투갈 유산의 상징으로 그녀는 우리에게 행복감을 전파했다"라고 평했다.

2007년 7월 7일에는 스위스의 영화제작자이자 탐험가인 베르나르드 베버의 '신新 7대 불가사의' 재단이 리스본 Da Luz 스타디움에서 발표식을 가졌는바, 테너 호세 카레라스José Carréras와 함께 그 행사의 주제곡 〈Todos Somos Um 모든 것은 하나〉을 불렀다.

2008년에는 멕시코와 모스크바에서 라이브를 열었으며, 여름에는 스페인에서 플라멩코 가수 에스뜨렐라 모렌테Estrella Morente와 함께 조인트 콘서트를 열었다.

딸이 태어난 2009년에는 음악 인생 20주년을 기념하는 앨범 《Momentos 시간들》을 내놓았다. 그녀에게 영향을 준 파두의 고전들, 기존 히트곡과 새로운 연주 그리고 라이브 트랙, 다른 아티스트와의 협업 작품 등을 수록했다.

그중 그리스 음악가 스테파노스 코르콜리스Stefanos Korkolis의 《Anemoptero 글라이더, 2004》에서 노래한 〈Por Esse Mar 이 바다를 지나〉는 건반의 꿈과도 같은 서정적인 비행을 경험하게 된다.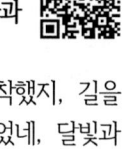

…이 바다를 지나, 나는 수천 번을 떠나고 도착했지, 길을 잃었고 또한 찾았네, 나는 하늘이었고, 태양이었네, 달빛과 나는 인어의 등대였지. 신의 손이 돛의 키에 닿을 때, 나는 땅이 보인다고 외치는 함성이었네, 돛 위에 빛을 칠하고, 그 바다로 항해를 시작한 후, 나는 항상 가장 멀리 있는 무인도를 찾고 싶었어, 감히 나는 꿈꾸었네…

Peregrinação

2017 | UAU

1. Meu Amor Sem Aranjuez
2. Grito
3. Nevoeiro
4. Va de Retro
5. Cancionero
6. Alfama
7. Cantiga da Roda
8. Canto do Risco
9. Grândola Vila Morena
10. Ele É Que Me Canta a Mim
11. Bailados do Minho
1. Asturias
2. La Bohemia
3. María de Buenos Aires
4. Alfonsina y el Mar
5. Ay Ondas Que Eu Vin Veer
6. Barro y Altura
7. Vamos Nina
8. Volver
9. La Leyenda del Tiempo
10. La Peregrinación
11. 7th Sky

무려 8년 만에 발표한 《Peregrinação 순례》 역시 더블 앨범으로 선보였는데, 그녀의 순례길은 독특하게 구성되었다. CD1은 '누드'란 제목으로 포르투갈어 노래를 수록, 11곡 중 8곡의 작사 및 작곡에 관여했다. 또한 자신이 직접 피아노와 타악기 등을 연주했다. CD2는 '대피소'라는 제목으로 스페인어 노래를 수록했는데, 라틴의 명곡들을 주재료로 했다.

〈Meu Amor Sem Aranjuez 아란후에스 없는 내 사랑〉은 클래식 넘버 호아킨 로드리고Joaquín Rodrigo의 〈아란후에스 협주곡〉에 가사를 붙인 것으로, 로마 신포니에타 오케스트라의 중후한 관현악이 황량한 사막을 가 로지른다.

…시간이 흘렀음에도, 내 사랑의 시간은 더 큰 사랑의 꿈을 앗아가네. 아란후에스 없는 내 사랑에, 그리움이 왜 다시 찾아왔을까? 하늘을 나는 갈매기는, 날지 못하는 마음을 알까? 내 사랑은 이루어지지 않았네… 우리의 삶은 항상 실타래에 매달려있지, 불의 실, 공허 속의 다림줄, 고대의 심연에서 날아가는 것은 날개를 펴고 피를 흘리는 것이네.

〈Grito 비탄〉은 아말리아 로드리게스Amália Rodri -gues의 노래로, 피아노와 기타라의 고요한 연주에 숨죽일 수밖에 없다.

…인생을 넘어오며, 예전의 나에 목말라 있어. 난 벽에 기대어 선 슬픈 그림자, 고된 삶이여 안녕! 죽음이 다가오지만 너무 오래 걸려, 아 미칠 것만 같은 이 외로움이여…

〈Nevoeiro 안개〉는 피아노 솔로 반주에 이어 타악과 아코디언의 열풍 속에서 현실 조국의 불확실한 정체성을 중독적으로 노래한다. 마치 시인 페소아Fernan -do Pessoa(1888-1935)가 오늘을 사는 것처럼.

…무얼 원하는지, 어떤 영혼을 가졌는지 아무도 몰라, 뭐가 나쁜지도 뭐가 좋은지도, 어떤 먼 그리움이 울고 있나? 모든 것이 불확실하고 최종적이야, 모든 것이 흩어지고 온전한 건 아무것도 없네, 오 포르투갈, 오늘 넌 안개야.

〈Cancionero | Songbook〉에서는 명징한 고독감을 흘리는 피아노 잔향에 그녀의 한숨 섞인 고뇌가 녹아든다.

…아, 비명을 지르지도 못하는 고통의 분노, 비명이 없다면 허공에서 메아리치는 침묵보다 더 크게 다가오지, 부재의 밤에는 특히.

아말리아 로드리게스의 노래인 〈Alfama 알파마〉는 기타라의 연주로 고대의 슬픔을 뱉는다.

리스본이 어두워지면, 돛 없는 범선처럼, 알파마의 모든 것이 보여… 슬픔에 빼앗긴 공간에서, 알파마는 문을 닫았네, 네 개의 눈물의 벽, 네 개의 불안의 벽, 밤새 그들은 울지, 도시에 불이 켜지고, 환멸에 잠긴 알파마에는 그리움의 향내가 나네, 알파마는 파두의 향기가 없어, 사람 냄새, 외로움, 상처받은 침묵의 냄새만 나…

평등을 주창한 〈Grândola Vila Morena 그란돌라 빌라 모레나〉는 조제 아폰슈José Afonso(1929-1987)가 1964년에 작곡한 것으로, 이는 포르투갈에서 대중 투쟁의 상징인 대표적 혁명가가 되었다. 폰트시의 해석은 숭엄하고도 온유한 찬송가처럼 들린다.

…형제애의 땅, 어두운 마을, 그란둘라… 당신의 의지, 나는 동반자로 삼기로 맹세했네, 느릅나무 그늘에서, 더 이상 자신의 나이를 모르는 사람들과.

자작곡 〈Ele É Que Me Canta A Mim 그는 내게 노래하는 사람〉의 우울한 푸른빛은 동그란 파문을 계속해서 그리는 것 같다.

나는 강 어딘가에서 파도와 성숙한 바다를 꿈꾸네, 그리고 내가 보지 못한 파두도… 절망에 빠진 나의 입, 내 영혼, 그건 언제나 돌아오지, 내 끝없는 운명을 추적해서. 내가 파두를 노래하는 게 아니야, 파두가 내게 노래해 주는 거지.

두 번째 CD의 문을 여는 곡은 역시 스페인 클래식 넘버인 이사크 알베니스Isaac Albéniz의 〈Asturias 아스투리아스〉이다. 화려한 기타 연주에 활활 타오르는 불꽃같은 집시여인의 플라멩코 보컬이 진한 향신료를 풍긴다.

보헤미안 몽마르트의 마지막 시절에 대한 작별 인사인 〈La Bohemia 라보엠〉은 샹송 가수 샤를 아즈나부르Charles Azna-vour(1924-2010)의 대표곡이다. 예술적인 삶과 배고프지만 행복했던 젊은 시절을 떠올리는 화가의 회상은 회색의 물기로 젖어있다.

〈María de Buenos Aires 부에노스아이레스의 마리아〉는 아르헨티나 누에보 탱고의 명인 아스토르 피아졸라Astor Piazzolla(1921-1992)의 명곡으로, 거침없이 쏟아내는 폰트시의 압도적인 연기가 돋보인다.

아리엘 라미레즈Ariel Ramírez(1921-2010)의 명곡 〈Alfonsina y el Mar 알폰시나와 바다〉는 재발한 유방암에 망연자실하여 바다에서 생을 마감한 아르헨티나 시인 알폰시나 스토르니Alfonsina Storni(1892-1938) 헌정곡으로, 처연한 플라멩코풍으로 넋을 기린다.

중세의 갈리시아 음유시가 〈Ay Ondas Que Eu Vin Veer 내가 보러 온 파도여〉는 환상적이고 신비로운 사운드로 동화의 세상을 열어준다. 파도는 곧 연인이며, 사랑을 기다리는 노래이다.

아르헨티나 가수이자 차랑고 연주인 하이메 토레스Jaime Torres(1938-2010)의 곡 〈Barro Y Altura 진흙과 고도〉, 아리엘 라미레즈의 〈Navidad Nuestra 우리의 성탄〉 중 하나로 아기 예수의 양친 요셉과 마리아를 찬미하는 〈La Peregri-nación 순례〉, 2012년에 사망한 벨기에 친구이자 의상 디자이너 카트 틸리Kaat Tilley에게 경의를 표한 우정의 노래 〈7th Sky〉도 본작을 빛내준다.

후속작 《Perfil 옆모습, 2022》은 전통적인 파두의 해석자 모습을 보여주는 고전 〈Amapola 아마폴라〉과 함께 현대적이며 연극적이고 재지한 트랙들도 만날 수 있다.

에디타 게페르트는 1953년 폴란드 남서부 체코 국경에 가까운 노바루다Nowa Ruda에서 출생했다. 음악가 가문 출신으로, 어머니는 헝가리인이다.

5세 때 조부가 사준 아코디언으로 음악에 관심을 두었고, 노바루다의 '노래 춤 앙상블'에서 공연했다.

그녀는 바르샤바 음악학교를 졸업하고 1984년부터 직업가수의 길을 걸었다.

그해 서남부 공업도시 오폴레Opole에서 열린 폴란드 국제가요제에서 〈Jaka Róża, Taki Cierń 장미, 가시〉로 1등 상을 수상하며 화려하게 데뷔했다.

1986년에 데뷔작으로서는 이례적으로 실황 앨범 《Edyta Geppert Recital - Live》을 발표했고, 이어 스튜디오 앨범 《Och, Życie Kocham Cię Nad Życie 내 인생보다 더 당신을 사랑해요, 1986》를 내고 이 타이틀곡으로 또다시 이 축제에서 그랑프리를 수상, 9년 만인 1995년에도 〈Idź Swoją Drogą 당신의 길을 가요〉로 그랑프리 행진을 이어간다.

그녀는 잔잔하고 분위기 있는 노래뿐만 아니라 극적이고 사색적이며 서정적이고 카바레적인 노래도 연주했다. 또한 컨트리, 하드록, 헤비메탈, 랩도 연주하는 등 장르의 경계가 없다. 주로 그녀의 노래 가사는 유명한 폴란드 시인들의 작품이라 '시적 노래'로 분류된다. 항상 청중과의 만남을 독주회를 통해서 실행하며, 히트곡뿐만 아니라 발매되지 않은 레퍼토리도 포함된다고 한다.

Śpiewajm

EDYTA GEPPERT
ŚPIEWAJMY...

1994 | EMI | 09463 62884

1. Piosenka o Bosni
2. Pijmy
3. Jutro, Zawsze Bedzie Jutro
4. Najwiekszy Teatr Swiata
5. To Nic, Ze To Sen
6. Przepraszam, Ze Zyje
7. Lukrezia Borgia
8. Śpiewajmy
9. Ballada
10. Opuszczona
11. Wyjasnienie
12. Jestem, Wiec Mysle
13. By

불혹을 넘어 발표한 《Śpiewajmy 노래》에서 은근한 재즈 발라드 연주와 함께 아름다운 침묵의 밤 풍경 속에서 화제를 풀어놓는다.

긴장과 위기감이 감도는 첫 곡 〈Piosenka o Bosni 보스니아의 노래〉에서는 1972년에 소비에트 연방에서 추방되어 미국에서 작품 활동을 한 조지프 브로드스키Josif Brodsky(1940 -1996)의 시를 노래했다. 이는 세계 2차 대전 이후 유럽에서 일어난 가장 처참했던 것으로 기록되며, 1992년 3월 보스니아의 독립선언과 함께 시작된 보스니아 민족분쟁(1992-1995)을 세상에 알리는 노래였다.

저녁 식사 즈음, 방어한다는 말도 안 되는 이유로, 물속으로 내던져진 어리석은 비탄이여, 사람들이 죽어가네… 복음과 탈무드, 그리고 코란에 기록된 신성한 권리, 모든 계명의 영광에도, 사람들이 죽어가네. 한 신앙의 추종자들 중, 살인자와 피해자들, 당신의 침묵은 이제 깨어나네, 누구를 지원할 것인가.

아찔한 피아노 스케르초가 불안감을 조성하는 재즈 무대 〈Najwiekszy Teatr Swiata 가장 큰 세상 극장〉에서는 믿지 못할 허구가 진실이 되는 세상을 경멸하고 있다.

본작에서 가장 큰 아름다운 감동을 주는 노래 중 하나인 〈To Nic, Ze To Sen 아무것도 아니야, 그건 꿈이야〉는 이상의 강렬한 욕망과 현실의 여린 자신을 대면시킨다.

나는 물, 불, 공기라네, 나는 파도며 불꽃이고 구름이야… 난 노래하고 있어… 나는 폭풍, 태풍, 토네이도라네, 나는 비, 물거품이자 홍수야… 난 비명을 포효하고 있어… 그것은 아무것도 아니야, 그건 꿈, 그냥 꿈이었네, 내가 꿈꾸는 동안, 하지만 내 꿈을 이루지 못한다는 걸 알아, 어느 날, 잠에서 당신이 나를 깨울 때, 나는 일어나 꿈처럼 될 거야.

볼레로 퍼커션에 서서히 기타를 거쳐 오케스트레이션으로 고조되어가는 〈Ballada 발라드〉는 사랑에 대한 질투로 고통과 슬픔을 호소한다.

서정적인 피아노 재즈 발라드 〈Opuszczona 방종〉은 떠난 연인에 대한 기다림을 그린 것으로,

잔잔한 슬픔이 흥건하게 차오른다.
'나는 당신의 힘이자 약점입니다…'라 노래하는 〈Jestem, Wiec Mysle 나는 존재한다, 고로 생각에 잠긴다〉에서 즉흥으로 쏟아내는 색소폰 블루스의 쾌감은 뜨겁다.
그리고 〈By〉에서의 달콤하고도 도회지적인 재즈보컬의 여흥이 이어진다.

본작은 부드러운 음색도 접할 수 있지만 보다 강렬한 작품들이 귓가에 아른거리는 재즈록 판타지아였다.

1. Pytania Do Ksiezyca
2. Pocieszanka
3. Czy Pamietasz Jak To Bylo
4. A Gdy Uznamy, Że To Już
5. Bezkrolewie
6. Prawdziwa Historia Odyseusza
7. Wiec Nie Dziw Sie
8. Sen o Życiu
9. Landrynki
10. Lepiej Czyli Horyzont 2000
11. Zamiast
12. Modlitwa Do Dobrego Boga
13. Rozmowa Z Dziadkiem
14. Poeci Nie Zjawiaja Sie Przypadkiem

6번째 앨범 《Pytania Do Ksiezyca 달에게 하는 질문》은 제목에서 느껴지는 바와 같이 호젓한 마음에서 흘러나오는 원숙한 여인의 독백 모음이라 할 수 있다.

타이틀 첫 곡에서 밤의 은은한 향기를 안은 바람이 불어온다. 달콤한 재즈 피아노와 컨트리풍의 하모니카 연주로 호젓한 감상에 젖게 된다.
…나는 몰라, 진실인지 환상인지, 무엇이 선이고 악인지도, 당신은 이 실제를 믿을 수 있나?…
감미로운 재즈 발라드 〈Pocieszanka 자장가〉는 우는 아기를 달래는 모정의 체온이 그대로 전해지는 걸작이다.
스르르 잠이 들것만 같이 부드럽고도 포근한 〈A Gdy Uzna -my, Że To Już 우리가 느끼는 지금〉은 수호천사로서의 사랑의 소중함을 그린 작품이며, 라틴 기타의 열정이 흐르는 탱고 〈Bezkrólewie 공백기〉는 사랑과 용서에 대한 드라마이다.
짙은 안개와 몽환으로 가득한 〈Prawdziwa Historia Odyseu -sza 오디세우스의 진실 이야기〉는 배우이자 남편인 피로트르 로레츠Piotr Loretz의 낭송과 함께 녹음되어 독특한 영화적 분위기를 풍긴다. 오디세우스와 그의 아내 페넬로페의

Pytania do Ksiezyca

Edyta Geppert

pytania do księżyca

1997 | Mercury | 534232

사랑에 관한 것으로, 외적으로 비치는 전장의 승리자와 모험의 명성이 아닌, 여린 로맨티시스트로서의 내적 고통을 담았다.

청징한 피아노 연주에 따스한 그녀의 음색이 파문을 일으키는 〈Lepiej Czyli Horyzont 2000 더 나은 2000년의 지평〉은 세기말에 대한 수심을 위로하며 밀레니엄에 대한 희망을 맑게 그려낸다.

···여전히 목표는 존재해, 그것은 이동하는 것보다 서 있을 때, 서있는 것보단 앉아 있을 때, 누워 있을 때 꿈꾸기 더 좋겠지, 더 나은 나날들이 다가오고 있어··· 어쩌면 황혼에 접어든 것일지도 모르지, 안개로 뒤덮인 우리의 가슴에, 세기의 끝에 접어드는··· 그러나 세상의 끝은 아니야.

〈Zamiast 대신에〉는 우울한 기타 솔로 연주에 상심에 젖어 있는 한 여인의 독백을 엿듣게 된다.

···당신은 내게 믿음을 준 기적이야. 그러나 당신은 이 모든 걸 멀리했지, 난 이 운명에 불평하지 않아, 내일 아침이 밝아 오겠지, 당신에게 말하고픈 것이 많지만, 취침 기도로 대신할까 해.

〈Rozmowa Z Dziadkiem 할아버지와의 대화〉는 한적하고 느슨한 컨트리 포크이다.

아름답다고 밖에 말할 수 없는 감성 작품 〈Poeci Nie Zjawi -aja Sie Przypadkiem 시인은 그냥 되는 게 아니지〉는 시인에 대한 존경과 더불어 자신이 태어난 이유에 대해 희망적인 희미한 빛이라도 보여 달라고 하는 기도로, 침잠의 피아노와 슬픔의 첼로, 연민의 하모니카와 열망의 기타가 감정을 드라마틱하게 그려간다.

몇 개의 곡만을 언급했을 뿐이지만, 처음부터 끝까지 사랑스럽다. 푸른 달빛 그림자가 드리워진 커버를 믿어도 좋겠다.

Nic Nie Musze

2008 | EMI | 509992 1722325

1. Bo Juz Nic Nie Musze
2. Za Inna
3. Gdyby Izy
4. Do Trzeciej Z Cnót
5. Szukaj Mnie
6. Nie Zaluje
7. Lzy Ksiezyca
8. Kiedy Mnie Juz Nie Bedzie
9. Zycie Nie Stawia Pytan
10. S'piewka O Peknietym Sercu
11. Miasteczko Pana Andersena
12. Sentymentu Mgla
13. Zapowiedz
14. Jak to Jest Z Moim Śpiewaniem

《Nic Nie Musze 내겐 아무것도 할 게 남아있지 않아》는 55세를 맞이한 그녀의 더 부드러워진 보컬에 대단위 오케스트라가 참여하여 더 깊은 음장감을 맛볼 수 있다.

타이틀 〈Bo Juz Nic Nie Musze 그럴 필요가 없기 때문에〉는 피아노와 오케스트라가 잔잔한 감동의 파문을 연다. 사랑이 떠난 후의 방황과 허무를 담담히 그린 곡.

너무나 고풍스럽고 낭만적인 〈Do Trzeciej Z Cnót 세 번째 미덕〉은 어두운 세상에서 기적을 바라는 믿음과 사랑으로 세상을 포옹해야 한다는 메시지를 전하고 있다. 여린 피아노도, 순간 욕망을 끌어올리는 웅장한 오케스트라의 바람벽도 밝은 카타르시스를 심어주기에 충분한 절창이다.

긴장의 플라멩코 기타가 열정을 더하는 〈Szukaj Mnie 나를 찾아서〉에는 거울의 양면처럼 살아가는 현실에서 자아를 찾기 위한 방황이 그려진다.

가장 아름다운 걸작이 될 〈Nie Zaluje 후회하지 않아〉에서 그녀는 인생의 모노드라마를 이야기하며 마침내 포효한다.

…내가 이 땅에서 힘든 세월을 살았지만, 난 후회하지 않아, 결국 난 알게 됐지, 세상이 변한 것을, 세상의 경멸은 내게 휴식을 주지 않았고, 예쁜 미소를 돌려주지 않았네, 그 고문 같은 회색빛 애무여, 난 후회하지 않아. 그래, 난 후회하지 않네, 반대로 내게 나라를 주셔서 감사해, 특별한 나날들, 목요일, 금요일, 화요일, 그리고 희망 한 자루. 대단히 감사하게 생각해, 당신은 나의 나라야, 당신은 나의 지옥이자 낙원이었네, 나는 후회하지 않아…

〈Lzy Ksiezyca 달의 눈물〉에서는 상큼한 보사노바 속에서 '당신 없이 어떻게 살아갈까요?…'라며 자기 연민을 노래하고 있다.

또 하나의 슬픈 드라마 〈Kiedy Mnie Juz Nie Bedzie 내가 떠날 때〉는 짙은 외로움의 색깔로 멍든다.

…내가 떠날 때, 내 신발과 외투를 굴뚝에 태울, 장소를 확인합니다… 커튼과 램프와 마지막 식사를 주문할 테이블을 확인합니다… 가느다란 소나무가 있는 해안을 찾습니다… 그리고 슬픈 사랑의 노래를 부릅니다…

기타의 투명한 공명이 푸르른 창공으로 뻗어가는 〈S'piewka O Peknietym Sercu 상처받은 마음에 대한 가곡〉에서는 보통 사람들이 살아가는 것처럼 살 수 있게 해달라는 기도를 올린다.

오페라나 뮤지컬의 아리아를 연상시키는 아름다운 걸작 〈Miasteczko Pana Andersena 안데르센 마을〉은 아련한 동심으로 여행하게 한다.

짧지만 장조의 경쾌함과 웃음으로 가득한 〈Jak to Jest Z Moim Śpiewaniem 내 노래와 함께하기에〉에서는 인생에 대한 무지와 슬픔을 견딜 수 있었던 이유, 당신을 기다릴 수 있었던 이유, 심각함을 회피할 수 있었던 이유에 노래가 함께 있었다고 낙관적으로 이야기하고 있다.

후속작인 《Święta Z Bajki 동화 속의 크리스마스, 2013》에는 가장 인기 있는 폴란드 크리스마스 캐럴과 3개의 크리스마스 노래가 수록되었다.

2014년 그녀는 평생 공로를 인정받아 폴란드 라디오 관리위원회에서 수여하는 명예 황금 마이크 상을 받았다.

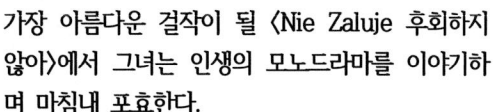

뮤즈를 그리다
Eleftheria Arvanitaki ● 엘레프테리아 아르바니타키
Greece

ΕΛΕΥΘΕΡΙΑ ΑΡΒΑΝΙΤΑΚΗ
Μη με φωνάξεις

ELEFTHERIA ARVANITAKI | Mi me fonaxis

줄곧 긴 머리 스타일을 고수해왔던 그녀는 나이에 비해 한참이나 젊어 보이는 외모에, 채 소녀의 티를 벗어나지 않은 듯한 앳되고 싱그러운 목소리를 가졌다. 수줍음이 번지는 새색시나 혹은 연애하고픈 처자의 이미지로 영원히 기억될 것 같다.

놀랍게도 '내가 좋아하는 시대를 초월한 그리스 미인' 선정 인터넷 투표에, 많은 젊은 미스 그리스와 배우와 모델과 가수 등에 이어 34위에 랭크된 결과를 볼 수 있었는데. 이 리스트에는 우리에게 잘 알려진 가수로 전설의 소프라노 마리아 칼라스Maria Callas(1923-1977)가 29위, 하리스 알렉시우Haris Alexiou는 31위, 나나 무스쿠리Nana Mouskouri가 36위에 올랐다. 주로 젊은 층이 투표 대상이었음을 감안하면 대단한 대중적 인기를 누리고 있음을 알 수 있다.

또한 2010년 3월 14일 알파 TV의 순위 선정쇼 '1960년 이래 최고의 여성 가수'중 6위에 기록된 것도 대중음악계에서 차지하는 영향력이 얼마나 대단한지 가늠할 수 있다.

엘레프테리아 아르바니타키는 그리스령인 에게해의 이카리아Icaria섬 혈통으로, 동남부 항구도시 피레우스Piraeus에서 1957년에 출생했다.

1980년에 렘베티카rembetika와 민속음악 그룹 '복고풍 친구들Opisthodromiki Kompania'의 일원으로 가수 활동을 시작하였다.

싱어송라이터 반겔리스 게르마노스Vangelis Germanos의 〈Ta Barakia〉의 게스트로 참여했으며, 1984년 셀프 타이틀로 정식 데뷔한다.

데뷔작 이후 독특한 음색과 창법 탓에 여러 작곡가의 게스트로도 줄곧 활약했었지만, 그녀의 이름이 유명세를 치르기 시작한 것은 두 번째 앨범 《Kontrabanto 밀수, 1986》부터라 할 수 있는데, 이는 1970년대 후반부터 장르를 불문하고 천재적인 재능을 발휘해 온 작곡가 스타마티스 스파누다키스Stamatis Spanoudakis와 협업한 작품이었다.

이 성공으로 세 번째 앨범 《Tanirama, 1989》까지 연을 이어가며 〈I Akti 해안〉과 〈Zoi Klemmeni 도난당한 삶〉 등의 히트곡을 남긴다. 그의 독특한 민속풍의 멜로디 라인과 드라마틱한 전개는 그녀의 음성과 맞아떨어져 신비로운 파노라마를 형상화하고 있다.

Meno Ektos

1991 | Polydor | 849 303

1. Meno Ektos
2. Kardia Mou Ego
3. Prosopo Me Prosopo
4. Sa Deyteri Foni
5. Kyma To Kyma
6. Dynata
7. Omorfi Mou Agapi
8. Me To Idio Mako
9. Kathreftizo To Nou
10. Tis Kalinyhtas Ta Filia
11. Den Apanta

1990년대를 연 본작 《Meno Ektos 고립》은 골드 레코드를 기록하여 상업적인 성공을 얻은 수작이다. 유명 여류 작사가 리나 니콜라코풀루Lina Nikolakopoulou가 전곡의 가사를 썼고, 작곡은 우드Oud 연주자이기도 한 아르메니아 혈통의

작곡가 아라 딘키얀Ara Dinkjian을 비롯하여 이집트 출신 음악가 니코스 히다키스Nikos Xydakis 등 다양한 신진 작곡가들의 솜씨였다.

우드의 숨으로 시작하는 〈Meno Ektos 난 여전히 고립되어 있네〉는 광활한 공간의 깊이에서 맑고 투명한 노스텔지아의 눈물자국을 길게 남기고 있다. 갈 수 없는 고향에 대한 그리움에 사무쳐 노래로 위로하는 망명자의  사연이다.

가녀린 음성이 더욱 호소력 있게 전해지는 서글픈  기타의 로망스 〈Kardia Mou Ego 내 자아의 심장〉은 젊은 세대의 사랑 다툼과 고민을 들려준다.

…지금 삶의 시간들을 들여다봐, 우리가 앞뒤로 얼마나 가 있는지, 네가 원하는 것과 날 감동시키는 것, 지금 내 눈물이 웃고 있네, 내가 모르는 어리석음에 대해서.

〈Prosopo Me Prosopo 마주 보고〉에서는 남성 허밍과 함께 마치 독일의 이지리스닝 연주음악의 대가 제임스 라스트 James Last(1929-2015)의 바람이 부는 듯한 특징적인 연주처럼 소리의 세밀한 결이 매우 감미롭게 전달된다.  기나긴 사막을 건너는 것 같은 음향의 파노라마가 좋다.

…얼굴을 마주 바라보고, 처음으로 당신을 탐닉하려 해, 교수형 집행자에게 널 가졌다고 말할 시간을 내게 좀 줘…

서정의 선이 애틋한 〈Kyma To Kyma 물결〉은 희망의 서곡이다.

…바위마저 녹일 물결처럼, 꿈의 기운은, 우리를 하나 되게 할 거야. 달이 지기 전 침묵도 꺼져 가면, 천사는 아네모네와 백합으로 눈물을 떨구네. 이 역설적인 기적, 영혼은 힘을 얻고, 우리가 할 수 있는 꿈만이 우리를 구원하네.

'귀향'이란 부제의 〈Dynata 큰 소리로〉는 생명의 시작을 알리는 여성 찬가로, 이색적인 드럼 행진

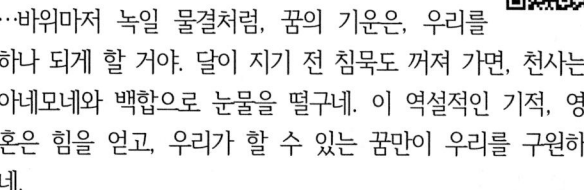

곡으로 남성 코러스와 함께 숭엄하고도 성스러운 분위기마저 느낄 수 있다.

기타의 따스한 선율과 소프라노 색소폰의 한숨이 감정을 적시는 〈Me To Idio Mako 같은 옷을 입고〉는 오직 연인에 대한 생각으로 그만을 기다리는 일상의 슬픔을 마른 눈으로 응시한다.

이후 본작에 참여한 작곡가 니코스 히다키스와의 우정으로, 터키 서부의 섬을 그린 그의 작품 《Tenedos 보즈자다섬, 1991》에 참여하고, 라이브 앨범 《I Nihta Katevainei 밤이 내리네, 1993》를 발표했다.

또한 작곡가 디미트리스 파파디미트리우Dimitris Papadimitriou가 맡은 TV 시리즈 「Anastasia 아나스타샤, 1993」의 음악에 참여했다. 주제곡에 이어 〈Thelo Na Se Do 보고 싶어〉는 차디찬 쓸

쓸함에 얼어붙는다.

이어서 최고작이라 평가받았던 《Ta Kormia Kai Ta Maheria 몸과 칼, 1994》을 작곡가 아라 딘키얀Ara Dinkjian과 함께 발표했는데, 플래티넘을 기록함으로써 최다의 판매량을 기록한 앨범 중 하나가 되었다. 애타는 사랑에 대한 불만을 노래한 마지막 곡 〈Parapono-Xenitiá 불평-외국 땅〉은 그 여운이 길다.

1996 | PolyGram | 537 057

1. Proti Isimeria
2. Sappho
3. Taximi
4. Lianotragoudo
5. Sou To' Pa Gia Ta Syneffa
6. Den Tragoudo Para Giati M'Agapises
7. To Parapono
8. Pame Ksana Sta Thavmata
9. O Agamemnon
10. Defteri Isimeria
11. Ola Ta Pire To Kalokairi
12. Se Palaio Symfoititi
13. Mavra Pionia
14. Tou Pothou To Agrimi
15. San Tin Agapi Tin Krifi

장르를 불문하고 훌륭한 전천후 작곡가 디미트리스 파파디미트리우Dimitris Papadimitriou와의 협력으로 완성된 본작

《Tragoudia Gia Tous Mines 월령가月令歌》는 전작 《Ta Kormia Kai Ta Maheria 몸과 칼, 1994》와 함께 그녀의 양대 걸작으로 평가받는다. 가사는 다양한 작가들의 작품으로 채웠다. 전체적으로 구슬픈 멜로디를 띠고 있으며 그리스 특유의 민속적 향취가 완연한 음악극이라 할 수 있겠다.

서서히 모습을 드러내는 〈Proti Isimeria 첫 춘분〉은 미스터리한 플루트 즉흥이 짧게 지나간다.

피아노 트레몰로의 잔물결과 함께 서정적인 파장이 이는 〈Sappho 사포의 시〉는 고대 그리스의 철학자 플라톤Plato (BC427-347)이 10번째 뮤즈로 칭송했던 여류시인 사포Sappho(BC 612?-?)의 서글픈 연애시로, 고혹 적인 신비감에 젖어있다.

〈Taximi 즉흥시〉를 잇는 〈Lianotragoudo 2행 시〉는 점차 슬픔이 고조되며 기나긴 고행의 드라마를 이어간다.

내가 너의 눈을 바라볼 때, 네가 눈을 닫지 않았으면 해, 네가 비 오는 밤이 되고, 내 밖으로 떠나려 해, 난 아픔을 삭이고, 비통함을 견뎌야 하네, 나는 울부짖지 널 잊을 수 없기에, 널 가질 수 없기에. 희미한 눈은 눈물로 가득하지만 울진 않지, 그리고 많은 비밀이 숨겨져 있네, 말하지 마, 우리의 언어는 잊어버렸네, 우리가 결코 말할 수 없는 모든 언어는 잊어버렸네, 네 갈색 눈동자는 다른 것을 바라보진 못할 거야, 난 네 눈동자가 떠날까 봐 두렵네, 다른 곳에서 울까 봐 두려워…

현악의 꽃이 만개하는 연가 〈Den Tragoudo Para Giati M'Agapises 네가 날 사랑했기에 난 노래 해〉에는 진한 향기마저 배어있는 듯하다.

…네가 날 사랑했기에 난 태어났네, 그것이 내 인생이 주어진 이유라네, 감사할 줄 모르는 인생은 결코 채워지지 않지, 내 삶은 가득 채워졌어, 네가 날 사랑했기에 내가 태어났네. 단지 너의 특별한 사랑만이, 내 손에 새벽 장미를 주었네,

네 사랑의 순간이 빛나면, 내 눈은 밤의 별들로 가득 찼지, 단지 네 특별한 사랑만이.

구슬픈 부주키의 연주가 구성진 템포와 함께 자유로이 춤을 추는 〈Pame Ksana Sta Thavmata 기적을 위해 다시 일어서요〉는 사랑과 꿈을 향한 인내가  뜨거운 열정으로 변화한다.

생생한 하프가 폭풍우의 바다를 연상시키는 〈Ola Ta Pire To Kalokairi 그 여름은 모든 걸 앗아갔네〉는 배와 함께 사랑과 신념을 삼켜버린 바다를 향한 원망으로, 초점 없이 방황하는 듯 망연자실한 그녀의 목소리가 애처로우면서도 지극히 환상적이다.

마지막 곡 〈San Tin Agapi Tin Krifi 숨겨진 사랑처럼〉에서는 화려한 건반이 남기고 간 쓸쓸한 바람결에 풀피리의 음성이 계속해서 나부낀다.

이후 작곡가 디미트리스 파파디미트리우의 TV시리즈 「I Zoi Pou Den Ezisa 내가 살지 않는 삶, 1998」의 앨범 작업에 참여하여 타이틀 〈To Treno Ton 9 Kai 10 9시 10분 열차〉를 불렀다. 이는 어린 시절을 불행하게 보내고 16세에 훨씬 나이 많은 남자와 결혼하여 아들을 둔 그리스 난민 여인과 아들 또래 소년과의 사랑이야기이다. 열차를 타기 위해 내달리는 마차 그리고 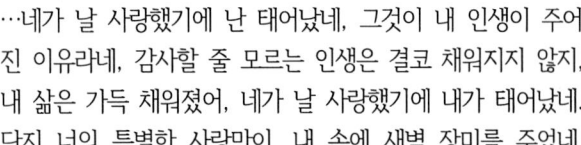 9:10분 열차, 이것이 그녀의 급박한 삶의 운명을 암시한다.

더블 라이브 앨범 《Ektos Programmatos 오프로드, 1998》로 더블 플래티넘을 획득, 단독 콘서트와 더블 CD라는 핸디캡에도 불구하고 정규앨범을 뛰어넘는 판매고를 올렸다.

새천년에 이르러 처음 발매된 것은 히트작 《월령가, 1998》에 수록된 주요 5곡을 작곡자 디미트리스 파파디미트리우 D.Papadimitriou의 피아노 솔로 반주로 다시 부른 EP 《I 3rd Side Tragoudia Gia Tous Mines 월령가 후속 이야기, 2000》로 일종의 보너스 앨범이었다.

이어진 정규작 《Ekpombi Broadcast, 2001》는 그 내용에 비해 판매고는 골드레코드에 거쳤다.
하지만 자신을 깨뜨려야 날개 위의 삶을 살 수 있다는 〈Karfoti 훌륭한 표본〉이란 명곡을 수록하고 있다.

파두의 귀인 둘씨 폰트시Dulce Pontes와 함께 부른 〈Fotia Kai Hioni 불과 눈〉에서는 이별의 아픔을 딛고 다시 시작하기 위해서 자신을 사랑하며 열정과 냉정을 되찾아야 한다고 노래한다.

그 외도 세네갈 출신의 이스마엘 로Ismaël Lô가 작곡하고 프랑스의 작시가 에띠엔 호다질Etienne Roda-Gil(1941-2004)이 가사를 쓴 〈La Femme sans Haine 증오 없는 여인〉을 남자배우 히리스토스 티바이오스Hristos Thivaios와 함께 부른 〈Istoria Palia 오랜 이야기〉 등 주목할 만한 곡들이 다수 수록되었다.

동년에 유리 음악당Gyalino Mousiko Theatro에서 행한 실황 《Live, 2002》도 이어 출시되었다.

Ola Sto Fos

2004 | Universal | 06024 9822934

1. Pare Me Agkalia Kai Pame
2. Den Ehei Epistrofi
3. Episkeptes
4. Ksimeronei
5. Mes Ti Diki Sou Ti Zoi
6. Os Ta Haramata
7. O Erotas Den Menei Pia Edo
8. Ola Sto Fos
9. Pao Na Piaso Ourano
10. Pes Mou Oneira Glyka
11. Ti Mou Dineis Na Gyriso
12. Ena Tragoudi Gia Tin Eleftheria
13. San Aeraki

《Ola Sto Fos 모든 빛, 2004》은 2000년대 이후에 발표된 앨범들 중 가장 많은 판매고를 올린 것으로 거뜬히 플래티넘을 기록했는데, 굵직한 작곡가들의 곡을 받은 것도 적지 않은 이유가 되었을 것이다. '(완전 곡면) 텔레비전에 내가 나왔으면 정말 좋겠네' 콘셉트로 촬영된 커버에 정감이 간다.

첫 곡 〈Pare Me Agkalia Kai Pame 네 품속으로 날 데려가〉는 1998년 유로비전 송 콘테스트 참가자였던 1978년생 젊은 싱어송라이터 미할리스 하치자니스Mihalis Hatzigiannis가 작곡한 감미로운 발라드이다. 이별을 앞둔 자신을 다시금 붙잡아 달라는 내용으로, 마치 프렌치 팝을 듣는 듯 현대적인 감각이 좋다.

〈Den Ehei Epistrofi 뒤로〉는 여가수 디미트라 갈라니Dimi-tra Galani가 작곡했는데, 연인의 감정적 분노가 자신을 질식시키지만 사랑하기에 할 수 있는 것은 용서와 침묵뿐이라는 내용이다. 단순하지만 격정적인 후렴구의 반복과 탄력적인 드럼비트에 우울한 일렉트릭 기타 워크가 단숨에 청각을 사로잡는다.

그리스 특유의 부주키의 슬픈 드라마가 그려지는 〈Mes Ti Diki Sou Ti Zoi 당신 인생에서의 나〉는 케티 가르비Keti Garbi와 나타샤 테오도리두Natassa Theodoridou 등의 많은 인기가수들의 곡을 썼던 안토니스 발디스Antonis Vardis(1948-2010)가 작곡했다.

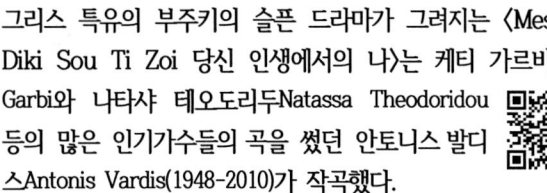

…네 인생에서 나는 네 그림자였지, 난 네 사랑을 보았지만 네 고독도 보았네… 널 털어놓는 걸 본 적이 없어, 꿈은 지워지겠지, 오늘 밤 내면의 나를 느껴, 난 돌아가지 않을 거야.

비애의 왈츠 〈Ti Mou Dineis Na Gyriso 돌아가기 위해 당신이 내게 준 것〉도 빼놓을 수 없다.

…두 번의 입맞춤 위로 무너져 내리는 내 수많은 절규, 삶은 부조리와 차별과의 전투지. 내게 건넨 인사말은 더 많은 걸 주었네, 완전히 미쳐버린 삶, 빛 앞에서 요동하는 꿈들. 거짓과 희망이 공존하는 입맞춤의 입술, 당신이 내게 준 것으로 돌아가고 싶어, 보지 못한 것을 보게 될 거야.

기타와 하모니카의 목가가 포근한 평화를 안겨주는 달콤한 포크송 〈Ena Tragoudi Gia Tin Eleftheria 자유의 노래〉는 푸른 하늘과 녹색 향기를 한껏 안겨준다.

2004 아테네 올림픽 폐막식에서 노래했던 그녀는 이후에 몇 차례의 월드뮤직 축제WOMAD에 참가하였다.

2007년에는 2CD 베스트앨범 《Dynata 1986-2007》가 발매되었다.

뒤이은 신작 《Kai Ta Matia Ki I Kardia (Mirame) 눈과 마음, 2008》는 스페인 출신의 베테랑 작곡가 하비에르 리몬Javier Limon이 프로듀서를 맡아 그리스 특유의 정서에 플라멩코의 기타의 열정과 라틴 리듬의 감흥 등을 탁월한 감각으로 섞어냈다. 퀘벡의 샹송 가수 라라 파비앙Lara Fabian이 부른 〈Je T'aime 널 사랑해〉를 리메이크한 〈Pes Mou 말해 줘〉와 스페인 출신의 여가수 콘차 부이카Concha Buika와의 듀엣 〈Mira-me 날 봐〉는 스페셜 트랙이다.

라이브 《Face to Face, 2010》는 DVD와 3CD와 북클릿 등 초호화 패키지로 선보이기도 했다.

2014년에는 뉴욕 카네기홀에 섰는데, 뉴욕타임스는 '슬픔과 우울의 감성과 따스함에 선명하고 달콤한 감도를 결합했다'라고 호평했다.

근작 《Ta Megála Taxídia 위대한 여정, 2019》에 이르기까지 많은 작곡가의 영화음악에 초대되었을 정도로 그녀의 음색은 작곡가가 사랑한 음성으로 남았다.

또한 신생아 파상풍 발병 제거 캠페인, 유방암 환자와 어린이를 위한 자선 콘서트 등의 많은 행사에 앞장서서 사회 사랑을 실천해 오고 있다. 외모와 목소리뿐만 아니라 마음씨도 앳된 이상향적 뮤즈의 모습이다.

러시아 문학의 아름다운 부활
Elena Frolova • 엘레나 프롤로바
Russia

그녀는 러시아의 싱어송라이터로, 자신이 쓴 시를 노래하기도 하지만 주로 20세기 러시아 작가들의 작품을 노래하고 있다.

마리나 츠베타예바Marina Tsvetaeva(1892-1941), '러시아의 사포Sappho'라 불렸던 소피아 파누크Sophia Parnok(1885-1933), 유대계로 강제추방되어 미국에서 작품 활동을 했던 노벨문학상 수상자 요세프 브롭스키Joseph Brodsky(1940-1996), 스탈린의 정치범 수용소인 굴라크에서 20여 년 이상 수감생활을 했던 안나 바르코바Anna Barkova(1901-1976), 신비주의 작가 안드레이 벨리Andrei Belyi(1880-1934), 바를람 샬라모프Varlam Shalamov(1907-1982), 마리아 페트로비크Maria Petrovykh(1908-1979), 불라트 오쿠자바Bulat Okudzhava(1924-1997) 등 많은 문학가의 작품에 생명을 불어넣었다.

고대 하프와 클래식 기타 그리고 러시아 민속 현악기 구슬리Gusli 등을 연주하며 포크 사운드로 담채하는 서정성은 많은 음악 애호가에게 정평이 나있으며, 지난 25년간 600여 곡 이상 작곡하고 40여 장의 앨범을 발표했다.

엘레나 보리소나 프롤로바Elena Borisovna Frolova는 1969년 라트비아 리가Riga에서 출생했다.

12세 때 기타를 든 후, 15세 때 여류시인 마리나 츠베타예바의 작품으로 작곡을 시작, 많은 음악 축제에 참가하여 수상했다.

1988년 이래로 여류 싱어송라이터 베라 에부쉬키나Vera Evu-shkina와 함께 연주활동을 해오고 있으며, 'ASiA'라는 4인조 그룹과 러시안 로망스 트리오 'Trilogy'로도 왕성한 음악 활동을 펼친다.

1989년에는 엘레지의 여왕 엘레나 깜부로바Elena Kamburo-va의 초청으로 그녀가 음악감독을 맡은 '음악과 시의 모스크바 극장'에 소속되었으며, 러시아 작가연합의 회원이 되었다.

1991년에는 러시아뿐만 아니라 이태리, 프랑스, 이스라엘 등을 돌며 솔로 콘서트를 열었고, 2002년부터 유럽에서 아르헨티나와 멕시코 등 세계 각지의 월드뮤직 축제에 참가하였으며, 파리의 라빌극장에서도 무대를 가졌다.

1995년에 리가를 떠나 러시아 모스크바에 정착한 그녀는 2004년에 모스크바에서 처음 개최된 'Eurasia Diva' 국제 음악축제에 러시아 대표로 참가하였다.

자작곡 중에는 기독교 찬송 작품도 많은데, 이태리의 탁발 수도사 아시시의 성 프란치스코San Francesco d'Assisi(1181/2-1226)에 헌정한 앨범 《Journey into Eden, 2005》 중 〈A Straw〉는 가장 인기 있는 노래 중 하나라고 한다.

Proplyvayut Oblaka

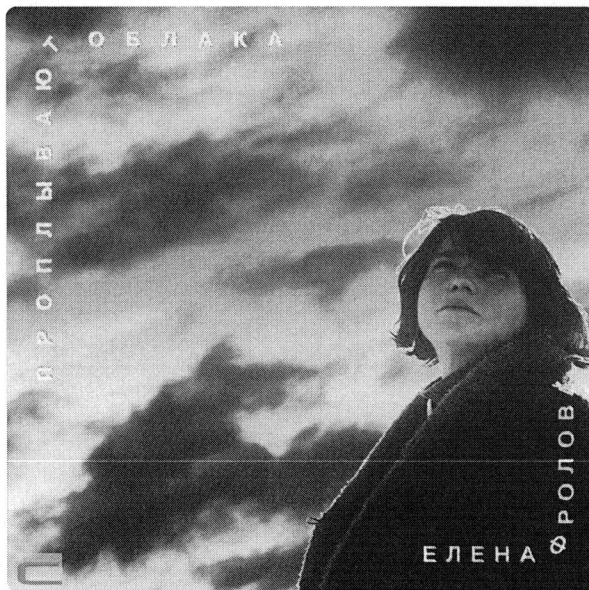

1998 | Elena Frolova | IGCD 22

1. Proplyvayut Oblaka
2. Motylek
3. Pesnya-Obereg
4. Nezhneye Nezhnogo…
5. Stepnaya Dudka
6. Vot Raspakhnulsya Den'
7. Kakoye Mne Delo…
8. Tvoya Nelyubov'
9. Romans Skripacha
10. Avgust
11. Pesenka Ni O Chem
12. Krivonogoye Leto
13. Mukhambazi
14. Ty Skazala, Chto Saadi…
15. Slegka Kachnutsya Nebesa…
16. Kuda Unositsya Pechal'…
17. Dzhanis

1992년에 작곡한 〈Proplyvayut Oblaka 구름이 떠다니네〉는 1987년 노벨문학상 수상자인 요세프 브롭스키Joseph Brod-sky(1940-1996)의 시를 노래한 것으로, 그는 러시아 유대인 가정에서 태어나 1972년에 소련에서 추방되어 미국에서 활동, 전체주의 사회에서 예술적 저항의 상징이 된 문학가이다. 프롤로바는 긴박감이 넘치는 전율로  구름 위에 어두운 구름을 쌓아 올린다.

…구름이 떠다니네, 이 삶은 떠다니며 지나가네, 익숙해져야 해, 우리는 이 죽음을 우리 자신 안에 지니고 있네, 구름의 검은 가지 사이에 함성과 사랑을 가지고. 구름이 떠다니네, 이는 모든 것을 노래하는 아이들이네. 들리니? 들을 수 있니? 숲속에서 노래하는 아이들의 소리가? 은실비, 얽혀있는 울리는 목소리. 좁은 봉우리 근처, 새로운 황혼에서 잠시 다시 보네, 희미해지는 하늘을…

역시 요세프 브롭스키의 시로 그녀의 1992년 작인 〈Motylek 나방〉에는 맑은 기타의 선율이 깊은 서정의 불꽃으로 피어난다. 비참한 환경 속 작가의 고독감이 전해지는 듯하다.

천장의 깨진 틈새로 내린 눈이 건초를 덮었네, 나는 건초를 들척였고, 살아남아 겨울을 나는 나방을 만났네, 건초더미로 올라가다, 죽음에서 날 구한 나방, 그는 사라져버렸네, 마치 박쥐가 담배를 피운 듯 밝게 빛나는 통나무 벽 속으로, 얼굴을 가까이 대면, 불보다 날개보다 맑은 꽃가루가 보여. 저녁 어둠 속에서 여기 모두는 혼자라네, 그리고 나의 손가락은 7월의 날처럼 따뜻하네.

〈Pesnya-Obereg 노래 부적〉은 프롤로바의 1995 년 자작곡으로, 어둠 속에 갇힌 듯한 사랑을 위한 노래이다.

…아무도 속이지 않더라도, 오직 한 영혼은 상처를 받지, 누구에게도 말하지 않으면, 오직 한 마음이 처벌을 받아. 그래서 우리는 더욱 침묵할지도 몰라, 마음을 흔들어 봐, 고함치지 말고, 그냥 부드럽게, 잠든 별 위로, 솟아오르기 위해,

할 말이 없다면, 당신 위의 하루를 봐, 물 한 모금을 위한 온화한 표정으로, 난 당신을 기억할 거야, 불행의 문을 잠그고서…

〈Nezhneye Nezhnogo… 부드러운 것보다 더 부드러운…〉은 스탈린 탄압의 피해자로 20세기 러시아의 위대한 시인으로 평가받는 오시프 만델시탐Osip Mandelstam(1891-1938)의 시이다. 애절한 현악의 온기는 작가의 진한 그리움을 담아 이내 바람처럼 사라진다.

부드러운 것보다 더 부드러운, 당신의 얼굴, 흰색보다 더 하얀, 당신의 손. 모든 세상으로부터, 당신은 멀리 있고, 불가피한 것으로부터, 모든 것에 당신이 있네. 피할 수 없는 것으로부터, 너의 슬픔과 식지 않은 손가락, 그리고 조용한 소리, 쾌활한 말투, 그리고 깊은 당신의 눈.

자작곡 〈Pesenka Ni O Chem 무제의 노래〉는 꿈속을 거니는 듯한 몽상의 왈츠로, 바이올린의 가녀린 애틋함이 긴 파장을 그린다.

또 아무것도 아닌 것을 노래하네, 기쁨도 없이, 연약한 어깨에 세상을 짊어진 듯, 막연하게 기다리다… 외투를 입은 달팽이가 집에 들어가는 것처럼, 몸을 웅크리고… 난 너와 함께 가고파, 이 겨울에서 또 다른 겨울로, 미소 지을 수 있는 따사로운 시간들을 꿈꾸며, 두려움 따위 잊어버리고. 이 단가는 절규라네, 다정한 친구여, 나는 너를 부르고 있네.

〈Mukhambazi 무캄바지〉에서는 첼로가 절절한 사랑 이야기를 들려준다. 이는 조지아의 낭만시인 그리골 오르벨리아니Grigol Orbeliani(1804-1883)의 1861년작으로, 그는 러시아의 외교관이자 작가인 그리예보도프Griboyedov의 미망인이자 조지아의 왕자 차브차바제Chavchavadze의 딸인 니노Nino 공주를 30여 년간 절박하게 사랑했다고 한다.

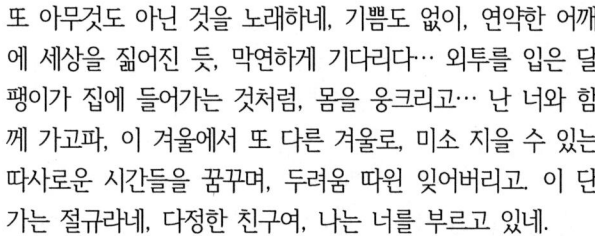

내가 눈을 감자마자 당신은 내 앞에 서 있네, 눈을 뜨자마자 내 눈썹 위에 네가 떠있어! 오, 여왕이시여, 무덤까지 나는 당신의 불쌍한 노예라네. 당신이 나를 죽이더라도, 선구자여, 나는 당신의 불쌍한 노예라네. 당신은 걷고 나는 당신을 따르네, 당신은 뒤돌아보고, 나는 당신 뒤에 있네. 나는 당신의 불쌍한 노예라네…

자작곡 〈Kuda Unositsya Pechal'…슬픔은 어디로 가는가…〉의 서정도 잔잔한 물결이 되어 우리의 어깨 위로 내려앉는다.

슬픔은 어디로 가나, 나의 이별과 노래, 어깨가 지칠 때, 너의 온화함에 와닿나? 입술 위 천사의 한숨은 미소의 비밀편지처럼 살아가네, 꿈에 녹아든 것처럼, 즐거운 실수의 승리로. 유령처럼 널 달래고, 나는 의심을 포기하네, 그리고 나를 꿰뚫는 그 시선은 환상의 기적을 선물하네…

〈Dzhanis 재니스를 위한 블루스〉는 미국의 백인 블루스 가수 재니스 조플린Janis Joplin(1943-1970)을 향한 찬가로, 감미롭기 그지없는 재즈 향기가 너무나 매혹적이다. 시에스타 분위기의 기타와 달콤한 건반의 하모니에는 미풍이 분다.

…신은 천국의 문을 이미 활짝 열어두었죠, 재니스, 내게 가르쳐 줘요, 태양을 좋아하는 법과, 화염처럼 열정을 불태우는 법과 말없이 대화하는 방법을…

제목 때문인지, 멋진 구름의 조형이 그려지는 맑은 가을 하늘의 시원함이 다가올 때 플레이어에 올려놓게 된다.

Zerkalo

Zérkalo
miroir Зеркало mirror
Elena Frolova

2002 | L'Empreinte Digitale | ED13159

1. Zimnyaya Svad'ba
2. Lastochki
3. Mezhdu Voskresen'yem···
4. Sonetik
5. Kuda Unositsya Pechal'···
6. Snova Pesenka Ni O Chem···
7. Razletelos' V Serebryanyye Drebezgi···
8. Dzhanis
9. Stepnaya Dudka
10. Bazilid
11. Begushchaya Devochka
12. Kolokol Dremavshiy
13. Pogaslo Solntse
14. Golubinaya Kniga
15. Okhvatila Golovu..
16. Dusha Moya Pregreshnaya
17. Proplyvayut Oblaka
18. Akh, Ptitsa Moya, Akh, Ptitsa···
19. Brodyaga
20. Naprasnaya Kolybel'Naya (hidden track)

본작 《Zerkalo 거울》은 월드뮤직으로 인연을 맺은 H님의 소개로 처음 듣게 되었다. 이후 그분께 구입하기 쉽지 않은 프롤로바의 다수의 다른 앨범들까지 선물 받기도 했는데, 이 글을 빌려 다시 한번 감사의 말씀을 드리고 싶다.

이 음반은 프랑스에서 발매된 초창기 베스트앨범으로, 유명한 러시아 문학가의 작품들에 곡을 더한 것과 자작곡을 골고루 수록하고 있으며, 러시아어와 불어 그리고 영어로 전곡 가사도 포함되었다.

첫 곡 〈Zimnyaya Svad'ba 겨울 웨딩〉은 이미 국내에 라이선스로 발매된 월드뮤직 컴파일 앨범 《임의진의 여행자의 노래 2》에도 수록되어, 많은 월드뮤직 애호가들의 감동을 얻어냈던 작품이다. 러시아의 망명시인 요세프 브롭스키 Joseph Brodsky(1940-1996)의 시를 노래한 것으로, 애틋하기 그지없는 서정이 잔잔한 기타의 투명한 눈물에 번진다. 가사는 라이선스 음반의 해설서에서 발췌하였다.

…멀리 바라보아도 우체부는 보이지 않네, 교회 종소리가 울리고, 나의 약혼자는 날 바라보네, 그토록 많은 촛불이 우리 앞에 있네, 난 그것들을 하나씩 세어 보네…

러시아에서 출생한 미국인 문학가로 20세기의 가장 중요한 소설 중 하나인 「Lolita 롤리타, 1955」의 작가 블라디미르 나보코프Vladimir Nabokov(1899-1977)의 시 〈Lastochki 제비〉는 시린 바람처럼 기타의 트레몰로가 긴장감을 일으킨다. 이는 작가가 볼셰비키 쿠데타(1917-1923) 이후 영국에 이어 베를린으로 이사한 시기인 1920년에 쓴 것으로, 정처 없는 난민 생활의 고난이 서려있다.

조용한 수도승이여, 우리는 푸르스름한 은빛으로 불타는 호수 너머, 당신의 수도원 위에서 포효하네. 내일이면 우리는 9월의 어느 잠든 아침으로 날아갈 거야, 일몰이면 콘스탄티노플을 지나, 새벽이면 나사렛으로. 하지만 4월에 북쪽으로 가고 있네, 우리는 돌아와 여기로 가네, 당신은 눈물짓고 있네, 미묘한 수도승이여, 계곡에 핀 은방울꽃처럼. 그러나 제비의 작고 낭랑한 말을 이해하지 못한 채, 후광의 십자가 위 우리를 쳐다보네.

〈Mezhdu Voskresen'yem… 일요일 사이에서〉는 마리나 츠베타예바Marina Tsvetaeva(1892-1941)의 시로, 여성 특유의 미묘한 감정의 떨림이 세밀하게 투영되고 있다.

…놀람과 주의 사이에서, 나는 절반이나 부서지네, 나의 순은은 토요일, 나의 황금은 일요일, 슬픔이 내 가느다란 혈관을 타고 흐를 때면, 내 피부는 딱딱하게 굳고, 내 날개에서 작은 깃털들이 떨어져 나가네… 자신을 향유하기를, 곧바로, 네 얼룩덜룩한 작은 새는 머나먼 마을로 사라질 테니…

요세프 브롭스키의 〈Sonetik 작은 소네트〉는 본작에서 가장 주목하게 되는 음악일 것이다. 이는 작가의 시가 음란하고 반소련적이라는 미디어의 비난과 함께 논문이 압수되고 심문과 정신병원 수감 그리고 급기야 '사회적 기생충' 협의로 체포된 1964년에 썼다. 당시 그는 사랑에 빠져있었는데, 이 재판의 결과로 그는 5년의 중노동형을 선고받고 레닌그라드에서 350마일 떨어진 농장에서 18개월을 복역했다고 한다. 엘레나의 보컬과 아름답기 그지없는 허밍, 무엇보다도 귀를 활짝 열리게 하는 휘파람 연주가 형용할 수 없는 감정적 파문을 일으킨다.

내 꼬마야, 난 슬퍼 (그리고 넌 모래밭에서 펄쩍펄쩍 뛰어다니고 있구나), 나는 별처럼 당신을 찾고 있네, 이별은 망원경과 같지, 아마 현미경처럼 반대편에서 보면, 얼굴은 보이지 않지만, 노크 소리는 들릴 거야. 덤불이 공기 (유리 위)를 긁고 어둠 속을 두드리면, 당신이 사는 내 마음은 크림반도의 구석에 있네.

〈Razletelos' V Serebryanyye Drebezgi… 은빛이 산산이 부서졌네…〉는 프롤로바가 가장 많이 노래했던 마리나 츠베타예바의 시로, 본 앨범의 타이틀 〈Zerkalo 거울〉이 되었다. 가벼운 플루트의 날갯짓이 전원적인 이 포크는 (깨진?)

거울에 비친 어린 백조의 비행을 꿈에 비유하며 이를 위해 기도하겠다는 다짐이다.

자작곡 〈Dzhanis 재니스를 위한 블루스〉는 플루트의 전원풍으로 편곡된 버전으로, 더욱 나른한 봄볕의 꿈결로 초대한다.

러시아 시인 아르제니 타르코프스키Arseni Tarkovsky(1907-1989)를 노래한 〈Stepnaya Dudka 대초원의 피리〉는 엄습해오는 무거운 긴박감에 두려움마저 서리게 할 만큼 영상적이다. 고된 삶에서 노래하는 자유와 희망을 꿈꾸는 곡인 듯하다.

2세기 이집트 알렉산드리아의 철학자를 노래한 미하일 쿠즈민Michel Kouz-mine(1872-1936)의 〈Bazilid 바실리데〉에는 인간적 고뇌가 끝도 없이 광활한 대지를 넘어 뻗어간다.

오래된 러시아 시편을 노래한 〈Golubinaya Kniga 비둘기의 복음서〉는 종교적인 음악답게 찬란한 빛으로 가득하다. 이는 진실과 거짓말에 대한 내용으로, 진실한 하얀 토끼와 원망이 가득한 회색 토끼의 우화를 들려주면서 결국 진실한 마음은 천국으로 이끌지만 원망은 전쟁으로 치닫는다는 메시지이다.

그리고 마지막 히든 트랙으로, 1960년생 러시아 시인 마리나 게르셰노비치Marina Gershenovich의 시에 곡을 붙인 〈Naprasnaya Kolybel'Naya 헛된 자장가〉를 수록했다. 이는 사랑의 슬픔으로 잠 못 드는 밤의 서정을 그린 곡으로, 오르골의 부드러운 음색과 닮은 건반과 나비처럼 하늘을 노니는 듯한 플루트가 애틋한 감정을 세밀하게 그려간다.

자작곡 〈Kuda Unositsya Pechal'… 슬픔은 어디로 가는가〉와 〈Proplyvayut Oblaka 구름이 떠다니네〉 등은 앞서 소개한 《Proplyvayut Oblaka, 1998》에 수록되어 있기도 하다.

Russskaya Aziatka

ЕЛЕНА ФРОЛОВА
РУССКАЯ АЗИАТКА

2006 | IVC

1. Solntse Moye - Betaniya
2. Ne Goni Menya
3. Nasha Zhizn' Korotka
4. My Sebya Pokhoronili
5. Ya Vyshla Zamuzh
6. Russkaya Aziatka
7. Naprasnaya Kolybel'Naya
8. Poyezd
9. Uteshitel'Nitsa Boli
10. Tatarskaya Toska
11. Net, Serdtse Moyo
12. Solominka

본작 《Russkaya Aziatka 아시아계 러시아인》도 그녀의 대표작으로 꼽기에 모자람이 없다.

자작곡 〈Solntse Moye - Betaniya 나의 태양 베타니아〉는 멕시코 가수 차벨라 바르가스Chavela Vargas(1919-2012)와 브라질 가수 마리아 베타니아Maria Bethania에 대한 찬사이다. 뭉클한 피아노가 리드하는 라틴풍의 발라드는 지극히 감성적이다.

나의 태양은 베타니아이고, 내 부드러움은 스페인에서 왔네, 하얗게 질린 하늘에는 차벨라의 별이 울부짖고 있어, 파도가 바다에서 노래하고, 내 마음은 바닥조차 보이지 않아, 이 시간이 이 행복을 감출 것이고, 이 바다가 말라서 이 마른 땅을 치유할 거란 것도 알아, 오직 살아있는 영혼만이 내 노래에 상처 주지 않을 거야, 그러니 날아가라, 더 높이, 내 고통보다 내 열정보다, 사랑과 행복보다, 모든 것보다, 노래하는 곳에서 당신이 듣기를…

〈Ne Goni Menya 나를 쫓아내지 마〉는 세 번의 투옥과 두 차례의 망명생활을 해야 했던 소련의 여류 작가 안나 바르코바Anna Barkova(1901-1976)의 시로, 너무나 가녀리고 연약한 프롤로바의 보컬이 피아노의 눈물과 함께 기나긴 쓰라림을 남긴다.

나를 쫓아내지 마, 나를 쫓아내지 마. 우리의 겨울날은 짧아, 이는 우리를 불태우고 또 불태웠지, 우리의 첫 봄 안갯속에서. 나는 우리 중 누구도 감내하는 걸 원치 않아, 차가워지고, 침묵하며, 사라져 버리는. 이 부서진 힘의 섬광과 마지막 열정이 남은 이 땅에서, 너의 사랑에 대해, 과거로 돌아갈 수 없는 그 사랑에 대해, 난 쓰라리게 웃고 노래하네…

소련의 시인 레오니트 구바노프Leonid Gubanov(1946-1983)의 〈My Sebya Pokhoronili 우리는 스스로를 묻었네〉는 긴장감이 넘치는 피아노 탱고풍의 노래이다. 간파하기 쉽지 않은데, 책임감과 준비도 없이 권리와 환상만 쫓는 삶을 비판하려 했던 걸까?

우리는 자신을 묻었네, 굴레도 안장도 없이, 날개만을 가진 채, 아침이면 우리를 위해 노래했네, 새처럼 솟아오르기를, 하늘에 감사하고, 빵 때문에 절대 싸우지 않기를, 솟아오르고, 솟아오르고, 또 솟아오르기를. 그리고 매의 눈으로, 우리는 더 단순한 것이 무엇인지 보기 위해, 사람들은 하나님 아래서 행하며, 하나님의 눈 아래서 살고 있네. 그리고 우리는 함께 날아가서, 들어본 적도 없는 찬송가를 노래하네, 우리에게 총을 겨누어도, 기쁨에 젖어있고, 그들이 십자가에 못 박혀도, 우리는 노래하네, 불에 타서 우리가 부활하길, 봄날의 승천으로. 파란 눈을 가진 하늘이 내 마음에 떨어지네…

〈Ya Vyshla Zamuzh 난 1월에 결혼했어요〉는 요세프 브롭스키Joseph Brodsky(1940-1996)의 시를 노래한 〈Zim -nyaya Svad'ba 겨울 웨딩〉을 매우 느린 템포의 피아노 재즈 버전으로 들려준다.

타이틀곡 〈Russkaya Aziatka 아시아계 러시아인〉은 안나 바르코바의 시로, 열띤 재즈 축제가 열린다.

휘둘러라, 그리고 러시안 아시안의 초원을 누벼라, 노란 얼굴로 대담하고 기울고 가벼우며 리파스카처럼 춤추는 러시아의 아시아인. 당신은 기발하고 용감하며 잔인할 정도로 쾌활해서 나를 미치게 해. 당신과 나에게는 하나의 피가 있네, 우리는 같은 불을 태울 수 있지, 춤추는 포도주에 우리는 함께 취해, 아시아계 러시아인이여. 뒷짐을 지고 마음을 불태우고 영혼을 활짝 열어라, 이 붉은 저녁에 우리는 손수건을 흔들고 멀리서 춤을 추겠네.

프롤로바가 1996년에 작곡한 〈Naprasnaya Kolybel'Naya 헛된 자장가〉는 1960년생 러시아 시인 마리나 게르세노비치 Marina Gershenovich의 시로, 서정적인 피아노와  트럼펫의 즉흥이 빛나는 재즈 버전이다. 사랑의 고통으로 잠 못 드는 밤의 감정을 그렸다.

1997년에 작곡한 〈Poyezd 기차〉 역시 게르세노비치가 쓴 이별의 시로, 고요한 피아노의 시로 문을 열다 중반에 이르면 화려함을 지나 열광적인 재즈의 향연으로 변모한다.

…역에서 작별 인사를 하고, 미래를 생각하기엔 너무 늦어버렸네, 이 길의 치욕에서 내 사랑은 눈물을 흘리며 우네.

그녀의 레퍼토리에는 기타 반주로 된 곡이 많은데, 피아노에 재즈가 가미된 본작은 그래서 특별하게 느껴진다.

이후 그녀는 작가별로 새롭게 녹음한 아티스트 특별집을 출반했으며, 다른 가수들과 협연한 앨범도 다수 발표했다. 의외로 느껴지는 《Moya lyubov' 내 사랑》 앨범은 월드뮤직 명곡들로 채우기도 했다.

H님께 선물 받은 많은 앨범이 남아있는데, 지금도 꾸준히 새로운 신보를 발표하고 있는 엘레나 프롤로바의 방대한 레퍼토리를 소개하기엔 너무나 역부족이라 이것으로 마무리를 할까 한다.

본지의 초판을 낼 때만 해도, 음반 구입은 물론이고 유튜브에서는 몇 곡조차 접할 수 없었지만, 지금은 그녀의 대부분의 작품들을 유튜브에서 만날 수 있고 음원 구입도 용이하게 된 점이 무척 다행스럽다.

러시아 엘레지의 여제
Elena Kamburova ● 엘레나 깜부로바
Russia

한때 국내에서 러시안 엘레지 음반이 대거 소개된 적이 있었다. 올렉 뽀꾸진Oleg Pogudin과 안나 게르만Anna German (1936-1982) 등 심금을 울리는 비가들이 독집과 컴파일 앨범 등으로 출시되어, 그동안 월드뮤직에 있어서 변방일 수밖에 없었던 러시아 감성을 쉽게 감상할 수 있는 초유의 기회가 주어진 것이다.

당시 국내에 대중적으로 이름을 알린 아티스트 중에 가장 글쓴이의 마음을 사로잡았던 아티스트는 '러시안 엘레지의 여왕'이라 불리는 엘레나 깜부로바였다.

그녀는 러시아 중남부의 공업도시 노보쿠즈네츠크에서 1940년에 태어나 우크라이나에서 자랐으며, 1967년에 서커스와 버라이어티 예술학교를 졸업하고, 1979년에 러시아 무대예술 아카데미를 졸업했다.

1960년대에 콘서트와 라디오 리코딩에 참여하여 여성 싱어송라이터 노벨라 마트베예바Novella Matveyeva(1934-2016)와 '러시아의 조르주 브라상스Georges Brassens'라 불리는 음유시인 불라트 오쿠자바Bulat Okudzhava(1924-1997)의 노래를 불렀다. 오쿠자바는 그녀의 노래를 '음성과 지성 그리고 재능의 조합'라 평가했다.

1975년 셀프 타이틀 데뷔작 이후로 작곡가 블라디미르 다시케비치Vladimir Dashkevich와 함께 유명 시인들 블라디미르 마야코프스키Vladimir Mayakovsky(1893-1930)와 알렉산드르 블로크Alexander Blok(1880-1921), 마리나 츠베타예바Marina Tsvetayeva(1892-1941), 안나 아흐마토바Anna Akhmatova(1889-1966), 그리고 스탈린의 대숙청으로 감옥에서 사망한 오시프 만델시탐Osip Mandelstam(1891-1938) 등의 작품을 노래했다.

1995년 예술인들의 최고 영예인 '러시아 공훈 예술가'로 인정받은 그녀는 모스크바 음악 및 시 극장을 설립하여 예술 감독을 맡고 있다고 한다.

Lyubov I Razluka

2001 | RDM | 0101273

1. Posle Dozhdichka Nebesa Prostorny…
2. Molitva
3. Poslednyaya Lyubov
4. Venetsiya
5. Lyubov I Razluka
6. "Eto Tolko Siniy Ladan…"
7. Pechal
8. Bal Gospoden
9. Chelovek Iz Lamanchi
10. Pesenka Kavalergarda
11. Tango So Smertyu
12. Dozhdik Osenniy
13. Pesnya Davnih Vlyublennyh
14. Elka (Vals S Chertovshchinoy)

국내에 처음 소개된 걸로 기억되는 러시아 로망스 모음집 《Lyubov I Razluka 사랑과 이별》로 이국적인 우수에 흠뻑 젖어들 수 있었다. 특유의 아름다운 선율을 마음껏 흡입할 수 있는 이 앨범은 과히 러시아 로망스의 대표작으로 꼽아도 전혀 손색이 없다.

〈Posle Dozhdichka Nebesa Prostorny… 비 갠 하늘은 넓고…〉은 음유시인 불라트 오쿠자바B.Okudzhava의 노래로, 애조띤 멜로디에 지난 슬픔을 뒤로하고 내일의 행복을 소망하는 상징적 의미를 부여하고 있다. 기타의 단순한 리듬 반주에 촉촉이 젖어있는 그녀의 간절한 목소리를 따사로운 현악이 뒤따른다.

파이프오르간의 장엄하고도 성스러운 음성으로 시작하는 〈Molitva 기도〉역시 오쿠자바의 노래로, 엘레나의 목소리는 보다 굵고 강렬한 염원으로 포효한다. 지구가 밝은 빛과 함께 회전하는 동안 자신을 저버리지 말라고 하나님께 기도를 올린다.

19세기 러시아 시인 표도르 튜체프Fyodor Tyutchev(1803-1873)의 시를 노래한 〈Poslednyaya Lyubov 마지막 사랑〉에서는 잔잔한 피아노 발라드에 이별의 하염없는 절망감을 너무나 연약하게 풀어놓는다.

베네치아에서의 가을 저녁 일몰의 정경에서 느낀 슬픈 감정을 담은 〈Venetsiya 베네치아〉는 기타가 연출하는 잔물결의 은은한 환상이 쓸쓸한 수상음악이 되어 흐르고 있다.

오쿠자바의 명곡인 〈Lyubov I Razluka 사랑과 이별〉은 너무나 아련한 로망스로 특히 피아노 연주가 매우 아름답다. 고풍스러운 현악에 효과음을 담은 영화음악 버전도 색다른 공감각을 불러일으키지만, 이 스튜디오 버전은 지극히 서정적이다.

〈Eto Tolko Siniy Ladan… 그건 단지 푸른 빛 향기일 뿐〉은 팬플루트 음향의 바람 소리가 망연한 현실에서 느끼는 절망으로 허무를 자극한다. 그러나 우울한 환상으로 가득한 드라마의 걸작이 아닐까.

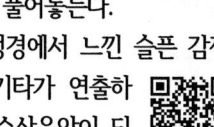

그건 단지 푸른빛 향기일 뿐, 내가 꿈꾸는 유일한 희망, 황폐한 정원에 뜨는 별, 당신의 창가에 피는 장미… 그러나 무의미한 것, 어떤 것도 알 수 없네, 단지 따스한 바다의 울부짖음이며, 축 처진 어깨로 막연히 항해하는 것…

남성 카바레 가수이자 시인이었던 알렉산드르 베르틴스키 Alexander Vertinsky(1889-1957)의 1917년 작품 〈Bal Gospo-den 신의 무도회〉는 이방인으로서 고난과 열망, 그리고 자신의 재능을 알아준 파리에 대한 감사를 표하고 있는 자서전적 이야기이다. 바흐Bach의 시대를 열어주는 찬란한 하프시코드에 바이올린의 진한 향기 그리고 카바레 피아노가 고혹적인 고풍을 이어간다.

오쿠자바의 명곡 〈Dozhdik Osenniy 가을비〉는 살갗에 촉촉이 내려앉는 피아노와 투명한 기타가 심금을 울린다.

…얼마나 세상을 방황했던가, 차가운 벽에 드리워진 내 그림자여, 네가 없었다면 나는 마음의 평화를 얻지 못했으리, 가을비가 나를 울게 하네… 생명은 소중하지만 생존은 그리 쉬운 일이 아니지, 차가운 벽에 드리워진 내 그림자여, 봄으로부터 묘지로 가는 짧은 길, 가을비가 나를 울리네.

〈Chelovek Iz Lamanchi 라만차의 사나이〉와 〈Pesnya Davnih Vlyublennyh 오랜 연인들의 노래〉는 벨기에의 음유시인 자크 브렐Jacques Brel(1929-1978)의 〈L'Homme de la Mancha〉와 〈La Chanson des Vieux Amants〉를 번안한 것이며, 〈Tango So Smertyu 죽음의 탱고〉는 네덜란드의 예술가 헤르만 반 빈Herman Van Veen의 1990년도 발표작 〈Tango avec la Mort〉를 러시아어로 부른 것이다.

〈Elka (Vals S Chertovshchinoy) 크리스마스트리 · 악동의 왈츠〉는 비발디Vivaldi의 화려한 황금색 현악을 듣는 듯하다. 동심을 자극하는 크리스마스의 환상 동화극이 생동감 넘치는 서정으로 펼쳐지는 몽상의 걸작이다.

Pesni Kino

2008 | RDM | 0806808

1. Malen'Kij Prints
2. Lyubov' ('Gde Zhe Ty, Lyubov'···')
3. Potseluj Menya···
4. Lyubov' I Razluka
5. Vot Opyat' Okno···
6. Skorostnoe Shosse
7. Nadezhdy Krashennaya Dver'···
8. Loshadka
9. Razluka
10. Neuzheli Vy Ne Byli V Londone, Ser···
11. Moskva Zlatoglavaya
12. Ballada O Dul'Sinee
13. Skandal V Toledo
14. Obuchenie
15. Monolog Al'Donsy Aldonsa
16. Duet Vikonta I Vikontessy
17. Progress (Do Chego Doshel Progress···)
18. Grustnaya Pesnya Syroezhkina
19. Poezd
20. Grustnaya Pesnya Missis Darling
21. Romans (Gospodi, Ni Okhnut, Ni Vzdokhnut···)
22. Prikhodi Na Menya Posmotret'···
23. Ya Razorvu Kustov Kol'Tso···

본작 《Pesni Kino 영화음악》은 2편으로 분리 발매되었던 《Pesni Iz Kino fil'Mov 영화의 음악, 2001》를 축약해서 내놓은 컴파일이다. 특히 그녀의 보컬은 각 영화에서 달리 연기되고 있는데, 가수라기보다는 배우나 혹은 성우에 더 가까운 표현은 더욱 감상의 묘미를 준다.

〈Malen'Kij Prints 어린 왕자〉는 「Passazhir S Ekvatora 적도의 승객, 1968」음악으로, 세상을 향한 끝없는 탐험의 항해를 앞둔 순수한 동심의 소망을 담았다. 어린이의 까만 눈망울과도 같은 피아노 음률의 서두를 지나 향수 어린 춤곡이 아련하게 펼쳐진다.

「Raba Lyubvi 사랑의 노예, 1975」의 주제 〈Lyubov' 사랑〉은 그리운 열망과 순정의 믿음을 그린 것으로, 하이톤의 가성이 고혹적인 작품이다. 애틋함은 폭풍전야처럼 고요하다가 슬픔이 쌓이고 싸여 후반에 이르면 현악과 엷은 코러스가 눈보라처럼 몰아친다.

마차가 지나가는 배경음이 삽입된 짧지만 애절한 〈Potseluj Menya…키스해 줘요〉와, 사랑의 섭리(?)의 쓸쓸함을 담백한 왈츠에 담아 노래한 그녀의 대표곡이자 음유시인 불라트 오쿠자바B.Okudzhava 노래 〈Lyubov' I Razluka 사랑과 이별〉은 「Nas Venchali Ne V Tserkvi 우리는 교회에서 왕관을 쓰지 않았네, 1982」의 삽입곡이다.

특히 〈Lyubov' I Razluka 사랑과 이별〉은 교회 종소리와 멀어져 가는 마차소리가 더욱 우울한 공감각적 이미지를 남긴다.

잠 못 드는 밤 사랑에 대한 열망을 노래한 〈Vot Opyat' Okno… 이 창문에서 우린 다시 시작할 거야〉는 「Aelita, Ne Pristavay K Muzhchinam!, 엘리타, 남자들을 내버려둬!, 1988」의 삽입곡이다. 스캣과 함께 투명한 기타에 사랑의 꿈을 담백하게 읊조린다.

꿈을 향한 정처 없는 방황을 그린 「Moy Izbran-nik 내가 선택한 한 가지, 1984」의 삽입곡 〈Sko-rostnoe Shosse 고속도로〉는 클래식 기타의 아르페지오가 뜨거워지는 열망을 달랜다.

러시아의 전원적이고 화사한 포크의 아름다움을 느낄 수 있는 〈Nadezhdy Krashennaya Dver… 문을 그려주세요〉는 프랑스 작가 고띠에Theophile Gautier(1811-1872)의 소설 「Le Capitaine Fracasse, 1963」을 영화화한 「Kapitan Fracasse 프라카스 장군, 1984」의 삽입곡으로, 사랑에 빠져 연인을 기다리는 운명의 신비를 서정적으로 그리고 있다. 이채로운 폭발음의 삽입으로 영화의 배경을 묘사하기도 하는데, 1909년에 처음 영화화되어 다섯 번째로 러시아에서 제작된 작품이라 한다.

이어지는 〈Loshadka 말〉 또한 이 영화에서 발췌된 노래로, 애조띤 피리와 따사롭기 그지없는 현악이 복고적인 멋을 전한다. 마차와 말의 울음소리가 삽입되어 있다.

1742년 러시아 궁전 내부 쿠데타에 연루된 세 사관생도의 운명 돌파기를 내용으로 한 「Gardemariny, Vperyod! 생도 앞으로!, 1987」의 주제 〈Razluka 작별〉은 영화음악의 고전으로 꼽힌다. 꿈을 현실에 묻어야 했던 젊은이들의 시련이 너무나 서글프다.

국제 음모에 대한 소련 비밀정보기관 체카의 투쟁을 그린 혁명영화 「Krakh Operatsii Terror 조작 테러의 충돌, 1980」의 삽입곡 〈Moskva Zlatoglavaya 황금 지붕의 모스크바〉는 다소 우울한 탱고로, 밴드의 연주에 의해 까랑까랑하게 노래하는 그녀의 가창이 매혹적이며 총격음으로 끝나는 종결이 이채롭다.

돈키호테 죽음 이후 둘씨네아의 삶을 그린 영화 「Dulsineya Tobosskaya 토보소의 둘씨네아, 1980」에서는 〈Ballada o Dul'Sinee 둘씨네아의 발라드〉, 〈Skandal V Toledo 톨레도의 스캔들〉, 〈Obuchenie 학습〉, 〈Monolog Al'Donsy 알돈사의 독백〉이 커트되어 실렸다. 독특한 시대의 분위기 속에 다양하게 변모하는 그녀의 연극적인 표현력이 특징적이다.

〈Poezd 열차〉는 학교를 그만두고 생업의 전선에 뛰어드는 15세 소녀의 이야기를 그린 청소년 영화 「Nepok -hozhaya 다른 삶, 1985」의 삽입곡으로, 맑고 슬픈 감정이 폐부를 찌른다.

1988년 소련에서 TV로 방영된 디즈니 만화영화 「Peter Pan 피터팬」의 러시아 음악 〈Grustnaya Pesnya Missis Darling 미시즈 달링의 슬픈 노래〉는 구 슬픈 피아노의 음색이 순수한 동심을 자극한다.

역시나 간절하고도 서글픈 〈Romans 로맨스〉는 도시의 외곽으로 추방된 집 없는 이들의 비극적 삶을 그린 「Nebesa Obetovannye 약속의 천국, 1991」의 삽입곡으로, 기타의 블루스, 교회 오르간의 온기, 바람결같이 스치는 현악, 그리고 피아노의 뭉클함이 삶의 애환을 위로한다.

2001년 개봉된 동명의 영화 주제곡 〈Prikhodi Na Menya Posmotret… 날 보러 와요〉는 죽음에 임박한 노모가 자신의 간호를 위해 결혼을 포기한 노처녀 딸의 혼인을 성사시키려는 내용의 해피엔딩 가족영화로, 모성애처럼 따사로움으로 가득하다.

한 노파의 음성이 교회 종소리와 함께 뇌리를 파고드는 〈Ya Razorvu Kustov Kol'Tso… 나는 덤불의 고리를 끊을 것입니다〉는 덤불을 헤치며 어둠 속 숲에서 길을 헤매는 역경을 살아왔으나 지옥의 모든 강에 쓰라린 눈물만이 흐르고 있다는 내용이다. 이는 TV드라마 「Last Battle of The Major Pugachyov 푸가체프의 마지막 전투, 2005」의 삽입곡으로, 원곡은 작가 바를람 샬라모프Varlam Shalamov(1907 -1982)의 시에 음유시인 오쿠자바가 노래했다. 이전에 발표된 두 매의 영화음악 모음집에는 수록되지 않았다.

팔색조 같은 해석력을 보여주는 이 영화음악 선집은 월드뮤직과 영화음악 애호가들 모두에게 추천하고 싶다.

Volshebnaya Skripka

1999 | VEM | 02303-08

1. Vot Opyat' Okno…
2. Ne Pokidaj Menya, Vesna…
3. Primety
4. Dorozhnye Zhaloby
5. Ya Khotela By Zhit' S Vami
6. Tol'Ko Detskie Knigi Chitat'…
7. Balaganchik
8. Skripka I Nemnozhko Nervno
9. Khoroshee Otnoshenie K Loshadyam
10. Zheltyj Angel
11. Kogda-Nibud' Ya K Vam Priedu…
12. Ne O Lyubvi Proshu
13. Kinematograf
14. Volshebnaya Skripka
15. Ya Vernulsya V Moj Gorod…
16. Sokhrani Moyu Rech' Navsegda…

10년이 흘러 2008년에 재발매된 본작 《Volshebnaya Skrip -ka 마법의 바이올린》의 타이틀은 마치 엘레나 깜부로바를 지칭하는 듯한 느낌이다. 예술적인 서정 시가들과 연극적인 연출의 구성은 오랫동안 감성에 푹 빠지게 하며 손에 땀을 쥐게 한다.

〈Vot Opyat' Okno… 여기 창가에서 다시…〉는 투명한 피아노와 붉은 바이올린으로 연주된 2중주로, 너무나 적막한 사랑의 야상곡이다. 잠 못 드는 외로운 밤 홀로 포도주에 취해 이별했던 이가 사랑을 속삭였던 창가로 돌아와 주길 고대하는 내용으로, 나른한 듯 그리고 열망에 사로잡힌 듯 부르는 강약의 멜로디는 마치 꿈을 꾸는 듯 환상적이다. 영화음악앨범에서 들려주었던 버전과는 전혀 다른 감성이다.

사랑이고 행복이며 꿈을 상징하는 봄에 대한 서정시 〈Ne Pokidaj Menya, Vesna… 봄날이여, 날 떠나지 마〉는 애틋한 감성을 자극하는 클래식 기타 솔로와 우수에 젖은 그녀의 목소리가 하얀 벚꽃이 소리 없이 바람에 흩날려 떨어진다.

〈Dorozhnye Zhaloby 막히는 길〉에는 마치 시골장터 구경을 나섰을 때의 들뜬 마음처럼 낙관적이고 소담한 낭만이 유쾌하다.

마리나 츠베타예바M. Tsvetayeva(1892-1941)의 시를 노래한 〈Ya Khotela By Zhit' S Vami 당신과 함께 살고 싶어〉는 짝사랑이 주제로, 피아노와 플루트의 온화한 바람이 가슴에 스민다.

오시프 만델시탐O. Mandelstam(1891-1938)의 1908년의 시를 노래한 〈Tol'Ko Detskie Knigi Chitat'… 동화책 읽기〉는 피아노, 기타, 오케스트레이션과 그녀의 하이톤 가성에 맺히는 아득한 슬픔에 취하게 된다. 점점 잃어가는 동심으로 깊은 슬픔에 잠긴 이 시에서 죽은 듯 곤한 생활에도 가난한 조국을 사랑했던 작가가 느끼는 현실의 까마득함이 그려진다.

〈Balaganchik 인형극〉은 선과 악의 대결을 주제로 한 어린이들을 위한 실험극으로, 손에 땀을 쥐게 할 정도로 박진감 있게 연출된다.

시인이자 배우이고 작곡가인 우크라이나 출신의 알렉산드르 베르틴스키Alexander Vertinsky(1889-1957)가 1934년 파리에서 쓴 〈Zheltyj Angel 노란 천사〉는 타지에서의 고된 삶과 슬픈 사랑을 담은 탱고로, 현실의 비정함을 다양한 창법으로 표출한다.

〈Kogda-Nibud' Ya K Vam Priedu… 언젠가는 널 보게 되겠지〉는 기약 없는 약속에 대한 막연한 희망가로, 서정적인 기타와 따사로운 현악에 애잔함이 서린다.

하이톤의 왈츠 〈Ne O Lyubvi Proshu 사랑에 대해 묻지 말아요〉는 사랑에 안절부절못하는 연인에게 말 없는 확신을 보내는 로망스이다.

한편의 뮤지컬을 보는 듯한 재즈 판타지 〈Kinematograf 영화〉에 이어, 실험적이고도 연극적인 격앙과 클라이맥스를 들려주는 〈Volshebnaya Skripka 마법의 바이올린〉은 평상시는 순수하고 밝지만 악마의 눈빛으로 죽음에 치닫는 듯 연주하는 바이올리니스트에 대한 이야기이다.

검은 현실을 풍자적으로 노래했던 오시프 만델시탐의 〈Ya Vernulsya V Moj Gorod… 내 고향으로 돌아왔네〉에는 작가가 자신의 죽음을 예감한 듯한 불안한 데자뷔가 드리워지고 있다. 그를 연기하는 엘레나의 모노드라마는 두려움에 휩싸일 정도로 소름 끼친다.

역시 만델시탐의 시 〈Sokhrani Moyu Rech' Navsegda… 내 시어들을 영원히 구원해 줘〉는 천국과 지옥을 오가는 곡 구성이 너무나 벅차다. 수차례나 투옥되어 그때마다 맞닥뜨렸을 죽음 앞에서 쓴 유언처럼 느껴지기도 한다. 비장하면서도 아름다운 서정이 소망이 되어 여운으로 흐른다.

Eleni Dimou ● 엘레니 디무

Greece

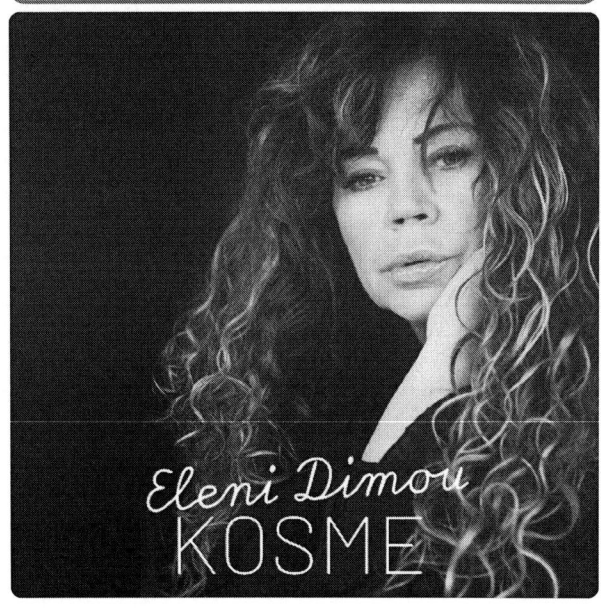

본명이 엘레니 이코디무Eleni Gikodimou인 엘레니 디무는 1957년 아테네에서 태어났다.

부친은 북부 에피로스 출신이고 모친은 소아시아 출신으로, 가난했지만 노래와 음악을 좋아했다.

그녀는 아테네 음악원에서 공부했으며, 부모님의 친구인 유명 배우 디미트리스 호른Dimitris Horn은 가수로의 재능을 알아본 후 마노스 하지다키스Manos Hadjidakis(1925-1994)에 소개했고, 피레우스 시립극장에서 열린 그의 프로그램에 참여하는 기회를 얻었다.

1981년 제20회 테살로니키 페스티벌에서 〈Mia Agapi San Ki Afti 이와 같은 사랑〉으로 1위를 수상하며, 이듬해 이 곡이 수록된 《Écho Filous 나에겐 친구가 있네, 1982》로 데뷔했다.

유명 작곡가 라키스 파파도풀로스Lakis Papadopoulos와 함께 했던 세 번째 앨범 《Kata Diboho… Alepou 심층적으로 여우, 1986》는 10만 장 이상 판매되어 첫 성공을 거두었다. 1980-1990년대에 예술적 전성기를 거쳤던 그녀는 아름다운 미모와 낮고 질감 있는 목소리로 다수의 TV시리즈의 연기자로도 활동했다. Sting의 〈Fragile〉을 자신의 청춘 노래로 꼽았으며, 자신을 항상 감동시키는 목소리는 요르고스 달라라스George Dalaras라 한다.

데뷔 때의 긴 머리를 지금도 유지해 오고 있는 이유는 음악 프로듀서인 남편의 요청이라 하며, 아프리카를 제2의 고향이라고 여긴다고 한다. 상업적 성공에 욕심이 없고, 좋은 가수로 남고 싶다는 그녀는 환갑이 지난 지금도 무대를 찾으며 팬들과 호흡하고 있다.

Prosopika

1988 | CBS | 462426-2

1. Prosopika
2. Tragoudi Genethlion
3. O Kaliteros Mou Filos
4. Skoura Ta Pragmata
5. To Kanarini
6. Teties Nihtes
7. Sto Hi Pi Pote Kanis
8. Kita Ego
9. O Blak
10. Ap Tin Arhi

본작 《Prosopika 개인적으로》는 줄리에트 그레코Juliette Gre
-co(1927-2020)와의 음악 작업으로 프랑스에서 첫발을 내디
딘 후, 그리스로 돌아와 New Wave를 이끌며 많은 걸작을
탄생시켰던 유명 작곡가 야니스 스파노스Yannis Spanos(19
34-2019)와의 공작이다.

여류 작시가 리나 니콜라코풀루Lina Nikolakopoulou와 라디
오 프로듀서이기도 한 마리아니나 크리에지Marianina Kriezi
(1947-2022)의 가사이며, 오케스트레이션과 건반은 유명 작
곡가 스테파노스 코르콜리스Stefanos Korkolis가 맡았다.

〈Prosopika 개인적으로〉는 감미롭고도 우울한 재
즈의 서정에 갓 서른을 넘긴 그녀의 원숙한 음성
이 좋은 질감대비를 보여준다. 프러포즈에 대한
거절의 의미로, 언플러그 편집앨범 《To Tragoúdi
Gymnó 벌거벗은 노래, 1992》에는 피아노 솔로
반주로 녹음되었다.

나는 개인적으로 너에게 우호적인 감정이 없네, 사랑이 닿
은 발걸음만이 나를 서둘러 떠나게 할 뿐이지, 난 네게서
아무것도 원하지 않아…

〈To Kanarini 카나리아〉는 작시가 크리에지의 동화 같은
대표곡으로, 작은 새의 죽음으로 첫 이별을 경험
한 어린 소녀의 엘레지이다. 풍설같이 흩날리는
현악과 피아노의 애수가 너무나 아름답다.

사랑의 배신을 그린 〈Kita Ego 날 봐〉는 고요한
절망에서 처절한 분노로 이어지는 드라마이다.

…난 나 자신을 배신한 꼴이 되었네… 나만 널 숨 막히듯
끌어안았고, 나만 바다가 너의 감옥임을 알아차리지 못했고,
나만 가서 사랑에 빠졌던 거야.

〈Ap Tin Arhi 처음부터〉는 훌륭한 피아니스트이
기도 한 코르콜리스의 화려한 피아노 광시곡이 청
자의 오감을 사로잡는다.

…여기로 와, 나의 광야에서 네가 찾을 이유가 있는 길로…
난 너의 숨결에서 항상 뭔가를 복사하지, 나도 너의 꿈을
기록할게, 너의 깊은 물 외에는 나도 다를 게 없는걸.

15만 장 이상의 상업적 대성공을 거두었고, 후속작들도 골
드 레코드의 행진과 함께 황금기를 이어간다.

I Zoi Ine Gyneka

H from Eiva ....

1993 | Columbia | COL 473644 2

1. Pseftra Zoi
2. Dos Mou To Mellon
3. Terma Ippokratous
4. Erotevome Monaha Stin Ellada
5. Alli Mera Alli Tyhi
6. O Elafokynigos
7. Kanenas De Haidevi San Esena
8. Ston Pyrro Dima
9. I Zoi Ine Gyneka
10. I Gorgona
11. I Rakosyllektria
12. Nero Na Pinis Sto Onoma Mou

본작 《I Zoi Ine Gyneka 인생은 여자》는 마리아나나 크리에지Marianina Kriezi(1947-2022)가 전곡의 가사를, 골드 레코드를 획득한 전작들에서 협력했던 팝 작곡가 미할리스 카풀라스Michalis Capoulas가 작곡을 전담했다.

애달픈 신시사이저 심포니가 차가운 안개처럼 샘솟는 〈O Elafokynigos 디어 헌터〉는 설원의 동화로, 테살로니키 최초의 사냥꾼인 니키의 아내 아나스타시스의 이야기이다. (가사로 미루어 본 내용은 명확하진 않지만) 새들과 천사들이 하늘을 가득 채운 어느 겨울, 사냥꾼들에 의해 사슴이 부상당하고 50년이 흐른다. 그 사슴은 16세 소녀의 눈을 가진 아나스타시스로 환생하여 사냥하러 가는 이들에게 '하늘에는 천사 아이들과 죽은 사슴이 있으니, 하늘을 향해 총을 쏘지 말라'고 당부한다. 그리고 자신은 천국의 천사들을 만나러 가겠다고 말한다.

서정적인 재즈 그루브의 팝록 〈I Gorgona 인어〉는 순수한 동심을 지켜주고자 하는 인어호의 늙은 선원들의 메시지로, 아이들에게 윙크하는 인어는 마치 맥박처럼 영원히 살 것이라고 노래한다.

플루트에서 흐르는 꽃향기로 가득한 〈I Rakosyllektria 잡초 수집가〉는 생명의 소중함을 일깨우는 동화이다. 직접 노파로 분장한 뮤직비디오로 제작되었는데, 그녀는 별도 없는 밤에 화분이 깨져 버려진 제라늄을 정원이 있는 집 앞에서 발견하고 찾아주고자 한다. 그러나 잠긴 대문은 열리지 않았고, 땅에 다시 심어준다.

명곡 〈Nero Na Pinis Sto Onoma Mou 내 이름의 마실 물〉에서는 차별과 박해에도 (주로 구소련에서) 고유의 헬레니즘 문화를 가꾸며 살아가는 그리스 난민과 동포들에게 위로와 희망을 전한다.

지금까지 나는 다른 어둠의 나그네들과 함께 여행해 왔네, 그러나 나는 영혼을 위한 도움도 빛도 찾지 못했지, 루소폰티아의 구름은 고작 3미터에 불과하지만, 그 3미터의 순수한 구름이 비를 내리게 할 거야. 내 이름으로 마실 물, 서있는 땅이 어디든, 어떤 고통의 밤이든, 절대 길을 잃지 않으리. 내 평생의 3미터 구름은, 아무리 많은 실수를 저질러도, 나를 사랑하고 갈망하리.

작곡가와의 인연은 후속작으로 이어진다.

Akou Lipon

1996 | Minos-EMI | 7243 8 55771 2 3

1. Akou Lipon
2. Kapote Telionoun I Giortes
3. Hathika
4. Pame Sto Monastiraki
5. Klios
6. Matia Mou
7. Pali Ta Idia
8. To Kormi Kormi Girevi
9. Mi Mou Les Polla
10. Ta Ikosi Sou Hronia

본작은 작곡가 야니스 스파노스Yannis Spanos(1934-2019)와의 두 번째 공작으로, 역시 서정적이고 대중적인 팝 감각의 라이카로 채워져있다.

타이틀곡 〈Akou Lipon 그러니 들어봐〉는 이별을 통고하는 곡으로, 빠른 템포에 다소 긴장감이 흐르는 중후한 현대성이 돋보인다. 간략한 곡 구성이지만 퓨전 성향의 감미료로 마감했다.

…나는 어제만 사랑했던 여자가 아니야, 난 실수와 죄책감에 대한 대가를 지불해, 나는 선로에서 내 영혼을 찾는 것을 두려워했지만… 난 노는 법, 지는 법, 나아가는 법을 배웠어, 오늘 밤 넌 열쇠를 발견하게 될 거야, 왜 홀에 남겨두었는지도 알게 될 거야. 네가 아프지 않다고 말하는 건 진실이야…

〈Kapote Telionoun I Giortes 때로는 휴일이 끝나기도 해〉도 이별곡으로, 애간장을 녹이는 멜로디는 이조하며 감정을 증폭시킨다. 러시아 로망스처럼 한 치 앞도 보이지 않을 만큼 하얀 눈이 펄펄 내린다.

…때로는 모든 것이 끝나기도 하지, 휴일이 끝나는 경우도 있네. 성탄절이 사라지더라도, 네 모습은 남을 거야, 어제 터진 공처럼. 홀로 사랑하는 사람에게는, 한숨을 쉬게 만드는 사람들이 있기에. 조각난 하늘 아래, 셀 수 없을 만큼 많은 고독으로, 성탄절은 아파!

〈Pame Sto Monastiraki 모나스티라키로 가요〉는 남성 코러스와 함께 아코디언의 전원적인 낭만으로 채워져 있다. 모나스티라키는 전통적인 명소와 판매점이 즐비한 아테네의 중심 광장으로, 유행에 민감하지도 않고 동심이 남아있는 것도 아니지만, 마음이 무거워질 때면 기분전환으로 사람들이 북적이는 곳으로 외출을 해보라고 권유한다.

〈Klios 경주마〉는 관악의 랩소디가 유유히 흐르지만 오히려 적막감이 흐르는 것 같다. 고대 유적 속에 홀로 버려진 듯한 이 뮤직비디오는 〈Matia Mou 나의 눈〉과 연작으로 제작되었다.

…이 삶, 난 아직 견디고 있네, 새로운 날개를 달고 시대 속으로 나가리라, 내 몸을 태워도 번개를 찾으려면, 한 번 더… 점점 더 팽팽해지는 끈, 피할 수 없는 트라우마의 시

간, 여기서 살 내 영혼이 바닥나고, 또 감옥일지라도…

〈Mi Mou Les Polla 너무 많이 말하지 마〉는 첫 곡의 긴박한 리듬을 이어가며 아코디언의 애수가 덧붙는다.
자신도 산전수전을 겪었고 소중한 게 있으니, 많은 말로 설득하지 말라고 한다.

〈Ta Ikosi Sou Hronia 20대의 너〉는 젊은 시절의 사랑을 잊지 못한 그리움으로, 어두운 현악에
특징적인 관악의 기교가 바람에 흔들린다.

나와 함께해 준 네 시간은 나의 삶을 밝혀주고 있네, 내가 사랑하는 너의 20대, 은빛 강은 고아인 나를 네 몸과 묶었지. 밤에는 침상이 세월의 흔적을 머금고, 내가 사랑하는 너의 20대. 난 널 깨우지도 만지지도 않을 거야, 나는 이 그리움에서 떠나는 중이야…

후속작 《Porto Risko 위험한 항구, 1999》에는 타이트하고 중량감이 넘치는 댄스곡 〈Ligo Koimamai 조금 자고〉가 주목할 만하다. 열기 오른 바이올린이 활개치며 중독을 가중시키는 리듬감 속에서 그녀는
사랑으로 죽어가고 있으니 더 사랑하게 해달라고 간청한다.

예수의 죽음과 부활을 모두 지켜본 증인이며 참회의 성녀로 알려진 〈Magdalini 막달레나〉에는
여성으로서 사랑을 노래한다.

…난 내 키스로, 사랑으로, 태양으로 당신을 안을 거야, 그리고 당신은 성금요일에 내 품에서 깨어날 거야… 내가 꿈꾸었던 대로 당신의 발을 씻어줄 거야, 난 내가 믿지 않는 세상으로 당신을 돌려보내지 않을 거야,

Sta Dyskola Se Thelo

2001 | Legend Recordings | 2201150832

1. Erotas Moro Mou
2. Sta Dyskola Se Thelo (Horchar Ha Ekaliptus)
3. Fila Me (Iki Tas Korba)
4. Pente Me Efta
5. Ah!
6. O Kairos Theos
7. Domatio Me Thea (Samboera Mayison)
8. Dyo Haraetoi Panta Mazi
9. S'Agapo Kai De S'Afino
10. O Erotas
11. Pou Tha Pas
12. Pote Sta Riha

본작 《Sta Dyskola Se Thelo 어려운 시기에 널 원해》는 두려워하지 말고 자신을 유혹하라는 〈Erotas Moro Mou 사랑해 자기야〉와 〈O Erotas 사랑〉처럼 삼바도 만날 수 있으며, 민속, 발라드 등 다양한 색깔로 구성한 앨범이다.

타이틀곡 〈Sta Dyskola Se Thelo 어려운 시기에 널 원해〉는 이스라엘 노래와 시의 영부인이라 불리는 여류 작곡가 나오미 쉬머Naomi Shemer(1930-2004)가 노래한 1967년작 〈Horchar Ha Ekaliptus 유칼립투스 숲〉이 원곡이다. 국내에도 소개된 이스라엘 여가수 이쉬타르Ishtar가 2000년에 취입하여 우리에게 잘 알려졌는데, 고향에 대한 어린 시절의 추억을 그린 원곡을 연가로 개사하여 불렀다. 간절한 멜로디가 가슴을 눈물로 적신다.

…어려운 시기에 널 원해, 부드럽게 말해줘, 난 호화로운 환상을 원하지 않아. 시간의 가장자리에서, 우리의 진실은 지난날의 사진을 태우듯 적나라해. 새로운 살인과 부재로 장면이 바뀌는, 이 균열이 무서워. 돌아다니는 설치류처럼 조각난 넌, 나를 사랑한다고, 나에게 상처를 주었다고 말해줘. 왜 침묵하니?

역시 새로운 그리스어 가사를 붙인 〈Domatio Me Thea 전망의 방〉은 부룬디 출신의 여가수 카자 닌Khadja Nin이 노래했던 〈Sambolera Mayi Son 이 세상을 견뎌라〉가 원곡이다.

…파도에 햇살이 보이는 전망의 방, 이게 너에 대한 내 모든 꿈이야, 넌 늦네, 시간 낭비 말고 시작해, 얼른 와, 선물을 기다리는 아이처럼, 난 널 기다리고 있어…

〈Pente Me Efta 5시에서 7시〉는 알제리 출신의 프랑스 뮤지션 자크 베네루소Jacques Veneruso의 작곡으로, 민속적인 재료를 혼합한 발라드이다.

…내게 천 개의 삶이 주어진다면, 난 다시 살 거야. 논리적으로 나는 멸망해야 하지만, 마음은 어디서 정신을 찾을 수 있나? 5시에서 7시, 아니면 2분 동안만이라도, 불을 끄고 촛불만으로, 비밀스러운 기쁨을 누리고 싶어, 5시부터 7시까지 단 2시간 만이라도.

〈Dyo Haraetoi Panta Mazi 두 연이 함께〉는 피리가 리드하는 민속적인 왈츠로, 현악의 온풍이 평화롭게 들판을 건너온다.

…삶은 놀이공원이라네, 모든 끝과 시작에서, 거울을 보다 어린아이처럼 웃고 울며 미궁에 빠지지. 여기도 원하고 저기도 원하고, 그리고 내 마음속에서 사격을 하지. 방주를 위한 나의 삶, 빛과 입맞춤이 빛나고 있네, 밀어로 내게 속삭여줘, 별이 떨어지면 소원을 빌 거야, 일요일 같은 우리의 평생을 위해, 두 개의 연이 항상 함께해 달라고.

사랑의 맹세 〈S'Agapo Kai De S'Afino 널 사랑하기에 떠나지 않을 거야〉는 세르비아 퍼커션 연주자 네나드 젤릭Nenad Jelić의 작곡으로, 민속적인 퍼커션에 류트의 트레몰로가 물결이 되어 흐른다.

〈Pou Tha Pas 어디 가?〉는 현대적인 힙합 비트가 들썩거리는 세련미가 유혹한다.

…어디 가? 내 불에 빠져, 내게로 와, 내가 책임질 게, 다른 곳에서는 넌 평화를 찾지 못할 거야, 오직 여기서만 넌 번영할 거야…

이후 그녀는 2006년까지 두 매의 앨범을 더 발표하고 신보 앨범은 멈춘 상태이다. 그러나 여전히 그녀는 싱글을 음원으로 발표하고 있으며, 라이브 무대에서 멋진 세피아빛 보이스를 청중들과 공유하고 있다.

여신의 랩소디 인 블루
Elli Paspala • 엘리 파스팔라
Greece

참 보기 드문 음색의 소유자이다. 물기를 머금고 있는 감촉, 여린 듯 섬세한 호소력, 잔잔히 고인 호수에서 순식간에 불길이 오르는 듯한 가창력의 특별함은 일찌감치 그리스 음악의 거성 마노스 하지다키스Manos Hadjidakis(1925-1994)의 마음을 빼앗았다.

엘리 파스팔라는 1957년생으로 뉴욕에서 출생했다. 맨해튼 음악학교를 다녔고, 성악과 연기를 배웠으며, 오페라 가수로서 미국과 캐나다에서 활동하고 있었다.

1982년 아테네로 온 그녀는 하지다키스의 《Pornography, 1982》에서부터 《The Sirius have Children, 1988》까지 무려 6장의 앨범에 참여하는 기회를 가지게 되었으며, 러시아 문학가 안톤 체호프Anton Chekhov(1860-1904)의 삶을 그린 뮤지컬 「Chekhov-Musicals」에 참여했다.

첫 앨범 《Sti Lampsi Tou Feggariou 달빛에서, 1988》를 발표하면서 정식으로 데뷔했으며, 두 번째 앨범 《To Nisi Ton Lotofagon 몽상가의 섬, 1990》에 이어 《Living a Lie, 1993》는 영국에서 녹음된 영어 앨범이었다. 그해 아테네 콘서트홀에서 가졌던 성공적인 라이브는 《Sto Megaro Mousikis 콘서트홀》로 출시되었다.

유명 작곡가 스타마티스 크라우나키스Stamatis Kraounakis의 TV시리즈 사운드트랙 《Pump Dagger, 1994》에 조력자로 나선 후, 현대 그리스 노래축제 기간에 네덜란드에서 콘서트를 열었으며, 1995년에는 미국 애틀랜타에서 열린 올림픽 게임 축하쇼에 참여했다.

《Gia Tin Synitheia Tou Erota 사랑의 습관으로, 1997》 앨범은 여류 작곡가 에반티아 레부치카Evanthia Reboutsika의 남편이기도 한, 재능 있는 2세대 작곡가 파나요티스 카란초풀로스Panagiotis Kalantzopoulos와 함께 완성했다.

1999년에는 그리스에서 활동하던 미국 출신의 재즈 색소폰 주자 데이비드 린치David Lynch와 결혼하였고, 2001년에는 남편이 참여한 라이브 앨범 《Trio》를 발표했다.

마리아 파란투리Maria Farantouri, 사비나 야나투Savina Yan-natou, 에반티아 레부치카 등과도 함께 리코딩하였으며, NGO와 그린피스, 국경없는의사회, 국제사면위원회 등과 자선활동을 하고 있다.

사생활에 관해서는 잘 알려져 있지 않은데, 셰익스피어Shakespeare(1564-1616)의 시집과 그리스 현대화가 모랄리스Yiannis Moralis(1916-2009) 그리고 스페인 화가 프란시스코 고야Francisco Goya(1746-1828)의 회화를 좋아한다고.

Sti Lampsi Tou Feggariou

1988 | Sony | AKT 463139

1. Youkali
2. In Germany Before the War
3. Guigui
4. Und Was Bekam des Soldaten Weib
5. Amara Me
6. La Canzone del Mar di Luna
7. Lonely at the Top
8. Valse Grise
9. Now Go to Sleep
10. Canzone Arrabbiata
11. La Chanson de Tessa

데뷔작 《Sti Lampsi Tou Feggariou 달빛에서》는 리메이크 앨범으로, 카바레 디바 엘리 파스팔라의 고혹적인 색에 흠뻑 취하게 된다. 그리스 레퍼토리가 아닌 월드팝스 고전들인데, 그녀만의 재즈 무기로 재탄생되고 있다.

'상상의 섬' 그리고 '이상향'을 뜻하는 〈Youkali 유칼리〉는 독일 출생의 미국 작곡가로 재즈 음악극 「Die Dreigroschen-oper 서푼짜리 오페라, 1928」로 유명한 쿠르트 바일Kurt Weill(1900-1950)이 1934년에 발표한 기악곡 〈Youkali Tango-Habanera〉가 원곡으로, 프랑스의 배우이자 작사가인 호제 페으네Roger Fernay(1905-1983)가 가사를 썼다. 우리에겐 독일의 카바레 가수 우테 렘퍼Ute Lemper의 노래로 친숙한데, 우아한 현악 아바네라에 흐르는 그녀의 불어 노래가 너무나 애달프다.

그건 아마도 세상 끝에 있을 거야, 내 방랑하는 작은 배는, 파도의 변덕에 표류하네, 언젠가는 꼭 나를 거기 데려다 줘… 유칼리, 그것은 모든 소원을 이룰 수 있는 곳, 아름다운 사랑을 공유할 수 있는 나라이며, 모든 인간의 마음에서 발현되는 희망이고, 모두가 기다리는 내일의 평안이지, 그것은 욕망의 땅이며, 행복이며, 기쁨이야. 그러나 이 항해는 어리석은 꿈, 유칼리는 어디에도 없네!

독일의 극작가이자 시인인 베르톨트 브레히트Bertolt Brecht(1898-1956)가 가사를 쓰고 쿠르트 바일이 1943년에 작곡한 전쟁 풍자곡 〈Und Was Bekam des Soldaten Weib 그리고 그 군바리의 여편네는 뭘 받았나?〉 역시 대중적인 멜로디가 낭만적이다.

미국의 싱어송라이터 랜디 뉴먼Randy Newman이 1977년에 발표한 팝의 명곡 〈In Germany Before the War〉와 1972년 히트곡 〈Lonely at the Top〉의 재즈 뉘앙스도 좋다.

프랑스 가수이자 배우 미셸 조나스Michel Janasz가 1978년에 발표한 가련한 사랑의 샹송 〈Guigui 기기〉는 여성 특유의 여린 감성이 돋보인다.

영화 「D'Amore e d'Anarchia 사랑과 무정부주의자, 1973」에서 사랑을 구걸하는 거리 여인이 부른 깐쏘네 〈Amara Me 날 사랑해 줘〉는 원작 영화처럼 기타 반주 하나로 회한을 뽑아낸다. 이는 이태리 영화음악가 니노 로타Nino Rota(1911-1979)의 작곡이다.

185

사랑에 미쳐버린 순박한 시골 무정부주의자를 노래하는 〈Canzone Arrabbiata 미친 자의 노래〉 역시 추억의 낭만을 끌어낸다. 영화에서는 두 곡 모두 이태리의 가수이자 배우인 안나 멜라토Anna Melato가 불렀다고 한다.

이태리 영화음악가 니콜라 피오바니Nicola Piovani의 「Kaos 카오스, 1984」 삽입곡 〈La Canzone del Mar di Luna 아픈 달의 노래〉는 마리아 파란투리M.Farantouri도 취입했던 곡으로, 질병으로 비극을 맞는 사랑의 파국을 처절하게 묘사한다.

영화 「Il Treno per Istanbul 이스탄불행 기차, 1979」 삽입곡 〈Now Go to Sleep〉는 포크풍으로 부른 구슬픈 자장가이다.

샹송의 지성 바르바라Barbara(1930-1997)의 음성으로 친숙한 〈Valse Grise 회색의 왈츠〉는 영화 「Un Carnet de Bal 무도회의 수첩, 1937」 삽입곡으로, 가볍고도 우아한 현악의 로망스가 한없이 포근하다.

미셸레 아노Michele Arnaud(1919-1998)의 1964년 노래인 올드 샹송 〈La Chanson de Tessa 테사의 노래〉는 클래시컬한 편곡이 너무나 애절하다. 여배우이자 가수인 발레리 라그랑주Valérie Lagrange도 1966년에 남우 장-삐에르 깔퐁Jean-Pierre Kalfon에 이어 2003년 재기작에서 벤자맹 비올레Benjamin Biolay와도 불렀다.

네가 죽으면, 새들은 영원히 지저귀지 않겠지, 너의 육체가 차가워지면, 태양도 더 이상 뜨거워지지 않겠지… 너와 함께 꽃의 아름다움도 죽어버릴 거야, 내 유일한 연인이여. 내가 죽으면, 새들은 그날만 지저귀지 않기를, 내가 죽으면, 그다음 날 나를 잊어버려, 그리곤 다시 삶에서 기쁨을 찾으렴… 내가 없어도 내 무덤가의 천 개의 꽃들은 다시 필 거야, 내 유일한 사랑이여!

Sto Megaro Mousikis

Η ΕΛΛΗ ΠΑΣΠΑΛΑ ΣΤΟ ΜΕΓΑΡΟ ΜΟΥΣΙΚΗΣ

1993 | Sony | AKT 473905

1. Liga Psihoula Agapis
2. Women Vs. Men
3. Love For Sale
4. Ta Limania
5. Na M' Agapas
6. Maroko
7. Temptation
8. I'm A Stranger Here Myself
9. Anna Karenina
10. Ain't No Sunshine
11. Meglio Stasera
12. Calling You
13. Anoixe Giati Den Anteho

개인적으로 라이브 앨범을 별로 선호하진 않지만, 그것이 또 하나의 정규작이라면 곡의 일부가 될 관객의 갈채 소리마저 기꺼이 받아들이게 된다.

본작 《Sto Megaro Mousikis 콘서트홀》은 메가론 아테네 콘서트홀에서 1993년 1월 29일에 열렸던 실황으로, 라이브로 처음 선보이는 그리스어 신곡들과 영어로 불린 팝의 명곡들을 고루 수록하고 있다. 유명 뮤지션인 색소폰 주자 데이비드 린치David Lynch와 피아니스트 타키스 파라지스Takis Farazis 외에도 키보드, 일렉트릭 베이스, 드럼 연주자 이렇게 5인조가 열띤 무대를 채워주고 있다.

그리스의 고전 〈Liga Psihoula Agapis 네 사랑의 작은 조각〉은 1950-60년대 활동했던 가수이자 작곡가 스타브로스 추아나코스Stavros Tzouanakos와 여가수 에피에 네루추Effie Neroutsou의 듀엣이 원곡이다. 여가수 소티리아 벨루Sotiria Bellou(1921-1997) 그리고 하리스 알렉시우Haris Alexiou도 리메이크하였다. 피아노 반주에 흐르는 그녀의 깊은 상념의 목소리는 흥건한 슬픔에 젖어 가슴을 쓸어내리게 한다.
난 네게 부와 궁전을 원하는 게 아니야, 다른 요행 따위는 바라지도 않네, 단지 내 조각난 마음에 대해 연민을 느끼길, 네가 날 사랑한다는 짧은 말이라도 해주었으면. 난 네 사랑의 조각을 찾네, 그리고 난 다른 삶을 흠모하고 있네…
〈Ta Limania 항구〉는 20세기 최고의 부주키 연주자이자 '렘베티카의 아버지'라 불리는 바실리스 치차니스Vassilis Tsitsanis(1915-1984)의 작품으로, 반복되는 템포로 장대한 해양으로의 항해를 서사적으로 연출한다. 내용은 가요 〈남자는 배, 여자는 항구〉를 연상시키는데, 연인을 향한 기다림과 잊힐까 두려워하는 근심으로 가득하다.
〈Na M' Agapas 날 사랑해 줘〉는 여가수 엘레니 찰리고풀루Eleni Tsaligopoulou가 데뷔작에서 노래한 히트곡이다. 아라베스크풍의 빠른 템포지만 긴장감이 넘치며 그녀의 목소리는 나비처럼 나풀거린다.
〈Maroko 모로코〉는 작곡가 스타마티스 크라우나키스Stama

-tis Kraounakis와 여류 작시가 리나 니콜라코풀루Lina Nikolakopoulou의 작품으로, 이집트 알렉산드리아 출신의 그리스 여가수 알키스티스 프로톱살티Alkistis Protopsalti가 1985년에 취입하여 사랑에 대한 강렬한 유혹의 욕망을 노래했다.
미국 가수 톰 웨이츠Tom Waits의 1987년도 발표작 〈Temptation〉은 허스키한 목소리만으로도 기억에 박혀있는 블루스 탱고인데, 엘리의 농염한 창법도 데이비드 린치의 금빛 색소폰도 감흥을 촉발시키는 매력으로 넘쳐난다.
쿠르트 바일Kurt Weill(1900-1950)의 성공적인 뮤지컬 「One Touch of Venus, 1943」에 수록된 〈I'm a Stranger Here Myself〉은 자유분방한 팝재즈 스타일로 점차 긴장을 끈끈하게 몰아가는 제스처가 흥겹다.
톨스토이Tolstoy의 소설 주인공이기도 한 〈Anna Karenina 안나 카레니나〉는 이집트 카이로 출신의 그리스 작곡가 니코스 히다키스Nikos Xydakis의 1989년 작으로, 장중한 대서사의 드라마가 펼쳐진다.
R&B계의 선발주자였던 빌 위더스Bill Withers의 1971년 데뷔작 〈Ain't No Sunshine〉에 이어, 영화음악가 헨리 맨시니Henry Mancini(1924-1994)의 대표작 「The Pink Panther 핑크 팬더, 1963」의 삽입곡인 〈Meglio Stasera · It Had Better Be Tonight〉, 밥 텔슨Bob Telson의 고전 팝 넘버이자 영화 「Bagdad Cafe, 1987」에 수록된 명곡 〈Calling You〉는 국제적인 팝 감각으로 더욱 뜨거운 관객들의 호응을 얻어낸다.
작곡가 이아니스 파파이오아누Yiannis Papaioannou(1910-1989)의 렘베티카 고전 〈Anoixe Giati den Anteho 참을 수 없기에, 열어라〉는 사랑에 미쳐가는 마음을 노래한 것으로, 중편의 연주시간을 뜨거운 호흡으로 이어간다.

Gia Tin Synitheia Tou Erota

1997 | WEA | 3984 20744

1. Leyko Mou Yiasemi
2. To Dakry
3. S'Agapo
4. To Allo Mou Miso
5. Gia Ti Synitheia Tou Erota
6. Kryfi Pligi
7. Mes' Ap' Ta Dakria Pou Peftoun Yelao
8. Sto Pelago Tou Pouthena
9. To Forema
10. Enos Leptou Fili
11. C'est la Vie

《Gia Tin Synitheia Tou Erota 사랑의 습관으로, 1997》는 유명 여류 작곡가 에반티아 레부치카Evanthia Reboutsika의 남편인 작곡가 파나요티스 카란초풀로스Panagiotis Kalantzo -poulos와 함께 완성했다. 아름다운 선율, 남편 데이비드 린

치David Lynch가 참여하고 있는 완벽한 연주, 훌륭한 가창이 하나된 수작이다.

 〈Leyko Mou Yiasemi 나의 하얀 재스민〉은 청량한 떨림의 기타 야상곡으로, 눈물을 머금은 보컬이 어둠과 슬픔에 묻은 여린 감정을 위로한다.

 처량한 신파조의 브라스 재즈가 가미된 〈To Dakry 눈물〉은 고독한 감성과 이에서 벗어나고픈 열망의 휘파람이 긴 여운을 남기고 있다.

…잠들기 위해 눕자마자, 눈물이 내 베개 위를 흐르네, 침대에서 거짓말처럼, 다시 한번 꿈에 이르네. 잠자면서도 미소 짓도록, 입맞춤으로 날 채워줘, 난 깨어나 외로움에 한숨짓네…

 사랑에 들뜬 행복함에 젖어있는 〈S'Agapo 사랑해〉에는 민속적인 춤의 행렬이 길게 이어진다.

난 머리가 아닌 몸으로 사랑해, 하늘의 푸르름과 함께, 공허함의 공포마저 사랑해, 널 사랑해. 부드럽게 난 소녀처럼 널 사랑해, 첫사랑인 양. 분노와 고통을 사랑해, 널 사랑해, 더 큰 행운이 올 것이라는 걸 알면서도 널 사랑할래. 그리고 난 두려워, 이 밤에 잠들 수 없을까 봐, 이 하루 동안 널 기억할 수 없을까 봐…

 은은한 반도네온의 열정이 자욱이 깔리는 퓨전 탱고 〈To Allo Mou Miso 내 다른 반쪽〉에는 진지하고도 열망의 본능이 꿈틀거린다.

타이틀곡 〈Gia Ti Synitheia Tou Erota 사랑의 습관으로〉역시 매우 여성적이다. 온화한 현악과 피아노 그리고 재즈 색소폰이 섞여내는 황금빛 우아함과 붉은 열망의 음악으로 여성들에게 조언한다. 사랑의 습관으로써 어두워지면 몸매가 드러나는 이브닝드레스를 자신 있게 입고, 기쁨에 찬 미소를 짓고, 포도주를 따르되 마시지는 말라고.

〈Sto Pelago Tou Pouthena 그 어떤 바다도〉는 침잠한 내

면을 위로하며 묵상의 세상을 열어젖힌다.

…대양의 외로움은 순박한 성결을 얼리네, 전율의 해변은 푸른 기쁨과 포옹과 기쁨을 새기고, 파도는 구름처럼 깜빡이며 우리의 발자국을 지우지, 난 맑은 창공으로 와서 살고, 슬픈 그를 위해 살고, 내 슬픔이 기쁨이 되길 간구하네, 바다는 더 이상… 난 어디에나 가고 싶어…

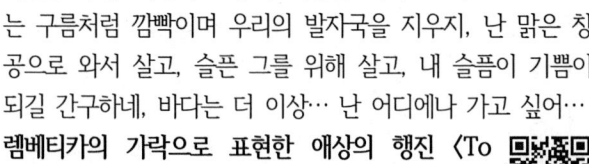

램베티카의 가락으로 표현한 애상의 행진 〈To Forema 드레스〉는 오랜 시간의 겹을 거슬러 어머니와 교감하는 독백이다.

내 어머니가 예순에 입었던 드레스, 이걸 발견하고 입었지, 내 나이 아흔. 거리에 나가서, 모든 곳에서 내 이름을 묻는 걸 들었지. 내 손안의 왕관을 쓴 흰 비둘기 두 마리.

반도네온의 열정이 들끓는 집시 플라멩코 〈Enos Leptou Fili 입맞춤의 순간〉는 열망에 사로잡히는 사랑 노래로, 브라스밴드의 육중한 연주는 중독적일 만큼 위협적이다.

이듬해는 여류 작곡가 에반티아 레부치카의 명작 《To Asteri Ki Eyhi 별의 소망, 1998》에서 타이틀곡에 참여하여 환상적인 스캣을 과시했다.

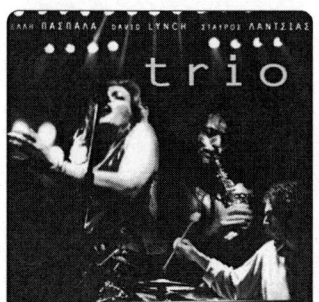

밀레니엄 신작 《Trio, 2001》는 피아니스트 스타브로스 란치아스Stavros Lantsias와 색소폰 주자 데이비드 린치와 함께한 실황으로, 마노스 하지다키스Manos Hadjidakis(1925-1994)을 비롯한 고전들과 데뷔작에 수록했던 니노 로타Nino Rota(1911-1979)의 〈Amara Me 날 사랑해 줘〉, 그리고 본작의 일부와 데이비드 린치의 재즈 넘버도 2곡 포함되어 있다.

Se Poio Theo Na Pistepso

ΕΛΛΗ ΠΑΣΠΑΛΑ ΣΕ ΠΟΙΟ ΘΕΟ ΝΑ ΠΙΣΤΕΨΩ
Στάμος Σέμσης • Νίκος Μωραΐτης

2002 | WEA | 50 50466 0193 2 5

1. Akrogialia
2. Zo Edo
3. Se Poio Theo Na Pistepso
4. Tetragoni Gi
5. Lamperes Stigmes
6. Ta Kala Nera
7. Mes Sta Matia Poianou
8. To Proto Vlemma
9. Ena Velos Stin Kardia
10. De M' Agapas Giati

심사숙고해서 무려 4년 만에 발표한 스튜디오 앨범 《Se Poio Theo Na Pistepso 나는 어떤 신을 믿어야 하는가》에서는 가장 여린 그녀의 보컬을 만나게 된다.

전곡의 작곡은 대대로 바이올린 연주자 집안이었던 작곡가 스타모스 셈시스Stamos Semsis가 맡았는데, 그의 데뷔작인

록 앨범 《Cairo, 1989》에서 〈Peter〉를 부른 것으로 시작하여, 그녀의 두 번째 앨범 《To Nisi Ton Lotofagon 몽상가의 섬, 1990》과 《Living A Lie, 1990》에서 협업한 바 있다. 매우 현대적이라는 인상을 받게 되는 이 음악의 가사는 당시 주가를 올리고 있던 작사가 니코스 모라이티스Nikos Mo-raitis가 참여했으며, 데이비드 린치David Lynch를 비롯한 훌륭한 뮤지션들이 연주했다.

주목하게 되는 〈Akrogialia 해변〉은 청록의 안개가 퍼지는 몽환의 발라드로, 원죄 이전 알몸의 아담과 이브처럼 열광적인 사랑의 기쁨을 꿈꾼다.
〈Tetragoni Gi 사각형 지구〉에는 뉴에이지 음악을 연상시키는 전자음향이 흰 구름처럼 둥둥 떠다닌다. 〈Ak-rogialia 해변〉이 시간을 초월한 사랑이라면, 이는 공간을 초월한 사랑의 욕망이 아닐까.
다시 지구가 정사각형이 된다면, 온 바다가 섬들에서 흘러나오리, 그리고 세상의 물이 쏟아지면, 육지에서 다시 나와 대면하리라, 두 눈으로 나를 다시 봐, 산맥으로 둘러싸인 날 봐, 내 안에서 화산이 자라나게 해줘, 그리고 내 모든 불이 터지면, 육지에서 다시 나와 대면하리라…
〈Ta Kala Nera 생명수〉는 은은하고도 서정적인 건반이 신화적인 사랑을 전개한다. 꿈결같고 신비스러운 여신의 계시록은 '태양의 불꽃이 물에 떨어지면 우리는 집을 짓고 하얀 우리의 침대 위에서 세상이 태어날 것이다'라고 쓴다.
〈To Proto Vlemma 첫인상〉은 건반 솔로로 연주되었는데, 더욱 고요하고 가녀린 사랑의 고백에 따스함이 점점 차오른다.
내가 슬픔에서 기쁨을 분리하게 되면, 어느 밤 네게로 갈게, 그리고 네가 말하지 않았던 걸 이야기해 준다면, 내 마음은 길을 찾게 될 거야. 오직 너만을 위해 살아갈 거야, 난 첫인상을 계속 내려놓고, 항상 너와 동행할 거야, 그리고 네

가 거짓말 너머로 멀리 날아갈 때, 난 의구심을 부러뜨리고, 오직 너만을 위해 살아갈 거야…

이후 여류 작곡가 에반티아 레부치카의 다큐멘터리 음악 《Foni Aigaiou 에게해의 목소리, 2004》에서 4곡에 참여했다.
특히 짜디짠 그리움의 애수에 절어 있는 〈Éla 내게로 와〉가 가슴에 파도를 일게 한다.

…내가 두려워하는 것이 무엇인지, 너와 숨바꼭질을 하고 있지만, 숨을 곳을 찾을 수 없네. 네가 나를 바라보면, 나는 우리가 밑바닥에 떨어질 것 같은 느낌이 들어, 하지만 나는 구원 따위엔 관심이 없어. 이렇게 살아보면 어떨까, 인생은 우리에게 빚을 지고 있네, 내게로 와, 내가 잠들더라도, 네가 노크하면, 몸이 깨어나.

O Horos Ton Astron

2007 | Cantini | CAN 0120

1. Poli
2. Avgoustos
3. An I Agapi
4. Poia Ekdikisi
5. Pos Na Xechaso
6. O Choros Ton Astron
7. Stoichima Ston Erota
8. Psema Einai
9. Defteri Zoi
10. Alma Libre

유명한 그리스의 영화음악가 엘레니 카라인드루Eleni Karain -drou와 함께 대표적인 여성 작곡가로 꼽히는 1958년생 에반티아 레부치카Evanthia Reboutsika는 대중음악 작곡가로서도 많은 활동을 하고 있지만, 「Athina Thessaloniki 아테나 테살로니키, 1997」부터 「Touch of Spice, 2003」, 터키

영화 「Babam ve Oglum 내 아버지와 아들, 2005」과 「Ulak 메신저, 2008」, 「Notias 남쪽, 2015」 등 많은 영화음악의 걸작을 탄생시킨 바 있다.

본작 《O Horos Ton Astron 별들의 춤, 2007》은 에반티아 레부치카의 작곡에, 1957년생 배우이자 작가인 엘레니 지오가Eleni Zioga의 가사로 완성한 환상적인 님프들의 수상음악이다. 엘리 파스팔라의 디스코그래피 중에서도 그리스의 풍부한 향취를 즐길 수 있는 작품이다.

〈Poli 도시〉에서부터 여성적인 감성의 애달픈 서정이 황량한 도시의 밤을 밝힌다. 왈츠의 템포를 흐르는 멜로디는 지중해의 파도처럼 흔들리며 욕망을 자극한다.

아직도 너의 공기 속에서, 그리고 가끔은 폐허로부터, 유령 같은 계절이 숨을 쉬고 있네… 도시, 길은 나의 운명 속에, 강은 너의 지도에 있지, 도시, 어떤 빛이 우리를 하나로 묶는가, 별 너머에 어떤 힘이 있길래, 쓰레기와 먼지 쌓인 이 도시에서, 너의 사랑에 몸을 담네, 이 끔찍한 여름날에도 나는 어떻게 아직도 불타고 있는 걸까?…

〈Avgoustos 8월〉의 기타 트레몰로는 사랑의 고통으로 떨게 하며, 뜨거운 열망에 이어 차가운 상심의 날이 선다.

…넌 나에게 잊어버리라고 말했지, 8월은 달력에서 지워진다고. 하지만 내가 추억과 싸운다고 해도, 8월이면 다시 날 데려갈 거야. 그의 숨결이 내 몸을 태웠고, 난 공허 속의 태양처럼 떠올랐지, 8월은 떠나고 겨울로 들어섰고, 나는 먼 별처럼 얼어붙었네.

〈Pos Na Xechaso 어떻게 잊을까〉는 썰물에 떠밀려 가는 듯한 구슬픈 춤곡이다. 함께 포옹하고 아침을 맞이했던, 그리고 사랑한다는 고백을 받았던 그 첫 사랑의 순간을 뇌낸다.

타이틀곡 〈O Choros Ton Astron 별들의 춤〉은 스케일이

크진 않지만 본작의 절정이라 할만하다. 아코디언 의 향수가 물씬 밴 멜로디 트랙은 마치 멈추지 않는 회전목마를 탄 듯 쾌감과 중독을 일으킨다.

…포옹, 그리고 우리는 돌아서서 서로를 껴안네, 별들의 춤 속에서. 우리는 지구상 어디서든 항상 그럴 거야, 아찔한 별 들의 춤은 결코 끝나지 않을 거야. 우리가 현기증으로 항복 하는 만큼, 우리 주위의 궤도는 점점 긴밀해지지. 나도 날고 너도 날고, 나도 취하고 너도 취하고, 이 주위의 모든 사랑 과 함께, 사랑이라는 것은 이 얼마나 기적인가!…

〈Psema Einai 거짓말이야〉는 이별의 현실 부정과 슬픔으로 눈물마저 메말라버린 듯한 창백함에 어둠이 잦아 든다. 커버에서 보이는 세 님프의 푸른 바다는 눈 물이었다.

이듬해 레부치카의 남편이 자 작곡가 파나요티스 카란 초풀로스의 기악앨범 《Sum -mertime in Prague, 20 08》에 참여하여 동명의 영 어 주제곡을 불렀다.

가난했지만 누구도 부럽지 않았던 프하라의 지난 여름날의 사랑을 추억하며 더욱 갈망하는 가사로, 간주의 휘파람은 영화음악처럼 낭만적이 며 서정적이다.

그녀는 이후 신보는 내지 않고 있지만, 작곡가들과 협업하 며 2024년에도 라이브 무대에서 팬들을 만났다. 훌륭한 보 컬 경력에 비해 디스코그래피의 수는 초라할 정도지만, 앨 범마다 다양한 모습을 보여주었다.

갈릴리의 하얀 목화
Esther Ofarim ● 에스더 오파림
Israel

에스더 오파림

'별', '소녀'란 뜻의 '에스더'는 자신의 종족을 학살로부터 구한 유대 여인으로 구약성서 에스더서의 주인공이다.

이스라엘 출신의 여가수 에스더 오파림은 가수이자 배우로, 1941년에 시리아 유대인 가정에서 태어났다. 본명은 Esther Zaied이다.

어린 시절부터 히브리어와 국제적인 민요를 부르며 공연을 시작한 그녀는 1950년대 말 기타리스트이자 댄서인 아브라함 라이슈타트Abraham Reichstadt(1937-2018)를 만나 결혼하고 '새끼 사슴'을 의미하는 Ofarim을 무대 이름으로 하여 부부 포크 듀오 Esther & Abi Ofarim로 활동했다.

영화와 연극에 캐스팅되기도 했는데, 1961년 텔아비브에서 열린 이스라엘 최초의 팝 페스티벌에서 1위를 차지했으며, 이스라엘 방위군에서 4개월간 복무를 마치고 1962년에 첫 앨범을 발표했다.

자국 페스티벌에 이어 1963년 유로비전 송 콘테스트에 스위스 대표로 참가하여 〈T'en Va Pas 떠나지 마〉란 노래로 2위를 기록한다.

이후 유럽 차트에서 성공을 거둔 후 1964년에는 미국 투어도 시작하는 등 1960년대에 국제적인 성공을 이어간다.

음악적인 견해로 1970년에 이혼하였지만, 이들의 오리지널 히트곡들과 샹송, 유럽의 민요 등의 레퍼토리는 유럽의 정치적인 상황에도 이 듀오에게 '이스라엘 최고의 대사'란 별칭을 얻게 해주었으며, 〈Morning of My Life〉, 〈Cinderella Rockefella〉 등은 오래도록 기억되는 명곡으로 자리했다. 이후 각자 솔로 활동으로 돌아갔다.

잘 마른 목화솜같이 뽀송뽀송한 하이톤의 보컬을 들려주는 성스러운 축복의 소리가 그녀의 인상이다.

Esther

1972 | ATR | CD 001

1. La Vezina Catina
2. Shirat Hanoded (Tziyunyanai Haderech)
3. La Scillitana
4. Leil Galil
5. Pamparapam
6. Pavane
7. Kinderspiele
8. Rataplan
9. El Rey Nimrod
10. Hayu Leiloth
11. Nique Nac No Muse
12. Una Matica de Ruda

본작은 1972년에 발표한 셀프 타이틀 앨범으로, 히브리어뿐만 아니라 불어, 독어, 이태리어, 터키어, 라디노어 등 다양한 언어의 민요들을 노래하고 있는 모음집이다.

〈La Vezina Catina 이웃의 카티나〉는 이웃과의 유대를 노래하고 있는 세파르디 민요로, 봄의 왈츠처럼 전원풍의 화창함과 포근함이 전해진다.

이웃의 카티나에게는 좋은 재봉틀이 있지만, 그녀는 바느질을 못해요… 이웃의 디아만테는 옷을 거꾸로 입지요… 이웃의 사파테타는 내게 과감한 도움을 요청했어요, 어떻게 해야 할까요? 당신이라면 무엇을 할 수 있나요? 랄라랄라…

히브리 민요 〈Shirat Hanoded 방랑자의 노래〉는 충동을 일으키는 템포와 멜로디의 달콤함으로 감상자의 발걸음마저 가볍게 한다.

안녕, 하얀 석탑이여, 어깨에 배낭을 메고, 어디든 멀리 여행하는 것은 기쁨이야, 아예렛에서 메툴라로 가는 길, 나는 피곤해서 앉았네, 은혜로운 꽃을 꺾고 싶었지만, 가시가 내 마음을 찔렀네. 갑자기 우주는 안개로 휩싸였고, 파란 두 눈은 내게서 푸른 광장을 훔쳐 갔네, 내 배낭은 강물에 빠졌고, 어두운 밤, 부드러운 손길이 내 머리카락을 잘랐네, 안녕, 하얀 석탑이여, 난 더 이상 밖으로 나가 어디든 멀리 여행하지 않을 거야.

〈La Scillitana 실라의 소녀〉는 이태리 민요로, 동화적인 내용이지만 애상적이면서도 구성적이다.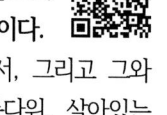

이빨 빠진 호랑이를 보았네, 어두운 숲속에서, 그리고 그와 함께 나의 부드러운 외침… 그리고 넌 아름다워, 살아있는 생명이여, 이 쓰라린 부르짖음에 넌 웃겠지.

〈Leil Galil 갈릴리의 밤〉은 목자의 애상적인 야상곡으로, 중반부의 폭풍과도 같은 감정의 썰물이 쏟아진다.

마을 전체가 고요하네, 산을 바라보며 내가 가는 길에는, 양떼가 돌아오네. 산 위에는 밤이 쉬고, 안개가 계곡을 가득 채우네, 바람이 노래해, 아비게일이여, 나를 따라와, 나를 따라와. 갈릴리의 밤에는 가벼운 바람이 부네. 내 위에는 천상의 하늘이 있고, 내 아래에는 메론의 물이 있네, 산에는 구름이 팔레스타인으로 길을 열고, 계곡의 안개는 요르단으로 길을 터네. 바람이 밤을 노래해, 한밤에 산을 오르는 자 누구인가? 염소도 숫양도 아니고, 목자도 숫양도 아닌데. 그리고 아비게일이 대답하네, 난 양 떼들의 밤에는 나가지 않아요, 마음만 나갈 뿐이죠, 내 사랑에게, 내 특별한 사람을 향해서…

대표곡 중 하나인 〈Pavane 파반느 무곡〉은 투명한 기타 선율에 애조띤 간절함이 절절하게 물든다.

내 생명을 쥐고 있는 아름다운 사람이여, 당신 눈의 포로가 된 은혜로운 쥐 같은 내 영혼을 기쁘게 한 사람이여, 빨리 와서 날 구해줘, 그렇지 않으면 난 죽을 거야! 내 사랑, 왜 도망치나?… 가까이 와, 더 가까이, 더 이상 나에게 반항하지 마. 내 마음은 당신의 것이라네, 내 고통을 달래는 입맞춤을 해줘!

〈Rataplan 북소리〉는 전율 넘치는 동화이다.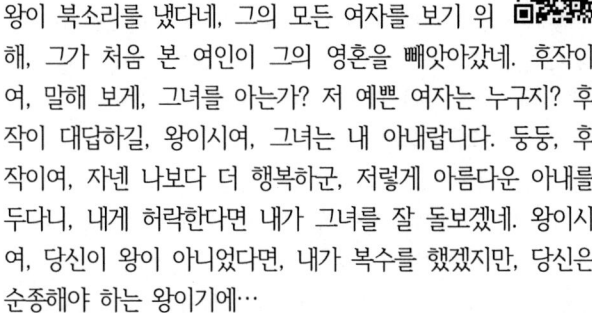

왕이 북소리를 냈다네, 그의 모든 여자를 보기 위해, 그가 처음 본 여인이 그의 영혼을 빼앗아갔네. 후작이여, 말해 보게, 그녀를 아는가? 저 예쁜 여자는 누구지? 후작이 대답하길, 왕이시여, 그녀는 내 아내랍니다. 둥둥, 후작이여, 자넨 나보다 더 행복하군, 저렇게 아름다운 아내를 두다니, 내게 허락한다면 내가 그녀를 잘 돌보겠네. 왕이시여, 당신이 왕이 아니었다면, 내가 복수를 했겠지만, 당신은 순종해야 하는 왕이기에…

중동풍의 라디노 민요 〈El Rey Nimrod 니므롯 왕〉에 이어, 또 하나의 명곡 〈Hayu Leiloth 밤이 있었네〉는 쓰라린 환상으로 가득하다.

그 밤을 기억하네, 나는 농장과 호수 사이에서 기침하며 하루가 끝날 때까지 그 밤을 잊지 못하네. 그가 다가왔네, 내 말을 들어라, 얘야, 나는 너의 집을 지을 거고, 넌 저녁이면 나에게 옷을 짜줄 거야, 난 낮 동안 너의 수레를 끌 거야. 그때 그 사람은 가수처럼 밝고 키가 컸지, 그는 넓은 들판으로 수레를 끌었고, 나는 그를 위해 하늘색 셔츠에 금색 꽃을 수놓곤 했네. 밤이 있었고, 나는 그것을 기억해, 그는 정원의 나무였고, 농장과 호수 사이의 길이었네, 오직 나만이 그를 영원히 지킬 수 있었네. 나에게로 돌아올 때, 그의 얼굴 앞에 내 모습을 들려주었네, 그런데 그 사람은 돌아오지 않았지, 난 울다가 놀라, 먼 들판으로 금색 꽃이 핀 하늘색 셔츠를 들고 그를 찾으러 갔네, 밤이 있었고 기억해, 난 내 인생이 끝날 때까지 그것을 가지고 다닐 거야.

〈Una Matica de Ruda 다이아몬드 꽃다발〉은 솔레다드 브라보Soledad Bravo의 음성으로 우리에게 친숙한 세파르디의 혼례 음악으로, 다소 엄숙한 분위기가 사뭇 진지하다.

다이아몬드 꽃다발, 나와 사랑에 빠진 남자가 내게 준 것이랍니다. 사랑하는 내 딸아, 불행하지 않기를, 나쁜 남편만 아니면 돼, 이 얼마나 사랑스러운 청년인가. 내 어머니여, 나쁜 남편은 절망이자 저주랍니다, 내 어머니여, 사랑에 빠진 젊은이는 사과와 달콤한 레몬입니다.

Esther Ofarim

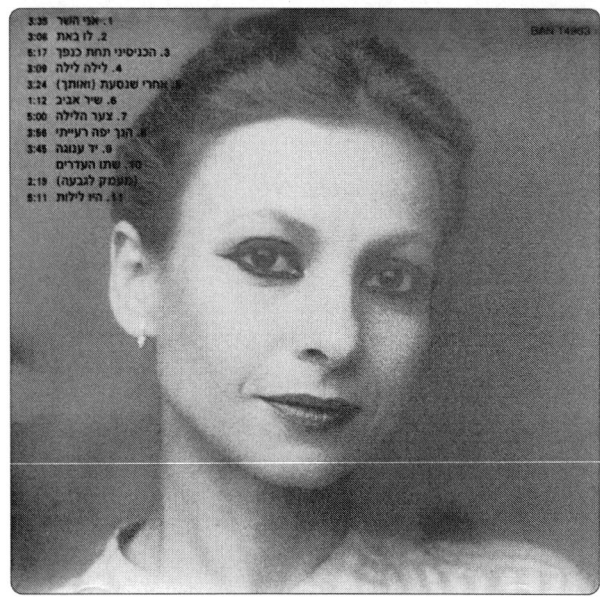

1982 | Hed-Arzi | BAN 14983

1. Ani Hashir
2. Lo Ba'at
3. Heknesenei Tchat Canfech
4. Lilah Lilah
5. Achari Shnsat (Veotkha)
6. Shir Aviv
7. Sar Hlilah
8. Henach Yfah Reetee
9. Yad Anogah
10. Sto Hadrim (Memek Legiva)
11. Hayu Leiloth

본작은 1980년대에 발표한 셀프 타이틀 앨범으로, 본 이미지는 커버의 뒷면이다.

〈Ani Hashir 나는 가수라네〉는 안달루시아의 히브리 시인이자 신플라톤주의 성향의 유대 철학자인 솔로몬 이븐 가비롤Solomon ibn Gabirol(1021-1058)의 시에 1951년생 이스라엘의 싱어송라이터 슐로모 야도프Shlomo Yadov가 곡을 붙인 것으로, 중세 특유의 고풍스럽고도 잔잔한 음유시와 같은 분위기를 가진다.

나는 가수라네, 그리고 노래는 나의 노예라네, 나는 모든 노래와 음악가를 위한 바이올린이라네, 내 노래는 왕들을 위한 왕관이요, 기사들의 머리에 주어진 작위라네, 나는 16살이지만, 내 마음은 여든 살의 개와 같네.

〈Lo Ba'at 네가 왔다면〉에서의 청아한 그녀의 목소리는 기타와 플루트와 함께 호젓한 감정의 야상곡을 들려준다.

지금 너의 길로 네가 왔다면, 난 널 단숨에 받아들일 거야… 하지만 지금 너의 길에서 죽어 돌아오지 않는다면, 난 네가 죽은 것처럼 바로 묻을 거야… 하지만 죽지 않았다면…

〈Heknesenei Tchat Canfech 당신의 날개 아래로 들어가게 해줘〉는 이스라엘 민족 시인 하임 나만 비알릭 Haim Nahman Bialik(1873-1934)의 시로, 서정적인 구원과 사랑의 노래이다.

당신의 날개 아래로 들어가게 해줘, 내게 어머니이자 자매가 되어줘, 그리고 당신의 무릎이 내 머리의 피난처와 나의 먼 기도를 위한 보금자리가 되어줘… 내 영혼은 화염에 휩싸였네, 사람들은 사랑이 세상이라 말하지만, 사랑이 뭔가? 별들이 나를 속였고, 꿈이 있었지만, 그것마저 지나가버렸네, 이제 내겐 세상에 아무것도 누구도 없네, 당신의 날개 아래로 들어가게 해줘.

〈Lilah Lilah 밤〉은 시인이자 극작가인 네이션 알터만Nathan Altermann(1910-1970)의 가사와 모르드개 제이라 Mordechai Zeira(1905-1968)의 작곡으로, 애조띤 동화의 자장가가 아닐까 싶다.

바람이 불고, 나무 꼭대기가 윙윙거리네, 촛불을 들고, 눈을 감아, 세 명의 기병이 무기를 들고 가네, 하나는 짐승의 먹이가 되었고, 두 번째는 칼에 맞아 죽었네, 그리고 남은 하나, 그의 이름이 기억나지 않네, 바람은 더욱 거칠게 몰아치고, 나무 꼭대기는 포효하네, 그만을 기다리네, 길은 여전히 텅 비었고, 길에는 아무도 없네.

1949년생 싱어송라이터 마티 카스피Matti Caspi의 1974년 노래 〈Achari Shnsat 당신이 떠난 뒤〉는 사랑의 고통이 쓸쓸하게 그려진다.

…나도 너와 함께 같은 꿈을 꾸네, 네가 있는 곳으로 나 자신과 함께 가려 해, 네가 함께 있는 것처럼 느껴져, 그러나 내가 홀로 침묵할 때, 넌 나와 함께 있지만, 당신은 그렇지 않네.

멘델스존Mendelssohn의 〈Gruss〉를 노래한 〈Shir Aviv 봄 노래〉에 이어, 쓸쓸한 밤바람 소리와 함께 스산하게 문을 여는 〈Sar Hlilah 비통한 밤〉은 여류시인 달리아 라비코비치Dahlia Ravikovitch(1936-2005)의 노랫말에 고요와 격정을 오가는 재즈의 옷을 입혀 뮤지컬처럼 느껴진다.

〈Henach Yfah Reetee 넌 아름다운 연인〉은 그리움과 애잔함이 묻어나는 가곡 같은 인상이며, 〈Yad Anogah 온유한 손길〉은 오프라 하자Ofra Haza(1957-2000)나 그리스의 사비나 아나투Savina Yannatou 등 많은 가수가 커버한 아랍의 민요이다.

고독한 양치기의 구성진 노래 〈Sto Hadrim 술 취한 양치기〉에 이어, 《Esther, 1972》에서도 노래한 가장 아름다운 이스라엘 노래 중 하나인 〈Hayu Leiloth 밤이 있었네〉를 수록하고 있다.

Media Direct | MD 990 | 2001

CD1 There Were Nights
CD2 The Landmarks
CD3 What Do Your Eyes Say
CD4 Cinderella Rockcapella

이는 이스라엘의 수많은 민속음악의 고전을 만든 작곡가 나춤 헤이만Nachum Heiman(1934-2016)이 선곡한 에스더 오파림의 네 장짜리 편집 앨범이다. 그녀의 5-60년대 주요 초기 작들은 라이브로 기록되거나 이후 7-80년대 재녹음된 버전으로 알려졌다. 이 선곡자는 주로 최초의 녹음 원곡을 위주로 수록하길 원했고, CD로는 찾을 수 없었던 곡들도 선곡되었다. 주요 몇 곡들을 소개해 본다.

CD1-2 〈Hare'ut 악마〉는 이스라엘의 가장 위대한 시인 중 한 사람인 하임 고리Haim Gouri(1923-2018)와 역시 저명한 작곡가 사샤 아르고프Sasha Argov(1914-1995)가  독립전쟁(1948-1949)에서 국가 건국을 위해 전사한 유대인들을 추모하며 발발 약 1년 후 썼다.

가을밤이 내리고 별이 빛나네. 1년 동안 우리는 시간이 어떻게 흘러갔는지 거의 느끼지 못했지, 많은 사람 중 우리 가운데 몇몇만 남았네. 그러나 우리 모두는 수정의 아름다움과 그 칭호를 기억할 것이네. 왜냐하면 우리 마음은 피로 성화된 사랑, 다시 피어나는 사랑을 결코 잊지 않을 것이기 때문이지. 악은 당신이 밝고 환하게 남아 있는 큰 공포의 밤으로부터 말없이 완고하고 조용한 회색으로 당신을 떠날 것이며, 당신의 아들인 악한 자들은 모두 당신의 이름을 비웃으며 떠나갈 거야. 칼에 쓰러진 악한 자들이 당신의 삶을 기억으로 남겼기 때문이네. 그리고 우리는 그들 모두를 기억할 거야.

CD1-4 〈Zemer Nuge 우울한 가수 - 내 목소리가  들리리〉는 황금빛 전원곡으로 따사로움이 줄곧 퍼진다.

멀리서 들리는 나의 목소리, 네가 어디에 있든 내 목소리가 들리리. 큰 소리로 부르는, 내 피를 위해 부르짖는 목소리, 그리고 축복의 시간 위에. 이 땅은 넓고 그 길은 많네. 잠시 만나고 영원히 헤어지나니, 사람이 구하면 다리는 끊어지느니라. 내 인생의 마지막 날이 가까웠나니, 눈물이 나는 이별의 날이 가까웠도다, 내 인생이 끝날 때까지 너를 기다리리라…

진격의 극음악 같은 CD2-5 〈On the Hills of Sheikh Abrik〉는 시인이자 작곡가 알렉산더 판Alexander Pan의 작품으로, 살해된 농부이자 독립 경비병 알렉산더 제이드Alexan -der Zeid(1886-1938)의 추모 3주년을 기리는 1941년 작이다. 이스라엘 땅의 유대인 방위군 단체의 창립자 중 한 명이었던 제이드는 정착지에서 강도와 폭도들과 전투를 벌였고, 셰이크 아브릭 근처 동굴에

서 고고학적으로 가치가 있는 매장 동굴을 발견했다. 아랍 대반란 동안 갱단의 매복 공격을 받아 사망했다.

죽을 때까지 자비를 베푸소서, 주님의 영혼은 불타올랐네, 당신의 피로 내게 물려주셨네, 한 남자가 셰이크 아브릭과 하르티아의 언덕에서 편히 쉬기를 바라네…

왈츠 템포의 구슬픈 민요 CD2-10 〈Rakefet 시클 라멘〉에는 잔잔한 향기가 바람에 흩날리는 듯하다.

바위 밑에서 경이로움이 자라네, 예쁜 시클라멘, 빛나는 태양이 키스하고, 분홍빛 왕관을 씌우네, 시클라멘, 새가 휘파람을 부네, 잠시만 날 바라봐 줘, 바위 밑에 숨겨진 아름다운 시클라멘, 모든 생명의 영혼으로부터 숨겨져 있네, 아침이 밝아 바람을 타고 맹세의 딸 바쉐바는 산책하네, 길을 따라 꽃과 들풀을 꺾어 노래를 부르네. 바위와 언덕에서 바쉐바는 시믈라멘의 은총을 가슴에 안고 내려오네, 새가 지저귀고 바람이 불면 이 노래는 끝나리…

CD2-15 〈Hitrag-ut 휴식, 어딘가 먼 곳에 있다면〉의 평온한 아름다움은 천상의 자장가일 것이다. 손녀에게 노래를 들려주었던 할머니와 함께 어린 시절을 보  냈던 작은 집에 대한 향수가 피어오른다.

어딘가 먼 곳에 있다면… 내가 거기로 날아가고파, 어느 저녁이면, 다시 별이 되어 뜨겠지…

민속풍이 물씬 풍기는 CD3-3 〈Shecharchoret 갈색 머리의 소녀〉의 창연하고도 애조띤 가창도 주목하게 만든다.

난 '갈색 머리'라 불렸네, 내 피부색은 밝았지. 여름의 무더위로부터 나의 어둠이 왔네. 갈색 머리, 너무 아름다워, 네 눈 속에 불이 타오르네, 내 마음은 너의 것… 선원들은 날 '갈색 머리'라 불렸네, 그들이 다시 나를 그렇게 부른다면, 난 그들과 함께 갈 거야. 왕자도 날 '갈색 머리'라 불렸네, 그가 다시 나를 그렇게 부른다면, 난 그와 함께 갈 거야.

〈Shecharchoret 갈색 머리의 소녀〉와 함께 CD3-5 〈Na'a

-ma 나아마〉는 오프라 하자Ofra Haza(1957-2000) 도 불렀던 노래인데, 마치 뮤지컬을 듣는 듯한 서사가 호젓한 인상을 남긴다.

계곡, 숲-비밀을 입네, 태양은 이미 언덕을 감싸고 시골을 흔드네, 포도원으로 내려가는 이 누구인가? "어디로 갈 것인가, 홀로 어디로 향할 것인가, 너의 길은 어디에 있니, 나아마여." "나한테 작은 비밀이 있어요, 혼자 속삭일게요, 바람이 말해줄 거예요" 포도 따는 이는 즐겁게 노래해, 바람은 포도원을 지나고, 새들은 북쪽으로 날아가네, 나아마가 비밀리에 노래하네.

CD3-7 〈Tni Li Et Yadech 나에게 손을 내밀어〉의 애상에 잠긴 선율에 비해 그녀의 드라마는 오히려 강건 하게 느껴진다. 후배 가수 기티트 쇼발Gitit Shoval 의 노래도 추천한다.

내 자매여, 나에게 손을 내밀어, 아직 발견하지 못한 열정 속에서 영혼이 무얼 원하는지 들어봐. 그것은 내 슬픔의 바다에서 널 기다리고 있네. 여기 내 어깨에 네 불안한 머리를 기대어봐, 난 귀머거리였지만, 오랫동안 너의 사랑이 어떠했는지 내가 이야기할게. 나에게 손을 내밀면 우리는 마지막 밤처럼 함께 있게 될 거야, 아무 말도 마. 해가 뜨면 메시아는 없어, 사막에는 마른 샘조차 없는걸.

CD4 'Cinderella Rockcapella'는 타이틀곡과 함께 주로 영어로 된 외국어 노래 커버 모음이다.

레너드 코헨Leonard Cohen(1934-2016)의 〈Bird on a Wire〉 와 〈Suzanne〉, 비지스Bee Gees의 〈Morning of My Life〉, 비틀즈The Beatles의 〈She Is Leaving Home〉 등을 수록하고 있다.

장-삐에르 부르테어Jean-Pierre Bourtayre가 1969년에 노래한 CD4-15 〈Un Prince En Avignon 아비뇽의 왕자〉는 영국의 메리 홉킨Mary Hopkin, 퀘벡 출신의 여가수 파비엔느 티보Fabienne Thibeault, 프랑스 가수 아비뇽의 참새 미레이

유 마띠유Mireille Mathieu와 스캣송 가수 이브 브래너Eve Brenner 등도 취입했다. 아름다운 동화를 노래하는 청아하고도 힘찬 하이톤의 가창은 매우 아름답 다.

그는 아비뇽의 왕자였다네, 왕국도 없고 성도 아성도 없는. 그 지방의 빈민촌에서 그는 왕자였다네, 나와 같았던 그 아이, 그리고 내가 장미꽃을 많이 꺾어준 그 아이, 그 시절엔 행복한 일이 별로 없었네, 그러나 저녁이면 우리는 관중이 되었고, 그는 우리에게 스페인의 위대한 왕들의 평야를 노래해 주었네. 그에게 마을은 마음에 차지 않았고, 우리를 그의 제국으로 데려가 미소로 우리를 감화시켰네, 내가 얼마나 이를 꿈꿨는지, 그를 얼마나 내가 사랑했는지, 그리고 나는 마을로 돌아왔네, 그는 아비뇽의 왕자였다네.

Etti Ankri ● 에티 앙크리
Israel

리 부다페스트 출신의 여배우 미리암 네보Miriam Nevo(1921-2020)가 예술적 멘토였다.

이스라엘 교육 연대에서 군 복무를 마친 후, 이스라엘에서 유일한 재즈와 현대 대중음악 전문 리몬 학교Rimon School 에서 수학했다.

그녀는 배우로서의 인생을 먼저 시작했는데, 남우 크리스토퍼 월켄Christopher Walken이 주연한 「Deadline 데드라인, 1987」과 벤 크로스Ben Cross 주연의 「Steal the Sky 작전명령 : 유혹, 1988」등 20대 중반을 몇 편의 이스라엘-미국 합작영화에 출연하는 것으로 보냈다.

1990년 가수로서 첫 앨범《I Can See It in Your Eyes》을 발표했는데, 9만 장 이상 판매되어 더블 플래티넘을 기록하는 성공을 거둔다. 계속해서 자신의 앨범을 발표하면서도, 월드뮤직 컴파일《Her Song : Exotic Voices of Women from Around the World, 1996》에 참여하고, 남성 가수 다비드 도르David D'Or와 라이브를, 그리고 남성 가수 마티 카스피Matti Caspi의 앨범에서 함께 노래하는 등 다양한 협업도 병행했다.

2000년대 중반에 이르러 점차 유대인의 '뿌리 찾기'로써 영적인 면을 탐구하기 시작, 2001년에 종교적 성찰의 과정을 완료한 여성 유대인을 칭하는 발테슈바Baal Teshuva가 되었다.

2005년에는 자신의 음악 활동 15년을 되돌아보는 의미로 2매로 된 베스트앨범을 내고, 프로모션 투어도 열었다.

이후 유대인 음악가 랍비 슬로모 칼레바시Rabbi Shlomo Carle-bach(1925-1994)의 딸인, 1974년생 가수 니샤마 칼레바시 Neshama Carlebach와 함께 2007년까지 연주활동을 했다.

그녀는 에티 앙크리를 '가장 재능이 탁월하고 영감에 가득 차 있는 이스라엘 스타 중 한 사람'이라며 함께 작업할 수 있어 영광이었다는 찬사를 아끼지 않았다.

The Idan Raichel Project와 함께 월드뮤직 컬렉션 음반《Putumayo Presents Israel, 2007》에도 참여했다.

에티 앙크리는 자국뿐만 아니라 미국, 영국, 인도 등에서 공연한 바 있는 이스라엘의 여류 싱어송라이터로, 이스라엘은 그녀를 '이스라엘 영성靈性의 시인' 그리고 '이스라엘의 컨템퍼러리 목소리'라 부른다.

그녀는 1963년 이스라엘 중앙부에 위치한 로드Lod에서 출생했다. 본래 북아프리카 튀니지의 유대인 가문으로, 아버지는 경찰이었고 어머니는 주부였으며 그녀는 5남매 중 셋째였다.

10대 시절 로드의 커뮤니티 센터에서 가르침을 받았던 헝가

Esther

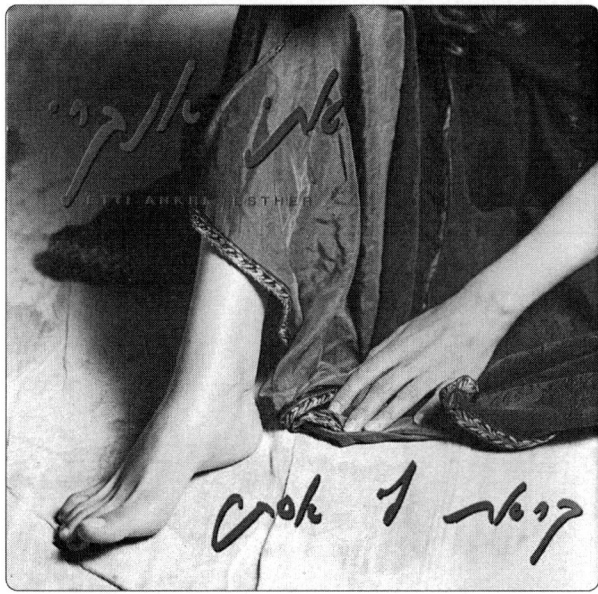

1993 | NMC | 20043

1. Lifamim (Sometimes)
2. Ashma (What a Shame)
3. Karata Li Ester (Esther)
4. Lulu
5. Shir Labat (A Song for a Daughter)
6. Hey At (You)
7. Kama Ra'ash (What a Mess)
8. Im Lo Hayita (If You wouldn't Come)
9. Rega'im (Moments)
10. Tipa Bayam Shelcha (A Drop in Your Ocean)
11. Mikol Hatipot (Circles)
12. Michael
13. Osher Va'Osher (Happily Ever After)

자신의 본명을 타이틀로 한 두 번째 앨범 《Esther 에스더》에서는 발라드에서 포크, 록에 이르기까지 다양한 장르를 선보였으며, 풋풋한 신인의 순수함도 느끼게 된다.

첫 곡 〈Lifamim 가끔〉은 신시사이저 음향에 기타 반주로 노래하는 포크 발라드인데, 그 쓸쓸한 분위기가 그녀의 독백 같은 가창과 깊은 음색으로 감정을 표현하는 허밍으로 잔잔히 전해진다.

〈Karata Li Ester 넌 날 에스더로 불렀지〉는 독특한 이스라엘의 분위기가 은은하게 꿈틀거리는 소프트록 넘버이다. '에스더'는 여자 이름으로 '별' 혹은 '소녀'를 뜻하는데, 페르시아 왕 아하수에로Ahasuerus(B.C.486-464)의 왕후로 자신의 종족을 학살로부터 구한 유대 여인의 이름을 비유한 애칭으로 불리고 있다.

…넌 나를 에스더로 불렀지, 난 걱정을 멈추었고, 모든 거리감은 돌이킬 수 없었네, 네가 아는 그곳에는 짚은 구덩이가 있네, 난 날개를 펼 수 있었지만, 얼굴을 잃어버렸어, 아… 넌 에스더 나에게 말했지, 그런 방식으로 날 보지 마, 우린 이해했고 하염없이 걸었지, 하나님이 너와 함께 해, 난 여기 잠들었고 그는 날 잊었지, 아… 날 위해 에스더여 노래해 줘, 아이들에게도, 그들이 감화받고 가기 전에, 세상을 노래해 줘, 영원히, 나는 깊은 잠에 빠지네…

〈Shir Labat 딸을 위한 노래〉에서는 탈무드 속 모정이 느껴지는 듯하다. 딸의 자유로운 삶을 위해 죽어서도 영혼에 날개를 달아 지켜주고픈 기도가 이어지는데, 반복되는 퍼커션의 트랜스 리듬에 블루스 기타의 뜨거운 떨림이 더욱 애처롭다.

피아노 발라드 〈Tipa Bayam Shelcha 네 바다에 침몰〉의 투명한 애상감은 여운이 깊다. 그녀의 음색은 마치 고요하고도 미세한 은파처럼 혹은 빛이 흐르는 비단결처럼 온몸에 감길 듯하다.

남녀의 전통적인 작명에 관한 〈Michael 미카엘〉은, 남아 이름인 '미카엘'과 '다니엘'을 좋아하지만, 여아 이름 '미카엘라'와 '다니엘라'로 불리는 것 대해 의구심을 가지는 한 소녀의 노래이다. 신선한 보컬의 매력과 우울함이 밴 분위기 그리고 투명한 피아노 터치와

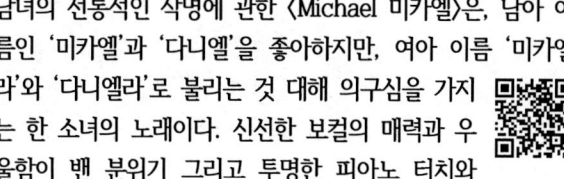

어린이 코러스가 명곡임을 입증한다. 관습과 차별에 대해 많은 시사점을 제시한 그녀의 대표곡 중 하나가 되었다. 포근하면서도 달콤하기 그지없는 〈Osher Va'Osher 쭉 행복하길〉은 청자를 위한 복음과 기도인 것 같다. 물 흐르듯 잔잔한 평화와 안식의 세상이다.

본작 수록곡이 대부분 그러하지만, 그녀의 음악에는 치유의 힘이 흐른다.

1. Vehayam (God)
2. Galga'ley Hamayim (Water Wheels)
3. Ahavatcha (Your Love)
4. Kol Hayom (Day)
5. Tinoket (Baby Girl)
6. Baruch Hashem (Thank God)
7. Layla Veyom (Night and Day)
8. Tul Omri (Take Omri)
9. Hatzipor (Bird)
10. Ma'ayan (Spring)
11. Rikud Tunisa'ee (Tunisian Dance)
12. Omrim (Say)
13. Yetziat Mitzraim (Exodus)
14. Mal'achim (Angels)

세 번째 앨범 《Nonetheless and Regardless, 1997》와 네 번째 듀엣 라이브 《Live Show with David D'Or, 1998》을 발표하고, 2000년대 중반에 이르러서는 점차 유대인의 '뿌리 찾기'로서 영적인 면을 탐구하기 시작했다.
그녀가 발테슈바Baal teshuva가 된 후 발표한 본작에서는 풋풋한 신인의 이미지에서 벗어나, 바다의 풍파가 도사리는 세상 속에서 깊이 있는 명상과 성찰이 이어진다.

〈God〉은 숙명적인 리듬감에 아코디언이 우울한 열풍을 이어가며, 남성의 월드 코러스로 엄숙한 간절함도 배가 된다.
바다에는 파도가 치네, 모래 위의 소녀는 리듬에 맞춰 춤추고, 마음속 배는 떠올랐다가 숨네, 기다림 또 기다림, 그 바다의 고요한 기도는 하나님께 달려있네. 그녀는 때때로 행복하고, 때로는 휘청거리지, 탐욕스러운 지평선을 향하는 배, 그리고 선원들의 기쁨, 그 바다에서 생명을 잃는 것은 하나님께 달려있네.
〈Water Wheels〉은 서정적이고 은은한 피아노 연주에 흐느낌으로 노래한다.
…우리네 인생 같은, 보트에 두 개의 노. 우리의 여행길에 머리 위로 큰 태양이 다가왔으되, 우리는 장미와 침몰을 보

Sea

2001 | NMC | 330154

지 못했네, 그리고 물바퀴가 우리를 데려가, 하나님의 무릎에 앉히네.

플라멩코 가스펠 〈Your Love〉에는 빠른 템포의 기타에 열망 어린 가창이 붉게 노을 진다. 스캣과  이중창, 열기 있는 중창 코러스도 은은하다.

…너의 온정이 내 편이었지만, 눈을 떴을 때 내 앞에서 서둘러 숨어버렸고, 너의 포옹은 나를 조건으로 만들었네. 지금은 그래, 꿀처럼 받아들이는 수밖에, 새로운 건 없어, 성전이 지어질 때까지.

독특한 향기가 길게 머무는 〈Night and Day〉는 다소 최면적이며, 아픔과 고통이 서려있다.

…몇 번이나 갑자기 떠난 넌 다시 같은 장소에 있어, 밤이나 낮이나. 인사해도 돼, 네가 알고 있던 사람을 위해, 넌 날 포기해도 돼. 우리는 계속 걸어갈 수도 있지, 그림자 옆 그림자로, 아마 넌 내게 깨달음을 줄 수 있을 거야, 갑자기 돌아온 심연의 네 얼굴은 몰라보게 달랐으니까.

아코디언의 애절함이 확 다가오는 〈Bird〉는 푸른 하늘빛이 번지듯 아픔이 느껴진다.

…목소리로 피지배자의 고통을 그리는, 이 새는 듣는 이의 마음을 찢네… 가난한 사람처럼 성난 파도로 범람하는 세상에서, 내 자리는 점점 좁아져. 넌 피를 토하는 새를 노래하고, 새의 상처를 씻어주었지, 어떻게 자신을 지킬 수 있을까, 당신이 그 노래로 들어올 때처럼, 나에게도 위로를 줘…

역시 전통적인 퍼커션 리듬과 남녀의 민속 구음으로 드라마를 써가는 〈Exodus〉에서는 믿음으로 꿈을 지킬 수 있기를 기도한다.

청징한 피아노 발라드 〈Angels〉에서는 점차 빛으로 가득히 채워지며 은파가 율동을 시작한다.

선한 천사들에게로 다가가는 당신의 길에 동행할 거야, 천사들은 종소리와 함께 우리에게 헌신했던 당신에게 노래할 거야, 당신이 준 모든 것과 모든 아이가 당신의 승리를 위해 영원히 남을 거야.

2004 | NMC | 336249-2

1. Ahava Gdola
2. Malchuiot
3. Maim Haim
4. Kisufim
5. Milionim
6. Shamati She…
7. At Mekudeshet Li
8. Veani Ashir
9. Melech
10. Taghidi
11. Dmaot Hamot
12. Yoducha Yodoch

본작 《Milionim 수백만》은 레게, 발라드, 힙합, 재즈 뮤지컬 등 젊은 세대들과 대중들에 어필할 만한 다양한 장르들로 구성되어 있다. 여전히 독보적인 크리스털 음색은 변함이 없고, 마지막 곡을 제외한 모든 곡을 작사하고 작곡했다.

타이틀곡 〈Milionim 수백만〉은 2000년대 초 이스라엘에 닥친 경제 위기 이후에 작곡되었다. 대공황과 경제 불평등으로 이어진 이 시기에, 일을 하며 생계를 꾸려가던 한 여자가 은행 빚과 압류로 인해 파산하고 거리로 내몰리는 이야기이다. 그 과정에서 최소한의 존엄성마저 박탈당한 것에 분노하며, 자신과 같은 상황에 놓인 시민들이 수백만에 이른다는 고발을 부드러운 레게로 들려준다. 많은 대중의 공감을 얻으며 이스라엘 라디오 차트 정상을 차지했고, 이스라엘 작가 아하론 애쉬먼Aharon Ashman(1896-1981)의 이름을 딴 이스라엘 창작상 Akum Prize도 수상했다.

…돈 없는 인간은 한 푼의 가치도 없지, 오늘은 나, 내일은 너야…

〈Ahava Gdola 위대한 사랑〉은 단순한 구성이지 만 그 서정은 매우 담백하다. 그러나 그녀가 노래하는 사랑에는 이중적인 의미가 있는 것 같다.

…오 나의 위대한 사랑, 당신의 마음은 물과 같고, 하늘에는 군주가 있네, 말해 봐, 당신도 나만큼 행복하니?…

〈Malchuiot 왕국〉은 우울하고 중독적인 트립-합 이지만, 이는 위기의 상황일수록 사랑하는 마음이 있음을 잊어서는 안된다고 피력한다.

네가 뽑는 모든 빛의 가락, 이 세상에 풍요로움을 끌어당기네, 네 작은 손가락이 빛을 모아, 이것은 사랑, 그것은 우리 위에 있네, 왕국의 빛의 면류관처럼 쓰고 있지…

〈Maim Haim 생명수〉는 갈망의 록 발라드로, 간 결하고도 깔끔한 연주가 더욱 외로움을 부각하는 듯하다. 사회적으로 고립된 이들의 목소리이다.

집에서는 나그네였기에, 배낭과 지팡이로 숨은 길을 떠났네, 나는 받아들여지고 싶었어. 하늘의 축복이 내리길, 비가 나를 생명수로 씻어주기를… 난 포기하고 싶지 않아, 몸과 영혼 사이 하늘과 땅을 연결하는 소리를 찾고 싶어…

피아노와 기타의 조화가 마치 하나의 악기처럼 부드러운

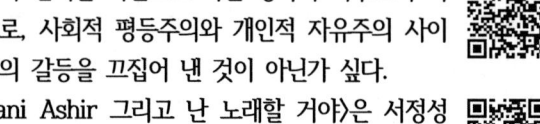 

〈Kisufim 키수핌〉에서는 허구의 혼란 속에서 진실을 찾아야 한다고 노래한다. 키수핌은 공공의 이익을 중시하며 경제적, 이념적 협력을 기반으로 하는 정착지 키부츠의 지명으로, 사회적 평등주의와 개인적 자유주의 사이에서의 갈등을 끄집어 낸 것이 아닌가 싶다.

〈Veani Ashir 그리고 난 노래할 거야〉은 서정성  이 농후한 성가로, 믿음, 소망, 사랑에 대한 교리를 위기의 조국에 다시금 전한다.

아침에 주의 힘을 노래하며, 주의 인자하심에 기도하리니, 주는 나의 영광이요, 나의 환난의 날에 피난처이심이라…

〈Melech 왕좌의 독백〉은 서글프고도 비장감이 감도는 왈츠로, 가사는 성서의 일부처럼 씌었지만 이는 국가적 혼란을 초래한 정치권에 대한 엄중한 경고로도 들린다.

옛날 나는 기름부음 받은 왕들의 보좌였나니, 그들은 만왕의 왕이 계신 줄을 알았도다. 뜻도 있고 총명도 있고 믿음도 있었도다. 오늘은 온갖 얼굴 없는 자들이 내 위에 앉고 그들에게 면류관을 주실 뜻도 없고, 이해도 믿음도 없나니 … 아침부터 아침까지 거짓말하는 노예들이여, 백성들은 막대한 대가를 치르나니, 새 왕을 원하노라, 나는 새로운 성전의 보좌가 되고 싶느니라…

안식일을 위한 시를 의미한다는 〈Yoducha 요도크〉는 온화한 민요로, 아역 스타였던 1973년생 리나트 가바이Rinat Gabay 등과 함께 3중창으로 노래했다. 역시 시련의 극복을 위한 기도이다.

…수확한 땅이여, 우리 하나님이 우리에게 복을 내리시기를 원하노라, 우리가 하나님을 송축하고 온 땅이 경외하리라…

Beshirei Rabbi Yehuda Halevy

2009 | Hatav Hashmini | 7290012 387531

1. Mi Yiteneni
2. Yefe Nof
3. Yedidi Hashachachta
4. Yona Ma Tehegi
5. Nafshi Lebeit El
6. Malachim Nehelachim
7. Eli Rap'eni
8. Behol Libi
9. Avdey Zman
10. Ye'iruni Ra'ayonay
11. Mizmor Ledavid

본작 《Beshirei Rabbi Yehuda Halevy 랍비 예후다 할레비를 노래하다》의 주인공 예후다 할레비Yehuda Halevy(1075-1141)는 스페인에서 출생한 유대인으로, 의사이자 철학자이며 무엇보다도 위대한 시인으로 기록되며 '시온Zion의 위대

한 음유시인'으로 불린다. 만년에 시온산을 향해 기나긴 여행을 하며 느꼈을 그의 내면의 외로움과 구원을 향한 정진의 고행이 본작에 그려져있다.

〈Mi Yiteneni 누가 내게 줄 것인가〉는 자신의 존재 이유와 구원을 노래한 시로, 피아노와 기타 그리고 목관악기 네이Ney 등이 깊은 탄식을 내쉰다.
…당신과 나 사이를 갈라놓는 죄악이 있으되, 내 눈이 헤아릴 때까지 기다려 주옵소서, 내 마음이 기울고 당신 나라의 일을 하게 하소서…

〈Yefe Nof 아름다운 풍경〉은 인생의 꿈이었던 정착지 예루살렘 찬가로, 그는 폐허가 된 슬픔에도 불구하고 먼 서쪽의 유배지에서 예루살렘을 향해 그리움과 소망을 읊었다, 아코디언의 열기 있는 바람이 서글픈 향수를 불러온다.
아름다운 풍경… 나타나신 주의 영광과 칼이신 주의 영광이로다…

〈Yedidi Hashachachta 내 친구여 잊었나〉는 이스라엘 민족을 애굽에서 인도해 낸 날을 기념하는 유월절 기간 동안 모든 생명체의 영혼에 대한 권위로 쓰여, 특히 일곱째 날에 암송된다고 한다.
내 친구여, 당신은 잊었나요? 내 가슴 사이에 당신의 저장고가 있다는 걸, 나를 노예로 팔았다는 걸, 당신이 추구하는 땅에는 씨앗이 없다는 걸… 내 안에 당신의 뜻이 있기를…

중의적인 의미의 비둘기와 대화하는 〈Yona Ma Tehegi 나의 비둘기는 어디로〉는 갈 길을 잃은 위기에서 다시금 하나님이 보호해 주실 거라는 믿음을 다잡는 소망이다.
…나는 하나님을 신뢰하리니 주님이 내 이름을 아시느니라.

〈Nafshi Lebeit El 내 영혼 베이트 엘〉은 왈츠의 템포를 따라 부드럽게 흐르는 전원적 목가풍의 하모니가 우리의 마음을 울린다. 베이트 엘은 '신'의

의미로, 유대인의 종교 정착지라 한다.

하나님 집의 영혼도 구속함을 받았네, 꿈속에서 그의 환상이 떠올랐네… 아픈 영혼은 여름에도 회복되지 않네…

〈Eli Rap'eni 치유자〉는 안온함에 젖게 되는 보사노바로, 훌훌 날아가는 듯한 플루트와 스캣 그리고 아코디언의 즉흥에 점차 열기가 오른다.

하나님이 나를 고치시며 치료하시니, 내가 너를 치유하리라, 선과 악, 강과 약 사이의 약을 만드니, 선택은 내가 아닌 바로 너이니라… 나는 오직 하나님의 치유만을 바라보느니라.

포크 복음 〈Behol Libi 내 모든 충심으로〉는 촉촉하고 순수하고 희망과 빛으로 가득한 정화의 경지이다.

…공개적이고도 은밀한 당신의 사랑… 그는 나의 선생이요, 촛불이며, 내 생명의 근원입니다, 내 생명으로 당신을 축복하겠습니다…

〈Avdey Zman 시간의 노예〉는 진한 아랍풍의 음악으로, 후미의 아코디언과 클라리넷과 기타에 이어지는 열띤 즉흥은 압권이다.

…주님은 나의 몫, 내 영혼이 말했네.

〈Ye'iruni Ra'ayonay 개념적 도시〉는 심야 기도로, 그녀의 안온한 보컬과 피아노의 울림조차 신성하고 거룩하다.

…주님께 기도하면, 내가 기쁘고, 눈물이 달콤하여, 내 마음이 우러러 보는, 종과 같이 되리이다. 오 여호와여, 두려움을 사라지게 하옵시고, 당신을 기억하게 자비를 베푸소서.

성서를 노래한 〈Mizmor Ledavid 다윗의 시편詩篇〉에서는 충심 어린 찬양과 경배가 흐른다.

여호와는 나의 목자시니, 내가 부족함이 없으리로다, 그가 나를 푸른 초장에 누이시며 쉴만한 물가로 인도하시고, 내 영혼을 소생시키어 안식의 길로 인도하시는도다. 내가 사망의 음침한 골짜기로 다닐지라도 해를 두려워하지 아니하리니 주께서 나의 방패이시니다…

Hanigun

2012 | Hatav Hashmini | 7290105 160539

1. Hanigun Shelcha
2. Palgey Maim
3. Af Pa'am
4. Hakol Me'itcha
5. Avi
6. Michutz Lazman
7. Kol Ha'olam Nivra Bishvili
8. Tsniuti
9. Kloom
10. Nissim
11. Ta'amis
12. Kinor David
13. Hodu Lashem For bi (Joseph Anker)

싱어송라이터로서 면모를 유감없이 발휘한 《Hanigun 너의 노래》는 가장 파퓰러한 감성이 녹아든 발라드 작품집으로, 길, 신앙, 마음의 변화, 회개 및 교정에 대한 질문을 다루었다고 한다. 성서 속의 선악과를 그린 듯한 커버는 그늘과 과실을 주는 나무처럼 안식과 희망을 담고 있다.

타이틀곡 〈Hanigun Shelcha 너의 멜로디〉는 감미로운 보사노바로, 다원주의를 존중하고 노래했던 자신에게 항상 위안이 되었던 음악의 길에 대한 소망을 담았다.

…난 너의 멜로디가 그리워, 네 멜로디를 현이나 활로 노래하는 이에게 요청할 거야, 쓴맛을 달게 하는 사랑하는 선율에 내 영혼을 줄래…

〈Palgey Maim 물줄기〉는 마음의 평화를 심어주는 신선한 재즈 발라드로, 고해로 용서를 구하는 교리가 주제이다.

…많은 물줄기가 내 눈에서 흘러내렸네, 율법을 지키지 않아, 너의 들판은 이슬로 흠뻑 젖었나니, 내 눈의 물방울은 주의 하늘로 오르고, 주의 깊은 곳에서 달콤함으로 넘쳐, 네 산기슭에 생명의 물로 흘러내리리…

너무나 로맨틱한 〈Hakol Me'itcha 당신의 모든 것〉에는 전자기타의 블루지한 수면 위로 피아노의 별이 내려 앉는다. 이는 축복이나 해가 되어 돌아오는 모든 원인은 자신에게 달려있다는 것이다.

〈Avi 아버지〉는 경찰로 일하다 자살로 세상을 떠난 아버지를 그리며, 저녁에 영화를 보다 가출한 아이들을 이야기하고 머리맡에서 책을 읽어주었던 부친과의 추억에 잠긴다.

바람의 힘에 밀려 바다로 가는 길의 당신을 기억합니다. 넓은 바다 앞 모래 위에 작은 궁전을 짓는 사람…

〈Michutz Lazman 시간이 없네〉에서는 전자기타의 엷은 반주에 낭랑한 음성으로 알 수 없는 인생에서 하나님의 사랑에 대해 확신을 다진다.

내 마음이 흔들리지 않게 하시고, 내 눈이 미혹하지 않게 하시고, 침묵에서 보호하시며, 아무것에도 의지하지 않는 사랑을 나에게 가르쳐 주시네. 왜 시간이 지나야만 느끼게 되는지, 당신은 바다로 나를 인도하시고 추격자들로부터 수호하시네…

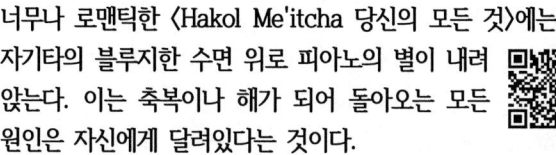

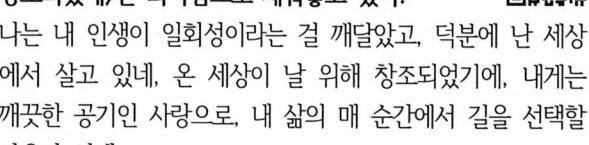

〈Kol Ha'olam Nivra Bishvili 온 세상은 날 위해 창조되었네〉는 화사함으로 채워놓고 있다.

나는 내 인생이 일회성이라는 걸 깨달았고, 덕분에 난 세상에서 살고 있네, 온 세상이 날 위해 창조되었기에, 내게는 깨끗한 공기인 사랑으로, 내 삶의 매 순간에서 길을 선택할 자유가 있네…

'겸손은 신비한 내세의 삶을 축복하는 것'이라 말하는 〈Tsni-uti 겸손〉에 이어, 단순하지만 리드미컬한 왈츠 〈Kloom 아무것도〉에서는 완벽하고 무한한 우주에서 자신은 해변의 모래알 하나에 불과하고 엄청난 두려움이 있지만 아무것도 무섭지 않다고 노래한다.

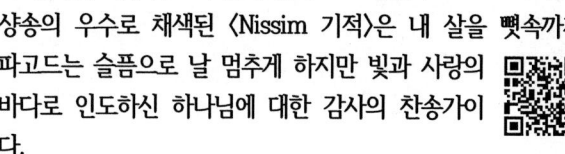

샹송의 우수로 채색된 〈Nissim 기적〉은 내 살을 뼛속까지 파고드는 슬픔으로 날 멈추게 하지만 빛과 사랑의 바다로 인도하신 하나님에 대한 감사의 찬송가이다.

애달픈 찬미가 〈Kinor David 다윗의 바이올린〉은 시편 중 '내가 밤에 나의 연주를 마음으로 기억하고 내 영이 찾을지라…'라는 구절에서 영감을 받았다고 한다.

〈Hodu Lashem 둘을 위하여〉는 작곡자 요셉 안카르Joseph Anker라는 남성 가수의 노래로 녹음되었으며, 그녀는 엷은 코러스에만 참여하고 있다.

그녀는 맑은 영혼의 노래로 치유와 마음의 평화를 안겨주는 사도이다. 어쩌면 가장 아름다운 방법으로 신의 뜻을 전하는 천사인지도 모른다.

Ya-Amna

2017 | The Eighth Note

1. Yerushalaim (1)
2. Bar Yohay
3. Sharech Bat Asher
4. Farachtana
5. Mabaruch
6. Vokatash
7. Lamta
8. Ya Sa'dak
9. Ya Alahana
10. Yosef Hatzadik
11. Valdi
12. Baruch Haba Beshabat
13. Yerushalaim

2012년 오우드 페스티벌에서 선보인 '튀니지 쇼' 이후 약 4년간 앨범 작업 끝에 발표한 신보 《Ya-Amna 우리의 어머니》는 개인적인 '뿌리 찾기'의 아름다운 기록이다.

북아프리카 튀니지의 유대인 가문이었기에, 온 가족에게 영향을 준 할머니의 노래를 어머니도 불렀고, 그녀도 아랍어를 구사할 수 있었다. 이러한 어린 시절의 소리에 대한 기억으로 자신의 음악적 유산을 탐구하게 된다.

이 앨범에는 튀니지 유대인의 노래, 특히 선지자들의 시가 수록되어 있다. 그래서 이전에 선보인 작품에 비해 아랍의 향내가 진하게 풍긴다.

튀니지 유대인의 어머니이자 고향 〈Yerushalaim 예루살렘〉에서는 통곡의 벽Western Wall [6]에 대해 은은한 슬픔을 흘린다.

…예루살렘 그녀에게 총을 쏘지 마세요, 당신의 빛이 떠나기에… 군인의 아내들이여 남편의 마음인 예루살렘을 믿으세요, 그녀의 아들들이 일어났고 많은 소녀들도 군대를 만듭니다, 나는 용서를 믿습니다…

〈Bar Yohay 바르 요차이〉는 세파르디 시인 시몬 라비]Shimon Lavi(1486-1585)가 영적 성취를 찬양하기 위해 쓴 것으로, 즉흥연주가 끓어오른다.

…내 마음이 그것을 지치지 아니하고, 그것을 세지도 아니하며, 그것 없이는 되지 아니하리라…

〈Sharech Bat Asher 세라흐 밧 아셸〉은 야곱의 손녀로, 가나안에서 이집트로 이주한 족장 중 하나였으며, 장수의 축복을 받아 이스라엘 공동체에서 기억의 수호자로 여기는 여성 인물이라 한다.

〈Farachtana 우리의 기쁨〉은 튀니지 제르바섬의 여성 노래

---

6) 통곡의 벽 : 예루살렘 성전은 기원전 10세기 솔로몬왕이 야훼(존재하는 모든 것을 존재하게 하는 자)에게 봉헌하기 위해 7년의 공사 끝에 완성하였으나, 전쟁 등으로 파괴된 후 기원전 20년경 헤롯왕이 재건했다고 한다. 예수가 죽은 뒤 로마군이 예루살렘을 공격하여 많은 유대인이 사망했는데, 이는 성전의 서쪽 벽으로, 유대인들이 모여 통곡하고, 밤이 되면 이 벽이 통한의 눈물을 흘렸기에 이러한 명칭이 생겼다.

로, 용기, 우정, 지혜로 유대를 다지는 노래이다.

합창으로 거대한 축하 마당을 여는 혼례 음악 〈Ma-baruch 행운을 빌어요〉는 하나님의 축복으로 신랑신부의 사랑이 천국이 될 것이라 송축한다.

아카펠라로 향수를 더하는 단가 〈Vokatash 언제〉는 고향 예루살렘으로 돌아가고픈 그리움의 노래이다.

서글픈 이중주의 〈Lamta 진실〉에서는 하나님이 지켜주실 것이며 마음을 열어주시고 감동시켜 주실 거라는 믿음을 전한다.

〈Ya Alahana 오 우리 하나님〉에서는 타지에서의 어려운 삶의 고통을 한탄하며 이를 인내할 수 있도록 간청한다.

…오 창조자여, 나에게 임하소서, 내가 어떻게 살겠나이까, 나의 하나님이시여, 돌의 핏줄에 피가 흐르듯, 내 마음의 행위를 그치게 하리이다…

〈Yosef Hatzadik 의로운 요셉〉은 조상 아브라함과 이삭을 닮은 어린 요셉의 평화를 향한 기도에 대한 찬사로, 재즈 피아노와 아랍의 민속음악이 뒤섞이는 월드 크로스오버이다.

〈Valdi 나의 자녀들〉에서는 출산과 결혼으로 새로운 가족에 대한 축복과 번성을 기원한다.

…오는 자들이 복이 있도다, 나의 주님의 자녀들아, 한 무리가 우리와 함께 기뻐하러 오고 있도다.

싱글 커트된 서정의 걸작 〈Baruch Haba Besha-bat 안식일에 오신 것을 환영합니다〉는 경배의 따스함이 전해지는 찬송이다.

…그분을 기리기 위해 대다수를 위한 찬미를 준비해요, 우리 사랑하는 사람들, 아들딸들이여, 당신의 믿음으로 나는 눈물을 흘립니다, 나는 내 사랑을 내 마음에 던질 거예요…

수미상관의 구성대로, 마지막 곡 〈Yerushalaim 예루살렘〉은 애절한 바이올린과 빠른 템포의 이중주 보컬로 보다 월드뮤직에 가까운 연주를 선보이고 있다.

이후 그녀는 12년 동안 틈틈이 작곡해 둔 어린이 동요들을 모은 《Sholem Le'olam 영원한 지불, 2020》에 이어, 이스라엘-하마스 전쟁이 발발하고 이를 내용으로 한 〈Hatikva 희망〉을 싱글로 냈다.

또한 근작으로 창세기 등 성경에서 따온 다양한 이야기를 담은 《Agadot Hatora Lildim 어린이를 위한 토라의 전설 이야기, 2024》를 발표했다.

이스라엘 월드뮤직의 또 다른 진수를 들려주는 그녀는 아직 우리 땅에서는 힘없는 이름이다. 이는 매우 애석한 일이다.

Fafá de Belém • 파파 지 벨렝
Brazil

파파 지 벨렝은 브라질 대중음악의 위대한 여가수 중 한 사람으로 평가받고 있다.

Maria de Fátima Palha de Figueiredo가 본명으로, 1956년 브라질 북부 파라 주의 주도 벨렝Belém에서 태어났다. 부친은 변호사이자 은행가였으며 포르투갈 가문이었다.

어린 시절부터 좋은 목소리로 가족 모임에서 두각을 드러냈으며, 14세 때 가족이 리우로 이사한 후로도 그녀의 집은 음악과 음악가들의 만남의 장소가 되었다고 한다.

16세가 되어 그녀는 바이아의 프로듀서 후베르투 산타나 Roberto Santana를 만나 예술적 경력을 시작한다.

심리학자가 꿈이었던 그녀는 1973년 다시 벨렝으로 돌아와, 메인 극장인 Theatro da Paz에서 정치 풍자 뮤지컬 「Tem Muita Goma no meu Tacacá 내 수프에는 껌이 많다네」에서 배우로 데뷔했고, 이듬해에는 TV 오페라 「Gabriela 가브리엘라」의 사운드트랙을 녹음, 연극 「Os Sete Gatinhos 일곱 새끼 고양이」에도 참여했다.

1975년에는 첫 히트곡 〈Filho da Bahia 바이아의 아들〉을 발표하며 가수로 첫 발돋움을 한 후, 데뷔작 《Tamba-Tajá, 1976》를 발표, 이는 비평가와 대중으로부터 큰 호평을 얻어낸다.

1984년에는 브라질의 자유선거를 지지하는 운동의 뮤즈가 되어, 미우통 나시멘투Milton Nascimento가 작곡하고 페르난두 브란트Fernando Brant(1846-2015)가 가사를 쓴 〈Menestrel das Alagoas 알라고아스의 시인〉을 리우의 백만 군중 앞에서 노래했다.

1990년대의 대표작 《Meu Fado 나의 파두, 1992》는 포르투갈에서 플래티넘을 기록하기도 했다.

브라질 팝 음악의 섹스 심벌로서 그녀의 독특한 메조소프라노 음색은 포르투갈의 파두에서 파워풀한 삼바와 람바다까지 광범위한 감정의 범위를 펼치며 독보적인 매력을 과시하고 있다.

Água

1977 | Philips | 6349 324

1. Pauapixuna
2. Araguaia
3. Leilão
4. Cordas de Espinhos
5. Canção Passarinho
6. Ontem ao Luar
7. Raça
8. Sedução
9. Foi Assim
10. Cidade Pequenina
11. O Andarilho | Ave Maria dos Retirantes

본작 《Água 물》은 두 번째 앨범으로, 10만 장 이상 판매된 MPB의 걸작으로 꼽힌다. 북부지역에서 명성을 얻었던 데뷔 작에 이어, 이 앨범으로 전국적인 가수로 자리매김했다. 고전의 재해석에서 새로운 레퍼토리까지 매력으로 가득하다.

〈Pauapixuna 파우아픽쿠나 호수〉는 브라질의 싱어송라이터 파울루 안드레 바라타Paulo André Barata(1946-2023)의 노래로, 그녀는 다소 도발적인 음성으로 사랑의 고통을 호수의 정경에서 보이는 객체들로 이입하고 있다.

황홀하기 그지없는 〈Araguaia 아라과이아강〉에서는 사랑의 추억에 젖은 로맨틱하고 따스한 음성으로 전환된다.

…내가 사랑하는 너 안에서, 나는 내가 이끄는 삶을 느끼네, 결코 잊을 수 없는 나의 아라과이아, 네 모래가 내 발을 덮었고, 너의 매력이 눈물을 흘리게 했지, 우리 둘 모두를 위한 위로, 나의 아라과이아…

〈Cordas de Espinhos 가시의 줄〉은 애틋한 드라마이다.

…후회는 날 실망시키지 않고, 어떤 열정도 날 끌지 못하네, 나는 여섯 개의 가시 줄로 비올라를 깨웠네, 내 노래는 피의 색이고, 네 키스는 포도주의 맛이 나…

어린 시절의 첫사랑을 회상하는 〈Canção Passa-rinho 참새의 노래〉에는 보사 포크의 우수가 담백하게 녹아든다.

마리사 몬치Marisa Monte도 노래한 고전 〈Ontem ao Luar 어제의 달빛〉은 1907년에 〈Choro e Poesia 절규와 시〉라는 제목으로 작곡되어 1913년에 가사를 입히고 제목도 바뀌었다고 한다. 명화 「Love Story, 1971」가 브라질에 개봉되었을 당시 표절 의혹도 있었다고 하는데, 이 아름다운 연가는 사랑이 무엇인지, 그 열정의 고통에는 어떤 신비가 숨어 있는지, 눈물과 침묵의 고통에서 어떤 외침이 있는지 귀 기울여 보라고 권고한다.

미우통 나시멘투Milton Nascimento의 1976년 작품인 〈Raça 레이스 경주〉에서는 브라질의 리듬이 심장을 두근거리게 하고, 역시 그의 작품인 〈Sedução 유혹〉에서 그녀는 뇌쇄적인 음성으로 매력으로 남자들을 마음을 사로잡지만 결코 아무 남자와 쉬운 사랑을 하지 않는 주인공을 뜨겁게 열연한다.

〈Foi Assim 너무〉는 세상이 거의 자신의 것이 되었을 때 사라져 버린 연인이 돌아오리라는 환상 속에 머무는 애틋한 드라마로, 싱어송라이터 파울루 안드레 바라타Paulo André Barata의 보사 명곡이다.

까에따누 벨로주Caetano Veloso가 1968년에 작곡하여 여가수 소피아 레모스Sonia Lemos가 데뷔작에서 노래한 〈Cidade Pequenina 작은 마을〉에는 소담한 풍경을 산책하며 부르는 전원시가 흐른다.

두 접속곡 〈O Andarilho | Ave Maria Dos Retirantes 방랑자 | 아베마리아〉까지 따스한 매혹이 빼곡하다.

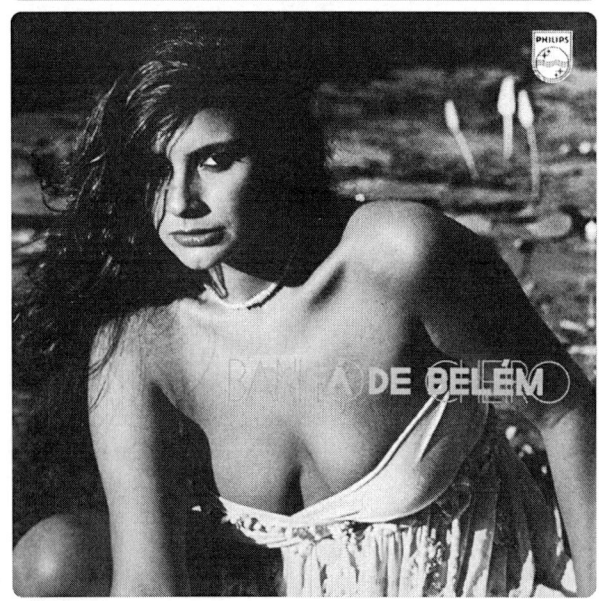

Banho de Cheiro

1978 | Philips | 6349 385

1. Dentro de Mim Mora um Anjo
2. Maria Solidária
3. Se Eu Disser
4. Carta Noturna
5. Tu, Mi Delirio
6. Chegada
7. Moça do Mar
8. Tanto
9. Baiuca's Bar
10. Gostoso
11. A Noite
12. Estrelê
13. Banho de Cheiro

본작의 타이틀이 된 '향기로운 목욕'은 19세기부터 이어져 온 의식적인 관습으로, 행복과 사랑을 되살리고 번영의 문을 열어주는 힘이 있다고 믿어진다. 브라질 북부에서 인기가 많아 세례 요한의 탄생을 기념하는 6월 축제와 새해 전야를 기념하기 위해 행해지고 있다고 한다.

〈Dentro de Mim Mora um Anjo 내 안에 천사가 살고 있네〉는 청량한 목소리의 소유자 여성 싱어송라이터 수엘리 코스타Sueli Costa(1943-2023)가 1975년에 발표한 곡으로, 누군가의 사랑이 되고픈 열망이 진한 호소력으로 재현된다.

우아한 리듬감과 포근함이 일품인 〈Se Eu Disser 내가 그리 말한다면〉은 사랑의 미친 열병을 그린 것으로, 그녀는 애정의 갈등을 더해간다.

…내가 널 잊었다고 내가 말한다면, 내가 거짓말을 한다는 거야…

〈Carta Noturna 밤의 편지〉는 우울한 서정이 흥건하게 적시어져 있다. 〈Pauapixuna 파우아픽쿠나 호수〉의 작곡자 파울루 안드레 바라타Paulo André Barata(1946-2023)의 작품으로, 역시 그도 동년에 더욱 슬픈 감정을 실어 발표했다.

내 욕망, 나의 고통, 난 사랑이 너무 많아, 밤이면 이 노래를 부르네… 밤은 눈물과 슬픔을 심네…

〈Tu, Mi Delirio 넌 나의 중독〉의 부드러움도 황홀하다. 크림 같은 허밍이 푸른 하늘에 흰구름을 띄운다. 미국의 재즈 피아니스트 냇 킹 콜Nat King Cole(1919-1965)이 1959년에 연주곡으로 발표했으며, 가희 아스트루드 지우베르투Astrud Gilberto(1940-2023)도 1966년에 노래했다.

너의 위대함을 표현할 길이 없네, 내 마음속 깊이, 널 향한 내 사랑, 내 영혼을 불태우는 이 망할 사랑, 내 마음을 괴롭히는 열정이여. 항상 넌 나와 함께 있네, 내 슬픔과 함께 넌 내 기쁨과 고통속에 있지, 네 안에서 내 모든 삶이 끝나기에…

〈Baiuca's Bar 바이우카의 바〉는 본격 브라질의 여흥이 쏟아지는 흥거운 파티로, 사랑에 대한 욕망이 만연한 카르페 디엠Carpe Diem이다.

그녀의 허스키한 보이스가 더욱 매력적인 〈Gostoso 맛〉에는 인생을 향한 열정이 흐르며, 〈Banho de Cheiro 향기로운 목욕〉에는 고향 벨렝으로의 향수가 담겨있다.

Estrela Radiante

1979 | Philips | 6349 417

1. Sob Medida
2. Memória
3. Bom Dia, Belém
4. Temporal
5. Confidência
6. Pergunte O Que Quiser
7. Estrela Radiante
8. Mesa de Bar
9. Pacará
10. Que Me Venha Esse Homem
11. Assim Seja
12. Carece de Explicação

그녀의 4번째 스튜디오 앨범 《Estrela Radiante 빛나는 별》의 인상은 커버에서처럼 보다 육감적인 매력을 뽐내고 있다. 그녀의 음악 경력에서 가장 훌륭한 작품 중 하나로 꼽히기도 한다.

쉬쿠 부아르키Chico Buarque 작곡의 〈Sob Medida 맞춤〉을 들어보면 관능적인 목소리와 달콤한 브라질 감성의 조화가 더없는 낭만성을 부가한다. 하나님에 대한 감사와 믿음을 가지고 사랑에 임하라는 메시지로, 이는 그녀의 레퍼토리 중 가장 큰 히트였다.

〈Bom Dia, Belém 안녕, 벨렝〉에서는 전원적인 포근함으로 고향에 대한 그리움이 만개한다.

또 다른 빅 히트곡인 타이틀 〈Estrela Radiante 빛나는 별〉은 브라질 삼바 축제에서나 들려올 법한 흥거운 축제 음악이지만, 이는 가난과 고통으로부터 저항해야 한다는 사회참여적인 의미를 표방했다.

〈Mesa de Bar 바 테이블〉은 2집의 〈Pauapixuna 파우아픽쿠나 호수〉를 쓴 브라질의 싱어송라이터 파울루 안드레 바라타Paulo André Barata(1946-2023)의 1978년 노래로, 은은한 긴장감이 흐른다. 이는 바에서 첫눈에 반해버린 사랑으로 어찌할 바를 모르는 한 남자의 이야기이다.

…사랑이 와서 나를 익사시키네… 난 유리잔을 들고 바를 항해하고, 어떻게 계산을 해야 할지도 모르겠네, 여행하는 바람, 그녀에게 먼저 말을 거네, 난 하늘을 항해했고, 바다를 가로지르네… 어느 항구에 정박해야 할지도 모르겠네…

〈Que Me Venha Esse Homem 이 사람이 내게 오게 해주세요〉는 뭉클한 피아노 발라드로, 사랑의 열병을 토로한다. 그녀의 허스키한 가창은 너무나 뜨겁게 달아오른다.

…탐험할 수 있게 나를 숲처럼 보이게 해줘, 천천히 갈 수 있는 강을 내게 만들어 줘, 스스로 가라앉으면 이 사람이 나를 구해주기를, 당신의 열병으로 나를 우주에 가두어 줘, 그의 미친 발걸음으로 내게 오게 해줘…

지방과 도시의 다양한 노래를 섞은 절충주의 앨범 본작으로 1970년대의 화려한 등극을 마쳤다.

이후 1980년대의 그녀는 브라질 군부 기간 중 직접선거를 위한 디레타스Diretas-Já 운동의 집회에 참여하며 상징이 되었고, 상업적인 성공도 이어갔다.

노래마다 채도를 자유롭게 달리하는 그녀의 목소리는 연인의 부재로 느끼게 되는 사랑과 인생의 길 찾기 〈Meu Dilema 나의 딜레마〉, 사랑의 상처를 지우고 새로운 출발을 위해 이별을 준비하는 부드러운 발라드 〈Memórias 추억〉 등 많은 히트곡을 남겼다.

근작 《Humana 인간, 2019》을 발표하며 더욱 완숙한 가창으로 건재를 알렸으며, 2024년 상파울루 카니발의 퍼레이드 주제는 음악 인생 50년의 파파 지 벨렝이었다.

미친 인생의 볼레로

Francisco Céspedes ● 프란시스코 세스페데스

Cuba | Mexico

dicen que el alma

grandes éxitos

francisco céspedes

그의 음악을 처음 들었던 것은 음악동호회의 2001년 초 오 프라인 감상회에서였다.

모 방송국의 PD로 근무하는 분이 〈Vida Loca 미친 인생〉 라는 데뷔 타이틀을 들려주었는데, 시원한 레몬 레이드를 들이킨 것 같은 새콤달콤한 로맨스 볼레로에 푹 빠지게 되었다.

그 부드러운 바리톤 저음은 수줍은 듯한 인상의 바이브레이션을 거치고 끝음을 살짝 올려 끊는 독특한 창법으로 감상실을 매우 풍요롭게 했다.

프란시스코 세스페데스는 1957년 쿠바의 산타 클라라Santa Clara에서 태어났다. 음악에 대한 열정 하나만으로 과감히 선망의 직업이었던 의사를 그만두었다.

1990년대 초 재즈로 유명한 연주그룹 푼초로페스Pucho López와 쿠바 현대음악단Orquesta Cubana de Música Moder -na의 일원이 되어 활동하였다. 당시 쿠바의 유행음악은 자국의 쏜Son이 발전된 필링Filin이었기에, 그의 달콤한 재즈에 우아한 볼레로가 크로스오버 된 음악은 오히려 멕시코에서 환영받았다. 쿠바 현대음악단으로 투어를 끝내고 멕시코에 남아 직업 가수로서 활동을 시작하게 된다.

라틴팝의 황태자 루이스 미겔Luis Miguel의 히트작 《Aries, 1993》에 프란시스코가 쓴 〈Pensar en Ti 널 생각하며〉가 사랑받아 주목받기 시작하였고, 이어 《Nada Es Igual, 1996》 앨범에도 〈Que Tu Te Vas 떠나버린 당신〉이 수록된다. 이는 재능을 인정받고 이름을 알리는 크나큰 행운이었다.

1997년에는 칠레의 비냐델마르Viña del Mar에서 거행된 제38회 국제음악축제에 참가하여 이전에 쿠바에서 작곡했던 〈Hablo de Ti 네게 이야기하네〉를 연주하며 2등을 차지하여, 데뷔작 《Vida Loca 미친 인생》을 발표하게 이른다.

이는 멕시코, 스페인, 미국, 페루, 칠레 등에서 '사랑과 감성이 가득 담긴 앨범'이란 호평을 받는다.

Vida Loca

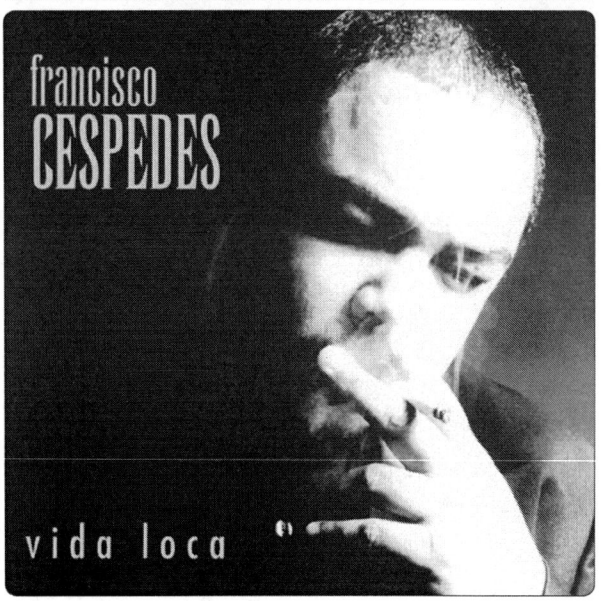

1997 | WEA | 22834

1. Todo Es un Misterio
2. Como Si el Destino
3. Vida Loca
4. Remolino
5. Pensar en Ti
6. Tu por Que
7. Se Me Antoja
8. Que Hago Contigo
9. Morena
10. Vida Vida
11. Señora

담배를 문 흑백사진의 커버는 뭐랄까, 음악에 대한 사랑과 열정보다는 성공 인생을 위한 갈등과 고뇌에 더 가깝게 느껴진다. 불안한 사회에서도 탄탄한 삶을 살 수 있었던 의사의 길을 접은 후, 그만의 독자적인 데뷔작이 나오기까지 7

년여의 짧지 않은 세월을 타국에서 이민자로 살며 무명 음악가로서의 시간을 보냈다.

그동안 고민의 순간도 얼마나 많이 찾아왔을까? 모든 고충을 이겨내고 마침내 자신의 이상을 실현한 그의 삶을 《Vida Loca 미친 인생》라 부르며 당당히 데뷔한다.

남성 특유의 우수의 저음을 맛볼 수 있는 〈Como Si el Destino 운명처럼〉은 재즈 건반의 금속광택이 금관과 어우러져 아련한 아픔을 자아낸다. 연인과의 작별 후 자신을 잃어가는 고통을 초점 없는 눈과 메는 목 으로 노래하고 있다.

타이틀곡 〈Vida Loca 미친 인생〉은 이미 걸작이 다. 건반의 투명한 눈물은 우리네의 고통스러운 사랑을 위로한다.

…당신이 내면에 있을지라도, 나의 영원한 욕망의 이 감정은, 멀리서 매일 밤 고통받고 있네, 내가 널 가지지 못하였으므로, 내가 네 입술이 그리고 네 욕망이 될 수 없네, 그리도 노력했건만 그 어떤 것도 더 이상 이해할 수 없지. 그 미친 현실과 광기의 삶… 이것은 지독한 고통이네, 날 떠나지 마, 난 이 미친 삶에 걸려버렸으니까…

서정적이고도 후련한 록발라드 〈Remolino 소용돌이〉는 깔끔한 기타 워크에 설레는 사랑의 찬가를 노래한다.

…이 사랑은 내 가슴에 차지 않는 물높이를 탈출해야만 하는 바다와 같네, 살아가기 위해 내가 네게서 찾고 있는 이 이유가 필요하지, 네가 더 이상 할 수 없을 때, 나는 날아서 널 찾겠어. 그리고 네가 참된 사랑을 할 때, 내 우주에 빛이 돌아올 거야. 네 사랑은 몸을 적시는 강과도 같네, 점점 커지는 소용돌이를 닮았지, 네 사랑은 바람을 부르는 향수야, 네가 가고자 한다면, 먼저 날 가져가…

메마른 가슴에 물이 촉촉이 흐르는 〈Que Hago Contigo 너와 함께한 사랑〉은 오늘 당신의 사랑을 잃었으므로 이제 함께 할 수 있는 것은 아무것도 없다며 쓴 포도주와 같은 외로움을 달래는 부드러운 재즈피아노곡이다.

우아한 볼레로 〈Vida Vida 삶 인생〉은 정말 따사로운 봄바람 같은 작품으로, 현악의 결이 매우 포근하다. 욕망과 눈물로 때론 힘들지만 날 감싸 안아주는 인생을 사랑한다는 예찬이 매우 선명하다.

동명의 TV프로그램 주제곡인 〈Señora 여인〉에서 호소력 있는 보이스로 더욱 드라마틱한 감정을 그려간다. 순수한 소녀에서 사랑과 결혼을 하게 되지만 때론 믿음을 잃고 때로는 광기에 치닫는 여인의 어두운 영혼을 위한 연민의 기도를 열창한다. 본래 이 앨범은 10곡이 수록되었으나, 이 보너스를 삽입하여 이듬해 재발매 되었다.

출중한 목소리 덕분에 만화영화 「The Prince of Egypt, 1998」에 스페인어 대사 더빙에 참여한 그는 이후 스페인과 라틴아메리카에 투어를 열었고, 멕시코뿐만 아니라 스페인, 미국, 페루, 칠레에서 플래티넘을 기록했다.

그해 '라틴 신인가수상'과 '라틴 앨범상', '라틴 남자가수상'을 휩쓸었고, 스페인의 권위있는 1998 온다스어워드Premios Ondas에서도 '라틴 신인가수상'을 받았다.

Dónde Está la Vida

Francisco CESPEDES
dónde está la vida

2000 | WEA | 82775

1. Dónde Está la Vida
2. Así Es Mi Música
3. Que Lejos
4. Todo Igual A Nada
5. Llorando Por Dentro
6. Otra Lágrima
7. Que Tú Te Vas
8. Cuándo
9. Olvidarte
10. Quédate Más
11. Mariana Mia (hidden track)

데뷔작 커버에서의 깊은 고민은 온데간데없이, 활짝 웃고 성공 인생을 축하하는 듯한 앨범 커버로 두 번째 앨범 《Dónde Está la Vida 인생은 어디에?》를 발표했다.

아름답기 그지없는 타이틀곡은 TV 드라마 「La Casa en la

Playa 해변의 집」에 사용되면서 본작의 상업적 성공에 큰 역할을 해냈다. 전주 없이 바로 연결되는 나지막한 목소리는 온화한 현악과 화려한 피아노 그리고 즉흥의  클라리넷 연주와 함께 애틋하고도 안타까운 사랑의 모습을 그려준다.

…오직 너만을 단지 사랑할 뿐. 매일 얼마나 많이 괴로워하는지, 어떻게 내가 그 감정을 알까, 넌 항상 숨기고만 있는데. 어떻게 돌이킬 수 있나, 어떻게 알 수 있나. 인생은 어디에, 삶은 어디 있나, 어떻게 굳게 닫힌 네 마음을 바꿀 수 있을까, 찾아내야 해, 단지 잃어버렸을 뿐일 거야, 인생은 어디에, 삶은 어디에 있나…

재즈 건반의 유려한 기교가 감성을 어루만지는 〈Así Es Mi Música 그래서 내 음악은…〉는 스캣과 함께 진실한 감정과 투명한 서정을 꽃피운다.

솔로 재즈피아노 랩소디 〈Olvidarte 망각〉에서  그의 남성적인 목소리는 더욱 연약하게 들린다.

…그냥 잊어버릴래, 내 피부를 찢는 듯한 아픔과, 해거름과 새벽이 보이지 않게 창과 문이 닫혔다는 걸. 그냥 잊어버릴래, 유감스럽게도 내 귀가 닫혀 새의 지저귐도 강물의 속삭임도 들을 수 없다는 걸, 내 심장박동조차 들을 수 없다는 사실. 그냥 잊을래, 감정이 죽어간다는 것과 한 손가락으로 태양을 온전히 가려야 한다는 것, 그리고 한 장의 종이로 내 마음을 바꿔야 한다는 것을… 그냥 쉽게 잊어버릴래, 그건 내가 태어난 사실조차 잊어야 하는 문제니까.

부드러운 볼레로 〈Quédate Mas 좀 더 있어줘〉에는 간절한 사랑의 소망을 오롯이 담아낸다.

…지금 그대로, 좀 더 있어줘, 이 외로움을 가져갈 수 없다면, 이 고통은 사라지지 않을 거야, 이 도시 밖에서 사랑이 산책할 때, 지금 그대로 항상 충실하며, 깨어있어 줘, 조금만 더 머물러줘.

그리고 트랙 분리 없이 긴 묵음을 두고 연결되는 〈Mariana Mia 나의 마리아나〉는 어린 딸의 탄생을 축하하며 아버지로

서의 희망을 담은 선물이다. 맑은 건반과 아기의 옹알이로 청자의 가슴마저 순수해지는 듯하며, 푸르른 오케스트레이션과 부성이 충만한 찬가로 눈부실 만큼 시리다. 대중을 위한 노래라기보다 그의 가장 개인적인 작품이어서 히든트랙으로 숨겨두었지만, 그의 레퍼토리 중에서 결코 빼놓을 수 없는 작품이 아닐까 싶다. 아마도 커버에서 보이 는 그의 함박웃음의 사유는 이 마지막 히든 트랙에 있지 않았을까?

세 번째 앨범 《…Ay Cora -zón 오 마음이여, 2002》는 전작을 잇는 감성 작품으로, 커버에서 보이는 것처럼 바다와 창공의 맑은 이미지를 사운드로 직감할 수 있다.

특히 〈Si Tu Ya No Estás 당신이 이미 없었다면〉의 유려한 서정은 이 앨범의 절정이라 할만하다. 피아노의 잔잔한 은파는 너무나 감미롭고 그의 두툼한 음성은 오히려 처절하다. 테마 역시 연인과의 이별인데, 이젠 입맞춤조차 할 수 없는 슬픔의 고통으로 자신의 무의미함을 노래한다.

2004년에는 베스트앨범 《Dicen Que el Alma 영혼을 말하다》가 발표되었다. 타이틀과 싱글로 커트된 〈Lloviendo Ausencia 가뭄〉은 신곡이었고, 그의 데뷔작에 수록된 곡들 중 〈Remolino 소용돌이〉는 스페인 여가수 안나 벨런Ana Belén과 함께, 그리고 〈Vida Loca 미친 인생〉은 브라질의 거성 미우통 나시멘투Milton Nascimento 와 부른 트랙을 수록했다.

2005년에는 《Autorretrato 자화상》을 발표하였는데, 대부분

의 수록곡들이 3분이 채 되지 않는 짧은 연주에, 기타, 피아노, 하프 등 한 가지 반주악기만을 선택하여 보다 담백한 연주를 들려준다.

흥미진진한 〈Oye Bien la Clave 오, 훌륭한 클라베〉는 쿠바 민요 〈Guantanamera 관타나메라〉를 남성중창과 퍼커션으로, 〈Ahora Puedo Decir 지금 말할 수 있네〉는 바이올린으로, 그리고 하프로만 반주된 〈Dicen 말하네〉 등을 수록했다. 그중 여성 아카펠라 반주로 녹음된 〈Bésame Mucho 베사메무초〉, 그리고 스트링 음색의 키보드로 연주된 듯한 〈Lloras Vida 눈물의 인생〉은 가장 아름다운 부분이다.

《Con el Permiso de Bola 볼라의 재가, 2006》는 아프로-쿠반 재즈 피아니스트 콘살로 루발카바Conzalo Ru-balcaba과 함께 했으며, 2007 라틴 그래미 어워드에 트로피컬 전통음악 베스트 앨범 부문에 후보로 지명되었다. 이는 쿠바의 싱어송라이터이자 피아니스트인 볼라 데 니에베Bola de Nieve(1911-1971) 헌정작으로, 그의 별칭은 눈꽃 송이 혹은 스노볼Snowball의 의미이다.

〈Bola De Nieve〉에서 프란시스코는 영감과 위로를 주었던 그와의 회색빛 음악 추억을 더듬으며 전설을 기린다.

…하지만 오 사랑이여, 당신이 내 영혼을 가져간다면, 내 고통도 가져가 주세요, 내 모든 슬픔을 안아주세요, 나의 괴로움의 노래들도…

예전의 볼레로보다는 재즈에 가까운 앨범으로 묵직한 톤과 낭만으로 가득하다.

2009년에는 《Te Acuerdas 당신을 기억해》가 발표되었는데, 이로 라틴 그래미에서 '올해의 남자가수상'과 '올해의 앨범상'을 수상, 또한 그래미 어워드 2010에서 '라틴팝 앨범'에 후보 지명된다.

이 앨범에는 전작에서 함께 했던 피아니스트 콘살로 루발카바와 프랑스 출신의 세계적인 아코디언 연주자 리샤르 갈리아노Richard Galliano 등이 참여했다.

우리에게 잘 알려진 라틴의 명곡들을 그만의 착색으로 재해석하였는데, 멕시코 볼레로가수 아르만도 만사네로Armando Manzanero(1935-2020)의 〈Te Extraño 당신을 그리며〉, 멕시코 작곡가 아구스틴 라라Agustin Lara(1900-1970)의 〈Sola-mente una Vez 단 한번만이라도〉, 파블로 밀라네스Pablo Milanes(1943-2022)의 〈Mírame Bien 날 봐〉, 스페인 싱어송라이터 조안 마누엘 세라Joan Manuel Serrat의 〈Aquellas Pequeñas Cosas 사소한 것들〉, 메르세데스 소사Mercedes Sosa(1935-2009)의 음성으로 친숙한 〈Yo Vengo a Ofrecer Mi Corazòn 내 마음을 당신께 바치리〉와 자크 브렐Jacques Brel(1929-1978)의 〈Ne Me Quitte Pas 떠나지 마세요〉 등을 수록했다.

또한 아르헨티나 탱고의 명인 후안 카를로스 코비안Juan Carlos Cobian(1896-1963)의 〈Nostalgia 노스텔지아〉를 짙은 애수의 향기로 들을 수 있다.

디즈니의 「The Princess and the Frog, 2009」에 또다시

스페인어 목소리더빙으로 참여한 후, 실황 앨범 《Mas Cerca de ti 당신에게 더 가까이, 2011》를 내놓았는데, 4곡의 신곡을 포함한 레퍼토리였다.

이후 멕시코의 아르만도 만사네로와 함께 히트곡들을 노래한 《Armando un Pancho 아르만도와 판초(프란시스코), 2012》를 냈다.

새로운 레퍼토리로 돌아온 《Todavía 아직, 2015》은 무르익은 볼레로의 황홀한 향연으로, 쿠바의 가수이자 그의 남동생인 미구엘 앙헬 세스페데스Miguel Ángel Céspedes(1963-2021)가 작곡한 곡을 제외하고는 그가 직접 작곡했던 미공개 곡들로 선보였다. 〈Para Que Sonrías 네가 웃을 수 있게〉는 두 형제의 듀엣곡이기도 하다.

「The Jungle Book, 2016」에 스페인어 더빙에 참여한 후, 이듬해 열띤 갈채의 현장감이 고스란히 살아있는 라이브 앨범 《Desde El Teatro Karl Marx, 칼 마르크스 극장에서, 2017》를 발표했다.

고향을 향한 애수의 리듬
Geoffrey Oryema • 제프리 오리에마
Uganda

제프리 오리에마(1953-2018)는 우간다 소로티Soroti에서 1954년에 출생했다.

수도 캄팔라Kampala로 이사한 후, 저녁때마다 경찰청 검시관으로 일했던 아버지가 아프리카 하프라 할 수 있는 민속악기 낭가Nanga를 연주하는 것을 듣고 자랐다. 이러한 아버지의 음악연주로 자연스레 포크와 전통음악에 관심을 가지며 학교에서 선진 음악 스타일을 배우게 된다.

하지만 1971년 1월에 군인이었던 이디 아민Idi Amin이 쿠데타를 일으켜 정권을 장악하는 사태가 벌어진다. 이후 반대파로 인정되는 국민들을 대량학살하였으며, 정치인, 실업인, 지식인의 대부분은 숙청되거나 망명한다. 그의 이러한 폭정은 국제적 비난의 표적이 되었으며, 아프리카 내에서도 완전히 고립되는 상황에 처한다.

1977년 2월 당시 국토 주택 계획부 장관으로 재직 중이던 그의 부친은 대주교와 내무부 장관과 함께 아민 독재정권 산하 비밀조직에 의해 몰래 숙청당하고, 24세의 청년은 눈물을 흘릴 새도 없이 자동차 트렁크에 숨어 국경을 넘어야 했다.

프랑스로 망명한 후 민속악기 엠비라Mbira와 피리 그리고 낭가를 연마하며 슬픔을 달래야 했던 그는 1989년에 프랑스 북부 릴본Lillebonne에 정착하고 곧 결혼했다.

1990년 부친을 잃고 죽음의 공포에 떨며 고국을 떠나야 했던 슬픈 심정을 담은 첫 앨범 《Exile》이 발표된다.

두 번째 앨범 《Beat the Border》로 국제적인 명성을 얻은 그는 월드뮤직 축제WOMAD에 이어 호주, 미국, 일본, 브라질, 유럽에서 투어를 했다. 1994년 밴드는 전설적인 축제의 25주년을 기념하는 'Woodstock 94'에서 공연하게 된다.

2005년 7월, 그는 콘월에서 열린 'LIVE 8 : Africa Calling' 콘서트에서 공연했으며, 1 Giant Leap과 함께 에든버러에서 열린 'Live 8' 콘서트에도 참여했다.

프랑스 파리에 거주하다 사망한 후, 그의 유해는 부친의 고향인 우간다 북부의 아나카Anaka에게 묻혔다.

Exile

1990 | Real World | CDRW14

1. Piny Runa Woko
2. Land of Anaka
3. Piri Wango Iya
4. Ye Ye Ye
5. Lacan Woto Kumu
6. Makambo
7. Jok Omako Nyako
8. Solitude
9. Lubanga
10. Exile

영국의 저명한 록 뮤지션 피터 가브리엘Peter Gabriel이 설립한 레이블 Real World Records를 통해 발표된 데뷔작으로, 앰비언트 뮤직의 창시자라 평가받는 브라이언 이노Brian Eno가 프로듀스했다. 물론 이들은 뮤지션으로도 참여하고 있으며, 영국 출신의 유명 기타리스트 데이비드 로즈David Rhodes와 캐나다 출신의 프로듀서 데이비드 보트릴David Bott-rill 등 굵직한 뮤지션들이 그를 돕고 있다.

이 앨범은 그의 지극히 개인적인 이야기를 담고 있지만, 우간다의 슬픈 현실을 세계에 알리는 역사서였다.

뮤직비디오로 제작되어 선보인 〈Land of Anaka〉는 부친의 고향땅 아나카Anaka에 대한 기록이다. 그는 오히려 슬픔을 달관한 듯 평온한 눈으로, 고향땅에 대한 어렴풋한 기억을 되찾아간다. 생전에 다시 돌아갈 수 없는 고향땅에 대한 향수와 처참하게 비극으로 변해버린 현실에 대한 한탄이 깊게 서린다.

아나카의 땅을 살아온 우리는 파이라Payira 부족입니다. 오비가Obiga 여신이여! 저를 이 어두움으로부터 구원해 주십시오. 그리고 길을 보여주세요. 내가 빛을 볼 수 있는 곳으로 인도해 주세요. 아나카에서는 오비가 여신이 우리와 함께했지요. 우리는 희망이 있었고, 맑은 초록 땅의 꿈을 꾸었죠. 이제 우리 가족은 죽은 모랫더미에서 살지요. 오비가 여신은 더 이상 존재하지 않아요. 우리는 혼란을 떠나왔답니다…

〈Ye Ye Ye〉는 한 악명 높은 전사의 죽음을 노래한 것으로 진한 블루스 스타일의 격정이 불타오른다. 이 전설을 통해, 그는 '아프리카의 학살자'라 불리었던 우간다의 독재자 아디 아민Idi Amin의 추방과 최후를 비유했던 것 같다.

어쩔 수 없이 고국을 떠난 망명자들의 고통을 노래한 〈Ma-kambo 갈망〉은 가장 가슴을 시리게 하는 곡일 것이다. 24세 젊은이의 가슴에 검은 한이 되어 버린 그 사건은 힘없는 휘파람과 함께 애수가 되어 흐른다. 이러한 어둠과 슬픔으로부터 위안과 피난처를 찾기를 소망하는 마음이 투명하게 그려진다.

〈Solitude 고독〉은 한순간에 미망인이 되어버린 어머니에게 바치는 노래이다.

우리가 어렸을 때, 아나카에서는, 코끼리도 춤을 추었죠. 그러나 아버지는 더 이상 우리 곁에 없습니다. 어머니는 울지 않았어요…

참고로 〈Makambo〉와 〈Solitude〉은 우리에게 잘 알려진 잘만 킹Zalman King 감독의 영화 「Red Shoe Diaries 레드 슈 다이어리, 1992」에 삽입되기도 했다.

〈Exile〉은 그의 희망메시지를 심은 곡으로, 아름다운 고향땅에서 그가 겪어야만 했던 망명의 아픔이 되풀이 되지 않기를, 그리고 이 혼란한 그 땅에 전쟁이 끝나고 평화가 자리하기를 바라는 마음을 담았다.

그 총을 내려놓아요, 제발 그 총을 거두어요, 진정으로 싸우길 원한다면, 호미를 들어, 땅을 일구며 싸워요…

홀수 번 트랙들의 곡들은 사랑 이야기로, 아마도 오랜 타국에서의 방랑과 슬픔을 안아주었던 아내를 위한 작품들이 아닌가 싶다. 아프리카를 대표할 만한 서정의 걸작이다.

Beat the Border

1993 | Real World | CDRW37

1. The River
2. Kel Kweyo
3. Market Day
4. Lapwony
5. Umoja
6. Gang Deyo
7. Hard Labour
8. Payira Wind
9. Lajok
10. Nomad

서구의 록 형식으로 풀어낸 우간다의 서정은 깔끔한 사운드에 특유의 열정이 충만해 있다. 두 번째 앨범 《Beat the Border 경계를 허물어라》에도 브라이언 이노가 한 곡에 참여하였으며, 프랑스 아트록 씬에서 친숙한 록기타리스트 장 삐에르 알라쎈Jean-Pierre Alarcen의 영향력이 크게 작용하고 있다. 또한 프랑스 출신의 유명 드러머 마누 카세Manu Katché과 케냐 출신 아윱 오가다Ayub Ogada(1956-2019)도 가세하여 풍성한 사운드를 들려준다.

과 서구의 록을 접목하는 작업을 들려주었다.

잔잔한 아프리카 퍼커션으로 시작되는 세련된 록발라드 〈The River〉에는 '다름'에 대한 경계를 허물라는 메시지를 담았다. 진지하면서도 서글픔이 녹아있다.

기타의 맑은 울림 그리고 그의 나지막한 음성과 코러스가 다소 숙연함에 빠지게 하는 〈Market Day〉에서는 철없던 여동생의 어린 시절 에피소드를 정감있게 들려준다.

민중의 고통을 고발한 〈Hard Labour〉는 여린 듯 포근하며 영혼이 맑아지는 포크음악으로 희망을 열어놓았다. 휘슬 연주가 가미되어서인지 아일랜드의 감성이 먼저 다가선다.

가스펠 감성을 들려주는 또 하나의 작품 〈Payira Wind〉역시 희망을 찾아볼 수 없이 변해버린 고향땅의 비참한 현실을 애수에 젖어 노래하였는데, 그 서늘한 흙먼지 섞인 바람의 리듬이 가슴을 때린다.

슬픔 가득한 〈Nomad〉에서 고국을 떠나 정처 없이 떠돌며 겨울보다 더 냉혹하고 외로웠을 시간들을 짐작할 수 있다. 그러나 음감 자체는 안온하고 축복에 젖어 있는 듯한 느낌이다. 그를 따스하게 맞아 주었던 음악인들에 대한 감사였을까? 그의 맑은 음성은 더 이상 외롭지 않다고 노래하는 듯하다.

이후 그는 하루 일과에 대한 명상을 개념으로 한 세 번째 앨범 《Night to Night, 1996》을 냈는데, 이는 Real World 레이블에서의 마지막 작품이었다.
이후 《Spirit, 2000》과 《Words, 2004》 그리고 《From the Heart, 2010》를 발표하며 그만의 독자적인 아프리카 감성

순풍에 실리는 슬픈 바다의 아리아
Ginamaría Hidalgo ● 히나마리아 이달고
Argentina

4옥타브를 넘나드는 아르헨티나의 소프라노 히나마리아 이 달고(1927-2004)는 본명이 버지니아 로사우라 이달고Virginia Rosaura Hidalgo로, 부에노스아이레스에서 카스티야인 아버지와 포르투갈인 어머니 사이에서 태어났다.

어릴 때부터 가창과 연기, 발레 등 예술적 재능을 보인 그녀는 17세 때 이미 촉망받는 청년 예술가로서 국가 장학금으로 뉴욕 줄리아드에 입학하였는데, 그곳에서 클래식 기타의 거장 안드레아스 세고비아Andrés Segovia(1893-1987)는 그녀의 노래를 듣고 그녀의 멘토가 되어주었다.

이후 스페인 정부의 장학금으로 스페인 산티아고 데 콤포스텔라에서 성악을 전공한다.

졸업 후 LA 오페라단에서 모차르트Mozart의 「Don Giovan -ni 돈 조반니」 공연에 참여했으며, 이태리에서 다양한 스타일의 실내악 독주회를 열었고, 캘리포니아에서 1957년 영국 감독 빅터 사빌Victor Saville의 마지막 영화 「My Gun is Quick, 1957」에도 출연했다.

이처럼 해외에서 다양한 경험을 거치며 결정적으로 노래를 부르기로 결정한 그녀는 부에노스아이레스로 돌아가 많은 클래식 오페라 공연과 다양한 음악 프로그램을 출연한다.

1963년부터 발표된 그녀의 디스코그래피는 1970년대에 전성기를 거치며 주요 음악상을 다수 수상, 남미는 물론이고 미국과 유럽과 일본에 이르는 투어를 가졌다.

2007년에는 유작인 《El Ruiseñor 나이팅게일》이 발표되었다.

Memorias de una Vieja Canción

Memorias de una vieja canción

GINAMARIA HIDALGO

1973 | Microfon | C-46

1. Memorias de una Vieja Canción
2. El Aguatero Porteño
3. Adiós Nonino
4. Canción de Luna y Cosecha
5. Camino del Indio
6. No Conozco el Mar
7. Para Ir a Buscarte
8. Cita en la Misma Esquina
9. Sur
10. Monte Virgen Dónde Estás
11. Y Se Enojó la Paloma
12. Duerme

발표 이듬해 일본에서도 라이선스로 소개된 누에바 깐시온 모음집 《Memorias de una Vieja Canción 옛 노래의 추억》은 에스러운 커버가 무척 정감이 간다. 1990년에 볼품없는 다른 커버로 CD 재발매되었다.

타이틀곡은 아르헨티나 민속음악 남자가수 오라시오 구아라니Horacio Guarany(1925-2017)의 1970년 발표작으로, 원곡보다 느린 템포에 증폭된 서정의 애수를 들려준다.

…내 기타에 담긴 오래된 노래, 잊을 수 없는 옛 노래는, 네 옛 고향의 머나먼 해변가에서, 어느 날 우리를 하나로 묶었던 것. 그리고 가을의 낙엽을 보며 내게 다가와 회색빛 이슬비로 나를 적셨던 것. 왜 너의 노래를 잊지 못하는 걸까? 너무나 사랑했기 때문이겠지… 다시는 돌아올 수 없는 흐르는 강물처럼, 시간의 영원 속에서, 나의 창문에서 울고 있는 이 노래…

우리에겐 피겨 스케이팅 음악으로 친숙한 〈Adiós Nonino 안녕 노니뇨〉는 1959년 누에보 탱고의 명인 아스토르 피아졸라Astor Piazzolla(1921-1992)가 부친의 사망 비보를 듣고 완성한 곡으로, 1954년에 부친의 애칭을 제목으로 하여 작곡된 〈Nonino〉를 바탕으로 했다고 한다. 기타에 흐르는 이달고의 탱고 스캣은 클래식과 팝의 경계를 가볍게 넘나든다.

〈Canción de Luna y Cosecha 달과 추수의 노래〉는 작곡가 에두아르도 팔루Eduardo Falú(1923-2013)이 1964년 발표한 연가로, 투명한 원곡보다 드라마틱하다.

…벌써 아홉의 보름달이 떴네. 바람에 맞춰 노래를 불러요, 별을 뿌리는 사람이여, 추수를 해야 해요… 내 기타에 비가 내리면, 그는 내 갈색 머리에 대고 노래하네… 그의 눈에도 비가 내리고, 외로움 속에 희망을 전하네, 달콤한 씨앗으로… 우리는 나의 밭에서 커플이 될 거야.

〈Camino del Indio 인디언의 길〉은 아타우알파 유판키 Atahualpa Yupanqui(1908-1992)의 1947년 곡으로, 민중의 고통을 위로했던 명곡이다. 소프라노 스캣과 리듬을 힘겹게 건너는 애조띤 가창은 고혹적인 카타르시스가 아닐 수 없다.

〈No Conozco el Mar 난 바다를 모르겠어〉는 오라시오 구아라니의 1963년 발표곡으로, 클래식 가곡과도 같은 이달고의 낭만적인 해석은 아름답기 그지없다. 오후면 남풍이 불 것을 알지만, 어느새 파도로 덮치는 바다는 아마도 사랑의 비유가 아닐까.

사랑을 기다리는 남자의 노래 〈Cita en la Misma Esquina 같은 길모퉁이에서의 데이트〉의 호젓한 사랑의 애수는 가슴을 촉촉하게 적셔준다.

바람 뒤의 네 발걸음을 기다리러 나가네, 홀로, 외로운 휘파람처럼, 저 멀리 고요 속에서 밤이 자라고, 너의 향기에 공기는 발가벗겨 지나가네… 휘파람 소리와 바람의 구석에서, 귀뚜라미가 환호하며 노래 부르고, 사랑과 도시의 시, 네 머리카락 냄새가 나는 그 꽃은 이미 너의 귀환을 노래하네…

〈Sur 남쪽〉은 반도네온 연주자 아니발 트로일로Aníbal Tro-ilo(1914-1975)가 1971년에 발표한 사랑의 종말을 위한 탱고로, 그녀의 가창은 활활 타올랐다가 사라지는 불꽃같다.

…애정으로 떨었던 너의 20년, 그때 네게서 훔친 입맞춤 아래서, 일어난 것에 대한 향수. 인생이 빼앗아 간 모래, 변해버린 마을의 슬픔, 그리고 죽은 꿈의 괴로움… 네가 바라보았던 날 넌 이제 볼 수 없을 거야, 다시는 별들과 함께 빛나지 않을 테니까, 교외 거리와 달, 그리고 너의 창에 걸린 내 사랑, 모든 것이 죽었네, 난 이미 알고 있어.

Concierto para una Sola Voz

1975 | Microfon | ZML1 1115

1. Concierto para una Sola Voz
2. Maria Curie
3. La Tempranera
4. Guitarra, Guitarra Mia
5. El Forastero
6. Balada para Violeta
7. Somos un Mismo Puerto
8. Canción del Árbol del Olvido
9. Los Besos No Se Guardan
10. Canción de Simples Cosas

본작은 1975년 일본과 스페인에서 발표되고 아르헨티나에서는 1977년에야 발매되었다.

〈Concierto para una Sola Voz 목소리를 위한 협주곡〉은 프랑스의 생-프뢰Saint-Preux가 스캣 가수 다니엘 리까리 Danielle Licari와 함께 1969년에 발표한 세계적인 히트곡

〈Concerto Pour Une Voix〉에 탱고의 고전인 〈El Último Organito 마지막 오르간, 1948〉의 작곡자 아초 만지Acho Manzi(1933-2013)가 가사를 붙인 것으로, 투명한 클래식 기타에 실리는 소프라노 가창이 매우 고혹적이다.

날 불러줘, 사랑을 느낄 때, 마음이 아플 때, 당신의 눈이 나와 교차할 때, 내 노래를 듣고 싶을 때, 길을 찾을 수 없을 때, 날 불러줘. 그러면 알게 될 거야. 내 목소리가 여인으로 변한다는 걸. 나는 존재의 근원이라네, 당신이 가져야 할 세계의 역, 날 이렇게 안아줘. 그러면 당신은 다시 행복해질 것이며, 다시 부활할 것이며, 나에게 사랑으로 다시 오게 될 거야. 그러니까, 늘 이럴 테니까. 네가 나를 사랑이라고 부를 때마다, 마음과 심장으로.

〈La Tempranera 첫 사람〉은 깐시온의 고전 넘버로, 메르세데스 소사Mercedes Sosa(1935-2009)도 1983년에 취입한 바 있다. 본래 남자의 입장에서 노래한 것인데, 나지막한 소사의 노래가 덧없는 첫사랑과 시간의 흐름에 대한 가슴 아픈 성찰이라면 청아하면서도 간드러지는 이달고의 목소리는 순수한 청춘의 첫사랑에 대한 애도로 가득 차 있다.

넌 첫 소녀였네, 부드러운 분홍빛의 새벽 꽃이었고, 가장 아름다운 투쿠만의 여자였지. 십 대의 이마, 네 검은 피부의 부드러운 기적, 검고 진심 어린 눈, 미온적인 야생 비둘기. 이 잠바Zamba에 춤출 때, 널 사랑하지 않을 수 없었네, 날 체포하고 포로로 만든 첫 사람이었네, 네게 왕관을 씌웠을 때, 나는 이미 널 알고 있었네. 넌 봄이었어, 섬세한 사랑의 전령사, 그 십 대의 로맨스에 나는 몹시도 울었네. 어떻게 간직해야 할지 몰랐던 부드러운 사랑의 어두운 슬픔. 나의 비둘기여 안녕, 이건 정말 슬픈 엘레지라네.

아타우알파 유판키Atahualpa Yupanqui(1908-1992)의 가난한 소작농을 노래한 〈El Forastero 이방인〉도 주목하지 않을 수 없다. 민속풍으로 시작했 다가 전율 넘치는 오페라 보칼리제로 끝을 맺는다.

〈Balada para Violeta 비올레타를 위한 발라드〉  는 칠레의 민속음악가이자 누에바깐시온의 기수 비올레타 파라Violeta Parra(1917-1967) 추모곡이다.

…달빛과 태양으로, 그리고 슬픈 곡조를 노래하며, 그녀는 용서를 빌었네, 기타의 나무에 고통을 못 박았고, 인생에 고맙다고 말했지, 그리고 고통도 느끼지 않은 채 그렇게 가버렸네. 지나가는 여인에게, 갈색 머리에 맨발의 아름다운 그녀는 불의 대련을 노래했지, 그녀를 막지 마, 그녀는 그랬었네.

명곡 〈Canción de Simples Cosas 사소한 것들의 노래〉 역시 귀중한 해석이다. 인생의 섭리인 양 초월한 듯 담담하게 노래했던 소사의 음성으로 잘 알려져 있는데, 이달고의 해석에서는 잊히는 것들에 대한 슬픔이 너무나 화사하게 만개한다.

작은 것에 무심코 작별을 고하는 사람, 가을이 되면 잎사귀가 떨어지는 나무와 같네. 결국 슬픔은 단순한 것들의 느린 죽음일 뿐. 마음을 아프게 하는 그 사소한 것들, 사람은 항상 삶을 사랑했던 오랜 장소로 돌아가지. 그리고 소중한 것들을 얼마나 잊고 살았는지 깨닫지… 사소한 것들에 대한 그 애정은 시간에 삼켜지지, 이 정오의 눈 부신 빛 속에 머무네. 태양 아래서 빵이 놓인 식탁을 찾을 수 있는 곳, 그리고는 돌아올 것을 꿈꾸며 떠나지 못하네. 시간이 그들을 삼키고, 시간이 그들을 잠식하네.

Con Todo Mi Corazón

Ginamaría Hidalgo
Con todo mi corazón

1997 | DBN | 51488

1. Yo Vengo a Ofrecer Mi Corazón
2. Cenizas
3. Puentecito de Mi Río
4. Amar No Es un Quebranto
5. Por Siempre Corrientes
6. Tonada del Viejo Amor
7. Salta de Ayer
8. La Pulpera de Santa Lucía
9. Es Temprano Todavía
10. La Baguala
11. No Quisiera Quererte
12. Llévame al Mar
13. Y Qué Saben Ellos

본작 《Con Todo Mi Corazón 내 모든 마음을 담아》는 마지막 스튜디오 앨범이다. 그녀가 노래했던 레퍼토리 중에서 선곡하여 새로운 편곡과 연주로 녹음한 것이 포함되어 있다.

아르헨티나 싱어송라이터 피토 파에스Fito Paez가 1985년에 발표한 〈Yo Vengo A Ofrecer Mi Corazón 내 심장을 당신께 바치리〉는 메르세데스 소사Mercedes Sosa(1935-2009)도 동년에 취입했으며, 이후 프란시스 까브렐Francis Cabrel과 듀엣으로도 노래한 바 있다. 원작자의 노래나 소사의 버전은 느린 템포로 비장감이 감돌지만, 이달고의 나긋한 왈츠는 진취적이다.

누가 모든 것을 잃었다고 말했나? 강물에 휩쓸려 간 피가 너무 많아서, 난 내 마음을 바치러 왔네. 그리 쉽지는 않을 거야, 무슨 일이 일어날지 나도 알아, 가슴을 열어 영혼을 꺼내는 것처럼 간단하지 않겠지, 사랑의 칼이니까. 빈자의 달은 언제나 열려 있네, 불변의 서약서처럼, 난 내 마음을 바치러 왔네, 그리고 나는 활대에 줄을 걸고, 조용히 천천히 갈게, 난 당신에게 모든 걸 줄 것이고, 당신 또한 내게 뭔가를 주겠지. 좀 더 마음을 달래줄 무언가를… 그리고 나는 국가와 희망에 대해 말하려 해, 이걸 바꾸자는 거야, 우리의 집이니까. 바꿔야 하면 바꿔야 해, 누가 모든 것을 잃었다고 말했나? 난 내 심장을 바치러 왔네.

〈Cenizas 재〉는 투명한 기타 반주에 사랑의 고통을 실은 그녀의 목소리가 너무나 절절하다.

…난 널 사랑했네, 네게 내 사랑을 주었고, 내 눈물과 내 믿음까지도… 넌 사랑의 재를 가져왔지, 네 상처를 아물게 했고, 네 고통을 치료했지, 그 불타오르고 살아 있는… 사랑의 재, 내 피부에서 저 멀리.

〈Puentecito de Mi Río 내 강의 작은 다리〉은 민속음악의 고전으로, 아르헨티나 가수 안토니오 토르모Antonio Tormo(1913-2003)가 불렀다. 클래시컬한 연주와 창법으로 흡사 가곡을 듣는 듯하다.

…그의 입술에 입맞춤하기 위해, 흐르는 강 위에서 노래하며, 몇 번이나 그의 집에 갈 때, 당신은 내 사랑의 노래를 들었지. 내 정글의 꽃들과 차나르산 사이에 있는 오래된 돌다리, 당신은 더 이상 그 강 위의 당신과 같지 않네… 다리

가 무너지면 더 이상 닿을 수 없어, 나의 시와 나의 노래, 가장 아름다운 이들이 사는 목장으로, 마음 깊이 사모하며 다정한 시골 처녀. 하지만 나는 그 강을 극복해야 하네, 나는 다리 위에 또 다른 다리를 세울 거야, 그리고 다른 밤들에 노래하며 당신 곁으로 행복하게 돌아갈 거야.

〈Amar No Es un Quebranto 사랑은 고장 나지 않아〉는 이달고의 자작곡으로, 애모의 감정을 실은 음성은 너무나 가녀리다.

…죽어가는 이 사랑에 대해 당신을 기다리네, 믿음으로 당신에게 주는 온전한 사랑 애정을 더 이상 의심하지 마, 봄은 따뜻함과 함께 내 영혼을 기다림으로 옷 입혔고, 고요함을 죽일 때까지 절박하게 만드네… 난 내 사랑을 알고 있네, 그것은 서로를 다시 주는 것에 대한 두려움이지만, 간청해. 당신을 기다리고 있기에 당신의 감정의 불을 꺼트리지 마…

아코디언의 향수가 코를 자극하는 〈Por Siempre Corrientes 영원한 흐름〉은 남성 가수 알레르토 오비에도Alberto Oviedo의 1991년 발표곡이다.

…내가 당신의 사람들에게 내 노래의 감정을 주었듯, 나는 당신의 사랑하는 땅에 내 팔을 주고 싶어, 나의 사랑이 당신의 대지에서 태어나고 그 피를 통해 음악이 흐르기를 바라네…

피아노로 문을 여는 〈Es Temprano Todavía 아직은 이른 시간〉은 어린 자녀에 대한 부모의 사랑을 그린 곡으로, 백미 중 하나이다. 1975년 녹음은 기타에 청아한 음색으로 녹음되었다.

만약 내가 너의 장미 덤불을 가져갈 수 있다면… 내가 널 돌볼 거야, 다행히 아직은 시간이 있어…

파도와 바닷새의 소리가 들리는 해변의 〈Llévame al Mar 바다로 데려가 줘〉는 그 시네마틱한 서정에 이내 먹먹해진다.

…알폰시나 그녀는 작은 발자국을 남기고 바다와 하늘 사이의 영원으로 들어갔네, 나를 바다로 데려가 줘… 당신이 날 사랑하고 내가 당신 곁에 있다는 걸 느끼니까, 이제 당신의 눈과 나의 눈이 멀리서 조용히 만날 수 있네…

그녀는 아르헨티나 작곡가 아리엘 라미레즈Ariel Ramírez(1921-2010)가 작곡하고 소사가 1969년에 처음 녹음한 〈Alfonsina y el Mar 알폰시나와 바다〉를 1971년에 취입했는데, 안타깝게 바다에서 자살로 생을 마감한 모더니즘 시대의 여류시인 알폰시나 스토르니Alfonsina Storni(1892-1938)의 60주기를 추념하고 싶었던 것 같다. 이달고는 이 곡을 1973년에 취입한 적이 있는데, 새롭게 리코딩되었다.

국내에 수입으로 소개된 베스트앨범《Mis Mejores 30 Canciones》은 월드뮤직 팬들에게 확고한 인상을 심어주기에 충분했다. 물론 30곡만으로는 그녀의 재능과 명성을 살피기에는 충분하지 않지만, 그녀의 정규작들을 국내에서 구입하기 쉽지 않은 이유에서 이는 매우 좋은 선집이다.

자유로운 영혼의 시간들
Goran Bregović ● 고란 브레고비치
Bosnia and Herzegovina

않겠다는 조건으로 기술고등학교에 보냈다. 학교에서 밴드를 결성하고 베이스기타를 시작했지만, 학교 소유의 차량을 파손하여 퇴학당했다. 다시 인문고교로 들어가 또다시 밴드에서 베이스를 연주하며 학업에 소홀했는데, 16세 때 그의 모친은 반항적이고 응석받이였던 그에게 자립심을 심어주기 위해 그를 홀로 남겨두고 이사를 멀리 가버린다. 그는 식당에서 연주하며 신문을 팔고 건축현장에서 일하며 돈을 벌어야 했다.

18세 때 그의 밴드는 레드 제플린Led Zeppelin과 블랙 사바스Black Sabbath에 영향을 받은 록 음악을 행했다.

1971년 대학에 입학하여 철학과 사회학을 공부했으나 곧 그만두었다. 멤버의 변화로 그룹을 재정비하고 1974년 '하얀 단추'란 의미의 '비엘로 두그메Bijelo Dugme'로 밴드명을 바꾼다. 이 그룹은 데뷔와 함께 큰 성공을 거두었고, 1989년 그룹 해체 때까지 '유고슬라비아의 비틀즈'란 별명을 얻으며 인기를 얻었다.

이후 세르비아 출신의 영화감독 에밀 쿠스트리차Emir Kustu-rica의 「Dom Za Vesanje 집시의 시간, 1989」을 시작으로 영화음악가로서도 첫 성공을 거두었으며, 「Arizona Dream, 1993」도 이어졌다.

유고슬라비아 내전 기간에 파리와 세르비아의 베오그라드에 머물며 이자벨 아자니Isabelle Adjani 주연의 「Queen Margot, 1994」를, 내전이 끝난 후 이어진 쿠스트리차 감독의 「Under-ground, 1995」는 이듬해 칸영화제에서 황금종려상을 받았다.

또한 슬로베니아 출신 연출가 토마스 판두르Tomaz Pandur의 연극 「Silence of the Balkans 발칸의 침묵, 1997」과 이탈리아의 연출가 마르코 바이라니Marco Bailani의 「The Child-ren's Crusade 아이들의 성전, 1999」 등 무대 음악에도 큰 성공을 거두었다.

1998년부터 자신이 이끄는 Weddings and Funerals Orch-estra와 함께 아티스트로서도 연주활동을 병행했다.

수차례 국내 공연도 가진 바 있는 그는 발칸반도가 배출한 집시음악의 정수로 불린다. 유럽의 고전음악들과 발칸반도의 리듬 위에 보스니아, 불가리아, 크로아티아, 그리스, 루마니아, 세르비아 그리고 터키의 주제를 심으며, 대중음악과 다문화적인 전통음악을 그의 독특한 브라스 음악으로 믹스해오고 있다.

고란 브레고비치는 1950년 지금의 보스니아 사라예보Sara-jevo에서 태어났다. 부친은 크로아티아인이고 모친은 세르비아인이었으며, 10세 때 부모는 이혼했다.

그는 미술고등학교 진학을 희망했으나, 모친은 이를 못마땅히 여겨 결국 앞으로 그가 하고자 하는 것에 대해 참견하지

Kayah & Bregović

1999 | ZIC-ZAC | 74321634812

1. Śpij Kochanie, Śpij
2. To Nie Ptak
3. 100 Lat Młodej Parze
4. Byłam Róża
5. Trudno Kochać
6. Prawy do Lewego
7. Ta-Bakiera
8. Čaje Šukarije
9. Jeśli Bóg Istnieje
10. Nie Ma, Nie Ma Ciebie

본작은 고란 브레고비치의 음악을 폴란드 여가수 카야Kayah 가 폴란드어로 노래한 작품집이다.

카야는 본명이 카타르지나 츠조트Katarzyna Szczot로 1967년 바르샤바에서 출생했다.

1993년에 셀프 타이틀로 데뷔하였으며, 골드 레코드를 기록

한 서정적인 두 번째 앨범 《Kamień 돌, 1995》로 '올해의 가수상'을 받았고, 미국 소울 음악을 가미한 《Zebra, 1997》로 더블 플래티넘을 기록하고 '올해의 작곡가상'을 수상했다. 그녀는 네 번째 프로젝트로 고란 브레고비치의 음악을 폴란드에 소개했으며, 그녀를 위해 고란 브레고비치는 폴란드의 전통 포크에 비잔틴과 라디노 그리고 중동풍의 사운드를 가미, 신선함을 불어넣었다.

본작으로 또다시 '올해의 가수상'을 받은 그녀는 자주 앨범을 발표하진 않지만 이후에도 발표작마다 폴란드 차트의 정상을 차지하는 성공을 이어가는 등, 가장 인기 있는 여성 싱어송라이터 중 한 사람이 되었다.

〈Śpij Kochanie, Śpij 잠들라 내 아가, 잠들라〉는 그리스에서 실황으로 녹음된 무대 음악 《Silence of the Balkans, 1998》의 수록곡 〈Green Thought〉가  원곡이다.

동일 앨범에서 〈Wedding〉을 노래한 〈100 Lat Młodej Par -ze 신랑신부의 영생〉과, 〈Delicius〉를 부른 〈Trudno Kochać 사랑의 난관〉이 함께 수록되어 있다.

영화 「Arizona Dream, 1993」에서 이기 팝Iggy Pop이 가사를 쓰고 노래했던 〈TV Screen〉은 인생에 대한 가공된 환상을 심어주는 미디어의 폐해를 고발하고 있는 작품이다. 이에 가사를 붙인 〈To Nie Ptak 그녀는 새가 아니야〉에는 서글픈 장단으로 사랑하는 이의 바람 때문에 새장 속의 새처럼 살아가는 한 여인의 슬픈 삶을 노래하고 있다.

〈Byłam Róża 난 한 떨기 장미〉는 「La Reine Margot 여왕 마고, 1994」 수록곡 중 〈La Nuit 밤〉이 원곡으로, 사랑하는 한 남자의 가슴에 한 떨기 장미가 되고 싶지만, 사랑받지 못하고 권리마저 잃은 한 여인의 외로운 운명이 그려진다.

집시들의 흥이 어수선한 난장으로 펼쳐지는 〈Prawy do

Lewego 우에서 좌로〉는 카야가 폴란드어 가사를 붙인 오리지널 곡.

〈Ta-Bakiera 담뱃갑〉은 영화 「Dom Za Vesanje 집시의 시간, 1989」과 「Underground, 1995」에서 들려주었던 명곡 〈Tango〉의 멜로디에 카야가 폴란드어 가사를 썼다. 이 영화에서 세자리아 에보라Cesária Évora(1941-2011)가 부른 〈Ausencia 부재〉에 비하면 붉은 현악의 피치카토가 빚어내는 탱고의 리듬에 카야의 집시 보이스가 쓰라린 그리움을 위로한다.

내 소중한 친구로서, 오늘 너의 담뱃갑 속에, 우리 둘 다 잠 못 드는 이유로, 내 눈물을 털어 넣네. 화요일은 이미 지나가버렸고, 수요일 아침은 바깥에 도착했지, 항상 변함없지만, 모든 것은 달라. 이 봐 담뱃갑, 잠들 시간이지만, 내가 날아가기 전 내게 담배 하나를 물려줘, 입맞춤하듯이. 네 위의 그의 사인처럼 잠들게 해줘 그리고 오늘의 어떤 후회도 없이. 마침내 너의 일부가 된 담뱃갑, 오늘 내 곁을 지켜준 담뱃갑, 네 사랑의 징표 담뱃갑, 더 이상 아프지 않게 독약이 되어줘… 천천히 나의 독약이 되어줘. 난 또다시 자신을 즐길 거야. 그의 이름이 적힌 내 심장을 따라, 천천히 연기를 들이키고 싶네.

집시민요 〈Čaje Šukarije 아리따운 소녀〉는 아름다운 집시 소녀를 사랑하게 된 한 남자의 고백으로 익히 우리에게도 잘 알려진 멜로디이다. 브라스의 흥과 퍼커션의 리듬 속에서 꼬마 숙녀의 랩과 더불어 카야의 뜨거운 보컬이 일품이다.

〈Jeśli Bóg Istnieje 신이 있다면〉은 영화 「Queen Margot 여왕 마고, 1994」에서 오프라 하자Ofra Haza(1957-2000)가 노래했던 〈Elo Hi · Canto Nero〉를 더욱 중후하게 들려준다.

마지막 곡 〈Nie Ma, Nie Ma Ciebie 넌 여기에 없네〉는 영화 「Dom Za Vesanje 집시의 시간, 1989」의 수록곡이자 고란 브레고비치의 대표곡인

〈Ederlezi 에델레지〉이다. 무거운 브라스의 행렬은 마치 장례식과도 같으며, 비탄과 원망이 까맣게 얼룩진다.

겨울이 내 어깨 위로 내려앉았네, 하얀 눈의 고결함으로, 첫 별은 하늘에 이미 떴건만, 넌 여기 없네. 불꽃은 굴뚝 위로 춤추기 시작했고, 성탄트리는 녹색으로 더욱 짙어지네, 곧 사람들의 마음은 빛을 발할 거야, 나의 빛은 돌을 향하겠지. 오늘 눈은 모든 길을 덮었네, 하얀 외투의 고결함으로, 네 발자국은 보이지 않아, 넌 내 것이 아닌걸, 영원토록. 산야와 계곡이여. 아마도 너희들은 오늘 무언가를 보았겠지. 내 유일한 이의 행방을. 이 봐 신이 태어난 이래, 그를 이길 자는 없네.

고란 브레고비치의 처량한 집시 멜로디를 노래하는 카야의 끈적한 목소리에 귀 기울일 수밖에 없는 월드뮤직 걸작이 아닐까 싶다. 들으면 들을수록 흙빛의 여흥과 슬픔이 진하게 우러나온다.

Songbook

2000 | Mercury | 564 829

1. Song for Elena
2. Get the Money
3. Le Matin
4. Gül
5. Kalasnjikov
6. Elo Hi (Canto Nero)
7. TV Screen
8. Ederlezi
9. American Dreamers
10. Venzinadiko Gas Station
11. Mesecina Moonlight
12. 100 Lat Modej Parze
13. Ausencia
14. Man from Reno

낙천주의자들의 흥을 독특한 필체로 표현해왔던 고란 브레고비치. 집시음악을 세계적인 것으로 만든 이유로 그에게

보내어지는 음악적 존경에는 많은 논란을 불러일으키기도 했다. 그의 음악에 녹아있는 집시 뮤지션들의 음악적 인용과 영향력을 인정하지 않은 탓이라 하는데, 사실 그의 바이오그래피를 살펴봐도 그가 집시 생활을 했다거나 혹은 집시음악을 배우기 위해 부단한 노력을 했다거나 하는 부분은 찾아보기 힘들다. 그리고 사실상 그의 음악을 집시음악이라 칭하는 것도 무리수가 아닐까 싶다. 오히려 그의 음악에 있어서 집시음악은 한 부분에 지나지 않는다고 생각된다.

그의 작품들은 저마다 조금씩 다르지만 폭넓은 스펙트럼으로 펼쳐진다. 컴파일 앨범도 다수 출시되었는데, 그중 《Eder -lezi 에델레지, 1998》는 영화음악가로서의 고란 브레고비치 입문자들을 위한 모음집이다.

2000년에 출시된 본작은 컴파일 앨범으로, 영화에 사용되었던 오리지널 보컬 곡뿐만 아니라 월드뮤직 가수들과 함께한 트랙들을 포함하고 있는 추천작이다.

〈Song for Elena〉는 그리스의 가장 성공적인 라이카 가수 요르고스 달라라스George Dalaras와 작업한 《Thessaloniki - Yannena with Two Canvas Shoes, 1997》에서 발췌되었다. 부주키의 처량한 연주에 나지막한 집시들의  합창은 집시의 운명으로 태어나 가난과 절망으로 살아가는 신세에 대한 한탄이 섞여있다.

영화 「Arizona Dream, 1993」 수록곡인 이기 팝Iggy Pop의 〈Get the Money〉는 발칸의 고전과 이기 팝의 현대적 록 보컬이 하나 되어 다소 어지러울 만큼 자유분방하게 연출된다.

〈Le Matin 아침〉은 「La Reine Margot 여왕 마 고, 1994」에서 들려주었던 세르비아 베오그라드 대합창단의 비탄에 젖은 아리아이다.

터키의 국민가수 세젠 악수Sezen Aksu와 함께 작업한 《Dü -ğün ve Cenaze 결혼식과 장례식, 1997》에서 선곡된 〈Gül 장미〉에는 진한 애수가 흐른다. 오히려 그녀는 결혼식 전

홀로 눈물을 흘리며 차마 고백하지 못하고 원치 않는 혼인을 할 수밖에 없는 운명을 탓하는 듯하다.

…가끔 작은 거울로 내 입술을 봅니다. 하지만 당신은 나의 남편감이 아닙니다. 내 머리 위의 철새들, 거짓말은 범죄입니다. 난 당신을 좋아하지 않아요, 내가 차라리 말 못 하는 돌이었으면 합니다. 거짓말은 사실 모든 범죄입니다.

브라스의 떠들썩한 합주와 함께 신명나는 춤판이 벌어지는 〈Kalasnjikov〉는 「Underground, 1995」에 수록된 작품이다.

영화 「La Reine Margot 여왕 마고, 1994」에서 오프라 하자Ofra Haza(1957-2000)의 신비스러운 음성으로 들을 수 있었던 〈Elo Hi · Canto Nero〉가 고결한 기도를 올린다.

그래, 세상에는 수많은 비밀과 속임수가 있네, 우리가 태어난 이유로 할 수 없는 사랑도 많지, 이 인생 속에서 무엇이 남을까? 나의 하나님, 당신께서 내 안에 심어주신 모든 영혼, 그것은 무엇입니까? 나의 하나님, 모든 이에게 힘을 주옵소서, 끝없는 힘을…

영화 「Arizona Dream, 1993」에 수록된 이기 팝의 명곡 〈TV Screen〉에는 환상으로 가득한 미디어 속 우울한 세상이 서글프게 그려진다.

배우 조니 뎁Johnny Depp의 내레이션을 들을 수 있는 〈Ame-rican Dreamers〉도 수록되었는데, 개인적으로 이기 팝이 노래한 〈In the Deathcar〉가 커트되지 않아 아쉽기도 하다.

「Dom Za Vesanje 집시의 시간, 1989」의 마지막에 수록된 버전 〈Ederlezi 에델레지〉는 저음의 브라스와 어린 집시가수 바스카 얀코브스카Vaska Jankovska가 노래하는 고음 사이를 코러스를 비롯한 풍부한 음의 향연으로 채우고 있다. 본래 이 주제는 고대 로마의 찬가를 인용한 것이라 한다.

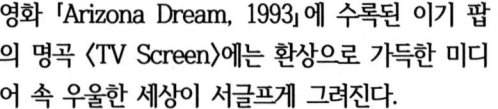
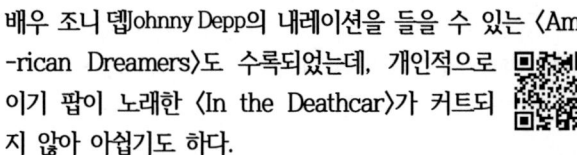

본 사운드트랙의 첫 곡으로 수록된 버전은 봄이 온 것을 경배하기 위해 집시들이 강을 타고 가는 장면에서 사용되었다. 〈Venzinadiko Gas Station〉은 이집트 알렉산드리아에서 출생한 그리스의 인기 여가수 알키스티스 프로톱살티Alkistis Protopsalti의 《Paradextika, 1991》 수록곡으로, 집시의 고통스러운 삶을 호소하고 있는 그녀의 보이스가 브라스의 투박한 연주 리듬과 잘 배합되어 구성진 드라마를 만들어낸다.

「Underground, 1995」에서 세자리아 에보라Cesária Évora가 부른 〈Ausencia 부재〉는 사랑하는 이의 부재로 고독에 취해버린 한 여인의 힘없는 주정처럼 느껴진다. 가슴을 가르고 외로움을 새기는 듯한 찰현의 서정에 열이 오른다.

사실상 겨우 한 장의 컴파일로 그의 방대한 음악을 예견하기란 쉽지 않지만, 월드뮤직의 한 부분으로서 많은 아티스트에게 영감을 주고 있는 발칸의 대표 음악들을 경제적으로도 손쉽게 들을 수 있어 만족할 만한 모음집이다. 물론 영화음악 앨범들도 추천하고 싶다.

냉대받고 차별받았던 집시들의 아픔까지도 아우른 굴곡진 역사의 엘레지에는 더욱 질긴 생명력이 넘실넘실 살아서 춤춘다.

여자의 일생
Halina Kunicka • 할리나 쿠니츠카
Poland

3학년 때 폴란드 라디오가 주최한 아마추어 가수 대회에 명예상을 받았으며 1958년부터 카바레에서 공연하고, 1959년에 첫 라디오 녹음에 이어 다수의 영화 노래를 녹음했다.

1964년 제4회 소포트Sopot 국제가요제에 참가했으며, 1966년에 셀프 타이틀 데뷔작을 발표했다.

이듬해 오폴레Opole 전국가요제 참가 이후 두 번째 앨범 《Panienki Z Bardzo Dobrych Domów 아주 좋은 집 출신의 소녀들, 1967》를 발표했다.

1970년 세 번째 앨범 《Kunicka, 1970》 수록곡이며 행진곡의 리듬의 〈Orkiestry Dęte 브라스 밴드〉로 제10회 소포트 국제가요제에서 관객상을 받았고, 제1회 도쿄 국제가요제에서는 우수상을 받았다.

1971년에는 드레스덴 페스티벌에서 대상, 언론인상, 관객상을 수상했으며 《Ach Panie, Panowie··· 신사 숙녀 여러분, 1971》을 발표하고 계속해서 오폴레 전국가요제에 참가하는 등 왕성한 활동으로 1970년대를 보낸다. 파리 올랭피아와 미국, 호주 등의 국제적인 공연도 병행했다.

그녀는 총 12장의 앨범을 발표했고 약 100만 장이 팔렸으며, 그중 3장은 골드 레코드를 받았다.

주로 팝인 그녀의 레퍼토리에는 전쟁 전 카바레의 고전과 러시아 로맨스도 포함되었다. 히트곡으로 〈Niech No Tylko Zakwitną Jabłonie 사과나무가 피어나게 해줘〉, 〈Lato, Lato Czeka 여름, 여름이 기다려〉, 〈Od Nocy Do Nocy 밤부터 밤까지〉, 〈To Były Piękne Dni 아름다운 날들이었네〉, 〈Gwiazda Naszej Miłości 우리 사랑의 별〉 등이 있다.

1984년 마지막 앨범 이후 은퇴를 밝힌 바 없지만, 1990년대에 아픈 남편을 돌보느라 활동을 중단했으며, 남편이 떠나고 2006년에 다시 무대에 올랐다. 이후 여러 공로상을 받았으며, 2015년에는 오폴레 전국가요제에서 폴란드 라디오의 명예 황금 마이크상을 받았다.

할리나 쿠니츠카는 1938년생으로, 부친은 국경수비대 장교였으며, 어렸을 때 여러 번 이사 끝에 바르샤바에 정착했다. 피아노로 연주하며 노래하는 어머니 덕분에 음악에 관심을 가지게 되었고, 변호사였던 양아버지의 뜻에 따라 바르샤바 대학에서 법학을 전공, 석사를 마쳤다.

Dwanaście Godzin Z Życia Kobiety

KUNiCKA
Dwanaście
godzin z życia kobiety

1978 | Warner | 01902 9 55903 9 0

1. Moje Serce Jest Wolne
2. Tysięczne I Pierwsze Wejrzenie
3. Co Z Nami Będzie Po Happy-Endzie
4. Spóźniłam Się Na Mój Ślub
5. Czas Małżeńskiej Niepogody
6. Dwanaście Godzin Z Życia Kobiety
7. Oj Rzucić To Wszystko!
8. Towarzystwo Przyjaźni Męża Z Żoną
9. Pan Marcin Śpi
10. Bossa-Nova Dla Teściów
11. Nie Przechodźmy Na Czas Letni
12. Gdybym Miała Zaczynać Od Nowa

1975년에 그녀는 폴란드 드라마 영화 「Nights and Days, 1975」의 주제인 〈Od Nocy Do Nocy 밤부터 밤으로〉를 녹음했고, 이는 앨범 《Od Nocy Do Nocy, 1977》에 수록되었다. 이 감미로운 왈츠의 작곡은 발데마르 카자네츠키|Walde

-mar Kazanecki(1926-1991)라는 피아니스트이며, 가사는 여류시인 아그니에스카 오시에츠카Agnieszka Osiec -ka(1936-1997)가 썼다. 1970년대의 국제적인 서정성과 결코 다르지 않은 애절함이 콧날을 시큰하게 한다.

…넌 날 사랑해, 밤부터 밤까지, 옥수수 이삭 앞에서, 숲 앞에서, 밤이 깊어지기 전에, 아직 날 사랑할 시간은 남았네, 라일락은 시들고 새는 조용해졌네, 시계는 너무 빨리 흘러, 낮과 밤이 계속 지나가. 사랑해 나의 숲이여, 사랑해 줘, 하얀 옷을 입혀 주는 아침 안개여, 밤낮은 너무 짧아, 폭풍우가 지나고 과수원은 다시 초록으로 물드네, 우리는 그 여행에 녹아들 거야, 넌 날 사랑해, 밤부터 밤까지, 라라라…

후배 가수들이 커버하는 명곡으로, 1977년생 여가수 할리나 믈린코바Halina Mlynkova의 기품 있는 버전도 좋다.

본작 《Dwanaście Godzin Z Życia Kobiety 여자의 삶으로부터 12시간》은 폴란드 시인 보이치에흐 므위나르스키|Wojcie -ch Młynarski(1941-2017)의 가사와 함께 1941년생 작곡가 저지 데르펠|Jerzy Derfel이 쿠니츠카를 위해 특별히 제작한 앨범이다. 이는 약 40년 동안 길고도 대체로 해방적인 여정을 살아왔던 현대 여성의 삶을 재조명한 것으로, 여성들의 딜레마와 꿈을 이야기하고 있다. 1970년대 말 발표작이지만, 마치 1960년대의 재즈 카바레나 극장을 연상시키는 모노시대의 음악처럼 들린다.

참고로 작시가는 수많은 폴란드 대중가요의 가사 작성은 물론이고, 자크 브렐Jacques Brel, 조르주 브라상스Georges Bra -ssens, 질베르 베코Gilbert Bécaud, 샤를 아즈나부르Charles

Aznavour, 블라디미르 비소츠키Vladimir Vysotsky 등 프랑스와 러시아 시인과 작곡가의 작품들을 번역 소개하여 대중들에게 가장 친숙한 시인이라 한다.

재즈 뮤지컬의 열기가 물씬 풍기는 〈Moje Serce Jest Wolne 내 마음은 자유로워〉에서 여인의 인생은 시작된다.

…나는 영화에서 주연을 맡지는 않지만, 난 풀하우스로 가려고 노력할 거야, 내 마음은 자유롭기에, 난 자유야… 큰 사랑으로 나뭇잎처럼 떨기 위해, 내 마음은 자유로워…

〈Tysięczne I Pierwsze Wejrzenie 천 번째와 첫 번째 시야〉은 복잡하고 붐비는 듯한 서주에 이어 밤하늘 아래서 사랑에 빠진 추억을 회상하는 느낌으로 연주되고 있다. 이 제목은 항상 봐왔던 광경 속에서 첫눈에 반한 사랑의 만남을 의미한다.

〈Spóźniłam Się Na Mój Ślub 나는 결혼식에 늦었네〉는 피아노의 서정과 함께 청자를 매료시키는 트랙으로, 그녀의 대표곡 중 하나이다. 번역이 매끄럽지 못해 정확한 사연은 알 수 없지만, 여자의 일생에서 중대한 이벤트인 결혼식에 우여곡절이 있다면 얼마나 기가 막힐 노릇일까! 지나친 걱정으로 인한 꿈일까? 아니면 차라리 꿈이었으면 하는 현실의 바람일까?

나는 내 결혼식에 늦어버렸어, 어찌 이런 일이. 결혼식에 지각하는 일이 벌어지다니. 식장에는 숨죽이고 기다리는 하객들이 가득했네, 사진사도 대기하고 있었지만, 내가 없었던 거야… 사람들은 내게 말했었지, 드레스를 사고 머리엔 화관을 쓰라고. 몇 년을 기다렸던 최고의 날을 헛되이 하지 말라고. 난 내가 사랑하는 사람이 신부 들러리가 되어주길 바랬네, 기차로 도착한 그녀와 포옹했는데, 그러나 그녀는 내가 결혼식에 가는 길에 없었네, 그녀는 날 보고 싶지 않았을까? 왜? 난 결혼식에 늦었어, 많은 기혼자의 조언에도 난 결혼식에 늦어버렸네, 한 여자의 완고한 마음의 목소리가 들려왔어, 자신의 결혼식에 지각한 사람을 만나야 한다고…

〈Dwanaście Godzin Z Życia Kobiety 여자의 삶 12시간〉은 아침 7시부터 저녁 7시까지의 바쁜 일상을 그린 것으로, 정신없이 12시간을 보내면 남편에게 "여보, 안타깝게도 당신은 점점 덜 로맨틱해지고 있어"라는 소리를 듣는다고. 그녀는 속사포같이 가사를 읊조리며, 후주는 회전목마를 탄 듯 어지럽다.

〈Pan Marcin Śpi 잠든 Mr. 마르신〉은 다소 몽환적이고 애틋한 분위기가 신비롭기도 하다. 이는 평화롭게 꿈나라로 들어간 4살짜리 아들 마르신을 보며 행복감을 느끼는 어머니의 노래이다.

달콤하고 상큼한 〈Bossa-Nova Dla Teściów 시댁을 위한 보사노바〉는 어린 손자들과 부족한 아들네의 살림에 사랑으로 돕는 시부모님께 감사를 전하고 축복을 바라는 며느리의 감정이다.

부드러운 온정을 느낄 수 있는 〈Nie Przechodźmy Na Czas Letni 우리는 이 사랑을 지나치지 말자〉는 일상에 아무리 지치더라도 서로에 대한 애정으로 가정을 지키자는 약속이다.

〈Gdybym Miała Zaczynać Od Nowa 다시 시작해야 한다면〉은 매우 진취적이고 역동적이다가 낙관적인 부드러움으로 반복을 거듭한다. 이별로 인한 괴로운 순간이 오더라도 앞으로의 인생에 천국의 세상과 여자의 지옥이 있을지언정 내가 사랑하는 삶의 길을 가겠다는 다짐을 힘차게 노래한다.

Co Się Stało

1984 | Agencja Artystyczna MTJ | CDMTJ11978

1. Mój Dziadek Był Jak Stare Drzewo
2. Uchroń Mnie Panie
3. Kolęda Na Cały Rok
4. Ja W Pierwszej Dorosłej Sukience
5. Co Się Stało Z Moją Klasą
6. Mamo Wyjdę Przed Dom
7. Kiedy Ciemno I Smutno
8. Synek Jedzie Na Koniu Drewnianym
9. Obudź Się Serce Moje
10. Śpij Mój Świecie

본작 《Co Się Stało 무슨 일인가?》는 1980년대에 발표한 유일한 앨범으로 그녀의 마지막 작품이다.

가사는 폴란드 시인 어니스트 브릴Ernest Bryll(1935-2024)이, 전작의 작곡을 맡았던 저지 데르펠Jerzy Derfel이 전반부를, 1943년생 브워지미에시 코르치Włodzimierz Korcz가 후반부

를 작곡했다. 그녀의 많지 않은 디스코그래피 중에서 개인적으로 가장 좋아하는 앨범이라 쿠니츠카의 이름을 올리지 않을 수 없었다.

〈Uchroń Mnie Panie 주님, 저를 구해주세요〉는 피아노의 은은한 서정과 따스한 현악에 맑은 천국이 열린다.

주님, 저를 구해주세요, 거짓으로부터, 슬픔과 냉담 앞에서, 시기와 증오에 맞서, 그리고 사고 없는 생각으로부터. 신이시여, 가능하다면 저를 보호해 주세요, 사막의 외로움 앞에서. 내게 물 한 방울을 주세요, 달콤한 우정으로, 절 죽게 내버려두지 마세요, 당신의 천사들로 하여금 평화를 보내주세요. 그들의 날개로 눈으로 덮어 주세요, 하얀 자작나무 숲을 지나 가장 눈부신 썰매 여행으로 우리를 데려가 주세요…

〈Ja W Pierwszej Dorosłej Sukience 처음으로 성인 드레스를 입은 나〉는 회한의 왈츠로, 어리고 철없던 시절 쏜살같이 지나가 버린 청춘을 향한 연민이다.

처음 성인으로서 꿈의 드레스를 입었던 나, 파란 리본과 떨리는 꽃을 손에 들고, 고등학교 축제 무도회에서, 하이힐과 할머니 스카프를 매고 있었네, 봄에 난생처음으로 키스를 받았어, 그는 너무 어색했고, 나도 너무 혼란스러웠어, 숲의 날개 아래 초원에서, 왜 급했을까, 시간이 너무도 많았네, 하얀 정장을 입고 계곡의 백합 꽃다발을 든 나, 하객들은 쓸쓸하게 계속 외쳤네, 나와 내 아기는 리본이 달린 카드를 들고 보육원에 있었네, 나와 소년, 첫 번째 책이 들어 있는 책가방. 더 이상 모르겠어, 몇 살이었는지도. 그래서 가장 단순한 길을 택하고 싶었네, 이것이 바람으로 하여금 나를 불게 했고, 바람이 나를 세상으로 불게 했네. 이 왈츠는 어디에서 왔으며, 난 어디로 떠나게 될까? 오케스트라가 연주를 멈추면, 바람도 멈출까? 누가 울어야 하고 누가 즐거워

해야 할까? 이 바람은 얼마나 쓴가?

그녀가 노래한 가장 중요한 레퍼토리 중 하나인 〈Co Się Stało Z Moją Klasą 내 수업에 무슨 일이 일어났나?〉는 수업을 알리는 알람에 이어 경쾌한 폴카 리듬에 마치 연극적인 대사를 내뱉듯 웅변한다. 입학 후 첫 수업에서 만든 동기들의 동심 어린 인상들과 30년 후 만난 친구들의 변화된 모습들을 나열하며, 정치적 계엄령을 거치며 떠나거나 사망한 친구들의 운명을 그린다.

〈Kiedy Ciemno I Smutno 어둡고 슬플 때〉는 제목처럼 본작에서 가장 어둡고 슬프지만 아름다운 부분이다. 쇼팽을 연상시키는 시적인 피아노와 여운이 긴 리코더가 심연으로 빠져들게 한다.

어둡고 슬플 때, 작은 램프를 켜봐, 왜 불을 붙여야 하나? 누군가를 불쌍히 여긴다면, 날 위로하러 올 사람 누구인가? 램프를 들고 어둠 속을 달려가, 걷고 생각하며 바라봐, 빛을 찾을 수 있는 곳을, 부드러운 노래를 들을 수 있는 곳을, 따스한 주전자로 차를 마셔봐, 어떤 집이라도 누구도 괴롭히지 않으면서, 램프의 심지를 켜, 앉아서 영원히 있어 줘. 어둡고 슬플 때면.

〈Obudź Się Serce Moje 내 마음아 일어나라〉는 아코디언과 리코더의 평화로운 왈츠로 전원적인 풍경이 그려진다.

…길을 잃고 피로에 지친 모든 사람을 위해, 패배하고 상처 받고 울부짖는 모든 사람을 위해, 우리 위에는 가족과 집이 있고 별들로 가득해, 재스민처럼 문을 열어, 일어나! 내 마음아, 왜냐면 새들이 그렇게 노래하고 들판을 걷는 연인들이 기다리니까, 일어나! 나를 기다리고 있으니까.

〈Śpij Mój Świecie 잠, 나의 세계〉는 내일은 더 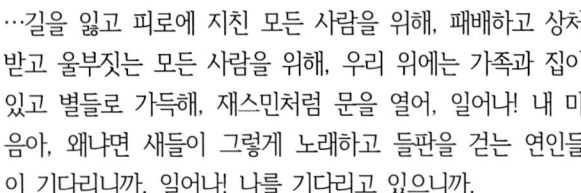 나을 거라는 희망과 따스한 평화의 세상이 꿈결처럼 그려지는 치유의 노래이다.

베스트앨범에 수록된 초창기 작품 중 아래의 리바이벌 곡들

도 주목할 만하다.

《Kunicka, 1970》에 수록된 〈Una Canzone〉은 샹송 가수 미레유 마띠유Mireille Mathieu가 1968년에 노래한 것으로, 쿠니츠카도 불어로 노래한다.

…배는 나폴리 항구를 떠났네, 그리고 그 여름을 나는 기억 속에 간직했지, 짠맛, 탄 피부, 쓴맛, 부은 심장, 그리고 머리말에는 이런 후렴구가 있네. '나에게 말을 걸고 싶은 노래'라고. 나를 위한 노래, 당신이 불렀던 그 노래, 나는 절대 잊지 않을 거야, 꼭 돌아올게, 약속해.

《Ach Panie, Panowie… 신사 숙녀 여러분, 1971》의 수록된 〈François Villon 프랑수아 비용의 기도〉는 러시아 시인이자 작곡가 불라트 오쿠자바Bulat Okudzhava(1924-1997)가 1963년에 발표한 〈Molitva 기도〉를 폴란드어로 노래한 것으로, 바흐Bach의 〈토카타와 푸가 D단조 BWV 565〉를 서두에 배치하여 파이프오르간의 숭엄함을 더욱 극대화한다.

…지구가 자전하는 한, 주님, 권능은 당신께 있습니다, 권력과 싸우는 자들에게 통치할 수 있게 하옵고, 관대한 이들에게 안식을 주시고, 하루가 끝날 때까지 카인에게 회개케 하시고, 저를 당신의 보살핌 속에서 지켜주옵소서. 나는 당신이 전지전능함을 알고, 당신의 지혜를 믿습니다. 죽은 군인은 천국에서 기거하게 됨을 믿는 것처럼, 조용한 말씀을 믿나이다…

그는 네덜란드 위트레흐트에서 1945년에 태어났으며, 위트레흐트 음악원에서 바이올린과 가창과 음악교육학을 전공, 위트레흐트 학생 합창단과 오케스트라단에서 바이올린 연주자로 활동했다.

1965년에 솔로 음악극 「Harlekijn 할레킨」을 무대에 올렸는데, 네덜란드가 자랑하는 피아니스트 에릭 반 데 부르프Erik van der Wurff(1945-2014)와 로렌스 반 루이엔Laurens van Rooyen(1935-2024)이 함께한 작품이었다.

1960년대 후반부터 꾸준히 낸 음반은 지금까지 180여 장이 넘는다. 한 해에 정규작을 4-5장이나 발표하는 왕성한 창작욕을 과시한 적도 많았다. 게다가 20여 장이 넘는 DVD, 그리고 70여 권의 책을 출판했다.

또한 부모가 세상을 떠난 뒤, 그는 화가로서도 활동도 병행하였는데, 주로 단색으로 표현된 추상화는 유럽의 박물관과 미술관에서 전시되었으며 네덜란드 우표에도 인쇄되었다.

이러한 그의 예술적인 작업의 수익금의 일부는 개도국의 다동 교육을 위해 사용되고 있으며, 2004년 세계 평화 불꽃상을 비롯하여 많은 감사패가 뒤따랐다.

이러한 아버지의 예술가적 피를 물려받아 첫 부인에게서 난 1968년생 딸 바벳 반 빈Babette Van Veen은 배우와 가수로, 두 번째 부인 사이에서 출생한 1983년생 안네 반 빈Anne Van Veen 역시 카바레 가수로 활동하고 있다. 헤르만 반 빈의 대표작 중 하나인 《Anne 안네, 1986》는 딸 안네를 위한 부성애로 제작되었다.

그는 극작가이자 아동 권리를 위한 운동가이기도 하다.

어린이 뮤지컬 「Alfred Jodocus Kwak, 1976」로, 극장 수익금의 일부는 유니세프에 기부되었다. 이는 1989년 일본의 거장 사이토 히로시斉藤博 감독에 미야자키 아키라宮崎晃가 각본을 쓰고 그가 직접 음악을 담당하여 아동만화로 탄생되었다. 이 작품은 세계적인 히트를 기록하여 많은 나라에서 인기리에 방영되었으며, 국내에도 1990년대 초중반에 「오리 대장 꽥꽥이」란 제목으로 방영되었다.

가끔씩 만나게 되는 마니아분들의 스펙트럼에 놀랄 때가 많다. 갖고픈 음반을 보유한 것에 마냥 부럽기도 하고, 특정 음악에 대한 집요한 탐구로 해박한 정보와 견해를 들려줄 때 그 지극한 사랑에 모종의 존경심을 느끼기도 한다. 그들이 가장 감사한 때는 글쓴이가 몰랐던 추천작품이 좋아지게 되었을 때다. 이 음악가는 월드뮤직 애호가 H님이 추천한 많은 음악가 중 한 사람이었다.

Ich Hab ein Zärtliches Gefühl

Herman van Veen

"Ich hab'ein zärtliches Gefühl"

1973 | Polydor | 823 831

1. Blüten
2. Ich Hab' ein Zärtliches Gefühl
3. Weißt Du Wie es War
4. Was Mir Fehlt
5. Helden
6. Träume
7. Stilles Glück, Trautes Heim
8. Kleiner Fratz
9. Sinn für Unsinn
10. Sag nicht, dass Du Vergessen Hast
11. Arm
12. Kind
13. Alles was Ich Hab'
14. Blüten

20대 후반에 발표한 《Ich Hab ein Zärtliches Gefühl 나는 애정을 느끼네》는 하얀 커버처럼 순수하고 부드러운 젊은 시절 헤르만의 포크와 만날 수 있다.

수미상응으로 수록된 〈Blüten 꽃〉은 짧지만 바이올린의 애절함이 향기처럼 맺혀있는 연주곡이다.

명곡인 타이틀곡은 제목처럼 부드러운 포크송의 포근함과 은은함에 푹 파묻히게 된다. 이는 사람을 대하는  태도를 노래한 것으로, 어떤 사람에게도 방어하지 않고 사랑의 마음을 열자고 청유한다.

지난 사랑을 회고하는 〈Weißt Du Wie es War 당신은 얼마나 알고 있나요?〉는 전자기타의 블루 스가 1970년대의 우울한 영미 포크를 연상시킨다.

〈Was Mir Fehlt 내가 잃어버린 것〉 역시 기타의 맑은 선율에 의해 전개되는 서정적인 포크이다. 잔잔히 흘러가는 전원적인 풍광들 속에서 다소 외로움이 느껴지기도 하지만, 삶의 속도에 스치며 떠나가는 것들을 다시금 돌이켜보게 된다.

〈Helden 영웅〉은 독특한 음색과 화음전이가 돋보이는 오르간 블루스로, 비열함과 허세가 난무하는 사회와 정치에 일침을 가한다.

…진짜 영웅은 말이 없지 그러나 실제 영웅을 볼 수 없네…

기타와 현악이 위로와 희망을 그려가는 〈Träume  꿈〉은 따스하고 평화롭다.

…당신은 오늘 내게서 내 꿈을 받을 거야, 내면의 그림자 속에서 싹트는 꿈을, 기쁨, 행복, 고통으로부터 탄생된 꿈을, 욕망의 불꽃이자 우리 자신의 일부인 꿈을…

감미로운 기타 로망스 〈Sinn für Unsinn 난센스 를 위한 센스〉는 어린아이처럼 순수한 매력을 지닌 연인과의 사랑 이야기이다.

아이의 눈으로 보이는 어른들의 일상 〈Kind 아이〉는 점차 포크록으로 그 스케일을 키워간다.

Zwei Reisende

1995 | Polydor | 527 372

1. Messerschnitt
2. Kumpel
3. Zwei Reisende
4. Geständnis
5. Angelo
6. Das Liebespaar
7. Lancelot
8. Ich Wünschte, Ich Wäre Nicht Gekommen
9. Hunderttausend Küsse
10. Casablanca
11. Wenn Ich Mir Was Wünschen Dürfte
12. Doch die Sonne Scheint

그의 1990년대 앨범으로 《Zwei Reisende 두 여행자》를 골랐다. 푸른색 사진 위에 그가 그린 도안이 제목과 함께 궁금증을 증폭시켰기 때문이다. 극작가답게 연극 혹은 영화의 사운드트랙과도 같은 이미지와 이야기가 이어진다.

커버스토리인 타이틀곡 〈Zwei Reisende 두 여행자〉는 사랑하는 '남과 여'에 대한 이야기이다. 즉흥적인 색소폰의 재즈 서주에 이어지는 피아노 발라드에 차분한 남성의 음성은 꿈을 공유하는 인생의 반려자에 대한 해설을 잇는다. 사랑과 열정, 증오와 고독, 이별과 해후를 통하여 모든 고통을 치유하고 진정한 하나가 되어가는 인생사를 철학적으로 그려간다. 서정적인 멜로디도 따스하고 감동적이다.

〈Geständnis 고백〉에서 들려주는 기타 솔로의 맑은 여음은 우리의 영혼을 말끔히 씻겨주는 듯 청량하며 마음을 온화하고도 평화롭게 한다.

…사랑이 유토피아가 아니라는 걸 배웠고, 내가 널 사랑한다는 것도 알았네…

우울한 바이올린과 건반으로 이어지는 〈Angelo 천사〉는 이웃들의 가슴속에서 영원히 죽지 않는 사랑하는 이들을 기리는 노래로, 자신의 이야기와 노래 그리고 바이올린 연주에 이웃들의 침묵과 고독에 위로가 되었으면 하는 바람을 덧붙인다. 목가적인 전원풍에서 점점 흥과 열정을 더해가며 연극적인 묘미를 더하고 있다.

우울한 신시사이저 음향이 장미향을 몰고 오는 〈Lancelot 랜슬롯〉은 '아서왕과 원탁의 기사' 시대로 시공간적 배경을 이동한다. 서정적인 멜로디와 영상적 이미지 효과음 그리고 어린이 중창이 서사를 고조시킨다. 하나님을 위해 싸우는 기사라고 자신을 소개하며 곤경에 처한 여인을 도우려는 기사 랜슬롯이 그 주인공이다. '…엄마는 내게 말했지, 그건 유쾌한 일은 아니지만, 인생의 일부가 될 수 있다고…'라는 후미의 가사를 미루어 보면, 기사 놀이에 빠진 남아의 동심 같기도 하다.

투명한 기타에 노신사의 상념이 이어지는 감성 포크 〈Ich Wünschte, Ich Wäre Nicht Gekommen 내가 오지 않기를 바랐지만〉은 변해버린 현실에서 지난 날을 회상하며 느끼는 세월의 무상함이 체념적으로 그려진다.

휘파람 연주가 계속해서 귓가에 감도는 〈Hundert -tausend Küsse 수십만 번의 입맞춤〉은 다소 역동적인 록의 힘이 열정적이고 시원스럽다.

극적인 해석력이 탁월한 〈Wenn Ich Mir Was Wünschen Dürfte 하나라도 희망을 가지고 있다면〉은 본작을 더더욱 빛내준다. 본래 이 노래는 독일 출생인 할리우드 은막의 여우 마를렌 디트리히Marlene Dietrich(1901-1992)가 1931년에 노래했다. 이후 영화 「Il Portiere di Notte 비엔나 호텔의 야간 배달부, 1974」에 사용되면서 더욱 유명해졌는데, 이 영화에서는 제2차 세계대전 나치 수용소에서 살아 남아 이 사실을 감추고 살아가는 여주인공 루시아가 장교들 앞에서 불렀다고 한다.

…내게 바랄 수 있다면, 난 무척 어색할 것 같네, 그저 좋거나 좋지 않은 시간들과 대면했으면 해, 내가 무언가를 꿈꿀 수 있다면, 작은 행복을 바랄 거야, 너무 행복해지면, 내가 슬픈 노스텔지아를 원할 테니까.

헤르만 반 빈의 바이올린과 피아노를 위한 칸타타는 현대적인 탱고의 뜨거운 열정으로 탈바꿈한다.

Was Ich Dir Singen Wollte

2001 | Polydor | 589 249

1. Ich Weiß nichts über Sie
2. Bum Bum
3. Maria Maria
4. Tango für November (inst.)
5. In Meinen Gedanken
6. Robin Hood
7. Kleiner Tip
8. Teufelskerl
9. Kleiner großer Schatz
10. Für Marie Louise
11. Fenster (inst.)
12. Nog Eén

《Was Ich Dir Singen Wollte 네게 들려주고픈 노래들》은 12곡을 수록한 음반과 베스트를 추가한 27곡의 실황 DVD로도 발매되었다. 마치 손주들을 위한 노배우의 이야기 극장이 펼쳐질 것만 같아 기대감을 상승시킨다.

서정적인 바이올린 선율이 함께하는 〈Ich Weiß nichts über Sie 나는 그것에 대해 아무것도 몰라〉는 더없이 아름다운 발라드로, 지난날의 사랑을 회상하는 노래이다. 세심한 배려와 자신에 대해 더 많이 알았던 옛 연인에게 무심했음을 고백하고 그녀가 남겨주었던 많은 고마움을 회고하면서, 좀 더 따스한 사랑의 방법을 충고 어린 나지막한 목소리로 노래한다.

〈Maria Maria 마리아〉는 고란 브레고비치Goran Bregovic의 명곡 〈Tango〉에 가사를 붙인 것으로, 역시 바이올린의 애잔함이 감성의 첫발을 디딘다. 딸 안네를 낳았던 두 번째 부인과의 연애 이야기를 노래한 자전적 로망스였을까?

그의 바이올린 연주 실력을 가늠할 수 있는 〈Tango für November 11월의 탱고〉는 연주곡으로, 반도네온과 기타와 피아노의 혼연된 노스텔지아가 매서운 찬바람을 동반한다. 인생의 11월에서 뒤돌아보는 지난날에 대한 후회와 상념들이 교차된다.

백미 중 하나인 〈In Meinen Gedanken 내 마음에〉는 인생의 반려자에게 영원한 사랑을 다짐하며 행복감으로 가득한 마음을 노래하고 있다.

…나는 당신의 풍부한 사랑 옆에 있네, 당신이 나를 사랑하는 이유로, 내게 힘을 주고 버팀목이 되어주네, 내가 느끼는 이 사랑을 죽을 때까지 느끼고 싶어, 그 꿈속에서 우린 함께 늙어갈 거야, 단지 보고 있는 것만으로도 사랑은 기적이야, 당신은 나의 밀물이기에 모든 것을 함께 하겠네…

긴장감 넘치는 템포의 기타에 아스라이 열을 올리는 바이올린 협주곡 〈Robin Hood 로빈 후드〉는 동심을 잃은 현재의 안타까움도 엿보이지만, 민중을 위한 의연한 인물이 부재한 현실을 한탄하고 있는 것도 같다. 어린 마음속에 존재했던 영웅을 기리는 힘 있는 음성에 비장감이 열린다.

저돌적이고 물불 가리지 않는 이를 뜻하는 〈Teufelskerl 멋진 녀석〉는 우선 휘파람의 서주가 귀에 쏙 들어온다. 담백하고도 서정적인 기타에 이어 바이올린의 찰현도 무척 따스하다. 인생의 선배로서 사랑 앞에서 저돌적인 자세도 필요함을 권고하는 것 같다.

벨기에 출신의 플랑드르 카바레 예술가인 빌렘 베르만데르Willem Vermandere의 1981년 발표작 〈Für Marie Louise 마리 루이즈를 위하여〉는 그의 오랫동안 사랑받는 로망스 명곡이다. 동명의 많은 인물들 프랑스 나폴레옹 1세의 두 번째 왕비 앤 마리 루이즈Marie-Louise(1791-1847)의 짧았던 사랑을 노래한 걸까? 아니면 성 아우구스티노 전교 수녀회의 창설자로 이교도들의 회개를 위해 헌신했던 원장수녀 마리 루이즈Marie Louise(1857-1928)를 기리는 걸까? 혹은 개인적인 사랑의 역사 속에 존재하는 연인의 이름인지도 모르겠다. 이 포근함으로 가득한 로망스에 중의적인 의미를 예감하게 된다.

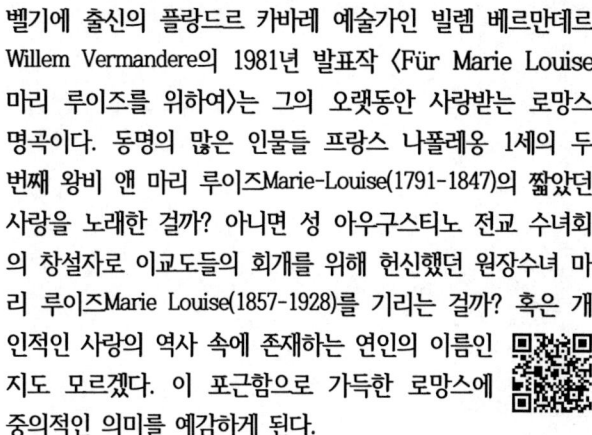

이마에 깊게 팬 주름에는 그가 우리에게 들려주고픈 많은 노래들이 숨어 있을 것만 같다.

로망스 애청곡 〈Haben und Halten 소유와 지속〉 등을 비롯하여 수많은 사랑 이야기를 들려주었고, 지금도 그의 음악 광대쇼는 진행 중이다.

압도되는 큰 스케일의 연주와 가창력은 그와 거리가 멀지만, 그의 진솔함이 담긴 소담한 음악토크쇼는 가랑비에 옷이 젖듯 시나브로 우리 감성을 담백하게 적셔간다. 그래서 우리의 인생 무대를 돌이켜보게 되는 그 공감의 거리가 더욱 가까운 이유이다.

파란색으로 노래를 쓰는 시인
Imanol • 이마놀
Spain (Basque)

1947년 바스크의 산 세바스티안에서 출생하여 설계를 공부했지만, 민속음악 회복을 위한 바스크 무용단 아르지아Argia에서 17세 때부터 음악 활동을 시작했고, 1969년 데뷔 EP를 가명인 Michel Etxegaray으로 냈다.

그는 바스크 민족주의 분리주의자 조직인 ETA와 협력했으며, 테러 및 불법 선전 혐의로 6개월간 투옥되기도 했는데, 이때 그는 작곡에 심취했다. 석방되고 프랑스로 망명한 후, 프랑코의 탄압을 피해 1966년부터 파리에 정착한 음유시인 파코 이바녜스Paco Ibáñez와 스페인 아방가르드 가수 엘리사 세르나Elisa Serna(1943-2018) 등과 접촉했고, 프랑스 브르타뉴 포크그룹 웬달Gwendal과도 만났다. 거기서 정치적인 앨범 《Orain Borrokarenean 이제 싸우기 위해, 1973》와 《Herriak Ez Du Barkatuko! 국민은 용서하지 않을 것, 1976》이란 두 매의 LP를 발표했다.

프랑코가 사망하고 1977년 사면되어 다시 스페인으로 돌아온 그는 바스크 문화와 언어를 방어하기 위한 다양한 활동에 참여했는데, 그는 자결권을 옹호했지만 ETA와 거리를 두었고 폭력에 반대했다.

1986년에 그의 전 동료들에 의해 살해된 전 ETA 여성운동가를 추모하는 콘서트에 참여했으나, 이 일은 청중들로부터 보이콧을 당하게 되고, 차후 바스크 정당이 주최한 콘서트에서도 제외되었으며, 낙서 및 자동차 그리고 살해 위협을 받는 등 그에 대한 공격이 증가하게 이른다.

그리하여 1989년에 ETA의 위협에 맞서 'All Against Fear' 이벤트를 발표, 파코 이바녜스뿐만 아니라 로사 레온Rosa Le-ón, 호아킨 사비나Joaquín Sabina, 루이스 에두아르도 아우테Luis Eduardo Aute(1943-2020), 라베르데타Labordeta(1935-2010), 루이스 파스토르Luis Pastor, 파블로 게레로Pablo Gue-rrero 등 저명한 싱어송라이터와 시인 라파엘 알베르티Rafa-el Alberti(1902-1999)도 합류 및 동참했다.

어머니가 사망한 후 2000년에는 ETA의 위협에 지쳐 바스크를 떠났고, 2004년 발렌시아에서 사망했다.

이마놀로 알려진 이마놀 라르자발 고니Imanol Larzabal Goñi(1947-2004)는 바스크어와 스페인어의 가수이자 작곡가였으며, 바스크 문화와 언어의 위대한 수호자였다.

Iratze Okre Geldiak

1982 | IZ | IZ160-D

1. Berriro Igo Nauzu Ene Mendira
2. Mendian Gora
3. Haurraren Aita
4. Zorion Beti Besterena
5. Hor Zaude
6. Malkoak Euri Balira
7. Zure Bularretan
8. Ene Haserrea
9. Zuek Hil Zinenten
10. Keja Ta Promesa
11. Ez Nau Izutzen Negu Hurbilak
12. Kopla Berriak

이마놀은 1977년에 스페인으로 돌아와 프랑스에서 작업했던 곡들을 모은 《Lau Haizetara 4개의 바람》을 냈다. 《Sentimentuen Hauspoz 감정의 풀무, 1979》는 프로젝트 그룹 Klabelin Komik와 루이스 파스토르Luis Pastor가 참여한 포크록 앨범으로, 〈Mayo 거세된 5월〉과 〈Picasso-Ren Gernika 피카소의 게르니카〉 등 여전히 정치적인 성향의 작품이었으며, 서정적인 〈Poeta Kaxkarra 불쌍한 시인〉과 파코 이바녜스Paco Ibáñe가 작곡한 〈La Parábola 비유〉도 수록되었다.

싱어송라이터 니코 에트사르트Niko Etxart, 아마이아 수비리아Amaia Zubiria, 파스칼 가이네Pascal Gaigne, 베냐트 아시아리Beñat Axiari와 함께 발표한 《Etxahun-Etxahun 수백 수백, 1980》에서는 프랑스 출신의 바스크 작가 피에르 보르다자르Pierre Bordazarre(1908-1979)와 피에르 토페 에차운 Pierre Topet Etchaun(1786-1862)의 작품을 노래했다.

1980년대 초반에 발표한 《Jo Ezan 때리지 마, 1981》는 과도기적 작품으로, 프로젝트 그룹 클라벨린 코믹Klabelin Komik과 함께 재즈와 클래식으로 마감한 훌륭한 프로그레시브 포크 앨범이다. 삶에 대한 그리움의 평화로운 침묵을 위해 자신을 혹독하게 다그치지 말라고 노래하는 타이틀곡 등 스페인 특유의 서정적인 진보 음악을 향유할 수 있다.

화려한 색감의 회화를 커버로 한 본작 《Iratze Okre Geldiak 정체된 황토색 고사리》의 타이틀은 첫 곡의 가사에서 따온 것으로, 본격적으로 서정적 예술을 지향하는 방향으로 나아간다.
본작을 빛내주는 〈Berriro Igo Nauzu Ene Mendira 당신은 나를 다시 산으로 데려가셨네〉는 바스크의 음유시인이자 시인인 자비에 레떼Xabier Lete(1944-2010)가 가사를 쓰고,

247

피아노 연주가 카를로스 히메니스Karlos Giménez
가 작곡한 가을의 서정시로, 특히 맑은 그의 음성
뒤로 흐르는 피아노의 연주가 매우 아름답다.

가을 속의 연인들, 나무의 붉은 잎, 노랗게 장식된 포플러의 곧은 허리, 생장을 멈춘 황토색의 고사리는 남풍에 잠들었네. 연인들은 마지막 개척지에서, 과거의 흔적을 따라, 꽃의 꽃잎에 숨겨진 물의 노래를 듣네, 따뜻한 비의 달콤함, 높은 밤하늘, 사랑, 새로운 씨앗들, 알을 밴 멸치에는 아직도 여름 음악이 가득해… 떠난 연인들은 절대 돌아오지 않아… 고통을 겪은 사람은 잃는 것이 부끄럽지 않네.

〈Malkoak Euri Balira 눈물이 비라면〉은 아코디
언의 애수가 흥건하게 흘러내린다.

험난한 가을, 사랑하는 이도 없이 버려진 노부인이 눈물을 흘린다면, 수많은 먹구름이 참혹한 고통으로 거리가 홍수로 잠겼을 거야… 눈물이 비라면, 포탄과 파편이 난무하는 참혹한 전쟁통에 아기의 몸이 찢겨나갈 때, 들리지 않는 광활한 바다에서 모든 어머니의 공포 어린 비명까지 얼어붙겠지. 눈물이 비라면, 벽에 부딪히며 고문을 당하는 십 대의 입술이 비명을 내지를 때, 가장 높은 집은 수치심에 떨며 구원하고, 언덕 위 장례식에서 꽃 한 송이가 목놓아 노래할 수 있었을 거야.

〈Ene Haserrea 나의 분노〉는 목가적인 포크로,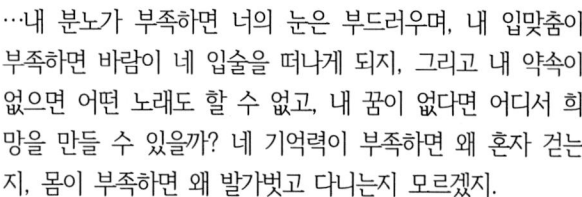
부드러운 바람결이 감싸는 듯하다.

…내 분노가 부족하면 너의 눈은 부드러우며, 내 입맞춤이 부족하면 바람이 네 입술을 떠나게 되지, 그리고 내 약속이 없으면 어떤 노래도 할 수 없고, 내 꿈이 없다면 어디서 희망을 만들 수 있을까? 네 기억력이 부족하면 왜 혼자 걷는지, 몸이 부족하면 왜 발가벗고 다니는지 모르겠지.

〈Zuek Hil Zinenten 넌 죽었네〉는 침울한 만가
로, 피아노의 눈물과 색소폰의 울음이 숨겨간 자
유주의자들의 넋을 위로한다.

…죽은 넌 더 이상 고통받을 수 없으며, 산 사람의 피로를

이해할 수도 없겠지… 우리는 왼쪽이든 오른쪽이든 행복하지 않아… 넌 영원히 산다는 것이, 쉬지 않고 매일을 계속한다는 것이, 우리가 필요 없다고 느끼는 것이 무엇인지 모르네, 억압받는 우리는 행복하지 않아. 이 노래 들으면 깨지마, 나한테 미안해하지 마…

〈Ez Nau Izutzen Negu Hurbilak 난 다가올 겨
울이 두렵지 않네〉는 그의 맑은 음성 때문인지 가
스펠을 듣는 듯하다.

다가오는 겨울이 두렵지 않네. 한여름의 더위 속에도 현재가 지속된다는 것을 알기에. 순간적으로 형성된 존재의 깊은 곳에서 쇠사슬처럼 모든 것이 현재로 이어지니까. 새벽에도 두렵지 않네, 하얀 숨결의 얼음이 생명을 덮고, 광활한 자연의 모든 아름다운 태양빛이 사라졌지만, 마음과 감각의 수천 가지 연료로 과거를 기억하고 눈에 담았으니까. 난 숨이 막힐 정도로 괴롭진 않네. 비천한 길의 목초지에는 새 포도주가 익어가고, 오래도록 애도하기에. 우리의 현재는 다른 사람의 내일이 될 테니까.

2LP로 발매된 후속작 《Erromantzeak 로맨스, 1984》는 바스크 지방의회의 지원으로 바스크의 민요들을 수집, 연주한 것이었다.

Oroituz

imanol
oroituz

1985 | Elkar | ELK-93

1. Sanguis Martyrum
2. Gauez Bakardadean
3. Zure Tristura
4. Santa Sekulan
5. Trois Gnossiennes
6. Nafarroako Azken Erregiñak Donapa-Leun
7. Haragizko Estatua
8. The Twa Corbies (Bi Beleak)
9. Ile Adats
10. Oianone
11. Orhoituz

1985년 6월 이마놀은 바스크의 마르투테네 교도소에서 수감자를 위한 콘서트를 열었는데, 공연이 끝난 후 ETA 수감자들이 그의 밴에 음향 기자재 뒤에 숨어 탈출하는 사건이 벌어진다. 이에 연루되어 체포되었으나 사실이 확인되어 석방되는 우여곡절을 겪었다.

그해 9월 《Oroituz 기억》이라는 앨범을 발표했는데, 이는 그동안 잊고 있었던, 그러나 그의 기억에 살아 있었던 과거에 대한 회고록이다.

비장한 피아노와 가창이 엄숙한 제례를 올리는 〈Sanguis Martyrum 피의 순교자〉에는 이교도의 땅에서 선교를 위해 자신들의 청춘을 불태우며 사라져간 성직자들의 영혼을 달랜다.

〈Zure Tristura 너의 슬픔〉은 비애에 젖은 피아노와 현악이 매우 창연하다. 자크 브렐Jacques Brel(1929-1978)의 감동적인 노래 〈La Chanson des Vieux Amants 오래된 연인들의 노래〉의 프랑스어 후렴을 중간에 삽입하여 더욱 애잔하다.

너의 슬픔이 내게 특별한 몸짓으로 와닿네, 늠름하게 거리를 거닐지만, 입술은 하얗게 질리고 마음은 저리지, 반항의 바다에서 아무것도 가진 게 없는 사랑의 거지, 사랑, 사랑은 낭만의 섬이야. 슬픔은 피가 얼어붙을 때까지 잠식하지. 너의 슬픔이 나에게 닿네, 네 욕망이 절망 속에서 몸부림치는 고독한 몸짓으로,

세련미 넘치는 〈Santa Sekulan 절대로〉는 아코디언과 금관악기의 즉흥이 피아노의 왈츠 템포를 유유히 따라간다. 의미는 파악하기 쉽지 않지만, 남아선호 사상이 만연했던 어린 시절의 이야기로 짐작된다.

에릭 사티Erik Satie의 〈Trois Gnossiennes 세 개의 그노시엔느〉에는 1번을 서주로 들려주며, 아카펠라로 이어지는 〈Nafarroako Azken Erregiñak Donapa-Leun 나바라 왕국의 마지막 여왕 도나파룬〉은 중세 바스크 지역에서 건국되어 1512년 아라곤-카스티야 연합왕국에 합병되어 사라진 역사이다.

기타로 그리는 노스텔지아 〈Haragizko Estatua 충족의 땅〉은 평화롭고 음악과 가족이 있어 행복

했던 아름다운 시절에 대한 기억이다.

〈The Twa Corbies (Bi Beleak 까마귀 두 마리)〉는 매우 은은하면서도 경쾌한 재즈밴드 연주를 들려주는데, 다소 잔혹동화 같은 내용이나 윤회와 같은 철학도 엿볼 수 있는 민요이다.

타이틀곡 〈Orhoituz 기억〉은 감미로운 재즈록으로 〈Haragiz-ko Estatua 충족의 땅〉에 이어지는 2부가 아닐까 한다. 이는 전쟁과 불행에 대한 기억이다.

1. Udazkena II
2. Udazkena I
3. Oroimeneko Portua
4. Ilun-ikarak
5. Galdera Hotzen Erantzun Eza
6. Nire Euskaltasuna
7. Sehaska Kanta
8. Ikusi Nenean
9. Baionatik Bilbora
10. Osin-mikatz
11. Baztango Iurra

《Mea Kulparik Ez 내 잘못이 아니야》는 바스크에 대한 사랑을 담은 작품으로, 제목은 가사에서 따온 것이라 한다.

〈Udazkena II 가을 2〉에는 고고한 계절적 슬픔이 가을 풍경 속으로 촉촉이 물든다. 일몰에 이는 가을의 바람이 서시처럼 투명하게 피부에 와닿는다.

〈Udazkena I 가을 1〉은 비둘기를 소재로 하여 가을의 정감을 그렸다.

〈Oroimeneko Portua 기억의 항구〉는 포근함이 부드럽게 감싸는 따스한 노래이다. 그의 음색의 특징상 이 곡도 마치 가곡을 듣는 듯한데, 별이 총총한 밤의 선술집에 들려오는 선원들의 노랫가락들, 그리고 또다시 배를 타고 며칠 동안 돌아오지 않을 회포가 아코디언의 향수로 흐른다.

파코 이바네스Paco Ibáñez와 듀엣으로 부른 〈Ilun-ikarak 어둠의 두려움〉은 전원적이면서 관능적인 포크 야상곡이다.

멀리서 빛은 저녁놀로 겁을 먹네, 난 흩날리는 별들을 바라보고 있어, 어둠이 속삭임이 들려, 밤의 주문이… 가장 높은 밤 검은 숲에 나뭇잎이 떨리고, 바다는 파도가 지배하네. 갈매기들이 자유롭게 날아가다 비명을 지르고, 아름다운 연둣빛은 물속에서 희미해지지, 여전히 흔들리는 배들은 섬과 대화를 나누네, 고요한 공원의 하얀 벤치에는 입술이 불타는 연인들이 있고, 오래된 욕망과 미성숙한 마음, 날개 달린

Mea Kulparik Ez

1986 | Elkar | ELK-132

슬픔은 일몰 속에서 긴장을 풀어놓네. 저녁 종의 천둥 같은 메아리는 떨림처럼 미끄러지고, 사랑하는 이의 비밀스러운 치마 밑에는 외로움이 갇혀있네. 바다 공기는 중얼거리며 쓰라림을 불어오고, 슬픔의 향기로운 숨결을 따라 연인들의 사랑을 땋네.

〈Galdera Hotzen Erantzun Eza 냉담한 질문에 무응답〉에는 외로움으로 방황하는 남자의 블루스가 이어진다.

〈Nire Euskaltasuna 나의 바스크어〉는 바스크와 언어에 대한 사랑을 담은 곡이며, 〈Sehaska Kanta 자장가〉는 아기의 동심 어린 별나라 기행으로 평온함과 사랑이 깃든다.

〈Baionatik Bilbora 바욘에서 빌바오까지〉는 바스크 찬가로, 그의 숭고한 음색은 분노와 고독과 가난의 바다지만, 바스크인들에게 길을 잃지 않고 닻이 되길 바라는 희망을 노래한다.

〈Baztango lurra 바즈탄의 땅〉은 색소폰 즉흥과 신시사이저의 음향이 깊은 공간감을 주는 신비의 노래로 낭송과 함께 아름다움을 심어준다. 바즈탄은 바스크주와 인접한 나바라주의 가장 큰 지자체로, 바스크어와 그 문화적 뿌리에 대한 강한 유대감이 있는 지역이라 한다. 이마놀은 깊은 연대감과 우정을 표하고 있다.

…계곡에서 힘차게 흘러나오는 고대의 물 속삭임 속에서, 난 강인한 생명의 모든 아름다움을 느꼈네, 사랑할 수 있는 독특한 장소, 재생의 뜨거운 새싹. 파란 눈의 재탄생, 숨겨진 길을 오르고 또 오르는 오래된 마을을 향한 발걸음, 당신, 바즈탄의 땅, 봄의 태양에 따뜻해지고, 새 꽃의 감미로운 음악이 산꼭대기에서 흰옷을 입는 아름다운 땅. 내가 죽을 때, 십자가 없이 침대에서, 부드러운 구절을 들으며, 나는 영원히 잠들고 싶네.

이후 《Joan Etorrian 어서 해봐, 1987》라는 베스트 모음집을 발표했는데, 새롭게 연주한 21곡을 수록했다.

Muga Beroetan

1989 | Elkar | KD-197

1. Iratiko Basoilarra
2. Zer Naiz Ni Zu Gabe
3. Nire Ibaia
4. Kukua Eta Primadera
5. Izarapean
6. Al Oido
7. Gezurraren Koloreak
8. Kantatzen Du Kantuz
9. Ilhunabarrez
10. Haur Kanta II-III
11. Time After Time
12. Tu Gitana

본작 《Muga Beroetan 더위의 한계》에서는 1980년대 중반을 거치며 팝적인 조류를 따라 정갈하고도 부드러우면서 그리 무겁지 않은 사운드를 구사하고 있다.

샹송 가수 장 페라Jean Ferrat(1930-2010)의 대표곡 중 하나인 〈Que Serais Je Sans Toi 당신이 없었다면 난 어떻게 되었을까?〉를 바스크어로 부른 〈Zer Naiz Ni Zu Gabe 너 없이 나는 무엇인가〉는 팝의 리듬을 뺀 더 느린 템포에 흐르는 맑은 바리톤 음성이 원곡과는 다른 클래시컬 감성을 전한다.

…이제 나는 너의 방식으로 세상을 보네, 네게서 다 배웠어, 우리는 하늘의 먼 별을 읽으며 분수에서 물을 마시고, 노래 하는 행인처럼 우리는 노래를 다시 부르네…

다소 철학적인 투명한 포크 〈Nire Ibaia 나의 강〉에는 은은한 물결이 일렁이며 반짝인다.

…나의 강은 바다로 흐르지 않네, 나의 강에는 별 하나를 담을 만큼 거센 물살이 없네. 그것은 내게 물을 주진 않지만, 나를 젖게 하네… 나의 강은 지친 구름의 목마름을 채워주지 않네, 그것은 나를 촉발하진 않지만, 질식시키네.

〈Izarapean 표면 아래〉는 맑은 피아노의 서정이 최대로 살아있으며, 현악의 온기도 점점 더해진다.

…세상은 별 아래 있고, 침상의 하늘은 네 사랑의 남풍으로 난 정신을 잃으네, 꽃은 꽃받침 위의 꽃인지, 꽃 속의 열매인지, 우리는 서로를 알고 싶어, 난 너이고 넌 나야. 오만한 불이 꺼져도 불꽃은 여전히 타오르네, 이 밤이 끝난 후에 우리가 영원히 잠들 수 있기를…

1996년 베스트앨범 타이틀이기도 한 〈Kantatzen du Kantuz 노래로 노래하네〉는 첼로와 피아노가 애달프고, 그의 투명한 보컬은 힘이 느껴진다.

투명한 기타와 여성 보컬이 포함된 〈Ilhunabarrez 일몰〉은 너무나 순수하며, 〈Time After Time〉은 진지한 퓨전의 긴장이 은은하게 흐른다.

Amodioaren Berri

1989 | Elkar | ELK-240

1. Kontxesiri
2. Kopla Bikiak
3. Goizian Goizik Jeiki Nündüzün
4. Naiari
5. Bortian Ahüzki
6. Bi Ama Alhaba
7. Bautista Bazterretxea
8. Maitia Nun Zira
9. Amodioaren Berri

바스크의 아름다운 민요를 소개하고 있는 《Amodioaren Berri 사랑에 관하여》는 목가적인 포크 앨범이다. 〈Kontxesiri 회중에게〉에서부터 화사한 연주가 청감을 매료시킨다. 잔잔한 성가 같은 이 곡에서 그는 달콤한 사랑에 대한 희망과 약속을 표방한다.

백미 중의 하나인 〈Naiari 나이아〉는 사랑의 자 장가로, 꿈결 같은 연주가 깊은 애정을 느끼게 한다.

…작은 양 한 마리, 두 마리 어린 양이, 네 옆에서 잠드네, 너의 따뜻한 목덜미에 구구거리며 너의 꿈을 듣기 위해. 네가 잠든 별빛 아래 바다에, 너를 어루만지는 소리가 들리고, 곱슬 바늘 숲속에서 너의 입술의 고운 소리가 들려오네. 달빛 아래 꿈속에서, 조용히 헤엄치고, 하얀 하프시코드와 풍선으로 몸을 꾸미고, 잠을 자는 천사들이 새벽을 기다리며 거기에 있네, 나는 너의 것이 될 거야.

〈Bortian Ahüzki 아후스키 산골〉은 산골 양치기 소녀에 대한 사랑 이야기이다. 경적을 울리는 것 같은 구슬프고 화려한 소프라노 색소폰의 즉흥연주도, 고요하게 산자 락을 흐르는 구름 같은 그의 이중주 보컬은 눈물이 맺힐 만큼 아름답다.

〈Bautista Bazterretxe 바우티스타 바즈테레체〉의 중후하고도 현대적인 편곡은 역시 주목하지 않을 수 없다. 이는 수레의 축을 훔친 나쁜 소년 바우티스타 바즈테레체의 이야기로, 근면과 정직에 사기와 절도를 대치하여 농경사회의 가치를 반영하고 있는, 대중에게 인기있는 민요라 한다.

〈Maitia Nun Zira 내 사랑은 어디에〉는 오보에와 피아노 그리고 현악이 북받치는 사랑의 슬픔을 더욱 고결하게 만든다. 아버지의 반대로 헤어지고 사라져버린 연인을 애타게 찾는 이 러브스토리는 아마이아 수비리아도 아코디언 반주로 애틋하게 노래했다.

동년에 스페인어로 노래한 《Viajes de Mar y Luna, Alfon -sina 바다와 달 여행, 알폰시나, 1990》를 오랜 동반자이자 작곡자이며 피아니스트인 카를로스 히메네스Karlos Giménez 와의 공작으로 발표했다.

이는 칠레의 민중 시인 파블로 네루다Pablo Neruda(1904-1973)

의 시를 노래한 한 곡을 제외하고, 월드뮤직의 명곡인 〈Alfonsina y el Mar 알폰시나와 바다〉의 주인공이자 아르헨티나 여류시인 알폰시나 스토르니Alfonsina Stor -ni(1892-1938)의 시를 가사로 하고 있다.

피아노 반주가 시냇물처럼 흐르는 〈Viaje 여행〉, 컨템퍼러리 재즈의 향연 〈Tiempo de Esterilidad 불모의 시간〉, 피아노 야상곡 〈Voy a Dormir 자러 갈래〉 등이 돋보인다.

《Hori Bera da Denen Ixto -ria 모두의 이야기, 1996》에서는 창작곡과 민요 외에도 조르주 무스타키Georges Moustaki(1934-2013)가 작곡하고 듀엣으로 노래한 〈Zer -gatik 왜〉, 자크 브렐Jacqu -es Brel(1929-1978)의 〈Ne Me Quitte Pas 떠나지 마〉를 바스크어로 노래한 〈Ez Naza -z'utzi〉 등을 수록하고 있다.

자신이 작곡한 〈Aldaketarik Aldaketa 변하지 않는 것〉에서 그는 세월의 무상함을 느낄 만큼 모든 것은 변하지만, 내면에는 변하지 않는 무언가가 있다고 노래한다.

《Oroitzen 기억, 1999》에서는 파코 이바네스Paco Ibáñez와 듀엣으로 바스크와 스페인 그리고 자신의 곡을 노래했으며, 이어진 《Ausencia 부재, 2000》은 자신의 삶과 음악에 영향을 준 시인들과 음악가들에 대한 추억과 찬사를 담았다.

스페인어 앨범 《Versos En-cendidos 가벼운 구절, 2003》은 채 환갑도 되기 전 사망한 그의 마지막 앨범이었다.
자크 브렐의 〈La Chanson des Vieux Amants 오랜 연인들의 노래〉도 커버했으며, 반도네온의 슬픈 재즈 〈La Tristeza 슬픔〉 등 풍부한 현악으로 연주되었다.

나는 가난한 시인이고 밤에 푸른색으로 글을 쓴다. 미끄러운 욕망은 무작정 밤의 동굴로 달아나고, 세상은 뒤집어진 채 모든 것을 무작정 담는다. 나는 밤의 틈새를 통해 처음으로 상상의 거울을 비춰본다. 숨어있던 당신의 무성한 땅과, 당신의 몸이 둥근 배의 경사면으로 가라앉는 것. 나는 당신의 광활한 땅을 힘차게 갈고, 시간의 황폐화로 무뎌진 당신의 욕망을 쟁기질하고, 이제 사라진 희망의 사자死者들이 뻗치는 흐린 미래에 행복의 씨앗을 뿌린다. 욕망의 홍수는 내가 그것들을 어둠의 통 속으로 비울 때까지 나를 격렬하게 뒤흔든다. 나는 열정적인 밤의 오븐에서 내 꿈을 굽고, 습하고 숨 막히는 침묵의 상점 창문에서 조심스럽게 살찌운다. 마침내 젖은 침묵의 고요한 메아리가 어두운 밤의 선반 위에 그대로 드러누워, 잠들 때까지 이음새를 꿰맨다. 나는 가난한 시인이고 밤에는 파란색으로 글을 쓴다.
…데뷔작 중에서 〈Ni Enaiz Poeta 나는 시인〉

사랑 그 쓸쓸함에 대하여
Işın Karaca ● 이신 카라카
Turkey

Işınkaraca
AZ Bİ MESAFE

글쓴이가 몸담고 있는 동호회에는 저마다 다른 음악적 취향 영역을 차지하고 있는 회원 가운데, 유독 잘 알려지지 않은 제3국의 음악들만 소개하고 있는 친구가 있다. 대부분의 회원들이 그의 선곡을 힘들어하고 있는 눈치인데, 그는 그것이 짜릿한 모양이다.

그러던 그가 오래전 글쓴이의 취향을 고려해서 선곡했다고 너스레를 떨며 들려주었던 아티스트가 바로 이신 카라카였다. 결론은 안성맞춤 선곡이었고 지금까지도 관심 가수가 되어오고 있다.

이신 뷔육카라카Işın Büyükkaraca가 그녀의 본명으로, 런던에서 1973년에 출생했다. 그녀의 부모는 남북으로 분단된 키프로스 섬 출신으로, 북부 터키계 혈통이다. 모친은 섬에서 식당을 경영했고 부친은 터키 본토에서 부동산 중개인으로 일했지만, 이들은 영국으로 이민을 갔다고 한다. 그리하여 그녀는 영국에서 성장하고 거기서 뮤지컬을 공부했다.

19세 때 이른 결혼으로 아들을 두었으나 이혼하였고, 그 후 편곡가와의 교제도 12년 만에 종지부를 찍었다. 2010년에 결혼한 뮤직비디오 감독과도 결별했으며, 2016년에 연을 맺은 세 번째 남편과도 이혼하였다.

그녀의 음악적 캐리어는 터키의 국민가수 세젠 악수Sezen Aksu의 코러스로 참여하면서 시작되었으며, 1997년에는 디즈니의 「Hercules 헤라클레스」 터키어 더빙에 참여했다.

1999년에는 그룹 Panic Attack에 리드보컬이 되었으나 이 그룹은 데뷔 앨범도 발표하기 전에 해체되었다.

2000년과 2001년에 유로비전 송 콘테스트 자국 예선에 출전했으나 들지 못했고, 이후 작은 경연에 참가하여 우승을 하기도 했으나 그리 주목받지는 못했다.

세젠 악수의 뮤직비디오에 이어 앨범 코러스에 참여하면서 그녀의 재능이 세젠 악수의 눈에 띈다. 세젠 악수는 그녀의 데뷔작을 제작해 주었고, 이 앨범은 대대적인 히트를 기록했다.

Anadilim Aşk

IŞIN KARACA　ANADİLİM AŞK

2001 | Power Records | 002

1. Tutunamadım
2. Yaz
3. Başka Bahar
4. Kalbim Ağrıyor
5. Aşktan N'aber
6. Çikita
7. Bitmemiş Tango
8. Lamba
9. Anadilim Aşk
10. Kan Tutmuyor
11. Aramıza Yollar
12. Doğum Günün Kutlu Olsun Oğlum
13. Tutunamadım (Remix)

당시 무명에 불가했던 이신 카라카가 터키 팝 차트를 점령하게 된 것은 세젠 악수Sezen Aksu의 유명세가 크게 작용했다고도 할 수 있다. 겨우 두 곡의 가사를 제외하고 모든 작품들이 세젠 악수의 자작곡으로 구성되었는데, 최정상의 대가수가 신인을 발굴한 데는 당연히 충분한 이유가 있을 것이라 대중들은 판단했다. 이신 카라카의 호소력 넘치는 가창력은 세젠 악수의 아름다운 곡들을 충분히 소화하고도 남음이 있었다.

히트 첫 싱글 〈Tutunamadım 아무것도 할 수 없어〉에서 강렬하고도 치명적인 매력을 발산하는 그녀의 보컬이 사랑에 실패한 자신의 이야기를 애절하고도 열정적인 탱고에 담아 노래한다.

…난 아무것도 할 수 없었네, 노래하는 것도 시를 쓰는 것조차도, 당신의 그림자를 내 앞에 걸어둬, 내가 태어나고 살아온 그 도시에서 내가 추락하지 않도록, 그 후론 다시 눈과 마음을 들여다볼 수 없었지, 그리고 사랑으로 죽어간다고 말했네.

이 곡은 2CD로 공개된 세젠 악수의 모음집 《Yürüyorum Düş Bahçeleri'nde 가을 정원을 산책하다, 2009》에도 수록되어 있다.

두 번째로 커트된 화려한 댄스 싱글 〈Başka Bahar 또 다른 봄〉에도 사랑에 대한 뜨거운 욕망은 꿈틀거린다. 과거의 사랑을 회상하면서 죽지 않기 위해 또 다른 새로운 사랑을 꿈꾸는 소망이 블루지한 박동을 타고 전해진다.

잔잔한 서정의 발라드 〈Kalbim Ağrıyor 내 심장의 고통〉에서는 아직 아물지 않은 사랑의 상처를 되뇐다.

흐느끼는 〈Bitmemiş Tango 미완의 탱고〉에서는 아코디언의 열풍이 가슴을 저미게 한다. 역시나 이른 나이에 연인과 이별하고 여태껏 그리움과 상처로 힘든 생활을 해야 했던 과거사를 담았다.

타이틀곡 〈Anadilim Aşk 내 모국어는 사랑입니다〉는 긴장 서린 댄스 비트의 은은한 분위기 속에서 강렬한 디바의 목소리는 사랑의 기억을 쓸쓸하게 더듬는다.

따사로운 실내악과 투명한 기타로 노래하는 〈Ara-mıza Yollar 도로를 따라〉는 잊지 못하고 그리움으로 방황하는 엘레지이다.

어머니로서 항상 미안했던 심정을 슬픈 건반에 실은 〈Doğum Günün Kutlu Olsun Oğlum 내 아들의 행복한 12살 생일〉도 가슴 시리다.

물론 〈Çikita 치키타〉처럼 신인의 데뷔작에 걸맞은 젊은 감각을 엿볼 수 있는 작품도 있지만, 그녀의 호소력은 단조의 작품에서 더욱 색이 짙어진다.

데뷔작의 초판은 빠른 시일 내에 절판되었고, 글래머러스하고 시원시원한 외모로 패션 화보도 촬영하는 등 그녀는 집중 조명을 받는 대스타가 되었다.

불행한 운명으로 묻어 두었던 젊은 상처를 너무나 완숙한 음색으로 쏟아내어 더 깊은 카타르시스를 맛보게 한다.

2000년대 터키 팝을 대표할 만한 앨범이다.

İçinde Aşk Var

2004 | İmaj Müzik | 1405.038

1. Yetinmeyi Bilir Misin?
2. Kayıp Gölgeler
3. Bekleyelim De Görelim
4. Gece
5. Hoşgörü
6. Tercüme
7. Zamansız
8. İsyanımı Bağışla
9. Sen
10. Sevgiliye Son Sözler
11. Kalbimin Sokağı

두 번째 앨범 《İçinde Aşk Var 사랑이 머무는 곳》은 자신이 직접 프로듀스했다. 이 앨범에서도 세젠 악수Sezen Aksu는 두 곡을 써주는 우정을 보여주었다.

〈Yetinmeyi Bilir Misin? 당신은 해결책을 알고 있나요?〉는 세젠 악수가 가사를 쓴 작품으로, 거울 속 또 다른 자신과 대화하는 콘셉트로 뮤직비디오가 제작되었다. 사랑의 인생에서 승리하는 법을 터득했는지 자문하면서 앞으로도 멍든 거리를 피하지 않고 걸어가겠다는 의지를 힘을 실어 노래한다.

〈Gece 밤〉에서는 외로움으로 어두운 시간을 흘려보내야 하는 고통에 대해 서술했다.

〈Hoşgörü 관용〉에서는 리드미컬한 브라스 재즈와 함께 브로드웨이 뮤지컬 트랙을 연상시키는 신선함을 느낄 수 있다. 그녀는 고통과 고독, 분노와 반항으로 살아왔던 지난날을 돌아보며 그 우울함에서 벗어나 행복과 희망을 꿈꾸는 낙관적인 미래 인생을 그린다.

피아노 발라드 〈Zamansız 영원〉의 서정이 무척이나 감미롭다. 그러나 격앙된 그녀의 음성은 연인과의 헤어짐으로 꿈과 기억도 함께 찢어진 슬픔을 살아왔던 지난 시간과 영원한 이별을 고한다.

자신의 버려진 사랑을 노래한 〈İsyanımı Bağışla 반란의 용서〉에서는 긴장감 넘치는 리듬과 함께 플라멩코와 터키 팝을 절묘하게 믹스했다.

〈Sevgiliye Son Sözler 사랑하는 아들에게 부르는 노래〉는 태양의 서커스Cirque du Soleil 「Alegria 알레그리아」에서 캐나다 여가수 프란체스코 가뇽Francesca Gagnon이 불렀던 명곡 〈Querer 사랑합니다〉를 개사한 것이다. 아코디언의 뜨거운 열풍과 눈물의 탱고 피아노, 외로운 기타와 쓰라린 바람을 일으키는 오케스트레이션 등이 애잔함을 줄곧 몰고 온다. 자신과 아들을 등진 남편에 대한 원망 섞인 회한이 역력하다.

마지막에 수록된 걸작 〈Kalbimin Sokağı 내 마음의 거리〉은 비 내리는 소리의 서두에서 응축된 슬픔의 감정을 담담하게 풀어낸다. 웅장하고 격앙된 후렴은 서럽고 드라마틱하며, 미주의 피아노는 취할 만큼 따스한 재즈 즉흥으로 여운을 남긴다.

Uyanış

IŞINKARACAUYANIŞ

2009 | SM Gold

1. Uyanış
2. 5 Dakika
3. Gidemedim
4. Sessiz Hikayem
5. Bilmece
6. 1000 Yalan
7. Ben Bilirim
8. Aşk Çizgisi
9. Başrol
10. Bambaşka Biri (I Will Survive)

세젠 악수와는 결별하고 일렉트로닉의 에너지가 넘치는 《Başka 33/3 또 다른, 2006》을 발표했다. 그녀의 단단한 보컬이 빛나는 싱글 〈Mandalinalar 감귤〉이 히트했는데, 이는 다시금 새로운 곳에 익숙해지는 것처럼 새로운 사랑에 빠지고픈 욕망의 노래이다.

본격적인 싱어송라이터로서의 면모를 선보인 《Uyanış 각성, 2009》은 전통적인 스타일 외에도 일렉트로닉, R&B, 레게, 하우스 등을 섞은 신선한 트랙들을 수록하고 있다.

인도의 발리우드 영화처럼 유머러스한 뮤직비디오로 선보인 〈Bilmece 퍼즐〉은 수수께끼 같은 사랑을 노래한 것으로, 영상만으로도 흥미롭다.

두 번째 뮤직비디오는 그녀의 전통적인 발라드이자 타이틀곡 〈Uyanış 각성〉으로, 흑백의 드라마는 사랑했던 과거와 새로운 사랑으로 연인이 떠나간 현재를 교차하면서 우리를 무너뜨리는 그런 짓을 하지 말라고 슬픔과 분노를 표출한다.

〈Gidemedim 갈 수 없었네〉는 자신을 포기할 줄 모르는 연인에게 나 자신을 다치게 할 수는 없는 이 어려운 사랑을 그만두려 한다는 고백이다.

〈Aşk Çizgisi 러브 라인〉은 지난 사랑의 상처를 이해하고 용서하며 성숙해지길 바라는 자기 위로의 발라드이다.

새로움이 많아도 그녀의 진면목은 이러한 곡들에서 발현되는 것 같다.

국내 가수 '진주'가 리메이크한 〈난 괜찮아〉의 원곡인 글로리아 게이너Gloria Gaynor의 히트송 〈I will Survive〉 번안곡 〈Bambaşka Biri 전혀 다른 사람이었어〉도 이채롭다.

후속작으로 아라베스크 명곡들을 다수 수록한 《Arabesque 2010》를 발표, 10만 장 이상 판매하는 유례없는 성공을 거두었으며, 이는 《Arabesque II, 2011》로 이어졌다.

터키 팝으로 돌아온 《Her Şey Aşktan 모든 것은 사랑 때문이야, 2013》에 이어, 터키의 로망스 고전을 담은 《Ey Aş -kın Güzel Kızı 아름다운 처자의 사랑, 2015》, 《Eyvallah 감사합니다, 2017》, 다시 일렉트로닉을 반영한 《Sen Ben Aşk 내가 사랑하는 당신, 2022》을 발표했다.

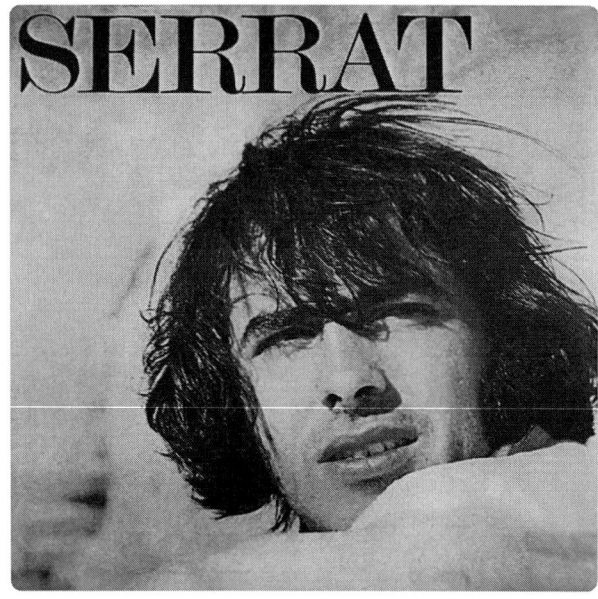

유토피아를 향한 시간 여행자
Joan Manuel Serrat ● 조안 마누엘 세라
Spain (Catalonia)

조안 마누엘 세라는 카탈루냐 바르셀로나 근교 포브레세크 Poble-sec에서 1943년에 출생했다. 부친은 전국노동자연맹에 소속된 무정부주의자였으며, 모친은 사라고사 출신이었다.

스페인 내전(1936-1939) 이후 프랑코 독재 정부가 가한 카탈루냐에 대한 억압은 고스란히 그의 어린 시절의 환경으로 기억되어 몇몇의 노래로 남겨졌다.

17세 때 기타를 구입한 후 음악에 몰두하기 시작하였는데, 농업학교의 동무들과 팝 밴드를 결성, 비틀즈The Beatles와 이태리 음악들을 스페인어로 번안하여 불렀다고 한다.

1965년에 출연했던 한 라디오방송의 진행자는 그를 지역 레코드사에 알선해 주었으며, 카탈루냐어의 옹호를 위한 노바 칸소Nova Cançó 가수 그룹으로 '16인의 재판관'을 의미하는 Els Setze Jutges에도 소속되었다.

그의 첫 EP 《Una Guitarra 기타》와 이듬해 낸 두 번째 EP 《Ara Que Tinc Vint Anys 이제 스무 살이 되었네》에 이어, 1967년에는 EP들을 모은 첫 LP 《Ara Que Tinc Vint Anys》을 내고 카탈루냐음악당에서 첫 라이브 무대에 서게 된다.

1968년 제13회 유로비전 송 콘테스트에 스페인 대표로 출전할 가수로서 재능 있는 시인 조안 마누엘 세라의 이름이 발표되었다. 카탈루냐에서는 그를 주시했고, 그는 카탈루냐어로 〈La, la, la〉를 노래할 예정이었다. 하지만 카스티야어로 노래해야 하는 조건으로 정부와 마찰을 빚어 출전을 포기한다.

결국 마드리드 출신의 1947년생 여가수 마씨엘Massiel가 대리 출전하여 스페인어로 노래하고 정상을 차지하였는데, 이 일로 이 노래의 카탈루냐어 버전은 금지곡이 되었고 카탈루냐어 레코드도 강제 폐기되었다.

이 일로 카탈루냐어로 부른 두 앨범 《Cançons Tradicionals 민요 모음집, 1968》과 《Com Ho Fa el Vent 바람이 그러하듯, 1968》은 지연 발매되었다.

Ara Que Tinc Vint Anys

joan
manuel
serrat

1967 | Ariola | 19075832992

1. Ara Que Tinc Vint Anys
2. La Tieta
3. Balada per a un Trobador
4. Una Guitarra
5. Els Vells Amants
6. Cançó de Bressol
7. El Drapaire
8. La Mort de L'Avi
9. Me'n Vaig A Peu
10. Els Titelles

세라의 첫 앨범은 1965년 이래 발표한 EP와 싱글이 포함되었다. 20대 초반의 젊고 독특한 떨림 창법으로 노래하는 이야기들은 매우 향수적이라, 붉은 색조의 커버지만 청명한 가을이면 생각나는 작품이다.

타이틀곡 〈Ara Que Tinc Vint Anys 이제 스무 살이 되었네〉는 기타 하나에 청년의 비장감이 감도는 호연지기가 새겨진다.

스무 살이 되었네, 내겐 죽은 영혼이 없고, 용기가 있지, 난 내 피가 끓는 것을 느껴… 오늘 나에겐 목소리가 있고, 신에 대한 믿음이 있네, 돌과 땅과 물에게 노래하고 싶어, 밀밭과 내가 밟는 길에게도, 밤에는 하늘과 우리들의 바다에게, 그리고 아침이면 내 얼굴에 키스하러 오는 바람에게도. 목소리를 높이고 싶어, 폭풍우 속 한 줄기 햇빛을 위해서…

〈La Tieta 싱글녀〉는 명곡 중 하나로, 당시 도시미혼녀의 외로운 삶과 누군가에도 기억되지 않는 죽음을 통해 인생의 고독을 묘사하고 있다.

〈Una Guitarra 기타〉는 그의 동반자인 기타에대한 애정을 표한 것으로, 애조띤 멜로디가 투명한 여운을 남긴다.

…십 대 시절, 16살의 내 꿈… 우리는 함께 자랐고, 난 남자가 되었네… 이제 사랑이 오고, 그러다가 사랑은 떠나가고, 기타만 남아 눈물로 노래하네…

〈Els Vells Amants 오랜 연인들〉의 수채화같이 투명한 서정은 동년에 발표한 자크 브렐Jacques Brel(1929-1978)의 서정적인 〈La Chanson des Vieux Amants 오랜연인들의 노래〉와 비견될 만하다. 전원적인 기타와 하모니카는 평화롭고 따스하다.

〈Cançó de Bressol 자장가〉는 자신이 태어나면서 그리고 성장한 후로도 삶의 순간마다 어머니가 노래했던 자장가의 아카펠라로 시작한다. 이제 어머니의 인생이 된 따스한 자장가에 연민을 더한다.

1968 | Ariola | 256388

1. El Testament d'Amèlia
2. La Presó del Rei de França
3. El Comte Arnau
4. La Cançó del Lladre
5. L'Estudiant de Vic
6. La Dama d'Aragó
7. El Ball de la Civada
8. Cançó de Batre
9. El Rossinyol
10. La Presó de Lleida

프랑코 독재정권이 카탈루냐어를 금지하고 검열하는 가운데 카탈루냐어로 연주한 두 번째 앨범인 본작은 카탈루냐 전통을 대표하는 대중적인 민요로 선곡되었는데, 음악적으로 안토니 로스-마르바Antoni Ros-Marbà라는 지휘자의 편곡이 너무나 아름다운 걸작이다.

〈El Testament d'Amèlia 아멜리아의 유언〉은 계모가 자신의 남편과 잤다는 사실을 안 아멜리아 공주가 계모가 준 독이 든 음료를 고의로 마시고 죽음을 선택한 비극이다.

16세기 민요 〈La Presó del Rei de França 프랑스 왕의 감옥〉은 중세의 멋이 찬란하다. 이는 1525년 이태리 밀라노를 점령하기 위한 파비아 전투에서 스페인군이 프랑스 왕 프랑수아 1세를 포로로 잡은 데서 유래한다고 한다.

〈El Comte Arnau 아르나우 백작〉도 지극히 고풍스러운 사운드로 중세 카탈루냐의 전설로 초대한다. 이는 탐욕스럽고 음탕한 전설적인 귀족 아르나우 백작이 수녀와의 육체적인 관계와 약속된 빚을 갚지 않은 악행의 대가로 죽지 않는 검은 말을 타고 불길에 휩싸이는 벌을 받는다고 한다. 노래 가사는 백작이 미망인을 유혹하는 부분인 듯하다.

히트곡 〈La Cançó del Lladre 도둑의 노래〉는 18세기 익명의 작가가 노래한 것으로, 마치 가곡 같은 우아함이 있다.

내 젊은 시절에, 백구두를 신고 싸구려 손수건을 꽂고, 너스레를 떨며 우쭐했지, 그리고 지금은 나쁜 삶에 빠졌네, 나의 직업인 도둑질을 시작했지, 박람회에 출품된 포터, 돈, 옷가지를 훔쳤어. 돈이 충분한데도 인형까지 훔쳤지, 그 사람과 결혼까지 하겠다고 속였네. 그러나 정의가 날 데려가네, 난 목숨으로 대가를 치르게 될 거야, 잘 있어, 진홍빛 카네이션이여, 안녕, 오늘의 별이여.

〈L'Estudiant de Vic 빅의 학생〉은 카탈루냐의 극작가 조세프 마리아 데 사가라Josep Maria de Sagarra(1894-1961)가 쓴 운문의 코미디로, 1840년 경 카탈루냐 북부 도시 빅이 배경이며 1927년 초연되었다고 한다. 젊은 남학생과 결혼하고 싶었으나 아버지의 반대로 떠난 그에게 작별을 고하는 내용이다.

가장 잘 알려진 노래 중 하나인 〈La Dama d'Aragó 아라곤의 여인〉은 오빠뿐만 아니라 미사를 집전하는 신부마저 미모에 반하게 되는 사랑의 도둑 안나 마리아 이야기이다. 현악의 고고한 선율에 떨리는 세라의 음성은 그녀의 숙명을 예고하는 듯 애틋하다.

흥겨운 〈El Ball de la Civada 귀리의 춤〉과 무반주로 노래한 〈Cançó de Batre 라듬의 노래〉은 농요이다.

첼로로 문을 여는 〈El Rossinyol 나이팅게일〉은 존 바에즈 Joan Baez도 1974년에 취입했는데, 이는 얼굴도 모르고 연애도 없이 부모 간의 합의로 성사되는 결혼에 대해 울부짖는 소녀의 노래이다.

〈La Presó de Lleida 레이다의 감옥〉은 1899년 초연된 작곡가 자우메 파이샤Jaume Pahissa(1880-1969)의 서정적 드라마로, 헝가리 왕의 손녀딸인 마르가리다와 양치기 소년의 비극적인 사랑이 그려진다. 사랑하는 마르가리다를 보러 온 양치기 소년은 누명을 쓰고 감옥에 갇히고, 슬피 노래하는 그의 목소리를 들은 그녀는 어버지에 무고와 용서를 구한다. 그러나 그녀의 아버지는 이에 굴복하지 않고 죄수들과 사형에 처하는데, 마침내 소년 복장을 하고 처형장에서 죽은 딸을 보고는 오열한다.

유로비전 송 콘테스트의 출전을 두고 정부와 마찰을 빚은 탓에, 이 앨범의 출시로 국민의 절반은 영웅으로 나머지는 배신자로 여겼다고 한다.

마리아 델 마 보넷Maria del Mar Bonet도 《Cavall De Foc 불의 말, 1998》에서 〈El Comte Arnau 아르나우 백작〉과 〈La Dama d'Aragó 아라곤의 여인〉을 노래한 바 있다.

그럼에도 이어진 세 번째 앨범 《Com Ho Fa el Vent 바람이 그러하듯, 1968》는 카탈루냐에서 1위를 기록했고, 다른 지역에서도 판매 기록을 경신하며 대성공을 거둔다.

타이틀곡 〈Com Ho Fa el Vent〉는 2분도 채 안 되는 연주

시간이지만 강렬하다.

바흐Bach를 연상시키는 피아노와 현악은 거센 바람처럼 휘몰아치다가 자유롭게 비행한다.

나는 바다에서 미풍처럼 태어났네, 친구인 태양과 비로부터 나는 법을 배웠지, 바람이 그러하듯 나는 이렇게 살고 싶어… 사람들 사이를 자유롭게 이동하는 바람처럼…

〈Paraules d'Amor 사랑의 말〉 역시 클래식한 현악 편곡이 돋보인다. 사랑을 표현할 줄 몰랐지만 사랑을 차츰 알게 되었던 순수한 15세 때의 첫사랑을 회상한다.

〈Marta 마르타〉는 아련한 추억에 잠기게 되는 바다 풍경화로, 하루 종일 들어도 질리지 않을 것 같다. 가사를 명확하게 해석할 순 없지만, 늙은 생선 장수 아버지와 함께 어린 동생들을 키우며 억척스럽게 살아가는 처자에게 연정을 느끼지만, 고백할 용기도 없었던 젊은 날의 초상일까?

〈Cançó de Matinada 아침의 노래〉는 매우 경쾌하며 활력이 느껴진다. 수탉이 울고 이슬에 젖은 나뭇잎이 고개를 들고 아이의 울음소리로 아침을 맞는 농촌의 아침이 정겹다.

La Paloma

1969 | BMG Ariola | 74321 77690

1. La Paloma
2. El Titiritero
3. Poco Antes de Que Den las Diez
4. En Nuestra Casa
5. Manuel
6. Tu Nombre Me Sabe a Yerba
7. Poema de Amor
8. Balada de Otoño
9. En Cualquier Lugar
10. Mis Gaviotas
11. Penélope
12. Tiempo de Lluvia
13. Manuel (Ver. 2)
14. Manuel (Ver. 3)
15. Poco Antes de Que Den las Diez (Ver. 2)

전년도에 유로비전 송 콘테스트 출전을 두고 언어적 문제가 불거졌음에도, 《La Paloma 비둘기》는 카탈루냐어로 발표되었다.

황금기의 시작을 알렸던 본작은 첫 곡을 따 《La Paloma 비둘기》로 불린다. 발표 당시는 10곡이 수록되어 있었지만 재발매되면서 EP로 발표된 5곡이 포함되었다.
수록곡 중 〈El Titiritero 인형술사〉, 〈Mis Gaviotas 갈매기〉와 〈Poema de Amor 사랑의 시〉는 전년도 유로비전 송 콘테스트 출전자로서 TV특집쇼를 위해 만든 작품이었다.

타이틀 〈La Paloma 비둘기〉는 스페인의 위대한 작가 라파엘 알베르티Rafael Alberti(1902-1999)의 작품으로, 내전 이후의 갈 곳을 잃은 스페인을 비유하는 등 중의적인 함축시이다. 아르헨티나 출신의 작곡가 카를로스 구아스타비노 Carlos Guastavino(1912-2000)가 1941년에 발표한 곡이다.
비둘기가 실수를 했다, 실수를 해버렸다. 북으로 가려다 남으로 갔다, 밀을 물이라 믿었다, 실수를 했다. 바다를 하늘이라 믿었다, 그리고 밤을 아침이라고, 실수를 했다. 별들을 이슬이라, 더위를 강설로 믿었다, 실수를 했다. 너의 스커트를 브라우스인 줄, 네 가슴을 자기의 집인 줄 믿었다, 실수를 했다. (비둘기는 강가에서 잠을 잤다. 너는, 나뭇가지 꼭대기에서) 7)

영화처럼 드라마틱한 침울의 음유시 〈El Titiritero 인형술사〉는 바람처럼 마을을 떠돌며 자신의 희로애락을 인형을 통해서 표출해야 하는 슬픈 운명을 그렸다. 프랑코 독재로부터 억압받았던 당시 정황을 우회적으로 비난한 것이었다.
현실의 가여운 사랑에 대한 슬픔을 담은 〈Poema de Amor 사랑의 시〉는 애틋함과 낭만적 서정으로 가슴을 따스하게 적셔준다. 서두의 낭송과 후미의 넋두리는 그의 떨리는 보컬로 더욱 절절하다.

---

7) 라파엘 알베르티, 「죽음의 황소」 안영옥(역), 솔, 1995, 118-120p

피아노와 바이올린 그리고 오케스트레이션으로 붉게 채색하는 풍경화 〈Balada de Otoño 가을의 발라드〉에는 떠난 사랑이 돌아오길 바라는 회한과 고독의 시정이 자리한다.

〈Penélope 에게해의 진주 페넬로페〉는 바르셀로나 출신의 오구스토 알게로Augusto Alguero(1934-2011)가 작곡하고 세라가 가사를 썼다. 본래 페넬로페는 그리스 신화의 오디세우스의 아내로, 남편의 오랜 트로이 원정 기간 동안 수많은 구혼자들의 유혹 속에서 정절을 지켜낸 인물이다. 조안 마누엘 세라는 이 신화를 현실적으로 새롭게 각색하였는데, 매일 곱게 차려입고 정류장 벤치에서 돌아오지 않는 연인을 기다리는 슬픈 이야기를 담았다. 그는 이 곡으로 이듬해 리우데자네이루 국제노래축제에 참가해 우승했다.

한편 프랑스의 연주음악 대명사 폴 모리아Paul Mauriat(1925-2006)는 1970년에 이를 연주곡으로 발표하였는데, 멕시코에서 출시될 음반을 위해 곡을 고르던 그에게 작곡자의 부친이 이 곡을 추천해 주었다고 한다. 정작 멕시코에서는 성공하지 못했으나, 추후 일본 등에서 큰 인기를 얻어 폴 모리아의 대표곡으로 알려지게 되었다.

로망스 〈Tiempo de Lluvia 비의 시간〉은 비 내리는 가을밤에 젖어드는 그리움을 은은하고도 촉촉하게 그려내고 있다.

무려 3개의 버전을 실은 〈Manuel 마누엘〉에는 자식의 죽음으로 꿈도 함께 묻어야 했던 가난한 소작농의 마른 눈물이 깊게 얼룩진다.

또한 동년에 발표된 스페인 시인 안토니오 마차도Antonio Machado(1875-1939) 헌정작 《Dedicado a Antonio Macha-do, Poeta》은 스페인어 가사로 출시되었다.
특히 이 앨범은 전혀 홍보를 하지 않았음에도 스페인 전역과 남미로 그의 명성을 전했고 상업적으로도 큰 성공을 가져다주었다. 하지만 이 두 앨범으로 카탈루냐 민족주의자들에 비판을 받았다. 이러한 언어 선택에 관한 논쟁에 대해 "나는 내게 금지된 언어로 더 많은 노래를 하고 싶다"고 일축했다.

그해 아들이 태어났고, 이듬해 밝은 희망에 가득 찬 《Mi Niñez 나의 유년기, 1970》를 선보인다. 아름다운 현악 오케스트레이션 편곡에 카스티아어로 쓰였는데, 지금까지도 가장 큰 상업적 성공을 가져다준 앨범 중 세 번째로 기록되고 있으며, 그의 황금기에 발표된 걸작 중 하나로 평가받고 있다.

특히 빛바랜 하지만 잊히지 않는 첫사랑의 추억에 젖게 되는 〈Los Debutantes 데뷔작〉은 '남과 여의 교향곡'이라는 노랫말대로 웅장한 현악이 감동적이다. 그럼에도 첫사랑이 동반하는 첫 키스의 황홀감에 이어 첫 이별의 아픔도 위로한다.

〈Amigo Mío 내 친구〉의 달콤하고도 활기찬 관현악의 향연은 너무나 상쾌하다. 이는 연인에게 사계마다 자신의 사랑을 전해달라는 내용이다.

이어 카탈루냐의 팬들을 위해 카탈루냐어로 쓴 《Serrat 4, 1970》를 발표했다.

Mediterráneo

MEDITERRANEO

JOAN MANUEL SERRAT

1971 | BMG Ariola | 74321 77702

1. Mediterráneo
2. Aquellas Pequeñas Cosas
3. La Mujer Que Yo Quiero
4. Pueblo Blanco
5. Tío Alberto
6. Qué Va a Ser de Ti
7. Lucía
8. Vagabundear
9. Barquito de Papel
10. Vencidos (poema de León Felipe)

화사하고도 따스한 햇살을 커버에 담고 있는 본작 《Mediter -ráneo 지중해》 역시 그가 세계적인 명성을 얻는데 중요한 역할을 했던 대표작이다. 보다 대중적인 팝 멜로디는 2인의 편곡자들에 의해 유유한 오케스트레이션으로 연주되었다.
삼바 라운지로 채워진 〈Mediterráneo 지중해〉는 어린 시절  의 꿈과 사랑을 담은 것으로, 뜨거운 열망과 푸르른 낭만과 환한 빛이 아른거린다. 손에 잡힐 듯한 생생한 시간은 빠른 템포로 지나간다.

달콤하고도 낭만적인 현악이 돋보이는 〈Aquellas Pequeñas Cosas 사소한 것들〉은 우리가 인지하지 못하는 작지만 소중한 추억들을 들춰 준다. 사진첩에 함께 있던 옛 사람들과의 에피소드처럼 가장 개인적인 감정을 담았다고 한다.

〈La Mujer Que Yo Quiero 내가 사랑하는 여인〉은 라틴팝의 전형이라 할 만큼 친밀한 멜로디로 사랑의 열망을 그려간다.

〈Pueblo Blanco 창백한 동지들〉은 독재정권하에 억압받으며 숨져간 젊은 영혼에 바치는 슬픈 진혼이 뜨겁다.

바람의 왈츠 〈Tío Alberto 알베르토 아저씨〉는  힘든 현실에서도 사랑에 대한 꿈을 간직하고 희망으로 살아가는 소시민을 위한 찬가라 할 수 있다.

돋보이는 애절한 로망스 〈Lucía 루시아〉는 사랑 고백으로, 피아노와 현악의 고색창연한 서정에 그의 음성은 그리움에 떨린다.

…루시아, 널 떠올리면 다른 건 잊어버릴 정도로 하루하루가 달콤해. 그리고 너의 그림자는 내 침대에서, 내 베개와 내 고독 사이의 어둠과 함께 아직 잠들어있네…

이별의 아픔을 노래한 〈Vagabundear 방황〉은 빠른 현악의 템포가 강풍처럼 몰아친다.

유년의 동심과 미소를 회상한 〈Barquito de Papel 종이배〉에는 맑은 낭만이 부드러운 순풍에 실린다.

스페인의 시인 레온 펠리페León Felipe(1884-1968)의 작품을 서사적인 드라마 구성으로 각색한 〈Vencidos 패배〉에는 라만차 평원 사랑의 전투에서 패배하여 낙담한 돈키호테처럼 되지 않기를, 다시 일어나 불의에 저항할 수 있는 용기를 달라고 노래한다.

…패배한 기사여, 당신의 산 위에 나를 위한 자리를 마련해 주십시오. 나 또한 괴로움으로 가득 차 있어서 싸울 수 없기 때문입니다! 명예의 기사여, 나를 등에 업고 당신과 함께 목자가 되도록 데려가소서, 라만차 평야를 지나면 돈키호테의 모습을 다시 한번 볼 수 있기를.

이후 본작으로 거행한 푸에르토리코 대학 공연은 푸에르토리코 대중음악계에 많은 영향을 주었으며, 그해 발표된 '베스트 10'으로 기록되었다.
또한 2004년 스페인의 음악 매거진 록디럭스Rockdelux는 발행 20주년을 맞이하여 특집기사로 '20세기 스페인 대중음악 100선'을 기획했는데, 그 편집자는 본작을 3위에 올렸다고 한다.

Miguel Hernández

Joan Manuel Serrat

MIGUEL HERNANDEZ

1972 | BMG Ariola | 74321 77733

1. Menos Tu Vientre
2. Elegia
3. Para la Libertad
4. La Boca
5. Umbrio por la Pena
6. Nanas de la Cebolla
7. Romancillo de Mayo
8. El Niño Yuntero
9. Cancion Ultima
10. Llego con Tres Heridas

스페인 내전(1936-1939) 후 옥중에서 투병하다 사망한 시인 미겔 에르난데스Miguel Hernández(1910-1942)의 30주기를 기리는 헌정작이다.
1970년대의 특징적인 서정의 오케스트레이션 편곡을 거쳐 그는, 사회적 혼란과 정치적인 격동을 겪으며 삶과 죽음 사이의 줄다리기 속에서 사랑을 노래했던 한 민중시인의 10개의 실존주의 작품들이 음악의 옷을 입었다.

〈Elegia 비가〉는 미겔 에르난데스가 우정을 나누었던 작가 라몬 시예Ramón Sijé(1913-1935)의 죽음을 위한 축문이다. 그는 옷감 상인의 아들로 태어나 반反로맨틱 작가로 언론인으로 살다 젊은 나이에 병으로 요절했다. 그의 짧은 인생에서 삶과 죽음과 사랑의 안식을 기리며, 동지를 잃은 슬픔도 멀리 보낸다.

〈La Boca 입〉은 미겔 에르난데스의 시상을 잘 드러내고 있는 작품이 아닐까 한다. 안온한 낭만의 현악에는 하늘과 땅 사이의 아름다운 풍경들을 모아놓은 것 같다.

…위로 아래로, 날갯짓하는 노래. 입맞춤으로, 느린 죽음에의 갈증으로, 화化해버린 죽음이여, 너는 피 흘린 잔디에 두 번의 세찬 날갯짓하는구나. 윗입술은 하늘이요, 다른 입술은 땅이구나. 어둠 속을 방랑하는 입맞춤, 첫 번째 묘지에서, 마지막 별들까지, 방황하며 다가오는 입맞춤… 네 혀로, 가장 밝은 여명을, 꺼냈던 입이여. 세 개의 말, 세 개의 낙인을 너는 물려받았다. 삶, 죽음, 사랑. 거기, 너의 입술 위에 씌어 남아있다.8)

〈El Niño Yuntero 밭 가는 아이〉는 가난을 대물림 받은 어린 소작농의 이야기로, 동정 어린 고뇌가 느껴진다.

…그는 내 가슴을 쟁기로 파헤치고, 내 목구멍에 그의 삶을 담고, 나는 그가 경작한 커다란 땅을 보며, 고통스러워한다. 한 톨의 귀리보다도 작은 이 꼬마를, 누가 구원할 것인가? 이 사슬 만든 매정한 망치는, 어디서 나올까? 날품팔이 어른들의, 가슴속에서 해방되거라. 그들은 어른이기 전에, 밭 가는 아이이고 아이였으니.9)

스페인 내전 중 쓴 〈Cancion Ultima 마지막 노래〉는 좌절과 고통 속에서 느끼게 되는 간절한 사랑의 환상곡으로, 애절한 현악과 함께 세라의 음성은 깊게 흐느낀다.

채색되어 있어, 비어있지 않아, 내 집은, 거대한 정열과 불행의 빛깔로, 채색되어 있어. 황량한 식탁과 허물어진 침대 안고, 눈물 나라 끌려갔던 내 집은, 돌아올 거야. 베개들 위에는, 키스가 만발하겠지, 시트는 육체들 주위에, 그 향기 짙은 밤메꽃을, 드리울 테지. 창 너머로, 증오가 무디어지는구나. 그건 부드러운 발톱일 거야, 내게 희망을 남겨 줘.10)

록풍의 〈Llego con Tres Heridas 세 개의 상처 안고 그가 왔네〉의 단편으로 미겔 에르난데스의 작품집을 마무리한다.

세 개의 상처 안고 그가 왔네, 사랑의 상처, 죽음의 상처, 삶의 상처…11)

그는 오랜 세월이 지나 《Hijo de la Luz y de la Sombra 빛과 그림자의 아들, 2010》에서 다시 미겔 에르난데스를 추모했다.

8) 미겔 에르난데스, 「양파의 자장가」 배은정(역), 솔, 1995, 58-62p

9) 앞의 책, 112-118p
10) 앞의 책, 142p
11) 앞의 책, 146p

Per al Meu Amic

1973 | BMG Ariola | 74321 77705

1. Helena
2. Menuda
3. La Primera
4. Caminant per l'Herba
5. Pare
6. Els Falziots
7. Canco per a la Meva Mestra
8. El Vell
9. Per al Meu Amic

카탈루냐어로 발표된 《Per al Meu Amic 내 친구를 위하여》에 대해서 일부 평론가들은 가장 아름답고 성공적인 작품들 중 하나라는 찬사를 덧붙였다. 이는 본작을 들어보면 쉽게 수긍이 갈 만큼 작곡가와 가수로서 탁월한 재능을 보여주고 있다.

서정의 피아노 서주가 감미롭게 이끄는 〈Helena 엘레나〉는 그의 가장 아름다운 로맨스 중 하나이다. 중반에 리듬이 가미되어 블루스록으로 변이되면서, 지난 사랑의 추억과 열망에 사로잡힌다.

며칠 전 발코니에 기대어, 할 일도 잊은 채, 지루해하는 참새와 함께 이야기를 나누었네… 엘레나 곁을 지나갈 때, 그녀가 지긋이 바라볼 때, 그녀에게 준 것을 원할 때, 그녀가 울부짖을 때, 그 상처를 알고 그녀가 눈을 감을 때, 그러나 나는 떨고 있었네, 그녀가 사랑할 때, 그 사랑이 찾아왔지. 흔들리는 그늘막 사이로, 그림자와 빛줄기는 유려한 강물을 향해 흐르네. 오랜 기다림의 색깔과 향기, 보름달, 나의 엘레나. 그러나 나날은 지나가고, 선명한 상처만 남았네, 내 손가락은 부러졌고, 결국 참새는 달아나버렸네.

자신을 조금이라도 생각해달라며 사랑을 애원하는 〈Menuda 조금이라도〉는 1970년대의 화려한 오케스트레이션 편곡의 전형을 맛볼 수 있다.

〈La Primera 첫사랑〉에서는 첫사랑이 찾아온 첫봄날, 첫 향기, 그리고 첫 로맨스에 대하여 하얗게 눈이 시린 솔직한 감정을 털어놓는다.

홀가분하면서도 전원적인 정취가 느껴지는 〈Caminant per l'Herba 수풀 산책〉은 9월의 저녁 산책을 소재로 한 경수필이다.

〈Pare 아버지〉에는 가족에게 강이고 숲이었던 아버지 인생에 대한 존경을, 〈Canco per a la Meva Mestra 나의 선생님을 위한 노래〉에는 작은 동심에 평화의 세상을 심어준 선생님에 대한 감사를 담았다.

바르셀로나 출신의 시인 조안 베르제Joan Vergés (1928-2014)의 작품 〈El Vell 노파〉에는 노인의 여생에 대한 평온한 안식을 심었다.

명작 〈Per al Meu Amic 내 친구를 위하여〉는 항상 자신의 꿈이었고 사랑이었으며 희로애락을 나누었던 우정에 관한 드라마이다.

나누어 왔던 진한 우정에 관한 시로, 기승전결의 악곡이 드라마틱하게 전개된다.

이후 《Canción Infantil 동심을 노래하다, 1974》에서 피아노의 서정이 애틋한 〈Soneto a Mamá 엄마의 소네토〉를 떨리는 목소리로 노래했다.

그는 스페인 TV방송의 금지도 풀려 바르셀로나 포블레노우Poblenou 극장에서 카탈루냐어로 특설무대를 가졌으며, 이 공연은 역사 다큐 「La Ciu -tat Cremada 화재의 도시, 1976」에도 실렸다.

하지만 1974년 말 당시 스페인에서 일어났던 한 사건의 사형판결에 대해 프랑코 독재를 비난하다 멕시코로 추방당한다. 약 1년여의 망명 기간에 멕시코를 뮤지션들과 함께 버스를 타고 떠돌았고, 공연으로 돈을 벌어야 했다. 전혀 작곡 활동을 할 수 없었기에 다른 싱어송라이터들의 전투적인 노래를 주로 불렀다. 그러나 대부분의 남미 정치 상황도 군부 독재였기에 입국이 불허했고, 활동도 극히 제한적이었다.
1975년 11월 20일 프랑코가 사망 후, 고향 바르셀로나로 돌아온 그는, 이전에 녹음해 둔 《Para Piel de Manzana 사과의 피부를 위해, 1975》를 발매, 이는 스페인과 미국, 아르헨티나에서도 출시되었다.
이듬해에는 LA, 샌프란시스코 그리고 뉴욕 등 미국에서 처음으로 공연을 가졌고 갈채를 받았다.

1978 | BMG Ariola | 260922

1. Ciudadano
2. Irene
3. Cenicienta de Porcelana
4. A Una Encina Verde
5. Que Bonito es Badalona
6. Por las Paredes (Mil Años Hace…)
7. Tordos y Caracoles
8. Luna de Dia
9. Historia Conocida

프랑코 독재가 막을 내린 후 발표한 《Res No Es Mesquí 비열함은 없다, 1977》는 카탈루냐의 사회주의 작가 조안 살바 파파쎄이트Joan Salvat Papasseit(1894-1924) 헌정작이었다. 이 앨범에서 사회 변화에 대한 그의 감회는 더더욱 흔들리는 바이브레이션으로 고조되고 있다.
1978년에 발표한 본작은 〈Irene 이렌느〉, 〈Luna de Dia

1978년에 발표한 본작은 〈Irene 이렌느〉, 〈Luna de Dia 낮의 달〉 등 전체적으로 밝은 포크 스타일의 노래들을 수록했다. 잔잔한 전원적 향기가 낭만 카페를 만들어준다.

작가 호세 아구스틴 고이티솔로José Agustín Goytisolo(1928-1999)의 〈Historia Conocida 유명한 이야기〉는 시인 미겔 에르난데스Miguel Hernández(1910-1942)를 기리는 노래이다.

이건 유명한 이야기라네, 우리 모두가 기억하지, 민중의 바람은 마을에서 길을 잃었지, 그러나 끝나지 않았어. 오래전 우리 사이에 한 남자가 있었지, 밝고 활기찬, 죽음에서도 사랑과 삶을 노래하던, 마치 새처럼. 이 얼마나 좋은 것인가! 탄생, 저술, 무력함 죽이기. 그의 시는 연구되고 인용되었네, 그리고 다른 것들, 사람들. 그러나 그의 이름은 여전히 계속되고 있네, 문제의 그날을 그리고 많은 다른 것들을 기다리는 우리처럼, 종결을 위한 그 은신처…

부친을 여읜 해 발표된 후속작 《Tal com Raja 드러나는 대로 그렇게, 1980》 역시 그의 소소한 일상을 반영했다.

스페인 팝 정상을 차지했던 《En Tránsito 여로에서, 1981》로 1980년대를 열었는데 그는 안정되고 달콤한 음악으로 새롭게 정비하고 성숙한 경지에 이르렀음을 증명했다.

《Cada Loco con Su Tema 누구에나 자신의 생각이 있지, 1983》로 국립 저작권협회 시상식에서 문화부 장관상을 받은 후, 대규모 남미 투어를 거행했다.

카탈루냐어로 발표한 《Fa Vint Anys Que Tinc Vint Anys 20년 전 내 스무살, 1984》에는 〈Plany al Mar 슬픈 바다〉와 〈Seria Fan-tastic 환상일 거야〉 등이 돋보인다.

《El Sur También Existe 실존의 남부, 1985》에서는 우루과이 출신의 작가 마리오 베네데띠Mario Benedetti(1920-2009)의 시를 노래했고, 《Sinceramente Teu 친애하는 여러분, 1986》은 스페인어로 발표한 히트곡들을 카탈루냐어로 다시 부른 작품이었다.

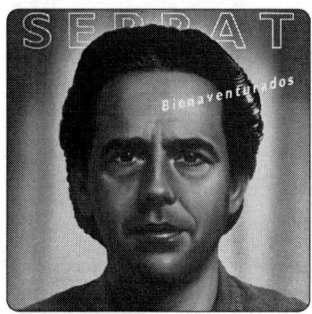

현실참여작 《Bienaventura-dos 천국, 1987》에서는, 타이틀곡으로 가톨릭과 신교도 사이의 기독교회 분쟁을 꼬집었고, 〈Lecciones de Urbanidad 공손함에 대한 교습〉에서는 남아있는 독재의 잔재를 지적했다.

〈Detrás, Está la Gente 뒤에 사람이 있다〉로 분쟁과 영광 사이에서 상처받는 소시민들을 기억하라는 메시지를 녹여냈다. 현대사회가 안고 있는 병폐 속에서 인간애의 덕목을 표출시킴으로써 그의 노바칸소가 재생되었다.

1980년대 마지막 카탈루냐어 앨범 《Material Sensible 민감한 소재, 1989》에는 슬픈 발라드 〈La Rosa de l'Adeu 작별의 장미〉가 주목할 만하다.

사회적 차별과 편견 속에서 노동력을 착취당하며 살아가는 불법 이민자의 고통을 그린 〈Salam Rashid 살람 라쉬드〉에는 플라멩코 기타리스트 파코 데 루시아Paco de Lucía(1947-2014)가, 범행사건을 소재로 한 〈Malson per Entregues 양도의 악몽〉에서는 여가수 아나 벨런Ana Belén이 참여했다.

Utopía

1992 | BMG Ariola | 262985

1. Y el Amor
2. Toca Madera
3. Juan y Jose
4. Disculpe el Señor
5. El Hombre y el Agua
6. Mirame y No Me Toques
7. Pendiente de Ti
8. Maravilla
9. Cuando Duerme el Rock & Roll
10. Utopia

차트 정상을 차지하며 1990년대를 활짝 연 본작은 그의 가장 유명한 대표작 중 하나이다. '이상향'이란 주제 아래 다채로운 음악들을 선보였는데, 이 또한 현실 문제들을 녹여낸 트로바 음악이었다.

원숙한 목소리의 애틋한 발라드 〈Y el Amor 그래서 사랑이야〉는 계속해서 반복하고픈 트랙이다. 유약한 반주와 애절한 보컬은 가볍게 변질되어 버린 사랑의 고귀함을 다시금 일깨운다.

그건 삶의 기적이야, 터득한 본능이며, 발견한 행운이고, 체험하는 맛이지. 그건 눈에 아른거리는 환상이야, 합일의 기쁨이며, 또 찾게 되는 두려움이고, 맛보는 오만이지. 그건 알몸의 감동이야, 그리고 천천히 탐색하는 놀이며, 황홀한 열정으로 애무하는 의식이지. 그건 일치되고 굴복당하는 환희야, 타오르고 넘치는 안도감이네. 그것이 사랑이야, 그래서 사랑이지.

아프로-쿠반의 후끈한 열기가 느껴지는 〈Toca Madera 그렇게 되지 않으면 좋겠어〉는 사회가 당신을 보호  하고 있기에 사랑과 죽음 사이에 두려워할 일은 없다는 믿음을 권고하고 있는 듯하다.

오랜 우정의 에피소드를 그린 〈Juan y Jose 후안과 호세〉은 맑은 하늘을 바라보고 있는 듯한 평온하고도 유유한 가스펠이다. 자신의 친구들에게 헌정한 곡이지만, 카스티야어와 카탈루냐어 사이에서 자신을 상징하고 있기도 하다.

〈Disculpe el Señor 실례합니다 하나님〉에서는 쉬지 않고 힘들게 일하는 노동자들이 여전히 빈곤한 이유를 묻는다. 빠른 템포에 흔들리는 충동을 담아 극빈층에 대한 사회적 관심을 권고하고 있다.

〈El Hombre y el Agua 인간과 물〉는 생명의 젖줄로서의 물의 소중함을 일깨우는 환경보전 캠페인 노래였다.

우아한 볼레로풍의 연가 〈Pendiente de Ti 자신을 되돌아봐〉는 인기 혼성그룹 프레순토스 임플리카도스Presuntos Im-plicados의 홍일점 보컬리스트 솔레다드 히메네스Soledad Giménez와 함께 노래했다. 일방적이고도 이기적인 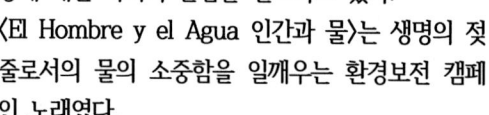  연인의 태도로 인한 고통을 고백하면서, 지역이기주의를 고발하고 자기반성과 상대방에 대한 깊은

이해를 충고하고 있다.

감미로운 소프트 재즈로 들려주는 〈Maravilla 경이〉에서는 우루과이 출신의 시인 마리오 베네데띠Mario Benedetti(1920 -2009)의 시를 노래했다.

파코데루시아Paco de Lucía(1947-2014)의 정열의 플라멩코 기타를 들을 수 있는 〈Utopia 이상향〉은 꿈과 희망에 대한 의미를 노래한 걸작이다.

…이상이 없다면, 삶은 죽음을 향한 답습에 불과해. 이상향 은 현실을 혼란스럽게 하기에, 당신의 사랑을 닮았지만, 오 유토피아, 새로운 나날에 빛을 주네.

후속작 《Nadie es Perfecto 완벽한 사람은 없네, 1994》 등 1990년대식 노바칸소는 계속되었다.

DVD로도 출시된 《El Gusto es Nuestro 우리의 기쁨, 1996》 에서는 아나 벨렌Ana Belén, 미겔 리오스Miguel Ríos, 빅토르 마누엘Victor Manuel을 초대하여 자신의 히트곡들을 불러주 고 있다.

커버처럼 소시민들의 꿈이 날기를 바랐던 《Sombras de la China 중국인의 그 늘, 1998》중 〈Los Macarr -as de la Moral 윤리적 서민〉에는 플라멩코 여가수 지네사 오르테가 Ginesa Ortega가 참여했다.

《Cansiones 깐시온, 2000》에서는 베네수엘라 국보급 가수 시몬 디아스Simón Díaz(1928-2014), 칠레의 민중가수 비올레 타 파라Violeta Parra(1917-1967)와 빅토르 하라Victor Jara(19 32-1973), 멕시코 란체라 명인 호세 알프레도 히메네스José Alfredo Jiménez(1926-1973) 등의 노래를 불렀다.

2000년대에 들어 그는 바르셀로나 심포닉 오케스트라 앞에 서 자신의 히트곡을 녹음하여 《Serrat Sinfónico 세라 심 포니, 2003》로 발표했으며, 《Mô 모, 2006》은 2000년대 들 어서 처음으로 발표한 카탈루냐어 앨범이었다.

《Dos Pájaros de un Tiro 일석이조, 2007》에서 함께했던 싱어송라이터 호아킨 사비나Joaquín Sabina와의 협력은 《La Orquesta del Titanic, 2012》에도 이어져 노장의 예술혼을 불태웠다.

2000년대 초반부터 라이브의 발목을 잡아왔던 건강상의 이 유에도 아르헨티나 루나 파크에서의 라이브 기록인 《En el Luna Park, 2012》에 이어, 2014년 1월 멕시코의 벨라 아 르테스 궁전 음악당에서 가진 실황 《En Bellas Artes 벨레 아르테스에서, 2015》를 발표했으며, 2015년에 그의 음악 경 력 50년을 기념하는 대대적인 국제투어를 거행했다.

그의 라이브는 계속해서 이어졌고, 2022년 마지막 콘서트 후 은퇴했다.

브라질의 코미디언이자 가수이며 작가로서의 삶을 살았던 주카 사비스(1938-2023)는 본명이 주란디르 차츠케스 사비스 Jurandyr Czaczkes Chaves로, 리우데자네이루에서 태어난 오스트리아 유대인 이민자의 아들이었다.

클래식 음악을 배웠던 어린 시절부터 작곡했으며, 1950년대 후반에 감상적인 스타일의 지역 전통음악 모디냐Modinha와 아프로-쿠반 대중음악 트로바Trova를 연주하며 몇 장의 EP를 내고 경력을 시작했다.

데뷔 앨범 《Duas Faces de Juca Chaves 주카 사비스의 두 얼굴, 1960》을 낸 후, 1960년대에는 빅탑 텐트를 세워 자신의 쇼 「Menestrel Maldito 저주받은 음유시인」을 공연했다. 쇼의 제목은 거성 비니시우스 지 모라이스Vinícius de Mora-es(1913-1980)가 그에게 붙여준 별명이다. 관중들은 빈민가 지도자들에서 상류층의 정치인, 사업가 등이었다.

그는 군사 정권, 주류 언론, 음악 시장 자체를 비판했으며, 1970년대 초 에밀리우 가라스타주 메디치Emílio Garrastazu Médici 대통령 시절에는 추방되어 포르투갈로 망명했다. 당시 집권하고 있던 파시스트 정권에 대한 그의 풍자가 텔레비전과 라디오에서 인기를 얻어 포르투갈 독재 정권을 피해 또다시 이태리로 이주해야 했다.

브라질로 돌아온 후 텔레비전 진행자가 되었으며, 1980년대에 그는 독립 레코드 레이블인 Sdruws Records를 설립했다.

2006년과 2010년에는 정치에 뜻을 두어 출마했지만 낙선했다고 한다. 2015년에는 당시 진행 중인 노동당 정부의 돈세탁 부패 수사를 언급한 〈Adeus em Ritmo de Lava Jato 세차 작전의 리듬이여 안녕〉을 발표하기도 했다.

A Personalidade

1961 | Discobertas | DBSL-126

1. Verinha
2. Que Saudade!
3. Seguirei Teus Dúbios Passos...
4. Quando Partiste
5. Os Teus Olhos
6. Verde Olhar Encantado
7. Mudança de Destino
8. Caixinha... Obrigado!
9. Chapéu de Palha com Peninha Preta
10. Auto Retrato
11. Por Teu Sorriso
12. Se Tu Soubesses

본작 《A Personalidade 개인화》는 그의 세 번째 앨범이다. 싱어송라이터로서의 그의 재능을 엿볼 수 있으며, 당시 브라질에서 활동했던 이태리 Fonit Cetra 레이블의 음악 감독이자 영화음악가 엔리코 시모네티Enrico Simonetti(1924-1978)

의 편곡과 연주도 매우 고상하다. 왈츠Valsa, 모디냐Modinha, 삼바Samba의 장르를 각 4곡씩 수록했다.

화사하기 그지없는 봄날의 왈츠 〈Verinha 베리냐〉는 헤어진 연인을 잊지 못하고 다시금 사랑의 환상에 젖는다. 대표적인 로망스 〈Que Saudade! 얼마나 그리운지〉는 피아노와 현악이 최고의 서정을 들려준다. 샹송 가수 마리 라포레Marie Laforêt(1939-2019)도 1970년에  〈Modinha 모디냐〉란 제목으로 취입한 바 있다.

얼마나 당신이 그리운지, 이미 난 지쳤네. 내 영혼의 삶을 자랑스럽게 해준 너. 꿈의 햇살이 사라졌네. 네 미소의 시에서 난 얼마나 더 슬피 잠들어야 하나, 넌 내 안에 꽃을 심었지만, 사랑이 머무는 정원에는 지독한 상처로 피었네.

〈Seguirei Teus Dúbios Passos... 네 의심스러운 발걸음을 따르겠네〉는 너무나 밝은 세레나데이다.  〈Verde Olhar Encantado 매혹의 녹색 눈〉의 플루트협주곡은 황홀함의 극치로, 감미롭고 부드러  운 향기로 가득 채운다.

혼성 코러스가 경쾌한 삼바 〈Mudança de Destino 운명의 변화〉는 리우데자네이루에서 브라질리아로의 천도를 풍자한 듯하다. 그런다고 청탁과 부정부패가 사라지고 경제활동이 자유로운 나라가 될 수 있을까? 하는 의구심이 재치 있게 그려져있다.

히트 삼바 〈Caixinha... Obrigado! 사례금 고마워〉는 당시 브라질의 정치사회를 신랄하게 비평한 노래로, 정치인이나 부자들이 찾는 여성의 외모지상주의, 도둑과 타락  한 경찰, 국민의 눈을 축구에 집중시키는 언론, 불신의 의료, 저임금의 생활고 등을 나열했다.

사랑의 전원시 〈Se Tu Soubesses 네가 알고 있었다면〉도 꿈결 같다.

1960년대 그는 싱글과 이태리에서 발매된 2장을 제외하고 5장의 LP를 발표했다.

Juca Bom de Câmera

1977 | Discobertas | DBSL-146

1. A Cúmplice
2. Nos, Irracionais
3. Cantiga para Lara Dormir e Sonhar
4. Pavana para um Roxo Amor
5. Vou Viver Num Arco-Íris
6. Paixão Segundo o Nosso Amor
7. Por Quem Sonha Ana Maria
8. Menina
9. Pequena Marcha para um Grande Amor
10. Que Saudade
11. Aquarela de Sonhos
12. Cantata para a Condessa Alessandra

전년에 포르투갈에서 발표한 코미디 풍자 라이브쇼 《Em Portugal 포르투갈에서, 1974》와 《Ninguém Segura este Nariz 아무도 이 코를 잡지 않네, 1974》에 이어, 브라질로 돌아와 《Juca Bom de Câmera 좋은 카메라 주카》을 발표

했다. 그의 대표곡으로 꼽히는 작품들이 대거 수록되었고, 기존에 발표했던 곡도 새롭게 연주하여 고국의 팬들에게 인사를 전했다. 파반느나 칸타타 등의 제목에서 짐작되듯 여전히 클래시컬하고 낭만적인 전원시들인데, 감상하다 보면 졸음이 쏟아질 만큼 따사로운 봄날 오후가 열린다. 사실상 전곡이 아름다운 걸작이다.

나른하기 그지없는 〈Nos, Irracionais 우린 비합리적이야〉는 비인간적이고 폭력적이며 이기주의적인 성향을 소재로 했는데, 위협하는 곤충이나 사람을 무는 개들도 우리처럼 고통을 느끼며 인간에 대한 분노를 느끼는 존재라 말하며, 개미가 신이라면 어떠했을까? 라는 물음을 남긴  다. 물론 이는 자신과 타인의 관계도 포함하고 있는 듯하다.

평온한 자장가 〈Cantiga para Lara Dormir e Sonhar 라라의 잠과 꿈을 위한 노래〉는 동심의 꿈나라에서 펼쳐지는 낙원의 모습처럼 환하다.

〈Pavana para um Roxo Amor 보라색 사랑을 위한 파반느〉는 그가 포르투갈에서 다시 이주했던 이태리에서의 영향을 감지할 수 있다. 안젤로 브란두아르디Angelo Branduardi를 연상시키는 중세풍의 민속 악극으로 찬란한 빛을 발한다.

〈Paixão Segundo o Nosso Amor 우리 사랑의 열정〉은 전주곡Prelúdio, 토카타Tocata, 푸가Fuga의 3악장으로 구성된 본작의 백미로, 바흐Bach의 궁정음악을 연상시킨다. 플루트와 피아노 그리고 고색창연한 현악의 클래시즘은  너무나 아련하다. 베스트앨범 《O Melhor de Juca Chaves, O Menestrel do Brasil 주카 사비스의 최고, 브라질 대사, 1995》에는 하프시코드 음색과 기타와 현악으로 고풍스러운 향취를 들려준다.

〈Por Quem Sonha Ana Maria? 아나 마리아는 누구를 꿈꾸는가〉는 영화 「Husband of a Good Woman, 1960」에

삽입된 것으로, 1957년 발표 싱글에 이어 1960년 데뷔작에도 수록된 대표곡이다. 아리따운 만인의 여인 아나 마리아를 그리며 잠 못 드는 사내들의 애틋한 세레나데가 매우 달콤하다. 본작에는 새롭게 연주되었으며, 베스트앨범에는 데뷔작 버전으로 수록되었다.

〈Menina 소녀〉도 온화한 모다냐로, 짝사랑하는 한 소녀를 곁에 두지 못하는 괴로움으로 소년은 애를 태운다. 본래 1957년 싱글 발표곡으로 본작에는 새롭게 연주되었으며, 베스트앨범에는 투명한 기타 포크의 데뷔작 버전으로 수록되었다.

〈Pequena Marcha Para Um Grande Amor 위대한 사랑을 향한 작은 행진〉 역시 짝사랑의 마음을 노래한 곡으로, 베스트앨범에 수록된 《O Senhor Juca Chaves, 1963》 앨범 버전은 부드러운 여성 코러스로, 본작에는 피아노와 마칭드럼으로 편곡되었다.

달은 부끄러워 잠이 드네, 새벽의 패션쇼에서. 내 눈은 창가 아래서 꿈을 꿀 거야, 그녀의 눈에 내 사랑이 숨어 있어. 네가 볼 수 없는 곳에 숨어 있지, 내 사랑은 비밀이 아닌데, 넌 보지 못하지, 난 너라는 비밀이 무서운데…

〈Que Saudade 얼마나 그리운지〉는 마치 자장가처럼 새롭게 편곡되었는데, 마치 꿈속에서도 그리워 잠을 뒤척이는 것 같다.

고풍스럽고도 청아하기 그지없는 데뷔작 수록곡 〈Aquarela de Sonhos 꿈의 수채화〉도 풍성한 현악으로 다시 연주하였는데, 역시 사랑의 욕망을 그린 그의 모다냐 중 하나이다.

밤이네, 달은 여전히 빛나, 사랑의 거리, 풍경은 수채화의 꿈처럼 그려져, 아픔으로 슬퍼. 그리고 내 안에 사는 소녀가 길모퉁이에서 나타나는 걸 보네. 너무 아름답고 신성한 그녀를 보면, 별은 마침내 기절한다네. 아름다운 너, 오 완전한 장미여!, 넌 내 욕망이고 영감의 입맞춤이야, 봉헌할 것은 없네, 그러나 이미 흘린 눈물은 깨진 사랑의 꿈이라네…

〈Cantata Para A Condessa Alessandra 알리산드라 백작부인을 위한 칸타타〉는 파반느Pavana, 가보테Gavota, 후주Finale로 구성된 바로크풍의 로망스로, 눈부시고 애틋한 음악 드라마이다.

이후 그의 코미디 라이브쇼를 담은 《O Pequeno Notável 조금 놀라운, 1979》을 발표했으며, 1980년대에는 4장의 LP를, 2000년대 초 두 장의 CD를 냈다고 한다.

가사가 궁금한 곡들이 많음에도 재발매된 CD나 인터넷에 누락하거나 업로드되지 않은 것이 아쉽다.

수록곡들이 다수 낭랑하면서도 가벼운 그의 보컬에는 청자를 휘어잡는 가창력은 발견할 순 없지만, 서정적인 악곡에 이야기를 들려주는 화자로서 다정다감함이 크게 어필한다.

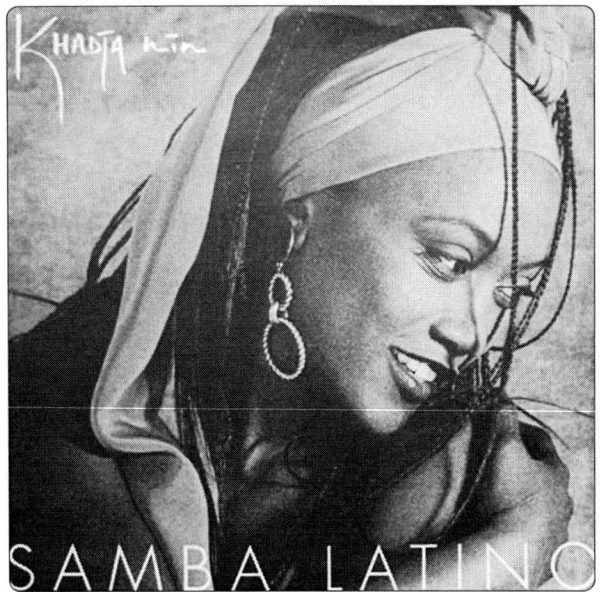

検은 대륙에 울리는 평화의 영가
Khadja Nin • 카쟈 닌
Burundi | Belgium

아프리카 중부내륙의 작은 나라 부룬디. 1962년 벨기에로부터 독립한 이후 소수파 집권층인 투치족과 다수파 피지배 종족 후투족 간에 정권 탈취를 위한 대립과 항쟁이 단속적으로 계속되었다.

1965년 다섯 차례의 쿠데타를 겪으며 보복전이 지속되었고, 1993년 최초로 후투족이 정권을 잡게 되었으나 대통령이 암살당하고 내전이 발발했다.

세계가 외면하려 했던 부룬디 내전의 실상을 자국어인 부룬디어와 아프리카의 스와힐리어 그리고 불어로 슬피 노래했던 가수 카쟈 닌…

그녀의 본명은 자닌 앙띠루바마Jeanine Ntiruhwama로 8명의 형제자매 중 막내로 1959년에 출생했다.

몸집이 왜소하여 친구들과 형제들은 그녀를 'Ka Jeanine (little Jeanine)'이란 별명으로 불렀다. 부친은 내부무 장관으로 근무했고 외교관을 지냈다.

형제자매가 그랬던 것처럼 그녀도 어릴 때부터 음악을 배웠는데, 특출한 가창력으로 7세 때 수도 부줌부라Bujumbura 성가대에 들어가 리드 보컬리스트가 되었고 지역 성당을 돌며 연주했다.

1975년 부룬디를 떠나 콩고의 자이레로 가게 되었고, 3년 뒤 벨기에 출신의 세계적인 레이싱 선수 재키 익스Jacky Ickx와 결혼, 1980년에 두 살배기 아들과 함께 남편의 나라 벨기에로 이주한다.

1985년 뮤지션 니콜라스 프리즈먼Nicolas Fiszman을 만났고 그의 도움으로 가수의 길을 걷게 된다. 어릴 적 별명의 아프리카식 표현인 'Khadja Nin'의 이름으로 1992년 데뷔했다.

유럽의 지배를 받았던 아프리카의 슬픈 과거로 인류애를 노래했던 남아프리카 출신 여가수 미리암 마케바Miriam Makeba (1932-2008)가 그녀의 우상이었다.

Ya Pili…

Khadja nin
Ya pili...

1994 | BMG | 74321 241192

1. Sambolera Mayi Son
2. Mama Lusiya
3. African Cooperation
4. Mwana Wa Mama
5. Umenipa Njiya
6. Que Pasa en el Muno
7. Haya
8. Sous le Charme
9. M'barick Fall
10. Rosy
11. Save Us
12. Fiya Liberte
13. La Ballade Gilles et Shana

데뷔 2년 뒤 낸 두 번째 앨범으로 그녀의 이름은 유럽 전역에 알려졌다. 아프리카 특유의 리듬과 유럽의 팝 감각을 적절하게 믹스한 매혹적인 월드뮤직이란 매스컴의 평가가 뒤

따랐다. 대부분 스와힐리어로 직접 가사를 썼다.

히트의 견인차가 된 〈Sambolero Mayi Son 이 세상을 견뎌라〉는 서정적인 선율에 가스펠 창법과도 같은 그녀의 보컬에 검은 눈물이 고이며, 아프리카인으로 태어난 자식을 향한 아프리카 어머니의 측은지심과 같은 감정이 담겨있다. 1993년부터 발발한 부룬디 내전이 빨리 종식되기만을 바랐던 마음을 담아, 뮤직비디오에서 그녀는 매정한 세상에 자식을 잃을까 노심초사하는 어머니로 그려진다.

변질된 세상, 우리의 세상은 머리를 잃었네, 이 세상의 사람들은 서로를 기만하지, 하나님은 없고, 단지 동정심이라곤 없는 인간들뿐이네, 하나님의 이름으로, 피부색의 이름으로, 그들은 심장을 쐈지… 미래는 내 아들 너를 따를 테니, 그러나 충심으로, 자신을 놓지 마, 인내심을 배워, 눈을 크게 뜨고, 독기를 품어, 오! 이 미친 공포에 절대 휩쓸리지 마.

〈Mwana Wa Mama 내 어머니의 아이〉는 기타의 담백함에 따사로운 코러스가 포근함을 느끼게 한다. 자식을 낳고 희생하는 자연의 섭리 혹은 신의 뜻과도 같은 어머니의 숙명에 대한 노래이다.

하모니카의 시큰한 애수와 귀여운 아기 목소리를 담고 있는 〈La Ballade de Gilles et Shana 질과 샤나의 발라드〉에는 첫 아들을 잃고 울부짖었던 아버지 질이 2년 뒤 찾아온 딸 샤나의 탄생으로 느끼는 감격을 그렸다.

베스트인 후속작 《Sambolera, 1996》에는 스티비 원더Stevie Wonder의 〈Free〉를 번안한 〈Sina Mali, Sina Deni 가진 것도 없지만 빚도 없네〉를 신곡으로 수록했다.

Ya…

2001 | Mondomelodia | 013 946

1. Mama
2. Embargo
3. Sesiliya
4. Turasa
5. Mzee Mandela
6. Damu ya Salaam
7. Kuji Fondeya
8. Africa Obota
9. Like an Angel
10. Kembo
11. Shadow Man

1997년에 스페인의 소프라노 몬쎄라 카바예Montserrat Caballé의 《Friends for Life》에 참여하여 듀엣으로 영국 뮤지션 로드 스튜어트Rod Stewart의 〈Sailing〉을 불렀다.

짧지 않은 공백을 가진 그녀는 뉴밀레니엄의 1월 프랑스 파리 옴니 스포츠에서 스팅Sting과 쳅 마미Cheb Mami와 함께 평화기원 콘서트 무대에도 섰다.

프로듀서 니콜라스 프리즈먼의 역량이 더욱 발휘된 4번째 앨범 본작에는 스팅의 기타리스트였던 도미닉 밀러Dominic Miller와 영국 뮤지션 하워드 존스Howard Jones 등이 참여했다. 세계시장에 선보이는 두 번째 작품으로서 그녀는 거의 대부분의 가사를 썼고 더욱 진한 감동을 완성했다.

심장을 벅차게 하는 리듬과 심금을 울리는 플루트로 인입되는 〈Mama〉는 자녀를 위해 희생하는 이 세상 모든 어머니를 위한 찬가로, 외로운 사랑의 삶을 살아온 어머니의 안식에 바치는 노래이다. 단연 돋보이는 명곡으로 프랑스의 여배우이자 가수 잔느 모로Jeanne Moreau (1928-2017)가 뮤직비디오를 연출했다.

우울한 기타블루스 〈Embargo 금수조치〉에서는 고국 부룬디가 처한 정치적 상황을 세계에 널리 알리고 있다. 1993년 이래 내전이 더욱 장기화되고 위협적이 되자, 안보리가 내린 이 경제적 고립 조치에 대해 과연 부룬디 국민들을 위한 것인가에 질문을 던진다.

앨범 발표 1년 전 여동생을 잃은 아픔의 심경을 담은 〈Sesiliya 세실리야〉에는 그 투명한 눈물에 비치는 그리움이 더욱 애처롭다.

〈Mzee Mandela 노인 만델라〉는 남아프리카공화국 최초의 흑인 대통령으로서 비동맹흑인운동을 이끌었으며 카자 닌의 고국 부룬디 분쟁의 중재를 맡기도 했었던 넬슨 만델라Nelson Mandela(1918-2013)에 바치는 노래이다.

스팅의 〈Russians〉를 리메이크한 〈Damu ya Salaam 구원의 피〉에서는 세계 곳곳에서 전쟁이 벌어지고 있는 현실 앞에 아이를 키우는 한 어머니로서 느끼는 평화의 귀중한 가치를 결연하고 비장한 리듬으로 표현하고 있다.

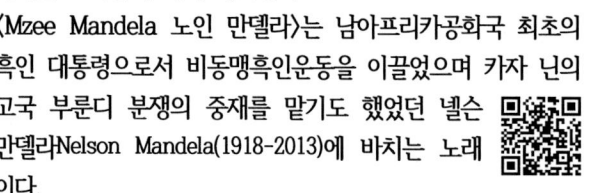

규칙적인 비트가 심장을 때리는 〈Kuji Fondeya 함께 하자〉
는 영혼의 교감을 통해 진정한 화합을 청유하는
벅찬 감격의 캠페인송으로, 진격의 리듬 위로 마
음을 울리는 소울 보컬에 애잔함이 그윽하다.
애틋한 현악의 〈Like an Angel〉은 가장으로서의 책임을 남
기고 떠나며 용서를 구하는 남편, 그리고 질병으
로 남편을 먼저 하늘나라에 보내며 안식을 기원
하는 아내의 마지막 대화를 그렸다.
전쟁으로 나가는 남편과의 이별을 그린 〈Kembo
켐보〉에는 평화와 함께 귀환하기 바라는 간절함이
비통한 눈물로 얼룩진다.
마지막 곡 〈Shadow Man〉에서 록풍의 시원한 창법으로 아
무도 순수와 열정은 빼앗아갈 수 없다는 단호함을 심었다.

전작에 비해 검은 피부 위로 보다 많은 투명한 눈물과 간절
함을 담았지만, 그러나 그녀의 바람대로 고향땅에 평화는
쉽게 찾아오지 않았다. 멀리서 전쟁으로 피폐화되어 가는
고국을 지켜봐야 했던 심정도 지쳐버렸을까. 본작은 그녀의
마지막 앨범으로 남아버렸다.
내전은 2005년이 되어서야 진정국면에 접어들었다. 현재 모
나코에 살고 있다는 그녀는 남편과 함께 아프리카 전통의상
을 입고 언론에 등장하여 아프리카로의 관심을 호소했다.

못다 핀 꽃 한 송이
Kvitka Cisyk • 크빗카 치시크
Ukraine | USA

조셉 브룩스Joseph Brooks 감독의 대표작 「You Light up My Life 그대는 내 인생의 빛, 1977」은 가수로서의 성공을 꿈꾸는 젊은 청춘의 야망과 사랑을 그린 작품이다. 영화도 흥행했지만, 주연배우 디디콘Didi Conn이 영화에서 립싱크한 동명의 주제가가 히트하여, 골든글로브에 이어 50회 아카데미 시상식에서 '주제가상'을 수상했다. 영화가 개봉된 후 이 곡을 재빨리 취입했던 데비 분Debby Boone이 만인이 지켜보던 그 시상식에서 주제곡을 불렀고, 그래미 어워드에서 '최우수 신인상'까지 거머쥐었다. 사운드트랙에도 가수의 이름은 기록되지 않았기에, 대중은 창법마저 흡사한 데비 분이 주제곡을 부른 가수일 거라 믿었다.

그러나 정작 그 영화에서 노래했던 무명의 여가수는 이 일에 대해 소송하지 않았기에 까마득히 묻혀버렸다.

그녀의 본명은 크비타슬라바 치시크Kvitaslawa Cisyk이다. 부모는 우크라이나 이민자로, 1940년대 말 언니를 안고 소련의 점령을 피해 미국으로 망명했다. 부모가 터를 잡은 미국 뉴욕의 퀸즈에서 그녀는 1953년에 출생하여, 우크라이나 문화와 고향에 대한 향수로 가득한 가정환경 속에서 성장하며 우크라이나어와 문화를 익힐 수 있었다.

부친은 몇몇 유럽 오케스트라에서 콘서트마스터로 활동했던 바이올린 연주가였다. 자연스레 두 딸은 음악을 배울 수 있었는데, 언니는 피아노를, 5세 때부터 바이올린을 시작한 그녀는 뉴욕주립대학의 장학금을 받을 정도로 열정적이었다.

또한 메네스 음악대학으로부터 가창으로 장학금을 수상할 만큼 노래에 대한 재능도 엿보였으나, 17세 때 부친이 사망하자 정신적으로 혼란에 빠진 그녀는 바이올린을 계속 이어가지 못하고 오페라 성악을 전공하게 된다.

1974년 대학 졸업 후 그녀는 생계를 위해 다수의 TV와 라디오에서 광고음악 일을 시작하였으나, 파렴치한 에이전트로부터 돈을 떼이는 일도 허다했다. 그러나 오페라 가수가 되리라는 꿈을 쥐고 피나는 연습을 게을리하지 않았다.

한편 조셉 브룩스 감독은 이 영화에서 주제곡과 삽입곡을 불러줄 가수를 찾기 위해 오디션을 보았으나 만족하지 못했다. 그러나 우연히 접했던 광고음악에서 그는 영화와 가장 부합되는 목소리를 찾아냈고, 그녀는 오리지널 사운드트랙을 노래했다. 그러나 이 일도 대가가 지불되지 않아 조셉 감독과 긴 시간 동안 법정 다툼이 이어졌다.

결국 다시 광고음악시장으로 돌아간 그녀는 자신의 꿈을 이루기 위하여 닥치는 대로 일했다.

미국 이름 캐시 치시크Kasey Cisyk로 많은 가수의 백 보컬 세션으로 활동하면서 자신을 지탱해 준 모국 우크라이나에 대한 애정을 담은 첫 앨범을 1980년 5월에 발표한다.

Songs of Ukraine

1980 | KMC Records | 1001

1. Ivanku, Kupy My Rum'Janku
2. Pisnja Pro Rushnyk
3. Stojit' Hora Vysokaja
4. Oj, Vydno Selo
5. Kolyskova Dlja Lesi
6. Sydyt' Divcha Nad Bystroju Vodoju
7. Babusju Ridnen'Ka
8. Oj, Kazala Meni Maty
9. Komaryk
10. Nich Taka, Hospody, Misjachna, Zorjana
11. Handzja
12. I Shumyt', I Hude
13. Ta Tuman Jarom Kotyt'Sja
14. U Horah Karpatah
15. Vzjav By Ja Banduru
16. Verhovyno

이미 자본주의 권력으로부터 비도덕인 일들을 경험했던 터

였고 또한 미국 땅에서 우크라이나어 음반을 내줄 레코드 회사가 없었기에, 그녀는 독립 레이블을 1980년에 설립하고 자주제작 앨범을 냈다.

우크라이나어로 '꽃'을 의미하는 크비타Kvita란 이름으로 고향의 노래들을 소개하고 있는 데뷔작은 부모가 심어주었던 모국에 대한 사랑과 자존에서 완성한 작품이다. 비록 창작곡은 수록되지 않았지만 우크라이나의 아름다운 민요와 고전을 새롭게 녹음, 첫 남편이 프로듀서였다.

꽃 파는 아가씨의 사랑 노래 〈Ivanku, Kupy My Rum'Janku 이반쿠, 내 캐모마일을 사주세요〉는 애틋한 멜로디와 1980년대 오케스트레이션의 포근한 낭만을 접할 수 있다.

〈Pisnja Pro Rushnyk 손수건의 노래〉는 〈사랑하는 내 어머니〉로 알려진 우크라이나의 고전으로 가장 아름다운 작품 중 하나이다. 수건에 수를 놓으며 자식들을 눈물로 키워냈던 모정의 그리움과 애틋함은 투명한 서정의 기타와 흠뻑 젖은 현악선율 그리고 후반의 소프라노 스캣으로 연결되며 청자의 심금을 울린다.

〈Stojit' Hora Vysokaja 높은 산이 있네〉는 왈츠풍의 구슬픈 피아노 포크이다.

…나무야, 겨울이 오고 있는데 왜 울고 있니? 청춘은 돌아오지 않지만, 봄은 다시 올 거야…

전쟁으로 떠난 젊은이들의 무사귀환을 노래한 〈Oj, Vydno Selo 넌 마을을 볼 수 있어〉는 서글픈 전반과 흥겨운 후반으로 구성되었으며, 현악의 질감과 광속이 탁월하다.

〈Kolyskova Dlja Lesi 레샤를 위한 자장가〉는 〈창가의 꿈〉으로 알려진 민요로, 이 역시 본작의 백미라 할 수 있다. 칭얼거리는 아기를 달래며 밤을 지새울 곳을 찾는 집시여인의 가련한 사연은 애조띤 현악에 청아한 가창과 허밍이 드리워지면서 더욱 쓰라린 엘레지로 흐른다.

〈Sydyt' Divcha Nad Bystroju Vodoju 시냇가에 한 소녀가 앉아있네〉는 매우 상큼한 포크로, 특히 기타는 물결 위에 반짝이는 햇살을 보듯 눈이 시리다. 그러나 사랑의 슬픔에 빠져 망연하게 물가에 앉아 있는 소녀를 위로하는 작품이었다.

〈Babusju Ridnen'ka 사랑하는 내 할머니〉에서는 사랑에 집착하고 있는 자신을 고백하며 인생의 지혜를 묻고 있다. 첼로의 따사로운 질감, 맑고도 애절한 음성, 천상에 가까운 소프라노 허밍은 짧은 연주시간에도 잊지 못할 깊은 감동을 선물한다.

〈Nich Taka, Hospody, Misjachna, Zorjana 오 주여, 별이 빛나는 밤입니다〉는 아름다운 사랑을 노래하는 구혼자의 기도곡으로, 첼로의 음색은 칠흑같이 짙고 피아노는 별빛처럼 가볍다.

본작을 발표한 후 그녀는 빚더미에 올랐다. 불법 해적판이 유통되어, 데뷔작 제작을 위해 섭외했던 편곡자와 필사자, 스튜디오 및 엔지니어 등에게 급료를 지불할 여력이 없었던 것이다. 그러나 과거 자신에게 리코딩 임금을 주지 않았던 파렴치한 에이전트들의 뼈아픈 기억을 떠올리며, 그녀는 조력자들에게 진 빚을 갚기 위해 다시 보컬 세션가수로 돌아갔다. 스파이러 자이러Spyro Gyra, 데이빗 샌본David Sanborn, 마이클 프랭크Michael Franks, 캐롤 킹Carole King 등 유명 가수들의 앨범에 백 보컬리스트로 이름을 올렸으나, 정작 자신의 노래를 부를 기회는 갖지 못했다.

자신을 음악인의 길로 인도한 부친에게 헌정한 데뷔작은 한참이 지난 1988년 우크라이나 뮤직어워드에서 최고의 영예를 차지했다.

1989 | KMC Records | 1002

1. De Ty Teper
2. Cheremshyna
3. Kolomyjka
4. Teche Richka
5. Pry Vatri
6. Ja Pidu V Daleki Hory
7. Oj Zahraly Muzyky
8. Dva Kol'Ory
9. Kohanyj
10. Vershe, Mij Vershe
11. Kolys' Divchyno Myla
12. I Snylosja Vnochi Divchyni
13. Na Horodi Kernychen'Ka
14. Oj Ne Svity Misjachen'Ku
15. Zhuravli

그러나 이러한 현실과 데뷔작에 대한 만족은 후속작을 향한 열정을 불러왔다. 1983년 자신의 뿌리인 우크라이나를 가족들과 방문하고 피부로 고향의 문화와 역사를 접하며 자료들을 수집했다. 전통 포크송과 우크라이나의 기성 가수들에 의해 불리던 고전들로 선별되었는데, 어머니가 직접 우크라이나어 필사자가 되어주었고, 언니 마리아는 피아노를, 그리고 사운드 엔지니어로 일했던 두 번째 남편이 프로듀서를 맡았다. 이는 앨범 제작비를 줄이기 위한 방도이기도 했다.

두 번째 앨범 《Two Colors》은 우크라이나 혈통으로서 미국에서 살아가는 자신의 정체성을 상징하는 것이었다. 그러나 이 앨범의 발매와 홍보를 지원해 줄 미국의 레코드사를 찾지 못했으나, 마침내 모국의 레코드사와 계약하고 데뷔작이 고향에서 재발된 이듬해인 1989년에 세상에 나온다.

현악의 열풍으로 그린 〈De Ty Teper 당신은 지금 어디에 있나?〉는 헤어진 연인을 그리워하며 그와 춤추었던 왈츠를 추억하는 비련의 노래이다.

백미인 〈Cheremshyna 벚나무〉는 나이팅게일이 우짖는 벚나무 아래 앉아 사랑하는 목동을 기다리는 외로운 양치기 소녀의 노래로, 현악의 바람과 피아노의 서정은 너무나도 애처롭다.

코사크Kazak의 민요 〈Teche Richka 강물〉도 왈츠로 전개되는 애상곡으로, 작은 강물이 흐르는 체리 과수원에서 연인들의 사랑을 속삭인다.

친구들과 미래의 꿈 이야기를 나누는 〈Pry Vatri 모닥불 피워놓고〉는 하프의 선율이 청량한 서정을 꽃피운다.

사랑하는 여인을 찾아 험난한 길을 떠나는 젊은 청춘의 열정을 담은 〈Ja Pidu V Daleki Hory 나는 머나먼 산을 오를 거야〉에서는 마치 뮤지컬처럼 장대한 드라마가 펼쳐진다.

샹송의 우수를 닮은 타이틀곡 〈Dva Kol'ory 두 빛깔〉에는 폭풍이 휘몰아친다. 길을 떠나는 아들에게 어머니는 사랑의 색 빨강과 슬픔의 색 검정 실로 엮은 자수를 선물로 주었지

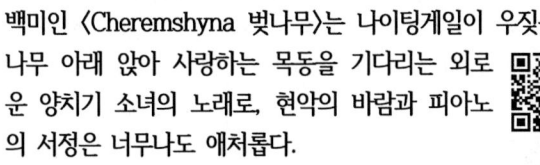

만, 아들은 그가 사랑을 불태우고 혹독한 슬픔을 경험했던 각지의 여인들에게 이를 잘라주어 몇 년 뒤 빈손으로 돌아왔다는 이야기이다.

민요 〈Vershe, Mij Vershe 산에게 노래하다〉는 어머니와 함께 외로이 산속에서 살아가는 한 처자가 사랑을 할 수 없는 신세를 한탄한다.

피아노 발라드 〈Kolys' Divchyno Myla 내 사랑하는 소녀야〉는 영원한 사랑을 약속했던 한 소녀에게 그러지 못했음에 용서를 구하는 내용이다.

연인에게 버림받은 비애의 노래 〈Oj Ne Svity Misjachen'ku 달이여 빛을 비추지 마오〉에 이어, 장중한 〈Zhuravli 학〉에는 결코 돌아올 수 없는 머나먼 땅으로 날아가는 학을 보며 자신의 운명을 탄식하는 망명자의 눈물이 흐른다.

그러나 그녀의 45세 생일에서 겨우 6일을 보내고 유방암으로 세상을 떠나고 말았다. 그녀를 위하여 유족들은 그녀의 명성을 부활시키고자 했다. 우크라이나 서부의 대도시 리비우L'viv에는 그녀의 이름을 딴 거리가 생겼고, 그녀의 60년 생일을 기념하여 우크라이나 Inter TV채널에서는 그녀의 다큐멘터리가 방송되었다.

두 앨범 모두 늦게나마 그래미에서 베스트 컨템퍼러리 포크 앨범 부문에 후보 지명되었다는 사실은 이방인으로 살다간 그녀의 짧은 인생에 조금이나마 위로가 되기도 한다.

그녀가 남긴 우크라이나 로망스들은 1990년대 초반 소련이 붕괴하기까지 문화 억압정책에 억눌렸던 모국의 자존 회복에 불씨를 당겼고, 이러한 기적적인 예술적 힘은 '황금의 목소리'로 칭송받고 있다. 비록 만개하지 못하였지만 그녀가 남긴 향기는 지금도 널리 퍼지고 있다.

태양을 품은 음유시
Lluís Llach • 유이스 야흐
Spain (Catalonia)

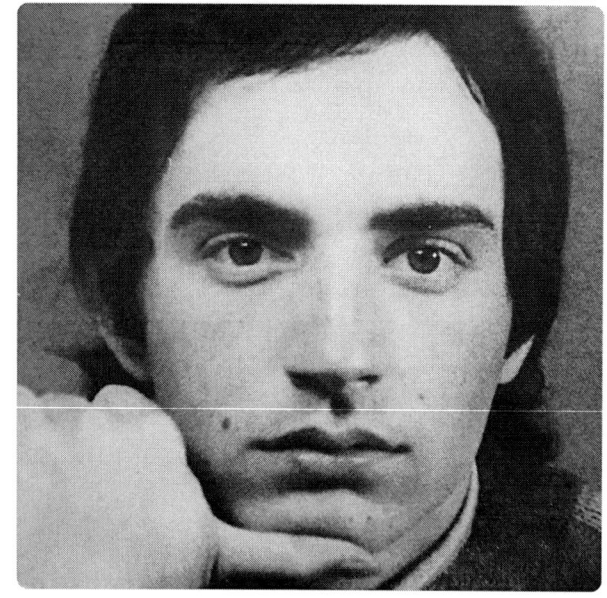

유이스 야흐는 스페인을 대표하는 저명한 싱어송라이터로 그의 명성은 유럽 전역에 알려져 있다. 심오한 뜻과 깊은 감동을 내재하고 있는 그의 음악은 격동기의 현장에서는 현실적인 문제에 접근했으며, 이후 콘셉트와 심포니와의 접목을 시도하며 심미성 있는 걸작들을 스페인 음악사에 기록했다.

수도 마드리드를 중심으로 한 카스티야는 전통적인 지주계급이 지배하는 농업이 근간이 되어왔고, 카탈루냐는 바르셀로나를 중심으로 해상무역과 섬유산업이 발달했다. 카스티야는 자신들의 농업을 보호하기 위해 보호무역주의를, 카탈루냐는 공업과 상업을 활성화하기 위해 자유무역주의를 주창했다. 이러한 두 지역의 산업적 노선 대립으로 1936년 스페인 총선에서 좌익 세력이 승리하여 카탈루냐는 자치권을 획득하였으나, 프랑코는 파시스트 세력들과 규합하고 유혈 내전을 일으켜 1939년 프랑코 독재정권의 시대를 맞이한다. 이후 카탈루냐는 중앙정부로부터 심한 박해를 받아왔으며 또한 카탈루냐어의 금지령을 내리는 등 적대감이 만연한 상황이었다.

그는 1948년 5월 7일 스페인의 바르셀로나 근교 지로나 Girona에서 출생하였다. 의사였던 부친과 포레라Porrera출신의 교사였던 모친은 자본가계급이었다. 이러한 유복한 집안의 둘째로 태어나 매우 작은 시골 베르헤스Verges에서 어린 시절을 보냈는데, 집안의 피아노는 6세의 꼬마로 하여금 첫 작곡을 할 수 있는 중요한 역할을 했다.

9세 때 북부의 피게레스로 그리고 15세 때 기술 공부를 하기 위해 바르셀로나로 온 그는 2년 뒤 경제학부를 입학한다.

대학시절 어린 시절에 받았던 음악의 경험으로 자연스레 선배들의 노바 깐소Nova Cançó을 여과 없이 받아들였다. 반 프랑코주의자가 되어 대학 동기들과 함께 1967년 3월 22일 바르셀로나 근교 테라사Terrassa에서 첫 콘서트를 열었으며, 내내 다리로 장단을 맞추며 눈을 감은 채 노랠 불렀다.

이듬해 바르셀로나 깐시온 페스티벌에서 〈A Cara o Creu 동전 던지기〉로 2등상을 받았다. 그의 노래에 감명을 받은 스페인 CBS 사장은 2백만 페세타의 계약금과 카스티야어로 리코딩할 것을 제안했으나, 그는 거절하고 카탈루냐의 작은 레이블과 계약한다. 그는 카탈루냐의 고유문화를 말살하고자 하는 중앙정부로부터 이를 지켜가고 싶었다.

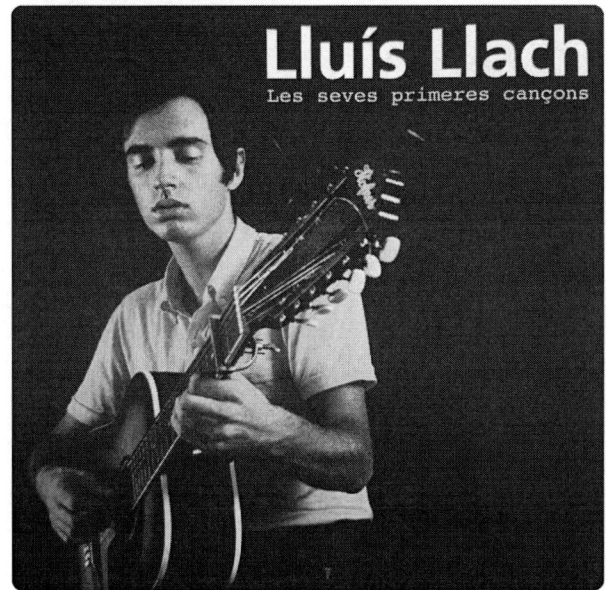

1969 | Picap | 910522

1. Cal que Neixin Flors a Cada Instant
2. La Meva Terra
3. Per un Tros del Teu Cos
4. Cançó de Nadal per a Ningú
5. En Quitero
6. A Cara o Creu
7. L'Estaca
8. Que Feliç Era Mare
9. Se'n va Content
10. El Bandoler
11. Cant Miner (Cançó Sense Fi)
12. Cop de Destral

본작 《Les Seves Primeres Cançons》은 그의 1967년부터 발표한 싱글 모음집이다. 잔잔한 기타와 피아노를 위주로 한 포크풍의 음악들로 마감되었는데, 21세 젊은 청년의 청초하며 신념에 찬 보컬을 접할 수 있으며, 청춘의 사랑과 낙관적인 항진에 대한 노래들로 채워져 있다. 대부분이 카탈루냐인의 가슴에 영원히 기록되어 있는 불멸의 히트곡들이다.

고전적인 플루트 연주에 이끌리는 서글픈 왈츠 〈En Quítero 키테로〉는 단절된 현대사회에 대한 논평이다. 이 노래에서 노인의 이름으로 등장하는데, 키테로는 지혜와 위안 그리고 동반자의 상징이다.

당신이 거리에서 홀로 버려질 때, 당신의 머리가 고뇌할 때, 어디로 가야 할지 모를 때, 키테로를 찾아가! 키테로는 저항의 이름이지. 노인을 찾아! 오래된 거리에서 살고, 낡은 지팡이를 쥔 채, 오래된 은행 앞에 앉아 있을 거야, 당신이 그와 함께 걸어가면 행복하지. 키테로 곁에서 항상 안온함을 느끼게 될 거야. 거기서 당신은 꿈을 꾸고 웃을 수 있지, 키테로와 함께라면 당신은 키테로처럼 당당할 거야. 당신을 보고는 사람들이 웃을지도 모르지만, 고개를 떨굴 필요는 없네. 당신을 질투해서 그러는 거니까…

보다 비장하고 빠른 템포의 왈츠 〈L'Estaca 말뚝〉은 정치적인 충돌 현장마다 불렸던 운동가로, 프랑코 독재에 무력한 민중들을 향해 현실을 일깨우는 작품이다. 가사에 등장하는 도요새라는 의미의 시쎗Sisset은 나치의 패밀리 네임으로 독재에 대해 동조하는 힘없는 민중의 비유이다.

아침의 문에서 시쎗 노인은 내게 말을 걸었지. 해를 기다리는 동안, 나는 차가 지나가는 걸 보았네. 이 말뚝을 보지 못한 당신 시쎗이여, 어디로 가고자 하나? 우리가 이것을 되돌려놓지 못한다면, 우리는 결코 지나갈 수 없네. 우리 모두가 이를 밀어버린다면, 그것은 쓰러질 거야. 나 혼자서는 버틸 수 없어. 분명 무덤뿐일 거야. 지금 해야 하네, 당신이 강한 힘으로 밀어붙인다면, 나도 이것을 밀 수 있네. 확실히 그것은 넘어질 거야. 그래야 우리는 풀려날 수 있다네… 내게 다시 당신의 노래를 들려줘. 시쎗 노인은 더 이상 말 걸

지 않아. 사악한 바람이 불어오네, 그리고 나는 문 앞에서
이를 막을 방법을 알고 있네. 새세대의 어린이들이 지나갈
때, 목 놓아 노래하네. 시쎗 앞에서 마지막 노래, 그가 내게
인식하게 해 준 마지막 임무…

바리톤의 성악적 보컬을 들을 수 있는 〈El Bandoler 산적〉
은 19세기 때 만행을 일삼았던 산적 조안 세라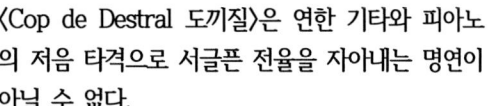
Joan Serrat의 최후를 노래한 것으로, 이는 프랑코
독재의 최후를 비유한 것이다.

처절한 엘레지 〈Cant Miner (Cançó Sense Fi) 광부를 노
래하다 (끝없는 노래)〉 역시 그의 현실적인 비유로, 광부의
일터인 동굴의 벽이 눈물로 적셔서 무너지고 있는
비극적인 상황을 서술하고 있다. 기타와 하모니카
의 투명한 포크의 애수가 진하다.

〈Cop de Destral 도끼질〉은 연한 기타와 피아노
의 저음 타격으로 서글픈 전율을 자아내는 명연이
아닐 수 없다.

홀로 덩그러니 놓인 목침대에서 일어나, 당신이 마실 우유
가 데워지길 기다리며, 단단하고 예리한 도구를 매만지네,
찍어, 내리쳐 도끼를, 아침부터 끝날 때까지, 썩은 나무는
넘어질 거야. 낡은 가방과 함께 개도 늙어가지. 매일 밤 숲
을 지나면서, 그리고 눈보라가 이마의 주름까지 얼어붙게
하더라도. 찍어, 내리쳐 도끼를, 나무가 쓰러지고 어둠이 오
면, 아이들을 생각해. 이 숲에서의 삶은 더 이상 부질없어,
부모가 그랬던 것처럼. 찍어, 내리쳐 도끼를, 여자와 과거를
생각해, 도끼질에 지치면. 몇 년이 걸리더라도 잘라내, 모든
희망의 숲을 위해서…

1970 | Fonomusic | 1090

1. Temps i Temps
2. Despertar
3. Per un Tros del Teu Cos
4. Cant Miner
5. Cal que Neixin Flors a Cada Instant
6. Jo També he Dormit a l'Alba
7. Damunt d'una Terra
8. Aquell Vaixell
9. Jo Sé
10. Sommi

두 번째 앨범 《Ara I Aqui 여기 그리고 지금》는 점진적인
예술적 변화를 보여주는 고혹적인 앨범이다.

왈츠의 서정으로 시작하는 〈Temps i Temps 시
간과 시간〉에서는 이 고통의 토지에서 많은 생명
을 불태운다 하더라도 기쁨과 희망을 꿈꾸는 새

생명은 계속해서 태어날 것이라는 확신을 노래했다.

슬픈 봄의 서정처럼 온풍으로 가득 채운 〈Despertar 반성〉은 인생에 나아가야 할 빛이 아직 있으므로 새로운 내일을 기다리며 오늘 밤의 분노와 절망을 지워야 한다고 권고한다.

〈Per un Ttros del Teu Cos 몸의 조각〉은 피아노 반주에 의연하게 노래하며 그 따스함은 감동적이다.

부드러운 사랑을 위하여, 내가 짊어져야 하는, 당신의 몸 조각. 황금의 추수를 위해 기상한 농부처럼, 당신을 쟁기질하여 나의 것으로 만들고 싶네. 당신의 어두운 눈을 위하여, 나는 태양을 끈다네. 당신의 요람에 오직 별만 있어. 함께 우리는 김을 맬 거야. 두려워하지 말고 걸어가. 나는 돌과 북풍과 노을을 그릴 거야.

데뷔작 수록곡과는 전혀 다른 동명의 〈Cant Miner 광부를 노래하다〉는 'Cant Minor 단조의 노래'가 아닐까 한다. 혹은 슬픔의 광부에게 전하는 노래일까? 자주성을 강조한 이 걸작은 보사노바풍의 리듬감으로 전하는 애틋함이 황홀경을 넘는다.

울음소리가 들리면 알아, 새가 날 때, 어느 구석에서 울고 있는 건 너라는 걸, 가슴에 피가 가득한 상처 받은 새처럼, 마른 나무에 네가 간청하는 둥지가 있네… 하지만 난 널 둥지에 넣어줄 수가 없어, 한 걸음 한 걸음 네 노력이 필요해… 너의 이 사막에 새로운 가지가 탄생하길, 눈을 뜨고 앞을 바라봐, 그러면 넌 항상 뭔가를 찾게 될 거야…

긍정과 낭만의 록발라드 〈Jo També he Dormit a l'Alba 또 새벽에 잠들었지〉는 평온한 자연 속의 안온함과 동시에 현실에 대한 슬픔을 잠결에 느끼지만 그래서 노래조차 할 수 없지만, 조각난 시간들을 위한 희망을 꿈꾸고 싶다고 술회한다.

비장감이 감도는 〈Damunt d'una Terra 지상〉은 후반에 청중들의 환호성을 삽입하여 흡사 실황처럼 느껴진다. 어린

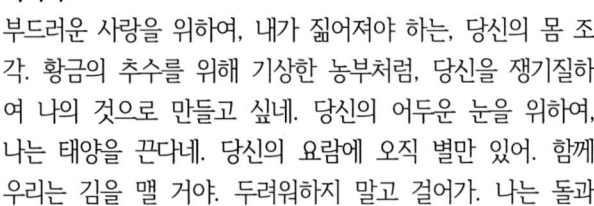

이가 전쟁을 이야기하는 슬픈 세상에서 점차 기대를 잃고 현실에 동화되어 가는 이들을 향하여 그래도 평화는 우리의 편일 거라고 독려한다.

화사한 〈Aquell Vaixell 저 배〉에서는 연인과 카탈루냐인을 상징하는 매개로의 배를 소재로 하여, 위태로운 환경 속에서 어떤 폭풍이라도 이겨낼 수 있는 강인함을 가졌으면 하는 바람을 담았다.

삼바풍의 서두를 지나 가슴을 따스하게 적시는 〈Jo Sé 나도 알아〉에서는 부상당한 새에게 믿음을 가진다면 수평선 건너 해변으로 도착할 수 있을 것이라는 희망을 심는다.

몽롱한 재즈록 〈Sommi 꿈〉에서는 기나긴 현실의 울부짖는 고통과 멈추지 않는 사이렌이 울리는 이 상황이 꿈이었으면 그리고 빨리 그 악몽이 끝났으면 하는 간절함을 드러낸다.

신념의 목소리로 드높게 시대적인 아픔을 노래했던 이 명작을 발표한 후, 1970년 11월 쿠바를 여행하고 콘서트에 참가하여 프랑코 정부에 대해 비판적인 입장을 감추지 않았는데, 이는 스페인 대사를 자극하는 일이 되었다. 귀국 후 마드리드에서 카탈루냐어로 성공적인 첫 콘서트를 열었지만, 이 일들로 이후 4년간 카탈루냐를 제외한 지역에서 콘서트 금지령이 떨어진다.

그는 이 통제를 피해 파리행을 택하고, 저명한 싱어송라이터 파코 이바녜즈Paco Ibáñez와 미키스 테오도라키스Mikis Theodorakis(1925-2021)를 만난다.

Com un Arbre Nu

1972 | Fonomusic | 1092

1. Cançoneta (La Gallineta)
2. Com un Arbre Nu
3. Comandante (inst.)
4. Ma Tristesa
5. A Cavall del Vent
6. Dona (A les Cinquanta Estrelles)
7. Madame
8. Debilitas Formidinis
9. Bon Senyor

세 번째 앨범 《Com un Arbre Nu 앙상한 나목처럼》 역시 지극히 아름다운 시정을 들려주는 작품이다. 뒤 커버의 고목은 스산함과 지독한 황량함을 불러일으키는데, '알몸의 나무'는 곧 자신이며 빼앗긴 땅을 의미하는 것이었다.

닭 울음소리들로 시작하는 〈Cançoneta 노래〉는 마치 연극이나 인형극의 음악을 듣는 듯하다. 그러나 그는 매우 의미심장한 비유법을 사용했는데, 자신의 사랑하는 고국을 암탉으로 그리고 타국에서 이를 바라만 봐야 하는 자신을 칠면조와 밤을 보내야 하는 수탉으로 대유하고 있다. 그럼에도 '…암탉은 아무 말이 없네, 혁명이여 만세!'라 노래하며 희망을 놓치지 않고 있다.

아름다운 타이틀곡 〈Com un Arbre Nu 앙상한 나목처럼〉은 서정적인 여성 스캣과 쓸쓸한 기타반주에 가슴 속까지 파고드는 침울한 오케스트레이션이 11월의 고독감과 애상감에 젖게 한다.

앙상한 고목 위로, 바람이 불 때, 완성되는 그림처럼, 가지만 남은 앙상한 고목 위에서, 나는 새가 되네. 항구의 바다처럼 말 없는 세상, 사랑의 도피처, 항구가 있는 바다라면, 나는 배가 되네. 동시에 잦아드는, 헤아릴 수 없는 절대 고독, 완고한 세상의 존재와 그리고 허무, 눈을 감으면 영혼이 있고, 눈을 뜨면 육신만이 있을 뿐. 태양은 빛을 발하고, 어둠은 밤을 부르네. 창백한 종이 위에 적힌 나의 이름, 나의 그 맹세. 어떤 노래의 음을 장난하고 톤을 유희할 때. 나는 화음이 되네.

또다시 침울한 번민에 빠져들게 하는 포크 〈Ma Tristesa 나의 슬픔〉은 첼로를 비롯한 현의 위로가 그윽하다.

해지고 낡은 넝마를 입고, 나는 자비를 비네. 내 모든 재산이라면 그건 사랑이야… 당신은 내 모든 것이고, 내 사슬이며, 나의 공주라네. 나의 자유, 이 외로운 사람은 당신을 위해 울고 있네… 주름의 한 가운데서, 당신의 이름은 오래된 기억으로 남았지, 마지막 남은 기념물처럼, 지금은 살아있지도 않고 흐릿한 기억으로. 그리고 난 당신을 떠올리며 이 저녁 내내 죽어가네…

바로크풍의 기타 연주에 이어 코러스와 힘찬 관악 이 따르는 〈A Cavall del Vent 바람을 타고〉는 바람에 연정을 실어 보내는 슬픈 이별가이다.

군인이 보내는 편지 〈Dona 여자〉는 전쟁에 이기
고 돌아오는 군악 팡파르와 같은 서두에서 점차
후련한 슬픔을 쏟아내는 시원한 록으로 변모한다.

오늘 당신 여인에게 편지를 쓰네, 지금도 쓰고 있고 내일도.
그러나 당신을 사랑한다고 말할 수 없을 것 같아… 오늘,
오 사랑, 내겐 불타오르는, 그리고 목숨을 빼앗는 수천의 총
알이 있어, 그리고 부상당한 수천의 눈. 누가 내게 학살할
권리를 주었나? 누가 소총을 만들었지? 나는 비명을 듣네.
고통과 굶주림, 죽은 흰 눈동자, 그리고 내 동료들이여. 나
는 더 이상 기나긴 행군을 할 수 없어. 심장박동을 멈추게
하는 총알 때문에, 내가 살 수 있었지만, 지금은 살아갈 수
없네. 누가 내게 살인의 권리를 주었나?

애수의 하모니카가 서정적인 〈Madame 부인〉은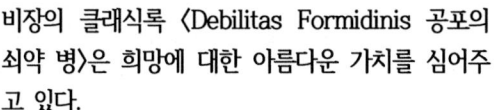
슬픈 현실을 피해 이국땅으로 건너가 눈물과 이
름을 감추고 살아가는 여인에 대한 이야기이다.

비장의 클래식록 〈Debilitas Formidinis 공포의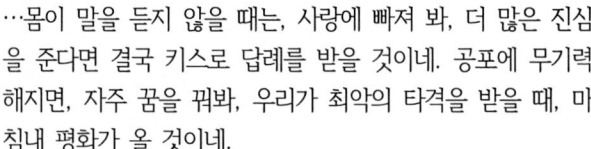
쇠약 병〉은 희망에 대한 아름다운 가치를 심어주
고 있다.

…몸이 말을 듣지 않을 때는, 사랑에 빠져 봐, 더 많은 진심
을 준다면 결국 키스로 답례를 받을 것이네. 공포에 무기력
해지면, 자주 꿈을 꿔봐, 우리가 최악의 타격을 받을 때, 마
침내 평화가 올 것이네.

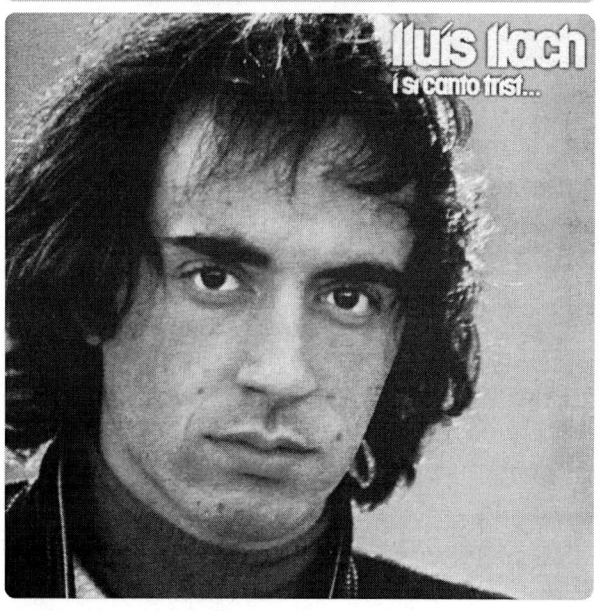

I Si Canto Trist…

1974 | Fonomusic | 1087

1. El Jorn Dels Miserables
2. Canto a Mahalta
3. Vaixell de Grecia
4. I Si Canto Trist…
5. Si Arribeu
6. Que Tinguem Sort
7. La Casa que Vull
8. Onades
9. Silenci

1973년에는 《A L`Olympia》 라이브 앨범을 발표했는데, 이
는 그해 1월 21일 파리 올랭피아 극장 실황을 담은 것이다.
스튜디오 앨범에서는 느낄 수 없는 생생한 관중의 갈채와
함께 더욱 비장 어린 그의 목소리가 격정과 감동을 연출한
다. 특히 〈Com un Arbre Nu 앙상한 나목처럼〉과 〈L'Esta
-ca 말뚝〉에서 탄식 어린 골계미는 최상이다.

프랑코 독재정권이 무너지기 1년 전인 1974년에 발표된 본 작은 4년간의 공백기를 접고 귀국 후 발표한 것으로, 데뷔 작을 연상시키는 잔잔한 포크풍으로 그려져 있다. 현실적인 가사는 보다 은유적인 기법으로 무장했으며 너무나 포근한 사랑 노래들도 포함되었다.

진한 블루스록 〈El Jorn dels Miserables 불행한 나날〉은 현재의 분노를 잊지 않고 작은 희망의 내일을 사랑하며 기다린다면 비참한 나날들은 곧 끝날 것이라는 내용이다.

그리스 민속풍의 부주키 음악을 듣는 듯한 〈Vaixell de Grecia 그리스 선박〉은 그가 파리에 있을 당시 친분을 쌓았던 미키스 테오도라키스Mikis Theodora -kis의 영향을 받았던 것으로 여겨진다.

뼈에 사무치는 절망과 고독이 서린 명곡 〈I Si Canto Trist 그리고 내가 슬피 노래하면〉은 1974년에 26세의 나이로 처형당한 무정부주의자 살바도르 푸이그 안티흐Salvador Puig Antich를 위한 작품으로, 그는 프랑코 독재에 대항하여 은행 강도 사건을 벌이고 그 총격전에서 경찰관을 사살한 혐의로 처형되었다.

지난날 그랬던 것처럼, 현재를 위한 욕망도 없고, 내일을 위한 소망도 없고, 두려움마저 가지고 있질 못하네. 꿈속에서나마 찬란하게 빛나던 화환처럼, 귀여운 사람과 바닷가, 어린이의 미소가 그리워, 가난한 이의 지울 수 없는 불안으로 인한, 비련의 노래를 부르네. 과거와 마찬가지로, 현재를 위한 욕망도 없고, 냉담하리만큼 변화도 없고, 생기마저 잃어버렸네. 체포된 처벌자와, 삶과 죽음의 투쟁 속에서, 고동치는 심장을 존경해, 무지한 동지들의 분투는 패배했지. 그래서 내가 비련의 노래를 부르면, 혀와 애절한 부르짖음까지 침묵 속으로 억압당함을 알기에, 그 현실을 노래할 수조차 없네. 이성을 뿌리내릴 그 맹세의 힘과 함께, 인간의 자유를 위한 노래일 것이기 때문이지. 그 세월 아래에서, 아무것도 남지 않을 기억을 위하여…

이 처절한 명곡은 한참 후 살바도르에 대한 재평가와 함께 그가 음악을 맡았던 영화 「Salvador 살바도르, 2006」 사운드트랙에서 현대적인 힙합 비트를 결합하여 전율 어린 리믹스 버전으로 재탄생했다.

삶에 대한 긍정적인 자세를 노래하는 포크풍의 발라드 〈Si Arribeu 삶에 도달하면〉은 부드러운 허밍과 평화로움이 감도는 연주가 마음을 적신다.

…내게 안도감을 주지 마, 나는 내가 편치 않다는 것을 알아. 그리고 내가 당신을 알기 때문에 나는 정진할 거야. 나는 질투하고 또한 행복해, 당신이 가진 행운, 다가올 운명, 당신은 그래도 모를 거야. 난 우람한 운동선수가 아니야. 더욱이 연인에만 목매는 그런 사람도 아니라네. 난 단지 삶의 보행자일 뿐이네.

사랑으로 안개를 헤치며 인생을 걸어가야 한다는 따스한 연애시 〈Que Tinguem Sort 행운〉과, 목마른 나무인 자신에게 사랑의 파도로 봄을 몰고 올 당신을 기다린다는 유유한 목가풍의 〈Onades 파도〉도 편안함으로 이끄는 서정적인 작품들이다.

Viatge a Ítaca

VIATGE A ITACA LLUIS LLACH

1975 | Fonomusic | 1017

1. Ítaca
2. A Força de Nits
3. Escriu-me Aviat
4. Fins el Mai
5. Abril 74

《Viatge a Ítaca 이타카섬으로의 여행》은 베스트셀링 앨범으로, 발표 당시 15만 장 이상 판매되는 대성공을 거두었다. 〈Ítaca 이타카〉는 이집트에서 활약한 그리스 시인 카바피스 Kavafis(1863-1933)의 시에 곡을 붙인 1악장에 이어 자신이 가사를 쓴 2와 3악장을 연결한 15분여의 대곡이다.
이는 이오니아해에 있는 그리스령 섬으로, 인생의 최종 목적지인 파라다이스의 의미가 포함되어 있으며, 이타카로 향하는 항해는 인생과 운명의 상징어이다. 평화롭고도 잔잔한 포크송에서 아트록을 연상시키는 플루트가 부드러우면서도

때론 힘 있게 몰아치는 바람의 숨결 같다. 현의 거친 폭풍이 지나면 고요의 새벽녘을 알리는 트럼펫에 이어 고전적인 하프시코드의 연주에 푸른 희망의 찬가 2악장이 흐른다.
멀리, 당신은 더 멀리 가야 하네, 당신을 지금 가로막고 있는 쓰러진 나무를 넘어서. 그리고 승리를 예감하더라도 절대 멈추지 말아야 함을 명심해. 항상 더 정진해야 해, 현재 우리를 묶고 있는 사슬로부터. 그리고 우리가 해방될 때, 새 발걸음을 시작해 봐, 항상 더 크게. 지금 내일이 다가와. 당신은 새로운 항로를 발견하게 될 거야.
웅장한 코러스에 긴장감이 감도는 간주를 지나면 또다시 1악장의 주제에 실리는 신념의 3악장이 열린다.
전사여 좋은 여행이 되기를 비네, 너의 동료들이 따를 거야. 바람의 신에게 배의 항해를 위해 자비를 빌게. 오랜 전투는 잊고 더 많은 사랑의 기쁨을 누리게나. 사랑의 별들로 가득 채워지도록 지혜로 모험을 극복해. 자네의 관대한 몸을 사랑으로 채우고 길을 찾아…
피아노 독창곡 〈A Força de Nits 상처의 밤에서〉에는 잔잔한 결의가 담겨있다.
…상처의 밤에서 나는 새로운 날을 기원하네. 사형집행인의 명분과 그 삶에도 불구하고. 꼭 기억해야 해, 이 이야기의 추이를 반복해서는 안 되네.
〈Escriu-me Aviat 빨리 내게 써줘〉는 아트록처럼 플루트의 향연이 이어지는 슬픔의 블루스로, 충실한 동료들을 향해 의지와 살아있음을 보여 달라고 노래한다.
사랑 노래 〈Fins el Mai 5월의 끝〉에 이어, 〈Abril 74 1974년 4월〉은 인접한 국가 포르투갈의 파시즘 몰락을 계기로 쓴 작품이다. 투명한 기타 2중주와 남성 코러스에 실리는 그의 담담한 심장과 온화한 가슴을 느낄 수 있다.
동지여, 네가 하얀 달이 어디서 잠드는지 안다면, 내 소원을

달에게 말해줘. 난 사랑하는 그 달에 갈 수가 없네, 여긴 아직도 전투 중이니. 친구여, 네가 바다 가운데 있는 요정의 은신처를 알고 있다면, 내가 가서 만날 거야. 그러나 아직도 여긴 투쟁 중이네. 그리고 슬픈 운명이 나를 가로막고 내가 지옥에 떨어지면, 모든 내 노래들을 가져가. 우리가 이 탄압에서 이긴다면 사랑하는 이를 위한 붉은 꽃다발까지 가져가. 동지여, 네가 자유의 봄을 잃어버린다면, 내가 너와 함께 가겠어. 그들을 살리는 군인이 되어있을 거야.

본작은 그해 5월 카탈란 음악홀에서 초연되었고 총 6회의 입장권은 매진되었다. 그러나 마지막 공연을 앞두고 머물던 호텔에서 연행되었고 두 시간 동안 취조받았다. 청중은 그가 무대에 나타나길 기다렸으나 노래를 할 수 없었다. 10만 페세타의 벌금과 8개월 동안 스페인에서의 모든 활동이 정지되었기에 그는 또다시 해외로 도피해야 했다.

11월에 프랑코가 사망한 후, 유이스 야흐는 아비뇽에서 열린 연말 프로그램에서 수많은 청중이 지켜보는 가운데 음유시인 조르주 브라상스Georges Brassens(1921-1981)와 무대에 섰다.

8개월간의 공연 금지 기간을 해외에서 공연으로 보낸 후, 이듬해 1월 15일에서 17일까지 3일간 바르셀로나 스포츠 경기장에서 열린 숨 막히는 공연을 담은 《Barce-lona Gener de 1976》을 발표했다.

Campanades a Mort

1977 | Fonomusic | 1022

1. Campanades a Mort
2. A la Taverna del Mar
3. Laura
4. Vinyes Verdes Vora el Mar
5. Canco d'Amor

1975년에 프랑코 정권이 무너진 후 1977년 6월에 총선거를 치르면서 스페인은 민주화에 착수했다.

본작은 어떤 해방의 기쁨보다는 슬픈 현실을 극대화하여 이를 절대 잊지 말아야 한다고 각인시켜주고 있다. 이는 커버처럼 되찾은 자유와 자치권 보호에 대한 맹세이고 선서였다.

17분여의 연주시간을 지닌 위대한 명작 〈Campanades a Mort 운명의 종소리〉는 4장의 오라토리오 형식으로 작곡된 것으로, 프랑코 사후 바스크의 비토리아Vitoria에서 경찰에 의해 살해당한 무고한 사람들의 영혼을 기리는 레퀴엠으로부터 시작된다. 어두운 종소리에 엄숙한 장례식이 거행되고, 그리고 이어 피아노의 서글픈 반주에 실려 나오는 그의 노래에 대규모 합창이 등장한다. I장은 시인으로서, II장은 망자로서, III장은 망자의 동지로서, IV장은 해설자로서 수난을 이야기한다.

I. 운명의 종소리, 전쟁을 향해 절규하네, 잃은 세 자녀, 세 벌의 검은 수의. 그리고 사람들이 주검을 수습하네, 고통이 다가올 때, 여기 세 슬픔이 있네, 이 기억은 잊지 못할 거야. 조용히 입을 다문 세 사람을 위한, 운명의 종소리, 그 바깥에서 음유시인은 세 음표를 잃어버렸지! 누가 이토록 어린 세 육신의 숨을 잘랐는가? 다른 보물이라곤 없었던 그들을, 무엇이 이 비극을 초래했는가? 삶과 권리의 암살자, 모든 존재의 남겨진 것들도 앗아가고, 심지어 죽음 아래 우리의 기억을 구속시키네.

II. 내 뱃속을 열어봐, 내 정원의 일부가 있을 거야, 가장 아름다운 꽃들을 가져다줄 거야. 이 사람들을 위하여 나를 깊이 파봐, 그리고 내 몸에 그들의 이름을 새겨. 그 어떠한 폭풍도 눈도 감지 못한 채 죽은 그들의 영면을 방해하진 못할 거야.

III. 당신의 외로운 17년, 참으로 오래되었네, 당신의 눈에 빛이 서린 시기심, 당신의 눈을 감겨주고 싶지만, 이 헛된 모든 것으로부터, 우리는 그 빛을 지킬 거야, 그리고 우리의 눈은 당신의 밤을 환하게 해줄 거야, 당신과 함께한 오랜 17년, 젊고 아름다움에 대한 선망, 당신은 동지들이 눈물을 거두길 바라겠지만, 우리가 당신의 살아생전 모습을 기억하기 때문에, 매일 밤 우리는 사랑을 배울 거야. 당신의 혈혈단신 17년이 그랬던 것처럼 사랑에 서툴렀지만, 당신은 동지를 위해 스스로 죽음을 택했지, 하지만 당신이 사랑했던 모든 이름이 헛되지 않도록, 우리의 육신에는 영원한 봄이 올 거야.

IV. 그 불행은 시가 되었네. 그리고 이 바닥에 쓰였지. 참호

에서, 남자들은 여인들을 향해 나아갔지. 그리고 승리의 시어가 되었네.

우울한 피아노 왈츠 〈A la Taverna del Mar 바다의 여관에서〉는 아코디언이 부가되어 더욱 애틋하다. 그 슬픔은 기쁨도 내일도 없는 모든 욕망에 지옥 같은 모멸감을 느끼는 회한과 허무의 독백이다.

클래시컬하고도 낭만적인 피아노 독주가 이어지는 〈Laura 로라〉에는 희망과 자유와 사랑의 대상인 로라를 위해 숨어서도 노래하겠다는 의지를 담았다.

〈Vinyes Verdes Vora el Mar 청록 바다 근처 포도넝쿨〉은 짧은 바로크풍의 소곡이다. 탐스럽게 익어가는 포도밭조차도 곁으로 평화롭게 보이는 이 땅에서는 고독하다는 심상을 썼다.

현악3중주로 연주된 〈Canco d'Amor 사랑의 노래〉는 편안함을 넘어 몽롱하고도 몽환적인 기분마저 들 정도로 잔잔하다.

…그리고 나는 감옥에 갇힌 그것에 대해 이야기할 거야. 독방에서 사형선고를 받은 열정, 한밤이 오면 깊숙한 곳에 그것들을 간직해… 오늘의 사랑을 이야기한다면, 아마도 당신을 말하는 것일 거야. 교란도 폭력도 없는, 단어 아래에 진실을 숨긴, 수천 곡의 노래를 만들 거야. 이것만이 내가 지금 할 수 있는 말이라네.

El Meu Amic el Mar

1978 | Picap | 80 0027

1. Bressol de Tots els Blaus
2. Salpar (inst.)
3. Camí Cap al Nou Cant
4. Cançó de Rem i de Vela (N. XII)
5. Venim del Nord, Venim del Sud
6. Quan l'Onada em durà a la Platja dels Morts
7. La Poesia dels Teus Ulls
8. Companys, No és Això

《Viatge a Ítaca 이타카 섬으로의 여행》으로부터 시작된 예술 음악은 《El Meu Amic el Mar 나의 친구 바다》라는 콘셉트 앨범으로 이어진다.

이는 지중해의 신비로운 몽환에 문학적인 감수성을 부가한 '바다를 위한 교향곡'으로, 전통음악과 현대음악이 공존하는 표현양식이 환상적이면서도 견고하게 구축되었다.

바다에 대한 주제 〈Bressol de Tots els Blaus 모든 푸른 색의 요람〉은 피아노의 현을 긁는 소리로 넘실거리는 파도를 형상화한다. 이어 평정과 고요의 찬가가 울려 퍼지고 몽롱한 일렁임 속에서 플루트가 신비로운 수상곡을 연주한다.

내 친구 바다, 신이 잠든 잔잔함, 나의 배가 은신처를 찾는 가슴의 섬. 신의 고귀한 용기를 가진 내 친구 바다, 그리고 바람이 내 항해를 채우면, 아직은 불확실한 게임이고 파고의 끝자락이지만, 모든 내 열망의 꿈과 함께 항구로 간다네, 내 친구 바다는 모든 푸른빛의 요람이지, 그것은 소리와 색으로 다가오네, 내가 얼마나 보잘것없는지를 배운다네. 결코 알 수 없는 그의 힘으로부터 결코 벗어날 수 없다는 것도. 나는 바람이 고요해지면 충실한 사랑으로 살아갈 거야.

민속음악과 현대음악이 접목된 연주곡 〈Salpar 항해〉는 신비한 코러스와 바람 소리 그리고 전자음향의 몽환의 테마에 가슴 시원한 통쾌감을 느끼게 되며, 〈Camí Cap al Nou Cant 새 노래의 길〉도 신성한 민요풍의 노래이다.

바르셀로나 출신의 시인 조셉 마리아 데 세가라Josep Maria de Segarra(1894-1961)의 시를 노래한 〈Cançó de Rem i de Vela 노 젓기와 항해의 노래〉는 영롱한 기타 협주곡으로 숭고한 다중 코러스로 더욱 애틋한 고전미를 남긴다.

배가 사랑을 가로지를 때 키스나 비명의 분노까지 실어 나르지는 않는다네, 바다로 가는 사랑은 유연하고 청록의 물빛이지. 배의 목적지는 사랑의 해변이기에, 우리는 평온에 젖네… 바다로 향하는 사랑은 단지 항해를 도울 약간의 바람만 원하지만, 파도는 두렵지. 뺨에 키스를 남기고 떠나지만, 약간의 후회도 남기지… 배가 사랑을 가로지를 때 눈물과 조소나 고통을 원하진 않는다네, 바다에서 생성되는 사랑은 물처럼 흐르는 탄식이네.

전율의 〈Venim del Nord, Venim del Sud 북부 출신, 남부 출신〉은 클래시컬한 연주가 일품으로, 자유를 찾아 내륙에서 그리고 바다 건너온 이웃과 동료들에 대한 찬가이다. 투쟁으로 되찾은 자치권과 자유에 대한 소중함을 노래했다.

〈Quan l'Onada em durà a la Platja dels Morts 파도가 나를 죽음의 해변으로 인도할 때〉는 평야와 사랑 그리고 조국의 동지들에게 바치는 마지막 이별 노래이다. 슬픔을 머금은 기타에 처량하고도 쓸쓸한 서정의 감성이 진하게 머물며, 고향을 안고 떠난 머나먼 행해에서 죽어간 영혼들을 기린다.

고풍스러운 로망스 〈La Poesia dels Teus Ulls 네 눈의 시〉는 강렬한 검은 눈동자를 가진 흰색 바다에 고통과 열망을 느끼며 새벽을 기다리는 그리움을 그렸다.

성스러운 코러스가 경건한 〈Companys, No és Això 동지는 죽지 않았다〉에는 우리의 욕망과 평화의 권리를 위해 눈물을 흘리고 숨져간 이들의 뜻을 이어 우리는 멈추지 않을 것이라는 약속을 담았다.

이렇듯 그가 담은 석양에 붉은 빛으로 빛나는 바다는 사랑에서부터 슬픔과 평화와 자유를 내재한 넓고 깊은 감정의 상징이었다.

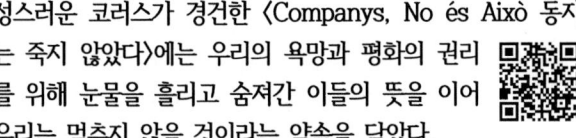

Somniem

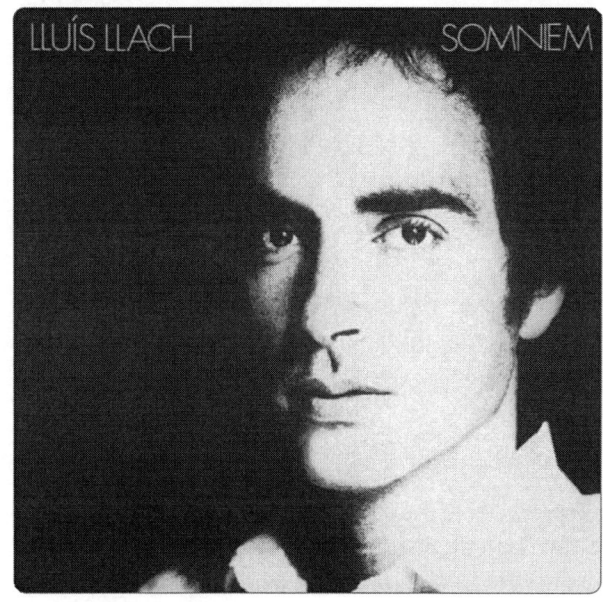

1979 | Picap | 80 0030

1. Encara
2. Cançó d'Amor a la Llibertat
3. La Mula Sàvia
4. Dibuix
5. Vida
6. Criatura Dolcíssima
7. Darrera les Muntanyes
8. Somniem

정치적 사회적으로 안정을 찾아갔으므로 대중들은 노바 깐소Nova Cançó 보다는 보편적인 삶의 가치들을 더 선호했다. 그는 자신의 역할이 더 이상 필요치 않다고 느껴 은퇴를 결심했으나, 보다 아름다운 음악 창조에 몰두하기로 한다.

본작 《Somniem 꿈》은 그동안 자신이 행해왔던 노바 깐소의 종결과 더불어 새로운 예술 음악의 출발을 알리는 전환기적 작품으로, 한 편의 클래식 같은 걸작이다.

육중한 전자음의 서두에 관현악의 행진이 웅장하게 펼쳐지는 〈Encara 비록〉은 용기와 확신으로 가득 찬 현대음악이다.

우리는 북방 출신이고, 남부 출신이며, 바다 건너 내륙에서 왔지. 둥지를 찾지 못한 수 세기 동안 땅을 밟고 있었지, 우리가 아는 역사의 신탁을 열었지만, 눈물 젖은 땅은 신체를 억압하는 경계선을 바라볼 수밖에 없었지만, 노래할 때가 올 것임을 믿는 사람들의 외침이 드높아졌지만… 권리를 잃은 짓밟힌 땅 알만사, 비록 혀는 눈물을 흘렸지만, 우리는 여전히 신념에 차있는 증인이지만, 오늘은 우리가 원하는 것을 위해 투쟁할 시간이기에…

블루스풍의 피아노와 침잠의 첼로 그리고 의연한 색소폰에 플루트가 날갯짓하는 〈Cançó d'Amor a la Llibertat 자유의 연가〉는 한없이 부드럽다.

…네 이름, 자유… 다시금 꿈은 표상이 될 거야… 항상 네 이름을 부를 거야, 단 한 번의 인생이기에. 순례는 너의 원천이며, 자유의 여신은 구속에 묶인 우리를 기다리네.

애끓는 연가 〈Dibuix 그림〉은 진한 고독감과 여린 감수성으로 우리를 부여잡는다.

네 모습을 그리며, 네가 했던 말조차 떠오르지 않아 음악으로 그려보네, 그것은 네 모습이야. 네게서 새로운 지름길을 발견할 때, 현재는 찰나처럼 지나가고, 모든 우주는 너와 내게 새롭게 다가오네…

고풍스러운 하프시코드와 기타의 트레몰로에 집시풍의 바이올린이 더해지는 명작 〈Vida 인생〉에서는 삶에 대한 의연한 처세를 노래한다.

…죽음이 나를 찾아온다면, 집안으로 출입을 허락하겠네. 그러나 나는 결코 죽음을 사랑하진 않을 거야, 그리고 죽음이 내게 남은 모든 것들로부터 떨어져있다면, 내 유골에 벌레가 기어다니거나 혹은 인생 여행의 계약서에 동의하고 있겠지… 혹은 죽음을 그리워하며 몇 년을 그냥 보낼지도, 자비로운 파도 아래서, 이 모든 순간 나는 인생에 귀 기울이네!

운명적인 전자음향에 큰 북의 항진이 점진적인 비가 〈Darrera les Muntanyes 마지막 등반〉에는 무거운 발걸음으로 국경을 넘었던 시절을 회상하며 침울한 마음을 성스러운 코러스로 담아낸다.

내가 이 대지에서 본 비애와 함께한 마지막 산맥에서, 나는 당신을 잊지 않기 위한 소망을 노래한다네… 누가 나를 멀리 떠나게 했는가… 난 불확실한 운명 속에서 살지만, 내가 가야 할 길, 당신이 발견할 저녁 너머로. 안녕 자매의 나라여! 내가 강해지도록 노래해 줘, 나는 그걸 듣고 싶어.

〈Somniem 꿈〉은 소름 끼치는 연극적 독백으로 비장한 성명서처럼 들린다. 불가능해 보였던 그리고 오랫동안 기다려왔던 꿈속에서 희망을 배우며 그것이 우리의 의무였음을, 그리고 서둘러 시작해야 함을 표명한다.

그는 그해 이태리 최고 명성의 텐코상Premio Tenco을 수상했다. 이는 이태리의 전설적 가수 루이지 텐코Luigi Tenco(1938-1967)를 기리기 위해 1974년부터 수여해온 상으로, 초대 수상자 레오 페레Leo Ferré(1916-1993), 비니시우스 지 모라이스Vinicius De Moraes(1913-1980), 조르주 브라상스Georges Brassens(1921-1981), 자크 브렐Jacques Brel(1929-1978), 레너드 코헨Leonard Cohen(1934-2016)에 이어 6번째로 영광의 이름을 올렸다.

1980년대를 열었던 새로운 장편 《Verges 50 베르제스 50》는 그가 성장했던 어린 시절의 작은 시골 베르제스가 주제였다.

타이틀곡은 바람과 시장 광장, 자동차 도로, 학교, 행렬 등 다섯 개의 소재로 이루어진 18분여의 연주곡이다. 섬세한 묘사법으로 생기 있는 연주를 들려준다.

고향을 향한 사랑의 감정을 담은 〈Els Meus ulls Aquí 여기서 내가 눈을 감으면〉에는 서정적인 현악에서 축제풍의 힘찬 왈츠로 변모한다.

싱그러운 피아노와 낭만적인 록풍의 〈País Petit 작은 나라〉는 자신의 추억을 노래했는데, 이는 카탈루냐 인들의 제2의 국가로 간주되고 있다.

자연의 그리움을 담은 〈Arran de Terra 지상에서〉는 열망 어린 목소리를 기록했다.

이듬해 프랑스 파리의 라빌 극장에서 여류 싱어송라이터 마리나 로셀Marina Rossell과 함께 무대에 섰으며, 본작을 3회의 콘서트로 소개했다. 독재자의 사망 후 6년이란 세월이 흘렀지만, TV 출연은 자유롭지 못했다.

1982년에는 바르셀로나 폴리오라마 극장에서 무려 스무 차례나 콘서트를 통해 소개한 《I amb el Somriure, la Revolta 그리고 미소와 함께, 반란》이 발표되었다. 20세기 카탈루냐의 유명 시인 미쿠엘 마르띠 이 폴Miqu -el Marti i Pol(1929-2003)의 작품을 노래한 16여 분의 대곡 〈Ara Mateix 지금〉은 미쿠엘 마르띠가 낭송한 서두와 총 11개의 서시로 구성된 작품으로, 역사에서 삶의 현실, 감각과 고독, 사랑과 고통, 희망과 미래를 아우르는 광범위한 철학적 내용을 담았다. 그는 민속음악과 낭만적인 클래식 그리고 코러스 등으로 다채롭게 구성했으며, 신시사이저를 전면에 사용하고 있다.

또한 〈Infant de Beirut 베이루트의 어린이〉는 투명하고도 여린 피아노 연주에 내전으로 죽음과 고통과 슬픔에 내몰려야 했던 레바논 어린이들을

위한 자장가를 따스하게 실어 보낸 감동의 노래이기도 하다. 1983년 팔라시오 콘서트에서는 대표적인 싱어송라이터 라이몬Raimon과 조안 마누엘 세라Joan Manuel Serrat와 무대에 섰다.

이듬해 《T'Estimo 당신을 사랑해, 1984》라는 소품 위주의 아름다운 앨범을 발표한다. 이는 현악을 위주로 한 실내악 분위기의 작품으로, 햇볕이 드는 창가에서 안락함 속에서 앉아 있는 커버처럼 따사로운 선율의 조화를 이뤄냈다.

〈No Abarateixis el Somni 꿈을 낮추지 마〉에서 그는 인생에서 기아와 전쟁을 만날지언정 희망을 버리지 말라고 노래한다.

〈Fills d'Hiroshima 히로시마의 어린이들〉은 제2차 세계대전 때 히로시마 원폭의 후유증으로 시달리는 어린이들을 위하여 공포 없는 평화를 심어주어야 한다는 내용이다.

〈Corrandes d'Exili 코란데스의 추방〉에는 카탈루냐 중요시인 조안 올리버Joan Oliver(1899-1986)가 프랑코 군부의 억압으로 40만이 넘는 카탈루냐인들과 함께 차디찬 겨울 피레네산맥으로 강제추방되어야만 했던 심정을 그리고 있다.

이 앨범으로 그는 프랑스 디스코 아카데미 시상식에서 최고의 작곡자상을 수상한다.

Maremar

1985 | Picap | 80 0028

1. Maremar
2. Cant de l'Enyor
3. Nin Non
4. Un Núvol Blanc
5. A l'Estació
6. Mai no Sabré
7. Només per a Tu
8. No

《Maremar 어머니 바다》에서 유이스 야흐는 모래가 묻은 하얀 운동화의 끈을 풀어 놓은 채 그는 어머니의 품과도 같은 바닷가 해변을 걷고 있는 모양이다. 수많은 현실의 근심을 상징하는 모래알들을 파도로 씻어내고 싶었던 걸까?

당시 어머니를 잃은 그는 사랑과 의미로서 어머니와 생명의 모태로서의 바다를 주제로, 자식으로서 그리고 한 인간으로서 다시금 어머니의 품을 향한 무한의 온정을 담아낸다.

타이틀곡 〈Maremar 어머니 바다〉는 마치 새벽에 동이 트는 바닷가의 평화롭고 신비한 광경을 연상시키는 파노라마 연주로 시작된다. 희망의 하얀 구름이 점점 가까워져 오고 찬란한 빛으로 가득한 낭만과 함께 이 해변가에서 사랑하는 이의 춤을 보고픈 환상을 가득 채운다.

〈Cant de l'Enyor 갈망의 노래〉는 우리의 감성을 사로잡는 명곡으로, 여류시인들 마리아 델 마르 보넷María del Mar Bonet과 마리나 로셀Marina Rosell이 참여하여 고혹적인 오페라의 기풍을 들려준다.

바다를 바라보는 눈빛이었으면 좋겠네, 현재를 누리면 좋았을 것을, 차분하게 서로에게 작별을 고하면 좋으련만. 부드러움이 당신의 품에 의해 잃어버린 시간을 미끄러지듯 흘러갈 수 있다면, 당신의 지난 아름다운 정원을 공유할 수 있다면, 당신이 유쾌하길, 죽음 앞에서 함께 웃을 수 있다면 더할 나위가 없겠네…

〈Nin Non 잘 자〉는 중후한 실내악풍의 왈츠로, 유아 시절에 대한 향수를 그렸다. 아기에게 자장가를 노래하는 어머니를 따라 아이가 애착 인형에게 자장가를 노래하는 순수한 모습들이 스친다.

잘 자, 마리아, 금발의 내 작은 아가야, 내 작은 요람에서 나오는 노래. 네가 꿈꾸는 동안 삶은 내 손을 잡지만, 졸리면 네 곁으로 갈게, 어느 겨울 아침, 추위가 네 이불을 스치면, 난 널 따뜻하게 해 줄 가장 빛나는 태양을 동쪽에서 찾을게…

역시 명곡이라고밖에 말할 수 없는 〈Un Núvol Blanc 흰 구름〉은 그 맑고 투명한 서정이 회심의 가슴속으로 파고든다.

인생은 단조롭게 다가오고 흘러가네, 바람이 불어가는 대로 구르는 공처럼, 우린 때로 배우이고, 때론 관중이지, 삶이 아무것도 주지 못하거나 의지대로 되지 않더라도. 잔잔히 파도가 밀려올 때, 이것은 끝나지, 그리고 아마도 고동이 시작될 즈음이면 이것은 떠나겠지. 바닷가의 사랑은 얼마나 기다려야 하는지 알 수 없네, 언제 포옹을 해야 하는지도, 오늘 그 은파를 원할 뿐. 차라리 당신이 나를 떠나줘, 그런 다음 지금 내가 당신을 떠날 수 있게 해줘. 당신을 위해 내 나무에 둥지를 틀었지, 그리고 가지에 걸린 흰 구름, 그것도 매우 새하얀… 종종 해는 모습을 감추고, 우리는 늦게 도착하지. 그땐 간단한 몸짓의 심오한 의미를 알지 못했어, 당신이 말하려고 했던…

삶에 대한 냉소적인 질문들을 쏟아내는 〈Mai no Sabré 나는 알 수 없어〉 또한 잊을 수 없는 부분으로, 그 깊고 영롱하며 또한 여린 슬픔이 잔잔히 번진다. 이를테면 어린이의 해맑은 미소와 두려움이 왜 공존하는지, 기아에 허덕이는 반면 무기를 생산하는 이유, 사랑으로도 모자란 인생에서 왜 작별이 뒤잇는지, 빈부의 격차 그리고 강자와 약자가 왜 존재하는지 등에 관한 쓸쓸함이 길게 이어진다.

침묵 속에서 점점 전율에 흔들리며 현실을 자조하고 강력하게 부정하는 〈No 아니요〉는 그 숭엄한 분위기에 압도된다. 무고함에도 막대한 사법의 권력이나 실수로 처벌 받는 억울함을 규탄하고 사형제도를 반대하는 곡 이다.

어제까지 부정에 찬 목소리가 들려왔지, 대지 넘어 수 세기 동안 '아니오'라는 말은 피로 쓰였어. 아니요. 누가 그 감정을 알기나 할까? 듣지 않는 이에게 누가 이야기할 수 있을 것인가? 오늘 여기 '아니오'라 말하는 목소리를 가져가네, 사형집행인은 무슨 권리로, 어떻게 감히! 내일 어딘 가에서도 '아니오'라는 목소리는 들릴 거야. 늑대의 머리 위로 울부짖는 메아리, 아니오!

동년 7월 6일 10만여 관중 앞에서 오랜 음악적 친구인 마누엘 캄프Manuel Camp의 오케스트라를 대동, 스케일이 큰 연주회를 가졌다.

Astres

LLUÍS LLACH *ASTRES*

ASTRES
SOL
LLUNA
TERRA
ALÈ

1986 | Picap | 80 0031

1. Astres | Sol
2. Lluna
3. Terra
4. Alè

본작 《Astres 별》은 천문을 콘셉트로 한 뮤지컬로, 더욱 확장된 전자음향의 신비와 신선함을 발견하게 된다.

리얼리즘을 바탕으로 한 마법적이고 초자연적인 미니멀 전자음향에 월드 퍼커션 그리고 성악 창법과 신비로운 코러스 등이 가미되어 색다른 현대예술의 경지를 선물하고 있는 타이틀곡 〈Astres〉은 우람하고도 풍성한 전자음향이 물결치는 전위적인 아트록이다. 별들이 탄생하는 우주를 여행하고 있는 듯한 사랑의 환희와 감격을 싱그럽고도 멋지게 해석하고 있다.

숭고하고도 평화로운 신시사이저 오케스트레이션과 여성 성악보컬에 시를 읊는 듯한 서사적인 창법으로 이어지는 〈Sol 태양〉은 천체에 찬란함을 비추는 태양처럼 빛과 희망이 되어주는 삶의 욕망으로서 사랑에 대해 노래하고 있는 미니멀 전자음악으로, 파이프오르간 사운드의 흥겨운 행진이 점점 그 명도를 더한다. 흡사 그리스의 세계적인 전자 음악가 반겔리스Vangelis(1943-2022)와 협연한 듯 한 대서사를 창조하고 있다.

〈Lluna 달〉은 본작에서 가장 강력한 마법의 힘을 지닌 걸작이다. 우울한 오보에 이어 하염없는 슬픔에 젖은 그의 목소리가 성악 보컬 창법으로 변모하며, 애잔하고도 고혹적인 클래식 선율의 드라마가 엄숙한 코러스와 함께 포근하게 감싼다.

평온한 심포니 〈Alè 호흡〉은 부드러운 기도에 이어 간절한 외침이 이어진다.

…바다가 날 죽음에 빠뜨린다 할지라도, 사랑을 향한 욕망으로 현재의 사랑의 기쁨을 절대 꺼트릴 수 없으니, 한 사람과 애정의 환희를, 그리고 한 척의 배를 공유하게 해 줘. 별들에게 말해줘…

Geografia

1988 | Picap | 80 0032

1. Geografia
2. Com un Arbre Nu
3. Bambolines
4. Tata
5. Palestina
6. Un Cor a Barcelona
7. La Vella Winnie
8. Amor que m'Ets Amic

1988년 그는 프랑스 릴Lille 음악당과 스페인 컨벤션 센터에서 장-끌로드 까사데쉬Jean-Claude Casadesus의 지휘 아래 프랑스의 작곡가 가브리엘 포레Gabriel Fauré(1845-1924)의 레퀴엠을 타고난 바리톤 목소리로 노래했다.

또한 오랜만에 파리의 올랭피아 무대에 올라 그의 새로운 앨범 《Geografia 지형》을 선보였는데, 이는 그의 1980년대를 마감하는 걸작이었다. 마치 2000년대 들어 ECM레이블에서 선보이고 있는 서정적인 재즈 작품과도 같은 인상이라 굳이 월드뮤직 팬이 아니더라도 고매하고도 부드러운 여유로움에 쉽게 마음의 한편을 내어주게 된다. 이전의 이력 때문인지 가수로서의 유이스 야흐의 매력이 한 발 더 빨리 다가온다.

어김없는 명작 〈Geografia 지형〉은 엔니오 모리꼬네Ennio Morricone(1928-2020)의 따스한 영화음악을 연상시키는 부드러운 오케스트레이션 선율이 마음을 사로잡는다. 이 바람의 숨결에 영혼을 울리는 색소폰의 황금색 우수로 지금의 행복한 시간에 대한 감사의 마음을 담아 전달한다.

난 어떤 노예도 아니라네. 이를 동경하고 추구하지만 내게서 완강히 달아나지, 항상 똑같은 행동으로 충실할 것에 사로잡히게 하네, 난 노예가 아니야. 그러나 이 사랑의 은혜로 기꺼이 노예가 되리, 그것은 심장의 관대한 박동을 강요하지, 난 친구들의 행복한 채무자가 되리, 그들의 두 팔이 내 나라를 포용하고 있으니. 은혜 입은 자와 충직한 주위의 사람들, 그들은 나눔의 정신을 잘 알고 있지. 이것은 내 마음의 지형이야. 무료로 나는 줄 수 있어, 그리고 나는 당신이 내게 준 선물을 가지고 있네.

세 번째 앨범 타이틀곡 〈Com un Arbre Nu 앙상한 나목처럼〉은 재즈 블루스 버전으로 재녹음되었는데, 재즈 흥취에 젖은 임프로비제이션 보컬은 원곡보다 더 감미롭고도 색다른 호소력으로 다가온다.

바이올린이 주도하는 실내악의 현과 재즈의 관악 그리고 클라리넷의 목가적인 향취가 중첩되는 〈Bambolines 무대 뒤에서〉는 한 인간으로서 느끼게 되는 외로움과 솔직한 사랑에 대한 감상시이다.

피아노의 물결이 은은한 석양 같은 오케스트레이션 풍경 속으로 밀려드는 〈Tata 걸음마〉는 어린 시절의 환경과 어머니의 사랑을 회고하며 써 내

려간 자식으로서의 그리운 감정이었다.

엔냐Enya의 싱그러운 켈트 음악의 비트를 연상시키는 〈Palestina 팔레스타인〉은 팔레스타인전쟁과 중동전쟁 등의 분쟁을 거치며 분리될 수밖에 없었던 비운의 역사인들에 바치는 용기의 희망가이다.

〈Un Cor a Barcelona 바르셀로나의 심장〉은 자치의 부정부패에 대한 일침을 가한 풍자곡이다.

철창이 열리는 소리로 시작되는 〈La Vella Winnie 늙은 곰〉은 긴장감 있고 아슬아슬한 현대재즈의 실험을 들려준다. 꼭두각시나 노예처럼 자신의 의지와는 상관없이 춤을 추는 서커스장의 곰처럼, 줏대 없는 정치인들을 은유한 듯하다.

〈Amor que m'Ets Amic 친애하는 동지여〉에서는 칠레의 정치가이자 남미에서 최초로 합법적 사회주의 정권을 실현하였으나 쿠데타에 의해 살해된 살바도로 아옌데 Salvador Allende(1908-1973)를 기리고 존경을 표했다.

1980년대가 저물어갈 때 그는 노바 깐소로 다시 회귀한 듯한 감동의 메시지로 그가 그리는 새로운 세계의 지형을 그려갔다.

1990년을 열었던 작품은 전곡을 연주곡으로 담은 TV시리즈 「La Forja de un Rebelde 반란의 단조鍛造, 1990」의 사운드트랙이었다.

1991년에 새로운 앨범 《Torna Aviat 곧 돌아가리》를 발표하였는데, 대부분의 작품을 연하고도 부드러운 신시사이저 스모그 사운드에 녹아냈다.

자작곡 외에도 시인 미쿠엘 마르띠 이 폴Miquel Martí I Pol(1929-2003)의 짝사랑에 대한 이별시에 서글픈 멜로디를

붙인 〈Roda 바퀴〉, 발렌시아 싱어송라이터 조안 아메릭Joan Amèric의 작곡으로 포근하고도 고통이 전해지는 〈La Idea Podria Enamorar Te 당신과의 사랑에 빠진 생각〉, 그리고 여성 가수 마리아 델 마르 보넷Maria Del Mar Bonnet의 1970년도 발표곡인 고전 〈Dóna'm sa Mà 그녀의 손을 잡아〉를 커버했다.

특히 이 앨범에서 돋보이는 노래는 우울한 뿌연 안개에 휩싸인 듯한 타이틀곡이다. 사랑에 대한 갈망과 후회에 타오르는 붉은 여운이 피할 수 없는 파문을 만들어낸다.

게다가 여성 소프라노 성악과 함께 노래한 〈Au Blanca 흰 새〉의 명징한 이미지는 깊은 감동을 안겨준다.

드러밍이 운명적인 느낌을 자아내는 〈La Forja 단조鍛造〉는 앞서 소개된 영화음악의 테마곡으로  거세고 모진 바람이 불어오는 전자 교향곡이다.

1992년에는 그의 25년 음악 인생을 되돌아보는 17곡의 히트 베스트 《Ara 지금》을 발표했다.

Un Pont de Mar Blava

1993 | Picap | 90 0051

1. Ulisses (inst.)
2. Al Carrer dels Quatre Llits
3. Tanta Llum de Mar
4. Lentament Comença el Cant
5. Marona
6. Et Deixo un Pont de Mar Blava

시인 미쿠엘 마르띠 이 폴Miquel Martí I Pol(1929-2003)과 함께 전곡 가사를 쓴 《Un Pont de Mar Blava 푸른 바다의 다리》는 동시대를 살아가는 소수민족을 위한 월드뮤직 드라마이다.

연주곡 〈Ulisses 율리시스〉는 이타카Ithaca의 왕으로 트로이 목마의 전략으로 승리를 이끈 영웅 오디세우스를 주제로 한 대서사이다.

잠들지 않는 도시의 밤 풍경을 노래한 서정시 〈Al Carrer

dels Quatre Llits 교차로에서〉는 밤을 배경으로 살아가는 가난하고도 서글픈 소시민들의 작은 꿈들을 위해 희망의 아침이 오리라는 응원가로, 발라드는 점점 빛이 충만한 월드-록으로 행진한다.

역시 전곡에 이어지는 〈Tanta Llum de Mar 빛의 바다〉는 아랍어로 노래하는 모로코 태생의 여가수 아미나 알라위Amina Alaoui와 그리스 출신의 네나 베네차누Nena Venetsa-nou를 초대한 월드뮤직으로, 바다 너머로 다가올 우리의 사랑과 환희 그리고 희망찬 미래를 기다리며 꾸불꾸불한 현실의 난관을 극복하기를 바라는 메시지를 담았다.

동일한 멜로디를 더욱 고혹적이고도 담백하게 연주하며 여성 보컬리스트들의 매력을 발산하는 〈Lentament Comença el Cant 차분히 노래를 시작하며〉는 혈액으로 흐르는 우리의 소중한 사랑의 욕망으로 슬픔과 고통을 위로한다.

신비한 천체의 엘레지 〈Marona 마로나 행성〉은 아이를 잃은 어머니의 슬픔과 고통에 생명의 숨결과 영원의 평화를 기원한다.

민속적인 록으로 변모하는 〈Et Deixo un Pont de Mar Blava 나는 푸른 바다의 다리에 남았네〉는 자신과 초대된 여성 보컬리스트들과 함께 부른 테마곡이다. 이전 곡들에서 사용된 멜로디를 변주하면서 웅장함에 숭고미가 더해진 꿈의 의지를 담아 새로운 우리의 신화를 쓸 것을 다짐한다.

…그것은 모든 시간의 소리를 밝히네, 그리고 우리가 잊은 반란군의 행동과, 노래의 힘, 분노한 육신, 그리고 사랑의 기쁨까지도 되새기게 하지. 점점 더 바다의 슬픔을 느끼는 다리, 닮았지만 다른 삶들의 다리, 나는 이 희망의 다리에 남아있네, 그리고 우리의 내일을 비춰 줄, 그리고 당신의 항해를 북쪽으로 인도할 오래된 등대…

이듬해엔 희귀 트랙 모음집 《Rar 희귀, 1992》을 내놓았는데, 《Maremar》의 수록곡인 〈A l'Estació 기차역에서〉는 1993년 버전으로, 《Geografia》 수록곡 〈Bambolines 무대 뒤에서〉와 《T'Estimo》에 수록된 〈I Ara de Nou 그리고 지금 다시〉 그리고 동명 앨범의 타이틀 대작 〈Campanades a Morts 운명의 종소리〉는 1991년 2월 유럽 심포니 오케스트라와 함께 한 오페라극장 리사이틀 버전으로 실었으며, 《I Si Canto Trist》에 수록된 〈Onades 파도〉도 세련되고 현대적인 버전으로 들을 수 있다.

귀중한 신곡도 3곡을 담고 있는데, 보스니아의 민요를 번안한 〈El Cant dels Ocells 새의 노래〉는 보스니아 전쟁으로 부모를 잃고 고아가 된 어린이들을 위한 슬픈 자장가로, 어두운 밤에 더 아름다운 목소리로 노래하는 작은 새들에 비유하여 빨리 그들의 세상에 꽃피는 봄이 오기를 기원하는 마음을 담았다.

미쿠엘 마르띠 이 폴Miquel Martí I Pol의 작시에 곡을 붙인 〈Roses Blanques 백장미〉는 색소폰의 블루스가 쓸쓸함을 더하는 록발라드로, 결코 지워낼 수 없는 연인 로라를 되뇌는 한 남자의 회상이다.

전문 음악방송의 애청곡으로 친숙한 〈Shenandoah 세난도〉는 극작가 유진 오닐Eugene O'Neill의 원작을 무대에 올렸던 연극 「El dol Escau a Electra 엘렉트라의 죽음을 애도하며, 1992」의 삽입곡이다. 그 연극의 감독을 맡은 길렘 조르디 그라엘스Guillem-Jordi Graells의 작시에, 연극의 음악을 맡았던 야흐의 작곡이다. 플루트와 전자기타의 거칠고도 침울한 음성이 독한 비애를 토하며 마지막 숨을 거둔다.

Porrera

1995 | Picap | 90 0073

1. Porrera
2. Lo Cirerer
3. Embruix de Lluna
4. La Lira
5. Núvols
6. Tomb D'Atzars
7. Orenetes
8. El Cafè Antic
9. Pilar
10. Món

시인 미쿠엘 마르띠 이 뽈Miquel Martí I Pol(1929-2003)과 또다시 함께한 본작은 유이스 야흐의 1990년대의 대표적인 걸작으로, 아름다운 서정시집이다.

타이틀 〈Porrera 뽀레라〉는 모친의 고향으로 카탈루냐의 타라고나에 위치한 작은 마을로, 생명의 대지로서의 상징이

다. 욕망과 꿈을 키우며 뱃속에서 느껴왔던 어머니의 익숙한 심장박동처럼 두근거리는 고동에 이어 엄숙한 환상의 키보드와 민속풍이 가미된 기타 그리고 백파이프의 애수와 전자기타의 포효가 서서히 밀려온다. 모정에 대한 노스텔지아로서, 성장과 함께 작별한 간절한 그리움의 요람으로서 드라마틱하게 표현되고 있다.

가사 없는 간주곡 〈Lo Cirerer 벚나무〉는 노래하는 새소리가 평화로운 대지 위를 뜨거운 바이올린과 플루트의 처절한 서사가 뭉클한 신시사이저 음향을 뚫고 붉은빛으로 물들인다.

이어지는 그윽하고 호젓한 〈Embruix de Lluna 달의 희롱〉은 환한 빛을 발하는 플루트의 바람길이 촉촉하게 열린다.

…모두가 공유하고 기대하는 욕망 너머로, 거기에 대지가 있고 사람들이 있네, 그리고 우리가 사랑을 배우는 길 위에서 결코 혼자가 아님을 느끼는 환희가 있네.

〈La Lira 리라〉는 1960년대 로큰롤을 연상시키는 흥겨운 춤곡으로, 달콤한 코러스와 밴조의 간결한 리듬이 아코디언의 시큰한 풍금을 타고 흐른다. 이는 가난 때문에 사랑을 뒤로하고 아메리칸드림을 꿈꾸었지만, 불행만 겹치고 결국 귀향 후 사랑의 귀중함과 행복의 의미를 깨닫는 스토리를 담았다.

비극적인 연극의 결말처럼 처절하게 한탄하는 〈Núvols 구름〉은 강렬한 인상을 남긴다. 색소폰 블루스에 이어 심금을 울리는 심포니 속에서 혹독한 회한을 낭독한다. 삶의 가치와 목적을 상실한 채 부와 명예를 좇아 자본주의의 노예가 되어버린 현실을 지적하고 있는 이 노래는 큰 가르침과 감동을 안겨준다.

항해하는 오랜 선박처럼 흘러가는 구름을 느껴보라, 푸른 고독과 희망, 구름과 함께 지나가는 뽀레라 지붕들의 연기, 눈 덮인 산봉우리를 오르며, 욕구를 채우기 위해 부질없는 노력을 하네, 돌고 도는 세상, 심각함과 미스터리는 보스니

아 사라예보로, 체첸의 그로즈니로, 르완다의 키갈리로, 브라질의 리오로 갔지, 그리고 우리네 가정에도 있네, 위태로운 함선처럼 구름을 통해서, 여자와 남자들을 보라, 노와 키도 없이 배를 탄 그들을…

강력하고도 스피디한 록에 이기적인 현실의 모습을 노래한 〈Tomb d'Atzars 선택의 무덤〉에서는 배려와 사랑의 세상을 그렸으며, 간주곡인 사랑스러운 봄의 소리 왈츠 〈Orene -tes 제비〉에는 고풍스러운 축제의 행진이 이어진다.

잔잔한 기타와 아코디언의 포크송 〈El Cafè Antic 오래된 카페〉는 커피 무역에 대한 실태를 고발한 현실참여 작품이다. 향긋한 커피향 뒤에 숨어 있는 커피농장에서 동심을 내어준 어린이들의 고통과 무기로 맞바꾼 생산국의 슬픈 현실을 끄집어냈다.

우아한 연주에 연극적인 대화가 이어지는 〈Pilar 필라〉 역시 가난한 농부들에게는 그 벽이 너무나 높은 은행의 금리정책을 비판했고, 마지막 곡 〈Món 세상〉은 전곡의 줄거리를 요약하고 편집한 에필로그라 할 수 있다.

달콤하지만 쓰디쓴 맛을 지닌 커피의 양면처럼 세상의 다른 면들을 엮은 본작은 실로 다양한 음악적 실험들 속에서도 그의 힘 있는 메시지는 일관되어 흐른다.

9

1998 | Picap | 90 0122

1. Una Finestra al Mar
2. Penyora
3. Un Cinema Paradís, Si us Plau
4. Novembre
5. Tendresa
6. Véns
7. Junts
8. L'Estanislau anant a Palau
9. La Joia (Cançó de Reravera)

1997년에는 그의 데뷔 30주년 기념으로 베스트 라이브 컬렉션 《Nu 누드》를 발표했다. 이는 전년에서부터 거행된 여러 실황에서 커트된 모음집으로, 간결한 편성으로 연주되었지만 특유의 장엄함을 느끼게 된다.

1998년에는 아라비아 숫자 중 최종에 위치한 9를 타이틀로 1990년대를 마감하는 또 하나의 걸작품 《9》를 발표한다.

그의 가벼운 발걸음과 휘파람에서부터 간명한 기타 선율로 연결되는 〈Una Finestra al Mar 바다로의 창〉은 넓은 바다 풍경을 향한 내일의 사랑과 희망을 읊고 있는 순백의 포크이다.

서늘한 신시사이저 음향의 바람결에 찰랑거리며 나부끼는 〈Penyora 옷〉은 탁 튄 대해를 항해하는 시원함이 매우 인상적이다. 비록 시간이 흐르면서 잊히고 내일의 아침이 올 때 이별한다 하더라도, 예측할 수 없는 미래의 시간들을 사랑하는 이와 함께 입맞춤하며 보내고픈 밝은 소망에 푸른 수채물감을 입힌다.

어김없는 걸작 〈Un Cinema Paradís, Si us Plau 시네마 천국이라면〉은 클래식과 민속풍의 연주로 구성된 독특함이 있다. 서정적인 피아노 연주에 이어 오래된 클래식 LP를 재생시키는 듯한 잡음 속에서 소프라노 올가 로메로Olga Rome-ro의 보컬이 고혹적인 기품을 자아낸다. 상념 가득한 서정의 멜로디는 우수의 낭만으로 채워지며 회색의 로망을 꽃피운다. 고요에 술 한 잔을 두고 창을 통해 하늘을 바라보며 우리 모두가 행복한 로망스 무성영화의 주인공이었으면 하는 바람을 그리고 있다.

피아노와 바이올린 그리고 첼로의 단아한 실내악이 따스한 감동을 전하는 인류애의 찬가 〈Tendre-sa 온정〉에는 부드러움이 스며든다.

…우리가 사는 세상은 가끔 날 화나게 해. 나는 반항에 대한 이유를 알아. 가난과 전쟁, 기근과 죽음, 파시즘과 증오, 분노와 공포, 세상은 울부짖는 이 민심을 덮으려 하지. 그래서 더욱 슬퍼. 그러나 온정의 세상은 올 거야, 아! 예전엔 온정이 없었지. 축복할 수 있는 시간을 기다리며, 외로움의 공포에 젖을 때, 온정이 깃들길 믿어.

우울한 서정으로 청자를 쓸쓸함 속에 가두는 〈Junts 함께〉가 심장을 뜨겁게 한다. 바르셀로나의 빈민가 라발지구에서 부모와 떨어져 고아로 살아가는 두 어린 형제의 사연을 가사로 썼다. 성탄절을 앞둔 밤 거리에서 현실을 경멸하고 슬픔에 빠져 잠들 수밖에 없는 어린 이웃에 따스한 마음과 손을 건네게 한다.

가장 주목할 만한 〈L'Estanislau Anant a Palau 오늘 외출하는 스타니슬라우〉는 도시 거리를 나서는 수행차 안에서 벌어지는 대통령과 그의 운전기사의 상상 독백을 가사로 쓴 노래로, 정치적인 은유를 담은 도발적인 해학이다. 정확한 내용은 간파하기 힘들지만, 정치인의 투정과 변명에 대해 따끔한 충고를 고하는 운전기사의 일침이 대별하는 구성이 아닐까 짐작해 본다. 거리 풍경의 구상음과 함께 감미로운 보사노바의 선율에 실리는 연극적인 보컬이 경쾌하다.

솔로 피아노의 울림으로만 연주된 〈La Joia (Cançó de Reravera) 기쁨, 가을의 노래〉에는 내일의 태양을 기다리며 사랑의 기쁨을 구원하는 간절함이 영롱한 파장을 남기며, 첫 곡에서 삽입한 구상음과 대구를 이루는 종결부에서 그는 피아노를 닫고 휘파람을 불며 다시금 가벼운 발걸음으로 공간을 벗어난다.

Temps de Revoltes

2000 | Picap | 91 0159

1. Vinc de Molt Lluny
2. Jo Hi Sóc Si Tu Vols Ser-Hi
3. Mireu-Me Els Ulls
4. Canto l'Amor
5. Vull Somiar el Demà
6. Dóna'm la Mà
7. Vinc a Dur-Te Amb la Veu un Cant d'Esperança
8. I Tanmateix
9. Veritat i Mentida
10. Els Trens de Kosovo
11. Un Himne per no Guanyar

1999년 5월, 그는 천년의 마지막 전쟁 코소보 내전 동안에 난민들을 돕기 위해 싱글을 제작하고 이 판매금의 전액을 성금으로 보냈다. 이 선행으로 그는 11월에 유네스코 평화의 기수로 선정된다.

그리고 새 천년 여름의 끝자락에서 위대한 걸작 《Temps de Revoltes 혁명의 순간들》을 발표하였는데, 시인 미쿠엘 마르띠 이 폴Miquel Martí I Pol(1929-2003)과의 협력으로 만든 카탈루냐의 미래에 대한 성찰을 위한 7개의 칸타타 작품 〈Germanies〉를 싣고 있다. 이는 쿠바 여가수 루크레샤Lucre-cia와 카운터테너 사비에 토라Xavier Torra 그리고 200여 명의 어린이 합창단 등이 대동한 대작으로 발렌시아에서 초연되었다. 두 곡은 미발표곡이며, 나머지 두 곡은 코소보 난민을 위한 싱글 수록곡이다..

신시사이저 음향이 음울하고도 신비스러운 〈Vinc de Molt Lluny 난 멀리서 왔네〉는 카운터테너 사비에 토라의 음성이 비장한 희망 드라마를 써 내려가며 슬픈 현실의 고통을 바이올린의 선율로 위로한다.

난 멀리서 왔네, 그리고 나를 환희와 빛으로 밀어 넣는 꿈을 아직도 구상하고 있지. 오랜 세월 동안 바람은 내 얼굴로 매섭게 불어왔지만, 나는 살아있고 눈은 열망으로 가득하네. 내가 살아온 경로에 후회는 없어. 모든 소망은 내 앞에 그리고 침상에 들 시간까지 존재하지. 당신이 나와 함께 공유하길 원한다면 기꺼이 희망의 노래를 가져다주겠네. 내가 기다리는 모든 것은 머나먼 바다의 신비이고, 항상 멀리 있는 수평선 같은 것이지. 그것은 당신을 더욱 확고하게 할 거야. 나는 멀리서 왔고 아직도 꿈과 빛으로 가득하다네.

빠른 템포에 플루트의 주술과 퍼커션의 리듬이 행진하는 록 넘버 〈Jo Hi Sóc Si Tu Vols Ser-Hi 당신이 원한다면 내가 함께하겠네〉는 힘찬 보컬이 맥박을 타고 사랑의 가치를 전한다. 사랑하는 당신이 없다면 나도 내일도 국가도 없다고 고백하고, 당신이야말로 빛으로 수평선을 여는 희망의 존재라고 노래한다.

느린 클래시컬 왈츠 〈Mireu-Me Els Ulls 내 눈을 봐〉는 합창단과 솔리스트의 연주가 애잔한 멜로디를 타고 내일에 대한 성장과 자유를 향한 확신을 깊은 울림과 부드러움으로 전한다.

서정적인 〈Canto l'Amor 사랑의 노래〉에서 루크레샤의 보컬은 현실의 한계를 뛰어넘은 낙관과 확신에 차 있으며 이는 따뜻한 감명을 안겨준다.

…나는 더 이상 세월의 그림자를 두려워하지 않아. 내가 당신에게 왔고, 그 어떤 것도 휘두를 수 없는 힘이 있기 때문이지. 이는 더 노력하고 시도하면 빛 속에 삶이 있을 거라 믿음의 목소리이기 때문이야. 눈을 뜨면 이를 흔드는 불길이 있고, 겪어야 할 위험이 도사리지, 그러면 꿈마저도 위태로워. 지금 당신은 진정으로 기쁨을 느낄 거야, 그 어떤 방어나 법률에도 함께 싸운다면, 손으로 그리고 입으로. 이야기를 쓰는 것, 그것으로 우리는 영원히 함께 할 수 있을 거야. 후회 없이, 우리가 찾을 동안 남아있는, 많은 밤의 넓은 바다, 피부, 울부짖는 목소리, 거절된 사랑, 희망도 욕망도 없는 그 시간은 우리를 부르네, 모든 것은 미래야. 내 꿈의 어둠에서 빛을 밝혀준 사랑의 노래지.

현의 숨 막히는 전율에 이어 야흐와 루크레샤의 듀엣으로 연주되는 〈Dóna'm la Mà 당신의 손을 주세요〉는 가파른 서정의 절정을 뛰어오른다.

…내게 당신의 마음을 줘, 문제점과 희망을 나눠줘. 당신의 눈과 욕망을 줘. 우리는 새로운 목적지를 표시하네. 불확실성으로부터 더 나은 목소리를 표시하고, 살아있는 상징과 확신으로서 다시 손으로 바다를 고르네. 당신의 손을 줘. 함성을 줘. 그리고 모든 것을 종료시킬 선언을 줘. 오늘 모든 것이 가능해. 우리가 어디서나 느끼고, 그리고 더 나은 세상을 위한 오랜 욕망으로 충전되어 있으니.

성스러운 사비에 토라의 카운터테너 성악에 이어 빠른 트립합 비트에 실리는 어린이 합창단의 희망의 결말 〈Vinc a Dur-Te Amb la Veu un Cant d'Esperança 희망의 노래를 당신에게 전하네〉에는 뜨거운 눈물의 감동과 함께 전자기타의 걸출한 록 리프가 수평선을 찬란하게 비춘다.

인류애를 노래한 〈I Tanmateix 그리고 아직〉는 우리 함께 밝은 세상을 위해 사랑을 실천하자는 캠페인을 주창한 것으로, 이해할 수 없는 세기말의 세상을 바라보며 새천년에 대한 꿈을 그린 것이기도 하다.

이는 이어지는 〈Veritat i Mentida 진실과 거짓〉에서도 블루스 기타의 선율로 잔잔히 강조하였는데, 전쟁과 기아에 허덕이는 세상에서 선善은 항상 승리할 것이라고 말한다.

명작 〈Els Trens de Kosovo 코소보의 기차〉는 코소보 내전으로 인한 난민들을 기리기 위해 만든 노래로 신시사이저 음향이 침울하고도 몽환적인 소름을 안겨준다.

…비명의 기차여! 무엇이 그 분노의 질주를 하게 하였나? 그들은 기차로 오르네, 가난한 사람들의 빛, 이 가련한 불빛은 유럽의 야반과 거친 차로를 내달리네…

피아노 솔로로 노래한 〈Un Himne per no Guanyar 패자를 위한 찬가〉는 노래로 전쟁에서 적을 이길 수는 없지만 어린이와 여자를 보호할 평화의 미래를 위해 큰소리로 함께 노래하며 뜻을 뭉치자는 고요한 응원과 화합을 피력하고 있다.

본작은 너무나 아름답기 때문에 가장 강력한 힘이라 할 수 있으며, 지난 천년의 과오에 대한 증언으로서 새 천년을 향한 희망과 사랑과 평화에 대한 궁극적인 이유였음은 두말할 나위가 없다.

Jocs

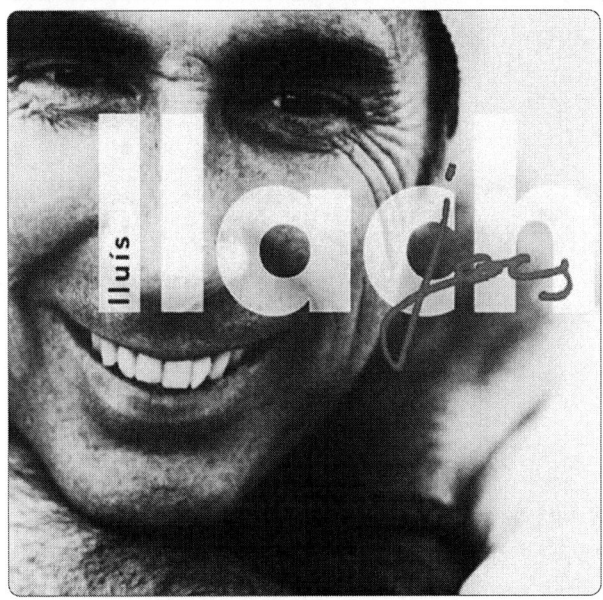

2002 | BMG | 74321 97515

1. Un no Sé Què
2. Ens Veiem a Folegandros
3. Neofatxes Globals
4. Fabià
5. Si un Adéu d'Amor…
6. Vell és tan Bell
7. Ara Mateix

2002년 그는 또다시 걸작 행렬을 멈추지 않고 예술혼을 불태웠다. 《Jocs 게임》이라 명명한 본작도 그의 일련의 교훈적이고도 밤의 고독을 치유하는 해독제로서의 역할을 충분히 보여준 걸작이다.

맑은 영혼을 위한 아카펠라와 어쿠스틱 기타의 간결함이 돋보이는 〈Un no sé què 알아차리지 못한 것〉은 밝고 경쾌한 소프트록에서 민속의 향기가 전해지는 기타협주곡으로 변모하는 상큼함이 살아 움직인다.

〈Ens Veiem a Folegandros 포레간드로스에서 만나요〉는 오데테 테예리아Odette Telleria의 스캣에 야흐의 쓸쓸함과 애절함을 심어주는 보컬이 서정의 꽃을 피운다. 이상향으로 그려지는 그리스의 섬 포르간드로스에서의 시적 심상이 그리움으로 물든다.

…음악을 멈추지 마, 에우달드여! 우리를 그 음악으로 데려가 줘. 왜냐면 우리를 교감하게 하고 우리를 앙양시키기 때문이야. 멀어질 때 우리를 점점 더 달라지게 하기 때문이네. 나를 사랑해 줘, 당신이 나를 혼자 내버려둔다면, 내 심장은 얼어붙네. 너무 지쳤어, 추억에 젖으며, 우리는 터득하게 됐지. 죽음을 망각하기 위한 수평선이 있다는 것을, 단지 소망의 노래, 오랜 시간 마음에 남아있네.

마치 무대에서 콘서트를 준비하는 양, 마이크 테스트 구상음으로 시작하는 피아노 블루스 〈Fabià 개진〉은 인생에 대한 철학적인 내용을 담은 노래이다. 빛이 있기에 그림자가 있듯 사랑과 희망이 있기에 현실의 고통과 슬픔이 있다는 것을 알지만, 보다 밝은 빛이 비치길 기다리는 마음을 담았다. 첼로의 무겁고 어두운 왈츠가 비장하기까지 하다.

묵직한 첼로의 저음으로 시작되는 우울한 보사노바풍의 〈Si un Adéu d'Amor 사랑의 작별이라면〉은 오데트 테예리아의 청아한 스캣과 아코디언의 향수 어린 풍금 소리 그리고 기타와 현악의 고풍스러운 선율이 연모의 감정을 비애로 풀어낸다.

안온함과 낙관으로 더없이 마음의 평화를 가져다주는 〈Vell és tan Bell 오래된 것은 아름답지〉는 부드러움으로 가득차 있다. 시를 읊는 그의 따스한 음성으로 오랜 추억과 노래, 사랑과 그리고 삶의 영원한 가치에 대한 찬가를 듣노라면 어느새 우리의 눈에는 감동의 눈물이 고일 것 같다.

미쿠엘 마르띠 이 폴의 시에 곡을 붙인 17분여의 대작 〈Ara Mateix 지금〉은 세상을 향한 엄숙한 성찰과 반성과도 같은 메시지를 서두와 11개의 악장으로 구성하였다.

시계 초침소리와 민속악풍의 피리소리에 의해 인도되면, 묵시적인 현실 문제에 대한 애도의 목소리가 흐른다. 예술적인 기법들과 반겔리스Vangelis풍의 암울한 신시사이저 음향은 점점 긴장감을 타고 어둠의 구름을 가르며, 중후한 고전의 현악과 민속풍의 행렬 그리고 록의 비트들이 자연스레 연계된다. 그의 힘 있는 목소리는 새로운 역사와 낭만시대를 향한 고해성사이자 구원의 기도이며, 사랑을 위한 인내의 찬가이고, 자유와 관용을 향한 시대적 깃발이다.

2002년 12월 29일 그는 호세 카레라스와 함께 세계 평화를 위한 특별한 콘서트를 열었다.

2003년에는 예술적인 동지였던 미쿠엘 마르띠 이 폴이 세상을 떠났고, 야흐는 자신에게 영향을 주었던 시인들에게 헌정한 바르셀로나 콘서트 《Poetes 시인》를 2004년 1월 말에 거행하고 이를 DVD가 포함된 음반으로 냈다. 그들의 맑은 영혼에 바치는 음악답게 전체적으로 간결한 편성에 음성을 실었다. 미쿠엘 마르띠 이 폴의 〈Valset per a Innocents 순수를 위한 왈츠〉 외에 자신의 앨범들에서 발췌된 시인들의 레퍼토리가 수록되었다.

2006년 2월 17일 바르셀로나에서 일주일간 공연을 치른 후 11월 22일 파리에서도 고별 공연을 열었다.

2007년 2월 12일에는 카탈루냐 국립극장에서 그가 노래하는 서커스 음악극 「Tra-nuite Circus」이 초연되었다.

3월에는 그의 고향 베르제스Verges에서 그의 음악 인생 40년을 기념하는 공연으로 은퇴를 고했다. 이는 《Verges 2007》이란 마지막 앨범으로 발매되었으며 3매의 CD로 구성되었다.

은퇴 후 영화감독이기도 한 유이스 다네스Lluís Danés에 의해 새로운 공연쇼 「Llits 길」의 음악을 연주하기 위해 2009년 12월 17 카탈루냐 국립극장 무대에 오르기도 했다.

2015년에는 카탈루냐 분리독립을 옹호하며 의원으로 선출, 정계에 진출하였다.

그의 노래는 젊음의 심장에서부터 시작되었지만, 역사의 현장에서 그리고 시대를 넘어 이념과 가치를 초월한 인류애로 용해하였다.

음악 인생이 멈춘 것은 아쉽지만 그의 노래들은 영원히 기억될 것이다. 우리 시대의 위대한 음악가 중 한 사람, 그의 이름은 유이스 야흐이다.

땅끝의 지지 않는 달빛
Luar na Lubre ● 루아르 나 루브레
Spain (Galicia)

'마법 숲에 뜨는 달'이란 신비한 이름의 그룹 '루아르 나 루브레'는 스페인 북부 갈리시아에 뿌리를 내린 켈트족의 음악적 자취에 영감을 받아, 유서 깊은 갈리시아와 서유럽의 전통 켈틱 음악을 현대적이면서도 고풍스러운 포크 스타일로 연주하고 있는 그룹이다.

리더 비에토 로메로Bieito Romero에 의해 1985년 결성되었지만, 그들의 명성이 세계적으로 알려진 것은 10여 년이 지난 1990년대 중반이라 할 수 있다.

영국의 세계적인 유명 뮤지션 마이크 올드필드Mike Oldfield는 이들의 1988년 데뷔 타이틀 〈O Son do Ar 대기의 소리〉라는 연주곡에 깊은 감명을 받았고, 1992년 'Tubular Bells 2' 월드투어에 대동했다. 또한 《Voyager, 1996》에서 이 곡을 〈The Song of the Sun〉란 곡목으로 커버했다.

그리고 당시의 홍일점 보컬리스트 로사 세드론Rosa Cedrón을 《Tubular Bells 3, 1998》에 초대하였으며, 이어진 라이브에서도 그녀의 환상적이고도 서정적인 보컬을 들을 수 있었다.

이후 명실공히 갈리시아 최고의 그룹으로 성장한 이 그룹은 작곡에 백파이프, 아코디언, 현악기 허디거디Hurdy Gurdy를 연주하는 리더 비에토 로메로와 함께, 데뷔 멤버들인 퍼커션 연주자 파시 베르무데스Patxi Bermúdez, 플루트와 키보드의 잔 세르케이로Xan Cerqueiro 등이 계속해서 활약하고 있으며, 그 외 연주자들은 앨범에 따라 편성되고 있다.

또한 첫 여성 보컬리스트 아나 에스피노사Ana Espinosa가 1994년까지 자리를 지켰으며, 그 바통을 이어받아 첼리스트 로사 세드론이 약 10여 년간 홍일점으로서 이들의 명성에 꽃을 피웠다.

3대 여성 보컬로 사라 루아소 비달Sara Louraço Vidal이 2005년부터 2011년까지, 그리고 빠울라 레이Paula Rey가 2016년까지 활약했으며, 이후 이르마 마시아스Irma Macías가 참여하고 있다.

Plenilunio

1997 | Warner | 3984 20602

1. O Son do Ar
2. Tu Gitana
3. Ao-Tea-Roa
4. Río Xordo
5. Os Teus Ollos
6. Ronsel
7. Pola Pomte de San Xoán
8. Pandeirada das Fiandeiras de Ramelle
9. Sol de Outono
10. Cantiga de Falvan
11. Romance de Bernaldino e Sabeliña
12. Galaecia

네 번째 디스코그래피 《Plenilunio 보름달》은 두 번째 여성 보컬리스트 로사 세드론Rosa Cedrón이 당시 그룹에 참여하고 있던 바이올린 주자 남동생 자비에르 세드론Xavier Ced -rón의 권유로 입단하여 녹음에 참여한 앨범이다.

첫 수록곡은 그들의 명성을 세계적으로 널리 알리게 된 데뷔 타이틀곡 〈O Son do Ar 대기의 소리〉이다. 매서운 바람 소리에 이어 첼로의 묵직한 찰현으로 따스한 감성을 불러일으키는 이 기악곡은 계절적으로 차가운 바람이 불기 시작하는 쓸쓸한 11월의 정감의 극을 달린다.

포르투갈 싱어송라이터 조제 아폰슈José Afonso(1929-1987)의 작곡인 〈Tu Gitana 집시〉는 잔잔한 기타와 애잔한 백파이프 연주에 로사 세드론의 고혹적인 보컬이 가슴속으로 서풍을 불어다 주는 명곡이다. 플루트는 순풍처럼 경쾌하고 가볍지만, 그녀는 알 수 없는 인생에 슬프고도 뿌연 물안개를 피운다.

집시 점쟁이 당신은 말하네. 내가 어디로 떠나는지 알지 못하기에, 행복한 모험이 되거나 죽을 거라고. 생명을 잃게 될지, 아니면 승리할지, 집시 점쟁이 당신은 알 수 없다고 말하네.

투명한 켈틱 포크의 명연 〈Os Teus Ollos 너의 눈동자〉는 자연에서 받게 되는 생존의 의지와 법칙에서 느끼게 되는 삶의 고단함을 은은한 기타의 선율에 실어 보낸다.

네가 절벽 뒤로 날개를 감출 때, 모든 하늘의 별들은 슬피 울지, 너의 눈에서 빛이 사라질 때, 나도 슬프고 나도 울지. 너는 둥지를 짓기 위해 강에서 태어난 신성한 약초를 찾아 헤매네, 그런 너의 눈에서 광기가 보일 때, 나는 외로워, 나는 또 슬피 운다네.

〈Romance de Bernaldino e Sabeliña 베르날디노와 사벨리냐의 로망스〉는 갈리시아에 내려오는 사랑의 전설을 노래한 것으로, 구슬픈 향기가 진하게 배어 있다. 어머니를 찾아 여행을 떠난 베르날디노는 해변에서 빨래하는 사베리냐를 만나 사랑에 빠지고, 여행 중이었던 여왕은 그들의 사랑에 질투를 느껴 이 연인들을 살해하고 매장하지만. 그들의 사랑은 올리브 나무로 환생하여 못다 한 사랑을 속삭인다는 동화이다. 처연한 로사 세드론의 음성은 메마른 금잔디 언덕을 넘어 바람과 함께 자욱이 퍼진다.

본작은 만월보다 밝고 청아하며 그윽하다. 들판과 바다와 밤의 서정이 어렴풋한 황금빛으로 어른거리며 대기에 스민다. 첫 홍일점이었던 여성 보컬리스트 아나 에스피노사Ana Espinosa의 음성은 야생화 같은 이미지였지만, 로사 세드론은 보다 신비한 푸른빛으로 아른거리고 호소력은 밝다.
그들의 세계적인 성공은 마이크 올드필드의 덕이라기보다는 로사 세드론의 기용이 더 크게 작용하지 않았나 싶다.

1. Crunia Maris
2. Chove en Santiago
3. Raqueiros
4. Devanceiros
5. Nau
6. Romeiro ao Lonxe
7. Canteixieire
8. Cantiga de Berce
9. O trebón
10. Sereas
11. Heicho de Dar
12. De Ruada

Cabo do Mundo

1999 | Warner | 398426342

고대 그리스에서는 지금의 스페인 갈리시아 지역을 세상의 끝이라 여겼다고 한다. 태양이 하루의 생을 마감하는 땅끝이며, 달이 머무는 신비한 음지였다. 오랜 역사 동안 슬픈 전설이 이어져 왔고 순례자의 발길이 닿았다.
다섯 번째 앨범 《Cabo do Mundo 세상의 끝》은 어김없이 갈리시아를 주제로, 커버에서 만월 아래의 풍경화를 만나게 된다. 어둠 속에서 성난 파도는 잠들었고, 불 켜진 등대는 누구를 기다리는 듯하다. 이 세상 끝자락에 그려진 푸른빛의 고요함은 마치 성서 속 노아의 방주를 기다리는 듯한 희미한 희망의 불빛과 함께 복되고 그윽한 달빛 소리를 낸다. 비록 찬란하지는 않지만 정교하게 다듬어진 정서는 따뜻하고 차분하다.

명곡 〈Chove en Santiago 산티아고의 비〉는 가톨릭의 3대 성지 중 하나인 스페인의 산티아고의 비 내리는 서정을 노래한 것으로, 내전과 함께 처형당한 위대한 음유시인이자 국민작가인 페데리코 가르시아 로르카Federico Garcia Lorca (1898-1936)가 죽기 전인 1935년에 발표한 시이다.
이 가사를 되뇌면 마치 로르카가 자신의 종말 - 자신의 사랑과 슬픔 그리고 생명마저도 비에 씻길 것을 예감한 듯 들린다.
산티아고에 비가 내리네, 내 달콤한 사랑에, 흰 동백꽃 향기가 자욱하고, 태양 아래 모두가 빛나네, 산티아고에 비가 내리네, 그리고 어두운 밤이 내리면, 꿈의 은빛 향기는 메마른 달을 가리네, 거리의 달을 바라보면, 돌벽과 유리창은 한탄을 하지, 불어오던 바람은 이내 사라지고, 너의 슬픈 바다에 그림자가 드리우지, 너의 태양과는 먼 산티아고, 그리고 바다, 내 마음도 사라지네.

갈리시아에 대한 사랑을 노래한 〈Devanceiros 조상〉은 파도와 바닷새의 음성으로 청각을 환기  시키며 평화롭고 숭엄한 분위기를 자아낸다.

내 조상의 땅, 부모님이 태어난 곳, 갈리시아의 녹색 땅, 나는 여기를 떠나고 싶지 않아…

〈Romeiro ao Lonxe 거리의 로즈메리〉는 사이먼 앤 가펑클Simon & Garfunkel이 불렀던 〈Scarborough Fair〉의 번안곡이다. 로사 세드론의 처연한 노래와 연주는 이루지 못하는 사랑을 그린 영국 민요를 사랑과 평화와 우정을 갈망하며 열반으로 죽어갔던 순례자들에게 바치는 영가로 재탄생시키고 있다.

눈물과 투쟁과 겨울의 어둠과 추위를 잊고 잠들기를 원하는 어미의 자장가 〈Cantiga de Berce 요람〉은 평화의 천국이다.

〈Sereas 사이렌〉은 달빛 아래 바다에서 인어의 아름다운 노래에 매료된 젊은 뱃사공이 다음날 동료와 함께 다시 그녀를 찾지만 거친 파도와 해풍을 만난다는 갈리시아의 전설이다.

〈De Ruada 루아다〉는 1916년에 결성된 루아다의 잎사귀 Foliada de Ruada라는 남아프리카 루아다 합창단의 지구음악 레퍼토리이다. 신비함을 가진 켈트 향기와 평화축제의 긴장감을 멈추지 않는 월드비트 그리고 아프리카 대륙의 동심 어린 목소리와의 절묘한 퓨전은 시공간을 긴밀하게 연결하는 글로벌 드라마로 재편된다. 세계 평화와 구호 그리고 지구 살리기에 대한 메시지가 힘찬 파도에 실려 뻗어간다.

2001 | Warner | 8573 87642

1. Camariñas
2. Grial
3. Tu Gitana (& Pablo Milanes)
4. Nau
5. Terra
6. Chove en Santiago (& Ismael Serrano)
7. Galaecia
8. O Son do Ar
9. A Frol d'Augoa
10. Pola Ponte de San Xoan
11. O Trebon
12. Heicho de Dar
13. Muineira do Mino (live)
14. O Berce do Sol (live)

결성 15주년 베스트앨범 《XV Aniversario》에는 세 곡의 신곡과 새롭게 연주한 다섯 작품을 수록하고 있다.

신곡 〈Camariñas 카마리냐스 협곡〉은 포근한 대자연의 풍광을 파노라마처럼 펼쳐 보인다. 바람과 물길을 따라 투명한 악기들이 하나씩 모여들며 로사 세드론의 부드러운 음성이 고향으로 경배를 올린다.

…카마리냐스를 노래하며, 카마리냐스의 소녀들은 강에서 미역을 감네. 나는 카마리냐스가 될 거야, 나는 인고의 세상에 살고 있네.

갈리시아의 파이프 연주가 호세 앙헬 에비아José Ángel Hevia가 참여한 두 번째 신곡 〈Grial 성배〉는 역동적인 켈트 행진곡이다.

세 번째 신곡 〈Terra 대지〉 역시 대륙의 끝 갈리시아를 향해 굳건한 애정을 담은 것으로, 민요를 각색하여 풍부한 음향들로 가득 채우고 있다.

《Plenilunio 보름달》에 수록된 〈Tu Gitana 집시〉는 쿠바의 음유시인 파블로 밀라네스Pablo Milanes(1943-2022)와 로사 세드론이 함께 듀엣으로 불러 더욱 온화한 느낌을 준다.

《Cabo do Mundo 세상의 끝》에 수록된 〈Chove en Santi-ago 산티아고의 비〉는 스페인의 싱어송라이터 이스마엘 세라노Ismael Serrano와 함께 환상적인 듀오 보컬로 재편되어 있다.

아나 에스피노사Ana Espinosa의 음성으로 데뷔작에 수록되었던 포크송 〈A Frol d'Augoa 물의 꽃〉은 갈리시아 왕의 반대로 옥탑 감옥에 갇힌 공주의 순정과 열망을 그린 동화로, 소박하지만 독특한 서정미를 들려주었다. 본작의 리메이크는 진한 율린파이프가 안개같은 애수를 고요히 뿜어낸다.

Espiral

2002 | Warner | 0927456302

1. Hai Quen di
2. El Derecho de Vivir en Paz
3. Ara Solis
4. Ancares
5. Espiral
6. Cantiga de Sta. María
7. Mull of Kintyre
8. Camiño de Ibias
9. Costa da Morte
10. Devanceiros

원점을 중심으로 점점 확산되는 의미의 7번째 앨범 《Espiral 나선》은 새로운 음악 여행이다.

〈El Derecho de Vivir en Paz 평화 속에서 살 권리〉는 누에바 깐시온Nueva Canción을 이끌었던 칠레의 민중가수 빅토르 하라Victor Jara(1932-1973)의 노래로, 베트남의 반식민지 운동을 이끌었던 민족운동가 호치민Ho Chi Minh(1890-19 69)과 베트남 전쟁을 견뎌낸 민중들에게 바치는 찬가였다. 구슬픈 이 드라마의 결말에 이르면 평  화의 축제가 펼쳐지는 듯한 해피엔딩을 맞이한다.

〈Ancares 광부〉는 꿈결 같고 목가적인 풍취로 평온함을 실어주지만, 정든 고향과 이별하는 마음  과 맞이하게 될 향수가 잔잔히 흐른다.

안녕 갱부의 협곡아, 나는 작별 인사를 전하네. 잘 있거라 강가의 초록 나무야⋯ 나는 그들이 우는 것을 보았네. 그리 고 물었지. 무엇이 슬프게 하는가? 사랑을 멀리 떠나보내서 슬프다네. 이별은 순간이지만, 아픔은 길어. 나는 웃음을 원 해. 나를 잊지 마⋯

연주곡 〈Cantiga de Sta. María 산타 마리아의 서정시가〉 는 교회 종소리와 진군하는 백파이프 악대, 플루 트의 즉흥, 현의 미사, 긴장을 놓지 않는 드럼 등 이 육중함을 창출하는 월드뮤직 심포니이다.

스코틀랜드 전원시 〈Mull of Kintyre〉는 폴 맥카트니Paul McCartney의 작품이며, 〈Costa da Morte 숙명 의 연안〉에서는 애수의 아코디언에 이어 바다를 향해 울린 파이프가 불을 뿜는다.

마지막 〈Devanceiros 조상〉은 《Cabo do Mundo 세상의 끝》에 수록된 작품으로, 장대하고 웅장한 교향곡 편곡으로 들려준다. 끝을 알 수 없는 공간이 펼쳐지면서 마치 여제사 장이 된 듯 로사 세드론의 드높은 음성은 갈리시 아에 대한 사랑의 복음을 만물에 전파한다.

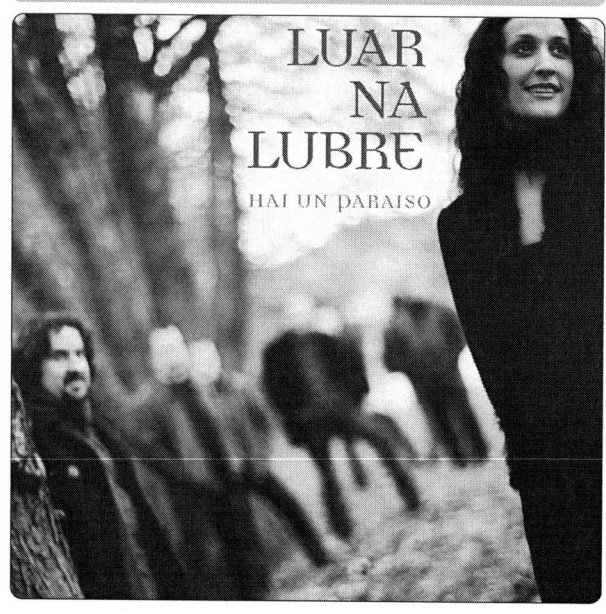

2004 | Warner | 5046 72886

1. Hai un Paraiso
2. O Meu País
3. Uah Lúa
4. Memoria da Noite
5. No Mundo
6. Rivadavia
7. Corme
8. Achégate
9. Cantigas Alfonso X
10. Versos de Luz
11. Pando
12. Uah Lúa (remix)
13. Hai un Paraiso (remix)

8번째 앨범 《Hai un paraiso 천국은 있다》는 홍일점 보컬 리스트 로사 세드론의 매력이 더 부각되고 있는 작품이다. 타이틀 〈Hai un Paraiso 천국이 있다〉는 'Marcha dos

Pelegríns 순례자의 고행'이 부제로, 열정적인 월 드비트와 중독성 있는 율린파이프의 즉흥으로 사랑과 존경과 환희를 순례지의 땅길로 보낸다.

대지의 끝에 천국이 있네, 별들이 인도하는 길을 따라 천국이 있네, 여기서 일곱 가지의 도를 얻기 위하여, 순례자들은… 대지의 끝에 천국이 있네, 그리고 거룩한 도시 콤포스텔라Compostela… 나의 주 당신은 갈리시아 산티아고에 함께 계시지, 이후 모두가 행복과 함께할지니…

〈O Meu País 내 나라〉는 우울하고도 아름다운 발라드로, 작곡가 미로 까사베야Miro Casabella가 프랑코 독재가 막을 내린 후 1977년에 쓴 작품이다. 한 겨울밤 모닥불을 피우는 구상음으로 시작하여 나라사랑에 대한 절절함과 애틋함을 뜨겁게 표출한다. 로사 세드론과 홍일점 보컬의 바통을 이어 받는 사라 루아소 비달Sara Louraço Vidal의 듀엣 가창이다.

…한 겨울밤의 내 조국, 청년의 고뇌, 지난날을 그려보네, 내 나라, 전설과 신성, 새로운 날을 기다리며, 천천히 행군하지…

〈Uah Lúa 우하 루아〉는 팬의 참여로 탄생되었는데, 홈페이지에 가사 모집 공고를 낸 후 약 300여 편의 공모작에서 선정되었다. 갈리시아 출신의 한 아르헨티나 이민자가 보내 온 가사는 조상들이 '겨우살이'를 채집할 때 불러 전승되어 온 농요이다. 늑대 울음소리로 시작하여 기운생동의 켈틱 음악과 반복적인 중독감 그리고 아메리카 인디오의 부족주의까지 포함한 월드 트랜스로, 로사 세드론의 가창은 섹시하게까지 느껴진다.

가장 아름다운 작품으로 영원히 기억될 로망스 〈Memoria da Noite 밤의 기억〉은 시인 사비에 코르달Xabier Cordal의 작품에 리더 비에토 로메로의 서정적인 작곡이 빛을 발한다.

새벽녘, 잠든 항구, 사랑, 달빛은 파도 위로 흐르고, 수면 위에는 태양 속으로 사라지기 전 네 모습이 그려지지, 나는 한밤에 당신의 기억에 잠기네, 나는 또다시 내 삶을 잃을지도 몰라, 빛이 바위를 나눌 때, 내가 입맞춤을 배운 그날을 잊게 되겠지, 바다에서 네가 했던 말, 침묵 속에서 네 눈이 전했던 밀어, 소식이 오기 전 슬픔이 왔지, 어둠 속에서 썰물을 불러왔고, 검은 배는 기적도 없이 아침을 통과하네, 빈 그물, 갈매기도 한 마리 없네… 새벽녘, 깨어있는 문, 내 사랑, 시곗바늘은 이미 좌초했네, 폐허의 해안, 용서하지도 잊지도 못할 거야, 나는 결국 삶으로 돌아오겠지, 빛이 바위를 나눌 때, 시작할 거야, 바다는 우리의 추억이니까, 더 이상 침몰하지 마, 너에 대한 기억은 이제 더 이상 돌이킬 수 없어, 더 이상 모욕하지 마.

〈Rivadavia 리바다비아〉는 구전으로 전승되어 온 주옥같은 민요로, 연주곡으로 소개하고 있다. 흐르는 물소리 너머로 절대 고독의 대지와 바다를 위로하는 애절한 멜로디는 촉촉한 카타르시스를 동반한다.

또 하나의 명작 〈Achégate 가까이 와〉 역시 갈리시아 민요의 고전이다. 본래 네 지방에서 전승될 정도로 유명한 멜로디지만, 학술적으로도 녹음된 자료가 없어 리더 로메로는 이 노래를 로사 세드론의 음성으로 기록하기로 했다고 한다.

내게 가까이 오렴, 무당벌레야. 내 애인이 되어주렴, 네가 풀숲으로 간다면, 나도 따라갈래, 너를 포용하고 싶은걸, 난 무당벌레 널 원해. 우리 아빠처럼 안지 말아요. 그리고 집에는 사랑하는 이가 있어요, 난 비명을 지를 거예요…

홍일점 로사 세드론은 본작에서 천상의 노래를 들려주고는 솔로로 전향했다.

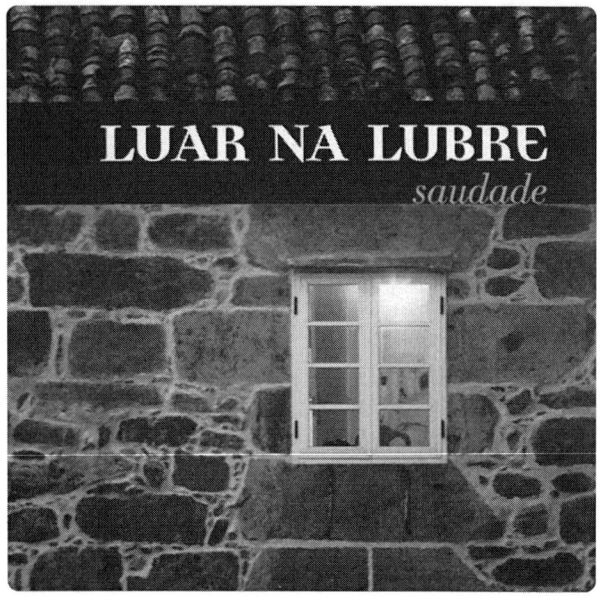

Saudade

2005 | WEA | 5101113652

1. Desterro
2. Olla Meu Irmau
3. Cantiga do Neno da Tenda (& Adriana Varela)
4. Danza dos Esqueletes
5. Domingo Ferreiro (& Lila Downs)
6. Miña Nai
7. Pandeirada do Che (& Farruco Sesto)
8. Lonxe da Terriña
9. Nova Galicia
10. Teu nome, Amarante (& Cida Airam)
11. Galego Guajiro
12. Saudade
13. Tu Gitana (& Pablo Milanes)

《Saudade 갈망》은 고향 갈리시아를 떠난 이민자들뿐만 아니라 정치적 망명자, 입양자 그리고 전쟁 포로 등 타지에서 자신의 정체성을 그리워하는 모든 노스텔지아를 달래는 것이었다. 자의든 타의든 잃어버린 자존과 박탈된 자유 그리고 새로운 세상에서 겪어야 하는 고통과 슬픔은 현 세계가 겪어야만 하는 삶의 모순이며 부정하고픈 현실임을 이야기하고 있다.

이미 합을 맞춘 적이 있는 포르투갈 출생의 1980년생 사라 루아소 비달Sara Louraço Vidal이 새로운 여성 보컬리스트로 등단되었고, 다양한 갈망의 색채를 담기 위해 많은 월드 뮤직 가수들이 참여했다.

갈리시아의 싱어송라이터인 미로 까사벨라Miro Casabella의 1966년 작 〈Desterro 망명〉은 투명한 기타와 바이올린 그리고 율린파이프의 채도가 병치되며, 고국에 바치는 망명자의 성명서가 뼈에 사무친다.

…나는 돌아갈 것을 확신해. 그리고 다시 웃지. 순수한 영혼, 하얀 꽃으로 돌아가는 기차를 생각하며, 이 빌어먹을 망명, 내 사랑은 죽어가고 있어… 나도 조국의 아들임을 말하고 싶어.

위대한 스페인의 시인 페데리코 가르시아 로르카Federico García Lorca(1898-1936)의 1935년 작시에 곡을 붙인 〈Cán-tiga do Neno da Tenda 장막의 노래〉는 갈리시아의 아름답고도 광대한 대지 풍경에 바치는 서정이다. 아르헨티나 출신의 탱고 가수 아드리아나 발레라Adriana Vare-la와 사라는 아코디언의 순풍에 실리는 집시 바이올린과 날갯짓하는 플루트에 향수를 묻는다.

〈Domingo Ferreiro 도밍고 페레이로〉는 1936년 베네수엘라 정부군에 의해 무참히 저지되었던 시민운동에 분노하여 더 이상 연주하지 않았던 백파이프 연주가를 기리는 노래이다. 멕시코 출신의 가수 릴라 도운스Lila Downs의 허스키한 보이스와 사라의 야생초 같은 목소리가 하나가 된다.

도밍고 페레이로여 백파이프를 연주해 줘요… "난 절대 원하지 않아, 강어귀는 피로 가득한데… 난 연주할 수 없어"… 이제 도밍고 페레이로는 없네.

스산한 바람과 함께 시작하는 〈Miña Nai 내 어머니〉는 갈리시아가 배출한 여인들에게 바치는 찬미가이다. 여류시인 로살리아 데 카스트로Rosalía de Castro(1837-1885), 작가이자 운동가 꼰셉시온 아레날Concepción Arenal(1820-1893), 작가이자 학자 에밀리아 파르도 바산Emilia Pardo Bazán(1851-1921) 등 정신적인 어머니이자 자존이었던 그들을 떠올리며 비장한 안식의 기도를 올린다. 어느새 음악은 과거로 거슬러 올라가 평화와 온유함으로 넘치는 황금의 시대를 스캣으로 열고 있다.

〈Pandeirada do Che 체의 탬버린〉에는 작시가인 베네수엘라의 시인 파루코 세스토Farruco Sesto가 직접 낭송에 참여했다. 이는 쿠바 혁명가 체 게바라Che Guevara(1928-1967)를 기리는 노래이다.

산맥의 깊이로부터, 대기를 통해, 바람이 불어오네, 바람은 생각에 잠기지, 그 어떤 멈춤과 죽음도 불사하고… 동지들을 위해 훨훨 날았네… 별과 같은 바람이었지… 불타고 연발하는 의지로 가득한 바람이었네, 새로운 달의 바람, 당신의 이름은 '체'야.

〈Lonxe da Terriña 머나먼 화원〉은 갈리시아 음악의 위대한 작곡가 소안 몬테스Xoán Montes(1840-1899)의 작품으로, 사라의 음색을 찬양할 수밖에 없는 처절한 묵시록이다. 고향과 사랑이 그리워 비통해하는 이민자의 갈망을 담았다.

〈Teu Nome, Amarante 네 이름은 맨드라미〉에는 브라질 여가수 시다 아이람Cida Airam이 참여했다. 전원적인 이 노래는 어린이 코러스가 가미되어 있어 더욱 평화로운 정경을 연출한다.

Camiños da Fin da Terra

2007 | Warner | 5144248222

1. Os Animais
2. Britonia
3. Maria Soliña
4. Gerdundula
5. Canto de Andar
6. Pousa
7. Meighallo
8. Centeás
9. O Son das Augas
10. Danzando Nos Confíns
11. Ecos do Alén
12. A Fonte das Boliqueiras
13. A Barca de Pedra
14. A Viaxe de Ero

열 번째 앨범 《Camiños da Fin da Terra 대지 끝의 여행》 역시 갈리시아의 역사와 자연으로의 교향시이다.
다섯 번째 앨범 《Cabo do Mundo 세상의 끝》과 보색대비를 이루지만, 커버에 보이는 수평선과 맞닿은 대지의 끝과, 그 끝에서 바다를 비추는 등대에서 공통의 소재를 발견하게 된다. 물론 이번 앨범은 여행의 하루가 저물었음을 붉은 노을의 시간으로 이야기하고 있으며, 목적지에 도착한 안도감과 포근함을 그리고 모종의 쓸쓸함도 남긴다.

첫 곡 〈Os Animais 동물〉은 아일랜드 민요로 우리에게 잘 알려져 있는 멜로디이다. 성서의 '노아의 방주'를 차용한 듯한 전통적인 가사는 힘 있는 남성 코러스에서 흥겨운 합주를 지나 여자 선장 사라의 보컬로 닻을 올리고 모험 찬 항해를 시작한다.

이베리아 북부 해안의 지명인 〈Britonia 브리토니아〉는 서정적인 전원 교향곡으로 켈트의 신비로움과 평화로움이 잔잔히 머문다. 민속 관악기와 투명한 기타 그리고 아코디언이 뿜어내는 아련한 향수의 물결이 지나면, 저녁 교회 종소리가 울리고 하루의 무사함에 감사하는 화목한 만찬이 열린다.

천상의 온화함과 슬픔이 전해지는 명작 〈Canto de Andar 산책의 노래〉에서 사라의 보컬에 탄복하지 않을 수 없다. 고요한 대기의 결들이 변해가는 빛의 아름다움처럼 음파는 파문을 점점 크게 그린다.

태양의 내려앉은 대지에 천천히 석양이 지네, 안개는 햇살을 휘감지, 내 연인, 내 사랑아, 우리에게 위대한 일이 다가올 거야. 나의 진실한 사랑, 대륙을 건너서, 침묵을 어루만지고, 가슴에 귀 기울여 봐, 많은 너의 꿈이 요동할 거야, 길을 걸을 때가 됐어, 그리고 잊지 마, 다가올 미래는 네가 헤쳐가야 해, 태양은 누운 바다 위에서 고요하지만, 점점 거대한 조짐이 일기 시작할 거야.

다양한 문화가 뒤섞인 갈리시아 월드뮤직의 독특함을 잘 보여주는 〈Meighallo 철자〉는 스페인 코루냐의 말피카 지역과 지중해 마그레브풍의 민요에 아라비아풍의 멜로디가 접속되어 있다. 청아한 사라의

민족적인 음색은 남성 코러스와 함께 중후함 속에서 미친 사랑에 대한 탄식을 노래한다.

사라의 스캣과 구슬픈 휘슬 그리고 눈물 가득한 아코디언이 청명한 감성을 들을 수 있는 매혹의 연주곡 〈O Son das Augas 물의 소리〉는 기념비적인 데뷔 타이틀곡 〈O Son do Ar 대기의 소리〉를 잇는 작품으로, 물에 대한 찬양이다. 갈리시아 살라스Xallas강에 내리는 비 한 방울의 이야기로, 폭포를 거쳐 대서양으로 흘러 브라질 해안에 이르는 대장정을 그리고 있다.

우리의 찌든 정신과 육체를 맑게 환기시키는 힐링 포크 〈Ecos do Alén 산 너머 메아리〉에서 사라의 노래에 감탄을 금치 못하게 된다. 이는 작시가에게 보내온 어느 소녀의 편지를 소재로 했는데, 갈리시아 키로가Quiroga 계곡에서 환영으로 들려오는 조부의 정감 있는 목소리에 의해 신비로움의 구석구석을 산책하는 특별한 경험을 생생하게 들려준다.

신비로운 전통 가락으로 심연의 안온함을 전파하는 〈A Barca de Pedra 돌을 나르는 배〉 역시 주목하게 된다. 대기를 가르는 백파이프의 주술과 서늘하게 이동하는 신시사이저 음향을 배경으로 대지의 아리아가 울려 퍼진다. 성당을 짓기 위해 위험을 무릅쓰고 배로 돌을 나르는 아낙의 충정을 기린 민요이다.

피아노와 아코디언의 단조로운 배합이 빚어내는 순수한 전설 〈A Viaxe de Ero 에로의 여행〉은 전통민요 연주곡으로, 세인트 에로San Ero가 여행 중 잎이 무성한 나무 아래에 누워 눈을 감고 기도를 올리며 체험하게 되는 신비한 이야기가 그 줄거리이다.

이후 2009년 1월 22일과 23일 이틀간 갈리시아의 코롱극장 Teatro Colon에서 열린 실황 《Ao Vivo, 2010》을 발표했는데, 결성 24년 동안 26개국을 방문하며 많은 라이브를 가졌지만 라이브 앨범은 처음 발매되는 것이었다.

사라 루아소 비달이 절제된 음성으로 노래하는 〈Chove en Santiago 산티아고의 비〉와 〈Tu Gitana 집시여인〉 등의 히트곡을 만날 수 있다.

또한 게스트도 초대되었는데, 스패니시 팝의 디바 디아나 나바로Diana Navarro가 참여한 〈Romeiro ao Lonxe 거리의 로즈메리〉, 남성 싱어송라이터 페드로 게라Pedro Guerra와 듀엣으로 부른 〈Me-moria da Noite 밤의 기억〉, 갈리시아의 디바 루스 카잘 Luz Casal이 노래하는 〈Camariñas 카마리냐스 협곡〉, 싱어송라이터 이스마엘 세라노Ismael Serrano와 듀엣으로 노래한 〈El Dere-cho de Vivir en Paz 행복하게 살 권리〉 등도 색다른 감동을 준다.

정규앨범 《Solsticio, 2010》에 수록되는 〈Romance de Don Gaiferos 돈 가이페로스의 로망스〉가 선보이기도 했는데, 이는 12세기 윌리엄 10세 시대를 배경으로 한 로망스의 소중한 유산으로, 제목에 등장하는 가이페로스Don Gaiferos 란 인물이 세인트 제임스가 묻혔던 성지 콤포스텔라에 도착하기까지의 머나먼 고통의 여정에 이어 운명을 맞이하는 스토리를 담고 있다.

예술가의 임무는 인간의 내면 깊이에서 빛을 발산하는 것이라 한다. '마법 숲에 뜨는 달'은 우리의 감성 계곡 깊이 그 빛을 전달하고 있으며, 그 빛을 또다시 은혜로운 '재생'의 소리로 굴절시킨다. 계속해서 그들의 진귀한 동화집은 새로운 빛으로 발간되고 있다.

세상에서 가장 달콤한 연애시
Luis Eduardo Aute ● 루이스 에두아르도 아우테
Spain

스페인의 싱어송라이터, 영화감독, 화가이며 시인이기도 한 루이스 에두아르도 아우테(1943-2020)는 필리핀 마닐라에서 출생했다. 카탈루냐 출신의 부친은 필리핀의 담배회사에서 일했고, 모친은 스페인 혈통의 필리핀인이었다.

그는 명문사학에서 영어와 필리핀의 타갈로그어를 배웠다. 어린 시절 그림에 두각을 나타냈고, 8세 되던 해 처음 스페인 마드리드를 방문하여 대중 앞에서 노래를 불렀다.

9세 때 미국영화의 고전 「On the Waterfront 워터프론트, 1954」를 보고 영어로 처음 작시를 했으며, 마릴린 먼로Mari-lyn Monroe(1926-1962) 주연의 「Niagara 나이아가라, 1953」는 영화에 대한 관심과 열정을 심어주었다.

1954년 11세 때 가족은 스페인으로 돌아와 마드리드에 정착했다. 15세 때 생일선물로 받은 기타로 학교 축제 때 연주했으며, 또한 표현주의 회화에 매료되어 많은 습작에 몰두, '청년 예술 경연'에서 은상을 수상하고, 1960년에는 청년 화가로서 개인전을 열었다.

이듬해에는 첫 시나리오로 탄생된 단편영화가 매거진에서 스포트를 받았고, 부모의 이혼 뒤 제작한 다소 외설적인 단편영화 「Senses」를 제작했다.

1962년에 두 번째 개인전을 열었고, 1963년에는 대학교에서 건축을 공부했다. 그는 파리에 2주간 가게 되었는데, 프랑코 사회주의에서는 접할 수 없었던 문화 충돌을 경험한다. 자크 브렐Jacques Brel과 조르주 브라상스Georges Brassens 등의 노래, 폴 엘뤼아르Paul Eluard의 시문학, 니체Nietzsche의 저서, 그리고 스탠리 큐브릭Stanley Kubrick의 「Lolita, 1962」 등… 영화에도 발을 들여 영어, 프랑스어, 스페인어 자막에 이어 조연출로서도 일했다.

군 복무 기간에도 상파울루 비엔날레에 출품했고, 밥 딜런Bob Dylan과 조안 바에즈Joan Baez음악도 접했다.

결국 마드리드에서 알게 된 1968년 유로비전 송 콘테스트 우승자 마시엘Massiel에게 밥 딜런에게서 영향을 받은 곡을 써주었고, 그녀의 앨범 《Rosas en el Mar 바다의 장미, 1967》의 타이틀곡은 큰 인기를 얻는다.

또한 자신이 발표한 싱글 〈Aleluya no.1 할렐루야〉는 국제적인 성공을 거두었는데, 많은 나라의 아티스트들이 리메이크했다. 폴 매카트니Paul McCartney도 빌보드차트에 오른 이 곡의 영어 버전인 에드 에임스Ed Ames의 〈Who will An-swer〉을 듣고, 답가로서 명곡 〈Let it Be〉를 내놓는다. 이 시기에 바르셀로나에서 출생한 동갑내기 싱어송라이터 조안 마누엘 세라Joan Manuel Serrat도 만난다.

첫 앨범 《Diálogos de Rodrigo y Ximena 로드리고와 시메나의 대화, 1968》를 발표, 커버에는 자신이 직접 그린 그림을 삽입했으며 전시회도 함께 열었다.

Rito

1973 | Ariola | 82.189-1

1. Quiero Apurar Cada Grano de Arena
2. Rito de Agujeros y Cipreses
3. Dentro
4. Amor
5. Lecho de Amor y Muerte
6. De Alguna Manera
7. Estúpida Mania Circular
8. La Mala Muerte
9. Acaso
10. Mientras Tanto Amando
11. Cuéntame una Tontería
12. Las Cuatro y Diez
13. Hay Algo en el Aire
14. Nada Más Que Nada
15. Epílogo: Autotango del Cantautor

1968년 3월에 결혼한 후 음악은 일시적인 것이며 또한 음악계에 실망하여 음악 활동을 접으려 했다. 그러나 아내가 반대하여 스페인의 정치사회적인 이야기를 담은 두 번째 앨범 《24 Canciones Breves 24개의 단가, 1968》를 냈다. 그리고 두 편의 단편소설을 출판했으며, 산 세바스티안 영화제에서 최우수 실험 단편상을 수상한다.

1970년대에 들어서도 시집과 새로운 단편을 발표하는 등 음악과는 거리를 둔 듯했으나, 1951년생 여가수 로사 레온Rosa León의 데뷔작을 위해 7곡을 썼고, 이 중 〈De Alguna Ma-nera 어떻게든〉과 〈Las Cuatro y Diez 4시 10분〉은 자신의 새로운 앨범 《Rito 의식》에 수록한다.

본작은 그의 '사랑과 죽음의 3부작' 중 첫 작품으로, 간결하면서도 때로는 화려한 현악으로 청자를 매료하고 있다. 물론 커버도 그의 페인팅인데, 여전히 그의 연주시간은 짧은 편이다.

〈Rito de Agujeros y Cipreses 구멍과 사이프러스의 의식〉은 애틋한 사랑의 안온함으로 차 있다.
용감한 욕망으로 모호한 입맞춤을 하고 우리가 합류할 때, 아무것도 너와 나의 것이 아니네, 길을 잃을 염려조차도 없지… 네 뱃속에서 어린아이처럼 잠든, 의식 잃은 구름도… 구멍과 사이프러스의 의식으로 우리를 하나로 묶는, 이제 지울 수 없는 침묵도, 우리의 것이 아니네.

〈Amor 사랑〉은 화사한 피아노와 현악이 경건하면서도 축복의 찬가가 되어 흐른다. 이는 사랑한다는 말의 표현에 대한 노래로, 마치 기도문처럼 수천 번 반복하기에 공허하게 보이지만, 연인의 눈동자 속에서 불타오르는 그 열광적인 마법 때문에 그러는 것인지도 더 이상 알 수 없다고 고백한다.

〈De Alguna Manera 어떻게든〉은 사랑의 고통을 노래한 것으로, 밀도 있는 현악과 함께 그의 맑은 음성과 기타는 달빛처럼 그리움으로 가득하다.

…밤은 널 더 가까이 데려오고, 넌 공기를 뒤엉키게 해, 내 입술은 마르고 네게 입맞춤하고 싶어, 이 바위 같은 시간은

날 지치게 해, 시간이 연인의 몸짓으로 머리를 빗기니, 어떻게든 널 잊어야 할 것 같아…

⟨Estúpida Mania Circular 멍청한 순회 마니아⟩는 아름다운 피아노 선율에 현기증을 일으키는 앙상블이 매치된다. 이는 매일 시계를 확인하며 귀가하는 연인을 기  다리는 사랑꾼의 애타는 초조함을 그렸는데, 미주는 갑자기 중단된다.

애절한 진혼곡 ⟨La Mala Muerte 나쁜 죽음⟩은  사랑을 역설적으로 표현한 것으로, 그는 사랑과 죽음의 침대에서 사랑을 죽이고 싶다고 노래한다.

⟨Acaso 아마도⟩에도 전개되는 포근한 전원의 풍경화는 너무나 달콤하다. 현악의 바람이 향기를 싣고 온몸에 스며든다.

…기억도 없는, 아무도 우리를 본능에서 구출하지 못하게 하는 그 열병에 길을 잃네…

⟨Las Cuatro y Diez 4시 10분⟩도 한없이 부드러운 피아노와 현악이 흐르는 시냇물이다. 이는 연인과의 데이트 에피소드를 기록한 것으로, 영화관에서 「East of Eden 에덴의 동쪽, 1955」을 보며 키스했던 것, 그리고 식사 약속에 늦어 이런저런 이야기를 하다 프랑스어 수업 시간에 늦겠다는 내용으로, 공감이 간다.

espuma
luis eduardo aute

이듬해 2부인 ⟪Espuma 거품, 1974⟫을 발표했는데, 이는 사랑에 관한 주제처럼 고색창연한 바로크 시대이다. 상업적 성공을 거두었다고 하며, 가장 잘 알려진 노래 중 하나인 잔잔한 포크 ⟨Anda 어서⟩ 에서 꽃과 함정의 알몸으로 지도의 산에서 자신을 발견하게 해 달라고 연인에게 재촉한다.

클래시컬한 ⟨Sombra en el Agua 물속의 그림  자⟩는 색다른 '사랑 후의 담배'처럼 성애의 여운이 길다.

너의 몸, 물속 그림자의 고통, 그건 피로한 해변에 부서지네, 급하게 젖은 모래의 나의 몸은 금방 말라 네 얼굴에 숨네, 생명이 아닌 네 몸은 흘러내리는 불꽃으로 꿈틀대는 죽음이야, 나의 몸은 네 장기 속에 타버린 재이고, 아무것도 없는 씨앗이지…

더 서정적이고 드라마틱한 ⟨Dulce Carne Amiga  Impura 달콤한 육체 불순한 친구⟩ 역시 성애에 대한 기억이다.

달의 소음과 침묵의 태양 속에서, 달콤한 육체의 불순한 친구가 나를 만나러 오네. 부드러운 점토와 흐르는 수많은 거품, 그것은 우리의 젖은 몸이었지. 내가 태어나는 곳, 내가 죽는 시간, 사악하고 향기로운 네 열병 속에 날 가두네…

한편 음반사의 상업적인 요구로, 축구, 소비주의, 토레혼의 공군 기지 등 현실풍자 노래들을 수록한 ⟪Babel, 1975⟫이 먼저 공개되었으며, 이후 죽음에 대한 주제의 마지막 3부 ⟪Sarcófago 석관石棺, 1976⟫ 이 발표된다.

클래시컬한 발라드 외에 포크, 재즈, 보사노바, 뮤지컬 등 다양한 장르와 결합했는데, 죽음은 곧 탄생이기에 대부분 장조의 작품들이다. 향기롭고 따스한 가곡풍의 노래 ⟨Una Vez Mas 다시 한번⟩에서 그는 사랑을 점점 더 깊게 자리 잡는 낭종이라 표현한다.

Albanta

ALBANTA

LUIS EDUARDO AUTE

1978 | Ariola | 9J 258855

1. Anda Suelto Satanás
2. Petalo
3. Al Alba
4. Digo Que Soy Libre
5. Tiempo al Tiempo
6. De Paso
7. Ahora Si, Ahora No
8. A Por el Mar
9. No Se Que Coño Me Pasa Hoy (Descansa)
10. Albanta

프랑코 독재가 막을 내린 후 발표된 본작 《Albanta 알반타》는 그의 1970년대를 대표하는 작품으로, 그의 '사랑과 생명에 관한 3부작' 중 첫 앨범이며, 록으로 접근했음이 드러난다. 사회적으로는 근심을 덜었지만, 그해 4월 가까웠던 부친을 잃어 개인적으로는 아픈 상처의 한 해가 되었다.

하모니카와 전자기타의 즉흥이 신명나는 초현실주의 컨트리록 〈Anda Suelto Satanás 사탄이 풀려나다〉에 이어, 봄날처럼 온화하고 경건한 현악의 〈Petalo 꽃잎〉이 칠레의 민중시인 파블로 네루다Pablo Neruda(1904-1973)를 추념한다.

암울하고 처연한 포크록 〈Al Alba 새벽〉은 그의 대표곡으로, 프랑코 정권 말기의 격동에 변화를 희망하는 항쟁의 상징이 되었다. 멸망 전 프랑코 독재의 마지막 처형과도 연관되어 있는데, 초연은 로사 레온Rosa León의 1975년 세 번째 앨범이다.

내가 말했잖아, 내 사랑아, 나는 두려워, 어떤 별들이 위협적으로 상처를 입힐지 몰라, 초승달의 뾰족한 날로 무엇을 할지 나는 몰라. 나는 예감하네, 이 밤이 지나면, 긴긴밤이 오리란 걸, 날 버리지 말아 줘… 우리의 아이들은, 하수구에 숨어, 마지막 꽃잎을 뜯네, 점괘가 보여, 서서히 밝아오는 아침이, 빠른 허기와 함께 오겠지. 나는 예감하네, 이 밤이 지나면, 수천의 독수리들이 조용히, 자신의 날개를 펴고 날아갈 거라고. 제발 내 사랑아, 깨어지지 않기를, 이 침묵의 춤, 죽음의 빌어먹을 춤, 산산이 부서질 춤. 이 새벽에…

〈Tiempo al Tiempo 때때로〉 역시 클래시컬한 현악에 록을 접목하여, 슬픈 역사가 반복되지 않기를 희망하는 듯하다.

…내게 뭔가가 있다면, 그것은 심장의 작은 총알로, 나를 옥죄는 냉혹한 고동이네, 나는 방아쇠를 당기지, 그 감정을 죽이기 위해서, 기다리기엔 너무나 힘들어, 누구도 더 이상 기다리지 않아… 나는 시간이 제자리로 돌아가도록 두지 않을 거야…

곧 다가올 자유의 희망을 노래한 〈A Por el Mar 바다로〉는 슬픈 감격 시대의 심포니이다.

타이틀곡 〈Albanta 알반타〉는 그의 아들이 창안한 미지의 땅으로, 사랑의 꽃이 피는 영원한 어린 시절로 표현하고 있다. 당시 절정에 이르는 스페인의 아트록의 영향으로 은은한 전자음향이 샘솟는다.

사랑과 생명에 관한 작품이었지만 죽음과도 긴밀하게 연결되어 있음을 알 수 있다.
그해 7월에는 쿠바 정부의 초청을 받아 아바나에서 열린 '세계청춘축제'에 참가, 누에바트로바Nueva Trova의 단원들 파블로 밀라네스Pablo Milanes(1943-2022), 실비오 로드리게스Silvio Rodríguez, 아마우리 페레스Amaury Pérez 등과 함께 무대에 섰다. 그러나 결핵에 걸려 5개월이나 머물며, 무신론에 관한 책을 읽고 드라마 「Cabo de Vara 교도관, 1978」의 음악을 썼다.

2부인 《De Par en Par 막 힘없이, 1979》도 록의 영향력 아래서 신시사이저 오케스트레이션이 돋보인다.
〈Elijo la Locura 광기를 선택한다〉와 〈Queda La Música 음악이 남았네〉 등에서는 완전한 팝 사운드를 들려주기도 한다.
서정적인 발라드 〈De Noche Todo el Día 밤과 하루 종일〉은 오랜 침묵 끝에 다시 찾은 사랑에 대한 감정을 노래했다.
바람결 같은 전자음향과 묵직한 첼로가 인상적인 〈Un Ramo de Viento 바람의 가지〉에서는 당신을 잃지 않기 위해서 자신을 포로로 만들지 말것이며 당신의 풍경에 흐르는 강처럼 사랑해 달라고 노래한다.
〈Sigo a la Mar 바다를 따라가네〉는 은유한 여성 찬가로 그 광활하고도 따스함이 넓게 퍼진다.
…표류하는 배처럼, 바다를 따라가다, 언제나 기다려지는 바다, 심장박동의 충실한 근원, 동반자, 바다, 최초의 여성, 풍

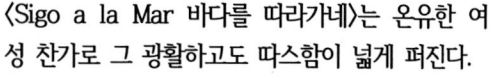

성한 생명의 씨앗…

그리고 《Alma 영혼, 1980》로 '사랑과 생명의 3부작'을 마무리했는데, 전작들에서의 부분적인 아트록 표현은 사라졌지만, 여성 코러스 등이 가미되어 간결한 포크 팝으로의 일관성을 유지했다.
대표곡인 〈No Te Desnudes Todavía 아직 벗지 마〉에서는 영원은 하나의 심장이고, 진실은 뻔한 게 아니라 절반이기에, 내게 모든 진실을 밝히는 걸 원치 않으니 서두르지 말라고 조언한다.
역시 히트곡인 〈Pasaba por Aquí 여기를 지나가다가〉는 밤늦도록 켜진 창문 불빛을 보고 그 여인에게 전화라도 하고 싶었지만, 근처에 전화도 없었던 상황을 곱씹는다.
건반이 아름다운 〈Libertad 자유〉는 인간은 자유의 영혼이기에 살아가는 것은 권리이며, 포기하지 않는 것은 의무라 말한다.
역시 달콤한 〈Mirándonos los Dos 서로를 바라보네〉는 사랑에 대한 무관심과 우울에 대한 두려움을 그렸다.

Fuga

1982 | Fonomusic | CD1252

1. Vailima
2. Bailemos, Pues
3. Como una Estrella Fugaz
4. Probablemente Te Quiero
5. Mira Que Eres Canalla
6. Siento Que Te Estoy Perdiendo
7. Flor de un Dia
8. Si el Amor Alguna Vez
9. Mar en Fuga
10. Vamonos por Ahi

1981년 4월 딸이 태어난 후, 「Función de Noche 밤의 직능, 1981」의 영화음악을 썼다. 그리고 1980년대를 여는 앨범 《Fuga 도피》를 발표함으로써 새로운 '사랑과 의혹의 3부작'이 시작되었다.

남태평양 사모아섬의 지명을 제목으로 한 〈Vailima 바일리마〉에서부터 그 참신한 사운드가 이국적인 여유로움을 더한다. 느긋한 템포를 따라 그가 해변에 풀어놓는 이야기 꾸러미에는 피터 팬, 로빈슨 가족, 폴 고갱, 그랜트 함장, 보물섬의 신드바드에 이르기까지 동심 어린  낭만들로 가득 펼쳐 보인다.

〈Probablemente Te Quiero 아마도 널 사랑하나봐〉에서는 맑은 기타와 구슬픈 클라리넷으로 애틋한 사랑고백의 편지를 낭송하고 있다.

본작에서 가장 주목하게 되는 〈Siento Que Te Estoy Perdiendo 널 잃은 것 같아〉는 피아노의 화려한 은파와 함께 오케스트레이션의 부드러운 비창이 쏟아진다.

…널 잃는 것 같은 기분이 들어… 우리에게 무슨 일이 일어난 걸까?… 내 입술은 네 키스가 적절하지 않다고 생각해, 내 몸은 너에게서 피난처를 찾지 못해, 그냥 수동적으로 멀리 떨어져 네 것이 아닌 것처럼 주는 것 같아, 네가 더 이상 네가 아닐 때 너와 사랑을 나누는 것은 치명적인 절망이야…

〈Si el Amor Alguna Vez 언제라도 사랑한다면…〉에도 사랑의 권고는 차분하게 속삭인다. 고독과 슬픔, 치유되지 않는 죽음과도 같은 상처의 고통이 필요하다고.

기타 연주가 마치 꿈속에서 밝아오는 잔잔한 바다로 노를 저어 여행하는 듯한 〈Mar en Fuga 바다로 도피〉도 무척 포근하다. 이는 어둠, 의심, 외로움의 기억, 파괴 등으로부터 벗어나고픈 희망을 그렸다.

〈Vamonos por Ahi 거기로 가자〉는 경쾌한 왈츠의 템포로 자유롭게 음조를 떠다니는 듯한 분방함에 젖게 되는 재즈곡으로, 역사가 묘지로 가득 차기 전에 사랑과 자유로 현재를 차지하자며 노래하는 카르페 디엠Carpe Diem이다.

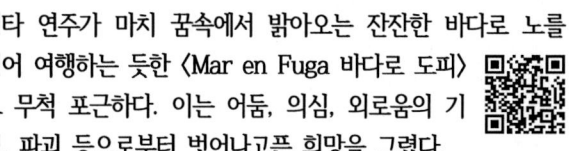

1983년 3월 4일 마드리드 살라망카 극장 콘서트에는 파블로 밀라네스P.Milanés, 실비오 로드리게스S.Rodríguez와 조안 마누엘 세랏J.M.Serrat를 초빙, 이는 《Entre Amigos 친구 사이, 1983》로 출시되었다.

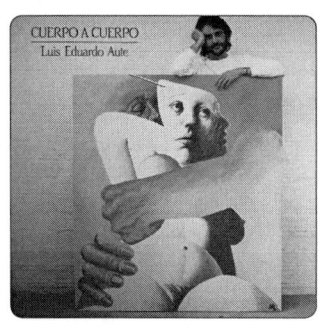

이어 2부인 《Cuerpo a Cuerpo 몸과 몸, 1984》에서는 팝록으로 돌아왔다. 인생의 모든 것이 영화이고 꿈이기에, 자신에게 영화를 더 달라고 하는 〈Cine, Cine〉는 유연하다.

다소 몽상적인 〈Dos o Tres Segundos de Ternura 2-3초의 부드러움〉에는 사랑하는 당신이 혼자되는 것에 대한 두려움을 이겨내기 위해 잠시만이라도 부드러운 눈으로 말해달라고 노래했다.

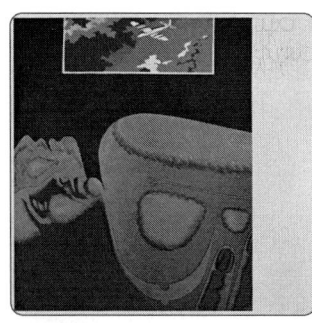

이어 발표한 《Nudo 매듭, 1985》로 '사랑과 의혹의 3부작'이 종결된다. 더욱 강력한 팝록 사운드로 마감되었는데, 그중 사랑의 찬가 〈El Universo 우주〉는 천체음악처럼 신비롭다.

…우리는 하나님과 그의 신비에 대해 매듭을 풀고, 물과 달에 젖어 가까이 다가가네. 우리는 우주가 끝날 때까지 거품을 통과할 거야, 우주가 태어나는 곳으로, 우주가 폭발하는 그때까지…

이후에는 칠레의 시인 파블로 네루다Pablo Neruda(1904-1973)에 대한 찬사로 《20 Canciones de Amor y un Poema Desesperado 스무 편의 사랑의 시와 한 편의 절망의 노래, 1986》를 발표, 이는 네루다의 저서명을 따 자신의 히트곡들을 새롭게 녹음한 더블 앨범이었다.

1987년에는 마드리드 전시회를 위해 그린 회화에서 영감을 받아 기독교 미사의 전례에 사랑과 에로티시즘을 담은 《Templo 성전》을 발표했다. 그는 스스로 본 작을 저주받은 앨범으로 평가했는데, 그러나 신시사이 저의 안개같이 포근한 연주는 색다른 감흥을 준다.

〈No Soy Digno 나는 합당하지가 않아〉는 고행을 암시하는 듯한 숙명적인 드럼에 플라멩코 기타의 뜨거움이 연기가 되어 피어오른다.

…난 네 집에 들어갈 자격이 없네, 왜냐하면 내가 사랑의 폭군임을 지울 수 없으니, 내가 널 사랑하는 것처럼 너도 내 모든 것에 대해 사랑한다면…

〈Tu Sueño Eterno 너의 끝없는 꿈〉은 제목 그대로 전자음향의 신비롭고도 감미로운 몽환의 세상이 열린다.

질투는 무한해, 그게 내 평온을 깨워, 당신을 관통하고 소유하게 하지… 죽음의 아름다움이 네게서 나올 때, 모든 낙인은 나를 드러내네…

《Segundos Fuera 퇴장, 1989》으로 '사랑과 분노의 3부작'을 개시한 그는 《Ufff! 휴!, 1991》와 《Slowly, 1992》에서 스페인의 유명 전자기타 연주자 수소 사이스Suso Saiz의 협업으로 1990년대를 열었다.

1993년 9월 24일 마드리드 라스벤타스 투우 경기장에서 3

시간에 걸쳐 쿠바의 음유시인 실비오 로드리게스Silvio Rodrí -guez와 함께 한 라이브를 거행했으며, 실황 앨범 《Mano a Mano 2인의 투우, 1993》는 20만 장 이상 판매되었다.

이어진 《Alevosía 배반, 1995》에 실비오 로드리게스와 스페인의 여성 싱어송라이터 알리시아 알레만Alicia Alemán 등을 초대했다.
알리시아 알레만이 참여한 〈Arrebato 황홀경〉은 희열과 환  상이 구름처럼 밀려오는 것을 관찰하게 된다.

너와 함께라면 난 하루를 불태울 거야, 그리고 밤을 밝힐 거야, 태양은 에너지가 될 것이고, 달은 중범죄를 불속으로 태울 거야… 너 없이 내가 죽으면 무엇이 남을까? 너와 함께라면 나는 다시 폭발을 느낄 거야…

알리씨아 알레만이 또다시 참여한 《Aire 대기, 1998》 역시 공기처럼 부드러운 감촉의 작품이다.
은은하고 포근하기 이를 데 없는 〈Aleluya N°7 할렐루야 7〉는 기독교적 사랑의 교리를 전파하는 가스펠로,

짧게 요약하자면 '당신은 사랑받기 위해 태어난 사람'이라는 것이다.
포르투갈 작가 페르난두 페소아Fernando Pessoa (1888-1935)의 작품을 노래한 〈Suave 다정하게〉 는 이 세상에 자신이 존재하는 것에 대한 감사의 축시이다.

반도네온 솔로로 반주한 〈Aire, Aire 공기, 대기〉에서는 탱고의 온도가 새어 나온다. 숨을 쉴 수 있는 공기는 사랑과 진실의 대유로서, 소중한 가치에 대해 이야기한다.

아우테는 「Un Perro Llamado Dolor 고통이란 이름의 개, 2001」라는 비디오필름으로 뉴밀레니엄을 열었는데, 이는 4천 장 이상의 연필 소묘로 완성한 애니메이션 작업으로, 파블로 피카소Pablo Picasso, 프리다 칼로Frida Kahlo, 살바도르 달리Salvador Dalí 등 예술가들에 대한 사랑을 독창적인 화법으로 구성한 그의 새로운 예술적 영역이었다.
이 필름의 오리지널 사운드트랙도 함께 제작되었으며, 장기 전시회와 함께 시집도 발간했다.

그리고 흘러가는 세월을 주제로 한 새로운 창작 앨범 《Alas y Balas 날개와 총알, 2003》을 내놓았다.
세월이 가면 사랑도 변하고 또다시 순환된다는 〈Vida al Pasar 지나가는 삶〉은 본작의 주제이다.

전자기타가 특색 있는 〈Luz contra Luz 빛과 빛〉  은 햇살에 비친 창가의 커튼이 계속해서 바람에 흔들리는 것 같다.

날아가는 총알과 결투의 날개, 애도 없는 비행은 없네, 총알이 없으면 날개도 없어… 산다는 건 아마도 날아다니는 것, 날아가는 날개와 결투하는 총알 사이에서. 죽는다는 것도 어쩌면 날아다니는 것일지도 몰라…

따사로운 현악과 피아노로 연주하는 〈Sinvivir 삶 없이〉는 연인의 부재로 인한 죽음과도 같은 삶의  고독을 그린다.

A Día de Hoy

2007 | SonyBMG | 8869 7081022

1. A Dia de Hoy
2. Imaginacion
3. Alone with You
4. Na de Na
5. El Resto es Humo
6. Esta Noche
7. Naves Quemadas
8. J'Ecris Ton Nom
9. Año (Y Daño) de la Gripe Aviar
10. Tic-Tac
11. La Barbarie (Aleluya Nº 8)
12. Se de un Loco
13. Triptico de Luces Y Sombras
14. Cuando No Cante Mas

《Dia de Hoy 오늘》은 그의 음악 경력 40주년 기념앨범으로, 5년간의 미발표곡들을 모은 앨범이었다. 영어와 불어로

부른 노래도 수록되어 있으며, 다채로운 사운드를 녹여냈다.

타이틀곡 〈A Dia de Hoy 오늘〉은 다소 나른한 전자기타와 부드러운 그의 목소리에 쉽게 빠지게 된다. 하루를 돌이켜보며 일기를 쓰는 기분이다.

…오늘은 광야에서 하나의 사랑을 찾는 내 목소리였네. 오늘 나는 단 한 가지를 말할 수 있네, 삶이란 다른 관점에서 보면 죽음을 향해 간다는 것을.

불어 노래인 〈J'ecris Ton Nom 당신의 이름을 쓴다〉는 끈적끈적하면서도 묘한 분위기를 연출한다. 부조리와 장난기, 대항과 허무, 직관과 감정이 혼재된 비합리적 미술을 주창했던 다다이즘Dada이 주제로, 화가 뒤샹Marcel Duchamp, 초현실주의 화가 미로Joan Miró, 시인 랭보Rimbaud 등 많은 아티스트들을 언급하면서, 사라진 세계관에 대한 아쉬움으로 미주는 샹송 〈Les Feuilles Mortes 고엽〉으로 마무리했다.

〈Triptico de Luces Y Sombras 빛과 그림자의 세 화가〉는 스페인의 대표적인 화가 벨라스케스Diego de Velázquez, 고야Francisco de Goya 그리고 피카소Pablo Picasso에 대한 회화 이야기이다. 플라멩코 기운이 감도는 기타가 매우 서정적이며 피아노도 아련한 빛을 반짝인다.

시원한 바닷가로 청자를 초대하는 〈Cuando No Cante Mas 더 이상 예감을 노래하지 않을 때〉가 감각을 환기시킨다.

…나는 스스로 섬이 될 거야, 한마음을 지닌, 불모의 땅의 흔적으로, 절대 후회하지 않을 거야, 그 바다가 나를 부를 테니 항상 외롭지 않을 거야…

그리고 히든트랙으로 〈Esta Noche 오늘 밤〉이 다시 연결된다.

2009년에는 바르셀로나 출신의 싱어송라이터 조안 이삭Joan Isaac이 아우테의 고전을 노래한 《Auteclàssic》에 참여했다.

《Intemperie 풍화, 2010》에서는 지독하게 쓸쓸하고 황량한 공간을 영상화하는 타이틀곡에서 기근과 재앙과 전쟁과 죽음이 일어나고 있는, 갈 곳을 잃은 세상을 향한 자비의 바람을 담았다.

바이올린의 거친 한숨이 터지는 서정의 발라드 〈Nada 아무것도〉에서는 침묵으로는 그 어떤 것도 변화시킬 수 없다고 말한다.

엄숙한 추모의 행진곡 〈Alli 거기〉는 프랑코 독재에서 자신의 꿈을 굽히지 않고 숨어서 영화를 촬영하는 한 예술가의 삶을 그린 것으로, 그 주인공은 스페인 영화를 세계무대로 이끈 선구자 루이스 부뉴엘Luis Buñuel(1900-1983)이다. 그의 지원군이 되어주었던 아라곤의 카란다Calanda 시민들에게 이 곡을 'Un Perro Calandaluz 카란다 반항의 빛'이란 부제로 헌정했다.

밤의 정적을 깨며 긴급을 알리는 구급차와 소방차와 경찰차의 사이렌 소리로 청각을 환기시키는 〈El Canto de las Sirenas 사이렌의 노래〉에서는 우리 이웃들의 무사평안을 기원하고 있다.

…율리시스여! 당신의 돛에 나를 묶어 줘, 난 당신 꿈의 포근하고도 화난 노래를 듣고 싶네. 사이렌의 음성으로.

El Niño Que Miraba El Mar

2012 | SonyBMG | 8888 371256

1. El Nino Que Miraba el Mar
2. Un Ser Humano
3. Cera Perdida
4. Las Musas
5. Feo Mundo Inmundo
6. Que Necesidad!
7. Señales de Vida
8. No Hay Manera
9. Latido a Latido
10. El Basilisco
11. Un Verso Suelto
12. La Ley de Galilei

《El Nino Que Miraba el Mar 바다를 보는 소년》는 점차 그의 사운드가 회화적으로 변화하는 것을 감지할 수 있다. 시선을 끄는 앨범의 커버도 많은 이야기가 있을 것 같은 예감을 던져준다.

포근하고도 다소 우울한 걸작 〈El Nino Que Miraba el Mar〉는 평화로운 바닷바람이 파도와 함께 불어오는 공감각으로 우리를 주목하게 한다. 동년에 발표한 단편 애니메이션 「El Niño y el Basilisco 소년과 바실리스크, 2012」의 사운드트랙으로, 이 필름은 DVD로 동봉되어 있다. 물론 커버스토리이기도 한데, 이 필름에는 자신과 미래를 비유하는 작은 꼬마가 등장한다. 전쟁이 벌어지고 있는 바다 저편을 한없이 바라보는 소년의 순수한 상상 속에서, 노인 화가인 아우테는 소년을 지켜주고 전쟁을 종식하는 용이 되어 날아간다. 그리고 수많은 어린이를 위하여 자신의 스케치북에 희망과 평화의 바다를 그린다.

회전목마의 사운드를 거쳐 투명한 기타가 바람을 일으키는 〈Un Ser Humano 인간〉은 저마다의 기쁨과 슬픔 속에서 부조리한 비극적 연극 무대에서 살아가는 사람들을 노래했다.

일렉기타의 즉흥적 블루스가 광활하게 울려 퍼지는 〈Cera Perdida 잃어버린 왁스〉는 그 의미가 간파하기 쉽지 않지만 영혼 없이 현실을 기계적으로 살아가는 현대인을 꼬집은 것 같다.

〈Feo Mundo Inmundo 추하고 더러운 세계〉는 과거 영광에 사로잡혀 다시금 출현하는 독재의 추종자들을 향한 경고이며, 교회 종소리와 함께 성스러운 공간으로 안내하는 〈Que Necesidad! 필요한 것〉은 하나님의 뜻을 이해할 수 없을 만큼 현실은 많은 일들로 가득하지만 이를 때일수록 우직한 믿음이 필요하다는 복음이다.

한없이 잔잔한 피아노 발라드 〈Señales de Vida 삶의 표식〉은 깊은 내면의 사랑을 일깨워 준 당신에 대한 감사이다.

기타와 아코디언의 서정 탱고 〈Latido a Latido 고동 맥박〉은 불타는 표류 속에서 다시 맥박을 뛰게 하고 삶을 재생하는 사랑을 찬양한다.

사람을 입김이나 시선으로 죽인다는 전설과 신화적 동물을 소재로 한 〈El Basilisco 바실리스크〉는 옥죄는 현실적 상황 속에서도 자신의 정의로움으로 극복하라는 메시지를 담은 듯하다. 바이올린의 맑은 행진이 돋보인다.

〈La Ley de Galilei 갈릴레이 법전〉은 꿈속의 동화 속으로 초대한다. 안개 같은 보컬리스트 크리스티나 나레아Cristina Narea와 함께 부르는 달콤함에 이어 타이틀곡의 테마가 뮤직박스를 통해 흐른다.

달밤에 박쥐와 반딧불은 사랑했네, 그러나 그들은 눈이 멀어 버렸네, 뜨거운 열정 때문에 일출이 비치리란 걸 잊어버렸지. 무시무시한 수탉의 노래가 들려왔을 때, 그들은 사랑은 갑작스레 죽고 말았네,

그해 말 마리아 돌로레스 프라데라María Dolores Pradera(1924-2018)의 《Gracias a Vosotros 여러분들께 감사》에서 이별의 볼레로 〈Caminemos 걸어요〉를 듀엣으로 불렀다.

마지막 앨범으로 스페인 갈리시아 출신의 시인 카를로스 오로자Carlos Oroza(1923-2015)의 작품을 노래한 《Aute Canta A Oroza 아우테가 오로자를 노래하다, 2018》를 발표하고, 뇌경색으로 치료를 받다 팬데믹 기간에 사망했다.

음악가뿐만 아니라 시인, 화가, 영화인 등 종합예술인으로 삶을 불태웠던 그는 이 시대 최고의 로맨티시스트 중 한 사람으로 기억될 것이다.

꺼지지 않는 이베리아의 불꽃
Luz Casal ● 루스 카살
Spain

그녀의 노래를 처음 들었을 때 정말이지 반하지 않을 수 없었다. 그 농밀하고도 관능적이기까지 한 적포도주 빛 음색, 오래된 적벽돌에서 느껴지는 따스한 질감, 그리고 호소력과 원숙미가 넘치는 가창의 해석력 또한 최고 강점이다.

루스 카살은 스페인 북부 갈리시아 지방의 보이모르토Boimor -to에서 1958년에 출생했다. 생후 6개월 째 이웃한 아스투리아스Asturias로 이사하여 성장한 탓에 플라멩코와 더불어 켈트 문화의 영향을 자연스레 받게 된다. 외동딸이었기에 노래와 피아노, 고전발레 등 예능을 다양하게 배울 수 있었다.

커버 버전을 노래하는 록밴드 Los Fannys에서 활동하면서 오페라 성악에 관한 관심으로 가창 예술을 공부하였다. 1977년 마침내 그녀는 직업가수가 되기로 결심하고 반대하는 부모를 설득하여 마드리드로 향한다.

데모 싱글을 녹음한 그녀는 여러 레코드사의 문을 두드렸으나 반응은 신통치 않았다. 소규모 독립프로덕션에서 테스트를 거친 후 몇 가수들의 코러스로 녹음에 참여했고, 가수 후안 파드로Juan Pardo의 라이브 무대에 코러스로 섰다.

그러면서 첫 싱글 〈La Guapa 미인 | De Papel o Metal 종이 혹은 금속〉을 녹음했지만 정식으로 발매되지 않았다. 고전 가수 라켈 멜러Raquel Meller(1888-1962)의 인생을 담은 뮤지컬 「Las Divinas 신의」에 참여한 것이 고작이었다.

1980년에 레게의 아버지 밥 말리Bob Marley(1945-1981)를 기리는 첫 싱글 〈El Ascensor 엘리베이터〉을 발표하고, 그 이듬해 그룹 레뇨Leño의 라이브에 참여한 뒤, 첫 앨범 《Luz, 1982》를 발표한다. 이에는 특별하진 않지만 그대는 나의 남쪽이고, 나는 그대가 마셔야 할 물이라 노래하는 〈Eres Tu 그대는〉이 수록되었다.

그녀가 세계적인 명성을 얻게 된 계기는 한참 후인 10여 년이 지나서였는데, 세계적인 스페인 감독 알모도바르Pedro Almodóvar의 「Tacones Lejanos 하이힐, 1991」의 대성공과 함께 이 영화에 삽입된 루스 카살의 두 노래가 주목을 받게 된다. 일본 영화음악가 사카모토Sakamoto Ryuichi(1952 -2023)가 음악을 맡았던 이 사운드트랙은 5백만 장 이상 판매되는 상업적 성공을 거둔다.

A Contraluz

1991 | Hispavox | 798507

1. Un Pedazo de Cielo
2. Se Verá
3. Todo Va Bien
4. A 1000 Kms.
5. Es por Ti
6. Tal para Cual
7. Qué Día Es Hoy
8. Es Mejor Que Te Vayas
9. Tu Orgullo
10. Piensa en Mí
11. Un Año de Amor

상업적으로 큰 성공을 거둔 6번째 앨범 《A Contraluz 역광 逆光》에는 알모도바르 감독의 영화 「High Heels 하이힐」에서 불렀던 〈Un Año de Amor〉와 〈Piensa en Mi〉을 수록했다.

영화에서 여장 남자가수 레딸이 립싱크한 〈Un Año de Amor 사랑의 한 해〉는 미나Mina가 1965년에 발표한 깐쏘네 〈Un Anno d'Amore〉가 원곡으로, 미나의 열렬한 팬이었던 알모드바르 감독이 루스 카살에게 번안하여 노래할 것을 적극 권유하였다고 한다. 그녀의 짙은 감수성은 애절한 사랑의 노스텔지아를 노래한다.

…우리가 사랑한 한 해가 저물었어. 네가 지금 떠난다면 곧 깨닫겠지. 나 없이는 의미 없는 나날의 연속이란 걸. 그리고 밤이면 혼자라고 느끼지 않기 위해, 우리의 행복한 시간들을 되새기고, 내 입맞춤을 되뇔 거야. 그리고 넌 곧 혼자만의 순간에 있다는 걸 느끼겠지… 네가 만약 지금 떠난다면, 돌이킬 수 없을 거야, 널 살게 해준 행복한 나날들을…

〈Piensa en Mi 날 생각해〉는 멕시코의 남자가수 아구스틴 라라Agustín Lara(1898-1970)의 1943년 고전으로, 우리에겐 멕시코의 차벨라 바르가스Chavela Vargas (1919-2012)의 음성으로도 잘 알려져 있다.

만약 네가 쓰라린 고통 속에 있다면, 만일 네가 울고 싶다면, 날 생각해… 네가 원한다면, 나의 삶, 생명 모두를 버릴 수 있어. 너 없이는 아무 소용도, 의미도 없는, (삶, 생명들이) 내겐 필요치 않아.

〈Es por Ti 그게 너야〉는 내용적으로는 꽤나 간절하지만 은은하고도 달콤하다.

그리고 다시 쓴다, 너 없인 살 수 없다고, 내 인생은 지나가네. 내가 얼마나 널 사모하는지, 네가 내게서 멀어진다면, 내가 미쳐버린다면, 그건 너 때문이야…

그녀의 매혹적인 목소리는 미묘한 풍랑과 풍요로운 햇살이었다.

Como la Flor Prometida

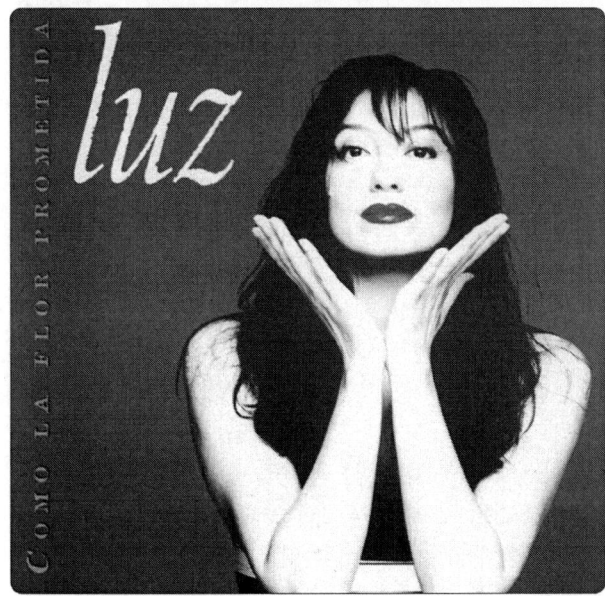

1995 | EMI | 50999 0 84385

1. Flor Prometida
2. Capitulo Acabado
3. Entre Mis Recuerdos
4. Lo Eres Todo
5. Como la Lluvia al Sol
6. Besare el Suelo
7. Vengo del Norte
8. Pais
9. Ines
10. Plantado en Mi Cabeza
11. Te Ofrezco lo Que Tengo
12. Dormir

《Como la Flor Prometida 약속의 꽃처럼》은 국내에 라이선스로 소개되어 많은 사랑을 받았던 앨범이다. 〈Entre Mis Recuerdos 내 추억을 통해서〉는 비교적 단순한 곡 구성으로, 파스텔의 따스한 색조를 지닌 가창이 마음의 평화를 소망한다.

고통이 내게 떨어지면, 세상은 소멸하지… 어릴 적 나를 그리며, 잃어버린 모든 것의 일부, 과거를 돌이키며 추억을 상기하네. 빛나는 밤의 꿈속, 순수한 물의 바닷가, 그리고 만발한 하얀 꽃. 모든 순간은 특별했지… 나는 순결을 되찾고 싶어, 수많은 순수를 향한 노스텔지아…

백미인 〈Lo Eres Todo 당신은 모든 것〉에서 우리는 한 치 앞을 내다볼 수 없는 뿌연 안개에 휩싸인 막다른 골목에 다다른다.

…넌 그저 친구에 불과했지만, 어느새 내 모든 것이 되었네. 내 시작과 끝. 나의 산맥, 여정, 몰락, 용기와 행운, 실수, 나의 죽음이자 부활, 내 숨과 고통, 낮과 밤인 것. 당신의 기쁨을 나눠줘, 네 인간성을 공유해 줘, 너의 우울함과 슬픔과 괴로움, 향기와 오감을, 내면의 세계를 향유하게 해줘. 네 미소와 온유함, 죽음과 생명, 추위와 열정, 평정심, 너의 증오까지도. 난 너의 동반자가 되고 싶어, 밤낮으로…

전자기타의 즉흥에 실리는 블루스록 〈Te Ofrezco lo Que Tengo 내가 가진 것을 드릴게요〉은 강렬하고도 솔직한 사랑의 고백이다.

…내 모든 것을 주고 싶어. 먼저 행복한 환상을, 내가 아는 얼어붙고 불쌍한 마음도. 두 번째로 힘을 줄 거야. 세 번째로 크나큰 용기와 믿음. 낙담할 줄 모르는 노력과 끈기를, 행운과 행복을… 내 태양과 달을 공유하고 싶어.

의식 속의 여러 상념으로 잠을 청할 수 없는 상황을 노래한 〈Dormir 수면〉은 사운드의 몽롱함이 청자를 최면에 이르게 한다.

Un Mar de Confianza

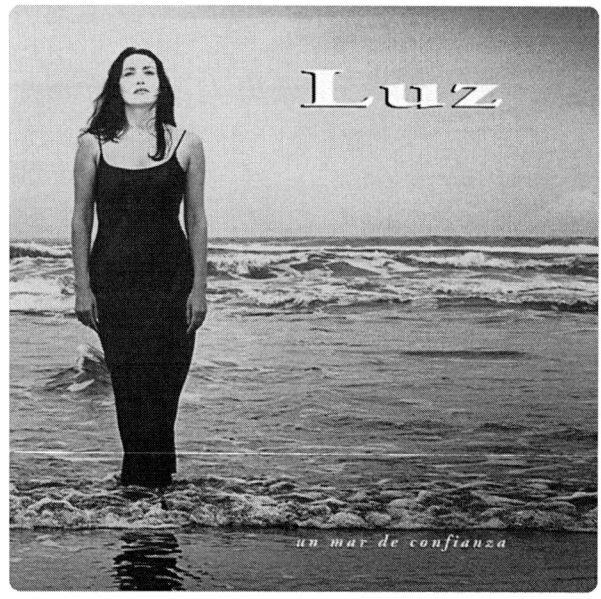

2000 | EMI | 50999 0 84387

1. Sumisa
2. Mi Confianza
3. Despierta, Mi Vida
4. Quisiera Ser y No Puedo
5. Inesperadamente
6. Aparta de Mi
7. Sentir
8. Los 2
9. Prefiero Morirme
10. Muro Invisible
11. Momentos de Ternura
12. Tu Silencio
13. Aqui Estoy Bien

커버가 멋진 《Un Mar de Confianza 친애의 바다》에는 카페형 음악을 담았다.

감성을 사로잡는 〈Mi Confianza 내 믿음〉는 열정 어린 어쿠스틱 기타와 함께 플라멩코의 창법으로 연인을 향한 사랑의 믿음과 신뢰를 맹세한다.
〈Inesperadamente 예기치 않게〉는 서늘한 전자 음향이 안개처럼 깔리며 채도대비되는 그녀의 음성이 부드러운 발라드를 열창한다.

그건 아마도 내 뒤편에 찾아온 사랑이었을 거야, 내가 잘못 갈 수도 있는. 더 많은 고통과 난관이 따른다 해도, 이것이 더 많은 행운을 줄 수 있도록 기도하네… 다시금 나는 망상 속으로 내달리고, 노래로 위장하며 돌아오네, 나는 더 강력한 치료제를 찾게 되겠지, 두 번째 사랑에 천 개의 시를 헌납하듯. 난 사랑을 원해. 그러나 네 망각이 나를 더욱 강하게 만든다는 걸 알아, 상실감에 빠지며 되돌아올지라도, 예기치 않게 네 마음에 흥분의 불꽃이 일기를 기도하네…

다소 복고풍의 우아한 볼레로를 들려주는 〈Sentir 느낌〉은 절망에 직면하게 되는 순간에 용기를 북돋운다.

…외톨이로 살아온 당신, 길고 쓰라린 겨울에서는 다음 세상을 볼 수 없어. 눈을 떠 다른 시선으로 봐. 바다처럼 너른 시야로, 침묵과 장벽을 허물면, 현실은 바뀔 거야…

애절한 블루스가 서서히 심장을 조이는 백미 〈Tu Silencio 침묵〉에는 연인에 대한 그리움을 슬피 독백한다.

…네가 떠나고 돌아오지 않는 이유를 말해줘, 얼마나 널 사모했는데, 언 눈물의 바다로부터. 안개처럼 날 포위하는 크나큰 침묵… 네 이름은 내 기억 속에 살아있어. 무제한적으로 그리고 그림자같이, 내 속에서 다시 태어나…

이후 프랑스 올랭피아 극장에서 많은 박수갈채를 받았다.

Con Otra Mirada

2003 | Sony | EPC 509667

1. Ni Tu Ni Yo
2. Me Gustaria Que Comprendieras
3. Palabras Guardadas
4. Pueden Ser Tantas Cosas
5. Tu Perdon
6. Tu Eres para Mi, lo Mejor
7. Perdida
8. Dame un Beso
9. El Dia Que Yo Cambie
10. Je Voudrais Tant Que Tu Comprennes
11. Palabra Amor

그녀의 보컬은 밴드와 같은 담백한 연주 구성에서는 또 다른 빛을 발하는 듯하다. 더욱 원숙한 매력을 표출하는 본작 《Con Otra Mirada 다른 섬광과 함께》가 그렇다.
〈Me Gustaria Que Comprendieras 날 이해해 주길 원해〉

는 프랑스 영화음악가 프랑시스 레[Francis Lai(1932-2018)의 작곡으로, 마리 라포레[Marie Laforet(1939-2019)가 1966년에 취입한 〈Je Voudrais Tant Que Tu Comprennes〉  가 원곡이다. 반도네온의 서글픈 감성에 담백한 라틴 기타의 즉흥이 애처로움을 달랜다.

날 이해시켜 줘, 태양이 그림자를 입을 때, 시작된 우리 사랑이 종착역에 도달했다는 걸… 작별의 말과 함께. 매번 마지막 페이지가 닫히는 책과 같았던, 우리 사랑이 끝난 것에 대해, 날 납득시켜줘… 사랑을 잊지 않겠다는 말, 결코 잊지 못할 거야.

그리고 전자음향이 뿜어내는 밝고 온화한 발라드  〈Palabras Guardadas 신중한 말〉에는 지난 추억을 되살리는 우수가 꿈틀거린다.

내가 부치지 못했던, 편지지가 찢겨 날리네, 내가 항상 꺼두기 원했던, 신중한 말들… 그것 때문에 아름다운 진실을 벗겼지, 그건 그리 어렵지 않았네, 사람들 앞에서 이야기하기 두려워하는 걸 극복했으니까, 그냥 널 사랑해, 네가 아니면 느낄 수 없었던. 그럼에도 끝까지 용기를 가질 수는 없었지, 두려워하며 작별을 쓰고야 말았네…

싱어송라이터 파블로 게레로Pablo Guerrero의 가 사에 루스 카살 작곡인 〈Palabra Amor 사랑이란 단어〉는 귀뚜라미 구상음으로 더욱 감성을 적신다.

…이 어두운 감옥을 이겨내야 해, 수많은 이전의 시간으로부터, 조용히 도달해야 하는 형벌은, 천천히 나를 삼키네… 내 희망을 만든 것에 대해, 모든 다른 문제들은, 잊길 바라, 그것은 물 위의 모닥불, 연기가 휘날리고 흘러가지, 사랑과 같은 네 이름은, 사면 없이 내 피부에 낙인 되었네.

Sencilla Alegria

2004 | Sony | EPC 519070

1. Un Nuevo dia Brillara
2. Mi Memoria
3. Octubre
4. Tiempo al Tiempo
5. Ecos
6. Agua de Marte
7. Al Vuelo
8. No Te Vayas
9. Para un Cinico
10. Noches Blancas
11. Negra Sombra

《Sencilla Alegria 작은 환희》는 여느 앨범보다 스페인의 음악적 풍토를 물씬 느끼게 된다. 그녀의 목소리 하나만으로도 이루 말할 수 없을 만큼 묘한 쾌감을 얻게 되지만, 자신의 문화적인 배경이 된 요소들과 재즈를 견고하게 융합하여 장점을 극대화한다.

본작의 성공을 이끌었던 〈Un Nuevo Dia Brillara 영롱한 새 나날들〉은 프랑스 뉴웨이브의 기사 에띠엔 다호Etienne Daho의 참신하고도 달콤한 신서-팝 〈Duel au Soleil 태양 아래 결투〉가 원곡이다. 뜨거운 플라멩코 기타와 부드러운 남녀 코러스를 삽입하면서, 긍정적인 신조를 노래한다.

수평선이 어둠에 어렴풋해지면, 어떤 선택도 없이, 온전히 하나가 된 둘은 분리되지. 무관심과 실망감으로 무너졌고, 난 그것이 지나간, 짧은 합의임을 알아차렸네… 다시 고독에 젖어들지라도, 난 붉은 새벽을 원해, 다시 태양은 빛날 테니까…

블루스 재즈 〈Mi Memoria 나의 기억들〉는 피아노에 색소폰이 곁들여진 카바레 깐시온으로, 회한에 젖어 과거를 돌이키는 가창은 백미이다.

내 기억은 물, 나의 추억은 강이네, 마치 아기처럼 연약하지만, 깊고 차가우며, 순수한 생명의 근원이지, 봄바람이고, 가득한 탄광이며, 자유의 답안이지… 네가 나와 함께 있으면, 내 추억은 또렷해. 그건 감옥이기도 하지만, 진정시키고 치유하는 약물이기도 해, 잘 짜여진 직물이고, 충실의 원리며, 마지막을 향한 귀환이야.

맑고 잔잔한 계절적 분위기를 이어가는 〈Octubre 10월〉은 프란시스 카브렐Francis Cabrel의 1994년 작 〈Octobre〉를 번안한 노래로, 연인을 기다리며 순수한 아이의 시간으로 돌아가고픈 상념의 담백한 포크 원곡을 달콤한 발라드로 재현하였다.

상큼한 서두의 휘파람 연주가 귀를 주목시키는 〈Tiempo al Tiempo 때때로〉는 프랑스에서 활동했던 보사 재즈의 귀인 앙리 살바도르Henri Salvador(1917-2008)와의 공작으로, 재즈 피아노와 탱고 리듬 위에서 그녀의 가창은 절묘한 균형미를 이룬다.

격렬한 삶, 망상의 희생자, 차디찬 밤이 내게 드리우네, 시간을 모르는 유령처럼. 밤바람은 어디로 가는 걸까? 불안감은 어디서 엄습해오는 걸까? 어디서 자신을 분명하게 되찾을 수 있을까? 어디서 시간의 상처를 치유할 수 있을까? 나는 네 애정이 반응하길 원해, 그리고 미소를 공유하길 바라네… 달콤하게 속삭이는 말들은 가슴속으로 파고들지, 그리고 이것은 내가 때때로 네게 주고 싶어… 때때로, 나를 위해서.

하모니카의 애수가 짙은 재즈 발라드 〈No Te Va -yas 떠나지 마〉는 싱어송라이터 다비드 서머스 로드리게스David Summers Rodríguez가 썼다.

…떠나지 마. 너 없이 어떻게 살아갈 수 있을까. 난 길을 잃었고, 어디로 가야 할지 몰라, 넌 내 삶의 빛이야…

〈Negra Sombra 검은 그림자〉는 월드뮤직의 고전으로, 저명한 가수 라이 쿠더Ry Cooder가 기타를, 백파이프 연주가 카를로스 누녜스Carlos Núñez가 오카리나와 플루트를, 플라멩코 재즈 연주자 사비에 콜리나Javier Colina가 첼로를 협연하고 있다.

스페인 앨범 차트 2위에 올랐고 자국뿐만 아니라 프랑스에서도 많은 사랑을 받았다.

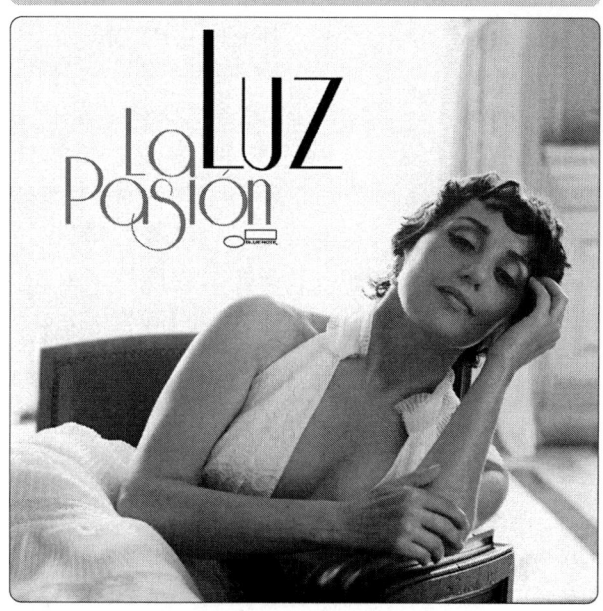

2009 | EMI | 5099945 710322

1. Con Mil Desengaños
2. Alma Mia
3. Historia de un Amor
4. Cenizas
5. A Donde Va Nuestro Amor
6. Nieblas
7. Mar y Cielo
8. No, No y No
9. Sombras
10. Encadenados
11. Qué Quieres Tu de Mi
12. Como la Cigarra

2007년 그녀는 유방암 선고를 받아 앨범 《Sencilla Alegria 작은 환희》의 투어를 중단하고 치료에 매진해야 했다. 그럼에도 신보를 계획하고 9개월의 녹음 끝에 《Vida Toxica 중독의 삶, 2007》을 발표한다.

이 앨범의 커버에서 그녀의 건강을 걱정하는 팬들을 안심시키기 위해 짙은 눈 화장을 손으로 장난스럽게 문지르고 크게 미소 짓고 있다. 음악적으로도 더욱 단단하고 결연한 예술에 대한 열정을 표현하기 위해 록과 포크를 기반으로 한 경쾌한 사운드를 집약시켰는  데, 특히 싱글 커트된 〈Sé Feliz 행복하세요〉를 통해 팬들에게 안부를 전했다.

외로움이 당신의 영혼을 아프게 한다면, 겨울이 당신의 창 너머로 온다면, 당신의 열린 상처 앞에서 냉정을 저버리지 마세요, 훌훌 털어버리고 새로운 삶을 시작하세요…

2009년에 발표한 《La Pasión 열정》은 음악 경력 20년을 기념하는 앨범으로, 존경해왔던 라틴아메리카 출신의 작곡가들에 대한 헌정이기도 했다. 비록 그때까지도 단발이었지만 하얀 드레스를 입고 은막의 주인공처럼 무대에 선다.

〈Con Mil Desengaños 백만의 고통〉은 1950-60년대 볼레로 여왕으로 군림했던 쿠바의 올가 길롯Olga Guillot(1922-2010)이 부른 노래로, 그녀의 남편 르네 투제René Touzet(1916-2003)가 썼다. 헤어진 연인에 대한 원망과 용서와 사랑에 대한 고뇌의 노래이다.

〈Alma Mia 내 영혼〉은 멕시코 첫 여성 싱어송라이터로 기록되는 마리아 그레버María Grever(1885-1951)의 작품으로, 피아노 연주에 외로운 영혼에 대한 서정시가 호소력 있게 울린다.

〈Historia de un Amor 러브스토리〉는 파나마의 작곡가 카를로스 엘레타 알마란Carlos Eleta Almarán(1918-2013)이 제수弟嫂의 죽음을 애도하며 만든 노래로,  1956년 동명의 멕시코 영화에 사용되었다.

당신은 더 이상 내 심장에 있지 않아, 단지 외로움만이 영혼 속에 있을 뿐, 그리고 당신을 볼 수 없다면, 왜 하나님은 내가 당신을 사랑하게 했을까? 내게 더 시련을 주려 했을까? 당신은 항상 내 존재의 이유였지. 내가 숭배하는 종교였어. 그리고 당신의 입맞춤에 내가 있었지. 내게 준 온정, 사랑과 열정. 이 사랑 이야기, 불평등해. 모든 선악이 내 인생에 태어났지만, 불이 꺼진 후, 그 삶은 너무나 어두워, 당신의 사랑 없이는 나는 살아갈 수 없네…

멕시코 볼레로의 명곡 〈A Donde Va Nuestro Amor 우리 사랑은 어디로〉는 끝난 사랑 후의 고통을 노래한 것으로, 영화배우로도 더 많은 활동을 한 페드로 바르가스Pedro Vargas(1906-1989)가 취입한 이후 많은 가수들에 의해 재탄생되었다. 루스 카살의 온화한 모노드라마는 쓸쓸한 현악에 실려 점차 빛을 잃어간다.

〈Nieblas 안개〉는 칠레 출신으로 아르헨티나에서 배우로도 활동했던 안토니오 프리에토Antonio Prieto(1927-2011)의 노래로, 그는 1961년 동명의 영화에서 부른 〈La Novia 신부〉로 잘 알려진 가수이다.

트리오 로스판초스Los Panchos의 〈Mar y Cielo 바다와 하늘〉, 〈Quizas, quizas, quizas 아마 아마 아마〉로 잘 알려져 있으며 쿠바 출생이지만 미국에서 활동한 오스발도 파레스Osvaldo Farrés(1903-1985)의 〈No, No y No 아닙니다〉, 에콰도르 출신으로 '아메리카의 나이팅게일'이란 별칭으로 유명한 훌리오 하라미요Julio Jaramillo(1935-1978)의 〈Sombras 그림자〉, 그리고 1955년 카를로스 브리스Carlos Arturo Briz가 취입한 후 미나Mina, 차벨라 바르가스Chavela Vargas, 루이스 미겔Luis Miguel 등의 보컬로 친숙한 〈Encadenados 사슬〉 등 로맨스의 황금시대를 새하얀 순백의 향수로 재개하고 있다.

본작은 단지 자신의 음악에 대한 열정을 넘어서, 선배들의 노래들로 지금의 가벼워진 사랑과 삶을 다시금 일깨운다.

더블 플래티넘을 달성했던 프랑스 외에도 멕시코, 독일, 벨기에, 스위스, 터키, 그리스 등에서 플래티넘을 기록하며 팬들의 큰 지지와 사랑을 받았다. 또한 2009년 프랑스 문화부로부터 예술문학훈장이 수여되었다.

2011년 루스 카살은 재발된 암을 완치하고, 그동안 그녀의 건강을 걱정했던 팬들에게 감사를 전하기 위해 베이징에서 몬트리올에 이르는 월드투어를 계획했다.

그리고 베스트앨범 《Un Ra -mo de Rosas 장미 꽃다 발》이 발표되었는데, 이는 자신에게 보내는 자축이자 투병 중인 환자들에게 보내는 독려였다.
감성적인 타이틀곡의 뮤직 비디오에서 떠날
준비를 끝낸 그녀는 검은 옷을 벗고 빨간 원피스에 빨간 하이힐을 신고는 떠난다.

…당신은 습관처럼 사과하기 위해 꽃다발을 주러 왔었지. 심사숙고하고 미소를 숨긴 채, 난 태어나고부터 끝없는 고통을 겪으면서도 비난받았지, 영혼이 익사당한 지옥에서. 당신은 다른 시간들을 헤아리지 않았네, 당신의 뜻대로 나를 장난감 취급했을 뿐. 어떤 때는 영웅이었고 또한 악당처럼 굴었지, 우리 이야기는 해피엔딩 없는 우화였네. 당신은 내가 장미 꽃다발을 남겨두고 떠난 이유를 알게 될 거야…

또한 칠레의 누에바 깐시온 가수 비올레타 파라
Violeta Parra(1917-1967)의 명곡 〈Gracias a la Vida 삶에 대한 감사〉, 그리고 《Vida Toxica 중독의 삶, 2007》 수록곡인 〈18 Años 18년〉을 프랑스 밴드 누벨바그Nouvelle Vague와 새롭게 녹음한 연주도 실었다.

Almas Gemelas

2013 | Parlophone | 082546 368884

1. Porqué No Vuelves, Amor
2. Ella y Yo
3. Si Pudiera
4. Si Vas al Olvido
5. No Me Cuentes Tu Vida
6. Almas Gemelas
7. Maravillas
8. Vuelvo a Mi Lugar
9. Otro Tiempo
10. Paisajes

1. Mi Sono Innamorata di Te
2. Jardin d'Hiver
3. O Amor em Paz
4. Ho Capito Che Ti Amo
5. Wave
6. Amazone a la Vie
7. Triste

그녀는 자신의 고향인 갈리시아 보이모르토Boimorto에서 '빛의 축제'라는 자선 음악축제를 개설하여 2012년에 스페인 암협회에, 2013년에는 소외계층지원 복지단체에 전 수익금을 기부하였다.

2013년에는 두 가지 포맷으로 앨범을 발표했다. 《Almas Ge -melas 소울메이트》라는 2CD 버전은 스페인어로 부른 자신의 10곡과 이태리와 프랑스 그리고 브라질의 월드뮤직 7곡을 원어로 노래하여 나누어 실었고, 1CD 버전 《Alma 영혼》에는 스페인어로 노래한 6곡을 제외한 나머지 11곡을 수록했다.

싱글로 커트된 〈Porqué No Vuelves, Amor 왜 사랑은 되돌릴 수 없나〉는 뮤직비디오로 소개되었는데, 간헐적으로 삽입된 어린 꼬마의 귀여운 스토리텔링 클럽과 마른 땅에 흩어진 종이배의 영상이 교차되어 아름다움을 남긴다. 왜 사랑은 돌이킬 수 없을까? 왜 작별하고 새로운 사랑을 해야 할까?라는 물음을 남겨두고, 그녀는 마지막 장면에서 어린 시절의 소년이 아닌 다른 남성과 함께 추억의 장소를 떠난다.

루스 카살의 레퍼토리 중에서 이처럼 달콤한 곡이 또 있을까? 〈Vuelvo a Mi Lugar 내 자리로 돌아오며〉는 따스하고도 나른한 재즈 발라드로, 코러스와 후미의 휘파람으로 낭만적이기까지 하다. 자신의 날개를 뒤흔드는 연인의 일방적인 강압과 위협에서 벗어나 자신의 의지대로 자유를 누리고 싶다고 노래했다.

〈Otro Tiempo 또 다른 시간〉은 다소 심각한 서주를 지나면, 코러스와 어쿠스틱 기타의 경쾌한 연주와 중후한 심포닉록으로 변모하는 간주와 미주가 반복된다. 삶 앞에서 휩쓸릴 것이 아니라 주도적인 자신의 인생을 살아가라는 메시지이다.

네 손에 미래로 조심스레 움직이는 네 운명이 쥐어져 있어. 너의 수평선에는 존재의 여정을 바꿀 먹구름조차 없네. 넌 삶의 소유주이자 주인이야… 물거품이 없는 파도도, 단검이 없이 두려움도, 용서 없는 죄도 없네. 가시 없는 장미도, 결과 없는 도전도, 이유 없는 도피도 없어. 지금 넌 '아니야'라 말하는 것을 배웠네…

그리스 출신의 전자음악가 반젤리스Vangelis(1943-2022)가 작곡하고 루스 카살이 가사를 쓴 〈Paisajes 풍경〉은 본작에서 가장 서정적인 트랙으로, 인생에 사무치는 고독과 덧없는 감정을 풀어놓고 있다.

향수를 이끄는 교차로, 텅 빈 해변, 멀리 떠 있는 한 척의 배. 논병아리 두 마리, 벌거벗은 나뭇가지들, 은빛 눈물로 절규하는 비. 그리고 이 풍경 속에서 항상 기다리네. 망각의 물이 흐르는 강 위의 다리, 나목이 지키는 버려진 집 한 채. 모래 위 발자국, 가벼운 현기증, 조류처럼 흔들리는 거품 같은 내 손. 향수를 이끄는 교차로, 안개를 걷고 불을 뿜는 하늘, 그리고 사랑하는 두 연인의 짧은 순간…

〈Mi Sono Innamorata di Te 당신과 사랑에 빠졌네〉는 이태리의 유명 싱어송라이터 루이지 텐코Luigi Tenco(1938-1967)가 1962년에 발표한 깐쏘네 명곡이다. 미나Mina를 비롯한 많은 가수들이 불렀는데, 그중 오르넬라 바노니Ornella Vanoni의 노래가 절창이다. 뮤직비디오를 보면, 잊지 못할 사랑을 회상하며 그리움에 젖는 한 중년 여인의 깊은 열정을 감지하게 된다.

루이지 텐코가 1964년에 발표한 〈Ho Capito Che Ti Amo 당신을 사랑하고 있음을 깨달았네〉는 동년에 여가수 윌마 고이크Wilma Goich와 니꼴라 디 바리Nicola di Bari도 취입했으며, 이후에도 많은 가수들이 노래했다. 이태리 가수로는 밀바Milva의 짙은 감수성이 호소력 있게 다가오며, 영화 「Le Héros de la Famille 가족의 영웅, 2006」에서 출연하여 불렀던 까뜨린느 드뇌브Catherine Deneuve의 노래도 그 우수의 빛이 창연하다. 루스가 부르는 카바레풍의 드라마도 물론 절창이다.

벤자맹 비올레Benjamin Biolay가 작곡하고 케렌 앤Keren Ann
이 가사를 쓴 2000년 발표곡 〈Jardin d'Hiver 겨울의 정원〉
은 케렌 앤이 부른 것과 앙리 살바도르Henri Salvador(1917
-2008)의 노래가 동시에 사랑받았으며, 2010년에는 미국의
재즈 보컬리스트 스테이시 켄트Stacey Kent가 취입
하기도 했다. 시큰한 보사노바 필링과 허스키한 루
스 카살의 노래 또한 명연 리스트에 오를 것이다.
줄리앙 끌레르Julien Clerc가 《Utile, 1992》에서 재해와 기아
에 허덕이는 지구촌 이웃들에게 관심과 사랑을 고
취하고자 노래했던 〈Amazone à la Vie 아마존
인생〉의 커버는 따스한 온기로 매만져진다.
〈O Amor em Paz 평화로운 사랑〉, 〈Wave〉, 〈Triste 슬픔〉
은 보사노바의 대부 안토니우 카를루스 조빙Antonio Carlos
Jobim(1927-1994)이 작곡한 월드뮤직의 고전들이다. 익히 우
리들에게 친숙한 가우 코스타Gal Costa의 트로피컬 쾌감보
다도 진한 깐시온 감성을 느낄 수 있다.
'엄청난 카리스마와 매력을 겸비한 스페인과 남미의 진정한
디바'라고 격찬했던 피가로Le Figaro지의 평가는 그저 단편
적인 비평에 불가할 뿐이었다.

이후 이집트 출생의 깐쏘네와 샹송 가수 달리다Dalida(1933
-1987)의 30주기 헌정작 《Chante Dalida a Mi Manera 나
의 길 달리다를 노래하다, 2017》에 이어 갱신과 변화를 의
미하는 《Que Corra el Aire 공기가 흐르게 하라, 2018》
그리고 개인적인 성찰의 앨범으로 대부분을 자작곡으로 채
운 《Las Ventanas de Mi Alma 내 영혼의 창, 2023》을
발표했다.
사회적 편견으로부터 항상 약자의 편에서 노래해 왔고, 따
스한 여성의 대변자로서 그리고 진실한 친구이자 조언자로
서 감동을 선사해 온 루스 카살… 훌륭한 스페인 문화사절
로서 그리고 진정한 소울메이트로서 존경받고 있다.

Marek Grechuta • 마렉 그레후타
Poland

마렉 그레후타(1945-2006)는 폴란드의 싱어송라이터이다.
7세 때부터 피아노를 배우고 폴란드에서 두 번째로 큰 도시 크라쿠프에서 건축을 공부하며 대학을 다니던 중 그의 음악적 동반자가 될 1942년생 얀 칸티 파울루스키에비츠Jan Kan-ty Pawluśkiewicz를 만나 1966년에 크라쿠프의 예술적 보헤미안 스타일의 학생 밴드 Anawa를 창단한다. 프랑스어 'En Avant'에서 유래한 이 그룹명은 '앞으로'라는 의미라 한다.

1962년부터 거행되었던 매우 중요한 학생가요제Studencki Festiwal Piosenki에서 1967년 〈Tango Anawa〉를 노래하며 2등에 올랐으며 이는 TV로 생중계되었다. 1968년 학생 청소년 예술 페스티벌FAMA Festival에서 1등을 수상함과 동시에 오폴레의 폴란드 국제가요제KFPP Opole에서 〈Serce 마음〉으로 언론인상을, 그 이듬해도 〈Wesele 피로연〉으로 TV 부문 본상을 수상하는 성공을 이어간다.

각종 경연에서 대중의 눈도장을 찍은 그는 Marek Grechuta & Anawa라는 이름으로 첫 셀프 타이틀 앨범을 1970년에 발표했는데, 〈Serce 마음〉과 〈Wesele 피로연〉을 수록하고 있는 이 앨범은 서정적인 네오바로크 사운드였다.

폴란드 대중음악 역사상 가장 중요한 앨범 중 하나로 여겨지는 두 번째 앨범 《Korowód 행렬, 1971》은 세대의 찬송가로 간주되는 〈Świecie nasz 세계는 우리의 것〉과 동년의 오폴레 폴란드 국제가요제에서 그랑프리를 수상한 타이틀곡이 수록되어, 그를 스타로 만들어주었다.

이후 Anawa와 결별하고 자신의 밴드 Wiem을 조직, 이는 'W Innej Epoce Muzycznej'의 약자로 '다른 음악적 시대'를 의미했다. 음악적 방향의 완전한 변화를 알리며, 녹음한 두 앨범 《Droga za Widnokres 지평선 너머의 길, 1972》와 《Magia Obłoków 구름의 마술, 1974》는 프로그레시브 록 앨범이었다.

개인적으로는 《Magia Obłoków》가 더 좋았는데, 재즈록의 융합에 가사는 현대 시인의 작품이 포함되어 있으며, 다큐멘터리 영화 「Jastrun, 1973」의 불루지한 모음곡 〈Suita "Spotkania W Czasie" 시간 속의 만남〉도 수록되었다.

1976년 다시 얀과 밴드 Anawa와 협력하여 작가 비트카치 Witkacy(1885-1939)의 텍스트로 뮤지컬 「Szalona Lokomoty-wa 미친 기관차」를 썼고 1977년부터 1980년까지 약 3년간 공연되었다.

1977년 오폴레 KFPP 가요제에서 〈Hop, Szklankę Piwa 맥주 한 잔〉으로 그랑프리를 수상함과 동시에 〈Guma do Żucia 츄잉 껌〉으로 언론인상까지 거머쥔다. 앨범 《Szalona Lokomotywa, 1978》에는 뮤지컬을 위한 곡이 포함되었다.

Pieśni Marka Grechuty Do Słów Tadeusza Nowaka

1979 | Pomaton EMI | 7243 5 32491 2 0

1. Stoją Gorzkie Pagórki
2. Gdzie Ty Jesteś
3. Nie Wiem O Trawie
4. Wody Są Czyste
5. Bolą Mnie Nogi
6. Za Lasami Za Wodami
7. Spił Się Mój Anioł
8. Pod Ubogie Niebo
9. W Małym Miasteczku
10. Szła Jedwabiem Osobnym (Teresa Haremza)
11. O Magdaleno
12. Żebrak Bo Żebrze
13. Królowie Królowie
14. Chcę Być Pomylony
15. Matko Naturo
16. Dzieciństwo Moje

본작 《Pieśni Marka Grechuty Do Słów Tadeusza Nowa -ka 마렉 그레후타의 노래와 타데우시 노바크의 시》는 폴란드의 형이상학적 시인 타데우시 노바크Tadeusza Nowaka(1930 -1991)의 작품들 「시편, 1971」과 「신 시편, 1978」 중에서 인용하여 그레후타가 작곡한 작품이다.

이는 1979년 포즈난의 봄 무대에서 초연된 연극 「Zapach Łamanego Chleba 부서진 빵 냄새」를 위한 음악이었다. (이미 데뷔작에서 노바크의 시를 〈Krajobraz Z Wilgą I Ludzie 꾀꼬리와 사람들이 있는 풍경〉으로 노래한 바 있다) 노바크의 시에서 파이프를 든 노인, 행상인, 천사, 마을 바보, 막달레나, 거지, 왕, 강도 등을 등장시키고 다른 연주자들에게 역할을 배분했으며, 세션 연주자와 오케스트라 그리고 마드리갈 합창단도 참여시키는 등 사실상 그레후타에는 이러한 대규모의 작업은 처음이었다.

섬세하고 서정적인 목소리는 1949년생 가수이자 여배우 마그다 우메르Magda Umer, 시편의 숭고함을 전하는 여가수 테레사 하렘자Teresa Haremza(1952-1996), 낭송과 노래에서 우스꽝스러운 요소를 맡은 1943년생 남자 연극배우 마리안 오파니아Marian Opania가 그레후타와 함께 열연했다.

낭송으로 개막하는 〈Stoją Gorzkie Pagórki 쓰라린 언덕〉에 이어, 〈Gdzie Ty Jesteś 너는 어디에 있나〉에서 영혼을 흔드는 우메르의 아름다운 가창을 만나게 된다. 은은한 연주 속에서 두려움과 침묵, 꿈과 노래 뒤에 숨지 말고 자신을 드러내라고 권고한다. 〈Wody Są Czyste 순수한 물〉에서도 우메르의 연약한 서사가 절망의 현실을 노래한다.

…순수한 물, 그 안에서 태어난 별은 소멸되고, 그 아래의 믿음은 민들레 홀씨처럼 사라지네, 오직 눈먼 두더지만이 그것을 기억할 뿐, 지난봄 자신도 모르게 호화로운 풀밭 속으로 세상을 떠난 아이를 위해 그들은 새벽에 기도하네.

〈Bolą Mnie Nogi 다리가 아파〉에서 들려오는 그레후타의 몽환적인 음성이 마리아 막달레나를 노래한다.

…창밖 언덕이 점점 가까워지고, 십자가에서 그 몸을 떼어 줄 사람 하나 없네. 가거라 발아, 네 신발을 줄게, 너의 여행을 위해 단조 지팡이를 줄게, 바이올린과 꿀을 줄게…

겨우 90초의 오페라인 〈Pod Ubogie Niebo 가련한 하늘 아래〉는 그레후타가 스스로 가장 위대한 업적 중 하나로 꼽는 작품이라 하는데, 짧은 연주시간에 구성의 기복이 가장 크다. 이는 여관 주인의 캐럴이라고 한다. 순수한 목소리의 여가수 하렘자와 합창단의 노래도 주목을 끈다.

불쌍한 하늘 아래, 자작나무 구름, 익어가는 고리버들의 아침, 마차에서 리본을 묶은 개를 안고 내린 행상인이 들어와, 장작에서 담배를 피우네. 이 행상인은 마구간으로 들어가고, 불쌍한 하늘에 공작새와 뻐꾸기가 그려지네. 안에서는 천사가 칼로 호박을 자르고, 창에 꽂힌 화살에 태양이 비치면, 성자의 과수원에 붉은색의 물이 솟아오르네… 그리고 벌써 비가 내리고, 황갈색 나뭇잎이 공작새와 호박 위로 떨어지네…

〈Za Lasami Za Wodami 숲 너머 바다 건너〉는 오랫동안 꿈을 마시고 버텨온 말들에 관한 이야기이다. 야생마를 타고 대초원을 달릴 수 있도록 안장과 말굽을 달고, 우리 안에 푸른 우물을 채우라고 노래한다.

〈W Małym Miasteczku 작은 마을에서〉는 하나님의 아들이 오심에 술과 함께 성대한 잔치에 휩싸인 마을에서 그리스도가 한탄하는 이야기이다.

앨범 전체의 시놉시스는 모르겠지만, 네오-클래시컬 포크 발라드는 중후하고 다채로운 멋을 음미할 수 있다. 그러나 이 노래들은 호평받지 못했다고 한다. 그의 네오-클래시컬 포크 발라드에 한 가지 아쉬운 것은 연주시간이 짧다는 것이다.

재발매 CD에서는 11곡의 보너스가 수록되었는데, 오라토리오 「Zagrajcie Nam Dzisiaj Wszystkie Srebrne Dzwony 오늘 우리를 위해 모든 은총을 연주해 주세요, 1979」와 1979년과 1980년 라디오 프로그램 녹음 등이다.

마지막 두 곡은 1974년에 크라쿠프 STU 극장에서 초연된 폴란드 시인 레셰크 모출스키[Leszek Aleksander Moczulski(1938-2017)의 작품 「Exodus」을 위해 그레후타가 작곡한 4곡 중 일부이다. 여가수 테레사 하렘자와의 듀엣 〈Gdzie Mieszkasz Nocy 밤에 넌 어디에 사나?〉는 정적인 피아노에 전율 돋는 비장함이 압권이다.

내게 오지 않는 넌 밤에는 어디서 사나? 넌 날 만지고 싶지 않네, 넌 날 침묵시키고 싶지 않아, 넌 내가 치유하길 원치 않네, 넌 날 피하고 있어. 오 밤이여, 도와줘, 잠들라, 휴식하라, 오 쉿, 쉿, 도와줘, 숨을 쉬어, 조용히 숨을 쉬어…

〈Na Szarość Naszych Nocy 우리 밤의 회색에〉는 《Magia Obłoków 구름의 마술, 1974》 앨범에 그레후타의 보컬로 수록된 작품인데, 재즈록에 하렘자의 아름다운 음성으로 들을 수 있다. 개인적으로는 그레후타의 중독적인 아트록 앨범 버전이 더 좋다.

우리 밤의 회색, 우리의 무명을 위해, 어스레함과 담백함을 위해, 내일의 우리 꿈이 무표정한 얼굴 위에 투명하게 내려앉기를, 우리의 먼 거리를 위해, 우리의 부재를 위해, 그리고 운명에 대해 무관심할 수 있기를, 나뭇잎은 어둠에 반짝이고, 닻처럼 우리의 마음속으로 파고들기를…

Śpiewające Obrazy

pronil
SX 2132

Marek Grechuta

śpiewające obrazy

1979 | Pomaton EMI | 7243 5 32490 2 1

1. Patrz, Już Wszyscy Poszli
2. Cisza Oddechu Trawy
3. Szary Gołąb Na Ramieniu
4. Mieć Taki Deszcz, Gdy Świeci Słońce
5. Gdyby Był Taki Aparat
6. Piruet Na Polnej Drodze
7. Inna Kuchnia Inna Moda
8. Śniło Mi Się I Pamiętam
9. Otwarcie Kurtyny
10. Hejnał Otella
11. Motyw Jagona
12. Opowieść Otella O Desdemonie
13. Taniec Weselny Desdemony
14. Pieśń Biesiadna Otella
15. Ostatnia Peśń Desdemony
16. Księżyc W Rynku
17. Knajpa
18. Koncert Zza Ściany

Anawa 밴드와 다시 조우하여 녹음된 《Śpiewające Obrazy 노래하는 이미지》는 독특한 콘셉트의 앨범이다.

먼저 LP의 A면(1-8번)은 화가들의 작품에서 영감을 받은 노래 모음이다.

〈Patrz, Już Wszyscy Poszli 봐! 모두 가버렸어〉는 '밤의 카페 테라스, 1888'를 그리는 야수파 화가 반 고흐Van Gogh 에게 훈수를 두는 듯한 해설가처럼 그레후타가 등장한다.

〈Cisza Oddechu Trawy 풀밭 숨결의 고요〉은 프랑스 신인 상주의 미술가 쇠라Seurat의 '그랑자트 섬의 일요 일 오후, 1886'를 침묵과 엄숙함으로 가득 차 있 는 섬이라고 노래한다.

〈Szary Gołąb Na Ramieniu 어깨 위의 회색 비둘기〉는 스 페인 출신의 입체파 화가 피카소Picasso의 '공 위에 올라선 곡예사, 1905'를 경쾌한 재즈로 그렸는데, 1955년생 여배우 우르슐라 키엡작Urszula Kiebzak이 서커스와 마술사의 매력 에 푹 빠진 소녀 관객이 되어 흥분을 감추지 못한다.

르누아르Renoir의 '우산들, 1886' 속의 이야기 〈Mieć Taki Deszcz, Gdy Świeci Słońce 태양이 빛나는 것처럼 비가 내리네〉는 빗방울 왈츠로, 1956년생 여배우 도로 타 포미카와Dorota Pomykała와 함께 청춘의 낭만 을 그린다.

…비가 회색으로 부슬부슬 내리기 시작하면, 내 우산 아래 뜨거운 소원대로 넌 숨길 원하네.

〈Gdyby Był Taki Aparat 카메라가 있다면〉은 독특한 여성 상의 이태리 출신 모딜리아니Modigliani의 '루냐 체코브스카 의 초상, 1919'을 유쾌한 드라마로 만들었다. 여배우 키엡작 이 졸린 눈과 젖혀지는 고개를 바로잡으며 자세를 고정해야 하는 모델을, 그레후타가 이러한 모델을 배려하고 카메라가 있다면 좋겠다며 담소를 나누는 화가 역 을 맡았다.

발레리나 그림으로 유명한 드가Degas의 '꽃다발을 든 무용 수'를 노래한 〈Piruet Na Polnej Drodze 흙길에서의 회전〉

은 의욕이 넘치는 발랄한 발레리나가 화가 드가의 작품을 위해 자기최면을 건다. 여배우 도로타 포미카와가 댄서 역이다.

프랑스의 인상파의 아버지라 불리는 마네Manet의 문제작 '풀밭 위의 아침 식사'를 그린 〈Inna Kuchnia Inna Moda 색다른 음식 색다른 패션〉에서는 여배우 키엡작과의 듀엣으로, 프랑스의 요리와 누드 패션에 대해 담소를 나눈다. 탱고풍의 리듬에 아침 새소리처럼 플루트가 나풀거리며 현악이 봄기운을 불어넣는다.

폴란드의 위대한 종합예술가 비스피안스키Wyspiański의 파스텔화 '포드바벨스키Podwawelski 풍경'을 소개하는 〈Śniło Mi Się I Pamiętam 나는 꿈꾸었고 기억해〉는 우울하지만 정감 어린 풍경으로 폴란드의 자긍을 담아낸다. 애조띤 피아노 랩소디가 매우 시적이다.

LP의 B면은 바르샤바의 오코타 극장이 올드타운 광장에서 자모시치Zamościa시 400주년을 기념하여 공연한 윌리엄 셰익스피어William Shakespeare의 「Othello 오셀로」의 음악 단편 7곡(9-15번)이 포함되었다.

그중 〈Ostatnia Peśń Desdemony 데스데모나의 마지막 노래〉는 여성 스캣으로 연주되었는데, 이아고에 속아 정숙하고 선량한 아내 데스데모나를 죽인 오델로를 원망하지 않고 눈을 감는 장면이 아닐까.

〈Księżyc W Rynku 시장 광장의 문〉은 폴란드의 전위적인 시인 유제프 체호비치Józef Czechowicz(1903-1939) 의 작품을 노래한 것으로, 7월 열대야부터 아침 이슬에 허브향이 맺히는 시간 풍경의 서정이다.

아름다운 클래시컬 연주곡 〈Koncert Zza Ściany 벽 뒤의 콘서트〉로 그의 노래하는 이미지는 종결을 거둔다.

W Malinowym Chruśniaku

1984 | Pomaton EMI | 7243 5 35634 2 4

1. Łąka
2. W Malinowym Chruśniaku
3. Taka Cisza W Ogrodzie
4. Śledzą Nas
5. Nie Umawiaj Się Ze Mną Pod Żadnym Jaworem
6. Hasło Nasze
7. Zazdrość Moja
8. Wyszło Z Boru
9. Czasami Mojej Ślepej Posłuszny Ochocie
10. Ty Pierwej Mgły Dosięgasz
11. Zazdrośnicy
12. Ani Zmora Z Jeziora, Ani Sen Skrzydlaty…
13. Zmienionaż Po Rozłące
14. Zmienionaż Po Rozłące (Finał Instrumentalny)

본작은 폴란드 시인 볼레스와프 레시미안Bolesław Leśmian(1877-1937)의 에로틱 작품 「W Malinowym Chruśniaku 로즈베리 덤불」을 1952년생 여배우 크리스티나 얀다Krystyna

Janda와 함께 음악극으로 만든 것으로, 1979년 TV프로그램 「Łąka 초원」의 녹음본이다. LP의 A면을 10곡으로 채우고 있었지만, 재발매 CD에는 오리지널 14곡이 수록되었다.
이 시집은 작가가 작은 마을 이우쟈Iłża에서 여름을 보내는 동안인 1918년에 유대인 출신의 의사인 연인을 만난 후, 미묘하고 감각적인 사랑을 쓴 작품이라 한다. 당시 작가는 아내와 자녀가 있었기에 이들은 파리로 도망갈 작정이었으나 실현되지 않았고, 그녀는 궁핍한 작가의 재정적 도움을 주었다고 한다. 이들의 즐거웠던 순간의 기억을 그레후타와 안다는 서로를 회상하며 감각적인 러브스토리를 들려준다.

산딸기를 따다 그녀의 손에 밴 과즙이 애무의 도구가 되어 몸의 향기가 되는 〈W Malinowym Chruśniaku 산딸기 덤불〉, 둘만의 정원 일상 속에서 웃음으로 사랑의 입맞춤을 하는 〈Taka Cisza W Ogrodzie 정원의 침묵〉, 사랑의 장애물들 속에서도 본능적으로 그리고 숙명적으로 서로를 탐닉하는 〈Śledzą Nas 그들은 우리를 따라〉 등으로 이어지는데, 본작의 음악적 클라이맥스는 아래 3곡이 아닐까.
〈Zazdrość Moja 나의 질투〉에는 서로 간의 세밀한 감정의 교류가 이어지는데, 대화하는 둘의 연기 호흡이 너무나 로맨틱하다.
〈Zazdrośnicy 부러워하는 사람들〉은 둘만 아는 내밀한 목격과 중독으로, 긴장과 떨림은 후반 휘파람으로 여운을 남긴다.
사랑과 이별 뒤 몰래 마음이 죽어간다고 노래하는 〈Zmieniłażʼ Po Rozłące 이별 후 변화〉는 마치 영화의 한 장면처럼 쓸쓸한 북풍이 부는 듯하다.
곡들은 연주시간이 짧은 편인데, 순식간에 작가의 잊지 않는 선명한 사랑이 주마등처럼 압축되어 흘러간다.

LP의 B면에는 폴로니아 극장에서 공연된 1947년생 작곡가 예지 사타노우스키Jerzy Satanowski의 작품 「Dancing」 공연

의 음악이 수록되었는데, 그레후타의 미발매된 TV, 라디오, 콘서트 등의 18트랙들이 CD로 재발매되면서 포함되었다.
그중 〈Nie Pomogły Spacery 산책은 도움이 되지 않네〉와 〈Nie Zapomnisz Tej Mojej Tęsknoty 나의 그리움을 넌 잊지 못할 거야〉는 19세기 폴란드 문학의 지도적인 인물로 평가받는 음유시인 율리우시 스워바츠키Juliusz Słowacki(1809-1849)의 시를 노래한 것으로, 망명지 파리에서 조국으로 돌아오지 못하고 짧은 생을 마감한 작가의 고국에 대한 향수가 짙게 배어있다.

한편 활동적인 화가이기도 했던 그는 1981년 크라쿠프, 1984년 비톰에 이어 1986년에 폴란드 미슬레니체에서 회화 전시회를 가졌다. 앨범 《Piosenki Dla Dzieci 어린이와 부모를 위한 노래, 1990》의 초판 커버는 그의 작품이다.

이후 그는 그룹 Anawa와 《Wiosna · Ach To Ty 봄 너구나, 1987》를 발표했는데, 이는 아가타 도완Agata Dowhań이라는 여성 보컬리스트를 초빙한 화사하고도 록적인 앨범이었다. 6곡의 오리지널 창작곡에 프랑스 극작가 로맹 롤랑Romain Rolland(1866-1944)의 가상의 부르고뉴 낙천주의자를 기반으로 한 연극 「Colas Breugnon 콜라스 브뢰뇽, 1981」, 작가 비트카치Witkacy(1885-1939)의 작품인 TV 영화음악으로 그가 출연하기도 했던 「Tumor Witkacego 비트카치의 종양, 1984」, 시인 콘스탄티 갈치인스키Konstanty Gałczyński(1905-1953)의 작품을 극화한 「Kronika Olsztyńska 올슈틴 연대기, 1986」 등의 음악도 포함되었다. 또한 CD로 재발매되면서 6곡이 보강된다.

Krajobraz Pełen Nadziei

MAREK GRECHUTA / Krajobraz pełen nadziei

1990 | Pomaton EMI | 7243 5 35632 2 6

1. Pamięci Wierszy
2. Nieoceniona
3. Miłość Drogę Zna
4. Takiej Miłości Nam Życzę
5. Tajemniczy Uśmiech
6. Krajobraz Pełen Nadziei
7. Pieśń Wigilijna
8. Pieśń Dla Ludzi Plonów
9. Żyj Tą Nadzieją
10. Najdłuższa Pora Dnia

본작 《Krajobraz Pełen Nadziei 희망이 가득한 풍경》은 1989년 4월 폴란드의 자유화와도 무관하지 않다. 전곡을 직접 가사를 쓰고 작곡했다.

〈Pamięci Wierszy 시를 기리며〉는 많은 시인의 작품들을 노래했던 그가 세월의 변화로 과거의 꿈

과 역사를 잊을까 염려하는 시민과 음악가로서의 마음을 담았다.

기억은 여전히 새로운 말의 흐름과 함께 흐르고 있네, 하지만 시간은 눈보라와 같지, 종종 순수한 청춘의 꽃과 기쁨 가득한 세상에 대한 아름다운 꿈을 잃어버리지. 내가 알고 있는 아름다운 꿈의 시는 녹색식물이고 나의 파란색이야, 좋은 시는 악한 세상 위에서 생명의 종이라네, 내가 시를 기억하면, 내 마음이 둘로 갈라지지 않게 나를 변호하지… 좋은 시, 생명의 종으로 내 목소리를 채워줘, 불꽃과 차가움으로 시의 영혼을 찾아야 해, 가끔 내가 표류할 때 종이배 같은 시여, 행복과 슬픔에 관한 삶의 시를 기억하게 해줘…

〈Nieoceniona 귀중한〉은 키보드와 어쿠스틱 현악의 조화로 감동의 눈물 어린 왈츠를 그린다. 이는 우울증을 달고 살았던 그의 인생에서 사랑과 지원을 아끼지 않았던 아내와 큰 기쁨이었던 아들을 위한 개인적인 작품  으로 여겨진다.

〈Miłość Drogę Zna 사랑은 길을 알아〉는 발랄하고 낙관적이다.

…나는 밤이고 넌 낮, 우린 만나기가 힘들어, 난 너의 그림자인데도. 우리의 심장은 레이더처럼 고동치고 있기에, 밤도 안개도 우릴 속일 수 없지, 세상은 이별의 눈물만큼 작아, 우린 꼭 다시 만날 거야, 사랑은 길을 알아…

〈Takiej Miłości Nam Życzę 우리에게 그런 사랑이 있기를〉에서는 기쁨과 쓰라린 눈물 그리고 어둠을 의심할 사랑을 기원한다.

〈Tajemniczy Uśmiech 신비한 미소〉는 다빈치Leonardo da Vinci의 '모나리자'를 주제로 한 것으로, 빠른 템포의 고풍스러운 현악이 변치 않는 아름다운 미소의 연인을 찾기 위해 방랑하는 이를 그려간다.

다정한 춤곡 같은 〈Krajobraz Pełen Nadziei 희망 가득한 풍경〉은 투명한 전자기타가 달콤한 향기를 낸다.

…난 인간의 마음의 산책로를 믿네, 미래, 거리, 공간을 달

리니까, 좋은 지식을 체득하는 매력은 더 많은 행복을 줄 거야. 난 인간의 위대한 생명의 힘을 믿네, 영원히 지속될 테니…

매일 일상에서 기적을 위해 노력하지만 때로는 거꾸로 된 것 같은 삶을 이겨낼 수 있도록 힘을 달라는 기도 〈Pieśń Wigilijna 크리스마스이브 노래〉에 이어, 〈Pieśń Dla Ludzi Plonów 추수하는 사람들을 위한 노래〉는 갈라진 농부의 손에 바치는 찬가이다.

〈Żyj Tą Nadzieją 희망으로 살아라〉에는 바이올린의 유쾌한 손놀림이 날아다닌다.

귀머거리와 힘든 나날의 사슬을 끊고 살기를, 희망을 안고 꿈의 구름 사이를 헤매기를, 콜럼버스나 바흐가 가졌던 희망으로 살기를, 채플린이 누더기를 걸쳤던 기쁨을 느끼기를, 모나리자의 미소로 살기를, 마라토너의 호흡으로 살기를, 어쨌든 의심의 안갯속에서 살아가길…

〈Najdłuższa Pora Dnia 하루 중 가장 긴 시간〉은 고통의 교향곡이 연주되고 영혼이 떨리며 행복의 눈물이 떨어지기도 하는 불면의 야상곡이다.

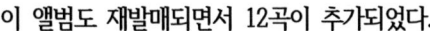

이 앨범도 재발매되면서 12곡이 추가되었다.

TV 프로그램 「금이 간 하늘, 1996」에서 가졌던 리사이틀 중 〈Sztandar Ofelii 오필리아의 플래카드〉는 1958년생 배우이자 여가수인 그라지나 트렐라Grażyna Trela의 듀엣으로 연주하였는데, 가사는 알 수 없지만 사랑하는 연인이 아버지의 목숨을 앗아가 망연하게 죽는 비극적인 운명의 전율이 환영처럼 일렁인다.

호머Homeros의 '트로이전쟁'을 주제로 한 TV쇼 「일리아스 - 신성한 헥토르와 빠른 발의 아킬레스의 결투」 중 〈Podczas Dziewięciu Dni 9일 동안〉은 1956년생 여배우 도로타 포미카와Dorota Pomykała가 노래했다. 그리스의 최고 전사 아킬레스가 트로이의 왕자 헥토르를 죽인 후, 트로이의 왕이 혼자 아들의 시신을 수습하러 적의 진영으로 온 것에 감명을 받아 아킬레스는 시신을 돌려주고 장례 기간 9일 동안 전쟁을 일으키지 않겠다고 하여, 트로이의 왕은 슬픔 속에서 장례를 끝내는 대목이다.

1983년 TV 프로그램 「마렉 그레후타의 인상 그리기」에서 노래한 주목할 만한 두 곡이 수록되어 있는데, 〈Wenecja 베니스〉와 〈Lanckorona 란코로나〉이다.

그는 동년에 크라쿠프 스타리 극장의 배우들과 가마 어린이 합창단과 함께 녹음한 《Piosenki Dla Dzieci 어린이와 부모를 위한 노래》를 발표했다.

dziesięć ważnych słów
marek grechuta

Dziesięć Ważnych Słów

1994 | Pomaton EMI | 7243 5 25744 2 1

1. Ojczyzna
2. Wolność
3. Władza
4. Prawo
5. Praca
6. Wiedza
7. Solidarność
8. Natura
9. Sztuka
10. Miłość

본작 《Dziesięć Ważnych Słów 10가지 중요 단어》는 자신이 생각하는 삶의 중요 가치인 조국, 자유, 권력, 법, 노동, 지식, 연대, 자연, 예술, 그리고 사랑을 담은 작품으로, 이를 '현대인의 십계명'으로 정의했다.

고상한 바로크풍의 플루트 협주 〈Ojczyzna 조국〉을 통해 그는 폴란드인으로서의 애국심을 경건하면서도 활력 있게 고취한다.

…담화 예술의 역사가 없다면, 과학의 지혜가 없다면, 조국은 이름 없는 나라가 될 거야, 오늘날 조국은 어려움에 처했네, 조국은 널 기다리고 널 믿어. 천년의 역사가 네 마음을 응시하고 최선을 방어하지, 네 조국은 오늘 너의 도움을 기대하고 있어, 오늘이 바로 너의 조국이야.

〈Wolność 자유〉는 달콤한 재즈 어프로치로 숭고한 자유의 의미를 전달한다,

…자유는 목표가 아니라 기회라네, 너의 가장 아름다운 꿈을 현실로 만들어 봐. 자유는 별들 중에 가장 빛나는 별이고, 울창한 희망의 숲에 한 줄기 햇살이지, 자유는 기적의 소리를 들려주는 바이올린이야, 하지만 숙련되지 못한 연주자가 연주하면, 네가 듣게 될 것은 비명과 울음소리뿐일 거야. 자유란 현명한 사람들과 함께 사는 것, 그들의 눈에서 친절함과 행복을 보게 되지. 자유는 산과 구름의 생명 중 하나이며, 모든 숲과 벽을 통과할 수 있는 길이 있어… 자유에는

즐거운 웃음처럼 소리가 들려, 자신을 방어할 자유를 얻은 사람은, 지혜와 진리와 사랑에 승리하고, 평화, 행복, 건강, 존엄성을 얻지. 자유는 연마해야 할 다이아몬드야, 그것은 형언할 수 없는 빛으로 빛날 거야, 자유는 또한 마음의 회복력을 의미하지, 잘못된 길로 가지 않으려는 마음으로… 그리고 자유는 좋은 언어의 왕국이야, 현명한 생각, 아름다운 꿈, 사람에 대한 믿음이지. 자유, 하나님은 천국에서 깨어나는 우리를 위해 그걸 발명하셨네.

〈Władza 권력〉은 컨트리풍의 풍부한 포크록으로, 정의로운 권력과 권위의 존중을 노래한다. 마치 정부에 충언하는 것처럼.

〈Prawo 법〉은 중후한 현악의 행진곡으로 마치 영화 결말에 이른 듯한 인상이다. 그는 사람들이 서로 평화롭게 살기 위해서 법률이 필요하지만 궁극적인 것은 법이 없는 세상을 바라고 있다.

…당신은 사람들에게 좋은 일이라면 무엇이든 할 권리가 있네, 그것은 인간의 의무이기도 하지.

빠른 템포의 〈Praca 노동〉은 화성적인 에너지가 느껴지는 마주르카풍의 곡이다.

좋은 일은 인간의 삶에 의미를 주지, 발전의 원동력이고 번영의 원천이네… 모든 일은 정당한 보상을 받아야 해, 하지만 가장 큰 보상은 정직한 노동에 대한 것이지. 사람들과 세상의 일부로부터 감사가 있을지도 모르네, 행복한 미래를 위해 당신의 손으로 만드는 것.

부드러운 선율의 〈Wiedza 지식〉에서는 지식이란 수년간의 거대하고 지루한 작업에서 획득한 선물이며, 지혜는 우리 마음이 지시하는 대로 지식을 활용하는 것이라 말하면서 놀라운 꿈의 지평선이 생긴다고 노래한다.

〈Solidarność 연대〉에는 화사함 속에서 파장의 힘이 느껴진다. 욕망과 희망도 외로움 속에서는 아무것도 바꿀 수 없기에 세상의 이익을 위해 필요하다고 강조한다.

〈Natura 자연〉은 독특한 리듬감의 변조에 붉은색의 현악 그리고 전자기타의 블루스가 하나뿐인 지구를 위하여 그 속에서 영원한 안전을 느끼기 위하여 욕망과 권력을 남용하지 말아야 한다고 덧붙인다.

〈Sztuka 예술〉은 어둑한 밤에 안개가 샘솟는 듯한 몽환적인 이미지이다. 쇼팽의 폴로네즈, 미켈란젤로의 천국으로 가는 문, 음유시인 아담의 시집 등을 언급하면서, 예술은 감정의 원천이며 인생에서 가장 아름다운 꽃이고 우리의 영혼을 형성한다고 말한다.

…아름다움을 향한 꿈이 없는 세상은 얼마나 가난할까?…

〈Miłość 사랑〉에는 멜랑꼴리한 우수에 온유한 체온이 머문다. 사랑은 세상의 모든 지혜이고 최고의 기적이라 말하며, '난 널 사랑해'라는 말의 힘을 나지막하게 속삭인다.

그레후타의 인문학 혹은 철학개론 같은 작품으로, 자신만의 십계명에 대해서 생각해 보게 되는 시간이다.

역시 본작도 재발매되면서 10곡의 보너스를 추가하였다.

1999년 아들이 갑작스레 실종되고 2년 후 산티아고 데 콤포스텔라와 로마로 홀로 도보 순례를 떠난 것을 알게 되기까지 그의 우울증은 악화되었다고 한다.

새천년 후 발표된 《Serce 마음, 2001》은 1998년 그와 그가 초대한 아티스트들의 자선 콘서트 앨범이었다. 그의 대표곡들을 다른 아티스트들의 연주와 노래로 듣는 색다른 감흥이다.

Niezwykłe Miejsca

2003 | Pomaton EMI | 7243 5 96364 2 9

1. Widok Z Balkonu (Lanckorona)
2. Jakby Wypłynął Nagle (Opera W Sydney)
3. Góry Me Wysokie (Zakopane)
4. Jest Jak Kwiat (Paryż)
5. Gdzieś Na Mapy Skraju (Zamość)
6. Stara Historia (Ateny)
7. Jak Perła Między Wzgórzami (Kazimierz Dolny Nad Wisłą)
8. Wokół Zaczarowany Świat (Wenecja)
9. Moje Miasto (Kraków)
10. Jak Wielkie Jabłko (Nowy Jork)
11. Prom Na Wiśle Pod Tyńcem
12. Sozopol
13. Kraków

《Niezwykłe Miejsca 특별한 장소》는 그레후타의 마지막 스튜디오 앨범이다. 콘서트로 전 세계를 여행한 덕분으로 그 장소의 매혹적인 이미지를 음악에 담기로 한다.

〈Widok Z Balkonu 발코니에서 본 전경〉은 폴란드 크라쿠프의 작은 마을 란코로나Lanckorona의 빌라 발코니에서 바라본 서정적인 풍경시로, 관현악과 피아노가 모종의 연민을 유연하게 연주한다. 이미 1983년 TV 프로그램에서 노래한 버전이 《Krajobraz Pełen Nadziei 희망이 가득한 풍경, 1990》의 재발매본에 보너스로 수록되어 있기도 하다.

〈Jakby Wypłynął Nagle 갑자기 떠오른 듯〉은 시드니의 오페라하우스에서 바다로부터 들었던 사이렌 소리에 대한 감상으로, 그는 혼돈에서 벗어난 영혼의 찬가였다고 술회했다.

〈Góry Me Wysokie 나의 산은 높네〉는 동유럽의 알프스라 불리는 폴란드의 자코파네Zakopane에서 느낀 것으로, 주목할 만한 바이올린 연주와 함께 여가수 한카 리베크Hanka Rybka가 노래했다.

…나무를 깎아 만든 아름다운 자코파네, 산바람이 불어 공기가 맑아지면, 크라쿠프에서 보이는 기에본트산의 머리가 빛나네, 내 길은 친숙하고, 다리는 지쳤네, 내 심장은 빠르게 뛰고, 내가 살아있다는 걸 느끼지. 모닥불 같은 별이 낮게 빛나면, 바이올리니스트의 음악이 날아가고, 맑은 산중에 열광적인 춤이 달리네.

〈Jest Jak Kwiat 꽃처럼〉은 파리 풍경으로, 아코디언의 애조 섞인 카바레 샹송의 뉘앙스는 브라스가 등장하면서 어둑한 블루스 재즈로 변모한다.

〈Gdzieś Na Mapy Skraju 지도 끝자락 어딘가에〉는 폴란드에서 '북쪽의 파도바Padova(이태리 도시)'라 불리는 그의 출생지 자모시치Zamość를 향한 찬가이다.

…남동쪽 국경, 주도로에서 벗어나 지도 끝자락 어딘가에, 꿈의 유령은 천국에서 바로 보이는 광경처럼 서 있네, 여왕의 지식과 지혜의 열매로.

〈Stara Historia 옛이야기〉는 고요한 아테네 기행문이다.

…그들은 아름다운 삶을 꿈꾸는 것 같아, 난 그들의 심장박동으로 그들을 바라보고 싶어, 오늘날 세상은 네온사인으로 우릴 속이고 있지만, 아테네 성문에 감사의 꽃을 바치네.

〈Jak Perła Między Wzgórzami 언덕 사이의 진주〉는 폴란드의 카지미에르즈 돌니Kazimierz Dolny는 경쾌한 클라리넷으로 그려가는 온정의 풍경화로, 친밀한 휴식처로 소개하고 있다.

〈Wokół Zaczarowany Świat 마법에 걸린 세계〉는 이태리 베니스를 주제로, 이미 《Krajobraz Pełen Nadziei 희망이 가득한 풍경, 1990》에서 1983년 TV 프로그램에서 노래한 버전이 보너스로 수록되었다. 바다 위의 도시 베네치아에 안개와 폭풍우가 몰아치는 미로의 풍경으로, 슬픈 피아노와 잠잠한 그의 목소리는 침울의 홍수를 만든다.

〈Moje Miasto 나의 도시〉는 크라쿠프Kraków에 대한 사랑으로, 리코더의 슬픈 왈츠와 두툼한 현악이 노스텔지아를 뒤흔든다.

"크라쿠프는 내가 출생한 이후로 첫눈에 반한 사랑입니다. 아름답고 풍부한 역사를 지닌 이야기가 나를 눌렀고 완전히 사로잡았습니다. 내 인생에서 가장 중요한 시기를 크라쿠프에서 보냈고, 예술가로서 이 도시의 분위기에 빚을 졌기에 나는 항상 크라쿠프를 느낍니다."

〈Jak Wielkie Jabłko 커다란 사과처럼〉은 활력 있는 빅밴드 재즈로 꿈과 성공의 도시 뉴욕을 그린다.

10개의 장소 이야기에 1979년 라디오 녹음 〈Prom Na Wiśle Pod Tyńcem 티니에츠 근처 비스툴라 강에서 페리〉와 TV 녹음인 〈Sozopol 소조폴(불가리아에 소재한 고대 해변 마을)〉이 수록되었다.

마지막으로 수록된 〈Kraków 크라쿠프〉는 록밴드 미스와비체Myslovitz와의 협연으로, 침울하지만 아름다운 선율이 마음을 끌어당긴다.

크라쿠프는 지금까지 이런 적이 없었네, 강렬한 힘이 없었는데, 아마 비나 안개 때문이겠지. 내 기분 탓인지도 몰라,

하지만 모든 얼굴은 널 바라보네. 시장은 관광객의 미소에 빠져들고, 사람들은 환호성을 지르며 플래시를 터트리네, 비둘기 거리의 쇼윈도에서 코트가 나를 사로잡네, 버스나 군중 속에서 난 널 바라봐⋯ 크라쿠프 나팔소리 연주, 그 사람은 나를 아는 듯 인사하네, 난 이것 때문이라도 다시 올 거야⋯

역시 재발 CD에는 8곡의 보너스가 수록되었다.
〈Odkąd Jesteś 네가 나와 함께 있는 한〉는 《Wiosna - Ach To Ty 봄아 너구나, 1987》 수록곡으로, 여성 허밍과 함께 로맨스를 노래한다.
⋯당신은 겨울 추위에 찾아온 여름이고, 가을 황혼 속의 봄이야⋯

그는 전반적인 건강 악화의 결과인 순환장애로 겨우 환갑을 넘기고는 사망했다.
이후 그의 삶을 다룬 다큐멘터리 영화가 제작되었고, 그의 노래 〈Dni, Których Nie Znamy 우리가 모르는 날들〉은 코로나 키엘체 축구팀 팬들의 비공식 찬가가 되었다.
노르웨이 포르스그룬Porsgrunn 소재 폴란드 커뮤니티 학교와 폴란드 북서쪽 휴양도시 시비노우이시치에Świnoujście의 시립문화센터 원형극장은 그의 이름으로 사용되고 있다.
또한 크라쿠프에서는 매년 그레후타 축제가 열린다고 한다.

푸른 희망의 섬
Maria del Mar Bonet ● 마리아 델 마르 보넷
Spain (Mallorca)

노바 칸소Nova Cançó란 새로운 노래The New Song의 의미로 카탈루냐어이다. 1939년 스페인 내전이 마드리드 함락으로 종결되고 프랑코 독재가 정권을 장악한 약 20여 년 후인 1950년대 말, 경제와 정치적 변화의 움직임과 함께 언어와 문화 억압 정책에 반하는 카탈루냐의 자생과 재생의 의지에서부터 기인하였다. 이 새로운 문화운동의 움직임은 음악의 예술운동으로 이어졌는데, 프랑스 누벨 샹송Nouvelle Chanson의 기수 조르주 브라상스Georges Brassens의 노래가 카탈루냐어로 번역되고 1958년 여성 듀오 에르마노 세라노Herma-nos Serrano의 음반이 출시되면서 그 바탕을 마련했다. 첫 녹음은 1962년부터 시작되었으며, 이듬해 본격적으로 전문적인 그룹과 가수들 살로메Salomé, 발렌시안Valencian, 라이몬Raimon 등의 활약이 이어졌고, 많은 정치적인 장애물을 넘어 다양한 장르들로 변화를 모색하고 등장했다.

그녀가 가입한 엘스세체주트게스는 오리지널 멤버 3인에 오빠인 라몽 보넷도 소속되어 있었고, 우리에게 잘 알려진 쥬예르미나 모타Guillermina Motta, 조안 마누엘 세라Joan Manu-el Serrat, 유이스 야흐Lluís Llach 등 16인으로 구성된 음악예술 단체로서, 성공적인 영감은 갈리시아, 바스크, 카스티야까지 영향을 끼쳤다.
마리아 델 마르 보넷이 태어난 마요르카도 카탈루냐어를 사용하였기에, 프랑코 정권의 검열에 저항하는 방법은 카탈루냐어로 노래하는 것부터라 생각했다.
첫 EP 《Cançons de Menorca 메노르카섬의 노래, 1967》를 시작으로 이듬해 EP로 발표된 정치적인 노래 〈Que Volen Aquesta Gent? 이것을 원한 이는 누구인가?〉는 억압받는 이들에게 환영받은 민중가요가 되었으며, 그해 프랑스, 영국, 덴마크 등을 시작으로 벨기에, 포르투갈, 폴란드 그리고 멀게는 멕시코, 일본에 이르는 투어로 세상에 프랑코 정권을 고발했다.

저명한 여성 싱어송라이터 마리아 델 마르 보넷은 1947년 마요르카Mallorca섬에서 출생했다. 부친은 작가이자 평론가였으며, 오빠인 조안 라몽 보넷Joan Ramon Bonet은 1960년대 가수로 활동했다.
그녀는 예술공예학교에서 도예를 공부했으나, 오빠의 영향을 받았을까? 노래를 부르기 위해 1967년에 바르셀로나로 와서 '16계명'이라는 의미의 노바 칸소 그룹 엘스세체주트게스Els Setze Jutges의 일원으로 활동한다.

Maria del Mar Bonet

MARIA DEL MAR BONET

1970 | Ariola | 260721

1. Fora D'Es Sembrat
2. No Trobaràs La Mar
3. Cançó D'Es Majoral
4. Sa Novia D'Algendar
5. Cançó D'Es Segar
6. Jota Marinera
7. Aigo
8. Cançó D'Esterrossar
9. Enamorat I Atlota
10. Sa Ximbomba
11. Dona'm Sa Mà
12. Cançó D'Es Collir Olives
13. Me N'Aniré de Casa

1967년부터 두 장의 EP와 독집 및 공동 싱글을 발표한 후, 1970년에 셀프 타이틀로 낸 첫 음반이다.
자작곡 6곡과 메노르카와 마요르카의 민요 각 2곡과 5곡을 수록했으며, 신인 시절 보넷의 풋풋하고 다소 앳된 보컬과 농축된 슬픔이 잔잔한 감동을 준다.

자작곡 〈No Trobaràs la Mar 바다를 찾을 수 없네〉는 파도가 일렁이는 듯한 연주에 한탄을 용해하는 보컬과 함께 점차 푸른 멍은 빛을 잃는다.
어느 날 집에 오면 정원을 보여줄 거야. 구름이 지나가는 마당의 재스민 꽃을. 그를 위해 내 일을 빨리 끝낼 거야, 테이블 위의 그의 도구들, 바람이 훔쳐 가지 않도록 창문을 꼭 닫을 거야, 테이블에는 과일도 있고, 그를 위해 오랫동안 아껴두었던 노래도 있지. 떠날 때처럼, 매일 밤이 입술이 차가워지는 겨울이지만, 같은 침대에서 잠들 거야. 그러나 난 바다를 찾을 수 없을 거야, 바다는 도망친 지 오래니까, 어느 날 그는 떠났네, 날 여기 두고서.
발레아레스 제도 메노르카섬의 구슬픈 민요 〈Sa Novia D'Algendar 알젠다르의 신부〉는 순수한 사랑을 지키기 위해 죽음을 무릅쓰고 도망가는 처자의 전설이다.
알젠다르를 정복한 왕은 영주들을 초대하고 어여쁜 소녀와 성대한 혼례식을 올린다. 그러나 그녀에겐 잘생기고 용감한 연인이 있었다. 온 세상이 축제였지만 그녀는 슬피 운다. 마녀는 그녀에게 '알젠다르의 신부는 오늘 땅바닥에 있지만 내일은 바다에 있을 것이다, 오늘은 샐러드와 닭을 먹지만, 내일은 정어리를 먹을 것이다'라며 노래한다. 잘생긴 한 어부는 신부를 구하고, 왕은 사라진 신부를 찾기 위해 전쟁을 벌인다.
가사는 요약된 후반의 일부로 작성되었는데, 불순한 사랑의 제물이 된 운명을 탄식하듯 노래한다.
마요르카의 민요 〈Enamorat I Atlota 사랑에 빠진 소녀〉는 꼬리를 물고 이어지는 가사에도, 반복되며 점차 뇌리에 스미는 악곡에도 중독적인 부분이 있다. 본작을 가치를 빛내주는 작품이다.
네가 푸른 하늘에 떠 있는 달이 되면, 나는 널 덮어줄 구름이 될 테야. 네가 구름이 되어 나를 덮어주러 오면, 난 바닷가 모래사장이 될 거야. 네가 바닷가 모래가 된다면, 난 파도가 되어 네게 입맞춤하러 갈게. 네가 키스하러 오면, 넓은 들판의 토끼가 되고파. 네가 토끼가 되면, 난 널 사냥하는 사냥꾼이 될 거야. 네가 날 사냥한다면, 난 하얀 장미가 될 테야. 네가 장미꽃을 피우면, 나는 벌이 될 거야. 네가 나를 찌를 벌이 된다면, 나는 거룩한 수도원의 수녀가 될 거야. 네가 수녀가 된다면, 난 내게 고해할 수도사가 되겠어. 만약 네가 고해를 들을 수도사가 된다면, 우리는 이 슬픔을 끝내고 결혼을 하는 게 나을 것 같아.

자작곡인 〈Dona'm Sa Mà 손을 주세요〉는 연인에게 차디찬 고통으로 죽어간다고 사랑을 애원하는 노래로, 서주와 후주의 희미한 허밍은 이미 혼령이 되어 자신을 슬피 울게 했던 연인을 원망하는 듯하다.

L'Àguila Negra

1971 | Ariola | 50611114

1. L'Àguila Negra
2. Em Dius Que el Nostre Amor
3. Cançó per una Bona Mort
4. Cançó de Trepitjar Raïm (trad.)
5. Cobles de la Divisió del Regne de Mallorca
6. El Fantasme (trad.)
7. Història d'un Soldat
8. Merce
9. Cançó de Segar (trad.)
10. Ronda Amb Fantasmes
11. Cançó del Bon Amor
12. No Voldria Res Més Ara
13. Jo em Donaria a Qui em Volgués
14. Cançó de la Núvia Impacient (trad.)

두 번째 앨범인 이 명작은 단호하고도 아름다운 역사와 사랑의 기록서이다. 프랑수와즈 아르디F. Hardy(1944-2024), 나나 무스쿠리N. Mouskouri 등과 작업했던 프랑스 뮤지션 자크 던쟝Jacques Denjean이 훌륭한 현악 편곡을 맡았다.

타이틀 〈L'Àguila Negra 검은 독수리〉는 프랑스의 지성 바르바라Barbara(1930-1997)의 1970년 명곡 〈L'Aigle Noir〉이 원곡이다. 유대인 혈통으로 나치를 피해 각지를 전전하다 전쟁이 끝나고 서른이 되기 전까지 순탄치 않은 난관을 겪었던 그녀는 관대한 심성으로 청중의 존경받았다. 역시 무심한 듯 불러야 아름답다.

어느 화창한 날 낮 아니면 밤이었을까, 호숫가에서 난 잠이 들었네, 갑자기 하늘을 뚫고 어디선가 검은 독수리가 날아올랐지… 그는 내 어린 시절로부터 왔다네, 말해줘, 날 데려가겠다고, 예전의 세상으로, 어린 시절의 꿈으로, 즐거워하며 별을 따려던 그때로. 내 어린 시절 하얀 구름 위로, 예전의 불타는 태양 속으로, 비를 내려 기적을 만들고 싶었던 그때로. 거친 날갯짓으로 검은 독수리는 다시 하늘로 비행하네… 서늘함을 느낀 내게 그는 슬픔 외엔 아무것도 남겨주지 않았네…

자작곡 〈Cançó per una Bona Mort 평온한 죽음을 위한 노래〉는 쓸쓸함과 낙관적인 평온함이 몽상적으로 뒤섞인다.

어느 날 난 구름이 될 거야, 바람이 어디든 데려다줄 수 있으니까. 하루는 땅이 될 거야, 그리고 노송나무로 태어나, 정원의 창문이 될 거야. 아이비는 천천히 다가와, 나를 포옹하고, 꽃을 피우겠지… 나는 죽음의 잠에 들 거야, 멈춰진 거미줄, 머리에 핀 아이비 꽃, 새 둥지가 지어지고 반딧불이 날아다니겠지…

〈Cobles de la Divisió del Regne de Mallorca 마요르카 왕국의 분열의 노래〉는 중세 마요르카 작가 안셈 투르메다 Anselm Turmeda(1352-1430)의 시와 자크 던쟝 작곡이다. 이민족의 침략과 정복의 대상이었던 마요르카를 위한 비탄과 애도이며 연민과 사랑이다.

자작곡 〈Merce 은혜〉는 바위섬에 서서 고향을 바라보며 추억을 되뇌는 향수의 노래로, 파도는 자신을 고향 섬으로 데려다주진 않지만 고향 생각만으로도 행복해지는 여린 심정이 와닿는다.

요절한 마요르카의 시인 바르토미우 로셀로-포르셀Bartomeu Rosselló-Pòrcel(1913-1938)의 작품에 그녀가 작곡한 〈Ronda amb Fantasmes 유령의 거리〉는 스페인 내전(1936-1939)의 비극이 서려있다. 공포과 경악으로 실어증에 걸린 한 소녀의 시선을 그려낸 보넷의 처절한 음성은 전쟁과 독재의 과거를 잊어서는 안된다고 웅변한다.

1968년 발표작인 가을의 로망스 〈Cançó del Bon Amor 아름다운 사랑의 노래〉에는 쓸쓸한 자신을 위안하는 스캣에서 마음을 빼앗기게 된다.

…당신을 원해, 바람은 날 사랑하지 않는다고 말하지만, 난 믿지 않아. 나무는 바람결에 흔들리고 있어, 그러나 나무는 사랑에 대해서 몰라, 아름다운 사랑, 그건 슬픈 단어들로 가득해, 달이 뜨네, 넌 내 옆에 없어, 난 홀로 노래해, 단지 바람만이 내 곁에 있을 뿐…

사랑의 충만감을 노래한 〈No Voldria res Més Ara 난 이제 어떤 것도 원하지 않아〉는 구름이 흐르는 하늘의 파노라마처럼 현악의 질감이 견고하고 율동은 부드럽다.

〈Jo Em Donaria A Qui Em Volgués 내가 원하는 이에게 날 줄 거야〉은 바르셀로나 출신의 시인이자 예술평론가 조셉 팔라우 이 파브레Josep Palau i Fabre(1917-2008)의 시를 노래한 것으로, 서정적인 현악의 발성과 힘 있는 활의 스타카토로 더욱 운명처럼 비장한 헌신을 맹세한다. 1969년 싱글 버전은 오르간과 기타가 끓어오르는 록의 애수이다.

Miró

1974 | Picap | 80 0084

1. Sonet
2. Sóller
3. A Mallorca, Durant la Guerra Civil
4. En la Meva Mort
5. Inici de Campana
6. Vigila el Mar
7. Comiat a un Amor Adolescent
8. Desolació
9. Jo Viatjava Amb Tu

세 번째 앨범도 셀프 타이틀이나, 카탈루냐 출신의 초현실주의 화가 조안 미로Joan Miró(1893-1983)가 그린 커버에 적혀있는 필명으로 《Miró》라 불린다.

그의 강렬한 조형과 색은 강렬한 꿈과 시정의 표현으로서, 스페인 동부의 원시 동굴의 암각화와 이슬람의 장식기법, 아라비아의 문학, 그리고 상형문자 등을 환상화하여 무한한 공상과 격렬한 동화의 한편을 연상시킨다.

보넷은 미로의 회화 개념처럼 어둡고도 암울한 시대를 밝게 채색하고자 했던 이데올로기를 노래하기 위해 마드리드 출신의 거장 싱어송라이터 히라리오 카마초Hilario Camacho(1948-2006)와 함께 곡을 썼다. 전작에 이어 프랑스 뮤지션 자크 던쟝J.Denjean이 현악 편곡을 맡았다.

〈Sonet 서정시〉는 비록 잠 못 드는 고통의 밤이  지만 곧 다가올 평화와 희망을 그리는 포크로, 금방이라도 잠에 빠질 듯 포근하다.

생기 넘치는 꽃들로 가득한 오랜 정원이, 밤에 고요한 기쁨으로 잠들면, 나는 창을 넘는 바람처럼 밖으로 나가, 꽃처럼 심호흡을 하고 싶네. 그러지 못하고 잠자리에 들면, 되풀이되는 망각의 큰 심연, 말벌 소리의 환청, 피 빛깔의 손톱, 바늘, 가슴의 불타는 분노. 고혹적인 사진, 그리고 알 수 없는 감정에 울부짖네. 난 달콤함을 애도하네. 나는 기뻐, 사그라지는 형벌과 목소리에 담긴 사랑, 감긴 두 눈, 황홀한 미소로 잠든 전투.

따사로운 지중해의 낙관적인 평화로움에 젖게 되  는 〈Sóller 소예르〉는 마요르카섬의 풍광과 정취이다.

〈A Mallorca, Durant la Guerra Civil 전쟁의 마요르카〉에는 고향에 대한 사랑과 평온한 삶에 대한 희망을 실었다.

고혹적인 피아노와 현악의 진혼 교향악 〈En la Meva Mort 내 죽음에서〉는 단연 우리의 오감을 감동시키는 작품이 아닐 수 없다. 현실의 고통이 뼈아프게 전해지며 눈물 어린 기도가 간절하다.

난 무력해, 암울함, 폭풍과 화염으로부터. 나는 지평선에서 노래하고파, 깃발과 마지막 사막을. 이 시간의 여왕은 모든 총구에 햇살을 내리게 하겠다. 절망 없는 밤, 새벽, 이것은 별들과 떨어진 고통을 불사르는 무기가 될 거야.

육지와 떨어진 외로운 섬 마요르카를 독방이라 노래하는

〈Inici de Campana 고향의 종소리〉는 마그레브Maghreb 풍의 민속 요소를 느낄 수 있으며, 경쾌한 컨트리록 〈Vigila el Mar 바다를 보며〉는 하모니카로 진한 향수를 그린다. 쓸쓸한 드라마 〈Comiat a un Amor Adolescent 청춘의 사랑이여 안녕〉에는 황량한 바람이 오케스트레이션을 타고 불어온다. 이 역시 소중한 사랑을 가른  현실의 참혹한 고통에 대한 슬픈 이야기이다.

내가 당신을 그리워하는지도 붉은 파도에 눈물짓는지도 모르겠어. 당신의 침묵을 알아. 아이를 그리고 작은 별조차 볼 수 없어… 우리가 승리할지 별이 우리의 것이 될지도 알 수 없어, 그리고 미래를 향한 사랑싸움과 고요한 깃발도. 지금 나는 모두가 아는 사랑과 이별의 말들을 떠올리네, 그러나 그것은 비밀이야, 아침은 우리에게 사랑으로 되돌아올 거야, 내가 비탄의 삶을 노래할지라도.

〈Jo Viatjava Amb Tu 너와 함께 여행했었지〉는 지난날의 낭만에 대한 회고록으로 그녀의 목소리는 환한 빛이 서린다.

…너와 함께 여행했었지, 그리고 나는 혼자 돌아왔네. 가슴 졸이며 평화를 향해서, 집에서 기다렸네.

본작 이후 그녀는 파리의 올랭피아 극장 무대에 섰으며, 프랑코가 사망한 이듬해 《Cançons de Festa 축제의 노래, 1976》를 발표했다.

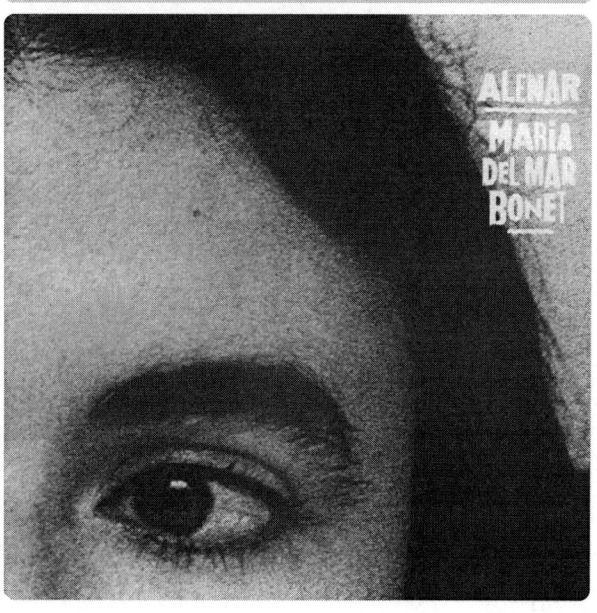

Alenar

1977 | Ariola | 260720

1. Les Illes
2. Petita Estanca
3. Elvissa
4. Aquest Temps de Calabruix
5. Es Fa Llarg Esperar
6. Nosaltres les Dones
7. Que Volen Aquesta Gent?
8. Orat Caçador
9. Vares Venir Fins on Jo Dormia
10. Alenar

프랑코 독재는 그가 사망함으로써 종결되었지만, 약 30여 년이 넘는 기나긴 핍박의 상처가 아물기에 사회는 아직도 불안정 요소가 만연했다.

짙은 눈썹 그리고 큰 눈망울의 초상을 커버로 한 본작은 보다 직설적인 현실을 반영하고 있다.

발렌시아 출신의 정치 운동가이자 시인 비센트 안드레스 에스텔레스Vicent Andrés Estellés(1924-1993)의 작시에 보넷이 작곡한 〈Les Illes 섬〉은 평온하면서도 이국적인 낭만으로 청각을 환기시킨다. 부주키 연주와 향수 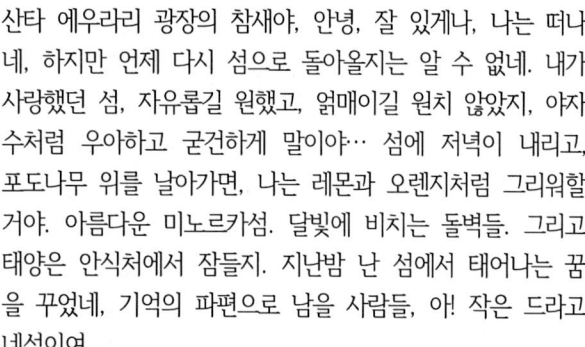 의 목소리는 그 기후의 바람을 타고 일렁인다.

산타 에우라리 광장의 참새야, 안녕, 잘 있게나, 나는 떠나네, 하지만 언제 다시 섬으로 돌아올지는 알 수 없네. 내가 사랑했던 섬, 자유롭길 원했고, 얽매이길 원치 않았지, 야자수처럼 우아하고 굳건하게 말이야… 섬에 저녁이 내리고, 포도나무 위를 날아가면, 나는 레몬과 오렌지처럼 그리워할 거야. 아름다운 미노르카섬. 달빛에 비치는 돌벽들. 그리고 태양은 안식처에서 잠들지. 지난밤 난 섬에서 태어나는 꿈을 꾸었네, 기억의 파편으로 남을 사람들, 아! 작은 드라고 네섬이여.

자작곡 〈Elvissa 이비사Ibiza〉는 목가적인 플루트  가 불안정한 현실에서 갈망하는 희망의 로맨스를 연주한다.

너와 함께 걷네, 색 바랜 하얀 학교로, 친구인 네 말을 경청하며. 바닥까지 투명한 시냇물 같은 네 눈을 바라보네, 내 눈에는 다른 이미지가 보여. 네 옆에서 잠들고, 너의 꿈에서 사는 것, 운명처럼 느끼는 것, 하늘의 새, 널 비추는 해…

고조된 음성과 시원스레 펼쳐지는 오르간 록 〈Es Fa Llarg Esperar 너무 오래 기다렸네〉는 희망 시대에 대한 기대와 독려라 할 수 있다.

아련한 서정의 포크 〈Nosaltres les Dones 우리 여인들〉은 사랑하는 남자와 아이를 잃고 불행의 삶을 살아가는 여자들에게 대자연의 순리처럼 또다시 행복이 찾아오리라는 희망을 전한다.

비장한 경고조로 이야기하는 〈Que Volen Aquesta Gent? 누가 이것을 원하나?〉는 학교를 다녀야 할 아들 이 끌려간 후, 끝내 새벽에 걸려온 전화기를 통해 아들의 비명을 듣게 되는 파국의 사건을 다루었

다. 본래 1968년 두 번째 싱글 수록곡으로, 군부독재에 대한 저항을 고취했던 노래다.

비유적인 〈Orat Caçador 미친 사냥꾼〉은 만행을  저지르면서도 허황되고 거짓된 공상으로 선동하는 한 사냥꾼을 향해 던지는 비판이다.

바르셀로나 출신의 시인 조안 비뇰리Joan Vinyoli(1914-1984)의 시에 곡을 붙인 〈Vares Venir Fins On Jo Dormia 내 잠든 곳을 침범한 도적들〉은 기타의 트레몰로와 느슨한 목관 그리고 보넷의 스캣으로 은은한 몽상에 사로잡힌다.

내 잠든 곳에 쳐들어온 도적들, 나는 일어나, 당신을 초대할 것이요, 그리고 일곱의 만찬을 차릴 것이요, 내가 마실 것을 당신에게 내어 주리다…

〈Alenar 교감〉은 빠른 템포에 슬프고도 열정적인 플라멩코 기타가 불을 뿜는다.

…내겐 모든 바람으로부터 열린 세 개의 문이 있어, 하나는 네게, 또 하나는 선인들에게, 세 번째는 죽음에 열려 있지, 그것은 내 시간을 닫을 거야. 지상의 천사, 불의 원리, 벌어진 석류, 이 모든 것은 내게 당신이야, 틀림없어. 밤의 달, 정오의 태양, 그리고 모든 별들이여 안녕, 내 진정한 동반자들. 그 친구를 향한 내 목소리, 난 네 이름으로 노래했었네, 네 목소리가 바로 나야.

동년에 발표된 유이스 야흐Lluis Llach의 명작 《Campanades a Mort 운명의 종소리》와 맥을 같이하는 본작에서 보넷은 쓰라림과 회한을 선명하게 새겨넣었다.

Jardi Tancat

1981 | Ariola | 253170

1. Estrofa al Vent
2. La Balanguera
3. El Pi de Formentor
4. La Reliquia
5. Cel d'Horabaixa
6. La Cançó de Na Ruixa Mantells
7. La Petxina
8. Els Rustics Madrigals "Madona de Sa Cabana"
9. Cançó de la Sirena

그녀는 1979년에 두 매의 앨범을 냈다. 마요르카의 민요를 담은 《Saba de Terrer》에 이어, 바르셀로나 출신의 기타리스트로 키코Quico라는 노바 칸소 가수 프란세스크 피데라 세라Francesc Pi de la Serra와의 공작인 《Quico - Maria del Mar 키코 - 마리아 델 마》이다.

그는 대부분의 수록곡을 작곡했는데, 아쉽게도 보넷의 자작

곡은 수록되지 않았다.
록풍의 곡들 중 밤의 침묵 속에서 느끼는 사랑과 감정을 담은 〈Nocturna 야상곡〉이 주목할  만하다.
또한 재즈 가수 빌리 홀리데이Billy Holiday(1915-1959) 사망 20주기 헌정곡으로, 홀리데이뿐만 아니라 많은 디바들이 불렀던 1941년 팝 스탠더드 〈Jim 짐〉을 노래한다.
그리고 스티비 원더Stevie Wonder의 1973년 히트곡 〈All in Love is Fair〉를 노래한 〈L'Amor Tot s'ho Val 모든 사랑의 가치〉도 수록했다.

1980년대를 맞이하며 발표한 《Jardi Tancat 폐쇄된 정원》은 초기작에서 호흡을 맞추었던 프랑스 뮤지션 자크 덩장 Jacques Denjean과 다중 악기 연주자이자 작곡자 라우타로 로사스Lautaro Rosas가 편곡을 맡았고, 브레타뉴 출신의 세계적인 하피스트 알랑 스티벨Alan Stivell도 참여했다.
동명의 타이틀곡은 없지만, 본작은 마요르카섬에 위치한 '라이사 정원Jardines de Raixa'이 상징적인 소재가 되었다.

이 정원은 52만 평방미터에 달하는 광범위한 영역으로, 본래 이 지역에는 아랍인들이 정착하였다가 1229년에 아라곤 Aragon의 왕국이 정복, 15세기 말에는 몰락한 마요르카 명문가의 지배하에서 '형제의 난(1521-1523)'을 겪으며 모든 건축물이 불타게 된다. 이후 재건되는데, 1660년부터는 데스퓌그Despuig 가문의 소유지가 되었고, 1787년에는 스코틀랜드인 예술가 가비노 해밀턴Gabino Hamilton의 많은 조각품이 설치되었다. 데스퓌그는 이태리 자본을 끌어들여 조각가 라자리니Lazzarini에게 이태리 신고전주의 양식의 빌라 라이

사Raisa를 건축하게 하고 개인 박물관으로 사용했다.

1906년에는 사업가 나달 3세Antonio Jaume Nadal 3가 매입하여 로마 양식의 장식을 한 '인형의 집' 정원을 설계하였는데, 이는 카탈루냐 문학의 가장 중요한 작품 중 하나로 평가받는, 마요르카 작가 로렌소 비야롱가Lorenzo Villalonga(1897-1980)의 소설 「Bearn o la Sala de las Muñecas, 1956」의 영감이 되었으며, 1982년에 영화로도 제작되었다.

이후 나달은 부분적으로 이 부지와 건축물들을 매매하였는데, 1918년부터 팔마Palma시는 문화기관과 공교육부 등의 지원을 받아 매입하기 시작, 비로소 1980년에 문화유산으로 기록되었다. 그러나 일부에 불과했고 아직도 온전한 마요르카의 땅이 아니었다.

바로 이 앨범은 마요르카의 것을 되찾고 보전하는 것이 목표였다. 개인 소유지로서 여러 주인을 떠돌며 단 한 번도 민중의 영역이 될 수 없었던 과거의 세월을 지나, 이제는 세계적인 휴양지 개발의 붐을 타고 마요르카의 역사와 문화를 타국의 막강한 자본으로부터 방어하기 위해 관심과 사랑을 고취하고자 했던 것이다.

짧은 서곡 〈Estrofa al Vent 바람의 운율〉이 시작되면, 30대 중반이 되어 더욱 깊어진 호소력과 함께 서정의 기타와 따스한 찰현의 체온에 부주키가 바람을 흔든다.

…불가능하다는 것에 울먹이면서도, 겨울 한가운데서 바람이 떨고 있을 때, 내 구문은 공간으로 그리고 사람들의 목소리는 바다 아래까지 울리지, 나는 서정의 구절로, 그리고 하얀 갈기가 뻗은 달을, 혹은 고요한 밤의 활을 노래하네, 대모의 자연은 무한으로 뻗을 거야, 내 이름이 이 땅에서 사라지더라도.

1996년에 마요르카의 공식 찬가가 된 〈La Balanguera 발랑게라 행진곡〉은 발레아레스 제도의 자긍을 표출한 노래이다. 작시는 마요르카 출신의 작가 조안 알코베Joan Alcover i Maspons(1854-1926)이며, 작곡은 바르셀로나 출신의 아마데우 비베스Amadeu Vives(1871-1932)이다. 전원적인 기타의 포크송을 타고 잔잔하면서도 담담하게 그녀는 희망의 목소리를 드높인다.

신비한 발랑게라는, 거미의 묘기처럼, 실톳대를 풀고 또 풀어, 우리 삶의 실타래를 잣는 곳, 파르카Parca(운명의 여신)의 예지처럼 내일을 위해 옷을 짓는 곳. 역사를 돌이켜 조상의 그림자를 수호한 곳, 그리고 봄이 오면 씨앗이 싹을 틔우고, 포도 덩굴이 높이 오르고, 뿌리는 깊게 내리는 곳. 전통과 희망으로부터, 생명을 위한 깃발을 짓는다네, 금발과 은발에 면사포가 씌워지고, 아이가 커가고, 노년은 사라지더라도, 발랑게라는 다시 실을 잣고 물레를 돌리리.

마요르카 출신의 작가 미켈 코스타Miquel Costa I Llobera(1854-1922)의 시를 노래한 〈El Pi de Formentor 포르멘토르의 소나무〉는 마요르카섬 최북단에 위치한 아름다운 고지 포르멘토르의 찬가로, 하늘이 내린 자연에의 영광과 땅에서의 삶의 기쁨을 펼쳐 보인다.

…나무야, 내 마음은 널 부러워해, 땅 위의 불순함을 알고 있는. 서약할게 네 기억이 영원하도록. 굴복하지 않는 전투와 승리, 여왕의 등극, 그리고 양식과 삶의 세포, 그리고 순수한 빛… 오! 인생이여, 오 고귀한 행운이여!

조안 알코베의 또 다른 작품 〈La Reliquia 유산〉은 7분여의 중편이다. 피아노와 오보에 등 중후한 오케스트레이션 편곡에 보넷의 가녀린 아리아가 흐르고 고혹적인 오페라의 장막이 오른다. 사랑과 꿈 그리고 상처로 남은 젊은 날의 검은 초상을 되뇐다. 마치 마요르카를 비유한 것처럼.

내 청춘은 뿔 잘린 파우누스이며, 가뭄의 봄이고, 황폐한 정원이라네. 이 땅의 내게 내린 영광의 시간이여, 마실 수 없는 샘물, 솟지 않는 분수, 나는 울 수조차 없네, 그건 해변의 어둠 속 신비에 묻힌 지난날과 같지, 이끼 더미에 누워, 그렇게 생의 청춘기를 보냈네… 내 인생의 삼십 년은 지나가 버렸네…

미켈 코스타의 시에 보넷이 멜로디를 입힌 〈La Canço de na Ruixa Mantells 루이사 만텔스에서 들려오는 노래〉는 슬픈 현의 트레몰로가 인상적인 명곡이다. 루이사 만텔스 Ruixa Mantells는 마요르카섬의 해안동굴로, 여기서 사는 마녀가 마법을 걸어 지나가는 배를 난파시키고 선원을 죽게 한다는 전설을 소재로 하였다. 보넷은 연인을 잃은 여인처럼 사랑과 죽음을 동시에 내포하고 있는 바다를 향해 어두운 진혼의 환상을 그려간다.

…맨발 그리고 찢어진 옷, 뛰고 내달리고, 그의 머리는 여전히 아름다웠네, 그의 눈망울의 꽃. 시퍼런 바다는 주검을 안고 있었지, 바다나리로 만든 왕관, 목걸이를 만들다 만 소라와 조개. 그렇게 홀로, 험난한 파도를 헤쳤네, 이미 조수의 시간에 이르렀건만, 슬픈 노래가 들려오네, 흐느끼는 노래. "난 바다가 싫었어, 그러나 지금은 사랑에 빠졌지, 내가 달아났던 사랑의 거처가 된 이래로. 난 집도, 아버지도, 어머니도 없어, 그러나 바다는 여기 있지!" "욕망의 바다는, 생명과 재산과 보물선을 원했네, 그리고 루이사 멘텔스에서 풍랑을 일으켰지." 저녁의 기상은 섬망이 되어버렸지, 다음 날 해안에 주검이 떠올랐고, 누군가는 해변가에서 모래로 덮였네. 더 이상 올리브 십자가는 없을 거야, 해변의 백합은 여름을 뒤덮고, 단지 발자국과 저 멀리 도망가는 새들만이 남았네…

짧지만 매혹의 환상을 들려주는 〈La Petxina 파편〉도 슬픔을 이어간다. 마술과도 같은 빛나는 인생의 신기루는 작별과 죽음으로 산산이 부서지고 그 파편이 해변이라는 내용이다.

마요르카 민요 〈Els Rustics Madrigals 서정 단가〉에 이어, 또다시 바다의 환상을 그린 〈Canço de la Sirena 사이렌의 노래〉에서 선원들을 영원한 죽음으로 유혹하는 바다요정의 매혹적인 노래가 출렁이는 파도를 넘어 들려온다.

이 앨범은 1983년에 또 한 명의 예술가에게 무한한 영감을 주었다.

발렌시아 출신의 세계적인 안무가로 성장한 나초 두아토Nacho Duato는 동명의 작품으로 쾰른 국제 안무 워크숍에서 1등상을 받았다. 본작의 〈La Canço de na Ruixa Mantells 루이사 만텔스에서 들려오는 노래〉를 배경으로 세 쌍의 연인이 그려내는 사랑과 슬픔은 고군분투의 마요르카 역사를 서정적으로 대유하여, 보넷의 본작과 함께 마요르카의 문화 영토에 관한 세계적인 관심을 불러일으킨다.

이 작품으로 그는 1988년에 네덜란드 댄스 테아터NDT의 상임안무가로 임명되었으며 1990년 33세의 나이로 스페인 국립무용단의 예술감독이 된 이후에도 이 작품을 꾸준히 무대에 올렸다.

이 두 아티스트의 감동적인 예술혼에 마요르카와 세계는 감동했고, 이 문제의 '폐쇄된 정원'은 2002년 1월이 되어서야 독일의 유명 디자이너 질 샌더Jil Sander도 매수에 나선 마지막 경매에 환경부가 앞장서서 완전한 마요르카의 땅이 되었으며 국립공원으로 지정되었다고 한다.

Breviari d'Amor

MARIA DEL MAR BONET

BREVIARI D'AMOR

1982 | Ariola | 7432136298

1. Altes Ones Que Veniu del Mar
2. Estic de Gran Desventura
3. A la Fontana del Verger
4. Si Vols Qu et Deixi d'Animar
5. Cançoneta Lleu i Plana
6. Amor, No Vull Anar·MeN Nord Enllà
7. La Joia en Dona Alegria
8. Rei Glorios!, Clarallum de Veritat!
9. Faré un Vers No Res Dient

본작 《Breviari d'Amor 사랑의 성무일과서聖務日課書》는 중세 시대 프란체스코회 수사이자 법학자이며 프랑스 남부에서 활동한 음유시인 마트프레 에르멘고Matfre Ermengaud(1288 -1322)가 사망하기 전까지 집필한 동명의 서적에 영감을 받은 것으로, 이는 중세의 성직자들이 봉헌을 위해 불렀던 방대한 고해성사 음유시 모음집이었다.

프로방스 방언으로 기록된 시구들은 같이 작업을 했던 작사가 토니 모레노Toni Moreno가 현대적인 카탈루냐어로 번안했으며, 전작에서 호흡을 맞추었던 바르셀로나 출신의 조르디 사바테스Jordi Sabatés가 곡을 붙여 훌륭한 클래시컬 오케스트레이션으로 탄생시켰다. 종교적인 숭엄함과 신성함이 잔잔하며, 개인적인 절대자의 사랑은 중세풍의 오페라로 극화되어 있다.

〈Altes Ones Que Veniu del Mar 바다에서 오  는 절대자〉는 풍부한 현악의 선율을 따라 흐르는 보넷의 청명한 슬픔과 은혜로움이 매우 안온하다.
…오 사랑의 하나님! 나는 진정 기쁘다네, 매우 먼 사랑에 마음이 고통스러워도, 배신했다고 생각했지만, 나는 우여곡절 끝에 그녀에게 돌아왔네. 내 마음을 비웠으므로, 그러나 오 사랑의 하나님! 내 마음은 고통스러울지언정 기쁘네.

〈A La Fontana del Verger 과수원의 분수〉는 하나님께 동정을 바치고 수녀가 된 귀족의 아름다운 딸을 보며, 한 인간으로서 느끼는 사랑에 대한 욕망의 고통을 노래한 것이다. 잔잔한 피아노의 서주에 이어 등장하는 서정적인 보넷의 보컬은 바이올린의 비가에 묻히며, 안온한 평정을 되찾는다.

눈부신 교향악 〈Si Vols Qu et Deixi d'Aimar 사랑으로부터 떠나길 원한다면〉에서는 슬픔이 최고조에 이른다. 마치 남자와 여자를 창조한 하나님께 원망이라도 쏟아내는 것처럼, 이성을 사랑할 수 없는 절망과 눈물의 진혼이다.
…이 사랑을 중단하려면, 내게 너의 아름다움을 보이지 마. 빌어먹을 아름다움이여, 어째서 내가 그토록 아름다운 널 만나게 되었단 말인가? 잊을 수 있을까? 거짓말이 아님을 부정하고 싶네, 나는 결코 연모할 수 없어.

〈Amor, No Vull Anar·MeN Nord Enllà 사랑, 나는 북방으로 가고 싶지 않네〉는 드라마틱한 악

극과 함께 독백에도 그 열망의 아픔이 절절하다.

…사랑 없이 내가 존재할 수 있을까, 하늘이 내게 준 임무, 나는 사랑에 빠졌고, 계속 사랑할 것이네, 사랑으로 죽어 갈 것이라는 걸 알지만, 아직 사랑을 벗어날 수 없네, 내 인생의 길과 내 죽음을 잘 알고 있지만… 운명의 시간에 날 죽일 당신을 연모하네, 기꺼이 갚을 거야, 내가 원하는 진정한 마음과 함께, 내 자존, 고결한 정신과 내게 준 희망과 그리고 잃어버린 마음보다 더 한 것도 허락하겠네, 그리고 그 어떤 대가로 바라지 않을 거야.

〈Rei Glorios! Clara llum de Veritat! 영광의 왕이시여, 지혜의 빛을 주소서〉는 플루트의 목가적인 자장가에 이어 침잠의 피아노를 거쳐 명징하게 울리는 보넷의 기도가 고요한 밤의 침묵을 깬다.

…전능하신 주여, 내 간청에 확신을 주소서, 밤이 내린 후, 내가 직시할 수 없었던 대가에 대해, 곧 새벽은 오겠지요… 동반자여, 일어나 노랠 불러요, 잠들지 말고, 새의 지저귐을 느껴요, 숲에서 뜨는 하루를 기다려요, 달아나는 경계심을 보세요, 곧 새벽은 오겠지요… 내 연인, 달콤한 사랑, 나는 잠깐의 의미 있는 체류를 합니다… 나는 이제 사랑을 가졌고, 두려움도, 질투심도, 그리고 새벽도 없습니다…

밤하늘 아래 테라스에서 누군가를 그리며 청아한 음색으로 열망을 노래하는 〈Faré Un Vers No Res Dient 어떤 말도 할 수 없네〉의 호젓한 감정도 잊을 수 없다. 자신에게 찾아올 사랑의 대상을 상상하며 쓸쓸함을 위안하는 것 같다.

어떠한 구절도 말할 수 없다네, 내 이야기도, 타인도, 사랑도, 여흥도, 그 어떤 무엇에 관해서도, 그건 마차 안 좌석과도 같은 것이네. 난 태어난 시각을 모른다네, 행복하지도 않았고 분노하지도 않았네, 이상하거나 감성적이지도 않았지, 나는 그럭저럭 살아왔을 뿐. 그녀가 누군지 모르지만 난 사랑해, 이전엔 본 적도 없는데도, 날 미치게 하지도 않았지만, 내가 호감 갈 만한 어떤 호의도 보이지 않았지만, 그 어떤 사건도 없었지만… 그녀를 볼 때 그리움을 느끼네, 그렇지, 더 가치 있고 아름다운 다른 것. 어디 있는지 난 모르네, 해변에 혹은 평야에 있는지, 내가 정상이 아니라고는 말할 수 없지만, 어떤 것도 말할 수 없지만 말이야, 그녀가 상처받는다면 유감이네.

사랑에 대한 비애가 감정의 곡선을 타고 카타르시스를 불러일으키고 있는데, 아마도 보넷은 잊힌 유산을 재생하는 것에, 그리고 평화와 자유의 세상에서 진정 사랑의 의미를 되새기길 바라지 않았나 싶다.

그해 또 하나의 정규앨범으로 발렌시아 포크 밴드 Al Tall과 함께 지중해의 민요를 수록한 《Cançons de la Nostra Mediterrània 우리 지중해의 노래》를 발표하며, 문화의 자존을 이어갔다.

1984년에는 프랑스의 샤를 십자가 시상식Charles Cross Academy에서 프랑스에서 출반된 최고의 외국가수상을 받았으며, 카탈루냐 정부로부터 최고의 영예라 할 수 있는 산 조르디상Creu de Sant Jordi을 수상했다.

Anells d'Aigua

1985 | Ariola | 9J 256626

1. Carta a un Amic
2. Dansa de la Primavera
3. Bir-demet Yasemen
4. Cor Perdut
5. El Boscos del Pensament
6. El Salt de la Bella Dona
7. Tahtel Yassmina
8. Viure Sense Tu
9. Anells d'Aigua
10. Ànima Morta

본작 《Anells d'Aigua 물의 반지》를 기점으로 그녀의 음악적 스펙트럼은 보다 더 확장되었다. 발레아레스 민속음악뿐만 아니라 지중해와 그리스 그리고 북아프리카 음악에까지 그 영역을 아우르며, 강도와 순도를 다양하게 선보인다.

〈Dansa de la Primavera 봄의 춤〉은 한 번만 들어도 입에 흥얼거릴 만큼 매혹적인 멜로디를 들려줄 만큼  인상적인 걸작이다. 민속적인 연주에 애잔함을 싣고 점점 더 진한 꽃의 향기를 더한다.

2월은 내게 짧은 편지를 보내지, 라일락의 손이 펼쳐지길 원한다고, 마음속에서 나는 야자수로 성장하네, 내년 봄은 어떤 방일까? 내 가슴은 아파, 불속에서 타는 듯한 두려움, 그 마법을 잊을 수 없네, 열린 가지들과 춤, 머릿결을 바람으로 빗질하네, 밤의 달을 노래하면서, 붉은 가을을 그리고 첫눈의 고요함을 노래하며, 그대가 돌아오기를 노래하네, 뼈 아픈 사랑이여, 고충에서 태어나, 더 긴 시간에서 자라고, 씨앗과 바람과 함께 훨훨 날아가렴, 바람이 날 어디로 데려갈지 누가 알까, 고대의 심장 속으로, 혹은 바다 아래 그 어디에 뿌리를 내리렴.

〈Bir-Demet Yasemen 재스민 꽃다발〉은 뉴욕에서 태어난 아르메니아인 가수이자 아랍의 류트 현악기인 우드oud 연주자 존 버베리안John Berberian의 노래를 리메이크한 것이다.

…재스민 꽃다발은 단지 내 사랑의 추억으로 남았네, 이별의 끝도 없어, 내 마음의 종결도 없어, 비탄에 잠길 수도 없네, 내가 울거나 신음했다면, 지워지지는 않았을 텐데, 상처받은 내 운명이여!

현의 트레몰로가 애틋함을 자아내는 〈Cor Perdut 잃어버린 마음〉은 파두의 여왕 아말리아 로드리게스Amalia Rodríguez(1920-1999)의 작품으로, 진한 사랑의 고통을 처절하게 노래했다.

내 마음을 잃어버렸네, 강가의 진흙 속으로 묻혀 버렸는지, 바닷속으로 떨어졌는지 찾을 수 없네. 어떤 길로 가야 하는지, 떠나면 돌아올 수 없는데, 오 날 사랑으로 채운 죽음, 나는 이미 가까이 있네…

〈Tahtel Yassmina 야스민의 밤〉은 튀니지 출신의 싱어송라이터 헤디 주이니Hedi Jouini(1909-1990)의 노래로, 지중해의 꿈과 열정을 열어 보인다.

열풍의 기운이 녹은 민속적인 연주에 반복적인 코러스와 슬픈 스캣은 감동의 카타르시스를 안겨준다.

…내가 얻은 기쁨에 은혜를 모르는 내 마음, 사랑이 나를 처벌한다면, 두려움으로 고통받겠지, 내 마음은 일어나지 않은 그 생활에 도달하네, 우린 희망의 노래를 원해, 그리고 난 그 큰 사랑을 의심치 않아, 그가 내게 오지 않을까 봐 내 마음은 너무 슬퍼…

북아프리카 음악에 대한 동경으로 작곡한 〈Anells d'Aigua 물의 반지〉는 튀니지 전통음악 앙상블과 의 불꽃 튀는 조화가 어둠 속에서 폭발한다.

내 물의 반지, 그 가운데 달이 차오르네, 이슬이 떨어지는 것처럼, 빛나는 나의 손. 비 내리는 오후, 정원은 숨을 쉬고, 떨어지는 잎사귀들은 보석처럼 빛나. 나는 막힘이 없는 길이 되고파, 나는 잠시 숨을 고를 거야, 숲에 가까이서. 내가 가까이서 너의 호흡을 느낀다면, 나는 물 위에 서 있을 거야, 사다리를 오를 거야, 협죽도의 꽃이 될 거야, 백장미가 되고파, 손가락 그리고 사랑. 잃어버린 내 반지, 물 색깔과 싹. 내가 원했던 달, 어떤 손가락에 채울까?'

남성과 듀오로 노래한 〈Anima Morta 죽은 영혼〉은 두 연인의 슬픈 사랑 이야기를 담은 민요이다. 남자가 전쟁에 나간 사이에 여자는 죽고, 돌아온 남자는 그녀의 무덤가에서 그리움을 노래하다가 결국 그의 돌무덤에는 '사랑 없이 살 수 없어, 못다 한 사랑을 위해 죽었네'라는 글귀가 적혔다는 애틋한 이야기이다.

이 앨범을 발표한 후, 함께 녹음했던 튀니지 전통음악 앙상블과 함께 프랑스와 스페인 전역을 돌며 투어했다.

이미 「Jardi Tancat 폐쇄된 정원」을 무대에 올렸던 안무가 나초 두아토Nacho Duato는 1988년에 보넷의 《Arenal, 1977》와 동명의 작품을 발표, 〈Dansa de la Primavera 봄의 춤〉은 주제음악이 되었다.

1989년에는 보넷의 생일을 축하하기 위해 본작의 「Cor Per -dut 잃어버린 마음」이란 제목으로 파드듀Pas de Deux(두 사람이 추는 춤)를 선보였고 〈Bir-Demet Yasemen 재스민 꽃다발〉이 주제곡으로 사용되었다.

그녀의 작품 활동은 계속되고 있는데, 《Ben a Prop, 1989》에는 피아니스트 미누엘 캄프Manuel Camp와 함께 거슈윈Gershwin과 롤링 스톤즈Rolling Stones 등 아메리카 스탠더드 팝을 연주하였으며, 《El·làs, 1993》에서 그리스의 미키스 데오도라키스Mikis Theodorakis(1925-2021)의 노래를, 《Salma -ia, 1995》에서는 터키의 작곡가 쥘퓌 리바넬리Zülfü Livane -li의 〈Merhaba 안녕하세요?〉를 비롯하여 시칠리아, 그리스, 나폴리, 이비사 등 다양한 지역의 정서를 담아냈다.

1997년에는 음악 인생 30주년 기념으로 바르셀로나 산 조르디 플라우Palau de Sant Jordi 아레나에서 만사천여 명의 청중들 앞에서 콘서트를 열었고, TV로 생중계된 본 라이브에서 유이스 야흐Lluís Llach와 조안 마누엘 세라Joan Manuel Serrat, 그리스의 네나 바네차누Nena Venetsanou, 튀니지의 페티 손다Fethi Zgonda 등이 참여했다. 이는 베스트앨범 《El Cor del Temps》로 출반되었고, 그해 스페인 작가와 출판 협회에서 카탈루냐 전통음악과 포크 음반상을 수상했다.

《Raixa, 2001》로 이듬해 이태리 산레모 텐코상, 2003년에 마요르카의 황금상에 이어, 2004년에는 바르셀로나의 음악 비평가상을 수상했다.

마요르카의 문화 수호자로서 지성의 음성과 깊은 여운은 스페인을 넘어 세계를 감동시키고 있다.

Maria Farantouri • 마리아 파란투리

Greece

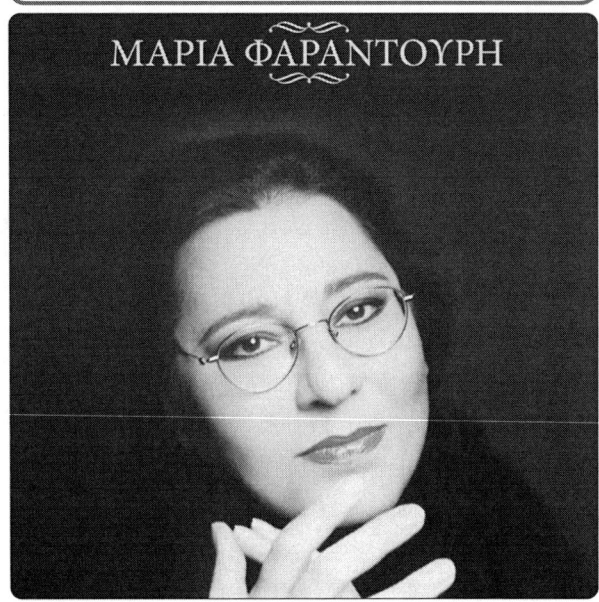

MAPIA ΦAPANTOYPH

나치의 침입을 겪은 후 냉혹함만이 남은 시대 앞에서, 섬 출신의 부모는 돈을 벌기 위해 1920년대부터 소아시아 난민들이 정착했던 아테네 근교 네아이오니아Nea Ionia에서 가정을 이루었고, 마리아 파란투리는 1947년에 태어났다. 그러나 세계를 휩쓸었던 소아마비 전염으로 불가 2세 때 부모로부터 떨어져 많은 아이들과 함께 요양소 신세를 져야만 했다. 청소년기에 창조적 경험을 시작하였는데, '그리스의 음악친구 모임'이라는 합창단에 가입하면서 노래가 삶의 방식이 될 수 있다는 믿음을 얻었다. 풍부한 알토의 음성으로 첫 발을 내디딘 후, 합창단을 나와 솔로 활동을 시작하기로 한다. 1963년 미키스 테오도라키스Mikis Theodorakis(1925-2021)는

합창단과 함께 자신의 노래를 부르는 마리아의 음성을 처음 듣고는 그 따스하고도 풍부한 음색에 깊은 감명을 받았고, 공연이 끝난 후 무대 뒤에서 따로 그녀를 불러 "네가 내 노랠 부르기 위해 태어났구나!"라고 칭찬을 했다고 한다.

이 일이 있고 여름방학이 끝나자 그녀는 테오도라키스의 앙상블 멤버가 되어있었다. 이후 주요한 전후 회복을 위한 정치적 사회적 이벤트에 그녀의 목소리를 들을 수 있었다.

1965년부터 자신의 이름으로 첫 싱글을 내기 시작하여, 이듬해엔 테오도라키스의 영화음악 앨범 《Island of Aphrodi-te》에 참여했다. 또한 그는 파란투리의 아름다운 보컬을 오롯이 담은 《The Ballad of Mauthausen | Six Songs, 1966》를 제작했는데, 특히 전쟁을 고발하는 전반부는 오스트리아 마우트하우젠의 나치 수용소를 노래한 것으로 처절한 진혼곡이었다. 소비에트연방으로의 투어로 이어졌으며, 이 기간에 그녀는 러시아의 유명 작곡가로부터 남아줄 것을 요청받기도 했다.

투어를 마친 후 1963년 노벨문학상 수상자인 초현실주의 시인 요르고스 세페리스George Seferis(1900-1971)와 1979년에 노벨문학상 수상자 오디세우스 엘리티스Odysseas Elytis(1911-1996) 등 많은 작가들의 시어로 노래들을 만들기 시작한다. 그러나 1967년 4월 군사 쿠데타가 발생하면서, 테오도라키스와 겨우 스무 살의 파란투리는 국외로 추방당했다.

그녀는 파리에 머물면서 반독재 운동에 참여하고 유럽과 아메리카를 횡단하며 수많은 독립 콘서트 현장에서 저항과 희망을 노래했다. 이러한 정치적인 운동뿐만 아니라 생태보전과 약물 금지, 그리고 여성차별화 금지 등의 사회운동에도 적극적인 역할을 했다.

이처럼 하나의 상징이 된 그녀를 영국 일간지 Daily Telegra-ph는 '대중의 칼라스Maria Callas'라 칭했으며, 가디언Guar-dian은 '올림푸스 신들이 준 목소리'라는 찬사를 덧붙였고, 그리고 프랑스 르몽드Le Monde는 '지중해의 존 바에즈Joan Baez'라는 제목으로 특필했다.

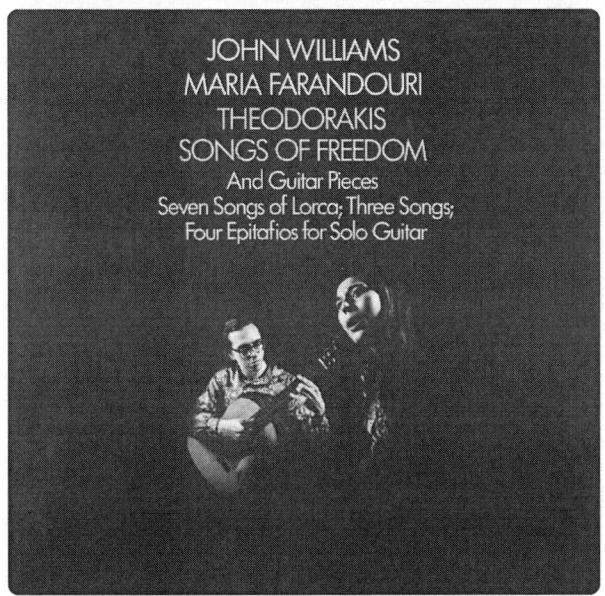

Songs and Guitar Pieces

JOHN WILLIAMS
MARIA FARANDOURI
THEODORAKIS
SONGS OF FREEDOM
And Guitar Pieces
Seven Songs of Lorca; Three Songs;
Four Epitafios for Solo Guitar

1971 | Sony | SMK 62266

Seven Songs of Lorca
1. Tou Pikramenou
2. Antonio Torres Xepentia I
3. Antonio Torres Xepentia II
4. Xamos Apo Agapi
5. I Kalogria I Tsingana
6. Tou Anemou
7. I Pandermi
Four Epitafios for Solo Guitar
8-11. Epitafios No. 2, 3, 4, 5
Songs of Freedom
12. To Yelasto Pedi (Thema aus "Z")
13. Silva
14. Irthan I Anthropoi

1995년에 국내에 라이선스로 소개된 본작은 1971년 영국과 오스트리아에서 발매되었으며, 이듬해엔 네덜란드에서, 그리고 본국 그리스에는 군부가 막을 내린 1974년에 공개되었다. 호주 출신의 세계적인 클래식 기타리스트 존 윌리엄스 John Williams와 파란투리의 노래만으로도 큰 감동을 안겨준다.

이 앨범은 크게 3부분으로 구성되어 있다.
7곡은 20세기 스페인이 낳은 가장 사랑받은 시인 로르카 Federico Garcia Lorca(1898-1936)의 연작 「Romancero Gitano 집시 가곡집」을 바탕으로 테오도라키스가 1967년 3월 작곡한 〈로르카의 노래〉이다. 그리스의 현대 시인 오디세우스 엘리티스O.Elytis(1911-1996)가 번역했다.
특히 우리에게도 잘 알려진 〈I Pandermi 고독〉은 부주키 연주로 혼자된 집시여인의 비통한 슬픔을 들려준 바 있는데, 청아한 기타 반주에 독창으로 노래하는 이 버전에서 그녀의 창법은 성악곡처럼 고혹적이고 영성적인 느낌을 자아낸다.

다음 4곡은 존 윌리엄스를 위한 기타 편곡 작품으로, 테오도라키스가 1960년대 초반에 3차례 녹음한 연작 《Epitafios 묘비명》중에서 발췌하여 들려주고 있다.
이는 1939년 5월 8일 담배 경작인의 시위에서 경찰들에 의해 무참하게 13인이 살해되고 수십 명이 부상당한 사건을 기록한 것이다.

마지막 3곡은 테오도라키스가 쓴 '자유를 위한 노래' 소품들이다.
〈To Yelasto Pedi 미소 짓는 어린이〉는 그리스 군사정부를 고발했던 코스타 가브라스Costa Gavras 감독의 문제작 「Z, 1969」의 주제곡으로, 1974년 군부가 무너진 후 국민들의 환호 속에서 노래하기도 했다.
8월 어느 아침, 여명이 밝아오기 전, 공기를 마시러 나갔다네, 꽃밭에서 앉아 우는 한 소녀를 보았지. "내 마음이 아파, 미소 짓는 소년이 가버렸어, 통통 튀는 발걸음, 달콤한 미소, 용기를 가진 그 소년을 영원히 애도할 거야" 저주의 시간, 빌어먹을 순간, 우리가 미소 짓는 소년을 죽였네, 만일 사령관 옆에서 죽었더라면, 영국제 총탄에 의해 살해되었다면, 혹은 감옥에서 굶주려 죽었다면, 차라리 그를 잃은 것이 영광이었을 것을…

〈Silva〉는 1967년 9-10월 체포된 테오도라키스가 경찰서의 작은 독방에서 쓴 작품으로, 군부독재에 의해 레  지스탕스에 가담한 혐의로 수감 중인 여인 실바를 위한 노래이다.

〈Irthan I Anthropoi 길거리에서 체포된 우리〉도 그가 1969년 1월 외딴 산골마을 자투나에서 감금 되었을 때 쓴 작품이라고 한다.

이후 파란투리는 테오도라키스의 가장 위대한 악기가 되어 많은 앨범들을 녹음했다. 그중 군부독재가 청산된 후 다시 고국으로 돌아와 1975년에 칠레 시인 파블로 네루다Pablo Neruda(1904-1973)와 함께한 테오도라키스 최고의 작품 《Canto General》, 〈To Tréno Févgi Stis Ochtó 기차는 8시에 떠나네〉를 수록한 《Lieder Aus Griechen -land 그리스의 노래, 1980》는 특히 국내에서도 많은 사랑을 받았던 작품들이었다.

터키의 저항 시인 줄푸 리바넬리Zulfu Livaneli와 조우한 《Ensemble, 1985》 역시 하나의 역사로 기록되고 있다.

17 Songs

MARIA FARANTOURI | *17 Songs*

Musical Director | *LEO BROWER*
Guests: Dionysis Savopoulos | *MERCEDES SOSA*

LUCIO DALLA ● MICHEL LEGRAND ● KURT WEIL ● NICOLA PIOVANI ● HOLLAENDER ● MILTON NASCHIMENTO
LEON GIECO ● CAETANO VELOSO ● MANOS KATZIDAKIS ● VANGELIS PAPATHANASSIOU u.a.

1990 | Tropical Music | 883734

1. Caruso (& Dionysis Savopoulos)
2. San Vicente
3. Adio Querida
4. Filho
5. Once Upon a Summertime
6. Solo le Pido a Dios
7. Sol Negro (& Mercedes Sosa)
8. Tora Xero
9. La Canzone del Mal di Luna
10. Youkali
11. I Kikni
12. Wenn Ich Mir was Wünschen Dürfte
13. Nanourisma (Mercedes Sosa)
14. San Elektra
15. Sarracini
16. Esta Montana
17. Odi A

어렴풋한 기억에 의하면, 그리스 음악의 아름다움을 처음 전해주었던 가수가 그녀가 아니었을까 한다. 모국이 어두운 역사의 가시밭길에 놓였을 때, 그리스 음악의 아버지라 불리는 미키스 테오도라키스Mikis Theodorakis(1925-2021)와 함께 문화 운동가로서 민중의 가슴을 따뜻하게 해 주었고, 대작곡가들과 함께 그렇게 살아있는 전설이 되었다.
그리스에 머물렀던 그녀의 레퍼토리가 월드뮤직으로 확장되었음을 보여주는 본작은 이색적인 특별작으로, 고전들을 지중해의 색채로 재현하고 있다. 국내에 수입되어 많은 애호가들의 환영을 받았던 음반이다.

잘 알려진 세파르디Sephardi의 민요 〈Adio Queri -da 안녕 내 사랑〉에는 현악 오케스트레이션의 온풍이 애수를 동반한다.
프랑스 영화음악가 미셸 르그랑Michael Legrand(1932-2019)의 곡인 〈La Valse des Lilas 라일락의 왈츠〉에 영어 가사를 입힌 〈Once Upon a Summertime〉은 몽롱하고도 은은한 재즈의 감성이 도시의 불빛과 함께 유유히 흐른다.
아르헨티나의 포크 뮤지션 레온 히에코Leon Gieco의 〈Solo le Pido a Dios 신께 바라는 단 한 가지〉가 흐르면, 사회적 정치적으로 하나의 상징이었던 그녀의 인생과 겹쳐져 괜스레 울컥해진다. 워낙 원곡이 지닌 서정적인 힘이 강력하기도 한데 다행스럽게도 후반에 등장하는 일렉기타의 즉흥연주가 활기와 생명을 더한다.
카에타누 벨로주Caetano Veloso의 1965년 발표곡인 〈Sol Negro 검은 태양〉은 아르헨티나의 메르세데스 소사Mercedes Sosa(1935-2009)와 함께 노래했다. 아득하고 감미롭기 그지없는 서글픈 보사의 서정을 두 명인의 온화한 체온으로 감싼다.
내 음성으로 밤과 바다를 부르네, 모퉁이에는 검은 태양의 빛과 고통이 있어. 밤바다에 죽은 사랑, 나의 여인이여, 그렇게 오랫동안 그녀는 떠나갔네, 저 멀리 바다 안으로, 바다의 여신 예만자의 품속으로, 안녕, 잘 가.

〈La Canzone del Mal di Luna 아픈 달의 노래〉는 영화 「La Vita è Bella 인생은 아름다워, 1997」로 오스카를 받은 이태리 영화음악가 니콜라 피오바니Nicola Piovani가 담당한 영화 「Kaos 카오스, 1984」의 삽입곡이다. 남편의 질병으로 인해 사랑마저 병들어가는 신부의 고통을 그렸다고 하는데, 이 드라마틱한 음악은 결국 영화보다 유명한 사랑 노래가 되었다.
독일 작곡가 쿠르트 바일Kurt Weill(1900-1950)의 1934년 발표곡인 아바네라 탱고 〈Youkali 유칼리〉는 가곡풍의 해석이 이채롭다.
메르세데스 소사의 독창으로 녹음된 〈Nanourisma 자장가〉는 마노스 하지타키스Manos Hadjidakis(1925-1994)의 주옥같은 명곡으로 남미 특유의 구슬픈 서정이 지중해의 잔물결 속으로 스며든다.
독일에서 활동한 작곡가 프리드리히 홀랜더Friedrich Hollaen -der(1896-1976)가 1931년에 쓴 〈Wenn Ich Mir was Wün -schen Dürfte 내게 단 하나의 희망이 있다면〉은 여배우 마를렌 디트리히Marlene Dietrich(1901-1992)의 음성으로 친숙한데, 파란투리의 노래는 비장하게 느껴진다.

그리고 본작을 놓칠 수 없는 절대적인 이유는 그리스가 낳은 세계적인 전자음악가 반겔리스Vangelis의 작곡과 연주를 들을 수 있다는 사실이다.
〈Tora Xero 지금 알았네〉에서의 무지개처럼 번지는 무한한 전자음향의 결과 후미의 휘파람은 정말이지 표현할 수 없는 희열을 안겨준다.
죽은 나무의 정원에서, 나는 휴일에 태어난 어린이들에게 물었지. 지금 알았네, 소음이 한밤을 뚫고 들릴 것이라는 걸, 벌거벗은 시간들로 보상받은, 시끄럽고 광기 어린 음악, 뱀처럼 기어가는 도시, 시력 없는 눈으로 우리를 쳐다보네.

지금 알았네, 우리의 인생을 돌이킬 수 없다는 것을. 진실은 우리를 스쳐 지나가고, 누군가는 고통으로 이를 감지한다는 걸. 지금 알았네, 불꽃으로부터 멀리 흩어져 버리는 연기만을 쫓고 있다는 걸.

광활한 창공에 색소폰의 비상이 돋보이는 팝 발라드 〈San Elektra 엘렉트라에게〉는 사랑을 고백하는 로망스곡.

반겔리스 특유의 전자 심포니 서사가 요동치는 〈Odi A 송시〉에서는 삶에 대한 온화한 찬가가 이어진다.

구름이 자욱하고 태양은 어둑하네, 그리고 하루의 끝이 오고 있네, 외로움의 귀퉁이, 죽음의 장소, 그리고 얼어버린 세상. 나는 무거운 침묵이 두렵네. 이는 대지를 둘러싸는 그림자처럼 뻗어가지. 작고 입을 다문 밤의 새는, 눈 속에서 잠들지. 봄이면 나는 도시로 갈 거야. 네 음성과 바람이 되기 위해. 저 멀리서 죽음의 소리가 들려, 강물은 맹렬하네. 시간 속 깊이 파편이 되어버린 영혼은 심연을 통해 행진하고, 네 태고의 중심은 혼돈을 거슬러 약진하네, 그리고 너의 빛으로 나타나지, 그리고 속삭이네, 태양이 꽃을 태우고, 비명과 함께 재만 남기더라도 내 영혼이여 기억하라.

그리스 국회의원으로 선출된 1989년에서 1993년까지의 정치적 활동을 제외하면, 그녀는 항상 음악과 함께 해왔다. 물론 대부분을 미키스 테오도라키스의 뮤즈로서 활약했고, 또한 여류 작곡가 레나 플라토노스Lena Platonos와 영화음악가 엘레니 카라인드루Eleni Karaindrou 등 다양한 작곡가들과도 협업했다.

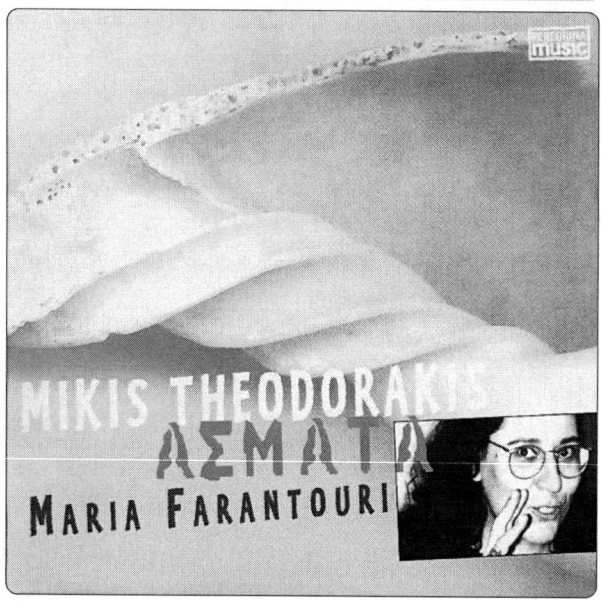

Asmata (& Mikis Theodorakis)

1998 | Peregrina Music | PM 50131

1. Eiha Tris Zoes
2. Iskioi Voivoi I
3. Iskioi Voivoi Ii
4. Nihta Tou Sine
5. O Hrismos
6. Abschied
7. Espera
8. Ola Ta Pragmata Mou
9. Grafo Kai Svino
10. Dimosioi Ipalliloi
11. Kratises To Mavro Prosopo
12. Agapi
13. Tha Profero To Onoma Sou
14. Tis Nihtas To Oniro
15. Afto To Kalokairi

미키스 테오도라키스Mikis Theodorakis(1925-2021) 만큼이나 다양한 분야에서 많은 작품을 쏟아낸 음악가가 있을까?

영원한 음악적 반려자인 마리아 파란투리와 함께 뉴밀레니엄을 앞두고 발표한 본작 《Asmata 노래》 역시 대가들의 역량이 잘 응집된 걸작이다.

마리아 파란투리의 음성은 세월이 흐르며 탁도가 부가되기도 했지만, 여전히 그녀의 보컬에는 따사로운 기가 흐른다. 색 바랜 듯한 고풍스러운 드라마는 오히려 더욱 견고하고 성스러움마저 느끼게 된다.

본작의 가사는 그리스 근대문학에서 중요한 영역을 차지하는 시인 카리오타키스Kostas Kariotakis(1896-1928)에서부터 현대 시인 마노스 아나노스타키스Manolis Anagnostakis(1925-2005), 테오도라키스의 동생인 시인이자 언론인 야니스 테오도라키스Yannis Theodorakis(1932-1996) 등의 작품이다.

테오도라키스의 자작곡인 〈Eiha Tris Zoes 세 인생〉은 낙관적인 평화로움에서 시작하여 점점 뜨거운 피가 가슴을 벅차게 한다. 이 사랑 찬가는 고통과 시련을 극복한 이유가 바로 사랑이라 말한다.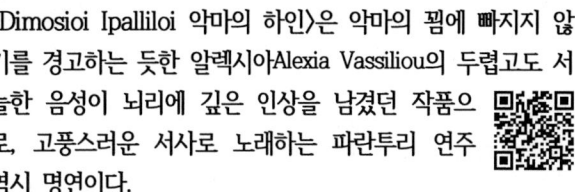

사랑은 낯선 해변이야, 그것이 멀리 있다고 말하면, 어렴풋이 보이다가, 그 바닥으로 떨어질 때, 죽어간다고 비명을 지르지, 너의 두 손에 이끌려 나는 살아났네, 내가 일생을, 두 개의 삶을, 세 개의 인생을 살 수 있다면, 첫 생은 너를 위하여, 두 번째, 그 세 번째도 너를 위한 삶이 될 거야, 낯선 침묵, 오늘 밤은 비가 내리네, 살육될 것 같은 심정을 토로할 때마다, 사랑만이 이를 인내하게 하네, 네 얼굴에 주름이 늘어가도, 사랑은 네가 될 것이며, 나는 네 것이 될 거야.

〈Nihta Tou Sine 끝없는 밤〉은 치명적인 고독의 진혼곡으로, 폐부를 찌르는 그녀의 슬픔과 절망은 너무나 아득하다.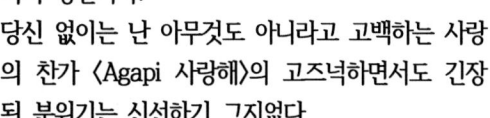

눈물이 하염없이 흐를 것만 같은 〈O Hrismos 신의 말씀〉은 지난날의 과오를 성찰하게 하는 따스함이 그 온도를 올려간다.

사랑에 대한 이별가 〈Abschied 안녕〉에는 끝내 보내지 못

하는 그리움이 오래 머물며, 미련과 후회는 재회의 환상으로 남는다.

미키스 테오도라키스와의 듀엣으로 녹음된 〈Espe-ra 저녁〉은 밤에 대한 기대로 물든 아름다운 저녁의 낭만을 그린 것으로, 간절한 욕망이 복고풍의 리듬으로 박동한다.

〈Ola Ta Pragmata Mou 내 모든 사소한 것들〉은 1984년에 록의 제왕 바실리스 파파콘스탄티누Vasilis Papakonstanti-nou가 취입한 명곡으로, 그 냉소적이면서도 낙관적으로 자신의 장례식을 지켜보듯, 죽음을 예견한다.

〈Grafo Kai Svino 쓰고 지우기〉는 우리를 비발디나 '로미오와 줄리엣'의 시절로 되돌려 준다. 카페에서 첫눈에 반해 버린 여인을 힐끗 쳐다보며 원고를 쓰고 지우기를 반복하는 작가의 두근거림이 고풍스러운 색채로 반짝인다.

〈Dimosioi Ipalliloi 악마의 하인〉은 악마의 꾐에 빠지지 않기를 경고하는 듯한 알렉시아Alexia Vassiliou의 두렵고도 서늘한 음성이 뇌리에 깊은 인상을 남겼던 작품으로, 고풍스러운 서사로 노래하는 파란투리 연주 역시 명연이다.

당신 없이는 난 아무것도 아니라고 고백하는 사랑의 찬가 〈Agapi 사랑해〉의 고즈넉하면서도 긴장된 분위기는 신선하기 그지없다.

연인의 귀환을 고대하는 〈Tis Nihtas To Oniro 밤의 꿈〉에는 피아노와 클라리넷의 애수가 물씬하다.

Odysseia

ΜΙΚΗΣ ΘΕΟΔΩΡΑΚΗΣ

ΟΔΥΣΣΕΙΑ
ΠΟΙΗΣΗ: ΚΩΣΤΑΣ ΚΑΡΤΕΛΙΑΣ

ΜΑΡΙΑ ΦΑΡΑΝΤΟΥΡΗ

ΕΝΟΡΧΗΣΤΡΩΣΗ ΚΑΙ ΔΙΕΥΘΥΝΣΗ ΟΡΧΗΣΤΡΑΣ
IRINA VALENTINOVA

2007 | LEGEND | 5202846550823

1. Dipla Sti Thalassa
2. To Tragoudi Ton Syntrofon
3. Nayagos
4. To Tragoudi Ton Seirinon
5. Ston Kato Kosmo
6. Stin Kalypso
7. I Oraia Eleni
8. Kirki
9. San To Thirio
10. O Erotas Theos
11. Thalassa Magissa
12. Sti Naysika
13. To Tragoudi Tis Pinelopis
14. Horis Taytotita

본작 《Odysseia 오디세이》는 시인 코스타스 카르텔리아스 Kostas Kartelias의 시에 미키스 테오도라키스Mikis Theodora -kis(1925-2021)가 곡을 입힌 것으로, 여성 지휘자 이리나

발렌티노바Irina Valentinova에 의해 연주되었다.

외로움과 현대인의 난국에 대한 14개의 시는 팝과 클래식이 공존하는 아름답기 그지없는 작품들로 탄생되었는데, 당시 80세를 훌쩍 넘긴 테오도라키스의 무르익은 창조적 영감을 경외하지 않을 수 없다. 물론 이순의 나이를 넘긴 파란투리의 따스한 음성도 아름다움 그 이상의 가치를 더하고 있다. 글쓴이는 그녀를 '지중해 어머니의 자장가'라 요약하였는데, 본작에서는 잠 못 드는 현대인을 위한 자장가라 해도 전혀 지나침이 없다.

〈Dipla Sti Thalassa 해변〉은 연인이 있는 이타카Ithaca로의 여행기로, 성난 파도와 거친 바람이 두렵기도 하지만 기댈 곳이 있다는 안온감으로 가득하다. 마치 선상에서 작은 오케스트라가 이를 축하라도 해주는 듯 화창한 봄날을 연상시키는 전원적인 현악은 바로 낭만의 꽃이다.

감동의 명작 〈To Tragoudi Ton Syntrofon 동반자의 노래〉는 청자의 두 눈에 눈물을 고이게 할지도 모르겠다. 콧방울을 시큰하게 하는 피아노 라르고, 온몸을 휘감는 현악의 선풍은 글쓴이로 하여금 하루 종일 이 노래를 재생하게 했다.

우리는 외로이 위험한 여행을 하게 될 거야, 열린 바다가 우리를 기다리네, 이것은 우리의 운명, 불분명하고 어딘지도 모르는 곳으로… 끝도 없이 우리의 마음은 불안하지, 굴러가는 바퀴에 손을 집어넣는 것처럼, 우리의 영혼으로, 돛을 달고, 사랑하는 한 사람을 위해 우린 떠날 거야…

일렁이는 파도와 같은 몽롱함으로 이끌리는 〈Naya -gos 버림〉은 마치 수행과도 같은 삶의 고통에 대한 위안으로, 인생이 곧 바다라 노래한다.

인생의 꿰과 속임수에 관한 〈To Tragoudi Ton Seirinon 사이렌의 노래〉는 바다 가운데 환상의 섬에서 들려오는 인어의 유혹을 견디는 것도 인생이라 말한다. 더욱 최면적인 우울함은 기운을 빼놓는다.

테오도라키스가 노래한 〈Ston Kato Kosmo 지하세계〉는 다소 밝고 경쾌한 풍경의 음악이지만, 이는 하층민의 어두운 눈물과 진정성을 그린 것으로 불우한 이웃에 대한 관심과 사랑을 불러일으킨다.

〈I Oraia Eleni 아름다운 헬렌〉은 애틋한 부주키의 트레몰로 서주에 이어 푸르른 항해가 펼쳐지는 곡이다. 아프로디테를 닮았다고 하는 헬렌은 그리스 신화인 '트로이의 목마'에서 적국인 트로이의 왕자를 사랑하게 되어 고국을 저버리는 스파르타의 왕비이다. 결국 이들의 무모한 사랑은 비극을 낳게 되는데, 작시가는 인생에 있어서 배신과 저주에 대한 참담한 결과를 경고하고 싶었던 것 같다.

사랑에 빠진 노래 〈Sti Naysika 나우시카에서〉는 온화한 바람결에 아카시아 꽃향기가 실리는 것처럼 서정적이다.

연인을 향한 그리움의 고통을 애절하게 그린 〈To Tragoudi Tis Pinelopis 페넬로페의 노래〉에서는 밤하늘의 별조차도 단도의 날카로움으로 느껴진다고 노래한다. 가슴을 치는 듯한 비통의 피아노와 눈물처럼 흘러내리는 관악의 즉흥은 매혹적이다.

따사로운 포크풍의 〈Horis Taytotita 정체성 없이〉는 자신이 갈 곳을 잃은 채 군중 속의 고독감으로 살아가는 현대인의 삶을 성찰하게 한다.

근래에는 더욱 낮은 저음과 허스키한 목소리로 만날 수 있는데, 여성 보컬리스트 리디아 코니오르두Lydia Koniordou와의 듀엣 작품, 2011년에는 미국 재즈 색소폰 주자 찰스 로이드Charles Lloyd와 아테네 실황 앨범을, 그리고 작곡가 키리아코스 칼라이치디스Kyriakos Kalaitzidis의 《Marco Polo 마르코 폴로, 2014》에도 참여했다.

테오도라키스가 없는 그리스의 대중음악을 생각할 수 없듯이, 그녀 없는 테오도라키스의 음악과 그리스의 대중음악은 상상조차 할 수 없다. 그리스 민중의 어머니로서 목소리가 나지 않을 때까지 사랑의 자장가를 노래할 것이다.

바다를 안은 여류시인
Marina Rossell • 마리나 로셀
Spain (Catalonia)

카탈루냐가 배출한 여성 싱어송라이터 마리나 로셀은 1954년에 바르셀로나 근교 와인의 고장으로 알려진 고르날Gornal에서 출생했다.

당시의 정치적 정황 때문이었을까? '세상의 모든 것은 암흑이었다'라고 어린 시절을 회상했던 그녀가 더 큰 세상을 향하여 바르셀로나로 진출한 것이 1970년이었다.

처음에는 포장일을 하는 노동자로 일했는데, 카페에서도 틈틈이 미키스 테오도라키스Mikis Theodorakis(1925-2021) 등의 노랠 부르며 가수의 꿈을 키워갔다.

그러던 중 프로방스 지방 출신인 노바 칸소Nòva Cançó 가수 클라우디 마티Claudi Martí에 눈에 띄었고, 1974년 카탈루냐의 음유시인 유이스 야흐Lluís Llach, 바르셀로나를 중심으로 활동했던 배우이자 싱어송라이터 오비디 몬툐어Ovidi Montllor(1942-1995), 마요르카 출신의 마리아 델 마르 보넷Maria del Mar Bonet 등이 참여한 노바 칸소 콘서트의 오프닝 무대에 설 수 있었다.

이듬해엔 쥬예르미나 모타Guillermina Motta, 미켈 코어스Miquel Cors, 그룹 코랄산트조르디Coral Sant Jordi, 유이스 사우멜Lluís Saumell의 합동 앨범 《Llegendes de Catalunya 카탈루냐의 전설》 중 2곡에 참여했다.

《Si Volíeu Escoltar 네가 경청한다면, 1977》으로 본격적인 전업 가수로 데뷔했으며, 《Penyora 서약, 1978》은 실버 레코드를 기록하는 성공을 거두었다.

이어지는 《Bruixes i Maduixes 마녀와 딸기, 1980》는 카탈루냐의 올해의 앨범으로 선정되었으며, 《Cos Meu Recorda 내 몸이 기억하고, 1982》에 이어 《Barça del Temps 시간의 배, 1985》는 골드 레코드를 기록하는 대성공을 이어간다.

자신의 음악적 근간을 카탈루냐 전통음악에 두었던 출발점에서 플라멩코와 캐리비안 전통음악 등에 심취하며, 어두웠던 시대 이후 민중의 아픔을 달래듯 서정의 쉼터를 제공했다. 그녀는 점차 다양한 라틴과 영미 팝의 요소를 폭넓게 수용하였으며, 보사노바와 삼바 그리고 아바네라 등의 다양한 리듬과 접목하며 세계적인 호응과 교감을 얻어냈다. 이는 모든 장르의 음악에 대한 열성적 연구의 결과로서 카탈루냐 음악의 현대성을 선두하고 있다.

또한 순수하고도 담백한 가창은 연약한 인간 내면에 대한 사려 깊은 통찰과 철학적인 시어로 채워져 있다. 사회고발적이기도 하고 스스로를 성찰하기도 하며 이웃의 가슴에 귀 기울이는 은유와 상징을 교차시킨다. 그래서 그녀의 음악에는 치유를 넘어 해독하는 힘마저 느껴지기도 한다.

Si Volíeu Escoltar

marina rossell
Si volíeu escoltar

1977 | World Village | WV498041

1. La Presó de Lleida
2. No et Fïis de la Calma
3. El Rossinyol
4. Els Contrabandistes
5. El Penjat
6. Cançó del Lladre
7. Si Volíeu Escoltar
8. Cançó de l'Alguer
9. A la Vora de la Mar

프랑코 정권이 종식한 후에도 한동안 카탈루냐어로 노래하는 것은 자유롭지 못했다. 마리나 로셀의 데뷔작이 발표된 1977년, 유이스 야흐Lluis Llach는 《Campanades a Mort 죽음의 종소리》를, 마리아 델 마르 보넷Maria del Mar Bonet은 《Alenar 숨》을 출반했다.

마리나 로셀은 데뷔작 레퍼토리의 대부분을 어린 시절 배우고 즐겨 노래했던 전통 포크음악으로 기획했다. 바르셀로나 출신의 여류작가 마리아 오렐리아Maria-Aurèlia Capmay(1918-1991)와 무대연출가이자 배우 조안 우예Joan Ollé와 함께 가사를 현대적으로 고치고 새로운 노랫말을 붙였다.

21세의 그녀는 공장일을 마치고 난 후, 편곡을 맡은 유이스 야흐가 그의 아파트 아래 카페에 앉아서 그녀의 앨범을 위해 지웠다 썼다를 반복하는 것을 바라보고 꿈이 실현되는 것에 적지 않은 흥분감을 느꼈다고 회고했다.

카탈란의 첫 포크송이자 명곡 〈La Presó de Lleida 예이다의 감옥〉은 죄수를 사랑한 간수의 딸 마가리다Margarida의 이야기로, 긴장을 죄어오는 북소리에 남성 코러스의 비장감이 엄숙하게 전개된다. 그녀의 목소리는 프랑코 독재에 맞서 저항하다 투옥된 동지들의 사면을 위한 강건하고도 단호한 외침이다.

자욱한 슬픔으로 노래하는 소프라노 빅토리아 데 로스 앙헬레스Victoria de Los Ángeles(1923-2005)와 처연함으로 가득한 조안 마누엘 세라Joan Manuel Serrat의 노래가 잘 알려져 있다.

〈El Rossinyol 나이팅게일〉은 원치 않는 정략결혼을 앞두고 나이팅게일에게 불행을 한탄하는 한 소녀에 관한 이야기로, 우리에겐 미국의 포크가수 조안 바에즈 Joan Baez의 음성으로 친숙한 곡이다.

〈Els Contrabandistes 밀수꾼〉은 서정적인 기타 선율과 진격의 북소리에 기타의 트레몰로가 가세하여 장엄하기까지 하다. 밀수의 현장을 목격하게 된 한 소년은 군인에게 이 사실을 밀고하고 함께 밀수꾼들의 추적에 나서지만, 몰래 숨어서 그들이 거금을 쥐게 되는 것을 보고는 밀수꾼을 부러워한다는 내용이다. 이 풍자적인 민요는 돈의 힘에 사로잡혀 정의감을 잃어버린 프랑코의 추종자들을 빗댄 따끔한 경고였다.

바르셀로나 출신의 세계 3대 테너 호세 카레라스José Carre

-ras도 휘몰아치는 관현악과 코러스로 드라마틱한 절창을 선보였다.

비정함을 적막이 감도는 장송곡 〈El Penjat 교수형 집행인〉에 이어, 〈Cançó del Lladre 도둑의 노래〉에서 그녀는 의기양양하게 도둑이 된 사연과 감옥형을 선고받고 죗값을 지불하는 중이라 고백한다. 조안 마누엘 세라도 1972년에 레코드로 취입했다.

카탈루냐 출신의 시인 살바도르 에스프리우Salvador Espriu(1913-1985)의 시를 노래한 타이틀곡 〈Si Volíeu Es-coltar 당신이 경청한다면〉은 현실참여의 의식을 주창하는 성명서이다.

네가 경청하기 원한다면, 창을 열어. 점차 퍼질 노래를 향해서… 빛의 움직임에 따라, 무정부 도적이 노렸던, 빛나는 집을 봐, 대기는 달콤한 팝콘과 꽃의 좋은 향내를 입네, 양귀비꽃을 죽음의 위험으로부터 구할 수 있을까. 지금 노래를 되새겨봐, 우리의 언어를 묶은, 공포와 극악의 현을 잘라내, 음성, 두 손, 줄곧 뻗는 강력한 결속, 일어나! 광야의 사람들이여, 수확의 시간을 향해서. 노동자들이여 깨어나! 값진 일을 할 시간이야.

〈Cançó de l'Alguer (Corazón Mio) 내 심장 알게르의 노래〉는 카탈루냐 항구마을 알게르의 전원과 사랑을 노래한 애절한 서정시로, 라파엘 카타르디Rafael Catardi(1892-1974)의 시에 키로 파다Ciro Fadda란 작곡가가 곡을 붙인 파퓰러 송이다.

'알게르의 시인' 라파엘 카타르디는 육군사관학교를 졸업하고 제2차 세계대전 중 첩보원으로 활동하다 제대, 1947년에 정착한 알게르의 시정을 담은 많은 작품을 발표했다.

16세기 이래 불렸던 전통민요 〈A la Vora de la Mar 바닷가에서〉는 여왕의 손수건을 수놓는 하녀의 동화로, 무반주 돌림노래로 연주하여 환상적인 느낌마저 든다.

Penyora

1978 | World Village | WV498042

1. Els Miquelets d'Espanya
2. La Filla del Marxant
3. El Ball de les Gitanes (Inst.)
4. Corrades dels Temps Que Fa | Les Ninets Ploren
5. El Carboner
6. La Gavina
7. Madona Isabel
8. El Jutge
9. Flor de Neu

두 번째 앨범 《Penyora 서약》도 데뷔작처럼 전통 포크들을 중심으로 수록했다. 데뷔작이 어둡고도 서정적이라면 두 번째 앨범은 커버와는 달리 밝은 편으로, 키보드를 비롯한 많은 다양한 악기들로 풍성하다는 인상이다.

마리아 델 마르 보넷Maria del Mar Bonet과 그녀의 동반자 라우타로 로사스Lautaro Rosas가 힘을 북돋아 주었다.

은은하고도 몽롱한 남국풍으로 편곡된 〈Els Miquelets d'Es-panya 에스파냐의 산적〉은 고대로부터 줄곧 영토분쟁과 전쟁을 겪었던 프랑스 국경지방 세르다냐Cerdanya 의 민요이다. 코러스, 플라멩코 팔마스Palmas(박수), 그리고 로셀의 힘 있는 보컬…

산타아나의 아침, 모두가 행복하네, 세르다냐로 가는 길, 가난한 이들. 첩첩산중, 한밤의 심장, 그리고 에스파냐의 산적은 놀라 달아났네. 투쟁은 길었지, 푸이그세르다 주변은, 대포가 널브러졌고, 전장에서 많은 이들이 나가떨어졌네. 왕궁과 오세야(프랑스 남부 도시)는 모른 척했지, 행운은 요새를 정복했네. 남녀 그리고 아이들까지, 모두가 평등을 위해 싸웠어, 끊임없이 나라의 자유를 쟁취하기 위해서. 평화 협약서에 서명했고, 빌라요벤트가 먼저였어. 카탈루냐를 위해 만세, 카탈루냐인들이여 만세…

실로폰의 은은함과 투명한 기타 그리고 전자기타의 몽롱한 블루지가 아련함 속으로 빠져들게 하는 〈La Filla del Mar-xant 상인의 딸〉은 왕자의 이루지 못할 사랑을 그린 슬픈 로망스이다. 세상에서 가장 아름다운 상인의 딸은 춤도 출 수 없고 허리가 뚱뚱한 올리브 나무로 변해 버렸고, 그녀를 사랑하는 왕자가 못마땅한 왕은 감옥에 가둔다. 이후 왕자는 수많은 전쟁에서 이기고 돌아오지만, 승전의 기쁨보다 여전히 슬픔으로 사랑의 죗값을 치러야 하는 안타까움이 우울하게 그려진다.

우울한 전자음향과 스산한 바람 소리로 공감각을 불어넣는 〈El Carboner 석탄〉은 숲에서 추위로 석탄에 불을 붙이다가 화재를 낸 어린 학생들의 이야기이다.

최고의 히트곡으로 기록되는 〈La Gavina 갈매기〉는 프레데릭 시레스Frederic Sirès(1898-1971)의 아바네라Haba-nera 리메이크로, 기타의 트레몰로에 애틋한 열망을 담아낸다.

오! 갈매기는 바다 근처를 돌아 날고 있네, 근해에 바람이 일고, 햇살 좋은 해변의 달콤한 추억에 도달하네, 내 연인의 손목이 밤낮으로 머물렀던 그곳. 너를 멈춰진 파도 근처에서 보았을 때, 열렬한 키스를 보냈지, 달콤한 우울감에 대해서… 오! 네가 원한다면, 나는 갈매기가 되어 바다를 건널 거야, 달콤한 기억 속 해변을 날아서…

중세풍의 〈Madona Isabel 레이디 이사벨〉은 원치 않는 결혼을 앞둔 우울한 이사벨이 자의적으로 젊은 기사들에게 납치당하고 집으로 돌아가지 않겠다 고백하는 것인데, 이는 마치 이베리아반도 역사의 토막을 재구성한 것처럼 보이기도 한다.

15세기경 카스티야의 공주로 태어나 이복 오빠이자 국왕으로부터 마흔이 넘은 포르투갈 왕에게 시집을 가라는 명을 받게 되지만, 각국으로 전도사를 미리 보내어 아라곤왕국의 페르난도 왕자에게 청혼하고 결혼한 여인, 스스로 운명을 개척했던 이사벨 여왕이 떠오른다.

본 제목은 〈Isabel〉로 알려졌는데, 「카탈루냐 로망스, 1882」란 시집에서는 'Niña Veleidosa 연약한 소녀'로 소개되었고, 쥬에르미나 모타Guillermina Motta는 1967년에 〈Si el Lladre m'Agrada 도둑이 좋다면〉이란 제목으로 녹음했다.

발랄한 폴카풍의 〈El Jutge 재판관〉은 지난날 많은 사형을 집행했던 한 판관의 병든 최후를 해학적으로 노래하고 있다.

Bruixes i Maduixes

Marina Rossell

BRUIXES i MADUIXES

1980 | World Village | WV498043

1. Lluna de Llana
2. Morir a Ravensbrück
3. Petenera de la Mar
4. Cançó de Camí
5. Sóc una Dona
6. Arbequines de l'Amor
7. Torna a Casa
8. Voldria
9. Aquest Mirall

그녀는 자주성이 강한 의식인으로 잘 알려져 있다. 상업적이고도 투표 방식의 폐단이 문제시되었던 유로비전 송 콘테스트에 반대하며 1979년에 카탈루냐 페스티벌을 주도했다. 세 번째 앨범 《Bruixes i Maduixes 마녀와 딸기》는 음악 등을 비롯한 많은 문화예술 분야에서 여성이 받는 불평등한 대우에 대항하는 목소리를 담았다.

여류시인 테레사 아레니스Teresa d'Arenys의 시에 곡을 붙인 〈Lluna de Llana 양털의 달〉은 잔잔한 기타  의 트레몰로와 여성 특유의 부드러운 음률로 밤의 끝을 잡고 싶은 섬세한 감정으로 노래한다.

구름으로, 울부짖는 하늘의 입, 체리 빛 하얀 달은 여명을 삼키네…

짧지만 강렬한 인상을 남기는 〈Morir a Ravensbrück 라펜스브뤼크의 어느 죽음〉은 스페인이 자랑하는 여류작가 몬세라트 로이그Montserrat Roig(1946-1991)의 저서 「Els Cata -lans als Camps Nazis 나치 수용소의 카탈루냐인, 1977」에서 영감을 받았다. 서주와 미주는 마치 놀이동산 회전목마를 타는 듯 현기증을 일으키지만 슬픔이 밴 아코디언의 풍금에 그녀는 고발장을 선포하듯 음성을 드높인다. 제2차 세계대전 독일의 강제수용소에서, 피레네에서 농사를 지으며 살았던 여인 까르메 바르톨리Carme Bartoli의 최후를 목숨을 걸고 지켜주었던 코로마 세레스Colo -ma Serés란 인물의 인류애를 그렸다.

열정적인 플라멩코 넘버 〈Petenera de la Mar 바다의 발라드〉는 마리 솔다Mari Xordà란 여류시인의 가사로, 바다는 곧 연인의 상징어로 등장한다. 48세의 나이로 세상을 떠난 전설의 플라멩코 기타리스트 만사니타José Ortega Manzanita (1956-2004)가 연주에 참여했는데, 젊은 시절 부친의 죽음으로 눈물 흘리며 바르셀로나 광장에서 넋을 잃고 있었던 그와의 첫 인연이었던 만큼 로셀에게도 특별한 작품이라 한다.

마리아 마르살Maria Mercè Marçal(1952-1998)의 시를 노래한 〈Cançó de Camí 길의 노래〉에서는 가녀리고 청명한 음의 환경에 우수가 드리운다.

…후회 없이 살자. 둘인 우리는 셋이 될 거야. 와, 네 보트를 타고, 높이 항해해, 열린 하늘로… 바람과 함께 청춘을 시작해, 상처받은 마음의 구름을 걷고, 그래, 우리는 청년이 되고, 불혹이 될 거야, 달을 걸고… 소금기 있는 파도가 피

부에 닿고, 오백이 되고 천이 될 거야. 거짓 따윈 떨쳐버려, 함께 우리의 밤을 만들 거야.

여성으로서 자존을 찬양한 〈Sóc una Dona 나는 여자라네〉에 이어, 〈Arbequines de l'Amor 사랑의 아르베퀴나〉는 멕시코풍의 흥겨운 춤곡이다.

어머니에 대한 사랑과 그리움으로 깊은 감상에 빠트리는 발라드 〈Torna a Casa 귀향〉이 오래 귓가에 맴돈다.

마리아 마르살의 가사를 작곡한 부드럽고도 우아한 볼레로 〈Aquest Mirall 거울〉은 여성으로서의 외로움을 노래한 것으로, 맑은 즉흥의 건반과 간드러지는 기타 트레몰로 그리고 드라마틱한 열창이 눈부실 정도로 화사하다.

마리나 로셸은 여성을 '마녀와 딸기'라는 두 명사로 정의하고 있다. 이 중의적인 함축이 매우 마음에 든다. 카탈루냐 올해의 앨범에 선정되었다.

Cos Meu, Recorda

Marina Rossell
cos meu, recorda

1982 | World Village | WV498044

1. Cançó de la Sort
2. Polonesa
3. Nou Cant dels Ocells
4. Pavana d'Amor
5. Les Fulles Mortes
6. Cos Meu, Recorda
7. Peix Enamorat
8. Napolitana
9. Despedida

《Cos Meu Recorda 내 몸이 기억하고》는 카탈루냐 출신의 마에스트로 안토니오 로스 말바Antoni Ros Marbà가 오케스트라 지휘를 맡았다. 그는 1966년에 마드리드에서 설립된 스페인 라디오 텔레비전 오케스트라 지휘자 오디션에서 우승하며 상임지휘자가 되었고, 이듬해엔 바르셀로나 시우타트 오케스트라를, 1978년에는 스페인 국립 오케스트라에 이어 1979년부터는 네덜란드 체임버 오케스트라 상임지휘자를 역임하고 있었던 터였다.

이 작업으로 지휘자 로스 말바의 극찬을 받은 그녀의 음색에 대해 긍지와 자기존중을 얻었고, 자신에 대한 새로움을 발견하게 되었다고 한다. 이러한 조력자와의 믿음과 자기 확신으로 대중들에게 골드 디스크라는 화답을 얻었다.

〈Cançó de la Sort 행운의 노래〉는 기타의 트레몰로가 몰고 오는 지중해의 바람결과 오케스트레이션이 여는 탁 트인 공간과 만나게 된다.

…둥글고 붉은 달이 뜨면, 사랑은 열렬한 사랑을 노래할 거야. 그러나 오! 달이 둥글고 흰색이면, 사랑은 노래할 거야, 문을 닫으라고. 그리고 동쪽 봉우리에 달이 걸리면, 사랑은 노래하지, 사랑이 작아질 거라고.

서글픈 폴란드 민요 〈Polonesa 폴란드〉는 전쟁의 아픔을 노래한 연가이다. 전쟁이 끝나 돌아올 연인과 함께 천년의 밤을 지새우길 고대하지만, 그렇지 않다면 자신의 몸은 흙으로 덮일 것이라 이야기하는 아낙의 절절한 감정을 그렸다.

민요가락에 살바도르 에스프리우Salvador Espriu의 시를 입힌 〈Nou Cant dels Ocells 새의 노래〉에는 유연한 현악에 처연하게 노래하는 그녀의 보컬이 오페라의 아리아처럼 들린다.

새의 지저귐이 들리네, 빛 속에서 풍향계가 돌아가는 것처럼, 바람이 밀밭을 흔드는 것처럼, 그 소리가 드러날 때, 숨이 막히네. 새무리, 연기가 날리고, 빛이 눈부셔, 낮이 금빛 옷을 벗으면, 벌써 내면으로는 꿈을 꿔, 당신의 기쁨을 이끄는 꿈을.

'Amor que Tens Ma Vida 내 삶을 앗아간 사랑'이란 부제의 〈Pavana d'Amor 사랑의 파반느〉 역시 걸작이다. 위엄 있고 장중한 이 르네상스 음악은 발장단을 맞추게 하는 템포에 목관의 화려한 움직임

그리고 천상의 코러스가 청자를 환기시킨다.

내 삶인 당신에 대한 사랑, 그 시선의 포로, 당신의 태도는 나를 끌어당기고 나를 부르네, 누가 사랑임을 모를까? 당신이 네게 위로의 선물을 주지 않는다면, 나는 죽음에 이를 거야, 처음 본 당신은 지쳐 보였지만, 바다의 파도 같았고, 태양이었으며, 멈춘 찰나의 황금빛이었지, 그 이후로 내 마음은, 단 한 번도 잊지 못했네.

스산한 현악과 재즈 피아노 그리고 금빛 색소폰의 임프로비제이션이 회한에 잠기게 하는 〈Les Fulles Mortes 고엽〉은 프랑스의 시인 자크 프레베르Jacques Prévert(1900-1977)가 가사를 쓰고 헝가리 출신의 조세프 코스마Joseph Kosma(1905-1969)가 작곡한 샹송 명곡이다. 이태리에서 출생한 이브 몽탕Yves Montand(1921-1991)이 1946년에 스크린을 통해 초연했다. 그의 노래는 쓸쓸한 추풍으로 낙엽이 떨어지는 가로수길 풍광이지만, 지난날을 회상하듯 시를 읊고 노래하는 로셀의 버전은 가을밤 수은등 불빛 아래서 떨어지는 낙엽들이 창 너머로 보이는 카페의 구석진 자리가 떠오른다.

타이틀곡 〈Cos Meu, Recorda 내 몸이 기억하다〉는 몸이 반사적으로 기억하는 침대의 온기, 욕망, 음성 등을 그리워하는 애수의 드라마이다.

이비사Ibiza섬의 민요 〈Despedida 작별〉은 또 한 편의 클래식으로, 그 고색창연한 현악 향연이 계속해서 반복 버튼을 누르게 한다.

Barça del Temps

MARINA ROSSELL

BARCA DEL TEMPS

1985 | World Village | WV498045

1. Barça del Temps
2. Pirates i Bandolers
3. Claror de Tardor
4. Enamorar Enamora
5. Quan Tothom Viurà d'Amor (& Lluís Llach)
6. Cull la Primera Poma
7. Fantasia
8. Campanes de l'Ermita
9. Pensament

걸작 《Barça del Temps 시간의 배》에서 그녀는 유이스 야흐Lluís Llach와 재회했다. 편곡과 키보드 연주, 그리고 한 곡의 듀엣에 참여했다. 지휘자 조셉 폰스Josep Pons도 피아노와 현악 편곡을 맡아 본작의 완성도에 기여했는데, 그는 1992년 바르셀로나 올림픽 음악감독을 맡았던 인물이다. 구성은 전반부는 창작곡으로 후반부는 리메이크이다.

카탈루냐를 사랑한 시인 살바도르 에스프리우Salvador Espriu(1913-1985)의 유작에 그녀가 작곡한 명작 타이틀은 애수의 전자음향이 비장하게 피어오르고 가슴 뭉클한 온화함이 자리한다. 루시용은 프랑스에 일부 편입된 북부 피레네산맥에 자리한 역사적인 도시이다.

친애하는 루시용, 네가 올 수 있다면, 배를 타고 와, 알게르로 동풍이 불 때. 그리고 나와 함께 살아있듯 뿌리를 내려, 알게르의 카탈루냐임을 말해줘. 미소와 알게르의 도시, 나와 멀리 떨어진 친구, 지금 너는 노송나무인걸, 출발의 땅에서, 기억과 뱃길을 열어! 알게르를 향한 항로를.

바르셀로나 출신의 여류시인 로사 레베로니Rosa Leveroni(1910-1985)의 작품을 두 곡 수록했다. 긴장과 서정의 〈Pirates i Bandolers 해적과 도적〉에서는 연인인 선원의 무사귀환을 바라며 당신과 함께라면 어떤 것도 두렵지 않다고 고백한다.

색소폰 블루스 〈Claror de Tardor 가을의 빛〉은 가을의 강렬한 사랑을 느끼며 앞날을 알 수 없지만 기꺼이 그 사랑을 받아들이겠다는 내용이다.

가슴의 얼얼한 상처가 그대로 전해지는 회한의 왈츠 〈Enamorar Enamora 사랑의 승리〉는 자작곡의 승리이다.

차가운 새벽 나는 깨어, 오늘 밤도 혼자라네, 내 침대는 그 어떤 흐트러짐도, 온화함도, 욕망도 없네. 난 사랑을 잃었네 - 애정의 시간 그리고 천년의 약속, 아름다운 미소의 단맛. 사랑 사랑, 나는 계속 노래하지만 슬퍼, 달이 차올라도, 역시 멈출 수 없네… 너무 추워, 내 발은 저항하네.

유이스 야흐의 바리톤 음성과 부드럽게 조화되는 〈Quan Tothom Viurà d'Amor 사랑으로 살아갈 때〉는 캐나다 퀘벡 출신인 파리의 음유시인 레이몽 레베스크Raymond Léves-que(1928-2021)가 1956년에 작곡한 〈Quand les Hommes Vivront d'Amour〉가 원곡이다. 프랑스로부터 독립투쟁을 했던 알제리 전쟁(1954-1962)

시절, 평화와 인도주의에 호소하였던 명곡이다.

모든 인류가 사랑으로 살아갈 때, 비참함은 사라지네, 군인들은 음유시인이 되어 다시 볼 수 없을지도 모르지. 오랫동안 살아오면서, 쟁취를 꿈꾸어 왔고, 사랑하고 상실했지, 우리는 더 쓴 행위를 해야 해. 역사에는 항상 사건이 있었지, 그리고 화해의 시간에 도달했어, 죽음은 우리가 만든 게임인걸, 우리는 무엇을 더 얼마나 터득해야 할까? 인생은 피의 경로야, 그 위에서 걷고 살아야 하지, 오랜 불모지는 쟁기질해야 해, 내일의 땅으로…

〈Cull la Primera Poma 첫 사과를 따!〉는 이태리의 안젤로 브란두아르디Angelo Branduardi가 1979년에 발표한 〈Cogli la Prima Mela〉이 원곡이다. 애틋하지만 흥겨운 템포에 싣는 행운의 기원이다.

지금 어디로 가야 할지 잘 안다면, 늦추지 마. 첫 사과를 따. 뭘 원하는지 확신이 선다면, 다이빙하고 비행해. 네 인생을 춤춰, 하루의 리듬을 타고, 너의 환희를 우리에게 보여줘, 그리고 정열적으로 살아가, 거리에 버려진다 해도.

브라질 뮤지션 쉬쿠 봐르키Chico Buarque의 〈Fan 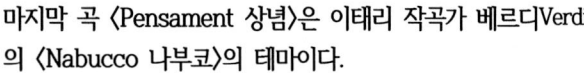 -tasia 환상〉에서는 고통은 잊고 희망을 노래하라는 메시지를 생동적으로 들려준다.

민요 〈Campanes de l'Ermita 교회 종소리〉는 생명의 찬가로, 큰 북과 유려한 현악선율에 어린이 합창이 가미되어 천상으로 행진한다.

마지막 곡 〈Pensament 상념〉은 이태리 작곡가 베르디Verdi의 〈Nabucco 나부코〉의 테마이다.

Rosa de Foc

1988 | World Village | WV498046

1. Vitralls
2. Em Tens a Mi
3. Damunt de Tu, Només les Flors
4. Pren-me Així
5. Barcelones
6. Ball Secret
7. Cor Meu (Cançó de l'Alguer)
8. Perquè T'Estimo

로셀의 작품은 지극히 문학적이다. 청자의 가슴으로 투영되는 맑고 순수한 감정은 그녀만의 특징적인 호소력으로 시적 운율을 통해 표현된다. 자신만의 유려한 문체로 발표한 《Rosa de Foc 불의 장미》도 담담한 사색과 아름다운 감동이 응축되어 있다.

연인과의 불타는 사랑을 진한 슬픔으로 상기하는 〈Vitralls 스테인드글라스〉는 그녀의 레퍼토리 중 아마도 가장 여린 감성의 트랙이 아닐까 싶다. 경건한 성소 안으로 들어오는 다채로운 빛들이 사라지는 것을 보며 느끼는 사랑에 대한 회한이 입김마저 엄숙한 색소폰의 고해와 함께 전해진다.

…네가 여전히 여기에 있었던 것처럼, 네가 절규했던 내 집을 생각해, 은혜의 빛, 네 추억의 창. 모든 것이 비가 내려 기뻐할 때, 세상의 마음으로부터 지워지네, 서서히 어두워지면, 너의 이미지도 점차 희미해지네.

차분한 팝 감각을 전해주는 〈Em Tens a Mi 내게 되어 줘〉는 미국의 팝 싱어송라이터 캐롤 킹Carole King의 1971년 히트곡 〈You've Got a Friend〉 번안곡.

〈Damunt de Tu, Només les Flors 꽃들은 오직 당신 위에서〉는 바르셀로나 출생으로 피아니스트이자 스페인의 위대한 현대 작곡가 중 한 사람인 프레데릭 몸포Frederic Mompou(1893-1987)의 피아노에 의한 성악곡 〈Combat del Som-ni 꿈의 전쟁〉의 테마로, 이는 민족주의의 정서를 담은 예술가곡으로 평가되고 있다. 우울한 전자음향과 함께 영롱한 공명의 기타 연주가 순백의 슬픔을 울린다.

꽃들은 오직 당신 위에서만, 하얗게 탈색되는 것처럼 보여, 상처 난 나뭇가지 같은, 당신 몸의 빛. 당신의 입맞춤은 향수를 길게 남기고, 당신의 깜빡이는 눈은 햇살과 같네, 감탄해도 될까? 꽃이여! 백합 같은 당신을 내게 줘, 넌 내 인생이니까. 네 가슴으로 내 인생을 가져갈 테야, 당신 옆에서 얼마나 밤이 몰락할지 알 수 없네.

1988년 서울 올림픽이 개최된 해, 자연스레 차기 개최 도시 바르셀로나도 주목받았는데, 이를 계기로 그녀는 운동가이자 작가 미누엘 바스케스 몬탈반Manuel Vázquez Montalbán(1939-2003)이 쓴 〈Barcelones 바르셀로나〉를 통해 전통적으로 지역성이 강했던 그리고 시위와 테러를 통해 독립을 주창하고 있는 카탈루냐의 이야기를 세상에 알리고 싶었다.

네 개의 지평선과 네 개의 굴뚝, 북부에 부유한 사람들이여, 남부의 영원한 생명이여, 동부의 짠 바다여, 서부의 조용한 사람들이여. 바르셀로나는, 유리의 제국, 미망인의 도시, 힘과 꿈, 행복한 불꽃, 노동자의 반란. 가장 야만적인 군벌이 침략한 도시, 후세의 신념을 강매당한 도시, 하얀 낮, 그러나 붉은 밤. 침범했던 모든 것, 축제, 케이크, 산야, 동정녀, 육신, 욕망, 기억들, 모든 기억을 향수하네… 네 개의 수평선과 네 개의 굴뚝, 네 개의 모서리, 네 개의 권리 법전, 네 덩어리의 빵, 네 개의 생명선과 핏줄… 세상의 일부가 되었지, 강경함과 온화함으로.

〈Ball Secret 비밀의 공〉은 뿌연 안개와도 같은 신시사이저 오케스트레이션이 매우 부드럽다. 회색빛 허밍에 진하게 묻어나는 이별의 침울함은 그 후유증의 고통이 사무치듯 애잔하다.

9월엔 왜 배와 밀밭의 빛이 뒤섞일까? 그리고 왜 황금으로 수놓는 여름이면 희망은 사라지는 걸까? 난 내 눈에 떠난 널 온전히 새기고 싶어, 모든 것이 춤추듯 아른거려, 당신과의 추억의 빛. 그래 지나간 발자취는, 그리움을 죽일 만큼 독이었어, 웃었던 모든 시간은, 하루를 죽음으로 몰고 갈 잔가시가 되었어, 그래, 음식을 먹을 때마다, 내 마음을 짜내는 거미줄이 되었어, 그렇게 내게 허락된 모든 밤은, 너와의 작별의 찬송과 같네.

〈Cor Meu 내 마음〉은 그녀의 첫 앨범에 수록한 〈Cançó de l'Alguer 알게르의 노래〉를 새롭게 연주한 것이다. 첫 녹음이 맑은 기타의 포크송으로 담백함을 전해주었다면, 두 번째는 부드러운 솜사탕같이 포근한 오케스트랄 신시사이저로 드라마틱한 발라드를 들려준다. 격앙된 목소리는 사랑이 끝난 후의 종말을 비참하리만큼 선명하게 묘사한다.

외로이 홀로 숲을 걸을 때, 우울함은 멈추네, 나뭇잎에 이는 바람의 애무, 내 마음은, 나와 너를 그리네, 태양이 바다에 내려앉을 때, 산마루엔 보랏빛 노을이, 그리고 마음은 애석한 비밀로 무게를 견디네, 한숨, 바다는 내 마음을 말하네. 욕망으로 수심이 가득할 때, 내 꿈은 더 많은 잿더미가 될 거야, 달콤한 목소리는 침묵의 옷을 입고, 네 마음은 내 마음을 부수네.

마요르카 발데모사에 전해 내려오는 전통 볼레로 〈Perquè T'Estimo 당신을 사랑하기에〉에서는 장중한 환희의 찬가가 울려 퍼진다. 희망으로 충만한 사랑의 고백은 마치 화려하고도 웅장한 선포식과 같다.

…오랫동안 그래왔기에, 나는 발데모사의 멜로디를 노래하네. 춤추고 친밀해지기 위해, 이 노래를 가르치려 하네, 나의 세월들. 너도 나와 함께 노래하길 원한다면, 내가 다가갈 때, 이 노래를 배우렴, 달콤한 네 입술로, 널 사랑하기에.

1. Cinema Blau (Autopista Sense Fi)
2. Impossible, Soroll Impossible
3. Sobrevolant la Ciutat
4. Glendi
5. Pirata per un Dia
6. Llarga Es Fa la Nit
7. Última Postal
8. Cafè de la Memòria
9. Músic de Jazz (A Tete Montoliu)
10. No Vull Que M'oblidis

본작 《Cinema Blau 우울한 영화》는 밤이 내린 도회지의 카페에 잘 어울리는 부드러운 테너 색소폰, 현대인의 피로와 상실감을 풀어주고 채워주는 따스한 서정, 더욱 성숙한 목소리로 들려주는 일상의 단편적 감정들이 동감을 자아내기에 충분하며, 전 곡이 버릴 게 없다.

첫 곡 〈Cinema Blau (Autopista Sense Fi) 시네마 블루·끝없는 고속도로〉부터 비정한 도시문명 속에서 살아가는 현대인의 고독하고도 지루한 감정들을 포근하게 위로한다. 여름밤의 고속도로, 네온 가로등, 잠깐 들르는 휴게소, 차창으로 지나가는 수많은 차량의 불빛, 코를 자극하는 타르의 냄새, 목적지 없이 달리다 불현듯 어디로 가야 할지 망설임을 직면하게 되는 우리들의 우울한 영화로, 현대인의 인생을 끝없는 고속도로에 비유했다.

〈Impossible, Soroll Impossible 불가능한 소리〉는 경적과 소음 속에서 소중한 소리들을 잃은 도시 블루스이다. 창문 밖 참새의 지저귐에서 들려오는 자연과 평화의 소리, 램프 기름이 타는 섭리의 소리 등 영혼을 충족시켜주는 아름다운 소리를 들을 수 없는 가련한 도시문명이 그 목적체이다. 자극적이고 강렬한 것에 묻혀 인지조차 못하고 둔감해지는 감각을 일깨운다.

지중해의 독특한 풍물과 낭만으로 초대하는 〈Glendi "Tza-maica" 그렌디 자메이카〉는 그리스의 작가이자 평론가 레테리스 파파도풀로스Lefteris Papadopoulos가 쓴 시를 위대

Cinema Blau

1990 | World Village | WV498047

한 작곡가이자 가수였던 마노스 로이조스Manos Loizos(1939 -1982)가 노래한 것이 원곡이다. 2분여의 짧은 연주시간이지만, 소박하고도 평화로운 정경이 펼쳐지고 사람 사는 정겨운 냄새가 난다.

또다시 우울한 색소폰의 랩소디가 영혼을 위로하는 〈Pirata per un Dia 하루 동안의 해적 놀이〉는 집안에서 해적 놀이를 하는 한 말괄량이의 순수한 동심을 노래했다. 메마른 현실에 잊어버린 어린 시절의 푸른 동화에 대한 동경이다.

기타 트레몰로의 바람과 아코디언의 뜨거운 한숨이 눈물짓게 하는 〈Llarga Es Fa la Nit 오래전 어느 밤〉은 작별의 고통을 견뎌내는 눈물겨운 자기 위안이다. 혹은 이별을 예감하며 써 내려간 역설적인 사랑 일기인지도.

…밤이 길어지면, 웅크리고 앉아, 네가 오길 고대하겠지. 그대가 사랑하는 내 곁을 떠난다면, 울면서 기억할 거야, 그대가 내 사랑을 묵살하더라도, 난 연애를 기억할 거야. 나는 강해졌는걸, 아마도 달의 미소 짓는 얼굴에 기뻐할지도 몰라.

AIDS 희생자에게 헌정한 〈Última Postal 마지막 엽서〉는 갈리시아 출신의 작가 마뉴엘 리바Manuel Rivas가 쓴 시로, 혼자 유럽의 박물관 투어를 간 친구로부터 도착한 마지막 엽서 이후로 강에서 죽었다는 소식을 듣게 된 사연이다.

추억의 장소에서 홀로 지난 사랑을 회상하는 발라드 〈Cafè de la Memòria 추억의 카페〉는 가녀린 파스텔컬러의 음색이 포근하고도 감미롭다.

〈Músic de Jazz〉는 카탈루냐 출신의 재즈 피아니스트 테테 몬토리우Tete Montoliu(1933-1997)에 헌정한 작품으로, 그와의 라디오 게스트로서 첫 만남을 추억하며 그에게 이 노랠 들려준 후 마냥 웃기만 했다는 기억을 되뇐다.

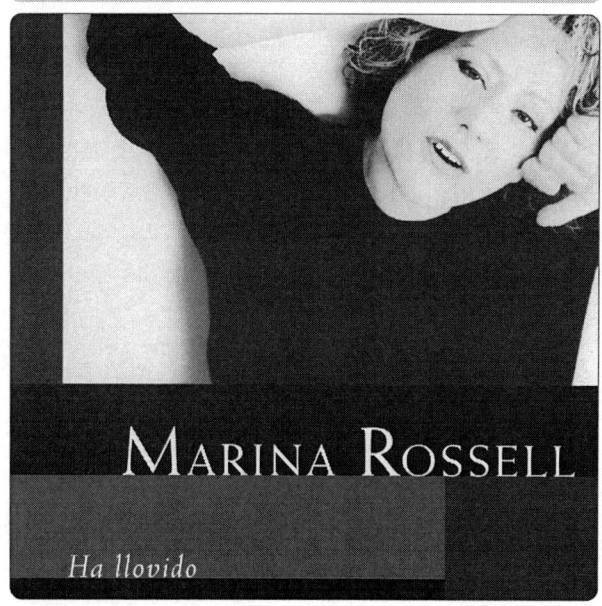

Ha Llovido

1996 | Acqua | AQ007

1. Ha Llovido
2. Los Ángeles Están de Moda
3. Deslumbrada
4. La Musica Me Ayuda
5. Si Las Palabras Curan
6. Yo Vengo a Ofrecer Mi Corazon
7. La Duda
8. Trátame Bien
9. Amigo Es
10. Adios
11. Ojala
12. Yo Te Dire

자신의 이름으로 발표한 《Marina, 1993》는 쿠바의 전통 무곡인 룸바Rumba와 아바네라Havanera로 채워져 있는데, 쿠바를 떠난 이민자들의 시린 향수가 느껴지는 〈Bahia de la Habana〉을 들을 수 있다.

본작 《Ha Llovido 비가 내렸지》는 국내에 라이선스 되며 처음으로 그녀의 명성을 전한 작품이다. 담백하고 단아한 인상의 어쿠스틱 실내악 편성으로 이전 작품들과는 확연히 다른 연주를 접할 수 있다. 그녀의 자유와 꿈과 사랑에 대한 노래들은 더욱 온화하고 정결하다.

아프리카 옆 작은 스페인이라 불리는 카나리아 제도 출신의 1966년생 싱어송라이터 페드로 게라Pedro Guerra가 4곡(1,2,7,10번 트랙)에 참여했다. 1993년 마드리드에서 솔로 활동을 시작한 그는 아나 벨런Ana Belén, 빅토르 마누엘Víctor Manuel, 호아킨 사비나Joaquín Sabina 등 유명 뮤지션의 앨범에도 초청되었으며, 카나리아섬의 전통음악을 근간으로 라틴음악과 북아프리카 음악 등을 융합하여 자신만의 컨템퍼러리 음악을 행하고 있다.

페드로 게라가 로셀을 위해 만든 타이틀은 본래 스페인어로 작사된 것으로, 간결한 피아노와 기타 그리고 간헐적인 바이올린 연주에 마치 동요를 노래하듯 단어의 두음과 각운의 유희가 아름답게 전달된다.

비가 내렸네, 너와 나의 품 안으로, 더 많이. 비가 내렸어, 그러나 몇 년이 지나도록 너무 인색하게, 얼마 가지 못했어, 더 많이 내려야 해… 폭력적인 이 세월에, 짧은 순간이었네, 더 많이 내려야 해…

페드로 게라의 스페인어 작사에 로셀이 작곡한 〈Los Ánge -les Están de Moda 천사들이 유행이야〉 역시 단순하고도 반복적인 멜로디로 밝고 순수한 동심을 불러일으킨다.

천사들이 유행이네, 우리는 그들이 필요해, 혼자서는 해 나갈 수 없으니, 천사들이 바쁘다네, 우리가 자꾸 넘어지니까, 하늘은 텅 비어 있으니, 천사들이 춤추네, 탱고를, 파도를, 맘보를, 시대에 뒤떨어진, 천사들이 유행이네, 고달픈 인생, 이 하찮고 외롭고 짧은 인생이, 그리도 빨리 지나가니까.

〈Deslumbrada 눈부신 당신〉에서는 잔잔한 애수가 썰물처럼 밀려든다. 스페인어로 부른 자작곡으로 개인적인 애청곡.

…내가 얼마나 좋아하는지 말하지 못했네, 단지 모든 것이 끝났다고 독백했을 뿐, 그러나 네 마음에 흔들리고, 진정성을 느꼈지, 내 손길로 느꼈던, 또렷해, 난 생각에 잠기네, 넌 낯선 밤 사방을 비추는 빛이었어, 난 아무것도 할 수 없었네, 놀라고 또 놀랐을 뿐.

〈La Musica Me Ayuda 음악은 내게 힘을 주네〉는 아르헨티나 출신의 싱어송라이터 파비안 가야르도Fabián Gallardo의 자작곡으로, 함께 활동했던 후안 카를로스 발리에또Juan Carlos Baglietto가 부른 1983년 히트곡이다.

자작곡 〈Si las Palabras Curan 말로써 치유된다면〉에는 불안과 적막을 치유하는 방법으로서 자문과 노래에 대해 이야기한다.

아르헨티나 출신의 남성 싱어송라이터 피토 파에스Fito Páez의 명곡 〈Yo Vengo a Ofrecer Mi Corazon 내 마음을 그대에게 바치리〉에서 로셀은 피아노 연주 위에 애절한 로망스를 흘려보낸다.

바이올린 현이 붉은 눈물을 흘리는 자작곡 〈Trátame Bien 낮게 해주세요〉은 맥락보다 세부에, 전체보다는 개별에 치중하고 고집하는 버릇과 세태에 대한 반성이다.

마요르카 출신의 남성 가수 이엠 산소Guillem Sansó와 함께 만든 〈Ojalá 제발〉의 서글픈 재즈 블루스는 마치 무대에서 아그네스의 기도처럼 자신이 바라는 정의의 방식으로 현명한 생의 길을 걸어갈 수 있도록 소망을 독백한다.

…오! 내게 공기를 대신할 만한 것은 아무것도 없네, 설령 바람이 연기가 될지언정 그 무엇도 내 배고픔을 채워줄 순 없네, 맹렬한 불조차도 내 꿈을 불태울 수는 없어. 짜디짠 정신과 침착한 시작, 건강한 열광과 구원, 달을 향해 나와

함께 가기를. 사막에서도 직시하고 널리 볼 수 있도록 가벼운 발걸음을 주기를. 제발! 새벽의 안개를 걷어가기를, 안식으로 가는 고난을 넘어 날 수 있기를, 나와 함께 천천히 길을 가기를, 우리가 오랫동안 유대하고 여행할 수 있기를, 더 느긋한 세상으로 굴러가기를, 아이가 혼자서 다시 일어설 수 있기를, 제발…

〈Yo Te Diré 네게 말할 거야〉는 전쟁영화 「Los Últimos de Filipinas 필리핀의 최후, 1945」에서 여배우 나니 페르난데스Nani Fernández가 불러 히트한 고전이다.

…네게 말할 거야, 내가 왜 노래하는지, 끝임없이 널 부를, 너의 미소가 그리워, 입맞춤이 그리워, 너의 느낌이 필요해… 바람이 불 때마다 꽃을 줄게, 내게 사랑이 올 거라고는 결코 생각하지 못했지, 노을을 원망하진 마, 달은 늦게 뜰 거야, 그래야 내가 잊을 수 있네.

메마른 현대인들의 가슴에 촉촉한 비를 내려주는 본작은 카탈루냐어가 아닌 스페인어로 노래하여 보다 더 많은 세상에 소개될 수 있었다. 들으면 들을수록 그 진가가 훌륭하게 드러나는 걸작이니만큼 그녀의 비에 흠뻑 젖고 푹 잠기어도 좋겠다.

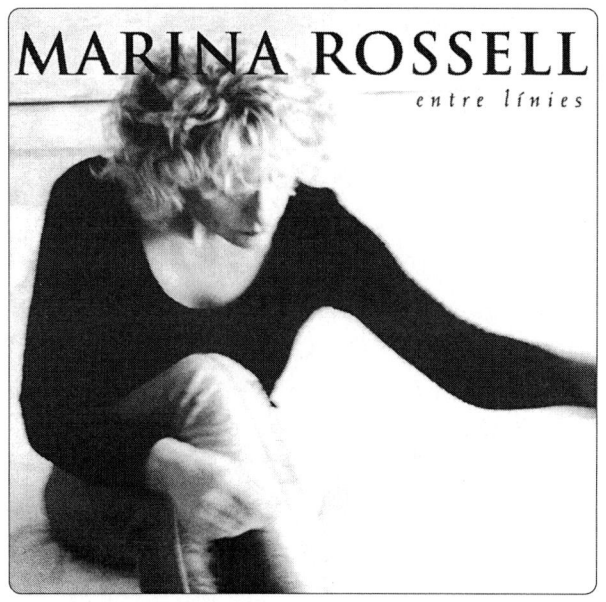

1997 | Picap | 900110

1. Per a un Ballarí
2. Mármara
3. Queda't de Mi Alguna Cosa
4. El Nen Que Creia Saber Volar
5. Temps
6. Vals Estranger (inst.)
7. Nit Serena
8. L'Arc de Sant Martí
9. Toca'm
10. Llàgrimes de Silicona
11. Sempre T'apreciaré
12. Per Tu Ploro
13. Per Tu Ploro (ver. Acústica)

다시 카탈루냐어로 노래한 《Entre Línies》는 '시선 사이' 혹은 '지평선 사이'로 해석이 될 듯하다. 그녀는 이 작품을 통해 사람들의 자취와 흔적을 조망하고, 아득하고도 아련한 기억들과 사랑의 감정을 다시금 불러낸다.

터키 북서부에 위치한 마르마라 하구에서의 추억
을 노래하는 〈Mármara 마르마라〉는 평온하고도
따스한 이국적 정취 속에 오랫동안 머물게 한다.
…평온이 가득한 느낌, 널 사랑해, 그리고 네게 말하고 있
어, 내 순수한 자아를. 이 노래가 널 부르기에, 네가 어디
있는지, 다시 볼 수 있을지도 알 수 없지만. 널 사랑한다고
네게 이야기하고 있어, 그리고 내 순수한 자아에 호소하지,
느낌을 멈추라고, 인연이 끊어졌다고. 달은 마라마라 바닷속
으로 사라졌어. 그리고 나는 내 순수한 자아에 기도하네.
〈Queda't de Mi Alguna Cosa 나를 지탱해 주는 것〉 역시
가슴 저릿한 사랑의 기억을 깨운다. 물결 같은 기타 선율과
테너 색소폰의 황금빛 랩소디에 '꽃'이 되고 싶어 하는 절절
하고도 뜨거운 여인의 갈망이 잔잔히 공명된다.
연인이고 팬이고 고국의 의미로서의 '당신'을 그
리고 있다.
…세상으로 갈 때, 당신은 나를 무엇으로 부르나? 당신이
부르지 않고, 내가 부르지 않는다면, 당신의 세상도 없고,
당신 이름도 없을 거야. 아무 의미도, 어떤 가치도, 그 아무
도…
마요르카 출신의 싱어송라이터 이엠 산소Guillem Sansó와
함께 쓴 〈El Nen Que Creia Saber Volar 당신
이 생각하는 어린이〉는 어린이를 향한 사랑을 주
창하는 찬가이다.
그리 강하진 않지, 그러나 용감한 심장을 지녔네. 태어난 별
자리는 조금씩 다르지만, 꼬마는 날아서, 달을 어루만지며,
화성에 입맞춤하는 상상으로 유쾌해 하지. 외톨이라거나 놀
줄 모른다고 말하기도 하지, 지금 모두가 할 수 있는 축구.
그들의 작은 눈망울은 구경하는데도 전혀 지치지 않아, 잘
하는 친구를 부러워하고, 다른 친구들과 뛰며, 작은 별은 챔
피언이 된 듯 희열을 느껴. 그러나 비행하는 방법도 알 수

없고, 결코 달을 어루만질 수도 없을 거야, 바다 너머 구름
위에서 나이팅게일의 노랫소리를 들을 수도 없다는 것조차
도 모를 거야, 아이를 사랑하는 어머니는 모험과 상상으로
가득한 이야기를 들려주곤 하지, 영웅을 꿈꾸는 아이는 곧
장 고안해 낼지도 몰라… 그러나 그의 얼굴은 우리에게 이
야기하네, 사랑할 수밖에 없다고…
다소 나른함이 느껴지는 건반의 여운이 계속해서 증폭되는
〈Temps 시간〉은 사색적이고 우아하며 낭만적인 멜로디로
무척 포근한 인상을 준다. 로셀은 녹록하지 않은
삶에 대한 회의와 상실감으로, 그리고 시간의 노
예로 살아가는 자신을 돌아보길 권유한다.
…시간은 모든 것을 변모시키고, 모든 것을 파괴하지, 아직
도 우리는 모르는 게 많아. 오! 시간은 모든 것을 우리에게
가져다주고, 모든 것을 뒤집어 놓지, 나는 아직 포로야, 날
구원해 줘.
사랑과 이별의 고통을 노래하는 발라드 〈Llàgrimes de Sili
-cona 실리콘 눈물〉에서 맑은 건반과 아코디언의
열풍에 그녀는 비통함에 젖어 있는 연인에게 아픔
을 잊고 자신을 돌보라며 연민의 편지를 전한다.
〈Per Tu Ploro 너의 눈물을 위해〉는 카탈루냐 여가수 살로
메Salomé가 부른 사르다나sardana(카탈루냐 춤곡)
으로, 작곡가 안달루시아 출신의 펩 벤츄라Pep
Ventura(1817-1875)가 쓴 고전이다.
안녕! 청춘의 장미여! 잘 있어, 장미 꽃잎이여! 내일 너의
장미로부터 떠난다네, 난 그리움으로 죽을 거야. 네가 내 죽
음을 말할 때, 날 위해 운다면, 나도 널 그리며 울게 될 거
야, 나 때문에 운다면 잔잔히, 비통하게 울지 마. 눈물을 닦
아, 네가 숨이 가빠, 고통스레 울지 마, 너와 날 위해, 울음
을 멈춰, 난 이미 알고 있는걸, 내가 더 슬퍼한다는 것을.

뉴밀레니엄을 위한 《Y Rodará el Mundo 그리고 둥근 세
상, 1999》에서도 삶의 지형도를 풍성한 감성으로 그렸다.

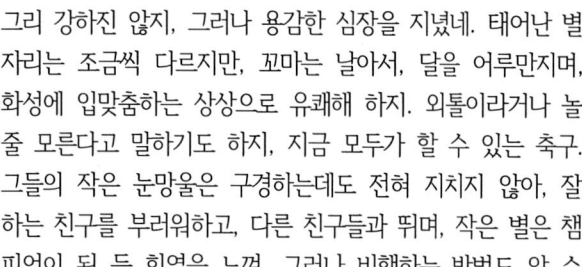

루이스 에두아르도 아우떼 Luis Eduardo Aute, 카를로스 까노Carlos Cano, 닐다 페르난데스Nilda Fernandez, 락센 부스토Lax'N' Busto 등 남자 가수들을 초대하여 남국풍의 흥겨운 분위기로 삶의 에너지를 전한다.

사랑받고 싶은 대로 애무하고 듣고 싶은 대로 말하고 혹은 침묵하는 연인을 잊어버리는 방법은 모르겠다고 노래하는 〈Como a Ti Te Gusta 네가  사랑받고 싶은 방식〉과 연가 〈Vengo de Tu Sonri -sa 난 네 미소에서 왔네〉가 주목할만하다.

그리고 조르주 무스타키Georges Moustaki(1934-2013)와 노래한 〈Les Anges Sont Tres a la Mode 천사가 유행이네〉를 수록했다.

또한 앨범에 고전을 새롭게 해석해 들려주었던 그녀는 이 작품에서 콜롬비아 남자 가수 카를로스 아르투로 Carlos Arturo의 대표 볼레로 〈Evocación 소환〉을 선곡하고 있다.

…난 널 잃었다는 걸 잘 알고 있네, 네가 결코 돌아오지 못할 거란 것도. 하지만 널 잊을 수 없네, 오래된 사랑은 절대 잊히지 않으니까…

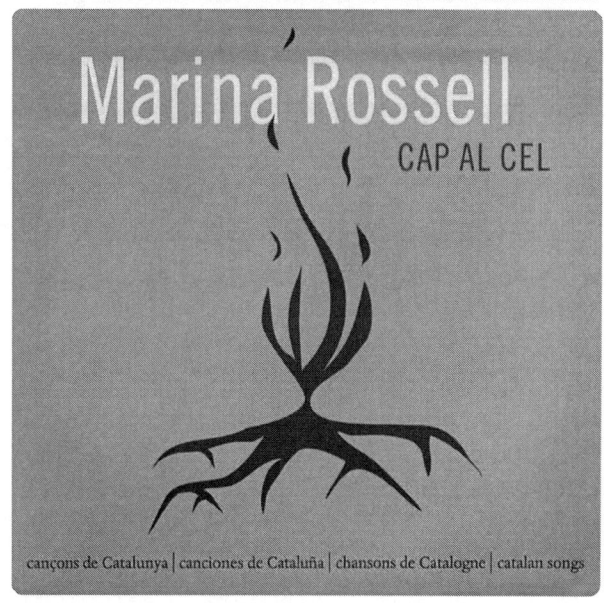

Cap el Cel

cançons de Catalunya | canciones de Cataluña | chansons de Catalogne | catalan songs

2002 | World Village | 498003

1. L'Emigrant
2. La Santa Espina
3. Marinada
4. Barca del Temps
5. Mare de Déu del Món
6. Pregaria Verge del Remei
7. Els contrabandistes
8. Pel Teu Amor
9. Virolai
10. Dorm Nino
11. Cant Espiritual

본작 《Cap el Cel 하늘을 우러러, 2002》는 제목에서 유추되는 것처럼 영적인 작품이다. 주홍색 바탕에 검은색으로 판화로 된 것은 마치 땅에 뿌리를 내리고 불꽃처럼 타들어가는 나무그루 같다. 이는 땅에서 태어나 육신을 묻고 영혼이 하늘에 이르는 인간과 자연의 섭리를 표현한 듯하다.

내지에는 바르셀로나의 가장 독창적인 아이콘 사그라다 파밀리아 성당Sagrada Familia의 사진이 있고, 이 말년의 역작에 묻힌 건축의 성자 가우디Antoni Gaudí(1852-1926)의 '독창성은 근본으로 회귀하는 것'이라는 말이 적혀있다. 탄생과 영광 그리고 수난의 파사드를 만들면서 믿음과 소망과 사랑의 문을 하늘에까지 열어놓은 그의 성당에서 로셀은 영혼불멸의 신성을 엿본 걸까?

옛 지폐 500페세타에 도안되어 있었던 카탈루냐의 위대한 시인 자싱 베르다게르Jacint Verdaguer(1845-1902)의 시에 작곡자 아마데우 비베스Amadeu Vives(1871-1932)가 곡을 붙인 〈L'Emigrant 망명자〉는 소담한 피아노 음률과 눈물의 기타 트레몰로 그리고 여리고도 청초하게 들리는 그녀의 보컬이 고향땅에 대한 사랑과 열망을 기도한다.

감미로운 카탈루냐, 내 마음의 고향, 너로부터 떠나왔을 때, 그리움으로 죽을 것 같았네. 안녕, 형제들이여, 내 아버지여, 이제 다시 만날 수 없을 거야, 내 어머니가 묻힌 무덤 안에, 나는 누웠네. 오! 뱃사공들이여… 바람이 날 추방하고, 고통스럽게 하네, 난 괴로워, 아아! 내가 죽을 때, 그 땅으로 인도해 줘. 어느 곳에서도 볼 수 없는, 바르셀로나, 그 아름다움으로, 나는 절규하네, 숲과 강을 향해, 안녕!

행진곡 〈La Santa Espina 산타 에스피나〉는 문학가 앙헬 기메라Àngel Guimerà(1845-1924)와 바르셀로나 출신의 엔릭 모레라Enric Morera(1865-1942)가 작곡한 고전 가곡으로, 역시 카탈루냐의 축복과 영광을 기원하는 작품이다.

〈Barça del Temps 시간의 배〉는 1985년 앨범 타이틀곡으로, 피아노와 밴드로 다시 연주한 로셀의 대표곡.

자작곡 〈Mare de Déu del Món 세상 신의 어머니〉는 브라스와 신파적인 밴드 연주로 집시여인의 영혼을 노래한다.

세계의 신의 어머니, 삶을 우리에게 주세요, 조금이라도, 어떤 삶이든. 우리를 더 낫게, 마음을 정화시켜 주세요. 하늘을 푸르게, 우리가 평온하게. 우리들 마음에, 사랑을 넘치게 해주세요. 우리의 정신과 가슴을 청정하게 해주세요, 우리의 행복으로부터 안식할 수 있게…

작가 에스타브 수뇰Esteve Suñol(1856-1913)의 시에 카탈루냐 오르페오 합창단의 창립자이자 지휘자 유이스 미예Lluís Millet(1867-1941)가 곡을 붙인 〈Pregaria Verge del Remei 구원의 기도〉는 청징한 피아노와 하프에 흘러나오는 그녀의 첨예한 해석력과 무구한 음색에 고개를 숙이게 된다.

…마리아여! 우리는 당신의 아들을 위해 기도합니다. 흠모하는 구제의 성녀여! 오셔서 하나님의 축복을 주소서, 우르헬의 평야를 풍요롭게 하여 주소서.

민요 〈Dorm Nino 잠들라 아가〉에는 아코디언의 열풍과 기타의 떨림이 아득한 서정을 들려준다.

…그녀는 글을 배우러 학교로 갔네. 바구니에 네 개의 사과와 빵 한 조각, 개암도 담았네. 돌 요람의 작은 아기에게, 자장자장 아이야, 잘 자라 우리 아기야. 그녀는 장미와 백합이 흩뿌려진 언덕길을 따라 지나갔네. 이것은 천사들이 화려하게 수놓은 자수였지. 그녀가 이 땅에 왔을 때 모두가 그녀를 숭배하였네.

그녀가 작곡한 〈Cant Espiritual 영가〉에서는 드라마틱한 뮤지컬 아리아로 믿음의 고뇌를 독백한다.

…당신께서 그토록 아름다운, 내 눈에 비치는 모든 것을 창조하셨다면, 다른 이유로 내 눈과 내 감정을 창조하셨다면, 어찌하여 다른 세상을 찾기 위해 그것을 닫으셨나요? 믿게 해주세요, 그런 다음에 당신께서 여기 있다는 것을, 그리고 공포의 그 시간이 여기 흐를 때, 우리가 눈을 감을 때, 나의 다른 눈을 크게 뜨게 해주세요, 당신의 드넓은 얼굴을 바라볼 수 있게.

자신이 쓴 신곡을 제외하면 가장 독창적인 건축가로 칭송받는 가우디와 동시대를 살았던 예술가들의 작품을 올리고 있다. 본작을 요약하면 카탈루냐의 번영을 위하여 올리는 기도집이 아닐까 싶다.

이후에 발표한 《Marítim 바다, 2003》는 히트곡을 최소의 악기만으로 연주한 포크 앨범이었으며, 《Nadal 성탄의 노래, 2005》에는 따스한 12월의 서정을, 《Vistas al Mar 바다를 보다, 2006》에서는 중남미풍의 감흥을 이어갔다.

카탈루냐의 민요 특집 《Clàssics Catalans, 2007》에 이어, 바르셀로나의 리세우 오페라극장 실황을 담은 《Al Liceu 리쎄우에서, 2008》가 뒤이었는데 이 앨범은 13회 스페인 뮤직 어워드에서 최우수 전통음악상을 수상했다.

《Canta Moustaki 무스타키를 노래하다, 2011》에는 파코 이바네스Paco Ibáñez와 카탈루냐의 남성 싱어송라이터 로저 마스Roger Mas가 우정 출연하였으며, 〈Màrmara 마르마라〉에서 조르주 무스타키Georges Moustaki(1934-2013)와 듀오로 노래했다.

무스타키가 세상을 떠난 뒤, 그에 대한 헌사 3부작을 마무리하는 《Tribut A Moustaki, 2014》를 발표, 이는 그해 7월에 가졌던 바르셀로나의 그리스 극장Teatre Grec에서의 실황이었다.

2016년에는 유서 깊은 바르셀로나 극장에서 자신의 히트곡 라이브를 담은 《Gran Teatre del Liceu de Barcelona》를 내고, 파코 이바네스가 참여하고 스페인어로 각색한 《Canta Moustaki Y Canciones de la Resistencia 무스타키와 레지스탕스의 노래, 2019》를 발표했다.

근작 《300 Crits 300번의 비명, 2021》은 전후 시대로 거슬러 올라가, 최소한의 악기로 당시 유행했던 프랑스 샹송의 명곡들과 자신의 자작곡을 수록했다.

에디트 피아프Edith Piaf(1915-1963)의 〈Non, Je Ne Regrette Rien 아니, 난 후회하지 않아〉와 〈Sous le Ciel de Paris

파리의 하늘 아래〉 그리고 〈Hymne â L'Amour 사랑의 찬가〉, 레오 페레Leo Ferre(1916-1993)의 〈Avec le Temps 시간의 흐름에〉, 질베르 베코Gilbert Becaud(1927-2001)의 〈Et Mainte -nant 이제〉, 달리다Dalida (1933-1987)의 목소리로 친숙한 〈J'Attendrai 기다릴게〉, 샤를 트레네Charles Trenet(1913-2001)의 〈La Mer 바다〉를 카탈루냐어로 부른다.

타이틀곡 〈300 Crits 300번의 비명〉은 고요해서 더욱 전율 이 차오르는 환상곡이다.

…당신의 마음속에서 삼백 번의 비명을 들었나요? 태양과 치유를 향한 비명을, 평화와 위로가 가득한 비명을, 차갑고도 다정하게 울부짖는 진흙탕의 비명을, 꽃과 향기로 가득한 외침을, 납과 사랑으로 가득 찬 비명을, 기도와 용서와 희망의 부르짖음을…

〈Morir d'un Llamp 번개로 죽다〉는 황폐화된 이후 상처를 딛고 내면의 재건을 위한 위로이다.

…그들이 당신을 사랑하지 않으면 모든 것이 꺼지네. 바람이 부는 곳을 걸으면 세상은 훨씬 더 슬퍼 보여. 그들이 당신을 사랑하지 않으면 당신은 강과 갈대를 바라보네, 돌더미 아래의 당신은 모든 것이 어떻게 사라지는지 보네, 당신은 개처럼 번개로 죽기를 바랄 뿐이지, 그 무엇도 당신에게 위로가 되지 않겠지만, 고통은 살아가면서 치유되네. 항상 그래왔어…

내성적이고도 야성적인 월드 하모니
Matti Caspi • 마티 카스피
Israel

마티 카스피는 이스라엘 최고의 대중음악가 중 한 명이다. 그는 1949년 키부츠 하니타에서 태어났으며, 최북단 해안 도시 나하리야Nahariya 음악원에서 피아노를 공부했다.

16세 때 10대를 대상으로 젊은 재능을 발굴하기 위한 경연대회에서 처음 공연자로서 대중에 모습을 드러냈으며, 이듬해 〈The Clown of Atonements〉라는 노래를 녹음했다.

군 복무 시절 Southern Command 밴드에서 연주 작곡하며 프로듀싱도 체득했다. 그는 친구들과 함께 The Three Fat Men이란 트리오를 결성하고 〈Ani Met 나는 죽어가고 있다〉라는 히트곡을 냈다.

군 복무가 끝난 후, 이스라엘 록의 선구자로 평가받는 아릭 아인슈타인Arik Einstein(1939-2013)에게 전화를 받게 된다. 카스피는 직접 그를 방문하여 자신이 작곡한 곡을 들려주었는데, 그는 카스피에게 프로 가수로서 직접 녹음해 부를 것을 권유했다. 그의 격려에 카스피는 싱글로 첫 녹음을 시작했고, 연극을 위한 노래와 다른 아티스트를 위한 곡도 작곡했다.

그는 동갑내기 작곡가 슐로모 그로니치Shlomo Gronich와 함께 《Behind The Sounds, 1973》라는 성공적인 라이브 앨범을 냈고, 이는 당시 이스라엘에서 녹음된 가장 사이키델릭하고 가장 대담한 앨범으로 간주되었다.

카스피는 트리오를 'They Don't Care'로 이름을 바꾸고 1973년 아랍-이스라엘 전쟁에서 캐나다 가수 레너드 코헨 Leonard Cohen(1934-2016)과 군 순회공연을 가졌으며, 그는 카스피와 함께 1974년 노래 〈Lover Lover Lover〉를 편곡하기도 했다.

또한 그는 이스라엘 작곡가 에후드 마노르Ehud Manor(1941-2005)와 긴밀히 작업했고 그의 가장 인기 있는 노래인 〈Lo Yadati SheTelchi Mimeni 당신이 나를 떠날 줄은 몰랐어〉, 〈Brit Olam 사랑의 언약〉, 그리고 〈Shir HaYonah 비둘기의 노래〉 등을 발표했다.

Matti Caspi

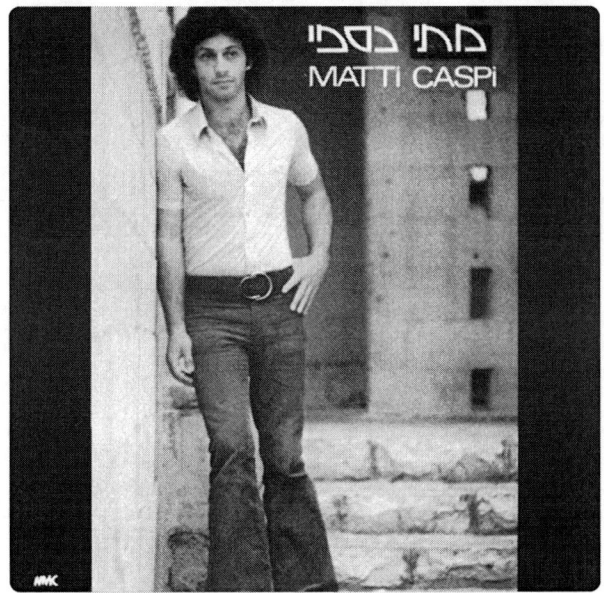

1974 | NMC | 80208-2

1. When God First Said
2. After You Left
3. My Balloon
4. Ho-Bidi-Bam-Bam Puppy
5. Day of Trial
6. Noah
7. How Dares the Stars
8. Ever-Changing, Ever-New
9. Colonel in the Reserves
10. I Know That I'll Die Next Summer

6년 동안 생산적인 창작 활동을 한 카스피는 1974년에 셀프 타이틀 첫 앨범을 발매했다. 그는 모든 악기를 연주하고, 작곡, 편곡, 프로듀싱을 맡았다. 이 앨범에는 이미 카스피의 잘 알려진 노래들과 신곡을 수록하고 있다.

경쾌하고도 달콤한 록 〈When God First Said〉는 성서의 창세기 중 '빛이 있으라!'에 관한 대목으로, 인간의 행복에 대한 믿음과 영광을 그린다.

동갑내기 뮤지션 슐로모 그로니치Shlomo Gronich가 가사를 쓰고 카스피가 작곡한 〈After You Left〉는 가장 아름다운 발라드 중 하나가 아닐까. 쓸쓸함과 적막감마저 드는 이 노래는 에스더 오파림Esther Ofarim도 노래했다.

…나는 널 꿈꾸네, 너와 함께하면 난 자유로워, 홀로 있을 때 너와 함께 있는 것 같은 느낌이야, 하지만 침묵이 흐르면, 너와 함께 있지만 네가 떠나버린 것 같아…

〈My Balloon〉은 1970년대 초 군악대가 배출한 인기 스타이며 젊은 나이에 교통사고로 숨진 로만 샤론Roman Sharon(1951-1974)의 추모곡이었다.

…내 풍선은 날고 싶어 해, 제발 그를 날려버리지 마… 내 풍선은 산 위로 가고 있어, 그는 이름도 없고 연락처도 없이 길을 잃었네, 내 풍선은 수명이 짧은 나비 같아…

〈Day of Trial〉은 배반자의 심판을 노래한 것으로, 마치 유다가 예수를 배반할 것을 예언하는 듯 아련하고 처연하다.

…세상의 네 바람이 사람을 배신한 그의 발을 잘못된 길로 인도할 것이다…

흥겨운 재즈 팝 〈Noah 노아〉는 시인 요람 타하를레브Yeho-ram Tahar-Lev(1938-2022)의 가사로, 성서의 노아의 방주가 주제이다. 오랜 시간 폭풍을 견디며 동물들의 안녕을 걱정하며 비둘기를 날려 보내고 무지개를 보게 되는 노아의 희망을 그렸는데, 음악 페스티벌에서 큰 인기를 얻었던 곡이라 한다.

〈How Dares The Stars〉의 저음 보이스와 달콤한 낭만도 매력을 준다. 이는 고백하는 여성에게 하는 답가이다.

…어떻게 별 하나가 그토록 대담한 용기를 지녔을까? 맙소

사, 나라면 용기를 감히 내지도 못했을 텐데. 사실 전 솔로가 아니랍니다.

〈Ever-Changing, Ever-New〉는 다소 몽환적이고 중독성 있는 프로그레시브 팝이라고나 할까. 그의 동반자 에후드 마노르Ehud Manor(1941-2005)의 재치 있는 가사도 재미있다.

…비가 오고 있네, 내 개는 이해하지 못하지만, 환경과학부 3년, 온 세상이 진동하며 비가 퍼부으면 배울 게 더 많아, 색깔은 어떻게 변하는지… 밤이 깊어가고 있어, 내 머리와 가슴은 잠들기를 거부해, 생명과학부에서의 20년, 온 세상이 불안한 어두운 밤이면 아직 배울 게 많아, 밤이 시작되면 그림자가 어떻게 변하는지… 이제 아침이 오고 있어, 미래과학부에서의 30년, 온 세상은 큰 태양으로 가득해, 학생들은 항상 어떻게 변하는지 배워야 해…

〈Colonel in the Reserves〉은 과거의 영광을 안고 살아가는 퇴역한 예비군 중령의 노년을 인생에 빗댄 노래이다.

카스피는 이스라엘 음악에 서구의 양식을 일찍 접목한 가수로 평가되는데, 화려하거나 압도적이진 않지만 자신만의 풋풋하고 담백한 음악과 음색에 호감이 간다.

이듬해 카스피와 마노르는 각각 최우수 작곡가와 최우수 작사가상을 수상했다고 한다.

Matti Caspi (2nd)

1976 | NMC | 80779-2

1. There It Goes Again
2. Gogo
3. It's Sad City
4. Friday's Back Again
5. Covenant of Love
6. Its Ain't Easy
7. Suzi Dulcinea
8. Who'd Believe You'd Leave
9. Day After Day I Go to You
10. Lullaby to My Guitar

1976년에 카스피는 유로비전 송 콘테스트에 〈Emor Shalom · Say Hello〉라는 곡으로 여성 트리오 Chocolate, Mint & Gum를 출전시켜 6위를 차지했다.

그해 발표한 두 번째 앨범은 카스피의 최고 앨범으로 여겨지며, 이스라엘에서 발매된 최고의 앨범 중 하나로 평가된다. 1,5,6,8번 트랙은 히트곡이자 대표곡이 되었다.

역시 마노르와의 긴밀한 협업이 빚어낸 결과물로, 그는 마노르의 가사를 먼저 받아 멜로디를 쓰고, 다시 한번 마노르는 멜로디에 가사를 조정하는 방식으로 곡을 만든다고 한다. 카스피는 그와의 협업을 마치 한 사람이 곡을 쓰는 것 같으며, 그의 가사는 손에 낀 장갑처럼 딱 맞는다고 했다.

〈There It Goes Again〉는 보사노바의 상쾌함이 향긋하게 터지며 점점 흥분으로 가득 찬다.
…1년 동안 날 사랑했던 멜로디, 그런데 갑자기 달라졌네… 멀리 날아갈 줄은 몰랐어, 나를 잊을 줄은 몰랐어, 도망갈 줄은 몰랐어, 할 말 있으면 여기, 여기로 와서 대답해 봐.
시인이자 배우로서 짧은 인생을 살았던 테르자 아타르Terza Atar(1941-1977)가 가사를 쓴 〈It's Sad City〉의 우울한 서정은 피부에 찬바람으로 스며든다. 이는 낡고 구도심에서 매춘으로 살아가는 가난한 한 여인의 이야기이다.
〈Friday's Back Again〉는 리듬감과 함께 은은한 열기가 퍼진다. 이는 피곤한 주중 일을 마치고 화끈한 불금을 보내려 거리를 방황하지만, 바라는 천국의 기회를 잡지 못하여 씁쓸함을 느끼는 한 젊은 청춘의 일상을 그렸다.
〈Covenant of Love〉는 건반이 애상적인 발라드로, 그의 보이스는 더욱 가느다란 섬세함과 여린 감정을 드러낸다.
…오늘 밤 널 사랑해, 난 뼛속까지 고통스러울 정도로 열정이 가득해, 우리는 너와 내가 누구인지 알게 될 거야, 그리고 아마도 우리의 사랑만 남을 때까지, 포기하고 더 많이 주는 법을 배우게 될 거야…
이별의 블루스록 〈Who'd Believe You'd Leave〉은 플루트와 함께 절망감을 희미하게 비춘다.

…아무 말도 없이, 예고도 없이 나를 떠날 거라고는 꿈에도 생각지 못했어, 맑은 날에 갑자기 천둥소리가 들릴 거라고는 꿈도 꾸지 않았지. 나는 늘 우리처럼 순진한 사람이 없다고 생각했는데, 그리고 상상 속에서 우리가 함께 늙어가는 모습을 보는 것이 좋았건만. 오늘 밤을 부르는 목소리, 오늘 밤은 계절이 없어… 내가 어떻게 변할지 나 자신이 너무 싫어, 네가 전부였는데…
피아노 솔로로 노래한 야상곡 〈Lullaby to My Guitar〉으로 외로움을 달랜다.
밤새 기타가 잠들었네, 밤을 따뜻하게 자다 일어나면, 그녀는 내 손가락으로 돌아올 거야, 내 꿈의 언어로, 밤, 그녀는 멜로디를 꿈꾸고, 여기 빛이 다시 돌아올 때, 우리는 함께 음악을 쓸 거야, 잘 자.

Side A Side B

1978 | NMC | 82572-2

401

상업적으로 엄청난 성공을 거둔 세 번째 앨범에는 자신의 작곡으로 다른 아티스트가 이전에 취입했던 곡들을 다시 녹음했다. 그는 베이스, 드럼, 타악기, 키보드에 집중했으며, 기타와 플루트, 관현악 연주자들을 참여시켰다. 이 앨범도 이스라엘 대중음악의 유산이 되었고, 커버도 가장 잘 디자인된 커버 아트로 평가된다.

〈How Many Songs are Left to Write〉는 그가 직접 가사를 쓰고 1973년에 EP로 발표한 곡으로, 데뷔작에는 수록되지 않았다. 그가 대중과 공감을 얼마나 소중히 생각하는지 알 수 있는데, 플루트와 함께 화창한 봄날의 보사노바 향기가 풀풀 날린다.

1976년에 데뷔한 1953년생 여가수 네타넬라Netanela가 데뷔작에서 노래한 〈We Still Haven't Talked about Love〉는 나른하면서도 포근한 온기가 전해진다. 이는 사랑과 미래에 대해서 이야기하지 않지만, 천천히 조금씩 사랑을 이어 가겠다는 긍정의 연가이다.

〈Great Day Coming〉은 네타넬라의 1977년 두 번째 앨범에 수록된 것으로, 경쾌한 리듬감과 함께 찬란한 햇살이 밝아온다.

…사라졌다가 나에게 돌아온 오랜 친구처럼 또 다른 날이 올 거야… 그날이 오면 촉촉한 표정으로 웃어줘, 넌 내 엄마가 될 거고, 난 너의 착한 아이가 될 거야. 내 이름을 불러줘, 그러면 난 춤을 출 거야… 너와 더욱 친밀해지고, 네

손에 더 많은 날이 올 거야.

〈Song of the Dove〉는 네타넬라의 데뷔작에 수록된 달콤한 발라드로, 사랑하는 지금이 두 번째 유년 시절이라는 행복감이 점점 가득 차오른다.

…네 눈을 통해서 또 다른 세상을 발견하네, 네 손을 통해서 나는 배울 거야, 너와 함께라면 난 두려움 없이 다시 성장할 거야, 창조의 소리를 다시 듣는 법을 배울 거야, 네 발자취를 따라 걸을 거야, 웃는 딸과 함께 새로운 아침을 맞이할 거야, 마치 세상의 종말이 다가온 것처럼 나는 네 눈물에 떨릴 거야, 네가 나에게 주는 것을 가져갈 거야…

1970년에 여가수 하바 알버슈타인Chava Alberstein이 취입한 〈Eliezer Ben Yehuda 엘리에제르 벤 예후다〉는 언론인 야론 런던Yaron London의 가사로, 벨라루스 태생의 유대인으로 이스라엘로 이주하여 사멸한 히브리어를 현대 일상의 언어로 부활시킨 언어학자 엘리에제르 벤 예후다(1858-1922)에 대한 찬사이다.

너무나 아름다운 〈It's Been a Long Time〉은 여류시인 레아 골드버그Leah Goldberg(1911-1970)의 작품을 노래한 것으로, 1944년생 남성 가수이자 배우 오식 레비Oshik Levy가 1974년에 취입했다. 이는 자신이 죽은 뒤에도 세상에는 짧은 일생을 살며 누군가가 누군가를 사랑할 것이라는 영원성을 찬양한다.

본작과도 같은 기획은 《Side 3 Side 4, 1987》로 이어진다.

카스피는 이후 어린이를 위한 앨범 《Another Side, 1980》으로 1980년대를 열었고, 레게, 남미 리듬, 1950년대 음악에서 영감을 받은 최대의 히트작 《Twilight, 1981》을 이어 발표했다. 근작 《Kmu Brikud 춤추듯, 2017》까지 다양한 월드뮤직에서 영감을 얻은 1,000곡에 달하는 레퍼토리로 청중과 긴밀한 공감대로 호흡했다.

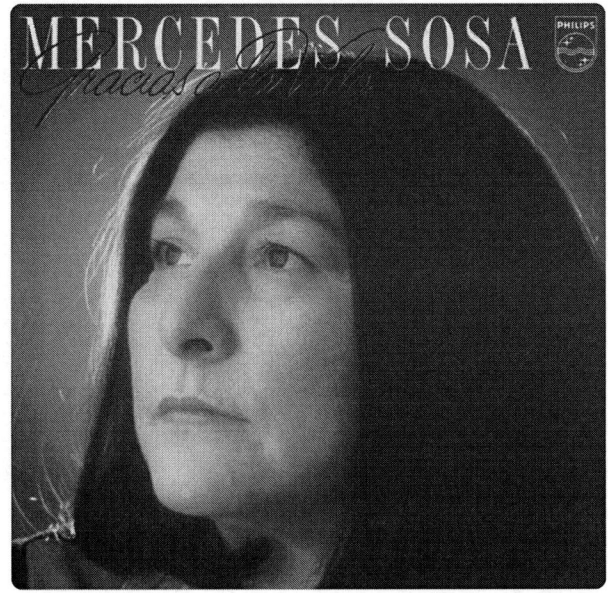

아메리카 민중의 어머니
Mercedes Sosa • 메르세데스 소사
Argentina

컴파일앨범 《Gracias a la Vida 삶에 대한 감사, 1987》가 1990년에 라이선스로 발매되었을 때, 그녀를 가장 존경한다던 한 마니아는 감격의 눈물을 보이기도 하였다. 이 앨범으로 우리 대중들과 본격적인 만남이 성사된 후 많은 음반들이 줄지어 소개되었고, 급기야 2003년 9월 4일에 예정되었던 국내 실황 기획은 우리 월드뮤직 팬들의 꿈인지 생시인지 모를 기대를 한껏 부풀게 했다.

그러나 급격히 나빠진 건강상의 이유로 아쉽게도 이 행운의 기회는 다시 꿈에 머물렀고, 새로운 리코딩 소식과 음반으로 위안을 삼으며 다시금 그 꿈이 현실이 되길 간절히 바랐지만, 2009년 10월 4일 그녀는 74세의 일기로 우리 곁을 영영 떠나고야 말았다.

세상은 프랑스의 에디트 피아프Edith Piaf(1915-1963) 사후 또다시 민중의 정신적인 어머니를 잃은 깊은 슬픔과 상실감에 빠졌다.

'침묵하는 다수의 목소리', '누에바 깐시온의 최고 해석자', '인디오 민속음악을 세계에 알린 월드뮤직의 거장', '고난을 노래로 달래준 정신적 어머니' 등 수많은 화려한 수사가 결코 거짓이 아님을 보여주었던 메르세데스 소사!

그녀에 대한 바이오그래피는 이미 라이선스로 발매된 많은 음반들에 상세히 소개된 바 있다. 간단히 위키백과에 소개된 글을 옮겨 본다.

메르세데스 소사Mercedes Sosa는 1935년 아르헨티나 투쿠만주 산미겔데투쿠만San Miguel de Tucumán에서 태어났다. 15세 때부터 노래를 부르기 시작하여, 남편 마누엘 오스카 마투스Mauel Oscar Matus의 도움으로 데뷔작 《La Voz de la Zafra 사프라의 목소리, 1959》를 발표한 뒤, 1965년 코르도바에서 열린 코스킨 민속 페스티벌을 통해 이름을 알렸다.

소사는 1976-1983년 아르헨티나 군부정권에 맞서다 결국 1981년 라플라타에서 열린 공연에서 청중들과 함께 체포되었다. 이로 인해 아르헨티나에서 추방되고, 스페인에서 망명 생활을 하였다.

1982년 아르헨티나로 귀국하고 28일 동안 연속해서 공연을 열었다. 이 공연에서 녹음된 두 장짜리 음반 《Mercedes Sosa en Argentina》은 베스트셀러를 기록했다.

1980-90년대는 파리와 뉴욕 등 해외 활동에 주력했다.

1998년 귀국 공연을 가졌으며, 2002년 뉴욕의 카네기홀과 로마 콜로세움의 공연은 매진되기도 했다.

소사는 반복되는 호흡기관 질환으로 투병하다가 다발성 장기부전으로 사망했다. 그렇게 세상에서 가장 따스한 인애의 목소리는 완료형이 되었지만, 그녀가 남긴 노래들은 영원한 미래 진행형으로 기록될 것이다.

Hasta la Victoria

Hasta La Victoria
MERCEDES SOSA

Balderrama
Campana De Palo
Canto Vital
Cruzando Por La Ciudad
El Violín De Becho
Hasta La Victoria
Hombre En El Tiempo
Juancito Caminador
La Arenosa
La Pobrecita
Los Hermanos
Plegaria A Un Labrador

1972 | Universal | 2742682

1. Balderrama
2. Campana de Palo
3. Canto Vital
4. Cruzando por la Ciudad
5. El Violín de Becho
6. Hasta la Victoria
7. Hombre en el Tiempo
8. Juancito Caminador
9. La Arenosa
10. La Pobrecita
11. Los Hermanos
12. Plegaria a un Labrador

세상을 볼 수 있는 두 눈, 자연과 연인의 목소리를 들을 수 있는 귀, 어머니와 형제를 부를 수 있는 입, 앞으로 나아갈 수 있는 발, 뛰는 심장, 그리고 웃음과 슬픔을 안겨주는 인생에 대한 찬송…

《Homenaje a Violeta Parra 비올레타 파라를 기리며, 1971》에서 〈Gracias a la Vida 삶에 대한 감사〉를 노래한 그녀는, 이듬해 《Hasta la Victo -ria 언제나 승리를》로 누에바 깐시온의 포크 레퍼토리들을 노래했다.

남미의 혁명가 체 게바라Che Guevara(1928-1967)의 본격적 활동상을 담았던 스티븐 소더버그Steven Soderbergh의 영화 「Che 체, 2008」에 삽입되기도 했던 〈Balderrama 발데라마〉는 아르헨티나 북서부 안데스를 품은 살타주 중앙에 위치한 지명이다. 또다시 힘든 일상이 기다리는 내일이 오는 길목에서 오늘의 고단함을 위로하는 자장가로, 기타리스트 산티아고 베르티스Santiago Pepete Bértiz와 듀엣으  로 노래했다. 슬픔이 묻어나는 잔잔한 삼바Zamba 의 리듬과 기타 선율로 맑은 희망을 그린다.

〈Canto Vital 생명의 노래〉는 누구도 살해할 수 없다고 노래하며, 생에 대한 소망을 눈물 마른 창백한 음성으로 되뇐다.

〈Cruzando por la Ciudad 마을을 가로질러〉는 포근하기 그지없는 전원곡으로, 태어나고 성장한 작은 고향마을에서 느끼는 고독감이 투명하게 전해온다.

우루과이 출신의 가수이자 작곡가인 알프레도 지타로사 Alfredo Zitarrosa(1936-1989)의 명곡 〈El Violín de Becho 베초의 바이올린〉은 최고의 드라마로, 작자가 우루과이가 배출한 최초의 세계적인 바이올린 연주자 베초Becho Eizmendi (1932-1985)의 연주를 듣고 영감을 받아 작곡했다. 현악에 바이올린의 찰현이 짙은 명암을 드리우는 클래시 컬 편곡은 너무나 고혹적이며, 슬픈 사랑과 음악의 힘을 느낄 수 있는 강렬한 서정시이다.

〈Hasta la Victoria 승리〉는 군부에 대항하는 민중운동가로, 활활 타오르는 자유에 대한 갈망과 승리를 향한 믿음을 노래하고 있다. 소사의 깊은 음성에 담긴 비장함이 슬픔과 함께 전해진다.
부드러운 〈Hombre en el Tiempo 세월의 사람들〉에서도 자유의 갈망을 담았다.

〈Juancito Caminador 방랑자 후안시토〉는 문화 부흥에 막대한 영향을 끼친 인물이자 '아르헨티나의 비둘기'라 불린 시인 라울 곤잘레스 투뇽Raúl González Tuñón(1905-1974)의 시를 노래한 것으로, 문화 예술의 예찬을 다소 익살스러운 왈츠풍으로 들려준다.

아타우알파 유판키Atahualpa Yupanqui(1908-1992)의 〈La Po -brecita 가난〉과 〈Los Hermanos 형제〉는 당시 민중들의 삶을 담은 것으로, 가난으로 돈을 벌기 위해 뿔뿔이 흩어져야 했던 형제자매에 대한 그리움이 묻어난다.

칠레의 빅토르 하라Victor Jara(1932-1973)의 비장어린 〈Plegaria a un Labrador 노동자의 기도〉역시 소사의 온화한 목소리도 재편되었다.

소사는 《Cantata Sudame -ricana 남아메리카의 칸타타, 1972》에 이어, 《Trai -go un Pueblo en Mi Voz 내 목소리의 마을, 1973》을 발표했는데, 이에는 아르헨티나의 위대한 작곡가 아리엘 라미레즈Ariel Ramirez(1921-2010)가 작곡한 명작 〈Vidalita de la Paz 평화의 비달리타(민요)〉가 수록되었다.

…눈 먼 번개에 맞서, 우리의 영혼은 높이 오르네, 하얀 비둘기처럼. 하나 된 마음의 비달리타는 녹색 가지로 뻗고, 온 하늘을 가득 채우네.

A Que Florezca Mi Pueblo

1975 | Universal | 274684

1. A que Floresca Mi Pueblo
2. Cuanto Trabajo
3. Ay Este Azul
4. Zamba de Lozano
5. Regreso a la Tonada
6. Chacarera de un Triste
7. Cuando Estoy Triste
8. Algarrobo Algarrobal
9. Marron
10. Juanito Se Salva de la Inundación
11. Subo | Bello Jilguero
12. Se Equivocó la Paloma

1975년에는 《A Que Florezca Mi Pueblo 내 나라의 번영을 위하여》를 발표한다.
타이틀곡 〈A que Floresca Mi Pueblo 내 땅의 번영을 위하여〉는 더욱 번성할 봄을 기다리며 다

405

함께 희망의 노래를 부르자는 메시지를 담았다.

애상에 잠기게 되는 〈Cuanto Trabajo 많은 일
들〉은 가정에서 자녀를 도맡아 키우며 땀과 외로
움으로 나이가 들어가는 어머니의 인생이다.

〈Ay Este Azul 아 이 얼마나 푸른 날인가〉는 바이올린의
서정이 현실의 참담함을 더욱 애절하게 한다. 푸
르른 날씨 그대로의 세상에서 어린아이들이 커갔
으면 하는 희망만큼이나 우울감이 짙게 묻는다.

〈Zamba de Lozano 로사노의 삼바〉는 한 소녀
의 사랑의 열정과 슬픔을 노래한 인디오 로망스
이다.

아름답기 그지없는 〈Cuando Estoy Triste 내가 슬플 때〉
는 2분여의 연주시간으로 계속해서 연속 재생하
게 만든다. 슬픈 감정을 담담히 진솔하게 독백하
는 목소리는 평온함으로 감정을 감싸 안아준다.

…나는 내 슬픔을 희망합니다, 그것에는 가없은 당신의 향
기가 납니다, 비 내리는 오늘 밤, 나는 초록빛 힘을 얻습니
다, 내가 슬퍼지면, 누군가를 찾지 않고, 내 뮤직박스를 찾
습니다, 그냥 내가 좋아하기 때문입니다.

따사로운 현악이 담채 되어있는 〈Juanito Se Salva de la
Inundación 홍수에서 살아난 후아니토〉는 군부
독재의 만행과 전쟁을 고발하고 있는 노래로, 가
사 내용과는 반대로 음률은 따사롭다.

〈Se Equivocó la Paloma 비둘기가 실수를 했다〉는 스페
인의 시인 라파엘 알베르티Rafael Alberti(1902-1999)가 스페
인 내전(1936-1939)을 고발한 시 'La Paloma 비둘기'에 아
르헨티나 작곡가 카를로스 구아스타비노Carlos Gu
-astavino(1912-2000)가 멜로디를 붙여 1941년에
발표한 것이다.

그녀의 누에바 깐시온은 나라의 정치적 현실을 해외에 알렸
다는 혐의를 받아 체포되는 시련을 겪어야 했다.

Mercedes Sosa

1976 | Universal | 2742685

1. La Mamancy
2. Poema 15
3. La Trunca Norte
4. Las Estatuas
5. Drume Negrita
6. Cantor de Oficio
7. Los Pueblos de Gesto Antiguo
8. La Cuna de Tu Hijo
9. Peoncito de Estancia
10. Muchacho Pelador
11. Cuando Voy al Trabajo
12. Indio

1976년에는 후안 페론Juan Perón의 미망인이자 세 번째 부
인 이사벨 페론Isabel Perón이 세계 최초의 여성 대통령이
되었으나 군부 쿠데타에 의해 실각한다.

더욱 억압이 강화된 사회 분위기 속에서 소사는 굳게 다문

입술과 하늘을 향해 깊은 상념에 잠긴 깊은 두 눈으로 더욱 결연한 의지를 말해주는 듯한 셀프 타이틀 《Mercedes Sosa 76》를 발표했다.

〈Poema 15 연애시 15〉는 1971년 노벨문학상 수상자인 칠레의 시인 파블로 네루다Pablo Neruda(1904-1973)의 시를 음유시인 빅토르 하라Victor Jara(1932-1972)가 노래한 것으로, 이는 아내 조안 하라Joan Jara(1927-2023)에게 바치는 사랑의 고백서이다. 소사의 노래는 국경을 초월한 그들의 사랑을 더욱 드라마틱하게 한다.

아코디언과 기타 그리고 첼로와 바이올린의 애수가 침울하게 하는 〈Las Estatuas 동상〉은 악의 그림자로 인해 보이지 않는 희망으로 망연한 가슴을 쓸어내린다. 내리는 비를 맞으며 독방에 갇힌 듯한 동상, 자식도 없이 웃을 수도 말할 수도 없는 그 동상은 바로 당시 민중을 비유하는 것이었다.

〈Cantor de Oficio 직업가수〉에서는 기타의 투명함 속에 가수의 소임을 힘차게 열창한다.

…내 직업은 매우 아름다운 가수라네, 나는 사막에 정원을 만들 수 있지… 내가 증오하는 이를 사랑할 수 있네, 그리고 가을에도 꽃을 피울 수 있지…

안온한 서정이 담백한 평화 속에서 피어오르는 〈Los Pueblos de Gesto Antiguo 오랜 표명의 사람들〉이 밝은 의지를 아로새긴다.

…사람들은 새로운 삶을 노래할 거야, 그것은 작은 마을에서 자라고 있지, 악수를 청하는 오랜 표명의 사람들, 나는 새벽이 올 때까지 그들과 함께 노래할 거야, 나는 대지에 순수한 향기를 뿌렸지, 비처럼 단순하면서도 평화처럼 깊은 노래를, 그 사람들은 함께 극복해 나갈 것이며, 그 마을은 바람과 같이 일어날 거야, 그렇게 탄생한 작은 마을에서 나는 살 거야.

밝은 세상을 위하여 꿈과 희망을 잃지 않기를 바라는 〈La

Cuna de Tu Hijo 네 아이들의 요람〉, 고통스러운 삶의 현장에서도 희망을 노래하는 어린 농군을 위한 찬가 〈Mucha-cho Pelador 탈곡하는 소년〉, 그리고 힘든 노동이지만 동반자가 있어 행복감을 느낀다는 빅토르 하라의 노래 〈Cuan-do Voy al Trabajo 일터로 갈 때〉를 불러주었다.

구슬픈 인디오 민속풍의 음악이 성스러운 기운을 토하는 〈Indio 인디오〉는 자신의 땅에서 죄수와 포로가 되어버린 인디오들의 삶에 행복을 기원하는 간절함을 담았다.

이후 아르헨티나 누에바 깐시온의 토대를 세운 거장 아타우알파 유판키Atahualpa Yupanqui(1908-1992)의 노래 모음집 《Interpreta Atahu-alpa Yupanqui, 1977》를 발표했다.

작가의 의연한 숙명이 처연하게 그려지는 〈Piedra Y Camino 돌과 길〉은 적막하지만 비명이 서린다.

…행복을 원하는 만큼, 나는 고통 속에 사네, 나는 걷고 있고, 때론 나는 강과 같아, 나는 노래하며 도착하고, 아무도 모르게 울면서 떠나네, 내 운명 돌과 길로, 아득하고 아름다운 꿈에서 나는 순례자라네…

억압된 민중의 꿈이며 희망이자 나라를 질주하지 못하고 죽어가는 말에 비유한 〈El Alazán 밤색 풀〉도 시대정신을 담은 고발이었다.

Serenata para la Tierra de Uno

1979 | Universal | 2742687

1. La Paciencia Pobrecita
2. El Cosechero
3. Cuando Muere el Angelito
4. Viejo Caa Cati
5. Serenata para la Tierra de Uno
6. Volveré Siempre a San Juan
7. Juancito en la Siesta
8. Pueblos Tristes
9. Kychororo
10. El Mundo Prometido a Juanito Laguna

본작 《Serenata para la Tierra de Uno 하나의 땅을 위한 세레나데》는 가장 힘든 시기에 발표된 작품이다. 전년인 1978년에 그녀의 영원한 후원자였던 남편을 잃었다. 그럼에도 그녀는 군사독재의 폭력이 난무하는 현실에서 슬픔을 딛고 1979년 라플라타La Plata 공연 무대에 올랐다.

그러나 그 공연장의 모든 관중들과 함께 체포되었고, 갖은 학대와 고초를 겪고 추방당하기에 이른다. 그녀는 결국 파리로 망명하여 이듬해 마드리드에 정착했다.

가슴속에 찬바람이 부는 〈La Paciencia Pobrecita 가련한 인내〉는 자녀를 위해 베를 짜고 매듭을 지으며 인생을 감내해야 했던 인디오 어머니들에게 바치는 노래이다.

〈El Cosechero 수확하는 이〉는 땀에 젖은 수확의 신명, 술잔을 기울이며 나누는 소박한 꿈과 사랑의 희망이야기 차마메Chamamé를 춤추며 신음을 삭이는 농군의 희로애락을 담아냈다.

〈Cuando Muere el Angelito 천사가 죽을 때〉에는 가난한 이웃의 무고한 소녀 앙헬리토의 죽음을 진혼한다.

민속춤곡 차마메의 고전 〈Viejo Caa Cati 오랜 꿈의 카카티〉는 휘파람과 아코디언의 열풍이 인다. '향기로운 허브와 강렬한 향기'를 의미한다는 카카티Caa Cati는 코리엔에 소재한 원주민의 도시로, 자신의 영역을 지키기 위한 원주민과 분쟁이 있기도 했다.

가장 아름다운 작품 중 하나인 〈Serenata para la Tierra de Uno 하나 된 땅을 위한 세레나데〉에는 줄곧 향기를 품은 따스한 현악의 저녁 바람이 가슴을 관통한다. 아르헨티나의 여류작가이자 싱어송라이터인 마리아 엘레나 월시María Elena Walsh(1930-2011)가 1969년에 발표했다.

내가 머문다면 상처받고, 내가 떠나면 내가 죽기에, 모두를 위해, 그리고 지금의 사랑을 위하여… 우아하게 노래하는 비달리타와 뜨거운 태양과도 같은 당신이기에, 재스민의 향기 같은 당신의 여름날을 위하여… 둘 사이의 비밀로 남은 어린 시절의 언어였기에, 꺾인 내 마음을 세워 준 당신이기에, 당신의 오랜 반란과 네 고통의 세월을 위하여… 끝없는 네 열망을 위하여, 꽃들을 돌보며 씨앗을 뿌리고, 당신을 처벌하는 이들을 증오하는 네 기타를 위하여, 내 사랑이여, 난 당신 안에서 살고 싶네!

아리엘 라미레즈Ariel Ramirez(1921-2010)가 작곡한 〈Volveré Siempre a San Juan 내 노래는 항상 산 후안으로 향하네〉는 고향에 대한 향수와 고독감이 고풍스럽다.

플루트의 서정적인 향연이 가볍게 비행하는 〈Pueblos Tris-tes 슬픈 사람들〉에는 억압된 현실에서 느끼는 우울감이 고스란히 투영되어 있으며, 〈Kychororo 키소로로〉에는 고독과 적막감이 밤바다의 밀물처럼 다가온다.

〈El Mundo Prometido a Juanito Laguna 후아니토 라구나에 약속한 세상〉은 빈곤한 어린이들을 위한 노래이다. 후아니토 라구나Juanito Laguna는 사회적 리얼리즘을 표현했던 화가 안토니오 베르니Antonio Berni(1905-1981)가 1950년대 이후부터 1970년대 중반까지 시리즈로 그렸던 작품의 주인공 이름이다. 쓰레기 더미에서 플루트를 천진하게 부는 등의 모습을 통하여 귀족과 빈민의 극단적인 불균형을 콜라주 기법으로 처절하고도 맹렬하게 표현했던 그의 작품에서 영감을 받았다.

공연장에서 관중들과 함께 지하 감옥에 수감되었던 그녀는 아르헨티나 민중들을 위해 노래하는 것이 그들을 위험 속에 빠뜨린다는 것을 깨달았다. 이 땅에서 더 이상 노래할 수 없다는 것과 사랑하는 고국을 떠나야 했던 추방 조치는 이중의 가중처벌이었다. 고국을 돌아서는 그녀의 곁에는 죽음보다 더한 외로움만이 동행했다.

Como un Pajaro Libre

1983 | Universal | 2742689

1. Como un Pájaro Libre
2. Dulce Madera Cantora
3. Salamanqueando Pa' Mí
4. Grito Santiagueño
5. Barco Quieto
6. Fuerza
7. Guitarra Enlunarada
8. La Resentida
9. Zamba del Que Anda Solo
10. Doña Ubenza
11. La Tempranera

그녀가 타향살이를 하는 동안 수차례 군부독재의 수뇌부가 바뀌었고, 혼란과 억압이 더해갈수록 민중의 반기도 하늘을 치솟았다. 군정의 절정기였던 1982년 4월 2일, 민중의 관심을 돌리려 영유권 분쟁지였던 영국령 군도 포클랜드를 무력 침공하면서 말비나스Malvinas 전쟁을 일으켰으나, 6월 14일 수많은 부상자와 함께 항복하면서 민중의 분노를 샀음은 물론이고 군부는 국제적으로도 완전히 고립된다.

1982년 2월 18일 부에노스아이레스 오페라 극장 무대에 서면서 고국으로 돌아올 수 있었다. 수 회의 공연을 통해서 그녀를 오랫동안 그리워했던 관중들과 뜨겁게 조우했다. 그 무대에서 그녀를 아는 팬들뿐만 아니라 수천 젊은이들의 아이돌이 되었음을 직감했다. 공연이 끝난 후 다시 스페인으로 돌아가야 했지만, 다시 노래할 이유를 찾은 기회였다.

오페라극장에서 '아르헨티나의 밤 딜런Bob Dylan'으로 불리는 록뮤지션 레온 히에코León Gieco와 찰리 가르시아Charly García, 민속음악가 안토니오 타라고 로스Antonio Tarragó Ros, 영화음악가인 로돌포 메데로스 Rodolfo Mederos, 작곡가 아리엘 라미레스Ariel Ramírez(1921 -2010)와 함께 했던 13회의 공연은 《Mercedes Sosa en Argentina》로 출반되었으며, 레온 히에코와 부른 〈Solo le Pido a Dios 신께 바라는 단 한 가지〉가 히트한다.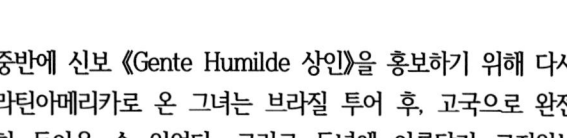

중반에 신보 《Gente Humilde 상인》을 홍보하기 위해 다시 라틴아메리카로 온 그녀는 브라질 투어 후, 고국으로 완전히 돌아올 수 있었다. 그리고 동년에 아름답기 그지없는 《Como un Pajaro Libre 자유로운 새처럼》를 발표한다.
타이틀 〈Como un Pajaro Libre 자유로운 새처럼〉은 기타 반주 하나에 의지한 채 마지막 남은 슬픔을 쏟아내는 듯 노래한다. 마치 이 쓰라린 현실이 얼마 남지 않았다는 것을 암시하는 것처럼.
…나는 매일 죽네, 그러나 나는 말하지, 걸인으로서의 인생

따위는 이어가고 싶지 않다고, 세상은 당신 자신 안에 있고, 그 길이 멀다면 당신이 바꿔가야 하네, 자유로운 새처럼…
〈Grito Santiagueño 산티아고 농군의 외침〉은 싱어송라이터 라울 카르노타Raúl Carnota(1947-2014)의 노래로, 하모니카와 현악에 남녀 가수들과 함께 부르는 소박한 오페레타로 재탄생시켰다. 꿈과 사랑을 위해 살아왔지만 현실의 슬픔을 느끼며 자신이 이 땅에 묻힌 다음이라도 진정한 봄이 찾아오기를 희망한다.
여류 싱어송라이터 마리아 엘레나 월시María Elena Walsh(1930-2011)의 노래 〈Barco Quieto 고요한 배〉는 사랑하는 가족과의 이별을 소재로 한 것으로, 헤어지는 슬픔 뒤에 남는 외로움이 부드럽게 찰랑이는 물결이 되어 떠나는 배를 뒤따른다. 우아한 선율은 남편을 잃고 고국에서 추방되었던 소사의 사연이 겹쳐져 한편으로는 더욱 애틋하다.

본작을 빛내주는 명작 〈Fuerza 힘〉은 서정적인 피아노와 중후한 현악과 코러스와 함께, 비장하고도 강렬한 그녀의 절규가 이내 폭발한다.
오, 내 사랑하는 땅, 난 너의 포로라네… 우리는 네 노예로 태어났네, 우리는 모든 걸 바쳤지, 우리는 이방인이요 순례자야. 나는 다른 이의 노예가 되는 걸 원치 않아, 새로운 길을 위한 희망을 줘, 이 땅이 준 힘, 씨앗과 봄을 안고 오는 물, 태양을 태우는 불, 구름을 흩뿌리고 잎이 돋아나게 하는 공기… 나는 모든 흐름을 뿌리네, 다른 이가 이것을 가지도록, 바람이 불 거야, 내 손에는 하나의 희망만이 남아있네, 강렬한 힘으로, 형제여 출발하고 행진해, 강렬한 힘, 그리고 그 빛은 새로운 세상을 열 거야.
브라질 뮤지션 마르코스 발레Marcos Valle의 〈Guitarra Enlu -narada 기타 찬송가〉는 평화와 자유의 세상을 염원하는 노래로, 후련한 감동을 심어준다.
헤어진 사랑의 엘레지 〈La Tempranera 첫사랑〉도 가슴을 따스함으로 채운다.

이듬해 쿠바의 음유시인 실비오 로드리게스Silvio Rodri-guez의 아름다운 명곡들 〈La Maza 망치〉, 〈Unicor-nio 유니콘〉, 그리고 〈Ma-ria, Maria 마리아〉 등을 수록한 《Mercedes Sosa, 1983》를 발표한다.

특히 〈Unicornio 유니콘〉은 많은 가수들이 노래했지만, 소사의 노래만큼이나 인상적인 커버는 찾기가 쉽지 않다. 안개 자욱한 녹색정원에 신비한 음향이 감돌면, 그녀는 텅 빈 녹색정원의 푸른 동화적 환상을 애틋함과 그리움의 목소리로 열어젖힌다.

〈Maria, Maria 마리아〉는 라틴아메리카 여성들에 대한 찬사로, 힘 있는 보컬과 코러스로 경쾌하면서도 담백한 생동감을 들려준다.

…마리아, 마리아는 태양이야, 그녀는 색깔이고, 땀이며 눈물이야… 살아갈 자격과 사랑할 자격 자격이 있는 여자, 지구상의 다른 여성들처럼, 울음을 참고 미소 지으며, 간신히 살아가고 간신히 견뎌내지.

Sera Posible el Sur?

MERCEDES SOSA

¿SERÁ POSIBLE EL SUR?

1985 | Universal | 2742793

1. Todavía Cantamos
2. Corazón de Estudiante
3. Agosto en Tucumán
4. Pequeña
5. Todo Cambia
6. Será Posible el Sur
7. Como Pájaros en el Aire
8. Siembra
9. Mi Abuela Bailó la Zamba
10. Vira Viró

그녀의 조국 아르헨티나에서는 수만의 국민들을 학살했던 '더러운 전쟁'의 군부가 퇴진하고 1983년 10월 30일 민주적 선거에 의해 드디어 문민정부가 들어섰다. 그러나 군부의 뿌리가 완전히 제거되지는 않았으며 그동안 짓밟히고 입을 틀어막았던 민중들의 욕구는 과히 폭발적이었다.

411

소사는 1984년까지 힘든 시기를 버텨낸 민중들과 공연장에서 기쁨을 나누었고, 1985년이 되어서 신보 《Sera Posible el Sur? 남쪽에서 가능한가?》를 내놓는다.

브라질의 싱어송라이터 미우통 나시멘투Milton Nascimento의 노래 〈Corazón de Estudiante 청년의 심장〉은 잘 알려진 명곡으로, 한없이 부드럽게 펼쳐지는 푸르른 바다가 연상된다. 나라의 희망인 청소년들의 꿈과 희망을 예찬함으로써 소사는 새 시대가 도래했음을 축복했다.

칠레의 대표적인 누에바 깐시온 그룹 킬라파윤Quilapayún의 결성 멤버였던 훌리오 눔하우제Julio Numhauser가 1982년 셀프 타이틀 앨범에 수록한 〈Todo Cambia 모든 것은 변하네〉는 1973년 피노체트가 사회주의 정부를 몰아낸 후 위험을 직감하고 스웨덴으로 망명생활을 하면서 작곡한 노래이다. 세상 모든 것이 변하지만 동료와 자국민들에 대한 사랑은 변치 않는다는 믿음의 노래로, 라틴 아메리카에서는 하나의 성가로 불리고 있다. 팬플루트와 민속악기 퍼커션 등이 들려주는 흥겨운 템포에 자리한 서정적인 애상감은 언제 들어도 콧날이 시큰하다.

역시 백미 중 하나인 타이틀곡 〈Sera Posible el Sur? 남쪽에서 가능할까?〉는 따사롭고도 우아한 볼레로 풍의 현악이 매우 아름답다. 새로운 미래를 향한 확신의 목소리 또한 어머니의 품처럼 포근하다.

남부에서 가능할까? 가능할 거야, 마을의 심장부에 유탄이 떨어져도, 공포에 질려 미쳐버린 어머니의 헛소리에도, 그리고 감옥에서의 모든 기억이 생생하여도, 남부에서 가능할까? 가능할 거야, 얼굴 위로 마지막 겨울이 떨어진다 해도, 내 형제여, 적은 급료에 한숨지어도, 집행을 기다리는 빈 사형대에서도, 나의 영지는 회전하는 중이네, 이 질문의 어둠 속에서, 남부에서 가능할까? 가능할 거야, 당신이 거울을 보았다면, 이를 느끼고 있는가?

역시 그녀의 대표곡 중 하나인 〈Como Pájaros en el Aire 하늘의 새처럼〉은 지저귀는 새의 노래 같은 플루트 연주가 인상적이다. 왈츠의 템포를 타고 점점 더 높이 비상하는 듯한 조감은 평화로운 전원 풍경을 펼쳐 보인다. 경이로운 마법과도 같이 이 나라를 일궈온 어머니들의 두 손을 찬미하는 작품이다.

브라질 형제 듀오 Kleiton e Kledir의 1980년작 〈Vira, Virou 키를 돌려라, 돌렸어〉를 부른 끝 곡 〈Vira Viró〉는 새로운 지평에서의 기쁨을 찾아 여행하는 인생의 항로를 노래한 것으로, 이 듀엣 외에도 페드로 아스날Pedro Aznar도 참여하고 있다.

새로운 고국의 미래를 위하여 희망을 목소리 높여 노래한 본작은 소사의 제2의 인생 서막을 연 첫 작품이기도 했다.

이어 피토 파에스Fito Paez의 노래를 제목으로 한 《Vengo a Ofrecer Mi Corazón 내 마음을 당신께 바치려 합니다, 1985》에서부터 세상을 떠나기 전에 남긴 마지막 선물 《Cantora 찬미, 2009》에 이르기까지 새로운 시대의 아픔을 위로하고 희망을 담은 많은 연가집을 남겼다.

그녀는 자신의 삶에 감사하며 돌아올 수 없는 머나먼 길을 홀가분하게 떠났을 것이다. 그녀는 이제 우리 곁에 없지만, 그녀의 자애로운 목소리는 여전히 세상을 포용하고 있기에 그녀의 빈자리는 영원히 따스하다.

Misia ● 미지아
Portugal

리밭)때문에 이 라이선스 음반은 일찌감치 모습을 감추었다. 이 앨범에서 쉽게 단정 지을 수 있듯 그녀의 음악 영역은 포르투갈에만 한정되진 않는다. 스페인과 프랑스, 미국 팝 소품 등에서도 레퍼토리를 선별하고 그녀만의 파두화를 거친다. 그 간결한 모더니즘 방법으로 재현된 노래들은 원곡과는 다른 독특한 감흥을 주고 있기에 박수를 칠만 하다.

미지아Misia(1955-2024)는 1955년 포르투갈 북부에 위치한 항구도시 포르투Porto에서 출생했다. 포르투는 리스본에 버금가는 제2의 도시로, 대항해시대 때 유럽의 중심지였으며, 포르투갈의 국명이 유래한 도시이기도 하다.

본명은 수사나 마리아 아폰수 드 아기아르Susana Maria Alfon -so de Aguiar로, 학교를 다니면서 아코디언을 배웠고 파두 하우스에서 가창을 배우며 아마추어 가수로 활동했다.

모친은 스페인 바르셀로나 출신으로 한때 카바레 무용수였는데, 21살이 되자 어머니를 따라 바르셀로나에서 댄서로 연예계에 데뷔한다. 그녀는 혼자 노래하고 춤추며 팬터마임을 연기하는 'One Woman Show'를 무대에 올리고, 약 13년간 바르셀로나와 파리를 중심으로 유럽 순회공연을 하면서 마드리드에 정착했다.

그러나 그녀는 자신이 태어난 포르투갈의 전통음악을 새롭게 발전시켜야 한다는 소명을 가지고 리스본으로 돌아온다. 자신이 즐겨 연주했던 악기들-포르투갈 기타, 아코디언, 바이올린과 피아노로 위대한 작곡가들의 고전을 연주하며 이에 어머니께 영향을 받은 탱고와 볼레로 등의 음악들을 접목했다.

보다 풍성한 악기들의 관능적인 사운드가 입혀진 그녀의 현대 파두는 정통 파두의 관객들에게는 신선한 충격이었다. 30대 중반의 데뷔작 《Misia, 1991》은 현대로 돌아온 아말리아 로드리게스의 재기나 마찬가지였다. 맑고 정갈하지만 폭발력이 있는 목소리와 단발머리의 독특한 무대매너로 가장 세련된 파두를 열창했다.

아말리아 로드리게스Amalia Rodrigues(1920-1999)에 의해 파두Fado란 월드뮤직 장르가 국내에 상륙하고 난 후, 파두의 전령사로서 명성을 알린 가수는 미지아였다.

특히 두 번째 앨범 《Fado》가 라이선스로 소개되기도 했는데, 국내반에만 수록되었던 한국 가곡 〈A Barley Field 보

Fado

1993 | BMG | 74321 16562

1. Liberdades Poéticas
2. Nasci para Morrer Contigo
3. La Gavina
4. Fado Adivinha
5. Noite
6. Tragédia da Rua das Gáveas
7. Os Velhos Amantes
8. Alguna Manera
9. Lágrima
10. Nome de Rua
11. Fado Quimera
12. Canção do Mar
13. As Time Goes by

파디스타 세르지우 구디뉴Sérgio Godinho가 쓴 〈Li
-berdades Poéticas 시적 자유〉는 간결한 기타
라 반주에 미지아의 맑은 음성이 투명한 운율을

만들어낸다. 이후 발표한 《Paixões Diagonais 사선의 열정, 1999》에는 기타라와 현악 앙상블로 연주되었다.

…좋은 연인, 밤을 울리는 파두, 이 파두에 시적 자유를 충분히 느끼지 못했다면, 날 용서해. 리듬이나 음률, 비대칭적 시구는 아냐, 내 열린 귀는 이 거리를 통해 달려서, 내 사랑이 될 거야. 광기보다 가벼운 이 괴로움 속에 날 버려두지 마, 난 그렇게 파두를 노래할 거야.

스페인의 여류시인 마리나 로셀Marina Rossell이
부른 청초한 포크 〈La Gavina 갈매기〉는 애틋한
소망이 되어 비상한다.

파디스타 막스Max(1918-1980)의 고전 〈Noite 밤〉
은 원곡의 우울함을 걷고 고요함을 채워 넣었다.

벨기에의 음유시인 자크 브렐Jacques Brel(1929-1978)의 〈La Chanson des Vieux Amants 오랜 연인들의 노래〉를 부른 〈Os Velhos Amantes 노년의 연인〉은 원곡이 지
닌 애절한 드라마를 푸르른 하늘 풍경 위로 담백
하게 그려냈다.

…오 나의 사랑, 나의 감미롭고 영원하고 눈부신 사랑. 비속의 사랑, G장조의 사랑, 지나친 사랑, 영원한 사랑. 그리고 시간이 더 지날수록, 더 많은 삶이 흘러갈수록, 너와 나의 존재에 대한 은혜는 더욱 희미해지지만, 다정함이 우리를 압박하고, 말이 진실할수록, 사랑은 더 많이 일어나네. 우리는 더 빨리 늙어가지만, 너의 눈에서는 그 약속이 천천히 이행되네.

루이스 에두아르도 아우테Luis Eduardo Aute(1943
-2020)의 화창한 연애시 〈Alguna Manera 어찌하
든지〉는 쓸쓸함이 익어간다.

…밤이 다가와 분위기에 젖네, 네게 입맞춤하고픈 마음에 내 입술은 마르고, 밀랍인형처럼 차갑고 이름 없는 키스, 더 이상은 안 돼, 이제는… 돌처럼 굳어진 시간은 피곤에 지쳐 가고, 시간은 연인의 모습으로 머리를 빗어 넘기네, 어쨌든 난 널 잊어야 해, 더 이상은 안 돼, 이제는…

아말리아 로드리게스의 명곡 〈Lágrima 눈물〉에 는 빛이 맺혀 아른거린다.

둘째 폰트시Dulce Pontes가 영화 「Primal Fear 프라이멀 피어, 1996」에서 노래해 히트한 고전 〈Canção do Mar 바다의 노래〉는 장중하진 않지만, 잠이 든 대서양을 향해 기타라와 아코디언의 반주에 열망 의 세레나데를 노래한다.

〈As Time Goes by 시간이 흐르듯이〉는 미국 작곡가 하먼 후프펠드Herman Hupfeld(1894-1951)가 쓴 뮤지컬 「Everybo -dy's Welcome, 1931」의 삽입곡이다. 이후 고전 명화인 「Casablanca 카사블랑카, 1942」의 주제가로 사용되었으며, 영화에서 부른 도리 윌슨Dorry Willson, 페리 코모Perry Como, 바브라 스트라이샌드Barbra Streisand, 헨리 맨시 니Henry Mancini 등에 의해 연주되어 왔던 이지 리스닝의 고전이다.

그녀의 독특한 외모만큼이나 음악적으로도 확실한 눈도장을 찍게 된 본작은, 흑백의 커버처럼 다양한 빛깔은 존재하지 않는다. 하지만 물기 가득한 그녀의 음성은 빛과 그림자에 의해 극명하게 혹은 부드럽게 점진되는 명암 단계와 같이 고고한 매력을 남긴다. 옅지만 그 향기의 시간은 길다.

Tanto Menos Tanto Mais

1995 | BMG | 74321 16562

1. Unicórnio
2. Mistérios do Fado
3. Órfão de um Sonho Suspenso
4. Caração Bateu Três Vezes
5. Veste de Noite Estè Quarto
6. Penélope
7. Adeus ao Vento
8. Ciúmes de um Coração Operário
9. Algum Dia
10. O Ás da Sueca
11. Só um Fado
12. Unicórnio (versão espanhola)

미지아는 아말리아 로드리게스 이후로 가장 전통 파두를 아 름답게 물려받은 장본인으로 평가받는다. 그녀의 무대매너 는 곧 청중을 감동시키며 자신이 꿈꾸어온 유토피아와 행복 에 대한 개인적인 메시지를 쉽게 수긍하도록 만든다.

백합과 함께한 세 번째 앨범 《Tanto Menos Tanto Mais 단순할수록 아름답다》가 국내에 유명세를 탄 까닭은 첫 곡으로 수록된 쿠바의 음유시인 실비오 로드리게스Silvio Rodrí -guez의 1982년 명곡 〈Unicórnio 유니콘〉을 수록하고 있기 때문이기도 했다. 당시로서는 원작이 국내에서 손쉽게 접할 수 없었기에 미지아와 메르세데스 소사Mercedes Sosa(1935-2009)의 음성으로 먼저 친숙해졌다. 고요한 미지아의 파두 버전은 흡사 밤의 노래와 같다. 맑은 동경과 기도에는 영롱한 별빛이 평화롭게 반짝인다. 마치 꿈 속에서 유니콘을 만나길 희망하는 것처럼.

비올라의 갈색 선율로 진입하는 〈Mistérios do Fado 파두의 신비〉에는 희로애락의 감동과 미소로 안식의 자장가를 노래한다.

페르난두 페소아Fernando Pessoa(1888-1935)의 시를 노래한 〈Órfão de um Sonho Suspenso 불안한 꿈의 고아〉는 슬픈 바다에의 서정이다.

파디스타 세르지우 구디뉴Sérgio Godinho의 〈Cara -ção Bateu Três Vezes 세 번 부르는 노래〉는 빠른 템포를 따라 사랑의 스텝을 경쾌하게 들려준다.

오디세우스와 정절을 지킨 아내 페넬로페와의 사랑을 주제로 한 〈Penélope 페넬로페〉는 아름다운 걸작이다. 모험을 떠난 남편이 돌아올 것을 굳게 믿고 많은 청혼자들을 지혜롭게 물리치는 페넬로페는, 뱃사람의 무사귀한을 손꼽아 기다렸던 포르투갈 아내들의 보편적인 사연이었다.

재즈 피아노와 기타라가 연출하는 카바레 파두 〈Algum Dia 언젠가〉는 싱어송라이터 조르지 팔마Jorge Palma 의 작품으로, 사랑에 대한 용서와 연민의 감정이 진하게 우러나온다.

본작은 프랑스의 권위 있는 샤를 크로 아카데미 그랑프리를 수상, 르몽드Le Monde지에서도 '올해 최고의 음반' 중 하나로 선정하기도 했다.

라이선스로 소개된 후속작 《Garras dos Sentidos 마음의 상처, 1998》는 62개 국에서 발매된 히트작으로, 포르투갈 Publico지는 '20세기의 베스트 음반 100'에 포함시켰다.

사랑은 금지된 천국이며, 불공평한 만족이고, 행복한 역경이기에 더 이상 사랑을 노래하고 싶지 않다는 타이틀곡은 국내 팬들에게도 대표곡으로 자리 잡았다.

〈Fado do Retorno 귀가의 노래〉는 탱고의 열정마저 숨 쉬는데, 키스로 귀가 인사를 나누는 뜨거운 열애의 순간이다.

〈Da Vida Quero Os Sinais 삶의 징후를 원해요〉는 바이올린 2중주의 애절함이 너무나 고혹적이다.

오 작은 파두의 신이여, 내 안에서 다스리는, 고통의 잔에 꽃이 만발한 포도주를 부어, 삶의 종말에 대한 나의 갈증을 해소해 주옵소서… 문턱도 국경도 없는 사랑, 나를 매혹시키는 벌거벗은 거울 속에, 눈의 숨결이 남아있게 하소서, 이 파두를 부를 때 별이 뜨기를, 그리고 대지가 나의 빛이 되게 하소서.

Paixões Diagonais

1999 | Erato | 3984 28184

1. Paixões Diagonais
2. Ainda Que
3. Triste Sina
4. O Corvo
5. Fado Triste
6. A Palavra dos Lugares
7. Se Soubesse o Que Sentias
8. Minha Alma de Amor Sedenta, Sequiosa
9. Nascimento de Venus
10. Par Rêve
11. Liberdades Poéticas
12. Paixões Diagonais

파두는 대서양을 향해 사랑하는 남자를 기다리는 여인의 슬픈 고독의 정서이다. 미지아의 5번째 앨범 《Paixões Diago -nais 사선의 열정》에는 그 애틋한 내밀의 감정이 보랏빛 향기가 되어 머물고 있다.

타이틀곡 〈Paixões Diagonais 일그러진 사랑〉은 고풍스러운 기타라의 슬픈 감정에 쉽게 미혹된다. 이 연약한 노래는 나폴리 음악에 관한 다큐멘터리 영화 「Passionada 열정, 2003」에 사용되었다고 한다.

…왜 이 슬픔은 다시 돌아오는가, 우리 테이블의 숙명, 떠나는 침묵, 왜 모든 것은 바다로 회귀하는가. 아직 가지지 못했음에도, 우리를 위한 내 사랑이 돌아오길…

끝 곡으로 수록된 버전은 포르투갈 출신의 세계적인 클래식 피아니스트 마리아 조앙 피레스Maria João Pires의 피아노 솔로 반주로 녹음되었다.

선배 가수 아멜리아 뮤지Amélia Muge가 작곡한 〈Ainda Que 가령…〉은 사랑의 열망을 담은 발라드로, 피아노와 바이올린이 세련된 퓨전의 향을 피운다.

〈Triste Sina 슬픈 운명〉에서는 시퍼런 고통의 바다에서 파도와 같이 산산이 부서지는 한 소녀의 슬픈 사랑을 노래했다.

〈Fado Triste 슬픔의 파두〉 역시 또 하나의 백미로 쓸쓸한 드라마를 남긴다.

…나는 항상 갈망합니다, 이 리스본 거리가 항상 당신의 발걸음으로 속삭일 수 있도록. 떠난 배가 돌아오길…

아멜리아 뮤지의 자작곡인 〈Se Soubesse O Que Sentias 당신이 느낀 걸 내가 알 수 있다면〉은 그 처량함에 넋을 잃게 된다.

〈Nascimento de Venus 비너스의 탄생〉에는 르네상스시대의 화가 보티첼리Sandro Botticelli의 환상적인 작품을 보듯 피아노와 브라스의 조화롭고도 세련된 고전미에 사로잡힌다.

시인 페르난두 페소아F. Pessoa의 작품에 파디스타 아멜리아 뮤지가 곡을 붙인 〈Par Reve 꿈을 통해서〉는 담백한 재즈 포크풍의 샹송을 듣는 듯한 느낌이다.

〈Duas Luas 두 개의 달〉과 〈Lagrima 눈물〉 등으로 파두의 전설 아말리아 로드리게스A. Rodrigues에 헌정한 《Ritual, 2001》과 포르투갈의 위대한 작곡가이자 기타라 연주가 까를로스 빠레데스Carlos Paredes(1925-2004)를 기반으로 한 《Canto, 2003》가 연이어 라이선스로 소개되었으며, 마침내 2003년 10월에는 내한하여 파두의 아름다움을 보다 가까이서 전했다.

2005년에 그녀의 밴드와 함께 '드라마 박스'호텔에서 새로운 카바레 음악쇼를 선보였는데, 이 레퍼토리에는 파두의 고전뿐만 아니라 멕시코 출신의 거장 아르만도 만사네로Armando Manzane-ro(1935-2020)의 고전 〈Ese Momento 그 순간으로〉와 〈Te Extraño 당신이 보고 싶어〉, 그리고 아르헨티나 누에바 탱고의 거장 아스토르 피아솔라Astor Piazzola(1921-1992)의 히트송 〈Yo Soy Maria 나는 마리아〉 등도 포함되어 있어 다채로운 월드뮤직의 향연을 즐길 수 있다.

실황을 포함한 2CD 작품집 《Ruas 거리, 2009》에는 오르넬라 바노니Ornella Vano-ni의 노래로 친숙한 깐쏘네 명곡 〈Mi Sono Innamo-rata di Te 당신과 사랑에 빠졌네〉를 파두의 감성으로 들려준다.

또한 달리다 Dalida(1933-1987)가 1972년에 노래한 명곡으로, 프랑스 영화 「Dalida, 2016」에서 그녀가 자살하는 마지막 장면에서 흘러나온 〈Pour Ne Pas Vivre Seul 혼자 살지 않기〉을 록 비트로 실었다.

그리고 터키의 1960년대 고전으로, 네가 나를 사랑할 때 비로소 내가 살아있다고 하는 〈Biraz Kul Biraz Du-man 약간의 재 약간의 연기〉의 커버도 매우 숭엄하다.

《Senhora da Noite 밤의 여인, 2011》에는 고전인 타이틀곡 외에, 피아니즘이 빛나는 애절한 연가 〈Tarde Longa 긴 오후〉, 아멜리아 뮤지Amélia Muge가 가사를 쓴 〈Simples-mente 간단하게〉 등 오롯이 파두 작품들을 수록했다.

《Delikatessen Café Concerto, 2013》은 파두를 비롯한 월드뮤직 선곡으로 피아솔라의 〈Oblivion 망각〉과 명화 「Les Choses de la Vie 즐거운 인생, 1970」에서 여배우 로미 슈나이더Romy Schnei-der(1938-1982)가 노래한 〈La Chanson d'Hélène 엘렌의 노래〉 등이 특히 감성을 사로잡는다.

아말리아 로드리게스 헌정작 《Para Amalia, 2015》에 이어, 2016년부터 암 투병으로 지옥과 열정 사이에 놓여 있었던 2년간의 사운드트랙 《Pura Vida 순수의 삶, 2019》을 발표, 〈Ausência 부재〉라는 곡에서 그녀를 슬픔에서 구해주는 것은 파두라고 노래하며 전율의 절창을 들려준다.

마지막 앨범이 되어버린 《Animal Sentimental, 2022》은 자신이 불렀던 기존 곡을 새로운 편곡으로 실었으며, 비올레타 파라Violeta Parra(1917-1967)의 〈Qué He Sa-cado con Quererte 난 당신의 사랑에서 무얼 얻었나〉, 루이스 에두아르도 아우테Luis Eduardo Aute (1943-2020)의 〈De Alguna Manera 어떻게든〉, 호드리구 레앙Rodrigo Leão의 〈Fico a Cismar 긍금해〉 등을 포함했다.

맑고 단단한 고드름 같은 그녀의 음성은 더 이상 들을 수 없지만, 노래에 감도는 사과주 향은 영원히 머물 것이다.

세계로 뻗은 올리브 나무의 향기
Nana Mouskouri ● 나나 무스쿠리
Greece

예전에는 전문 DJ가 음악을 틀어주는 라디오방송이 꽤나 존재했고 청취율도 대단했다.

방송인 이종환(1937-2013)님이 맡았던 전설의 프로그램은 누구나 쉽게 들을 수 있는 이지리스닝류의 선곡 레퍼토리로 남녀노소를 불문하고 많은 사랑을 받았다. 글쓴이는 이 프로그램을 통해서 나나 무스쿠리Nana Mouskouri의 노래들을 특히 자주 들었던 것을 기억한다. 그분은 특이하게도 '라나 무스쿠리'로 발음하며 소개했는데, 그녀의 이름 '나나'는 어릴 적 친구들이 불렀던 애칭이라고 한다.

연말이면 〈Plaisir d'Amour 사랑의 기쁨〉과 같은 크로스오버 곡들은 애청곡 투표에서 상위를 차지할 만큼 인기를 끌었고, 자그마한 동네 레코드숍 쇼윈도에는 검은 단발머리에 두툼한 검정 뿔테안경을 쓴 그녀의 앨범들이 걸려있곤 했다.

1934년 크레타섬에서 요아나 무수리Iōánna Moúschouri란 이름으로 출생한 나나 무스쿠리는 마노스 하지다키스Manos Hadjidakis(1925-1994)에 의해 발굴되어 1960년대 초부터 가수 활동을 시작함과 동시에 세계적인 가수로 급부상하였고, 그리스 노래로 시작된 행보는 재즈를 거쳐 크로스오버의 여왕으로 등극하며 오랜 세월 그 자리를 지켰다.

근래 80세 생일 기념 라이브쇼를 성공적으로 거행한 그녀는 3억 장 이상의 음반 판매 기록을 지니며 자신의 신화를 구축한 월드팝의 아이콘이라 할 수 있다. 사실 자국을 넘어 세상을 무대로 성공하기란 결코 쉽지 않다. 아마도 그리스 출신으로서 마리아 칼라스Maria Callas(1923-1977) 이후 그녀만 한 전설이 또 있을까.

비키Vicky Leandros나 데미스 루소스Demis Roussos(1946-2015) 등도 세계시장을 무대로 활약했었는데, 나나 무스쿠리의 세계적 성공은 2000년대 이후 그리스에서 가장 성공한 라이카가수 사키스 루바스Sakis Rouvas 등 많은 후배 가수들의 롤 모델이 되어왔고, 또한 가장 존경받고 있다.

Chants de Mon Pays

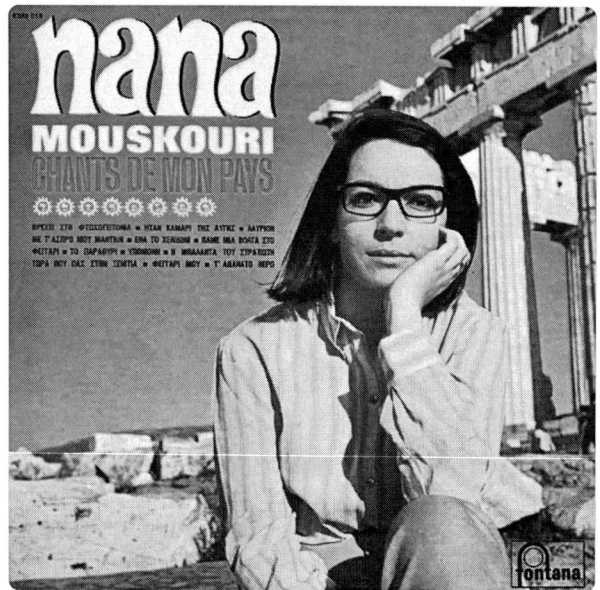

1967 | Universal | 532 910

1. Itan Kamari Tis Avgis
2. Lavrio
3. Manoula Mou
4. Me T' Aspro Mantili
5. Pame Mia Volta Sto Fegari
6. Kathe Trelo Pedi
7. To Parathiri
8. Ipomoni
9. I Balada Tou Stratioti
10. Fegari Mou
11. Tora Pou Pas Stin Xenitia
12. Hartino To Fegaraki

재즈와 크로스오버 작품들은 국내에 오래전부터 소개가 많이 되었다. 그래서 그녀는 월드뮤직 가수라기보다는 이지리스닝 가수로서 그 이미지가 굳혀졌는데, 한때는 프랑스에서 앨범을 발표한 탓에 샹송 가수로도 오해하곤 했다.

본작 《Chants de Mon Pays 내 고향의 노래, 1967》는 고국 그리스에서 7년간의 군부 독재(1967-1974)가 시작된 해에 발매되었다. 1990년대 초에 영어 타이틀 《Song for My Land》를 달고 LP로 라이선스 되었는데, 10여 년이 지나 다시 몇몇 그리스어 작품들과 함께 CD로도 라이선스 되었다. 수록곡 중 9곡이 하지다키스M. Hadjidakis(1925-1994)의 곡이다.

페데리코 가르시아 로르카Federico García Lorca(1898-1936)의 「피의 결혼식」에 하지다키스가 작곡한 ⟨Itan Kamari Tis Avgis 새벽의 자존심⟩이 애처로운 기타와 가녀린 목소리로 인생의 무상함을 이야기한다. 아를레타Arleta(1945-2017), 사비나 야나투Savina Yannatou, 네나 베네차누Nena Venetsanou 등 많은 가수들이 노래했던 하지다키스의 대표곡 중 하나이다.

그는 새벽의 자존이었네, 늠름한 기병이었지, 하지만 지금 그는 한 줌의 눈덩이가 되었네. 그는 황무지와 산맥들로 방랑했었지, 처자들의 품에 안기어 수많은 연회도 보냈지. 누군들 밤의 이끼가 자신 머리의 왕관이 되리라고 바랐겠나? 시인 니코스 가초스Nikos Gatsos(1911-1992)가 가사를 쓴 ⟨Lavrio 라브리오⟩는 서글픈 내용이지만, 흥겨운 리듬감으로 가슴을 벅차게 한다.

나는 물을 찾기 위해 우물에 돌을 던졌고, 하데스에게 바치는 황금 장신구를 찾았네. 나에겐 춤을 추며 이 행복을 누리고픈 욕망이 없네. 일곱 개의 못으로 바위에 박힌 일곱 아이들의 영혼에, 내 마음은 피를 흘렸네. 꺼진 불에서 불꽃이 튀네, 성모 마리아를 향해 타오르는 촛불처럼. 춤추는 이 라브리오에서 오늘 밤 행운아는 누구인가?

부주키의 아련한 떨림이 애간장을 태우는 ⟨Manoula Mou 나의 어머니⟩는 자식이 어머니를 부끄러워함에도 항상 투정을 받아주고 걱정하며 눈물짓는 모정의 노래이다.

포근한 포크송 ⟨Me T' Aspro Mantili 하얀 손수건⟩은 원제가 '네 사랑 없이 산다는 것'이라 한다. 내년 여름에나 돌아올 연인을 향해 하얀 손수건을 흔들며 작별 인사를 하고 무사귀환을 기도하는 애정에 꽉 정감이 간다.

하지다키스의 자작곡인 〈Kathe Trelo Pedi 광기의 아이〉는 남성 코러스와 함께 더욱 비장미를 풍긴다.

그날 아침 그녀에게 인사를 전했지, 광기 어린아이의 손에는, 동정녀 마리아의 입맞춤과, 칼 하나가 있었어. 그 어머니는 노래하지 않았네, 한 쌍의 비둘기가 도살되고, 그 아이의 손에서 밤새 불탔네, 그리고 그 소녀는 말문을 닫았네.

〈To Parathiri 창문〉은 미미스 플레싸스Mimis Plessas(1924 -2024)가 그리스의 현대무용 안무가 랄루 마누Rallou Manou (1915-1988)의 작품을 위해 작곡한 노래로, 나나  무스쿠리가 초연했다. 창문 너머로 떠난 연인을 기다리는 애달픈 마음이 그려진다.

이별가 〈Tora Pou Pas Stin Xenitia 당신이 외국으로 가신다기에〉는 청아한 그녀의 보컬에 눈 물이 그렁그렁하다.

기타의 여린 트레몰로와 함께 눈물 마른 그녀의 음성에서 사랑에 대한 간절함을 읽을 수 있는 〈Hartino To Fegaraki 종이 달〉은 최고의 호소력으로 뜨거운 박수를 보내고 싶다.

나나 무스쿠리가 세운 업적은 방대하다. 그중 잘 드러나지 않는 고향 노래는 고국이 처한 아픔을 세상에 널리 알렸고 민중의 위로가 되어주었기에 제일 위대해 보인다.

I Endekati Entoli

1985 | Philips | 826426

1. Peftei Vrohi
2. I Endekati Entoli
3. Allilouia
4. Ilie Pou Hathikes
5. Pyrrihios
6. Mia Thesi Ston Ilio
7. To Paidi Me To Tabourlo
8. Nakria Sto Katmantou
9. Giarem Giarem
10. O Taxidiotis Tou Oneirou
11. Tis Haras Adelfi
12. Mikro Mou Alfavitari

1970-80년대 한 해에도 영어, 불어, 독어 앨범들을 다양하게 녹음하며 세계적인 전성기를 누린 그녀는 마침내 고국을 떠난 지 20여 년만인 1984년에 돌아와 그해 7월 아크로폴리스 남쪽에 위치한 이로드 아티코스Herod Atticus 음악당에

서 첫 콘서트를 열었다. 물론 전년에 《Athina 아테네》를 발표하며 고국에 대한 사랑을 전했지만, 이 감동적인 콘서트는 두 매의 디스크에 담겨 《Live at Herod Atticus, 1985》로 발표되었다.

특히 나나가 처음 리코딩했던 미키스 테오도라키스Mikis Theodorakis(1925-2021)의 초기 걸작인 《Epitafio 묘비명, 1960》의 수록곡 〈Mera Mayou 5월의 어느 날〉은 25년 이란 세월을 급속도로 가로지르는 깊은 감격 그 자체였다. 이는 독재에 항거하다 세상을 떠난 아들을 그리는 아버지의 슬픈 노래이다.

1980년대를 대표하는 《I Endekati Entoli 열한 번째 계명》은 시인 니코스 가초스Nikos Gkatsos(1911-1992)와 작곡가 요르고스 하치나시오스Giorgos Hatzinasios와 협업한 앨범으로, 귀국 후 낸 첫 그리스어 앨범이었다.

〈Peftei Vrohi 비가 내리네〉는 비 내리는 밤의 우울한 서정을 촉촉하게 적신다. 빗물 고랑이 만들어 내는 작은 소용돌이 파장처럼 반복적인 여린 멜로디의 슬픔에 까만 밤이 묻히는 시간이다.

타이틀곡 〈I Endekati Entoli 열한 번째 계명〉은 후련한 곡 구성이 매력 있는 작품이다. 다소 복고적인 멜로디이긴 하지만 점차 빨라지는 템포에 시원스레 삽입되는 록 필링은 생동감이 좋다. 번역을 해보아도 그 계명의 지침이 무엇인지 간파하긴 쉽지 않은데, 아마도 '삶을 인내하라'란 메시지가 아닐까 예상해 본다.

나나만이 풀어낼 수 있는 걸작 〈Mia Thesi Ston Ilio 태양이 있는 곳〉은 너무나 연약하고도 애틋하여 심장이 촉촉해짐을 느낀다.

자칼과 늑대의 공포처럼 파렴치한 춤을 추는 세상, 나는 태양의 장소를 몰라, 발코니의 검은 하늘, 어두운 지상의 사람들, 어디서 내 마음의 연민을 찾을 수 있을까, 어디서 내 마음의 애정을 찾을 수 있을까, 벌거벗겨진 세상, 잠에서 깬 야생, 숨은 사냥꾼들, 나는 이불을 덮네, 태양이 있는 곳을 알려줘, 네가 있는 곳의 삶을 알려줘.

또 하나의 아름다운 명곡인 〈To Paidi Me To Tabourlo 북 치는 소년〉의 따스한 감동은 매우 길게 행진해 나가며, 북소리의 의성어 가사 '탐탐-'으로 여운이 오래 남는다. 눈물과 울음소리로 흐르는 삶에서도, 동심을 위협하는 전쟁이 세상 어디선가 계속된다 하더라도, 궁전을 꿈꾸며 누구와도 친구가 되는 아이들의 무구한 순수함을 보호해야 한다는 메시지를 실었다.

맑은 피아노와 성스러운 가스펠 팝의 부드러운 향기로 매료시키는 〈O Taxidiotis Tou Oneirou 꿈의 여행자〉도 빼놓을 수 없다.

…꿈의 여행자는 어디로 가나, 내 가슴속의 첫사랑이여, 반역의 그 시간으로부터 그 아무도 벗어날 순 없네, 박해받은 새는 어디로 가나, 기차는 어디로 떠나나, 다시 내게 나타나주길 기다리는 역전에서…

그녀의 목소리에서 성녀의 순결함을 느낀다면 죄악일까. 그녀의 노래들을 리메이크하는 후배들은 그리 많지 않다. 아마도 그녀의 감동을 재현하기란 매우 어렵기 때문이 아닐까. 너무나 친숙해져 버린 목소리임에도 계속해서 감동을 줄 수 있다는 것이 바로 대가의 위력이다.

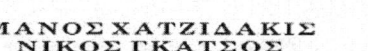

I Mythi Mias Gynekas

PHILIPS

ΜΑΝΟΣ ΧΑΤΖΙΔΑΚΙΣ
ΝΙΚΟΣ ΓΚΑΤΣΟΣ

ΟΙ ΜΥΘΟΙ ΜΙΑΣ ΓΥΝΑΙΚΑΣ
ΝΑΝΑ ΜΟΥΣΧΟΥΡΗ

1988 | Philips | 836 803

1. I Thysia Tis Antigonis
2. Ipa Epi Gis Irini
3. Taormina
4. Me Lene Theodora
5. Pote Petheni O Erotas
6. O Stavros
7. Iroes Kai Thymata
8. I Polka Ton Evreon Tis Pragas
9. Mavros Tavros Bike Sto Horo
10. Ta Logia Pou Perimena
11. Stou Nilou T Ammohorafa
12. Kravges Gia Enos Aggelou Mnimi

1980년대의 나나를 대표하는 《I Mythi Mias Gynekas 여인의 신화》는 1950년대 후반부터 연을 맺었던 작사가 니코스 가초스Nikos Gatsos(1911-1992)와 대작가 마노스 하지다키스 Manos Hadjidakis(1924-1994)의 위대한 공조물 중 하나이다.

〈I Thysia Tis Antigonis 안티고네의 희생〉은 고대 그리스의 3대 비극 작가 중 한 사람인 소포클레스Sophocles(BC496 -BC406)가 쓴 비극 「Antigonis 안티고네, BC441」의 이야기로, 신탁에 의해 버려졌다가 출생의 비밀을 모른 채 부친인 왕을 살해하고 자신을 낳은 어머니와 결혼했던 또 하나의 비극 주인공 오이디푸스Oedipus의 딸이다. 오이디푸스가 죽은 후 왕좌를 차지하기 위한 두 오빠의 불화는 조국을 떠난 큰오빠가 전쟁을 일으켜 둘 다 목숨을 잃는 것으로 종결되었다. 그러나 섭정하던 외삼촌의 명을 어기고 조국을 배신한 큰오빠의 시신을 거둔 안티고네는 사형을 언도받는다.

이 노래에서 공주라는 영광의 자리에서 비참하게 나락하는 안티고네의 비극적 운명은 화려한 옷을 입고 마지막 다리를 건넌다는 가사로 표현되며, 엄중한 오케스트레이션과 하모니카의 애수가 이어진다.

〈Ipa Epi Gis Irini 나는 지구 평화를 이야기했지〉는 전원적 풍경에서 시작하여 오페라를 듣는 듯한 심각한 슬픔에 이른다. 사랑과 평화가 그 주제로, 종교적인 대립으로 서로를 익사시키는 세상에서 피해를 입고 살아가는 여인들에 대한 헌정곡이 아닐까 싶다.

여성의 이름인 〈Taormina 타오르미나〉 역시 그 내용을 간파하기 쉽지 않지만, 이는 파괴와 죽음을 의미한다고 한다. 이태리 시칠리아의 도시 타오르미나의 시련의 역사를 살았던 여인들을 생각하며 쓴 노래일까. 슬픈 운명처럼 한 서린 엘레지가 옅은 왈츠의 리듬을 타고 넘실거린다.

돋보이는 명곡 〈Me Lene Theodora 내 이름은 테오도라〉는 부주키의 트레몰로로 그리스 특유의 서정이 잘 드러난다. 곱디고운 나나의 가창은, 비록 패배할지라도 세상 어린이들을 위해 그리고 슬픈 친구들을 위해 싸우겠다는 한 여인의 불굴의 의지를 노래한다. 이는 난관을 헤쳐나가는 희망을 의미한다고 한다.

절망을 의미하는 〈Pote Petheni O Erotas 사랑이 죽을

때〉는 이별의 고통을 노래한 것으로, 성악 스타일  의 나나의 목소리는 힘을 잃어 더욱 우울한 절창 을 들려준다.

사랑이 죽을 때, 별의 환희 뒤에 찾아올 별의 고통에 대해서는 아무도 모르지, 당신에 부탁할 것도 그리고 얻을 것도 없네, 당신의 피는 불타버렸고, 육신은 절어 버렸네, 네 흐린 눈망울, 당신의 어두운 말투는, 검은 돌로 뒤덮여 황폐함만 남았네, 봄이 태어날 때, 하나님은 알고 있겠지, 구름 뒤에 찾아올 대격변을…

이별과 비애의 〈O Stavros 십자가〉는 더욱 청아  하다. 사형수의 어머니의 노래일까, 아니면 예수의 죽음을 지켜봐야 했던 마리아의 감정일까.

또 하나의 명곡인 〈Iroes Kai Thymata 영웅과 패배자〉는 동화 작가로 많은 저서를 출간한 여류작가 아가티 디미트루카Agathi Dimitrouka의 작시로, 마치 섭리와도 같  은 운명의 양면을 처절하고도 쓰라린 플루트를 위한 교향악으로 들려준다.

〈I Polka Ton Evreon Tis Pragas 프라하 유대인의 폴카〉는 나치의 만행으로 희생당한 유대인들을 위한 추  모곡으로, 어두운 현악의 선율이 자욱하게 내려앉는다.

다음은 4명의 예술가를 위한 추모곡이다.

〈Mavros Tavros Bike Sto Horo 춤추는 검은 소〉는 스페인 내전이 발발하고 '소련의 스파이'란 죄목으로 총살당한 시인 로르카Federico García Lorca(1898-1936)를 위한 캄파넬라Champanera이다. 그는 억울한 누명으로 비명 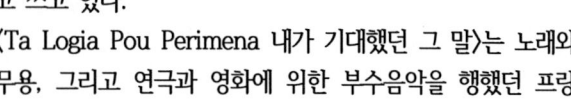 을 거두었지만 새로운 청년세대의 뿌리가 되었다고 쓰고 있다.

〈Ta Logia Pou Perimena 내가 기대했던 그 말〉는 노래와 무용, 그리고 연극과 영화에 위한 부수음악을 행했던 프랑스 작곡가 모리스 조베르Maurice Jaubert(1900-1940)를 위한

노래이다. 그는 영화음악가로 성공을 거두고는 제2차 세계 대전 중에 전사했다. 그의 못다 핀 재능과 인생에 대한 연민은 전쟁에 대한 가슴 아픈 비판으로 이어지는 듯하다.

〈Stou Nilou T'Ammohorafa 나일강 모래밭에서〉는 이집트 전설의 여가수 움 쿨숨Oum Kalsoum(1904-1975)을 향한 엘레지이다.

〈Kravges Gia Enos Aggelou Mnimi 천사의 기억을 향한 비명〉은 오스트리아의 여류 작곡가 알마 말러Alma Mahler(1879-1964)를 위한 탱고이다. 그녀의 첫 남편 구스타프 말러Gustav Mahler(1860-1911)는 〈교향곡 6번〉에서 그녀를 주제로 하였으며, 〈교향곡 8번〉은 그녀를 위한 헌정작이었고, 또한 유작인 〈교향곡 10번〉에서 '그대를 위해 살다, 그대를 위해 죽다'라고 쓰며 열렬한 사랑을 고백했다고 한다.

이후 바우하우스의 창립자인 독일의 건축가 발터 그로피우스Walter Gropius(1883-1969)와 작가 프란츠 베르펠Franz Werfel(1890-1945)과 결혼하였고, 오스트리아의 표현주의 화가 오스카 코코슈카Oskar Kokoschka(1886-1980), 아르누보 화가 구스타프 클림트Gustav Klimt(1862-1918), 그리고 그녀에게 작곡을 가르쳐 주었던 작곡가 알렉산더 폰 쳄린스키Alexander von Zemlinsky(1871-1942)와 연인으로 지냈을 정도로 한 시대를 대표하는 많은 천재 예술가들의 영감이 되었던 팜므파탈Femme Fatale의 주인공이었다. 마치 나나가 알 마 말러로 분한 뮤지컬이나 오페라를 보는 듯 고전적인 기풍이 우아하다.

Agapi Ein I Zoi (& S. Xarchakos)

ΣΤΑΥΡΟΣ ΞΑΡΧΑΚΟΣ. ΝΑΝΑ ΜΟΥΣΧΟΥΡΗ

ΝΙΚΟΣ ΓΚΑΤΣΟΣ ΣΤΙΧΟΙ ΜΑΝΟΣ ΧΑΤΖΙΔΑΚΙΣ

1994 | Philips | 518 682

1. Parea Me Tous Iroes
2. Konta Sto Sikouana
3. Dakrya Tou Fthinoporou
4. Anthropakia Tou Solina
5. To Mayro Aloni
6. Agapi Ein I Zoi
7. Pilioreitiki Mantona
8. Krisi
9. To Potami
10. Maria Eleni

《Agapi Ein I Zoi 사랑 그것은 인생》은 그리스 영화 「Ta Kokkina Fanaria 붉은 등불, 1963」로부터 경력을 시작한 작곡가 스타브로스 자르하코스Stavros Xarchakos와 함께 한 앨범이다. 가사는 세 명의 시인들의 작품들을 기초로 하였는데, 그리스 특유의 애잔함이 녹진하게 용해된 걸작이다.

여류작가 아가티 디미트로카Agathi Dimitrouka가 가사를 쓴 〈Parea Me Tous Iroes 영웅들을 따라서〉는 작곡가와 함께 듀엣으로 노래한 작품으로, 가녀린 나나의 보컬이 연민을 느끼게 한다. 국가위기의 현실을 원망하며 과거의 영웅들의 혜안과 지혜를 그리는 내용이 아닐까 싶다.

이어지는 6개의 노래는 시인 니코스 가초스Nikos Gatsos(1911-1992)의 작품이다.

안온한 포크 발라드 〈Dakrya Tou Fthinoporou 가을의 눈물〉은 나나의 날이 선 듯한 얇은 가창이 청명한 가을 하늘을 선명하게 붉은색으로 물들인다. 사랑한 그대를 향한 눈물로 여름의 죄는 지워질 것이라는 이별의 노래로, 나나의 노래는 그리움 맺힌 떨림의 여운이 깊다. 이후 디  미트라 갈라니Dimitra Galani는 가슴을 먹먹하게 하는 짙은 쓸쓸함으로 취입했다.

〈Anthropakia Tou Solina 패배자의 기차〉는 많은 의미를 담고 있는 듯하다. 제목은 의역하여 붙인 것으로, 만신창이가 되었지만 자신의 아이들과 함께 꿈과 빛을 찾아 떠나는 희망을 그리고 있다. 나나의 목소리에는 두려움과 간절함이 아스라이 흔들린다. 애잔한 서정으로 청자의 가슴을 쓸어내리게 한다.

사랑의 괴로움과 고통을 노래한 타이틀곡 〈Agapi Ein I Zoi 사랑 그것은 인생〉은 처량함과 애달픔이 투명하게 파고든다.

마지막 세 곡은 작곡가 마노스 하지타키스Manos Hadjidakis (1925-1994)가 가사를 썼다.

나나의 청아한 보컬을 그대로 담은 〈Krisi 위기〉는 그저 유희로 자신을 사랑하는 것이라면 다가오지 말라고  말하면서 반면에 사랑에 갈팡질팡하는 자신을 꼭 잡아달라며 간곡히 부탁하고 있다.

뮤지컬의 아리아를 듣는 듯한 〈To Potami 강〉은 긴장감 넘치는 악곡 구조가 매우 드라마틱하게 펼

처진다. 자신의 기쁨을 훔치고 화나게 하는 연인이 자신에게 나타나 주길 바란다는 독백이다.

마지막 명연 〈Maria Eleni 마리아 엘레니〉는 관악의 블루스 즉흥과 영롱한 건반이 우울함을 증폭시키는 랩소디이다. 한밤중에 범죄로 유명을 달리했던 딸 혹은 연인을 그리는 슬픔이 너무나 애잔하다.

텅 빈 하늘을 바라보네… 쓰라린 피눈물을 훔치고, 나는 스파크가 일 듯 술에 취해 휘청거리며, 네 이름을 쓰네. 마리아 엘레니, 대답 없는 미스터리, 수수께끼 그리고 위험. 언제 시간이 널 앗아갔나? 밤이었나, 새벽이었나? 언제 술 취한 광인들이 네게 술을 붓고 구름이 갈라져 눈물짓도록 어둠 속으로 사라지게 했나? 넌 촛불이 되었고 절규가 되었지. 사막의 내 사랑, 마리아 엘레니…

새로운 그리스 작곡가를 알게 되었고, 개인적으로 월드 팝 스타로만 알았던 나나를 재평가하게 된 작품이기도 하다.

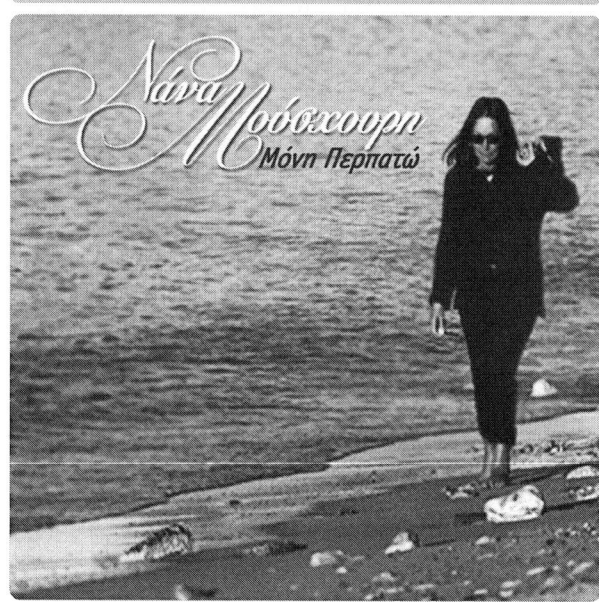

Moni Perpato

2006 | Universal | 602498384954

1. I Proti Mas Fora
2. Roda Kai Triantafylla
3. Orkoi Kai Filia
4. Moni Perpato
5. Prasino, Kokkino, Portokali
6. Tis Thalassas Nanourisma
7. Oi Treis Pliges
8. O Nayagos Tis Agapis
9. Potamos
10. Ah Patrida
11. Diamantia
12. Peiraias
13. I Palia Agapi
14. Tou Iliou I Kori
15. Hilies Mnimes
16. Ta Paidia Tis Samarinas
17. I Eyhi

《Moni Perpato 홀로 걷기》는 2000년대 발표한 공식적으로 유일한 그리스어 앨범이다. 그녀에겐 그리스 음악시장이 좁아서일까? 1990년대도, 2000년대도 영어와 독어, 불어 앨범들은 즐비하게 발표되었지만, 정작 모국어로 낸 앨범들은 손꼽을 만큼 소수였다. 그래서인지 그녀의 그리스어 앨범들은 너무나 반갑고, 또한 그녀는 높은 완성도로 보답하고 있다. 발표 당시 그녀의 나이가 72세임을 미뤄본다면, 한결같은 목소리가 정말 놀랍기만 하다.

〈I Proti Mas Fora 우리의 첫 시간〉은 유명 여류 작시가 리나 니콜라코풀루Lina Nikolakopoulou와 남성 작곡가 니코스 안티파스Nikos Antipas(1953-2022)가 그녀를 위  해 완성한 노래로, 이루어질 수 없다는 첫사랑의 슬픔을 투명한 눈물로 그린 작품이다.
…모든 사랑은 이별 후 목적지에 도달하지, 대부분 은밀하게 비행하지만, 어떤 이는 입을 닫고, 누군가는 되돌아오지 않네, 그러나 그 사랑이 정당화되길 기다리다, 새로운 커플이 되기도 하네, 도시의 새는 빗방울이 떨어지기 전에는 낮게 날지, 우리의 첫 입맞춤은 포옹으로 이어지지만, 날개를 펼치기도 전에 그 사랑은 사라지네.
오페라의 한 장면처럼 비장함이 감도는 걸작 〈Roda Kai Triantafylla 바퀴와 장미〉는 2002년 불어로 발표한 〈On Cueille La Rose 장미의 색〉을 그리스어로 노래한 것으로, 샹송의 명인 샤를 아즈나부르Charles Aznavour(1924-2018)가 그녀를 위해 썼다. 멜로디도 처량하지만 사랑에 장미의 색을 비유한 작자의 시적 은유가 놀랍다. 사랑은 순결한 백장미에 점차 분홍색 얼룩이 더해지며 시작되다가, 피와 심장의 욕망으로부터 그 핑크빛 장미는 진홍색으로 물든다고 한다. 그러나 죽을 듯한 고통과 화재에 휩싸이며 그 장미는 검붉게 변하고, 인생도 검게 타버린다고 덧붙인다.
〈Orkoi Kai Filia 서약과 키스〉는 1978년에 발표한 〈Va Mon Ami Va 내 친구가 되어줘〉를 그리스어로 부른 것으

로, 본래 프랑스의 오래된 민요라고 한다. 돌아오지 않는 연인을 기다리다 외로움을 달래며 달을  향해 친구가 되어 달라는 소녀의 노래이다.
Kate & Anna McGarrigle 듀엣이 1982년에 발표한 〈On My Way to Town〉 번안곡이자 타이틀곡인 〈Moni Perpato 홀로 걷기〉는 전원적인 포크에 초록의  향기가 가득 머문다.
〈Prasino, Kokkino, Portokali 녹색, 빨강, 주황〉은 싱어송라이터 요르고스 테오파누스Giorgos Theofanous가 쓴 작품으로, 신호등 색깔에 빗댄 사랑의 행복과 슬픔과 긴장의 순간을 노래, 현대적이고 젊은 감각이 돋보이는 라이카이다.
그리움이 가득한 갈망의 피아노 서정시 〈Tis Thalassas Nanourisma 바다의 자장가〉는 스테파노스 코르콜리스Stefanos Korkolis의 작곡으로, 애상감이 끝없이 이어지는 걸작이다. 알키스티스 프로톱살티Alkistis Protopsalti도  2011년 라이브에서 스테파노스의 피아노 반주로 불러주었다.
〈Oi Treis Pliges 세 개의 상처〉는 스페인의 시인 미겔 에르난데스Miguel Hernández(1910-1942)의 시에 조안 마누엘 세라Joan Manuel Serrat가 1972년에 발표한 〈Llego con Tres Heridas 세 상처를 안고 왔네〉가 원곡으로, 두 성부로 부르는 나나의 버전은 목가적인 가스펠로 재현되었다.
〈O Nayagos Tis Agapis 사랑의 조난자〉는 이태리 피아니스트이자 작곡가 루치아노 디 나폴리 Luciano Di Napoli의 〈Turquoise〉에 나나가 가사를 붙인 작품이다.
니코스 안티파스의 자작곡 〈Potamos 강〉에는 서러움이 잔물결이 되어 반짝인다.
캐나다 출신의 싱어송라이터 장 피에르 펄랜드Jean-Pierre Ferland의 1980년 발표곡 〈Je Reviens Chez Nous 내가 우리가 되어〉를 부른 〈Ah Patrida 오 조국이여〉은 나나가 많

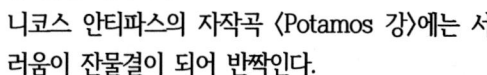

은 언어로 부른 주요 레퍼토리이다. 파도가 밀려드는 푸른 바다를 연상시키는 기타의 특징적인 주법은 행복감과 희망을 느끼게 한다.

작시가 리나 니콜라코풀루와 작곡가 니코스 안티파스의 〈Diamantia 다이아몬드〉는 기쁨과 슬픔의 눈물을 비유한 것으로, 드라마 같은 멜로디가 절절하다.

그리스 아티카의 도시명인 〈Peiraias 나의 항구 피레우스〉역시 본작에서 돋보이는 걸작 중 하나로, 특유의 애수를 자랑하는 스테파노스 코르콜리스의 작곡이다. 애증의 향수를 노래한 것으로, 가슴을 쓸어내리게 하는 왈츠의 리듬을 따라가면 순수한 어린 시절로 돌아갈 수 있을 것만 같다.

멕시코 볼레로의 고전 〈Un Viejo Amor 오랜 사랑〉을 부른 〈I Palia Agapi〉에 이어, 장-끌로드 브리알리Jean-Claude Bria-ly(1933-2007)가 가사를 쓴 2002년 프랑스어 발표곡 〈Fille du Soleil 태양의 소녀〉를 그리스어로 부른 〈Tou Iliou I Kori〉는 나나의 작곡이기도 하다.

〈Hilies Mnimes 천 개의 추억들〉은 기타 연주곡으로 잘 알려진 〈Romance〉에 가사를 입혀 노래했던 그녀의 팝 레퍼토리 〈La Souvenir 선물〉의 그리스어 버전이다. 과거 이지리스닝의 여왕 시절을 떠올려주어 매우 반갑다.

독특한 그리스의 풍토를 그대로 반영한 다큐멘터리 송인 그리스 민요 〈Ta Paidia Tis Samarinas 사마리나의 아이들〉에 이어, 루치아노 디 나폴리의 작곡인 짧은 〈I Eyhi 갈망〉을 마지막 곡으로 실었다.

그녀의 노랠 들으면서 항상 드는 생각은 잘 말린 올리브 잎에서나 날 법한 따스하고 은은한 향기가 난다는 것이다. 결코 질리지 않는 매력으로 그렇게 오랫동안 그리스 대중음악을 지켜왔고 월드팝의 선봉에 자리해 왔다. 나이가 무색한

음악에 대한 열정과 헌신은 본작에서도 마찬가지다.

2011년에는 남우 마놀리스 미치아스Manolis Mitsias, 하리스 알렉시우Haris Alexiou, 나타샤 테오도리두Natasa Theodoridou, 엘레나 파파리주Elena Paparizou 등의 후배 가수들을 초대한 《Tragoudia Apo Ta Ellinika Nisia 그리스 섬의 노래들》을 발표하였는데, 이는 전통적인 그리스의 특유의 선율들을 백퍼센트 담은 가장 부족주의적인 월드뮤직이었다.

보사노바 전설의 뮤즈
Nara Leão • 나라 레앙
Brazil

o melhor de
Nara Leão

나라 레앙(1942-1989)은 1942년 브라질 에스피리투 산투Espí -rito Santo주의 주도 비토리아Vitória에서 출생했다.

12세 때 부끄럼을 많이 타던 그녀에게 부친이 사준 기타가 계기가 되어 음악을 배우게 된다.

1950년대 말에서 1960년대 초에 걸쳐 브라질에서 일어난 보사노바 음악에 동참한 많은 뮤지션들과 음악들을 접하며 영향을 받았고, 몇 년 동안 아마추어 가수로 활동하다 전문 가수가 되어 세르지우 멘데스Sérgio Mendes(1941-2024)와 함께 투어를 가진다.

1960년대 중반 군부독재가 들어서고 시간이 흐름에 따라 정치적인 노래들을 자주 부르기도 하였는데, 리우데자네이루의 파벨라 빈민촌에서 파생된 삼바 음악을 도입한 데뷔 앨범 《Nara, 1964》에 이어, 정치적인 개인적 관점을 담은 앨범 《Opinião de Nara 나라의 의견, 1964》에서부터 정치적 저항가요를 부르기 시작한다.

1970년대 초 군부의 탄압으로 그녀는 가족의 안전을 위해 음악을 포기하고 브라질을 떠나 파리에 머물렀다.

다시 음악 활동을 재개하였으나, 1979년 뇌종양 판정을 받고 병과 치열하게 싸우며 더더욱 음악에 매진, 그러나 1989년 《My Foolish Heart》를 내고는 이순을 넘기지 못하고 세상을 떠났다.

O Canto Livre de Nara

O canto
livre
de Nara

1965 | Philips | 7314546337

1. Corisco
2. Samba da Legalidade
3. Não Me Diga Adeus
4. Uricuri
5. Canto Livre
6. Suite dos Pescadores
7. Carcará
8. Malvadeza Durão
9. Aleluia
10. Nêga Dina
11. A Minha Namorada
12. Incelença
13. Carcará (Espanhol)
14. Não Me Diga Adeus (Espanhol)

1965년 에두 로부Edu Lobo와 탐바트리오Tamba Trio와 함께 발표한 콜라보 앨범 《5 Na Bossa》에 이어, 독집으로는 세 번째 앨범이다.

프로듀서는 전작에서 함께 한 탐바트리오의 피아노 연주자 루이스 에사Luiz Eça(1936-1992)이며, 작곡가이자 기타리스트인 도리바우 카이미Dorival Caymmi Filho(1914-2008)도 연주에 참여하고 있다. 대부분의 수록곡은 삼바의 명곡으로 자리 잡은 작품들이다.

서늘한 그늘 아래에서 나른한 기타의 서정 뒤로는 퍼커션 리듬이 춤을 추며 파도처럼 밀려든다. 그녀의 따사로운 햇살 같은 보컬 뒤로는 열기 있는 현악의 순풍이 불어오며, 코러스는 달콤한 과일향의 향기를 싣는다. 이처럼 레인지가 넓은 다이내믹으로 독특한 브라질리안 흥과 감성을 표출하는데, 그 풍부한 신명과 감흥이 매우 낭만적이다. 또한 시대적인 아픔을 삼바의 리듬으로 풀어낸 깊은 음악성에 먹먹함이 한동안 머문다.

출렁이는 파도를 해치며 바다를 항해하는 듯한 〈Corisco 섬광〉은 삼바 리듬이 너무나 황홀하다. 그러나 그 리듬 속에 군부에 보내는 나라의 의견을 감춰놓았다.

…난 자신을 포기할 수 없네, 난 감옥에서 사는 새가 아니야, 내게 군인을 붙이지 마, 사령관도 보내지 마, 차라리 죽음을 줘… 내 진실과 상상에 관한 이야기, 난 당신이 수업을 받았으면 해, 이 세상이 나쁘게 분할되었다는 것이 오류라는 것을, 땅은 사람이야, 하나님이나 악마가 아니야. 오지는 바닷속으로 가라앉겠지, 그 바다도 오지가 되겠지.

〈Não Me Diga Adeus 내게 안녕이라 말하지 마〉 는 슬픔이 은은하게 우러나오는 명작이다.

안돼, 내게 작별이라 말하지 마, 내 고통의 상념, 누군가 네게 충언을 해준다면, 내게 당신을 주라고 할 거야, 우리는 헤어질 수 없어, 날 떠나지 마, 제발, 그 갈망은 잔인해, 사랑한다면, 내게 안녕이라 말하지 마…

현악 오케스트레이션과 피아노의 침울한 음률이 가슴을 더욱 시리게 만드는 발라드 〈Canto Livre

자유의 노래〉에는 그녀의 목소리가 더욱 우수에 짙게 물들어 있다.

기다리는 동안, 절망해도, 열망할 때도 난 노래하지, 영겁회귀永劫回歸의 세상에서도 나는 노래할 거야. 노래를 뺏는다 해도 노래할 거야. 네가 내 노래를 듣지 못한다면, 넌 노래를 몰라 그럴 거야. 태어날 때는 노래하지 않았지만, 죽는 날에는 노래할 거야. 구석구석을 찾아봐, 모든 모퉁이에서 노래하는 날 찾게 될 거야.

6분이 넘는 중편의 〈Suite dos Pescadores 뱃사공의 조곡〉은 단막 오페라와도 같은 구성으로 현실의 애틋한 드라마를 잇는다. 심판의 날이 오기까지 하나님께 감사를 올리며 바다로 떠나는 고기잡이 선원들의 일생이다.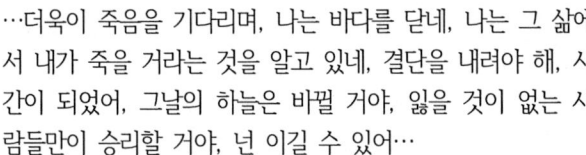

에두 로부Edu Lobo의 걸작 〈Aleluia 할렐루야〉는 따사로운 현악에 이어 선풍이 부는 듯한 삼바 리듬이 곧 희망을 담은 애잔한 스캣을 동반한다.

…더욱이 죽음을 기다리며, 나는 바다를 닮네, 나는 그 삶에서 내가 죽을 거라는 것을 알고 있네, 결단을 내려야 해, 시간이 되었어, 그날의 하늘은 바뀔 거야, 잃을 것이 없는 사람들만이 승리할 거야, 넌 이길 수 있어…

〈A Minha Namorada 내 여자친구〉는 힘없는 여성들에게 운명적인 사랑의 삶을 살아가자는 동반자로서의 권유이다. 애수와 향수가 깃든 포근한 연주가 감촉이 좋다.

〈Incelença 진혼의 기도〉는 자식을 위해 일생을 희생하는 모든 어머니를 위한 성스러운 찬송가이다.

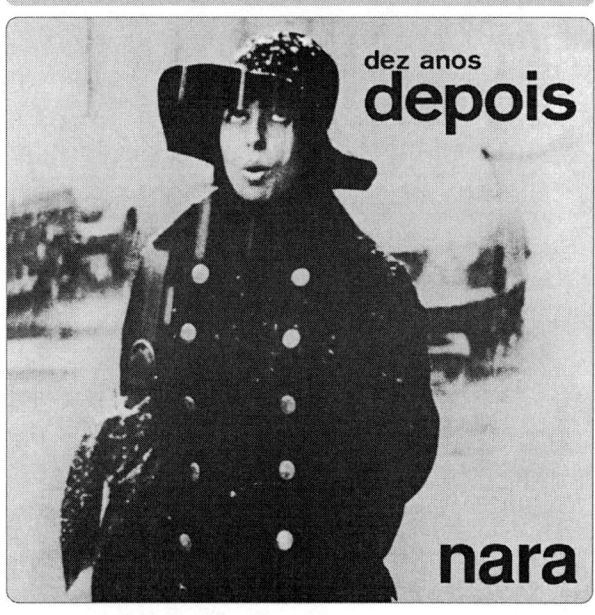

dez anos
depois

nara

1971 | Universal | UICY-90141

1. Insensatez
2. Samba de Uma Nota Só
3. Retrato em Branco e Prêto
4. Corcovado
5. Garôta de Ipanema
6. Pois É
7. Chega de Saudade
8. Bonita
9. Você e Eu
10. Fotografia
11. O Grande Amor
12. Estrada do Sol
13. Por Tôda Minha Vida
14. Desafinado
15. Minha Namorada
16. Rapaz de Bem
17. Vou por Aí
18. O Amor em Paz
19. Sabiá
20. Meditação
21. Primavera
22. Êste Seu Olhar
23. Outra Vez
24. Demais

보사노바의 쇠퇴기에 내놓았음에도 호평을 받은 《Dez Anos Depois 십 년 후》는 보사노바의 궁극적 명작이다. 눈 내리는 파리 거리에서 유쾌한 겨울 낭만에 흠뻑 젖은 듯한 커버도 너무나 낭만적이지 않은가.

본작은 2LP로 발표하였는데, 첫 장(1-12번 트랙)은 오롯이 프랑스 파리에서 머물며 녹음했고, 두 번째 장은 브라질 리우에서 녹음한 오케스트랄 연주에 노래와 기타 연주를 입힌 것이라 한다.

안토니우 카를루스 조빙Antonio Carlos Jobim(1927-1994)과 비니시우스 지 모라이스Vinícius de Moraes(1913-1980) 그리고 쉬쿠 봐르키Chico Buarque 등 보사노바의 명인들의 명곡들을 알차게 준비했다. 무엇보다도 그녀의 보컬은 음악에 대한 깊은 저의를 부드럽게 흘리어 청자의 감성을 완전하게 지배하며 감명을 자아낸다.

첫 장은 담백한 연주로 솔솔 부는 쾌청한 가을 기후를 연상시킨다.

뽀송한 홀씨같이 창공을 고요히 흩날리는 스캣이 퍽 애상적인 〈Insensatez 어리석음〉은 무정했던 지난날의 사랑을 자책하며 용서를 구하는 한 남자의 고백이다.

청량감이 좋은 기타에 공간을 감싸는 따스한 보컬이 조화되는 〈Samba de Uma Nota Só 메모 하나의 삼바〉는 사랑의 감정을 시로 기록하며 노래를 짓는 작법을 노래했다.

잊히지 않는 지난 사랑에 대한 깊은 상념을 토로한 〈Retrato em Branco e Prêto 흑백의 초상〉에서는 서정과 슬픔이 은은하게 물들어간다.

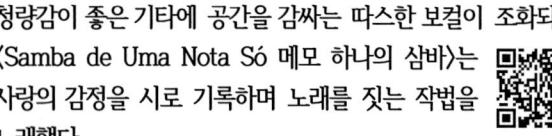

…바보처럼 거기로 다시 가네, 절망을 찾게 됨을 알지만, 어린 슬픔의 낮과 투명한 밤, 구절과 편지, 내 사랑, 다시 네게 쓰려 해, 그것은 원죄라고, 난 가슴에 지난 추억을 묻고, 넌 그 이유를 알 거야, 난 다른 소네트를 고를 거야, 흑백의

다른 사진들이 내 마음을 아프게 하네.

오히려 명상적인 〈Corcovado 코르코바도〉의 차분한 에세이는 가슴속 깊이 맑은 선풍을 불어넣는다. 영어 곡 〈Quiet Nights of Quiet Stars〉로도 알려진 보사노바 최고의 명곡 중 하나로, 로맨틱한 서정에 온화하기 그지없다.

구석에 기타 하나, 연인을 행복하게 하는 사랑 노래, 차분하게 생각에 잠기며 꿈의 시간을 가져요. 창문 너머로 아름다운 예수상이 있는, 코르코바도산을 바라봐요, 오랜 불꽃이 사라질 때까지, 그대와 함께 이 삶 항상 같이 하고 싶어요, 난 이 세상을 불신했기에 슬펐죠, 그대를 찾아서 만나게 됐고, 내 사랑은 너무나 행복해요.

명곡 〈Garôta de Ipanema 이파네마의 소녀〉에서는 사랑에 빠져버린 남자의 두근거림을 경쾌하게 열어가는 맑은 기타 선율에 물안개같이 포근한 보컬이 하얀 현기증을 유발한다.

밝은 희망과 꿈을 노래한 〈Estrada do Sol 태양의 길〉에서의 화창한 낭만 사운드는 코를 간질인다.

두 번째 장은 두툼한 현악의 질감이 흘러나온다.

〈Por Tôda Minha Vida 내 모든 인생을 위해〉는 사랑의 고백서로, 깊은 첼로의 묵직하고도 두툼한 서정이 사로잡는다. 우리에게 잘 알려진 스페인 감독 알모도바르Pedro Almodovar의 영화 「Talk To Her 그녀에게, 2002」에서 엘리스 레지나Elis Regina(1945-1982)의 음성으로 들었던 노래이기도 하다.

내 사랑, 난 서약의 노래를 만들고 싶네, 모든 내 인생이 당신임을, 당신만을 사랑할 것을 약속하네…

바덴 포웰Baden Powell(1937-2000)의 곡인 〈Vou por Aí 내가 가겠어〉는 플루트의 숨결이 슬픔을 머금으며 사랑의 방황을 애틋하게 그려간다.

〈O Amor em Paz 평화 속의 사랑〉 역시 주앙 지우베르투

Joao Gilberto(1931-2019) 등 많은 가수들도 부른
명곡으로, 바이올린의 애절함이 보사노바 특유의
나른함에 드리워지며 애틋한 몽상에 잠기게 된다.

나는 사랑했던 것보다 훨씬 더 많이 사랑했네, 그가 고통을 느꼈을 때 나는 울었고, 내 무한한 슬픔이 그대로 인한 것임을 알았을 때 절망했지, 난 평화로움에서 사랑하고 살아가길 이유를 그대로부터 찾았지, 그리고 더 이상 고통스럽지 않았네, 왜냐하면 사랑이 깨어졌을 때 가장 비통했기 때문이야.

짝사랑이 맞사랑이 되길 바라는 〈Primavera 봄〉은 햇살 가득한 고풍스러운 사운드로 더욱 애달프게 느껴진다.

불가 몇 개의 작품만을 언급했을 뿐이지만, CD를 올려놓으면 시간은 너무나 빠르게 지나간다. 그녀가 맞고 있는 눈이 촉촉한 이슬비가 되어 청자를 적셔주는 본작은 보사노바 열 손가락에 들 만한 명작이라 감히 말할 수 있다.

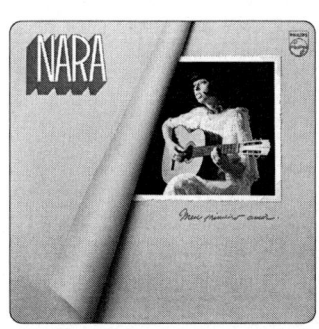

파리의 망명생활을 끝내고 브라질로 귀국하여 잠시 음악 활동을 중단한 시기에 《Meu Primeiro Amor 첫 사랑, 1975》을 발표했다. 싱어송라이터 아리 바호주 Ary Barroso(1903-1964)가 발표한 1940년대의 고전 〈Canta Maria 노래해 마리아〉는 처연한 음성과 따스한 현악으로 우울한 서정을 전한다.

마리아, 단순한 멜로디를 노래해. 인생은 하루뿐이라고, 그 삶은 아름답다고 노래해. 마리아 내 사랑, 나를 울게 하는 사랑이여. 나는 향긋한 로즈메리를 심었네, 우리의 아름다운 작은 집은 소박하지만 보기가 좋아…

민요인 〈Casinha Pequenina 작은 집〉에는 사랑의 추억에 대한 노스텔지아가 색바랜 풍경을 그린다. 소박한 사랑의 보금자리를 기억하지 못할 이별한 연인에게 집 옆의 코코넛 나무가 죽었다고 전하며, 지난 사랑의 맹세와 키스도 봉인되었다고 흐느낀다.

그녀의 이름은 전설이 되고 말았지만, 그녀의 노래는 그 전설을 다시 깨우고 지구촌 어디선가 계속 울릴 것이다.

아라비안나이트의 여왕
Natacha Atlas • 나타샤 아틀라스
Belgium

나타샤 아틀라스는 1964년에 벨기에의 브뤼셀 근교 스카르베크에서 출생했다. 어머니는 영국인으로 아슈케나지 유대인 후손이었고, 벨기에에서 출생한 아버지는 세파르디 유대인의 피가 흐르는 모로코인이었다. 모로코인들의 교외 마을에서 성장하면서 자연스레 아라비아 문화에 노출되었고 자신의 무대에 강력한 영향을 주었던 벨리댄스를 배울 수 있었다.

이후 이집트와 그리스를 거쳐 부모의 이혼 이후에는 영국 중남부의 노샘프턴에서 살았는데, 환경이 변화하다 보니 프랑스어에서부터 영어, 스페인어, 그리고 아라비아어 등 다양한 언어를 습득하게 되었으며, 아라비아어로 노래하는 첫 록 가수가 되었다.

24세 때 다시 벨기에로 돌아와 잠시 Mandanga라는 살사 밴드의 리드 보컬리스트로서, 그리고 많은 아라비아인과 터키인이 붐비는 나이트클럽에서 벨리댄서로서 활동하다가 1989년에 게스트 보컬리스트로서 첫 녹음을 하게 된다.

영국 밴드로 발레아레스식 비트를 구사하는 Invaders of the Heart의 앨범에 참여한 것이 공전의 히트를 기록한다.

제3세계 음악과 댄스 비트를 교묘하게 믹스하는 재능 있는 영국 그룹 TransGrobal Underground에 가입하고, 최고의 공저가이자 리드 싱어로서 그리고 벨리댄서로서 활약했고, Womad, Phoenix 등 많은 국제 페스티벌 등을 거쳤다.

또한 그룹 Apache Indian의 〈Arranged Mariage〉에서 자신의 아라베스크 보이스를 과시했고, 영국 팝 프로그램에서 아라비아풍 노래를 부르는 여성 가수로서는 처음으로 톱 싱글20에 진입하여 라이브로 노래했다.

그리고 영화 「Stargate 스타게이트, 1994」에서 마지막을 장식하는 〈Stirring Score〉에 참여했고, 자 워블Jah Wobble의 앨범 《Take Me to God, 1994》 중 3곡을 공작했다.

그녀는 바쁜 나날을 보내면서도 자신의 독집 앨범을 기획하고 있었다.

그녀의 다문화적인 퓨전음악은 너무나 쉽게 매료될 만큼 그 중독성이 매우 짙다. 첫인상은 21세기 아라비안나이트 음악이었다. 신비스러운 아라비아의 멜로디, 독특한 음색, 그리고 심장을 쫄깃하게 하는 세련된 일렉트로닉 비트… 지금도 이 큰 인상들은 변함이 없지만, 계속해서 탈피를 거듭하는 그녀의 다양한 언어들과 디테일들은 이러한 범주가 좁다는 것을 매번 증명하고 있다.

Halim

1997 | Nation Records | NAT1087

1. Marifnaash
2. Moustahil
3. Amulet
4. Leyli
5. Kidda
6. Sweeter Than Any Sweet
7. Ya Welwdi
8. Enogoom Wil Amar
9. Andeel
10. Gafsa
11. Ya Albi Ehda
12. Agih

탈지역적이고 글로벌 개념을 담은 데뷔작 《Diapora 이주, 1995》은 이집트 여왕 클레오파트라Cleopatra로 분한 커버부터 무척 인상적이었다.

TransGrobal Underground가 프로듀스하였으며, 이집트 작

곡가이자 우드Oud 연주자인 에삼 라샤드Essam Rash-ad 등이 참여, 중독적이고 세련된 아라비아 비트를 선보였다.

급속도로 활공하는 듯한 그녀의 보이스는 〈Iskanderia 알렉산드리아〉에서부터 즉각적 전율과 환기시키는 폭발성을 자유로이 구사하고 있다. 두 번째 싱글 커트곡이자 이스라엘 등 종교적 갈등을 고발한 평화의 노래 〈Leysh Nat' Arak 왜 서로 싸우나?〉과 인류애를 노래한 세 번째 싱글 〈Duden〉은 대표곡이다.

전작과 마찬가지로 명화 「Cleopatra 클레오파트라, 1963」의 엘리자베스 테일러Elizabeth Taylor(1932-2011)를 연상시키는 듯한 커버로 발표된 두 번째 앨범 《Halim》은 이집트의 대중음악계에서 New Wave의 선구자로 평가받는 유명가수 압델 할림 하페즈Abdel Halim Hafez(1929-1977)에게 헌정되었다. 아라비아어로 'Gentle'을 의미하는 타이틀은 그의 이름을 딴 것이었다.

데뷔작을 제작했던 TransGrobal Underground, 시네이드 오코너Sinéad O'Connor의 첫 남편이자 자 워블Jah Wobble의 드러머로 활약했던 존 레이놀스John Reynolds이 프로듀스했다.

그녀의 음악에서 가장 중요한 요소는 무엇보다도 특별한 악기로 등장하고 있는 아랍풍의 독특한 창법인데, 그 환상 보이스는 열기에 휩싸이며 활활 타오른다.

또 하나는 그녀의 목소리에 펌프질을 하는 리듬으로, 반복적인 트랜스를 증폭시키며 최면성과 흥분을 동시에 자극해 간다. 이는 그녀의 보컬이 완전히 연소되도록 하는 도화선과도 같으며 청자를 미궁 속으로 몰아넣는 마법의 힘이 된

다. 이 두 결합은 과히 도취적이고 몰입적인 최강의 위력을 보여준다.

그중에서 가장 효력이 강력한 트랙은 어린아이에게 전하는 어머니의 마음을 담은 아라비아 탱고 〈Ya Welwdi 내 아들〉부터가 아닐까. 코를 찌르는 진한 향기가 그녀의 목소리에서 느껴진다.

〈Enogoom Wil Amar 당신의 사랑을 기다리네〉는 사랑 노래이지만, 터질 듯한 사랑의 감정과 애절한 호소력은 시작과 함께 이미 절정에 달해있다. 우울하고 깊숙한 저음의 신시사이저 음향과 끓어오르는 바이올린 전주, 그리고 계속적으로 심장박동을 재촉하는 민속 리듬이 타격을 가한다.

당신이 그리워. 널 다시 보기위해 내 사랑은 더욱 불타올라! 나는 달콤한 밤과 달과 별들과 함께 있어. 이곳에는 네가 만들어준 내 인생의 마법이 있네…

〈Andeel 램프〉에서는 싸늘하고도 어두운 신시사이저와 현의 연주 속에서 그녀의 목소리가 사랑의 시를 쓴다. 마치 신화의 한 편을 읽는 것처럼 거룩하게까지 느껴진다. 리듬은 엄숙함을 더욱 고조시키며, 바이올린은 방해할 수 없는 선을 긋는다.

〈Enogoom Wil Amar〉와 〈Andeel〉은 Killing Joke의 리더 야즈 콜맨Jaz Coleman이 제작한 음악으로, 그의 주특기인 어두운 일렉트로닉스 앰비언트의 정점에 달한 멋진 트랙이다.

Gedida

1999 | Mantra | MNT1014

1. Mon Amie la Rose
2. Aqaba
3. Mistaneek
4. Bahlam
5. Ezzay
6. Bastet
7. The Righteous Path
8. Mahlabeya
9. Bilaadi
10. Kifaya
11. One Brief Moment

프랑스 앨범 차트 19위를 차지하며 상업적인 성공을 거둔 세 번째 앨범 《Gedida》의 타이틀은 아라비아어로 '새로움'을 의미한다고 한다. 후끈한 벨리댄스를 실은 커버처럼 새로움 이상의 쾌감을 주고 있다.

본작이 프랑스에서 히트한 까닭은 첫 곡 〈Mon Amie la

Rose 내 친구 장미〉에 있다. 프랑수아즈 아르디Françoise Hardy(1944-2024)가 1964년에 취입한 샹송이 원곡인데, 아틀라스는 카바레 가수로 분하여 아라비아 풍의 트랜스 발라드를 노래한다.

나는 새벽에 태어났네, 이슬을 맞으며 꽃을 피웠네, 태양 볕 아래서 행복을 느끼며 사랑에 빠졌지. 나는 밤이 오면 꽃잎을 닫지, 그리고는 오래 깨어있네, 그러나 나는 여전히 아름다웠고, 정원에서 수많은 꽃들 중 가장 화려했네… 내 친구 장미는 오늘 아침에 말했지, 날 만든 하나님을 보라고, 머리를 조아리라고. 나는 추락하고 있음을 느꼈네, 내 마음은 거의 벗겨져 버렸고, 무덤가에 뿌리를 내렸네, 이젠 그때의 내가 아니네, 어제는 날 부러워했지만, 내일이면 영원히 먼지가 될 거야… 그리고 내 내 친구 장미는 오늘 아침 죽었다네, 이 밤의 달빛만이 내 친구를 비추네. 그리고 꿈속에서 그녀의 춤추는 영혼을 보았네, 눈부신 알 몸, 하늘 위에서, 내게 미소를 지었지. 난 희망이 필요해, 아니면 나는 아무것도 될 수 없어.

신에게 용서를 구하고 자신의 바램을 위해 기도하는 〈The Righteous Path〉에는 급박한 템포에 긴장감이 넘치는 테크노 향취가 짙다. 연금술적인 플루트의 입김과 서늘한 기운 속에 피어오르는 신시사이저의 몽환은 무당 굿처럼 주술적이기까지 하다.

〈Kifaya 충분해〉는 독백조의 읊조림과 애절한 호소력, 완급의 리듬터치, 피아노와 오르간의 중후한 사운드 등으로 한 편의 뮤지컬을 완성하고 있다. 역사 이래로 활화산이었던 가자Gaza지구 여인의 가련한 삶을 대유하고 있는 것처럼 슬픔이 응축된다.

〈One Brief Moment〉는 사랑하는 사람과의 짧고도 비밀스러운 만남을 바란다는 내용으로, 뮤직비디오의 후속편은 〈Mon Amie la Rose 내 친구 장미〉로 이어진다.

그녀의 트리발리즘이 환영받는 이유는 달콤하고 매혹적인 글로벌리즘으로 공유하고 있기 때문이다.

본작의 성공으로 프랑스의 전자음악가 장-미셸 자르Jean-Michel Jarre의 《Metamorphoses, 1999》에 초대되어 〈C'est la Vie 인생〉를 노래했으며, 이어 《The Remix Collection, 2000》이 발매되었다.

일렉트로닉스의 힘을 뺀 아라비아 팝 앨범 《Ayeshteni 당신은 내 삶을 주었죠, 2001》에서는 벨기에의 영웅 자크 브렐Jacques Brel(1929-1978)의 〈Ne me Quitte Pas 떠나지 마〉를 리메이크했다.

벨리댄스를 뮤직비디오에 담은 〈Mish Fadilak 당신 때문에 난 자유롭지 않아〉은 랩에 중독적인 트랜스가 더욱 증폭되어가는 도발적인 히트곡이다.

테크노 기법이 절묘한 아라비아 클럽 댄스 〈I Put a Spell on You〉는 강렬한 페로몬을 발산한다.

Something Dangerous

NATACHA ATLAS
Something Dangerous

2003 | Mantra | MNT1035

1. Adam's Lullaby
2. Eye of the Duck
3. Something Dangerous
4. Janamaan
5. Just Like a Dream
6. Man's World
7. Layali
8. Simple Heart
9. Daymalhum
10. Who's My Baby
11. When I Close My Eyes
12. This Realm
13. Le Printemps (For Mona)
14. Like the Last Drop
15. Quand Je Ferme les Yeux

나타샤 아틀라스는 프로듀서이자 작곡가이며 기타리스트인 마크 이글톤Marc Eagleton과 함께 새로운 프로젝트를 시작

한다. 그는 투바 출신의 월드뮤직 예술가 사인코 남치락Sain -kho Namtchylak의 《Naked Spirit, 1998》을 제작한 바 있다. 이 프로젝트에서 그녀는 작품성에 더 심혈을 기울인다. 특징 중 하나였던 힙합 비트와 아라비아 리듬을 제거해 나 간 동시에 공간성은 중동에서 보다 광범위한 영역으로 확장 하였다. 구상음, 대사, 낭송 등을 믹스했고, 치터Zither와 시 리아 민속 현악기 카눈Qanun 등을 보강하여 《Foretold in the Language of Dreams, 2002》를 발표한다.

그녀의 음성은 멜로디라기보다는 소리에 가까운 포괄적인 개념의 악기로 부각되고 있기에 다큐멘터리 영화의 사운드 트랙처럼 공감각적이고 이미지적이다. 다소 음산한 음향과 도 맞닥뜨리게 되며 고요를 지나 적막감마저 감돌기도 한다. 〈Zitherbell〉은 영화 「The Truth About Charlie 찰리의 진실, 2002」의 엔딩 타이틀에 사용되었으며, 〈Ye -ranos 예라노스〉에서는 앰비언트의 몽환을 유감 없이 표출시켰다.

그녀는 태양의 서커스Cirque du Soleil의 프로그램 「Varekai 바레카이, 2002」에 참여하여 환영적인 목소리를 뽐내기도 했다.

본작 《Something Dangerous》에서 그녀는 다시 본래(?)의 자리로 돌아와 인디 월드 일렉트로니카의 진정한 퀸의 자리 에 앉았다. 제목처럼 아슬아슬하고 위험하며 비밀스럽고 도 발이고 뇌쇄적인 음성을 일렉트로닉스와 믹스했는데, Trans Global Underground의 《Rejoice Rejoice, 1998》 수록곡 〈Sky Giant〉에서 들려주었던 중압의 고동 을 여지없이 들려준다.

게다가 다양한 출연진을 초대, 몽환의 벨리댄스에서 신비로 운 적막감을 불러일으키는 앰비언트 사운드로 최강의 하이 브리드 음악을 선보이고 있다. 결과적으로 전 세계 클러버 의 대대적인 지지를 받았고, 처음으로 빌보드 월드뮤직 앨 범 차트 13위에 랭크되는 성공을 거둔다.

〈Adam's Lullaby〉에서부터, 아일랜드의 팝스타 시네이드 오코너Sinead O'Connor(1966-2023)의 작품을 피처링한 〈Simple Heart〉와 애로틱한 타이틀 〈Something Dangerous〉 등 모두가 독특한 스피드와 밀도를 자랑하지만, 그중에서도 가장 글쓴이의 귀를 사로잡았던 작품을 고른다면 아래의 두 곡이다.

〈Daymalhum〉은 특히 영국에서 절대적인 인기를 얻은 매력 있는 이방인의 가공할 만한 그리고 금방이라도 폭발할 듯한 강렬한 월드보이스와 비트의 타격을 감상할 수 있는데, 그 기계성과 원시성에 몸을 맡겨도 좋을 것 같다.

〈When I Close My Eyes〉의 불어 버전인 〈Quand Je Ferme les Yeux〉는 유려한 앰비언트 작품으로 견고하게 세공되어 그 날개의 알맹이들이 감상자의 몸을 향해 휘몰아친다. 그 촉감은 아주 부드럽고 그 속도는 위협적이다. 정말 도발적인 강렬함을 과시하고 있는 최강의 트랙들이라 감히 말할 수 있다.

그 이듬해 좀 더 민속적이고 리드미컬한 《Mish Maoul 믿을 수 없네, 2006》를 발표했다. 이는 아라비아에서 북아프리카에 이르는 폭넓은 월드뮤직으로, 팝에서 보사노바 그리고 힙합, 일렉트로니카 라운지 등 다양한 장르적 특성을 섞어냈다.

알제리 출신의 남성 가수 소피안 사이디Sofiane Saidi와 듀엣으로 노래한 〈Oully Ya Sahbi 내 친구여 말해줘〉는 침울한 앰비언트 팝으로, 순수한 사랑에 대한 욕망을 제한하지 않는 것이 진실된 행복이라 말한다.

달콤하기 그지 없는 〈Ghanwah Bossanova 보사노바 송〉에서는 포도주 같이 자신을 취하게 하는 당신과 함께라면 이 세상 무엇보다 우월함을 느낀다고 고백한다.

이와 같은 보다 대중적인 어필로 빌보드 월드뮤직 앨범차트 12위를 기록하는 전성기를 이어간다.

이후 미국의 여성 팝가수 벨린다 칼라일Belinda Carlisle의 고전 샹송 커버 앨범 《Viola, 2007》에서 〈Ma Jeunesse Fout le Camp 내 청춘은 달아나네〉와 〈La Vie en Rose 장밋빛 인생〉에 월드보이스를 가미하였다.

《Ana Hina 난 여기 있어요, 2008》에서는 레바논의 전설적인 여가수 파이루즈Fairuz와 이집트의 압델 할림 하페즈Abdel Halim Hafez(1929-1977)의 고전을 이집트의 마지카Mazeeka 앙상블의 황홀한 어쿠스틱 연주로 풀어냈고, 주요 매스컴의 찬사를 얻어냈다.

《Mounqaliba 반전의 추이에서, 2010》는 인도 시인 라빈드라나드 타고르Rabind-ranath Tagore(1861-1941)의 작품에 영감을 받아 제작된 앨범으로, 영국 포크의 음유시인 닉 드레이크Nick Dra-ke(1948-1974)의

데뷔작 수록곡 〈River Man〉과 프랑수아즈 아르디Françoise Hardy(1944-2024)의 1964년 발표곡인 〈La Nuit est Sur la Ville 마을에 밤이 내리면〉의 커버곡을 수록했다.

영향력 있는 음악 칼럼리스트들의 주요리스트에 포함된 이 앨범의 영광을 후속작 《Mounqaliba-Rising : The Remixes, 2011》로 이어갔다.

《Myriad Road, 2015》에 이어 《Strange Days, 2019》에서는 재즈 가수로서의 면모를 들려주었다.

동생들을 돌보며 어린 시절을 보냈던 그녀에게 유일한 위로는 노래였으며, 어려운 가정 형편과 많은 형제들로 기숙학교를 다녀야 했다. 하지만 예술에 대한 꿈을 포기하지 않았던 그녀에게 학교의 한 선생님은 전문 가수가 되어 볼 것을 권유하고, 그녀는 국립아카데미 합창단에 지원한다.

1975년 키예프 대학교에서 우크라이나 언어학을 마친 그녀는 졸업 전인 1966년부터 1991년까지 우크라이나 국립민속합창단의 단원이 되어 독창자로 활약했으며, 1968년부터는 민요 트리오 '황금의 열쇠Zoloti Kliuchi'의 멤버로 활동했다. 1978년에 '청년의 목소리' 콘테스트에 우승하고 '인민예술가'라는 타이틀을 수여받은 후, 1988년에는 1961년부터 시상해온 문화 예술의 최고 권위의 상징인 세브첸코Shevchen -ko상을 수상했다.

그녀의 주 레퍼토리는 17-18세기부터 전승되어 온 수많은 우크라이나 민속음악과 고전 팝이다. 또한 저명한 스탄코비치Yevhen Stankovych, 미로슬라브 스코리크Myroslav Skoryk, 이리나 키릴리나Iryna Kyrylina, 한나 하브릴레츠Hanna Havry -lets 등 현대음악 작곡가들이 선택한 초연자이기도 했다.

키예프 국립음악대학의 교수를 역임한 그녀는 민속음악 가수로서 폴란드, 핀란드, 프랑스, 체코, 캐나다, 멕시코, 미국 등 많은 나라에서 성공적으로 연주여행을 가졌다.

1995년에 미국 실험연극의 메카로 불리는 뉴욕시의 'La MaMa' 실험극 클럽에서 16개의 단가를 무대에 올렸으며, 1997년에는 중국 출신의 일본 무용수 타다시 엔도Tadashi En -do가 참여한 무용극 「Under the Sun」에 이어, 이듬해 거대 음악극 「We'll Plant the Golden Stone」을 직접 연출하고 이는 2CD로 발표되었다.

1971년에 화가와 결혼, 세 자녀 중 두 아들은 작가로 활동중이라 하며, 막내딸 안토니나 마트비엔코Antonina Matviyen -ko는 니나의 재능을 물려받아 토냐 마트비엔코Tonya Matvi -yenko란 이름으로 가수 활동을 하고 있다.

니나 마트비엔코(1947-2023)는 우크라이나 인민예술가로 민속음악 최고의 연기자였다. 지금의 우크라이나 북서부에 위치한 지토미르 주 예밀친Yemilchyne에서 11명의 형제 중 다섯째로 출생했다.

Osin, Taka Myla

2009 | Astra Records | AR 059-09

1. Lisova Pisnja
2. Ternova Ruzha
3. Ne skhodylo vrantsi sonechko
4. Lybid
5. Lelechenky

Kamerna Kantata no.3
6. ch.1: Osin'
7. ch.2: Odchynjayte Dveri
8. ch.3: Toy Sad

9. Oy, Brate Miy, Orle
10. Oy, Spy, Dytja
11. Chastyna z Panakhydy za Pomerlymy z Holodu

Symfonija na Virshi Tarasa Shevchenka
12. ch.1: Zore Moja Vechirnjaja
13. ch.2: I Sertse Odpochyne
14. ch.3: Svitaje, Kray Neba Palaje

우크라이나의 국기를 보면 매우 단순하다. 가로로 양분되어 아래는 노랑, 위에는 파랑이다. 이는 끊임없이 펼쳐진 곡창지대의 들판과 그 위로 드리워진 푸른 하늘을 의미한다고 한다.

이러한 우크라이나 자연을 담은 듯한 본작 《Osin, Taka Myla 가을, 아름다운 계절》은 컴파일 앨범 중 하나이다. 1967년에서 1992년까지의 대표곡들을 선곡한 베스트로, 그녀의 창의적인 목소리의 역사를 한눈에 살필 수 있다. 민요에서부터 칸타타, 교향곡에 이르는 다양한 장르를 수록했는데, 그녀의 구슬픈 음성은 시간에 변함없이 빛을 발한다.

우크라이나 라디오 심포니 오케스트라의 클래시컬 연주가 돋보이는 〈Lisova Pisnja 숲의 노래〉는 현대음악가인 스탄코비치Yevhen Stankovych의 작품이다. 그녀의 목가적인 음성은 아카펠라 보칼리스에 고요한 독백을 거쳐 오페라 무대를 장엄하게 열어간다.

1960년대 말 트리오 'Zoloti Kliuchi 황금의 열쇠'의 멤버로 활동하면서 발표한 〈Ternova Ruzha 가시 장미〉는 무반주 중창곡으로, 쓸쓸한 가을 정경과 연인에 대한 오랜 그리움을 노래한 것으로 열악한 녹음이 아쉽다.

러시아제국 작가 니콜라이 코스토마로프Nikolai Kostomarov (1817-1885)의 시를 노래한 〈Ne Skhodylo Vrantsi Sonech-ko 해 뜨지 않는 아침〉은 해 뜨지 않은 이른 아침에 창문을 통해 들어온 작은 새를 보며 사랑을 그리고는 꿈을 실어 행운을 빌고 멀리 날려 보내는 엘레지이다.

〈Lybid 백조〉는 시인 알렉세이 불리가Oleksiy Bulyha(1938-1966)의 시에 고고학자이자 시인이며 음악가인 알렉산드르 아바지안Oleksandr Avahjan(1944-1988)이 작곡한 것으로, 사랑을 위해서 죽음을 불사하는 백조의 운명을 노래했다. 이 구슬픈 서정은 니나의 아카펠라 독창을 거치며 초극에 다다른다.

우크라이나 국립민속 합창단과 녹음한 〈Lelechenky 레레첸키〉는 작시가이자 작곡가 알렉산드르 빌라시Oleksandr Bilash(1931-2003)와 시인 드미트로 파블리시코Dmytro Pavlychko의 작품으로, 무반주 합창과 독창의 숭엄한 음성이 고전성가를 연상시킨다. 어린 시절 살았던 고향에 대한 처절한 그리움을 노래한 것으로, 영화 「Son 꿈」의 삽입되기도 했다고 한다.

우크라이나 작곡가 연합의 실내악 앙상블이 연주한 6,7,8번 트랙은 작곡가 올렉 키바Oleg Kiva(1947-2007)의 〈세 개의 칸타타 3번〉이다. 작시는 폴 티치노Paul Ticino로 알려진 시인 파블로 티치나Pavlo Tychyna(1891-1967)이다. 이 교회 성가는 〈Osin 1장 : 가을〉과 〈Odchynjayte Dveri 2장 : 성전의 문〉, 〈Toy Sad 3장 : 정원〉으로 이루어진 결혼식 찬가로, 1920년대 우크라이나가 처한 치명적인 현실에서 젊은이들이 갈망했던 이상적인 혁명을 반영하고 있다고 한다. 절망의 시간에서 느끼는 욕망, 죽음과 피의 이미지, 그리고 재생으로 연결되는 현악의 이야기 구조는 실로 섬뜩할 정도로 긴장에 차있다. 성악 창법과는 거리가 있는 니나의 영혼 어린 음성은 시대적인 갈망의 색을 더욱 짙게 물들인다.

민요 〈Oy, Brate Miy, Orle 오 나의 형제, 독수리〉는 '독수리여, 잃어버린 나의 양을 못 보았나?'라며 애타는 목동의 노래로, 양 울음소리로 양들을 불러보는 반복구가 이색적이며 민속 악기들의 향취도 신선하다.

역시 민요인 〈Oy, Spy, Dytja 잠들라 내 아가〉는 코러스의 합류로 평온한 천국의 자장가를 들려준다.

현악 앙상블 키브 카메라타Kyiv Camerata가 연주한 클래시컬 작품 〈Chastyna z Panakhydy za Pomerlymy z Holo-du 기아로 죽은 이를 위한 진혼곡〉은 현대음악가 스탄코비치Yevhen Stankovych와 시인 드미트로 파블리시코Dmytro Pavlychko의 작품이다.

1932-33년 소련 시절 스탈린의 농장 집단화 정책에 의해 발생된 대기근으로 500만 명 이상의 희생자가 발생하였는데, 이는 홀로코스트의 사망자 수보다 많다고 한다. 그래서 '우크라이나 대학살'로도 불리며, 수도 키예프에는 그들을 기리기 위한 홀로도모르Holodomor 추모비가 있다. 이 곡은 홀로도모르 60주기가 되던 1992년에 쓰였으며, 75주기인 2008년에 이스라엘, 폴란드, 슬로바키아, 체코, 독일, 오스트리아, 스위스, 네덜란드, 벨기에, 프랑스, 스페인, 그리스, 영국, 캐나다와 미국 등에서 대대적으로 공연되었다. 슬픔 가득한 바이올린 선율과 니나의 처연한 음성은 깊은 감격을 안겨준다.

〈Symfonija na virshi Tarasa Shevchenka 타라스 세브첸코 시에 의한 교향곡〉는 작곡가 올렉 키바Oleg Kiva의 클래식 작품이다. 타라스 세브첸코Taras Shevchenko(1814-1861)는 농노 출신으로 우크라이나어로 된 문학작품을 쓴 최초의 대중적 작가이며, 우크라이나 문학의 황금기를 연 국민적 영웅으로 추앙받고 있다.

이 서정시는 〈Zore Moja Vechirnjaja 1장:내 저녁의 별〉〈I Sertse Odpochyne 2장:그리고 내 마음은 휴식을 찾네〉〈Svitaje, Kray Neba Palaje 3장 : 황혼, 불타는 하늘의 끝〉으로 구성되어 있으며, 현악 앙상블 키브 카메라타Kyiv Camerata가 연주했다. 본작에서 가장 고전적이고 복잡한 화성을 취하고 있다.

대부분의 기록에서는 그녀를 민속음악가로 소개하고 있지만, 그녀의 노래들을 민요라는 것에 한정한다면 그녀의 조국 우크라이나도 월드뮤직 애호가들에게 막대한 손실이 아닐까.

Nove Ta Naykrasche

HOBE TA НАЙКРАЩЕ

HOBOE ЛУЧШЕЕ

НІНА ТА ТОНЯ МАТВІЄНКИ

2012 | Astra Records | AR 066-12

1. Ne Metelytsia Luhom Stelytsia
2. Oy, u Sadu Soloveyko (Tonya)
3. Iavory
4. Khto Ia Dlia Tebe (Tonya)
5. Lybid
6. Syzokrylyj Holubon'ko (Tonya)
7. Tykho, Tykho Dunay Vodu Nese
8. Dyvna Kvitka (Tonya)
9. Vesnianka
10. Dyki Husy
11. Charivna Skrypka
12. Iak Ia Lublyu Tebe
13. Moyi Sny (Tonya)
14. O, Mylyj Miy
15. A Mozhe Ty (Tonya)
16. Smiyutsia, Plachut Solovyi
17. Vy Ne Ydit', Lita Molodi
18. Kolyskova Zori
19. Iak Ia Lublyu Tebe (Tonya)
20. Oy, Rodu Nashch Krasnyj
21. Hilechko Zavyvaiemo

《Nove ta Naykrasche · New & Best》는 막내딸 토냐Tonya Matvienko의 노래가 함께 수록된 편집 앨범이다.

딸을 짧게나마 소개하면, 1981년생으로 5세 때부터 어머니의 공연을 따라다녔으며, 10세 때 모친의 미국 투어 중 독립광장에서 우크라이나 국가를 불렀다. 키예프 국립문화 예술대학에서 니나의 길을 따라 민요 보컬을 전공했고, 2002년에는 처음 열린 우크라이나 팝송대회에서 우승하며 가수로서의 길을 걷는다.

파퓰러송 〈Ne Metelytsia Luhom Stelytsia 눈보라가 그치면〉는 우크라이나 시인 보리스 피사렌코Boris Spysarenko(1935-2008)와 작곡가 블라디슬라브 톨마체브Vladislav Tolmachev(1941-2007)의 곡으로, 추위에 떨리는 듯한 현악은 어느새 봄바람이 되어 흐르기 시작하며 사랑에 대한 애틋한 바램이 투영되는 구슬픈 음성이 애상감을 몰고 온다. 딸 토냐의 데뷔곡이기도 했다.

토냐가 부른 민요 〈Dyvna Kvitka 낯선 꽃〉역시 아름다운 우크라이나 민요이다.

…낯설지만 달콤한 꽃이여, 하늘을 바라봐, 우크라이나여, 넌 내 어머니, 다시 네게로 가고파… 네가 멀리 있으면, 나의 행복은 진실이 아니라는 걸 절감하지… 난 우크라이나인이야.

〈Dyki Husy 야생 기러기〉와 〈Charivna Skrypka 마법의 바이올린〉는 우크라이나 인민예술가인 작곡가 이고르 포크라드Ihor Poklad와 시인 유리 예브게노비치Yuriy Yevgenovych의 걸출한 명곡으로, 많은 우크라이나 가수들에 의해 불리고 있다.

〈Dyki Husy 야생 기러기〉는 가슴 시릴 정도로 애절한 멜로디가 외로움과 짝사랑의 고통을 찌른다. 기러기들이 날고 있었네, 비 오는 일요일에. 들판에 깃털이 떨어졌고, 나뭇잎처럼 풀밭 속으로 굴렀네. 기러기가 숲속을 날고 있었네, 누가 별을 가지고 올까, 밤은 너무나 어두워,

다시금 창가에서 내게 헛된 내 사랑을 묻지 마, 가을날을 날고 있었네, 버드나무에 외로운 기러기, 둘이면 결혼식이 있었고, 셋이면 슬픔의 첫 열매가 열렸을 것을. 기러기는 새벽까지 날아갔네, 정신없는 밤을 헤치고, 네 사랑을 지키려무나, 기러기는 저녁을 지나 숲과 푸른 숲을 통과했네, 친구를 위해 당신은 문을 열어두지만, 그녀에게 당신의 마음을 열지 않네.

〈Charivna Skrypka 마법의 바이올린〉은 니나 마트비엔코를 알게 된 계기가 되었던 노래이다. 본 음반에 수록된 초기 녹음도 수수하고도 민속적인 요소가 그리 나쁘지는 않지만, 니나의 2000년대 녹음이나 토냐의 버전을 실었다면 하는 아쉬움도 든다. 앨범에 수록된 버전과 '올해의 인물 2017' 시상식에서 노래했던 영상을 링크한다.

두루미는 포플러 나무 위에 앉아 있었고, 들판 뒤로는 저녁해가 지고 있었지, 난 사랑에 빠져버렸어, 고통스러울 정도로, 젊고 젊은 바이올리니스트와… 현악의 멜로디를 듣고 매료된 나는 그만 숲속에서 길을 잃어버리고 말았네, 봄날의 두루미와 함께, 나는 푸른 숲속 바이올린에 마음을 빼앗겼지. 난 달의 공주처럼, 3월 봄이 오듯 그에게로 다가갔네, 이 마법의 음악은 날 위한 것이 아니라 전혀 다른 소리였음을 모르고서…

니나가 부르는 명연 〈Iak Ia Lublyu Tebe 내가 당신을 얼마나 사랑하는지〉는 이고르 포크라드의 작곡에 시인이자 가수인 드미트리 루첸코Dmitry Lutsenko(1921-1989)의 로망스이다. 이 역시 열악한 초기 녹음이 귀에 약간 거슬리기도 하지만, 19번 트랙에서 토냐의 노래가 이 아쉬움을 말끔히 지워준다.

〈Smiyutsia, Plachut Solovyi 울고 웃는 나이팅게일〉은 우크라이나의 클래식 작곡가이자 지휘자이며 피아니스트로 활동했던 바실리 베스코로바니Basil Beskorovainyi(1880-1966)와 시인 알렉산드르 올레스Alexander Oles(1878-1944)의 작품으로, 원제는 〈밤의 마법〉이다. 구슬프고도 처연한 니나의 음성은 사랑의 꿈과 망각 그리고 슬픔으로 이어진다.

〈Vy Ne Ydit', Lita Molodi 청춘이여 가지 마〉는 장관을 역임하기도 했던 작곡가 시모이텔 바딤Smohytel Vadim의 작품으로, 젊은 날의 눈물을 목 놓아 부르는 절창은 완벽한 표현양식이 되고 있다.

시인 니콜라스 시나이브스키Nicholas Synhayivsky(1936-2013)와 클래식 여류 작곡가 이리나 키릴리나Irina Kyrylina의 〈Kolyskova Zori 자장가 별〉은 아들에게 초원에 뜬 태양과 푸른 하늘을 나는 새처럼 욕망과 희망으로 성장하길 바라는 어머니의 속삭임이다.

본작에는 수록되지 않았지만, 우크라이나 다큐멘터리 영화 「Sorochinskaya Yar-marka 소로친스카야의 시장, 2004」의 삽입곡 〈Kvitka-Dusha 꽃-영혼〉도 우크라이나 팝의 아름다움을 들이킬 수 있는 명곡이다.

아, 하늘에는 아직 별이 뜨지 않았네, 그것은 땅에 꽃을 피우게 하지, 초록의 비단결 풀밭 위로, 아침이 왔지만, 꽃은 피지 않았네. 아, 꽃은 피었으나, 붉게 물들진 않았네, 부드럽고 살아있는 꽃-영혼, 바람이 영혼의 말을 듣네. 가져다주세요, 하나님, 믿음과 용기를 주세요, 모든 행복을 가져다주세요…

그녀는 세상을 떠났으나, 우크라이나 음악예술의 명예로 기록될 것이다.

성지聖地의 프리마돈나
Ofra Haza • 오프라 하자
Israel

2 חלק

오프라 하자(1957-2000)는 이스라엘 텔아비브Tel Aviv 근교 Hatikva Quarter에서 태어났다. 가난한 예멘 유대인계 부모 아래 9남매 중 막내였다. 역사 깊고 유대가 강한 예멘인의 지역사회에서 성장하며 세속가와 신앙적 노래인 디완Diwan 가를 접하고 13세 때부터 대중 앞에서 노래하기 시작했다.

컴파일 《Ahava Rishona 첫사랑, 1974》 녹음에 참여한 후, 솔로 앨범 《Shir Hashirim Besha'ashuim 유쾌한 노래, 1977》로 데뷔한 그녀는 《Al Ahavot Shelanu 우리 사랑에 관하여, 1980》로 차트 정상을 차지하는 성공을 시작으로 골드 레코드의 행진을 이었다. '베스트 이스라엘 여성 싱어'로 선정된 그녀에게 한 저널리스트는 '동양의 마돈나'라는 찬사를 덧붙인다.

1983년에는 유로비전 송 콘테스트에 참가하며 〈Hi〉란 노래로 2위를 기록하며, 이 곡이 수록된 앨범 《Chai · Alive, 1983》는 플래티넘이란 대성공을 가져다주었다.

자신의 뿌리 찾기 개념 작품인 《Yemenite Songs, 1984》은 자신의 부모에 헌정한 앨범으로, 자신이 어린 시절 듣고 자랐던 디완가를 현대적인 팝을 가미하여 수록하고 있다. 특히 히트 싱글 〈Im Nin' Alu 문이 잠긴다면〉은 댄스와 힙합의 샘플링으로 사용되면서 그녀가 세계적인 명성을 얻는데 더욱 일조하게 된다.

1997년 사업가와 결혼하여 행복과 안정에 접어든 듯했으나, 2000년 2월 23일 후천성면역결핍증으로 세상을 떠나고 말았다. 충격에 사로잡힌 팬들의 허망감으로 미디어들은 그녀의 남편을 질책하는 것으로 옮겨갔고, 괴로움에 시달리던 남편도 약물 과다 복용으로 이듬해 그녀의 곁으로 갔다.

오프라 하자의 사인은 터키에서 받았던 수혈 사고가 원인이었다는 남편의 진술서가 몇 년 뒤 발표되었다.

Shaday

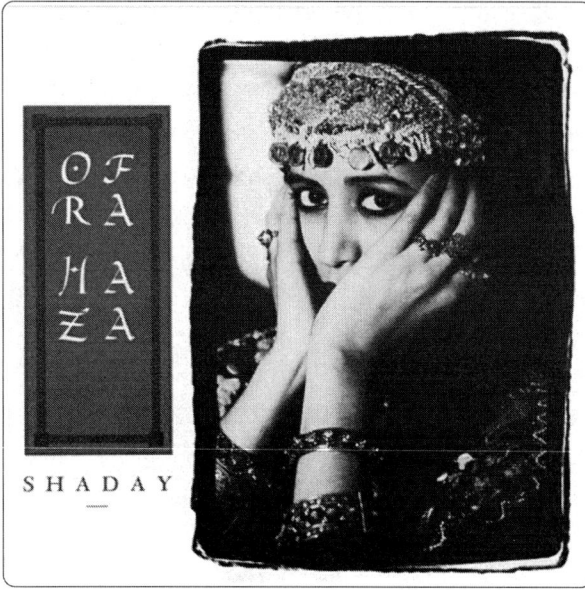

OFRAHAZA

SHADAY

1988 | Sire | 9 25816

1. Im Nin'Alu
2. Eshal
3. Da'Ale Da'Ale
4. My Aching Heart
5. Love Song
6. Galbi
7. Face to Face
8. Take Me to Paradise
9. Shaday
10. Galbi (The Sehoog Mix)

국내에도 라이선스로 소개된 《Shaday 샤다이》는 국제시장을 겨냥한 성공작으로, 팝적이고 영어로 노래한 작품들이 다수 수록되어 있으며, 그녀만의 독특한 하이톤의 보이스가 쾌감과 감탄을 자아내게 한다.

첫 곡 〈Im Nin'Alu 문이 닫힌다면〉은 본래 이전 앨범인 《Yemenite Songs, 1984》에 수록된 것으로, 그녀의 명성을 세계적으로 만들어준 최고의 히트작이자 대표곡이었다. 이는 17세기 예멘의 시인 랍비 샬롬 샤바지Rabbi Shalom Shaba -zi(1619-1720)의 작품을 노래한 전통 포크송으로, 신의 자비를 구원하는 종교적 노래 디완가이다.

이 리믹스 버전은 이스라엘뿐만 아니라 영국과 미국, 독일 등지에서 차트 정상을 차지하였고, 세계적인 DJ들의 호응을 받아 샘플링되었다. 성스러운 내용이지만 현대적인 댄스 리듬과 상큼한 코러스 등이 섞여 다소 도발적이기까지 한 진한 향내를 피운다.

서정의 댄스 〈Eshal 에샬〉은 활활 타오르는 불의 소리를 닮은 리듬과 점차 증폭되는 신시사이저 음향의 공간을 울리는 그녀의 애절한 음성이 너무나 매혹적이다.

하나님, 우리를 보호하여 주시고 고통으로부터 구원하여 주세요, 우리가 숨 쉬는 매 순간마다 인도해 주옵소서, 당신은 우리의 힘든 삶과 수고를 알지요. 모든 밤과 낮, 에샬이여, 오늘 밤 우리를 지켜주옵소서, 투기하지 말고 춤출 수 있도록…

〈Love Song〉의 숭엄한 아카펠라는 짧지만 묵상과 전율의 시간을 길게 이어가는 걸작이다.

당신의 마음 위로 내 확신을 실어주십시오, 당신 팔의 문신처럼, 시련은 죽음처럼 강력하고, 시기는 지옥처럼 잔인합니다. 여호와의 불꽃같이, 열정이 화염처럼 일어납니다.

타이틀곡 〈Shaday 하나님이시여〉의 앰비언트 공간감은 과히 놀랍다. 서늘하고 건조한 전자음향과 인간적이고 따사로운 그녀의 음색의 조화는 가보진 못하였지만 중동의 한복판에 와 있는 듯한 풍물적인 이미지를 디오라마로 펼쳐 보인다.

지난날을 돌이켜보면, 한 그림이 선명하게 다가오네, 들판에서 일하는 내 아버지가 보여, 내 어머니는 나 가까이에 서 있네, 난 머나먼 여행을 하였지만 지금 여기 있네, 당신을

위하여 내 눈물을 노래하기 위하여, 노란 달이 내 눈에서
빛나고, 내가 울고 있는 동안 나를 바라보네, 오 하나님이시
여, 내가 누군지 말해주세요, 눈물로 보낸 많은 세월들이 지
나고, 내 민족은 뿔뿔이 흩어졌지, 그들의 상처받은 영혼들
은, 내 집으로부터, 시간이 머무는 곳까지, 내 아름다운 땅,
내 외로운 땅은, 홀로 이천년을 보냈네, 그리고 지금 우리의
영광의 땅으로 돌아왔지, 그러나 그 땅은 눈물로 가득하
네…

《Yemenite Songs, 1984》 수록곡 《Galbi 내 마음》의 리믹
스 버전은 애절한 순애보적인 사랑을 노래하는
전통 창법의 아리아와 트랜스감을 유발하는 댄스
비트로 원곡보다 더 증폭된 감정을 읽게 된다.

Kirya

1992 | Shanachie Enterainments | 64043

1. Kirya (trad.)
2. Horashoot - The Bridge (trad.)
3. Innocent - A Requiem for Refugees
4. Trains of No Return
5. Mystery Faith and Love
6. Daw Da Hiya (feat. Iggy Pop)
7. Don't Forsake Me (trad.)
8. Barefoot
9. Take 7/8
10. Today I'll Pray (bonus)

《Shaday 샤다이, 1988》와 《Desert Wind, 1989》로 국제적
인 성공을 거머쥔 이후 발표한 《Kirya 키랴, 1992》는 미국
의 싱어송라이터이자 팝 프로듀서 돈 워스Don Was와 함께
제작한 앨범으로, 유로피언 팝과 중동의 전통음악 요소를
성공적으로 혼합하고 있다. 타이틀은 예루살렘을 지칭하는

고대 히브리어로, 본작에 오랜 기다림과 환희와 탄압의 역경 등 민족의 역사를 담아냈다.

첫 곡 ⟨Kirya 키랴⟩는 16세기 때부터 불린 전통민요로, 오랜 방황을 끝내고 하나님의 땅에 정착하기를 바라는 기도곡이다. 퍼커션 리듬이 중심이 되어 보다 엄숙하고도 신비스러운 성지를 건축한다.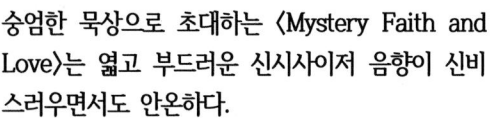
…나는 주님께 간구합니다, 주님으로 가는 문을 건설하고, 당신의 성소를 구축할 수 있도록…
뮤직비디오로 제작된 ⟨Innocent - A Requiem for Refuge-es⟩은 고단한 이주민들의 삶을 삽입하여 애절함을 더한다. 재즈 색소폰에 이어 바이올린이 애환을 달래준다.

기차소리에 이어 집시 바이올린으로 문을 여는 ⟨Trains of No Return⟩은 과거의 슬픈 역사를 돌이켜서는 안된다는 경각심을 심어준다.

숭엄한 묵상으로 초대하는 ⟨Mystery Faith and Love⟩는 엷고 부드러운 신시사이저 음향이 신비스러우면서도 안온하다.

드라마타이즈 뮤직비디오로 제작된 ⟨Daw Da Hiya 도다히야⟩는 혼외임신으로 남자는 무고로 풀려난 것에 반해 사형선고를 받은 한 소녀의 고대 이야기로, 오프라 하자는 오늘날에도 존재하는 사회의 성차별을 빗대고 있다. 비탄에 젖은 그녀의 전통적인 즉흥 창법과 깔끔하고도 현대적인 기타의 간결한 음색에 펑크의 대부 이기 팝Iggy Pop이 내레이션으로 참여했다.

⟨Take 7/8⟩은 민속적인 음악과 댄스 비트 그리고 재즈 색소폰의 즉흥이 대결하는 실험작으로, 강렬한 광기가 흐른다. 이 앨범은 이듬해 그래미에 'Best World Music Album'에 후보 지명되기도 했다.

이후 고란 브레고비치Goran Bregovic가 음악을 맡은 영화인

「La Reine Margot 여왕 마고, 1994」의 주제 ⟨Elo Hi⟩를 불렀으며, 이 곡은 《My Soul, 1994》의 타이틀이 되었다.

1997년에는 셀프 타이틀로 거의 월드팝에 가까운 작품을 발표한다. 고유의 민속적인 특색은 부드러움으로 대채되었지만, 문제적 팝그룹 이니그마Enigma의 멤버였으며 사라 브라이트만Sarah Brightman 등 많은 아티스트와 함께 작업한 독일 출신의 유명 프로듀서 프랑크 페터슨Frank Peterson이 제작을 맡아 신비하고도 환상적인 댄스 필링이 곳곳에 배인 걸작을 완성시킨다.

특히 ⟨Amore⟩, ⟨Sixth Sence⟩, ⟨Ahava⟩, ⟨You⟩, ⟨Give me a Sign⟩ 등은 그녀의 팬이 아니더라도 추천할 만한 작품이다.

비스카야만에 흐르는 켈틱 목가
Olatz Zugasti • 올라츠 수가스티
Spain (Basque)

베니토 레르춘디Benito Lertxundi의 음악을 들으면서, 아주 맑은 수정 같은 여성 보이스를 들을 수 있었다. 그녀의 이름은 올라츠 수가스티로 하프 연주자이자 가수이다.

그녀는 바스크의 많은 음악가들 중 그리 유명한 가수는 아닐지 모른다. 하지만 그녀의 노래를 한 번이라도 듣게 된다면, 결코 뇌리에서 잊히지 않을 것이다.

그녀는 바스크 지방의 기푸스코아Guipúzcoa주 에르나니Hernani에서 1965년에 출생했다. 13세 때 자신이 태어난 도시 에르나니에서 연주하던 베니토를 처음 본 후, 음악과 노래에 대한 열정을 발견하고는 기타를 배우기 시작, 학교를 마치기까지 연말 축제에서 노래했다.

이후 베니토의 그룹에서 기타 세션으로 참여하다, 그의 앨범 《Altabizkar | Itzaltzuko Bardoari, 1981》에서 처음 아름다운 목소리를 과시한 후 2년 뒤부터 라이브에도 참여했다.

그녀는 브레타뉴 지방의 민속음악과 켈틱 음악의 대가 알랑 스티벨Alan Stivell의 명반 《Renaissance, 1971》를 접하면서 하프에 매료되었다. 바욘Bayonne 음악원에 들어가 하프를 배우고 발칸반도의 음악에 대해서도 관심을 뻗친다.

베니토의 앨범에서 가수와 하프 연주가로 활약함과 동시에, 세션이 아닌 독자적인 아티스트로서의 길을 준비하고, 영롱한 포크 《Kantu Baten Bila Nabil 노래를 찾아서, 1991》를 발표한다. 물론 프로듀서는 남편이 된 베니토 레르춘디였다.

〈Zazpi Eijera Baditut 내겐 일곱의 새가 있네〉에서 하프와 함께 들려오는 애틋하고도 티 없이 맑은 노래는 가볍지만 깊은 여운을 투영시킨다.

449

Bulun Bulunka

Olatz **Zugasti**

bulunbulunka

1999 | Elkar | KD-532

1. Haurra Egizu Lotto Lotto
2. Aztanen Portalean
3. Haurra Egizu lo ta lo
4. Haurtxo Haurtxoa
5. Haurrak, Logale Dalako
6. Gure Haur Honen
7. Lo Hadi Aingürüa
8. Kuluxkan
9. Amaren Xango
10. Bulun Bulun
11. Abenduaren Hogeian
12. Atzo Goizean
13. Abu Nina, Katalina Eta Iluna Denerako
14. Haurrak Ederrak

그녀가 독자적인 아티스트로서 첫 발을 내디딘 후 무려 8년 만에 두 번째 앨범을 발표했다. 이미 베니토 레르춘디와 사

이에서 딸을 둔 어머니였기에, 요람의 노래집 《Bulun Bulun -ka 자장가》는 어쩌면 당연한 위임작이었다.

〈Haurra Egizu Lotto Lotto 잘 자거라 아가야〉는 바스크의 민요로, 잠든 아기를 보며 흰 꽃의 순수함과 나무의 강인함으로 성장하길 바라는 자애의 마음이다. 그 청아함은 만물을 침묵하게 한다.

〈Haurra Egizu Lo ta Lo 아가야 잠들라〉에는 세상의 모든 시름으로부터 안식하기 바라는 어머니의 뜨거운 눈물이 흐른다.

바스크의 새로운 음악운동의 아버지라 불리는 미셸 라베그리Mixel Labeguerie(1921-1980)의 작품 〈Haurtxo Haurtxoa 아가야 아가야〉는 정치적인 사유로 남편은 투옥되고 어린 아기를 홀로 키워야 하는 바스크 아낙의 슬픈 자장가이다.

아가야, 아빠는 바스크로부터 멀리 떨어져 있지만, 네겐 어미가 있단다. 주님도 결코 저버리지 않을 거야… 내일이면 자유로운 날이 오겠지… 하늘에 수천의 별이 뜨면, 아빠의 악몽을 지우렴, 내가 널 돌볼 거야.

〈Haurrak, Logale Dalako 아기에게 졸음이 오네〉은 비스카야주 투르시오스에서 두 소녀들이 흥얼거리는 멜로디를 듣고 채보하여 가사를 붙인 민요로, 이 중주 가창은 환상적으로도 들린다.

성직자이자 음악학자였던 아이타 도노스티아Aita Donostia(1886-1956)에 의해 창작된 〈Gure Haur Honen 예쁜 우리 아기〉는 다른 나라의 어린이처럼 순수한 동심의 꿈을 지켜주고픈 바스크의 마음이었다.

〈Lo Hadi Aingürüa 잠들라 천사여〉는 목회자이자 음유시인 피에르 보르다사르Pierre Bordaçarre(1908-1979)의 작품으로, 포크 여가수 매디 오이에나르트Maddi Oihenart의 음성으로 녹음되었다.

어미 무릎에서 편히 잠들려무나 아기천사여, 네 아름다운 마을은 네 입술마저 반기는구나, 우린 안전하지만 슬프단다. 네 아비는 태풍이 몰아치는 바다에 있기 때문이지. 밤을 뒤흔드는 시커먼 바람을 보렴. 긴 긴 좌절의 밤 동안, 십자가를 껴안고 안절부절못하네, 해가 빨리 뜨기를 하나님께 기도하면서. 울지 말고 잠들려무나 내 아가… 바라건대 하늘의 천사들을 만날 수 있기를, 바다에 있는 네 아비를 생각하며…

〈Amaren Xango 맘마 샹고〉는 유아가 첫발을 걷는 연습을 할 때 부모가 부르는 노래라 한다. 간단하고 반복적이며 귀여운 동작을 한눈에 그려준다.

사제 아즈쿠R. M. Azkue(1864-1951)의 노래 〈Bulun Bulun 자장 자장〉은 하프와 첼로로 그려낸 가장 아름다운 자장가이다. 배고픔으로 보채는 등에 업힌 아기에게 양 젖을 먹인 후, 잠든 아기를 보며 땀을 닦고 잠시 휴식에 젖는 농군 아낙의 고된 숨결이 느껴진다.

자작곡 〈Abenduaren Hogeian 12월 20일〉은 남미에서 입양된 한 아기를 위해 쓴 작품으로, 자그마한 생명에서 얻는 사랑과 경외감을 표현한 것이다.

바스크 민요 가사에 베니토 레르춘디가 작곡한 〈Abu Nina, Katalina Eta Iluna Denerako 자거라 카탈리나 그리고 어두운 고통이여〉은 어린 자식을 멀리 떠나보내는 부모의 슬픈 이별 동화를 보는 듯하다.

〈Haurrak Ederrak 아름다운 어린이〉은 선을 그어 다리를 만들며 노는 유아놀이노래로, 올라츠의 선창에 이어지는 천진난만한 10명의 어린이 합창이 동심의 세계로 머물게 한다.

시공간을 초월하여 바스크의 꿈나라로 항해할 수 있는 아름다운 기회이다.

Elearen Lainoa

2002 | Elkar | 84385 74025

1. Elearen Lainoa
2. Ilundu Begiak
3. Goizeko Bortzetan
4. Oinez
5. Zenbat Gau
6. Hatsa Gal Artino
7. Kuluman
8. Azkenean Katmandu
9. Kanpaizea
10. Kristala Porroskan
11. Karriketan Barna
12. Aiuma | Oi Laborari Gaixua V.A.

세 번째 앨범 《Elearen Lainoa 엘레아의 안개》에서 고요하고도 사려 깊은 감동은 보다 영민한 표현기법과 음감으로 발전되어 있다. 베니토 레르춘디 밴드팀의 협업으로 거둔 풍성한 사운드 덕분이기도 하다.

안개 낀 고요한 새벽녘의 강가 같은 청정의 켈틱 선율이 자욱하게 채워지는 타이틀곡 〈Elearen Lainoa 엘레아의 안개〉는 흡사 엔야Enya의 음악을 연상시킨다. 지난날 사랑의 추억을 더듬는 노래지만, 갈등과 슬픔과 애절함과 이별 등의 정서에서 멀어져 평온하고 관조적인 느 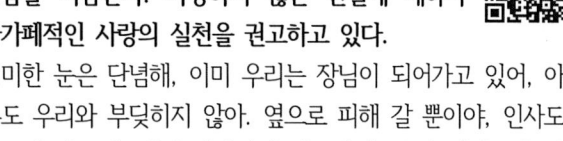 낌이다.

〈Ilundu Begiak 희미한 눈빛〉에는 따스한 첼로가 슬픔을 머금는다. 사랑하지 않는 현실에 대하여 아가페적인 사랑의 실천을 권고하고 있다.

희미한 눈은 단념해, 이미 우리는 장님이 되어가고 있어, 아무도 우리와 부딪히지 않아. 옆으로 피해 갈 뿐이야, 인사도 나누지 않고서. 매일 자각하지 않는다면, 우린 연인조차 가질 수 없어, 곧 우리에겐 커다란 슬픔만이 직면할 거야. 하지만 우린 알고 있어, 사랑의 시작을…

고요한 밤에 듣는 가스펠처럼 평안의 세상으로 안내하는 〈Oinez 산책〉에는 문명의 발달로 시공간을 초월하여 어디든 갈 수 있게 되었지만, 사랑하는 이를 목적지로 한 산책도 게을리하지 말라고 조언한다.

〈Hatsa Gal Artino 숨이 다할 때까지〉는 천상의 오케스트라로 표현하는 우주적 서정시에서 희망의 교향악으로 변화한다. 고난과 희생의 삶을 살아가는 여인의 일생에서 사랑과 눈물의 의미를 고결한 드라마로 재현하는 듯하며, 후미의 색소폰 랩소디는 숭엄하기까지 하다.

그녀가 노래하는 바스크의 사랑 이야기는 한순간에 불타오르지 않는다. 천천히 그리고 뭉근하게 예열하며 그 철학적인 의미를 깊게 전달하여 우리의 현실을 반추하게 한다.

이후로 그녀는 고향에서 어린이들과 함께 합창단을 창단하였으며, 10여 년간 라디오 프로그램에서 바스크 대중음악의 보급을 위해 많은 시간을 할애했다.

네 번째 앨범 《Gau Hotzeneanere 차가운 밤, 2010》에서

는 어쿠스틱의 담백하고 순수한 켈틱 야상곡을 들려주었다.

《Ur Goiena, Ur Barrena 높은 물, 깊은 물, 2015》은 대부분을 자신이 작사, 작곡, 편집한 앨범으로, 정치적인 방향에 대한 고민을 담았으며, 하프 외에도 다양한 악기들을 포함하여 전작에 비해 풍성한 사운드를 구사하고 있다.

지난 역사에 대해서는 배우지만 현재를 읽는 방법은 배웠는지 그리고 이는 미래를 위해서 필요하다는 〈Kondaira 전설〉, 가끔씩 홀로 탐색하며 확고한 보편적 원리가 없는 세상 읽기가 자신의 영혼을 강하게 한다는 〈Sena 본능〉 등이 돋보이며, 레르춘디가 불렀던 〈Ni Gatibu Hartzeko 나를 포로로 삼기〉도 포함하고 있다.

2CD로 제작된 《Orion Zuzenean 오리온으로 곧장, 2019》는 그녀가 사는 오리온에서 거행한 라이브 앨범으로, 자신의 레퍼토리 외에도 바스크 민요와 〈Amerikara Noa 난 미국으로 갈 거야〉 등의 레르춘디의 노래도 불러주고 있다.

《Hitzño Bat Erran Eta, Banua Berhala 몇 마디 하고 가버렸네, 2023》에는 보다 다양한 스타일의 멜로디와 사운드로 구성되었고, 우리 사회의 그림자, 의심, 거짓말 등을 주제로 실었다.

선사시대의 유적에서 느꼈던 감정을 담은 포크록 〈Mairu Baratzetan 선사의 광야에서〉와 바이올린과 하프의 조화가 애틋한 〈Zuhainik Gorena 가장 높은 나무〉가 추천곡이다.

시베리아의 크리스털 보이스
Origa • 오리가
Russia | Canada

오리가Origa(1970-2015)라는 일본식 이름으로 알려진 그녀의 본명은 올가 야코프레바Olga Yakovleva이다.

러시아 시베리아 서부 노보시비르스크의 작은 마을 코체네보Kochenevo에서 태어나, 어릴 때부터 러시아의 경음악과 민요를 듣고 자랐다.

9세 때 어린이 TV 프로그램에서 출연하여 군 복무를 마치고 귀향하는 군인을 소재로 한 창작곡을 불렀다. 러시아 공산당의 개혁 시기에 접어들며 접하게 된 서구의 음악은 독특한 감동을 주었고, 음악교사가 되기 위해 1986년에 노보시비르스크 음악대학에 입학한다.

각종 축제와 경연에 참가하며 대학을 마무리할 무렵인 1991년 여름, 소련을 방문한 삿포로 대학교수와 친분을 쌓게 되었고, 그해 11월 자매도시 교류 프로그램의 일환으로 초청되어 일본 삿포로에서 3달간 홈스테이하며 많은 콘서트와 방송 출연을 할 수 있었다.

1991년 12월에 삿포로의 인디 레이블에서 자작곡을 녹음한 EP 《Olga》을 내고, 1993년에는 매니지먼트사와 계약, 거주지도 아예 동경으로 옮긴다.

그녀는 타국에서 가수로의 꿈을 실현하게 되는 셀프 타이틀 데뷔작 《Origa, 1994》를 발표했다. '물속에 투영되는 음악'이라는 개념으로 러시아 가사로 쓴 자작곡을 수록했다.

이후 동레이블 소속 아티스트들이 참여한 고베 대지진 자선 앨범에서 〈Maria 내 마음속의 마리아〉의 메인보컬을 담당하며 대중적으로 보다 널리 알려진다.

또한 당시 일본에서는 보기 힘든 독특한 스타일의 라이브 무대를 선보였으며, 다른 가수들과의 협업뿐만 아니라 만화극, 게임, 광고음악, TV프로그램 등에도 참여하게 되었다. 특히 칸노 요코Kanno Yoko와 연을 맺어 만화영화 「Ghost in the Shell : Stand Alone Complex 1&2 공각기동대, 2004」의 사운드트랙에 참여한 이후로 많은 애니메이션 음악을 녹음했다.

Origa

1994 | Toshiba EMI | TOCP-8287

1. Lirica (YA Podaryu Tebe Muzyku)
2. Golubyye Glaza
3. My Angel
4. Kazhdyy Raz
5. Chio-Chio-San
6. Mne Bez Tebya Trudno
7. Schastlivoye Leto
8. Dozhd'! Zaderzhi Yego!
9. Tol'ko YA Ponimayu
10. More

그녀의 공식 데뷔작으로, 숲의 정령처럼 촬영한 커버는 그녀의 음악을 예감하기에는 다소 무리가 있는 것이 아닌가 싶다. 데뷔작이니만큼 음반사의 마케팅 전략이었겠지만, 음악도 러시아보다는 J-POP의 감성이 더 짙은 것이 사실이다. 하지만 그녀의 음색만큼은 정말 독보적이다.

약 2년 전 한정 발매된 데모 EP 《Olga, 1991》에 수록된 〈YA Podaryu Tebe Muzyku 음악을 들려줄게〉는 〈Lirica 리리카(서정시)〉란 제목으로 실렸는데, 느린 템포에 촉촉한 팝 비트를 가미한 연주와 함께 신비로운  보컬이 신선한 매혹을 더한다.

…네게 음악을 줄 거야, 넌 그것의 모든 소리를 포착하게 될 거야… 네게 모든 비밀을 밝혀 줄 거야, 이 세상이 가진 아름다움을, 그 안에서 넌 슬픈 색상의 팔레트를 발견할 거야. 하지만 바다는 또한 특별한 기쁨이지, 넌 이미 스스로 기적을 창조할 수 있어.

〈Golubyye Glaza 푸른 눈동자〉 역시 데모 EP 수  록곡으로, 매혹의 색으로 사랑에 빠졌지만 지금은 이별의 슬픈 색이 되어버렸다고 노래한다.

도회지적인 감성의 〈Dozhd'! Zaderzhi Yego! 비야 멈춰〉는 사랑하는 연인이 자신의 집에 올 수 있도록 번개와 비를 멈추라는 내용이다.

〈Tol'ko YA Ponimayu 난 이해해〉는 칸노 요코Kanno Yoko 의 피아노 반주로 노래하는 우울한 연가로, 명징한 그녀의 음색에 푹 빠지게 한다. 매시간을 당신과 함께 하 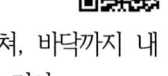 지만, 행복의 실타래를 잡을 기회는 많지 않다고 말한다.

〈More 바다〉는 시원하게 펼쳐지는 일렉기타의 록 필링이 우리의 감성을 환기시켜준다.

…그녀의 바다에서 너의 파도를 찾아 헤엄쳐, 바닥까지 내려가진 마, 그러면 바다가 네 슬픔을 씻어줄 거야…

데뷔작을 발표한 그해 '고요한 평화를 부르는 목소리'라는 홍보문구와 함께 미니 앨범 《Crystal Winter, 1994》을 발매했다.

강렬한 인상의 러시아 민요 〈Beryooza 자작나무〉 는 무반주 돌림노래로 숭엄한 환상을 불러일으킨다.

이 들판에 자작나무 한 그루 서 있었네, 웅장하게도 서 있었네, 자장 자장, 내가 숲에서 집으로 돌아올 때, 흰 자작나무는 베어졌네, 자장 자장, 그 나무에서 가지 세 개를 꺾어서, 세 개의 작은 바이올린을 만들 거야, 자장 자장…

자작곡 〈We Can Hear Your Pulse〉은 베스트앨범에도 수록되어 있는데, 감성 어린 멜로디는 다양한 고저의 스펙트럼 음성으로 분산되어 착란을 일으킨다. 칸노 요코Kanno Yoko도 피아노 협연으로 축복해 주고 있는 듯하다.

이미 넌 알고 있었지, 인류의 시대에 광명이 시작됨과 동시에 너의 탄생도 열렸다는 걸. 억제할 수 없는 심장 고동, 넌 이걸 들을 수 있네. 바다를 거슬러 여행해 봐, 네 심장이 이걸 들을 수 있을 때까지, 오직 네 심장만이 새로운 생명의 맥박을 이해할 수 있을 거야, 저지할 수 없는 박동, 난 다시 듣고 있어… 모든 고통과 희망이 다 할 때까지, 보이지 않는 천사, 그리고 그 안에 살고 있는 아버지와 어머니… 나에게 새로운 삶을 준 것에 감사하며…

〈Baby Alone in Babylone〉은 세르주 갱스부르Serge Gainsbourg(1928-1991)가 브람스Brahms의 〈교향곡 3번3악장〉의 주제에 가사를 붙인 것으로, 제인 버킨Jane Birkin(1946-2023)의 노래로 잘 알려진 샹송이다. 러시아어로 노래하였는데, 쓰라린 현악에 아코디언의 열풍이 불고 피아노의 눈물방울이 뚝뚝 떨어진다.

리코더의 회한과 빛바랜 정경 사진들로 다시 한번 눈가를 적시게 하는 〈Wasurenaide 잊지 않을 거야〉는 유언처럼 느껴져서 더욱 애잔하다.

내 고향땅과 사랑에 관한 노래를 나는 잊지 않을 거야, 어떤 어려움이 닥쳐도, 내 마음속에 간직할 거야, 물이 오르는 봄과 새소리를 새길 거야… 눈물처럼 빛나는 아침이슬이 맺힌 초원, 거기로 가는 어떠한 길들도 망각하지 않겠네, 집 안 불빛과 선반 아래의 건초 냄새도, 잊지 않을 거야… 울타리를 넘어오던 첫 햇살의 마당을 잊지 않을 것이네, 어릴 때 꿈꾸었던 그곳, 그리고 정원의 쪽문과 처음 노래했던 시가, 나는 그들을 잊지 않을 거야, 결코 잊지 못할 거야…

환한 빛줄기 사이로 미소가 가득한 리메이크 〈There Must be an Angel〉로 무거운 마음을 약간 덜게 된다. 마치 '난 내 마음을 털어놓을 천사를 만나러 떠나니, 넌 나를 걱정하지도 말고 너무 우울해하지도 마!'하고 역으로 위안을 심어주는 것 같다. 이는 애니 레녹스Annie Lennox와 데이비드 스튜어트David Stewart 듀오로 결성된 영국 그룹 유리드믹스Eurythmics가 1985년에 발표한 신서-팝의 명곡으로, 보석 같은 그녀의 보이스는 매끄럽게 미끄러지고 찬란한 광택으로 부서진다.

그녀의 목소리에는 잘 연마된 크리스털 조약돌이 투명한 물 속에서 서로 부딪히는 듯한 찰나의 물광이 반짝인다. 이러한 견고하면서도 생생한 음색 덕분에 힐링이라는 최고의 선물을 받게 된다. 참으로 신비한 악기이다.

Illusia

1995 | Toshiba EMI | TOCP-8578

1. Solitaire in the Wind
2. Hallelujah
3. Just for You
4. Starry Night
5. Cradle (Dedicated to My Father)
6. The Whispers of Dew
7. Red Flower
8. Gates in the Sky
9. Kapitan
10. Living in the Clouds
11. La Ronde Lunaire

두 번째 앨범 《Illusia 신기루, 1995》의 타이틀은 그녀의 목소리를 비유하는 단어가 아닐까.
⟨Solitaire in the Wind⟩은 웅장한 신서-팝으로
광활한 공간감을 보여주다 어느새 밝고 달콤한 발라드로 자유로운 생동감을 부여한다.

⟨Hallelujah 할렐루야⟩는 숭고한 코러스를 배경으로 연약한 기도가 이어진다. 무반주에서 파이프오르간 음색
이 등장하여 점점 간절함을 더하면 어느새 한밤의 기도는 새가 지저귀는 맑은 아침을 맞이한다.
…우울함의 장막을 거두어 주시고, 꿈을 용서하는 법을 터득할 수 있게 해주세요…
따스한 실내악으로 마음을 휘감는 ⟨Red Flower⟩
는 가녀린 목소리로 불신과 질투, 눈물과 분노로 사랑을 잃은 얼음 여왕의 전설을 들려준다.
⟨Living in the Clouds⟩는 스산한 바람이 불어오
는 침울한 분위기 속에서도 북극의 겨울밤 오로라를 닮은 오리가의 호소력을 잘 느낄 수 있다.
…삶이란 아름답고 그리 어렵지 않아, 구름 속으로 날아올라 봐, 넌 어떻게 어떻게 땅을 박차고 날아올라? 라고 생각하겠지, 광대한 공간에서 향기를 맡아봐, 새들처럼. 모든 일이 잘 되고 행복이 올 거라는 내 말을 믿어봐, 그러나 넌 이것을 넘지 못할 거야, 꿈이 없다면 모든 삶이 공허해.
호젓한 동양적 감성을 느끼게 되는 ⟨La Ronde Lunaire 보름달⟩은 파장으로 어른거리며 사라지길 반복하는 달빛과 연못의 사랑을 그린 시상이 놀랍다. 돌림노래 같은 규칙적인 반복구도 동일한 개념이다.
…백합 꽃잎이 연못 물결 위로 떨어지고, 고요한 시간 속에 평화가 머무네, 그러나 달빛은 연못에 사랑을 주었건만, 고통과 죽음으로 명을 다하네, 오! 이것은 영원한 드라마, 서로를 그리워하는 그들은 너무 멀리 있네, 오! 이것은 영원한 드라마, 미소는 깊은 한숨에 잠기네…

Lira Vetrov

1996 | Toshiba EMI | TOCP-8980

1. From the Town of Lyre
2. Go Away
3. Sineva (The Blue)
4. Lunapark
5. The First Snow
6. Don't Call
7. God's Trial
8. At the End of the Sky (Sora no hashide)
9. Night Melody
10. White Fire

두 번째 앨범을 발표한 후 4곡을 수록한 미니 앨범 《Aria, 1996》를 선보였다.

〈You're My River〉는 베스트앨범에도 수록된 민요로, 엄중한 아카펠라로 시작하여 어떤 장벽에도 막힘과 굽힘이 없는 자연의 아름다움과 힘에 대한

찬사에 숭고한 하모니를 더한다.

싱그러운 삼림욕의 사운드 〈Russian Forest〉는 러시아 봄 숲의 아침 정경을 온화하게 찬양했다.

또한 데뷔작에 수록한 〈Liri-ka 서정시〉도 흥겨운 버전으로 새롭게 수록하고 있다.

3집 《Lira Vetrov 바람의 리라》는 우리에게는 뉴에이지 음악 작곡가 양방언Kunihiko Ryo이 프로듀서와 편곡을 맡았다. 커버를 보면 큰 자작나무의 가지 사이에 서있는 드넓은 창공으로 새하얀 구름과 잎사귀들이 흐른다. 이 앨범의 개념인 '대지를 감싸고 있는 다정한 바람의 노래'를 쉽게 유추할 수 있다.

차분한 바람결을 온몸으로 느끼게 되는 타이틀곡 〈From the Town of Lyre〉은 대표곡으로, 아이들의 동심과 소원을 지켜주는 마법의 수호자들이 함께 사는 도시를 꿈꾼다.

경쾌한 속도를 내달리는 〈Go Away〉은 만돌린과 플루트로 마치 민속음악을 듣는 듯한 감미로운 멜로디가 귀에 쏙 들어온다. 하지만 이 노래는 사랑에 대한 이별가로, 자신을 버리고 떠나는 연인을 용서할 수 없지만 슬퍼하지도 않겠다고 노래한다.

점점 더 채도를 더하는 〈Sineva 푸른빛〉은 신비로운 코러스에 오보에와 일렉기타가 담채의 덧칠로 심도를 더한다. 땅과 천국 사이에 드리워진 푸른빛, 슬픔의 문턱에서 영혼의 종을 울리는 하늘빛에 대한 감상으로 자신과 함께 있길 바라는 대상의 은유적 표현이기도 하다.

다이내믹한 팝 발라드 〈Lunapark〉의 가벼운 서정은 어린

시절과 한여름밤 연인과의 추억을 되살려주며 가슴을 환한 빛으로 채워준다.

칸노 요코Kanno Yoko의 피아노 반주로 노래하는 〈Don't Call〉는 〈Go Away〉의 답가일까? 앞으로 어떻게 살아갈 수 있을지 모르겠지만, 사랑하는 연인으로부터 도망칠 준비가 되었으니 자신을 찾지 말라며 투명한 눈물을 길게 흘린다.

재즈와 가스펠이 한데 섞이며 하얀 연기를 피우는 환상 교향악 〈God's Trial〉는 걸작이다. 누군가의 추모곡이었을까? 아니면 자신의 운명을 미리 예견한 걸까? 파이프오르간 사운드가 안식을 열어준다.

풋사과가 떨어져 떠내려가면, 바다가 아니라, 암흑의 연못에 도달할 거야, 생명이 그 청춘기에 끝나버린다면, 그건 하나님의 잘못된 심판이네. 오직 밤이 되면 하늘만이 울부짖겠지, 그 눈물이 작고 하얀 별들이 되어 빛을 발하겠지. 잘 익은 사과가 떨어져 떠내려가면, 연못이 아니라, 푸른 바다일 거야. 풋사과가 빨리 떨어져 떠내려갔네, 바다가 아니라 암흑의 연못으로…

단번에 감상자의 청각을 매료시키는 〈At the End of the Sky〉에는 오리가의 허밍뿐만 아니라 플루트의 즉흥연주까지 곁들어져 있다. 이 향긋함은 비상하여 도달한 하늘의 끝에서 느끼게 될 최종의 자유로움과 거대한 꿈에 대한 희망이다.

우아한 별밤의 왈츠 〈Night Melody〉는 스캣송이라 해도 과언이 아니다. 달을 향해 유유히 항해하는 상상을 체험하다가 결국 달에 도착하기도 전에 아침이 오고야 만다.

Eternity

1998 | Toshiba EMI | TOCP-50685

1. Rain (Ame)
2. My Sunshine
3. Distant Day
4. Forget Me Not
5. Tight · Knit
6. Star
7. Till the Flowers Flow (Hana no chiru toki)
8. What is Eternity?
9. TAM
10. Pilgrim
11. Passing Dreams (Kowareta Yume)
12. Polyushko-Pole

약 2년 만에 출시한 본 4집은 오리콘 차트에 진입하여 상업적인 성공을 거둔다. 전작을 제작했던 작곡가 양방언Kunihiko Ryo이 이번에도 부분 참여하고 있으며, 이미 세계적인 음악인으로 각광받고 있는 준 미야케Jun Miyake, 하우스 뮤직

음악가 히로시 와타나베Hiroshi Watanabe 등이 협업했다.

〈Rain〉은 생생하고도 풍부한 물기로 감성을 흠뻑 적셔주는 서정적인 걸작이다. 가사부의 멜로디 라인도 매우 매끄럽지만, 특히 반복구의 맑은 스캣은 신병하(1947-2005)의 〈소나기〉가 스칠 만큼 특유의 우수가 넘친다. 게다가 열정 어린 색소폰의 즉흥은 오히려 순수함을 넘어 성스러움으로 다가선다.

…비는 소리의 우주, 천국으로 가는 길, 별에서부터 흐르는 물이 방울이 되는 것. 비는 내게 운명적으로 주어진 것, 비는 항상 나와 함께 하지, 겨울에는 눈으로, 여름에는 우박으로도, 항상 나는 행복하네.

록풍의 하우스 팝 〈My Sunshine〉은 연인을 향한 정열적인 고백으로, 에너지 가득한 다이내믹함이 좋다.

역시 다소 빠른 템포를 이어가는 〈Distant Day〉는 어린 시절에 대한 향수가 그 주제로, 다소 평범한 J-Pop 멜로디지만 바이올린 즉흥이 활개 하는 후반은 뜨겁다.

달콤하고도 유려한 재즈 〈Tight-Knit〉에 이어, 보다 강한 보컬의 매력을 느낄 수 있는 〈Star〉가 기나긴 어둠의 신화 속으로 시계태엽을 감는다. 연인을 위해 별이 된 한 여인의 슬픈 사랑 이야기는 음울함 속에서 점차 따스하고도 영롱한 빛을 발한다. 오리가의 주술은 마치 한을 달래는 듯하다.

일본어 가사가 일부 수용된 〈Till the Flowers Flow〉는 잘 윤색된 J-Pop 스타일의 히트곡이다. 짝사랑의 대상에게 고하는 작별 인사로, 그 애틋한 감정을 얼후Erhu 연주가 가붕방Jia Peng-Fang이 감정의 끈을 길게 이어간다.

준 미야케의 조이는 듯 단단한 편곡이 돋보이는 〈TAM 기차〉는 불꽃 튀는 플라멩코 작품이다. 연인과 이별 후 야간열차를 타고 떠나며 느끼는 슬픔과 열망의 감정선이 폭발할 듯 끓어오른다.

신시사이저 건반과 오리가의 스캣으로만 연주된 찬송가 〈Pilgrim〉은 왈츠풍의 템포에 숭고한 정신을 기리고 영혼의 안식을 담는다.

마지막 곡 〈Polyushko-Pole 광야〉는 러시아 특유의 짙은 애수로 콧날을 시큰하게 만든다. 이 멜로디는 러시아 작곡가 크니페르Lev Knipper(1898-1974)가 1934년에 완성한 〈A Poem about a Komsomol Soldier 교향곡 4번 콤소몰 전사들의 시 1악장〉 중 일부로, 시인 구세프Viktor Gusev(1909-1944)가 쓴 전의를 다지는 내용의 가사 때문에 러시아 군가로 편곡되어 불렸다고 한다. 이후 많은 음악인들에 의해 리메이크될 정도로 유명한 고전이 되었다. 오리가는 전사들에게 바치는 진혼의 가사를 붙여 러시아 환상곡으로 재탄생시킨다.

광야, 나의 광야여, 그래 그 광야 위를 영웅들이 진군했었지, 잊혀 버린, 숨져간 전사들이여. 그 초원 위에서 바람이 그들을 흩어지게 했고, 그들의 함성도 흩어졌지, 잊혀 버린, 사라진 노래들이여. 그들 모두가 떠났고, 전쟁에서의 명성도 사라졌네, 황량한 길만이 길게 뻗어 있을 뿐. 나의 광야여, 수많은 고통을 보아왔지, 그 피로서 우린 일용할 양식을 얻었지, 잊혀 버린, 죽어간 젊은 피들이여!

양방언과의 인연으로 그의 《Into The Light, 1998》에서 〈St. Medieval Rain〉에 스캣으로 참여했다.

Aurora

2005 | Gemmatika | RSCR-1006

1. Aurora
2. Chance
3. Promise
4. Kalinka
5. Polyushko-Pole
6. Asa Ni Michite
7. Don't Let Me Go
8. Aney, Unborn Child
9. Shine, My Star
10. Mona Lisa

《Era of Queens, 2003》는 무려 5년 만에 발표한 정규앨범이다. 하지만 이전의 노선과는 전혀 다른 성향의 특선작으로, 보컬리스트로서의 오리가를 강조한 팝페라 크로스오버였다. 거의 모든 수록곡의 멜로디는 중세 작가들의 로망스 시가에게서 차용하여 발전시켰으며, 대부분의 스캣과 영어,

불어, 이태리어, 스페인어 가사를 붙였다.

러시아의 향취는 전혀 찾을 수 없지만, 전자음향이 섞인 상큼한 사운드는 마치 오리가를 주인공으로 한 가상의 애니메이션 '여왕의 시대' 사운드트랙이라고나 할까?

그중 얼후Erhu 연주가 가붕빵Jia Peng-Fang이 참여한 〈Elektra's Song〉은 동양미를 물씬 풍긴다.

6번째 정규작 《Aurora》는 4-5집의 특징들을 추출하여 더욱 대중적으로 발전시킨 앨범이다. 대부분의 자작곡에, 러시아 민요 3곡을 현대적으로 믹스했다. 일본어로 부른 2곡과 영어곡 1곡도 포함되었다. 게다가 러시아 가사로 된 작품에는 간간이 불어와 영어 소절도 덧붙였다. 전자악기들로 거의 모든 곡을 연주하였고, 장르와 타국의 요소를 결합하는 크로스오버 기법도 놓치지 않았다. 이른바 범우주적인 월드 뮤직이다.

타이틀곡 〈Aurora〉는 놀라운 마법을 보여준다. 이 노래에서 가사는 특별한 의미가 없다. 그녀의 러시아어 가창은 진성과 이펙트를 넘나들며 화려함을 뽐내고, 남성 가수의 불어 낭송과 페르시아 에스닉 보컬도 뒤섞인다. 신비 그 이상의 찬란한 루미나리에이다.

…내 영혼은 불꽃과 함께 솟아오르네, 이날을 위해 오랜 세월을 기다렸지, 아리아드네Ariadne[12] 그녀의 실은 나를 세상 밖으로 이끌었네, 바람은 고대의 시편을 노래할 거야, 기도자의 진심도 열리리…

여성 작곡가이자 가수 하마다 리에Hamada Rie가 가사를 쓴 〈Chance〉은 젊은 사랑의 은근한 망설임에 대한 것으로, 미니멀한 일본 음악 특유의 힙합 리듬과 투명한 전자음향이 잘 배합되어 상큼한 감각을 발

---

12) Ariadne : 그리스 신화 중 크레타 왕 미노스의 딸. 테세우스를 사랑하여 그가 미로를 빠져나갈 수 있도록 실 꾸러미를 주어 그를 도왔으나 낙소스섬에 버림받고, 이후 디오니소스에 눈에 띄어 부인이 된다.

휘한다. 어쿠스틱의 부드러운 음감으로 사랑의 충만감을 노래한 〈Asa Ni Michite 아침 가득〉도 리에의 가사이다.

〈Promise〉은 은은한 에너지와 부드러운 탄력감이 근육을 자극한다. 비록 몸은 서로의 일로 떨어져 있음에도 마음은 항상 같이 있다는 걸 알지만, 더 많이 오랫동안 함께 있고픈 열망을 노래했다.

러시아 민요 〈Kalinka 칼린카〉는 힙합버전으로 편곡되었다. 그 서정을 느낄 수 있는 매우 짧은 서두가 지나면, 칸노 요코Kanno Yoko와 함께 많은 애니메이션 음악 작업을 했던 프로듀서이자 작곡가 팀 옌슨Tim Jensen 의 영어 랩이 부가되었다.

이미 4집에서 선보인 〈Polyushko-Pole 광야〉 또한 보컬 이펙트와 댄스 비트 등으로 리믹스하여 들려준다.

팀 옌슨이 영어 가사를 쓴 〈Aney, Unborn Child〉는 마치 만화영화 주제곡 같다. 다소 기계적이고 몽환적인 사운드는 인간성이 말라버린 미래의 로봇세상으로 훌쩍 넘어가 있다. 태아에게 밝은 자장가를 들려줄 수 없는 어미의 슬픈 심정을 그렸다.

안나 게르만Anna German(1938-1982), 야나 그레이Yana Gray 등의 음성으로 잘 알려진 러시아 로망스 〈Shine, My Star〉의 커버는 본작의 특장점이기도 하다. 투명한 기타의 선율 위로 한없이 피어나는 간절한 사랑의 슬픔은 은하수가 되어 밤하늘을 수놓는다.

빛나라, 나의 별, 넌 내겐 하나뿐인 소중한 것, 변함없이 언제나. 좋았던 지난날의 별, 유혹적인 사랑의 별, 나의 영혼은 널 영원히 못 잊을 거야. 네 빛은 하늘 아래 힘이 되고, 내 모든 인생을 빛나게 하네, 나는 네 무덤 위에서 죽어가네…

그녀는 동년에 TV 프로그램 「Fantastic Children」의 사운드트랙과 이미지 앨범에, 이듬해엔 3곡을 담은 싱글 《Spiral,

2006》을 발표하고, 칸노 요코의 「Ghost in the Shell 공각기동대」 시리즈 음악에도 다시 참여했다.

2008년에는 새로운 정규앨범 《The Songwreath》를 내놓았는데, 청명한 감성 사운드를 들려주는 피아노 발라드 〈Cradle, Cradle〉이라  는 신곡과 새롭게 리메이크한 6곡이 담겨있다.

그리고 양방언이 음악을 맡은 국내 컴퓨터게임의 OST 《Aion : The Tower of Eternity, 2008》에도 초대되어 〈Forgotten Sorrow〉를 연주했다.

2011년에 캐나다 밴쿠버로 이주하고, 2013년에는 양방언의 《Piano Fantasy》와 뉴에이지 음악가 히메카미Himekami의 TV사운드트랙 모음집 《Voyage to Another World》에도 참여했으며, 2매의 신작 《Amon Ra》와 러시아 민요를 재해석한 《The Annulet》를 녹음했다.

2014년에는 두 번째로 우리나라와 인연을 맺어 「Herowarz 최강의 군단」이란 게임에 캐릭터 테마곡을 맡았다.

2015년 앨범 발매를 위해 1년 만에 일본으로 돌아왔으나, 갑작스레 입원하였다가 심부전으로 열흘 만에 44세의 짧은 생을 마감했다.

사후의 2CD 베스트 《All about ORIGA 1994-2014》와 앞서 캐나다에서 녹음해 둔 두 매의 앨범이 합본되어 《Lost And Found, 2015》란 타이틀로 일본에서 출시되었다.

라틴아메리카의 로망스
Pablo Milanés • 파블로 밀라네스
Cuba

트로바 〈Mis 22 Anos 내 나이 22살〉를 1965년에 발표하고, 이듬해엔 '해적'이란 의미의 그룹 로스 부카네로스Los Buca -neros와 활동하였다.

1967년에 군인으로 복무하게 되었는데, 이는 베트남전쟁(19 65-1973)의 시기로 이때 새로운 사회문제에 대해 자각하고 동조하게 된다. 1968년에 '아메리카의 집Casa de las Améri -cas'을 통해 만난 실비오 로드리게스와 함께 첫 콘서트를 하게 되었고, 이후 비올레타 파라V. Parra, 메르세데스 소사 M. Sosa, 다니엘 비글리에티D. Viglietti, 쉬쿠 봐르키C. Buar -que, 시모네Simone, 비니시우스 지 모라이스V. de Moraes, 미우통 나시멘투M. Nascimento, 빅토르 하라V. Jara 등과 조우하며 라틴아메리카의 사회적 관심사를 공유하게 되었다.

그리하여 자신만의 손Son을 발전시킨 필링Filin과 볼레로, 살사 등을 비롯하여 다양한 스타일의 저항 노래를 작곡하였다. 수많은 작품들 중 가장 우리에게 잘 알려진 명곡은 1970년에 발표한 〈Yolanda 욜란다〉가 될 것이다. 남미의 대표적인 여성 이름 '욜란다'가 그의 조국 쿠바를 대유하고 있음은 잘 알려진 사실이다.

실비오 로드리게스는 쿠바혁명의 절대적인 찬양자로서 여러 사회적 활동에 적극적으로 앞장섰던 문화혁명 운동가이지만, 파블로 밀라네스는 쿠바혁명 후 사회에 대해 어느 정도 비판적인 입장이었으며 2007년에 미국으로부터 푸에르토리코의 독립에 서명한 것을 제외하고 캠페인의 독려와 정치적 참여 등 공식적인 활동에는 나서지 않았다.

또한 실비오가 그림에서 시작하여 작사와 작곡으로 이어지며 가공되지 않은 포크 스타일을 들려주는 것에 비해, 파블로는 작곡을 위주로 하다 작사도 하게 되었고 잘 윤색된 브라질풍의 재즈 멜로디를 그의 기타에 담아냈다.

다소 연약하면서도 하이톤의 미성이 매력인 실비오는 꾸밈없고 직선적인 연주들을 일관적으로 선보였고, 낮고 굵은 남성적 보컬의 파블로는 오히려 유려하고도 구성지며 감미로운 연주를 다양하게 선보였다.

실비오 로드리게스Silvio Rodríguez와 노엘 니콜라Noel Nicola (1946-2005)와 함께 쿠바의 누에바트로바 운동을 이끌었던 음유시인 파블로 밀라네스(1943-2022)는 남부에 위치한 바야모Bayamo에서 태어나, 아바나 음악학교를 졸업했다.

그는 쿠바의 손Son13) 등 전통음악에 충분한 감정Filin을 불어넣은 음악을 행했는데, 그러한 특징을 잘 보여준 누에바

---

13) Son : 쿠바 동부 민요에서 생겨나 1920년에 전 지역으로 유행한 흑인계 음악으로, 룸바, 차차차, 살사 등 여러 라틴 음악의 원류라 할 수 있다.

Proposiciones

1988 | Universal | LATD-40091

1. Proposiciones
2. Son para Despertar a una Negrita
3. El Primer Amor
4. Y Siempre Dimos Más
5. Cuando Te Encontré
6. Nelson Mandela, Sus dos Amores
7. La felicidad
8. Ser y No Ser
9. Quiero Ser de Nuevo el Que Te Amó
10. Proposiciones

첫 독집 《Versos Sencillos de José Martí, 1973》는 쿠바의 작가이자 정치가 호세 마르티José Martí(1853-1895)의 장편 시집 「Versos Sencillos 질박한 노래, 1891」에 곡을 붙인 것이었다. 그는 오랜 세월 동안 두 차례나 해외로 추방되어 독립운동을 전개하였으며 쿠바혁명당을 설립하고 스페

인군에 대항해 싸우다 전사한 인물로 쿠바의 국부國父로 가록되고 있다.

1975년에는 흑인문학의 기수로 기록되는 쿠바 시인 니콜라스 기옌Nicolás Guillén(1902-1989)의 작품을 실은 《Canta a Nicolás Guillén》를 발표하였다.

이듬해에는 자작한 저항 음악들을 수록한 《La Vida no Vale Nada 인생은 덧없는 것》을 냈다. 특히 이 앨범에는 〈Para Vivir 삶을 위하여〉, 〈A Salvador Allende en Su Comba-te por la Vida 살바도르 아옌데의 삶을 향한 투쟁〉, 〈Can-ción por la Unidad Latinoamericana 라틴아메리카의 화합을 위한 노래〉 등이 수록되어 있다.

훌륭한 록 작품 〈Yo No Te Pido 구걸하진 않겠네〉가 수록된 《No Me Pidas 묻지 마, 1978》, 쿠바혁명 20주년 기념 앨범 《Aniversario 기념일, 1979》에는 실비오 로드리게스의 슬픈 러브스토리 〈Que Ya Vivi, Que Te Vas 나의 삶, 너와의 이별〉을 수록했다.

1980년대엔 《Canta a la Resistencia Popular Chilena 칠레의 저항 노래집, 1980》에 이어, 베네수엘라의 여가수 릴리아 베라Lilia Vera와 함께 각자의 노래를 협연한 《El Pre-gón de las Flores 꽃들의 선언문, 1981》이 발표되었으며, 그가 음악을 시작할 때 영감이 되었던 쿠바와 라틴의 고전을 노래한 《Años, 1980》와 《Filin, 1981》시리즈가 개시되는 등 왕성한 음악 활동을 이어갔다.

1984년에는 군부가 종식된 브라질을 방문하여 쉬쿠 봐르키 Chico Buarque가 게스트로 참여한 라이브 실황을 열었다.

후반에 이르러 대히트작 《Querido Pablo 친애하는 파블로, 1986》를 발표, 이는 아나 벨런Ana Belén, 미겔 리오스Miguel Ríos, 조안 마누엘 세라Joan Manuel Serrat, 쉬쿠 봐르키, 빅토르 미누엘Victor Manuel, 루이스 에두아르도 아우테Luis Eduardo Aute(1943-2020), 실비오 로드리게스 등을 초대한 듀엣 모음집으로, 특히 메르세데스 소사 Mercedes Sosa(1935-2009)와 함께 부른 〈Años 수

년〉은 감동 그 자체이다.

실비오 로드리게스가 《Oh! Melancolía 오 슬픔이여》에서 슬픔에 잠긴 여인을 위로했을 때, 파블로 밀레네스는 《Pro-posiciones 프러포즈》로 행복을 노래했다.
다소 우울한 랩소디 〈El Primer Amor 첫사랑〉에서 그는 자신을 고통스레 하는 조국이 있어 그래도 행복하다고 말한다.
내 내면에서 번개 같은 그것을 느끼네, 내 심장은 놀랐지. 모든 것이 부서지고, 모든 것이 폭발하고, 일부는 사라져 버렸는데. 행복의 다른 방식을, 고뇌의 다른 양상을, 삶의 다른 방법을 이해하며, 어제까지 웃었는데. 무슨 영문이었는지… 그 혼란, 그 기쁨, 그 고통. 모든 변화가 완료된 모습을 보고 싶어, 그리고 사랑을 위해 지켜볼 거야, 안녕 내 어린 시절이여, 부디 당신이 기억하길 바라네…
실비오 로드리게스가 작시하고 파블로 밀라네스가 작곡한 1984년작 〈Cuando Te Encontré 당신을 만났을 때〉 역시 신시사이저 오케스트레이션이 만개하는 퓨전록이다. 간디Ma-hatma Gandhi(1869-1948)의 비폭력 무저항 운동을 주제로 한 듯 보이기도 하는데, 사랑하는 연인을 향한 태도가 가사에서 잘 드러난다.
…당신을 만났을 때, 세상은 창조된 사랑으로 태어났다는 걸 알았네, 당신을 만났을 때 구름의 흐름을 느끼며, 날개는 비행하고 창공은 끝이 없었네. 그리고 창대한 것을 의식했지, 넘실거리는 바다, 깨어나는 시간들, 그리고 당신의 마음은 바람과 함께 날아갔네, 때로는 쓸쓸히, 때로는 격렬하게… 그리고 전쟁에 익숙한 무기를 발견했네, 오늘 자신이 잃어버렸던 마지막 영웅처럼. 모두가 외치네 "바닷속으로 던져버려, 살아왔던 영광이 배신하기 전에."
명곡 〈Nelson Mandela, Sus dos Amores 넬슨 만델라, 그의 두 가지 사랑〉은 드럼, 색소폰, 육성의 즉흥 스캣 등으로 강렬한 인상을 심어준다.

1994년 남아프리카 공화국 최초의 흑인 대통령 넬슨 만델라 Nelson Mandela(1918-2013)는 본래 비폭력 노선을 추구한 흑인 인권 운동가였지만, 1960년 3월 21일, 인종분리주의 정책에 반대하고자 시위하던 아프리카인들을 백인 경찰이 무차별 사격한 '샤프빌 대학살 사건' 이후 폭력 무장 투쟁으로 돌아섰다. 1962년 체포된 후 종신형을 선고받고 무려 26년째 투옥 중 70번째 생일을 맞은 그에게 바치는 곡이다.
넬슨 만델라, 당신의 노래가 들리지 않는 것에 대하여 묻네… 우리가 이룰 수 있는, 가장 아름다운 사랑 이야기. 당신이 태어난 후, 지금 모두는, 자신을 되찾을 수 있는 하루 동안, 그 삶에 최선을 다하네. 당신의 세상과 맞바꿀 수 있는, 영속되는 사랑의 방식은 아름답기 그지없네. 화재를 사랑으로 잠재우는, 넬슨 만델라여, 감옥의 당신을 지지하네, 그 사랑으로 당신이 석방될 거야. 그 행복한 사랑 이야기로, 모든 국가는 그 자유를 함께할 거야.
감옥에 있으면서도 주위를 감화시켰던 만델라는 1990년 2월 많은 지지자의 요구로 석방되었다.
〈La Felicidad 축복〉은 어두운 밤하늘이 환한 빛으로 가득 채워지는 파노라마로, 희망을 노래한  가사의 속 '당신'은 바로 '조국'과 상통한다.
…그 달콤한 거짓말, 그 큰 진리, 존속하기 위한 우리의 방식, 그 철학, 그 영광, 그 아이러니, 아무도 상처 입지 않고, 모두가 보호되는 것, 혼자 자학한다 하여도. 당신은 한 남자의 품으로 돌아오네, 내게 올 수 있는 가장 확실한 방법으로. 당신이 짓는 눈웃음을 보네, 그러는 사이 당신은 머리칼을 흩날리며 사랑으로 감싸네. 홀로 당신의 이름을 부르는 시간, 부드러움으로 날 고통에 빠뜨리네.

Identidad

1990 | PM Records | PM20006

1. Identidad
2. Para Mover Su Mundo
3. Hombre Que Vas Creciendo
4. Como una Bendicion
5. Los Caminos
6. A Caminar
7. La Novia Que Nunca Tuve
8. Salida

사실상 그의 음악을 듣고 있으면, 실비오 로드리게스와 함께 비교하게 된다. 실비오의 음악에는 애틋한 감동이 있다면, 파블로의 노래에는 벅찬 감격을 느끼게 된다.
1990년대를 연 《Identidad 신분증》에서도 그 벅찬 떨림을 느낄 수 있다. 마지막 곡을 제외하고 전 곡이 자작곡이다.

〈Para Mover Su Mundo 그 세상의 변화를 위하여〉에서 벅

찬 감흥을 느끼게 된다. 서정적인 신시사이저 오케스트레이션에 드러밍과 즉흥적인 리드악기는 비장감마저 용해하고 있다.
한 남자가 그 세상의 변화를 위한 약속을 구하러 떠나네, 도사리고 있는 위험 속으로, 그 불가능한 언약을 극복하고 성취하기 위해. 꿈과 환상과 신념을 짊어지고… 현대의 기사는, 어디든 방해물을 헤쳐 나가지, 고난의 연속이 없는 모험은 없네, 그 누구도 할 수 없었던 일, 그는 모험길에서 목숨을 잃네, 만약 그 남자가 원했다면, 별에서 얻었을 거야, 미래의 빛나는 사랑의 가슴을, 자신의 행동에 대한 결과를 바라보고 있는 그는, 내일이면 태양빛에 도달할 거야.
시원한 감동을 선사하는 대서사 〈Los Caminos 길〉은 코러스, 경쾌한 퍼커션, 힘찬 드럼, 재지한 일렉기타 등이 합세한 퓨전이다. 죽음을 무릅쓰고 이 유일한 길을 내 달린다면, 내일의 사랑과 평화를 되찾을 수 있다는 결의를 내포하고 있다.
…그 길은 유일한 방법, 단 하나의 해결책으로 선택된 길. 산맥과 도시를 가르고, 강의 흐름을 바꾸면, 나의 산자락 아래서, 강과 바다가 떠오를 테니. 긴 길로, 천천히 내일을 볼 수 있지, 이 모든 땅에서, 떠오를 사랑, 고통의 날이 없이, 깨어날 내일. 이 길로는 건널 수가 없어, 왜냐면 죽음의 길이니까.
달콤한 발라드 〈A Caminar 여행〉은 멕시코의 여성 가수 과달루페 피네다Guadalupe Pineda와 함께 부른 듀엣곡으로, 어떠한 원칙이나 기준 없이 순수하게 당신과 함께 여행하고 사랑하고 싶다고 노래하였다. 이는 그가 바라는 참된 사회의 모습이기도 했다.
감상에 빠지게 하는 서정시 〈La Novia Que Nunca Tuve 가질 수 없는 애인〉는 다소 동양적인 청아함이 녹아 있는 피아노로 도입되며, 부드러움과 잔잔함을 넘어 푸르른 애잔함을 남긴다. 힘든 현실도 무력화시키는 순수한 첫사랑을 갈망하는 내용의 발라드이다.

Cancionero

1993 | World Pacific | 0777 7 80596

1. Son para Despertar a una Negrita
2. Amo Esta Isla
3. Identidad
4. Yolanda
5. Comienzo y Final de Unja Verde Mañana
6. Cuando Te Encontre
7. Homenaje
8. Son de un Festival
9. Te Quiero por Que Te Quiero
10. Mirame Bien
11. Ya Ves
12. Yo Me Quedo
13. Buenos Días América

본작 《Cancionero 노래집》은 자신이 직접 선별한 누에바트로바 베스트앨범으로, 비교적 새롭게 녹음된 버전들로 수록되었다.

모두가 주옥같은 명곡들이지만, 〈Ya Ves 곧 보게 될 거야〉는 개인적으로 파블로 밀라네스라는 고유명사의 색깔과 정체성에 가장 큰 매력을 느꼈던 작품이었다. 역시나 그가 그리움에 빠져있는 객체는 실비오 로드리게스가 잃어버린 유니콘과 다름없다. 사랑하는 이와의 이별 후 해후를 열망하는 처절함이 바이올린의 붉은 선율에 녹은 이 곡은 《Trovadores 서정시인, 1987》에 수록된 버전으로, 《No Me Pidas 묻지 말아요, 1977》에는 열정적이며 촉촉한 재즈밴드의 사운드로, 《Años, 1980》에는 기타 반주에 장조로 편곡하여 수록한 바 있다.

곧 보게 될 거야, 그리고 난 아직도 널 생각해, 돌아올 철새처럼. 곧 만나게 되겠지, 그리고 난 아직도 널 그리고 있네, 그러나 네가 떠났다는 걸 알아. 내 영혼으로 떨어지는 소나기, 내 가슴에 잠드는 고엽, 타오르는 햇빛, 날 돌아선 연인, 빛없는 나의 긴 여정, 그리고 널 생각하는 나. 곧 만나게 될 거야, 그리고 여전히 난 네 생각에 잠겨있네.

아프로-쿠반의 특징적인 재즈와 손의 특징적인 리듬이 절묘하게 섞인 〈Homenaje 경의〉는 쿠바혁명 이후 내무부 창설 20주년 기념 앨범 《20 Aniversario del MININT, 1981》에 먼저 수록되었으며, 독집 《El Guerrero 전사戰士, 1983》에서, 체 게바라Che Guevara(1928-1967) 사망 15주기를 맞아 다시 한번 존경을 표하였다.

아르헨티나 중산층 가정에서 태어나 의과대학을 다니던 평범한 청년이었던 그는 오토바이 여행에서 가난과 고통을 체험하고 쿠바의 반정부 혁명군에 들어가 쿠바혁명을 성공시켰다. 외국인이었지만 핵심 지도층의 자리를 버리고 콩고, 볼리비아 등의 혁명 지원에 나서고 정부군에 체포되어 최후를 맞았다.

…내가 태어난 곳, 그래! 내가 자란 곳, 내가 형성된 곳, 제기랄 어떻게 여기까지 왔나? 아마도 시간이 말해주겠지, 돌아갈 종착지라면, 그리고 숙고하네… 난 누구인가? 당신의 부재不在에 헌정하네, 당신의 존재는 모두를 채워주었네.

대표작 《Yo Me Quedo 난 기다립니다, 1982》에
수록된 〈Mirame Bien 날 봐〉는 많은 아티스트들
에 의해 불리고 있는 감미로운 로맨스이다.

…더 많이 탐하지 마, 너의 운명을 강요하지 마, 일상에서
넌 진정한 사랑을 찾을 수 있어. 난 바라던 평화로 돌아가
려 해, 더 이상 아무것도 원치 않아, 거기서, 추억할 거야.

대표 명곡 〈Yolanda 욜란다〉는 초기 앨범들에는
기타와 플루트 그리고 따스한 오케스트레이션을 바
탕으로 한 젊은이의 포크를 들을 수 있으며, 이후
독집 《Yo Me Quedo 난 기다리네, 1982》에 수록
된 버전은 현대적인 팝 발라드 연주에 완숙한 남
성미의 호소력이 느껴진다.

이 노래는 그냥 그런 사랑 노래가 아니네, 이젠 멈출 수 없
는 충만감으로 다가오는, 매우 낭만적인 내 사랑의 선언이
네, 영원히 당신을 사랑해. 네가 떠난다고 해서 내가 당장
죽는 것은 아니지만, 언젠가 내가 세상을 떠난다면, 그 순간
은 너와 함께 있고 싶네, 내 고독은 그제야 친구를 만날 것
이며, 그래서 난 네 손길이 필요해, 영원히. 널 처음 보았을
때 난 직감했지, 두려운 내 마음이 벌거숭이가 되리란 걸,
모두 벗으면 네 눈길에 숨을 수 없네, 텅 빈 내 가슴을 언
제나 사랑으로 채워주었지, 영원한 애정으로. 삶에 지쳐 쓰
러져갈 때, 아침에 떠오르는 태양조차 날 일으키진 못할 거
야, 그때 조용히 네게 가르쳐 준 기도문을 읽을 거야, 당신 얼
굴을 그리며 창을 열고 외칠 거야, 욜란다!

감동을 숨길 수 없는 발라드 〈Para Vivir 삶을
위하여〉가 빠진 것이 못내 아쉽다.

…네가 날 이해하고 날 위해 죽을 수 있다는 것만으로는,
내가 실패 속에서 네게 피신한 것만으로는 충분하지 않네…
비록 울음이 쓰라려도 네가 살아야 할 세월들을 생각해 봐,
가장 나쁜 건 내가 더 이상 느낄 수 없다는 거고, 이제 헛
된 열정으로 정복하려 한다는 거야, 생존을 위한 사랑을 알
지 못한 채로, 우리를 패배하게 만드는 이 잃어버린 시간들.

Orígenes

1994 | PM Records | PMFC-2001

1. Marginal
2. La Soledad
3. Intercambio
4. Carta a un Amigo Lejano
5. La Ternura Que Me Vino a Salvar
6. Sueños
7. Sandra
8. El Pecado Original
9. Queridos Muertos
10. Canción de Cuna para una Niña Grande
11. La Soledad

《Orígenes 기원》의 동화적인 커버는 1980년생 딸 하이디
밀라네스Haydée Milanés가 그린 그림이라 한다. 순수한 동
심이 엿보이는 이는 그가 미래 세대에게 물려주길 바라는
행복한 일상이고, 본래 그래야만 하는 하나님이 그린 지상
의 풍경일 것이다.

〈Marginal 변두리〉에서 그는 특별한 곳이 아닌, 잊고 살아가는 현실의 부분에서 행복이 있다고 말한다. 시적인 피아노와 한없이 부드러운 오케스트레이션 그리고  애수의 색소폰으로 서정을 꽃피운다.

모두 내 정원으로 와, 그 싱그런 꽃들을 어루만져 봐. 부드러움으로 입술 가까이 대봐. 우리가 오해했던 사람들을 떠올리며 눈물도 흘려 봐. 그리고 함께, 우리가 기다리는 행복을 노래로 만들어 봐.

〈La Soledad 고독〉은 안개로 뒤덮인 듯한 서늘한 허공에서 온몸을 휘감는 무중력의 음감이 흐르면 그는 고독이 되어간다.

고독, 그것은 여러 색을 지녔지만, 비행을 위한 날개가 없는 큰 새, 그리고 새로운 시도 때마다 더 큰 좌절을 안겨주는 것. 고독, 그건 희망을 향한 목구멍에 친 둥지, 비탄의 침묵이 올 때 부르는 노래마저 강탈하는 슬픔. 고독, 가끔 함께하고 싶은 것, 악마를 떠올리게 하는 그 얼굴, 단지 꿈에 불과한 사랑. 고독, 가장 아름다운 발명품, 심장을 구석구석 도려내는 것, 홀로 남은 고독을 위하여, 유년기에, 청년기와 노년기에 느끼는, 슬픔과 죽음을 향한 쓸쓸함이지.

〈Carta a un Amigo Lejano 먼 친구에게 보내는 편지〉는 피아노와 현의 애절한 그리움으로 붉게 물드는 서정이다.

…오늘은 친구와 함께하고 싶네, 그리고 가혹한 현실은 파괴될지니, 너와 내가 단련했던 달콤한 그 꿈은, 내일이면 다른 행운으로 찾아오겠지, 바라건대, 잘 있게나 안녕!

유년 시절에 대한 향수로 눈이 멀어가는 그는 〈Sueños 꿈〉에서 맑은 건반과 바이올린의 진한 선율로 기억을 더듬는다. 각박한 현재의 삶에서 너무나 힘이 부칠 때, 자존 감과 체력이 바닥날 때, 이 선명한 곡은 위로가  되어준다.

돌아가길 원해, 내가 태어난 곳으로, 기억하길 원해, 거기서 머물렀던 걸. 생각에 잠겼으면 해, 그렇게 남은 모든 것들에 대하여, 삶을 위해 낭비할 수 없었던 시간에 대하여. 돌아가길 원해, 임했던 순수함으로, 매일 찾아왔던 푸른 아침, 반사된 빛의 새, 사랑의 심장으로 말려들게 했던 순결한 바람. 나는 그곳으로 돌아가려 해, 강물이 노래하고 태양이 물놀이하는 곳, 자라는 잔디의 풀 향내가 퍼지는 곳, 그리고 내 어린 시절의 세계로, 하늘을 향해 내 자유로운 생각이 비상하는 곳, 돌아가길 원해, 내가 태어난 곳으로… 지금.

한 치 앞도 보이지 않을 것 같은 뿌연 공간의 환상에서 성찰의 목소리가 힘을 더하는 〈El Pecado Original 원죄〉는 조롱과 비난으로 목숨을 끊는 동성애자에 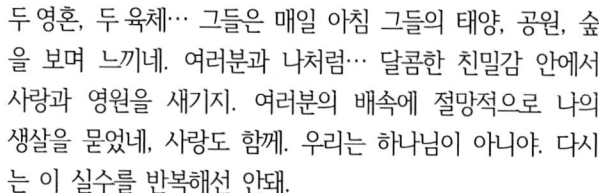 게 헌정한 곡이다.

두 영혼, 두 육체… 그들은 매일 아침 그들의 태양, 공원, 숲을 보며 느끼네. 여러분과 나처럼… 달콤한 친밀감 안에서 사랑과 영원을 새기지. 여러분의 배속에 절망적으로 나의 생살을 묻었네, 사랑도 함께. 우리는 하나님이 아니야. 다시는 이 실수를 반복해선 안돼.

점점 더 힘을 실으며 온유한 표정을 잃지 않는 〈Canción de Cuna para una Niña Grande 위대한 소녀를 위한 자장가〉는 비행청소년 문제를 다룬 것으로, 가출하여 함부로 자존을 버리는 아이들을 향한 부성애의 메시지이다. 자신을 사랑하라고 전하며, 자녀를 포기할 수 없다고 고백하며, 따스한 부모의 품으로 돌아올 때를 위해 꽃을 준비했다고 말하며, 그 질풍을 통해 더욱 아름다운 존재로 성장하길 당부한다.

Plegaria

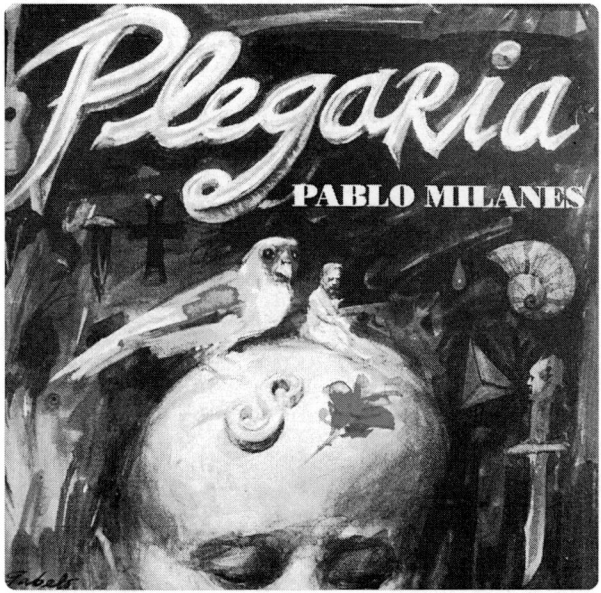

1995 | PM Records | PM20006

1. Plegaria
2. Otoño
3. Ellas
4. Yo Sé Que un Día Tú Vendrás
5. Si Ella Me Faltara Alguna Vez
6. Búsqueda
7. Juegos de Muerte
8. En Vuelo Hacia Madrid
9. Plegaria (Acústica)

그의 많은 앨범들 중 본작 《Plegaria 기도》만큼이나 서정적인 곡들로 선곡된 작품이 또 있을까? 결론부터 말하자면 한 곡도 빠뜨릴 수 없을 만큼, 전곡이 세련되어 있다.

애잔하고도 전원적인 플루트에 의해 인도되는 타이틀곡 〈Plegaria 기도〉는 투명한 기타 선율과 따스한 오케스트레이션으로 우리의 혈관과 심장에 강력한 박동을 가한다. 그

는 괴로운 현실에서 꿈꾸어왔던 내일을 그리며 오늘도 우직하게 살아갈 것임을 맹세한다. 진정한 자유를 위해 그리고 쿠바의 아들과 딸에 더 이상 가난을 물려주고 싶지 않은 아버지의 마음처럼.

하나님이 죽었다고 믿었었네, 누군가 그를 사살하였다고 믿었네, 내가 잃어버린 희고 빨갛고 파란 성서, 단지 내게 남은 건 내 마음뿐, 내가 의지할 수 있는 건 당신뿐이네, 난 사길 원했던 어제의 영혼을 팔고, 당신은 내 정절의 육신을 팔았지, 어떤 죽음이라도, 두 번 태어난다는 확신, 당신이 자각한다면, 그 생각 때문에 폭발은 없을 거야, 누가 서있을까, 누가 바빌론과 황금 사이의 거리를 알까, 다시 만나는 것이 지체된다 하더라도, 내가 찾을 수 있는 곳, 불타는 그리스도의 성전. 오늘은 너무 늦었네, 내일 지구상에 살면서 그 일을 해야겠지, 함께 살기 위해 좋은 그곳에서.

마지막에 수록된 어쿠스틱 버전은 통기타로만 연주되었는데, 그 평온함 속에서 꿈틀거리는 현실의 상처에 더욱 애잔하게 느껴진다.

〈Otoño 가을〉은 햇살 좋고 공기 맑은 노래이다. 그는 계절적인 정취의 반가움을 색다르게 표현하고 있는데, 이 자연의 섭리처럼 좋은 세상이 곧 오길 바라며 환상을 풀어놓는다.

내 오래된 의자에 앉아 다시 혼자임을 느끼네, 가을과 슬픈 노래를 기다리며, 사람들이 열정을 가지고 살아가고 꿈꾸기를, 그리고 내 허무함 안에서 가을을 소망하네. 내 마음을 움직이는 것, 19세기에는 다른 것이 불가능했지, 혹은 사랑의 형벌. 가을은 어루만지다가, 고통의 낙엽 위로 눈이 내릴 때 사멸하겠지. 거리에서 난 가을이 올 거라 희망하네, 그러나 가을은 오늘 와버렸네, 나는 용서할 거야…

〈Si Ella Me Faltara Alguna Vez 그녀가 날 잊어버린다면〉은 세상에서 잊힌다 해도 자신은 노래를 계속해서 부르겠다는 신념의 노래로, 통기타의 울림은 쓸쓸함을 느끼게 한다.

〈Juegos de Muerte 죽음의 놀이〉에서 비애의 일렉트릭 바이올린과 호루겔 음색이 슬픔을 극도로 이끌고 있다. 슬픔에 잠긴 그의 목소리는 전쟁을 거두고 사랑으로 화해하고 서로를 감싸자는 평화의 메시지를 흘려보낸다.

네가 날 죽이기 위해 여기 있다는 걸 알아, 난 연주하며 계속해서 저항하겠지, 이 게임은 그 하루에 우리의 사랑을 잃게 할 거야, 유령처럼 우리는 삶을 위해 발버둥 치는 걸 보게 되겠지. 그리고 저마다 불행한 신념을 맹세하며 기도하고, 다시 우리를 옭아맬 유혹에 굴복하겠지. 하지만 네가 사랑하는 이를 찾는다는 걸 알아. 내 사랑을 주겠어, 미소와 재생의 고통 후에, 사랑은 그 하루 동안 올 거야, 유령처럼 우리는 죽음을 향해 구원하는 걸 보게 될 거야.

그는 같은 해 스페인의 유명 싱어송라이터 빅토르 마누엘 Victor Manuel과 공동작 《En Blanco y Negro 흑과 백》을 발표하였다. 그는 영화배우이자 가수인 아나 벨런Ana Belén의 남편이기도 하며, 정치사회적인 맥락의 가사를 노래함으로써 의식 있는 가수로 평가받고 있다.

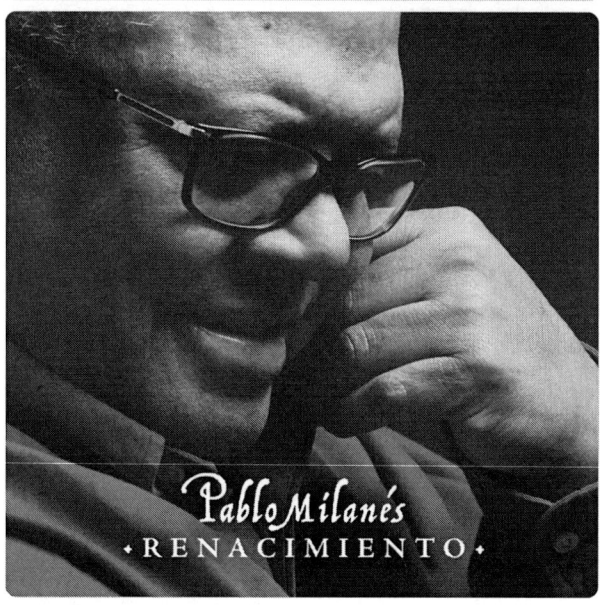

Renacimiento

2013 | Universal | 0602537508891

1. En Paz
2. Apocalipsis
3. Dulces Recuerdos
4. Los Males del Silencio
5. Cual Si Fuera a Morir Esta Mañana
6. Homenaje al Changüí
7. Lamento
8. Canto a la Habana
9. Amor de Otoño
10. El Otoño del Amor

《Días de Gloria 영광의 나날들, 2000》은 안온하고도 높은 가을날의 평화에 다다른 듯 연륜 있는 깊은 목소리에 따사로운 어쿠스틱 실내악의 분위기가 피어오른다. 동년 8월 12일 그는 뉴욕에서 라이브를 가졌으며, 이는 두 매의 CD로 발매되었다.

2002년에는 《Pablo Querido 파블로는 친애합니다》를 발표했는데, 이는 듀오 작품집 《Querido Pablo 친애하는 파블로, 1986》에 이은 연작이라 할 수 있으며, 가우 코스타Gal Costa(1945-2022), 피토 파에스Fito Páez, 리카르도 아르호나Ricardo Arjona, 미우통 나시멘투Milton Nascimento, 타니아 리베르타드Tania Libertad, 솔레다드 브라보Soledad Bravo, 호아킨 사비나Joaquín Sabina, 카에타누 벨로주Caetano Velo-so, 이반 린스Ivan Lins 등과 함께 부른 트랙들을 실어, 그들의 우정에 깊은 감사를 표했다.

스페인으로 이주한 후, 2005년에는 푸에르토리코 출신의 가수 앤디 몬타녜스Andy Montáñez와 공동앨범을, 피아니스트 추초 발데스Chucho Valdés를 초대한 《Más Allá de Todo 모든 걸 넘어서, 2008》와 누에바트로바의 새로운 세대를 쓰고 있는 라울 토레스Raúl Torres와의 공동 앨범 《Raúl y Pablo》도 출반했다.

2011년에는 1970년생 딸 린 밀라네스Lynn Milanés와 함께 한 라이브 《Pablo y Lynn Milanés en Concierto》가 출시되었다.

그의 음악 여정 40년을 맞이하는 기념작 《Renacimiento 르네상스》는 여전히 현실적인 문제의 맥락에 있지만, 깊은 연륜의 호소력은 어쿠스틱의 조화로 연출되었다.

종말론의 우울함을 노래한 〈Apocalipsis 요한계시록〉은 현악의 장송에 이어 르네상스를 희망하듯 재즈의 빠른 템포로 변모한다.

…2012년 12월이 다가오네, 그렇게 우리에게 최후의 일주일이 남은 걸까? 연모하는 당신과 함께한 꿈이기에, 나는 구원하고, 당신을 찾고 만날 거야. 그래서 인류는 절망하고, 많은 외침으로 회개하겠지, 몇몇은 그 과실의 지불을 위해 떨고 있지만, 어떤 이는 순순히 받아들이겠지.

〈Dulces Recuerdos 달콤한 기억들〉은 욕망이 없는 현재에서 자유를 꿈꾸며 외치던 과거의 환희

를 회고하는 곡으로, 피아노 연주가 성스러운 전반에 이어 재즈의 열정과 즉흥으로 끝맺는다.

따스한 첼로의 음색이 그의 서글픈 열망을 위로하는 〈Cual Si Fuera a Morir Esta Mañana 이 새벽에 죽음으로 가는 것처럼〉도 후반에는 감미로운 재즈 광시곡으로 화려하게 변이한다.

내 몸 전체가 천천히 떨어지네, 내가 기다리는 너의 부드러운 몸 위로… 이 새벽에 죽음으로 가는 것처럼, 그리고 네가 풍기는 달콤한 향기는, 나를 영원한 생명으로 연장하지. 당신의 애무는 아무것도 죽지 않게 해, 모두가 당신의 호흡을 감지하고 일어나지, 하얀 새 같은 네 입술로. 두 연인은 시간을 거스르고, 가장 아름다운 욕망으로, 멈추지 않는 바람이 되네.

연인을 잃은 쓸쓸함의 고통을 털어놓는 러브스토리 〈Amor de Otoño 가을의 사랑〉은 아름답기 그지없다. 잔잔한 피아노 연주는 마치 황혼 아래 강물처럼 하염없이 잔잔하고 숙연함을 끌어낸다.

…한밤중에 내가 잠 못 드는 이유는 당신이야. 꿈처럼 내 곁을 떠다니네. 내 오랜 한 친구는 쟁취하지 않으면 영원한 사랑도 없다 했지만, 지금 내 슬픔은 어떻게 해야 할까…

이어지는 〈El Otoño del Amor 사랑의 가을〉에서 그의 슬픔은 추풍이 되어 흐르고, 따사로운 사랑의 풍광 조각들이 흩날린다.

신장병에 시달렸던 그는 새로이 태어나고 싶다는 열망을 담아냈다. 1980년생 딸 하이디 밀라네스Haydée Milanés와 그의 히트곡을 부른 《Amor, 2018》가 마지막 앨범이었다.

어둠과 슬픔의 고딕 음악
Pomni Imya Svoyo ● 폼니 이미아 스바요
Russia

2010년대에 러시아에서 등장한 3인조 밴드 폼니이미아스봐요Pomni Imya Svoyo의 음악은 Dark Wave, Neo Dark Folk로 불린다. '시적인 러시아어 가사와 소름 끼칠 만큼 장례 음악에 가까운 처절한 절규를 들려주며, 인간 삶의 가장 깊은 의미에 닿는다'로 소개되고 있으며, 가까운 일본은 '러시아 회색빛 하늘에 흐르는 애수의 목소리'라 평했다.

이들은 다양한 전통과 현대 장르를 크로스오버했는데, 클래식 음악에서 학문적 수준과 연주 집중도를 끌어내며, 프랑스 샹송에서 드라마의 구성을 차용했고, 러시아 민속음악의 어두운 멜로디와 느림도 포용했다.

러시아 이미지주의 시인 세르게이 예세닌Sergei Yesenin(1895-1925), 러시아의 로맨스 팝 아티스트 알렉산더 베르틴스키Alexander Vertinsky(1889-1957) 등과 같은 많은 문학·예술가의 시를 기초로 한다.

그들의 감성 표현의 중심에 있는 것은 1991년생으로 고딕록 밴드 Vdokh(흡수)와 Siyanie(빛)을 거쳤던 여성 보컬리스트 크세니야 판디바Ksenia Fandeeva의 순수하고 깊은 가창력이다. 어떤 곡에서는 깨질 것만 같은 가녀리고 연약한 가창을 들려주다가, 어떤 곡에서는 폐부에 마비가 올 것 같고 성대를 긁어 피를 토할 것만 같은 창법도 만나게 된다. 암흑의 아우라를 발휘하는 피아노와 기타의 스타니슬라프 도로페예프Stanislav Dorofeev, 아코디언을 연주하는 마리아 프롤렌코Mariya Frolenko와 함께 세상에서 가장 슬픈 트라이앵글 다크-하모니를 들려주고 있다.

그룹명은 '네 이름을 기억하라'란 의미로, 러시아 작가 칭기즈 아이트마토프Chingiz Aitmatov(1928-2008)의 소설 「The Stormy Stop 그리고 하루는 한 세기 이상 지속된다, 1980」에서 '자신의 역사적, 국가적 뿌리와 접촉을 잃고 자신의 친족 관계를 잊어버린 이'를 뜻하는 '만쿠르트Mankurt'라는 비유적 명사에서 착안했다고 한다.

2014년부터 모스크바와 상트페테르부르크에서 어쿠스틱 콘서트로 활동했던 이들은 그 이듬해 데뷔작을 발표했다.

Ptitsy (Birds)

ПОМНИ ИМЯ СВОЕ
Птицы

2015 | FLOE | floe007

1. Birds
2. Who Am I?
3. There is One Good Song at the Nightingale
4. Burn, My Star, Don't Fall
5. I'm So Tired As Never Before
6. The Leaving
7. What Should I say
8. I Always was on Side of Those Who are Feeling Bad and Bitter

셀프 타이틀 데뷔작은 후속작과 함께 CD로 발매되면서 첫 곡으로 수록된 〈Birds〉가 타이틀이 되었다. 전곡의 작곡자는 여성 보컬리스트 크세니야 판디바이다.

판디바가 가사를 쓴 〈Birds〉에서는 미니멀리즘 피 아노 연주에 아코디언의 갈망 어린 열기가 새어 나온다.

새들이 창문을 때리고 있어, 너한테 가고자 하는 건 바로 나야, 날 들여보내 주겠니? 이 얼어붙은 겨울, 새들은 고통 속에 있어, 이건 꿈이야, 두려워 마… 난 다른 사람에게서 다시 태어나고 싶어, 아침이면 난 녹아내릴지도 몰라, 공허한 세상, 텅 빈 내 품으로 널 안고 싶어, 네가 고르게 숨을 쉴 수 있게…

2~5번 트랙은 러시아 시인 세르게이 예세닌Sergey Esenin(1895-1925)의 시를 노래한 것이다.

〈Who Am I?〉은 고요에서 시작하여 포효로 끝맺  음하는 폭발이 있다.

난 누구인가? 지구상의 다른 사람들과 함께 우연한 삶을 살고, 어둠 속에서 행복의 고리를 찾는 몽상가일 뿐… 내 영혼은 힘들지 않아, 불을 원하지도 않아, 넌 많은 사람들과 날 위해 만들어진, 나의 걷는 자작나무라네, 하지만 난 항상 나 자신을 찾고 있고, 불친절한 포로생활에 시달리고 있어, 난 널 전혀 질투하지도 저주하지도 않아.

낭비하며 지나가 버린 청춘을 향한 애도의 노래 〈There is One Good Song at the Nightingale〉도 점차 변  이를 거듭하다 미주에서는 나이팅게일처럼 지나간 시간을 향해 슬픔을 쏟아낸다.

데뷔 대표곡이 될 만한 〈Burn, My Star, Don't Fall〉에서는 태풍의 중심에 있는 듯한 전율의 서정에 휩싸 인다. 이는 작가의 고국에 대한 사랑을 담은 작품이다.

빛나라, 나의 별아, 떨어지지 말고 차가운 광선을 버려라, 결국, 묘지 울타리 뒤에는 살아있는 심장이 뛰지 않아, 넌 8월과 호밀로 빛나고, 날지 않는 학의 흐느끼는 떨림으로 들판의 고요함을 가득 채우네… 숲 뒤든 언덕 뒤든 내 아버지 땅, 내 아버지 집에 대한 누군가의 노래가 다시 들려, 그리고 황금빛 가을, 그가 사랑하고 버림받은 모든 이들을 위해, 모래 위에 낙엽을 얹고 우네, 나도 알아. 머지않아 나 자신도, 애도의 낮은 울타리 아래, 누워야 한다는 것을.

판디바의 가사인 〈The Leaving〉은 세상이 멈춘 듯 들리지 않는 침묵이 흐른다.

…나는 녹은 물을 가지고 떠날 거야. 손바닥의 선부터 지울 거야. 이곳은 마치 죽음은 없는 것처럼, 새들이 노래하고, 바람을 타고 아이들의 웃음소리가 퍼질 거야. 그리고 일몰은 사라질 거야, 이건 불가피해, 내 목소리는 사라지더라도, 그 속에 부드러움이 자리할 거야.

7~8번 트랙은 팝 아티스트이자 영화배우, 작곡가, 시인이자 가수 알렉산더 베르틴스키Alexander Vertinsky(1889-1957)의 가사이다.

〈What Should I say〉은 그가 1917년에 부른 노래의 가사에 새로운 작곡을 입힌 것으로, 이는 1917년 10월 혁명 무장 봉기 시 모스크바에서 사망한 300명의 어린 생도를 기리는 진혼곡이자 반전가이다.

…누가 그들을 흔들리지 않는 손으로 죽음에 이르게 하였나? 너무나 무자비하게, 너무나 사악하고 불필요하게… 그리고 아무도 무릎을 꿇지 않았네… 끝없는 심연, 즉 접근할 수 없는 봄으로 가는 발걸음일 뿐이라고 말할 생각은 없네!

작가의 자전적인 〈I Always was on Side of Those Who are Feeling Bad and Bitter〉는 1952년에 쓴 것으로, 역사 속으로 사라진 알렉산더 베르틴스키에 대해 경의를 표한다.

나는 더 나쁜 사람들과, 살기 힘든 사람들을 위해 항상 있었네. 그리고 서리처럼 내 예술은 때로는 웅덩이를 푸른 유리로 바꾸기도 했지. 나는 이 필사적이고 부패하기 쉬운 것을 사랑하고 사랑하네, 무관심하고 이미 냉각된 세상, 곱슬곱슬한 우주의 푸른 정원, 그리고 높은 슈퍼스타들 속에는 검은 그을음으로 얼룩진 푸른 에테르가 있네. 나는 이상한 캐릭터의 삶을 살았지만, 나 자신의 삶을 살 시간이 없었고 쉽게 역할과 분장을 바꾸어야 했지. 다른 사람의 슬픔과 삶에 녹아서 나는 나를 잃었지만 천사는 죽음의 시간에 내 영혼을 위해 날아갈 거야.

Nebo i Kamen' (Sky & Stone)

2016 | Infinite Fog Productions | IF-78

1. Will Sing Cold Lonely Wind
2. Deer Sun
3. Dreaming
4. Goy You, Russia
5. Paradise Apples
6. The Blue Sky
7. Cruelty
8. Lullaby
9. North Wind
10 Blue Colour

두 번째 작품도 단순함과 영원함이 융합되었고, 다정함과 아픔의 점성에 절여있다. 작곡과 5곡의 가사는 보컬리스트 판디바가 썼고, 나머지 5곡은 시인들의 작품이다.

〈Will Sing Cold Lonely Wind〉는 절망 속에서 희망을 찾기 위한 방황을 깊은 애수로 노래한다.

차갑고 외로운 바람이 노래하리라. 달의 몸에 새들의 목소리는 쉬고, 공기가 갈라져 도시는 오염되고, 내 길에 그림자가 지는 여기에 내 희망이 있네. 맹인 소년은 죄책감으로 엉엉 울면서, 무언가를 찾는 듯 손을 내밀고, 내 자칼 - 두려움은 근처에서 배회하네… 그리고 심연은 삶의 메아리를 드러내지. 나는 사랑했던 그리고 가장 좋아하는 엄마로부터 태어났네, 의미 찾기… 매 순간 갈망하며, 나는 내 망각의 길을 걷네.

〈Deer Sun 사슴의 태양〉은 콜롬비아 시인 에두아르도 카란사Eduardo Carranza(1913-1985)의 시로, 모성의 이미지와 관련된 잃어버린 에덴동산, 즉 어린 시절의 땅이 주요 테마이다.

나는 기억해, 사슴의 태양은 황혼 속에서 뿔을 키웠네, 저 멀리 유리로 뒤덮인 산, 그림처럼 투명한 아기… 나는 외로운 고통의 모습을 한 아이였네… 우리는 맑은 말의 꿈을 꾸고 있었지만, 시공간은 지구의 맑은 선에서 수정으로 끊어져 버렸네… 어렸을 때를 기억해, 나는 태양을 뿔이 없고 온유한 사슴으로 기억해…

〈Dreaming〉은 속삭임에 가까운 로맨틱한 낭송과 악몽 같은 꿈 노래로 대치했다. 낭송 부분은 고조된 시간 감각, 영웅주의, 사랑, 자신과 사회에 대한 높은 요구를 반영하여 1960년대 소련 젊은이들에게 희망과 용기를 주었던 작가 로버트 로즈데스트벤스키Robert Rozhdest-vensky(1932-1994)의 시라 한다.

…가을부터 죽음을 꿈꾸었네, 그 속에서 시각 장애인은 볼 수 있기를 간구했지. 도시는 구멍으로 가득 차 있고, 더럽고 구겨지며 무너졌네… 사람들은 그들이 침을 뱉은 우물 바닥에서 꿈을 꾸네, 통증과 피로의 얼굴로, 누군가가 모두를 속이고 있어. 아직도 꿈일까? 이 모든 것이 현실인가?

〈Goy You, Russia〉는 세르게이 예세닌Sergey Ese-nin(1895-1925)의 시로, 고국의 절망적인 상황에서도 희망을 꿈꾸며 나라에 대한 사랑을 심었다.

…거룩한 군대가 '러시아를 버리고 천국에서 살지어다!'하고 명한다면, 나는 말할 것이다. '천국은 필요 없어, 내 조국을 주소서!'

〈Paradise Apples〉는 우리에게도 잘 알려진 저항 가수 블라디미르 비소츠키Vladimir Vysotsky(1938-1980)의 운명적인 노랫말을 차용하였다.

난 죽을 거야, 우리는 모두 언젠가 죽기에, 침대에서 평화롭게 죽느니 차라리 칼에 맞아 죽는 편이 낫지… 그런 일이 일어나면 나는 더 아름답게 진흙 속으로 떨어질 거야, 내 영혼은 말을 타고 언덕으로 질주하고, 에덴동산에서 연분홍 사과를 딸 거야. 그러나 파수꾼은 사살을 명하겠지… 나는 씨 없는 사과를 흔들고, 이마에 총을 맞더라도, 난 이 황폐하고 추운 곳에서 말을 끌고 절벽을 따라 채찍질 할 거야, 심연 너머 하늘에서 날 기다리는 네게 사과를 한 아름 가져다줄 거야!

애상의 민속음악을 듣는 듯한 〈The Blue Sky〉에는 너무나 가녀린 음성으로 삶의 소망을 잔잔히 흩뿌린다.

내 땅 위의 푸른 하늘, 나는 용감하게 떠났네, 난 집으로 돌아갈 거야. 그곳의 강은 깨끗해, 꿀처럼 달콤한 이슬, 난 거기에 없지만 네 영혼이 거기 있으니까… 오늘 밤은 평화롭지 않고, 나에게 낯설어, 난 네게로 가는 길을 찾고, 너의 땅으로 갈 거야…

사랑과 배반의 고통을 그린 〈Cruelty〉과 이별의 슬픔을 평화롭게 감내하기 바라는 〈Lullaby〉에 이어, 〈North Wind〉에서는 역경의 숙명을 내딛는다.

난 죽을 것이다. 얼음으로 뒤덮인 대초원에서, 검은 바람에 나의 몸은 제물로 바쳐져 한파에 던져질 것이다. 북풍, 죽음에 이르는 긴 밤 속으로, 새벽이면 난 너의 땅에 도달할 것이다. 내 모든 핏방울로, 나는 영원히 남을 것이다.

조지아의 시인 니콜로즈 바라타슈빌리Nikoloz Baratashvili(1817-1845)의 시를 아카펠라로 노래한 〈Blue Colour〉은 연인의 눈, 자신의 꿈, 장례식의 슬픔, 이름 위의 어둠 같은 겨울 서리의 색이라 찬미한다.

Inyye (Others)

ПОМНИ ИМЯ СВОЕ
ИНЫЕ

2017 | Infinite Fog Productions | IF-81

1. The Blind Wander at Night
2. Mother's Sea
3. We Are Leaving Now, A Little by Little
4. We Will Live
5. My Revolution
6. Other
7. Listen to Me, As The Rain
8. Requiem
9. Where We Do Not Exist

세 번째 앨범으로, 커버는 마치 실황 앨범을 예상하게 하나 스튜디오 녹음이다. 더 여리고 더 강렬해진 노래는 여전히 피아노와 아코디언 반주에 의존하지만, 결코 비어 있다거나 심심하지 않다. 이 편성은 판디바의 가창에 매우 적합한 오케스트라이다.

〈The Blind Wander at Night〉의 뮤비를 보면 핏기도 없

이 창백한 피부에 검은 옷을 입고 송곳니를 드러내며 자유 자재로 율동하는 묘한 매력의 무대매너가 독특한 인상을 남긴다. 그녀의 가창은 상념과 열망의 고통으로 죽어가는 밤의 시간을 손으로 세상을 더듬는 맹인에 비유한다.

〈Mother's Sea〉는 에스토니아 출신의 시인 블라디미르 토카Vladimir Toka의 가사를 기반으로 남자 가수 레오니드 오브루츠키Leonid Ovrutsky가 노래한 가사를 가져왔으며, 아름다운 스토리텔링류의 뮤직비디오도 제작되었다.

…해변도 보이지 않는 바다를 꿈에서 봤어, 그 멋진 바다에는 섬도 하나 없었지, 청푸른 바다의 파도를 타고 항해하는 난 돌고래였네. 난 심연 속으로 뛰어들었고, 물결과 함께 수영했지, 누군가 필요했어, 바다가 날 불렀고, 바다가 감싸 안았고, 바다가 날 너무 사랑했어. 마치 엄마처럼…

〈We Are Leaving Now, A Little By Little〉은 슬프지만 진지하고 긍정적이다.

우리는 이제 조금씩 떠서 나가는 중이야, 평화와 은혜가 있는 나라로… 사랑스러운 자작나무 숲… 나는 이 세상에서 많은 사랑을 나누었지, 영혼을 육체로 만드는 모든 것을… 우울한 땅이지만, 숨 쉬고 살아서 행복해, 이 들판은 어둠 속의 황금빛이야, 그들은 이 땅에서 나와 함께 살고 있어, 그래서 사람들이 나에게 소중한 거야, 곧 도착할 거야…

아코디언 연주자 마리아 프롤렌코가 쓴 〈We Will Live〉는 어드벤처 비디오게임 「Monsters of Little Haven」의 사운드트랙으로, 미니멀한 연주에 점차 열기를 올린다.

우리는 살게 될 거야, 별빛 아래서 우리는 피어날 거야, 둥지를 찌그러트리고 공중으로 낙하하며 날개를 곧게 펴게 될 거야. 저 멀리, 내가 떠 있던 회색의 산봉우리, 우린 거기서 만나게 될 거야, 우린 선두의 새와 합류할 준비가 되었고, 첫 외침으로 우린 다시 일어설 거야. 집, 난폭한 강물이 해안으로 쏟아지면, 우린 대지로 돌아와 새벽이슬이 되고 이

른 안개가 될 거야, 그리고 누군가의 꿈이 될 거야.
〈My Revolution〉은 판디바의 전율 어린 거친 가창이 또다시 강타한다.

창가에서 불타는 일몰을 보았네, 잠 못 이루는 자의 눈으로. 회색 벽에 그것은 이름을 조각했네, 스스로의 이름으로 숨쉬려고. 그리고 붉은 노을은 새로운 죽음과 탄생처럼 마지막을 노래하는 듯해, 나와 함께 이 노래를 불러 봐, 내 마음을 가져가, 내 피를 가져가…

〈Other〉는 시청각 장애인이었던 치료사이자 여류 작가 올가 스코로코도바Olga Skorokhodova(1911 -1982)의 고독한 시에 헌정했다.

…다른 사람들은 생각하지, 보이지 않는 아름다움을 어떻게 묘사할까? 듣지 않고 소리와 봄을 어떻게 이해할까? 이슬의 시원한 냄새와 나뭇잎의 가벼운 바스락 소리를 난 손가락으로 듣네, 어둠 속에서 정원을 거닐며, 꿈을 꿀 준비를 하고 있다고 말하고 싶어, 비록 눈은 보지 못하고, 다정하고 살아있는 목소리를 듣지 못할지라도, 소리 없는 말은 설렘이라네, 그리고 충심으로 나는 사랑할 준비가 되었네, 섬세한 꽃향기를, 우정의 소중한 말 한마디를, 꽉 쥔 손의 떨림을 사랑하는 것처럼. 난 마음으로 보고, 감정으로 들으며, 자유세계에 꿈을 입힐 거야… 나는 청각도 시각도 없지만, 더 많은 것을 가지고 있네, 살아있는 감정의 광활함과, 유연하고 순종적이며 불타는 영감으로, 삶의 다채로운 무늬를 엮네, 아름다움과 소리에 매료된다면, 내 앞에 있는 이 행복을 자랑하진 마, 내가 벽 뒤에 있지 않고 당신과 함께 있다고 느낀다면, 친절하게 손을 내미는 것만으로 만족해.

〈Listen to Me, As the Rain〉는 1990년에 노벨문학상을 받은 멕시코 시인 옥타비오 파스Oktavio Pas(1914 -1998)의 시로, 초현실적이면서도 실존적 고독에 대한 감정을 판디바는 비탄에 젖어 노래한다.

…네 얼굴과 함께한 밤은 망설이다 넘어질 거야, 난 보도 위에 있고 내 눈꺼풀이 느낄 거야, 네 머리카락, 허리, 어깨, 팔도 그렇고, 비와 안개와 소리와 함께 내게로 들어올 거야… 밤은 시로 변하고, 젖은 나뭇잎에 떨면서, 그녀의 그림자는 선처럼 놓여있네…

로버트 로즈데스트벤스키Robert Rozhdestvensky(1932-1994)의 시 〈Requiem〉은 전쟁터에서 돌아오지 못한 이들을 위한 진혼곡으로, 애국으로 목숨을 바친 아버지와 형제, 그리고 모든 군인에 대한 기억이다.

난 알아, 빈 눈구멍에는 태양이 비치지 않는다는 걸, 무거운 무덤의 노래는 열리지 않을 거란 걸. 그러나 마음과 생명을 대신하여 반복하네, 영웅들에게 영원한 영광을. 불멸의 찬송, 작별의 찬송이 잠들지 않는 별 위로 장엄하게 떠다니기를… 모든 영웅이 망자가 되지 않게 하라, 모든 이름과 슬픔을 기억하라, 죽은 자들에게 영원한 영광을 돌리게 하라!

영원을 향한 엘레지 〈Where We Do Not Exist〉에는 별빛들이 반짝이다 이내 빛을 잃는다.

시공간에 흩어진 삶을 노래한 후속작 《Name, 2019》는 음원으로만 발매되었고, 《I am Mute, 2021》도 소량의 CD만이 배포되었다. 다행스러운 것은 모든 앨범과 근작 《Night. Blizzard, 2023》과 싱글까지 그들의 유튜브와 Bandcamp 등에서 들을 수 있고 구입이 가능하다는 것이다.

그들의 단조의 형식은 나날이 더 어둡고 더 검게 물이 든다는 사실은 진정 놀랍다. 판디바는 앞으로 장조의 노래를 과연 부를 수 있을까?

이민자의 사랑과 자유의 주정시
Rafael Amor ● 라파엘 아모르
Argentina | Spain

Rafael Amor
A mi la calle

라파엘 아모르(1948-2019)는 아르헨티나 부에노스아이레스에서 출생했다. 부친은 Francisco Canaro 오케스트라의 유명 가수였으며, 어머니는 자수 공예가였다. 이러한 예술적 가정환경으로 5세 때 이미 아이들을 위한 동요를 지었다고 한다.

초등학교 5학년 때 경연 대회를 거치며 기타를 배우게 되었고, 13세 때 민속음악 축제에서 접했던 아르헨티나 민요에 깊은 감명을 받게 된다. 18세 때 4인조 포크그룹 'Los Nor -teños 북방'을 결성하고 민속음악에 록을 결합한 음악으로 공연했고 TV 프로그램에도 출연했다.

1968년에는 보라데로Baradero 축제에 참가하여 부친의 작품인 〈Malambo 말람보(발장단을 맞추며 추는 민속무용)〉으로 큰 인기를 얻는다. 이듬해엔 〈La Colimba 병역〉과 〈Bailar 춤〉 등으로 인기를 이어가고 유명 나이트클럽으로 활동을 넓혀간다.

1971년에는 코르도바의 코스킨Cosquín 민속음악 경연에 출전, 메르세데스 소사Mercedes Sosa(1935-2009) 등과 함께 주목해야 할 인기가수로 신문에 비중 있게 소개되며, 〈Cinco Mi -nutos y la Juguetería 5분과 장난감 가게〉 등의 곡으로 젊은 시인이자 예술가로서 촉망받기 시작했다.

부친이 작고한 1972년, 첫 LP 《Cosas de Todos para To -dos 모두에게 일어나는 모든 일들》이 발표되었는데 이는 그의 어머니에게 헌정한 작품이었다.

1973년 5월에 결혼한 그는 이듬해엔 라틴음악이 유행하던 마드리드와 바르셀로나의 클럽에 초대되어 인기를 얻고, 1975년에 마드리드에 정착하였다. 그러나 고향에 대한 향수로 다시 부에노스아이레스로 돌아갔으나, 그의 고국은 이사벨 페론 정권이 군부 쿠데타에 의해 실각하고 1976년 초에 군부정권이 수립된다. 그의 정치적 입장과 반대되는 군부로부터 위협과 탄압을 피해 그해 3월 다시 마드리드로 돌아와 작품 활동을 시작, 스페인에서의 첫 LP 《No Me Llames Extranjero 날 외국인이라 부르지 마, 1976》를 발표한다. 특히 이민자의 차별을 노래한 타이틀곡은 라틴아메리카 이민자들을 비하하여 일컫는 수다카스Sudacas의 애환을 달랜 것으로 그들의 성가가 되었다. 그해 그는 마드리드 이외의 지방을 돌며 첫 콘서트를 연다.

두 번째 앨범 《Personajes 사람, 1977》을 발표한 후, 라틴음악 스타들 아르헨티나 4인조 포크로레 그룹 로스 찰라레로스Los Chalchaleros, 우루과이의 음유시인 알프레도 지타로사Alfredo Zitarroza(1936-1989), 아르헨티나 민속음악 작가 아르만도 테하다 고메스Armando Tejada Gómez(1929-1992), 메르세데스 소사 등과 함께 무대에 섰다.

1978년 TV에 출연하여 불렀던 〈Elegía a un Tirano 폭군에 대한 비가〉는 고국의 정치적 상황을 고발하여 스페인 사회에 적잖게 충격을 주었다.

El Loco de la Vía

*vivía en la vía,
por donde corría
con monotonía
el tren....*

1979 | Fonomusic | 1350

1. El Loco de la Vía
2. Pequeño Manual del Reprimido
   (nacimiento, bautismo y adolescencia)
3. Canción para una Lágrima (Primer Amor)
4. El Casamiento
5. Nacimiento del Hijo
6. El Tiempo (Canción del Segundo)
7. La Rutina (El Tren)
8. El Pan (La Fábrica)
9. Hermano Mío del Planeta (Himno Final)

'변함없이 내달리는 기찻길 위에 한 미치광이가 살았네…'라는 본작의 이야기 첫 구절이 커버에 적힌 《El Loco de la Vía 길 위의 미치광이》는 콘셉트 앨범으로, 사회의 관습과 거짓, 위선과 사슬에 지쳐 기찻길(사회) 옆 양철집에서 소외되는 한 남자(인간)의 삶을 이야기한다. 그는 그가 미쳤다고

말한 사람들에게 어깨를 으쓱하며 "가난하고 제정신인 사람들, 모두 밖에 갇혀있다."라고 대답했다. 그리고 평화와 자유를 부르짖으며 현실을 부정하는 유머 섞인 자조와 아이들을 위한 고요한 기도는 낭송과 노래의 반복으로 구성되었다.

낭송으로만 녹음된 타이틀은 이전 작품인 《Personajes 사람들, 1977》의 마지막 곡이기도 하다.
출생과 세례 그리고 청소년기를 노래한 〈Pequeño Manual del Reprimido 억압의 짧은 해설〉은 비교적 온화하고 경쾌한 분위기로, 가난 속에서 출생하여 점차 이에 적응하며 성장하게 되는 배경이다.
'첫사랑'이란 부제의 〈Canción para una Lágrima 눈물을 위한 노래〉는 너무나 처량하고도 슬프다. 억압 속에서 망각하고 살았던 사랑이 찾아와 흑백과도 같은 자신의 삶에 색과 날개를 주었지만, 또 하나의 죽음을 안겨주었던 이별 이야기이다.
새로운 사랑이 찾아오고 영원한 사랑을 맹세하는 〈El Casamiento 결혼〉은 혼례식 풍경처럼 흥겹고, 가난 속에서 만나게 되는 새로운 우주와 '어버이'로서 살아가야 할 이유를 심은 〈Nacimiento del Hijo 아들의 출생〉은 그 서정이 따사롭고 비장하기까지 하다.
긴박한 초시계 구상음에 록적인 드럼이 가미된 '두 번째 노래' 〈El Tiempo 시간〉은 죽음의 잔해로 뒤덮인 고국을 떠나 이민국에서의 새로운 삶을 노래한 것으로, 무관심과 외로움 속에서 행복을 꿈꾼다.
'열차'란 부제의 〈La Rutina 일상〉은 점차 가속하는 기차소리를 연상시키는 리듬감으로 낭송한다. 어디로 가는지도 모른 채 달려가는 절망의 기차는 바로 고국이 처한 상황이며, 무관심한 세상에서 우리의 아이들을 위하여 평화와 자유가 필요하다고 외친다.
'공장'이란 부제의 〈El Pan 빵〉은 희망가로, 맑은 피아노와 유려한 오케스트레이션이 서정과 기대를 넘어 활력을 꽃피운다.

〈Hermano Mío del Planeta 행성에 남은 나의 형제여〉는 자국민들을 향하여 부르는 희망과 해방의 찬가이다. 시대의 광기 속에서 꿈은 죽었지만, 폭력과 억압 속에서도 평화의 자유의 꽃은 필 것이라는 믿음을 전한다. 떠오르  는 해를 바라보듯 감격에 비장함을 더하는 볼레로 리듬은 점차 진격한다.

그는 이듬해까지 본작의 공연으로 팬들과 만났다.

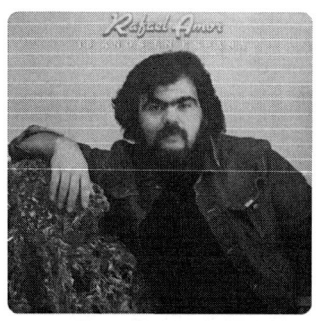

《Diez años en España 스페인에서의 10년, 1983》에는 포괄적인 개인의 감정을 담았는데, 고국의 군사 독재에 대한 저항의 움직임을 기록한 〈La Madre de Mayo 5월의 어머니〉가 수록되었다. 이는 '더러운 전쟁'이후 사라진 자녀들의 행방을 알려달라며 시위했던 오월 광장 어머니회Madres de la Plaza de Mayo 에 대한 노래이다.

《Corazón Libre 자유의 심장, 1989》에는 타이틀곡을 아르헨티나의 명인들인 메르세데스 소사와 알베르토 코르테스Alberto Cortez와 함께 불렀으며, 또 하나의 대표곡 〈Violetta 비올레타〉는 아르헨티나의 안토니오 타라고 로스Antonio Tarrago Ros와 듀오로 노래했다.

Batemusas

B&S | 720030 | 1998

1. No Es lo Mismo
2. El Mate Lavao
3. Enamorado
4. Canción del Circo
5. La Canilla del Patio
6. La Flor del Sur
7. Isla Maciel
8. La Gota en el Cátaro
9. La Tangués
10. Ño Roque Don
11. La Flor del Aire
12. Y No Quiso Llorar

1990년대 말에 발표한 본작 《Batemusas 바테무사스》의 제목은 속어로 '시인'을 의미한다고 한다. 이는 그의 고향인 부에노스아이레스를 향한 향수와 욕망 그리고 희망을 담은 걸작으로, 투어로 환영받았다.

피아노와 첼로의 서정으로 시작하는 〈No Es lo Mismo 동일하지 않네〉는 차분한 음성으로 더욱 사랑하고 꿈을 잃지 않기를 바라는 희망가이다.

…기다림은 망각과는 동일하지 않아… 승리하지 못했다고 그것이 실패를 의미하는 것은 아니야…

아르헨티나 포크로레 가수 훌리오 라카라Julio Lacarra와 함께 부른 〈Enamorado 사랑〉은 죽음의 끝에서 생명을 준 사랑의 찬가로, 잔잔한 남미의 향취가 흐른다.

1976년 기발표곡인 〈Canción del Circo 서커스 노래〉는 공연의 기대감, 광대의 웃음과 예측할 수 없는 놀라운 마술, 긴장의 외줄 타기, 그리고 마지막 관객의 박수를 인생에 비유한 곡이다.

본작의 백미라 할 수 있는 1992년 기발표 곡 〈La Canilla del Patio 안뜰의 광선〉에서는 타국에서 느끼는 고국에 대한 향수와 고독이 휘파람이 되어 훌훌 날아간다.

탱고풍의 〈La Flor del Sur 남쪽의 꽃〉 역시 고향을 향한 그리움과 열망을 뜨겁게 녹여냈다.

1992년 기발표곡인 〈La Tangués 슬픈 탱고〉는 기타와 반도네온으로 사랑과 쓸쓸함 그리고 꿈을 맑은 시정과 포근함으로 담백하게 그렸다.

어머니를 잃은 슬픔을 노래한 마지막 걸작 〈Y No Quiso Llorar 그리고 슬퍼하지 않으리〉는 피아노와 혼성 코러스의 서정에 울먹이는 그의 사랑과 진정이 먹먹하게 만든다.

Amor

Rafael Amor

2000 | B&S | 72303

1. Corazón Libre (& Mercedes Sosa)
2. No Hay un Instante en el Que No Te Nombre
3. Asomado a Tus Ojos
4. Violetta (& Jairo)
5. Ausencia
6. El Encuentro
7. Hastío
8. Amor Mío
9. La Torre
10. Sobre Mi Sombra (& Delia Ana Iglesias y Rafael Salvador)
11. Tendré Que Acostumbrarme a Que No Estás
12. Este Madrid

본작 《Amor 사랑》은 자신의 국가를 위해 장애물들과 싸우는 사람들에게 헌정한 작품으로, 이전에 발표한 작품들을 새롭게 녹음하여 수록하고 있기도 하다. 앙증맞기까지 한 만화 스타일의 커버도 매우 마음에 든다.

1989년에 기발표된 〈Corazón Libre 자유로운 마음〉은 연가 모음집 《Un Directo de Amor 사랑과의 연결, 1994》에도 수록된 대표작이다. 메르세데스 소사Mercedes Sosa(1935 -2009)와의 듀엣으로 듣는 인생찬가는 온화하기 이를 데 없다. 이후 소사는 《Corazón Libre 자유로운 마음, 2005》에서 섬세한 밀롱가 스타일로 편곡하여 취입했다.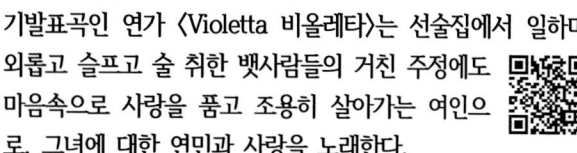

…패배를 두려워하지 말고 마음으로 나아가야 해, 진심을 다하지 않은 삶은 무의미해, 자유의 마음을 결코 포기하지 마!

감미로운 피아노 발라드 〈No Hay un Instante en el Que No Te Nombre 매번 당신의 이름을 부르지 않을 수 없네〉는 열렬하고 영원한 사랑을 향한 기도이다.

…내가 마지막 숨을 고를 때, 그대는 나의 하나님이 될 것입니다…

플라멩코풍의 〈Asomado a Tus Ojos 당신의 눈을 바라보네〉에도 뜨거운 사랑의 열망이 녹진하게 응고되어 있다.

기발표곡인 연가 〈Violetta 비올레타〉는 선술집에서 일하며 외롭고 슬프고 술 취한 뱃사람들의 거친 주정에도 마음속으로 사랑을 품고 조용히 살아가는 여인으로, 그녀에 대한 연민과 사랑을 노래한다.

피아노에 이어 애절한 현악이 이어지는 〈Ausencia 부재〉는 〈La Madre de Mayo〉란 제목으로도 노래한 바 있는데, '더러운 전쟁'이후 '내 아이들은 어디에 있나?'라는 푯말을 들고 시위했던 어머니들의 모임 '오월 광장의 어머니회'에 바치는 작품이다.

피아노와 기타 그리고 반도네온이 연주하는 〈Hastío 싫증〉은 이민자의 현실에 대한 냉소와 자조의 노래로, 가난과 외로움으로 인한 우울감과 향수가 깊이 배여 있다. 고국의 위기를 피해 이민하였지만 냉정

한 세상에서 느끼는 고독감으로, 이 또한 자신이 꿈꾸던 세상은 아니었음을 술회한다.

1983년 발표작인 연가 〈Amor Mío 내 사랑〉은 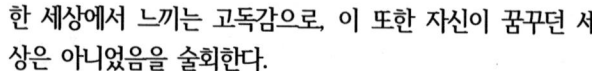 젊은 날 사랑의 소중함을 일깨우며 남은 내일의 사랑을 위하여 충심을 다하고픈 맹세와 같다.

딸과 아들과 함께 노래한 〈Sobre Mi Sombra 내 그림자 위에〉에서는 가수였던 아버지를 회상하며, 물려받은 음악적 재능이 불안 시대에서의 고독을 노래하기 위한 것이었음을 되뇐다.

〈Tendré Que Acostumbrarme a Que No Estás 당신의 부재에 익숙해져야 함에도〉는 잊지 못하는 사랑에 대한 그리움으로 살아가는, 죽음과도 같은 고통의 고백서이다.

재즈의 감미로움이 가미된 〈Este Madrid 여기 마드리드〉는 외국인으로서 젊음과 반항으로 살았던 마드리드에 대한 감사의 의미를 담았다.

이듬해엔 아들과 함께 아르헨티나 전국 투어를 거치며 대중들의 열렬한 지지를 얻는다. 이는 실황 앨범 《El Mundo se Mueve 움직이는 세상, 2001》으로 출시되었으며, 2002년에는 스페인 투어를 거행하고 메르세데스 소사를 초대했다.

마지막 앨범 《A Mi La Calle 나이 거리에서, 2007》을 발표하고 스페인과 아르헨티나를 오가며 활발한 콘서트 활동을 정력적으로 가지며 청중들과 만났던 그는 고국에서 눈을 감았다.

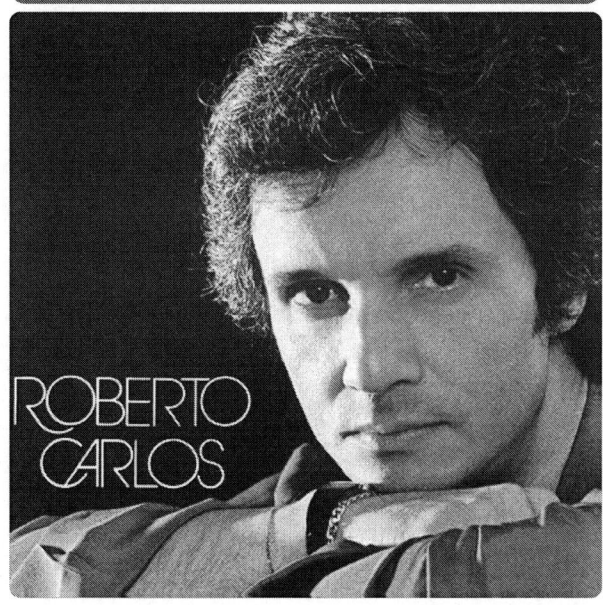

라틴 뮤직의 제왕
Roberto Carlos ● 호베르투 카를루스
Brazil

호베르투 카를루스는 '라틴 뮤직의 제왕'이란 별칭의 소유자이다. 그의 거의 모든 레퍼토리는 싱어이자 작곡가인 에라스무 카를루스Erasmo Carlos(1941-2022)와의 협력으로 탄생되었으며, 전 세계적으로 1억 4천만 장의 판매고를 거두어 브라질 역사상 가장 많은 앨범 판매고를 올린 솔로 아티스트가 되었다.

그는 1941년생으로, 시계 제작자인 부친과 재봉사인 모친 사이에 4남매 중 막내로 태어났다. 6세 때 불행히도 성 베드로 축제 기간에 증기기관차에 치여 오른쪽 종아리를 절단해야 하는 사고를 당했고, 의족을 착용해야 했다.

그는 기타와 피아노 연주를 배웠고, 9세 때 어린이 방송에서 노래로 상을 받아 고정으로 출연하게 되었다.

엘비스 프레슬리Elvis Presley(1935-1977)가 우상이었고 1950년대 록에 영향을 받은 그는, 1950-60년대의 Jovem Guarda(Young Guard)라는 음악운동의 주자가 되어 그때 '제왕 O Rei'이란 별명을 얻는다.

그러나 1961년 그의 첫 싱글과 앨범은 상업적 참패를 거두어 CBS에서 해고될 위험에 처하게 되기도 했지만, 후속작 《Splish Splash, 1962》가 히트하고, 브라질 팝 록 운동의 대중화를 위해 신인 발굴을 위한 TV쇼 'Jovem Guarda'가 신설되면서 그는 젊은이의 우상이 된다.

그의 동반자인 에라스무 카를루스와의 불화도 겪으면서도, 영화감독 호베르투 파리아스Roberto Farias의 영화에 자신의 노래와 주인공으로 활약하며 영화도 흥행한다.

1967년에는 프랑스 칸에서 공연했으며, 이듬해인 1968년에는 이태리 산레모가요제에서 세르지오 엔드리고Sergio Endri-go(1933-2005)와 함께 〈Canzone per Te 널 위한 노래〉를 노래하여 우승했다.

1970년에는 브라질뿐만 아니라 미국과 유럽 및 라틴아메리카 전역으로 그의 명성은 확산되었다. 그의 노래는 훌리오 이글레시아스Julio Iglesias, 카라벨리Caravelli, 레이 코니프 Ray Conniff 등도 연주했다.

Detalhes

1971 | CBS | 2-464085

1. Detalhes
2. Como Dois e Dois
3. A Namorada
4. Você Não Sabe o Que Vai Perder
5. Traumas
6. Eu Só Tenho um Caminho
7. Todos Estão Surdos
8. Debaixo dos Caracóis dos Seus Cabelos
9. Se Eu Partir
10. I Love You
11. De Tanto Amor
12. Amada, Amante

11번째 스튜디오 앨범인 본작은 롤링스톤지 브라질에서 브라질 최고의 앨범 28위로 꼽았다. 30세의 호베르투 카를루스는 브라질 최고의 낭만주의 가수로서 이정표를 세웠다. 견인차가 된 〈Detalhes〉을 포함하여 5곡이나 히트하였다.

〈Detalhes 세부사항〉은 이별한 관계지만 삶의 순간에 대한 소소한 기억으로 헤어진 연인의 감정을 자극한다.

…위대한 사랑은 이대로 죽지 않아, 그러니 가끔씩 넌 날 기억하게 될 거야, 날 잊으려 해도 소용없어, 네 인생에서 아주 오랫동안 난 살아있을 거야…

브라질의 대표적인 싱어송라이터 카에타누 벨로주Caetano Veloso가 쓴 〈Como Dois e Dois 2+2처럼〉은 카를로스가 처음 녹음한 이래 많은 유명 가수들이 노래했는데, 여성 코러스와 블루스의 진한 향기가 만연하다. 이는 당시 군부의 정치적 비판이었다.

…모든 것이 잘못되고 있고, 모든 것이 변했네, 나 자신을 속이지는 않지만, 날 믿지 마… 내 사랑이여, 주위의 모든 것이 황량하고 모든 것은 진실이야, 모든 것이 2+2=5처럼 옳지…

〈A Namorada 여자친구〉는 달콤한 사랑 노래이다.

…넌 추억이고 희망, 가장 아름다운 꿈, 잠 못 이루는 밤으로부터, 나의 환상으로부터, 내가 느끼는 그리움으로부터 나온 너, 넌 영원한 순간이고 새벽이라네, 내가 살아가는 이유라네.

공감할 만한 주제와 서정적인 멜로디의 〈Traumas 트라우마〉가 감성을 부여잡는다. 이는 어린 시절 부친으로부터 절대 거짓말을 하지 말라는 가르침을 받고 성장한 후, 진실과 그렇지 못한 현실에서 하게 되는 어른으로서의 고민으로, 그의 자전적인 고백록이다.

경쾌한 기타 포크송 〈Debaixo dos Caracóis dos Seus Cabelos 당신의 머리카락 아래에〉는 떠난 연인을 기다리는 러브송이지만, 영국으로 추방된 카에타누 벨로주를 위해 쓴 곡이라 한다.

…바다의 푸른 물, 창문과 문이 열릴 거야, 당신이 도착하는 것을 보기 위해, 당신의 머리카락 아래에, 아주 먼 세상에서

들려주는 이야기… 당신의 사람들에게로 돌아와, 너의 슬픈 표정, 가슴에 피가 흐르는 그리움과 꿈, 어느 날 난 웃는 얼굴로 도착하는 당신을 보고 싶어…

〈Se Eu Partir 네가 떠나면〉은 슬픈 이별 이야기로, 고색창연한 현악의 편곡은 마치 드라마의 엔딩 장면처럼 인상 깊다.

…내 사랑은 네 품에 안겨있고 싶어 해, 넌 내가 여전히 너의 삶에 있다는 걸 느낄 거야, 내가 준 사랑이 너무 많았고 앞으로도 그럴 것이기에, 내 기억이 널 울게 할 거야…

〈I Love You〉는 라디오를 통해 노래를 들려주며 자신에게 가수로서의 동기를 주었던 위대한 선배 가수들에게 바치는 존경이다.

〈De Tanto Amor 너무나 많은 사랑〉은 여가수 클라우데치 소아리스Claudette Soares를 위해 쓴 결혼 선물로, 역대 가장 아름다운 브라질 노래 10곡 중 하나로 선정된 명곡이기도 하다.

〈Amada, Amante 사랑하는 연인〉은 진정한 사랑을 설파한 또 하나의 매혹적인 사랑찬가이다.

…두려움이 무엇인지도 모른 채, 이 배은망덕한 세상에서 오직 당신만이, 사랑을 위해 모든 것을 바치네,

À Janela…

roberto carlos

1972 | CBS | 464095 2

1. À Janela…
2. Como Vai Você
3. Você é Linda
4. Negra
5. Acalanto
6. Por Amor
7. À Distância
8. A Montanha
9. Você Já Me Esqueceu
10. Quando as Crianças Sairem de Férias
11. O Divã
12. Agora Eu Sei

1972년 12월에 발표한 본작은 이듬해 브라질에서 가장 많이 팔린 앨범으로, 처음으로 밀리언 셀러를 달성한 앨범이 되었다. 〈Por Amor〉, 〈A Distância〉, 〈A Montanha〉, 〈O Divã〉 등 시간이 지남에 따라 고전이 된 히트곡이 포함되어

있다. 전작이 낭만주의로의 진입을 보여주었다면, 이번 앨범은 보다 성숙한 서정의 맥을 확인시켜준다.

첫 곡 〈À Janela… 창가에서〉에서부터 낭만이 밀물로 다가온다. 창가 너머로 상상으로 꿈꾸었던 자유와 사랑의 인생은 멀리 있는 것이 아니라 바로 자신의 가까이에 있다는 실존적 진실을 들려준다.

배우이자 음악가였던 안토니우 마르쿠스Antônio Marcos(1945 -1992)와 마리우 마르쿠스Mário Marcos 형제가 쓴 〈Como Vai Você 잘 지내나?〉는 본작의 하이라이트로, 그의 조심스러운 가창은 그리운 연인을 기다리며 안부를 전한다.

…내 마음속 네 이름, 잊으려고 노력하는 만큼, 이 열정은 내 가슴속에 살아,,, 잘 지내? 난 혼자 인생을 살고 있어, 난 널 잊지 못했지, 아무것도 변한 게 없이 모든 게 똑같아, 난 여기 있어…

출산을 앞둔 임산부에 대한 찬가 〈Você é Linda 아름다운 그대〉에 이어, 피부색에 관한 〈Negra  검정〉에도 사랑이 가득하다.

그녀는 밤과 같은 흑인이라네… 그녀는 뜨거워, 여름날처럼, 내가 그토록 바라는 태양처럼, 내가 그녀를 좋아하게 해 줘, 그 사람과 함께 살아갈 수 있도록, 같은 색이 되도록…

〈Acalanto 진정해〉는 당시 기혼이자 세 자녀의  아버지로서 육아에 지친 아내를 위해 일찍 잠에서 깬 아이들을 달래는 자장가이다.

〈Por Amor 사랑을 위해〉도 본작의 백미 중 하나로, 따스한 현악과 느린 템포로 우리의 감정을 부드럽게 어루만진다.

…내 인생은 지금과 많이 달라졌네, 이제 난 아무것도 아니야, 난 길을 잃었어… 언젠가 네가 내게로 돌아오기로 결정한다면, 내 영혼은 솟아오를 거야. 오직 너만이 내가 네게 얼마나 많은 것을 주었는지 알겠지. 그러나 그것이 사랑을

위한 것이 아니라면, 날 잊어버려…

〈À Distância 멀리서〉에서도 〈Por Amor 사랑을 위해〉의 멜랑꼴리한 감정을 이어간다.

…내가 결코 널 잊지 않았다는 걸 기억해 줘, 돌아갈까 몇 번이나 생각했고, 내 사랑은 아무것도 변하지 않았네, 하지만 내 침묵은 더 컸고, 그래서 멀리서 나는 죽어가, 너도 모르게 매일매일.

〈A Montanha 산〉은 경쾌하고 긍정적인 희망의  행진곡으로, 이조를 거듭하며 더더욱 감흥을 증폭한다.

난 높은 곳의 빛을 따라갈 거야, 날 부르는 목소리를 따라서… 내 사랑과 믿음의 외침이 어떤 모습인지 보여 줘… 그리고 난 이렇게 외칠 거야, 주님, 미소를 주셔서, 용서해 주셔서 감사합니다, 주님, 자연을 주셔서, 이 모든 것에 감사합니다…

〈Quando As Crianças Sairem de Férias 아이들이 휴가를 가면〉은 민요 스타일로, 다자녀 육아가 대부분 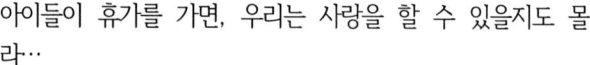 이 된 가정생활에서 남편이 아내를 위해 부르는 노래이다.

아이들이 휴가를 가면, 우리는 사랑을 할 수 있을지도 몰라…

〈O Divã 카우치〉는 미래에 대한 두려움도 없이 희망으로 떠나온 어린 시절 집에 대한 자전적 향수로, 가족들과의 유대 어린 추억, 다리 일부를 절단하게 된 사고 등 관계의 복잡성을 풀어내며 사랑과 갈망과 현실에 대한 성찰로 공감을 일으킨다.

A Cigana

1973 | Columbia | 2-464165

1. A Cigana
2. Atitudes
3. Proposta
4. Amigos, Amigos
5. O Moço Velho
6. Palavras
7. El Dia Que Me Quieras
8. Não Adianta Nada
9. O Homen
10. Rotina

전작의 성공을 뛰어넘지 못했지만, 7십만 장 이상 판매된 본작으로 그는 MPB의 왕좌에 영속시키는 낭만적인 열정을 더욱 강화했다. 〈Proposta〉와 〈Rotina〉와 같은 새로운 히트곡이 증명하고 있다.

바이올린 솔로로 문을 여는 〈A Cigana 집시〉는 갑작스레 나타나 사랑의 열정을 안겨주고는 사라져버린 집시 여인에 대한 로망스 추억이다.

…다시는 네 얼굴을 볼 수 없었지, 오늘 넌 내가 모르는 곳을 걷고 있네, 내 꿈속에서, 간직했던 기억 속에 네가 살아있네…

〈Atitudes 태도〉는 지지부진한 사랑의 관계에 대한 괴로움으로 슬픈 이별을 결정하는 연애의 단편이다.

〈Proposta 프러포즈〉에는 포근함이 가득한 낭만이 펼쳐진다. 자신을 연인에게 주어 평화를 얻을 수 있도록, 그리고 자신의 팔을 주어 연인이 잠들고 함께 새벽을 맞게 해달라는 프러포즈 송.

영화음악 같은 〈O Moço Velho 노인〉은 늙어서도 사랑의 젊은 열정을 꿈꾸는 인생찬가이다.

난 이야기가 없는 열린 책이라네, 기억도 없는 불확실한 꿈, 남겨진 나의 과거, 나는 배 없이도 우호적인 항구라네, 하나의 바다, 많은 강의 피난처, 그게 바로 나야, 난 오래 산 늙은이야, 이미 모든 고통을 겪고 일찍 죽은 사람이야, 나는 자유로운 사람이야, 노예도 아니지만, 주인이 된 적도 없지, 단지 아직도 사랑을 믿는 한 남자일 뿐이야.

〈El Dia Que Me Quieras 당신이 날 원하는 날〉은 〈Por Una Cabeza 간발의 차이〉로 유명한 아르헨티나 탱고 가수 카를로스 가르델Carlos Gardel(1890-1935)의 고전으로, 1934년에 처음 녹음되어, 동명의 영화 주제로도 사용되었다. 이 커버는 자신의 노래를 사랑하는 아르헨티나 팬들을 위한 선물이었다.

…당신이 날 사랑하는 날, 장미는 가장 아름다운 색으로 옷을 입을 거야, 바람 속에서 종소리는 네가 이제 내 것이라고 속삭일 거야, 샘물은 내게 너의 사랑을 말해 줄 거야, 당신이 푸른 하늘에서 날 사랑하는 밤, 시샘하는 별들은 우리가 지나가는 걸 지켜보고, 신비한 번개가 네 머리카락에 둥

지를 틀 거야… 당신이 날 사랑하는 날, 하모니만 있을 거야, 새벽은 맑고 봄은 환희로 가득할 거야, 바람은 고요함을 가져오고, 선율은 속삭이며, 분수는 수정 같은 노래를 들려줄 거야, 당신이 날 사랑하는 날, 노래하는 새들은 달콤하게 할 거야, 인생은 번성할 것이며, 고통은 존재하지 않을 거야.

후련하고 감동적인 록 〈O Homem 남자〉 역시 그해 라디오에서 가장 많이 방송된 노래 중 하나이다. 평생 많은 것을 성취했음에도 어느 날 자신이 행복하지 않음을 깨닫는 한 남자의 이야기로, 내면의 평화를 찾기 위해 자신의 삶을 성찰하게 하는 힘이 있다.

…꽃을 피우지 못하고 죽은 씨앗을 위해 울지만, 아직 다시 심을 시간이 있네, 당신 안에서 선한 꽃이 피어나도록 해… 여기 남긴 모든 것은, 지나간 것이 아니며 앞으로도 계속 존재할 거야. 네가 걷던 곳에 피어난 꽃, 그리고 따라야 할 올바른 길.

이듬해인 1974년 성탄 이브에 TV Glove는 그의 특별쇼를 방영했으며, 높은 시청률로 이는 매년 이어졌다고 한다.

Despedida

1974 | Columbia | 2-464105

1. Despedida
2. Quero Ver Você de Perto
3. O Portão
4. Ternura Antiga
5. Você
6. É Preciso Saber Viver
7. Eu Quero Apenas
8. Jogo de Damas
9. Resumo
10. A Deusa da Minha Rua
11. A Estação
12. Eu Me Recordo (Yo Te Recuerdo)

사실 본작은 그의 낭만주의 1970년대 앨범 중에서 썩 두각을 나타낸 작품은 아니다. 물론 〈O Portão 관문〉와 〈Eu Quero Apenas 난 그냥 원해〉가 히트 반열에 올랐지만, 전과 후의 성과에 비하면 차트 6위에 머물렀을 뿐이다.

〈Despedida 작별〉은 제목과 가사를 검색하기 전까진 매우 희망적이고 행복이 넘실거리는 내용이 아닐까 생각되지만, 예상을 깨고 그는 별 망설임과 슬픔 없이 이별을 고한다. 지극히 편안하고 따스한 전원풍의 왈츠, 그리고 후반에 이조移調되면서 길게 온후한 여운을 남기는 달콤한 코러스 때문이다.

이제 떠날 시간이야, 난 여기 와서 작별인사를 하고 싶어, 내가 걷는 곳 어디든, 널 기억할 거야, 이제 내가 할 수 있는 건 작별 인사뿐, 내 마음은 여기 두고 갈게…

본작에서 가장 긴 서정의 끈을 지닌 〈Ternura Antiga 고대의 온정〉은 피아노, 기타, 플루트 등이 서글픈 상념을 그의 목마른 음성과 함께 이어간다. 음악 자체가 뮤직비디오같이 시네마틱한 느낌이다.

아, 어두운 거리, 찬바람, 그리움, 공허, 울고 싶은 이 충동… 기다림의 환멸에서 이 온정은 너무 오래되었네. 그래 내가 널 사랑하는 건 내가 원해서가 아니지, 할 수만 있다면 잊을 텐데, 난 오직 널 기다리며 살아…

〈Você 너〉는 비장할 정도로 비애에 차 있는 또 하나의 백미 발라드로, 점점 불이 꺼져가는 듯한 이미지이다.

너무 오랜만이야, 내가 더 이상 모르는 너, 지난날 나를 사랑과 행복으로 질식시킨 너, 오늘도 그리움에 숨이 막혔건만, 더 이상 내가 들어야 할 것들을 말하지 않는 너, 지금껏 잊지 못한 너, 모든 것이 끝났다고 말했지만, 현실은 내 안에 네가 머물렀지, 난 네게 많은 것이었지만, 오늘은 아무것도 아니네.

〈Eu Quero Apenas 난 그냥 원해〉는 가수로서의 열망을 담은 자전적 가사로, 촉촉한 팝 포크는 한편의 평화로운 풍경화 같다.

〈Jogo de Damas 체커 게임〉은 한때 존경받는 인물이었지만 지금은 '모든 게임에서 잃어버린 돌'로 전락한 한 여인의 이야기로, 그녀를 대하는 사람들의 이중성을 꼬집고 있다. 잃어버린 존엄과 구원에 관한 노래는 점점 심포닉록으로 타오른다.

〈A Estação 역〉에는 헤어지는 짧은 순간의 기나긴 감정의 시간을 면밀하게 묘사하고 있다.

…아직도 역에 서 있는 그녀는 날 보았지, 내게 한 번 더 손을 흔들고는 떠났네, 그리고 다시 한번 너의 손짓이 나를 불렀고, 나는 상념과 추억으로 길을 잃었네, 거기서 얼마나 오랫동안 머물렀는지도 모르겠어…

〈Eu Me Recordo 난 기억해〉는 멕시코의 마야인 음악가 아르만도 만사네로Armando Manzanero(1935~2020)가 써 준 곡으로, 동년에 스페인어로 발표한 히트곡 모음집 《Yo Te Recuerdo 널 기억해》의 타이틀곡이기도 하다. 깊은 상념에 빠뜨리는 피아노와 오르간의 체온이 잔잔하게 다가온다.

…널 기억해, 새벽이 오는 매일, 나의 별이 웃거나 슬플지라도. 날아다니는 모든 새 속에, 황혼이 지는 매일 저녁에, 장미에서 떨어지는 눈물 같은 이슬 속에도. 널 결코 잊지 못하기에 널 기억해…

Quero Que Vá Tudo Pro Inferno

1975 | Columbia | 2-464175

1. Quero Que Vá Tudo Pro Inferno
2. O Quintal do Vizinho
3. Inolvidable
4. Amanheceu
5. Existe Algo Errado
6. Olha
7. Além do Horizonte
8. Elas Por Elas
9. Desenhos Na Parede
10. Seu Corpo
11. El Humahuaqueño
12. Mucuripe

파이프를 문 커버로 돌아온 카를루스의 본작에서 〈Além do Horizonte〉가 빅 히트를 기록하며 다시금 앨범 차트 정상을 기록했다.

〈Além do Horizonte 지평선 너머〉는 경쾌하고도 달콤한 소프트 팝록으로, 사랑과 평화가 지배하는 목가적인 천국을 그렸다. '만약 당신이 나와 함께 가지 않으면, 이 모든 것은 지평선 너머로 우리를 기다릴 거야'하고 노래하면서 사랑으로 풍요로워지는 실존의 상태를 강조한다.

역시 경쾌한 템포에 다소 우울한 팝록을 선보이는 〈Quero Que Vá Tudo Pro Inferno 다 지옥으로 가면 좋겠어〉는 사랑의 고통을 토로한 청춘의 감정을 토로한 곡으로, 본래 1965년 발표곡이었다.

…네가 나에게서 떨어져 있기에, 이렇게 사느니, 차라리 죽고 싶어, 올 겨울날 따뜻하게 해줄, 난 그냥 널 원해, 그리고 그 외 모든 것은 지옥에나 가…

〈O Quintal do Vizinho 이웃의 뒷마당〉은 포근함이 넘치는 전원의 포크록으로, 꿈에서 본 아름다운 봄날의 감흥이 흘러간다.

〈Inolvidable 잊을 수 없는〉은 쿠바 뮤지션 훌리오 구티에레즈Julio Gutiérrez(1918-1990)가 1944년에 발표한 볼레로로, 새로운 사랑과 감각에 눈을 뜨는 모습을 표현했다. 카를루스는 몽환적인 서정으로 커버했으며, 이후 루이스 미겔Luis Miguel이 1991년에 취입하면서 세계적인 호평을 얻은 바 있다.

〈Amanheceu 새벽〉은 코러스가 점점 부각되면서 판타지 영화 같은 드라마로 이어진다. 꿈속에서 사랑으로 밤을 보낸 후, 깨어나 그녀가 가버린 것을 절감했을 때의 망연함이 아련하다.

〈Existe Algo Errado 뭔가 문제가 있어〉는 부드러운 재즈로, 사랑의 권태기에 대한 노래이다.

…너와 침묵, 슬픔과 피로, 사랑은 이미 잃어버린 것 같아. 너와 내 삶을 봐, 나는 너의 일부야, 이 슬픔을 함께 나눠, 함께 울고 나서 안아 줘.

역시나 부드럽기 그지없는 로망스 〈Olha 바라봐〉에서는 자신을 성찰하고 다시금 사랑을 맹세한다.

〈El Humahuaqueño 후마우아카 사람들〉는 아르헨티나 민요가수 에드문도 잘디바르Edmundo P. Zaldívar(1917-1978)가 1954년에 녹음한 민속음악 고전으로, 1979년에 이 곡을 취입한 아르헨티나 포크 그룹 Los Chaskis가 카를루스의 녹음에 참여했다. 안데스의 전통 리듬과 함께 카니발 시즌을 활기차게 축하한다.

〈Mucuripe 무쿠리페〉는 브라질 항구의 지명으로, 아름다운 동화 같은 스토리이다.

무쿠리페의 돛단배가 고기잡이를 나가네, 깊은 바다에 슬픔도 묻으려고. 그리움에 대한 두려움도, 결혼의 바램도 없는 오늘 밤 데이트, 새 줄무늬 바지에, 하얀 면 셔츠를 입고서, 지난달까지만 해도 꽃이 만발했건만, 20년의 사랑을 간직한 젊고 매혹적인 소년은 찢어진 모자 아래 순수하고 솔직한 미소를 머금네, 저 별이 그녀겠지. 삶과 바람과 배야, 나를 여기서 데려가 줘.

전작들에 비해 그리 기복이 심하지 않은 구성이며, 오히려 밝고 부드러운 편이다. 전체적으로 편안하게 즐길 수 있는 앨범이라 하겠다.

이듬해 좀 더 국제적인 사운드를 들려준 《Roberto Carlos, 1976》로 차트 정상을 탈환했다.

히트곡 〈Ilegal, Imoral Ou Engorda 불법, 부도덕 또는 살찌기〉는 많은 가치들 속에서 길을 잃고 자신이 원치 않는 삶에서 갈팡질팡하는 젊은 이들을 대변한 곡이다.

《Amigo, 1977》에서는 불확실한 시대에 가장 확실한 전사라

칭하며 우정을 찬양한 〈Amigo 친구〉를 수록했다.

그의 오랜 파트너 에라스무 카를루스Erasmo Carlos(1941-2022) 헌정곡이기도 한데, 1979년 교황 요한 바오르 2세의 멕시코 방문 때 어린이 합창단이 불러 더욱 인기를 얻었다.

그의 모친에 헌정한 〈Lady Laura〉가 수록된 《Fé 믿음, 1978》는 150만 장 이상 판매되는 대성공을 거두었다.

1980년대까지도 그의 밀리언셀러 행렬은 지속되었으며, 1990년대와 2000년대 초까지도 간헐적으로 달성했다. 중간에 휴지기도 가지긴 했지만, 《Amor Sin Límite 무한한 사랑, 2018》과 라이브 등을 거치며 음악 인생 60년을 뛰어넘었다.

Rosa Cedrón ● 로사 세드론
Spain (Galicia)

로사 세드론은 1972년 갈리시아 지방의 루고Lugo주 몬포르테 데 레모스Monforte de Lemos의 훌륭한 전통음악의 가문에서 태어나, 가족과 함께 이사한 코루냐La Coruña에서 어린 시절의 대부분을 보냈다.

8세 때부터 음악학교에 들어가 10세 때부터 첼로를 본격적으로 배웠는데, 탁월한 실력으로 코루냐 챔버오케스트라의 단원으로 활약했으며, 몇 년 후에는 엘페롤Ferrol시의 음악학교에서 고전 연주법을 가르쳤다.

하지만 그녀는 음악교수로의 직업이 자신의 꿈이 아니었음을 인식하고 과감히 대중 연주가로 전향한다.

당시 그룹 루아르 나 루브레Luar Na Lubre의 바이올린 주자였던 남동생 자비에르 세드론Xavier Cedrón의 제안으로 그룹의 첼로 연주가로 입단했다. 또한 보컬리스트의 부재로 그녀는 노래까지 담당하는 역할을 부여받았고, 자신은 보컬리스트로서의 기술도 연마하여 만반의 준비를 거쳤다.

루아르 나 루브레는 1993년에 세 번째 앨범 《Ara Solis》을 발표한 후 무려 4년을 보내고, 로사 세드론이 처음 참여하게 되는 앨범 《Plenilunio, 1997》를 발표한다.

영국의 세계적인 뮤지션 마이클 올드필드Mike Oldfield는 자신의 앨범 《Tubular Bells 3, 1998》에 그녀의 목소리를 담았고 세계의 팬들로부터 열렬한 반응을 얻어냈다.

루아르 나 루브레의 《Hai un Paraiso, 2004》에 참여하고 2005년에 탈퇴하기까지 장장 9년간 천상의 목소리를 들려주었던 보석 같은 존재로서, 그룹의 국제적 성공과 황금기를 건설하는데 그녀는 주역을 담당했다. 이전까지는 연주가 주였다고 하면 그녀의 영입으로 보컬 레퍼토리가 중심이 되었다.

그만큼 그녀의 음색에는 글로벌한 공감을 얻어내는데 막강한 호감도를 지니고 있음이 분명했다. 그 환상은 가히 신화 속 사이렌Siren의 환생과도 같았다.

Entre Dous Mares

rosa cedrón
entre dous mares

2007 | Warner | 5144210412

1. Miña Nai Lua
2. Romance de Mirabella
3. Como Soños de Nacre
4. Se Nos Deixan
5. Heicho de Dar
6. Mais Amor
7. O Valse da Tola
8. Soledad
9. Macedonia
10. Tus Sueños
11. Arde el Mar
12. O Meu Neno

2010년 울산 월드뮤직 페스티벌에서 그녀의 모습을 볼 수 있었다면, 이 첫 솔로 앨범의 감탄을 현장에서 짜릿하게 경험할 수 있었을 터였다. 소문으로는 행사 기획자도 가장 먼저 우리 음악팬들에게 소개하고픈 가수였기 때문에 기대가 컸고, 그래서 메인 무대는 바로 로사 세드론이 될 것이라고 장담했었다고 한다. 그녀의 한국행이 무산된 것은 행사 기획자의 입장에서도 매우 안타까운 일이었을 것이다.

대망의 솔로 데뷔작 《Entre Dous Mares 두 바다 사이》 앞에서 루아르나루브레의 전통적이고도 민속적인 특징은 잠시 잊어도 좋다. 더욱 부드러워진 꿈과 환상의 목소리는 물론이거니와, 대부분의 작품을 직접 작곡하여 뮤지션으로서의 역량에도 갈채를 보내지 않을 수 없다. 또한 그녀의 남동생인 바이올린 연주자 자비에르 세드론Javier Cedrón이 세션으로 참여하여 본작의 완성도에 기여하고 있다.

그리움에 대한 찬가 〈Miña Nai Lua 내 어머니 달〉은 쓸쓸한 밤의 푸른 바람을 닮은 기타에 진홍빛의 집시 바이올린이 서서히 섞인다. 촉촉한 물안개 같은 청아한 음성이 밤하늘을 채운다.

당신, 나의 주인 갯벌, 내 달콤한 본질의 시작과 끝, 당신은 모든 시간 속에서 태어나고 사라지네… 내 어머니 달이여, 당신의 잠자리를 거닐다 사랑하는 당신을 위해 노래하네. 새벽이 올 때까지. 당신의 옷을 입고, 그리운 당신을 위해 노래하네. 죽음이 올 때까지.

〈Romance de Mirabella 미라벨라의 로망스〉에서는 천상의 하프가 빚어내는 청량한 신비로움이 청초한 환상동화를 투영시킨다.

…진실한 사랑, 나의 왕은 멀리 있네, 당신의 집, 당신의 마음을 향하네. 황량한 봄, 미라벨라는 고대해, 그가 돌아올 거란 믿음으로, 그의 귀향을 그리네. 바다를 사이에 두고, 두 연인이 있고, 하나는 또 다른 이를 기다리네, 그 하나는 다른 이의 투구에 대고 이야기를 건네지… 미라벨라는 두려워. 이 깊은 사랑이 끝날까 봐, 그가 돌아오지 않을까 봐. 적막한 봄, 미라벨라는 고대하네, 여전히 그가 돌아올 거란 믿음으로, 그의 귀향을 그리네.

연주곡 〈Como Soños de Nacre 진주층의 꿈처럼〉은 찬란한 진주가 되기 위해 인고의 세월을 간직하고 있는 진주층의 동화가 모래알처럼 흐른다.

세련된 도회지풍의 재즈 〈Se Nos Deixan 우리가 떠난다면〉에는 밤의 푸른 블루스 속에 바이올린의 붉은 즉흥이 빛을 발한다.

나는 노래할 거야, 너도, 우리 모두, 우리는 선언서를 보낼 거야. 지독한 바람이 분다 해도 그대가 원하는 바를 망설이지 마, 때는 가까워졌어. 나는 춤을 출 테야, 너도 춤추게 될 거야, 춤은 우리에게 안식을 줄 테니. 바다가 뒤흔들린다 해도, 네가 원하면 주춤거리지 마, 우리는 가까워질 수 있어. 나는 이야기할 거야, 너도, 우리는 친밀하게 이야기할 거야. 날아가는 비둘기를 가둘 새장은 없네…

갈리시아 전통민요 〈Heicho de Dar 난 사랑을 주었네〉에서 바이올린의 뜨거운 현이 차갑고도 맑은 물과 같은 키보드 위에 내려앉으면, 그녀는 홀로 외로움을 달랠 수 없다고 노래한다. 이는 루아르 나 루브레의 《Cabo do Mundo 세상의 끝》에 실려 있기도 한데, 따스한 전설로 해석한 루아르 나 루브레의 버전에서는 행복한 결말을 예감하듯 흥겨운 축제가 벌어진다.

〈Mais Amor 더 깊은 사랑〉은 사랑에 대한 갈망을 넘어 탄식에 이르는 로망스로, 바이올린의 활은 붉은 심장을 가른다.

내 욕망의 요람을 떠나지 않겠네, 세상이 지고, 아무것도 남지 않을 때, 잠시라도 내 품에서 안식하렴. 그러면 그 어떤 아픔도 느낄 수 없을 거야. 순수한 액체, 평안을 볼 수 있는 샘물, 네가 나의 침상에서 목욕할 때, 어리석은 내 두려움과 가슴은 알게 되겠지, 더 깊이 사랑하는 것 말고는 느낄 수 있는 건 더 이상 없다는 걸…

투명한 기타 선율에 실리는 〈Soledad 고독〉의 모노드라마에는 모질고도 메마른 바람이 적막하게 불어온다. 너무나 쓸쓸하고 가슴 시리다.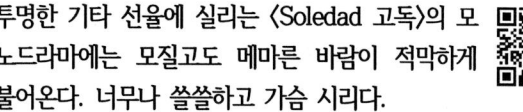

투명한 항구, 그 뒤편의 내 외로움을, 난 잊지 못할 거야,

누가 내 자존감을 짓밟았는지, 아직 기억하고 있기 때문에. 끊임없이 흘린 내 눈물 속의 고독, 나의 바다를 구원할 거야, 내 기억 속에 남아있는 동안은, 결코 사랑하지 않을 거야, 그리고 지금 느끼는 고독, 당장 달려가고픈 분투, 이것은 새벽으로 가네, 어둠의 품속으로…

흡사 인상주의 작곡가 드뷔시Debussy의 작품 〈Clair de Lune 달빛〉에 헌정하는 듯한 〈O Valse da Tola 홀림의 왈츠〉는 은은한 빛으로 충만해있다.

피아노의 시 〈Arde el Mar 불타는 바다〉에는 섬세하고도 애틋한 감정으로 사랑을 고백한다.

…네 손길의 신비, 하늘빛도 다르고, 바람은 원하는 대로 부네. 네가 말하면 세상은 새로 태어나고, 하나님이 사는 네 눈에는 가을 낙엽조차 평온해, 네 어깨와 날개 위에는 아름다움이 가득해… 축복의 강 위로 내리는 따뜻한 은비, 수정같이 자라는 나목, 당신의 발이 하늘에 매달리면, 네게 뛰어내리는 방법을 알려줄게. 나를 너의 세계로 초대해 줘, 내가 날 수 있도록…

구전 시조에 곡을 붙인 〈O Meu Neno 내 아이〉에는 품에 잠드는 아기를 바라보고 있는 어머니의 자장가가 안식의 찬송이 되어 흐른다.

그녀는 본작을 통해 생과 사, 부모와 자식, 남과 여, 나와 타인 등 태어나 살며 연결되는 두 관계 사이의 갈등과 사랑과 연민을 촉촉하게 담아냈다. 어찌 보면 이 콘셉트 앨범은 하나의 인생이다.

Soas Muller (& Cristina Pato)

2010 | Folmusica | 10002049

1. Negro Caravel
2. Maria Soliña
3. Mirabella
4. Interludio Azul
5. Lágrima
6. Mais Amor
7. Interludio Violeta
8. Pomba Dourada
9. Soedades
10. Interludio Añil
11. Unha Noite na Eira do Trigo
12. Os Teus Ollos
13. Heicho de Dar
14. Epílogo

갈리시아 출신으로 1980년생인 크리스티나 파토Cristina Pato 는 19세가 되는 해에 첫 앨범 《Tolemia 광기, 1999》로 일 약 스타덤에 올랐다. 이유인즉 스페인 음악계가 배출한 첫 여성 백파이프Gaita-Galician Bagpipe 연주자라는 사실에 대 중은 소녀티를 채 벗어나지 못한 그녀에게 무한한 사랑을 보냈고, 첫 싱글 〈Tolemia 광기〉에서 유감없이 보여주었던 현란한 백파이프의 즉흥적 기교는 스페인을 흥겨움으로 들 썩이게 했다.

두 번째 앨범 《Xilento, 2001》에서는 수려한 피아니스트로 서의 재능도 선보였으며, 이후 저명한 첼리스트 요요마Yo-Yo Ma와 메조소프라노 파트리스 제구Patrice Jegou 등의 작품 에 초대되는 등 25매가 넘는 아티스트들의 앨범과 컴파일에 참여했다.

컴퓨터음악과 피아노 연주 석사학위를 받고, 유명 음악상을 수상함과 동시에, 무려 500회 이상 투어 콘서트를 가지며 갈리시아 월드뮤직의 활성화를 위해 노력하고 있다.

로사와 크리스티나가 만나 본작을 구상하게 된 것은 2008년 으로, 갈리시아 음악과 여러 고전 작품들에서 그려진 여성 의 일생을 주제로 한 콘셉트 앨범을 구상한다.

슬로바키아의 블라티슬라바Bratislava 심포니 오케스트라, 클 래식 바이올린 주자 자비에르 세드론Javier Cedrón 등과 함 께 들려주는 대단위의 무대에는 로만스시대의 다른 여성들 이 출현하고 서로 병치되는 한편의 오페레타이다.

위대한 트랙 〈Negro Caravel 검은 카네이션〉은 갈리시아 출신의 여류작가 로살리아 데 카스트로Rosalía de Castro(18 37-1885)의 작품에서 가사를 차용하였다. 영화 「Scent of a Woman 여인의 향기, 1992」의 명장면에 흘러나왔던 〈The Tango〉의 멜로디가 서두에 나오기도 하는데, 크 리스티나의 피아노에 로사는 사랑의 고통으로 검 게 멍든 가슴을 창백하게 노래한다.

…"난 당신을 너무나 사랑했었네. 여인이여, 너무나 많이… 네겐 당신이 달이었고, 하얀 오로라와 밝게 빛나는 태양이 었네, 신선하고 깨끗한 물이었으며, 하나님의 장미 정원과도

같았지, 내 가슴을 뛰게 했고, 내 마음을 살게 했지." 그 고백을 받은 후, 사랑의 징표로 받은 카네이션, 가슴속에 간직했지. 빌어먹을 검은 카네이션은 나를 고통으로 몰았고, 강을 건너다 카네이션을 던져 버렸네. 당신이 떠나간 빛을 따라 카네이션도 따라가겠지.

고전의 재생을 알리는 명작 〈Maria Soliña 마리아 솔리냐〉에서는 영롱한 피아노 물결과 고독한 백파이프 그리고 로사의 엄중한 경배가 따사로운 현악과 함께 멍에와 시련, 고통과 공포 앞에 선 성녀의 연약함과 순수함을 찬양한다.

〈Mirabella 미라벨라〉는 로사의 데뷔작에 수록된 〈Romance de Mirabella〉의 클래시컬 버전이라 할 수 있는데, 이 또한 멋진 편곡으로써 전장으로 간 연인의 무사귀환을 손꼽아 기다리는 여인의 숙원이 극장 무대에서 드라마틱하게 그려진다.

파두의 여왕 아말리아 로드리게스Amália Rodrigues(1920-1999)의 히트곡 〈Lágrima 눈물〉에서는 피아노 반주와 함께 독백 같은 절규가 흐른다.

…내 절망, 내면의 형벌, 난 당신을 원치 않는다 말하면서도 밤에는 당신을 꿈꾸지, 이 절망 속에서, 이러다 난 죽을 것 같아… 차라리 잠들고파, 그것이 죽음이라 할지라도, 절규하게 내버려둬, 기쁨의 눈물을 떨구며, 내가 죽게 내버려둬.

데뷔작에도 수록된 〈Mais Amor 더 깊은 사랑〉의 새로운 버전은 단지 피아노로만 연주되어 또 다른 서정의 깊이를 열어 보인다.

갈리시아 출신의 작가이자 평론가 알바로 쿤케이로Álvaro Cunqueiro Mora(1911-1981)가 가사를 쓴 〈Pomba Dourada 황금 비둘기〉는 우정에 대한 찬양으로, 잔잔한 물결과 은은한 달빛이 흐른다.

…새 둥지에 황금 비둘기는 바람을 몰고 오네. 달이 뜨고 새벽이면 올리브 숲에 피리 소리가 흐르지. 누가 반하지 않을까? 내 친구여…

로살리아 데 카스트로의 시에 곡을 붙인 스페인 고전 작곡가 마르샬 델 아달리Marcial del Adalid(1826-1881)의 작품 〈Soedades 고독〉은 단아한 자장가처럼 고고하다.

갈리시아 출신의 작가 미누엘 쿠로스 엔리께Manuel Curros Enríquez(1851-1908)의 시를 기초로 호세 카스트로José Castro(1856-1917)가 곡을 쓴 〈Unha Noite Nan Feira do Trigo 밀밭의 어느 밤〉은 진정한 사랑에 대한 여성의 슬픈 서정이 들려온다.

〈Os Teus Ollos 당신의 눈망울에〉 역시 미누엘 쿠로스 엔리께의 시에 곡을 붙인 호세 카스트로의 슬픈 그리움의 노래로, 현악은 무척 포근하고 따사롭다. 루아르 나 루브레의 《Plenilunio 보름달》 앨범에서도 아이리시 포크 스타일의 연주와 노래를 들을 수 있다.

…네가 절벽 너머 달빛 앞에 서면, 하늘의 모든 별들이 울지, 그 별들이 네 눈에 빛나지 않을 때, 나도 울고, 또 울겠지…

데뷔작에 수록된 갈리시아 민요 〈Heicho de Dar 난 사랑을 주었네〉의 고전적 해석은 여인의 사랑과 인생에 대한 결말로, 푸른 감성이 번진다.

사랑과 고통, 이별과 새로운 사랑에 대한 희망가로 이어지는 여자의 인생사는 갈리시아 특유의 향수와 동경을 흡수한 채 고전과 현대의 공존으로 정교하게 조각되고 있다.

동년에 발표된 크리스티나 파토의 세 번째 앨범 《The Gali-cian Connection, 2010》에는 로사의 보컬과 크리스티나의 솔로 피아노로 연주된 〈Negro Caravel 검은 카네이션〉이 수록되었다.

Nada Que Perder

ROSA CEDRÓN
Nada que perder

2016 | Warner | 5054197056925

1. Un Desert dans Tens Mains
2. No Seré Yo
3. Promises
4. Seréname
5. Sablier
6. Benditas Feridas
7. Red Velvet
8. The Seagulls Dance
9. Lia Soños
10. Tu Libertad

2013년에 베네수엘라 태생의 가수 파코 로데이로Paco Lodei
-ro와 갈리시아 팝그룹 Los Tamara 출신의 노장 가수 시
토 세데스Sito Sedes와 함께 《Cantando a Galicia 갈리시
아의 노래》를 발표하고 콘서트에 집중한 그녀는 2016년 봄
날 새 앨범 《Nada Que Perder 잃을 건 아무것도 없네》를

공개했다.

그녀가 전공했던 첼로를 안고 등장한 커버를 젖히면, 현대
적이며 야상곡 같은 켈트의 멜로디와 뿌얀 물안개처럼 풍성
하게 밀려오는 신시사이저 음향들, 그리고 여성적인 감성으
로 신선한 소름을 일으킨다. 스페인어, 프랑스어, 영어로 부
르는 만찬과 함께.

불어로 노래한 관능적인 앰비언트 〈Un Desert dans Tens
Mains 네 손길의 사막〉은 어둡고 메마른 소리 공
간에서 여린 한줄기 빛줄기처럼 꿈틀거리는 그녀
의 목소리는 마침내 어둠과 그림자를 집어삼킨다.

태양의 소리는 나를 유배하고, 꿈에 젖은 너의 눈은 내 욕
망을 부드럽게 일깨우네, 모래 언덕 뒤에 숨겨진 천국을 찾
았고, 그곳에서 수정처럼 맑은 물로 갈증을 해소하지. 바람
이 지우기 전에, 네 발자국을 따르네, 항상 덧없고, 자비 없
이 눈을 멀게 하는 신기루의 꿈속으로… 그는 내 머리를 어
루만졌고, 내가 살아있음을 느끼게 했네, 네 손길의 거대 사
막, 달콤하고 중독적인 미스터리…

싱글로 커트되어 뮤직비디오로 제작된 걸작 〈No Seré Yo
내겐 있을 수 없어〉은 현의 그리움과 간절함이 일
렉트로닉과 절묘하게 조합되어, 환상 속으로 서서
히 우리의 감성을 침몰시킨다.

…나는 네 것이야, 네 손길 안에 있지, 너의 동사, 사랑, 종
이달은 날 향하여 미소 짓고, 내게 꿈을 심어주네, 그것은
내 기억 속에서 네 영혼으로 자리할 거야, 아니, 내 인생에
서 네 온기가 추방되는 일은 나에겐 있을 수 없어, 난 이미
네가 되고, 네 품속에 있는걸, 너의 동사, 사랑…

영어곡인 〈Promises〉는 희망적인 사랑의 찬가로 우리의 가
슴을 순백의 강설로 뒤덮는다. 남성 코러스와 함께 천사의
음성과도 같은 그녀의 보컬이 무척이나 달콤하다.

스페인어로 노래한 〈Seréname 고요〉는 부드러운
일렉트로닉스의 교향악으로 느릿한 트랜스에 그저

취할 수밖에 없다. 고요한 내면에서 욕망을 일깨우는 몽환이다.

사랑에 대한 고통을 그린 〈Benditas Feridas 축복받은 상처〉는 피아노와 첼로의 온화한 실내악이 청자를 따스하게 감싸준다. 그윽한 보컬의 깊이에 취할 즈음에 현악은 뜨거운 카타르시스에 젖게 한다.

조금씩 기다림을 포기하며, 울고 싶은 마음을 말리네, 빛은 나의 어둠이 되었어. 의심의 바다, 그게 내 고통을 깨뜨렸고, 마음의 문을 연 나의 말문을 막히게 했지. 결코 아물지 않을 이 사랑의 상처는 신성해, 나의 많은 고통을 축복해줘, 사랑하는 네게 배운 거니까…

영어 곡인 〈Red Velvet〉은 오히려 영국적인 느낌이 묻어나며, 연주곡인 〈The Seagulls Dance〉에는 평화로운 풍광을 낭만적으로 채색하고 있다.

〈Lia Soños 꿈의 끈〉은 사랑의 꿈을 담은 환상곡의 결정체이다. 아련하고도 서정적인 그러나 애달프고 촉촉한 인간적 내음에 무의식적으로 본능처럼 이끌린다.

…조수를 품은 오래된 영혼의 가슴, 내 갈망의 주인, 내 피의 감미로운 숨결, 영원한 리듬으로 나를 잠들게 하는 당신, 내 비밀의 요람, 깊은 곳에 내 그림자를 담아두세요, 그리고 꿈을 읽어보세요… 구름의 축복을 받아 감미로운 노래를 부르게 될 거예요…

거의 모든 작품들이 피아니시모의 여린 세기이지만, 그녀가 꿈꾸고 경험했던 잠재들의 표현은 지극히 놀라우리만큼 세밀하며 세련되어 있다.

Nómade

2021 | Karonte | KAR916

1. Nómade
2. En Tu Piel
3. Devolverme el Aire
4. Perseida
5. Estoy Aquí
6. Amar Sen Medo
7. Tan Solo una Voz
8. Ti Miña Flor
9. Polisón
10. Terra
11. Non Me Perderei
12. Ardora
13. Na Túa Pel

2019년 로사 세드론은 갈리시아 문화 레불리르 상Rebulir da Cultura Galega의 음악 부문 상을 받았다. 이는 2012년부터 시상해온 것으로 갈리시아 문화의 발전과 전파를 목표로

하며, 공연예술 부문과 헌정 부문을 포함하여 세 부문으로 시상된다고 한다.

이후 발표된 본작 《Nómade》는 자기 정체성의 심층을 향한 여행에서 빛과 그림자를 묘사한 일지로, 청자는 각 항구에서 만들어진 노래에 나오는 각 이야기의 독특한 주인공이 되어 항해할 수 있는 감정의 바다를 발견하게 되며, 폭풍의 어둠에서 새벽의 고요함까지 이어지는 이 여행에서 보다 우리를 강하게 만들고 과거와 현재의 상처를 치유하게 될 것이라 소개되었다. 그녀의 무조건적인 협력자인 남동생이자 바이올린 주자 자비에르 세드론Xavier Cedrón과 피아니스트 미구엘 아르투스Miguel Artus가 참여했다.

〈Nómade 유목민〉은 황량한 사막에 홀로 놓여 있는 느낌이다. 점점 현의 모래폭풍이 휘몰아치는 멋진 연주곡으로, 그녀의 스캣이 포함되었다.

스페인어로 노래한 〈En Tu Piel 당신의 피부에〉는 따스한 햇살이 평화롭게 피부에 내려앉는다. 관현악의 합주의 곁에서 노래하고 축복하는 새들의 지저귐 같다. 이는 서로와 자신의 삶을 둘러싼 세계에서 피난처를 찾는 두 사람의 사랑의 시작을 그린 것으로, 마지막 수록곡 〈Na Túa Pel〉는 갈리시아어 버전이다.

〈Devolverme el Aire 공기를 돌려줘〉는 뮤직비디오 탓인지 향긋한 들꽃의 향기가 은근하게 불어오는 것 같다. 그녀는 우리의 날개를 자르거나, 우리 자신이 되는 걸 방해하고, 영혼에 깊은 상처를 입히는 사람들에게 제한을 두고 그들과의 단절이 어려운 까닭은 인간이 폐쇄가 불가능한 존재이기 때문이라 말하면서, 그러나 자신의 내면의 힘을 인식하고 책임을 지며 서로에게 힘을 실어주어야 한다고 노래한다.

깊은 곳에서 사랑할 수 있는 능력을 상징한다는 〈Perseida 페르세우스〉는 가장 뜨거운 여름의 사랑에 자신을 헌신해야 함을 포근한 연주로 들려주고, 〈Estoy Aquí 나 여기 있어〉

는 달콤한 팝록으로 평등에 관한 노래이다.

희망이 따스하게 피어오르는 〈Amar Sen Medo 두려움 없는 사랑〉은 일출의 맑은 감동이 잔잔히 전해지는 것같다.

자연의 생명력이 꿈틀거리는 뮤직비디오로 제작된 〈Ti Miña Flor 너는 나의 꽃〉은 어린 생명의 탄생을 경험한 어머니의 자애이다.

넌 나의 꽃, 내 마음의 달콤한 숨결, 내가 데려갈게, 바다 너머 내 가슴으로 데려갈게, 두려움이 색을 잃을 때까지… 널 일몰 속으로 휩쓸어가지 않도록, 이 비현실적인 세계의 사슬을 잊을 수 있도록 내가 있게 해줘.

〈Polisón 폴리손(스커트를 부풀게 하기 위해 입었던 도구)〉은 시크릿 가든Secret Garden의 애잔한 켈틱 음악을 연상시키는데, 찰현의 온도가 천천히 전해지는 아름다운 곡이다.

〈Terra 대지〉는 엄숙한 제례의식으로, 우리가 살아서 땅을 돌보면 우리가 죽은 후 땅이 우리를 돌봐줄 것이라 간구한다.

〈Non Me Perderei 놓치지 않을 거야〉에는 온유한 목소리로 우리를 무효화하고 불행을 먹고 사는 이들에게서 자신을 지켜나가겠다는 의지를 써 내려가며, 스캣으로 연주한 〈Ardo-ra 바다의 인광燐光〉은 자신의 첼로와 동생의 바이올린이 수평선을 조명한다.

목소리가 마를 때까지 노래를 부르겠다고 했던 로사 세드론, 앞으로 샘물 같은 목소리로 불러줄 노래들이 기대가 된다.

Savage Rose ● 새비지 로즈
Denmark

SAVAGE ROSE · MÅNEBARN

덴마크의 전설적인 그룹 새비지 로즈는 자국이 자랑하는 피아니스트이자 작곡가 에르만 코펠Herman Koppel(1908-1998)의 아들인 천재적 뮤지션 토마스 코펠Thomas Koppel(1944-2006)과 그의 동생으로 소설가로서 책을 펴내기도 했던 안데르스 코펠Anders Koppel, 그리고 1966년 최우수 재즈 뮤지션으로 뽑혔던 드러머 알렉스 리엘Alex Riel, 덴마크의 유명 발레리나 리타 한센Rita Hansen의 딸인 1948년생 홍일점 여성 보컬리스트 애니세테 한센Anisette Hansen이 주축이 되어 결성된 그룹이다.

1968년 봄에 발표된 이들의 데뷔작은 완벽한 독창성과 음악적 기교를 담아내어 당시 차트를 휩쓸었던 비틀즈Beatles나 롤링스톤즈Rolling Stones의 아성을 무너뜨리고 북유럽 전체를 새비지 로즈의 열풍으로 몰아넣었다.

1970년대 중반에는 토마스 코펠과 애니세테 그리고 드러머 존 레이븐John Ravn, 이렇게 어쿠스틱 3인조로 재편되었고, 1990년대에는 전자악기를 도입하기도 했다.

리더인 토마스 코펠은 2006년에 작고했지만, 그의 아내 애니세테는 현재까지도 그룹을 이끌며 활동하고 있다.

애수에 젖은 토마스 코펠의 서정적인 작곡도 주목할 만하지만, 무엇보다도 이 그룹의 첫인상이 강렬한 까닭은 그의 작곡을 표현하는 애니세테의 활화산같이 들끓어 오르는 음색과 가창력 때문이라 할 수 있다.

절규하는 듯한 특징적인 허스키 보이스는 일찌감치 롤링스톤즈가 1960년대 최고의 여성 로커의 음성을 합쳐놓은 결정체라 극찬하기도 했다.

북구의 대부분의 여성 가수들이 수정같이 맑은 음색으로 우리를 매료시키고 있지만, 그녀의 블루스록과 절묘하게 조화되는 거친 매력은 한번 들으면 귀에 꽂힐 정도로 단연 돋보인다. 그녀의 목소리는 차가운 북구의 기후에서 오랜 세월 동안 야생에서 풍파를 맞으며 끈질긴 생명력을 이어 온 야생화의 깊고 진한 향내가 되어 오래 머무는 것이다.

존재도 몰랐던 새비지 로즈의 음악을 처음 접하게 된 것은 대학 시절이었다. 우연찮게 덴마크 친구와 펜팔을 하게 되었는데, 그들의 세 번째 앨범 《Travelin' 1969》을 테이프로 선물 받았고, 이 앨범에 수록된 〈My Family was Gay〉를 애청하며 억새풀 같은 애니세테의 블루스록 보컬에 빠진 추억이 있다.

이후 프로그레시브록의 인기에 힘입어 《Dødens Triumf 죽음의 승리, 1972》, 《Wild Child, 1973》에 이어 중반기 베스트앨범 《Savage Rose》와 《Black Angel, 1995》 등도 라이선스로 만날 수 있었다.

En Vugge af Stål

1982 | My Way | C00002-2

1. Vredens Børn
2. Fløjten Bag Muren
3. Balladen Om Den Store Hest Som Ikke Ville Drikke
4. Bella Ciao
5. Sig Mig Hvor Lange
6. Palestinas Sang
7. Kom Lille Unge
8. De To Haner
9. Balladen Om Hr. Tidmand
10. Med Alt Det Vi Ser

1980년대 들어 처음 발표한 정치적인 의미를 담은 작품 《En Vugge af Stål 강철의 요람》은 《Wild Child, 1973》의 커버에서 볼 수 있었던 야생마와 어린 아기를 걱정스레 안고 있는 아낙의 얼굴이 인상적인데, 이는 애니세테의 일러스트로 앨범 콘셉트를 암시하고 있다.

〈Vredens Børn 분노의 어린이〉은 덴마크의 소작농 문학가 예페 오키에르Jeppe Aakjær(1866-1930)의 소설에서 영감을 받은 작품이다. 근대화 과정에서 겪었던 민중혁명이 주제로, 소작농의 아들로 태어난 아이들에게 따스함으로 낫을 들고 봉기하라고 노래한다.

〈Balladen Om Den Store Hest Som Ikke Ville Drikke 물 마시지 않는 말의 노래〉는 스페인의 대표적인 민중작가 가르시아 로르카F.G. Lorca(1898-1936)의 작품에 곡을 붙인 것이다. 동화적인 내용이지만 '상처 입은 말'은 민중을 상징하는 것이었다.

월드뮤직 명곡 〈Bella Ciao 안녕 내 사랑〉는 제2차 세계대전 당시 이태리의 파시즘과 독일의 나치즘에 대항했던 게릴라의 노래로, 아코디언의 붉은 애절함에 애니세테의 음성은 격정을 넘어 비장미에 이른다.

안녕 내 사랑, 나는 아침에 일어나, 침략하는 적에 대항하러 간다네… 내가 동지들과 함께 죽거든, 그대가 나를 묻어줘, 아름다운 꽃, 어둠이 내린 산악에 나를 묻어줘…

애니세테의 자작곡인 〈Sig Mig Hvor Lange 얼마나 길어질지 말해줘〉는 진격하는 말을 타고 진격하는 여전사의 이미지가 그려진다.

…폭군의 전쟁은 멈춰야 하네, 우리는 인생과 자유와 평화를 위해 싸우지, 이 추운 밤 아래서 함께 더 많은 사랑의 불꽃을 피워야 하네…

〈Palestinas Sang 팔레스타인의 노래〉는 전쟁의 위험에 내몰린 팔레스타인 어린이들을 향한 노래로, 뜨거운 심장을 느낄 수 있다.

어머니로서의 자애를 느낄 수 있는 〈Kom Lille Unge 어린아이야 이리 오렴〉, 스페인 내전 때 불리었던 운동가 〈De To Haner 두 수탉〉, 민요 〈Balladen Om Hr. Tidmand 티드만드의 노래〉 그리고 역경 극복의 용기를 북돋우는 〈Med Alt Det Vi Ser 우리가 보는 모든 것으로〉에 이르기까지 그녀의 음성은 숨 막히는 박동을 들려준다.

Vi Kæmper For At Sejre

1984 | CMC Records | C00003-2

1. Vi Kæmper For At Sejre
2. Sov, Lillesøster, Til Morgengry
3. De Vil Alle Være Med
4. Langdans
5. Spansk Soldatervise
6. Råbet I Natten
7. Kommer I Snart!
8. Slavesang
9. Gadens Stjerne
10. Lindø
11. Dit Ansigt
12. Det Er Tid Nu

《Vi Kaemper For At Sejre 우리는 승리를 위해 분투하네》는 전작 《En Vugge af Stål 강철의 요람》의 연작으로, 붉은색 바탕에 의지에 찬 그리고 미소를 짓고 있는 어린이의 커버 역시 애니세테의 일러스트이다.

타이틀곡은 빠른 템포에 코러스를 가미하여 강한 의지를 표방한다. 아코디언에서는 열풍이 쏟아져 나오고 진격의 북소리는 심장을 울린다.

…그들은 우리의 거리와 집과 삶을 차지했다네, 우리의 미래도 침략했다네, 그들은 우리를 부술 수 없네, 우리를 점령할 수 없네, 우리는 절대 포기하지 않을 거야, 승리를 위하여 우리는 분투할 거야.

〈Sov, Lillesøster, Til Morgengry 아가야 새벽이 올 때까지 잠들라〉는 허스키하지만 따스한 감성을 잘 느낄 수 있는 자장가이다.

비극의 왈츠 〈Spansk Soldatervise 스페인 병사의 노래〉는 스페인 아스투리아의 광부들이 부르던 노래로, 동족에 총을 겨눌 수밖에 없는 운명이다.

걸작인 〈Råbet I Natten 밤의 부름〉은 1982년에서 1983년에 걸친 덴마크 부두 노동자들의 파업 기간에 쓴 노래로, 왈츠 템포의 운동가이다.

또 하나의 걸작 〈Slavesang 노예의 노래〉는 독일 작가 베르톨트 브레히트Bertolt Brecht(1898-1956)의 「The Days of the Commune 코뮌의 시대」에서 가사를 발췌하고 그의 동료인 음악가 한스 아이슬러Hans Eisler(1898-1962)가 작곡했다. 포효하는 듯한 그녀의 엄숙한 가창  앞에서 숨소리조차 낼 수 없다.

노예여, 누가 당신을 구원해 줄까요? 당신 주위의 암흑의 깊은 바닥으로부터, 동지가 당신을 만나러 올 것입니다. 그들이 당신의 사연을 들어줄 것입니다. 그래요, 다른 노예가 당신을 자유롭게 해 줄 것입니다… 혼자인 당신은 아무것도 할 수 없습니다. 총을 들거나 사슬에 묶이거나, 그것은 모두가 되거나 혹은 홀로 되거나 입니다.

그리고 글쓴이가 단번에 야생 장미의 가시에 찔렸던 〈Dit Ansigt 네 얼굴〉은 서정적인 연가로, 애틋한 허스키 보이스가 호젓한 밤바람을 연상시키는 아코디언과 함께 심장에 뜨거운 그리움을 불어넣는다.

Kejserens Nye Klæder

1986 | Mega Records | C00004-2

1. Morgensang
2. Silkeværket
3. Spirer
4. Endnu Dufter Jasminen
5. Kræmmernes Fiasko
6. Visen Om Gulddukatene
7. Trækfugle
8. Krise
9. De Arbejdsløse
10. Ravnen
11. Kejserens Nederlag
12. Vævervise

콘셉트 앨범 《Kejserens Nye Klæder 황제의 새 옷》은 왕의 옷을 짓는 방직공에 관한 동화 이야기로, 덴마크의 역사와 세계적인 동화 작가 안데르센Hans Andersen(1805-1875)의 동화를 자유롭게 풀어낸 예술작품이었다.

코펠은 보다 풍성하고도 신비스러운 사운드를 구사하기 위해 아코디언과 피아노 외에 오르간과 플루트 등 많은 악기를 연주하고 있다. 연주의 비중이 늘어난 것도 눈에 띈다.

북소리와 함께 아코디언의 시린 밤 바람이 불어오는 〈Morgensang 아침 노래〉는 서로를 따뜻하게 하며 아침을 맞는 한 가정의 모습을 그린다.

…밤은 어둡지만 새벽이 모든 것을 바꿀 거야, 과거의 노래가 길을 찾을 거야…

아코디언이 심금을 울리는 왈츠 〈Endnu Dufter Jasminen 재스민 향기만이〉에서 지난밤 내 머릿결에 남기고 간 재스민 향기의 여운으로 오늘 밤도 달 아래서 춤추며 사랑을 나눌 시간이 짧다고 말한다.

〈재스민 향기만이〉의 주제를 연주한 〈Trækfugle 날아가는 새〉에는 11월 밤의 혹독한 날씨와 기후에 쉴 곳 없이 날아가는 철새의 운명이다.

〈Ravnen 까마귀〉에는 급박한 템포에 뜨겁게 끓어오르는 화염과도 같은 목소리가 돋보인다.

까마귀가 창고 지붕에서 비명을 지르네, 태양은 내 것이야, 모두 얼음으로 덮일 거야. 검은 날개, 서리처럼 날카로운 발톱으로, 훔친 보물을 지키네. 노예 아이, 작은 아이, 네 반항만으로도 네 손은 따뜻해지네, 난 너의 검은 눈을 읽고 있어, 우리는 이미 도둑을 잡을 올무를 엮었네.

희망적인 결말 〈Vævervise 방직공의 노래〉는 코러스와 함께 따스한 감동마저 남겨주는 걸작으로 남는다.

가난한 자는 축복을 받을 것이니, 그러나 그들은 잊을 수 없는 한 가지를 배웠지, 투쟁해야 자유가 쟁취된다는 것을. …제비처럼 실패 꾸러미는 날아가고, 현의 울림처럼 실은 떨고 있네, 노래해 내 베틀이여, 내 노래가 울리도록. 왕이 비틀거리고 넘어질 시간은 되돌아오네, 그리고 그 순간이 오는 날, 우리는 미래의 휘장을 짤 거야.

Sangen for Livet

Sangen for livet

SAVAGE ROSE

1988 | Mega Records | 1022402MEG

1. I Den Unge Morgen
2. Flyv Min Fugl
3. Ryesgade
4. Sangen for Livet
5. Mor Danmark
6. Jeg Venter På Dig
7. Nattergalen Fra Kosova
8. 4. Maj
9. Afrika
10. Kun En Lille Tid Endnu

걸작 《Sangen for Livet 인생의 노래》는 무려 7곡이 커트되어 국내 라이선스된 베스트앨범에 수록되었다.

〈I Den Unge Morgen 이른 아침에〉에는 하루하 루 새로운 환희를 안겨주는 연인을 향해 인생은 사랑이란 본작의 주제를 노래한다.

타이틀 〈Sangen for Livet〉 역시 자유로운 사랑으로 인생의 의미를 되뇌는 구슬픈 포크 발라드로, 코펠의 격정적인 피아노 연주가 웅대한 철새의 군무처럼  화려한 비상을 선보인다.

〈Mor Danmark 어머니 덴마크〉는 1986년 유럽 경제공동체 탈퇴를 주창한 정치적인 노래로, 코러  스와 함께 회오리처럼 강렬한 바람이 분다.

국내에서 사랑받은 〈Nattergalen Fra Kosova 코  소바의 나이팅게일〉은 세르비아의 코소보 독립투 쟁에서 희생당한 이들에게 바치는 영가이다.

〈4. Maj 5월 4일〉은 1945년 나치 점령으로부터 해방된 지 40주년을 기념한 곡으로, 전쟁의 무자  비함과 평화의 소중함을 일깨우는 인권 노래이다.

〈Kun En Lille Tid Endnu 우리에게 주어진 짧은 시간〉은 아르헨티나의 레온 히에코Leon Gieco의 명곡 〈Solo le Pido a Dios 내가 신께 바라는 단 한 가지〉의 멜로디에 애니세 타가 '뿌린 대로 거둔다'는 교훈적 진리를 노래했 다. 얼마 되지 않은 인생에서 소중함을 잃지 않기 를 바라는 인류애적인 소망은 더더욱 따스하다.

대중의 목소리를 담은 《Ild & Frihed 불꽃과 자유, 1989》로 1980년대를 마무리하였으며, 미국에서 녹음한 영어 앨범 《Black Angel, 1996》로 덴마크 음악상을 수상했다.

《For Your Love, 2001》의 타이틀곡은 미국 남부 미시시피에서 백인 소녀를 사랑한 이유로 목매어 살해당한 17세 흑인 소년을 애도한 작품으로 인종차별을 고발한 작품이다.

2006년에 데뷔 앨범이 덴마크 문화 찬가로 추대되었고, 이듬해 코펠의 유작 《Universal Daughter, 2007》이 발표되었다. 이후 활동이 뜸하다 《Love and Freedom, 2012》와 《Roots of the Wasteland, 2014》, 그리고 데뷔 50년을 기념하는 라이브와 함께 《Homeless, 2017》를 발표하며 들장미의 뿌리가 깊은 인류애의 향내를 널리 전파했다.

터키 팝의 국제 브랜드
Sertab Erener ● 세르타브 에레네르
Turkey

터키의 대표적인 디바 중 한 사람인 세르타브 에레네르는 이스탄불에서 1964년에 출생했다.

그녀의 부친은 터키 고전 음악에 대한 열정으로 특히 〈Ey Şûh-i Sertab 에이 슈이 세르타브〉라는 노래를 좋아해서 그녀에게 '주요 빛(빛남)'을 의미하는 세르타브라는 이름을 지어주었다고 한다.

청소년기에 건강상 어려움을 겪었지만, 고교 2년 때 음악에 큰 관심을 가지게 되었고, 이스탄불 대학교 국립 음악원에서 그녀가 좋아했던 오페라를 공부했다. 그러나 오페라에서는 원하는 바를 얻을 수 없었기에 대중음악으로 선회한다.

고음역대를 무리 없이 소화해 내는 그녀의 보컬 레인지를 듣고 터키 팝의 아이콘 세젠 악수Sezen Aksu는 백 보컬리스트가 되어줄 것을 제안했다. 그녀는 처음에는 탐탁지 않았으나 결국 함께 일하며 경연에도 참가하는 등 가수 활동을 시작한다.

1989년과 1990년에 유로비전 송 콘테스트 출전에 실패했지만, 세젠 악수가 제작한 데뷔작《Sakin Ol! 진정해, 1992》와 《Lâ'l 석류석, 1994》 이후, 세 번째 앨범에서는 재능 있는 1972년생 싱어송라이터 데미르 데미르칸Demir Demirkan과 협력이 시작되었으며, 마침내 그가 작곡한 〈Everyway That I Can〉으로 라트비아에서 열린 '제48회 유로비전 송 콘테스트 2003'에서 우승을 거머쥐었다. 이 일로 그녀는 국가 공로 훈장까지 받았으며, 이 노래는 스웨덴과 그리스 등을 비롯한 많은 유럽국의 음악차트 정상을 차지하는 성공을 거둔다.

그래서 이듬해 발표한 영어 앨범《No Boundaries, 2003》는 유럽 전역에 그녀의 명성을 확고히 해주었는데, 〈Here I Am〉과 미국 포크의 대부 밥 딜런Bob Dylan의 원작인 〈One More Cup of Coffee〉는 영화의 사운드트랙으로 사용되기도 했다.

유로비전 송 콘테스트 50주년이었던 2005년에는 '베스트 유로비전 송' 경연에 출전, 15개 순위 중 9위에 선정되었다.

Sertab

2003 | Columbia | COL 494471 0

1. Uzaklara
2. Utanma
3. Ask
4. Zor Kadin
5. Makber
6. Yolun Basi
7. Vur Yuregim
8. Yanarim
9. Saril Bana
10. Sir
11. Aaa…
12. Incelikler Yuzunden
13. Kumsalda
14. Kendime Yeni Bir Ben Lazim
15. One More Cup of Coffee
16. Every Way That I Can (Galleon Remix)
17. Sen Uzulme Diye (Every Way That I Can)

이전에 발표했던 세 장의 앨범들과 앨범에는 수록되지 않은 싱글들 그리고 신곡을 포함하고 있는 베스트앨범으로, 국내에도 소개되어 많은 사랑을 받았다. 세르타브를 통해서 새로운 터키 대중음악의 절정을 탐미할 수 있는 진귀한 선물이다.

《Sertab Gibi 세르타브가 좋아해, 1997》에 실린 〈In -celikler Yüzünden 장난으로〉은 상처받는 인생에 대한 탄식을 클래시컬 팝록으로 표출한 작품이었다.

베스트에는 커트되지 않았지만 이 앨범에는 또 하나의 멋진 작품 〈Yağmur Gülleri 장미 비〉가 수록되었다. 담담한 피아노 발라드에 성악적 보컬리제가 내려앉는 이 곡은 지나가버린 청춘을 돌이켜보며 끝없는 푸른 열정을 촉촉이 적셔줄 비를 내려달라는 기도이다.

셀프 타이틀 《Sertab Ere -ner, 1999》 수록곡 〈Ask 사랑〉은 고통과 열망 사이에서 방황하다 진정한 사랑에 대한 본능을 드러내면서, 선혈로 물드는 오페라 절창을 들려준다.

…사랑아, 내 주문에서 도망쳐, 사랑아, 죽음에서 돌아와, 내 피부에서 떨어져, 내 피 속으로 들어와!

동명의 작품을 쓴 터키의 극작가 압둘하크 하미드Abdülhak Hamid(1852~1937)의 가사와, 성악가이기도 한 하피즈 부르한Hafız Sesyılmaz(1897~1943)의 작곡인 고전 〈Makber 무덤〉은 클래시컬한 서주에 이어

터키의 강렬한 비트가 타격을 가한다.

모든 곳이 어둡네, 영광의 빛으로 가득한 그곳… 당신의 무덤은 꽃무늬로 장식된 성지가 되었고, 그 신사는 신부의 방이 되었네.

현재의 발목을 잡고 있는 슬픈 과거에서 벗어나 인생을 다시 시작해야 한다는 자각의 노래 〈Vur Yüreğim 내 심장을 쳐라〉는 용기 어린 포효이다.

〈Sir 선인〉은 촉촉한 음성이 아름다운 슬픈 전설로, 고귀한 사랑을 간직하고 불타는 저택에서 생을 마감한 비밀스러운 한 여인의 비극이다.

베스트에는 수록되지 않았지만, 모차르트Mozart의 대표 오페라 중 하나인 「Die Zauberflöte 마술피리」의 하이라이트 〈Gece Kraliçesi 밤의 여왕〉은 크로스오버의 진면목이다.

《Turuncu 주황색, 2001》에서는 겨우 한 곡이 커트되어 아쉽다.

베스트에는 포함되지 않았지만, 세젠 악수가 쓴 〈Söz Bitti 약속은 끝났네〉는 그녀가 2009년에 부르기도 했는데, 세르타브의 음색에 딱 맞는 멜랑꼴리 트랙이다. 사랑의 맹세를 지키지 못하고 이별하는 아픔을 그렸다.

방송 인사이자 싱어송라이터 셰라자트Şehrazat가 쓴 〈Bahçede 정원에서〉는 기타 반주로 쓸쓸함을 이어가는데, 여름밤 정원에서 반딧불이를 보다 연인의 잘못을 자신의 탓으로 자책하는 내용이다.

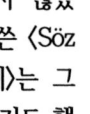

〈Yağmurdan Sonra Gelen Toprağın Kokusu 비 온 뒤의 흙냄새〉 역시 셰라자트의 곡으로, 연인에 대한 그리움과 재회에 대한 열망을 붉게 침투시킨다.

〈Oysa 하지만〉은 터키 록의 파이오니어라 평가받던 피크렛 크즐로크Fikret Kızılok(1946~2001)가 쓴 노래로, 진한 일렉트로닉 탱고가 첫눈에 반해버린 사랑을 고백한다. 마치 LP로 재생하다 CD로 연주되는 리코딩도 이색적이다.

그녀에게 성공을 가져다준 유로비전 송 콘테스트 2003 우승곡 〈Everyway That I Can〉와 영화 「Masked and Anony -mous 가장과 익명, 2003」에 삽입되어 싱글로 발표되었던 밥 딜런Bob Dylan의 노래 〈One More Cup of Coffee〉를 수록하고 있다.

국제적인 성공을 안겨준 영어 앨범 《No Boundaries, 2003》는 가사만 영어일 뿐 터키 팝의 감성을 놓치지 않았다.

이별의 아픔을 그린 〈Leave〉와 늦은 밤 두려움의 폭풍 이후 태양과 함께 믿음이 솟아오른다고 노래한 자작곡 〈Storms〉이 매력을 잘 전해준다.

《Aşk Ölmez 사랑은 죽지 않아, 2005》에도 자신에게 유로비전 송 콘테스트의 우승이라는 영광을 안겨주었던 싱어송라이터 데미르 데미르칸Demir Demirkan과 함께 쓴 곡들로 채웠다.

〈Kim Haklıysa 누가 옳은가〉는 이별을 겨울에 비유하며 꿈속에서라도 만나고픈 연인에 대한 그리움을 노래했다.

〈Sessiz Gemi 침묵의 배〉는 샹송 가수 크리스티앙 델라그엉즈Christian Delagrange의 1972년 데뷔곡 〈Sans Toi Je Suis Seul 너 없이 난 혼자야〉의 멜로디에 터키 시인 야히아 케말 베야틀리Yahya Kemal Beyatlı(1884-1958)의 시를 노래한 것으로, 슬픔으로 가득한 바다의 협주곡이다. 이는 죽음과 이별에 관한 것으로, 세월이 흘러도 돌아오지 않은 이를 항구에서 기다리며 그리움에 절망하는 감정이 일렉기타의 절규로 번진다.

싱어송라이터와 DJ과 함께 히트곡들을 댄스 리믹스 한 《Sertab Goes to the Club, 2007》에 이어, 그녀의 동반자 데미르 데미르칸과의 프로젝트로 선보인 《Painted on Water, 2009》에서는 터키의 전통적인 음악들을 현대적인 재즈, 블루스, 포크, 얼터너티브록 등으로 편곡하는 새로운 변신을 보여주었다. 이 앨범으로 2010년 여름 뉴욕의 센트럴 파크에서 6,000명의 관객들과 라이브를 거행했다.

다시 터키의 팝으로 돌아온 《Rengârenk 다채로운, 2010》에서 타이틀곡은 그 의미대로 LGBT를 지지하는 노래이다.
연인과 떨어져 있어 고통스럽다는 〈Asla 절대〉에서는 샹송 가수 미셀 퓌갱Michel Fugain의 1972년 발표곡 〈Une Belle Histoire 미담〉의 멜로디를 차용했다.

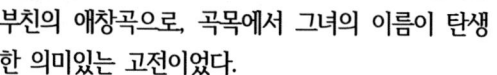

또다시 변신을 시도한 《Ey Şûh-i Sertab 에이 슈이 세르타브, 2012》는 터키의 민요과 고전들을 터키 전통 악기로 연주한 민속음악집으로, 그녀의 부친에 헌정했다.
특히 타이틀곡은 부친의 애창곡으로, 곡목에서 그녀의 이름이 탄생한 의미있는 고전이었다.

Sade

2013 | GNL Entertainment | 8680126 130212

1. Dönmüyorsun
2. İyileşiyorum
3. Öyle De Güzel
4. Cumartesi Pazar
5. Çocuktuk Bir Zamanlar
6. Söz
7. Sade
8. Oyna
9. Karalama Defteri
10. Acıtır
11. Sus
12. Dönmüyorsun (Remix)
13. Cumartesi Pazar (Remix)
14. Söz (ver. Akapella)

그녀의 나이 지천명에서 발표된 본작 《Sade 단순히》는 그녀의 음악 여정 20년을 기념하는 앨범으로, 한 여자의 드라마를 담은 걸작이라 하겠다.

세전 악수Sezen Aksu가 가사를 쓴 〈İyileşiyorum 치유〉는 격앙된 슬픔을 머금은 보이스에 첼로의 선율이 더해지며, 간주의 낭송으로 더 애틋하다.

…당신의 부재, 오히려 내겐 잘된 일이야, 난 나 자신을 너무 소홀히 했어, 상관없어, 잘 끝났어, 내 어깨는 큰 짐을 덜었고, 당신이 없다는 것에 이미 익숙해져 버렸네…

우울한 발라드 〈Cumartesi Pazar 토요일 일요일〉은 마음을 열지 않는 이를 짝사랑하는 이야기로, 자신의 주말이 되어주길 고대한다.

〈Çocuktuk Bir Zamanlar 옛날에 우리에겐 아이들이 있었지〉는 애조띤 댄스 발라드로, 그녀의 오페라 가창을 들을 수 있다. 노랫말에서 아이들이란 생명과 사랑의 꿈을 의미하는 대유어로, 어린 시절의 자신을 돌이켜본다.

그녀의 작곡인 타이틀곡 〈Sade 순수〉에는 터키의 전통 현악기 케멘체kemençe가 너무나 애잔하다. 고요하고 순수했던 지난 시절을 회상하며, 다시금 그 순수했던 시절로 돌아가고픈 마음을 담았다.

그녀의 소프라노 보컬리스로 절정에 치닫는 또 하나의 절창 〈Karalama Defteri 낙서장〉은 마치 뮤지컬의 한 장면처럼 드라마틱하다. 고뇌를 메모처럼 매일매일 써 내려가는 감정을 그린 이 카타르시스는 황홀하리만큼 매력적이다.

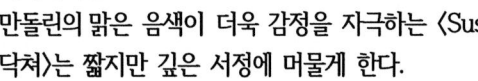

만돌린의 맑은 음색이 더욱 감정을 자극하는 〈Sus 닥쳐〉는 짧지만 깊은 서정에 머물게 한다.

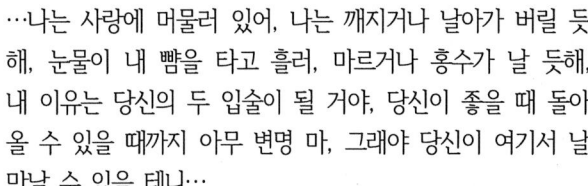

…나는 사랑에 머물러 있어, 나는 깨지거나 날아가 버릴 듯해, 눈물이 내 뺨을 타고 흘러, 마르거나 홍수가 날 듯해, 내 이유는 당신의 두 입술이 될 거야, 당신이 좋을 때 돌아올 수 있을 때까지 아무 변명 마, 그래야 당신이 여기서 날 만날 수 있을 테니…

글쓴이에게 그녀의 단 한 장의 최고작을 뽑으라면 바로 본작이다.

Ben Yaşarım

2020 | Kala Müzik

1. Ben Yaşarım
2. Farzet
3. Kafanı Yorma
4. Geçer
5. Sormaz
6. Koyudur Karanlığı
7. Aç Sesini
8. Anca Gidersin
9. Belki De Aşk Lazım Değildir
10. Hepsi Aşktan
11. Bu Dünya
12. Kız Leyla Sezen Aksu
13. Belki De Dönerim
14. Anca Gidersin (Rock Versiyon)

미국 투어 중 한 팬이 찍은 사진을 커버로 발표한 《Kırık Kalpler Albümü · Broken Hearts Album, 2016》은 그녀가 데뷔했던 1990년대로의 회귀로 기획된 작품이었다.

짧은 오페라 보칼리제 〈Açı-lış 오프닝〉에 이어, 〈Aşk Beni 나를 사랑해〉는 사랑에 대한 환멸이다.

사랑은 속은 사람만 아는 소설, 위로의 말은 낡았고, 사랑이 손길만이 나를 알지. 내 꿈은 물속에 있고, 내 욕망은 바위 속에 있네, 진실은 거짓으로 변해 무너지고, 사랑 그 자체만이 나를 알지… 나를 사랑해, 사랑은 경쟁이고, 사랑하는 자는 패배해…

고요한 기타 포크에서 중후한 록으로 변모하는 〈Kafi 충분해〉는 용서의 노래이다.

…그는 언어를 보면 침묵하고, 언어를 보지 못하면 절망에 빠지네. 내 눈에는 세상이 보이지 않아, 그건 필멸하니까…

〈Gitsem 널 떠나면〉은 먼저 떠나버린 연인을 기다리며 자신의 부재와도 같았던 절망을 노래한 얼  터너티브록으로, 가장 돋보이는 드라마였다.

12번째 정규작 《Ben Yaşarım 나는 산다》는 더욱 견고하고 원숙한 세르타브의 음악을 만날 수 있다.

떠나버린 연인을 놓아주려는 타이틀곡은 너무나 여리고 불안에 사로잡힌 채 노래하여 오히려 그렇게 되지 못할 것 같은 복선처럼 들린다.

…잿더미에서 다시 태어나는 날이 올 거야, 나는 흐르고 넘쳐서 길이 되어 살 거야, 언젠가 누군가가 널 더 많이 사랑해 주기를 바라…

〈Farzet 가정해 봐〉는 딱 글쓴이 취향의 발라드로, 기타 선율이 아름답다. 곡 구성이 단순한 것도 마음에 든다.

…그 행운이 실현되지 않았다고 가정해 봐, 별들은 평화롭

지 않았을 거야, 우리는 키스해도 질리지 않아, 난 너와 함께 꿈을 꾸었지, 모두들 앞에서. 실제로 무슨 일이 일어났는지는 아무도 몰라.

〈Geçer 지나가네〉는 이별 후 마치 지구상의 마지막 날처럼 숨 막혀도 두려움은 지나간다고 위로한다.

〈Koyudur Karanlığı 어둠은 어두워〉는 다소 몽환적이면서 매혹적인 작품으로 부드러운 코러스가 하얀 안개처럼 포근하게 감싼다. 기타리스트이자 싱어송라이터이며 영화음악도 제작한 바 있는 1973년생 뮤지션 도간 두루Doğan Duru가 썼는데, 작곡가가 가수에게 곡을 줄 때 설명하고 조언하는 것처럼 쓴 가사도 신선하다.

세전 악수Sezen Aksu가 가사를 쓴 〈Belki De Aşk Lazım Değildir 어쩌면 사랑은 꼭 필요하지 않을 수 있네〉의 현악의 바람은 너무나도 시리다. 2년 뒤 세젠 악수도 취임했다.

…어쩌면 사랑은 필요해서 하는 건 아닐 거야, 따뜻한 손이면 충분해, 사랑 때문에 죽는 사람은 없으니까. 그렇게 사랑이 오네.

세전 악수의 자작곡인 〈Kız Leyla 소녀 레이라〉는 미성년 소녀의 조혼에 반대하는 노래로, 이는 소녀에게 총을 쏘는 범죄라고 노래한다.

이 앨범에서부터 그녀는 CD를 제외하고 LP와 음원으로만 발매하게 된다.

동년에 세젠 악수가 제작했던 그녀의 두 번째 앨범 《Lâ'l 석류석, 1994》을 발표하고 가졌던 언플러그드 콘서트 앨범 《Ah Şişede Lâ'l 병 속의 석류석, 2020》을 발매했다.

이후로도 빠알간 석류 빛을 띤 음성으로 왕성한 활동을 이어가고 있으며, 음원으로만 발표하고 있다.

그윽한 터키 옥빛에 취하다
Sezen Aksu • 세젠 악수
Turkey

터키 팝의 아이콘 세젠 악수는 남부의 데니즐리Denizli주 사라이쾨이Sarayköy에서 1954년에 출생, 본명은 파트마 세젠 일디림Fatma Sezen Yıldırım이며, 어린 시절은 서부 이즈미르İzmir주의 베르가마Bergama에서 보냈다.

어린 시절 다양한 예술 분야에 관심을 가져, 그림, 연극, 댄스 수업을 받았고, 사춘기 때는 벨리댄서를 꿈꾸었다. 노래에 재능이 있었지만 부모는 전문적 의사나 엔지니어가 되길 바랐기에 그녀가 노래하는 것을 탐탁지 않았다고 한다. 그래서 그녀는 부모님이 집을 비우기를 기다려야 했고 발코니에서 노래연습을 했다. 고등학교를 졸업한 후 농대에 다녔지만, 결국 음악을 위해 대학을 그만둔다.

1974년 가수가 되기 위해 이스탄불에 정착했고, 1975년에 Sezen Seley란 이름으로 첫 싱글을 발표했으며, 이듬해 발표한 두 번째 싱글이 터키 팝 차트 1위를 기록하고 '올해의 촉망받는 여가수상'을 수상하는 성공을 거둔다.

대망의 첫 앨범 《Allahaısmarladık 안녕, 1977》에 이어 두 번째 앨범 《Serçe 참새, 1978》는 첫 더블 앨범을 기록한다. 인기에 힘입어 영화 「Minik Serce 작은 참새, 1979」에도 출연, 이 영화명은 그녀의 별명이 되었다. 뛰어난 가창력은 물론이고 미모에 곡을 쓰는 실력까지 겸비한 그녀는 터키 팝의 대명사로서 그 화려한 전설 쓰기에 박차를 가한다.

1983년부터 3차례나 유로비전 송 콘테스트 출전을 위해 터키 결선에 참가했지만, 선정되지 못하여 이후 포기했다.

1990년대의 세젠 악수는 가수뿐만 아니라 프로듀서로서 활약했는데, 자신의 백 보컬리스트로 일했던 아쉬킨 누르 옌기Aşkın Nur Yengi, 세르타브 에레네르Sertab Erener, 이신 카라카İşın Karaca 등을 데뷔시키고, 많은 신인가수를 지원했다.

10번째 정규작 《Gülümse 미소, 1991》는 터키 역사상 가장 많이 팔린 앨범 중 하나로 200만 장 이상 판매되었다.

2010년 미국 NPR 라디오가 선정한 '위대한 목소리 50인' 목록에 포함되었다.

Git…

1986 | Fono Müzik | 008

1. Değer Mi?
2. Git
3. Beni Unutma
4. Kolay Değil
5. Ünzíle
6. Sonbahar
7. Ali
8. Ah Mazi!…
9. Yalnızca Sitem

1980년대에 들어 그녀에게 처음으로 커다란 상업적 성공과 명예를 안겨준 《Sen Ağlama 울고 있는 당신, 1984》은 전형적인 팝 사운드의 앨범이다.

평범한 앨범인데도 글쓴이는 마지막 수록곡 〈Bin Dokuzyüz Kırkbeş 1945년〉 때문에 이 앨범의 구입을 망설이지 않았다. 1945년은 터키가 오랜 군사정권을 종료하고 민주주의국

가가 된 해이며 제2차 세계 대전이 발발한 시점이기도 하다. 세젠 악수는 시대적 아픔과 분노에 찬 어린이들이 어른들을 존경하고 사랑할 수 있게 된 것에 대한 감동과 믿음을 전했다. 격변적이며 요동치는 교향악의 바람은 너무나 아련하고 감명이 깊다. 이는 그  녀가 1984년 유로비전 송 콘테스트 출전을 위해 준비했던 노래이다.

1985년에 준비에 들어갔던 뮤지컬 「Bin Yıl Önce, Bin Yıl Sonra 천년 전, 천년 후」는 1986년 첫 주부터 개봉했고, 세계와 터키를 조롱하는 이 작품은 큰 호평을 받았다.

이어 발표한 《Git… 떠나버려, 1986》 역시 전작처럼 팝적인 사운드로 무장하고 있는데, 글쓴이의 삐뚤어진 귀는 이 산뜻한 신시사이저 음향이 가득한 본작을 좋아한다. 네 번째 트랙까지 가사는 세젠 악수가 썼다.

차트 1위를 차지한 타이틀곡 〈Git… 떠나버려〉가 뭉게뭉게 피어오르는 전자음향으로 우선 귀를 사로잡는다. 1980년대의 전형적인 신서-팝 사운드는 그 너비감으로 감상자를 둘러싼다. 마치 쫓기다 막다른 골목에 들어선 듯,  그녀의 불안한 음성은 너무나 사랑하기에 차라리 떠나버리라고 거짓말로 포효한다.

연약하고도 슬픈 발라드 〈Beni Unutma 날 잊지 마〉도 가슴을 먹먹하게 하고 후벼 판다.

…날 잊지 마, 모두가 잊힐 그 상처를 넌 깨닫고 있어… 내가 사랑한 많은 것들 중에서, 내가 진정 당신을 사모했다는 걸 알고 있니? 작은 행복을 꿈꾸며 내 기억으로부터 널 택했을 뿐이었지…

〈Ünzíle 운질〉은 어려운 시절 10형제 중 절반이 죽어 맏이

가 되어버린 8세 소녀 운질의 비참한 사연이다. 한참 동심 속에 있어야 할 나이지만, 양 한 마리를 대가로 결혼하여 12세에 엄마가 되었다.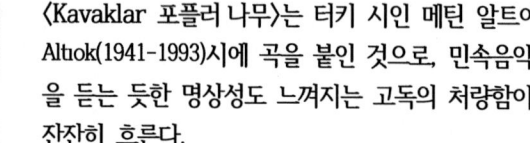

화려한 건반이 일품인 〈Sonbahar 가을〉에는 호젓한 계절에서 어린 시절을 되돌아보며, 그 순수하고 때묻지 않은 꿈은 어디로 갔는지 자문한다.

지난 사랑과 추억을 회상하며 가슴 아픈 감정을 노래하는 〈Ah Mazi!…오 지나간 시간아〉은 독백과 함께 더욱 가녀리고 여성적인 호소력으로 드라마를 쓴다.

〈Yalnızca Sitem 불평〉에서는 터키의 푸른 신비가 광활한 환상이 되어 끊임없이 펼쳐진다.

내 마음은 맞은 듯 사랑에 빠졌네, 폐가 불타올라… 난 널 충분히 얻을 수도, 충분히 사랑할 수도 없었네, 그리고 누구와도 바꿀 수도 없었네, 너 없이 지나간 세월은 세지 않았어, 부정도 고백도 아닌 불평일 뿐. 내가 죽을 때까지 이 화염이 함께 있기를. 세상 마지막 날에 네가 나를 부르리.

1986년 Onyedi 잡지의 '1985년 위대한 여자 가수' 독자 설문조사에서 선정되었던 그녀는 본작으로 큰 호평을 얻었다.

후속작 《Sezen Aksu '88, 1988》는 150만 장 이상 팔렸으며, 호평은 이어졌다.

자작곡 〈El Gibi 손처럼〉은 바이올린과 키보드가 멜랑꼴리의 서정으로 가을의 스산함을 불러온다

…가을은 이별을 불러오네, 더 이상 네게서 소리도 소식도 없네, 미친 그리움만 안고 서 있었을 뿐인데, 낯선 사람의 인사에 슬픔에 빠졌네…

〈Kavaklar 포플러 나무〉는 터키 시인 메틴 알트이오크Metin Altıok(1941-1993)시에 곡을 붙인 것으로, 민속음악을 듣는 듯한 명상성도 느껴지는 고독의 처량함이 잔잔히 흐른다.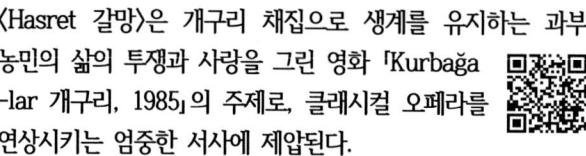

몸이 춥고 마음이 아파, 아 포플러야, 날이 무딘 가위로 오래된 사진에서 나를 오려냈네, 내 뺨의 반은 거기에 남아 공허함으로 완성되네, 어깨에 손이 베여 끊임없이 피가 흐르고, 아 포플러야, 고통이 따라다니며 휘파람을 부네.

폭발적인 〈Bir Çocuk Sevdim 한 아이를 사랑했네〉는 슬픔과 두려움의 눈을 가진 어린 소년이 세상을 너무 빨리 알아가고 성장하며 미소 짓는 모습에 대한 연민이다.

〈Hasret 갈망〉은 개구리 채집으로 생계를 유지하는 과부 농민의 삶의 투쟁과 사랑을 그린 영화「Kurbağa-lar 개구리, 1985」의 주제로, 클래시컬 오페라를 연상시키는 엄중한 서사에 제압된다.

…너는 빛을 갈망하고, 나는 너를 갈망하네, 내 안의 불이 무쇠를 녹일 거야, 낮도, 태양도, 우리 가슴의 불도 우리의 것. 손을 잡고 웃는 그날은 우리의 몫이 될 거야…

너도 날 사랑한다는 걸 부정하지 말라고 노래하는 자작곡 〈Hayır 아니오〉는 애수가 흐르는 바이올린협주곡이다.

Sezen Aksu Söylüyor

1989 | Fono Müzik | 006

1. Bırak Beni
2. Şinanay
3. Gidiyorum
4. Son Bakış
5. Yıllar Sonra
6. Beni Kategorize Etme
7. Belalım
8. Kış Masalı
9. Aynalar
10. İstanbul Hatırası
11. Zor Yıllar
12. Gamsız

1980년대 끝자락에 발표한 《Sezen Aksu Söylüyor 세젠 악수가 노래합니다》는 자신의 음반과 터기 대중음악의 이정표로 간주될 수 있는 작품이다. 카바레에서 하이라이트를 받으며 눈을 감고 노래하는 커버도 호감이 간다.

퓨전 심포니가 안개처럼 뿜어져 나오는 첫 곡 〈Bırak Beni 내게서 떠나줘〉에서부터 환상이 서서히 펼쳐진다. 마치 악몽의 한편처럼 그녀의 음성은 몸부림치고 있는 것 같다. 그러나 그녀는 너무나 연인을 사랑하기에, 자신을 더 사랑하는 연인에게 자신은 떠날 수 없으니 당신이 날 떠나달라고 애원한다.

퓨전재즈와 터키 민속음악 멜로디가 오묘하게 섞인 자작곡 〈Gidiyorum 떠나네〉는 청자의 심장을 규칙적으로 때리는 드럼과 서늘한 안갯속에서 선명한 외침으로 노래한다.

…난 외로움과 분노가 두렵네, 어둠 속 아이들처럼 내가 공포에 떨고 있다는 걸 넌 알지, 난 항상 불타는 빛이 무서워, 내 마음속 모든 사랑으로 나는 가네, 여전히 그 향기가 내게 머물고 있지만, 새로운 출발의 두려움과 함께 널 떠났지, 나 자신으로부터도 떠나는 중이야.

〈Son Bakış 마지막 모습〉은 1980년 2월 2일 시위 도중 체포되어 도주하다 쫓아오는 경찰관을 총살했다는 혐의로 사형을 선고받고, 9월 12일 쿠데타 이후 처형된 18세 청년 에르달 에렌Erdal Eren(1961-1980) 사건이 소재가 되었다. 그는 재판 중에 살해 혐의를 부인했고 제3자에게 총에 맞았다는 증언이 있었지만, 처형되기 직전에는 자신이 쐈다고 주장했다고 한다.

…이별을 말할 때, 사랑의 불처럼, 한숨은 사라지네, 세상에, 불타버렸어, 총알 같은 흔적, 마지막 표정의 눈빛은 우리 마음속에 남아있네…

그녀가 가사를 쓰고 유명 뮤지션 줄푸 리바넬리Zülfü Livaneli가 작곡한 〈Belalım 내 문제〉는 불타는 사랑의 포로가 되어버린 고백으로, 뮤지컬 한편처럼 구성이 드라마틱하다.

〈İstanbul Hatırası 이스탄불의 추억〉에서 보다 여성적인 감성이 가슴을 파고든다. 수줍어하며 순수한 사랑을 마음에 담았던 처녀 시절을 회상하는

쓸쓸한 가을날의 기후가 흐른다.

희망은 사라지고 상처만 남은 사랑의 종말을 노래한 〈Zor Yıllar 고난의 세월〉은 덫에 걸린 악몽의 사운드트랙처럼 느껴진다. 코러스와 함께 다소 엄숙한 분위기를 연출하며, 규칙적인 맥박이 지극히 환각적인 전자오페라이다.

사쿠하치의 심호흡과 댄스 리듬에 신비감이 증폭되는 〈Gam-sız 태평〉는 뉴에이지 음악을 연상시키는 서두를 지나면 더욱 적극적으로 중독적인 트랜스를 펼친다. 무관심과 무근심으로, 그리고 아무 일도 없는 것처럼 행복한 듯 살아가고 길이 보이지 않아도 침묵하는 현대사회를 잔인하고 타락한 세상이라 비판한다.

본작에서 새로운 사운드의 실험으로 아름다운 결과를 거두었다. 크로스오버, 퓨전, 하이브리드 등으로 설명할 수밖에 없는 터키의 세젠악수만의 아이덴티티이다. 역시 100만 장 이상 판매되어 성공을 이어갔다.

200만 장 이상 판매된 대성공작 《Gülümse 미소, 1991》은 파격적인 커버에서부터 상업적인 성공의 기획이 엿보이지만, 개인적으로는 그렇게 크게 와닿는 작품은 아니었다.

본작에서 몇 곡을 고르면, 정당의 선거곡으로도 사용되었다는 타이틀곡은 자신의 형편을 불평하지 않고 타인을 이해하며 긍정적인 희망으로 미소 지으라는 권고를 담았다. 애틋한 감성 발라드로 후렴구는 강렬한 심포니가 타격한다.

〈Güllerim Soldu 장미가 시들었네〉는 기타가 리드하는 퓨전으로 라틴팝의 감성도 가미되어 싱그러움을 더한다. 하지만 이 곡은 분신과도 같이 애지중지한 장미가 밤새 서리를 맞고 시들어버린 것을 보며 자신의 행복이 범죄인 것 같다고 자책한다.

〈Her Şeyi Yak 모든 것을 태워라〉는 그리스 여가수 하리스 알렉시우Haris Alexiou의 1990년 노래 〈Mia Pista Apo Fosforo 인의 트랙〉의 번안곡으로, 강렬한 사랑에 대한 욕망을 담았다.

…사랑이 이별보다 더 힘든 건, 원하는 사랑의 크기만큼 아프기 때문이야… 사랑을 위해 죽고 나서 하는 게 사랑이야. 내 마음은 갇혔고 내 가슴은 새장 안에 있네, 우리 둘 다 불에 타버릴 거야…

애처로운 자작곡 〈Seni Kimler Aldı 누가 널 데려갔나〉는 그리움이 고통이 의심으로 번지며 상실감으로 절망하는 드라마이다.

대부분은 경쾌한 댄스 비트의 작품이다.

이 시기에 그녀는 자신의 백 보컬리스트로 함께 일했던 아쉬킨 누르 옝기Aşkın Nur Yengi의 두 번째 앨범을, 1992년에는 세르타브 에레네르Sertab Erener의 데뷔작을 제작했다. 물론 예상치 못한 히트로 성공을 거둔다.

Deli Kızın Türküsü

1993 | Tempa & Foneks | 014

1. Sude
2. Masum Değiliz
3. Adem Olan Anlar
4. Deli Kızın Türküsü
5. Kalbim Ege'de Kaldı
6. Dert Faslı
7. Tenna
8. Dua
9. Gözlerine Göz Değmiş
10. Homini, Pufidi, Tumba
11. Aşkları Da Vururlar
12. Küçüğüm

본작 《Deli Kızın Türküsü 미친 소녀의 노래》의 동화 스타일의 커버를 보면, 노래하는 걸 탐탁지 않게 여겼던 부모의 시선을 피해 어린 세젠 악수가 홀로 노래를 마음껏 부르고 있는 모습이 떠오른다.

웅대한 드러밍, 민속적 구음과 이스탄불 채임버 합창단의 코러스, 숨 가쁜 템포가 압권인 오프닝 〈Sude 수드〉는 행복을 의미하는 여성의 이름이다.

자작곡인 느린 템포의 블루스 〈Masum Değiliz 누구도 결백하지 않아〉에서는 너무 빨리 외로움을 느끼고 또한 쉽게 잊어버린다면 내면의 아이 같은 순수함을 끌어안으라고 조언하며, 손은 유죄고, 혀는 죄악이며, 그 누구도 결백하지 않다고 덧붙인다.

타이틀곡 〈Deli Kızın Türküsü 미친 소녀의 노래〉는 터키 여류시인 귈텐 아큰Gülten Akın(1933-2015)의 가사로, 인생의 게임에서는 자신을 사랑하거나 죽여야 하며, 무엇이든 잃어야 한다면 다시 시작해야 한다고 노래한다.

극작가 나짐 히크메트Nâzim Hikmet(1901-1963)의 인용문인 〈Tenna〉는 민속적인 타악에 코러스, 세젠 악수의 즉흥적인 가창과 성악 보칼리제가 가미된 실험으로, 동양적인 향취가 물씬 느껴진다.

이 정원의 촉촉한 흙냄새, 재스민 향기, 이 달밤은 내가 없어도 계속 빛날 거야, 내가 오기 전에도, 내가 온 후에도, 내게 의지하지 않는 진실은 원본이 아닌 사본이기에.

〈Dua 기도〉는 1993년 7월 2일 민속 시인 피르 술탄 압달 Pir Sultan Abdal(1480-1550)을 기리는 축제가 열린 시바스에서 급진 이슬람교도들의 방화와 학살로 숨진 지식인 33인을 위해 쓴 것이라고 한다.

아름다운 자작곡 〈Küçüğüm 난 아직 어려〉는 잦은 실수에 어리석고 두려움과 걱정이 많지만, 자부심이 있고 특별한 존재임을 느끼기에 당당히 길 위에 서있다고 표명한다.

Işık Doğudan Yükselir

1995 | Tempa & Foneks | 023

1. Işık Doğudan Yükselir
2. Davet
3. Son Sardunyalar
4. Alâturka
5. Yaktılar Halim'imi
6. Rakkas
7. Onu Alma Beni Al
8. Yeniliğe Doğru
9. Ne Ağlarsın
10. Ben Annemi İsterim
11. Var Git Turnam
12. Lâ İlâhe İllallah

《Deli Kızın Türküsü 미친 소녀의 노래, 1993》에서 시도했던 음악 구성을 대폭 발전시킨 《Işık Doğudan Yükselir 빛은 동방에서 떠오른다, 1995》은 37인의 거대한 스케일로 완성한 록오페라 혹은 뮤지컬이라 칭할 만하다.

다양한 작사·작곡가들의 협력에도 대부분의 곡에서 자신이 작곡 및 작사에 관여했기에, 일관성 있는 훌륭한 작품성을 유지하면서 각각의 구성들은 특징을 가질 수 있었다.
비잔틴 건축을 특징짓는 모자이크 형식의 커버처럼 팝보다는 민속적 색채가 더 크게 작용하는데, 이처럼 작품성으로 승부한 앨범임에도 상업적으로 가장 성공한 앨범 중 하나가 되었다고 한다.

특별한 가사는 없지만 타이틀곡에서부터 본작의 시네마틱한 위력이 강렬하게 펼쳐진다. 볼레로 리듬, 세르타브 에레네르 Sertab Erener의 소프라노 보칼리제에 이어 육중한 현악과 세젠 악수의 스캣과 웅장한 코러스는 드러밍과 함께 거룩한 역사의 시작을 천명한다.
〈Davet 초대〉는 관악의 블루스로, 가장 은혜로운 죄가 사랑에 대한 헌신이라 말하면서 그 고통에 신음한다.
…사랑으로 울었네, 나를 당신의 땅에 눈이 되어 내리게 하소서… 포도나무 가지에 취해 망연자실해.
걸작 〈Son Sardunyalar 마지막 제라늄〉은 탱고가 섞인 구슬픈 회심가로, 어리고 경험이 없지만 격동의 시장이었던 청춘시절의 위대했던 첫사랑과 첫 이별의 슬픔을 떠올린다.
비명과도 같은 페르시아의 깊은 숨소리가 들려오는 〈Yaktılar Halim'imi 내 관대함이 불타버렸네〉는 분쟁의 고통을 다룬 듯하다.
〈Rakkas 댄서〉에 진동하는 드럼과 코러스는 무법 천지처럼 흥분으로 가득하다.
…지금은 약탈의 시대, 대지는 기쁨의 정원이고, 달의 영혼들은 비틀고 춤을 추네, 이 상태가 세상이야, 흔들어, 흔들어, 장미 가슴이 울게 놔둬, 지구가 들썩이도록.
〈Onu Alma Beni Al 그 사람 말고 날 데려가〉에는 사랑의 배신에 대한 괴로움을 빠르고 흥겨운 브라스 악단의 열띤 춤곡으로 풀어낸다.

〈Yeniliğe Doğru 새로움을 향하여〉는 13세기 페르시아의 무슬림 시인 잘랄 알딘 루미Jalal al-din Rumi(1207-12 73)의 시로, 남성 코러스와 민속 구음 등으로 오묘한 동양적 퓨전을 선보인다.

매일 어딘가에 도착하는 것이 얼마나 좋은가, 흐리거나 얼지 않고 흐르는 것은 얼마나 좋은가, 어제와 함께 사라졌네, 모든 단어는 어제의 것, 이제 우리는 새로운 것을 말해야 하네.

정의와 화합과 사랑을 노래한 〈Lâ İlâhe İllallah 알라 오에 신은 없네〉는 터키의 중세 수피 신비주의자 유누스 엠레 Yunus Emre(1240-1321)의 시를 노래한 것이다.

앞서 언급하였지만, 본작은 세젠 악수의 디스코그래피 중에서 가장 독특한 위치에 있다.

Düş Bahçeleri

1996 | Raks Müzik

1. Seni Yerler
2. Yarası Saklım
3. Bile Bile
4. Kaçın Kurası
5. Le Le Le
6. Yalnızlık Senfonisi
7. Düş Bahçeleri
8. İki Gözüm
9. Zalim
10. Onursuz Olmasın Aşk
11. Rakkas (remix)

라이선스로 소개된 본작 《Düş Bahçeleri 꿈의 정원》은 국내에서 그녀의 이름을 알리는데 적지 않은 역할을 했다. 당시 잘 알려지지 않은 제3국의 아티스트를 선뜻 소개해 준 발매처에 감사를 전한다.

이 앨범은 그녀의 친구이자 편곡자이며 작곡가인 온노 툰츠 Onno Tunç(1948-1996)에 헌정한 앨범이다. 그는 《Sen Ağla-ma 울고 있는 당신, 1984》부터 《Gülümse 미소, 1991》까지 세젠 악수의 작품만을 전담했으며, 개인 비행기 추락으로 사망했다.

두 신곡(1, 7번)을 제외한 나머지 곡들은 신인가수들의 앨범 제작을 위해 그녀가 써 주었던 작품들을 노래한 것이다.

애조띤 남성 코러스와 어쿠스틱 기타의 맑은 서정이 가을날의 고독에 빠지게 하는 〈Yarası Saklım 예정된 상처〉는 사랑의 상처로 아픈 젊은 날의 초상을 그린 것으로, 이는 배우이자 가수 훌리아 아브샤르Hülya Avşar 의 1995년 앨범을 위해 쓴 노래이다.

애절한 이별가 〈Bile Bile 이미 벌써 (모든 것은 끝났네)〉는 국내에서 많은 인기를 얻었다. 남성 가수 야샤르 Yaşar와 듀엣으로 불렀는데, 이는 아쉬킨 누르 옌기Aşkın Nur Yengi의 1990년 데뷔를 위해 썼다.

…이별의 말을 전하며, 믿어봐, 돌아가는 건 진심이 아니야, 너 스스로가 견딜 수 없다는 걸 알잖아, 모든 게 끝났다는 걸 알면서도, 넌 항상 희망고문을 해, 나중의 두려움도 없이. 이별은 순간순간 흘러, 시간은 널 해결해 주지 않아.

또 하나의 애청곡 〈Yalnızlık Senfonisi 고독의 심포니〉는 아르메니아 전통 리드악기 두둑Duduk과 함께 장중한 현악의 드라마가 펼쳐진다. 끝이 없다는 걸 알지만 그 외로움이 끝나길 기다리는 세젠 악수의 피를 토하는 절창은 너무나 처절하다. 세르타브 에레네르Sertab Erener의 1992년 데뷔작을 위해 쓴 노래이며, 〈İki Gözüm 두 눈동자〉도 세르타브의 1994년 두 번째 앨범에 공여한 곡이다.

타이틀곡 〈Düş Bahçeler 꿈의 정원〉은 바이올린과 기타로 담채한 포크이다. 자신의 원대한 꿈과 욕망이 이루어지길 소원하는 마음이 잔잔히 흐른

다. 이는 온노 툰츠가 작곡했으며, 또한 기타를 연주했다.
전작 《Işık Doğudan Yükselir 빛은 동방에서 떠오른다, 1995》의 히트 넘버 〈Rakkas 무희〉는 리믹스하여 수록했다.
참고로 〈Kaçın Kurası 도망쳐〉는 1971년생 여가수 시벨 투준Sibel Tüzün의 1995년 두 번째 앨범에, 〈Le Le Le〉는 1970년생 여가수 렌긴Rengin의 1996년 데뷔작에, 〈Zalim 잔혹해〉와 〈Onursuz Olmasın Aşk 사랑이 불명예스럽지 않아야 해〉는 1964년생 남자 가수이자 다중 악기 연주자 레방 윅셀Levent Yüksel의 1993년과 1995년작을 위해 쓴 곡이다.

이듬해는 보스니아 출신의 세계적인 집시음악 작곡가 고란 브레고비치Goran Brego-vic와 협업한 《Düğün Ve Cenaze 결혼식과 장례식》을 발표했다.
그의 영화음악들을 부른 이 앨범은 우리에게 잘 알려진 「Underground, 1995」의 〈Tango〉를 노래한 〈O Sensin 그것은 당신〉과 「Gypsies Time, 1988」의 주제 〈Ederlezi 에데레지〉를 부른 〈Hıd-rellez 봄의 축제〉 등 주옥같은 집시의 선율들을 수록하고 있다.

Adı Bende Saklı

1998 | Polygram | 8691024 017284

1. Ud Taksim
2. Tutuklu
3. Kaderim
4. Hazan
5. Erkek Güzeli
6. Kusura Bakma
7. Ruhumu Asla
8. Adı Bende Saklı
9. Ben Sevdalı Sen Belalı
10. Şimal Yıldızı
11. Yola Çıkmalı
12. İnce Mevzu
13. Denge
14. Adı Menekşe
15. Ruhumu Asla (remix)

《Adı Bende Saklı 내게 숨겨진 그 이름》은 터키 고유의 특징과 글로벌 라운지풍의 세련된 감각을 잘 배합하고 있다.

미드템포와 느슨한 멜로디 등으로 트랜스 감각이 황홀하게 다가서는 〈Tutuklu 죄수〉가 먼저 그 우울한 미소를 보인다.

당신 이전에도, 당신 이후에도 없을… 죽음보다 더 고통스러운 격리, 시간은 가지 않네… 난 당신에게 죄수로 머물러 왔어, 내 인생을 도둑맞았지… 내 눈을 감추었고, 침묵했으며, 내 모든 사랑의 불씨를 태워버렸어, 던지고 던져도 그것은 결코 끝나지 않을 거야…

세련된 재즈가 결합된 또 하나의 애수의 라운지 〈Kaderim 운명〉은 사랑의 배신으로 길을 잃은 방황이 너무나 쓸쓸하다.

〈Adı Bende Saklı 내게 숨겨진 그 이름〉에는 다른 이와 결혼한 연인과의 벽력과도 같은 이별 이야기를 끄집어낸다. 그리스 작곡가 야니스 카랄리스Yannis Karalis의 연주곡 〈Eclipse〉에 가사를 더했다.

〈Ben Sevdalı Sen Belalı 난 사랑했지만, 넌 성가시게 대했지〉는 바이올린의 엘레지와 감정의 깊이를 더욱 투명하게 하는 기타가 촉촉하다. 아직도 사랑에 미쳐있기에 끝낼 수 없는 고통을 빨갛게 물들인다.

서정적인 재즈 발라드 〈Şimal Yıldızı 북극성〉에서는 크리스털처럼 투명한 가창이 자신은 망가졌지만 꿈을 향해 떠난 연인의 행운을 기도한다.

달콤하고 전원적인 발라드 〈Denge 균형〉은 마치 무대에서 관객들에게 전하는 모노드라마 같다. 기타 로망스로 시작하여 대사처럼 말하는 부분을 지나면 달콤한 재즈 피아노의 초록 낭만이 싱그러움을 더한다. 아마도 이는 타인에 대한 배려와 존중을 의미하는 게 아닐까 싶다. 내 사랑도 내 진실도 변할 수 있으며, 나만의 비밀도 있고, 세상을 향해 선의적이라 소개하면서 자신의 균형을 방해하지 말라고 노래한다.

Deliveren

2000 | Post Müzik | 2002-2

1. Deliveren
2. Oh Oh
3. Kahpe Kader
4. Keskin Biçak
5. Rumeli Havasi
6. Gidiyorum Bu Sehirden
7. O-kudum-da
8. Yine mi Çiçek
9. Hos Geldin
10. Sari Odalar
11. Yalanci Dünya
12. Hayat Sana Tesekkür Ederim

1999년 8월에 대지진이 터키 북서부 이즈미트 지방을 강타한다. 12월에 그리스의 하리스 알렉시우Haris Alexiou와 함께 이재민을 위로하는 아테네와 이스탄불의 무대에 섰으며, 2000년 여름에도 이스탄불과 이즈미트에서 무대를 갖는다.

본작 《Deliveren 도착》은 화장을 지우고 있는 커버에서도 알 수 있듯 가장 개인적인 문제를 노래한 작품이다.

하리스 알렉시우와 함께 노래한 〈Gidiyorum Bu Sehirden 이 도시에서 떠날 거야〉라는 명연을 수록하고 있다. 침울한 기타의 울림과 두 명인의 완숙한 음성은 참사로 사랑하는 이를 잃은 이재민들의 시름과 상처에 위안을 불어 넣는다.

…사랑의 운명이여, 돌아와 줘… 네게 더 많은 걸 원하기 전에, 난 떠나네, 어제의 포옹 속 내 가난한 마음이여, 나는 비와 같네, 모든 땅이 날 빨아들일 것만 같아, 해가 뜨는 것은 아무런 의미가 없어…

〈Sari Odalar 노란 방〉은 리드미컬한 댄스 템포에 실리는 터키풍의 멜로디가 서글픔에 서려있다. 남성 코러스와 신비스러운 전자음향, 클라리넷의 즉흥이 증폭되면서 그녀의 목소리도 더욱 강건하게 드높아지지만, 이는 이별의 고통 속에서 헤어 나오지 못하고 갈팡질팡하는 절망감이 그대로 투영된다.

당신의 인생으로부터 떠났지, 제발, 네가 할 수 있다면 날 다시 받아줘, 노란 방에 남아줘, 너와 사랑에 빠졌었다고 생각하면서, 봐, 네가 할 수 있다면 잊어줘, 지난 과거에 네가 했듯 다가와 줘, 나로부터 날아가 버려, 사랑으로부터 떠나가 버려 당장, 이것은 금지법일까? 널 부추길 마음이 아니라는 것만 믿어줘, 난 떠날 거야 터프가이처럼.

마지막 곡 〈Hayat Sana Tesekkür Ederim 내 인생이여 감사합니다〉는 지천명을 앞둔 시점에서 인생을 돌이켜 보는 자서전적인 내용이다. 소프라노 색소폰과 피아노의 재즈 즉흥이 서정의 선을 잇는다.

난 인형을 좋아하지 않았네, 그것을 가지고 노는 것조차 하지 않았지, 난 박수 받는 걸 좋아했고, 모험을 좋아했어, 위험 속에 살았고 잠시 동안은 안전한 생활에 안착했네, 여성, 남성, 소설, 특히 반군들, 다른 사람들과 마찬가지로 고통도 있었지, 그러나 난 손쉽게 누릴 수 없는 행복감도 느꼈어,

물론 혼자 위험했지만, 지금 나는 내 삶에 감사해.

2001년 건강상의 문제로 투병 중이던 그녀는 그해 여름 6차례의 콘서트를 열고 큰 주목을 받았다. 그리고 이신 카라 Işın Karaca 의 데뷔작을 제작했다.

 그리고 그 이듬해 5월 신보 《Şarkı Söylemek Lazım 노래해야 해, 2002》를 발표한다.

우울한 자작곡 〈İstanbul İstanbul Olalı 이스탄불 상사병〉은 이별의 고통으로 죽어가는 고백이 애틋하기 짝이 없다.

…난 너의 과거를 저주할 거야, 그것이 부끄러운 일이라 할지라도. 이런 슬픔은 처음이야, 네 사랑 때문에 난 죽어가고, 내겐 자존심의 흔적조차도 남아있지 않아…

〈Savaşma Seviş Benimle 전쟁없이 사랑해요〉는  이니그마Enigma의 댄스 리듬에 바이올린이 너무나 뜨겁다.

〈Su Gibi 물처럼〉은 이 앨범을 구입해야만 했던 까닭이다. 화사하고도 부드러운 오케스트레이션, 달콤한 코러스, 피아노에서부터 그녀의 입술에서 흘러가는 격정적인 멜로디 라인 등이 하나 되어 번지는 서정미가 1970년대의 향수를 불러일으킨다. 연인을 두려워했던 시절, 여름날 장미 같은 추억을 되뇌며 세월의 무상감을 노래한다.

다시 2000년대로 돌아와 세련되고 현대적인 아름다움을 들려주는 자작곡 〈Nihayet 마지막으로〉 역시 빼놓을 수 없다. 첼로로 문을 열고 곧이어 전자음향이 안개처럼 자욱이 채워지면서 트랜스 비트가 걷기 시작한다. 연인과 함께 하면서도 홀로 느끼게 되는 절대 고

독감을 노래하고 있음에도 서글픔보다는 신비감과 환상성에 먼저 사로잡힌다.

마지막 곡 〈Dansöz Dünya 춤의 세계〉는 중독의 댄스 무대이다.

이후 《Yaz Bitmeden 여름이 가기 전에, 2003》과 《Bahane 변명, 2005》에 이어, 자신이 그 어떤 앨범보다 개인적이고 슬프다고 한 《Deniz Yıldızı 불가사리, 2008》를 냈다.

《Düş Bahçeleri 꿈의 정원, 1996》을 뒤잇는 《Yürüyorum Düş Bahçeleri'nde… 꿈의 정원에서 산책하네, 2009》는 신곡 3곡과 다른 아티스트에게 선물한 26곡을 2CD에 담았다.

《Öptüm 키스했네, 2011》과 《A Little Pop Little Sezen, 2017》 그리고 다른 아티스트를 위해 작곡한 노래의 초안을 담은 《Demo》를 2018년에 이어 2022년에 공개했다.

가장 아름다운 터키 음악을 전해준 가수로 기억되고 있는 세젠 악수… 많은 후배 가수들을 지원하고 제작하는 터키 팝의 대모代母로서 그녀만의 터키 옥빛의 광채는 여전히 그윽하다.

아바나에서 온 유니콘 목자
Silvio Rodríguez ● 실비오 로드리게스
Cuba

피델 카스트로Fidel Castro의 사회주의 혁명이 승리를 거두게 되자, 13세 소년이었던 실비오는 점차 새로운 혁명적 열의에 눈을 뜨게 되고, 문맹 퇴치 운동에 참여하게 된다. 당시 잡지사에서 만화가로 일하면서 친구에게 기타 연주법을 배우기 시작한다.

군 복무 시절 기타는 가장 중요한 역할이기도 했는데, TV방송 출연은 젊은 혁명 세대들에게 지대한 영향을 끼쳤으며, 혁명적이고도 독립적인 가사로 그는 쿠바 문화에 있어서 미국의 영향력을 근절하는데 앞장서게 된다. 이러한 맥락은 피델과 함께 쿠바혁명을 성공으로 이끈 여성운동가 아이디 산타마리아Haydée Santamaría(1923-1980)가 책임자로 있었던 문화기관 '아메리카의 집Casa de las Américas'의 임무이자 역할이었다. 쿠바혁명의 정신과 전통이 담긴 새로운 음악을 발굴하는 데 목표를 두었는바, 이는 쿠바뿐만 아니라 다른 남미 국가들의 가수와 작곡가들의 집이 되었다. 그도 새로운 노래운동 누에바트로바Nueva Trova의 양대 기수라 할 수 있는 파블로 밀라네스Pablo Milanes(1943-2022)를 여기서 만났다.

23세 때 첫 EP 《Pluma en Ristre 쓰기 위해 잡은 펜, 1969》를 낸 그는 5개월 동안 낚싯배의 조수로서 일하며, 무려 62곡을 쓴다. 〈Ojalá 부디〉 그리고 낚싯배의 이름인 〈Playa Girón〉이 대표적이다.

1972년 '아메리카의 집'에서 만난 파블로 밀레니스와 노엘 니콜라Noel Nicola(1946-2005)와 함께 《Cuba Va 쿠바는…》을 발표하고, 1975년에는 첫 독집 《Días y Flores 나날들과 꽃들》을 발표, 이듬해 앙골라의 군부대에서 노래했다.

그의 노랫말은 전 스페인어 문화권에 걸쳐 좌파 문화의 주된 양식이 되어, 1970-80년대 초 라틴아메리카를 점령한 독재 집권기에서 오랫동안 금지곡으로 남아있어야 했다.

50여 년이 넘는 세월 동안 그는 셀 수 없이 많은 곡들을 쓰고 있으며, 폭넓게 칭송받고 있다.

'쿠바의 존 레논John Lennon'으로 불리는 실비오 로드리게스는 1946년생으로, 담배 경작지로 잘 알려진 아바나주 산안토니오데로스바뇨스San Antonio de los Baños에서 가난한 농부의 아들로 태어났다.

부친은 사회주의 조직의 지원을 받는 아마추어 시인이기도 했으며, 주부인 모친은 볼레로를 즐겨 노래했고 베이스 연주자인 그녀의 남동생과 함께 몇 편의 음악을 만들기도 했기에 실비오는 부모로부터 큰 음악적 영향을 받았다.

Días y Flores

1975 | Fonomusic | 8029

1. Como Esperando Abril
2. Playa Girón
3. El Mayor
4. La Vergüenza
5. Sueño con Serpientes
6. Pequeña Serenata Diurna
7. Esta Canción
8. Yo Digo Que las Estrellas
9. En el Claro de Luna
10. Santiago de Chile
11. Días y Flores

국내에 라이선스로 발매되기도 한 데뷔작 《Días y Flores 나날들과 꽃들》은 두 곡 〈Madre 어머니〉와 〈Te Doy una Cancion〉이 추가 수록된 《Te Doy una Cancion 네게 주는 노래》란 타이틀로도 재발매 되었다.

그의 미성으로 울리는 잔잔한 포크송들 가운데, 제목답게 다소 몽환적인 〈Sueño con Serpientes 뱀 꿈〉은 청록의 동화로서 중의적인 의미를 함축하고 있다.

하루를 싸우는 사람이 있지, 그들은 선해, 일 년을 분투하는 다른 이가 있네, 그들은 훌륭해, 몇 년을 투쟁하는 사람들도 있네, 그들은 더 훌륭해, 그러나 평생을 사투하는 이도 있지, 그들은 꼭 필요해. 바다뱀이 나오는 꿈을 꾸네, 뱀이 사는 어느 바다에서, 아아, 난 잠드네. 사랑을 강탈할지도 모를 길고 투명한 식도. 오, 죽였어, 그리고 큰놈이 나타나네, 젠장 더 지옥 같은 식성을 지닌. 그 입에 비해 내 몸집은 커, 나를 삼키려 하네, 그러나 내 관자놀이에 걸리고 말지. 미쳤나 보군, 비둘기 고깃살을 던져주고 독을 발랐지. 그리고 더 큰놈이 나타나네… 결국 나를 통째로 삼키지, 그리고 그 식도를 지나는 동안 다가올 일을 짐작했지. 그러고 위장으로 내려가는 동안 터지고야 말았어, 그리곤 진실 하나가 생각났지…

포크기타와 재지한 피아노의 우울한 감성이 펼쳐지는 발라드 〈Pequeña Serenata Diurna 낮에 부르는 짧은 세레나데〉는 그의 이상향에 대한 스케치로, 행복이 끝날까 염려하고 고뇌하는 것 같다.

자유로운 나라에서 산다네, 통제가 없는, 이 지구상에서, 이 시대에, 그리고 난 행복감을 느껴, 난 큰 사람이기에. 확고히 한 여인을 사랑한다네, 내가 사랑하고 날 사랑하는… 이것이 충분하지 않다 하더라도, 나는 노랠 부르네, 천천히 짓고 그리고 개작하고, 시간을 보내지, 마구간에서 일하는 마부처럼. 난 행복해, 축복받은 사람이지, 그리고 날 관대하게 대하길 바라네, 내 행복이 죽는 이날을 위하여.

아름다운 클래시컬 피아노 연주에 고해성사를 하는 듯한 〈Esta Canción 이 노래〉에는 성찰과 열망을 담는다.

난 항상 거짓말을 해 왔었네. 쓸모없는 거짓의 노래를 써

왔지, 자신을 숨기고. 슬픔 없는 사랑은 없네, 그건 아마 불멸의 진리일 거야, 그건 내 안에, 내 심장에 있네, 그것도 아니었다면 난 내 믿음마저 저버렸을 거야, 불투명한 사랑에서, 선택의 여지가 없어, 그리고 한 올의 감각마저도. 난 타인과 그들의 슬픔을 알아. 이 노래는 노래를 넘어서, 고통의 변명과 내 삶, 내 감정이야. 세상 끝을 부여잡기 위해 이 노래를 부르네…

피아노와 바이올린이 이끄는 현악에서 목마른 가창이 처연하게 들리는 〈En el Claro de Luna 달빛에서〉도 심금을 울리기에 충분하다.

내가 뛰어놀고픈 달빛 아래서, 운명의 여신이여 잠드소서… 그리고 허락한다면, 축복을 꿈꾸게 해줘, 야생마와 남풍을 꿈꾸고, 빛의 계곡에 내리는 비를 꿈꾸게 해줘. 부름 없이 내가 해야 할 것을 그려줘, 자유로 충만한, 내가 살아갈 나날들의 꿈을, 침묵해야 할 것을 꿈꾸게 해줘. 가장 아름다운 빛들 사이로 내 불안한 사랑이 편히 잠들기를, 꿈에서나마 별은 반짝이고, 땅의 내 시간들은 고통으로 가득하니. 그러나 바꿀 수만 있다면, 소금 대신 꿀을 줘, 운명으로 이끌, 꿈 더 보호하기 위하여. 내 꿈, 그래, 그건 큰 격변일 테지, 큰 충격과 갈증으로 꿈꾸네…

백미라 할 수 있는 〈Santiago de Chile 산티아고 데 칠레〉는 그가 처음 방문한 남미 국가가 칠레였고 상황을 잘 알고 있었기에 쓴 곡이다. 흡사 1973년 9월 칠레의 피노체트 군부독재 쿠데타 현장에서 잔인하게 사살당한 칠레의 민중가수 빅토르 하라Victor Jara(1932-1973)와 포화 속에 쓰러지는 아옌데Salvador Allende 정부의 비화를 탄식한다.

아비규환 속, 사랑의 한 여인, 도심 모퉁이에서 끊임없이 피어오르는 연기에 울부짖네, 겨울이 오기 전 즈음에. 차디찬 피부를 녹여야만 했지, 그리고 내 몸에서 이슬비를 털어냈어, 짙고 하얀 연무 속의 군중에서, 알 수 없는 거리에서… 언덕 사이로 동지들이 있었지, 연막탄 사이의 내 형제들, 내

가 항상 바랐던 몇 가지. 절망하는 군중 사이로 우리의 노래는 작아져갔네, 다른 이가 불렀던 대지의 강력한 권력자의 노래. 그림자처럼 나도 따르리, 곧 볼 수 없는 얼굴들, 그리고 내 귀에다 대고 속삭이는 죽음, 그것은 이미 실행되고 있었지. 내 증오, 수치심, 새벽의 거지 아이들, 그리고 각각의 끈을 총알 자루로 바꿀 소망만이…

〈Días y Flores 나날들과 꽃들〉에서 그는 분노에 휩싸인 일상들에 아름다운 꽃들이 필 수 있게 사랑으로 연인에게 새로운 영혼을 불어주자고 독려한다.

두 번째 앨범 《Al Final de Este Viaje 이 여행의 마지막에, 1978》는 1968년에서 1970년 사이에 작곡한 노래가 포함되었으며, 기타로만 반주되었다.

〈Ojala 바라건대〉, 〈Canción del Elegido 선택받은 자의 노래〉 및 〈Óleo de Mujer Con Sombrero 모자를 쓴 여인의 유화〉 등의 고전들이 포함되었다.

이 앨범에는 〈La Era Está Pariendo un Corazón 이 시대는 심장이 필요해〉가 수록되었는데, 이 곡은 컴파일 앨범 《Cuando Digo Futuro 미래를 이야기할 때, 1977》에 수록된 버전으로 들어야 한다. 본래 '아메리카의 집'이 기획한 미니앨범 《Canción Protesta 저항 노래, 1968》에 수록된 것으로, 시원스러운 드러밍과 중후한 전자오르간이 멋진 록사운드를 들려준다.

내 그림자에게 물었네, 내가 어떻게 걷는지 볼 수 있냐고, 환희를 위해, 한탄하는 동안, 성전의 음성으로, 그 시간의 재판장을 파괴할 수 있는지를. 내 그림자는 대답하지, 환희도 내 눈물처럼 울부짖는다고, 그리고 내가 입을 닫고 절망할 때, 대지의 탄식도 듣게 될 거라고. 이 시대는 심장의 탄

생을 원해, 꼭 필요해, 고통으로 죽을지라도, 빨리 지나가더라도, 어느 거리에서나, 세상의 여느 숲에서 직면할 미래를 위하여. 집과 가정을 지켜야 해, 태양이 사멸하고 하늘이 불탈 때까지 우리 어머니들이 살아갈 거야, 삶을 위해서, 세상 사람들을 위해서…

동일한 콘셉트의 연장선에서 발표한 《Mujeres 여인들, 1979》는 아들을 전장으로 보낸 어머니와 여성의 일생에 헌정한 앨범이었다. 특히 사랑과 헌신에 대한 감사가 녹아있는 〈Te Doy una Cancion 당신에게 부르는 노래〉는 어머니 같은 나라에 대한 사랑이 주제로, 애상적이고 고고하다.

쓸쓸하고도 상실감에 찬 현실에 대한 시선이 느껴지는 〈Y Nada Más 다른 것은 아무것도〉는 서정적인 코러스와 투명한 기타가 무척이나 아름답다.

Rabo de Nube

1980 | Fonomusic | 8033

1. Vamos a Andar
2. Rabo de Nube
3. El Dia Feliz Que Esta Llegando
4. Te Amare
5. Fabula de los Tres Hermanos
6. Que Ya Vivi, Que Te Vas
7. Con Diez Anos de Menos
8. Imaginate
9. Testamento

1980년대를 알리는 《Rabo de Nube 구름의 꼬리》에서 그는 청초하고도 아름다운 합주로 돌아왔다. 변함없이 고요한 포크의 향연에 고풍스러운 악기들의 숨결을 더하여 다시금 서정성이 감도는 호연을 들려준다.

다소 강렬한 인상을 남기는 커버스토리에 반영된 타이틀 〈Rabo de Nube 구름의 꼬리〉는 커버 이미지와는 전혀 다른 풍모를 보여준다. 빛으로 가득한 평화로운 천
상의 온화함처럼, 하프의 맑고 투명한 연주에 고
음의 미성은 성스러운 기도를 올린다.

내 소망을 말한다면, 구름의 꼬리를 택하겠네. 이 땅에는 회
오리바람이 일고, 큰 분노심이 상승하지. 우린 험악해지고
천사를 떠나보냈지. 그건 슬픔을 걷어가는 청소부, 그리고
복수의 소나기, 비가 멈춘 후 자생하는, 우리의 희망이네.

〈El Dia Feliz Que Esta Llegando 머지않은 축
복의 날〉은 현실의 불안을 뒤로 행복을 소망하는
노래로, 민속 포크에 클래시컬 감성을 결합했다.

애절한 연가 〈Te Amare 널 사랑해〉에는 진중한 감정의 파
장을 울리는 피아노에 따스한 현악과 여성 코러스
가 더해진다. 가녀린 그의 목소리는 염원이고 맹
세이며, 그래서 눈물 마른 강경함도 느껴진다.

…사랑하지 않으면 안 되는 것처럼 널 사랑해. 설령 영혼이
사라진다 해도, 자정 종소리가 울렸다 해도 널 사랑해, 사랑
이 끝났다 해도 당신을 연모해.

또 하나의 슬픈 러브스토리 〈Que Ya Vivi, Que Te Vas
나의 삶, 너와의 이별〉은 비장한 하프시코드, 애
수의 멜로트론, 그리고 속주의 기타 아르페지오가
흡사 1970년대 아트록 넘버를 듣는 듯하다.

몇 시간만 더 견뎌줘, 네 꿈이 도망간다면, 잠든 촛불, 네
시간은 곧 나의 시간, 결국 외로운 기타, 그 중심에서 너와
함께 여행하리. 달은 이미 높이 떴을 거야 그리고 못다 한
애정, 촉촉한 여행, 밤이면 깨어 있을 거야, 찬 공기에, 이
불도 덮지 않고, 어둠 속을 더듬으며. 비가 내릴 거야, 나는
웃고 있어, 땀을 닦고도 잠에 들진 않을 거야. 여기엔 손가
락, 저기엔 입술, 널 잃었어, 이젠 너는 없어…

〈Testamento 유언〉에서는 인생을 돌아보며, 환희와 전투,
지식과 소유, 죄와 형제애, 거짓과 고집, 총알과 절망, 승리
의 동반자들, 죽음과 기아, 불가능 그리고 형용할 수 없는
것들에 빚을 졌다고 후회와 미련을 술회한다.

Unicornio

1982 | M2U | 0004

1. Por Quien Merce Amor
2. La Gaviota
3. Son Desangrado
4. Pionros
5. Hoy Mi Deber
6. La Primera Mentira
7. Cancion Urgente para Nicaragua
8. El Sol No da de Beber
9. La Maza
10. Unicornio

본작은 시대와 국경을 초월한 명작으로, 명곡 〈La Maza 망
치〉와 〈Unicornio 유니콘〉을 수록하고 있다. 그의 초기 음
악들은 정치적인 풍자와 사회 계몽적 성격을 띤 작품들이
주가 되었지만, 1980년대로 넘어오면서 높은 예술성으로 진
화된 누에바트로바를 완성한다. 그동안 그의 앨범을 프로듀

스하고 편곡의 조언자로 활약하기도 했던 프랑크 페르난데스Frank Fernandez의 옥구슬 같은 타건을 감상할 수 있다. 가사 번역본이 삽입된 훌륭한 라이선스를 국내 팬들에게 선물한 발매처에 감사의 말씀을 덧붙인다.

첫 곡 〈Por Quien Merce Amor 사랑받아 마땅한 이들을 위하여〉는 1981년 말 정부군과 반정부군과의 내전을 겪어야 했던 엘살바도르에 쿠바가 반정부군을 위하여 무기를 지원한다는 첩보에 따라 미국은 이를 저지시키기 위한 명목으로 해상봉쇄를 단행했는데, 이에 대한 그의 답변이었다.

…내 애정 어린 사랑은, 오랜 고통 속에서 잊혀왔네, 내 사랑은 죽음의 가슴을 열며, 더 나은 시간과 함께, 운명을 떨어뜨리지, 내 사랑은 전쟁에 익숙한 사랑이며, 사랑받아 마땅한 이들을 위한 타오르는 태양이네.

부상당한 군인과 창공을 날으는 갈매기를 대조적으로 배치한 〈La Gaviota 갈매기〉에 이어, 〈Pionros 동지들〉은 앙골라 부대에서 만난 군인에게 바치는 사랑과 환희의 왈츠이다. 투쟁자의 진한 연정의 시 〈Hoy Mi Deber 오늘 내가 할 일〉에는 따스하고 창연한 오케스트레이션과 피아노와 기타가 눈물처럼 흐른다.

오늘 내가 할 일은 조국을 위해 노래하는 것, 깃발을 높여 광장으로 향하는 것, 오늘은 희망의 순간이자 다시 태어나는 날, 하지만 오랫동안 네 곁에 없었지… 너와 떨어져 감정의 잔인한 장난에서 허우적거렸네, 내 입맞춤이 감싼 네 입술이, 온통 나를 사로잡네… 결국 나는 간신히 내 할 일을 해냈지, 너의 포옹을 꿈꾸며, 네 품으로 달려가네.

〈La Maza 망치〉에서 잔잔한 기타에 점점 목 높이는 그의 음성이 열기를 품고, 현실에서 점점 퇴색되는 정의와 확신에 대하여 소리 없는 망치질로 다시금 경각심을 불러일으킨다.

…사랑하는 이여, 무슨 소용이 있을까? 채석장이 없는데 망치가 무슨 소용이 있을까? 그것은 단지 박수갈채를 받는 배신자의 대리인이고, 새 옷을 입었지만 과거로부터 온 노예며, 몰락해가는 신들의 숭배자일 뿐, 화려한 외양과 장식을 단 단편적인 기쁨일 뿐이네. 아픔을, 욕망을, 내 믿음을, 순수를, 각각의 상처를, 그 상처를 아물게 하는 것을, 살을 나눈 형제애의 의미를, 내 말을 들어주는 이를, 고통스러운 것을, 내게 남은 것을, 그리고 투쟁을 믿지 않는다면, 무슨 소용이 있나? 채석장이 없는데 망치가 무슨 소용이 있나?

프랑크 페르난데스의 피아노와 따스한 현악으로 연주되는 그의 대표곡 〈Unicornio 유니콘〉은 자유와 이상의 소중함과 고귀함을 일깨우는 그의 여린 미성은 애틋하기 그지없다.

내 푸른 유니콘이 사라졌네, 풀을 뜯게 내버려두었는데 사라져버렸네, 그가 어디 있는지 안다면 얼마라도 지불하겠네, 유니콘이 남기고 간 꽃은 아무 말이 없네. 내 푸른 유니콘이 어제 사라졌다네, 유니콘이 떠나 버린 건지 길을 잃은 건지 알 수 없네, 내게 남은 건 푸른 유니콘뿐이건만. 누구라도 그를 보았다면 제발 알려줘. 얼마라도 지불하겠네… 유니콘과 나는 우정을 나누었다네, 사랑과 진실이 있는 그런, 그는 푸른 뿔로 노래를 만들고 사람들에게 나누어 주었지… 너무 집착하는 것처럼 보이겠지만, 내게 남은 건 푸른 유니콘뿐, 다른 유니콘이 있다 해도, 내가 사랑하는 건 바로 그 유니콘이라네…

이 앨범의 국내 발매처에도 해설에 인용을 하였지만, 영국의 기록영화이론의 창시자인 존 그리어슨John Grierson의 '예술은 거울이 아니다. 그것은 망치이다'라는 말은 본작과 참으로 부합된다. 단지 현실을 투영시키는 것만이 아닌, 현실의 벽을 깨는 망치로서의 그의 음악이 지금도 감동적이고 아름다운 이유이다.

그해 밀라네스Pablo Milanes(1943-2022)와 함께 라이브를 거행하여 〈Unicornio〉와 〈Yolanda〉를 한 무대에 올렸다.

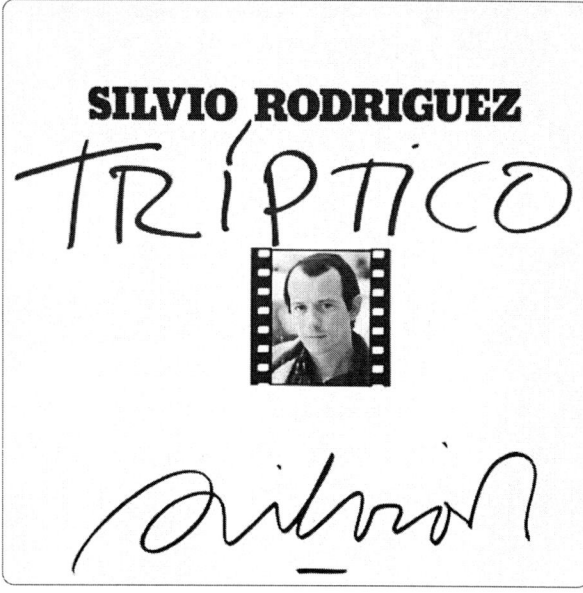

Tríptico

SILVIO RODRIGUEZ

1984 | Fonomusic | 8035-7

I 1. Me Veo Claramente (fragmento)
   2. Domingo Rojo
   3. Nuestro Tema
   4. El Tren Blindado
   5. Mi Lecho Está Tendido
   6. Camino a Camagüey
   7. El Vagabundo
   8. Canción de Invierno
II 1. Llover sobre Mojado
   2. Ángel para un Final
   3. El Vigía
   4. El Dulce Abismo
   5. Reparador de Sueños
   6. Me Veo Claramente
   7. Llueve Otra Vez
   8. El Tiempo Está a Favor de los Pequeños
III 1. Tu Fantasma
   2. Yo Soy como Soy
   3. Leyenda
   4. Yo Te Quiero Libre
   5. Me Acosa el Carapálida
   6. Mi Lecho Está Tendido (inst.)
   7. La Gota de Rocío
   8. Qué Signo Lleva el Amor
   9. Canción para Mi Soldado

《Tríptico 삼부작》은 쿠바혁명 성공의 25주년을 기념하는 앨범이다.

1권은 'Casi Gladys Carmen y un poco de Todos 대부분 글라디스 카르멘과 약간의 모두'란 부제이다.

칠레 출신인 글라디스 델 카르멘Gladys del Carmen(1941-2005)은 1965년과 1970년 하원을 역임하다가 1973년 칠레 육군참모총장 피노체트의 쿠데타로 아옌데Salvador Allende(1908-1973) 대통령이 자살하고 사회주의 정권이 전복되었을 때 네덜란드 대사관으로 피신한 후 중국과 동독으로 떠돌았으며, 그녀가 코스타리카를 방랑할 때인 1976년에는 남편마저 사라져버렸고, 1978년 비밀리에 조국 칠레로 돌아와 지하조직에서 군부와 싸운 인물이다.

서정과 낭만이 담긴 〈Nuestro Tema 우리의 주제〉는 꿈일 것 같았던 그리고 되찾기 위해 너무나 많은 희생을 치러야 했던 일상의 작은 행복과 사랑에 관한 노래이다.

프랑크 페르난데스Frank Fernandez의 피아노 반주와 현악으로 녹음된 〈Mi Lecho Está Tendido 내 침상을 펼치며〉는 첫 권에서 가장 아름다운 곡으로, 글라디스 델 카르멘을 응원하는 찬가라 할 수 있다.

내 침상을 펼치며, 나는 큰 은혜를 입었네, 잠을 청하려 하였지만, 내 마음은 그렇지 못하네. 내 마음을 어디에 벗어두어야 할까? 또한 어떤 마음을 입어야 하나? 당신이 명한 일을 했고 당신은 떠났네. 그리고 지금은 더 이상 바라지도 않아. 내 마음 편히 쉴 곳을 원하는 게 아니야. 여전히 당신을 필요로 하는 은신처에 내 노년을 쉬게 해 줘. 어떠한 대가가 들더라도, 당신의 보호를 저버리지 마. 오늘도 나는 침상을 펴네, 훨훨 날 수 있도록, 오늘도 당신은 내 가슴의 세상에 자리하네, 오늘 새벽은 더욱 외로워.

2권은 엘살바도르의 가장 중요한 문학가이자 혁명인인 로케 달톤Roque Dalton García(1935-1975)에 헌정되었다. 쿠바의 '아메리카의 집Casa de las Américas'과도 인연이 있었던 그는 혁명적 군인이기도 하였는데, 그가 속한 혁명단체의 파벌싸움에 휩싸여 CIA와 공모했다는 혐의를 덮어쓰고 마흔의 나이에 총살되었다.

얇은 현악에 피아노의 눈물이 번지는 〈Ángel para un Final 종말을 향하는 천사〉는 마치 로케 달톤의 무고한 죽음을 피할 수 없었던 슬픈 현실에 대한 반성이 녹아있는 듯하다.

둘 사이에 침묵이 흐를 때, 목소리를 훔친 천사가 지나간다고들 말하지. 그리고 내가 운명과 접촉하고, 우리가 입을 닫고, 우리가 모든 것을 잊어버릴 날, 침묵이 흐르네. 모든 것은 예기치 않은 우연의 만남으로 시작되지, 그러나 밤은 장난꾸러기야, 사랑이 없이 돌발되면 고통스러운 협정의 공물이 되고야 말지, 아니면 지나가는 천사는 전설이 되고, 사랑이 될 거야. 지금 나는 이해했네, 우리 사이에 천사가 지나간다는 것은, 몹시 끔찍하고 잔인하고 공포스러운 일이라는 걸. 지금 나는 모든 것을 알았네, 이 치명적인 침묵은 지나가는 천사의 입맞춤이고, 종말을 향한 천사와의 포옹이라는 걸.

〈Me Veo Claramente 나는 분명히 보았네〉는 안타까운 세월의 비망록으로, 한없이 부드러운 연민을 풀어놓고 있다.

…나는 분명히 보았네, 모든 전쟁에서 동지들의 진군을, 그리고 다른 투쟁에서 백의종군하는 것도. 나는 분명히 보았지, 첫사랑을 떠나보낸 것처럼 기타와 함께 하얗게 지새운 첫 밤을. 나는 주의 깊게 보았지, 우리 사이의 갈등을, 더 많은 것을 진정 갈망했던, 슬픈 축복을. 나는 명확하게 보았네, 사랑의 죽음과, 삶을 이해하려 찾아 헤맨 말들을…

3권은 앙골라를 지원하기 위해 파견되었던 전사자들에게 헌정했다.

잔잔한 기타로 연주되는 〈Tu Fantasma 너의 환상〉는 희생자들의 혼령을 위한 추모곡이었다.

경쾌한 오케스트레이션이 상큼하게 느껴지는 〈Yo Te Quiero Libre 자유 널 사랑해〉에서는 밝은 수평선을 열어둔다.

…자유는 맑은 영혼을 지녔네, 그 날개를 퍼덕일 때 홀로 노래하지, 난 달리고 노래해, 자유를. 자유는 주인 없이 태어났네, 모두의 꿈과 소유로 채울 수 있게 내가 하겠네…

서정적인 현악이 빛나는 〈Qué Signo Lleva el Amor 사랑의 표시〉는 가슴속에 영원히 살아있을 그대의 사랑을 위해 노래를 부르겠다고 다짐한다.

세 장의 왕성한 작품이 출시된 1984년, 그는 군사정부가 막을 내린 아르헨티나를 파블로 밀라네스Pablo Milanes(1943-2022)와 함께 방문하여 〈Te Doy una Canción 네게 주는 노래〉와 〈Unicornio 유니콘〉 등으로 축하했으며, 이 두 명인은 이듬해인 1985년 3월 1일에도 군사통치가 막을 내리고 민정 이양이 이뤄진 우루과이를 찾아 그 기쁨을 민중들과 함께하기 위해 몬테비데오에서 열창했다.

Causas y Azares

SILVIO RODRIGUEZ
CAUSAS Y AZARES

1986 | Fonomusic | 3050

1. Causas y Azares
2. Canto Arena
3. Sólo el Amor
4. Historia de las Sillas
5. Canción en Harapos (fragmento)
6. Canción en Harapos
7. Hallazgo de las Piedras | Te Conozco | Te Conozco
8. Sueño de una Noche de Verano
9. En Mi Calle
10. Cuando Digo Futuro
11. El Pintor de las Mujeres Soles
12. Boga Boga
13. Requiem
14. No Hacen Falta Alas

본작 《Causas y Azares 원인과 위험》은 전년에 작고한 쿠바의 위대한 시인이자 작가 루이스 로젤리오 노게라스Luis Rogelio Nogueras(1944-1985)에 대한 헌정작이다.

그는 '붉은 위치Whichy el Rojo'라는 별칭으로 더 잘 알려져 있으며, 짧은 인생 동안 15,000여 작품을 남겼다. 10대 때 문맹 퇴치 캠페인을 위한 다큐멘터리에서 스크립터 만화가로 활약한 것을 시작으로, 아바나 대학에서 문학을 전공했으며, 편집자와 문학비평, 문학가, 영화 등 다양한 분야에서 활동했다.

실비오 로드리게스는 이 앨범에서 재능이 빛나는 피아니스트 프랑크 페르난데스Frank Fernandez와 다시 협력했으며, 9인조 그룹 Afrocuba의 아프로-쿠반 사운드로 보다 풍부한 퓨전 스타일로 확장되었다.

〈Sólo el Amor 유일한 사랑〉은 연둣빛 피아노의 터치에 아프로-쿠반 사운드가 결합되어 상큼함으로 다가 온다. 루이스 로젤리오 노게라스의 짧지만 강렬했던 인생 사랑에 대한 교훈을 전한다.

…유일한 사랑은, 영속의 빛이요, 유일한 사랑은, 진흙탕을 기적으로 만들죠. 사랑하세요, 시도의 그 시간을, 끝없이 빛나는 그 시간을, 그렇지 않으면 하려고도 마세요. 사랑만이, 경이로움을 낳습니다, 사랑만이 죽음도 불사를 수 있습니다.

기타 서정시 〈Historia de las Sillas 의자 이야기〉는 작가가 집필하며 느꼈을 고충에 대한 예감이다. 이미 1984년 누에바트로바 페스티벌에서 불린 곡이기도 하다.

…노래를 지닌 그는 폭풍도 겪게 되겠지, 연인이 있는 그는 고독을 느낄 거야. 평탄한 길을 가는 그는 경로를 차단하는 위험의 의자를 가지게 될 거야. 그러나 구호의 노래는 좋은 폭풍이며, 연인은 고독으로부터 보호해 줄 거야. 진실의 의자가 가득할지라도, 항상 가속도로 다가오는 절망으로부터 보호해 줄 거야.

아프로-쿠반과 퓨전재즈를 결합한 실험작 〈Canción en Harapos 넝마의 노래〉는 실제 넝마의 "넝마로 살면, 선생, 식탁보 없이 밥을 먹어야 하죠, 냄새나는 뒷골목에서, 욕설을 들으며, 공장지대에서 살기도 하죠"라는 말을 그대로 가사에 옮기면서, 기아와 마르크스주의에 대한 물음으로 정치 사회적 견해를 다시금 질문한다.

〈En Mi Calle 내 거리에서〉에서는 문화적 동지를 잃은 상실과 허무를 노래하며 슬픔에 젖는다.

내 거리에는 잿빛의 보행로가 있네, 당신이 떠난 곳과 시선이 맞닿아 있는 곳. 내 거리에는 길고 하얀 벤치도 있지, 우리가 막혔던 대리석 벽처럼. 하늘이 보이는 긴 창문이 왜 하얗게 비치는지 모르겠어, 세상의 내 거리엔 사람들이 말이 없고 두려움을 관통하지. 이 도시에서 살지 않는다면, 아마도 더러운 나무로 가득하겠지, 내가 뛰어놀았던 곳, 내 거리는 고요하네, 그리고 난 기억이 고르지 않은 과거로 돌아가네. 왜 내가 사랑하는지 모르겠어, 울부짖는 이유도, 살아가는 까닭도. 왜 내가 노래하는지 모르겠어, 눈물짓는 이유도, 죽어가는 까닭도.

루이스 로젤리오 노게라스에 대한 추모곡 〈Requi -em 진혼곡〉에서는 흐느끼는 그의 미성에 피아노와 플루트 그리고 현악이 짧은 미사를 올린다.

…가세요, 당신이 가고 싶은 곳으로, 가십시오, 당신이 기다리는 미래로, 훨훨 날아가세요, 훌륭한 시인이 살아있을 곳으로, 내 노래는 당신과 함께할 것입니다. 더 이상 외롭지 않을 것입니다.

Oh! Melancolía

1988 | Fonomusic | 90.2060-G

1. Cuando Yo Era un Enano
2. Eva
3. Locuras
4. Con un Poco de Amor
5. Jerusalén Año Cero
6. Entre el Espanto y la Ternura
7. Bolero y Habaneras
8. La Prisión
9. La Prisión (Fragmento)
10. Amigo Mayor
11. ¡Oh! Melancolía
12. Yo Soy de Donde Hay un Río
13. Verbos en Juego
14. Hay Quien Precisa (Fragmento)
15. El Extraño Caso de las Damas de Áfricanas
16. Hay Quien Precisa
17. En el Jardín de la Noche

우리가 올림픽에 열광했던 그해, 자국에서 발표한 《Oh! Melancolía 오 슬픔이여》에서 그는 또다시 아프로-쿠반 그룹 Afrocuba와 함께 조우하였다.

20세기 중남미의 주요 작가인 우루과이 출신의 문학가 마리오 베네데띠Mario Benedetti(1920-2009)에 헌정한 〈Cuando Yo Era un Enano 내가 어렸을 때〉는 자유를 아이들에게 되찾아 주고자 하는 푸른 희망가이다.

현실에 충실하고 열심히 살아가는 여인들을 위한 찬가 〈Eva 에바〉에는 행복을 기원하는 따스한 마음을 서정적인 발라드로 담아냈다.

맑은 기타의 선율을 타고 파블로 밀라네스Pablo Milanes(1943-2022)와의 이중주가 투명한 파장을 그리는 간명한 포크 〈Locuras 어리석음〉에는 희망을 향한 광기의 비유적인 의미를 드러낸다.

…매일 범하게 되는 우매함이 있네, 다가올 우매함도 있지. 그렇게 살아있고, 건강하며, 순수한 우매함, 그중 하나로 나는 죽음을 맞이할 거야.

에콰도르 출신의 근대주의 화가 오스왈도 과야사민Oswaldo Guayasamín(1919-1999)에 헌정한 〈Entre el Espanto y la Ternura 공포와 다정함의 사이〉는 아바나 국립예술학교 합창단의 아카펠라 연주가 성스러운 아름다움을 전한다.

…노래의 명암 사이로, 모독과 거룩함 사이로, 공포와 다정함 사이로, 운명이 흐르네, 아래로 위로, 삶과 죽음으로, 공포와 다정함 사이에, 어제와 오늘이 있네. 풋사과와 잘 익은 사과, 지금도, 아직도, 여전히. 공포와 다정함 사이에, 미명이 있고, 사람은 내일을 위한, 내일을 향한 광기를 얻네.

〈Oh! Melancolía 오, 슬픔이여〉는 베토벤Beetho-ven의 〈피아노 소나타 8번 비창〉의 멜로디에 가사를 입힌 작품이다.

…아, 우울해, 말 없는 연인, 지난날 친밀했던 한 쌍. 아, 우울해, 행복의 연인, 난 항상 네 기쁨을 앗았지, 시간 속 여인. 바다로 밀려가 버린 입맞춤. 장밋빛 숨결, 내가 사랑할 수 있는 사람을 말해줘.

동화적인 상상처럼 과감한 가사로 그를 구설수에 오르게 한 〈El Extraño Caso de las Damas de Áfricanas 아프리카인 부인의 기묘한 사건〉은 삶을 빼앗겨 버린 아프리카의 여인에게 그 땅을 돌려주고자 하는 바람을 담았다.

고색창연한 현악선율로 눈이 시린 〈Hay Quien Precisa 필요해〉 또한 걸작이다.

…세월이 지나고, 화재가 없으면, 태양의 자녀들에게 불길이 재개될 거야. 노인을 밀고하기 위해, 가슴을 진압한다면, 수많은 분노가 큰 불길을 일으킬 거야. 사랑의 노래가 필요해, 우정의 노래가 필요해, 태양을 돌려놔야 해, 더 큰 자유를 노래하기 위하여. 평화의 노래가 필요해, 총의 노래가 필요해, 확고한 의지가 필요해, 삶의 이유를 가지기 위하여…

마지막 곡 〈En el Jardín de la Noche 밤의 정원에서〉는 쿠바인 아날도 멘데스Arnaldo Tamayo Méndez에 헌정한 것으로, 그는 소련의 우주탐사팀에서 1980년에 우주비행을 함으로써 라틴아메리카 최초의 우주인으로 기록되고 있다. 몽환적인 재즈가 흐르면, 그는 자신의 꿈이 질주할 수 있게 밤의 소유자가 되고 싶다고 힘을 실어 노래한다.

피노체트 군부독재가 막을 내린 칠레의 1990년 3월 마지막 밤, 그는 산티아고 국립운동장을 찾아 빅토르 하라Victor Jara(1932-1973)를 기리며 〈El Hombre Extraño 이상한 사람〉을 노래했다.

이후 그는 꾸준히 누에바트로바 작품을 내놓았고, 2010 6월 4일 미국의 카네기 홀에서 공연을 가졌다.

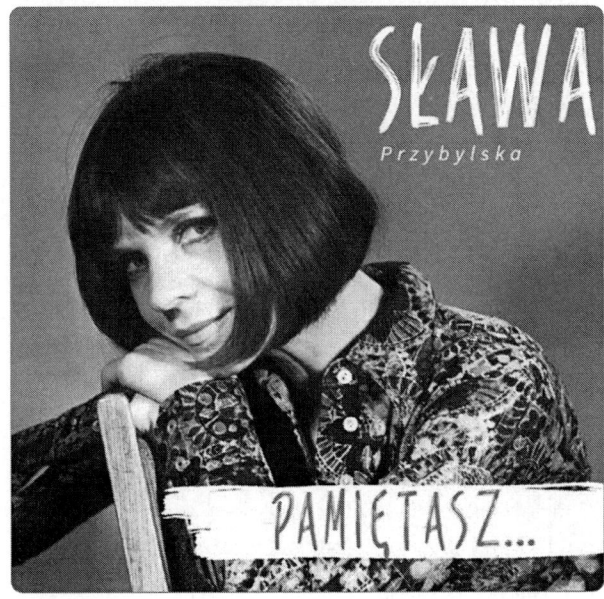

소녀의 기도
Sława Przybylska ● 스와바 프시빌스카
Poland

19세기 중엽에 활동했던 폴란드의 여류 작곡가 테클라 바다르체프스카Tekla Badarczewska(1937-1961)의 피아노 소품 〈A Maidens Prayer 소녀의 기도〉는 화려한 기교가 돋보이는 아름다운 명곡이다. 초등학교 시절 점심시간을 알리는 벨소리로 처음 듣게 되었지만, 영롱하게 변주되어 맺히는 소망의 멜로디를 들으면서, 과연 작가에게 영감을 준 그 소녀는 어떤 기도를 올렸을까 생각해 보곤 했다.

오랜 세월이 지나 스와바 프시빌스카의 음악을 들으면서, 그녀가 전쟁통에 어둠에 숨어 올렸을 평화와 예술을 향한 꿈의 기도가 자연스레 겹쳐진다.

1932년생인 스와바 프시빌스카는 16세기 때부터 유대인들이 정착해서 살았던 미엥지제츠포들라스키Międzyrzec Podlaski에서 출생했다. 제2차 세계대전 이후, 그녀는 폴란드 남부 크세소비체Krzeszowice의 청소년의 집에서 위탁되어 자랐다. 국립예술학교를 졸업하고, 바르샤바 외무대학에서 대외무역을 전공하면서도 학생 클럽과 카바레에서 가수로 일하기도 했다.

1957년에 폴란드 라디오방송 주최 아마추어 가수 경연 대회에 참가하고, 이듬해 보이체흐 하스Wojciech Has 감독의 영화 「Farewell, 1958」에서 〈Pamiętasz Była Jesień 가을이었음을 당신은 기억하나요?〉를 부르게 되었고, 이 노래가 엄청난 인기를 얻어 1960년에는 자신의 리사이틀을 열어 대중음악계에 모습을 드러냈다.

1962년에 셀프 타이틀로 정식으로 데뷔하였으며, 러시아와 동유럽 국가의 폴란드어 라디오방송들과 영화음악에 참여하는 등 1970년대까지 꾸준히 앨범을 발표한다.

이후에는 연극배우로도 활동했고 세계 각국을 돌며 주로 극장과 카바레, 축제 등 라이브 활동으로 폴란드 음악을 알렸다.

1990년대는 문화예술협회장에 이어 국제 페스티벌 예술감독으로 일했으며, 1997년 예술 활동 40주년을 맞아 크바스니엡스키Aleksander Kwasniewski 전 대통령으로부터 폴란드 문화부흥훈장을 받았다.

폴란드 라디오방송 90주년이었던 2015년에 가장 영예로운 아티스트에게 1995년부터 시상했던 다이아몬드 마이크로폰상이 주어졌다.

U Brzegów Candle Rock

1970 | Polskie Nagrania | PNCD 679

1. U Brzegów Candle Rock
2. Pisz Do Mnie Listy
3. Tulić, Nie Tulić
4. Ballada Pięknej Płatnerki
5. Przeciąga Kawaleria
6. I··· Inni
7. Msza Miłosna
8. Jak Zostanę Wielką Panią
9. Czarne Maki
10. Ballada O Nieświętej Dziewczynie
11. Smutno Samolotom na Ziemi
12. Jeszcze Nie Wieczór
13. Królowa Barbara

본작 《U Brzegów Candle Rock 촛불 바위의 해변가에서》는 1970년대를 여는 대표작으로, 당시는 공산당이 집권하던 시절이었다. 그럼에도 그 시절 서유럽의 낭만적인 음악을 연상시키는 달콤함이 마련되어 있다. 아마도 그 억압과 불행을 음악으로 이겨나가고픈 열망이 아니었을까.

타이틀곡 〈U Brzegów Candle Rock 촛불 바위의 해변가에서〉는 어김없는 걸작이다. 파도 소리가 시원스레 공감각을 열면, 피아노와 함께 그녀의 낭송이 이어진다. 곧 서글픈 침울감이 넘실거리고 스캣과 함께 운명의 오케스트레이션이 비장한 파도와 함께 일어선다.

동화는 운명에 대한 믿음과 연결되어 있네, 그건 스피츠베르겐 근처 머나먼 북쪽 어딘가에 있다고들 하지, 혹은 아마도 프란츠 요셉의 섬나라 인근에 있는지도 몰라, 바다 위에 놓인 외로운 바위섬에, 북극의 백야를 환하게 불태우는 수백만의 촛불들이 있네, 그 하나의 촛불은 사람들의 생명이야, 불꽃심이 아래로 까맣게 꺼지면 그 사람도 생명을 다하지, 아무도 그곳이 어딘지 몰라, 밤이 촛불 바위로 잦아들면, 불꽃은 양초를 태우고, 촛농은 눈물을 흘리네, 시간이 달아나도 하나의 촛불이 우리 모두의 운명을 밝히지, 셀 수 없는 나날들이 지나가고, 고요만 남더라도, 누구도 불꽃을 소멸할 순 없네, 나는 여기 쭉 있었고, 당신의 나날이 촛불 바위에서 끝을 다하는 걸 봐왔어, 오늘도 나는 당신의 주위의 수많은 촛불들을 봤네, 이미 작은 불꽃들은 아래로 떨어지고 있어, 나는 운명을 속이길 바랐네, 그리고 죽음을 기다렸어, 그리고 침묵의 공포에 서 있었지, 촛불 바위의 해변가에서.

〈I··· Inni 그리고 다른 이는〉에는 진한 현악의 고풍스러운 향기가 흐른다. 왈츠풍의 템포를 따라 여운을 남기는 교회 종소리도 열망의 기도를 향해 울린다. 이는 삶이란 극장에서 주어지는 배역과도 같이 모두 다른데, 반대편 해안에서는 무죄인 사람들이 모두 평등하다고 꼬집는다.

〈Jak Zostanę Wielką Panią 좋은 여자가 되는 방법〉은 화려한 피아노의 즉흥에 붉은 집시 바이올린의 아찔한 기교가 애절함을 가른다. 빈곤한 현실에서 꿈꾸는 그녀의 우아한 현실도피의 갈망은, 차라리 모든 시름을 놓고 멋지게 치장하고 말을 타고 자유롭게 떠나는 집시여인이었다.

〈Ballada O Nieświętej Dziewczynie 불경스러운 여인의 발라드〉는 짝사랑하는 남자와의 사랑과 행복을 바라는 기도로, 성스러운 교회 오르간의 도입부에서 애틋한 왈츠풍의 템포에 실리는 허밍과 오케스트레이션이 매우 로맨틱하다.

뒤의 3곡은 CD로 재발매되면서 보너스로 수록된 것인데, 현의 선율이 우아하기 그지없는 〈Jeszcze Nie Wieczór 황혼이 오기 전〉은 이별의 시간이 가까워졌음을 슬퍼하는 노래로 고색창연한 가을의 쓸쓸함에 젖게 된다.

영광의 대관식 찬가 〈Królowa Barbara 바바라 여왕〉은 지그문트 2세의 배우자로서 폴란드의 여왕이자 리투아니아 공국의 대공작 부인이었던 바바라 라츠빌Barbara Radziwiłł(1520-1551)을 주인공으로 하고 있다. 미망인이었지만 빼어난 미모로 여러 귀족과 염문을 뿌렸던 그녀는 왕과 비밀결혼한 후 귀족들의 반대를 물리치고 마침내 여왕의 자리에 등극, 그러나 채 일 년이 못가 병으로 짧은 생을 마감했다. 이러한 그녀의 가련한 인생에 영혼의 안식가를 올린다. 그녀의 인생만큼이나 드라마틱한 이 오페라는 후련하고 강렬하다.

1993 | MTJ | CD10462

1. Ojfn Pripeczik
2. Szejn Wi Di Lewune
3. Erew Szel Szoszanim
4. Rebeka
5. Josełe Majn Krojn
6. Rabejnu Tam
7. Majn Sztetełe Bełz
8. Tak Jak Malował Pan Chagall
9. Frajtik Ojf Der Nacht
10. Szabes Ojf Der Gancer Wełt
11. A Sidenju
12. A Dudełe
13. Der Hejliker Rebe
14. Hamawdil A Gite Woch
15. Jaase Szalom

《Piesni I Piosenki Zydowskie 유대인의 노래》는 그녀의 고향 미엥지제츠포들라스키Międzyrzec Podlaski에 헌정하는 작품이 아닐까 싶다.

동유럽에 흩어져 살았던 고대 유대인의 후예 아슈케나지Ash-kenazi는 이베리아반도로 이주하여 살았던 세파르디Sephar-di와 마찬가지로 유대 문화를 중심으로 하여 독자적으로 발전시키며 살았다. 폴란드에 정착하여 살았던 유대인들은 역사를 거치며 오스트리아와 독일에 편입되기도 하였으며, 20세기에는 히틀러의 학살로 희생되거나 자신의 터를 버리고 떠나야 했지만, 이후 그들이 공동사회의 땅에 심어놓은 문화는 후예들에 의해 재건되며 연구되고 있다.

중앙 및 동유럽에서 사용되던 유대인 언어 이디시Yiddish어로 노래한 〈Oyfn Pripeczik 난롯가에서〉는 우크라이나에서 출생한 포크 싱어송라이터 마르크 마르코비치 바르샤프스키 Mark Markovich Warshawsky(1848-1907)의 노래로, 유대인들에게 가장 사랑받고 있는 노래 중 하나이다. 이는 학생들에게 히브리어 알파벳을 가르치는 랍비의 노래라 한다. 애절한 바이올린의 선율과 피아노 반주에 의해 노래하는 그녀의 울먹이는 듯한 호소력이 애틋한 서정을 남긴다.

들어본 듯한 멜로디로 친숙함을 느끼게 되는 민요 〈Erew Szel Szoszanim 장미의 저녁〉은 애달픈 사랑 노래이다.

…이 밤은 천천히 오네, 장미의 바람을 타고, 너에게 노래를 속삭일 수 있게 해줘, 사랑의 노래를, 한 마리 비둘기가 속삭이는 새벽녘이 되면, 넌 머리 위로 이슬을 한가득 맞은 채, 장미를 닮은 입술로 내게 오겠지, 난 스스럼없이 입맞춤을 할 거야.

구슬픈 피아노 탱고 〈Rebecca 레베카〉는 폴란드 유태인 음악가이며 피아니스트였던 지그문트 비아오스토키Zygmunt Bia-łostocki(1897-1942)가 작곡을, 가사는 안드르제이 바스트An-drzej Włast(1885-1942)가 쓴 작품으로, 당시 바르샤바의 나이트클럽과 커피하우스 그리고 식당에서 많은 인기를 얻었

으며 1932년에 소피아 테르네Zofia Terne란 가수에 의해 처음 레코드로 취입되었다고 한다. 레베카란 여성과의 사랑과 결혼을 갈망하는 한 사내의 열정이 그려진다.

애절한 로망스 민요 〈Yosele Majna Krojn 요셀레 나의 왕자〉는 마치 뮤지컬의 한 장면을 보는 듯하다.

피아노의 잔향이 부드러운 향기를 남기는 〈Majna Sztetełe Belz 작은 마을 벨츠〉는 1932년 뉴욕에서 공연된 오페레타 「Dos Lid Gun Ghetto 빈민가의 노래」에서 소프라노 이서 크레머Isa Kremer(1887-1956)가 고향을 그리워하며 불렀던 노래이다. 이디시어의 원곡은 몰도바의 도시를 지칭하는 것이지만, 폴란드에서는 우크라이나의 도시로 잘못 알려져 불렸다고 한다.

복고풍의 재즈 오케스트레이션에 바이올린 독주가 돋보이는 〈Tak Jak Malował Pan Chagall 샤갈의 그림처럼〉에서는 낭만적인 샤갈의 풍경과는 다른 고향의 슬픔과 향수가 진하게 퍼진다.

고향을 떠나 유랑하다 뿌리를 내리고 자신들의 고유문화를 향유하며 산 유대인들의 애환이 녹아있는 본작으로 아슈케나지의 삶을 간접적으로나마 살필 수 있다는 것에 고마움을 느끼게 된다.

Modlitwy Poetów

2007 | Polskie Nagrania | PNCD 871

1. Hymn Słoneczny
2. Modlitwa Polska
3. Róża
4. Modlitwa Mojej Matki Przed Zmrokiem
5. O Gwiazdę Kojącej Pogody
6. Święty Franciszku Z Asyżu
7. Moja Wina
8. Szewczyk
9. Spoza Nas
10. Cichą Noc, Boże
11. Moja Piosenka
12. Pobłogosław Panie Boże
13. O Kraju Mój

2001년에 은퇴를 선언하여 아쉬움을 주었던 그녀는 음악 인생 50주년이 되던 해 신보 《Modlitwy Poetów 시인의 기도》으로 다시 무대에 올랐다. 완숙한 목소리에서 느껴지는 인생을 바라보는 여유의 시선은 감동을 넘어 감격에 다가선다. 고목이 놓인 화창한 해변에서 인생의 환희에 젖어 있는 듯한 모습은 젊은 활력마저 느껴진다.

어린이 합창단과 함께 한 〈Hymn Słoneczny 햇살의 찬가〉는 창조주 하나님의 우주와 생명 탄생에 대한 경배와 영광을 찬양한 추수감사절 노래이다. 은혜롭고 온화한 서정의 멜로디는 별밤에 내리는 은총의 빛처럼 영롱하다.

피아노의 뭉클한 터치와 웅장한 오케스트레이션으로 아련함을 더하는 〈Modlitwa Polska 폴란드의 기도〉는 모국의 미래를 구원하는 기도로, 너무나 많이 흘린 혈흔과 죽음의 역사로 잊어버렸던 미소를 되찾게 해달라는 간절함이 묻든다.

가슴에 바람이 스치는 〈Róża 장미〉에서는 한여름의 폭풍을 견뎌낸 장미의 기적 같은 향기에 완전한 행복을 느끼며 창조주께 감사를 올린다. 목가적이면서도 우아한 현악의 서정이 애잔하다.

〈Modlitwa Mojej Matki Przed Zmrokiem 어두워지기 전 어머니의 기도〉는 따스하기 그지없다. 천재지변과 어둠으로부터 요람의 아이들과 가축들이 안전하고 무사하기를 비는 가난한 농군 아낙네의 작은 소원이 밤의 침묵으로 번져간다. 그녀의 바람대로 검은 밤하늘에는 밝은 별들이 총총히 뜨는 풍경이 그려지는 듯하다.

〈O Gwiazdę Kojącej Pogody 날씨를 달래는 별이여〉는 밝은 왈츠풍의 경쾌함이 드리워진다. 마당 가운데 선 높은 나무가 뒤집어쓴 연기와 먼지를 씻겨내고 메마름을 촉촉이 적실 수 있는 생명의 비를 내려달라고, 그리고 편안히 잠자리를 허락해 달라는 기도이다. 그러나 이는 마치 장성한 자녀의 건강을 염려하는 노모의 자애와 온정으로 느껴진다.

엄중한 오케스트레이션과 관악기의 랩소디가 이어지는 〈Święty Franciszku Z Asyżu 아시시의 성 프란체스코〉는 서글프고도 후련한 감정에 휩싸인다. 성자의 충직함을 감히 흉내 낼 순 없지만, 자연의 경이로움에 감사를 올리며 자신을 성찰하는 고해성사가 너무나 서정적  이다.

아름다운 동화 〈Szewczyk 제화공〉에는 하나님의 은혜에 화답하기 위해 그를 위한 신발을 짓기로 하는 제화공의 행복한 고충이 기록되어 있다.

현대적인 감각의 우울한 재즈 〈Spoza Nas 우리 뒤에〉는 용기와 위로를 안겨준다.

…바다 위를 걷는 것을 두려워하지 마세요… 실패를 두려워 마세요… 사랑은 당신을 위험에 빠트리지 않습니다… 우리 뒤에는 지켜주는 그분이 있으니까요…

샹송의 멜랑꼴리 감성이 채워지는 〈Cichą Noc, Boże 고요한 밤 거룩한 밤〉은 자장가로, 이 세상 모든 이가 평온함으로 휴식하고 범죄자라 할지라도 오늘 밤 안식할 수 있게 지켜달라는 성모 마리아를 향한 구원과 감사가 그려진다.

역시 온유함으로 가득한 발라드 〈Moja Piosenka 내 노래〉에 이어, 풍년을 기원하는 농군의 찬송이 민속적이고도 연극적인 사운드로 연출되는 〈Pobłogosław Panie Boże 오 축복의 하나님〉, 그리고 마지막을 장식하는 〈O Kraju Mój 내 나라여…〉는 비장의 행진곡으로 추방자의 고향에 대한 그리움과 나라에 대한 사랑을 뜨겁게 그리고 있다.

이후 스와바 프시빌스카는 러시아의 시인 불라트 오쿠자바 Bulat Okudzhava(1924-1997)를 노래한 《Mój Okudżawa 나의 오쿠자바, 2015》를 발표하며 예술을 사랑하는 소녀의 기도를 올렸다.

자신의 히트곡을 부른 《Pamiętasz… 당신은 기억하시나요?, 2017》, 그리고 2023년에 신곡 〈Tańcząca Brzoza 춤추는 자작나무〉을 발표했다.

베네수엘라의 붉은 보석
Soledad Bravo • 솔레다드 브라보
Venezuela

1943년에 출생한 독특한 이름의 솔레다드 브라보는 스페인의 중북부에 위치한 로그로뇨Logrono에서 태어났다. 부친은 스페인 내란 때 공화파였고, 스페인 내전에서 왕당파가 승리하며 프랑코 독재가 계속되자 그녀의 나이 8세 때 베네수엘라로 이민을 가게 된다.

1967년에 베네수엘라 센트랄 유니버시티에서 문학과 심리학, 건축을 공부했으며, 이를 병행하면서 노래를 부르기 시작했다.

시인 로르카Federico Garcia Lorca의 〈Amor de Don Perilim-plin con Belisa en Su Jardin 정원에서 돈 페리림플린이 벨리사와 나눈 사랑〉을 노래하는 그녀에 감명 받은 저명한 비평가 소피아 임베르Sofia Imber는 그녀를 'Buenos Dias'라는 아침 TV쇼에 출연시킨다. 이는 그녀를 '그동안 베네수엘라가 기다려왔던 떠오르는 스타, 현재의 예찬받는 가수'가 되기까지의 그녀를 있게 해 준 계기가 되었다.

부친의 정치적 성향을 물려받은 그녀는 이듬해 《Soledad Bravo Canta, 1968》라는 데뷔작을 녹음했는데, 이는 즉각 성공적인 반응을 거두었다. 그녀는 새로운 모국으로의 여행을 통해서 성공을 점칠 수 있었다.

1969년에는 남미의 인기 있는 곡들과 민요를 담은 두 번째 앨범을 발표, 방방곡곡에서 사람들은 그녀에게 '위임된 가수'라는 찬사를 붙이기 시작했고, 그녀는 이러한 인기에 표류되지 않고 오직 그녀가 해야 한다는 마음가짐으로나마 노래를 부르며 팬들에게 화답했다.

더블 앨범 《Soledad Bravo en Vivo, 1972》을 발표한 후 그녀는 페루의 리마Lima에서 거행된 'Agua Dulce Popular Festival'에 참가했고, 1973년에는 쿠바의 음유시인 파블로 밀라네스Pablo Milanés(1943-2022)와 실비오 로드리게스Silvio Rodríguez의 노래를 부른 《Canciones de la Nueva Trova Cubana》를 발표했다.

미국의 한 음악잡지가 그녀의 목소리를 그 자체가 희귀한 악기라 호평할 만큼 라틴아메리카의 가장 아름다운 목소리의 소유자 중 한 사람이다. 장르가 바뀔 때마다 그녀는 그 노래에 맞게 색다른 창법을 구사한다.

Soledad Bravo | Rafael Alberti

Soledad Bravo Rafael Alberti

1978 | Sony | 42-477423

1. Coplas de Juan Panadero
2. Juan Panadero en America
3. Que Trata de Espana
4. A la Soledad Me Vine
5. A Pablo Neruda en el Corazon
6. Tarde de Otoño
7. A Cariz, Base Extranjera
8. Rota Oriental, Spain
9. Ven Mi Amor
10. Al Pueblo de Brasil
11. Balada del Posible Regreso
12. Balada del Parana
13. Yo Mataba a los Murcielagos

1976년에 스페인으로 연주여행을 떠난 그녀는 스페인 국민들의 환대에 감동받아 4년의 기간을 머물며 음악 작업을 할 것을 결심한다.

그녀는 스페인의 유명 시인 라파엘 알베르티의 시를 녹음했고, 알베르티는 그녀의 스튜디오에서 음반 작업에 참여하게 된다. 음악과 문학의 조우에는 삶의 아름다운 서정과 현실 저항의 시로 채워져 있으며, 깊숙이 베인 슬픔의 관조는 강렬한 흡인력과 함께 깊은 인상을 남긴다.

라파엘 알베르티Rafael Alberti(1902-1999)는 스페인 남부 안달루시아의 항구도시 카디스Cádiz에서 태어나 아름다운 자연 속에서 어린 시절을 보냈다. 너무나 자유로움을 만끽했던 그는 마드리드로 이사하고는 학교에서 쫓겨난 뒤, 그림 그리기에 전념했다고 한다. 1920년에는 부친의 죽음으로 처음 시를 쓰게 되었고, 그림 이상의 풍부한 표현의 매력에 빠져 시인이 될 것을 희망했다.

1924년에 시인 로르카Federico Garcia Lorca(1898-1936)와 초현실주의 화가 달리Salvador Dali(1904-1989) 등 지식인과 예술인들과 접촉하게 되고, 「Marinero en Tierra 뭍의 뱃사공」으로 스페인 국민문학상을 수상했다.

1930년대에는 공산당을 추종하여 혁명적인 시를 발표했으며, 스페인 내란에 즈음하여 무정부적 위기의식으로 정치적인 시를 썼다. 내란이 끝날 무렵 아내와 함께 망명하여 파블로 네루다Pablo Neruda(1904-1973)와의 우정을 쌓았던 파리에서부터 아르헨티나, 칠레, 그리고 동유럽, 중국 등 37여 년 동안 여행했다.

1963년에 로마에 정착한 후 피카소Pablo Picasso(1881-1973)와의 우정을 쌓기도 했으며, 그동안 많은 작품을 발표한다.

1977년에 기나긴 망명생활에 종지부를 찍게 되고, 1983년에는 스페인어권의 노벨문학상이라 불리는 세르반테스상El Premio Cervantes을 수상한다.

1996년에는 고향으로부터 '카디스의 총아Hijo Predilecto de la Provincia de Cádiz'라는 찬사와 함께 엘푸에르토데산타마리아El Puerto de Santa María의 종신 시장으로 지명되었다.

1977년 로마에서의 망명생활이 끝날 무렵 솔레다드 브라보와 만나게 된 알베르티는 강변의 소나무 숲을 거닐고 카디스 해안의 모래 속에 책과 옷을 묻고 바닷물에 몸을 담그며 지낸 어린 시절의 추억에서 근거한 낭만적인 언어에서부터 기나긴 망명생활을 거치며 내면에 속삭이는 투쟁과 저항, 고뇌에 찬 영혼의 폭로 등의 검은 심연의 세계를 거쳐 세상을 매력과 신비의 눈으로 바라보는 인류애까지 아름다운 시로 담아냈다.

물론 스페인 전통 가곡과 민요 등의 가락과도 같은 구슬프고 맑은 선율은 솔레다드 브라보의 작곡이었다. 그녀의 노래와 라파엘 알베르티의 낭송이 번갈아 위치하는 것도 기억에 남는다.

첫 곡 〈Coplas de Juan Panadero 후안 파나데로의 시〉는 비애미가 서려있는 잔잔한 기타에 브라보의 강렬하고 뜨거운 감정이 느껴지는 서정적인 곡으로, 중간에 브라보의 육성으로 시를 들을 수 있는 라틴 포크의 명연이다. 본래 라파엘 알베르띠가 작시하고 우루과이 누에바깐시온의 아이콘 다니엘 비글리에티Daniel Viglietti(1939-2017)가 1970년에 노래했다. 담담한 어투의 비글리에티의 노래와 기타도 감동을 자아내지만, 긴장 어린 브라보의 떨리는 음성은 더더욱 따스한 간절함이 묻어난다.

나의 통기타는 더 이상 울림통이 아니네, 그것은 스페인이 겪는 감옥이지. 나무로 둘러싼, 어떤 이도 탈출할 수 없는 나무로 만든 감옥. 선율은 내 목소리를 지나 작은 철창을 통해 전달될 뿐. 핀도 아니고 열쇠도 아닌 그 무엇이 내 마음의 빛을 조이는가? 지금 나는 자신을 노래 속으로 밀어 넣네, 그것이 모래가 씻겨가는 바다보다 많은 피를 데리고 갈 수 있게. 지금 추락한 누군가에게 노래가 있고, 그것은 밀밭에서 생겨나 이 땅에 존재하지. 내 인생 최고의 슬픔은 내 어깨로부터 총을 내던지게 하고, 전투의 최고조로 몰고 가네. 그 어떤 것도 나를 막을 수 없는 이 저항은 태풍의 중심에 선 황소와 같지. 결국 나를 상처 입히고 죽음으로 몰아가지만, 결코 나를 가를 수 없네! 지금 나는 이름을 원해, 내 이름이 아닌, 왜냐면 내 것은 다른 이의 이름과 닮았기 때문이야. Gómez Gayoso의 피여, 순결하고도 용감한 피, Antonio Seoane, Diéguez, Larrañaga, Roza, Cristino y Vía의 피, 피의 계곡이여, 피의 산야여! Agustín Zoroa의 피, 바다에 뿌려진 피여! Manuela Sánchez의 피! 스페인의 귀중한 혈흔이여! 나는 피로 물든 이름들이 계속되길 바라지 않네, 내 기타도 피를 토하기 때문이야, 내 기타는 이미 여러 번 죽었지만, 그 소리는 계속될 거야, 스페인의 저항을 노래하면서, 그 노래는 계속될 거야, 그 항거는 이어질 것이니, 새벽에 수탉이 울음을 멈추는 그날까지.

알베르티의 육성으로 〈Juan Panadero en America 아메리카의 후안 파나데로〉를 낭송한다.

절망에 대한 연민, 구속으로부터의 해방, 불합리에 대한 강력한 거부 등 인권을 주창하는 〈Que Trata de Espana 떠오르는 에스파냐〉는 감격적인 또 하나의 명곡이다. 애절한 플루트와 현악, 드럼의 행진에 전율이 흐른다.

철조망과 고문과 웃지 못할 일들이 벌어지는 여긴 스페인이라네, 스페인은 침묵하지 않고 침몰하지 않을 것이네, 앙앙하고 점점 더 거세질 것이네, 세상에서 혼자가 아니야, 비명으로 목청이 마를지라도, 다른 목소리와 또 다른 손이 규합할 것을 알고 있네. 여긴 스페인, 이미 일어나고 있어, 이미 자유의 불길로 가슴은 뛰고 있네, 결코 다른 곳이 아니야, 잊지 마! 여기가 바로 스페인이야.

〈A La Soledad Me Vine 내게 다가오는 고독〉은 알베르티의 송시가 전주와 간주의 역할을 하는 구성 속에 눈물이 말라버린 듯한 브라보의 목소리에 알베르티의 망명생활에서 오는 고독감이 그려진다.

고독에 젖어들었지, 차라리 망각의 강으로 가려고, 그리고 강조차 없는 절대 고독 속에서, 핏물이 흐를 때, 망각의 강으로 건널 수 없는 고독만이 흐를 뿐이네. 그러나 결코 잊을 수 없는 그것. 지금 그 어떤 새로운 것도 상관없네, 오래된 것과 최근 것이라도. 내 인생에서 중요한 그것. 내가 모든 노래를 떠나더라도, 그 노래들 속에서 삶은 계속될지니.

알베르티가 친구인 칠레의 파블로 네루다에게 보내는 짧은 송시 〈A Pablo Neruda en el Corazon 파블로 네루다와 마음〉에는 우정과 그리움이 묻어난다.

〈Tarde de Otoño 늦가을〉에는 한 인간으로서 느끼게 되는 존재에 대한 외로움을 붉게 물든 잎사귀가 바람에 떨어지는 늦가을에 빗대어 잔인하도록 슬픈 서정을 그린다.

…아무도 날 보지 않고 내게 말 걸지 않는다면 난 울고 싶네. 당신은 어디로 가고 있는지 알고 있나? 다 왔는지 혹은 더 가야 하는지 말해 줄 수 있나? 영원히 시력이나 혹은 말을 잃는다면 당신이 도달했을 때 즉시 멈추어야 할지 알 수 있을까?…

고향을 향한 서정시 〈A Cariz, Base Extranjera 이방인의 카디스 해안〉에 이어, 〈Rota Oriental, Spain 동방의 뱃길, 스페인〉은 장조의 곡으로 흥겨운 민요의 가락이 희망을 싣고 항해한다.

〈Ven Mi Amor 내 사랑이여 오라〉는 맑은 피아노와 바이올린으로 연주되는 우울한 연가로, 고뇌에서 사랑을 갈구한다.

오라, 내 사랑이여, 아이에네강의 오후를 넘어서, 나와 함께 앉아 바람을 보렴, 네가 없는 동안, 난 오로지 생각했지, 당신과 함께 오가는 그 바람을 보면서… 이것은 당신을 향한, 내 안에 있는 노래야, 그리고 나는 오가는 바람 속에 있고, 바람 속에서 나는 항상 널 바라보네.

〈Al Pueblo de Brasil 브라질의 한 마을에서〉에서는 열기를 품은 라틴 기타와 비애의 현악이 중반부를 넘어서면 시원한 삼바로 탈바꿈한다. 점점 굵어지고 우렁찬 그녀의 가창은 1964년 군사독재와 1973년 오일 쇼크 이후의 불황에

도 민족해방운동과 혁명운동 등으로 희망을 키워온 브라질을 향해 격려와 응원을 보낸다.

나는 안다네, 테러와 수많은 전쟁, 내가 추방당한 망각을 겪었지, 끔찍하고 치명적인 시간들, 어두운 밤의 나날들, 독재의 그림자. 오랜 살인적인 꿈들, 방향을 잃은 사람들과 길거리에서 쓰러져간 주검들. 브라질의 눈물과 슬픔, 마음속의 환희, 꽉 죄인 사슬. 바다의 형제, 정글의 동지, 내 형제, 위대한 리우의 군주를 나는 노래하고 싶네… 환희에 찬 삼바. 불꽃과 꽃들, 문들, 닫힌 애도심은 빛과 열로 타오를 거야. 평화의 브라질, 달콤하고 강렬한, 죽음에서 탈출한 어린아이의 선반질. 그 모든 브라질 사람들에게, 자유를 얻은 부드러운 바람의 승리가 결국 돌아올 거야.

귀국에 대한 희망을 담은 〈Balada del Posible Regreso 귀환의 발라드〉에 이어, 〈Balada del Parana 파라나의 민요〉는 안달루시아에 대한 사랑을 담은 것으로, 온화한 전원적 풍경을 그린다.

오늘 파라나는 숨 쉬네, 오렌지 꽃향기와 함께, 나는 오렌지 꽃과 함께 걸어가네, 나를 부르는 해안으로 간다네, 내가 잘 아는 오래된 해변에 앉았지, 그곳은 오렌지 숲 안의 바다였지, 나는 간다네, 난 멈추지 않겠네.

끝으로 〈Yo Mataba a los Murcielagos 나는 박쥐를 죽였어〉라는 알베르티의 짧은 낭송으로 본작이 마무리된다.

뒤 커버에는 알베르티가 솔레다드 브라보에 보내는 '솔레다드 브라보의 무도곡'이라는 송시가 친필로 적혀있다.

…솔레다드는 항상 노래한다. 자유와 함께 걷는 세계의 봄을…

이듬해 그녀는 프랑스 파리 라빌La Ville 극장에 섰다.

Cantos Sefardies

1980 | Last Call | 3116402

1. Los Biblicos
2. Cuando Veo Hija Hermos
3. Una Pastora Yo Ami
4. Po la Tu Perta Yo Pasi
5. Durme, Durme
6. Para que Quiero Mas Bivir
7. Por que Llorax Blanca Nina
8. Arovolicos d'Almendra
9. El Rey de Francia Tres Hijas Tenia
10. Una Matica de Ruda
11. Esta Montana d'Enfrente
12. Dos Amantes Tengo la Mi Mam
13. Al Ruido de una Fuente

본작 《Cantos Sefardies 세파르디의 노래, 1980》는 안달루시아에 전해 내려오는 유대인들의 민요를 담은 앨범이다. 세파르디Sefardi란 스페인과 포르투갈에 살던 유대인들의 후예를 일컫는데, 711년 이슬람이 팔레스타인을 정복할 당시 추방당한 유대인들은 이곳으로 유랑했으며, 또다시 1492년에 유대인 추방령으로 대부분 북아프리카, 이탈리아, 터키 등지로 떠나야만 했던 비운의 역사를 지닌다. 그들은 새로운 전통을 이어가며 문학과 철학 등 훌륭한 사회문화를 창조했었다.

세파르디 민요의 대표곡이라 할 수 있는 〈Los Biblicos 종달새〉는 스페인으로 부임한 오스만 대사와 라틴 처녀와의 사랑 이야기로, 서로의 소식을 전하고픈 절절함을 노래했다.

장미가 만발하는 오월의 오늘, 내 영혼은 혼미해, 사랑으로부터 구원해 줘. 종달새는 꽃들 속에서 노래하고, 내 영혼과 내 운명은 네에 좌우되지. 비둘기처럼 날아서, 좀 더 빨리 내게로 와. 더 빨리 내 마음을 보러 와. 내가 죽기 전에 구해줘.

〈Una Pastora Yo Ami 나의 친구 목동〉은 외로운 양치기 소년을 향한 사랑 이야기로, 쓸쓸한 가을의 서정을 바이올린의 애절함으로 그려내어 멍든 가슴을 위로한다.

〈Durme, Durme 잠들라 잠들라〉는 힘든 일을 끝낸 후 우는 아기에게 젖을 먹이고 자장가를 불러주는 애틋한 모성애를 그렸다. 슬픔을 달래고 위안하는 그 자애는 자식의 무탈한 성장을 빈다.

마치 중세의 궁중음악처럼 중후한 분위기에 애잔한 동화를 들려주는 〈El Rey de Francia Tres Hijas Tenia 프랑스 왕에게는 세 딸이 있었네〉는 동극을 보는 듯하다.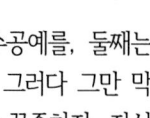

프랑스 왕에게는 세 딸이 있었네, 첫째는 수공예를, 둘째는 바느질을, 막내 공주는 자수를 하고 있었어, 그러다 그만 막내는 단잠에 빠지게 되었고, 이를 본 왕비가 꾸중하자, 자신이 꾼 꿈에 대해 이야기했다네. '발코니로 가니 황금으로 된 기둥이 나타났어요, 노래하는 세 마리 참새가 황금 기둥 주위를 날아다녔어요, 욕실의 창 너머로는 종달새가 쪼아대는 사과나무가 있었죠. 그 위로 보름달이 떠 있었고 그 주위에는 12개의 별이 떠 있었어요. 황금 기둥은 엄마의 남편인 왕이 되었죠. 그리고 세 마리의 참새는 당신의 딸들이지요. 사과나무는 삼촌이고 종달새는 사촌입니다, 보름달은 선왕후예요. 열두 별은 당신의 자매들이랍니다.' 공주가 이야기하는 동안 궁정 앞으로 마차가 다가왔네, '저들이 나를 다른 나라로 데려갈 겁니다. 9개월 동안 난 아기를 잉태하겠죠, 나는 밤이 오기 전 출산을 하고 싶어요' 하곤 사라졌네, 그후 왕은 궁전으로 돌아오는 길에 붉은 항아리를 머리에 인 어느 처자의 꾸러미를 주워주었네. 누군지 물었고 그 처자는 '당신의 진정한 딸입니다'라 대답했네, 그녀는 슬피 울면서 궁으로 돌아왔다네.

오페라의 한 장면을 보는 듯한 〈Esta Montana d'Enfrente 정면의 산〉도 빠뜨릴 수 없는 부분이다.

앞산이 화염에 휩싸여 불타고 말았네, 거기서 내 사랑을 잃었고 나는 주저앉아 목 놓아 울었지. 문 앞에 심은 작은 재스민 나무, 이를 키우고 꽃 피게 했지, 이젠 다른 이들도 너를 향유하고 있다네, '메네크세'의 작은 나무, 이를 내 정원에 심고 키우고 꽃 피게 했지, 이젠 다른 이들도 너를 향유하고 있다네, 재스민의 어린 꽃, 애지중지 너를 보살폈고 활짝 개화했지, 이젠 다른 이들도 너를 향유하고 있다네.

순탄치 않은 압박의 역사를 살아오며 삶의 애환을 녹여왔던 유대 유목민들의 노래는 솔레다드 브라보의 온유하고 청초한 목소리로 재탄생되어, 지금도 감동적이며 소중한 위업으로 기록되고 있다.

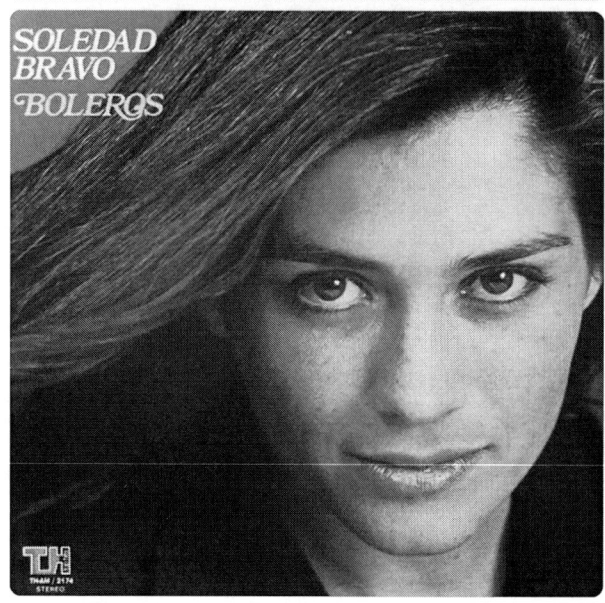

Boleros

1981 | Sonografica | 0100000040898

1. Nosotros
2. Verdad Amarga
3. Alma Mía
4. La mentira
5. Noche de Ronda
6. Somos
7. Tú, Mi Delirio
8. Un Poco Más
9. Miénteme | Quisiera Ser | Sabor a Mí

볼레로Bolero는 멕시코를 비롯한 중남미에서 성행하는 무곡 형식을 지칭하는데, 19세기 후반에 아바네라Habanera, 단사Danza 등 쿠바의 전형적인 가곡을 기원으로 하고 있다. 유럽풍의 서정적 선율과 흑인계의 싱커페이션 리듬을 지니며, 발생 당시부터 2박자이다.

또 하나의 볼레로는 본래 18세기에 생겨난 스페인의 민속

무용의 한 형식으로 캐스터네츠로 리듬을 반주하는 3박자의 춤곡을 말한다. 모리스 라벨Maurice Ravel은 이 스페인의 정서에 리듬 반복의 긴장감과 증폭되는 음향의 효과를 작품으로 남긴 바 있다. 이는 중남미의 볼레로와 이름만 같을 뿐 공통성이 없다.

브라보는 보다 대중적인 앨범으로 볼레로를 선보였다. 피아노의 서정으로 우리의 귀를 환기시키는 〈Nosotros 우리〉는 이내 남미풍의 우아함으로 전위되며, 사랑의 이별편지를 써 내려간다. 이는 쿠바 출신의 작곡가 페드로 훈코Pedro Junco(1920-1943)가 죽기 전에 발표한 걸작으로, 올드 팝 팬들에게는 1950-60년 미국 팝시장을 장악했던 코니 프란시스Connie Francis의 절절하고도 가녀린 노래로 잘 알려져 있으며, 플라시도 도밍고Plácido Domingo와 루이스 미겔Luis Miguel 등 많은 가수들이 노래했던 고전이다.

…우리는, 많은 걸 욕망하는 우리는 자신을 분리해야 해. 아니 더 이상 내게 묻지 마. 애정이 부족해서가 아니야. 난 충심으로 당신을 사랑해. 흠모했음을 맹세해. 사랑의 이름으로 그리고 당신의 평안을 위하여, 나는 작별을 고하네.

〈Verdad Amarga 쓰라린 진실〉은 널리 알려진 명곡 〈Bésame Mucho 키스해 줘〉를 작곡한 멕시코의 피아니스트이자 여성 싱어송라이터 콘수엘로 베라퀴스Consuelo Velázquez(1916-2005)의 작품으로, 역시 볼레로의 스탠더드이다. 호세 펠레치아노Jose Feliciano, 오마라 포르투온도Omara Portuon-do 등의 노래로도 많은 사랑을 받았는데, 우울한 피아노와 라틴 퍼커션에 붉은 장미의 눈물을 머금은 브라보의 노래도 아름답다.

난 우리 사랑이 이뤄지지 않을 거란 사실을 알고 있네, 당신을 떠나보내야 하기 때문이지, 그리고 당신은 언젠가 이 쓰라린 진실을 알고 용서하겠지. 나는 영원한 상처로 남을 삶을 지불할 것을 서약해. 아마도 내일은 내가 진실하단 사실을 깨닫게 되겠지. 어쩌면 당신은 내가 여전히 당신을 사랑하고 있다는 사실을 알 수도 있을 거야.

800여 볼레로를 탄생시킨 멕시코 작곡가 마리아 그레버María Grever(1885-1951)의 〈Alma Mía 내 영혼〉은 유연함과 평정을 넘어 평화에 다다르는 고해성사의 모노드라마로 편곡하였다.

항상 혼자인 가여운 내 영혼, 아무도 이해할 수 없을 거야, 아픔과 끔찍한 고통. 모든 기쁨과 행복의 존재를 날조하지, 내 것과 같은 영혼을 만나게 된다면, 얼마나 많은 비밀을 털어놓을 수 있을까, 내 영혼은 아무런 말도 없이, 나는 눈으로 모든 걸 이야기하네… 그리고 가끔은 난 궁금해, 나와 같은 영혼을 만나게 된다면 과연 무슨 일이 일어날까!

멕시코 출신의 작가이자 가수 아구스틴 라라Agustín Lara(1900-1970)의 고전 〈Noche de Ronda 소야곡〉은 다소 쓸쓸한 분위기에 이어 유유한 낭만으로 이어진다.

어김없이 밤이 잦아들면, 슬픔이 지나고, 고통이 스치네, 발코니에서, 잦아드는 밤은 내 상처와 같아라, 내 심장의 고통과 같아라. 내 고독의 깜깜한 어둠 속에서 깨지는 달, 어디로 가야 하나? 말해줘, 혹시 오늘 밤, 떠난 때처럼 그대가 되돌아올지, 함께 할 수 있는지. 사랑한다고 이야기해 줘, 너무 긴 기다림 때문에 죽어간다고, 돌아오라고 전해줘, 밤은 결코 편치 않네, 상처를 주고 슬픔을 주지, 그리고 끝내 울음을 줄 뿐이네.

플라시도 도밍고의 노래는 마치 큰 무대의 오페라를 연상시키고, 라우라 피기Laura Fygi는 기타의 잔잔함으로 더욱 처연한 느낌을 들려주기도 했다. 차벨라 바르가스Chavela Var-gas, 루이스 미겔 등 많은 라틴 가수들의 레퍼토리들도 주목할 만하다.

〈Somos 우리는〉은 아르헨티나 출신의 가수이자 작곡가인 마리오 클라벨Mario Clavel(1922-2011)의 작품으로 메들리로 구성된 마지막 곡 〈Quisiera

Ser 나는)도 그의 작품이다. 감미로운 피아노의 서정에 이어 그리움에 사무치는 애상의 목소리가 떨리고 있다.

우리가 영혼과 생을 걸로 입맞춤을 한 뒤, 당신은 그 밤에 이별을 고하고는 떠나갔네. 내 가슴은 흐느껴 울었어. 비애와 우리 사랑의 서약. 우리는 이루어질 수 없는 꿈을 한밤에 찾아 헤매네. 세상과 시간을 잊고서. 고통 속의 우리 그리고 허망한 사랑, 가을바람으로 찢어진 두 종이 짝… 우리는 망자를 사랑하는 두 연인이네. 얼마나 서로를 원하는지 입을 굳게 닫고서, 분리된 채 살아가야 하는, 우리는 두 눈물방울이지. 노래 속에서… 우리는 한 세상에서 두 존재로 살아가야 하네. 우리의 사랑은 죽고 있어. 그 어떤 것도 남아있지 않아…

우리에게 그녀는 누에바트로바 가수로서 강한 인상을 남기고 있다. 통속적이지만 애틋한 사랑을 담은 과거의 로망스 볼레로를 그녀의 호소력 있는 목소리로 재현하여 들을 수 있다는 것에도 감사를 더한다. 쓸쓸한 가을 감성적인 음악 공간을 향유하고 싶다면 솔레다드 브라보의 볼레로를 울려볼 것을 권한다.

Volando Voy

1985 | Messidor | 15966

1. Clara Vena
2. Volando Voy
3. Juglar
4. Milonga Triste
5. La Ultima Curda
6. Yo Vivo Enamorado
7. Deja
8. Tonadas de Ordeño
9. Clara Vena

본작은 원 제목이 《Soledad Bravo, 1985》이나, 2년 뒤 독일에서 《Volando Voy 날고 있어, 1987》로 재발매 되면서 커버는 《Corazón de Madera 나무의 심장, 1986》을 따랐다.

그녀의 많은 디스코그래피 중에서 그리 두각을 나타내지 않는 범작일지도 모르나, 솔레다드 브라보의 음색과 가창력은 다른 아티스트들의 노래를 부를 때, 그 원곡을 뛰어넘는 훌륭한 각색자로 변모한다. 그래서 이 앨범도 결코 범작에 머물지 않는다.

이 앨범을 빛내주는 첫 곡은 〈Milonga Triste 슬픈 밀롱가〉가 될 것이다. 밀롱가는 아르헨티아 탱고Tango의 전신에 해당하는 2/4박자 무곡을 지칭한다. 1937년 탱고 작시가 오메로 만시Homero Manzi(1907-1951)와 그의 콤비 작곡가 세바스티안 피아나Sebastián Piana에 의해 탄생된 창작품으로, 가수 로베르토 고예네체Roberto Goyeneche(1926-1994)와 반도네온 연주가 아스토르 피아솔라Astor Pia-zzolla(1921-1992)의 버전이 유명하다.

…정처 없이. 내 긴 함성의 슬픔, 알 수 없는 노래를 흥얼거렸지. 검은 눈을 감고, 창백한 얼굴을 한 당신, 종소리 사이로 침묵만이 흘렀네, 강가에 빠진 달, 내 가슴에 사무치는 고통. 기타의 선율로, 내 슬픔을 달랬지. 난 오래된 도로를 통해 되돌아갔지, 정처 없이. 나는 당신의 죽은 이름을 불렀고, 해보지도 않았던 기도를 올렸지, 수줍어했던 당신을 향한 사랑의 슬픔. 다시는 당신을 볼 수 없는 이 길에서의 비애. 묘지 앞에서의 침묵, 외로운 별, 너무나도 많은 상처의 기억들, 앞치마와 헝클어진 머리띠.

〈La Ultima Curda 마지막 만취〉는 아르헨티나 탱고 뮤지션이자 반도네온 연주자 아니발 트로일로Aníbal Troilo(1914-1975)가 작곡하고 카투로 카스티요Catulo Castillo가 가사를 붙인 1956년 작품으로, 역시 피아솔라의 연주와 소사Merce-des Sosa(1935-2009)의 노래로 잘 알려진 명곡이다. 가사에는 고장 난 반도네온을 앞에 두고 연인과 이별한 반도네온 연주자가 술로 슬픔을 달래는 드라마가 그려진다. 피아노 솔로로 노래하는 브라보의 카바레 재즈에는 반도네온이 등장하지 않지만, 그 투명한 아픔은 더욱 극대화되는 듯하다.

…내가 널 해치고 있다는 걸 알아, 포도주로 내 술주정은 울부짖네. 그러나 그건 산산이 조각난, 지난 사랑이야, 반도네온, 널브러진 술병에 비치네, 마지막 만취, 쇼는 끝났어, 마음 위로 장막이 드리워지네. 작은 기억과 혐오감, 네 지루한 불평이 흐르네. 네 술은 군집된 마음을 취하게 하고 흔드네, 마지막 만취 속으로. 창을 닫아줘, 졸음이 오는 달팽이의 느릿함처럼 태양이 비치니까, 넌 내가 어디서 왔는지 모르지? 그걸 잊어버렸어, 술을 마신 뒤 항상 우울해.

브라질로 건너가서 〈Deja 순리대로〉는 모라이스Vinicius de Moraes(1913-1980)와 포웰Baden Powell(1937-2000)의 보사노바 걸작 〈Deixa〉을 번안한 것인데, 느긋하게 진행되는 따스하고도 열정 있는 재즈 발라드로 또다시 감탄하게 된다.

…하고 싶은 이야기를 말해줘, 나의 연인아, 당신의 가슴이 말하도록 내버려둬. 불평을 말할 때 더 많은 이유가 있는 거니까. 순리에 맡겨봐, 누구도 한 번 이상 살 수는 없으니까, 거의 부정적이라도 '예'라고 말할 수 있도록, 열정이 존재할 수 있도록 내버려둬. 아니, 내가 슬픔에 머물 수 있게 내버려둬. 순리대로.

《Cantos de Venezuela, 1974》에 수록된 〈Tonadas de Ordeño 젖 짜는 목동의 노래〉도 6분이 넘는 연주시간으로 편곡하였는데, 재즈와 민속음악을 섞어 신성하고도 엄숙한 느낌을 준다.

Revolutionary Songs of Latin America

SOLEDAD BRAVO

CANTOS REVOLUCIONARIOS
DE AMÉRICA LATINA

1997 | Last Call | 3026132

1. Hasta Siempre
2. Qué Dirá el Santo Padre
3. Canción para Mi América
4. Parabién de la Paloma
5. Canción de Pablo
6. Si el Poeta Eres Tú
7. Uno ee Abajo
8. Santiago ee Chile
9. Chamamé a Cuba
10. Canción de Toribio García
11. Su Nombre Puede Ponerse en Verso
12. Compadre Juan Miguel
13. Preguntitas Sobre Dios
14. La Guerrillera
15. O Grilheiro Vem Pedra Va
16. Porque los Pobres No Tienen
17. Un Río de Sangre
18. Punto y Raya
19. Canción del Elegido
20. Pobre del Cantor
21. La Era Está Pariendo un Corazón

본작은 많은 디스코그래피 중 초창기 앨범들에서 라틴아메리카의 저항음악들을 선곡한 컴파일 앨범이다.

〈Hasta Siempre 영원하라〉는 1959년 쿠바혁명에 성공한 피델 카스트로Fidel Castro의 지침에 따라 누에바트로바를 개척한 작곡가 카를로스 푸에블라Carlos Puebla(1917-1989)가 쿠바의 전통음악에 근거하여 1965년에 발표한 작품으로, 체 게바라Che Guevara(1928-1967) 헌정곡이다.

이 노래를 작곡할 당시 체는 1965년 4월 '쿠바에서 할 일은 끝났다'라는 편지를 남기고는 소련과의 마찰과 더 많은 민중을 혁명으로 해방시키고자 콩고로 떠났다. 그는 이후 1967년 볼리비아에서 게릴라 활동을 펼쳤지만, 볼리비아 정부군에 체포되어 사살되었다. 아바나의 혁명광장에 있는 그의 모습 아래에는 'Hasta la Victoria Siempre! 승리할 때까지 영원히!'라고 씌어 있으며, 쿠바인의 가슴속에 영원히 살아있다.

우리는 사랑을 배웠네, 당신의 용감한 태양이, 죽음으로 포위된, 역사의 정상으로부터. 여기 분명히 남았네… 당신의 영광과 굳건한 양팔은, 역사적 폭발 위에 있었지, 산타클라라Santa Clara[14] 모두가, 진격하기 위해 깨어났네. 봄날의 태양과 함께, 당신은 불타는 바람으로 왔지, 당신 미소의 빛으로, 깃발을 심기 위하여. 당신의 혁명적 사랑은, 새로운 표어로 인도했지, 당신 품의 확고한 자유가, 기다리는 곳으로. 우리는 뒤를 따를 거야, 동지들과 함께, 그리고 피델과 함께 당신을 응원할 거야, 영원하라! 사령관이여.

〈Canción para Mi América 내 아메리카를 위한 노래〉는 우루과이 출신의 다니엘 비글리에티Daniel Viglietti(1939-2017)가 1963년 데뷔작에 수록한 노래로,

---

14) Santa Clara : 쿠바혁명의 성공 이전인 1958년 12월 말 체가 이끄는 혁명군이 승리를 거둔 쿠바의 도시로, 그의 유해가 안장되어 체 게바라의 도시라 불린다.

솔레다드 브라보도 《Soledad, 1969》에서 원주민 인디오의 인권을 노래했다.

인디오의 손을 잡아줘, 당신의 선의를 보여줘… 인디오의 피부는 당신을 깨닫게 할 거야, 당신이 걸어왔던 모든 것을, 구릿빛 손은 당신에게 가리키지. 당신이 버렸던 모든 피를. 구릿빛 메스티조의 세월들은, 절규와 소총이지. 그 문을 열수 없다면, 국가가 문을 열어야 해. 아메리카는 기다리고 있네, 그리고 시대는 푸르름을 향해야 해, 대초원과 강과 산맥이 그 빛을 발산하도록. 노래는 소유할 수 없네, 주인을 내쫓을 순 없어, 아메리카의 기타는, 투쟁으로 노래를 배우네! **다니엘 비글리에티의 묵묵한 음성도 그리고 메르세데스 소사의 힘찬 외침도 좋지만, 솔레다드 브라보의 가녀린 보컬이 지닌 호소력에 더 마음이 간다.**

실비오 로드리게스Silvio Rodríguez의 명곡들 중, 〈Santiago de Chile 산티아고 데 칠레〉와 〈La Era Está Pariendo un Corazón 이 시대는 심장이 필요해〉의 해석도 원곡의 감동을 고스란히 재현하고 있다.

그녀의 1972년 4번째 앨범에 수록된 〈Uno de Abajo 내몰아야 할 한 가지〉는 콜롬비아 작곡가 케멜 헤오르헤Kemel George가 쓴 곡으로, '내몰아야 할 한 가지'는 바로 전쟁이다. 행진의 리듬에 맞춰 들려오는 그녀의 음성은 각오라기보다는 유서처럼 느껴진다.

…형제여, 나는 전쟁에 나가네, 무거운 임무를 지고…

아르헨티나 라우손 교도소에 수감되었던 쿠바 투사들의 노래 〈Chamamé a Cuba 쿠바의 차마메〉는 군인들의 그리움과 승리에 대한 확신이 흥겹게 전개된다. 차마메는 아르헨티나 등에서 발전한 폴카풍의 무곡을 일컫는다.

아르헨티나 포크의 거장 아타우알파 유판키Atahualpa Yupanqui(1908-1992)의 노래 〈Preguntitas Sobre Dios 하나님에 관한 질문〉은 청순하고도 맑은 브라보의 음성이 강한 여운을 남긴다.

하루는 내가 물었지, 할아버지, 하나님은 어디에 있나요? 내 할아버지는 슬퍼했고, 아무 대답도 하지 않았네. 할아버지는 수용소에서 죽었어, 기도와 고백도 없이. 인디오들이 그를 묻었지, 갈대 피리와 북으로. 언젠가 내가 물었지, 아버지, 당신은 하나님을 알고 있나요? 아버지는 당황했고, 아무 대답도 하지 않았네. 아버지는 광산에서 죽었어, 의사도 구호도 없이. 광부의 선혈이 소유주의 황금에 흘렀지. 내 형제는 산에서 살지만, 어떤 꽃도 모르네. 땀과 말라리아, 뱀, 나무꾼 생활. 그리고 하나님이 어디에 있는지 묻지도 않아, 우리 집에서는 중요한 손님이 아니니까. 나는 이 땅에서 노래하네, 그리고 수감되었을 때, 나보다 더 좋은 노래를 부르는 사람들의 목소리를 듣네. 이 땅에는 하나님보다 더 중요한 문제가 하나 있어. 더 나은 삶을 위하여, 그 누구도 피를 토하지 않기 때문이야. 하나님은 가난한 자를 위해서는 잠을 못 이룰까? 그럴지도 아닐지도. 그러나 점심 식사는 하시겠지, 가진 자의 테이블에서.

프랑스에서 발매된 2CD 《Lo Mejor 베스트, 1998》도 그녀의 음악을 감상하는 데, 적지 않은 도움을 준다. 우선 CD1 'Pa' Cantar 노래'로 선곡된 노래들이다.

《Vol.3, 1970》에서 첫 곡으로 수록된 〈Palabras de Amor 사랑의 시〉는 스페인의 싱어송라이터 조안 마누엘 세라Joan Manuel Serrat의 노래로, 부드러운 기타와 따스한 첼로 선율 위로 평온하기 그지없는 그녀의 보컬이 맑고 투명한 한 폭의 수채화를 그린다.

프랑스 여가수 바르바라Bárbara(1930-1997)가 1964년에 노래한 〈Göttingen 괴팅겐〉은 독일의 역사도시 괴팅겐에서 느끼는 사랑과 우울의 감정을 그린 명곡으로, 브라보는 간결한 기타 하나에 의존한 채 불어로 불러주고 있다. 바르바라의 고혹적이고도 단단한 음성에 비해 금방이라도 눈물을 쏟을 듯하다.

《Vol.4, 1972》에 수록된 〈El Violín de Becho 베초의 바이올린〉은 우루과이의 포크가수 알프레도 지타로사Alfredo Zita-rrosa(1936-1989)가 1969년에 발표한 것으로, 메르세데스 소사Mercedes Sosa(1935-2009)의 노래도  잘 알려져 있다.

베초는 악단에서 바이올린을 연주한다네, 지휘자가 없어 어리둥절한 표정을 짓고 있지. 악단은 연주할 수 없네, 악기조차 없으니, 그래서 바이올린 하나 대충 깎아 만들었네. 베초가 깎아 만든 바이올린이기에, 아기처럼 애지중지했지. 베초는 바이올린이 사람이길 바랐네, 이름은 없지만 사랑과 고통을 느끼는. 베초의 바이올린은 애정을 느낄 수 없지만, 바이올린의 열정을 느꼈지, 외로운 밤이 되자, 그 슬픈 소리를 사랑하게 되었네, 가벼운 갈색 나무, 절망에 잠긴 어린 바이올린. 베초가 연주를 멈추고 고요해지면, 바이올린의 영혼의 음률만이 남았지… 삶과 죽음, 바이올린, 아빠와 엄마를, 바이올린이 노래하고 베초는 주체할 수 없었네, 지금은 악단에서 연주할 수 없네, 그 사랑과 노래 때문에.

이는 17세 때 첫 콘서트를 하고 21세 때 우루과이 국립 공공방송 심포니오케스트라에 입단하여 18년간 세계를 돌며 연주한 바이올린 연주자 베초 에이스멘디Carlos Becho Eizmen-di(1932-1985)에 헌정한 작품이다. 이 노래는 군부에 대한 저항기 이전에 작곡되었지만, 주어진 임무로 노래하였으나 더 이상 노래할 수 없는 시기와 맞닥뜨려져 많은 저항가수들과 민중들에게 영감을 주었다.

《Cantos de Venezuela, 1974》에 수록된 〈Caramba 빌어먹을〉은 베네수엘라의 싱어송라이터 오틸리오 갈린데스Otilio Galíndez(1935-2009)의 곡으로, 간결한 반복구의 라틴 기타에 사랑의 아픔을 새긴다.

…빌어먹을, 내 사랑, 비탄의 겨울을 지나네, 추락하는 비를 보며, 많은 것들을 말하네… 우리가 놓쳐버린 것들, 내가 들었던 소문들, 강돌 사이에서. 빌어먹을 내 사랑은, 이삭을 흔드는 바람, 생생한 줄기의 아로마 같다가도, 쓴 감귤과도 같네.

베네수엘라의 작곡가이자 베네수엘라 심포니 오케스트라의 지휘자였던 안토니오 에스테베스Antonio Estevez(1916-1988)의 〈Tonadas de Ordeño 젖 짜는 목동의 노래〉는 목장을 방문한 수녀에 반해버렸지만 그저 바라만 볼 수밖에 없는 목동의 사랑 이야기이다. 서글픈 기타 반주 위로 열망과 절망이 뒤섞인 가창이 흐른다.

《Canto la Poesía de Mis Compañeros 내 친구들의 시를 노래하다, 1975》에 마지막으로 수록된 〈Coplas de la Amapola 양귀비의 시〉는 그녀의 자작곡으로, 허밍에 매료되는 슬픈 왈츠이다.

양귀비가 초원에서 홀로 피었네, 양귀비가 있는 그곳, 내 슬픔도 함께 피었네, 라라라. 넌 날 사랑한다고 말했었지, 그 가을 저녁녘에, 그러나 날 내버려둬, 지금의 내 인생은 지옥이네, 라라라. 넌 날 애모한다고 말했었지, 나는 믿지 않았지만, 널 그렇게 사랑하게 되었네, 사랑에 연습은 필요 없어, 내가 분노하게 내버려둬, 오해의 말들, 그 사람이 말한 거짓들, 새가 있는 그곳, 새벽을 노래하네, 그리고 나는 추억을 부여잡네, 내 모든 사랑의 남자, 라라라…

《Canciones de la Nueva Trova Cubana Vol. 2, 1976》 수록곡 〈Esta Canción 이 노래〉는 실비오 로드리게스가 데뷔작 《Días y Flores 나날들과 꽃들》에서 부른 것으로, 침잠의 피아노에 흐르는 직선적인 성찰이 매우 기억에 남는다. 솔레다드 브라보는 유려한 피아노와 위로의 첼로에 흐느끼는 듯한 고백조의 음성으로 재현하였는데, 그 여성 특유의 감성이 더욱 증폭되고 있다.

스페인 시인 블라스 데 오테로Blas de Otero(1916-1979)의 작품에 그녀가 곡을 붙인 〈Campo de Amor 사랑의 초원〉에서는 피아노 앞에서 연인을

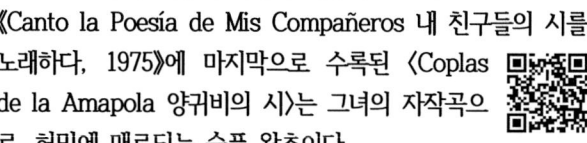

잃은 미혼모의 고통을 애달프게 노래한다.

내가 죽는다면, 살아왔던 삶을 이해하겠지. 평화와 인생을 위한 투쟁, 용기를 주는 노래. 내가 죽는다면 태어났기 때문이야, 이후에 지나간 시간을 위해. 모든 것이 남을 거라 확신하네… 내가 죽는다면, 활짝 열린 발코니 앞에 죽지는 않았으면 해. 아마도 어린 아기가 보고 있으니, 투명한 젖꼭지를 문 아기가.

파블로 밀라네스가 1976년에 발표한 동명 앨범 타이틀곡 〈La Vida No Vale Nada 삶은 허무한 것〉도 놓칠 수 없는 트랙이다. 학대를 무시하고 불의에 저항하지 않는 사람은 살인자이며, 내가 가진 것과 자신을 보호하지 못하는 인생은 가치가 없다고 지적한다.

CD2 'Pa' Bailar 춤'은 대부분 남미의 정열을 즐길 수 있는 살사, 맘보, 삼바, 보사 등의 흥겨운 춤곡들로 채워져 있다. 그중 《Caribe 카리브, 1982》 앨범 수록곡인 쉬쿠 봐르키Chico Buarque의 〈Fantasía 환상〉은 제목 그 이상을 들려준다.

만약 갑자기 우리가 느끼지 못한다면, 항상 시늉과 감정의 고통이 따르겠지, 만약 갑자기 그리된다면, 우리는 형벌의 무기도 잊어버리게 되겠지, 한 노랫소리에 맞추어, 나는 당신을 초대할 거야. 내 가슴속 환상으로. 노래해요 희망을, 기쁨을 노래하고, 더 많은 것을 노래해요, 밤은 환한 낮으로 바뀔 거야. 밤과 낮. 노래해요 사람을, 인생의 노래를 부르고, 더 많은 것을 노래해요, 땅은 비옥해지고, 포도주가 흐를 거야. 노래해요! 불러요 환희의 노래를, 감사의 노래를 부르고, 더 많은 것들을 찬양해요. 페인트를 준비하고, 거리를 장식해요, 노래해요! 영광의 노래를 불러요, 신성한 멜로디를 노래하고, 더 많은 것들을 합창해요! 어두운 밤은 환한 낮이 될 거야!

실비오 로드리게스의 《Unicornio, 1982》에 수록된 〈Son Desangrado 피의 심장〉은 가난과 연

약함을 딛고 열정 넘치는 심장으로 살아가자고 큰 목소리로 독려하며 더욱 흥이 넘치는 기운을 북돋운다.

2000년대에 이르러 그녀는 쿠바의 음유시인 파블로 밀라네스Pablo Milanés(1943-2022)의 노래를 부른 모음집 《Trova de Amor - Canta a Pablo Milanés, 2001》를 냈는데, 그와의 라이브 트랙도 수록했다.

이듬해에는 우루과이의 전설 알프레도 지타로사 헌정 앨범 《Homenaje a Alfredo Zitarrosa》를 발표했다.

2007년에는 그녀의 음악 인생 40년을 기념하는 콘서트가 베네수엘라 국립중앙대학교에서 열렸다.

표현력과 감정과 성공을 가진 솔레다드 브라보는 강렬하고도 흐르는 듯한 창법으로 포크에서부터 누에바깐시온Nueva Cancion을 거쳐 볼레로와 살사 등 라틴팝을 아우르는 폭넓은 문화 세계로 인도하고 있다.

Stanisława Celińska • 스타니스와바 첼린스카

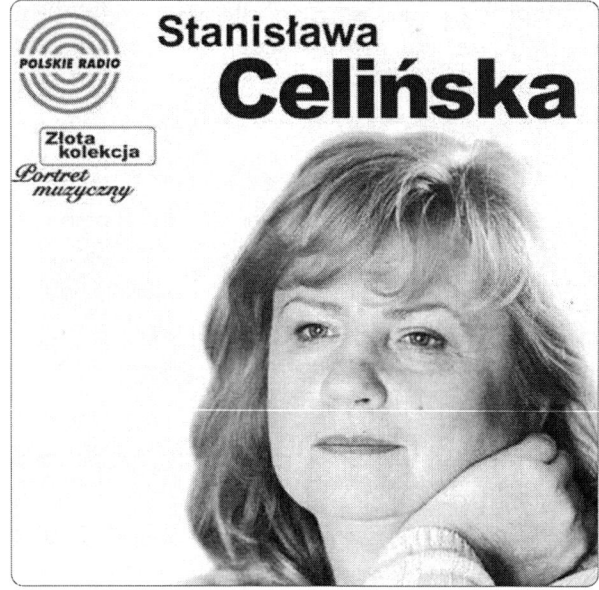

여배우이자 가수 스타니스와바 첼린스카는 1947년에 피아니스트인 부친과 바이올리니스트였던 모친에서 태어났다.

3세 때 아버지를 여의고, 12세 때 폴란드의 전설적인 여배우 헬레나 모드제예프스카Helena Modrzejewska(1840-1909)에 관한 책을 읽고 배우가 되기로 결심했다고 한다. 셰익스피어William Shakespeare와 비극적 역할을 전문으로 했던 헬리나는 폴란드 연극 역사상 가장 뛰어난 여배우란 평가를 받는 인물이다.

그녀는 연극 클럽에 가입하고 1968년 연극 무대에서 데뷔했다. 1년 후 바르샤바 연극학교를 졸업하고, 바르샤바 극장에서 공연을 시작, 1969년부터 2022년까지 다양한 극장의 작품들을 거쳤다.

1969년 제7회 오폴레 가요제KFPP Opole에 가수로서 참가한 후, 1976년부터 거행되어왔던 배우들의 노래 축제에 1994년부터 수차례 참가했는데, 독특한 목소리와 개성, 해석력으로 평론가들로부터 좋은 평가를 받아왔다. 그중에서 〈Smile! Tomorrow will be better!〉는 그녀의 고전이 되었다.

배우로서 2001년과 2010년에 여우조연상을 두 번 수상했으며, 2016년에 폴란드 라디오 및 TV 연극축제에서 최우수상을, 2023년에는 국제연극비평가협회 폴란드 지부에서 연기 예술 발전에 중대한 영향을 미친 여배우에게 수여하는 이레나 솔스카Irena Solska 상을 받았다.

또한 약 15년간 어린이를 위한 영화의 더빙을 맡아 대중적으로 더욱 친숙해졌다.

삶의 중간중간 고비를 겪으며 배우 활동을 이어가다, 가수로서 본격적인 데뷔는 매우 늦었다.

음반으로는 그녀의 나이 55세에 과거의 기록들을 모은 컴파일 앨범 《Ptakom obobni 골든 컬렉션, 2002》이 처음 발매되었고, 2009년에 Los Locos와 듀엣으로 싱글 〈Atramento-wa Rumba 잉크 룸바〉를 발매하며 서서히 가수 활동에 시동을 건다.

Nowa Warszawa

NOWARSZAWA
STANISŁAWA CELIŃSKA
BARTEK WĄSIK / ROYAL STRING QUARTET

2012 | Nowy Teatr | NTW001

1. Warszawa (Inst.)
2. Warszawa
3. Znajdziesz To W Warszawie
4. Cała Warszawa
5. Bal Na Gnojnej
6. Warszawo Ma!
7. Tango Warszawo
8. Deszcz
9. Pokoik Na Hożej
10. Taka Warszawa
11. Sen O Warszawie
12. Warszawo, Piękna Warszawo

비스와강이 가로지르는 바르샤바 지도를 커버로, 그녀가 65세 때 발표한 본작 《Nowa Warszawa 새로운 바르샤바》는 피아니스트 바르트워메이 봉시크Bartłomiej Wąsik와 Royal String Quartet이 연주한 도시 예찬이다.

불행했던 어린 시절, 꿈에 대한 열정, 결혼의 실패, 알코올 중독, 신앙 선언 등 그녀가 방황했던 도시를 진갑이 넘은 즈음에 다시 바라보며, 우울함과 열망, 상실감과 분노, 무력함과 따스함이 있는 목소리로 바르샤바의 새로운 풍경화를 그리고 있다.

도입부 〈Warszawa (Inst.)〉는 데이비드 보위David Bowie(1947-2016)의 1977년 발표곡을 어쿠스틱 앰비언트로 들려준다.
침울한 서정으로 이어지는 〈Warszawa〉에서 미니멀 현대음악가 필립 글래스Philip Glass의 영화 음악 「The Hours, 2002」의 소용돌이치는 프레이즈가 더해지며 그녀는 독백한다.
당신의 눈을 들여다보면, 나처럼 지쳤네, 그래서 난 이 도시를 사랑해, 나처럼 지쳤으니까. 히틀러와 스탈린이 일했던 곳, 봄이 배기가스를 호흡하는 곳… 난 배가 고파, 아이야, 네가 내게 꿈을 먹여주네, 녹음이 우거진 졸리보시Żoliborz에 나무와 덤불에 꽃이 피네, 강물에 취해, 소리 지르고 싶어, 포효하길 원해, 난 노래하고 싶네…
〈Znajdziesz to w Warszawie 바르샤바에서 찾을 수 있을 거야〉는 평온함이 내려앉는 전원곡으로, 나지막한 그녀의 음성이 깊은 울림을 준다.
…잊히지 않는 소녀 같아… 당신이 여기에 와본 적이 있다면, 언젠가 시인이나 학처럼 돌아오게 될 거야, 매일매일 마음속에 새기고픈 것이 있다면, 바르샤바에서 찾을 수 있을 거야.
〈Bal Na Gnojnej 그노이네 거리의 무도회〉는 1934년경 바르샤바 유대인 지구의 중심에 위치한 지식인들의 문학 카바레 극장을 위해 작곡된 왈츠로, 마치 오랜 세월이 흐른 후 늙어버린 카바레 가희가 희미한 추억을 쓸쓸하게 회상한다.
바르샤바 구역의 잠 못 이루는 밤, 여전히 내 입술에 흔적을 남기네, 이 거리의 선술집으로 밤의 꽃이 모여들고. 음식이 없어도 잠들 수 없어도, 술이 있고 음악에 노래가 흐르면, 춤추며 살아가야 하지… 어둠 속에 등불이 켜지면, 파수꾼이 슬피 휘파람을 부네, 교수대 가까이에 사형수가 기다리고, 토니의 운명이 곧 다가와. 아코디언은 4분의 3박자로 흐느끼고, 무리들이 춤을 추네. 하나둘씩 사라져도, 그들은 이 거리에서 춤을 추네.

〈Warszawo Ma! 바르샤바가 있네〉는 폴란드 여배우 조피아 므로조프스카Zofia Mrozowska(1922-1983)가 영화 「Forbidden Songs, 1947」에서 부른 노래로, 전후 바르샤바 게토에 숨어 있는 폴란드 유대인의 운명을 그렸다.

아직도 널 보면 눈물이 나, 그곳 게토에는 굶주림과 비참함과 추위가 있었네, 배고픔보다 더 나쁜 것은 추위였지… 그리움의 바르샤바, 난 벽을 뚫고 몰래 들어가고 있어, 난 길 잃은 개처럼 달리네, 비록 헌병, 게슈타포, 당국이 날 쫓을지라도, 내겐 바르샤바가 있네, 눈물이 흐르는 걸 봐, 내일 또다시 널 만날 수 있을지 알 수 없기에…

〈Tango Warszawo 탱고 바르샤바〉는 재즈 피아니스트이자 싱어송라이터 스타니스와프 소이카Stanisław Sojka의 2010년 발표곡으로, 바르샤바에 대한 사랑을 마치 연인을 대하듯 들뜬 열정으로 그린 곡이다. 첼린스카는 운명적이고 비장하게 재연한다.

〈Deszcz 비〉는 여가수 레나 롤스카Rena Rolska(1932-2024)가 부른 연가의 고전으로, 첼린스카의 버전은 쇼팽Chopin의 빗방울 전주곡이 한차례 거침없는 소나기가 되어 지나간다.

어차피 헤어지긴 힘들어, 비가 조금이라도 오면 내버려둬, 비는 이곳에서 우리에겐 매혹으로 남을 테니. 졸리보시에는 아름다운 거리가 있네, 포플러 가로수에 바람이 불어 저녁이 되면, 전깃불이 켜지고, 마치 여덟 살 때처럼 기분이 좋아져, 넌 말하지, 내 사랑, 난 네게 말하네, 내 사랑, 그리고

비엘라니로 가는 이 거리에는, 마치 쇼팽이 뭔가를 흥얼거리듯 불빛이 많아…

〈Taka Warszawa 그런 바르샤바〉는 직접 가사를 쓴 여가수 베아타 코지드라크Beata Kozidrak의 1998년 작으로, 원곡은 힙합 비트가 가미된 발라드이다. 첼린스카의 현악 뮤지컬은 너무나 애상적이다.

그는 날, 나는 그를 따라잡을 수 없을 거야, 아침에 일어나면 가끔은 날 깨워 그림자처럼 길을 잃기도 해, 어쨌든 큰 도시에서, 나처럼 그도 사랑할 수도 있고 미워할 수도 있네, 나도 부드러운 말이 필요해, 나는 예라고, 혹은 아니라고 말하지, 어쩌다 그런 일이 일어나고, 가끔은 나도 이 도시만큼 이상해, 그가 처음으로 나를 안아줬을 때, 어린아이가 된 것 같은 기분이 들었어, 오늘은 세상을 한 손에 잡을 수 있을 것 같아, 그리고 난 그 눈물을 결코 잊지 못할 거야…

폴란드 아트록을 이끌었던 체스와프 니에멘Czesław Niemen(1939-2004)의 1966년 작인 〈Sen O Warszawie 내 꿈속의 바르샤바〉에서 미니멀한 현악에 첼린스카의 음성은 열망으로 포효한다.

…나의 가장 아름다운 세상, 가장 아름다운 나날들, 화려한 꿈을 거기 두고 왔네, 비스툴라강의 새벽을 보고 싶다면, 오늘은 나와 함께 거기로 가, 우리에게 어떤 아름다움으로 인사하는지 알게 될 거야…

〈Warszawo, Piękna Warszawo 아름다운 바르샤바〉는 1960년대에 활약했던 오페레타 배우 미에치스와프 보이니츠키Mieczysław Wojnicki(1919-2007)의 1966년 출판작으로, 따스한 애정이 만개한다.

난 당신이 고향이기에 당신을 알고 있네, 나의 바르샤바, 난 당신의 심장박동을 듣고, 밤낮으로 당신과 함께 있네, 더 좋은 걸 찾진 못할 거야, 아 바르샤바가 사랑하기에, 사랑해…

Atramentowa

STANISŁAWA CELIŃSKA

Atramentowa...

2015 | Polskie Radio | PRCD 1956

1. Czerń I Biel
2. Czy O Kimś Ktoś
3. Atramentowa Rumba
4. Do Rycerzy, Do Szlachty, Do Mieszczan
5. Drzwi Odemknij
6. Moje Życie, Twoje Życie
7. Obfitość
8. Jego Portret
9. I Znowu On
10. Nie Strasz
11. Smuteczku Mój
12. Szeptem Do Mnie Mów
13. Wielka Słota
14. Wakacje Z Deszczem
15. Pieśń Cygańska (bonus)

본작 《Atramentowa 잉크》는 첼린스카를 위해 창작된 앨범으로, 달콤하고 서정적인 재즈로 돌아왔다. 폴란드 음악 차

트 1위에 이어, 더블 플래티넘을 달성했다.

《Czerń I Biel 흑백》에서부터 피아노와 아코디언 등으로 보사노바의 상큼함을 잔잔히 발산한다.

세상은 무엇보다 논리적이기를 원하고, 신중한 시절부터 거미줄을 엮네, 세상은 끊임없이 최고의 팁을 찾으며, 우리에게 사는 방법에 대해 조금 알려주지… 어느 날 누군가가 갑자기 사랑에 빠질 때까지 온 세상은 계명을 거부하지, 세상이 그에게 힘든 시간을 주겠다고 위협하더라도… 하지만 나는 바람을 거스르는 것이 두렵지 않네. 흑백, 시작과 목표, 더위와 얼음, 더위와 추위, 그리고 고통과 두려움, 5월과 눈, 꿈, 웃음과 눈물. 그게 사랑이니까…

《Czy O Kimś Ktoś 누군가에 관한 것인가?》는 기타와 피아노 반주에 첼로가 서정의 꽃을 피운다.

…아무도 내 욕망을 이해하지 못해, 누군가의 길은 어딘가에서 적어도 한 번은 교차하지, 누군가에 대한 진실을 알수 있는 사람이 있을까? 만지고, 음미하고, 속이고, 또 속이며 우리를 혼란스럽게 해, 벽이 있으면 길도 끝이 있다고 누군가가 말했지… 이제 나는 두 개의 세계가 있다는 걸 알아.

이미 싱글로 발표했었던 《Atramentowa Rumba 잉크 룸바》에서는 바이올린의 뜨거운 활이 우울한 고독감을 가른다.

…반짝이는 광선을 숨기지 말고, 너의 뜨거운 열기를 내게 줘, 네 모든 영광을 나에게 줘, 태양이며, 지평선 뒤에 숨지 마, 너의 떨리는 따스한 백일몽으로 나를 살게 해줘, 행복한 날들로.

《Drzwi Odemknij 문을 열어줘》는 감미로운 피아노 재즈의 주홍빛 여유가 밤의 침묵을 위로한다.

…너의 선함을 믿으며, 네 부드러움이 나에게 필요해, 그러니 내 말을 들어, 마음의 불안을 희망으로 바꿔, 이것이 너

를 위한 내 기도야…

〈Moje Życie, Twoje Życie 내 인생, 당신의 인생〉은 멕시코 여배우 리베르타드 라마르케Libertad Lamarque(1908-2000)가 불렀던 볼레로의 명곡 〈Historia de un Amor 사랑 이야기〉의 폴란드어 버전.

〈Jego Portret 그의 초상화〉에는 피아노와 함께 새어 나오는 아코디언의 물기 어린 애수가 시큰하다.

…당신이 어떤 사람인지 아무도 몰라요, 이 진실은 전혀 필요치 않아요, 길이 없을 땐 같이 걸어가요, 당신의 점의 향기를 담아 갈게요…

쇼팽Chopin의 〈전주곡 4번〉으로 문을 여는 〈Nie Strasz 겁내지 마〉에서는 시간이 지날수록 부담스럽고 고통이 되는 사랑에 대해 두려워하지 말고 자신의 삶에 집중하며 내면의 평화를 찾으라 조언한다.

슬픔을 가장 친한 친구라 노래하는 〈Smuteczku Mój 나의 슬픔〉에는 두려움을 길들이고 현실을 받아들였던 첼린스카가 너털웃음을 짓는다.

짧은 생을 살다간 루드미와 야쿠브차크Ludmiła Jakubczak(1939-1961)의 노래 〈Szeptem Do Mnie Mów 내게 속삭여줘〉에는 연인에게 가장 사랑하는 자신만 들을 수 있도록 사랑의 진실을 들려달라고 한다.

〈Wielka Słota 비엘카 슬로타〉는 로커 무니에크 스타스치크Muniek Staszczyk와 노래했는데, 이는 집을 떠난 어머니와 돌아오길 기다리는 아들의 대화이다. 실제 결혼 실패와 알코올 중독으로 아들과의 관계마저 틀어져 버렸던 첼린스카의 이야기이다.

5월에 발표한 본작의 성공으로 9곡을 수록한 《Atramentowa… Suplement》라는 보너스 앨범을 10월에 발표했는데, 이도 플래티넘을 기록한다.

이듬해 낸 성탄 앨범 《Świątecznie… 크리스마스, 2016》까지 세 앨범은 2016년 가장 많이 팔린 앨범 50에 포함되었다.

그녀의 재즈 향연은 《Malinowa… 산딸기, 2018》와 《Jesienna… 가을, 2020》 등 이후로도 계속되어, 고희를 넘어 희수의 나이에도 《Uwierz 믿음, 2024》을 발표했다.

그녀의 노래에서 가창력을 기대하는 것은 금물이다. 하지만 연기력으로 다져진, 말하는 듯한 창법과 깊은 연륜에서 우러나는 관조적인 색조는 으뜸이다.

Tamara Gverdtsiteli ● 타마라 그베르치텔리
Georgia | Russia

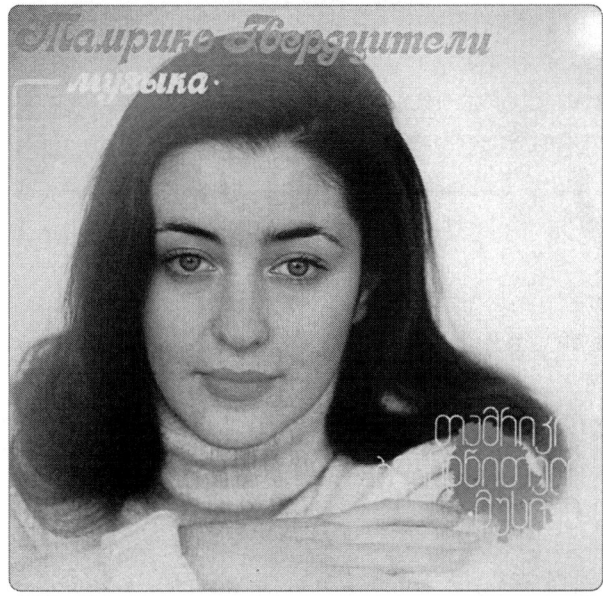

배우이자 작곡자이기도 한 타마라 그베르치텔리는 1962년생으로 현재 조지아의 수도인 트빌리시Tbilisi에서 태어난 유대인 혈통이다.

어릴 때부터 노래를 즐겨 불렀던 그녀는 트빌리시 어린이 공연단 'Sunny'에 소속되어 활동했다.

9세 때 아동 뮤지컬 「피노키오」에서 파란 머리 요정 말비나를 맡아 연기했는데, 그녀의 슬픈 노래로 어린 관중들이 눈물을 흘리는 광경을 본 후 가수가 되기로 결심했다고 한다.

10대 초반인 1975년에 TV드라마에 출연하기도 했던 그녀는 트빌리시 주립 음악원에서 피아노와 작곡 그리고 보컬을 전공했으며, 19세 때 현 우크라이나의 드네프로페트로프스크Dnepropetrovsk시 연합축제에 참가하여 2위를 기록, 소치Sochi에서 열린 국제음악경연에서는 〈Red Carnation 붉은 카네이션〉을 불러 정상을 차지했다.

1982년에 셀프 타이틀 데뷔작을 낸 후 그해 독일 드레스덴 팝 콘테스트에 이어 1987년 이태리 산레모 축제에 게스트로도 참가한다.

1989년에 조지아의 자랑스러운 예술인으로 뽑힌 그녀는 1990년부터 약 4년간 파리에 머무른다.

이듬해 미셸 르그랑Michel Legrand(1932-2019)을 만나 그의 파리 올랭피아 극장 콘서트 무대에 초대되었는데, 그는 관중들에게 '파리여, 그녀의 이름을 기억하십시오'라고 말했다고 한다.

그러나 세 번의 결혼 실패로 인한 우울증과 건강 악화, 그녀를 위해 희생을 아끼지 않았던 모스크바의 어머니에 대한 그리움 등 복합적인 이유로, 자신의 고향 조지아를 떠나 2004년에 러시아로 국적을 옮겼다.

이후 팜므파탈 집시의 사랑을 다룬 비제Georges Bizet의 오페라 「Carmen 카르멘」으로 모스크바 무대에 섰을 뿐만 아니라 뮤지컬 「Man of La Mancha 맨오브라만차」에 주역으로 서면서, 풍성하고 힘 있는 가창력과 감동의 음색으로 러시아의 사랑을 받는 가수가 되었다.

샹송 디바 파트리샤 카스Patricia Kaas가 2011년 러시아 톰스크Tomsk 라이브에서 초청하여 명곡 〈La Vie en Rose 장밋빛 인생〉를 듀엣으로 불렀던 가수. 파트리샤 카스의 영상으로 우연히 접하게 된 그녀의 깊고 포근한 음색은 잊지 못할 귀한 보석이었다.

Posvjaschenie Zhenschine

ТАМАРА ГВЕРДЦИТЕЛИ

Посвящение Женщине
музыка Тамары ГВЕРДЦИТЕЛИ
стихи Марины ЦВЕТАЕВОЙ

2001 | Rosso Art | PR-83

1. Uvertyura
2. Zvezdy
3. Ty Rasskazhi Nam Pro Vesnu
4. Karmen
5. Molitva
6. V Parizh
7. Zhencshina V Pustyne
8. Docheri (Ale)
9. Tsyganskaya Svad'Ba
10. Posvyacshenie Zhencshine

데뷔 20주년 기념작이라 할 수 있는 본작 《Posvjaschenie Zhenschine 여인을 그리며》는 러시아의 여류시인 마리나 츠베타예바의 작품에 영감을 받은 것이다.

마리나 츠베타예바Marina Tsvetaeva(1892-1941)는 모스크바 출생으로, 지식인 가정에서 태어나 소르본 대학교에 유학했

고, 상징주의 작품 「Razluka 별리別離, 1910」와 「Vechernii Al'bom 저녁의 앨범, 1910」을 출간했다. 1917년 러시아혁명 때 「Belaya Staya 백조의 진영, 1917」을 출간, 공산당에 대항하여 정권을 재탈환하려 했던 반혁명군인 백위군白衛軍을 찬미했다. 1922년에는 백위군 장교였던 남편과 프라하로 망명하고 1925년에 파리에 정착했지만 망명생활에 환멸을 느껴 1939년에 귀국, 그러나 2년 뒤에 자살하였다. 특히 망명 중의 작품들이 사상적 깊이가 뛰어나며, 제2차 세계대전 후 문학적 업적을 재평가 받기 시작했다고 한다.

〈Uvertyura 서곡〉은 러시아 특유의 시린 듯한 서정과 낭만이 줄곧 쏟아지는 피아노협주곡으로, 타이틀곡의 테마가 현악으로 연주된다.

불어오는 바람처럼 현악의 선율이 콧날을 시큰하게 하는 〈Zvezdy 별〉은 창세기 29장의 야곱 이야기이다. 아버지 이삭이 죽자 삼촌의 계략을 피해 외삼촌으로 피신한 야곱이 아리따운 외사촌 라헬과의 결혼을 위해 7년간 하인 생활을 하기로 외삼촌과 계약하고 결혼식을 올렸지만, 첫날밤이 지나 자신의 곁에 있었던 사람은 못생긴 언니 레아였다. 외삼촌의 계략으로 다시 라헬과의 결혼을 위해 또 7년을 하인 생활을 해야 했던 야곱은 별을 보며 '모든 여성은 안개에 싸여 있네, 하지만 난 라헬이 좋아'라고 말하며 그 힘든 세월을 보낸다.

〈Ty Rasskazhi Nam Pro Vesnu 당신은 봄에 대해 말하네〉에서 서정적인 피아노 연주와 스캣, 따스한 그녀의 목소리가 슬프고도 차디찬 여인의 과거를 위로한다. 이는 할머니와 손자의 대화로, 손자는 봄과 사랑에 대해 묻지만 할머니의 기억은 쓰라린 봄과 끔찍한 사랑만을 더듬는다.

스페인 안달루시아로 공간적 배경을 열고 있는 〈Karmen 카르멘〉은 프랑스 현대 작가인 프로스페르 메리메Prosper Mérimée(1803-1870)의 동명의 소설을 극화한 비제Georges

Bizet의 오페라 이야기이다. 사랑을 저버린 집시여인 카르멘을 향한 기마병 호세의 처절한 복수를 무대극으로 연출하였는데, 폭풍처럼 휘몰아치는 악곡은 압권이다.

〈Molitva 기도〉는 교회 종소리와 파이프오르간 등으로 사랑과 평화에 대한 전원적이고도 숭엄한 성가를 들려준다.

고향 트빌리시 외에도 많은 도시에서 머물렀던 그녀는 파리에 대한 사랑을 홈페이지에서도 피력하였는데, 〈V Parizh 파리에서〉는 자신의 꿈의 깊이만큼이나 깊은 타지에서의 고독감과 슬픈 감정을 그린 개인적인 서정시이다. 빗소리와 함께 안개 자욱한 센 강변의 밤 풍경이 우울하고도 낭만적으로 재현되고 있으며, 아코디언의 숨결과 몽롱한 음향이 서정과 몽상에 젖게 한다.

중동으로 이동하는 앰비언트 〈Zhencshina v Pus -tyne 사막의 여인〉은 스캣 연주곡으로, 히잡을 쓴 여인들의 인생에 헌정하는 찬가가 아닐까.

여류시인 마리나 츠베타예바의 시를 노래한 〈Docheri 모든 딸들〉에서는 비장미 섞인 그녀의 보컬이 서정의 선율을 타고 흐른다. 여성으로서 살아가기 힘든 세상에서 어머니가 딸의 인생에 행운을 비는 듯 따스한 모정이 흐른다.

지독하게 아름다운 걸작 타이틀 〈Posvyacshenie Zhencshine 여인을 그리며〉에서 피아노와 현악은 가련한 연민의 감정을 벅차게 흔든다.

이 처참한 책자는, 여인의 매력이 아닌, 사랑의 기술을 말하네, 모든 땅의 여인이여, 마음으로는 사랑의 묘약을 꿈꾸지만, 어떤 이에게는 독약이 되지, 요람 속의 여인은, 어떤 이에게는 치명적인 죄악으로 남네, 오! 천국 저 멀리서 떨어져, 입술은 어둠 속에서 굳게 닫혀버렸구나, 하나님, 심판하지 말아요, 당신은 그러하지 않았죠, 대지에 선 여인을 위해서…

Muzyka · Hram Dushi

2004 | Rosso Art | MR-911

1. Arija Pero
2. Muzyka
3. Lodochka
4. Kazackaja Pesnja
5. Plach Materi (Rekviem)
6. Svetljachok
7. Ukradennoe Serdce
8. Molitva
9. O, Narod Drevnij!
10. Opavshie List'Ja
11. Moja Ljubimaja Jedit Piaf
12. Maminy Glaza
13. Vybor (La Decision)
14. Pamjati Karuzo
15. Smejsja, Pajac!

본작 《Muzyka - Hram Dushi 음악 - 영혼의 사원》은 2003년 3월 4일 러시아 중앙 콘서트홀에서 가졌던 실황이다.

자신의 존재 이유인 동시에 자기 위안을 돌려받는 영혼의 안식처로서의 음악에 대한 찬가 〈Muzyka 음악〉은 웅장한 파이프오르간과 서정적인 피아노에 이어 대단위 오케스트라의 격랑이 휘몰아친다.

사랑의 고통을 노래한 〈Lodochka 난파선〉은 코러스로 연출되는 선원의 뱃노래와 파고를 연상시키는 리듬이 상큼한 뉴에이지 월드를 연상시킨다.

무반주에 남녀 혼성합창과 함께 노래하는 민요 〈Kazackaja Pesnja 코사크의 노래〉에는 모스크바 공국의 착취와 억압을 피해 남부 우크라이나 초원지대에서 유목생활을 했던 코사크족의 애환이 서린다. 소수 기마 민족인 코사크는 '자유로운 사람'이란 의미이다.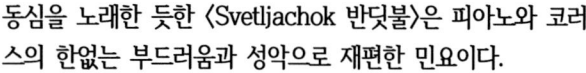

대표곡 중 하나인 〈Plach Materi (Rekviem) 눈물의 어머니 - 레퀴엠〉은 무반주 합창단의 코러스를 배경으로 어린 아들의 죽음 앞에 선 어미의 비탄 어린 포효가 이어진다. 못다 핀 꿈을 위한 안식의 기도와 함께 이 비극의 오페라는 장엄한 결말을 토한다.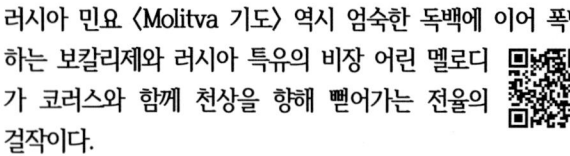

동심을 노래한 듯한 〈Svetljachok 반딧불〉은 피아노와 코러스의 한없는 부드러움과 성악으로 재편한 민요이다.

〈Ukradennoe Serdce 잃어버린 마음〉은 '백만 송이의 장미'로 알려져 있는 조지아의 원초주의자 화가 니코 피로스마니Nico Pirosmani(1862-1918)에 대한 존경을 노래했다. 긴장 어린 생생한 연극 무대처럼, 타마라의 가창력과 표현력에 압도당할 수밖에 없다.

러시아 민요 〈Molitva 기도〉 역시 엄숙한 독백에 이어 폭발하는 보칼리제와 러시아 특유의 비장 어린 멜로디가 코러스와 함께 천상을 향해 뻗어가는 전율의 걸작이다.

화려한 재즈로 풀어낸 고전 샹송 〈Opavshie List'ja 고엽〉에 이어, 에디트 피아프Edith Piaf(1915-1963)의 〈Hymne a l'Amour 사랑의 찬가〉와 〈Padam Padam 빠담 빠담〉 등의 명곡 메들리 〈Moja ljubimaja Jedit Piaf 나의 우상 피아프〉는 불어로 노래했다.

대표곡 중 하나인 〈Maminy Glaza 어머니의 눈〉은 우울한 재즈 발라드로, 자식을 위해 희생을 아끼지 않는 모든 어머니를 위한 찬가이다.

브람스Johannes Brahms의 곡에 가사를 붙인 파트릭 로이주Patrick Loiseau의 샹송 〈La Decision〉을 노래한 〈Vybor 결심〉에 이어, 루치오 달라Lucio Dalla(1943-2012)의 명곡 〈Pamjati Karuzo 카루소〉를 이태리어로 불러주며, 이태리 작곡가 루제로 레온까발로R. Leoncavallo(1858-1919)의 오페라 「Pagliacci 팔리아치」 중 〈Vesti la Giubba 옷을 입어라〉를 노래한 〈Smejsja, Pajac! 웃음, 광대〉로 감동의 향연을 마무리한다.

Vivat, Lyubov', Vivat

2006 | Rosso Art | PR-71

본작 《Vivat, Lyubov', Vivat 사랑이여 만세》는 컴파일 앨범으로 검색되기도 하는데, 정규작인지 알 길이 없다. 그녀와의 정식 만남은 이 앨범으로부터 시작되었는데, 제목답게 달콤하고 사랑스러운 발라드로 구성되어 있다.

성스러운 파이프오르간의 웅장함에 이어 긴장 서린 슬픔이 밀려오는 《Zajgite Svechi 촛불》은 전쟁을 고발하는 노래이다. 세상의 악과 전쟁 속에 천진하게 자란 아들을 내보내야 하는 까닭으로 어머니가 되고 싶지 않았다고 고백한다. 전쟁터에서 날아온, 걱정하지 말라던 아들의 편지를 들고 교회당에서 피해자 혹은 살인자가 될 누군가의 아들들과 남편들의 영혼을 애도하는 어머니의 심정이 너무나 애처롭다.

《Ne Revnui 질투하지 않아》는 자신의 고향 트빌리시에 대한 애정과 염려를 표한 작품이다. 무대 활동을 끝내고 휴식기에 접어든 시점에서 러시아와의 충돌과 불안정한 사회를 지켜보며 평화롭지 않지만 그래도 파리와 모스크바를 질투하지 않는다고 노래한다.

《Cio-Cio San 조초 상蝶蝶橡》은 이태리 작곡가 푸치니Giaco-mo Puccini의 오페라 「Madama Butterfly 나비 부인」의 주인공 게이샤이다. 결혼식을 한 후 미국으로 떠나버린 해군 대위 핀거턴이 자신과 아들을 데리러 올 날을 기다리며 긴 세월 동안 흘린 사랑에 대한 갈망의 눈물이 아련하게 그려진다. 아들만을 데리러 온 남편을 만나게 되고 자결하는 비극적 결말은 포함되지 않았다. 일본 민속음악풍의 연주에 안개같이 포근한 스캣과 가창이 달콤새콤하다.

구슬픈 새의 울음소리를 삽입한 《Charivna Skripka 마법의 바이올린》은 젊은 봄날의 사랑의 아픔을 노래한 우크라이나 민요로, 현대적으로 재편한 동양적 감성이 눈이 시릴 정도로 아름답다. 특히나 구슬프게 들리는 우크라이나 민중의 영웅 니나 마트비엔코Nina Matvienko(1947-2023)와 투명감이 빛나는 테시아 포발리Taisia Povaliy의 노래도 잊을 수 없다.

우크라이나 민요인 《Ochi na Pisku 모래 그림》에서, 바다를 바라보며 모래해변에 그리운 이를 눈물로 그려보는 이별의 고통은 과히 폭발적이다.

라이브로 수록된 《Printsessa 공주》에서는 36세의 젊은 나이에 프랑스 파리에서 의문의 교통사고로 사망한 영국의 황태자비 다이애나 스펜서Diana Spencer(1961-1997)의 죽음을 애도한다. 피아노 솔로에 그녀를 부르는 듯 슬픔에 찬 격정의 진혼가에 마음이 시리다.

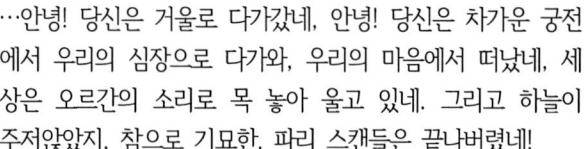

…안녕! 당신은 거울로 다가갔네, 안녕! 당신은 차가운 궁전에서 우리의 심장으로 다가와, 우리의 마음에서 떠났네, 세상은 오르간의 소리로 목 놓아 울고 있네. 그리고 하늘이 주저앉았지, 참으로 기묘한, 파리 스캔들은 끝나버렸네!

모정, 고향, 순수한 사랑과 기다림, 예술, 고통, 이별, 죽음 등 각기 다른 러브스토리의 단편을 들려주는 본작은 다시금 가슴을 따스하게 채워준다. 동년에 《Izbrannoe 선집》이란 베스트앨범도 출시되었다.

Tania Libertad • 타니아 리베르타드
Peru | Mexico

TANIA LIBERTAD
Alfonsina y el Mar XX Años

타니아 리베르타드는 옛날 아프리카에서 잡혀온 노예의 후예들이 거주했던 페루의 북쪽 해안 코스타네그라(검은해안)에 자리 잡은 자냐Zaña라는 작고 가난한 마을에서 1952년에 태어났다. 군인이었던 아버지는 보헤미안이며 음악을 좋아했고, 어머니는 간호사였다.

아홉 자녀 중 막내딸로 태어난 그녀는, 5살의 어린 나이에 아티스트로서 최초의 경험을 가지게 된다. 즉, 40년이 지난 후 세자리아 에보라Cesaria Evora(1941-2011)와 다시 부르게 되는 아름다운 볼레로 〈La Historia de un Amor 사랑 이야기〉를 학교에서 부른 것이다.

16세의 나이에 타니아는 그녀의 이름으로 300여 곡의 막강한 레퍼토리를 보유하게 되며, 멕시코 진출을 이루었다.

타니아는 아버지와 동행하여 음반 계약을 위해수도인 리마를 정기적으로 방문했다. 한 나이트클럽에서 RCA Victor 레이블의 A&R 매니저를 만날 수 있었고, 그녀는 이후에 전국적 히트곡이 된 〈La Contamanina, 1973〉를 녹음한다. 두 장의 LP를 발표 후, 그녀는 페루의 가장 유명한 페스티벌에서 페루의 위대한 시인 후안 곤살로 로세Juan Gonzalo Rose(1927-1983)가 쓴 노래로 우승한다.

그녀는 음악에 대한 열정으로 21세에 아버지의 반대에도 불구하고 대학을 그만두고 자신의 꿈을 좇아 집을 나왔으며, 음악 페스티벌에 초대를 받아 라틴아메리카 음악의 수도라 할 수 있는 아바나로 가게 된다.

아티스트로서의 삶은 곧 어려움에 직면하게 되지만, 오르케스타 아라곤Orquesta Aragón, 지타로사Alfredo Zitarossa(1936-1989), 오마라 포르투온도Omara Portuondo 등 많은 스타와 함께 대학과 노동조합에서 노래를 부르게 된다.

1978년 그녀는 친구인 가수 카르멘 살리나스Carmen Salinas만 믿고 여러 페스티벌에서 노래하기 위해 멕시코로 간다.

며칠 후 블랑끼따 극장에서 카르멘과 함께 노래했고, 처음 만나는 멕시코 청중들의 마음을 사로잡는다. 그녀는 그룹을 결성하여 아프로-페루비안 음악 앨범을 직접 프로듀스하여 녹음하고, 그 앨범은 첫 주에만 천장이 팔려나갔다.

그녀는 음악적 경력과 계속적인 새로운 발견들을 위한 노력으로 세사르 카마르고 마리아노Cesar Camargo Mariano와 브라질에서 함께 녹음하게 되고, 런던에서 필 만자네라Phil Manzanera와 함께 작업한다.

타니아 리베르타드는 미겔 보세Miguel Bosé, 루벤 블라데스Rubén Blades, 솔레다드 브라보Soledad Bravo, 피토 파에스Fito Páez, 메르세데스 소사Mercedes Sosa(1935-2009) 등의 우수한 라틴아메리카 가수들과 함께 무대에 서면서 볼레로 최고의 가수 중 한 명이 된다.[15]

---

15) Costa Negra 검은 해안, 2002, 굿인터내셔널 라이선스 해설지

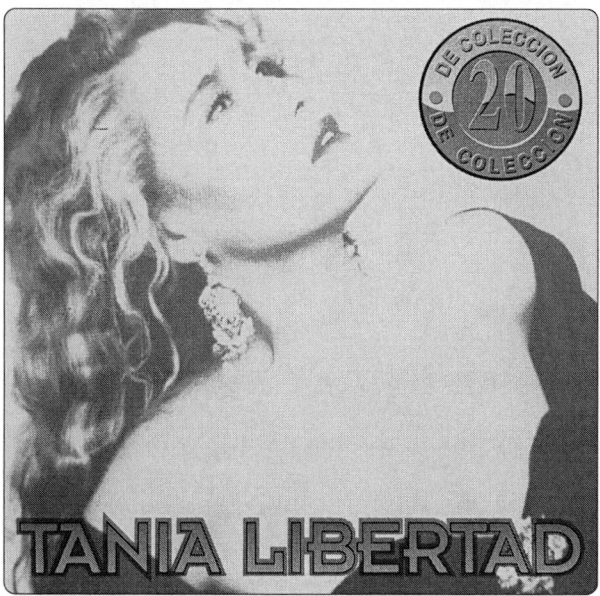

20 de Coleccion

TANIA LIBERTAD

1996 | Sony | CDL 81909

1. Alfonsina y el Mar
2. Mucho Corazon
3. Corazon de Madera
4. Nuestro Juramento
5. Escándalo / Luz y Sombra
6. Fragilidad
7. Sombras
8. Primer Amor
9. Razon de Vivir
10. Mil Besos
11. Tres Palabras
12. Concierto Para una Sola Voz
13. Gracias a la Vida
14. Mundo Raro
15. Tu Recuerdo y to
16. Te Odio y Te Quiero
17. Cenizas
18. Hablame
19. Cuando Sale la Luna
20. Pa' Todo el Año

그녀의 매력은 바로 심금을 울리는 가창이다. 맑고 물기를 머금은 듯 촉촉하며 매끄러운 그녀의 음색은 특별한 인상을 심어주기에 너무나 충분하다. 첫 만남이 시작되었던 본 컴파일 앨범에서 엄선된 대표곡들은 비단결같이 착착 감긴다.

이 앨범에서 가장 큰 매력을 더하는 곡은 아르헨티나 작곡가 아리엘 라미레스Ariel Ramírez(1921-2010)의 〈Alfonsina y el Mar 알폰시나와 바다〉이다. 메르세데스 소사Mercedes Sosa(1935-2009)가 《Mujeres Argentinas 아르헨티나의 여인들, 1969》에서 처음 녹음한 이래로 많은 가수들이 노래했다. 타니아는 단지 천상의 악기 하프만으로 연주했음에도 8분여의 다소 긴 연주시간이 애처로움에 젖기엔 너무나 짧다. 유부남과의 이루어질 수 없는 사랑을 하고 오랜 세월 암으로 투병하며 바다에 몸을 던져 생을 마감한 여류시인 알폰시나 스토르니Alfonsina Storni(1892-1938)의 가련한 인생을 노래한 것으로, 천국에서의 안식을 위한 위령제를 올리는 것 같다.

라틴팝의 황제 루이스 미겔Luis Miguel의 노래로 잘 알려진 〈Mucho Corazon 마음 가득히〉는 시원한 저녁 바람이 부는 듯한 볼레로 명곡으로, 연인에 대한 믿음이 충만한 사랑의 감정을 그린다.

스팅Sting의 《Nothing Like the Sun, 1987》에 수록된 명곡 〈Fragile〉을 스페인어로 부른 〈Fragilidad 연약한 감정〉은 현대 도회지의 분위기가 물씬 난다. 스팅의 기타가 몰고 오는 맑고도 선선한 바람도 아름답지만, 자욱이 깔린 안개 같은 신시사이저 음향에 색소폰의 서정은 갈피 잡지 못하는 도시인의 감성을 더욱 흔든다.

볼레로의 왕으로 불리는 멕시코의 하비에르 솔리스Javier Solís(1931-1966)의 노래 〈Sombras 그림자〉는 하모니카가 더욱 애틋함을 싣는다.

…애무하는 내 손 주위의 그림자, 떨리는 내 목소리의 그림자, 난 인생에서 행복할 수 있었네, 그리고 죽어가지, 눈물

의 삶이라네, 이 끝을 볼 수 없는 드라마에서 가장 끔찍한 길을 걷고 있어, 당신과 내 인생 사이에는 그림자 외에 아무것도 남지 않았네, 당신과 내 사랑 사이에는 그림자 말고는 그 무엇도 남아 있지 않아…

쿠바의 파블로 밀라네스Pablo Milanés(1943-2022)와 함께 그의 작품을 듀엣으로 노래한 〈El Primer Amor 첫사랑〉은 혼란과 기쁨과 고통을 주었던 첫사랑의 그리움을 더욱 드라마틱하게 그려낸다.

메르세데스 소사의 음성으로 친숙한 〈Razon de Vivir 삶의 이유〉는 보다 현대적인 해석이 돋보인다.

…여정을 잃지 않고서 아름다움과 빛을 결합하기 위하여, 향수의 천사를 잃지 않고서 너와 함께 하기 위하여, 어떤 것도 바라지 않는 삶을 찾기 위하여, 그리고 모든 것이 아름답고 지불할 필요가 없다는 것을 이해하기 위하여, 난 단지 당신이 필요해, 맑은 당신의 눈망울과 여기서…

멕시코의 남성 가수 하비에르 솔리스가 부른 로맨스 볼레로 〈Tres Palabras 세 단어〉는 파나마 출신의 라틴 팝가수 미겔 보세Miguel Bosé와 듀엣으로 불러준다.

프랑스의 스캣송 가수 다니엘 리까리Danielle Licari의 연주곡으로 널리 알려진 1969년 작 〈Concierto pour une Voix〉에 가사를 붙인 〈Concierto para una Voz 목소리를 위한 협주곡〉은 소중한 걸작이다.

나를 불러줘, 내 사랑을 느낄 때, 당신 마음이 저려올 때, 눈이 아른거릴 때, 내 노래가 들릴 때, 당신의 길을 헤맬 때, 나를 봐줘, 나는 당신 여자의 음성이야. 나는 존재의 근원이네, 당신이 날 꼭 붙잡아 주지 않는다면, 당신은 행복할 수 없을 거야, 사계절이 돌아오듯, 당신은 사랑을 안고 내게 돌아오게 될 거야…

고풍스러운 기타에 청옥 같은 목소리로 노래한 비올레타 파라Violeta Parra(1917-1967)의 명곡 〈Gracias a la Vida 삶에 대한 감사〉도 주목해야 할 해석이다.

Amar Amando

1997 | Mulata Records | 314 539 088

1. Aquellas Pequenas Cosas
2. A Donde Van
3. Amar Amando
4. Pajarillo Verde
5. Tu Boca una Nube Blanca
6. Caballo Viejo
7. Azul Provinciano
8. Sombras
9. La Danza Clara
10. Serenata
11. Para Tenerte
12. La Ultima Palabra

본작 《Amar Amando 사랑 사랑》에서 들려오는 우아한 그녀의 볼레로는 청자의 앞에서 무대를 열어주는 듯 공간감이 매우 가깝게 느껴진다.

스페인의 싱어송라이터 조안 마누엘 세라J.M.Serrat의 《Medi

-terráneo 지중해, 1970》 수록곡 〈Aquellas Pequenas Co-sas 사소한 것들〉은 뉴에이지풍의 피아노의 선율로 편안한 휴식을 선물하고 있다. 그 친숙한 달콤함에 숨어있는 고독감이 싫지 않다.

시간이 흐르면 사라진다는 것은 당연한 사실이건만, 떠난 기차는 다시 돌아온다네, 우리의 시간을 스치는 사소한 것들, 길목에 핀 장미, 서랍 속의 편지, 그것들은 마치 문 뒤에 숨은 도둑처럼, 바람에 흩날리는 낙엽처럼, 마음을 휘저어 놓곤 하지, 갑자기 우린 슬픔에 빠져들고, 아무도 우릴 지켜보지 않을 때가 되면, 그 사소한 것들에 눈물짓네.

실비오 로드리게스Silvio Rodríguez의 《Mujeres 여인들, 1978》 수록곡 〈A Donde Van 그들은 어디로 가나?〉는 행복이 있는 곳을 찾아 헤매는 자국의 비참한 현실을 평온한 전원곡에 담아낸 누에바트로바이다. 1959년 쿠바혁명 이후 독재를 피해 탈출했던 쿠바인. 그들의 목소리를 담아 푸르른 창공을 연다.

타이틀곡 〈Amar Amando 사랑 사랑〉은 아르헨티나의 싱어송라이터 오라시오 과라니Horacio Guarany(1925-2017)의 작품으로, 사랑 없이는 살 수 없다는 열렬함을 현악의 엘레지에 실어 노래했다. 그녀의 눈물 젖은 음성은 최고의 드라마를 들려준다.

서정시 〈Tu Boca una Nube Blanca 흰 구름에 걸린 네 입술〉은 스페인의 가수이자 배우 아나 벨런Ana Belén의 남편이기도 한 싱어송라이터 빅토르 마누엘Victor Manuel의 작품이다. 천천히 이완되는 피아노 발라드로, 따사로운 여성 백 보컬과 함께 사랑에 대한 갈망을 아련한 아픔과 슬픔으로 여운을 남긴다.

사랑은 둥지를 열망하지, 홀로 맞는 저주의 새벽, 모든 것은 어둠 속에 숨었네, 격렬했던 추억들, 환영과 시간들, 둘 곳 없는 외로운 손, 나는 욕망을 모른 채, 술주정뱅이처럼 고독 속에서 사랑을 씹네, 사랑은 잠든 물과 같지, 난 너의 언덕을 오갔고, 아직도 난 네 미소를 잊지 못하였네, 나는 협곡에서 씨를 뿌릴 고랑을 찾네, 갈망을 낚을 미끼가 된 듯이, 회한은 희미해지고, 우리가 함께 할 수 있는 하루라도… 흰 구름에 걸린 네 입술이여.

멕시코 사포텍 인디오의 노래 〈Guenda Nabani 얼마나 아름다운 인생인가〉를 부른 〈La Ultima Palabra 유언〉은 그 구슬픈 멜로디가 아름답기 그지없다. 탄생은 이 땅에 하나님이 우리를 심은 뜻이며, 죽음은 천국의 쉼터로 향하는 새로운 출발이자 다른 사람들과 합류하는 또 하나의 세상이라는 것인데, 인디오의 생과 사에 대한 낙관적인 시선과 철학이 가슴에 와닿는다.

이후 그녀는 멕시코의 란체라 볼레로의 전설적인 가수 호세 알프레도 히메네스José Alfredo Jiménez(1926-1973)의 노래를 카바레 풍으로 재해석한 《Tomate Esta Botella Conmigo 토마토는 내 유리병 속에, 1998》를 발표했고, 2000년에는 멕시코 볼레로 가수 아르만도 만사네로Armando Manzanero (1935-2020)와 듀엣 앨범을 발표하고 실황 앨범까지 냈다.

2002년에는 그녀의 앨범 《Costa Negra 검은 해안》이 라이선스로 소개되면서 국내 팬들과 정식 만남을 가졌다. 특히 이 앨범은 성공을 위해 1980년에 멕시코로 거주지를 옮긴 후 자신의 최고의 갈망이었던 아프로-페루비안의 뿌리를 노래에 담고자 했던 의도에서 제작된 것으로 프랑스와 멕시코 그리고 페루를 비롯한 라틴아메리카에서 찬사를 얻어냈다.

시상詩想과 환상의 음악극장
Tatyana Aleshina ● 타티아나 알레시나
Russia

Фото (c) А.Тимониной
Photo by (c) A.Timonina

타티아나 알레시나는 구소련 시절 지금의 우크라이나 니진 Nizhyn에서 1961년에 출생했다. 그러나 3개월이 지나 가족은 러시아의 공업도시 첼랴빈스크Chelyabinsk로 이사했으며, 이후 모스크바 남부 툴라Tula로 이사해 성장했다.

쿠르간Kurgan의 음악학교를 졸업하고 1981년 이래로 극음악을 쓰기 시작했으며, 1987년 우랄 무소륵스키 주립음악학교를 졸업한다.

1992년에 엘레나 깜부로바Elena Kamburova의 극장과 연을 맺어 공작 활동을 해왔으며, 1996년에는 상트페테르부르크의 뎀메니 마리오네트 극장Demmeni Marionette Theatre의 음악감독을 맡으며 무려 50여 개 이상의 공연을 올렸다.

또한 그녀는 엘레나 프롤로바Elena Frolova, 알렉산더 드레브야긴Alexander Derevyagin 그리고 니콜라이 야키모프Nicholai Yakimov와 함께 1993년에 창조적인 예술음악연합 'ASIA'을 창단했으며, 자신의 독집과 연합 앨범을 통해 자신의 시를 바탕으로 한 자작곡 외에도 러시아, 아르메니아, 조지아 그리고 라틴아메리카 시인들의 작품을 작곡·연주하고 있다.

레퍼토리에는 20세기 러시아 문학가 아흐마토바Akhmatova (1889-1966), 러시아의 위대한 시인 푸시킨Pushkin(1799-1837), 러시아 상징주의의 대표자 블록Blok(1880-1921), 러시아 문학에서 운율이 있는 산문 창시자 키르사노프Kirsanov(1906-1972) 등에서 20세기 가장 영향력 있는 모더니스트 시인 중 한 명인 오스트리아의 릴케Rilke(1875-1926) 등을 포함한다.

그 밖에도 이야기, 동화, 시, 희곡을 쓰며, 2001년에는 자신의 시와 단편을 엮은 책을 발간하기도 하였다.

1996년과 2010년에 상트페테르부르크 최고의 극음악상을, 2014년에는 문화 부문인 러시아연방정부상을 수상했다.

Veter s Severa

2002 | AZIYa records | ACD007

1. Pesnya Ikara
2. Vorony
3. Ya Vzdragivayu Ot Kholoda
4. Obraz Tvoj
5. Posle Stol'Kikh Roz
6. Na Zare Moroznoj
7. Dolgo Na Zare Tumannoj
8. I Padaet Shyolkovyj Poyas
9. Ne O Lyubvi Proshu
10. V Moyom Neznan'E
11. Kolpak
12. Serdtse, Teryaya Sily
13. Kostyor Tsyganskij
14. Puteshestvie
15. Svet Moikh Ochej
16. Dvizhenie Tela
17. Skol'Zhenie Tela
18. Padenie Tela
19. Dni Letyat
20. Dom
21. Veter s Severa

본작 《Veter s Severa 북풍》은 2000년대 들어서 처음 발표한 독집이다. 인형극 음악가 이력과 다소 음산하기까지 한 커버에서 예감할 수 있는 것처럼 그녀의 음악은 동화의 사운드트랙처럼 느껴진다. 이채로운 풍경과 극적이고 긴장감을 유발하는 이야기가 꿈틀거린다.

1994년 자작곡인 〈Pesnya Ikara 이카루스 노래〉는 청자로 하여금 폭풍전야의 두려움에 빠뜨린다. '…당신은 내게 날개를 주었고, 나는 돌멩이처럼 떨어졌네…'라 노래하며 예기치 않게 찾아온 사랑의 돌풍으로 인한 고통을 서술한다. 심장을 가르는 듯한 비올라로 격정에 치닫는다.

〈Ya Vzdragivayu Ot Kholoda 나는 추위에 떨고 있네〉는 '스탈린 묘비명'이란 풍자시를 친구들 앞에서 낭송했다는 이유로 스탈린 정부에 의해 처음 체포되어 결국 시베리아 감옥에서 숙청당한 러시아 시인 오시프 만델스탐Osip Mandelsh -tam(1891-1938)의 작품이다. 뼈에 사무치는 사랑의 그리움을 그녀는 거의 공포에 가깝게 해석했다. 차가운 시베리아 감옥의 칠흑 같은 밤하늘 아래서 작가인 아내 나데즈다 만델스탐Nadezhda Mandelstam(1899-1980) 을 그리며 죽어간 그의 운명을 애도하듯이.

투명하고도 애달픈 〈Obraz Tvoj 당신의 이미지〉도 만델스탐의 시이다. 고통과 연약함으로 가득한 연인의 모습에서 연민과 자책으로 자신의 텅 빈 가슴을 쓸어내리는 감정은 처참할 정도로 무너져내린다.

여류작가 마리나 츠베타예바Marina Tsvetaeva(1892-1941)의 로망스 〈Don Zhuan 돈 후안〉 연작시 중에서 4개의 곡을 수록하였는데, 그중 〈Dolgo Na Zare Tumannoj 안개 자욱한 새벽에서 오랫동안〉은 비올라의 깊은 회한과 고통에 잠겨있다. 연인을 향한 그리움으로 잠 못 드는 기나긴 밤의 괴로움이 숨통을 옥죈다.

〈Ne O Lyubvi Proshu 내게 사랑에 관해 묻지 마〉는 화려한 절망의 시를 썼던 러시아 시인 게오르기 이바노프Georgy Ivanov(1894-1958)의 작품이다. 2000년에 발표한 'ASIA'의 컴파일 앨범 타이틀이기도 했는데, 결론은 본작에서 가장 돋보인다. 비올라의 서정과 봄날 아지랑이를 연상시키는 플루트 연주가 매우 서정적이고 애틋하기 그지없다.

사랑에 대해 묻지 마, 봄을 노래하지도 마, 단 하나를 허락한다면 내 노래에 귀 기울여 줘, 내가 어떻게 판단할 수 있을까, 쌓인 눈을 바라봐, 그러나 너무 열렬하지는 마, 평범한 하루, 평범한 정원, 그러나 왜 울리는 종소리를, 나이팅게일의 지저귐을, 그리고 눈 속에 핀 꽃을 알아차리지 못할까, 왜, 답해줘, 진정 모르겠니, 내가 어떻게 해야 할까, 네 눈을 들여다봐, 그리고 열렬하진 마, 내 말을 믿지 마, '들어봐'라고 말하지 마, 그러나 네가 지금 눈 위에 서 있다는 걸 알아, 그리고 네 어깨너머로 우리만의 눈 쌓인 낙원이 있다는 걸…

짧은 인생을 살았지만 푸쉬킨상을 수상하고 현대 러시아 여류시인의 등단의 길을 열었던 미라 로크비츠카야Mirra Lokh-vitskaya(1869-1905)의 시 〈V Moyom Neznane 내 무지에서〉는 달콤하고도 경쾌한 봄날의 왈츠로, 침묵과도 같았던 그녀의 보수적인 삶에 숨어있던 관능적이고도 광기 어린 사랑의 욕망이 고개를 든다.

〈Serdtse, Teryaya Sily 마음, 힘을 잃고〉는 1956년 노벨문학상 수상자 스페인 시인 후안 라몬 히메네스Juan Ramón Jiménez(1881-1958)의 작품으로, 절망 어린 허밍으로 곡을 연다. 행복이란 이상을 좇아 길의 끝을 향해 달리지만, 그럴수록 행복은 다시 멀리 달아나는 현실의 슬픔을 노래하였다.

엘레나 깜부로바Elena Kamburova도 불렀던 〈Kostyor Tsy-ganskij 집시 모닥불〉은 벨라루스 시인 벤자민 블라체니Venjamin Blazhennyj(1921-1999)의 작품으로, 애절한 비올라의 눈물이 붉게 번진다. 이는

열망과 동시에 고통마저 모닥불에 불태워야 했던 집시의 애환이다.

18세기 아르메니아의 시인 드피르Paghtasar Dpir(1683-1768)의 〈Svet Moikh Ochej 내 눈의 빛〉역시 심금을 울린다. 고통을 주는 당신을 떠나고 싶지만 더한 슬픔과 열망에 사로잡힐 것을 알기에, 당신을 사랑한 죄인을 잊어버리라고 말하면서도 이내 사랑의 노예를 잊지 말라고 호소한다.

〈Dni Letyat 제비처럼 날아〉는 러시아 아방가르드 문학의 대표 작가 다닐 하름스Daniil Kharms(1905-1942)의 시에 곡을 붙인 것이다. 하름스는 이해할 수 없는 작품들로 노동인민들의 정신을 혼란스럽게 한다는 죄목으로 체포되어 이듬해 석방되었으나, 10년 뒤 다시 패배주의적인 선전을 퍼뜨린 죄목으로 체포되어 시베리아 감옥에서 젊은 나이에 아사했다. 플루트의 현란한 날갯짓에 그녀의 스캣과 속주의 보컬은 이미 환상을 넘어서고 있다. 1936년에 쓴 작품 또한 이해하기 수월치 않지만, 현실도피적인 욕망이 느껴진다.

〈Dom 집〉은 모스크바 주립대학의 철학 교수이자 러시아 여류시인인 올가 세다코바Olga Sedakova의 작품이다. 생명의 근원인 물을 주제로 제목은 지구를 의미하고 있다. 혼란과 어둠의 세상에서 삶의 이유를 묻는 작품이 아닐까 생각된다. 애조띤 이 플루트 환상곡은 포근하지만 연한 슬픔이 안개처럼 뒤덮는다.

본작에서의 북풍은 인생에서의 숱한 좌절과 고통과 실패를 담은 슬픔의 바람이었지만, 자작곡인 마지막 타이틀곡에서 희망과 꿈을 풀어놓았다.

이듬해 발표한 《Peterburgskij Albom 페테르부르크 앨범, 2003》은 상트페테르부르크에서 활동했던 대표적인 시인들의 시상을 담은 걸작이다.

Pesni-Fantazii

Татьяна
АЛЁШИНА
песни-
фантазии

2005 | AZIYa records | ACD027

1. Zvezdnaya Reka
2. Skazka o Sudbe
3. Kolybelnaya-Blyuz
4. Romans o Dogorayucshej Sveche
5. Malenkaya Skazka o Malenkikh Korablikakh
6. Orion
7. Kolybelnaya Dlya Vzroslykh, Stradayucshikh Bessonnitsej
8. Feniks
9. Zaklinanie Ognya
10. Risunok
11. Aktrisa
12. Pesnya Lisa
13. Asteroid B-612
14. Kak Leteli My Da Na Sharike

오시프 만델스탐Osip Mandelshtam(1891-1938)의 시를 노래
한 《Ulitsa Mandelshtama 만델스탐의 거리》를 ASIA연합

모음집으로 발표한 2005년에, 1990년대 초부터 써왔던 곡
을 모아 독집 《Pesni-Fantazii 환상곡》을 냈다. 노란 마술
사 모자를 쓴 커버의 이 콘셉트 앨범은 그녀가 직접 가사를
쓰고 작곡한 동화로, 제목에 환상이란 단어를 넣었지만 이
는 지극히 현실적인 노래라고 말했다. 전체적인 인상은 마
치 샹송을 듣는 듯한 멜랑꼴리 분위기이다.

서정 어린 멜로디가 물결처럼 아른거리는 〈Zvezdnaya Reka
강 위에 뜨는 별〉은 순수한 어린 시절에 대한 향수를 그리
워하는 어른들을 위한 동화집의 도입부이다. 슬픔
과 외로움을 감내해야 하는 성인의 삶에서 잃어버
린 동심의 꿈으로 안내한다.
〈Skazka o Sudbe 운명의 이야기〉는 삼백 년 전 해적이
묻어 둔 보물을 찾기 위해 돌고래가 노래하는 바
다를 건너 보물섬으로 모험을 시도하는 소년의 몽
상을 담았다.
〈Kolybelnaya-Blyuz 자장가 블루스〉는 현실의 무거움을 무
장해제 시키는 특효약이 분명하다. 두려움과 불안
없는 어린 시절, 꿈과 유령을 공유했던 사랑과 우
정에 대해 회상의 시간을 연다.
걸작 〈Romans o Dogorayucshej Sveche 꺼져가는 촛불
의 로망스〉에는 비장함과 슬픔이 휘몰아친다. 첫사랑에 대
한 추억일까? 혹은 촛농과 함께 흘러내리는 동심에 대한 연
민일까? 보호막을 잃어버리고 어른으로 성장하는
것에 대한 공포와 행복에 대한 열망도 엿볼 수 있
는 서사는 너무나 여리면서도 장엄하기 그지없다.
〈Malenkaya Skazka o Malenkikh korablikakh 작은 배
에 관한 단편〉에는 현실의 애수가 고요한 밤바다 위에 별이
되어 반짝인다. 폭풍과 거품으로 가득한 시련의 바다를 항
해하는 작은 배는 순수한 동심을 은유한다. 회색
파도가 작은 배를 바위에 내던지고 그 누구도 작
은 배를 구할 순 없다고 노래한다.

우주 환상곡 〈Orion 오리온〉은 불협화음으로 기묘한 음의 공간을 건축한다. 이해하기 쉽지 않은 가사인데, 어린 시절의 믿음과 꿈이었던 오리온 별은 어른이 된 지금도 매일 밤 떠오르고 있다며 탄식한다.

〈Kolybelnaya Dlya Vzroslykh, Stradayucshikh Bessonni-tsej 불면증에 시달리는 어른을 위한 자장가〉는 다시금 현실에 직면하게 된다. 꿈이 멀리 사라진 긴 밤, 천천히 흐르는 침묵의 시간에 노출된 현실에서, 그녀는 우리 자신과 아이들을 위해 자장가를 노래하며 마음을 위한 동화를 꿈꾸어 보라고 권유한다.

숭엄하고도 신비한 심포니 〈Feniks 피닉스〉는 내일을 기대하게 하는 동심 어린 비행의 꿈을 몰래 내비친다.

〈Zaklinanie Ognya 불타는 문자〉에서는 신비의 초극을 여는 아리아가 벅찬 감동을 안겨준다. 고통 없는 사랑과 영혼의 불, 이는 두 영혼의 불이 합쳐 더욱 큰 화염을 내뿜는 운명적 사랑에 대한 찬가이다.

〈Risunok 그림〉에서도 연가의 깊은 숨결이 이어진다. 자신이 그린 에메랄드빛 바다 그림에서처럼 사랑하는 연인이 난파선이 되어주길 열망한다.

비극의 여주인공의 삶을 그린 비탄의 왈츠 〈Aktri-sa 여배우〉에는 결말에서 울음 대신 미소 짓길 바라는 온정을 엿볼 수 있다.

〈Pesnya Lisa 여우의 노래〉와 〈Asteroid B-612 소행성 B-612〉은 프랑스의 소설가 생텍쥐페리Saint Exupéry의 「Le Petit Prince 어린 왕자, 1943」를 참조하여 새로운 가사를 쓰고 곡을 더했다.

〈Pesnya Lisa 여우의 노래〉는 중요한 것은 눈에 보이지 않으며 상대방을 길들이는 것은 책임이 뒤따르는 것임을 어린 왕자에게 알려주어 그가 사랑하는 장미를 보호할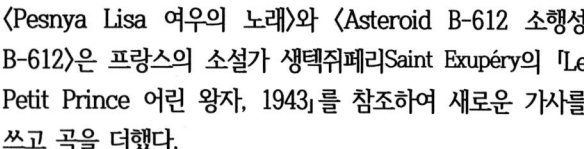 책임을 느끼게 했던 부분으로, 역을 바꾸어 여우가 사냥꾼으로부터 자신을 숨겨 줄 것을 그리고

자신을 길들여줄 것을 간청하고 있다.

이어지는 〈Asteroid B-612 소행성 B-612〉은 터키와 아랍풍의 뉘앙스가 가미된 브로드웨이 어린이 뮤지컬로 재탄생한다. 달콤한 코러스와 함께 새로운 행성을 발견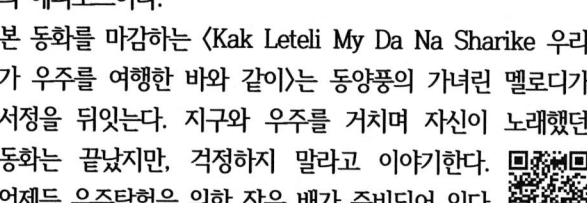하면서 궁금증과 상상으로 좌충우돌(?) 하는 세상의 에피소드이다.

본 동화를 마감하는 〈Kak Leteli My Da Na Sharike 우리가 우주를 여행한 바와 같이〉는 동양풍의 가녀린 멜로디가 서정을 뒤잇는다. 지구와 우주를 거치며 자신이 노래했던 동화는 끝났지만, 걱정하지 말라고 이야기한다. 언제든 우주탐험을 위한 작은 배가 준비되어 있다는 것을 암시하며 동화 극장은 막을 내린다.

작곡연도가 다른 걸로 봐서 1992년 엘레나 깜부로바와 함께 작업했던 극음악에서부터 마리오네트극장 음악감독으로 일하며 올렸던 무대 음악 선집이 아닐까 짐작된다. 본작은 바르드Bards 즉 러시아 음유시인으로서가 아닌 극음악가로서의 재능을 엿볼 수 있는 놀라운 작품이다.

이후 다시 러시아 시인들을 작품을 노래한 음유시인으로서의 독집 《Gde Ty, Otchiy Dom… 내 아버지의 집은 어디인가, 2007》에 이어 여류시인 안나 아흐마토바Anna Akhmato-va(1889-1966)의 1963년 작 동명의 시를 타이틀로 한 특집 앨범 《POlnochnyye Stikhi 한밤의 시가, 2009》, 그리고 본 앨범의 마지막 곡목이기도 한 《Kak Leteli My Da Na Sharike 우리가 우주를 여행한 바와 같이, 2013》에서는 ASIA 연합회원들과 음악친구들을 초대하여 자신의 레퍼토리를 함께 불렀다.

대서양의 신기루
Teresa Salgueiro ● 테레자 살게이루
Portugal

Teresa Salgueiro
O MISTÉRIO

1969년 리스본 외곽에서 전화교환수와 옷감 상인의 딸로 태어난 마리아 테레자 살게이루Maria Teresa Salgueiro는 어린 시절부터 노래하고 음악을 들으며 자랐다.

16세 때 네오펑크 그룹 아만티Amanti의 리드 싱어를 맡았고, 리스본 선술집을 돌며 약 40여 년간 포르투갈을 독재했던 살라자르António de Oliveira Salazar를 비난하고 풍자했던 파두를 들으며 시간을 보낸다.

한편 1985년에 기타리스트 페드루 아이레스 드 마갈랴에스Pedro Ayres Magalhães와 키보디스트 호드리구 레앙Rodrigo Leão으로 결성된 클래시컬 파두 그룹 마드리디우시Madredeus는 이듬해 첼리스트 프란시스쿠 리베이루Francisco Ribeiro(1965-2010)와 아코디언 연주자 가브리엘 고메스Gabriel Gomes가 가입, 4인조로 편성되었다. 그리고 리드보컬을 맡아줄 여성 보컬리스트를 어느 선술집에서 찾아낸다.

1987년 테레자 살게이루가 마드리디우시에 합류한 후, 그해 데뷔작 《Os Dias da MadreDeus 마드리디우시의 나날들》을 발표함으로써 대서양 신기루의 전설이 시작되었다.

두 번째 앨범 《Existir 존재, 1990》에서 〈O Pastor 목동〉은 차트 정상을 차지하는 큰 성공을 거두었는데, 이 곡은 브라질의 헤비메탈밴드 앙그라Angra의 기타리스트 라파엘 비튼코트Rafael Bittencourt가 솔로 앨범 《Brainworms I, 2008》에서 커버하기도 했다.

이후 빔 벤더스Wim Wenders감독의 다큐멘터리 「Lisbon Story, 1994」에 밴드가 총출연하였다.

이미 1994년에 아코디언과 첼로는 선택적으로 연주되었고 키보디스트 호드리구 레앙도 탈퇴한 후였기에, 기타리스트 페드루와 함께 실질적인 주요 멤버가 된다.

2005년에 첫 솔로 앨범 《Obrigado 감사》를 발표한 후 2007년까지 마드리디우시에 몸담았다.

Existir (Madredeus)

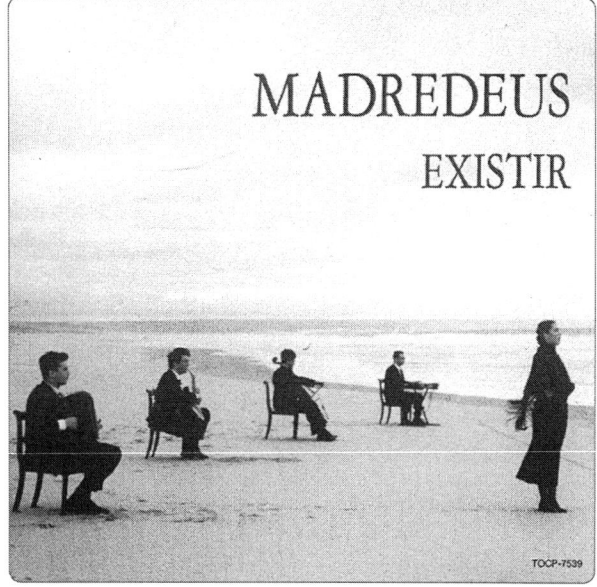

TOCP-7539

1990 | EMI | 7946472

1. Matinal
2. O Pastor
3. O Navio
4. Tardes de Bolonha
5. O Ladrão
6. Confissão
7. O Pomar das Laranjeiras
8. Cuidado
9. As Ilhas dos Açores
10. O Menino
11. Solstício
12. A Vontade de Mudar

그룹 마드리디우시의 존재를 널리 알린 성공작 《Existir 존재》는 지금도 꾸준히 사랑받고 있다. 개인적으로도 키보디스트 호드리구 레앙Rodrigo Leão이 탈퇴하기 전 초기작들에 물씬 배어있는 파두의 아련한 서정을 매우 좋아하는데, 특

히 이 앨범은 짙은 안개에 녹아있는 애수가 환상적으로 물들어 있다.

걸작 소품으로 자리 잡은 〈O Pastor 목동〉에서는  아코디언의 열풍과 함께 슬픔을 머금은 살게이루의 청아한 음성이 마음을 앗아간다.

오! 남겨둔 것들로 아무도 돌아오지 않네, 어떤 누구도 거대한 수레바퀴 곁에 머물지 않네, 오 아무도 자신의 꿈들을 기억하지 못한 채, 어린 소년은 목자의 노래를 부르네. 아직도 환상 속의 배는 불타오르고, 내 꿈이 끝에 다다르는 데는 오래 걸릴 거야. 내 영혼은 조바심에 흔들려, 난 이 꿈에서 깨고 싶지 않네.

〈Confissão 고백〉에서는 멈출 수 없는 슬픔을 위  로해 준다. 영혼을 달래주는 그녀의 음성은 새하얀 천국의 환청이다.

애틋한 연가 〈O Pomar das Laranjeiras 오렌지  과수원〉은 기타와 아코디언 그리고 바이올린의 왈츠가 눈물이 되고 바람이 되어 맴돈다.

맹세해, 영원한 사랑을, 오렌지 과수원에 해가 뜰 때, 삶의 고독감이 잦아든다 해도. 그리고 그날을 돌이킬 수 없다 해도, 오렌지 과수원에서 널 보고 싶을 거야. 내 사랑은 너무 커, 그것은 곧 첫사랑이 될 거야…

〈As Ilhas dos Açores 아조레스 제도로부터〉는 기타와 아코디언을 위한 협주곡으로, 따사로운 포근함과 서  글픈 향수와 하얀 희망에 대한 감동을 동시에 심어준다.

구슬픈 〈A Vontade de Mudar 변화의 의지〉는 가난으로 꿈을 포기하고 살아가는 이들에게 보내는 따스한 용기이다.

이후 대중들 앞에 섰고, 이는 라이브앨범 《Lisboa 리스본, 1992》으로 발표되었다.

O Espírito da Paz (Madredeus)

MADREDEUS
o espírito da paz

1994 | EMI | 72438 32338

1. Concertino : Minuete
2. Concertino : Allegro
3. Concertino : Destino
4. Concertino : Silencio
5. Os Senhores da Guerra
6. Pregao
7. O Mar
8. Os Moinhos
9. Tres Ilusoes : Sentimento
10. Tres Ilusoes : Culpa
11. Tres Ilusoes : Amargura
12. As Cores do Sol
13. Ao Longe o Mar
14. Vem
15. Ajuda

세 번째 정규앨범 《O Espírito da Paz 평화의 정신》은 이 대단한 타이틀에서처럼 평론가들과 팬들에게 명반으로 열렬

히 지지받고 있다. 결연한 의지가 서린 듯한 회색의 커버도 마치 고행길을 떠나는 것처럼 인상적이다. 과연 그들은 어디로 가는 걸까?

4개의 소악장으로 이루어진 〈Concertino 작은 협주곡〉 중 첫 〈Concertino : Minuete 미뉴에트〉는 4분의 3박자 기타 무곡으로, 우아하면서도 감미로운 청량감은 〈Concertino : Allegro 알레그로〉까지 이어진다.

〈Concertino : Destino 숙명〉은 찬란한 비발디 Vivaldi풍의 기타협주곡 위로 살게이루의 은은한 음색이 고행에 빛을 드리운다.

…이것이 내 운명이었다면, 좀 일찍 이야기해 주었으련만, 그러나 영혼이 원하는 대로 그 길을 따르겠네, 울부짖는 목소리로 노래하는 것이, 내 운명이었다면, 그러나 영혼이 사랑하는 대로 그 길을 따르겠네.

마지막 악장 〈Concertino : Silencio 고독〉은 기타의 온유한 마법이 황홀하다.

〈Os Senhores da Guerra 전쟁의 신〉은 연기와 불길을 뿜어대는 기타와 아코디언의 공격적인 열기로 가득 찬다. 걸프전을 필두로 90년대를 불안하게 했던 분쟁들의 원만한 종식을 기원하고 있다.

〈O Mar 바다〉는 아련한 서정이 님프의 노래처럼 묘한 환상을 불러일으킨다. 사라졌다가 나타나고 뿌옇게 흐려졌다가 맑아지는 그런 영상의 기술처럼 기묘한 리듬이 움직인다.

이건 시가 아니야, 네게 이걸 말해주려 해, 난 더욱이 이것의 가치를 알지 못했네, 이 느낌을 어떻게 묘사할 수 있을까, 바다, 그리고 여기 나 자신이 머물고 있네, 단지 이 물을 바라보면서, 난 여기서 성장해왔지, 결코 이것을 인식하지 못하고서…

느낌, 책임, 슬픔으로 구성된 〈Tres Ilusoes 세 편의 환상곡〉은 더욱 애수 가득한 파두로, 클래식 기타의 청명하고도 고고한 기품이 아름답다.

황금빛으로 물드는 〈As Cores do Sol 태양의 색〉은 실루엣이 빛나는 황혼 녘에 잦아드는 고독감과 온몸이 불타는 듯한 침묵의 환상에 젖게 된다고 노래한다.

너무나 슬퍼 아름다운 〈Ao Longe o Mar 바다 저 멀리〉에서는 상처받은 우리의 영혼과 몸을 따스한 음성으로 치유한다.

더 큰 내일을 불 밝히며, 휴식해야 할 고요한 항구는, 현실의 두려움으로부터, 아직 불 꺼지지 못했네… 최선을 위해 희망하지 않는다는 것은, 별로 의미가 없네, 안갯속에서 드러나는, 이전의 약속. 그래, 나는 희망을 노래하네, 너의 깨달음과 열망의 포옹을 노래하고, 흘러가는 시간을 노래하네. 난 저 멀리 바다를 바라보았네, 거기 서서, 여전히 그걸 찾고 있었지, 나는 저 멀리 바다를 바라보았고, 깨닫지 못하고 거기 서있었지.

또 하나의 걸작인 〈Vem 내게 오렴〉에서 충동과 열망은 최고조에 이른다. 살게이루의 뜨거운 입김은 모든 걸 녹일 듯하다.

모든 외로움을 넘어오렴, 난 네가 있는 곳으로 가는 길의 빛을 잃었네, 내 수평선을 잃었어. 괜찮아, 네가 원한다면, 계속해, 하지만 이제 내게 와주었으면 해, 그 고통의 마음을 덜어주었으면 해. 나는 널 따를 거야, 바다 끝까지라도, 난 같은 빛의, 동등한 사랑의 널 좋아해, 그렇기에 내게 오렴, 내가 당신을 위로하기 원하므로, 네가 오지 않아도 괜찮아, 넌 항해를 계속할 테니…

이후 빔 벤더스Wim Wenders 감독의 다큐멘터리 「Lisbon Story, 1994」에 출연하였으며, 사운드트랙 《Ainda 아직》을 발표했다.

Teresa Salgueiro

Obrigado

com
ALDO BRIZZI
ANGELO BRANDUARDI
ANTÓNIO CHAINHO
CAETANO VELOSO
CARLOS MARIA TRINDADE
CARLOS NÚÑEZ COBA
JAH WOBBLE
JOSE CARRERAS MADREDEUS
MARIA JOÃO MÁRIO LAGINHA
ORFEÃO DE EDMUNDO MACHADO DE OLIVEIRA
ZECA BALEIRO

2005 | EMI | 0946 3 45292

1. Nelle Paludi di Venezia Francesco Si Fermo Per (& Angelo Branduardi)
2. Sombra (Fado Noturno)
3. Misterio de Afrodite (& Caetano Veloso)
4. Maria Solina (& Carlos Nunez)
5. Sol Nascente (& Coba)
6. Haja o Que Houver (& Jose Carreras)
7. A Promessa
8. Pregao (Mocarabe Mix)
9. Olhos Negros (Choir : Orfeão Machado Oliveira)
10. Vozes (& Maria Joao)
11. Vivo Deste Quase Nada
12. Ondas (& Zeca Baleiro)
13. My One and Only Love (& Maria Joao)
14. Manha de Carnaval (& Jose Carreras)

테레자 살게이루의 독집 《Obrigado 감사》는 그간 약 20여 년간 포르투갈을 대표해온 그룹 마드리디우시의 보컬리스트로 활동하면서, 1991년부터 많은 아티스트의 초청을 받아 앨범에 참여한 소품들을 모은 컴파일 앨범이다.

많은 월드뮤직 아티스트들의 히트곡을 그녀의 정결한 음성으로 한 앨범에서 들을 수 있다는 사실에 월드뮤직 팬들은 물론이고 재즈와 클래식 마니아들까지 환영했다. 오히려 마드리디우시의 작품보다 더 유명세를 치른 것도 같다.

〈Nelle Paludi di Venezia Francesco Si Fermo Per 베니스 석호의 프란체스코〉는 이태리의 음유시인 안젤로 브란듀알디Angelo Branduardi의 《L'Infinitamente Piccolo 한없이 미미한 존재, 2000》 수록곡으로, 이태리 가톨릭 수사 프란체스코Francesco(1182-1226)의 저녁 기도 시간의 일화를 담고 있다.

〈Sombra - Fado Noturno 어둠 - 밤의 파두〉는 포르투갈 12현 기타라의 거장 안투니우 차이뉴Antonio Chainho의 《A Guitarra e Outras Mulheres 기타와 다른 여자들, 1998》에 수록된 것으로, 떠난 이에 대한 그리움과 부두에서의 고독의 서정을 구슬픈 천사의 시로 듣는다.

〈Misterio de Afrodite 아프로디테의 신비〉는 이태리 작곡가 알도 브리찌Aldo Brizzi의 작품으로, 브라질 뮤지션들을 초청하여 만든 기획앨범 《Brizzi do Brasil 브라질의 브리찌, 2004》에 수록되었다. 카에타누 벨로주Caetano Veloso와 함께 노래했는데, 두 아티스트의 색온도의 조화가 매우 아련하다.

…물은 아프로디테의 신비, 열대에 찾아오는 푸른 밤, 그리고 베일을 벗는 별들, 반사된 빛들, 바다와 강을 건너, 화염처럼 타오르네, 내일의 노스텔지아, 바다의 절규, 열정의 우주, 다가오는 바람과 구름, 머리칼과 눈망울과 검은 진주, 순수 사랑으로 떨어지는 눈물, 물은 아프로디테의 신비.

너무나 포근한 성가 〈Maria Solina 마리아 솔리나〉는 스페인 갈리시아 출신의 백파이프 연주자 카를로스 누녜즈Carlos Núñez의 《Os Amores Libres 자유로운 사랑, 1999》 수록곡으로, 애조띤 켈틱 휘슬과 가녀린 그녀의 포크 음성이 잘 어울린다.

일본의 아코디언 연주자이며 뮤지션인 코바Coba의 1993년과 1995년 두 앨범에서 선곡된 〈Sol Nascente 떠오르는 태양〉과 〈A Promessa 약속〉은 색다른 감정선을 싣는다. 사랑과 고국에 대한 갈망을 노래한 전자는 콧날이 시큰한 아코디언의 애수가 물씬 배어나고, 후자는 회전목마를 타고 있는 듯한 약간의 현기증을 유발하는 왈츠풍의 노래이다.

월드뮤직 명곡 〈Manha de Carnaval 카니발의 아침〉은 영화 「Black Orpheus 흑인 올페, 1959」의 주제로, 스페인의 세계적인 테너 호세 카레라스José Carre-ras와 듀엣으로 녹음된 실황이다.

O Mistério

Teresa Salgueiro
O MISTÉRIO

2012 | Clepsidra Musica | CLEP001

마드리디우시Madredeus를 탈퇴한 후, 그녀는 밴드 Septeto de João Cristal과 함께 브라질 삼바와 보사를 담은 《Você e Eu 너와 나, 2007》를, 그리고 밴드 Lusitânia Ensemble과 재즈와 브라질 삼바 그리고 샹송의 고전들을 부른 《La Serena 셀레나 - 세파르디의 노래, 2007》를 발표하며 재즈 가수의 면모를 보여주었다.

이후 Lusitânia Ensemble과 또다시 조우하여 《Matriz 매트릭스, 2009》를 내며 민속적인 정취를 노래했다. 그리고 오랜 방랑(?)을 마치고 서정의 파디스타의 모습으로 돌아왔다. 그 앨범이 《O Mistério 신비》이다.

타이틀곡 〈O Mistério 신비〉는 서서히 온도를 높이는 기타의 트레몰로에 아코디언의 열망도 더 큰 박동이 되어 아련한 환상 이미지를 만든다. 살게이루의 청명한 음성은 사랑은 신비한 자연의 섭리이며 그대와의 사랑을 지켜내고 싶다고 노래한다.

…두려움을 감싸 안으면, 그것은 기억이 되지, 내가 평화를 발견한 것은 신비한 일이야. 단지 사랑만이 그 비밀을 밝힐 수 있네, 차분하게, 고통을 녹여내는 그 비밀. 영원토록 나는 약속을 지킬 것이네, 그것은 날 깨워줄 물의 힘이지.

슬픈 이별 노래인 〈Ausencia 부재〉는 비애에 젖은 아코디언의 거친 숨결에 엷은 전자기타의 블루스가 드리운다. 연인의 부재 시간이 지체되지 않기를 간절히 바라며 오늘도 부두에서 연인을 기다리며 그리움에 젖는  드라마가 따스한 감성을 불러일으킨다.

〈A Estrada 길〉 역시 파두의 슬프고 고독한 향수를 고스란히 느낄 수 있다. 이 길을 따라 바다로, 사랑하는 연인의 품속에서 마지막으로 안식하고 싶다는 열 정이 아련하게 사무친다.

서정적인 연주곡 〈O Inicio 시작〉에 이어, 외로움에서 벗어나고 싶다는 〈Ando Entre Portas 문들 사이로 걸었네〉는 아픔이 더 크게 느껴진다.

〈A Fogueira 모닥불〉은 흡사 아멜리아 무지Amélia Muge의 재지한 음악을 연상케 하며, 〈Lisboa 리스본〉은 유럽의 끝에서 많은 인종이 삶을 살아가는 가장 아름다운  마법 도시 리스본을 찬양하는 부드러운 탱고풍의 노래이다.

탱고의 리듬감을 몰아 더욱 은근한 열기를 띠는 〈A Paixao 열정〉은 사랑을 갈망하는 슬픈 영혼의 바람이다.

마지막 〈A Partida 출발〉은 영롱한 빛과 신비한 음소가 샘물처럼 솟아난다. 현실인 듯 환상인 듯 눈부신 착란 속에서 천사의 하얀 음성이 신기루가 되어 울린다.

…난 그냥 말하고 싶었을 뿐이네, 네게 감사하다는 것과 스스로 떠날 것이라는 걸. 난 내게 살아가는 법을 가르쳐 준 사랑을 부여잡네, 가을을 기다리는 동안, 내가 사랑했던 이가 나와 함께 갈 것이며, 날 붙잡을 것이며, 사랑만이 남을 것이네.

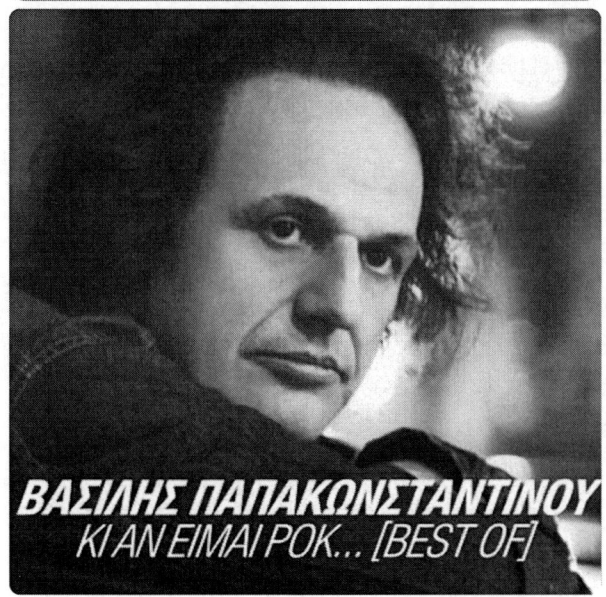

프로메테우스의 록오페라
Vasilis Papakonstantinou ● 바실리스 파파콘스탄티누
Greece

ΒΑΣΙΛΗΣ ΠΑΠΑΚΩΝΣΤΑΝΤΙΝΟΥ
KI AN EIMAI POK... [BEST OF]

그리스의 남자 가수 중에는 1949년생으로 낭랑한 음성의 소유자 요르고스 달라스George Dalaras와, 1946년생으로 부드러운 음색의 야니스 파리오스Yiannis Parios가 영웅적인 인기를 얻었다. 그리고 끓어오르는 듯한 발성의 록스타 바실리스 파파콘스탄티누도 위대한 그리스 가수의 반열에서 빼놓을 수가 없다.

제2차 세계대전 이후 그리스가 겪었던 극심한 인플레와 내전이 끝난 후인 1950년, 바실리스 파파콘스탄티누는 중부 아르카디아주의 외곽에 위치한 바스타Vasta라는 마을에서 출생했다.

7세 때 아테네로 이사하였는데, 이후 사회는 미국의 원조로 구소련의 영향에서 벗어나 안정을 찾는 듯했으나 1967년 쿠데타로 군사정권이 발족하였으므로 그는 어수선한 1960년대의 역사 한가운데서 성장해야 했다.

그는 민중의 아버지였던 미키스 테오도라키스Mikis Theodo-rakis(1925-2021), 저항의 록 음악, 국제평화와 자유주의운동 등 시대정신의 영향을 받았다.

1973년 군 복무를 마친 뒤, 그는 당시 서독의 뮌헨으로 건너가 독재에 반대하는 독립단체에 가담하여 망명자들과 학생들이 있는 곳에서 노래를 부르는 등 대항운동을 펼쳤다.

1974년 여름에 파리에서 만난 미키스 테오도라키스와의 협력관계는 그리스 군부독재가 막을 내린 후 고국으로 돌아가 2년간 계속되었다.

1975년 깃발 가득한 시위대를 커버로 한 저항가요 《Ta Agrotika 농요農謠》로 데뷔한 후, 이듬해엔 미키스 테오도라키스와의 공작 《Tis Exorias 망명자의 노래》를 발표했다.

20대의 혈기로 그는 인종차별과 파시스트를 반대하고 노동자들의 파업과 학생 집회에도 참가했다.

《Armenia 아르메니아, 1979》는 역사적인 아르메니아 학살 사건과 그들의 독립을 앙양하는 저항의 록이었다.

Fovamai

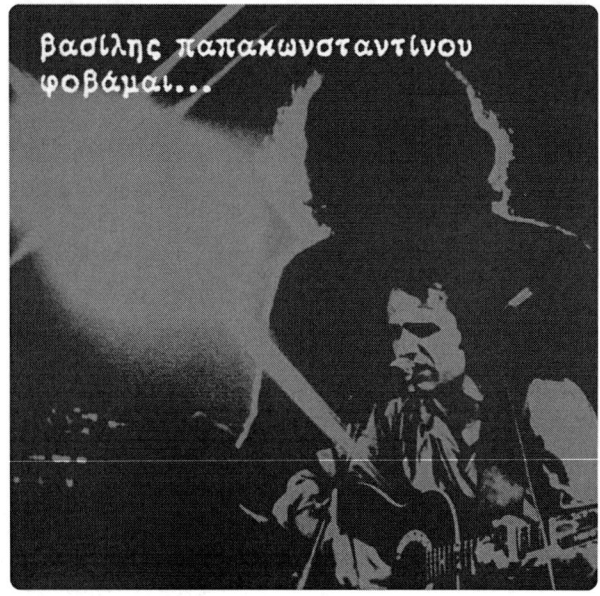

βασιλης παπακωνσταντινου
φοβάμαι...

1982 | Minos | MCD 432

1. Koursaros
2. Proti Maiou
3. Tha Fygeis Monahi
4. Tsifteteli Aytonomon
5. Haramata Omonoia
6. Stella
7. Sebastian
8. O Trelos
9. S'Akoloutho
10. Preveza
11. Fovamai

붉은색과 검정의 강렬한 인상의 커버, 1980년대 초반에 발표한 《Fovamai 나는 두렵네》는 군부독재 시절 예술과 문화의 억압으로 뒤늦게 영향력을 펼쳤던 프로그레시브록의 흐름을 따른 작품이다. 이미 프랑스에서 활동을 시작했던 아

프로디테스 차일드Aphrodites Child는 해산한지 오래되었고, 전년에 신예 작곡가 디미트리스 파파디미트리우Dimitris Papa-dimitriou가 클래시컬 심포니 걸작 《Topia, 1981》를 데뷔작으로 내놓았으며, 이후 반겔리스Vangelis(1943-2022)가 참여한 《Phos, 1976》 앨범으로 우리에게 알려진 그룹 소크라테스Socrcltes도 마지막 앨범을 준비하던 시절이었다.

이러한 프로그레시브록 쇠퇴기에서 현악과 일렉트로닉스를 접목하여 그는 매우 서정적이고도 아름다운 작품을 완성해 냈고, 이는 그의 인지도를 보다 많은 대중들에게 확실히 심어준 계기가 되었다. 물론 지금까지도 그의 음악은 클래식록 혹은 엔테크노Éntekhno록이라 불리며 예술적인 접목을 해오고 있지만, 그의 많은 디스코그래피 중에서 가장 완성도 있는 작품 중 하나로 손꼽는다.

본작에는 이집트 알렉산드리아 출신으로 17세 때 아테네로 와서 독학으로 음악을 배워 최고의 명성을 얻었던 거장 마노스 로이조스Manos Loïzos(1937-1982)와 작곡가이자 연기자이며 뮤지션인 라키스 파파도풀로스Lakis Papadopoulos 등이 작곡을, 작사에는 극작가이자 소설가인 요르고스 마리노스Giorgos Marinos(1933-2013) 등이 참여했다.

명곡 〈Koursaros 해적〉에서부터 활화산과도 같은 바실리스의 거친 보컬이 드럼과 함께 진동하기 시작한다. 서글픈 시대적 상황에 참을 수 없는 한 젊은 사자의 전율 어린 포효이다. 이 빼곡하고도 시원스러운 재즈록은 의롭게 짧은 인생을 살다간 독립투사에 헌정하는 작품으로, 작곡자 라키스 파파도풀로스도 취입하였다.

애절한 바이올린이 아름다운 〈Proti Maiou 5월의 첫날〉은 당시 중견 작곡가였던 마노스 로이조스의 곡으로, 프랑스 바스티유에서 일어났던 학생시위에서 사랑하는 여인을 찾아 헤매는 한 젊은이의 애달픈 마음이 그려진다.

〈Haramata Omonoia 새벽의 광장〉은 현악 오케스트레이션의 서정이 온몸을 감싸주는 클래식으로, 연인의 미소를 떠올리며 광장에서 항거하다 사라져버린 연인의 귀환을 그리고 있다.

〈Sebastian 세바스찬〉은 영국의 글램록 그룹 Steve Harley & Cockney Rebel이 1973년에 발표한 동명의 곡을 커버한 것으로, 코러스와 전자심포니를 동반한 웅장한 비장미가 뿜어 나온다.

마노스 로이조스의 명곡 〈S'Akoloutho 당신을 따르리〉는 로이조스뿐만 아니라 디미트라 갈라니Dimitra Galani 등 많은 가수들이 노래한 아름다운 발라드로, 건반의 솔로 반주에 절제된 듯 부드럽고 나지막한 음성으로 노래한다.

…내게로 와서 함께 걸어줘, 네 마법의 바닥으로 인도해 줘, 당신의 깊은 입맞춤에 날 데려다줘, 내가 길을 잃지 않게 혼자 두지 마. 여름날 젖은 셔츠처럼 네게 붙어서 따라다닐 거야, 감촉을 따라 고통을 느끼며, 나는 내 눈을 감고 널 따를 거야.

본작이 그리스 대중들로부터 사랑받고 있는 이유 중에는 작곡가 마노스 로이조스가 참여한 마지막 앨범이라는 점도 크게 작용하고 있다. 군부독재 시절부터 인권과 민중을 위한 음악들을 작곡했던 그는 불과 44세라는 나이에 소련의 모스크바 병원에서 눈을 감아 안타까움을 주었다.

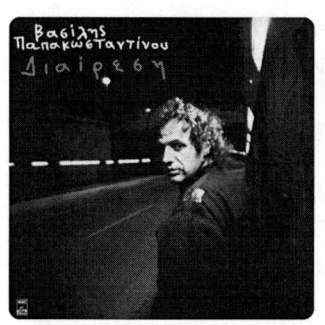

후속작 《Dieresi 단절, 1984》에서 그의 프로그레시브록으로의 편곡은 다소 줄었지만, 이 역시 대중들에게 환영받았던 1980년대 대표작이라 할 수 있다.

영국의 팝가수 크리스 디 버그Chris de Burgh의 《The Getaway, 1982》 수록곡 〈The Revolution | Light a Fire〉

을 부른 〈Den Yparho 실존하지 않네〉, 이태리의 음유시인 루치오 바티스티Lucio Battisti(1943-1998)의 1972년 작 〈Giardini di Marzo 3월의 정원〉을 커버한 〈Prin To Telos 종말의 직전〉, 나에게서 새로운 인생과 사랑의 국경을 찾으라고 애원하는 연가 〈Ela Na Me Vreis 나를 찾아요〉 등은 특히 놓칠 수 없는 작품들이다.

또한 그는 미키스 테오도라키스와 함께 그리스의 진보적인 시인 코스타스 카리오타키스Kostas Karyotakis(1896-1928)의 작품을 노래한 《Karyotakis, 1984》를 발표했다.

1985년 4월에는 만 육천 관중들 앞에서 처음으로 자신의 대규모 콘서트를 열었다. 또한 작곡가 마노스 로이조스의 사망 3주기를 추념하기 위해, 올림픽 스타디움에서 요르고스 달라라스George Dalaras, 하리스 알렉시우Haris Alexiou, 디미트라 갈라니, 야니스 칼라치스Giannis Kalatzis와 함께 무대에 섰다.

《Hairetismata 인사, 1987》는 로큰롤과 하드록 등과 접목했고, 또한 간결함이 돋보이는 작품이었다.

〈Agapao Ki Adiaforo 사랑과 사심〉은 하리스 알렉시우와 야니스 파리오스Yiannis Pa  -rios도 노래한 명곡이다.

여성 보이스가 아름다운 〈Tha Nikisoume 패배〉에 이어, 자신이 작곡하고 하리스 알렉시우도 노래한 〈Pare Me 날 데려가〉 등의 어쿠스틱기타 로망스의 걸작들이 수록되어 있다.

Ola Apo Heri Kamena

ΘΑΝΟΣ ΜΙΚΡΟΥΤΣΙΚΟΣ
ΟΛΑ ΑΠΟ ΧΕΡΙ ΚΑΜΕΝΑ
ΚΩΣΤΑΣ ΤΡΙΠΟΛΙΤΗΣ

ΒΑΣΙΛΗΣ ΠΑΠΑΚΩΝΣΤΑΝΤΙΝΟΥ

1988 | Minos | MCD 709

1. Ola Apo Heri Kamena
2. Boum
3. Kantilak
4. Ena Blouz
5. Aliki
6. Kontrol
7. Ilektriko Provato
8. Protathlitis
9. Genethlia 86
10. Oneireyomai (L.A.)

본작 《Ola Apo Heri Kamena 불타는 손, 1988》는 작곡가 타노스 미크루치코스Thanos Mikroutsikos(1947-2019)와 작시가 코스타스 트리폴리티스Kostas Tripolitis와 함께 발표한 것으로, 블루스와 사이키델릭과 소프트록 등 다양한 록의 색채를 접할 수 있다.

〈Boum 쾅쾅〉은 너무나 뜨거운 록 넘버로, 피아노의 물결 위로 현악의 연기가 피어오르며 드디어 전자기타에 용광로 같은 불꽃이 일기 시작한다.

…내가 죽인 인생은 당신의 덮개로 그리워하는 삶이라네, 난 당신의 몸을 덮었고, 침몰한 당신의 뱃고동 소리를 들었네, 마지막 무전기로 나를 불러줘, 아침이면 산불이 붙고, 지나가는 사람들의 눈에는 어제의 꿈이 면도날로 보여, 당신은 가해자이자 상황의 피해자이기도 해.

정신분열적 해석과 연주로 대담한 사이키델릭록을 완성하고 있는 〈Aliki 이상한 나라의 앨리스〉는 특히 드럼 연주가 특징적인데, 범죄와 테러로 목숨을 위태롭게 하는 현대사회는 사형 기구이며, 이는 이상한 나라의 앨리스마저 증오할 거라고 고발한다.

건반의 엘레지 〈Ilektriko Provato 전기양〉은 본작에서 가장 서정적인 발라드이다. 광기의 SF 작가 필립 K.딕Philip K. Dick(1928-1982)의 「Do Androids Dream of Electric Sheep? 안드로이드는 전기양을 꿈꾸는가, 1968」의 내용과도 결코 무관하지 않은데, 본격적으로 도래하게 될 가상현실과 장 보드리야르Jean Baudri-llard(1929-2007)가 말한 시뮬라시옹Simulation의 시대에 직면하여 인간 본질의 저해를 염려한다.

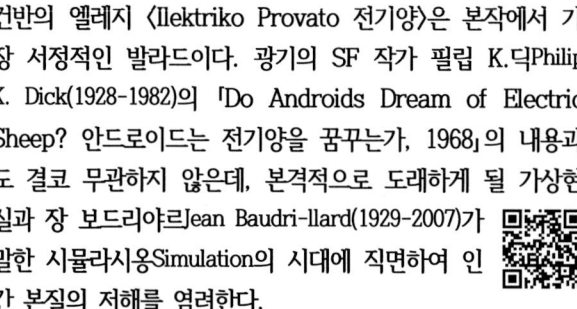

〈Genethlia 86 1986년 생일〉에는 아무것도 가지지 못하고 미래도 불투명한 자신의 절망을 위한 엄숙한 장례 행렬이 이어진다. 이러한 끔찍한 비극에 그는 역설적으로 행복과 희망을 염원했다.

록의 정신으로 충격적인 현실 문제들을 반영하고 있는 본작을 발표하고 아테네에서 라이브를 연 후, 이듬해 《Horeyo 지그춤곡, 1989》를 발표했다.

작곡가 미크루치코스와의 인연은 《Thalassa Sti Skala 바다 사다리, 1999》에 이어, 2000년에는 그와 함께한 두 장짜리 라이브 앨범도 발매되었다.

De Sikonei

ΒΑΣΙΛΗΣ ΠΑΠΑΚΩΝΣΤΑΝΤΙΝΟΥ

Δε σηκώνει

1994 | Minos | 72434 80614

1. Odos Ellinon
2. De Sikonei
3. Porto Riko
4. Sa Na Mi S Ehasa
5. Oneira Glyka
6. Dosame
7. Parapona Sti Lina
8. Kalinyhta Sas
9. Idiazontos
10. Na Me Kratas

1991년에 요르고스 달라라스George Dalaras와 함께 아테네의 아티콘 극장에서 열었던 라이브 앨범을 발표한 후, 그의 록은 다양한 하위 장르들과 크로스오버를 계속해서 전개하였다.

이듬해는 무려 두 장의 앨범을 발표했다. 약 10여 년간 활

동하며 아나키스트로서 정치적 입장을 같이하여 왔지만, 불혹의 나이에 세상을 떠난 싱어송라이터 니콜라스 아시모스 Nikola Asimos(1949-1988)의 작품을 커버한 《Falimento tou Kosmou 세상의 끝, 1992》는 집시풍으로 간을 맞춘 컨트리 록 작품이다.

그리고 아름다운 팝록으로 점철된 《Sfedona 새총, 1992》은 달콤한 여성 코러스가 등장하는 등 좋은 감촉의 작품으로, 타이틀곡은 커버에서 보이는 귀여운 꼬마가 뮤직비디오에 등장하기도 한다.

이어 발표한 앨범 《Fysaei 바람, 1993》은 가장 특별한 위치를 차지하고 있는 최고의 재연 작품으로, 엄청난 에너지를 발산하는 록뮤지컬 혹은 록오페라라 부를 만하다. 타소스 리바디티스Tassos Livaditis(1922-1988)가 가사를 쓰고 요르고스 체가리스Giorgos Tsegaris(1895-1978)가 작곡한 고전으로, 예술적 기법과 생생한 무대가 일품이다.

또한 동년에 그는 남자 가수 알렉산드로스 디마스Alexandros Dimas와 여가수 아프로디티 마누Afroditi Manou와 함께 《Ta Feggaria Tou Heimona Einai Ligo Palava 겨울의 달은 조금 기우네, 1993》를 내놓았다.

1994년에 발표한 본작 《De Sikonei 격양되지 않고》는 지그시 눈을 감고 노래하는 모습을 커버에 담았는데, 이 사진과 너무나 잘 아우리는 록발라드 작품이다.

심장박동음과 함께 파이프오르간과도 같은 묵직한 심포니에 전자기타의 격동이 실리는 〈Odos Ellinon 그리스 거리〉는 거리에 녹아든 역사와 삶의 모습에 애정과 연민을 담은 우울한 노래이다.

…그리스 거리, 꿈꾸는 걸 알고 있는 이 거리, 자랑스러운 이 거리는 최고지, 그래 최고가 되길 바라네. 그리스 거리, 관리들이라곤 모습을 감춘 이 거리, 열정의 거리, 오류의 도로, 높고 깊은 길.

무기력과 침묵을 자위하는 타이틀곡 〈De Sikonei 앙양되지

않네〉는 감미로운 재즈 연주에 기운이 다 빠진 채 읊조리는 나른함이 흡사 이태리의 재즈 명인 파올로 콘테Paolo Conte의 블루스를 듣는 듯하다.

…무거운 발걸음, 홀로 차례대로, 나는 나 자신의 황량한 선을 넘고, 연주되는 블루스는 내 인생의 절반이지만 들리지 않네. 회색 바다에 파란 눈이 내리고, 축축한 감옥에는 뜨거운 달이 뜨지 않네…

시원스러운 드럼과 간결한 일렉기타 연주가 돋보이는  〈Porto Riko 푸에르토리코〉는 점차 격앙되어가는 웅변의 목소리로 외로운 인생 여정에서 경험하게 되는 사랑과 고통의 의미를 되새겨주고 있다.

〈Oneira Glyka 달콤한 꿈〉은 피아노와 기타의 따스한 호흡에 가슴이 시려온다.

우리의 삶에서 오늘 밤이 닫히네, 당신은 축복으로 즐거웠지만 또다시 절규하지, 이 모든 장면에 대해, 나는 말할 거야, 우리의 마음이 작았다고. 달콤한 꿈은 아마도 충분치 않아, 당신도 알다시피, 그건 우리가 할 수 있었던 일부일 뿐, 그래서 나는 안개를 뚫고 그것을 보려 했네. 말이란 우리를 더 강하게 하지만, 우린 다시 참아내야 해. 그리고 여명은 내 품속의 인생을 바라보았던 달콤한 꿈을 녹이네…

부드러운 여성 스캣이 가미되어 있는 로망스 〈Parapona Sti Lina 불만〉은 더 깊은 사랑에 한발 더 다가가 기 위한 애틋한 소망을 그리고 있는데, 후반에 하모니카가 남기고 가는 애수가 길다.

마지막 곡 〈Na Me Kratas 날 잡아줘〉 역시 사 랑의 단편을 그린 드라마로, 잔잔하면서도 애조띤 어쿠스틱 기타의 선율이 안온한 감동을 준다.

1990년대 후반에 들어 발표한 《Pes Mou Ena Psema Na Apokoimitho 잠들었다고 내게 변명해 줘, 1997》는 드럼이 강하게 부각되는 연주로서, 심포닉록 사운드가 장렬하게 몰아치는 앨범이었다.

Na Me Fonaxeis

1999 | Minos-EMI | 72434 99377

1. Anteho
2. Kala Na Patheis
3. Sto Pezodromio
4. S'Agapo Na Proseheis
5. Foinikies
6. I Agapi Paei Monahi
7. Mi Milas
8. Fronima Koukla Mou
9. Kabarntina
10. Allazeis
11. I Skopia
12. I Soupa
13. Na Me Fonaxeis

뉴밀레니엄을 앞두고 그는 두 매의 앨범을 내놓았는데, 하나는 작곡가 타노스 미크루치코스Thanos Mikroutsikos(1947 -2019)와 다시 조우한 《Thalassa Sti Skala 바다 사다리,

1999》로, 중후한 오케스트레이션에 미려한 키보드가 가미되어 보다 애절하고 섬세한 드라마를 들려주었다.

그리고 나머지 하나는 《Na Me Fonaxeis 나의 소리, 1999》로, 세기말적인 우울함에 휩싸여 있다. 록 넘버도 있긴 하지만 랩도 있고 포크와 팝 발라드가 우세하고 있다.

쓸쓸한 기타 포크에서 절규의 록으로 변모하는 〈Anteho 마주 보기〉는 침묵과 절망 속에서 연인과 눈을 맞대고 마주하기를 기다리는 간청이다.

〈Sto Pezodromio 보도 위에서〉는 밤거리를 달리며 보게 되는 도시의 쓸쓸한 풍경을 담은 것으로, 어둑하고도 긴장 서린 록비트가 강타한다.

어쿠스틱 기타와 바이올린의 애잔한 하모니가 아름다운 로망스 〈S'Agapo Na Proseheis 널 보살피는 걸 좋아해〉의 간명한 서정은 주목할 만하다.

키프로스의 아름다운 해안 〈Foinikies 포이니키에스〉에는 아코디언과 현악의 열풍이 불어온다. 지난 삶에 깃발을 장식하기 위해 자신의 해안을 찾아 떠나라고 조언한다.

아코디언의 이별 탱고 〈I Agapi Paei Monahi 사랑은 뮌헨으로 가네〉는 안개 같은 여성 보컬로 더욱 진한 외로움을 남긴다.

스산한 바람에 전자음향에 이어 록의 리듬에 실리는 〈Fronima Koukla Mou 난 인형이었지〉는 진솔한 자신의 빛을 되찾고 싶어 한다.

서스펜스한 드럼과 가쁜 호흡 그리고 플라멩코 기타 등으로 긴장감을 증폭하는 〈Kabarntina 레인코트〉는 비 오는 날 탈주자를 추적하다 유사한 인상착의의 무고한 이가 총격으로 사망한 사건을 소재로 했다.

바이올린과 기타 선율이 아름다운 또 하나의 로망스 소품 〈Allazeis 변화〉는 연인을 향한 들뜬 고백이었다.

Metopiki

2007 | Minos-EMI | 0946 393294

1. Na Koimithoume Agkalia
2. Gorgona
3. Metopiki
4. Apogeyma Tis Kyriakis
5. Kitharistas Tou Theou
6. Eho Gennithei Savvato
7. Pente Lepta
8. Kapse Me
9. Kaio T'Onoma Mou
10. To Tangko Tis Elenis
11. Xenos
12. Kokkinos Magnitis · Sym F.Pliatsikas
13. Synomi
14. O Alkool I Vrohi
15. Ftais

《Hamenes Agapes 잃어버린 사랑, 2000》으로 뉴밀레니엄을 연 그는 2003년에 러시아 상트페테르부르크에서 음악 인생 30주년을 기념하는 라이브 실황을 열었고, 이는 《Eseis

Oi Filoi Mou Ki Ego 내 친구와 나》라는 두 매의 앨범으로 출시되었다.

정통 록사운드를 들려주는 《Proseho Dystyhos 다가오는 불행, 2002》에 이어, 클래시컬 팝록 《Fresko Hi-oni 신선한 눈, 2004》에는 여제 하리스 알레시우Haris Alexiou와 듀엣으로 〈Oi Meres  Pou Dikazoun 심판의 날〉을 노래했다.

…모든 것이 사실로 드러난다면, 난 기뻐하지도 울지도 않을 거야, 난 이야기했던 것들을 말할 거야, 어떻게 혹은 왜 그래야 하는지는 모르겠어, 당신은 말없이 담배에 불을 붙이겠지. 그리고 공을 잃어버린 아이들은 그들의 꿈을 아직 펼치지도 못했어, 그들의 땅을 빼앗기는 걸 보고는, 더 이상 갈망하거나 두려워하지 않아, 지금 그 모든 것은 내겐 하찮은 일이야, 그들의 실수는 더 이상 크게 확대되지 않을 것이기에.

또한 장중함의 끝을 내달리는 〈Pos Na Sopaso 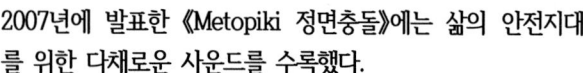 침묵하는 법〉도 주목해야 한다.

2007년에 발표한 《Metopiki 정면충돌》에는 삶의 안전지대를 위한 다채로운 사운드를 수록했다.

명곡 〈Na Koimithoume Agkalia 껴안고 잠들기〉는 유려한 피아노와 오케스트레이션이 우리의 감성을 너무나 애틋하고도 격앙시켜준다.

…새벽이 오기 전 꽃망울을 터뜨리는 장미처럼, 내 목의 당신의 키스는 기적과도 같았지, 너의 해변가에서 밤새 잠들지 않고, 당신의 푸른 눈에 나의 그물을 던지네. 안고 잠들면, 친밀함과 리듬 음악이 우리의 마음에 주듯, 우리의 꿈도 단련되지. 우리의 저녁에 드리워진 삶을 위하여.

거친 록 넘버인 타이틀곡 〈Metopiki 정면충돌〉은  실제 안전벨트와 에어백으로 목숨을 건진 자신의 교통사고를 배경으로 쓴 작품이라 한다.

〈Gorgona 인어공주〉는 정열의 플라멩코 록으로 파도가 넘실대는 듯한 리듬의 강렬한 유혹을 숨길 수 없다.

은은한 어쿠스틱 기타에 이어 작열하는 전자기타 연주가 후련하기 그지없는 〈Apogeyma Tis Kyriakis 일요일 오후〉은 록의 향연으로, 그리움에 두렵기까지 한 사랑의 감정을 그렸다.

레게 스타일의 〈Kitharistas Tou Theou 신의 기타리스트〉에는 라틴팝의 자유분방함도 뒤섞여있다.

간절함이 극에 달하는 애상의 작품 〈Eho Gennith-ei Savvato 나는 토요일에 태어났네〉에서 열정 의 기타 현은 힘줄처럼 더욱 팽팽하게 긴장한다.

…내가 그려왔던 대로 당신을 사랑하게 해줘, 산산이 부서질 잘못된 연이라 해도, 우리가 사랑하는 대로 당신을 사랑하게 해줘, 우리의 애정은 폐쇄와 부패를 빗겨날 거야, 수많은 세월 동안 나는 방랑했고, 어디에도 정착하지 못했네…

은은하고도 정적인 〈Kokkinos Magnitis 레드 마그넷〉은 연인의 삶 속에 자신이 있을 수 있도록 구애하는 내용으로, 2004년에 결성한 엔테크노 그룹 Pyx Lax의 리드  보컬이자 싱어송라이터 필리포스 플리아치카스Filippos Pliatsikas와 함께 노래하고 있다.

조밀하고도 중후한 클래시컬 사운드의 결이 숭엄하기까지 한 〈Ftais 결함〉은 마지막을 장식하는 걸작이다.

…도저히 참을 수가 없으니, 조금만 사랑해 줘, 꿀로 가득한 네 입, 입술은 나의 비, 이건 결함이야. 참을 수 없으니 조금만 더 사랑해 줘, 손을 뻗어 네 가을 위로, 이건 결함이야.

이후 그의 음악은 나이를 무색하게 할 만큼 힘이 넘치는 사운드로 정비되어 갔다.

2011년 그리스 경제 위기조치에 대한 항의로 그는 신타그마 광장에서 시위대와 함께 〈To Tragoudi Tis Plateias 광장의 노래〉를 불렀다. 이는 1897년 그리스 파산 때 풍자 시인 요르기오스 수리스Georgios Souris(1853-1919)가 쓴 시를 노래한 강렬한 하드록 넘버이다.

근작 《Afetiria 시작점, 2012》에는 하리스 알렉시우와 함께 노래한 〈Oi Meres Pou Dikazoun 심판의 날〉을 다시 녹음하여 실었다.

《Drapetis - Meros 1 : To Paramythi Tis Ventalias 그림자 part.1 : 목신의 이야기, 2013》 중에서 호색꾼 판Pan의 구애를 현대적인 사랑의 서사로 해석한 듯한 심포닉록 〈Halika -ki 자갈〉은 절대 명곡이다.

…상처는 칼을 기억하지, 당신을 심판하는 화난 신처럼, 내가 당신에게 올 것을 꿈꾸었을 때, 당신은 어떤 별을 손에 쥐고 있었나? 비의 몸, 슬픔 속에서 아무리 웃어도, 당신은 나를 신경쓰지 않았지만, 난 당신이 변하는 걸 보고 싶네, 내가 해 줄게…

그리고 마치 콘서트 앨범일 것 같은 멋진 커버로 출시된 《Hartina Desma 종이 쇠고랑, 2013》는 록 뮤지션이라기보다는 렘베티카 가수의 일면을 보여주는 이색작이었다.

〈Fota Svista 꺼진 불〉은 아련함만이 남는 발라드로, 사랑의 쓸쓸함을 노래했다.

…당신을 사랑하기 위해 여기 머물렀건만, 불이 꺼지면 사랑은 어디로 가나? 홀로 외롭고 차갑게 남겨지거나, 이전으로 돌아가는 것. '어떻게?' '왜?'도 없이 이야기가 끝나네, 사랑은 인생에서 얻은 좋은 영화였네.

순수한 사랑을 향해 작별을 고하는 〈Kalinyhta 잘 자요〉도 눈시울을 뜨겁게 한다.

…우리는 해변에서 놀지도, 일출을 보지도, 해변에 누워 키스를 나누지도 못했네, 번쩍이는 불빛과 함께, 시간은 달아나고, 우리가 마시는 술은 우리를 마시네, 나도 이제 어리지 않아. 잘 자, 우린 낮을 밤으로 바꾸었지, 당신이 무엇을 했든, 내가 무엇을 했든, 강물의 심연 속으로, 잘 자.

2023년 6월에 그의 음악 인생 50년을 기념하는 역사적인 콘서트가 아테네 칼리마마로 경기장에서 열렸으며, 수천의 팬들이 함께 축하했다.

그는 그리스 록의 산증인으로서 록의 다양한 실험을 통해 풍성한 자산을 청중들에게 선사한 예술가이며, 또한 항상 함께 호흡하며 그들의 감정과 뜻을 노래에 담아낸 사회운동가이기도 했다. 바실리스 파파콘스탄티누의 주름이 깊게 팬 거친 음성은 여전히 예술과 사회를 프로메테우스의 불처럼 호위하고 있다.

한편의 영화처럼 드라마틱한 삶을 살았던 빅토르 하라(1932-1973)는 산티아고 부근 론켄의 가난한 농가에서 5남매 중 넷째로 태어났다. 아버지 마누엘은 문맹이었고 폭음과 폭력 그리고 외박을 일삼았지만, 어머니 아만다는 자식에 대한 사랑과 책임을 다하고자 힘든 노동을 해야 했으며, 어린 빅토르는 형제들과 함께 어머니의 일을 도와야 했다. 그럼에도 어머니를 통해 포크음악을 배우며, 그녀의 희생으로 론켄에서 가장 행복한 유년을 보냈다.

10살 때 산티아고로 이사하여 신학교에 들어가 기타를 배우기 시작했고, 그가 15세 되는 해 사랑하는 어머니를 여읜다. 낙천적이고도 온화한 성격의 소유자로서 예술적인 재능은 연극학교를 다니며 훌륭한 배우로서의 자질을 갖추었으며, 칠레인인 안무가와 결혼한 영국인 무용수 조안Joan에게 강의를 들으며 그녀에 대한 사랑의 싹을 틔워갔다.

이 시절 학생운동에도 가담했으며, 인생의 멘토였던 비올레타 파라Violeta Parra(1917-1967)를 만나면서 자연스레 그녀의 딸 이사벨 파라Isabel Parra와 아들 앙헬 파라Ángel Parra(1943-2017)와의 음악적 교감도 쌓는다.

이혼한 조안에게 전남편 사이에서 태어난 딸 마누엘라가 있음에도 5살 연상녀 조안과의 국경 없는 사랑의 결실을 맺었고, 그녀 사이에 딸 아만다가 태어나면서 두 딸의 아버지가 된다.

1965년에는 가장 훌륭한 연출가에게 주는 두 개의 상을 거머쥘 정도로 연극계에서 성공을 거두었지만, 그의 운명은 음악으로 향했다. 고난의 시절을 민중들과 함께 강인하고도 부드러운 음성으로 넘기고자 했으며 정의로운 시대정신과 함께 훌륭한 문화적 지도자로서 앞장서게 된다. 너그러움과 다정함의 노래는 새로운 이상향에 대한 희망이었다.

1970년 아옌데가 대통령으로 선출되어 사회주의 개혁을 시도했으나 경제 위기가 가속되었고, 1973년 9월 11일 피노체트의 군사 쿠데타로 아옌데 정부는 전복된다.

쿠데타 세력에 의해 고문실로 끌려간 빅토르 하라는 쿠데타 5일만인 1973년 9월 16일 아침 산티아고 교외에서 싸늘한 시체로 발견되었다.

그의 아내 조안 하라Joan Jara(1927-2023)가 집필한 「An Unfinished Song 끝나지 않은 노래, 1984」에 그의 순탄치 않은 삶이 생생히 기록되어 있다.

Canto a lo Humano

1966 | Fonomusic | 1309

1. El Arado
2. El Cigarrito
3. La Flor Que Anda de Mano en Mano (Chilean Folk Song)
4. Deja la Vida Volar
5. La Luna Siempre es Muy Linda
6. Ojitos Verdes (Andean Folk Song)
7. La Cocinerita (Argentine Folk Song)
8. Paloma Quiero Contarte
9. ¿Qué Saco Rogar al Cielo?
10. No Puedes Volver Atras
11. El Carretero
12. Jai Jai (Bolivian Folk song)

《Canto a lo Humano 인류애를 노래하다》는 첫 앨범의 재발매본으로, 1960년대 중반의 칠레 상황과 그의 짧은 인생의 한 부분을 이해하는 데 도움을 준다.

〈El Arado 쟁기질〉은 당시 화제가 되었던 소작농 문제를 다룬 곡으로, 빈민으로 태어나 노동하지 않으면 안 되었던 상황을 구슬프게 노래한다.

손아귀에 힘을 주고, 쟁기의 날을 땅속에 꽂아 넣는다. 몇 해이고 몇 해이고 내가 해온 이 일… 내가 지쳐 떨어진 것은 이상할 게 없다. 나비들은 날고, 귀뚜라미는 노래하고, 내 살은 점점 더 새까맣게 타들어가고, 태양은 이글이글 타오르는데, 땀줄기는 내 몸에 고랑을 지어 흐르고, 나는 흙속에다 고랑을 파네, 끝없이 끝없이.16)

1964년 작인 〈Deja la Vida Volar 삶을 날게 해〉는 딸 아만다가 출생한 시기에 만든 것으로 짐 작되는데, 딸의 인생에 대한 희망을 노래했다.

네 몸의 비둘기가 지닌 불꽃, 피어오르는 봄의 약동, 네 혈관을 타고 흐르는 화산. 그리고 비둘기의 도약 같은 나의 피, 네 혈액의 바닥까지, 네 몸속에서 날갯짓이 도달하길 원하네. 태양이 죽으면, 밤이 오겠지, 내 사랑을 감싸고, 삶이 날 수 있게… 도약의 갈망을 놓치지 않으면, 꽃은 물로써 성장할 거야. 태양을 돌리면, 밤은 분노하겠지…

그의 어린 시절을 살필 수 있는 〈La Luna Siempre es Muy Linda 달은 항상 빨리 이동하지〉에는 가족을 부양해야 할 의무를 모친 아만다에게 미루고 외박과 폭음 후 어머니에게 폭력을 일삼았던 부친에 대한 증오심이 서려있다. 또한 힘든 생활고에도 미사에 참석하여 절실하게 필요했던 돈을 헌납할 수밖에 없었던 생활의 단편 도 들려준다.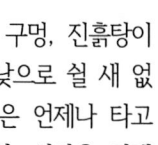

내가 기억하는 아버지의 얼굴은, 벽에 뚫린 구멍, 진흙탕이 묻은 홑이불, 흙투성이 마룻바닥, 그리고 밤낮으로 쉴 새 없이 일하면서, 울부짖는 우리 어머니… 촛불은 언제나 타고 있다. 사람은 모두 피난처가 있어야 하는 법, 신앙을 위해 바칠 돈은 어디서 생길까? 그들은 가난한 사람들을 너무 겁

---

16) 조안 하라, 「끝나지 않은 노래」, 차미례(역), 한길사, 1990, p.45-46

나게 하네, 그들이 모든 고통을 홀로 삼키고, 성자들의 초상을 가지고, 비참함을 덮어 버리게 만드네.[17]

〈Paloma Quiero Contarte 비둘기에게 말하고 싶네〉는 1961년에 쓴 곡으로, 슬픈 현실에서 해방하고픈 열망을 담고 있다.

…모든 기억으로 울부짖네, 내면의 깊이만큼이나, 외적 괴로움으로 울부짖네, 도약하고 싶어…

기타의 행진에 보컬이 처연하게 울리는 〈Que Saco Rogar Al Cielo 하늘에 무엇을 기도할까?〉는 소작농들의 배고픔과 가난에 대한 연민이다.

〈No Puedes Volver Atrás 어떤 것도 돌이킬 수 없네〉는 인생의 막다른 골목에 다다른 듯한 막막한 심경을 노래하는 쓸쓸함이 애잔하다.

…자유를 위해 어떻게 죽을 수 있을까. 열린 네 눈 속의 열정, 네가 가는 곳에서, 살해를 위한 투쟁이라면. 모든 것은 투쟁에서 잃어버릴 거야. 네가 가진 햇살의 사랑과 열망은, 많은 어둠의 침묵으로 싸여있네…

〈El Carretero 마부〉는 가족들과의 여행에서 본, 마차를 끄는 노새 뒷자리에 서 하염없이 생각에 잠겨있는 마부를 소재로 했다.

…내 인생은 돌풍과 침묵의 모래밭이네, 내 노새와 함께 오가는, 돌고 도는 길… 가끔 길을 잃으면, 그사이 마음도 전복하지, 언제 내 인생은 내가 원하는 길로 가게 될까? 어둠이 날갯짓하고, 침묵이 길어지네, 침몰하는 밤처럼, 마차는 삐걱거리며 길을 가네…

이듬해엔 《Canciones folklóricas de América 라틴아메리카의 민요들》을 발표, 민속음악의 수집과 기록은 문화운동가로서의 빅토르가 이룬 귀중한 업적이었다.

---

17) 조안 하라, 「끝나지 않은 노래」, 차미례(역), 한길사, 1990, p.48-50

Desde Lonquén Hasta Siempre

1967 | Fonomusic | 1310

1. El Aparecido
2. El Lazo
3. Que Alegres Son las Obreras (Bolivian Folk)
4. Despedimiento del Angelito (Chilean Folk)
5. Solo
6. Ay Mi Palomita (Chilean Folk)
7. Asi Como Hoy Matan Negros
8. El Amor es un Camino Que de Repente Aparece
9. Casi, Casi (Chilean Folk)
10. Cancion de Cuna para un Nino Vago
11. Romance del Enamorado y de la Muerte
12. En Algun Lugar del Puerto

세 번째 앨범은 《Desde Lonquén Hasta Siempre 론켄에서 영원으로》란 제목으로 재발매되었다.

자서전적 성격과 민요 수집에 이어, 당시 그는 서서히 당면

한 정치적 현실을 반영하여, 개인적인 차원을 넘어서는 추이의 작품으로서, 잘 알려진 〈El Aparecido 유령〉과 〈Can-cion de Cuna para un Nino Vago 방랑하는 어린이를 위한 자장가〉 등이 수록되었다.

1967년 3월에 출반된 레코드에 〈El Aparecido 유령〉에는 'E G에게 바친다'라는 헌사가 붙어있는데, 이는 혁명가로 불렸던 아르헨티나 출신의 에르네스토 체 게바라Ernesto Gue-vara(1928-1967)를 지칭하는 것이었다. 쿠바혁명을 성공적으로 마무리한 후, 남미의 혁명을 위해 또다시 쿠바를 떠난 그는 군부독재 국가들의 표적이 되었다. 그의 목에 현상금이 걸리고 군대가 추적하는 위험상황에 그의 안전을 바랐지만, 10월 초가 지나 볼리비아에서 체 게바라가 죽었다는 소식이 흘러나온다. 빅토르는 급박한 갤롭Galop풍의 리듬에 쫓기는 자와 사냥꾼의 이야기를 담았다.

산맥을 관통하는 길을 열고, 바람 위로 발자국을 남기네, 그 위를 비행하는 독수리, 그리고 침묵의 망토. 추위도 두렵지 않고, 졸음도 불평하지 않네. 연민의 그의 길, 그리고 장님 같은 추적, 뛰어, 여기를 넘고, 또 달려, 네게 죽음이 임박했어. 황금 발톱을 가진 까마귀는 그의 머리를 낚아채려 하네, 십자가에 못 박힌 것처럼 강대한 분노로. 저항의 아들, 스무 명이 따랐고 스무 명 이상이 또 따랐지, 네가 삶을 주었다는 이유로, 그들은 널 사살하길 원해. 뛰어, 여기를 넘고, 또 달려!

〈El Lazo 올가미줄〉은 1960년대 빅토르와 조안 그리고 두 딸의 행복한 시절, 고향 론켄을 여행하면서 올가미줄을 꼬는 노인을 만난 후 작곡되었다고 한다. 연로함에도 철저한 가난으로 고단함을 멈출 수 없는 노동자들의 삶에 대한 처연한 눈길을 읽을 수 있다.

비록 손은 늙었지만 줄 꼬는 힘은, 아직도 강하기만 하네. 짐승 가죽으로 끈을 꼬는 손길은, 거칠기도 하고 부드럽기도 해. 뱀처럼 꼬인 올가미밧줄은, 호두나무 줄기에 감겨있고, 만들어진 채찍 하나하나엔, 그의 삶과 빵이 아로새겨 있네. 그의 손과 끈기 있는 그 시선엔, 얼마만 한 세월이 담겨 있을까? "그만해요, 이제는 더 일하지 않아도 돼요" 아무도 그 말을 안 해주네.18)

〈Solo 외로이〉는 칠레의 민중 그룹 킬라파윤Quilapayún의 결성 멤버 에두아르도 카라스코Eduardo Carrasco의 곡으로, 출렁이는 기타와 바람결 같은 현악이  회한을 이어간다.

바람을 맞으며 사랑을 찾네, 기억 속에 얽혀버린 나의 사랑이여. 잊힌 사랑을 찾네, 내 삶을 죽음으로 몰고 가는, 늪가의 나무처럼. 그리고 난 혼자라네. 매서운 새벽과 함께, 이별을 고하고 넌 떠났지, 그것은 네 눈빛을 바라볼 수도 없이 내 눈을 멀게 했네, 어둠 속 사랑을 찾네, 별빛으로 가득한 인생의 밤을 살아왔던 사랑이여…

바로크풍의 〈Asi como Hoy Matan Negros 오늘도 어두운 죽음처럼〉은 칠레 시인 파블로 네루다Pablo Neruda(1904-1973)의 시에 작곡가 세르지오 오르테가Sergio Ortega (1938-2003)가 곡을 붙인 것으로, 라틴아메리카를 잠식한 군부독재의 비참한 현실을 고발한다.

오늘도 어두운 죽음처럼, 멕시코인이 당하기 전, 칠레인이, 나카라구아인이, 페루인이 죽음을 당했지, 비인류적 본성의, 외래인이 촉발했네. 누가 이 땅에서 맞서 싸우고, 누가 그 도발에 앞장설 것인가, 그건 칠레의 유격대이고, 우리의 호아킨 무리에타Joaquín Murieta19)라네, 어느 날 목초길 위에, 비단을 실은 말이 지나가면, 좀 있다 그 길에, 우리의 운명도 질주하네, 그리고 두 양귀비꽃처럼, 그들의 소총에서 불

---

18) 조안 하라, 「끝나지 않은 노래」, 차미례(역), 한길사, 1990, p.129

19) Joaquin Murrieta(1829-1853) : 캘리포니아 골드러시 때 등장한 도적으로, 엘도라도의 로빈 후드라 불리는 전설의 인물이다. 파블로 네루다는 그를 소재로 「Fulgor y Muerte de Joaquín Murieta 호아킨 무리에타의 영예와 죽음, 1972」를 남겼다.

꽃이 일 거야.

⟨El Amor es un Camino Que de Repente Aparece 사
랑은 예기치 않게 나타나는 길⟩은 자서전적 성격의 작품으
로, 조안과의 만남에서 인생의 동반자로 그리고
희망을 구원하기 위한 운동가로 전환되는 그의 짧
은 인생을 축약하고 있는 것 같다.

구릉 위로 바람이 부네, 수수밭을 쓰다듬으며, 바람과 비둘
기는, 자유를 만끽하네. 사랑은 길에서, 예기치 않게 나타나
지, 그리고 동행하며, 그것은 널 유약하게 할 거야. 첫 여명
이 비치면, 대지는 성장하네, 바다를 향해 자유로이 흐르는,
고랑의 물을 발견하게 될 거야. 인생은 네 눈에 서렸고, 난
바람과 바다와 같이 갔네, 그것은 나를 제거할 수 없는 내
유일한 보물이지.

⟨Cancion de Cuna para un Nino Vago 방랑하는 어린
이를 위한 자장가⟩는 1960년대 당시의 처절한 고민들, 즉
실직이나 저임금, 연명하기도 힘든 근로조건, 질병, 무주택
등 개인적으로 수탈당하는 근로자들과 친구들의 관계에서
가난이 인간관계에 미치는 비참한 영향들, 부모의 자식에
대한 사랑까지도 파괴하고 마는 그 파괴의 위력, 그리고 이
'어둡고 고통스러운 바다'를 결정적으로 끝내야 할 긴박한
필요성 같은 것을 주제로 한 것이었다. 빅토르가
어린이를 위해 지은 첫 노래로 그가 처음으로 아
버지가 된 감상들과 연관 지어 나온 노래라 한다.

물 위에 비친 달은, 도시를 관통하여 흐르고, 다리 밑의 아
이 하나는, 하늘을 나는 꿈을 꾸네. 도시는 그 아이를, 소의
우리 속에 가두고, 아이는 놀 줄도 모른 채, 그 속에서 늙어
간다. 너희들 같은 집 없는 아이들이, 얼마나 많이 헤매고
있을까? 돈이 있으면, 사랑도 자리 잡기 쉬운 것이지만, 그
돈이 없는 곳에는 쓰라린 날만 있네.[20]

작자 미상의 글귀에 곡을 붙인 ⟨Romance del Enamorado

y de la Muerte 연인과 주검의 로망스⟩는 고풍
스러운 하프시코드가 안타까운 사랑의 전설을 들
려준다. 마치 로미오와 줄리엣의 그것처럼.

지난밤의 꿈, 내 영혼의 고독, 내 사랑과 함께 한 꿈, 그것
은 내 품 안에 있었네. 백옥 같은 처자가 지나가는 걸 보았
네, 더없이 눈처럼 냉담했지, 어디서 사랑이 왔고, 어떻게
내 인생으로 왔을까. 문은 굳게 잠겼고, 창은 가려졌네, 이
는 내가 사랑하는 연인이 아니야, 하나님이 내게 보낸 죽음
이네. 아 가혹한 죽음이여, 날 살려줘, 내 인생에 단 한 시
간이라도 허락할 수 없다 해도… 죽음이 날 지켜보지만, 당
신과 함께 삶을 살고파, 조각과 세공의 발코니 아래로 갔네.
네게 은줄을 올리네, 네가 끌어올릴 수 있도록, 줄이 도달하
지 못한다면, 내 머리라도 묶겠어. 은줄은 끊어졌고, 죽음이
왔네, 사랑하게 내버려둬, 이미 그 시간이 되었으니.

민요 채집 여행을 떠났던 1965년에 작곡된 ⟨En Algun
Lugar del Puerto 항구의 어느 마을⟩은 목숨을 앗아간 어
촌민의 슬픈 사연이 그 가사가 되었다. 바다의 파
도처럼 규칙적인 기타 주법에 실리는 비극적 전원
이 연민의 푸른빛으로 일렁인다.

꿈으로 가네, 여행하며 가네, 가네, 모래에 내 발자국을 남
기고, 가네, 바다가 날 갑자기 덮쳐도, 가네. 내 기억과 함
께 바람이 언덕 위를 오르고, 하늘로 봉긋 솟은 구릉을 달
리네, 나는 집으로 다시 달렸지, 바느질하는 내 어머니, 어
디에 있는지 모르는 내 아버지. 그 노인은 어부였다네, 그의
노처럼 순박했지, 바다를 떠나 살기 위해, 바다에서 일했지.
바다는 고요한 채 모든 것을 주었고, 검은 소용돌이로 인생
을 앗아갔네. 구릉을 건너서 바람의 날카로운 비명, 내 아이
들은 어디로 갔나, 얼마나 많이 앗아가야 하나?

20) 조안 하라, 「끝나지 않은 노래」, 차미례(역), 한길사, 1990, p.126-127

Te Recuerdo Amanda

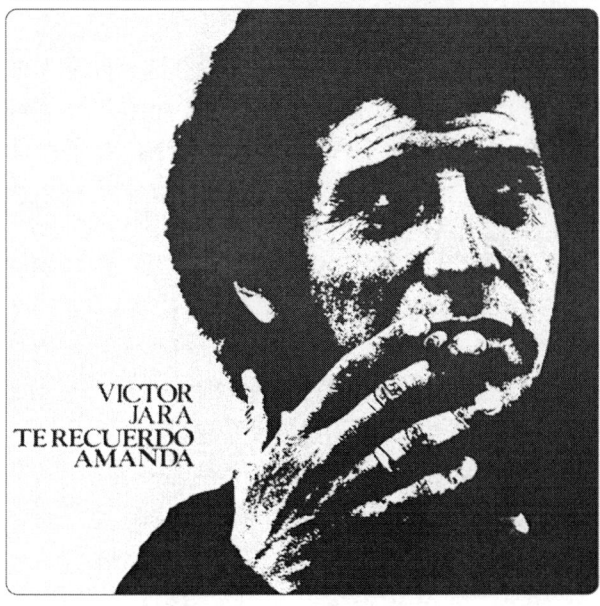

VICTOR JARA
TE RECUERDO AMANDA

1969 | Fonomusic | 1303

1. A Luis Emilio Recabarren
2. A Desalambrar
3. Duerme, Duerme, Negrito
4. Juan Sin Tierra
5. Preguntas por Puerto Montt
6. Móvil Oil Especial
7. Cruz de Luz (Camilo Torres)
8. El Martillo
9. Te Recuerdo Amanda
10. Zamba del Che
11. Ya Parte el Galgo Terrible
12. A Cochabamba Me Voy

빅토르 사후 아내 조안은 그의 레코드를 챙겨 급히 칠레를 떠날 수밖에 없었고, 이후 유럽에서 재발매 되면서 새롭게 컴파일되었다.

〈A Luis Emilio Recabarren 루이스 에밀리오의 간청〉에서 인디오의 피리는 영혼을 불러오고 그의 기타와 노래가 침잠의 제례를 올린다.

열린 당신의 품속의 노예, 노래하는 내 기타, 광부의 망치, 농군의 쟁기질. 루이스 에밀리오 레카바렌[21], 빛나는 당신에게 그저 감사합니다. 바람과 함께, 초원의 바람과 함께, 당신의 외침은 중심부에서 그리고 남부에서 불어옵니다. 많은 희망의 나무는 태양의 눈에서 탄생했습니다. 당신의 열매는 무르익어 노래할 것입니다. 해방을 향해.

우루과이의 싱어송라이터 다니엘 비글리에티Daniel Viglietti (1939-2017)의 곡 〈A Desalambrar 전령사에게〉은 짧지만 전율과 열정이 담긴 목소리와 기타가 강렬한 인상을 남긴다.

…전령사여! 땅은 우리의 것이네, 너의 것이고 내 것이며, 페드로와 마리아, 후안과 호세의 것. 내 노래로 심기가 상한다면, 듣기 싫어하는 한 사람일 테지, 그건 외래인이거나, 이 땅의 진정한 주인일 거라 확신하네…

멕시코 남성 가수 호르헤 살다냐Jorge Saldaña(1931-2014)의 노래 〈Juan Sin Tierra 토지 없는 후안〉는 1910년 멕시코 혁명 때 불린 코리도Corrido[22]로, 낙천적이고도 구성진 창법으로 부르고 있다.

…내 부친은 소작농이었고, 난 혁명가라네, 내 아들은 상점을 운영할 것이고, 내 손자는 공무원이 될 것이네. 에밀리아노 사파타[23]는 소리쳤지, "난 내 땅과 자유를 원해" 정부는 그의 시체를 묻으며 그를 비웃었네, 날아라, 날아라, 작은 비둘기여, 무화과나무 위에 앉으렴, 여기서 유명한 토지 없는 후안의 발라드는 끝나네.

---

21) Luis Emilio Recabarren(1876-1924) : 사회주의 노동자당을 설립하고 노동자 신문을 발행하는 등 자신의 사회주의 신념을 전파했던 인물로, 칠레의 '노동운동의 아버지'라 불린다
22) Corrido : 멕시코를 중심으로 유행하는 3박자의 발라드
23) Emiliano Zapata (1879-1919) : 멕시코 혁명의 농민 지도자

아르헨티나의 민요 〈Duerme Duerme Negrito 잠들라 노예들이여〉는 아타우알파 유판키Atahualpa Yupanqui (1908-1992)의 노래로, 차별화되고 계급화된 사회에서 소외된 소작농들의 영혼을 어루만진다.

1969년 3월 9일 250명의 무장경찰대가 푸에르토몬트시에서 2마일 떨어진 곳에서 농성 중인 91명의 농민들을 무단으로 학살한 사건이 벌어졌는데, 이를 비난하는 정치적인 노래가 〈Preguntas Por Puerto Montt 푸에르토몬트에 관한 질문〉이다. 이후에도 여러 시위현장에서 불렸을 정도로 시대의 처절함을 대변하고 있다.

이유도 모른 채 죽어간 그들을 위해서, 묻겠네, 삶을 위한 농지를 위해 싸우던 그들의 가슴을 난도질했지, 비열한 살육으로 저지한, 이 불행한 발사 명령. 넌 대답해야 해, 페레스 수호비치24)여, 왜 무방비의 민중들에게 총으로 화답하였는지. 페레스여, 넌 양심을 무덤 속에 매장했네, 남부의 모든 비로도 씻을 수 없는 손으로. 푸에르토몬트에서…

〈Movil Oil Especial 모빌 오일 특수부대〉 이 제목은 시위 진압부대의 이름인 모빌무대와 당시 칠레에서 크게 부각되었던 다국적 기업의 이름을 동시에 희화한 것이라 한다. 1968년경 빅토르는 킬라파윤과 인티 이이마니Inti Illimani 그룹들과 함께 집회에 가담하고, 물과 최루탄 세례를 받으면서도 노래했다. 이때 지어진 것으로 개혁 운동권의 노래들 중 하나가 되었다.

다니엘 비글리에티의 곡 〈Cruz de Luz 빛의 십자가〉는 콜롬비아의 게릴라 투쟁을 지원했다가 보고타에서 살해된 신부 카밀로 토레스Camilo Torres(1929-1966)를 기리는 노래이다.

…나의 장군이여, 투쟁의 승전 앞에 성물이 되었네, 그는 십자가에 총알로 박혔고, 예수처럼 게릴라를 구원했네. 그리고 그들이 소총을 내렸을 때, 백만의 민중들이 일어섰네. 백만의 카밀로는 싸울 준비를 마쳤지…

대표적인 연가 〈Te Recuerdo Amanda 너를 기억한다 아만다〉는 그의 나이 15세 때 세상을 등진 어머니의 이름이며, 또한 조안 사이에서 태어난 딸의 이름이다. 이 곡은 그의 딸 아만다가 세 살이 되었을 때 당뇨병에 걸린 것을 계기로 지어졌다 한다. 조안은 어머니의 웃음과 딸의 장래라는 두 가지 요소가 담겨 있지만, 특별히 두 사람 중 어느 쪽을 지칭하지는 않은 것 같다고 술회했다. 아버지의 이름 마누엘을 가사에 쓰고 있음에도, 부모의 이야기와는 다른 아만다와 마누엘의 사랑이야기는 조안을 두고 먼저 죽은 빅토르의 사연과 많이 닮았다.

너를 기억한다, 아만다여, 거리마다 전부 젖어 있을 때, 마누엘이 일하고 있는 공장으로 달려가면서, 너의 활짝 웃는 얼굴, 너의 머릿결에 떨어진 비, 다른 건 모두 괜찮았지, 네가 그를 만나려 했을 때, 단 5분, 너의 생명은 단 5분에 달려있지. 사이렌 소리가 울리면 일자리로 돌아가야 할 시간. 그대가 거닐 때 만물에 빛을 주네, 그 5분의 시간이 너를 꽃으로 만들어주지. 그리고 그 남자는 산맥을 상대로 싸운다. 그전에는 파리 한 마리 못 죽였는데, 이제 5분 후면 모든 게 완벽히 쓸려나가지. 사이렌 소리 울리면 일자리로 돌아가야 할 시간. 많은 사람들이 돌아가지 않네… 마누엘도 그중 한 사람.25)

〈Zamba del Che 체의 삼바〉는 멕시코 누에바깐시온 가수 루벤 오르티스Rubén Ortiz의 노래로 체 게바라(1928-1967)의 사후에 만든 것이다.

…농민들은 '무화과나무의 성 에르네스토'라 불렸지, 밀림, 평원 그리고 산맥에서, 조국이 아니면 죽음을 불사했던 운명이여!

---

24) Edmundo Pérez Zujovic(1912-1971) : 에두아르도 프레이 몬탈바 대통령의 재임 시절(1964-1970) 내무부 및 재경부 장관을 지냈던 정치가

---

25) 조안 하라, 「끝나지 않은 노래」, 차미례(역), 한길사, 1990, p.161-162

Canto Libre

CANTO LIBRE
VICTOR JARA

1970 | Fonomusic | 1306

1. Inga (Peruvian Folk)
2. Cancion del Arbol del Olvido
3. La Pala
4. Lamento Borincano
5. Ventolera (inst.)
6. El Tinku (Bolivian Tonada)
7. Angelita Huenuman
8. Corrido de Pancho Villa (Mexican Folk)
9. Caminado, Caminando
10. Quien Mato a Carmencita?
11. Canto Libre

킬라파윤Quilapayún과 그룹의 초기 멤버 파트리시오 카스티요Patricio Castillo 그리고 인티 이이마니Inti Illimani까지 참여한 앨범이다. 여느 작품보다도 깊은 숨결을 느낄 수 있는데, 이는 마치 숭엄한 종교적 찬가처럼 들리기도 한다.

〈Canción del Arbol del Olvido 망각 나무의 노래〉는 우루과이 출신의 시인 페르난 실바 발데스Fernán Silva Valdés(1887-1975)의 작시에 아르헨티나 출신의 클래식 작곡가 알베르토 지나스테라Alberto Ginastera(1916-1983)가 작곡한 것으로, 기타의 아르페지오에 그리움으로 아파하는 로망스가 가슴을 파고든다.

내 정원에 망각 나무라 부르는 한 나무가 있지, 죽어가는 영혼이 떨어지면 슬픈 노래로 위로하네. 네 생각을 하지 않으려, 망각 나무 아래서, 황혼 녘에 잠들었네, 그리고 나는 잠결에 그 슬픈 노랠 들었지. 꿈에서 깨어나 널 다시 생각했네. 내가 잠드는 순간, 망각의 슬픈 노래를 잊어버렸기에.

〈Lamento Borincano 푸에르토리코인의 비가〉는 푸에르토리코 출신의 작곡가 라파엘 에르난데스Rafael Hernández(1892-1965)가 1929년에 쓴 고전으로, 당시의 경제 상황을 반영하고 있다. 팔아야 할 짐을 가득 짊어진 채 번 돈으로 노모의 옷 한 벌을 사겠노라며 행복감에 젖어 시장을 향하는 시골뜨기는 그러나 어려운 상황으로 아무도 사질 못해 울면서 돌아온다.

…여기저기서 보린케인의 탄식이 들려오네, 그리고 슬피 울며, 촌뜨기는 돌아가네, 길 위에서 생각에 잠겨, 흥얼거리고, 한탄하네. 나의 사랑하는 하나님, 보린케인은 어찌 살아야 합니까? 내 아이들과 가정은 어찌 될까요? 보린케, 에덴의 땅, 위대한 고티에는 바다의 진주라 찬양했었지만, 지금 당신은 그 고뇌로 죽어가네, 나도 그랬듯이 자네의 노래를 내려놓게나, 나도 그랬듯이…

〈Angelita Huenuman 앙헬리타 우에누만〉은 철저하게 고립되어 살아가는 한 인디오 아낙네의 삶을 통해 소외된 이웃에 갖는 애정을 엿볼 수 있는 노래이다. 음의 고저가 도드라지지 않는 평온한 구성으로 평화와 자유에 대한 주술을 이어간다.

바람이 호수의 물결을 일으키고, 비가 이끼를 자라게 하는 그곳, 포쿠노 계곡 깊은 곳에, 앙헬리타 우에누만이 살고 있다네… 코피우에 꽃처럼 새빨간 피가, 우에우만의 핏줄을 타고 흘러, 창문으로 들어온 빛으로, 앙헬리타는 인생을 짜고 있네… 앙헬리타여, 당신의 베틀에는 세월과 눈물과 땀이 있고, 내 조국의 민중의 창의력이, 이름 없는 손길로 남이 있네. 몇 달 동안 일하고 난 그 뒤엔, 그 훌륭한 담요는 살 사람을 기다리고, 새장 안에 든 한 마리 새처럼, 최고가를 불러줄 사람을 노래하네…26)

1969년에 쓴 〈Quien Mato A Carmencita? 누가 카르멘시타를 죽였는가?〉는 미국의 문화적 침략을 고발한 것으로, 문화적 괴리와 환각에 못 이겨 마약중독으로 빈민굴에서 자살한 한 소녀의 실화를 바탕으로 했다. 그는 조작된 통조림과 같은 행복과 사랑에 대한 환상으로 마리화나의 세계와 수영장이 딸린 저택을 예로 들면서 그녀의 영혼을 속이고 중독하고 죽였다고 노래한다.

그가 노래하는 이유를 명시한 〈Canto Libre 자유를 노래하다〉는 상쾌한 바람과 경쾌한 발걸음에 유쾌한 미소까지 느끼게 되는 진격의 행진곡이다.

시인은 둥지 틀 곳을 찾는 비둘기라네, 그는 떨치고 일어나 날개를 펼치지, 그래서 그는 날고 또 날 수 있다네. 내 노래는 자유의 노래, 나 자신을 주고 싶네, 그것을 손으로 잡고자 하는 누구에게든, 비상하고 싶은 누구에게든. 나의 노래는 사슬처럼, 시작도 없고 끝도 없지. 그리고 고리 고리마다, 다른 모든 이들의 노래를 찾아낼 수 있으리. 다 함께 계속 노래하세, 모든 인간적인 것에, 내 노래는 저 멀리 가기 위해 날아오르는 비둘기라네, 날고 또 날기 위해, 떨치고 일어나 날개를 펼치리.

26) 조안 하라, 「끝나지 않은 노래」, 차미례(역), 한길사, 1990, p.135

El Derecho de Vivir en Paz

1971 | Fonomusic | 1305

1. El Derecho de Vivir en Paz
2. Abre Tu Ventana
3. La Partida
4. El Niño Yuntero
5. Vamos por Ancho Camino
6. A la Molina No Voy Más (Peruvian Song)
7. A Cuba
8. Las Casitas del Barrio Alto
9. El Alma Llena de Banderas
10. Ni Chicha Ni Limoná
11. Plegaria a un Labrador
12. B.R.P.

1970년 9월 4일 치러진 대통령 선거에서 아옌데가 당선되었고, 민주주의를 준수하겠다고 선언하면서 11월 3일 그의 사회주의 정부가 출범했다.

1971년 4월에 출반된 이 앨범에 그는 '평화 속에 살 권리'

라는 제목을 붙인다. 그가 「비에트로크」라는 연극의 연출을 하는 중에 쓴 작품들이었지만, 당시의 현실에 대한 자신의 느낌을 강조하기 위해서 붙여진 것이었다고 조안 하라는 말하고 있다. 하지만 이 제목은 프랑스 제국주의의 식민지로부터 1945년 민족 해방을 성공시킨 호찌민Ho Chi Minh(1890 -1969)의 독립선언문과도 연관이 있으며, 자국이 거둔 혁명의 성공에서 비롯된 것이기도 했다.

〈El Derecho de Vivir en Paz 평화 속에서 살 권리〉는 매우 그 선율이 구슬프다. 그의 정신적 지주였던 비올레타 파라의 아들 앙헬 파라 그리고 록그룹 킬라파윤과 로스블롭스Los Blops가 참여했다.

시인 호찌민, 모든 인류를 향하여, 베트남에서 삶의 권리를 외치네. 어떤 총탄도 당신의 논 이랑을 지울 수 없지, 인도차이나는 바다 멀리 있네, 거기서 대학살과 화염으로 꽃은 불타버렸고, 달에는 모든 것을 녹여버릴 크레모어의 폭발이 있었네. 내 형제 호찌민이여, 우리의 노래는 순수한 사랑의 불꽃, 비둘기 집의 비둘기며, 올리브밭의 올리브 열매이고, 승리를 거둘 세상과 묶인 응원가가 될 거야, 평화 속에 살 권리로.

〈Abre Tu Ventana 그대의 창을 열어라〉는 개혁 운동이 본격적으로 개시되고, 노동의 권리가 보장되는 희망적인 사회상이 담겨있다.

창문을 활짝 열어, 햇볕이 당신 집안의 구석구석에 비치게 하라, 바깥을 내다보라, 우리의 생명은 어둠과 슬픔 속에서만 놓여지도록 점지된 것이 아니다. 마리아여, 보라. 그냥 세상에 태어나서, 자라나고 사랑을 하는 것만으로는 충분하지 않으니, 진정한 행복을 찾을 때까지는. 이제 가장 큰 어려움은 지나고, 그대의 눈동자엔 새빛이 가득하리라, 손에는 벌꿀이 가득하리라.27)

스페인 시인 미겔 에르난데스Miguel Hernández(1910-1942)의 시 일부를 차용한 〈El Niño Yuntero 밭 가는 아이〉에는 동심의 순수함을 빼앗아버린 것에 대한 용서를 담았다.

속박받는 육신은, 굴레에 쫓기는 목을 달고, 아름답기보다, 차라리 굴욕되게 태어났다. 살기 시작한다. 그리고 철저히 죽기 시작한다. 어머니의 살을, 쟁기 단 소로 헤집으면서. 그는 자신의 나이를 셀 줄 모른다. 그리고 농부에게 있어, 땀이란 묵직한 소금 왕관임을, 이제 안다. 거대한 가시와 같이, 이 굶주린 아이가 나를 아프게 하고, 그의 잿빛 삶은, 떡갈나무의 내 영혼을 휘젓는다. 한 톨의 귀리보다도 작은 이 꼬마를, 누가 구원할 것인가? 이 사슬 만든 매정한 망치는, 어디에서 나올까? 날품팔이 어른들의, 가슴속에서 해방되거라. 그들은 어른이기 전에, 밭 가는 아이이고 아이였으니.28)

〈Casitas del Barrio Alto 바리오알토의 거주계급〉은 1971년 여름, 샌프란시스코의 호화로운 별장 동네에 대한 풍자곡인 〈Little Boxes〉을 피트 시거Pete Seeger(1919-2014)가 부르는 것을 듣고 매료되어 작곡했다. 그는 산티아고 바리오알토에 있는 대저택들을 향한 신랄한 야유에 가사 한 구절을 더 추가하여 장군들을 재미 삼아 살해하는 갱단에 비유하였다. 나중에 원곡자인 여가수 말비나 레이놀즈Malvina Reynolds(1900-1978)는 '정치적으로 더 향상시킨' 이 노래를 더 좋게 평가했다고 한다.

〈El Alma Llena de Banderas 우리의 마음엔 깃발로 가득 찼다〉는 파시스트들의 폭력사태가 계속되던 1970년 초, 이에 항의하는 집회 중에 일어난 '미겔 앙헬 아길레라'라는 18세 청년의 사망 사건을 다룬 것이다. 그는 노조의 소집을 받고 집회 현장의 모퉁이에서 아무것도 하지 않았음에도 군중 속의 사복형사가 쏜 총에 맞아 숨졌다. 무고한 그의 영혼을 기리는 추모곡이자 분기

---

27) 조안 하라, 「끝나지 않은 노래」, 차미례(역), 한길사, 1990, p.217-218

28) 미겔 에르난데스, 「양파의 자장가」, 배은정(역), 솔, 1995, p.112-119

의 마음을 담은 투쟁가이다.

〈Ni Chicha Ni Limona 술도 없고 레몬주스도 없네〉는 아옌데 정부의 방해공작을 고발한 것으로, 허위 조작된 생필품 품귀현상이 사재기와 투기 그리고 암시장으로 이어진 것에 대한 분노였다.

〈Plegaria a un Labrador 노동자의 기도〉는 1969년 '제1회 새 칠레 가요제'라는 축제 때 처음 소개되었던 것으로, 그 가요제의 비정치적 성격에도 불구하고 그는 소작인 농부들에게 동포들과 함께 정의사회 구현을 위해 투쟁할 것을 하소연하는 선동적이고 정치적인 노래를 불렀다.

일어나라, 저 산맥을 바라보라, 바람과 태양과 물의 원천을, 강물의 흐름을 바꾸는 그대, 너의 영혼의 이랑에 씨를 뿌리는 그대여, 일어나라, 너의 두 손을 바라보라, 너의 형제들에게 두 손을 내어주고 함께 자라나라. 피로 뭉친 우리는 함께 나아가리니, 오늘은 우리의 미래를 만들어가는 날. 우리를 비참함 속에 가두는 주인의 손에서 해방시키고, 정의와 평등의 왕국이 임하옵시며, 바람이 높은 산길에서 들꽃을 바람에 날리게 하듯 우리에게 불어오시며, 불처럼 내 총의 총구를 깨끗이 해주시며, 당신이 이 땅에서 마침내 뜻을 이루시듯, 우리에게 힘과 투쟁할 용기를 주소서. 일어나라, 너의 두 손을 보라, 너의 형제들에게 손을 내어주고 함께 자라나라, 피로 뭉친 우리는 함께 나아가리라, 지금도, 우리의 죽음의 그 시간에도.29)

〈B.R.P. Brigada Ramona Parra〉의 시대적 배경은 아옌데가 대통령으로 당선되기 전인 1970년 초로, 새로운 민중예술이자 선거 유세 방법으로 등장한 벽화 제작팀을 위한 노래였다. 비장한 드럼과 트럼펫이 항진하며 예술과 승리에 대한 불굴의 의지를 표출한다.

29) 조안 하라, 「끝나지 않은 노래」, 차미례(역), 한길사, 1990, p.182

La Poblacion

1972 | Fonomusic | 1304

1. Lo Unico Que Tengo
2. En el Rio Mapocho
3. Luchin
4. La Toma · 16 Marzo 1967
5. La Carpa de las Coliguillas
6. El Hombre es un Creador
7. Herminda de la Victoria
8. Sacando Pecho y Brazo
9. Marcha de los Pobladores

파블라시온 시민들을 상징하는 듯한 빅토르의 두 딸의 모습을 흑백으로 담고 있고, 그의 희망찬 바람을 상징한 듯한, 강렬한 색으로 도안된 나비 한 마리를 그려두고 있다.

본작은 그에게 하나의 새 출발점이 되었다. 그의 끝없는 탐구정신, 소외되고 핍박받고 있는 사람들을 대변해서 그들의 목소리가 되고 싶다는 열렬한 소망의 산물이었다. 빅토르는 연극에서의 기법들을 노래에 사용함으로써 주제를 단순한 노래에서보다 더 깊이 있게 발전시킬 수 있다고 믿고 사운드트랙에다 포블라시온에서 직접 녹음해온 소리들을 삽입했다. 그리고 본작의 녹음에 그룹 킬라파윤Quilapayún의 파트리시오 카스티요Patricio Castillo와 인티이이마니Inti Illimani와 그리고 로스 블롭스Los Blops을 초빙, 또한 6명의 소녀들을 참가시킴으로써 음악으로 완성도를 거둔 '포블라시온 서사시'를 완성했다.

〈Lo Unico Que Tengo 나는 맨주먹뿐〉에는 비올레타 파라의 딸이자 빅토르와 함께 여성 가수로서 민중의 애한을 노래했던 이사벨 파라Isabel Parra가 청아한 목소리로 노래했다.

〈En el Rio Mapocho 마포코강〉은 산맥 쪽에서 바다로 산티아고시를 관통하여 흐르는 포블라시온의 강 이름으로, 가뭄과 홍수, 쓰레기 더미, 그리고 다리 아래서 부모 잃은 고아들과 허기에 지친 어린이들이 서로 부둥켜안고 주인 없는 개들과 함께 잠을 이루는 등의 가난한 풍경을 담았다.

〈Luchin 루친〉은 문화운동이 본격적으로 이루어지고 대학의 새로운 정신적 교류가 솟아나고 있던 1969년 6월 겨울, 혹독한 태풍이 칠레를 강타하면서 마포코강이 범람하고 광범위한 지역을 초토로 만들어버린 태풍의 희생자들을 구호하기 위한 대대적인 구조활동이 전개되었는데, 당시 빅토르와 조안이 데리고 왔던, 늑막염을 앓고 있던 루친이란 어린아이에 관한 노래이다.

바랑카스의 지붕들 위에 떠 있는 연처럼 허약하게, 어린 루친은 놀고 있다. 찬바람에 두 손이 파랗게 언 채, 누더기 공을 꼬옥 쥐고, 고양이와 개들과 말들이 그것을 구경한다. 그의 두 눈은 넘치는 초록빛 연못, 그 짧은 인생을 발가벗은 배로 진흙 바닥을 기면서 살아왔네. 그 비좁은 공간 안에서 함께 살던 그 말은 루친의 장난감, 말도 그 역할을 좋아하

는 것 같았지, 누더기 공을 쥐고 고양이와 개와 더불어 루친은 뼛속까지 젖어 있었네. 세상에 루친 같은 아기들이 있어, 흙과 벌레들을 먹고 있다면, 그들을 가둔 우리를 열어젖히자, 새처럼 하늘을 날게 해주자, 누더기 공을 꼭 쥐고, 개와 고양이와 말과 더불어 날게 해주자.[30]

어린애를 안고 있는 한 부인과 그때의 테러에 관한 인터뷰를 서두에 삽입하고 있는 〈La Toma · 16 Marzo 1967 탈취〉는 군인들의 무단 점거를 고발한 다큐멘터리 영화음악이다.

〈La Carpa de las Coliguillas 코리기야스의 천막〉은 소녀들의 중창과 함께 건설적인 희망을 보여준다. 1972년 겨울 '노래의 가장 좋은 학교는 삶 그 자체이다'는 신념으로 포블라시온의 빈민지역으로 그들의 애환을 직접 취재하고, 조금씩 포블라시온이 건설되어가는 모습을 그렸다.

〈Herminda de la Victoria 에르민다 데 라 빅토리아〉는 본 포블라시온의 이야기 중 가장 아름답고도 슬픈 테마곡이 아닐까 싶다. 이는 그의 친구가 살았던 빈민촌의 이름으로 그 유래에 관한 슬픈 실화를 들려준다. 강둑에서 살던 빈민들이 정착할 곳을 찾아 이동했는데, 누군가의 밀고로 경찰이 쏜 유탄에 어린 아기 에르민다는 목숨을 잃었다고 한다. 어린 영혼을 애도하는 추도사는 성스럽게 가슴을 울린다.

승리의 에르민다, 언쟁할 겨를도 없이 죽었네… 밀고는 순수함을 살해했고, 군중 속에서 어미와 형제자매는 울부짖었지, 동지가 모두를 해쳤고 불행을 주었네, 늑대들과의 투쟁이여… 승리의 에르민다는 진흙탕에서 태어났네, 땅속에서 나비로 성장할 아이였지. 포블라시온에는 세 번의 겨울 동안 비가 내렸고, 에르민다는 기억 속에 보호되고 있네.

이 앨범에 참가했던 모든 음악인과 함께 공동 작곡한

30) 조안 하라, 「끝나지 않은 노래」, 차미례(역), 한길사, 1990, p.230

de los Pobladores 포블라시온 시민의 행진〉은 기운과 용기가 넘치는 행진곡으로, 마칭드럼에 혼성 보컬로 녹음한 희망찬 운동가이다.

…집이 없다는 것은 빵 없는 삶과 같은 것, 빵이 없다는 것은 생명 없이 살아야 한다는 것과 같지, 이유도 믿음도 정의도 없는 삶에는, 희망도 기쁨도 없네. 쉼터로 우리의 단합으로 더 나은 삶을 살아가세, 아직 태어나지 않은 후세들을 위하여, 항상 하나 되어 일하면, 칠레는 거대한 집이 될 거야.

새벽으로 시작된 포블라시온 다큐멘터리는 어린이들의 순진함과 건강함을 거쳐 슬픈 과거의 이야기를 들춰내며 다시 한번 과거를 반복하지 않기 위해 각오를 다지며 희망을 그려나가는 행복으로 끝을 맺고 있다. 그가 그려가는 해피엔딩의 극본은 이상향으로서의 아름다운 칠레였다.

킬라파윤과 함께 녹음한 《Canciones Folklóricas de América, 1967》에 이어 1973년 9월 그의 두 번째 민속음악 탐구로써 칠레의 포크음악을 발굴한 《Canto por Trave-sura 짓궂은 장난의 노래》가 발표를 앞두고 있었다.

"우리 칠레인은 천성적으로 아주 명랑하고 대단한 유머 감각을 가진 사람들이다. 우리는 그 사실을 돌이켜 생각할 필요가 있다. 또 한 가지, 내 생각에는 우리들이 북부 안데스 지방의 음악에만 열렬히 도취된 나머지 민속음악이 가장 풍성한 지방인 남부 칠레에 대해서는 잊어버리는 경향이 있는 것 같다."

그의 이러한 의도대로 이 앨범은 칠레 남부의 농민들의 우습고 상당히 외설적인 노래의 모음으로 이루어져 있다. 웃어본 지 오래되어 웃음을 잊고 살았던 칠레 국민들을 위한 선물이었지만, 그는 본작을 녹음한 후에 그의 환한 웃음을 영원히 박탈당하고야 말았다.

1973년 자신의 죽음을 예감하였는지 빅토르는 자기가 노래

를 부르는 이유에 대한 기록으로 〈Manifiesto 성명서〉를 노래한다. 슬픔으로 가득 찬 기타의 아르페지오에 부드럽고도 낭랑한 음성은 지극히 서정적이다.

내가 노래하는 것은 목소리가 좋아서나 노래하기를 좋아해서가 아니라, 내 기타도 이성도 감정도 다 있기 때문에 노래하게 되는 것이다. 나의 기타는 대지의 마음과 비둘기의 날개를 가지고 있네. 기쁨과 슬픔을 다 축복하는 성수와 같은 존재. 비올레타가 말하던 것처럼 내 노래는 목표를 찾았네. 노동하는 기타, 봄 내음이 풍기는 기타. 내 기타는 부자들을 위한 게 아니다. 절대, 그런 것은 아니다. 나의 기타는 사다리, 우리가 별에 오르기 위해 만드는 사다리. 노래하며 죽기로 한 남자, 진실한 노래를 부르며 죽는 남자의 핏속에서 고동치는 노래는 의미를 지녔기 때문이다. 나의 노래는 덧없는 칭찬을 구하거나 국제적 명성을 얻기 위한 게 아니다. 나의 노래는 이 좁다란 나라를 위한 것, 땅속 깊이까지 이 나라를 위한 것. 만물이 여기 잠들고 모든 것이 시작되는 이곳에 그동안 용감했던 그 노래는 영원히 새롭게 태어나리라.[31]

유유히 물 흐르듯 투명한 포크 〈Cuando Voy al Trabajo 일하러 가는 도중에〉는 1973년 5월 아옌데의 임기가 끝나기도 전에 아옌데 정부를 전복시키려는 반동세력들에 의해 최초로 희생당했던 인물 로베르토 아우마라라는 청년을 위한 것으로, 그의 생각과 내면을 상상하며 지어진 것이다. 죽음의 예감을 담은 사랑 노래에 빅토르의 감정도 표현되어 있었다고 한다.

일하러 가는 도중에 나는 너를 생각한다. 도시의 거리를 지

---

31) 조안 하라, 『끝나지 않은 노래』, 차미례(역), 한길사, 1990, p.230

나가며 나는 너를 생각한다. 김 서린 창문을 통해 내가 누군지도 어디로 가는지도 모르는, 사람들의 얼굴을 바라볼 때에도 나는 너를 생각한다. 내 인생의 동지로, 그리고 미래의 동지로서, 고통과 행복의 세월을 함께 할, 살아있는 존재로서 널 생각한다. 이야기의 시초에서 일을 하면서 끝을 알지 못하고, 하루의 노동이 끝나고 저녁이 찾아와, 그 어두운 그림자를 우리가 지은 지붕 위로 던질 때면, 우리는 일터에서 돌아오며, 친구들과 토론을 하며, 이 시대의 운명을 곰곰이 따져 볼 때에도, 나는 너를 사랑한다, 내 사랑이여. 내 인생과 미래의 동지여, 내가 집으로 돌아올 때 그대는 거기 있고, 우리는 우리들의 꿈을 함께 엮는다. 이야기의 시초에서 일을 하면서, 끝을 알지 못한 채로.'32)

〈Poema 15 연애시 15〉는 1971년 노벨문학상 수상자인 칠레의 시인 파블로 네루다Pablo Neruda(1904-1973)의 작품을 노래한 것으로, 꿈결처럼 감미롭고 온유한 기타의 고백이다.

마치 네가 곁에 없는 것 같아 난 말 없을 때의 네가 좋다. 넌 멀리서 내 말에 귀 기울이고, 내 목소리는 네게 닿지 못한다. 네 두 눈은 멀리 날아가 버린 듯하고 한 번의 입맞춤이 너의 입을 걸어 잠근 것만 같구나. 난 네가 말하지 않아 멀리 있는 것 같을 때가 좋다. 그리움에 우는 나비여, 넌 투정을 부리고 있는 것만 같구나. 넌 멀리서 내 말에 귀 기울이고, 내 목소리는 네게 닿지 못한다. 너의 침묵을 통해 나도 침묵하게 해다오. 등불처럼 밝고, 가락지처럼 소박한, 너의 침묵을 통해 네게 말하게 해다오. 넌 별이 총총한, 고요한 밤 같다. 그토록 아득하고 소박한, 너의 침묵은 별에서 온다. 마치 네가 곁에 없는 것 같아 난 말 없을 때의 네가 좋다. 마치 딴 세상 사람인 듯 아득하고 애처로운 너. 그땐 한마디 말, 한 번의 미소로 족하리라. 난 기쁘다, 어렴풋하다는 게 기쁘다.33)

평이하지 않은 조옮김이 독특한 여운을 남기는 〈Vientos del Pueblo 민중의 바람〉은 슬픈 운명을 예고하듯 자신을 있게 해준 민중을 향한 감사와 자신의 맹세를 단조의 악곡을 따라 흘려보낸다.

다시 한번 그들은 내 조국을, 노동자 민중의 피로 더럽히려 하네, 앞으로는 자유를 말하나, 두 손은 죄의 흔적이 새겨진 자들, 우리들의 자녀와 그 어머니들을, 갈라놓으려 하네, 그리스도가 졌던 십자가를, 다시 지우려 하네. 그들은 수백 년 동안 대물림해온, 수치를 감추려 하나, 살인자의 표지들은, 그들의 얼굴에서 지워지지 않네. 이미 수천수만 명이 그들의 피를 희생으로 바쳐, 그 흐르는 피의 강이, 빵 덩어리의 숫자를 불려왔건만. 이제는 나는 살고 싶어라, 내 아이와 형제와 더불어, 우리 모두가 매일매일, 건설하고 있는 새 세상에서. 너희들의 위협도 나는 두렵지 않다, 비참함의 주인들 너희들이여, 희망의 저 별은, 언제까지나 우리들의 것이니. 민중의 바람이 나를 부르고 있다, 민중의 바람이 나를 실어간다, 그 바람은 내 가슴을 열어젖히고, 내 목을 통과해서 불어간다. 그래서 시인의 음성은 들리게 되리라, 죽음이 나를 앗아갈 때까지, 민중이 가는 그 길을 따라, 지금도 그리고 앞으로도 영원히.34)

파블로 네루다의 시에 멜로디를 더한 〈Aqui Me Quedo 여기에 그대로〉는 마치 자장가처럼 고요한 안식을 준다. 칠레를 떠나 미국으로 밀항하는 동포, 그리고 서로 대립하며 총구를 겨누어야 했던 현실 앞에서 나라가 분할되지 않길 원하는 소망을 낭송한다.

〈Venian del Desierto 그들은 사막에서 왔다네〉는 가슴을 먹먹하게 만든다. 고난의 행군이 꿈의 행진으로 변화되는 시점에서 비참하게 죽어간 그의 운명이 더욱 애달프다.

---

32) 조안 하라, 「끝나지 않은 노래」, 차미례(역), 한길사, 1990, p.286-287

33) 파블로 네루다, 「인어와 술꾼들의 우화」, 김현균(역), 솔, 1997, p.26-28
34) 조안 하라, 「끝나지 않은 노래」, 차미례(역), 한길사, 1990, p.293

그들은 사막에서 왔다네, 언덕과 바다를 건너, 심장은 찢어졌고 오랫동안 걸어야만 했지, 그들은 딱딱한 빵처럼 몸이 굳었고, 죽음을 느꼈네. 한 친구가 이야기했네, 우리의 인간애와 광산의 역사, 시골과 도시에 대해서도. 비굴한 영혼 앞에서는 몸서리쳤고, 형제애를 이해하며 하나가 되었네, 그들은 자신의 일을 되찾았네, 광부와 어부로, 노동조합을 만들어 희망을 노래했지, 맥주와 북소리와 플루트로, 모두가 향유할 씨앗을 뿌렸네.

1973년 9월 피노체트를 비롯한 군부 쿠데타로 11일 살바도르 아옌데Salvador Allende(1908-1973)는 대통령궁에서 폭사하고, 대량살육과 함께 빅토르는 끌려가 모진 고문을 당했다.

우리들 중 여섯이, 별나라로 사라졌지. 한 명이 죽고, 한 명은 믿을 수 없을 정도로 맞았지. 한 인간을 그렇게 때리는 것이 가능할까? 다른 네 명은 스스로 모든 두려움을 떨쳐버리고자 했지. 한 명은 허공으로 뛰어내리고, 또 다른 한 명은 벽에 머리를 부딪치면서, 그러나 그들 모두 죽음을 똑똑히 응시했다네. 파시즘의 얼굴이 자아내는 이 공포를 보라! 파시스트들은 그 어떤 것도 상관없다는 듯, 교묘하고 정확하게 계획을 실행하네. 그들에게 피는 메달이고, 학살은 영웅적 행동이지. 신이시여! 이곳이 당신이 만든 세상입니까? 경이로운 7일간의 일이 이것을 위한 일이었습니까? 이 네 개의 벽에는, 멈춰진 숫자만이 하나 있네. 천천히 더 많은 죽음을 원할 테지. 그러나 갑자기 의식이 요동치더니, 맥박 없는 이 물결과 타이프라이터 소리와, 한껏 온화한 산파 얼굴을 한 군인들이 바라보네.[35]
이는 빅토르 하라가 쿠데타의 세력에 의해 고문실에 끌려갔다 돌아온 그다음 날인 9월 14일, 그가 만든 마지막 노래

〈Estadio Chile 칠레 스타디움〉으로, 아비규환의 생생한 기록이었다. 이후 그의 시체는 1973년 9월 16일 아침 산티아고 교외에서 싸늘한 시체로 발견되었다.

기타를 만지던 손가락이 전부 짓뭉개지고 두 손목까지 부러진 그의 시체는, 문화운동과 민중운동의 기수였던 그의 노래에 대한 군부의 증오가 어느 정도였는지 말해주는 것이었다. 그리고 일주일 후인 23일, 시인 파블로 네루다도 지병에 충격이 겹쳐 세상을 뜨고 말았다.

1973년 10월 15일 영국 영사의 보호로 급히 칠레를 떠나야 했던 하라의 아내 조안과 두 딸은 피노체트 독재가 막을 내린 뒤 1996년 산티아고에 빅토르 하라 재단을 설립했다.

그의 젊은 날 영광과 죽음을 동시에 안겨 준 칠레 스타디움은 2003년에 '빅토르 하라 스타디움'으로 명칭이 바뀌었으며, 산티아고 시립공동묘지 외곽에 위치한 그의 초라한 무덤 앞에는 항상 꽃이 끊이질 않는다고 한다. 칠레인의 심장은 못다 한 노래, 끝나지 않은 노래, 그래서 영원한 노래로 기억하고 있다.

---

35) 우석균, 「바람의 노래 혁명의 노래」, 해나무, 2005, p.289-290

Yasmin Levy ● 야스민 레비
Israel

그녀는 2010년 국내의 월드뮤직 페스티벌에 초청되어 그녀를 처음 만나는 국내 팬들에게 독특한 무대매너와 음악으로 열렬한 지지를 받는 바 있다. 검은색 의상에 스모키 화장을 하고 무대에 오른 그녀는 외모에서 풍기는 분위기만큼이나 매혹적이고도 개성적인 가창으로 확실한 눈도장을 찍었다. 다가갈 수 없을 것만 같은 카리스마를 뽐내는 그녀였지만, 공연 이후 팬사인회에서 그녀의 앨범을 몽땅 가져간 글쓴이에게 놀라움을 표하며 전부 사인을 해주는 친절을 아끼지 않았다. 개인적으로도 정말이지 잊을 수 없는 추억이었다.

야스민 레비는 1975년 이스라엘 예루살렘에서 태어났다. 부친은 라디노Ladino 문화가 남아있던 터키에서 출생, 3세 이후부터 이스라엘에서 자랐고 국립 라디오방송국장을 역임했다. 라디노 음악을 채집 발굴하고 작곡가이자 가수로 활동했으며, 라디노어로 소설과 악보 등을 발간하는 등 문화 수호자로의 역할에도 앞장섰던 인물이었다.

그러나 그녀가 고작 3세 때, 어머니는 31세의 나이에 미망인이 되고 말았고, 그래서 야스민은 아버지에 대한 기억이 거의 전무하였다. 아버지보다 27살이나 어린 어머니는 결혼 전 선택의 귀로에서 결국 사랑을 선택하였지만, 가수 지망생이었던 만큼 고운 목소리의 소유자였다. 야스민은 이러한 부모의 재능만큼이나 감히 자신이 특별하다고 생각해 본 적이 없었고, 가수의 꿈 또한 가져본 적이 없었다. 이후 집안에서도 그녀를 양양하지 않았으며 가수란 직업도 어린이들의 세계에서는 선망의 대상이 아니었다.

군 복무를 앞둔 17세 때 스페인에 있는 어머니 친구 집을 방문하게 되었는데, 어머니의 친구는 라디노 앨범을 들려주었고, 야스민의 부친이 쓴 노래책을 꺼내 노래를 불러주었다. 그리고 가수가 될 것을 권유를 받게 된다. 당시로서는 대수롭지 않게 생각하였지만, 22세 되던 해 그녀의 아버지를 기념하는 쇼에 참가하여 한 곡을 노래하게 되었는데, 그 순간 자신이 노래해야 함을 이해하게 되었다고 한다.

플라멩코 가수 안토니오 몰리나Antonio Molina(1928-1992), 에디트 피아프Edith Piaf(1915-1963), 빌리 홀리데이Billie Holiday(1915-1959) 등 올드 스타들의 음악에서 감동받는다고 했으며, 무엇보다도 가족이 사는 예루살렘이야말로 가장 큰 영감의 터라 말했다.

"예루살렘은 내 존재입니다. 어머니는 우리가 예루살렘 석재라 말씀하셨습니다. 예루살렘은 내 꿈이고, 내 희망이며, 내 음악이자 내 삶입니다. 이방인은 이해할 수 없겠지만, 나는 이와 떨어져 있을 때마다 예루살렘의 오랜 갈망에 관하여 노래합니다."

Romance & Yasmin

2004 | MRA | MR60512

1. Noches, Noches
2. De Edad De Kinze Anyos
3. Yo En La Prizon
4. Ven Kerida, Ven Amada
5. Kondja Mia, Kondja Mia
6. Muestro Senyor Elohenu
7. Una Ora En La Ventana
8. Madre, Si Esto Hazina
9. Me Estas Mirando
10. Esta Montanya D'enfrente
11. Nani, Nani
12. Porque Iiorash Blanka Nina (Live)
13. La Serena (Live)
14. Entras Las Huertas (Live)

본작의 프로듀서는 이후 남편이 된 이샤이 아미르Ishay Amir 로, 그는 TV방송 제작자인 친구의 소개를 받아 그녀를 처음 만났다. 그는 데모 CD에 담긴 강렬한 보컬에 그녀를 응시할 수조차 없었다고 그 순간을 술회했다.

약 2년여의 시간 동안 이스라엘 라디노 국립문화재단의 후원을 받아, 본작을 제작했고, 결과는 폭풍과도 같은 반향이었다. 시간과 공간을 넘나드는 신비는 역사 속 기독교의 박해로 오래 머물렀던 터전을 떠나 페르시아로 흩어져간 유대인의 슬픈 삶을 위로하는 경로를 펼쳐놓고 있다.

첫 곡 〈Noches, Noches 밤 밤〉에서부터 침울한 음향과 페르시아풍의 스캣에 이어 호흡이 긴 그녀의 강력한 주술이 청자를 마비시킨다. 월드뮤직 팬들에게 잘 알려진 라디노의 고전이다.

밤, 아름다운 밤, 사랑에 빠지게 하는 이 밤에. 바다의 물고기처럼, 침대의 끝과 모퉁이에서 뒤척이게 하네. 세 딸이 있었지. 세 딸 모두가 방으로 들어왔네, 첫딸이 침대로 뛰어들며 말했지, 장난치며 놀자고, 둘째 딸이 침대로 뛰어들며 말했지, 변신 놀이를 하자고, 가장 어린 막내딸이 침대로 뛰어들며 말했네, 난 엄마와 떨어져 잘 수 없어요…

페르시아의 트랜스 리듬이 손에 땀을 쥐게 할 정도로 긴박하고도 중독적인 〈De Edad De Kinze Anyos 내 나이 열일곱에〉는 사랑에 빠지게 된 도적이자 노름꾼인 한 남자에게 노름판에서 이기도록 돈을 주었다는 어린 처자의 노래이다.

기나긴 호흡으로 이루어질 수 없는 사랑의 비탄을 노래하는 〈Yo En La Prizon 감옥 속의 나〉는 템포의 변화와 함께 한편의 드라마를 들려준다.

나는 감옥에 있고, 넌 꽃에 둘러싸여 있네, 내 마음은 고통스러워, 네가 함께 울어주면 좋으련만. 벽은 너무 높아, 네게 도달할 수 없네, 나는 신성한 신에게 구원을 간청하네. 그는 널 사랑했고, 난 질투했었네, 내 사랑은 내게 무기를 주었고, 나는 그를 죽였어, 감옥에서의 15년 세월, 널 그리워하며, 나는 사슬에 묶여있고, 내 인생은 끝났네…

진한 사랑의 그리움에 사무치는 〈Ven Kerida,
Ven Amada 조심해서, 사랑으로 와〉는 간절한
떨림이 극에 달한다.

조심해서 와, 사랑으로, 해변으로 와, 내 고통을 들어줘, 당
신은 눈물을 흘리게 될 거야. 고아로 살아온 나, 당신의 무
릎이 다치지 않길 바라며, 잠시만 누워 있을게, 나는 깊은
잠에 빠질 거야, 당신 품에서 죽게 해줘.

잘 알려진 라디노의 멜로디 〈Una Ora En La
Ventana 창가에서의 한 시간〉은 한 여인을 애절
하게 원하는 두 남자의 고통을 담아냈다.

너무나 구슬픈 〈Madre, Si Esto Hazina 어머니 내가 아프
면〉 역시 사랑의 열병에 걸린 한 처녀의 사연으
로, 세계적인 라운지 음악 컴필 《Buddha-Bar 8,
2006》에 수록되기도 했다.

〈Esta Montanya D'enfrente 눈앞의 산〉은 애절한 바이올
린이 붉게 물드는 춤곡으로, 한 인간의 내밀한 통한과 고통
이 절절하게 다가온다.

눈앞의 산, 밝게 빛나고 어둠이 드리워질 때, 나는 사랑을
잃었지, 나는 주저앉아 절규하네. 내 정원에 심은 재스민 나
무, 보살피고 키웠지, 지금은 다른 사람들이 이를 즐기고 있
네… 아무도 내 슬픔은 알 수 없어, 낯선 이도, 내 가족도.

무반주 〈Nani, Nani 자장가〉에는 어린 아들을 잠재우는 어
미의 시름이 가득하다.

…아, 내 영혼을, 내 두 눈도 잠들게 해주렴. 아, 네 아비가
기쁨 한가득 안고 돌아올 거야…

그녀는 첫음절에 강세를 두지 않고 두성을 사용하여 보다
부드럽고도 미묘한 전통 라디노 창법으로 노래했다고 한다.
본작으로 그녀는 영국 BBC 라디오 3 월드뮤직 어워드 신인
상 부문에 선정되었다.

La Juderia

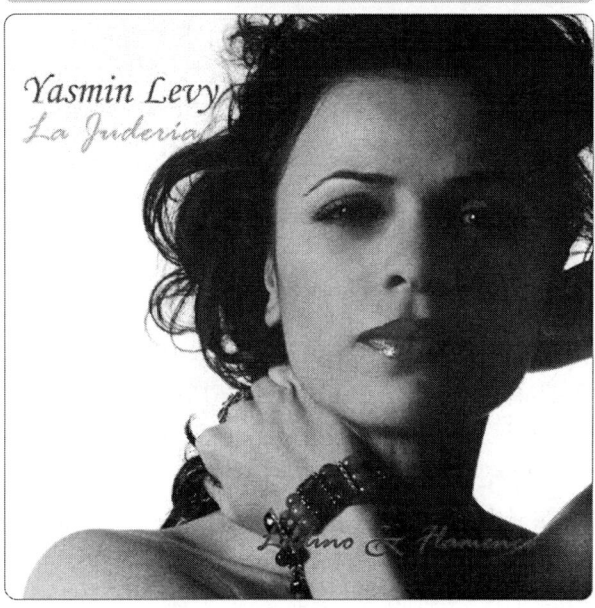

2005 | Adama Music | AD20515

1. Naci En Alamo
2. Me Voy
3. La Serena
4. Intentalo Encontrar
5. La Alegria
6. Keter
7. Noches Noches
8. Gracias a la Vida
9. La Nina de las Flores
10. Y Tu y Yo Subimos al Cielo
11. La Serena (inst.)
12. Locura (bonus)
13. Hecha a la Medida (Live)
14. Una Matika de Ruda (Live)
15. Naci en Alamo (Vengo Remix)

데뷔작의 공간적 배경이 터키를 비롯한 페르시아였다면, 두
번째 앨범 《La Juderia 유대리아》는 세파르디의 역사를 거

슬러 스페인 안달루시아로 안착한다. '유대리아'란 스페인에 있는 유대인 거주지를 일컫는다.

약소민족으로서 죽음과 번뇌와 절망에 대해 스스로를 위로했던 라디노 음악의 뿌리를 찾아 그녀는 스페인에서 수많은 플라멩코 가희들의 창법을 연구했다. 그리하여 흉성胸聲으로 강렬하고도 뜨거운 열정의 독특한 창법을 선보인다.

첫 곡 〈Naci En Alamo 난 알라모에서 태어났어요〉은 알제리 태생으로 세계를 떠돌며 인생 자체가 집시였던 영화감독 토니 갓리프Tony Gatlif의 「Vengo 벵고, 2000」에 삽입되었던 집시음악으로, 본래 그리스가 기원이라 한다. 깊은 탄식을 토하는 관악기의 랩소디, 파장을 일으키는 기 타의 맑은 음색, 울분의 행렬 리듬 카혼Cajon 그리고 앙칼진 보컬이 슬픈 운명을 위로한다.

난 알라모에서 태어났지만, 내겐 살 집도, 기억 속 풍광도, 고향도 없다네. 언 손으로 불을 피우고, 충심으로 당신을 노래하고, 내 마음의 화음은 울부짖네…

2008 USA Songwriting Competition에서 1등을 수상한 자작곡 〈Me Voy 나는 떠나네〉는 역설적 사랑의 간절함으로 물든다.

네 몸의 향취를 잊길 바라네, 네 입술의 향긋함을 잊길 원해, 단지 한 번이라도 행복했으면 해, 이것이 널 떠나는 이유야…

바르셀로나 출신의 뉴플라멩코 가수 메이테 마르틴Mayte Mar -tin의 〈Intentalo Encontrar 시도하고 발견해요〉는 플라멩코의 건축양식에 중동의 바람을 채워 넣었다.

…사랑이 무엇인가? 그것은 네 환상을 향해 열린 창문이요, 네 마음으로 보는 하늘바라기라네, 추락을 두려워하지 말고, 시도하고 발견하길…

자작곡인 〈La Alegria 환희〉 역시 사랑의 비통함을 노래한 것으로, 점차 빨라지는 팔마스Palmas와

함께 그녀의 뜨거운 칸테Cante에는 화려한 원색의 비장미마저 느껴진다.

…난 영원히 널 떠나네, 내 연인아, 그러나 잊지 마, 난 오로지 널 위해 존재한다는 걸, 그리고 네게 내 삶의 노래를 선물로 바치겠네, 영원히, 내가 죽을 때까지.

칠레의 누에바깐시온의 어머니 비올레타 파라Violeta Parra (1917-1967)의 대표곡을 플라멩코 스타일로 부른 〈Gracias a la Vida 삶에 대한 감사〉는 월드뮤직 팬들에게 또다른 기쁨을 주는 녹음이다.

영국 BBC 라디오3 월드뮤직 어워드 'Culture Crossing' 부문에 선정되었지만, 정작 팝이 잠식해버린 스페인 안달루시아에서는 그리 환영받지는 못했다고 한다.

Mano Suave

2007 | Adama Music | 1817

다양한 전통악기의 풍부한 음감으로 돌아온 세 번째 앨범 《Mano Suave 부드러운 손길》은 라디노 전통음악 레퍼토리에 4곡의 자작곡을 수록했다. 본작으로 2008 네덜란드의 에디슨 월드뮤직 어워드에 선정되었으며, 동년에 평화의 어린이를 위한 친선대사로 위촉되기도 했다.

고향땅 예수살렘으로 돌아가길 간절히 원하는 향수의 노래 〈Irme Kero 애타게 기다리네〉는 나이의 뜨거운 숨결과 카눈의 불꽃 튀는 마찰에 빚어진 애환이  빠른 퍼커션과 함께 매우 중압적으로 다가온다.

자식과 남편에게 영혼과 마음을 주는 모정을 향한 찬가 〈Mano Suave 그녀의 손길〉은 벨기에 출신의 나타샤 아틀라스Natacha Atlas가 참여하여 채도가 다른 보컬의 고혹적인 조화를 보여준다.

아름답기 그지없는 〈Adio Kerida 안녕 내 사랑〉은 잘 알려진 라디노 연가이다. 슬픔에 애타는 그녀의 보컬에 가스펠처럼 성스러움마저 더하는 혼성중창이  어우러지며 불멸일 것 같은 사랑을 불태운다.

당신의 어머니가 당신을 낳고, 이 세상 속으로 데려다 놓았지만, 그녀는 다른 이를 사랑할 마음까지는 주지 않았나 봐. 떠나! 다른 사랑을 찾아서, 다른 이의 문을 두드려, 다른 열정을 기다려. 나 때문에 당신이 죽기 때문이야. 안녕, 내 사랑, 더 이상 살기 원치 않아, 당신으로 내 삶이 쓰려.

자작곡 〈Una Noche Mas 또 다른 밤〉은 현의 트레몰로가 아련히 슬픔의 왈츠를 춤춘다.

…나는 사랑의 밤을 좀 더 애원하고, 당신이 어리석은 내게 좀 더 많은 시간을 주길 간청해. 당신이 울 수도 없을 저주를 퍼붓네. 당신의 마음은 굳어버리고, 당신의 영혼은 그 기쁨을 잃겠지. 내 몸이 늙어버린 이유로…

피아노와 현의 슬픈 애도가 〈Komo la Roza 장밋빛 소녀〉는 피워보지도 못하고 일찍 죽은 어린  소녀의 슬픈 이야기를 그렸다.

〈Mal de l'Amor 사랑의 고통〉은 말리로부터 카탈루냐로 이주해 온 이들의 노래로, 사랑을 심어  준 한 소녀를 기다리는 내용이다.

자작곡 〈Por la Mia 미아를 위하여〉는 젊은 미망인을 위한 용기의 노래로 중후한 재즈는 점차 감정을 증폭시킨다.

…우는 네 아기, 눈망울의 시선과 뻗은 손은 너의 따스함을 기다리고 있어. 이건 네 삶이 해야 할 일, 장막이 올라가고, 여기 네게 박수 칠 사람 하나 없어도, 또다시 혼자 남겨진 것은 아니네. 내 친구여, 춤을 춰, 사랑의 춤을, 이것이 네 인생의 춤이라네, 이것이 너와 아기 둘을 위한 춤이네.

데뷔작에 수록된 〈Una Ora En La Ventana 창가에서의 한 시간〉의 또 다른 버전 〈Una Ora 한 시간〉에 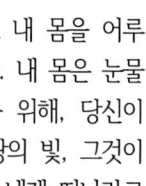 이어, 자작곡 〈Perdono 용서〉가 또다시 청자의 감성을 사로잡는다.

…밤은 외로움으로 가득 차 있네, 내 손으로 내 몸을 어루만질 때, 당신이 돌아오지 않는 그 시간 동안. 내 몸은 눈물을 흘렸지. 당신을 위해, 당신의 무사귀환을 위해, 당신이 원치 않는다 해도 용서할게… 불타는 내 사랑의 빛, 그것이 내 눈을 멀게 하고 당신의 그림자를 만드네, 내게 떠나라고 말하는 늑대의 울음은 들리지 않아. 나 자신을 위해, 나의 구원을 위해 당신이 멀리 떠나버려도 용서할게.

Sentir

2009 | Adama Music | AD20520

1. Mi Korason
2. El Amor Contigo
3. Nos Llego el Final
4. Londje de Mi
5. Hallelujah
6. Una Pastora
7. Triste Vals
8. Jaco
9. La Hija de Juan Simon
10. Porque
11. Alfonsito
12. Yigdal

전작의 예상치 못한 성공 이후, 다음 작품에 대한 기대치는 더 높았다. 그녀는 플라멩코 스타일을 선호했지만, 스페인의 세파르디 사회는 플라멩코 스타일로 재현된 그녀의 라디노 음악에 비판을 해왔던 터였기에, 보다 편곡에 있어 신중을

기해야 했다. 세파르디의 환영을 원했다면 전통에 머물러야 했겠지만, 그녀는 현대적인 색채로 전통을 이어가고자 했다. 본작 《Sentir 느낌》은 결과적으로 전작의 상업적 성공을 뛰어넘지 못했지만, 세련되고 대중적인 앨범이다. 그녀의 장엄한 목소리는 더욱 호소력이 넘치며, 무엇보다도 서정적인 멜로디가 착착 감긴다. 라디노 음악의 독특한 향신료가 걱정된다면, 이 앨범부터 추천하고 싶다.

첫 곡 〈Mi Korason 내 마음〉이 흘러나오자마자 귀가 쏠린다. 라디노 전통음악이지만 아랍풍도 플라멩코 풍도 느껴지지 않는다. 맑은 피아노의 재즈적 환상에, 통한에 젖은 라틴의 멜로디가 짙게 파고든다.

너의 창 아래에 걸린 내 마음에, 가득 찬 고통은 불꽃에 휩싸이네. 나는 기타를 너무 오래 연주했기에, 아름다운 네 얼굴을 쳐다볼 수가 없었네.

아름다운 자작곡 〈El Amor Contigo 함께 한 사랑〉에는 빠른 템포의 화려한 플라멩코 기타와 트럼펫 그리고 퍼커션이 끝을 향해 질주한다.

…내 인생을 다시 살 수만 있다면, 널 향한 사랑의 고통에서 벗어날 수 있으련만, 나는 죽을 것만 같아. 날 사랑해 달라고, 네 비밀을 나와 공유해달라고, 날 안절부절 기다려 달라고, 밤에 날 꿈꾸어 달라고, 내 눈물을 닦아달라고, 날 미소 짓게 해달라고, 난 절대 말하지 않을 거야, 내 모든 간절함은 널 사랑하는 거였으니.

플라멩코 작곡가 하비에르 리몬Javier Limon이 만든 〈Nos Llego El Final 우리의 종착역〉은 간주에 팔마스Palmas가 가미된 맑은 발라드이다.

우린 끝에 도달했네, 모든 것은 끝났거나 곧 끝나겠지… 그러나 몇 순간은 잊을 수 없네, 충분하지 않지만 우리의 것이었지, 네 입술에 달빛이 흐르고, 키스… 바다로 향해 평화로이 흘러가는 강물처럼, 부드럽고 꿈틀거리는 영혼처럼, 너 없이 난 더 이상 살 수 없어, 너 없이 난 새벽녘의 슬픈 시가에 불과해.

그리움에 물든 전통 라디노 음악 〈Londje de Mi 나로부터 멀리〉에는 플라멩코 기타에 나이Ney가 숨을 고른다.

캐나다의 싱어송라이터 레너드 코헨Leonard Cohen (1934-2016)의 명곡을 스페인어로 부른 〈Hallelu -jah 알렐루야〉는 플라멩코 편곡이 돋보인다.

기념비적인 라디노 명곡 〈Una Pastora 양치기 소녀〉는 그녀의 아버지 이삭 레비Isaac Levy(1919 -1977)의 음성을 삽입하여 시간을 교차시킨다.

사랑했던 양치기 소녀, 아름다운 아이, 어릴 적부터 그녀를 흠모했었네, 그녀보다 사랑한 이는 없었지. 어느 날 우리는 정원에 앉아 있었네, 그녀에게 말했지, "널 위한 꽃이야, 사랑으로 죽을 것만 같아" 그녀는 두 팔 벌려 날 안아주었네, 사랑스럽게 입맞춤도 했지, 그녀는 부드럽게 내게 말했네 "넌 사랑하기엔 아직 어려" 난 성장했고 그녀를 찾았지, 그녀는 다른 사람을 사랑했고, 난 그녀를 잃었네, 그녀는 날 잊어버렸지만, 난 언제나 그녀를 사랑할 거야.

재즈와 플라멩코 그리고 아랍풍이 절묘하게 섞인 〈Triste Vals 슬픔의 왈츠〉는 직접 가사를 쓴 작품으로, 사랑이 끝난 후의 회한을 피아노의 열기 있는 드라마로 풀어낸다.

안토니오 몰리나Antonio Molina(1928-1992)의 곡 〈La Hija de Juan Simon 후안 시몬의 딸〉로 그에게 경의를 표했는데, 그의 명성에 누가 될까 봐 녹음 후 앨범에 넣어야 할지를 무척 고민했다고 한다. 딸을 잃은 아버지의 노래로, 피아노의 로망스가 애상적이다.

깊은 연륜이 느껴지는 그리스 여성 가수 엘레니 비탈리Eleni Vitali와 함께 노래한 〈Porque 이유〉는 자작곡으로, 평화와 사랑이 아닌 전쟁과 위험 속에서 자라나는 중동의 어린이들에게 헌정하였다. 특히 감동이 휘몰아치는 후반의 이중창은 압권이다.

유태교의 송영頌詠중의 하나로 전통 기도곡인 〈Yigdal 이그달〉로 느낌표를 찍었으며, 이후 약 2년 동안이나 이스라엘과 유럽, 그리고 미국에 이르는 광범위한 라이브 투어로 팬들과 만났다.

Libertad

2012 | Adama Music | AD20526

1. La Ultima Cancion
2. La Nave del Olvido
3. Libertad
4. Firuze
5. Tal Vez
6. Olvidate de Mi (& Concha Buika)
7. Aman Doktor
8. Recuerdo
9. Skalerikas de Oro
10. Cada Dia
11. Shoef Kemo Eved
12. La Roza Enflorece

다섯 번째 앨범 《Libertad 자유》는 그녀의 모든 생활의 측면을 말해주는 일종의 신조 같은 타이틀로 결정하였으며, 자신의 이야기를 많이 담은 자작곡들도 5곡이나 수록하였다. 하지만 이는 꼭 자신이라기보다는 세상의 모든 여성의 자유를 노래한 것이었다.

자작곡 〈La Ultima Cancion 영원한 노래〉는 자신의 노래에 대한 바람을 담은 것으로, 쓸쓸한 기타와 트럼펫의 랩소디가 마음의 언저리에 머문다.
안녕, 나는 날 기다리는 고독으로 가야 하네, 단지 인사를 하러 온 것뿐이네, 더 이상 머무를 수 없어… 이것은 내 삶의 마지막 노래이네, 아! 어머니, 정원은 외치지, 재스민의 마지막 꽃을 잡으라고, 오, 슬픔이여, 환영하네, 네가 머물기 위해 다가왔다는 것에, 와서, 내 곁에 앉으렴, 넌 항상 내게 충직하지. 내 어리석음이여, 모든 순간, 내게 말해줘, 누군가 내게 물었던 것을, 내가 환상을 가지게 해줘, 그 내 노래는 죽지 않을 테니까…
〈La Nave del Olvido 망각의 배〉는 멕시코 남성 가수 호세 호세José José(1948-2019)가 1970년에 발표한 라틴팝의 명곡으로 많은 후배 가수들이 리메이크하기도 했다. 부드러운 원곡에 비해 보다 드라마틱한 여성의 간절한 호소력이 새겨진다.
…난 이해할 수가 없네, 나의 내일을, 네가 떠나야 한다면, 날 사랑한다고 거짓으로 고백한다 할지라도, 나는 기쁘게 받아들이겠네, 날 사랑하지 않는다 해도, 나는 널 항상 흠모해, 조금만 기다려줘.
자작곡 〈Libertad 자유〉는 경쾌한 템포로 하늘을 가볍게 나는 듯 기운생동의 사운드를 전해준다. 부친이 바라던 대로 자신의 꿈을 포기한 채 홀로 쓸쓸히 인생을 자식을 위해 희생하며 살아온 자신의 어머니뿐만 아니라 세상의 모든 어머니를 위한 헌정곡이었다.
…당신은 모두의 여자입니다, 어머니로서, 딸로서 그리고 여형제로서, 모든 신앙과 인종의 세계를 가로질러, 외로움에 홀로 남겨두지 말아요, 당신의 눈을 감지 말아요, 꿈을 포기하지 말고 싸워요…
〈Firuze 터키옥〉은 터키 최고의 여성가수 세젠 악수Sezen Aksu가 1982년에 발표한 노래로, 터키에 대한 애정이 담겨있다. 아랍의 진한 향신료가 비트에 의해 꿈틀거린다.
…맑은 물처럼, 가끔은 활화산처럼, 어떤 때는 열렬한 바람 같은, 네 눈과 네 모습의 질풍, 수년의 시간은 느리게 가지, 무엇이 급한가? 기다려, 피루제여.
직접 가사를 쓴 〈Tal Vez 아마도〉는 전작의 〈Triste Vals 슬픔의 왈츠〉를 쓴 작곡자 유발 레비Yuval Levy의 작품이다. 쓸쓸한 기타의 로망스와 애수의 아코디언이 여성의 인생 드라마를 이야기한다.
날 연민으로 대하지 마, 난 가련하지 않아, 단지 삶에 지쳤을 뿐, 난 이삭 줍는 여인이라네, 사랑은 잠깐이었지, 하지만 이것이 내가 눈물짓는 이유는 아니야… 아무것도 말하지 마, 아무것도, 내게 어떤 것도 약속하지 마, 난 네 이름조차도 알고 싶지 않아, 수년을 지나며, 내 가난한 마음은 이미 터득했네, 누가 다가올지라도, 떠날 거란 걸.
개인적인 가족사를 노래한 〈Olvidate de Mi 날 잊어요〉는 이모 내외의 사랑 이야기를 담았다. 이모부는 젊은 나이에 암으로 죽기 전 사랑하는 이모에게 잊고 재혼을 유언했지만, 이모는 20년 이상을 외로이 홀로 사랑을 그리다 역시 암으로 사망했다고 한다. 친구로서 늘 곁에 머물렀던 이모를 잃고 난 후의 슬픈 감정을 우리에게 알려진 마요르카 출신의 콘차 부이카Concha Buika와 함께 노래하였는데, 거친 그녀의 목소리의 배합으로 플라멩코 러브스토리는 더욱 선명해진다.
전통 라디노 음악인 〈Aman Doktor 선생님 감사합니다〉는 의사와의 사랑에 빠진 한 여인의 고통을 강렬한 아랍의 폭풍으로 들려주고 있다.

우리에게 잘 알려진 라디노 전통음악 〈La Roza Enflorece 장미꽃〉은 이스탄불 현악 오케스트라와 함께 한편의 페르시아 오페라를 보는 것처럼 구성진 아리아로 편곡했다.

5월의 장미여, 사랑으로 고통받는 내 어두운 영혼이여, 새는 노래하네, 사랑의 탄식을, 그리고 열망은 날 죽이네, 내 고통을 증폭시키며. 빨리 와, 비둘기야, 내게 빨리 와, 내 영혼이여, 내가 죽어가니…

그녀는 라디노 싱어로서 시작했지만, 지금은 라디노를 노래하는 월드뮤직 가수로 봐주길 원하며, 플라멩코, 터키 음악, 라디노, 페르시아의 음악 등이 함께 섞인 새로운 자작곡들과 편곡들이 자신이 기대하는 음악이라 했다.
2013년 초부터 이스라엘을 시작으로 한 투어는 폴란드와 프랑스를 거쳐 뉴욕의 카네기홀과 시드니의 오페라하우스 등으로 이어졌다.

2013년 6월 3일 텔아비브 공연예술센터에서 이스라엘 네타냐 키부츠 오케스트라와 함께 라틴의 명곡들을 탱고로 편곡한 레퍼토리로 공연을 열었으며, 이는 이듬해 《Tango 탱고, 2014》로 출시되었다.

공연장의 생생한 현장감과 우리에게 친숙한 명곡 향연은 몇 해 전 국내에서의 잊지 못할 감동을 되살려주고 있다.
〈El Violin de Becho 베초의 바이올린〉의 장중한 애절함으로 이 공연의 열기를 대신하고자 한다.

Rak Od Layla Echad

2017 | Adama Music | AD20530

1. Tni Leatzmech Lihiyot Yafa (Let Yourself Be Beautiful)
2. Rak Od Layla Echad (One More Night)
3. Shmuot (Rumors)
4. Sheriot Shel Ahava (Leftovers of Love)
5. Bayom HaAcharon Shel December (Last Day of December)
6. Eifo Hait (Where Have You Been?)
7. Kmo Haruach (Like the Wind)
8. Mutar Lach Lanuach (**You Are Allowed to Rest**)
9. Zman Makbil (Corresponding Time)
10. Haya Shave (Was Worth)

본작 《One More Night》는 히브리어로는 첫 앨범이다. 자국의 팬들을 위해 이스라엘에서만 발매된 것이라 세계시장에서는 덜 알려졌지만, 4개의 자작곡을 포함하고 있는 아름다운 스튜디오 앨범이다.
앨범 발표에 앞서 먼저 뮤직비디오와 싱글로 선보인 〈Tni

Leatzmech Lihiyot Yafa 자신을 아름답게 놔두세요〉는 공동 작사에 직접 작곡한 곡으로, 자국과 유튜브에서 큰 성공을 거두었다. 단단하고 광택이 흐르는 목소리로 노래하는 자신감과 자긍심에 대한 메시지는 속도가 붙는 힘차고 서정적인 록 연주 위에서 점점 투명도를 끌어올린다.

…넌 언제나 외로운 그림자였지만, 네가 천국이고, 불이네, 넌 사인이고, 단어야, 넌 순수한 사랑이야, 천사들이 널 지켜보고 있어, 자신을 아름답게 놔둬…

두 번째 싱글 〈Shmuot 소문〉은 긴장감이 폭발하고 질주하는 듯한 중독성 있는 록풍의 전개가 매우 훌륭하다. 꼭 공인이 아니더라도 소문에 대해서는 자유로울 수 없는 세태에 대한 염증을 토로한 자작곡.

거의 예상됐던 것, 그것은 내 발밑에 있던 작은 것을 잡아당겼고, 난 그것이 다가오는 것을 보았네, 오지 않기를 바랐건만… 사람들이 말하는 소문, 더 이상 내 손에 있지 않아, 난 이미 여기서 멀리 떨어져 있어, 내 인생에 대한 소문, 평생 나는 달리고 있어, 언제까지 그래야 하나…

〈Sheriot Shel Ahava 사랑이 남긴 것〉은 반복적 으로 증폭되는 리듬이 중독을 넘어 최면에 걸리게 하는 폭풍과도 같은 곡이다.

이해할 수 있게 잠시 시간을 줘, 우리의 길은 끝났어, 우린 몇 년 동안 같은 언어로 말하지 않았네. 내면화할 시간을 줘, 내 삶의 휴식을 위해 난 홀로 나가고, 넌 테이블 위에 열쇠 꾸러미를 놓고는 걷기 시작하지. 널 붙잡을 수 있는 시간을 줘, 여성성의 심연에 던져진 것처럼. 우린 인생의 거의 절반을 함께 했지만, 네가 날 잊는 데는 과연 얼마나 걸릴까? 날 불쌍히 여길 시간을 잠시 줘, 결국 그것은 인생의 사랑이었지만, 네가 갈 때 내게 남은 게 하나라도 있다면, 나의 조각들은 누가 가져갈까? 사랑이 남긴 것에는 작은 순간들이 있네, 우리는 이미 위선을 그만뒀지, 내 인생의 사랑, 널 증오해.

세 번째 싱글 커트된 자작곡 〈Bayom HaAcharon Shel December 12월의 마지막 날〉은 연약한 서정의 극치를 들려준다. 뮤직비디오는 텔아비브의 상징인 디젠고프 광장 Agam 분수의 마지막 모습을 담고 있다. 가사는 사랑이 주제겠지만, 자아의 고뇌나 혹은 정치사회적인 것으로도 느껴질 만큼 중의적인 것 같다.

…12월의 마지막 날, 밖은 모든 것이 고요하고, 아무 소리도 들리지 않네, 우리가 퍼뜨린 모든 거짓말은 스스로에게 춤을 추자고 하네. 12월의 마지막 날, 내부는 모든 것이 시끄럽고 폭풍우가 치네, 푸른 하늘은 우리의 신뢰를 다시 한 번 묻네.

네 번째 싱글 〈Kmo Haruach 바람처럼〉 역시 그녀의 견고하면서도 깨어질 것 같은 투명함이 빠른 템포와 직렬로 연결되며 파괴력을 들려준다. 뮤직비디오는 런던에 머무는 동안 촬영되었다고 한다.

천의 순간들, 천 개의 사랑 사이에서, 네가 여기 있는 한순간, 날 떠나는 또 다른 순간. 수년간의 거부, 나의 시간은 이미 무효가 되었네, 나에겐 더 이상 꿈이 없어, 나 자신을 태워버렸네… 일곱 가지 축복, 또 기대를 가지고, 아마 결국엔 네가 이해하게 되겠지, 그리고 날 원하게 될 거야. 세월이 어떻게 흘러가 버렸는지, 내가 왜 인생을 포기해 버렸는지, 난 후회에 휩싸여 있어.

은은하게 빛나는 피아노의 서정시 〈Zman Makbil 평행한 시간〉과, 실망 속에서 산 인생에서 다시금 사랑의 희망을 꿈꾸는 〈Haya Shave 그것으로 가치가 있네〉 등 사실상 전 곡이 추천곡이다.

Voice & Piano (& Gil Shohat)

YASMIN LEVY
GIL SHOHAT

2021 | Polyphony | CD2021

1. La Cumperstia
2. Una Noche Mas
3. Puro Theatro
4. Durme, Durme
5. Adagio
6. La Hija de Juan Simon
7. Cucurrucucú Paloma
8. El Luceva
9. Song for the Country

전년도에 그리스의 여가수 하리스 알렉시우Haris 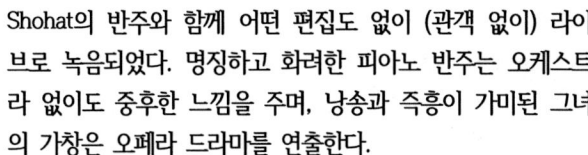 Alexiou와 듀엣으로 자작곡 〈This Shadow〉를 싱글로 낸 그녀는 4년 만에 정규앨범 《Voice & Piano》를 발표했다.

이는 국제적인 레퍼토리로 구성한 공연 프로그램으로, 이스라엘의 클래식 음악 작곡가이자 피아니스트인 길 쇼핫Gil Shohat의 반주와 함께 어떤 편집도 없이 (관객 없이) 라이브로 녹음되었다. 명징하고 화려한 피아노 반주는 오케스트라 없이도 중후한 느낌을 주며, 낭송과 즉흥이 가미된 그녀의 가창은 오페라 드라마를 연출한다.

〈La Cumperstia 가장행렬〉은 남미 탱고의 대명  사가 된 넘버로, 찰랑이는 물방울 같은 피아노 위에서 그녀의 거친 호흡이 불타오른다.

그녀의 대표곡 중 하나인 〈Una Noche Mas 하룻밤만 더〉는 《Mano Suave 부드러운 손길, 2007》에 수록된 국제적인 히트곡으로, 밤하늘에 별이 파도치는 듯한 환상곡으로 편곡되었다.

〈Puro Teatro 순수 극장〉은 쿠바 출신으로 1960~70년대 활동한 엄청난 에너지의 여가수 라 루페La Lupe(1936~1992)가 1969년에 발표한 트로피컬 넘버로, 푸에르토리코의 살사 작곡가 티테 쿠렛 알론소Tite Curet Alonso(1926-2006)의 작품이다. 놀라운 원곡에 비할 바는 아니지만, 레비는 새로운 드라마 구조로 재연했다.

무대 위처럼, 넌 싸구려 고통을 속였네, 드라마는 필요 없어, 난 이미 그 극장을 알아, 가면 쓴, 그 역할이 얼마나 잘 어울리는지, 결국 이것이 너의 존재 방식인 것 같아, 난 맹목적으로 믿었지, 네 입맞춤의 열기 속에서, 넌 담담하게 거짓말을 했고, 그것 때문에 막이 떨어졌네. 극장, 너의 것은 순수한 극장이야, 잘 연습된 거짓, 연구된 모의실험, 내 마음을 파괴한 너의 최고의 연기, 오늘 네가 날 위해 정말 울어준다면, 난 네 훈련을 기억할게, 미안, 난 널 믿지 않아, 극장인 것 같아…

이미 선보였던 라디노 민요 〈Durme Durme 잠들라 잠들라〉는 어린 아들의 성장을 기원하는 어머니의 자장가로, 별빛으로 은은한 피아노는 환상적으로 율동한다.

〈Adagio 아다지오〉는 잘 알려진 알비노니Albinoni 의 작품으로, 특별한 가사 없이 레비의 울부짖는 듯한 즉흥 스캣으로 연주되었다.

《Sentir 느낌, 2009》에서 노래했던 안토니오 몰리나Antonio Molina(1928-1992)의 곡 〈La Hija de Juan Simon 후안 시몬의 딸〉은 1935년 스페인에서 개봉된 동명의 영화 주제곡으로, 남자 주인공인 안젤릴로의 비극적인 사랑 노래이다. 마을 장의사의 딸 카르멘을 사랑한 그는 터무니없는 선술집에서 싸움에 휘말리고 살인 혐의로 잘못 기소되어 투옥된다. 임신한 카르멘은 부도덕한 자신이 부끄러워 집에서 도망치고 출산 중 사망하고 만다. 얼마 후 한 여인이 아이를 안고 이 소식을 그에게 전한다. 이 비극적인 밀롱가를 레비는 현대적인 재즈 어프로우치를 더하여 극적으로 재해석하였다.

내가 출소했을 때, 매우 외롭고 상실감에 싸인 자신을 보았네, 그녀는 슬픔으로 죽었지. 그 원인인 나는 그녀가 아무 잘못이 없다는 걸 알아. 오후에 후안 시몬의 딸을 묻었네, 시몬은 그 마을의 유일한 장의사였지, 그는 딸을 묘지로 데려갔고, 중얼거리며 어린아이처럼 울다가 묘지를 떠났네. 한 손에는 삽을, 어깨에는 괭이를 든 그에게 모두가 물었네, "후안 시몬이여, 어디서 오는 길인가?" 장의사 시몬은 "내 심장을 묻고 왔네."

〈Cucurrucucú Paloma 쿠쿠 비둘기〉는 페드로 알모도바르Pedro Almodóvar 감독의 영화 「Hable con Ella 그녀에게, 2002」에서 브라질 싱어송라이터 카에타누 벨로주Caetano Veloso의 음성으로 친숙하다. 상사병의 이 노래는 햇빛이 그윽하게 반짝이는 강가의 고요한 잔물결을 그린 인상파 풍경화를 떠올리게 된다.

〈El Luceva 루세바〉는 오페라의 즉흥 스캣으로 연주한 푸치니Puccini의 오페라 「Tosca 토스카」 중 〈E lucevan le stelle 별은 빛나건만〉이며, 〈Song for the Country〉는 이스라엘 시인 나탄 요나탄Natan Yonatan(1923~2004)과 작곡가 사샤 아르고프Sasha Argov(1914~1995)의 작품이다.

2024년 11월에 그녀는 여성에 대한 헌사 《Mujer 여인》을 발표했다. 이는 팬데믹과 이혼이라는 고난과 고통 속에서 제작된 것으로, 전 세계의 모든 여성이 자신을 사랑하며 존중하고 감사해야 한다는 의미를 담았다. 그리고 누구에게도 의존하지 않고 독립적으로 살아야 한다는 메시지를 전했다.

비탄에 빠진 〈Ámame 날 사랑해〉는 기타와 피아노 그리고 아코디언의 뜨겁고도 은은한 열망이 밀려든다.

인생에서 가장 깊은 슬픔은, 너의 시선으로 나를 꿈꾸게 만드는 것. 침묵 속에서 분노 속에서, 천천히 모든 것이 사라져 버렸네, 알아, 고백할게, 내가 많은 실수를 했다는 걸, 나는 순수함의 강을 묻어버리는 실수를 했지. 그럼에도 만약 당신이 내 옆을 걸어야 한다면, 난 간청하네, 내 길을 밝혀주길, 나를 사랑해…

〈Mujer 여인〉에는 애환을 날려 보내려는 듯한 엘레지가 바람처럼 나부낀다.

…만약 당신이 침묵한다면, 용서하고 잊어버린다면, 노력하지 않는다면, 무시한다면, 그리고 당신이 죽으면 모든 것이 죽을 거야, 항상 여자, 강한 여자, 넌 살아서 번성할 거야. 너를 물리쳐라!

활화산 같은 열풍이 몰아닥치는 격정의 피아노협주곡 〈Alas 날개〉는 결국 산산이 폭발한다.

새천년의 이스라엘과 월드뮤직을 대표하는 뮤즈로 떠오른 야스민 레비의 앞으로의 무한한 활약을 응원한다.

망자를 위해 부르는 사모곡
Zlata Razdolina ● 즐라타 라즈돌리나
Russia | Israel

유대계 러시안 싱어송라이터인 그녀는 중편의 대서사 〈Requi-em〉과 전쟁의 참혹함을 고발한 담은 콘셉트 앨범 《The Song of the Murdered Jewish People》 등의 작곡가로 잘 알려져 있다.

또한 마리나 츠베타예바Marina Tsvetayeva(1892-1941)의 로망스와 이고르 세베랴닌Igor Severyanin(1887-1941), 상징주의 작가 니콜라이 구밀리에프Nikolay Gumilyov(1886-1921) 등 러시아의 고전시가 작품들도 백여 곡이 넘는다.

즐라타 라즈돌리나는 지금의 상트페테르부르크인 레닌그라드에서 1959년에 출생하여 거기서 음악교육을 받으며 자랐다. 4세 때부터 피아노를 배웠으며 5세 때 작곡을 시작, 17세 때 라디오 방송에서 연주하고 음반을 녹음했다.

레닌그라드 예술가연합에 소속되어 Lenconcert 음악기관에서 연주함으로 음악가로서의 이력을 열어갔다.

많은 국내 및 국제 음악 경연에 참가하여 수상하였으며, 1988년에는 서정파 여류시인 안나 아흐마토바Anna Akhmatova(1889-1966)의 시를 노래한 〈Requiem〉이 국제경연에서 최고상을 받았다. 이는 심포니 오케스트라에 합창과 독창을 위한 작품으로, 크레믈린에서 열린 안나 아흐마토바 탄생 100주년 기념행사 기간에 연주되었고, 핀란드, 스웨덴, 체코, 미국, 이스라엘에서도 그 무대를 이었다.

이 작품이 국제적으로 조명받게 되자 러시아 국수주의자 조직의 타깃이 되어 위협을 받고, 1990년 결국 이스라엘로 이민을 결심한다.

1997년에는 또 하나의 중요작으로 평가받는 클래식 《The Song of the Murdered Jewish People》을 발표하였다. 이는 아우슈비츠에서 사살당한 유대계 폴란드 작가 이츠학 카제넬손Itzhak Katzenelson(1886-1944)의 시를 노래한 콘셉트 작품으로, 심포니 오케스트라와 합창단 그리고 독창자를 대동하여 이스라엘에서 공연되었다.

Sad : Romances & Songs

Злата
Раздолина
Композитор, автор - исполнитель

"САД"

Романсы и песни
на стихи
Марины
Цветаевой

2003 | Audio Records

1. Osypalis' List'Ya
2. Polyubil Bogatyj Bednuyu…
3. Okno
4. Grebeshok
5. Moj Put
6. Vozmezdie
7. Don Zhuan : Na Zare Moroznoj…
8. Don Zhuan : Vstrecha
9. Don Zhuan : I Byla U Don Zhuan Shpaga…
10. Don Zhuan : Dolgo Na Zare Tumannoj…
11. U Menya V Moskve…
12. Prokhozhij Ostanovis
13. Sad
14. Noch

그녀의 앨범 중에서 장조의 작품을 찾기란 매우 힘들다. 거의 모든 곡이 참담한 슬픔을 머금고 있다고 해도 과언이 아

닌데, 담백한 내용의 시마저도 그녀의 키보드를 거치면 비극의 풍파가 몰아치는 눈물바다가 된다.

본작 《Sad 정원》은 러시아의 여류시인 마리나 츠베타예바 Marina Tsvetayeva(1892-1941)의 시에 작곡을 더한 로망스 앨범이다.

러시아어 권내에서는 가장 훌륭한 20세기 러시아의 시인 중 한 명으로 평가되는 마리나 츠베타예바는 10대의 나이에 첫 시집 「Vecherny albom 저녁 앨범, 1910」을 발표했고, 생전의 마지막 시집 「Posle Rossii 러시아 이후, 1928」을 거쳐 히틀러에 대한 비난과, 파리의 망명생활에서 느꼈던 소외와 러시아에 대한 향수를 반영한 작품들이 소개되었다.

1939년 소련으로 먼저 건너간 남편과 딸을 이어 조국으로 건너갔지만, 제2차 세계대전이 발발한 후 벽지로 이송되고 결국 자살로 생을 마감하였다.

라즈돌리나는 독특한 시어들과 상징을 함축한 시인 츠베타예바의 '정원'에 흑빛 눈물의 비를 내린다.

망자에 대한 사랑을 노래한 〈Osypalis List'ya 고엽〉에서부터 라즈돌리나의 애상은 맑은 건반과 함께 처참하게 무너져 내린다.

당신의 무덤 위의 고엽들, 그리고 겨울의 냄새, 죽은 이여, 내 사랑 이야기가 들리니? 당신이 되살아나게 나는 입맞춤을 하네, 무덤을 넘어 어둠 속에서 웃네, 당신의 죽음을 믿을 수 없어! 난 아직도 역전에서 당신을 기다리네… 당신의 무덤가 고엽들은 사라졌네, 당신은 너무 오랫동안 죽어 있지만, 당신은 내 것이야, 당신 위에서 나는 파멸하네…

〈Polyubil Bogatyj Bednuyu… 가난한 나는 부자를 흠모하네〉에서도 먹먹한 가슴을 쓸어내린다. 서두는 긍정이지만 후주는 부정인데, 참담한 현실에서 느끼는 자기부정에 대한 고뇌를 읽을 수 있다.

…나는 가난하기에 부자를 동경하지 않아, 어리석은 나는 과학자를 사랑하지 않아, 창백하기에 장밋빛을 사랑하지 않

아, 사악하므로 선을 사랑하지 않네, 구리 동전이 남았기에 금화를 탐하지 않네…

그리움으로 애타는 마음을 노래한 야상곡 〈Okno 창문〉은 라즈돌리나의 여린 음성과 건반이 너무나  시리고 차갑다.

…이별 그리고 회의감, 당신을 그리는 밤, 창에 수백의 촛불을 켜고 기도하네, 내 사랑, 잠 못 드는 밤, 창은 불길로 휩싸이네.

가사를 알 수 없음이 유감이지만, 쓸쓸함이 깊게  패는 〈Moj Put 나의 길〉에는 한 인간으로서의 나약함에 연민을 느끼게 되며, 〈Vozmezdie 보복〉은 절절한 사랑의 고통이 뼛속까지 번지는 듯하  다.

7번에서 10번 트랙은 돈 후안Don Juan에 대한 사랑을 위하여 눈물로 쓴 연작시이다.

연극처럼 서술적인 피아노 연주가 이어지는 〈Na Zare Moroznoj… 싸늘한 새벽〉은 그 이야기의 서두이다.

서리가 내린 새벽, 교회에서 모퉁이를 돌아서, 여섯 번째 자작나무 아래서, 돈 후안을 기다립니다, 난 당신에게 맹세했습니다, 신랑과 삶을 위하여, 내 고향에서 어떤 누구와도 키스하지 않겠다고…

이 슬픈 엘레지는 〈Vstrecha 만남〉과 〈I Byla u Don Zhuan Shpaga… 그리고 칼을 들었네〉 그리고 〈Dolgo na Zare Tumannoj… 안개 낀 새벽에서 오랫동안〉으로 이어진다. 타국에서 돌아오지 않는 돈 후안을 기다리며 침대를 눈물로 적신다.

진한 향수로 물든 〈U Menya v Moskve… 모스크바에서〉는 희미한 사랑의 추억을 되뇐다.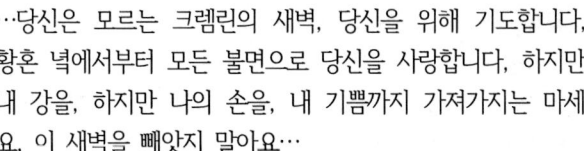

…당신은 모르는 크렘린의 새벽, 당신을 위해 기도합니다, 황혼 녘에서부터 모든 불면으로 당신을 사랑합니다, 하지만 내 강을, 하지만 나의 손을, 내 기쁨까지 가져가지는 마세요, 이 새벽을 빼앗지 말아요…

애달픈 〈Prokhozhij Ostanovis 길을 멈춘 나그네〉에 이어, 고독의 서정시 〈Sad 정원〉은 차디찬 겨울 눈밭 속으로 청자를 내몬다. 지옥과도 같은 타향살이의 외로움에  지친 망명자는 차라리 영원한 안식을 위해 묘지에 묻어달라고 탄식한다.

이 지옥에서, 이 말도 안 되는 시간에서, 나를 정원으로 보내줘… 멋진 정원으로, 나이가 들어서야, 망명자를 위하여, 나는 정원으로 갔었지, 아니, 사람을 위하여, 아니 심장을 위하여… 당신처럼 외롭고 슬픈 정원… 늙고 늙어, 나는 정원으로 갔네, 영혼을 사면하기 위하여…

침울하기 그지없는 〈Noch 밤〉은 가족에 대한 그리움의 시로, 사랑을 배신한 남편으로 인한 불행에서 비롯된 고통이 절어있다.

라즈돌리나의 츠베타예바 선집은 단조의 건반으로만 연주되어, 마치 한편의 드라마처럼 재생된다. 큰 변화의 구성이 없어 단조롭게 느껴지기도 하지만, 여성 특유의 내밀한 감정을 정적인 패턴으로 기밀하게 조각해 놓았다. 츠베타예바라는 러시아 시인의 일생을 섬세하고 정교하게 지켜볼 수 있는 '전기'와도 같은 작품이었다.

그녀는 정규 스튜디오 앨범보다는 라이브를 즐기는 모양이다. 그녀의 또 다른 앨범들을 들어보면 키보드 하나만으로 뭉클한 슬픔의 숨을 몰아쉬다가도 곡이 끝나면 청중들의 박수가 쏟아지는 트랙들이 많다. 다만 아쉬운 것은 그 녹음이 세련되지 않아 청중의 갈채가 뚝 하고 끊기기도 한다는 것. 그녀는 2000년대에 들어서 또 하나의 레퀴엠 《He was Buried in the Earth - World War II Song Cycle》를 발표하였는데, 그 참혹함은 공포의 극한에까지 치닫는다.

인생을 바라보는 독백연기자
Zuhal Olcay ● 주할 올자이
Turkey

Indiana Jones : Masks of Evil 영 인디아나 존스 : 악마의 얼굴, 1999」에서의 조연, 터키 영화감독 타이푼 피르셀리모글루Tayfun Pirselimoglu의 「Hicbiryerde 실종, 2002」 여우주연으로 조금 알려져 있을 뿐이다. 그녀는 45년 경력의 터키의 여배우이며 가수로도 활동하고 있다.

그녀는 1957년 이스탄불에서 출생했다. 아버지는 이발사였으며 어머니는 주부였다. 이모의 지원으로 피아노 선생이 되기 위해 앙카라 주립 음악학교를 1976년에 우수한 성적으로 졸업하고, 같은 해 동급생이자 배우 지망생과 결혼했다. 1년간 수련을 위해 런던에 가 있었고, 이혼 후 사업가와 재혼하였다. 이즈미르에 정착하여 이즈미르 주립극장에서 배우로 먼저 경력을 시작, 딸을 출산한 후 1980년부터 몇 개의 TV 프로그램에 출연하였으며, 첫 TV 드라마로 인지도를 쌓아 영화제에서 수상하기도 했다.
그녀는 연극배우로도 활동하였는데, 1986년 연극상에 이어, 「Nude Balconi, 1989」로 앙카라 예술상을 수상했다.
두 번째 이혼 후 1989년에 뮤지컬 「Evita 에비타」의 출연과 함께 가수 활동을 병행, 영화의 사운드트랙을 노래하기도 했다.
1989년에는 영화 「Sahte Cennete Veda 위조된 낙원과의 작별」로 독일의 골든 필름 스트립에서 최우수 여우주연상을 수상함과 동시에, 《Küçük Bir Öykü Bu 그것은 작은 이야기, 1989》이란 가수로서의 첫 앨범을 낸다.
1990년에 영국 배우와 세 번째 결혼을 하고, 남편과 함께 극장 스튜디오를 열어 1999년에는 워크숍을 개최하였으며, 최고의 희극 여배우상을 거머쥐기도 했다.
거침없는 성격으로 공무원을 모욕하고 대통령을 비판하여 3차례나 재판에 휘말리기도 했다.
이스탄불 근교 바키르쾨이Bakırköy의 시장 선거에 입후보한 적이 있는 그녀는 여전히 연기와 음악의 영역을 오가며 예술인으로서 재능을 자유로이 발산하고 있다.

미모의 여성 주할 올자이는 우리에게 그리 잘 알려진 인물은 아니다. 영화 팬들에게 「The Adventures of Young

İhanet

1998 | Ada Müzik | 155

1. İhanet
2. Ayrılık Da Sevdaya Dahil
3. Ankara'da Aşık Olmak
4. Ağlayamıyorum Bile
5. İşsiz Kaldım
6. Yani Yani
7. Yalnızlığım
8. Nefes Nefese
9. Gecenin Öteki Yüzü
10. Güvercin

모노드라마의 한 장면 같은 커버의 《İhanet 배반》은 데뷔작 이후 10년이 지나 발표한 네 번째 앨범이다.

록뮤지컬을 연상시키는 타이틀 〈İhanet 배반〉은 두 번의 이혼을 겪은 경험을 노래한 것처럼, 증오와 두려움에 휩싸여 맞이한 아침에 자신의 삶을 위해 위기의 종결을 결정해야 하는 순간을 그리고 있다.

아름답기 그지없는 〈Ayrılık Da Sevdaya Dahil 헤어짐은 사랑을 따르지〉는 포근한 현악에 온화한 그녀의 음성이 사랑의 고통으로 인한 슬픔을 잔잔히 노래한다. 전원적 풍경을 그려주는 하모니카 연주에 이어 맑은  기타의 선율이 더욱 감정의 깊이를 더한다.

이별 이야기인 〈Ankara'da Aşık Olmak 앙카라의 연인들〉은 애절하고도 강렬한 바이올린의 연주  에 보사노바의 상큼한 리듬을 곁들여 놓았다.

눈물로 지새운 듯 헤어진 연인을 떠올리는 〈Ağla-yamıyorum Bile 난 울지 않아〉는 마치 트로트  가요의 멜로디를 연상시킨다.

비련한 기타 로망스인 대표곡 〈Yalnızlığım 나의 고독〉에는 그 쓸쓸함이 괴로움이 되어 흐른다. 서서히 멀어져 간 연인으로 인해 절망적인 지금 더욱 그리움  에 젖는 심정을 뜨겁게 토해낸다.

걸작 〈Nefes Nefese 숨 가쁜〉은 사랑에 빠지는 것이 자신의 일이라며 애모의 욕망을 터뜨리는 발라드이다. 고혹적인 외모와 섬세한 감정연기가 돋보이는 뮤직비디오로 소개되기도 했는데, 이 뮤비에서는 마치 연하의 남자(혹은 아들의 친구 뻘)와 이뤄질 수 없는 금기의 사랑에  빠진 듯한 고뇌가 그려진다.

슬픈 왈츠 〈Gecenin Öteki Yüzü 밤의 다른 면〉 은 사랑하는 이와 멀리 떨어져 눈물과 무기력감, 두려움과 갈등에 빠진 외로운 밤의 감상이다.

전체적으로 터키 음악의 특징을 찾긴 힘들지만, 잘 연마된 월드 팝 앨범임은 분명하다. 강렬한 인상은 없지만, 재능 있는 여배우가 소극장 무대에서 자신의 비밀스러운 인생 이야기를 들려줄 것만 같은 커버의 매력을 거절하긴 너무 힘들지 않은가.

Başucu Şarkıları

ZUHAL OLCAY
Başucu şarkıları

2001 | Ada Müzik | 8692646 502004

1. Güller Ve Dudaklar
2. Aynalar
3. Çaresizim
4. Ölsem De Bir Kalsam Da Bir
5. Canım Seninle Olmak İstiyor
6. Yağmur
7. El Gibi
8. Kimse Bilmez
9. Yalnızlar Rıhtımı
10. Beni Benimle Bırak
11. Tepedeki Çimenlik

네 번째 앨범 《Başucu Şarkıları 머리맡의 노래》는 주할 올자이가 남성 싱어송라이터 뷜렌트 오르탁길Bülent Ortaçgil 와 함께한 연작 중 첫 번째로, 1970년대에서 1990년대 발 표된 터키 팝의 고전들을 현대적으로 재해석한 앨범이다.

1950년생 뷜렌트 오르탁길은 1970년대 중반부터 현재까지 꾸준히 작품 활동을 해 오고 있는 작곡가이자 가수로, 비틀 즈Beatles와 도노반Donovan 그리고 밥 딜런Bob Dylan 등에 게서 영향을 받은 담백한 포크 계열의 작품들을 노래하고 있다. 그는 본작에서 노래 부분은 오롯이 그녀에게 넘겨주 었지만, 편곡에서부터 크나큰 역할을 해내고 있다.

사랑 노래인 첫 곡 〈Güller Ve Dudaklar 장미와 입술〉은 남성 가수 보라 아야뇰루Bora Ayanoğlu의 1970년 발표곡으로, 현악이 빚어내는 따사로운 봄날의 전 원 풍경이 연상될 만큼 포근한 편곡이 일품이다.
사랑의 열병을 노래한 여가수 바누Banu의 1979년 발표작 〈Ölsem De Bir Kalsam Da Bir 내가 죽는다면, 차라리…〉 의 커버는 매우 인상적이다. 원곡은 다소 청승스러운 발라 드인데, 바이올린과 아코디언 그리고 피아노가 뿜 어내는 고혹적이고도 강렬한 탱고의 춤사위가 황 홀하다.
남성 가수 위츠미르 에르도안Özdemir Erdoğan이 사랑의 소 망을 고백한 1977년 작 〈Canım Seninle Olmak İstiyor 당신과 함께 있고 싶어〉의 리메이크도 훌륭하다. 원곡 또한 서정적이고 애절한 발라드인데, 볼레로 풍의 재즈 선율이 청자의 감성을 녹여낸다.
뷜렌트 오르탁길이 1974년 데뷔작에서 노래한 〈Yağmur 비〉는 보사노바 터치가 감미로운 명곡이다. 올자 이의 현악의 서정이 넘실거리는 엘레지 편곡도 치 명적인 아름다움을 선사한다.
오늘 한 여자의 머리 위로 내린 비가 땅을 적시네, 키가 크 고 가늘고 어둡고 연약한, 당신은 버림받은 사랑, 석상의 심 장은 빗소리를 듣고, 노래로 위로하네. 모든 일은 일어날 수 있어. 모든 것은 성장하고, 모든 것은 지나가지. 단지 인생 만이 남을 뿐.
〈El Gibi 손으로〉는 터키 팝의 아이콘 세젠 악수Sezen Aksu

의 《Sezen Aksu '88》에 수록된 노래로, 찰랑거리는 전자음향에 번지는 우울함이 매력적이다. 세젠 악수의 노래가 현실을 부정하고 싶은 마음이 느껴진다면, 주할 올자이의 버전은 어쿠스틱의 담백한 연주에 현실을 받아들이는 듯 자신을 위로한다.

…난 마냥 서 있었지, 기다림으로 미친 채, 뜻밖의 인사로, 나는 슬픔에 빠졌지, 난 손으로 슬픔을 읽었네, 장난의 끝에서, 나는 당신을 향한 열병을 앓았지, 그건 지금도 마찬가지야, 내 어린 시절 그랬던 것처럼 잠시라도 손을 가만두지 못했지, 웃고 헛웃음을 지으면서, 아냐, 아직 차가운 가을은 아니야, 이별의 가을은 아직 오지 않았어…

로커 에르킨 코라이Erkin Koray의 1974년 로큰롤 넘버인 〈Yalnızlar Rıhtımı 외로운 항구〉는 원곡과는 전혀 다른 서정시로 재탄생했다. 밤이 내린 정박지에서 느낀 고독함의 슬픔을 온화한 현악과 시원한 기타가 교차하는 가운데서 그녀는 호젓함에 취해 있다.

〈Beni Benimle Bırak 내게서 나 자신을 떠나네〉는 여가수 뉘켓 두루Nükhet Duru가 1974년에 발표한 애절한 명곡이다. 주할 올자이는 비장함이 감도는 뮤지컬 무대를 열어 보인다.

…당신이 그랬던 것처럼, 내게서 나 자신을 떠나보내네, 우린 이별하였으므로 난 더 이상 어떤 것도 원하지 않아, 단지 나 자신에서 나를 떠나는 것을 희망할 뿐, 이제 모든 것은 당신의 것이야, 내가 다른 세상을 당신에게 가져다줄 수 있다면, 당신이 다른 사람과 사랑할 수 있다면…

원곡을 능가하는 리메이크는 존재하지 않는다는 속설은 본작에서 통하지 않는다. 아름다운 변신은 2005년과 2015년에도 계속되어 2편과 3편이 발표되었다.

Aşk'ın Halleri

2009 | Ada Müzik | 8692646 503049

1. Derinde
2. Aşkın En Mavi Zamanı
3. Yine Aşk Var
4. Gitme Vakti
5. Aşk Bana Zor Geliyor
6. Şermin
7. Eski Resimler
8. Halka Açık
9. Düş-Müş
10. Hanfendiler Beyfendiler

《Aşk'ın Halleri 무드에 취해》는 제목대로 카페형 발라드를 좋아하는 이들에게는 최고의 앨범이다. 신비로움에서부터 서정미에 이어 카바레풍의 가창이 줄곧 이어진다.

오프닝 트랙 〈Derinde 심연〉은 마치 영화음악처럼 드라마틱하고 연상성이 좋다. 신비스러운 전자음향에 전통악기들의 고풍스러운 향연은 서럽고 고뇌에 젖어 있는 것 같다. '내 심연은 깊은 목소리로 힘주어 노래하네…'라는 단순한 구절의 반복이지만, 스캣과 흐느끼는 듯한 음성이 더 많은 사연을 이야기하고 있다.

〈Aşkın En Mavi Zamanı 범람하는 침울함〉은 곡목 그대로 청자를 끝없는 멜랑꼴리의 늪에 빠지게 한다. 느린 기타의 공명은 오랜 슬픔을 더욱 극명하게 드러낸다.

우울한 시간, 이것에 내가 흔들리고 있는 걸까? 내가 아는 것은 그 시간이 왔다는 것, 우울한 시간, 깨어있을 수 없네… 당신을 한번 보기 위해, 너무나 멀리서 나는 왔지, 당신의 목소리를 듣기 위해, 내게 주어진 시간… 전후戰後를 위한, 우울한 시간, 이를 태워 버리는 건 너무나 힘들어…

〈Gitme Vakti 가야 할 시간〉에는 그리움에 사무친 회한이 자욱이 내려앉는다.

…나는 매일 고립되어 있었지, 또렷한 추억들, 내 인생에서 겨우 얼마를 지불했을 뿐이었네, 봐 얼마나 아름다운 아침인가, 달과 태양도 함께 있는데, 내가 당신을 생각하는 시간들, 나는 손가락을 물어뜯고는 말했지, 지금 가야 한다고…

피아노와 아코디언의 유려한 탱고 〈Aşk Bana Zor Geliyor 내게 온 강렬한 사랑〉에는 스캣과 함께 뮤지컬 여주인공의 고통 어린 독백처럼 애잔한 드라마를 써 내려간다.

…내겐 사랑이 너무 힘들어, 차가운 삼월의 공기처럼, 난 더 이상 태양이 그립지 않아, 어떤 물건이나 돈조차도, 검은색과 흰색, 밤과 낮의 차이, 바다와 호수의 크기, 이것이 남자와 여자의 차이일까?…

플루트의 스산한 호흡으로 문을 여는 서글픈 탱고 〈Eski Re-simler 낡은 사진〉에서는 피아노와 첼로와 아코디언 등이 잔잔한 슬픔에서 점차 격정의 감정으로 몰고 간다. 여전히 가슴속에서 살고 있는 이별한 연인을 그리워하며, 다른 여자의 남자가 되었을 그를 위해 낡은 추억의 사진을 찢는 한 여자의 엘레지이다.

터키풍의 전통적 요소를 현대적으로 믹스한 〈Düş-Müş 꿈-발송자〉는 더 진한 카타르시스에 젖게 된다. 오랜 시간을 돌아왔던 사랑의 꿈을 돌이켜 보며 느끼는 복잡 미묘한 감정에 휩싸인다.